明清之际中西文化交流史

——明季：趋同与辨异

上 册

沈定平 著

商务印书馆
The Commercial Press

2012年·北京

目 录

导言 ·· 1

第一章　中国传教团继任监督的确立与耶稣会内部的
　　　　论争 ·· 1
　　第一节　利玛窦继承人的选择和确立 ·· 2
　　第二节　耶稣会内部关于"天"、"上帝"称谓的论争 ························ 53
　　第三节　中国"天"、"上帝"与西方天主(Deus. God)信仰的
　　　　　　同一性、差异性和互补性 ·· 73
　　第四节　金尼阁维护适应策略的行迹及其贡献 ································ 103

第二章　佛教、基督教之争与"南京教案"的缘起、
　　　　衍变及其影响 ·· 130
　　第一节　佛教与基督教的对立及彼此势力的消长 ····························· 131
　　第二节　"南京教案"前夕双方的互动和性质的变化 ······················· 155
　　第三节　"南京教案"的爆发、经过与影响 ··································· 169

第三章　《崇祯历书》的编纂与欧洲科学革命的影响 ··············· 193
　　第一节　历代治历传统与明朝历法的败坏 ····································· 195
　　第二节　"以西法为基础"的崇祯修历计划 ··································· 216
　　第三节　欧洲科学革命成果与中国传统科学范式的变革 ··················· 226
　　第四节　会通超胜、民富国强的原则和理想以及
　　　　　　新旧历法之争 ·· 244

第四章　基督教和西学在浙闽地区的传播 ······························· 255
　　第一节　杭浙的基督教中心地位与西学对浙东学人的影响 ················ 257
　　第二节　艾儒略在福建的传教活动及基督教本土化的进展 ················ 279

第三节　构建福建基督教会核心的中下层士人及其特征………324
第五章　闽浙儒释人士对基督教、西学的排拒和
　　　　《圣朝破邪集》的出版……………………………360
　　第一节　以福建下层士人为主体的反基督教斗争…………361
　　第二节　闽浙儒释反教势力的联合与《圣朝破邪集》的出笼 379

导　言

　　本书《明清之际中西文化交流史——明季:趋同与辨异》,乃前著《明清之际中西文化交流史——明代:调适与会通》(商务印书馆 2001 年 6 月初版,2007 年 3 月增订本版)的续篇。

　　前著初步揭示了中西文化第一次较大规模的实质性接触的特点。表现之一,它肇始于 16 世纪中叶,而影响所及直至法国大革命,持续达两个多世纪。表现之二,交流的媒介即来华耶稣会士,具有较高的教育水平和文化素质。他们是作为西方"一种完整文化的不自觉的载体",而同中国文人学士进行广泛的交往。表现之三,从欧洲所动员的传教士的数量(有二三千人之众),国籍(来自东西欧十余个国家)及其在中国活动的地域(不仅包括京城内地,也涵盖边疆地区)来看,具有相当的规模和一定的代表性。表现之四,交流的深入程度,已经从最初欧洲人对中国物质文明的倾慕,进入到思想和精神领域如何调适与融合这两种不同的文化,最后提升到政治文化制度的层面相互吸收与仿效。整个交流过程循序渐进,具有典型的意义。表现之五,中西文化交流始终是跟世界历史的近代化进程紧密联系在一起,并有力地促进了欧洲与中国的社会变革。在中国,西学成为明清之际经世致用实学思潮的组成部分。在西欧,中国古代文明已经成为启蒙思想家汲取精神力量和思想资料的重要源泉。若就实际效果来看,欧洲从中受益的程度远大于中国。

　　明代部分的内容,是沿着两条历史线索展开的。一条是来华耶稣会士在对中国国情有所认识的前提下,逐渐抛弃在当时基督教世界中占主导地位的,将军事征服与精神征服紧密结合的传教路线。经过沙勿略的初步酝酿,范礼安的具体谋划,罗明坚的最早实践,直至利玛窦集其大成,适应中国传统文化和风俗的传教路线,便一环紧扣一环,一层深似一层地传承下来和基本形成。书中特辟出较多的篇幅,详细叙述了利玛窦在建立适应性传教策略的整体构架中不可磨灭的贡献,以及该构架所包含的基本内容。

另一条历史线索,则是明中叶后在经济发展和政治变革呼唤下,思想文化领域所出现的多元化趋势。在这总称为经世致用实学思潮的形成过程中,既有王阳明心学的兴盛,李贽等早期启蒙思想的流传,还有东林学派的崇尚传统价值和道德节操,以及明末蓬勃兴起的科学思潮。凡此种种都为西学的传播创造了良好的文化氛围,也给某些士大夫的西学倾向提供了一定的思想准备,并最终为西学融入实学开辟了道路。其中,涌现出一些同传教士关系密切、深慕笃信其教义的士大夫,他们代表了明末西学热潮中那种寻求一个新的学术基础,借以强化已经腐败的传统价值的趋向,并且将这种社会趋向直接跟他们所向往和追求的西学联系起来,希望能从中找到一条摆脱社会危机的出路。最后评述说明,以上两条历史线索,通过徐光启和利玛窦这两位代表人物,对中西思想与科学技术的调适和会通中,出现了彼此重叠与融合的局面。

然而,随着交往的日渐深入和对情况的逐步了解,文化交流已从初次结识时彼此"调适与会通"的状态,过渡到矛盾显现的"趋同与辨异"的阶段。这就是坚持反映文化互补性的和平与平等交往的原则,与激化文化差异性而导致矛盾冲突的图谋,成为利玛窦时代以后,不同的政治势力和宗教派别斗争的焦点,也是贯穿这一时期基本的历史线索。

由于前著的时间断限,大致划定在利玛窦病逝前后(明万历三十八年,公元1610年),故本书的叙述,便始自利玛窦临终前对传教团监督的选择与确立,迄于清康熙二十二年(南明永历三十七年,公元1683年),坚奉南明永历年号的台湾郑克塽政权的降清,涵盖了明末及南明七十余年间中西交往的历史。

本书拟通过五组矛盾现象的解析,来揭示这一时期文化交流的基本线索及其特征。

第一,耶稣会传教士内部两派,围绕着中国"天"、"上帝"称谓与西方天主(Deus, God)信仰的异同,通过激烈的辩论,最终以服膺利玛窦的主张,彼此存在共同性和互补性而结束,从而保障了适应中国传统文化和风俗的传教策略的延续。

第二,明朝当权的士大夫中,以沈㴶为代表的,标榜纲常名教和传统价值观的保守势力,掀起了驱逐传教士和迫害信徒的"南京教案",欲借助政治镇压的手段,根除西学的影响,将中西思想文化推入势不两立的极端境地。这种政治镇压虽然得逞于一时,但其效用不久便烟消云散。与此相对应,向往社会改革和民富国强,且在中西交往中怀抱"会通超胜"理念的徐光启及其进步群体,为祛除积弊,制定出历史上最为精密的《崇祯历书》,遂在引进欧洲科学成果的同时,初步实现了中国传统科学范式的变革。

第三,西学和基督教在向各地传播的过程中,以浙江、福建两省的中下层士人反响最为热烈,地方社会舆论的变化令人瞩目。与此同时,浙闽地区僧俗守旧势力的排拒和反抗亦最为猛烈,围绕《圣朝破邪集》的编辑与串联活动即是证明。

第四,主张以武力为后盾,实行蔑视中国法律的公开传教,且强调全面遵从欧洲教会规章和殖民者习俗的多明我会与方济各会传教士,为反对在华耶稣会士和平的、适应性的传教方针,便以中国祭祖祀孔的传统礼仪具有宗教迷信性质为由,上诉罗马教廷,并初获教宗支持,从而拉开了"中国礼仪之争"的序幕。奉命赴罗马教廷进行答辩的在华耶稣会士卫匡国,为维护自利玛窦以来有利于文化交流的传教环境,相继在欧洲出版了一系列介绍中国历史、文化、地理和现状的著作,赢得了巨大的声誉。因此,不仅改变了教宗的决定,而且使有关争论成为向欧洲社会传扬中国思想文化的契机。

第五,以徐光启、李之藻、孙元化为首的奉教士大夫,鉴于辽东对清战事累遭败挫,乃力主引进威猛精准的西洋大炮和技术娴熟的西洋炮师,作为明朝固本防御的利器,并实行军事战略的改革。而以礼科给事中卢兆龙为代表的朝中保守势力与利益集团,置辽东战事于不顾,却严辞指控这些引进的器械人员因来自"外夷",故其人叵测不可信,其"胜器胜术"则更加危险,必欲驱出国门而后快。终于贻误战机,难挽败局。

若追溯上述矛盾现象及其特征的思想渊源,便不难发现,反对中国传统礼仪和信仰的多明我、方济各乃至耶稣会传教士,他们的思想来自具有强烈精神征服色彩的"欧洲人主义"。这种肇兴于罗马帝国时代,并经中世纪基督教会发展的,所谓"一个人类的家庭、一个公教、一个普遍的文化、一个世界性的国家"的观念(罗素著,何兆武、李约瑟译:《西方哲学史》上册,商务印书馆1963年版,第355—356页),随着地理大发现后西方殖民帝国和传教事业的急剧扩张,便愈发膨胀而走向极端。"天主教和欧洲文化及习俗被无可置疑地认为是唯一正确的,哪怕稍稍对一些非'欧洲人'的文化和习俗有些让步,都有被视为背叛天主教信仰的危险。"(邓恩著,余三乐、石蓉译:《从利玛窦到汤若望:晚明的耶稣会传教士》,上海古籍出版社2003年版,第211页)受此狭隘性和排他性的制约,他们拒绝同中国文化进行平等的交流。与这种思维模式相对立,坚持"文化适应是以尊重当地文化为基础","适应当地文化是信仰的内在需求"的利玛窦传教路线,既符合宗教传播的规律,更反映欧洲文化发展的诉求。在平等交流和沟通的基础上,一方面,西教西学为中国文化吸纳改造而流布传扬;另一方面,中国文化精华经其传递与介绍,遂成为欧洲文化充实和发展的因素与机会。因为欧洲"近代的世界观的形成全靠深入异邦文化的精神"(转引自朱谦之:《中国哲学对于欧洲的影响》,福建人民出版社1983年版,第8页),故"哲学家在东方发现了一个新的精神和物质的世界"(利奇温著,朱杰勤译:《十八世纪中国与欧洲文化的接触》,商务印书馆1962年版,第79页),中国古代文明由此成为欧洲启蒙运动的思想源泉之一,即是明证。

另外,采取排拒甚至镇压手段,以根除西教西学影响的沈㴶、卢兆龙与闽浙僧俗人士为代表,他们对域外形势的变化和西洋先进事物,孤陋寡闻,漠然置之,却斤斤计较"彼疆我理,截然各止其所"的古训,坚持"华夷有辨,国法常存","外夷叵测,异类则然"的陈说。可见他们挥舞的思想武器与依托的精神支柱,乃中国传统的"夷夏之辨"的消极因素。如此"夷夏之防"的观念,矜恃华夏文明的优越性,鄙薄和歧视"夷人"

("非我族类,其心必异"),将"夷夏"间在种族、地理与文化习俗上的差异绝对化,只许华夏更化夷俗,不容夷俗补益华夏文明。所谓"吾闻用夏变夷者,未闻变于夷者也"(《孟子章句集注》,卷五),即此之意。与这种抱残守缺、坚拒蔽锢的思维模式,形成鲜明对照的,是徐光启、李之藻等进步群体所秉承的儒家夷夏观的积极因素,及其在中外思潮激荡下的开放意识。儒家夷夏观的积极意义在于,较之种族、习俗和地理上的差别,它更注重先进文化的同化作用,突出礼义之教的普遍推行,以及落后的文化习俗向较高的文明形态的转变。从此基本立场出发,通过对儒家经典的解构、重组和诠释,便为"东海西海心理相同",儒学天教若合符契;不当以天文地理格致之学来自外夷而陡生藩篱,而应镕彼方材质入我中华型模;以及"乃兹交相发明,交相裨益,惟是六合一家,心心相印,故东渐西被不爽"(冯应京:《舆地图叙》)等交流开放的言论,提供合理的依据。

通过对上述矛盾现象、特征及思想渊源的阐释,可以看出,坚持文化互补和交流的"趋同"意向,反映了文化的内在需求与发展机制,有利于人类文明的升华,并适应社会变革的召唤。那种突显文化差异而闭锢自大,乃至激化冲突的"辨异"诉求,不仅因缺乏生存和进步的活力,将使自身文化处于停滞与萎缩的状态;而且蓄意激化矛盾冲突的行径,只会给历史发展制造障碍和灾难。

事实表明,尽管遇到严重的挑战与质疑,"趋同"意向在这时期仍占据上风,并在很大程度上化解了因"辨异"而带来的各种消极因素,使文化交流得以正常进行,并在明清易代战争中迎来了新的高潮。新高潮主要表现在两个方面。在军事上,大规模输入、仿制和使用先进的西洋大炮,引起战争形态、兵器配备和军力对比的深刻变化,直接关系到明清政权的延续与嬗替。在政治上,活跃于不同武装集团的传教士和站立于反清战线前列的皈依文人学士,作为一股不可忽视的力量,在明季政治舞台上崭露头角,并对社会进程产生了积极的影响。

在原先拟定的计划中,上述辨析的内容,本应属于《明清之际中西文化交流史——清代:碰撞、蜕变与影响》的写作范围之内。随着研究的深入和中外资料的涌现,察觉明季跟清代交流的重点及其性质毕竟有所不同,强拉在一起未必妥当。故决定将明季部分自成一册,缕列九章,全书逾 70 万字。在我看来,《明季:趋同与辨异》既是《明代:调适与会通》的后续发展,又是《明代:调适与会通》和《清代:碰撞、蜕变与影响》(尚在撰写中)的中间过渡形态。三者的联系和结合,遂完整地呈现出明清之际中西文化交流的历史。

毫无疑义,伴随中西文化交流向纵深发展,其互补性与差异性的纽结交织自然愈加明显,不同政治势力和宗教派别纵横捭阖、明争暗斗的场景将更趋激烈,受其浸染影响的社会舆论与进步思潮越发精彩活泼,凡此一切,都为在马克思主义指导下,通过对纷繁复杂的历史线索的梳理,总结出一些规律性的认识,提供了相当大的学术空间和发挥余地。然而,面对如此宏大且具有一定理论与现实意义的课题,作者虽也探赜索隐,面壁潜研多年,却时有左支右绌、力不从心之感,其错讹疏漏亦难于幸免。之所以仍孜孜矻矻,不舍不弃,无非是期盼在这国际学术界颇为关注的领域,增加中国学者话语权的过程中,竭尽绵薄之力。

最后,本书的出版,曾得到商务印书馆常绍民、丁波先生的大力帮助,在此谨致谢忱。

作者　于北京望京上京家园
2010 年 11 月 12 日

第一章　中国传教团继任监督的
确立与耶稣会内部的论争

　　明季中西文化交流史上，趋同与辨异的矛盾和斗争，首先在来华耶稣会士内部展开。实际上，当利玛窦晚年为选择中国传教团的继任监督，而对郭居静、庞迪我、李玛诺和龙华民进行考察时，这种矛盾即已显现。处于矛盾状态的龙华民最终胜出，既是无奈又是不可避免的选择。龙华民上任伊始，便在遵从教会长上清算适应策略的意图，以及被驱逐至澳门的日本耶稣会士的教唆下，率先对利玛窦倡导的中国"天"、"上帝"与西方"救世主"信仰可以融通的理念，提出质疑和批判，从而在耶稣会内部引发了长达二十余年的论争。

　　论争涵盖了组织和思想两个方面。在组织上，斗争的实质，即在日本传教已濒临覆灭的葡萄牙籍耶稣会士，欲通过辩论和制裁，攫夺中国传教团的领导权，全面推翻利玛窦的适应策略。陆若汉的言行，典型地反映了这些人的图谋。其结果，经金尼阁的游说和罗马长上的支持，中国传教团从日本教省分离而独立。在思想上，关于中西之间是否在最高信仰上存在同一性和互补性，因为涉及对神的超越性信仰和表现的多样性，以及文化进化与外来宗教本土化、基督教至上主义和欧洲人传统偏见等诸多问题，具有重要的理论意义。而在实践中，经过多次论战、调和与决断，利玛窦的主张重新成为耶稣会上下的共识。这就为稍后应对外来更大的风暴，在思想和组织上做好了准备。

　　围绕中国"天"、"上帝"称谓的论争表明，由利玛窦确立的适应策略，不能一劳永逸和停滞不前，需要在新形势下不断深化与发展。如果说，那些先前来到中国并处于矛盾状态的传教士，往往是从自己所犯错误中吸取教训，从而为适应策略的延续作出过不同程度的努力的话，那么,像金尼阁这样的第二代来华耶稣会士,则从继承良好的思想传统出发,一方面,替适应策略新的开拓作出了贡献;另一方面,也为自己充分施展才干,争取到更大的活动空间。

当然,正如同利玛窦的传教理念曾具有广泛的国际影响一样,在他身后展开的这场论争,也跟欧洲从蒙田、科顿到莱布尼茨,从宗教改革到启蒙思潮,有着割裂不开的思想联系。

第一节 利玛窦继承人的选择和确立

利玛窦晚年,作为中国传教事业的开拓者和传教团监督,在他毅然牺牲自己的健康与生命,以换取传教新局面的期盼中,在他系统地总结适应性传教策略的经验,为教会规划未来前景时,他也不得不在对来华传教士的长期观察、考查和选择的基础上,确立传教团的继任监督。在当时的情势下,这绝非一般的领导职务或人员的嬗替,而是关系到利氏毕生为之奋斗的适应性传教策略能否顺畅地推行,某种程度上亦影响中西文化交流的前途。由于条件的限制,这个遴选过程颇多曲折,最终由利玛窦亲自举荐和确定的接班人,竟然是稍后对适应策略的核心理念进行批判的带头人。

在当时为数不多的来华传教士中,有可能膺任利玛窦后继人选者,大约有4人,即郭居静、庞迪我、李玛诺和龙华民。现分别对他们的情况略加介绍,以窥利玛窦选择之艰难,及最后确定龙华民为继任者的遗憾。

郭居静(Lazare Cattaneo,1560—1640),字仰凤,生于意大利热那亚城附近的萨尔察纳,乃名门大族的后裔。1581年加入耶稣会,进入利玛窦曾就读的罗马圣·安德烈初学院,不久即力请派往远方传教。1588年始得耶稣会长许可,于次年抵达果阿,被任命管理捕鱼海岸的传教边区。1593年(明万历二十一年)应召至澳门,研习华语。当传教士麦安东、石方西相继在韶州去世后,郭居静于1594年(万历二十二年)被派往韶州协助利玛窦。在前述4名人选中,郭居静无疑是追随利玛窦时间最久,亦最具资历的传教士。①

由于这种因缘,便使郭居静的传教生涯具有鲜明的特色。即他亲身参与和经历了传教策略最初的磨难与转变,在推行适应性策略过程中,显示了过人的决断、良好的科学素养和语言天赋,并始终保持着对该策略坚定的信念。所谓传教策略的最初转变,指的是在瞿太素的启发下,利玛窦认识到唯有改变自肇庆以来的僧人装束,换成中国儒士的服饰,才有可能为中国主流社会所接纳。为此,利氏亲赴澳门,向视察员范礼安请示,因事关重大,范未立即作答。经过认真磋商后,便乘派遣郭居静进驻韶州之际,于1594年(万历二十二年)7月7日带去批准的确讯。"郭居静奉范礼安命,中国传教士须留长须长发,在若干场合中应穿着绸服。"②从适应性传教策略的形成过程来看,经郭居静传达的指示及其相应的变化,不啻一次质的飞跃。

利玛窦前往南京之后,郭居静独自管理韶州教务近三年。其间,他仿效利玛窦,穿着儒服造访当地官员。当他意识到受本地人无端攻击和骚扰的原因,"在于人们把居留地看做和尚庙"时,为避免"和尚的丑名",郭居静毅然拆毁了教堂的部分建筑,关闭公共小教堂,并将原供展览的欧洲装饰品一并收藏起来。利玛窦充分肯定郭居静这种消除跟僧人有关的一切痕迹的做法,从中领悟道,"不急于建筑庙宇或教堂,而先建设一布道厅",将过去在教堂公开宣教的方式改变为在布道厅私下的交谈,且"交谈比说教还能布道,也更为见效"。③ 如此认识显然已汇入适应策略的整体架构之中。

1598年(万历二十六年)6月,郭居静又陪伴利玛窦作并不成功的第一次北京之行。无论是在旅途躲藏在狭小的船舱,忍受着暑热的煎

---

① 费赖之著,冯承钧译:《在华耶稣会士列传及书目》上册,中华书局1995年版,第57页;荣振华著,耿昇译:《在华耶稣会士列传及书目补编》上册,中华书局1995年版,第120—121页;何高济等译:《利玛窦中国札记》上册,中华书局1983年版,第274页。

② 德礼贤著,方豪译:《利玛窦年谱》。

③ 何高济等译:《利玛窦中国札记》上册,第309页;达基·宛杜里编,罗渔译:《利玛窦书信集》上册,台湾光启出版社、辅仁大学出版社1986年版,第236页;裴化行著,管震湖译:《利玛窦评传》上册,商务印书馆1993年版,第226—227页。

熬,还是在北京到处碰壁,难觅容身之处的尴尬;也无论是在隆冬仓促沿运河南下的艰辛,还是遵利氏指示承担于临清看顾行李钱财的责任,郭居静均能恪遵职守,任劳任怨,尽力辅佐利玛窦。由于这些出色的业绩,当1600年(万历二十八年)5月利玛窦第二次启程赴北京时,遂"留居静管理南京教务,并兼管南昌、韶州两地教务"。① 可见对其信任的程度。郭居静亦不负所望,在韶州、南京任职中,谨守利玛窦矩矱。"竭力不想在北京站稳脚跟以前惊动士大夫保守派,一直胜利地抵挡了急于传道的诱惑。"② 即使后因病多次停留澳门期间,仍不失时机地在范礼安面前支持利玛窦的主张。如利氏曾提出恳请范礼安这位"尊敬的教长"访问中国内地的计划,遭到多位澳门神父的反对,认为过于危险。唯郭居静据理力争,"使范礼安相信了利玛窦的意见是最合乎时宜的"。③

除忠实于适应策略的信念和出色的业绩之外,郭居静还具备良好的科学素养。在随同利玛窦从南昌往北京进发中,"沿途他们(指利郭二人)依据太阳的高度测定城市的纬度,并测定各地水道距离。"如测定扬州为32°1/2,天津39°1/2,北京40°强。又测量广州经南雄、南昌、南京至北京总计7065里,换算后约合1413罗马里。④ 凡此实地纬度和城市距离的数据,皆可视为利郭二人谙于科学观测的见证。同时,郭居静还精通语言音律之学。曾与利玛窦一道,在运用拉丁文注音汉语过程中,创造了以送气音符号和音调变化注释字义的规则,成为西方人学习汉语的行之有效的方法。这部新编的《中西字典》,是在1598年(万历二十六年)冬季从北京返归临清途中,利、郭二人得益于中国修士钟鸣仁的帮助而完成的。就此,利玛窦称赞道:"郭居静神父对这个工作作了很大贡献。他是一个优秀的音乐家,善于分辨各种细微的声韵变化,能很快辨明声调的不同。善于聆听音乐对于学习语言是个很大的

---

① 费赖之著,冯承钧译:《在华耶稣会士列传及书目》上册,第57页。
② 裴化行著,管震湖译:《利玛窦评传》下册,第367—368页。
③ 同上书,下册,第516页。
④ 同上书,上册,第246页。

帮助。这种以音韵书写的方法,是由我们两个最早的耶稣会传教士所创作的,现在仍被步他们后尘的人们所使用。"①

按照常理,以郭氏追随利氏最早的资历,坚定的传教理念和业绩,加之出众的科学素养与才能,这些本应成为遴选郭居静的有利条件。无奈郭居静关节炎的痼疾,使他难以在内地长期坚守岗位,不得不经常去澳门休养治疗。更何况他在澳门期间被无端地卷入一桩所谓组织远征军进攻中国的谋反事件。为了中国传教团的长远利益,利玛窦只得抛弃个人情感,将郭居静排除于权力中心之外。

从外表上看,郭居静"天生有些肥胖,个子高大,形态或面容显得勇敢和精神,因他留有长须而更受尊重"。② 可是,在"健壮外表之下却掩盖着慢性病——关节炎,这终生折磨着他"。③ 郭居静落此残疾,始于独自在韶州传教期间。据利玛窦回忆录,"孤独而工作过度,郭居静神父害了重病,几乎不能痊愈"。④ 事实表明,如此痼疾非但未能痊愈,而且越拖越重,以致发展到"因膝痛甚剧,坐时必将双足搁于椅上"的地步。⑤ 到晚年,更完全处于瘫痪的状态。在此痼疾的折磨下,郭居静很难于某一教区坚持较长的时间。而那种将双足搁在椅上的坐相,也显然有违于中国待客的礼貌。前者如郭居静曾就此事向澳门长上请示:"他有病而工作太繁重,实难单独一个留在南京。"⑥后者如教会人士指出:"居静则因膝痛甚剧,坐时必将双足搁于椅上,而按中国习俗,不能如此接客"。⑦ 在这种情况下,1600年(万历二十八年)利玛窦离开南京前往北京时,另一葡萄牙传教士罗如望(Jean de Rocha)被派至南京,与郭居静共处。而郭则逐渐担任内地教会同澳门的联络工作。如传教士

---

① 何高济等译:《利玛窦中国札记》下册,第336页;参见张奉箴:《利玛窦和金尼阁的中文拉丁注音》,载台湾《纪念利玛窦来华四百周年中西文化交流国际学术会议》论文集。
② 曾德昭著,何高济译:《大中国志》,上海古籍出版社1998年版,第233页。
③ 裴化行著,管震湖译:《利玛窦评传》下册,第391页。
④ 何高济等译:《利玛窦中国札记》上册,第310页。
⑤ 引自方豪:《李之藻研究》,台湾商务印书馆1966年版,第35页。
⑥ 裴化行著,管震湖译:《利玛窦评传》上册,第308页。
⑦ 方豪:《李之藻研究》,第35页。

庞迪我、李玛诺和熊三拔进入内地,利玛窦晋京准备呈送的礼物,均在郭居静护送或陪伴下,顺利地由澳门抵达中国内地。又如李玛诺视察内地教区的报告及其他神父的书信,亦由他亲赴澳门交付长上。再如1602年(万历三十年)以后,"他在澳门待了一年多,取得了成绩:建立了(内地)四个居留地各孤立成员之间的实际联系,也建立了同澳门的和印度的神父们的实际联系。这是一大成就,保证了今后的发展"。①

正是这种经常往返于内地和澳门的特殊身份,担任中国传教团同澳门乃至印度教区的联络工作,加之颇受长上的重视,"范礼安神父本拟选他为副手,准备巡视澳门公学和马六甲教区",不久因范病逝而未果。② 凡此身份和地位,使郭居静身不由己地卷入澳门不同修会之间的倾轧与斗争,成为无辜的受害者,担负着谣传中的向中国内地派遣远征军总司令的恶名。据利玛窦向罗马总会长阿桂委瓦的报告说,最初是"因为澳门修筑工事,为防荷兰人,但违犯了中国人的禁令。同时我们澳门的敌视者(即反耶稣会的神职人员和葡国人)也伪装着备战,以引起中国人对我们的怀疑与仇恨"。③ 于是,"仇视耶稣会的人在澳门造谣","他们说服那些容易被骗的中国人相信,城里的祸乱都是由郭居静神父引起的,他这时还住在那里,穿着中国衣服到处走动,他计划接管中华帝国并且自立为暴君。他们说葡萄牙人因为他熟悉中国的路径又到过两个京城,就拥戴他为领袖。据报,他们正等待不久有一支舰队从印度以及从日本到来,而且郭居静神父的同伴们遍布中国各个地方,都纠集有一批追随者,已做好准备等待着这场暴乱。有人从澳门带到广州一本书,里面详细记载着这些谣言"。④ "这是一个极其荒谬的故事,但是却像野火一样迅速地蔓延开来⋯⋯住在澳门的中国居民笼罩在恐惧之中,他们仓促地逃离这个城市。广东的总督命令广州当局采取适当的

---

① 裴化行著,管震湖译:《利玛窦评传》下册,第402—403页。
② 费赖之著,梅乘骐等译:《明清间在华耶稣会士列传》(1552—1773),天主教上海教区光启社1997年版,第63页。
③ 达基·宛杜里编,罗渔译:《利玛窦书信集》下册,第321页。
④ 何高济等译:《利玛窦中国札记》下册,第524—525页。

措施,使广州处于战备状态。"①经 1606 年(万历三十四年)2 月战备会议决定,拆毁广州城外千余幢民居以防藏匿,令水陆军队戒备待命,禁止接待外国人和传教士。在公告中指名追查郭居静神父,"因为他是反对皇上的阴谋的领袖"。此事还惊动了朝廷,"皇帝也接到了报告动乱的奏章"。

"最终还是依靠了利玛窦的影响力使这场风波得以平息。"经过与利氏友好交往的新任广东官员的秉公调查,所谓入侵事件纯系谎言,郭居静的清白无辜亦得到证实。② 然而,在这次突发事件中,中国传教团付出了沉重的代价。适至广州办事的中国修士黄明沙,诬告为"郭居静派来的一名奸细",被捕下狱拷掠至死。龙华民主持的韶州教区也深受牵连,传教士面临被驱逐的险境。即或在首都,"整个事情给在北京的神父们造成一种很棘手和危险的形势"。③ 为尽快扭转不利的局面,减少该事件给传教团带来的损害,深明大义的利玛窦遂指示郭居静留居澳门不得返回内地,即使在事件昭雪平息之后也是如此。1606 年(万历三十四年)8 月 15 日,利玛窦在写给罗马总会长阿桂委瓦的信中,报告"谣传郭居静神父伴葡萄牙人在澳门准备进攻中国"的事件后,明确表示为使事态不致继续蔓延而更深地波及北京的教会,"因此大家都以为此时最好不要让他回到中国内陆。故我下令郭铎(神父)暂留在澳门,虽然他通华语,也读不少中文书籍;但健康欠佳,无论在哪里尽力做事皆可。最近前途并不乐观,我会写信安慰他,您也致书给他,要他暂时安心留在澳门,这是天主的圣意"。④

就在事件平息一年之后,郭居静遵从范礼安生前指示,携同意大利传教士熊三拔返回中国内地,利玛窦也只允许熊三拔继续前往北京,而指示郭居静留居南京。凡此表明,尽管郭居静的资历、素养和业绩皆有

---

① 邓恩著,余三乐等译:《从利玛窦到汤若望:晚明的耶稣会传教士》,上海古籍出版社 2003 年版,第 103—105 页。
② 同上书,第 104—105 页。
③ 何高济等译:《利玛窦中国札记》下册,第 526 页。
④ 达基·宛杜里编,罗渔译:《利玛窦书信集》下册,第 322 页。

过人之处，且同利玛窦结下深厚情谊，但一则他长期受慢性病折磨，难以承担繁剧的工作，再则所谓谋反事件虽属无辜，却终难抹去留存在人们心中的阴影。为了中国传教团长远和整体利益，利玛窦不得不尽可能拉开他同郭居静之间的距离，非特将他排除在权力中心之外，甚至不让他前往北京共事。

在往后岁月中，面对如此无奈和委屈的境遇，郭居静特别表现出"忍耐宽容和逆来顺受"的品德，"无论在言语中或表情上，既无半句怨言，亦无丝毫愠色"。[1] 且不顾"年迈体弱，步履维艰"，[2]始终不渝地奉行利玛窦的适应策略。他先后开教于上海、杭州和嘉定，明末著名的天主教士大夫徐光启、李之藻、杨廷筠与孙元化，他们虔诚的宗教活动乃至皈依过程，都跟郭居静有着密切的关系。

第二位可膺继任人选者，乃西班牙传教士庞迪我（Didace de Pantoja,1571—1618）。他出生于西班牙塞维利亚教区的瓦德莫拉城（Valdmora），"18岁入托勒多州之修院，卒业后请赴外国传教。"[3]由于托勒多大主教区与派往东方的传教士因缘颇深，故庞迪我不是像大多数西班牙传教士，由马德里出发前往美洲大陆，而是循（葡萄牙）里斯本、（印度）果阿航线，于1597年（万历二十五年）抵达澳门，成为在东方尤其是中国活动的为数有限的西班牙传教士之一。

因为"保教权"的持久争执，及海外传教所凸显的狭隘民族利益的冲突，葡萄牙和西班牙都蓄意限制对方国籍神职人员进入自己势力范围从事传教活动。然而，作为耶稣会东方传教主要负责人范礼安，从一开始就坚持不分传教士国籍的多元化的组织原则。如1574年他率领一个庞大的传教团从葡萄牙的里斯本出发，42名成员中，西班牙人最多，超过葡意修士两倍以上，引起葡当局的不悦和猜疑。终因范礼安意志坚定，拒不妥协，葡当局不得不悉数放行。[4] 后因桑切斯等西班牙传

---

[1] 费赖之著，梅乘骐等译：《明清间在华耶稣会士列传》，第66—67页。
[2] 同上。
[3] 费赖之著，冯承钧译：《在华耶稣会士列传及书目》上册，第73页。
[4] 裴化行著，萧浚华译：《天主教十六世纪在华传教志》，商务印书馆1936年版，第161页。

教士有关武装进入中国传教的鼓噪,以马尼拉为基地的窥伺和准备,已严重威胁中国耶稣会传教区的生存,范礼安才明确表示抵制西班牙传教士从墨西哥、菲律宾路线前往中国的态度,并由此获得耶稣会总会长的明令支持。然而,正如范礼安所强调的,这种举措并不意味他"对西班牙人和他们在耶稣会中进行的工作抱有恶感"。① 为了继续贯彻由不同国籍构成传教团的原则,范礼安不顾葡萄牙神职人员的反对,选拔经里斯本东航澳门,原拟遣往日本的西班牙传教士庞迪我改派中国。

澳门耶稣会负责人李玛诺解释新任命的原因时,除肯定庞迪我已具备传教的基本素质,如"年龄、语言能力、谨慎、力量、美德等优点"之外,特别声明尊重他"表示愿去那里(中国)传教"的申请,并想以此次派遣消除耶稣会不接受西班牙人前往中国传教的传闻。李玛诺说:"其他可能的申请人由于是葡萄牙人,更需要派赴日本。同时也必须消除这一传闻:说我们不愿分配西班牙人去中国。"②这样看来,庞迪我被派往中国且长期伴随利玛窦居留北京,同时具有实际的和象征的意义。

庞迪我进入中国后,令人瞩目的第一件事,便是他于1602年(万历三十年)3月9日写给西班牙托莱多主教路易斯·德古斯曼神父的长信,即《一些耶稣会士进入中国的纪实及他们在这一国度看到的特殊情况和该国固有的引人注目的事物》。据介绍,该长信大致可分为七个部分。第一、二部分记载了庞迪我进入中国南京,随同利玛窦北上,通过向万历皇帝进献贡物而留居北京的亲身经历。第三至第七部分则着重叙述中国概况,包括中国地理方位、行政区划和城乡面貌,中国经济状况(币制、贸易、财富)、文人阶层与婚姻礼仪,中国武装体制、社会等级特权和书刊艺术,中国政治制度、官职与司法诉讼,以及中国妇女地位和宫廷秘闻。

在这基础上,中国学者张铠归纳和提升庞迪我中国观的核心内容是:(1)中国地大物博,人口众多,城镇相接,经济繁荣。(2)对中华帝国

---

① 引自维特克:《着眼于日本——范礼安及澳门学院的开设》,载澳门文化司署出版,《文化杂志》中文版第30期。
② 裴化行著,管震湖译:《利玛窦评传》上册,第307—308页。

中央集权制体制的初步认识。(3)中国的知识分子体现了儒家思想的基本特征,耶稣会在中国传教的首要前提就是与中国知识分子结盟。(4)睦邻政策是中国对外交往的基本出发点,"朝贡"是一种贸易形式;对外国人入境的严格限制是中国基本国策的一项内容。并据此总结道,这是"一份为耶稣会在华推行'适应'策略提供理论根据和行动准则的论证性文献","具有重要的理论意义和现实意义"。指出在1609年(万历三十七年)利玛窦致巴范济信中,"利玛窦才首次系统论述了他有关'适应'策略的观点"之前,主要是庞迪我这封信,既体现了"适应"策略的精神实质和各项原则,又补充了他和利玛窦所积累的新鲜经验,因此,"这封长信成为第一份结合中国国情从理论和实践两个方面系统论述'适应'策略的历史文献"。① 鉴于上述论断关系中国传教团"适应"策略的形成和性质,以及利玛窦逝世前庞迪我的地位与作用,故有必要在此稍加辨析。

其一,在欧洲有关中华帝国状况和传教士活动讯息相当匮乏的情况下,庞迪我以亲身经历者可信的记载,对于纠绳已往著作的疏漏和错误,改变传教报道畸重畸轻的现象,增进欧洲对中国的了解,无疑是有所助益的。

庞迪我以一位"有见识的观察家、有洞察力的批评者"的身份,通过"作为见证人记述所见所闻,提供了宝贵的资料"。恰是这些资料"纠正了'在西班牙印行的书里'常见的许多错误"。如中国人日常穿着奢华、子必承父业、皇帝微服私访等,皆传闻失实。尤其是来华使者被隆重安排于宫殿享受豪华款待,长信指出此传言更与事实不符。② 除此而外,据研究,在1600年以前,欧洲流传的关于中华帝国的基本著作,一直是西班牙人门多萨所撰《中华大帝国史》。1606年前后,欧洲有关中国教区的信息来源,主要是龙华民那"数量极多而且报道详尽的函件",故人们对韶州教区的事情有所了解,至于南昌、南京教区的情形却相当陌

---

① 张铠:《庞迪我与中国——耶稣会"适应"策略研究》,北京图书馆出版社1997年版,第110—128页。
② 裴化行著,管震湖译:《利玛窦评传》下册,第394—395页。

生,更遑论利玛窦开辟北京教区的艰辛旅程。这种"对重要程度不等的事件叙述的份量显然不成比例"的现象,妨碍了欧洲读者对于中国教会进展的全面关注和支持。"庞迪我为中国的伟大所强烈吸引"而记叙的真实资料,一定程度上为改变这种状况作出了贡献,即使这种记叙的题材亦有局限。正如法国宗教史学家裴化行所说:"庞迪我神父 1602 年 3 月 9 日从北京写的信也只是部分改正了这种不均等状况,因为他谈基督教在中国的进展较少,谈中国的性质和神父们到达北京前的旅行较多。"①

其二,从庞迪我入华时间的短促、疏于语言交往的能力和手头缺乏中国典籍佐证来看,长信所揭示的中国概况,断非一己之力可能完成。

据记载,庞迪我自澳门抵达南京,是在 1600 年(万历二十八年)3 月上旬,此距 1602 年(万历三十年)3 月 9 日书写长信不过两年。这其间,他经历了三种不同的状态。第一,大约五六个月时间,处于旅行前的准备,随同利玛窦北上途中,入贡北京初期繁忙交际中。第二,近十个月,先后被太监马堂羁押和礼部禁闭四夷馆,处于不自由状态。第三,九个月,定居北京后,自由地同士大夫交往。② 可以想见,在那被禁锢或旅行繁忙的日子里,很难说对中国概况有什么完整的认识。这样一来,顶多在相对自由的一年左右的时限里,一位初入中国的外国人,竟然对神秘中国的地理方位、经济状况、政治军事司法体制乃至对外政策,有如此全面和准确的描述,如果不是另有凭借的话,仅靠个人超强的"洞察力",是难以实现的。更何况此时庞迪我尚不谙熟中文,且无从利用众多的中文典籍以相印证。

庞迪我自进入中国,便开始学习中文。随利氏北上途中,即跟着一个口齿伶俐的中国男孩,学习"纯粹的南京话"。③ 大约 1603 年底或

---

① 裴化行著,管震湖译:《利玛窦评传》下册,第 472 页。
② 参见德礼贤著,方豪译:《利玛窦年谱》,载香港存萃学社编集,《利玛窦研究论集》,崇文书店 1971 年版。
③ 何高济等译:《利玛窦中国札记》下册,第 391 页。

1604年初(万历三十一年至三十二年),"作为利玛窦神父在北京伴侣的庞迪我神父学会了说中国话,还会读中国字并极为准确地写中国字"。① 不过,这只是粗通文墨。1606年(万历三十四年)徐光启一位朋友与利玛窦合译《几何原本》期间,仍由"他每天给庞迪我神父上课教授中文"。② 直至1614年(万历四十二年),庞迪我在名著《七克自序》中说:"迪我……涉海三载而抵中华。中华语言文字迥不相通,苦心习学,复似童蒙,近稍晓其大略,得接讲论。"③透过这段感言,可知庞氏历经十余年不懈的努力,习学中文方获得成效。据此反观1602年书写长信时的中文水平,其简陋粗浅自不待言。这种语言文字的障碍,不仅有损于庞迪我对中国事物的观察力和敏感度,更限制了他运用众多中国典籍印证观察所得的能力。再加上庞迪我自己承认:"他虽然暂时手头没有足以使他了解中国城市、居民、资源等等的详细情况的书籍,但后来一旦可能,他就搞到了。"④既然手头并无足以反映中国概况的书籍作为写信的资源,既然因入华时间短促和语言文字障碍,亦限制了运用这些资源的能力,那么前述庞迪我有关中国全面与准确的描述,不得不借重他人已有的记载,便不言自明了。

其三,就所谓庞迪我中国观的第一、二、四项核心内容而言,此前利玛窦从中国寄往欧洲的书信,应是其汲取思想营养、搜罗写作素材的主要来源。

倘若将现存的经达基·宛杜里(Pietro Tacchi Veuturi)神父编辑的《利玛窦书信集》中,利氏在相应时限内撰写的29封书信[起自1583年(万历十一年)2月13日,地点澳门;讫于1599年(万历二十七年)8月14日,地点南京],跟庞迪我长信的有关内容进行比对,那便会发现,前者为后者提供了何等鲜活的思想灵感和丰富的再创作素材。

据考察,与庞迪我长信相关的中国概况的介绍,大多集中于利玛窦

---

① 何高济等译:《利玛窦中国札记》下册,第471页。
② 同上书,第517页。
③ 庞迪我:《七克》,载李之藻:《天学初函》第二册。
④ 裴化行著,管震湖译:《利玛窦评传》下册,第395页。

进入中国的初期,即在肇庆和韶州撰写的书信中。如1584年(万历十二年)9月13日从肇庆寄出的《利氏致西班牙税务司司长罗曼先生书》,便是综述中国国情的畴谘酬答之文。其中,如中国的地理位置、气候特征、河流山脉、土地肥沃、物产丰富、城镇分布、白银货币、贸易繁荣;又如中国由皇帝一人统治,凭藉分为九品的官员治理帝国,严厉的统治和考核方式,军队的组成与练兵打仗;再如这个大国推行闭关自守政策,所有附庸国全对中国朝廷进贡等,①凡此种种皆可与庞氏长信的内容一一对应。稍后,1585年(万历十三年)11月24日《致富利卡斯神父书》,对中国专制皇帝统治下官僚制度的进一步描述;②1595年8月29日《致澳门孟三德神父书》,有关地方官员和统治阶级的构成,秀才、举人与进士的考试制度,南京、南昌等城市建筑的实地观察报告;③以及同年10月28日《致耶稣会某神父书》,再次就南京这"南方都城"的雄伟壮丽和繁华景象,所做的补充性记叙。④诸如此类的实地考察、补充记叙和综合性认识,为庞迪我长信准备了足资征信与采撷的丰富材料。

除此而外,一些关键性的数字、地理形状的描写以及论断表述上文字的一致,更无可辩驳地表明庞氏长信实取法于利氏记载。如"中国在东方是最大的国家,自然资源富庶,土地肥沃,人口众多,国势也强大。疆域虽非正方形,但几乎呈正方形。"又如"这个国家由一位专制的皇帝统治","每年约有一万万两银子的收入"。⑤再如中国"物产丰富,无需任何外来的产品。为此,他们毫不注意与别国通商的事务","他们视自己现世所有的土地就是人间天堂"。⑥如此等等,均可在庞氏长信查找到完全相同的文字。⑦可见庞氏对利氏认识上的承袭和资料的抄摘。

其四,中国传教团的适应性传教策略,是利玛窦在透彻了解中国国

---

① 达基·宛杜里编,罗渔译:《利玛窦书信集》上册,第45—57页。
② 同上书,第79—85页。
③ 同上书,第145—165页。
④ 同上书,第171—180页。
⑤ 达基·宛杜里编,罗渔译:《利玛窦书信集》上册,第80—81页。
⑥ 同上书,第48—50页。
⑦ 参见张铠:《庞迪我与中国》,第110—115页。

情的基础上,历经近二十年的痛苦磨练、摸索和抉择,大致在他进入南昌、南京传教期间,有关适应性策略的核心内容和各项原则已基本形成。然而,所谓庞迪我中国观的第三项,仅仅是对中国文人阶层的知识结构、考试制度、政治抱负和尊奉圣贤等一般特征的描述,根本未触及适应策略的核心及其原则。

何谓利玛窦的适应性策略? 就其实质而言,已不局限于耶稣会创始人罗耀拉、沙勿略的训令和意愿的简单再现,且超越基督教世界独树一帜并行之有效的传教方法的范畴,而是在更深层次或更高境界上,揭示不同文化间进行调适和融合所蕴涵的思想认识、理论原则及实现的途径。毫无疑义,这种适应策略[①]首先是建立在洞悉中国国情的基础上,利玛窦从肇庆和韶州发出的书信中,对此不断加深的理解便是证明。然而,须强调指出的是,国情的了解不会自动转换为对适应策略内在机制的认识;亦不能转换在适应策略形成过程中,传教士思想感情的深刻变化,同西班牙人在拉丁美洲推行军事征服与精神征服紧密结合的传教路线逐步划清界限;更不能转换经过长期不懈的努力,在中西思想信仰之间寻找到某种可以融通的一致性,以及由此派生出一系列原则、政策和实现的途径,从而构建适应策略的完整体系。如果以这个体系在利玛窦进入南昌、南京传教期间已基本形成而论,花费了近二十年时间。

在此过程中,接受瞿太素的建议改换儒士的服装,从而为主流社会接纳,无疑是标志性的事件。这从利玛窦进入南昌后书信中所洋溢的喜悦之情可见一斑。然而,利氏不久便认识道:"我们抛弃祖国、朋友、亲戚,每天穿中国人的服装与鞋袜,或说话、或吃、或喝、或居住都是采中国式的。但天主都不愿我们看见我们辛苦应得的成果。"[②] 概见一般的语言、服饰和生活方式的中国化,并不足以带来传教事业的根本改

[①] 实际上,所谓"策略"一词,已难完全表达其内涵和发展变化。在此姑且用之。参见拙文:《从西方学者的辩论看中西文化的同一性、差异性和互补性》,载《相遇与对话——明末清初中西文化交流国际学术研讨会文集》,宗教文化出版社 2003 年版。

[②] 达基·宛杜里编,罗渔译:《利玛窦书信集》下册,第 256 页。

观。只有当他深入地钻研中国的"四书"、"五经","从他们的经中找到不少和我们的教义相吻合的地方……获知如一位天主、灵魂不灭、天堂不朽等思想全都有"。① 这些认识在与儒者交谈时亦得到证实。从此,跟中国经书相吻合的基督教义,便成为利玛窦宣讲的重点。犹如他在寄给总会长的信中所说:"我能告诉您的,目前我们正进行的是如何在这个民族之中能获得丰硕的成果。每天有人来看我们,我便给他们讲些道理,虽然迄今我不曾把我们神圣信仰的奥迹讲给中国人听;但对基本的信条,如天主为天地万物的创造者、灵魂不死不灭、天主赏善罚恶等,这一切可说是他们很少听过的,或不曾相信过;他们听了这些真理,非常高兴,有的感动流泪,不住地赞叹,我们还用可了解的理由分析给他们听。"② 正是通过潜心钻研中国古代经典、与儒士广泛交流和深受欢迎的宣教活动,利玛窦成功地在儒家学说与基督教义之间,寻找到可以融通的思想信仰。

而最高信仰上这种融通的核心理念一旦确立,那在此前后形成的各项原则和方法,便于核心理念推动下迅速得到加强。诸如,继续学习中国语言文字和适应风俗习惯,坚持废弃僧人打扮改着儒士服装,深化以科学知识为手段的学术性传教,以及明确当前在中国不是收获而是做奠基工作,归化教徒须重质不重量等。如此适应策略的原则和方法皆随同其核心理念的确立而深入发展的事实,表明经过近二十年的传教实践、摸索与总结,利玛窦在南昌、南京期间,富于独创性的适应策略,其核心理念、原则和方法已基本形成。而 1595 年(万历二十三年)11 月 4 日,利氏撰于南昌《致罗马总会长阿桂委瓦神父书》,有关传教士在中国受欢迎的五个原因的分析;③ 1596 年(万历二十四年)10 月 15 日,亦写于南昌的《致高斯塔神父书》,对于基督教在中国传播难以迅速取得成效的五个原因的揭示,④ 即是反映此时期适应策略的理论和实践成果的历史性文献。至于 1609 年(万历三十七年)2 月 15 日《利氏

---

① 达基·宛杜里编,罗渔译:《利玛窦书信集》上册,第 209 页。
② 同上书,第 231 页。
③ 同上书,第 191—215 页。
④ 同上书,第 235—239 页。

致远东副省会长巴范济神父书》,则是利玛窦病逝前,在南昌、南京期间已基本形成的核心理念、原则和方法的基础上,根据居留北京十年间国内外形势的变化与新的实践经验,对适应策略所作的重大调整、全面梳理和系统总结。从而"为耶稣会传教区确定了一直保持了两个多世纪的基本方向、一种传教政策、一种很高的科学水平、一种灵活的适应中国习俗的做法"。①

秉持利玛窦在南昌、南京期间对适应策略的重要贡献及其理论成果,来衡量所谓庞迪我中国观的第三项内容,无论利氏揭示的核心理念还是原则方法,均未曾触及。据介绍,该项涉猎的内容有:中国文官制与欧洲贵族制的不同,文人阶层知识结构的特征和片面性,隆重的科举考试制度,中国官员忠于皇帝及敢于抗争的价值取向,中国文人尊奉古代圣贤及其著作等。如前所述,庞迪我有关中国知识阶层一般状况的描述,在对适应策略的核心理念、原则和方法缺乏深刻认识的情况下是不可能自动转换为这样的结论,即"耶稣会在中国传教的首要前提就是与中国知识分子结盟",以及"在这部分精英中培养基督教骨干的设想"。②

综而观之,一个刚进入中国仅两年的传教士,在中文水平低下且缺乏中文典籍佐证的条件下,依据利玛窦存留的资料("手写的笔记和档案材料"③)和自己亲身的经历,以一位"有洞察力的批评者"的眼光,就中华帝国的概况作出如此全面和相当准确的描述,对于纠正欧洲流传的有关中国著作中的错误,改变传教报导畸重畸轻的现象,具有一定的贡献。然而,正因为庞迪我入华的经历尚浅,远不能对与基督教世界主流传教方式相悖离的适应策略的实质,以及在艰难形成过程中所凝聚

---

① 伊莎贝尔·席微叶等:《入华耶稣会士和中西文化交流》,载耿昇译《明清间入华耶稣会士和中西文化交流》,巴蜀书社1993年版,第3页。
② 张铠:《庞迪我与中国》,第116—120页。
③ 据法国宗教史学家裴化行的研究,利玛窦晚年撰写《中国札记》关于传教团发展的部分,主要是"依据利玛窦神父在这方面从头开始的记载"。指出:"在时隔二十五年之后写的这些《札记》所依据的不单是模糊的记忆,而是手写的笔记和档案材料——其中有一部分毁于1611年夏季的大雨。"(《利玛窦评传》下册,第607页。)

的核心理念、原则和方法,有较深的切身体验与理论认识。裴化行指出庞迪我长信"谈基督教在中国的进展较少,谈中国的性质和神父们到达北京前的旅行较多"的特点,应是当时真实情况的反映。由此看来,所谓这封长信既体现了适应策略的精神实质和各项原则,又补充了庞迪我积累的新鲜经验,是第一份系统论述适应策略的历史文献的说法,似乎是在对适应策略的性质及其形成过程缺乏充分了解的情况下,不恰当地高估了庞迪我乃至长信的地位和作用。

其实,任何来华的欧洲传教士,为文化适应和兼容政策,都有一个从感情、思维模式与生活习惯上,收敛和改变那种恶劣的"欧洲人主义"的过程。① 利玛窦是如此,庞迪我亦不能例外。只不过利氏"内心占支配地位的是一种细腻的克制感,同时坚忍不拔,热情充沛,奋斗不懈,不为狂热所动",②因而使他能不断经受考验,成为制定和推行适应策略的杰出代表。庞迪我则不然。由于他一直在西班牙那鼓吹"精神征服"的宗教氛围中成长,接受的又是保守的宗教学派的教育,来到中国后并未检束自己,依然同西班牙教会保持联系。加之其性格外向、易于抱怨及待人不够宽厚的弱点,使他在摒弃旧有思维模式和传教理念,适应新的传教方式与生活习惯,注定要经历更为艰难和曲折的过程。

裴化行在上述引证传教士李玛诺对利玛窦的评价后,写道:"跟随他工作的年轻神父庞迪我,本是西班牙教士,想必受到耶稣会士桑切斯的报告的影响:菲律宾列岛的这位前传教士桑切斯,前面我们已经看见他回欧洲去商谈远东宗教事务,随后受总会长阿夸韦瓦委派处理西班牙的内部纠纷;显然,利玛窦与庞迪我在气质方面和修养方面都有相当大的差异。当来华传教团的创始人以极大的热情,同'克拉韦乌斯神父的数学家们'那个进步圈子一起努力把实验方法应用于科学的时候,庞

---

① 邓恩著,余三乐等译:《从利玛窦到汤若望》,著者前言。
② 裴化行著,管震湖译:《利玛窦评传》下册,第 393—394 页。

迪我却来自比较保守的学派:他们正以新经院哲学评注亚里士多德,即'科英布拉学派'。"①

这里提到的桑切斯的报告和保守的宗教思想,正是来自基督教世界而干扰并危害中国传教团适应策略的两大隐患,其策源地之一,便是西班牙教会。阿隆索·桑切斯,是在信仰和实践中狂热鼓吹以武力传扬基督教的代表人物。他曾在大学讲演,宣称:"对原始人种而言,必要时就该用刀尖把宗教加到他们头上去。用任何残暴的手段去强迫他们接受宗教,都是合理的。"来马尼拉、澳门活动数年后,更得出结论:"以为劝化中国,只有一条好办法,就是借重武力";"若没有军队协助教士,便一个人也不能劝化"。并以此说企图影响已进入中国的罗明坚等人。所谓桑切斯回欧洲商谈远东宗教事务,实则受马尼拉教会和当地殖民头目的重托,携带一份由他们集会通过的《论征服中国》的计划书,前往西班牙呈交国王菲利浦二世,并就决议内容作口头的解释和补充。②侵略计划因故而搁浅,桑切斯却依然受到欧洲教会上层的重视,被委派处理西班牙内部纠纷即是一例。桑切斯的传教理念及其引起的批评,"清楚地证实了,当时对中国进行一场'圣战'的有诱惑性的想法,其传播的范围是相当广泛的"。③ 以致后来有关"中国礼仪"的激烈论争中,欲对中国动武的念头,仍时隐时现地萦绕于某些传教士的脑际。

至于保守的宗教思想,一则在信念上,"构成天主教教理和道德真理的主体是不可篡改的";再则在传教中,必须"全心地投入到直接传福音的工作中",不能"将时间用在科学、哲学和其他的一些世俗的事务上"。④

受上述传教理念和宗教思想的影响,庞迪我在中国传教实践中,便时常显露出与适应策略并不和谐的言谈举止。

---

① 裴化行著,管震湖译:《利玛窦评传》下册,第394页。
② 参见拙著《明清之际中西文化交流史——明代:调适与会通》(增订本),商务印书馆2007年版,第408—410页。
③ 邓恩著,余三乐等译:《从利玛窦到汤若望》,第216页。
④ 同上书,第210页,214页。

第一章　中国传教团继任监督的确立与耶稣会内部的论争　19

第一，当太监马堂从羁押天津的传教士行李中，发现一座十字架上钉着裸体的、伤口流着血的男人，即耶稣的雕像时，吓得大叫，认定"这些外国人想要用这个有魔力的十字架将皇帝咒死"。对此指控的回答，虽然"庞迪我到中国刚刚几个月，很难用流利的汉语宣讲耶稣拯救人类的道理"，但他事后在写给西班牙耶稣会托勒多省教区的信中追述道："我们告诉他，这是真正的神灵。是他造就了天地，全世界都必须崇拜他。是他为我们的罪而死，是他给了我们生命。他死之后，凭借他自己的力量，从死亡中复活，升上了天堂。"这些话语典型地反映了天主教教理的主体不可篡改，无论何种场合，凡宣教就必讲"天主降生成人和耶稣受难救赎奥秘"的保守的宗教思想。倘若马堂能听懂庞迪我的宣示，"这样的解释就像是火上浇油"。富于经验的利玛窦深知，"当中国人面对十字架上的耶稣像时，是没有思想准备的，不可能立即理解其中的含义"，因而他的回复便别具一格："这是伟大的圣人，他为了我们而遭受痛苦和被钉上十字架的。为此，我们制作了代表他的雕像和画像，使我们能够经常在眼前看到他，这样我们就可以为我们得到的巨大恩典而感谢他。"① 于此，利氏适应策略的灵活与庞氏固守旧态的古板，形成鲜明的对照。

第二，不适应气候水土的变化，凸显了庞迪我易于抱怨的缺点。据裴化行征引资料证明，"庞迪我似乎也费尽了力气才勉强适应中华帝国的饮食和气温；他时常抱怨米饭单调，又难消化，去北京一路上胃病发作……而利玛窦逝世后的某些令人遗憾的事件（指万历四十四年沈㴶奏请禁教，庞迪我等神父被驱逐至澳门），显然说明庞迪我性格的一些缺点，气候水土的突然变化又加重了这些缺点。"②

第三，尽管迄未发现庞迪我直接赞同桑切斯那极端理论的言行，但他不顾纪律的约束，甚至1603年（万历三十一年）发生西班牙殖民者在菲律宾屠杀中国商人事件后，仍然同西班牙教会保持联系，不愿放弃来

---

① 邓恩著，余三乐等译：《从利玛窦到汤若望》，第61—62页。
② 裴化行著，管震湖译：《利玛窦评传》下册，第394页。

自于旧的传教理念的影响,即使这种联系可能危及中国传教团的生存,亦在所不计。

原来明朝万历皇帝受矿使税监之利驱使,遣人至菲律宾探询所谓机易山盛产黄金的传闻是否属实,引起占据当地的西班牙殖民者的恐慌。他们扬言明朝将出兵袭取菲律宾,而流寓该地众多的中国商民谋为内应,经过精心策划,殖民者于1603年(万历三十一年)残酷屠杀华侨达2.5万人。凶耗传至中国,朝野震动。万历皇帝下诏:"吕宋酋擅杀商民,抚按官议罪以闻。"①官吏纷纷"愤怒上请,欲假沿海将士加兵荡灭"。② 一时间同仇敌忾,颇有灭此朝食的气慨。驻菲西班牙殖民者闻讯大惧,不得不在呈文中"词甚恭谨",又作若干善后之举,从而侥幸逃脱惩罚。当此朝野激愤,主战舆论高涨之际,最为惊慌的莫过于居留北京的利玛窦。两年后他犹心有余悸地写道:"这件惨案在北京引起震动,因此我们担心中国人也许会对我们采取报复。托天主的祝福,无人找我们的麻烦;对这件事我只告诉了徐光启,他给我们帮了大忙,他告诉中国人我们意大利人(原文作葡萄牙人)与西班牙人信仰的宗教不同,我们称天主为 Deus,而西班牙人称天主为 Dios 可知。"③凭借徐光启的说项和中国人的宽容,在华传教士得以躲过因西班牙制造惨案而可能殃及的灾祸。为吸取该事件的教训,利玛窦"坚决反对任何在这个地区的'精神征服'的尝试——主要是菲律宾的西班牙人,他竭力避免同他们有任何牵连"。④

然而,就在利玛窦的身旁,庞迪我与西班牙教会的联系一直未断。他先是向其求学的托勒多教区写信,炫耀自己如何在太监马堂面前宣讲基督救赎的教义。继而于1602年3月给该教区主教德古斯曼发出长信,报告中国的见闻。所谓在"写的时候,庞迪我似乎眼前就放着古兹(斯)曼的那本书",指的是古斯曼于1600—1601年出版的《耶稣会在

---

① 《明史》卷三二三,外国四。
② 陈子龙等选辑:《明经世文编》第六册,中华书局1962年版,第4728页。
③ 达基·宛杜里编,罗渔译:《利玛窦书信集》下册,第269—270页。
④ 裴化行著,管震湖译:《利玛窦评传》下册,第572—573页。

东印度、日本及中国传教史》,在不过一年左右时间,庞迪我却能获读万里之外出版的原书,可见他同西班牙教会联系渠道的通畅和快捷。更匪夷所思的是,同样在惶恐不安的困境中,刚刚躲过报复灾难的庞迪我,竟然在菲律宾惨案之后,"继续与托莱多省区长古兹曼神父保持联系,从他获知关于菲律宾传教团的情况,例如 1604 年希里诺神父的论文"。① 这种不计后果的乖张举措,不仅公然违背乃至对抗传教团监督利玛窦避免同西班牙人牵连的指示,而且随时有可能再次将传教团置于危险的境地。一旦侦骑四布的京城衙门对此频繁书信来往有所察觉,传教团悲惨的命运便可想而知。庞迪我如此甘冒风险、我行我素的行径,除了表明他对来自西班牙教会的传教理念、方法和宗教氛围,具有无法割舍的依恋之外,很难有别的解释。

第四,确实,庞迪我热衷于那种西班牙式的公开宣教的方式。1605 年(万历三十三年)他在北京近郊农村建立了圣克雷门蒂斯传教中心。这种按照旧的思维模式,以迅速在农民中讲授教会要理,尽可能多地归化当地民众,并完全遵照欧洲的教仪(如焚毁偶像、集体礼拜救世主、公开聚众布道、给妇女面部涂油施洗等)而展开的传教活动,终因煽动民众宗教情绪和违背中国风俗,引起地方官吏的注意与追究。如此使"过多的人皈依"的传教方法,"在京城颇遭物议",且险些被地方官视为邪教而加以惩治。在徐光启一再警告之下,北京会院才决定收敛由庞迪我一手谋划的此类招摇的活动。②

第五,与上述"全心地投入到直接传福音"的旧观念相一致,庞迪我对利玛窦将时间花费在教授士大夫数学的世俗事务,尤其是凭借科学引导李之藻皈依的长期努力,很不理解并颇有微词。"正如 1610 年年底汇报书信所说:'若干年来,利玛窦试图把李之藻网罗进教会,在某些人看来,他热心过分了(从字里行间揣摩,可以认为那些人中间有庞迪我神父。——原注)。无疑,李之藻是个威望极高、敏锐聪颖的人物,不

---

① 裴化行著,管震湖译:《利玛窦评传》下册,第 573 页。
② 达基·宛杜里编,罗渔译:《利玛窦书信集》下册,第 342—343 页;裴化行著,管震湖译:《利玛窦评传》下册,第 515,545—547 页。

过,不少人怀疑是不是值得好老头(指利玛窦——原注)花这么多时间,既然神父在中国已经享有盛誉;他那么大的年纪,还每天去向一位并不想为了入教而舍弃几房小老婆的士大夫教数学,岂不是过分了么?"裴化行就此指出,"直接下属"的这种不信任,使利玛窦深感失望。①

第六,在稍后的叙述中,北京同会修士和学生有关"无德"的指控,以及利玛窦临终前关于以加倍热情善待同会神父的勉励,皆反映庞迪我性格的最大弱点,在于缺乏待人诚恳和宽厚的精神。

综观以上缕列的庞迪我不合时宜的言谈举止,其特点就在于从组织和思想上一直同西班牙教会保持联系,为此他热心于传统的宣教方式与内容,而就学术性传教的必要性及其效应,则心存疑虑缺乏信任,加之他性格上待人不够宽厚及易于抱怨的弱点,更加剧了对适应策略理解和执行上的困难。

对于这不仅涉及利庞之间在"气质方面和修养方面"的差异,而且关系适应策略与"精神征服"方式的分野,利玛窦采取了两项重要的应对措施。其一,在给罗马长上的信中,如实地作出鉴定和批评。其二,不断地予以宽容、感化与善意的诱导。

遵照《耶稣会会宪》的规定,审查和考量各会士实际工作的情况,对其缺失进行补赎与纠正,并向总会长报告属下教士和团体治理的情形,这是被任命的各级长上的权力与义务。② 循此惯例,1606年(万历三十四年)8月15日,利玛窦在写给总会长阿桂委瓦的信中,除汇报范礼安视察员死后中国传教事业进展情况外,另一重要内容,便是对传教团的耶稣会士作出评价。因对人的评论实属敏感话题,故此信"原文有'Soli'字样,意只供上司阅读,而不能让其他的神父与修士知晓"。可见利玛窦处世的谨慎和对评论的郑重其事。在信中,如郭居静、王丰肃、龙华民、费奇观和倪一诚等,均受到好评。唯一遭到严厉批评的传教士,便是庞迪我。利玛窦就此写道:"这里还有一位同伴,即庞迪我神父,是

---

① 裴化行著,管震湖译:《利玛窦评传》下册,第611页。
② 侯景文译:《耶稣会会宪》,台湾光启出版社1976年版,第230—231页。

视察员神父两年前准他发了圣愿;但表现不佳,甚至修士们与本院学生都认为他无德,又欠明智,跟我一起工作已五六年了,我认为他应当感到羞愧。"①据考察,这恐怕是保存至今的利玛窦书信及其晚年所撰回忆录中,绝无仅有的措辞如此严厉的评语。毫无疑义,这些评判断非利玛窦一时激怒、感情冲动所致,而是经长期观察、深思熟虑的成果。

首先,信中对庞迪我"欠明智"的批评,显然是指他菲岛惨案后仍继续同西班牙教会、菲律宾教会保持联系,就其漠视耶稣会的纪律及对传教团的实际危害而言,这个评语非但不过分,且笔下留情、相当克制。其次,所谓"表现不佳"的评论,亦非空穴来风,一位曾跟北京会院毗邻而居的中国文人的观察可供佐证。明代著名《万历野获编》一书作者沈德符,自谓"往时予游京师,曾与(利玛窦)卜邻",多有交往。就此因缘,他对利氏来华的经历、传教特点及其习俗,常有准确的记载。他视利玛窦为"异人",称其"性好施,能缓急人,人亦感其诚厚,无敢负者。"谈及庞迪我,却说:"其徒有庞顺阳,名迪义(我),亦同行其教,居南中,不如此君(指利氏)远矣。"②相形之下,庞氏待人诚恳宽厚方面,显然表现不佳。至于北京会院的修士们和学生指责庞迪我"无德",则尽可从利玛窦临终前的谆谆告诫中窥其一二。当利玛窦弥留之际,庞迪我真挚地询问:"怎样才能最恰当地向他表示感激之情。"利氏语重心长地说:"始终细致亲切体贴欧洲来的神父,因为他们放弃了耶稣会公学的慈祥照顾,寄寓在这个异教的沙漠,因此,仅仅按常例和蔼接待他们是不够的,而要加倍热情,使他们在这里从一个人身上感觉到在那边许多伙伴身上具备的感情。"③虽然利玛窦至死也不失其长者风范,但这一番临终赠言,却委婉地道出了庞迪我性格中最大的弱点,即缺乏待人诚恳和宽厚的精神。从利氏劝其体谅欧洲神父的殷切期望中,似可窥见庞氏往昔言行诸多"无德"的瑕疵。

---

① 达基·宛杜里编,罗渔译:《利玛窦书信集》下册,第323页。
② 沈德符:《万历野获编》卷三〇,外国,大西洋,利玛窦条。
③ 裴化行著,管震湖译:《利玛窦评传》下册,第621页。

显而易见,利玛窦将这位属下的不良表现,如实地向总会长和盘托出,便意味着排除了庞迪我今后受到重用乃至选拔为继任监督的可能性。然而,待人宽容的利玛窦,并没有进一步从组织上采取调离的措施。因为"那些不配合范礼安'文化适应'的传教政策的耶稣会士,根据耶稣会内部的规矩将被调离。"日本省会长卡布拉尔,就是这样被调离岗位回到澳门。① 利玛窦显然摒弃了这种极端的伤人的做法,而通过不断的关怀、感化和循循诱导,力图使庞迪我的思维模式与性格有所改变。

当庞氏初随利玛窦北上,即难适应中国饮食和气候而口出怨言。"利玛窦的某些知己话似乎表明,耐心和互相支持对于两人的共同生活是必要的"。② 获准定居首都,为让庞迪我精通中国语言文字,利氏在莅京六年后还延聘一位中国举人,每天教授庞迪我中文,终于取得可喜的成绩。利氏就此加以称赞,并说:"有这两个人(指庞)在工作,基督教在都城获得了进展。"③特意对庞氏的认真努力予以肯定和鼓励。经过多年的感化和熏陶,庞迪我身上那种不够宽厚的性格已有所变化,如他仁爱地对待一位重病仆人的义举便是一例。事情的缘起是,李之藻家仆中有人私下接受了基督信仰,却突患中风,危在旦夕而无人理睬。"到了他要领洗的那一天,一个神父便走进屋里去,焚香熏屋,然后把病房打扫干净。这吸引了别的仆人;当他们看到所发生的事情时,他们惊奇地发现基督教教义的仁爱超过了责任的要求。主人听说这事,也称赞这种伟大的仁爱行为。"④据传教团《1610年纪》的报告,这位不避忌讳和污秽,尽心服待临终仆人,从而为基督教赢得仁爱美名的传教士,便是庞迪我神父。⑤ 对于十年来利玛窦的亲切关怀和自己身上的新变化,庞迪我是感恩戴德的。这就出现利氏病逝前庞迪我那句情真意切的问话,以及利玛窦寄予的殷切期望,那一幕真挚感人的心灵交流和生

---

① 邓恩著,余三乐等译:《从利玛窦到汤若望》,第215页。
② 裴化行著,管震湖译:《利玛窦评传》下册,第394页。
③ 何高济等译:《利玛窦中国札记》下册,第471—472页。
④ 同上书,第586页。
⑤ 裴化行著,管震湖译:《利玛窦评传》下册,第599页。

死诀别。

最能反映庞迪我从这种心灵交流与生死诀别中汲取精神力量,在思想感情、传教理念和方法上发生很大程度转变的,莫过于利玛窦死后,他已成为适应性传教策略的坚定维护者与执行者。例如,经他运筹和折冲于朝廷显贵,交涉与捭阖于阉寺太监,终获万历皇帝钦赐利玛窦的墓地,为基督教在中国传播的合法化作出了贡献。又如,1614年(万历四十二年)出版著名的《七克》一书,在伦理道德领域为基督教义与儒家学说的沟通续写新的篇章,故有"庞子衍耶稣之教,而利子之言益彰"的评论。[①] 再如,耶稣会内部就"上帝"、"天"称谓展开的辩论中,始终坚定地维护利玛窦倡导的适应策略核心理念的立场。更如,积极参与测算广东至北京沿途主要城市纬度的科学活动,为修订明朝历法作准备。诸如此类,说明庞迪我未曾辜负利玛窦的精心教导,在利氏死后,成为推行和维护适应策略的中坚人物。

值得注意的是,尽管庞迪我立足的根基已实现转移,但旧时的影响并不会轻易消歇。也许长期担负"以教义授于应受洗礼之人"的职业要求,[②]也许纯出于个人的兴趣爱好,庞迪我还用中文撰写了一系列宣传基督教奥迹和原教旨性质的著作:《庞子遗诠》、《天神魔鬼》、《人类原始》、《基督受难描述》(或《耶稣受难始末》)、《天主实义续篇》。这些著作已将利玛窦生前所竭力回避,实则中国士人普遍反感的,诸如天主降生、受难、救赎等奥迹,作为论述的核心和传教的主要目的。正如意大利学者柯毅霖(Gianni Criveller)指出的,"通过苦难而来救赎这一教义一直处于耶稣会传教士庞迪我的作品之核心"。[③] 由于"庞迪我对基督的受难特别感兴趣",在《庞子遗诠》中,"一开头就宣讲基督受难是传教士来华的主要目的",而"该书基于天主降生成人和耶稣受难对救赎奥秘第一次作了广泛表述"。[④] 所谓《受难始末》,乃"译福音所记耶稣蒙

---

① 参见拙著《明清之际中西文化交流史——明代:调适与会通》(增订本),第566—567页,对《七克》一书的简略评论。
② 费赖之著,冯承钧译:《在华耶稣会士列传及书目》上册,第73页。
③ 柯毅霖著,王志成等译:《晚明基督论》,四川人民出版社1999年版,第143页。
④ 同上书,第142—143页。

难历史"。① 即使号称接续利玛窦名著的《天主实义续篇》,却全然抛弃了《天主实义》所体现的"儒学色彩和基督教义结合"的精髓,及其参证中文典籍的清新活泼的风格,代之以纯西方经院神学的繁琐细密、倨高说教的令人生厌的习气,以及了无新意的论证天主存在及诸多特性的教义。② 如此味同嚼蜡的作品,其乏人问津,"教内久无传本",当在情理之中。

综上所述,作为来华已有多年且朝夕陪伴利玛窦的资深传教士,从意大利和西班牙教士往往同受长上重视,而累遭葡萄牙教士的妒忌与訾议来看,③至少在利氏心目中,并不拒绝庞迪我成为未来监督的候选人。无奈庞氏一系列乖张举措,有碍于适应策略的顺利推行,故利氏不得不如实向罗马长上禀报,过早地剔除了庞迪我竞争的资格。不过,利玛窦毕竟宅心仁厚,迄未采取从组织上调离的处罚措施,反而在日常生活中尽可能地予以关怀、感化和劝导,并终于取得成效。

庞迪我经历的典型意义在于,一个在军事征服与精神征服相结合的传教路线下成长的传教士,一旦进入中国,置身于适应中国文化习俗的传教氛围中,由最初的抵触、抱怨与不理解,经过磨练,感动和改造,在利玛窦的潜移默化之下,成为维护适应策略的中坚。凡此不啻适应策略成功的写照,实乃利玛窦个人魅力的彰显。然而,从庞迪我仍然标榜宣讲基督奥迹为来华传教的主要目的,甚至不惜抛弃利玛窦最重要的思想成果来看,在华传教士不可避免地陷入新旧矛盾和斗争之中,并预示适应性传教路线必将经历荆棘丛生的艰难旅程。

在候选人中,同郭居静、庞迪我相比较,就教中地位、才干和业绩而

---

① 方豪:《影印天主实义续篇序》,载《天主教东传文献续编》第一册,台湾学生书局1966年版,第11—12页。
② 同上书,《天主实义续篇》;参见拙著《明清之际中西文化交流史——明代:调适与会通》(增订本),第335—345页。
③ 邓恩著,余三乐等译:《从利玛窦到汤若望》,第215页。

言,李玛诺无疑是最有可能的膺选者。李玛诺(Emmanuel Diaz Senior,1559—1639,因其外文姓名与来华的阳玛诺神父完全相同,故在他的外文姓名后加"年长者"以资区别),字海岳,出生于葡萄牙波塔雷格里教区之阿斯帕罕小城,1576年12月30日加入耶稣会。1585年4月10日搭乘"圣雅各号"船前往印度,途中经非洲索法拉海岸船沉遇险。酷热气候的折磨,当地土著的骚扰,百物皆缺的窘困,致使同船乘客大多罹难,仅李玛诺与另一教士得以幸免。此后,赴果阿完成全部学业,发四誓愿,并选拔担任教会领导职务。先是管理果阿教区塔纳、乔尔两城教务,继为视察员范礼安助手(会办)达三年之久。1597年9月被范礼安任命为澳门神学院教长兼神长,1602年初更以"临时视察员"的头衔,巡视中国内地教区。①

当时,中国"传教团的事务性工作由澳门神长代理,由他负责供应一切必需品",而担任该职务者,便是"一向以热爱中国事务著称"的李玛诺。② 为此,从一开始李玛诺就积极扶持中国传教团。如接济利玛窦对北京的初次访问,"澳门神学院院长李玛诺神父为这次旅行寄来了很多钱,但唯恐他们在北京需用更多的钱,所以又给了他们一张汇票"。③ 当利玛窦决定第二次前往北京进贡,行前派郭居静专赴澳门请求支援时,正值来往于日本澳门间贸易的葡萄牙商船遇难沉没。"整个澳门市都是依靠这艘船所提供的贸易和货物的。(中国内地)三个传教基地也依靠它,而且偿付在南京购置的住所以及去北京的旅费也都依赖于它。在这种窘迫情况下,澳门神学院长李玛诺神父就挺身而出,大发善心,也可说是对支持中国传教会显示了他慷慨仁慈的精神。他处处筹节钱财,最后凑足了款项,使人人得以渡过难关。他还再添上了一些给他的朋友们。他送来了另一座时钟,加入到献给皇帝的礼品之中。"以及玻璃三棱镜、镜子、华丽衣服布料和许多玻璃器皿,"这些东西都是社交所需"④

---

① 费赖之著,冯承钧译:《在华耶稣会士列传及书目》上册,第77页;裴化行著,管震湖译:《利玛窦评传》上册,第238页,下册,第385页。
② 裴化行著,管震湖译:《利玛窦评传》上册,第238页。
③ 何高济等译:《利玛窦中国札记》下册,第335页。
④ 同上书,第377—378页。

正是在此次接洽中,为贯彻范礼安在传教团成员构成上尽量避免民族矛盾,实行多种国籍的政策,李玛诺主动"指派庞迪我神父作为同伴和郭居静神父一起回去,或是留在南京,或是随同利玛窦神父到北京去",①以此消除所谓"不愿分配西班牙人去中国"的传闻。难能可贵的是,如此多国籍政策,李玛诺始终信守不渝。这集中表现在他78岁高龄时(1637年),写给威特勒斯奇(Mutius Vitelleschi)神父那令人注目的信中。"信中述及他在东方工作达五十一年之久,历任院长、咨议等有四十九年,因此他在会内会外有关人和事的处理上,积有一定经验。他建议总会长今后在派遣人员去中国和日本教区时,不要仅限于葡萄牙人,而应从欧洲各省(此为耶稣会划分的省区。——译者注)简选良材,各有专长者,如画家、数学家、天文学家等。这样可避免久居澳门,因澳门的气候环境不适于从事科学研究。"②在那种鼓吹"保教权"和葡萄牙人狭隘民族主义甚嚣尘上的时候,作为一位葡籍高级神职人员,竟然数十年如一日,执着地坚持这种非"民族主义"的立场,其胆识的确不同凡响。

在李玛诺从澳门神学院卸职之后,随即被任命为"临时视察员",奉命巡视中国教区,"建立中华帝国各居留地之间的联系"。原来,"在中国传教团四处驻地工作的几名神父,人手不足,难以胜任工作。教团监督利玛窦神父必须留在皇城中,距其他几处驻地十分遥远;既然他无法访问这些中心,有关教区的许多问题必然不能决定。"③可见适时地派遣颇具经验和阅历的李玛诺前往,实担负加强领导、疏通关系与考察现状等多项任务。

不过,行前曾有规定,"这次巡视是在教团监督利玛窦神父的管辖下进行的,没有他的同意就不能作出决定。"④对于这位昔日的下属而今实际长上的利玛窦,李玛诺在巡视中表现出充分的尊重和服从。

---

① 何高济等译:《利玛窦中国札记》下册,第378页。
② 费赖之著,梅乘骐等译:《明清间在华耶稣会士列传》(1552—1773),第90页。
③ 何高济等译:《利玛窦中国札记》下册,第471页。
④ 同上。

第一章　中国传教团继任监督的确立与耶稣会内部的论争　**29**

　　1602年(万历三十年)初,李玛诺进入中国后巡视的第一站是韶州。"龙华民在韶州让他分享了传道初步成就的喜悦",并表示"想更大胆地前进"时,"大概就是在这类交谈中,视察员(李玛诺)向他指出应该感谢这位传教团创始人(利玛窦)!"①此后,李玛诺将巡视中发现的问题随时记录下来,并准备了上报给利玛窦神父的一切事项。巡视完毕他被召往北京,李玛诺神父在北京待了两月,其间他和利玛窦神父为整个教团拟定了详细的计划。"鉴于方生的北京基督教会的这些情况,很容易理解李玛诺神父根据自己的观察有多么良好的印象"。②因此,"在返自日本的监会铎范礼安神父召他去澳门后,李玛诺神父作了最有利于中国的汇报。"③范礼安认为,这些良好的印象和情况,"超过了他所预料要听到的,他立即就决定尽一切可能的办法推进教会的事业。"这不仅包括向中国传教团输送更多的传教士和资金,更重要的是,"为了保证中国教会在行政管理方面有更大的行动自由,公认对中国事务最有经验的利玛窦神父就被置于负责的位置,作为不受澳门神学院院长管辖的一个传教团。"④

　　鉴于李玛诺对中国传教团的真挚感情和突出贡献,他深得利玛窦的赞赏与全体教会人士的拥戴。如1602年(万历三十年)9月2日利玛窦在北京写给龙华民的信中说:"李玛诺神父在圣劳伦佐节日(8月10日),为办理重要事务来到北京,暂时尚不能很快返回住所。看来天主拣选这位神父,做它兴隆中国天主教的得力工具。他日夜所思所希望的,除众多灵魂的皈依外,别无所求;李铎的热诚把我的冷淡也燃烧热了。"⑤后更在回忆录中指出:"这次受命视察传教中心,是以李玛诺神父为主角,幕正在为他揭起,等待上演好戏。他一直期望参加中国教团,作为澳门神学院院长,他很偏爱它。其余的神父们对他到来的消息

---

①　裴化行著,管震湖译:《利玛窦评传》下册,第387页。
②　同上书,第402页
③　费赖之著,梅乘骐等译:《明清间在华耶稣会士列传》(1552—1773),第88页。
④　何高济等译:《利玛窦中国札记》下册,第478—479页。
⑤　达基·宛杜里编,罗渔译:《利玛窦书信集》下册,第261页。

感到高兴,他们向视察员神父共致一函,请求他把李玛诺神父留在他们中间,不要使教团失去这样一位热情的工作人员。"①出于传教事业的需要和在华神父的强烈要求,先是李玛诺的顶头上司澳门公学神长,发表允许他归属中国传教团的命令,继而范礼安批准了这种任命。"前院长李玛诺神父被建议住在南昌,因为这个地方正处于他所领导的三个教堂(韶州、南昌、南京)的中心。"②凡此利玛窦的称赞,同会神父的拥戴,以及实际承担的职责,无不传达出一个明确的信息,李玛诺乃继任中国传教团监督最合适的人选。

李玛诺自1602年(万历三十年)进入中国内地,担任南方三个教区负责人而留居南昌以后,仍致力于推行利玛窦的适应策略。如努力学习中国语言文字,与当地达官贵人友好交往等。特别是1604年(万历三十二年)11月他从南昌寄给罗马耶稣总会负责人阿耳瓦列兹神父两封信阐述的观点,丰富了适应策略的内涵。第一封信,李玛诺以亲身经历和具体事实,极力澄清所谓"中国的皇帝已成了基督徒",又有两位大官和全家受洗,共有百人之多的谣言。指出这种"过分的乐观猜测",不利于对事情真相的了解。表示要继续写信反映真实情况,使总会长神父"想起(在中国)传教士所做的事"及作出有关决定时,能更好地"与发生的事情相符合"。③祛除这种不切实际的乐观猜测,有利于长上对适应策略的了解及其公正的评价。

在第二封信中,李玛诺更以不容置疑的口吻写道:"请天主原谅,这不是恐吓神父,这里的事务是这样在进行着,就是要获得精神的收获,那就需要我们本国物资的支援,主要的是为中国的传教事业,不能没有这庞大的费用,由于本地不能提供什么,因此,若是我们推卸责任的话,这将使上主的教会遭到全部的损失。此外更要为这里的人,作一个强有力的证明,即天主教会是真的,我们来到这里,不是在他们的国家做间谍、做征服的工作,而只是传教。使他们看到,我们并不要求他们什

---

① 何高济等译:《利玛窦中国札记》下册,第471页。
② 同上书,第480页。
③ 达基·宛杜里编,罗渔译:《利玛窦书信集》下册附录,第527—528页。

么,而是我们自己维持自己的生活……这就表示出,虽在他们的土地上,但却由我们本国来支援生活费用,因为我们并不想取之于他们,而他们也不必将自己的东西给我们以作为进教的条件,这样他们接受信仰,但并不损失什么。"①李玛诺以一位葡籍高级神职人员,直接写信给罗马耶稣总会葡萄牙区参赞,反复强调中国传教团的庞大费用,须全部由"我们本国物质的支援",这显然表达了意大利人利玛窦想说却难于说出口的要求,而所涉及的问题,则事关适应策略的成败。一般来说,有充裕的资金物质保障,乃传教事业得以延续的基本条件。然而,李玛诺明确提出中国传教团的费用须来自域外,并不就地取材,其意在避免中国各阶层对传教士做间谍、做征服工作或攫取财物的猜疑,树立天主教会乃单纯传播信仰的正面形象,从而减少归化中国民众的阻力和障碍。很显然,这已不是某种经济利益的考量,而是关系适应性传教路线的一种战略决策。此后相当长的时间,它已成为保证适应策略顺利进行的共识。

　　第二封信的另一重要内容,则在强烈呼吁,通过开办中国青少年修院的途径来归化中国,实行教会的本土化。李玛诺指出:"为援助这个国家,无疑的,我们再找不到为归化他们比用一些修院更好、更有效的方法了;因为,这些中国青年所能获得的是学问与在文学上能有的荣誉,有很多人来我们修院中读书,当他们读完书出去之后,都成了显著人物,对传教区有利也有保障"。②诚然,这种以培养和教育中国青少年为特色的教会本土化的思想,作为学术性传教的组成部分,历来为范礼安和利玛窦所关注,但将开办修院提升到归化中国更好、更有效方法的高度而加以揄扬,则出自李玛诺的创新精神。史实表明,该呼吁迅速得到长上的回应。1607年(万历三十五年)8月,教会批准"在南昌购地成立一栽培中国人之学校兼修道院"。③

　　在李玛诺努力适应并推行利玛窦传教策略的同时,他也和其他初

---

① 达基·宛杜里编,罗渔译:《利玛窦书信集》下册附录,第529—530页。
② 同上书,第530页。
③ 德礼贤著,方豪译:《利玛窦年谱》。

入中国的西方传教士一样,仍不免经常流露出那种欧洲文化的优越感、思维模式和传教方法的习惯,并因此过于张扬的传教而在实际中遭到明显的挫折。如前所述,李玛诺在北京与利玛窦相处后,一方面,就利氏那"得天独厚"的"坚忍不拔、热情充沛、奋斗不懈"的性情表示赞赏;另一方面,对其"内心占支配地位的""细腻的克制感"、"不为狂热所动"的精神,以及"所到之处随时都乐意承认并赞美当地的好的东西"的秉性,①却很不理解。然而,正是因缺乏这种不为狂热所动的克制感,以及真心承认和赞美优秀中国文明的精神,使李玛诺在南昌的传教事业陷入了危机。先是 1604 年(万历三十二年)初,李玛诺率三名神父从澳门进入内地途经韶州时,龙华民在当地组织了一场敲锣打鼓、热闹非凡的公众欢迎聚会。"就在光天化日之下,大队人前呼后拥把他们送到教堂,后面还跟着成群的人围观这一景象。异教徒对此大感震惊。"②可是,李玛诺、龙华民和其他传教士却为这潜伏危机的热闹场面所陶醉,甚至一厢情愿地作出幻梦般的结论:"既然传播福音的人能受到接纳并且不受阻拦地在街上游行,这是否意味着他们看到了这个国家向外国人闭关的漫长岁月已告结束。"③由于怀着这种幻梦般的成就感,李玛诺迅速使南昌的传教事业得到了发展,以致教堂已容纳不下这些同时做弥撒的会众。为了坚定教徒的信仰并将他们的子女跟一般民众明显地区别开来,李玛诺大量印制和散发天主圣像,附有天主降临人世兼具人性和天性之类的说明。并在春节时,鼓励教徒于自家门口悬挂救世主画像,"放一个写着耶稣和玛利亚名字的牌位作为信仰的一种宣告,表明他们家宅的守护神。"④如此无视中国的风俗民情而一味标新立异的做法,早就引起当地文人学士的不满。于是,当 1607 年(万历三十五年)8 月李玛诺为扩大教会花费一千金币购买一所大房屋时,便引起南昌城三百余读书人的激愤,联名上书控告李玛诺。当政者虽因利玛窦

---

① 裴化行著,管震湖译:《利玛窦评传》下册,第 393—394 页。
② 何高济等译:《利玛窦中国札记》下册,第 502—503 页。
③ 同上。
④ 同上书,第 498—571 页。

颇受朝廷恩宠的缘故,不愿开罪于传教士,但也不无怨尤地质问道:"为什么买这么大的房屋,如此张扬地传教?"①最终以退还新购房屋,停止宣传,不得再展示救世主像及发展教徒等温和判决了事。李玛诺毕竟是一位善于吸取教训的老练的传教士,面对如此厄难,他在官府的公开声辩中,极力说明基督教是"继上帝而后首先要敬拜的就是父母",②着意将基督教义同中国孝道调和起来。同时,私下力"劝教徒们收敛,劝他们不必大事张扬地在大门口悬挂救世主像"。③诉讼期间,教徒曾试图撰文反击对方,"其中有些人不让神父们知道,已经准备好了一份回答原告的状子。李玛诺神父不顾他们的反抗,取走了他们这份状子,认为不经商量就企图干这样的事,是对他们不合时宜的。"④

利玛窦在回忆录中,曾将龙华民、李玛诺在韶州毫无顾忌地组织宗教游行的原因,归咎于"可能是把太多的事都认为是理所当然的那种日益增长的习惯",⑤即凡事均理所当然地按照原来在欧洲的思维和习惯行动。所不同的是,其后龙华民依然照此办理,结果给韶州教区带来了灾难。而李玛诺显然从南昌教案中汲取了教训,更加理解和支持利玛窦的适应性传教策略。这特别表现在利氏死后耶稣会内部有关"上帝"、"天"称谓的辩论中,李玛诺不仅亲自撰文驳斥龙华民的谬说,而且上书耶稣会总会长进行申述,乃至以继任视察员的身份,维护利玛窦的主张,准自由采用"上帝"与"天"的称谓。⑥

由于李玛诺具备高级神职人士的地位,对中国传教事业充满热情和偏爱,其建议亦丰富了适应策略的内涵,故利玛窦对他十分尊重。"直至1608年是李玛诺神父,他同利玛窦合作很和谐,不料,(耶稣会总会长)阿夸韦瓦神父一再写信把他调到澳门,去向他的众多商人朋友开辟财源。这对财务师的钱柜是一大收获,对帝国内地却是一大

---

① 裴化行著,管震湖译:《利玛窦评传》下册,第540页。
② 何高济等译:《利玛窦中国札记》下册,第498、571页。
③ 裴化行著,管震湖译:《利玛窦评传》下册,第540页。
④ 何高济等译:《利玛窦中国札记》下册,第577页。
⑤ 同上书,第503页。
⑥ 参见罗光:《教廷与中国使节史》,台湾传记文学出版社1983年版,第81—83页。

损失。"①对此明显违背李玛诺意愿的调任,利玛窦随即写信向罗马总会葡萄牙区参赞阿耳威列兹表白说:"在这里有李玛诺神父同我作伴,已四五年了,他以其热诚为这民族服务……为能为这个传教区多做点事,使澳门的朋友们多在经济方面支援我们起见,因此李铎去了澳门。他固然也乐意留在内陆,这也是我们所希望的,但我不知道副省会长巴范济神父将如何安排?我已暂委龙华民神父代替李玛诺神父,希望年底能到任。"②原来中国传教团上下公认的继任人选,就这样被一纸调令化为泡影。

表面上,李玛诺的调职似乎言之成理,但是否有此必要则当别论。加之任命龙华民的举措过于匆忙而令人费解,若联系东方传教中一直存在的葡籍教士对长上偏袒意籍教士的抱怨来看,在这调动的背后或许另有隐情。

首先,李玛诺的调动,是为更好地在澳门筹措钱财支援内地教会,然而,他自1609年(万历三十七年)赴任以后,既无成绩可言,甚至连担任何种任务也不明确。如1610年11月23日继任监督龙华民在信中诉苦说:"有关我们的生活费,可说我们正在借贷度日。"所谓澳门筹款迄无成效。根据《会士录》和其他记载:"嗣后其任务吾人几完全不明,仅知其在1619年时尚在澳门。"③可见筹款无成显然跟他长期未明确担任何种任务有关。由此不能不对当初总会长急切催调的真实意图产生怀疑。其次,利玛窦在向葡籍长上的表白信中,一方面,声称听候副省会长的安排,暗示仍有回旋的余地;另一方面,却迫不及待地宣布,已委派龙华民代行其职,实则堵塞了转圜的条件。对于平日老成持重、处事谨慎的利玛窦来说,如此反常的举动实耐人寻味。这些蛛丝马迹,皆指向作为意大利人的总会长阿桂委瓦,通过调离葡人李玛诺,而让他多年关注和呵护的中国传教团,仍旧掌握在意大利人手中的可能性。

其实,在葡萄牙"保教权"领域内,葡籍教士抱怨意大利长上待遇不

---

① 裴化行著,管震湖译:《利玛窦评传》下册,第590页。
② 达基·宛杜里编,罗渔译:《利玛窦书信集》下册,第419页。
③ 费赖之著,冯承钧译:《在华耶稣会士列传及书目》上册,第79页。

公的现象由来已久。如在日本的葡籍耶稣会士皮尔(Pires)埋怨说,范礼安总是提升西班牙人和意大利人,而没有提升葡萄牙人。而担任日本省区负责人库洛斯(Mateus de Couros)则指出,范礼安和其他意大利籍耶稣会士毁了日本省区。① 更为严厉和系统的指责,出自于葡籍继任视察员弗朗西斯科·维埃拉(Fancisco Vieira),写给同为葡籍时任耶稣会总会长助理马什卡雷尼亚什(Nuno Mascarenhas)的信件。他愤愤不平地说:"在圣沙勿略神父之后,所有的日本长上都是意大利人与西班牙人,而且没有一人在生前离职,他们是范礼安神父、巴范济神父、托雷斯(Cosme de Torres)神父以及戈麦斯(Pedro Gones)神父。与此相反,葡萄牙人总是在一定时期内被解职,卡布拉尔(Francisco Cabral)神父、卡瓦略(Valentim Carvalho)神父和科埃略(Gaspar Coelho)神父都是如此……除此之外,还可以确认日本(管区)也有不公之事。这就是关于耶稣会阶位的授予。如果是意大利神父中,很少有人在入会二十年后还不被允许立誓者,但我知道入会二十四年还不被允许的葡萄牙人数量极多。有的人入会已经二十六年了……但对于那几个意大利人,学问上的资格(标准)就大大缓和,但对葡萄牙人却不是那样。"针对长上任免和教士阶位授予中不公平的待遇,维埃拉曾写信"劝告"意大利人总会长,谋求补救的措施,但未予理睬。② 故写信给同籍教士发泄不满。

如果将李玛诺调职前后的反常行为,置于罗马总会长及其高层历来偏袒和重用意籍教士,苛责与冷落葡籍教士的氛围中,便确乎不能排除为了某种民族利益的考量而有意为之的假设。果真如此,那中国传教史上愈演愈烈的不同民族教士和修会间龃龉与斗争,已经在中国传教团继任监督的人选中初露端倪。

在郭居静、庞迪我和李玛诺相继出局之后,龙华民便自然成为既无

---

① 邓恩著,余三乐等译:《从利玛窦到汤若望》,第215页。
② 引自戚印平:《远东耶稣会研究》,中华书局2007年版,第154页。

奈又不可避免的人选。龙华民(Nicolas Longobardi,1559—1654),字精华,出生于意大利西西里的卡耳塔吉罗内城。其家曾为贵族之后,却境遇贫寒,"甚至出不起在修院寄宿学校的妹妹的陪嫁;因此,童年和少年时代只得辍学去干别的营生"。① 直至 26 岁时,方在墨西拿城修院接受耶稣会的教育。以后于修院和公学虽也研习文学、哲学和神学多年,而"事实上,他学这些高级课程只是'浅尝即止','因为已届中年,他不可能学成博士',但他竭尽可能以自学来补足。""业余时间'如饥似渴'自修《圣经》、教父们和神圣作家等著作。"②在校学习期间,"他似乎很早就与回到欧洲的罗明坚神父接触,表示愿去远东传教"。③40 岁时,终被批准参加来华传教团。1596 年 4 月 10 日从里斯本出发,10 月 25 日抵达果阿。次年 4 月 23 日,随同范礼安神父从印度乘船,6 月 16 日到达澳门,被指派留驻中国。

从一开始龙华民就委以重任,独立地在破烂不堪的韶州寓所从事开拓性的传教工作。先是受当地流行病感染,韶州教区的郭居静、罗如望神父相继病倒,被指派前往协助工作的龙华民,遂于 1597 年(万历二十五年)12 月 28 日抵达该地,自是以后留居中国传教达 58 年。不久,郭、罗二人因故离去,龙华民便成为"寓所的非常坚实的顶梁柱",仅在一名中国修士黄明沙陪伴下,在韶州那十分简陋,居住条件极差的寓所,苦苦支撑十余年。其间,累遭杀身之祸的险境,对簿公堂的辩诬,却始终精力充沛,干劲十足。"原来以为必定毫无收获的韶州居留地,现在实际上成为全中国收获最大者。"④

关于利玛窦病逝前龙华民的思想倾向,历来看法不一。费赖之在撰写的龙华民传略中说:"应在此处追忆者,华民盖为引起中国礼仪问题之第一人。当其仅为传教师时,对于其道长利玛窦之观念与方法,已不能完全采纳,但为尊敬道长,不便批评。"⑤其实,这种论断并不公允。

---

① 裴化行著,管震湖译:《利玛窦评传》下册,第 361 页。
② 同上书,第 362 页。
③ 同上。
④ 裴化行著,管震湖译:《利玛窦评传》下册,第 379—380 页。
⑤ 费赖之著,冯承钧译:《在华耶稣会士列传及书目》上册,第 65 页。

就龙华民传教的基本倾向来看,仍是遵从于利玛窦的适应策略。这大致表现在以下几个方面。

(一)用功学习中国语言文字,开始研读《大学》、《中庸》等儒家经典。

自定居韶州后,龙华民便一再向长上报告,学习中国语言文字的决心及其取得的进步。如说:"我们都很健康,都在用功学习中国语言和文学……我与石宏基与徐必登两位青年一起学中国话,将来再学习写作文章,我们期望天主能赐给我们一个好的开始。"①又谓:"因为学习中文非常困难,但又必须把它学好不可,那为传教都是少不了的学问啊!"②再称:"为此,要为我们的上主工作,我们必须很用功地学中国语言和文学。"③由于这种学习严格遵照利玛窦的新规定,即"先学口语,再学书面语言"的次序进行,④从而迅速地取得了进步。如龙华民在1598年10月18日写的报告中,得意地说:"最近,有一位士大夫祝贺我研读了《大学》和《中庸》。其实,这两部著作并不比西塞罗和提图斯—利韦乌斯难懂。他们说,在中国以外,无人能理解,利玛窦神父答道,相反,谁也不如欧洲人更理解这两部著作,我们的透彻领悟力使中国人大为吃惊。"⑤既称透彻的领悟力令中国人吃惊,想必其研读已具有一定的深度。

(二)赞同改着儒士装扮的决定,承认基督教"救世主"相当于中国对"上帝"的称呼。

同样在1598年的报告中,龙华民"表明他完全同意衣着作儒生打扮并研习中国经典著作"。并说:"我们的名声极好,尤其自我们改作儒生打扮以来。"

然而,更为重要的,还是下面这一段话。"有一天,管理韶州和南雄

---

① 达基·宛杜里编,罗渔译:《利玛窦书信集》下册附录,第513页。
② 同上书,第521页。
③ 同上书,第524页。
④ 裴化行著,管震湖译:《利玛窦评传》上册,第249页。
⑤ 同上书,下册第366页。

的提学道,在我们这里看见救世主的像,好奇地问我们这是什么,我们答复:'这是 Chang—ti'——这是中文对 Dieu 的称呼,这个词的意思是:'人人都必须承认并崇拜的那位至高无上的帝王,否则,就是犯了非常严重的罪孽'。这位官员便问我们关于这方面有没有什么文字的东西,我们说还没有印出来,他表示遗憾,请求一旦译出这种学说,就送他一本。"该书译者在随后加注指出:"Chang—ti,作者沿用法国人通行的汉语拼音;Dieu,法语:上帝。"①

如前所述,利玛窦适应策略核心理念的表现之一,即基督教义与儒家学说在最高信仰上存在相似或可融通的地方。利玛窦的此种认识,最早见于 1595 年至 1596 年间写给罗马长上的信中。② 可是不过两年,这种观点便由龙华民娴熟地运用于同明朝官员的谈话里。如此白纸黑字的记载表明,在这个基本问题上,当年的龙华民是完全接受并积极宣传利玛窦新颖主张的。

(三)关于是否反对输入"新科学器物"的争论与澄清。

最早对龙华民提出指责的,是 17 世纪著名历史学家巴尔多利(Bartoli)。他为证明"从一开始,龙华民的观点就完全与利玛窦的相矛盾",便指出在龙氏笔下,"利玛窦似乎是一个畏缩不前的人"。"龙华民还嘲笑、讥讽利玛窦通过讲授数学来尽力赢得与朝廷官员们的友谊。"③法国宗教史学家裴化行显然同意此种看法。他说:"在中国居住还不到一年,11 月 4 日,龙华民就敢于写下毫不隐晦谴责利玛窦间接法的话:'应该大量送来宗教书和圣像……这是单单出示什么三棱镜之类所不能得到的……'。"④这里所说的"11 月 4 日",乃指 1598 年 11 月 4 日,龙华民写给罗马阿耳瓦烈兹的信,信中的确谈到利玛窦以三棱镜之类新科学器物给皇帝做贡品与宗教图书圣像的关系。

然而,美国学者邓恩却不同意巴尔多利的观点。他指出:"在耶稣

---

① 裴化行著,管震湖译:《利玛窦评传》下册,第 366—367 页。
② 达基·宛杜里编,罗渔译:《利玛窦书信集》上册,第 209,231 页。
③ 引自邓恩著,余三乐等译:《从利玛窦到汤若望》,第 95 页。
④ 裴化行著,管震湖译:《利玛窦评传》下册,第 365 页。

第一章　中国传教团继任监督的确立与耶稣会内部的论争　　39

会档案中保存的龙华民的信件里,其实看不到巴笃利(巴尔多利)所提及的对利玛窦的讥讽态度。除非将他的一封最早从中国寄出的信,作随意的解读,将它认定为所谓'讥讽'的态度。在这封信中提到了'玻璃棱镜和一些类似的物品',但是信中似乎没有给予这些物品在传教中的作用以太多的关注。就确立一个严肃的议题而言,单凭这一资料,算不上是一个有力的证据。""因此,从那些证据是不可能推断出龙华民不是全心全意地赞同利玛窦充满智慧的传教方法的。"①邓恩所谓包含"玻璃棱镜和一些类似的物品"的信件,就是前述1598年11月4日寄给罗马长上的信。

  这样看来,分歧不仅表现在对龙华民总体评价的差别,而且出自于对同一资料不同版本的解读。实际上,有关这段话的记载现存两个不同的版本。裴化行所依据的版本,其文曰:"应该大量送来宗教书和圣像……因为是这些使我们在中国人面前获得符合于我们目标的威信,这是单单出示什么三棱镜之类所不能得到的;因此,今后可以不要这些东西,也不必去欧洲采礼品来打开通向中国皇帝的道路,今后只需要这些书和圣像,它们是极其适合我们这一行的,而且能够强烈吸引中国人,因为它们给我们直接的机会阐述我们想传达给他们的教导。"②另一版本则谓:"除派遣'工人'外,我们尚需要寄来很多书籍与圣像,正如我给总会长神父的信(十月十八日)所写的一样。因为中国人对我们十分佩服,这些书更引起他们对我们的尊敬,同时为传教大有助益。所以不只三棱镜或其他类似的东西,这些新科学器物为给皇帝做贡品用,借以面圣,求得自由传教外,书籍与圣像也非常重要,这正是属于我们的信仰范围之内,借此可以同中国人交往,并把我们的神圣信仰介绍给他们。"③从邓恩引述信件中虽提到玻璃棱镜一类物品,但并未给予他过多关注来看,他所见到的很可能是后一个版本。

  由于诸多条件的限制,目前我们很难从揭示上述版本的流变中,寻

---

① 邓恩著,余三乐等译:《从利玛窦到汤若望》,第96—97页。
② 裴化行著,管震湖译,《利玛窦评传》下册,第365页。
③ 达基·宛杜里编,罗渔译:《利玛窦书信集》下册,附录,第522页。

觅到当初龙华民书写信件时的想法。不过,却可以结合背景资料和情理的推衍,大致确定哪种说法比较符合当时的真实情况。

按照第一个版本,龙华民不仅抨击出示三棱镜之类东西,而且反对利用这些欧洲礼品打开通向中国皇帝道路的传教方法。这样他的攻击矛头已不限于利玛窦的"间接法",同时朝向范礼安的指示,乃至耶稣会中国与日本副省区的会议决策。原来龙华民在撰写书信之前几个月,中国传教团正遵照视察员范礼安"尽一切努力在北京开辟一个居留地"的指示进行准备,搜集包括范礼安为促进此目的而送来的自鸣钟等各种欧洲礼品。"明白了视察员神父的心思后,利玛窦神父千方百计想尽方法,计划着进入北京皇城。"[①]非特止此,在同年十二月,"耶稣会中国与日本副省区第二次大会决定促成教廷派遣使节觐见明帝",[②]目的亦在"求得自由传教"。面对各级长上的明确决策,同会神父的齐心协力,在严格纪律约束的耶稣修会中,对于在中国居住尚不足一年且一向以"谨慎"著称的龙华民来说,[③]是否有此见识或者胆量,敢于在越级写给罗马长上的信中,公开同整个传教团的既定方针作对,确实存在很大的疑问。有鉴如此,那种强调宗教书籍和圣像在归化中的作用,从而反对展示西方科学成果,否定以礼品争取中国皇帝的记载,因为有悖于当时的情势,其可靠性值得怀疑。

倒是另一种版本,较为符合当时的情势和龙华民的心态。由于展示与贡献欧洲"新科学器物"作为"面圣"的礼物,乃传教团上下的共识,龙华民没有也不可能提出异议。出于平素对宗教书籍的偏好(详后),以及谨慎和谦逊的品格,龙华民只是希望能将宗教书籍和圣像的作用,置于等同"新科学器物"的地位,借此引起罗马长上的关注。

如此看来,从当时情势的考察中,很难推断出龙华民为突出宗教书籍,公然反对输入和呈献欧洲的"新科学器物",从而彰显他与利玛窦的矛盾,并谴责间接传教方法的结论。

---

① 何高济等译:《利玛窦中国札记》下册,第314—315页。
② 德礼贤著,方豪译:《利玛窦年谱》。
③ 裴化行著,管震湖译:《利玛窦评传》下册,第529页。

（四）仿效利玛窦的先例，为中国本地修士所谓"信德不坚"，不能担任神职鸣不平。为摆脱自开教以来受歧视的状态，努力争取中国传教团的独立地位。对于利玛窦的病故，深感悲痛并景仰其辉煌成就。

1581年，利玛窦在果阿进修神学期间，曾对印度本籍修士被无端指责为"信仰不虔诚"而备受羞辱，且不准许印度人子弟在院内随班听讲的规定十分不满，便径直写信给罗马总会长揭露这种丑恶现象，愤懑地说："这边的本地人，无论怎样有学问，在白种人眼里，都没有什么地位。"终于引起长上的重视。充分显示了一位基督教人文主义者的情怀。[①]

然而，这种植根于欧洲人的民族偏见，认为"非欧洲人天生就不适合过有很高要求的神职人员生活"的舆论仍无时不在，甚至范礼安和耶稣总会长也以"在信仰方面，中国人还太年轻"为由，下达"不可以任命中国人为神职人员"的指令。对此歧视中国本土修士的言行，龙华民显然以当年利玛窦为榜样，"一直强烈地反对这个决定，争辩说：中国的修士们在任何一个方面都是完全满足要求的，一点儿也不比日本或是欧洲的神职人员逊色。"[②]这番辩辞，集中表现在他就任传教团监督后首封写给罗马总会长的信中。龙华民说道："我曾告诉中国以外的会士们，不要轻估我们中国籍的修士们。已故视察员范礼安神父给本区的指示，对中国修士们的评论有些过严，认为他们是新皈依的，在信德方面不太坚固，故不准他们晋升司铎，对日本修士也是一样……他们（指中国修士）并不在乎接受神品否，因为在入会时已以不做神父为条件，而以做修士为满足，不高兴的是说他们信德不坚，并与日本籍修士相比。至论我本人……（经他将中日修士在接受宗教教育的环境、修养进行比较后，认为），中国籍修士要比日本籍的好得多，至少和他们一样好，因此不应轻视他们，尤其不当谓较日本籍修士为差。兹把我的看法告诉总会长，请您以'公父'的身份，写信安慰鼓励他们，他们不弱于欧

[①] 达基·宛杜里编，罗渔译：《利玛窦书信集》上册，第23—25页；参见拙著《明清之际中西文化交流史——明代：调适与会通》（增订本），第255—256页。

[②] 邓恩著，余三乐等译：《从利玛窦到汤若望》，第147—148页。

洲修士呢！"①

　　史实表明，龙华民不仅这么说的，更是这么做的。他于 1613 年委派金尼阁作为代理人前往欧洲的任务之一，便在"要求教会取消这项禁令"，并且取得了成功。②凡此种种，皆可视为利玛窦基督教人文主义精神的延续。

　　龙华民交待金尼阁的另一任务，即在实现自罗明坚、利玛窦进入中国以来的夙愿，争取中国传教团的独立地位。"从最早到中国内地传教的罗明坚开始，在中国的传教士就有一种受歧视、被干扰的感觉。他们认为，唯一解决的办法就是让中国的传教团从日本省区独立出来，成为一个完全自治、自我供给的省区。龙华民听从了这一劝告。金尼阁此次赴罗马的主要目的，就是要获得这样的合法的独立形式，筹措资金，并为新的传教省吸收成员。"③这种为完成罗明坚、利玛窦未竟事业的举措，在具有强烈民族意识的葡籍视察员弗朗西斯科·维尔热看来，简直是"龙华民为了建立他们意大利人的势力范围，与传统上属于葡萄牙人的领域对抗"。④由此可见，无论是涉及中国传教团未来的人事安排或组织发展，都摆脱不了不同民族教士间的隔阂和争斗的阴影，在这方面，龙华民和利玛窦是站在同一条战线上。

　　由于龙华民进入中国的十余年间，正值利玛窦的适应策略逐渐走向成熟的时期，故而龙华民的上述行为（从学习中国语言文学到阅读儒家典籍，从改换儒生服饰到宣传"救世主"与"上帝"的一致，从呈献欧洲"新科学器物"到关注中国修士的不公平待遇，直至追求中国传教团的独立地位），与时俱进，从一个侧面折射出适应策略的形成过程。虽然因关山阻隔和教务缠身，利、龙二人始终未曾聚首，但后者对前者的情谊和尊重毋庸置疑，并通过利氏病逝后所写的书信充分表达出来。

　　龙华民就任中国传教团监督后，写给罗马总会长的信中说："基于

---

① 达基·宛杜里编，罗渔译：《利玛窦书信集》下册附录，第 545—546 页。
② 邓恩著，余三乐等译：《从利玛窦到汤若望》，第 148 页。
③ 同上书，第 155 页。
④ 同上书，第 153 页。

利氏的去世,我们都成了孤儿,这是您可以想到的,我们全体无不蒙受他的权威及名誉之影响。今只希望由天上能获得更多的帮助……全体人士,教友或认识他的非教友,无不为他的过世而难过,我们可以说他所完成的一切非常辉煌,我们可以看见是天主在其中操作。"① 犹如美国学者邓恩所指出的:"有趣的是,当范礼安在这五年之前去世的时候,利玛窦也写了同样的话。他写道,'我们就像被遗弃的孤儿'。"② 此情此景的映照,及其辉煌业绩的评价,无不凸显对先驱者的尊敬和感激。

不可否认的是,在龙华民亦步亦趋,追随适应策略的过程中,其言行也顽强地表现出原有的神学理论、思维模式和传教方法的深刻影响。这种矛盾的状态显然制约并妨碍了龙华民对适应策略的进一步理解与坚持。对此,一些西方学者曾有所评论。

法国宗教史学家裴化行在历述龙华民的出身和经历后,不无感慨地说:"天意派给利玛窦神父的助手就是这样的一个人。正如我们所见,这位助手与利玛窦迥然不同,他已经有相当丰富的阅历,自学成才,因而容易把问题简单化,天生乐观不可动摇,注定了今后将在中国进行宏大的工作。"③ 美国学者邓恩在辩论龙华民并非不是全心全意地赞同利玛窦传教方法的同时,认为:"他们(指利、龙)唯一的不同点,是龙华民对形势的估计过于乐观……龙华民低估了这些危险。他的指导思想是:不再会有被驱逐出中国的危险了。"④

另一位美国学者孟德卫,则有更深入的论述。指出:"他(龙华民)作为传教士先驱之一,同利玛窦一起工作,可是他们的方法却不同。龙华民虽兼具宗教的热诚、熟练的方法和不知疲倦的精力,但他在哲学与神学的认识上远不及利玛窦精深。利玛窦倾心于中国文化的修养,而龙华民则擅长像在韶州郊区街上对民众布道演说这类节目。依照利玛窦的评价,这类活动是成功的。"他还说:"利玛窦为中国耶稣会传教士

---

① 达基·宛杜里编,罗渔译:《利玛窦书信集》下册附录,第543—544页。
② 邓恩著,余三乐等译:《从利玛窦到汤若望》,第96页。
③ 裴化行著,管震湖译:《利玛窦评传》下册,第363页。
④ 邓恩著,余三乐等译:《从利玛窦到汤若望》,第97页。

制定了一条通向儒家——基督教综合的思想路线……出于教条的信仰和气质的原因,龙华民不能够用那样调和的观点工作。按照他的看法,这些观点使中国教会成为沙子上的建筑物。"①

综如上述,龙华民之所以在利氏身后未能继续坚持其适应策略和思想路线,大致可从三个方面观察。其一,因自幼未受到系统和全面的教育,又长期在钻研《圣经》、教父们与神圣作家等著作中自学成才,遂在思想方式上,形成对经院哲学和神学的教条式的信仰。如此墨守成规的理论及其思维模式,直接影响到龙华民对于新的哲学神学观念的理解与接受。这就是他在哲学和神学的认识上远不及利玛窦精深的缘由。其二,与教条式的信仰相联系,龙华民所擅长的诸如在韶州郊区街上对民众布道演说的节目,乃是盛行于欧洲和殖民地的传统的传教方法。其三,龙华民天生乐观不可动摇的性格,以及受教条的信仰即本本主义影响看问题简单化,使他难以正确地估计形势,甚至不顾潜在的危险和面临的风暴,而一意孤行。毫无疑问,这些传教理念、方法和性格特征,在韶州的传教活动中都有突出的表现。

龙华民自传教伊始,便流露出对中国形势不切实际的判断和盲目乐观的情绪。他在寄给欧洲的书信中写道:"我胆敢说在这里比任何其他自我入会后的光阴都好。这里的空气、食物、人民、风俗及其他为我皆易适应,颇感方便。总之,这里生活舒适、平安,好像生活在欧洲一般。我所要说的,不仅政治如此,而且凡与天主教接触的无不是如此;他们中国人十分尊敬我们,他们上下待我们如基督一样;皈依者表现十分虔诚,相信将有一日,全帝国的人民都会接受基督福音的。"又说:"发现一切富有人情味,谈天主事是那么容易,使我身感好像处于老教友家庭似的。"②他还认为,"在这块土地上处处体现着美德:人们孜孜不倦地救济穷人,为医院捐款,帮助弱者;人们还盛赞一夫一妻制(龙华民没有注意到,在中国有相当多的人过的是一夫多妻制的生活);他们检讨

---

① Daivd E. Mungello:*Leibniz and confucianism*:*The Search for Accord*,The university Press of Hawaii, pp. 26,29.
② 达基·宛杜里编,罗渔译:《利玛窦书信集》下册附录,第 519—521 页。

自身的品行,做忏悔,行斋戒,做冥想,如同'远古时期荒漠之中的神父'!"①

当然,就生活的舒适和平安而言,中国较之欧洲毫不逊色,龙华民跟此前来到中国的意大利传教士,如范礼安、罗明坚、利玛窦等人颇有同感,这无可非议。然而,却据此以为中国上下对待传教士犹如尊敬基督一般,在中国传扬天主教十分容易,如同置身于欧洲的老教友中间,相信中国不久便会皈依基督福音,等等,这就暴露了龙华民耽于想象更胜于观察实际的能力。至于他有关中国美德的柏拉图式"理想国"的描述,正如邓恩所批评的:"其实,龙华民笔下的这个中国从来就不存在……他之所以描绘出这样令人兴奋的图画,只能解释为他的无知。"②

既然龙华民对于中国国情的认识,处于感性重于理性、想象代替实际的状态,故而,他一门心思只想着"更大胆地前进",③立即"从事'精神的狩猎'"④公开到民众中宣讲福音。(曾在信中声称:"若是我们在语言上说得好的话,那么今天就可到广场上去宣讲了。不仅可在韶州和南昌两处宣讲,而且还可以到其他地方去宣讲。"⑤)欧洲传统的传教方法和习惯,便由龙华民熟练地运用于韶州传教。

龙华民是在过去韶州城里传教迄无进展的情况下,决定从农村"召唤更大的(信徒)数目",而在郊区马家坝开始"精神狩猎"的。使用的办法是:当众宣讲礼敬唯一的主宰上帝及《十诫》等内容,焚香点烛集体膜拜救世主画像和十字架,严厉谴责佛教信仰为魔鬼,要求民众砸烂、焚毁佛教的偶像,鼓动农民与祖先传统决裂。当有人劝龙华民将十字架上钉死的耶稣塑像撤掉,说是"太残忍,见者莫不毛骨悚然"时,神父断然宣布宁死也不同意。经过短暂的望教阶段后,便对皈依者施行洗礼,随即举

---

① 引自邓恩著,余三乐等译:《从利玛窦到汤若望》,第95页。
② 同上。
③ 裴化行著,管震湖译:《利玛窦评传》下册,第387页。
④ 达基·宛杜里编,罗渔译:《利玛窦书信集》下册,附录,第521—522、524页。
⑤ 同上。

行众多民众参加的盛大的庆祝仪式和游行。对于已经皈依的教徒,常由龙华民来调解他们之间的纠纷,人们对他甚至超过对官吏的信任。在他的支持下,"庆祝中国旧历新年,入教的人都拒绝参加,却欢度献主节、大斋首日、棕枝主日"等欧洲基督教节日。经过几年(从 1599 年 6 月 29 日至 1603 年底)来狂热的工作,龙华民创建的韶州基督教团体,施洗人数已超过 300 名。这较之利玛窦、郭居静和罗如望(Jean de Rocha)3 人在韶州 6 年多时间里才归化 20 至 25 名教徒来说,无疑是巨大的收获。随着势力的壮大,该宗教团体几乎发展到同当地民众格格不入,置官吏的规劝与警告于不顾,颇似欧洲独立教会的地步。①

与此同时,为使中国教会置于纯正的基督神学的基础上,龙华民还编译、撰写和出版了一系列宣扬教义的著作。诸如《圣教日课》《念珠默想规程》《圣若瑟法行实》《急救事宜》《灵魂道体说》,以及《圣人祷文》《圣母德叙祷文》等。

《圣教日课》"是一本袖珍式的祈祷文,在整个教区内流传甚广,1602 年(万历三十年)初刻于韶州"。②"这些每日在不同环境中的祈祷文直到 20 世纪 50 年代仍为人们所用,它们都取自格拉那达(Luis de Granada)的著作。该书分两部分。第一部分包括已译的,天主经、圣母经、解罪经、信经、忏悔经和十诫等。第二部分可确切地称为《圣教日课》,是龙华民自己的翻译,共有二十三个祈祷文,其中有些涉及耶稣会士的精神。其他的则在虔诚地做弥撒时用。这些祈祷文和与基督有关的祈祷文相一致。"③《念珠默想规程》的内容为:"吾主念珠默想规条有三十三想,为纪念吾主在世三十三载。圣母念珠默想规条……将圣母自始胎至荣召升天,一生之事,尽包在此六十三想之中。"④《圣若撒法行实》由龙华民翻译,1602 年印于韶州。文中记叙 4 世纪东印度国王

---

① 何高济等译:《利玛窦中国札记》下册,第 441—443 页;裴化行著,管震湖译:《利玛窦评传》下册,第 370—374 页。
② 费赖之著,梅乘骐等译:《明清间在华耶稣会士列传》,第 76 页。
③ 柯毅霖著,王志成等译:《晚明基督论》,第 154—155 页。
④ 徐宗泽编著:《明清间耶稣会士译著提要》,中华书局 1989 年版,第 37 页。

之子,蒙天主默示,领洗皈依及弃俗隐修的过程。龙华民译述此"传布甚广"的宗教故事,"殆亦望中国当日之君王感化乎"!①《急救事宜》是龙华民撰写,"论遇人在危急时,如何付洗救人灵之方法……从此可见当时之西士对于拯救人灵何等热心之一般。"②《灵魂道体说》也是龙华民撰写,是书大旨在辨明灵魂道体实非一物。灵魂为天主造化赋予人身、有始无终的神明之体,道体乃亚利斯多德所谓之第一物质,本无心意和色相而万形万相资之以为体质者。"原龙子作书之意,欲辩论万有一体之说……取亚氏万物组织之原则——模质——为其辩论之理,故所言多哲理。"③

这些撰译的神学著作,就其宗教功能,既宣传天主信仰、道德修养和救赎道理等基本教义,又规范祈祷、默想、洗礼、弥撒等教会日常功课。其理论来源,则将基督教经典、耶稣会士精神和教廷官方的亚利斯多德哲学冶烩于一炉。从此可见,龙华民向中国教会灌输纯正的基督教神学的良苦用心,及其具有的较深造诣。

非特止此,龙华民还不知疲倦地撰写了大量书信和报告,将他在韶州基本按照欧洲教会模式进行的传道活动和成绩,详尽地向欧洲耶稣会长上汇报。其中1598年10月18日写的重要报告被透露出来,重印6次,传遍了欧洲,引起人们的强烈兴趣。很久以来,欧洲人只能通过数量很少的信件,来了解中国耶稣会传教团的一些情况,如1588年罗明坚和麦安东访问浙江绍兴的旅行即是如此。"从龙华民神父1598年10月18日在韶州发出的长篇报告开始,是一个新的时期,直至1606年,占主导地位的是这位传教士数量极多而且报道详尽的函件,这些基本上都已编入《有教育意义的书信集》。同时,正如人们指出的,'当时在欧洲广泛流传的那些报告主要的内容是韶州的情况'。"④利玛窦在回忆录中,曾花费不少笔墨复述了龙华民信件里那些所谓神恩昭示信

---

① 徐宗泽编著:《明清间耶稣会士译著提要》,中华书局1989年版,第48页。
② 同上书,第185—186页。
③ 同上书,第205—206页。
④ 裴化行著,管震湖译:《利玛窦评传》下册,第471—472页。

仰的故事。如烧毁礼佛的偶像,便治愈了青年颤抖的毛病;供奉圣母玛利亚的画像,男儿遂平安降生;濒死之人接受洗礼,靠上帝的恩宠而恢复健康,等等。① 这些无非是欧洲教会广为传扬的上帝显灵普济众生的老套。

纵然利玛窦深知,龙华民在韶州短期内能取得如此成绩,"颇得力于我们已经叙述过的在两座皇城中所作的宣传工作"。②尤其仰仗于北京教会保护伞的庇佑;纵然利氏对龙华民这种张扬的传教方式也不无微词,称之为"把太多的事都认为是理所当然的那种日益增长的习惯",③隐喻其舍不得割弃欧洲"理所当然"的优越感及其传教的"习惯"。但这并不表示,"两位传教士在任务的根本方面不协调",只是说明,龙华民"宁愿做出收益更直接可见的救世功业",而这种急切的救世功业与利玛窦"虽然较缓慢、但更为深入的传道方式",④彼此互为补充、相得益彰。于是,利氏褒扬道:"虽然他(指龙华民)是一个孤零零的教士并且缺乏经验,他却成功地给教会的精神仓廪增加了收获。"⑤据此裴化行指出:"他(指龙华民)干这一切,都得到他的上级利玛窦的准许、鼓励、赞扬,甚至效法,而利玛窦自己则很遗憾,由于他在朝廷的官方身份,不能充分投入这种'网罗灵魂'的工作。"⑥这些已深刻地揭示,利玛窦适应策略的相对性和局限性。

出于固有的整体利益和个人良好的印象,即使在1606年(万历三十四年)初遭所谓郭居静举兵谋反事件的打击,韶州传教形势急剧恶化而逐步走向毁灭,龙华民坚持欧洲优越感和传教习惯的做法已证明行不通的时候,利玛窦仍然在1606年8月15日写给耶稣会罗马总会长阿桂委瓦信中,不仅为龙华民争取发修士最高的第四圣愿的权利,而且以虚拟的口吻说,就修养和品德而言龙华民堪任传教团的教长。他写

---

① 何高济等译:《利玛窦中国札记》下册,第444—447页。
② 同上书,第441,503页。
③ 同上。
④ 裴化行著,管震湖译:《利玛窦评传》下册,第385,368页。
⑤ 何高济等译:《利玛窦中国札记》下册,第441页。
⑥ 裴化行著,管震湖译:《利玛窦评传》下册,第385,368页。

道:"龙华民神父奉范礼安神父之命,宣誓为心灵辅理已有三年(实则发'神业辅士愿'达七年三个月),但我一向觉得他堪当重要得多的任务,理应宣四誓,因为,如果说他完成学业还有欠缺,他却并不缺乏完成这些的才干和会士年资,他的知识超过了在这些国家所需。至于其他优点,他表现得优越于这里的誓愿教士中的某些人。若非我们的事业是在从属于葡萄牙人的领土上进行,非葡萄牙人任命为教长似乎很不容易,那么我相信,这几个居留地没有一人比他更适合当教长,这是鉴于他的热情、谨慎和谦卑。他在韶州城已经工作了十二年,作了许多努力,受到不少侮辱,我认为,单凭这一点,就足以担当这一使命,应该批准他宣四誓……这样的话,传教团所有人员一定皆大欢喜……龙华民神父从未对我说过一句这种意思的话,也未写过信,任何表示也没有,我甚至认为,他丝毫没有这种想法,而是仍然对现在的职务满意,因此我更要给您写信。"①

上述内容大致可归纳四点。第一,在比较中肯定龙华民的优点。如说"他表现得优越于这里的誓愿教士中的某些人",这"某些人"中显然包括庞迪我。因为同一封信利玛窦就指出,"这里还有一位同伴,即庞迪我神父,是视察员神父两年前准他发了圣愿,但表现不佳。"第二,一定程度上表示了对教职任命制度的意见。如所谓"若非我们的事业是在从属于葡萄牙人的领土上进行,非葡萄牙人任命为教长似乎很不容易",这已经流露出对不公平的教职任命制度的某种不满。如果联系到某些葡萄牙神父因"保教权"的垄断和任命制度的偏袒,而滋生的"极难具备"同别国人士"打成一片"的骄横作风,②那这种反感则更为明显,不同民族教士间的隔阂又凸显出来。第三,就龙华民优点的评品而言,集中在修养方面。在这份提供给长上的鉴定书中,具体的传教成绩似乎不是重点,倒是个人的道德修养成为关注的中心。前者只介绍龙

---

① 裴化行著,管震湖译:《利玛窦评传》下册,第528—529页;另见达基·宛杜里编,罗渔译:《利玛窦书信集》下册,第322—323页。不过,后一版本并未记载"至于其他优点"至"这是鉴于他的热情、谨慎和谦卑"等一大段重要内容,故在此遵从裴化行所据前一版本。

② 裴化行著,管震湖译:《利玛窦评传》下册,第517页。

华民已在韶州工作 12 年,做了许多努力受到不少侮辱,仅此而已。后者却一口气列举了龙华民的五大优点:热情、谨慎、谦卑、忍辱和不谋求职位升迁。除了他在韶州那种张扬的传教方式,很难称得上谨慎外,其他优点揆诸史实,似乎言之有据。第四,利玛窦的推荐信确乎有抬举龙华民担任重要职位的意图,但能否获得长上的认可则难以逆料。更何况中国传教团已有一位按照正常的任命制度,担任南方三个教区负责人,并公认为未来教长合适人选的葡萄牙籍神父李玛诺。因此,利玛窦在信中采用的是"若非"这样的虚拟口气,而不是正面肯定的态度,恐怕也是考虑到当时的实际情况。

正当利玛窦替具有良好道德修养的龙华民,因为不公平的教职任命制度难以得到重用,而十分惋惜的时候,历史为改变这种境遇提供了机会。也许是同为意大利籍的罗马长上与利玛窦深相默契、彼此配合,也许纯粹是历史因缘的凑合,李玛诺于 1609 年(万历三十七年)初调任澳门神学院长,龙华民随即代替李的职务,担任南方三会院负责人。1609 年 2 月 17 日,利玛窦在写给罗马长上的信中说:"……我已暂委龙华民神父代替李玛诺神父,希望年底能到任,龙神父在中国(韶州)传教已十二年,但因路途遥远,迄今我们尚未晤面。如今他服从任命,接受新职务,势必北上不可了。"①另有材料表明:"继任的龙华民,人们希望,能在 1609 年底到达北京,以便当面同传教团创始人商议,协同一致。"②

利玛窦立即委任龙华民新的领导职务,除看重其品德修养外,也不无同为意大利籍的考虑。而他一再催促龙华民前往北京会晤,就传教策略协同一致,则包含更深的战略谋划和考虑。这表明利玛窦对龙华民的传教方式并不放心,希望通过较长的相处,当面的商议、检讨和规劝,使龙华民收敛其急切的救世功业的心火,更加沉稳亦更深入地理解和掌控适应性传教事业。

---

① 达基·宛杜里编,罗渔译:《利玛窦书信集》下册,第 419 页。
② 裴化行著,管震湖译:《利玛窦评传》下册,第 590 页。

应该说,当时已具备这种说服和转化的条件。一方面,利玛窦经过撰写回忆录(从 1608 年底开始)和致巴范济的书信(1609 年 2 月),已从理论与实践上对适应性传教策略进行了系统而全面的总结,具有很强的说服力。另一方面,龙华民在目睹韶州的传教事业走向毁灭的过程中,也不能不有所触动。"龙华民在付出了沉痛代价后,变得聪明了。他放弃了他的不良的、富于煽动性的观点。"①如他稍后在寄给罗马长上的信中,为驻华传教团索派"高明的数学家"的同时,并写下自己的考虑,表明自从韶州传教以来他思想有了多么大的变化:"某日,有位官员在我们居留地当着许多别人宣称:'利玛窦神父打开了我们中国人的眼界,看清了许多事物,因此我们对他非常感激。'这个士大夫说的是数学,但我们可以说他是在预言;圣灵要求用这样的言词表达:利玛窦开辟了宣教的道路,打开了异教徒的眼界,让他们看清了上帝的事物。"②如此对数学和自然科学持完全肯定的态度,较之最初那种强调宗教书籍的立场,显然有了很大的进步。

凡此表明,在利玛窦适应策略颇具成效而龙华民从失败教训中有所醒悟的情况下,如果两人北京会晤的计划得以实现,那么龙华民很可能也会像郭居静、庞迪我和李玛诺一样,在利玛窦言传身教和个人魅力的感召中,增强对适应策略的感情、理解和信念。而不至于在利玛窦身后挑起对"天"、"上帝"称谓的争论与责难。然而,由于受一名仆役携带传教士信件从澳门入境被查获事件的牵连,龙华民陷入官司审讯而未能如期北上。虽然利玛窦于 1610 年(万历三十八年)5 月临终前仍按照过去的想法,"向日本省区申请,举荐龙华民为他的接任者",③但他显然为未曾与龙华民会面以彻底改变其传教理念和方法而深深遗憾,并怀着一种对传教前途惴惴不安的心情离开了人世。

综上所述,利玛窦为选择和确立中国传教团的继任教长,对郭居

---

① 邓恩著,余三乐等译:《从利玛窦到汤若望》,第 95 页—96 页。
② 裴化行著,管震湖译:《利玛窦评传》下册,第 563 页。
③ 邓恩著,余三乐等译:《从利玛窦到汤若望》,第 95 页。

静、庞迪我、李玛诺和龙华民等人的考察，至少可形成三点认识。其一，这些与利玛窦同辈而稍后来到中国的耶稣会传教士，跟利氏相似，都有一个在情感和理智上抑制"欧洲人主义"狭隘的优越感与基督教的排他性，以适应中国传统文化和风俗的转化或改造过程。当然，同利玛窦所达到的深度与广度相比较，郭、庞、李、龙四人还存在不少差距。不过，无论这些传教士来自何方(西班牙、葡萄牙或意大利)，也无论他们性格上有多少差异(如郭居静的忍耐宽容、庞迪我的孤傲不驯、李玛诺的雍容大度，龙华民的固执己见等)，在中国这个大环境中，他们通过对利玛窦适应性传教策略的逐渐熟悉、理解和遵从，毫无例外地卷入到思想与感情的转化和改造的过程中，并或多或少地取得了进步。然而，值得注意的是，即使如此，这些传教士仍然不能完全摆脱基督教世界占统治地位的神学观念、思维模式和传教方法的制约，而经常处于徘徊和反复之中。这种在庞迪我和龙华民身上表现得最为突出的矛盾的趋向，正是两种不同的传教路线、思想与方法的反映。它们之间的分歧、龃龉和斗争，将贯串于明清之际传教活动的始终。其中的消长与斗争的胜负，决定着中国传教团的命运，亦在一定程度上影响中西文化交流的进程。

其二，操控中国传教事业发展的另一重要因素，即不同民族教士间的明争暗斗已初显端倪。如在葡萄牙"保教权"的领域中，葡籍教士纷纷指责意大利籍的范礼安和罗马总会长，在教会领导职务的任免和教士阶位的授予上，明显偏袒意大利籍教士，而歧视葡萄牙人。与此相反，利玛窦却抱怨，在葡萄牙"保教权"的势力范围内，教会领导职位多为葡人所垄断，非葡萄牙人任命为教长很不容易。正是在这心存芥蒂而各自盘算的氛围中，李玛诺被骤然调离，龙华民则适时补上。如此非同寻常的教职安排，实不能排除罗马长上和利玛窦密切配合，将中国传教团继续由意大利人掌控的意图。

其三，就继任人选的品德修养，传教资历和业绩，以及对适应策略的态度等具体评价中，郭居静无疑跟利玛窦最为亲近，对适应策略亦心领神会，竭诚竭力。无奈痼疾缠身，又无辜陷于为官府侧目的所谓举兵谋反事件，故而难担重任。庞迪我不仅教育、素养和气质方面迥异于利玛窦,而且修会纪律与思想作风也多有瑕疵,虽经利玛窦宽容、感化和规劝已时有进步,但毕竟不符合传教团未来教长的标准。李玛诺作为教长的候选人,就资历(高级神职人员)、权力(南方三会院院长)和国籍(葡萄牙人)而言,颇具优越的条件,对此利玛窦只有恭维和赞赏。而李玛诺骤然从中国传教团的调离,则赋予利玛窦自主选拔继任教长的权力与机会。利玛窦之所以看重龙华民,首先是品德修养,其次在突出的传教业绩及通过书信为传教团在欧洲赢得的良好声誉,当然,同系意大利的国籍也是不可忽视的因素。最让利玛窦不放心的,是龙华民所固执且已证明难以在中国推行的欧洲的传教思想和方法。为此,利玛窦仍想采用一贯坚持的调和与拆衷的办法,通过当面的商议、说服和协调,弥合彼此的分歧,坚定其遵从适应策略的信念。无奈因条件的限制,终于未能如愿。这样看来,利玛窦之推荐龙华民,既是无奈却也是不可避免的选择。产生的后遗症在于,由一个处于矛盾状态而未深悉适应策略真谛者接班,在风云变幻的外部压力下容易发生动摇,甚至受人蛊惑而反戈相向直指堂奥。利玛窦适应策略的核心理念,在其身后遭遇原教旨主义者攻击时龙华民的表现,便是最好的证明。

第二节 耶稣会内部关于"天"、"上帝"称谓的论争

自龙华民经利玛窦临终举荐,并很快得到视察员巴范济的正式任命,[1]于1611年(万历三十九年)5月3日抵达北京后,随即卷入耶稣会内部有关"天"、"上帝"称谓论争的漩涡之中。这个历时达二十余年(从1610年利氏逝世前后,直至1633年始告一段落)的著名公案,就其性质而言,通过西方基督教的 Deus(天主)是否匹配中国儒家"天"、"上帝"的译名之事,反映应予抛弃还是坚持利玛窦适应策略的核心理念或思想基础的原则问题。从其内涵来看,既包括实际论争的演进过程,亦

---

[1] 达基·宛杜里编,罗渔译:《利玛窦书信集》下册附录,第541页。

蕴含思想理论的批判因素。本节先自展示论争的过程入手,而思想层面的认识,则有待下节的梳理和总结。

如前所述,即使在利玛窦改换儒生的服装而为主流社会所接纳,仍然发现一般的语言、服饰和生活方式的中国化,并不足以带来传教事业的根本改观。只有当他深入钻研中国古代的典籍,成功地寻找到在一位天主、灵魂不灭、天堂不朽和天主赏善罚恶等方面,儒家学说与基督教义之间,存在某种吻合或相互融通的信仰,并将这种认识贯彻于适应策略的原则和方法之后,传教事业才别开生面,取得跳跃式的前进。随后,这种最高信仰上融通的核心理念,在利氏名著《天主实义》中得到集中的体现。该书第二篇,利玛窦缕述并解析了儒家经典有关昭事和敬畏上帝的 11 条语录,指出孔子等中国古代儒家小心翼翼地事奉与惕畏的上帝,即是独一无二的人格神,它主宰四面八方,降祸福于世间下民,亦使统治者心怀敬畏不敢不行正道。由此,利玛窦归纳为:"吾天主,乃古经书所称上帝也。"又说:"历观古书,而知上帝与天主特异以名也。"

直至利玛窦临终前就适应策略进行系统总结时,仍一如既往地寻求最高信仰的一致性,作为适应策略的思想基础。如他在回忆录中说:"从他们历史一开始,他们的书面上就记载着他们所承认和崇拜的一位最高的神,他们称之为天帝,或者加以其他尊号表明他既管天也管地。看来似乎古代中国人把天地看成是有生灵的东西,并把它们共同的灵魂当作一位最高的神来崇拜。"①又如在回复巴范济的信里明确写道:"中国人也倾向于事天修身……这是我经过仔细观察所得的结论。中国人自古就遵'天理'"。其证据是:"在一千五百年以前,他们并不敬拜鬼神";"中国经书也是最古、最有权威之著作。书中只讲'敬天地、敬天地之主'。我们如细读这些书,里面很少找到相反人性天理之事"。于是,利玛窦认定,中国人的皈依和敬奉天主,取决于中国古代圣贤的"天理"与(西方)天主恩典的结合。他说:"我们可以希望中国古代的先圣

---

① 何高济等译:《利玛窦中国札记》上册,第 99 页。

第一章　中国传教团继任监督的确立与耶稣会内部的论争　55

先贤基于遵守天理良心,再加上天主的仁慈所赐的恩典,他们也可能得救升天……我相信不少中国人会敬礼真神天主的。"①在这种情况下,利玛窦以为,"中国思想只需要加上最微量的启示宗教,就可以取得天主教的地位"。②与此同时,"利玛窦还想把'天'同中国典籍中的'上帝'挂上钩,他是这个处方的始作俑者,按他的话说,他这样做是想'把孔夫子,这位儒教奠基人留下的某些语焉不详的字句,通过阐释为我所用'。"③

不仅如此,在总结中,利玛窦还将这种最高信仰上的认同,推衍至伦理道德领域,以扩展基督教义与儒家思想会通的基础。如他在复巴范济长信中声称:"中国古人主张修德养性,思想、行为、举止一般皆佳。""至论伦理道德则与我们的差不多。"为此,一方面,利玛窦在肯定儒家思想符合"自然法则"的前提下,把它的道德说教跟灵魂不灭等基督教旨结合起来。如将西方所谓"人的灵魂不会泯灭"这个道德修养的基础,跟儒家推崇的孝子贤孙礼拜祖先的古礼捏合在一起,即是明显的例证。另一方面,针对儒家学说不讲来世而出现的弊病,运用基督教"超自然的东西"加以补充和完善。为使报应至公无私且恰如其分,有赖于天堂地狱之设,死后待上帝区别善恶,或擢升天堂享福,或降罚地狱罹刑。对于在伦理道德领域这种沟通和融合,利玛窦指出:"神父们在这些谈论中一直努力强调的是如下的事实:基督的教旨完全符合良心的内在光明。他们提出,早在偶像出现前多少世纪,中国最早期的学者由于同样的良心之光在他们的著述中已经触及这个同样的基督教教义。他们还解释道,他们自己并不抹杀自然法则,而是给它补充所缺少的东西,即那个使自身成为人的上帝所教导的超自然的东西。"④

---

① 达基·宛杜里编,罗渔译:《利玛窦书信集》下册,第413—414页。
② 李约瑟著,何兆武等译:《中国科学技术史》第2卷,科学出版社、上海古籍出版社1990年版,第532页。
③ 谢和耐著,于硕等译:《中国文化与基督教的冲撞》,辽宁人民出版社1989年版,第16—17页。
④ 何高济等译:《利玛窦中国札记》上册,第170页;参见拙著《明清之际中西文化交流史——明代:调适与会通》(增订本),第623—625页。

这样一来,在最高信仰、基本教义和伦理道德领域所显示的同一性与互补性,便成为利玛窦构建适应策略的思想基础和核心理念。

史实表明,利玛窦的上述主张在生前已获长上审查认可,而为来华耶稣会传教士所遵循。如,"利玛窦对于中国教徒适用礼仪之训令,范礼安神甫曾审查而核准之"。① 又如,1604年4月7日(一说在1603年),"由主教切尔奎拉和观察员范礼安神父主持,举行过一次澳门神学家咨询会议,批准使用'上帝'、'天主'二词"。② 另记载称:"宣布批准利玛窦的观点:中国的典籍可以为基督教名正言顺地引入中国提供有利基础。"③有鉴如此,宽容中国礼仪和认同"天主"、"上帝"称谓,便作为正式的传教原则,而为包括龙华民在内的来华耶稣会士所奉行。前述龙华民写于1598年的书信,他曾向中国官员解释,(西方)"救世主"即中文称呼的"上帝",便是一例。④ 与此同时,龙华民对于利玛窦倡导祖述儒家的原典,因为"在(该)典籍中隐喻的'天'是指称一个全能的创造主上帝"的用意,亦心领神会。为此他指出:"按照有利于他们的原文片段行事,可从中获得大量好处:笼络这一派的知识分子,由此博得中国人的好感。"⑤凡此种种,在利玛窦生前,龙华民亦如同其他传教士,并不曾否认中国人信仰的"天"、"上帝"与基督教救世主具有的同一性,以及这种同一性带来的良好的社会效应。

然而,1610年(万历三十八年)随着利玛窦去世,情况发生了明显的变化。"许多在华的耶稣会士日益意识到由于匆忙地在基督教与中国人观念间求同而引起的偏离教旨的危险,开始对这种调和方法提出批评。他们认为对中国人节节退让是不可取的,现在应该是表现最大坚定性的时候了。"⑥之所以如此,跟整个基督教会所谓"欧洲人主义"占据强有力地位,教会在美洲掀起的反异端运动,新的教区长上对适应

---

① 费赖之著,冯承钧译:《在华耶稣会士列传及书目》上册,第22页。
② 裴化行著,管震湖译:《利玛窦评传》下册,第438页。
③ 谢和耐著,于硕等译:《中国文化与基督教的冲撞》,第16页。
④ 裴化行著,管震湖译:《利玛窦评传》下册,第366—367页。
⑤ 谢和耐著,于硕等译:《中国文化与基督教的冲撞》,第19页。
⑥ 同上书,第36页。

策略进行清算的意图,尤其是原在日本后被驱逐至澳门的葡籍耶稣会士的兴风作浪,有着密切的关系。而其根源,则在于"欧洲人主义"特殊的狭隘性和基督教不容异己的精神。

美国学者邓恩指出,早期的基督教会对于文化适应政策曾有过争论,而当时反对该政策的人是极少数。然而,"到了十七世纪,形势发生了变化。'欧洲人主义'占据了强有力的地位,此时适应和调和的原则已经不见踪迹,致使这种原则竟然不被人理解。天主教和欧洲文化及习俗被无可置疑地认为是唯一正确的,哪怕稍稍对一些非'欧洲人'的文化和习俗有些让步,都有被视为背叛天主教信仰的危险。如果早期教会史上,适应态度引起的是极小部分人的反对;那么在十七世纪,肯定会招致绝大多数人的反对。"①

正是基督教世界在这种狭隘性和不容异己精神的笼罩下,教会于美洲开展了针对土著居民祭祖的反异端运动。犹如本书前册所论述的,由于基督教在美洲实行军事征服与精神征服紧密结合,以基督教文明取代和摧毁当地印第安文明,热衷于从数量上大肆归化民众,而毫不顾及他们是否理解并愿意遵从基督教义的政策,②造成的后果之一,便是"宗教不过成为了野蛮社会里的一层薄外衣。由于土著们的原始智性以及他们对基督教义理解的困难,使他们产生了一种迷信和形式主义的情形"。在"这袭基督教信仰的外表"下面,仍然长期保留着对原始神祇的崇拜。③"就其宗教事务而论,在以西班牙人居民为主的城镇中,它有效地维持了天主教传统。在定居下来的印第安人集团中间,基督教成为被接受的宗教,但并未完全代替印第安人对原始神祇的崇拜,这些神祇占有印第安人心灵源远流长。"④"例如在秘鲁,直到1620年该取阿人印加宗教的继续存在,仍为西班牙政府的一个头痛问题……

---

① 邓恩著,余三乐等译:《从利玛窦到汤若望》,第210—211页。
② 参见拙著《明清之际中西文化交流史——明代:调适与会通》(增订本),第406—420页。
③ 杨宗元:《拉丁美洲史》,台湾华冈出版有限公司1978年版,第193年。
④ 艾·巴·托马斯著,寿进文译:《拉丁美洲史》第一册,商务印书馆1973年版,第279页。

20世纪的中叶,在仍说该取阿话的安地斯山中,还有杀猪供做牺牲,巫婆念符念咒这样的宗教,虽然那时村民已经正式望弥撒。在瓜地马拉高地的印第安人和墨西哥的边远地带也是如此。"①面对土著居民源远流长的原始神祇崇拜和贡献牺牲的祖先祭祀,基督教会便强制地推行破除异端运动。"在十六世纪下半叶,教会对残存的异教礼仪并不感到过分惊慌,认为一旦印第安人接受洗礼,就会自然而然地适应基督教的宗教仪式。然而,到十七世纪初,特别在秘鲁,人们注意到仍然有人在偷偷摸摸地搞祭祖活动。这样,在1610年就开始了破除异端运动。"②

受对非欧文化习俗让步即背叛信仰的教会舆论,及美洲破除土著神祇和祖先祭祀的反异端运动的影响,担任日本、中国教区新的主教与视察员,相继表达了反对和清算利玛窦适应策略的意向。如,"日本教区巡视员巴范济(Francesco Pasio)神父于1612年到达澳门时,曾告诉他有人犯了'类似他们用中文写的著作中那些异教徒所犯的错误。'在日本的许多传教士也风闻此事,都认为在华的神父们犯了错误。"③史实表明,巴范济所告诉的这个人,便是刚接任中国传教团监督的龙华民。樊国梁在《燕京开教略》中篇指出:"有日本耶稣会巡行上司巴西约(巴范济)者,曾寄书与龙华民,言日本传教士等,俱不准奉教之人尽用国家礼典。龙华民即详核礼典之义,果有涉于异端之条,即严禁中国奉教之人,不准称天主为天、为上帝。"另有记载称,"当时耶稣会远东视察员巴范济得到日本耶稣会士的报告,利子所著的《天主实义》,因日本人用理学家朱熹的思想去解释,'天'和'上帝'不能代表创造万物的尊神。龙华民命在中国的耶稣会士,对这个问题加以研究,并且征求奉教的中国学者对这个问题的意见。"④

巴范济乃最早来到东方传教的意大利耶稣会士之一,跟适应策略

---

① 杨宗元:《拉丁美洲史》,第196页。
② 谢和耐著,于硕等译:《中国文化与基督教的冲撞》,第36—37页。
③ 同上书,第22页。
④ 罗光:《教廷与中国使节史》,台湾传记文学出版社1983年版,第80页。

亦颇有渊源。他曾由范礼安任命为出使的负责人,携同罗明坚于1582年(万历十年)12月从澳门前往肇庆,向两广总督贡献礼物,受到热情款待。① 此后他赴日本传教甚力,且长期担任教会领导职务。自1600年任中国、日本耶稣会副省长,至1612年始"受命为中国日本两国传道会之视察员。"②其间,对中国传教团多予宽容、支持和帮助。其至称赞并"一再索取"《天主实义》"这一宝书的印本",供驻日传教士使用。③可是,当形势发生变化后,他却一方面组织驻日会士审查和纠正在华教士中文著作违背教义的错误(详后),另一方面则在视察澳门时向龙华民发出明确指示,利玛窦及其《天主实义》犯了类似异教徒的错误,他推崇的"天"、"上帝"不能代表创造万物的尊神。

同船同籍出发东方,④又作为利玛窦适应策略的参与者和见证人的巴范济,其批判态度尚且如此,那么继任葡籍教长的决断势必变本加厉。"1615年(万历四十三年),耶稣会日本省区的省会长瓦伦逊姆·卡尔瓦罗(Valentim Carvalho),干预了在中国的这种传教政策。1614年,因为在日本对天主教的迫害狂潮,卡尔瓦罗被迫将在日本的耶稣会总部撤到了澳门。他如果不在中国的事务上插上一脚,他就无法名正言顺地在澳门立足。于是他颁布了严厉的布告,禁止使用利玛窦的传教方法。教授数学和哲学的工作也被禁止了。神父们只能专门宣传福音。他们必须拒绝做任何与修订历书有关的事情,即使是皇帝特别颁布了圣旨也不行。"⑤同年,他"派遣阳玛诺(Emmanuel Diaz)视察(中国)所有各居留点并规定'除福音外,禁止向中国人讲授数学或任何其他科学'。这就等于给利玛窦的政策定了罪⋯⋯卡尔瓦罗的干涉,表明教会对中国人策略的某种硬化。教会认为过去所作的让步太多"。⑥

---

① 何高济等译:《利玛窦中国札记》上册,第150—151页。
② 达基·宛杜里编,罗渔译:《利玛窦书信集》下册,第407页;费赖之著,冯承钧译:《在华耶稣会士列传及书目》上册,第30页。
③ 裴化行著,管震湖译:《利玛窦评传》下册,第476页。
④ 巴范济与罗明坚、利玛窦,系同时从里斯本出发而抵达果阿的同会同籍修士。
⑤ 邓恩著,余三乐等译:《从利玛窦到汤若望》,第108页。
⑥ 谢和耐著,于硕等译:《中国文化与基督教的冲撞》,第10页。

远不止此,"到1629年(崇祯二年),中国和日本教区巡视员帕尔梅罗(Palmeiro)也因看到某些传教士重科学轻宗教而感到吃惊,并明令禁止。"①虽然卡尔瓦罗和班安德(André Palmeiro,帕尔梅罗)的指令因故撤销或未被认真执行,但传达的强烈信息是,教会对中国的传教政策更趋于保守与硬化,并准备清算利玛窦的适应策略。

其实,前面记载已有所透露,最热衷于清算利玛窦的适应策略,并挑起"天"、"上帝"称谓论争的始作俑者,便是先在日本传教后被驱逐至澳门的葡籍耶稣会士,其代表人物即陆若汉(João Rodrigues)。

陆若汉,系出生于葡萄牙中部高地贝拉山区的农家子弟,少年时便由教会遣往日本,经各级神学院多年的严格训练,不仅在外交领域纵横捭阖,颇得丰臣秀吉、德川家康等日本统治者的赏识和信任;而且谙熟日本语言,在翻译和编辑文法上亦多有建树,故有"通辞罗德里格斯"之称。陆若汉在日本三十余年的传教生涯,可谓浓缩了天主教会在日本从兴盛走向灭亡的历史。诚如本书前册所论述的,由于教会的生存和发展,仰赖于葡萄牙商船的贸易和地方割据势力的支持,这种跟统治者过于密切的政治经济关系,极易受形势变化的影响,其根基并不稳固。特别是大批民众的归化甚为容易,便"没有必要采纳科学的迂回方法",更无须认真推行适应日本文化的方针,锲而不舍地追求基督教义与当地民众信仰融通的一致性。所谓"大日如来误译事件"的渲染,即是一个明显的例证(详后)。② 当代葡萄牙学者佛朗哥(José Eduardo Franco)指出:"日本当时正处于国内纷争、权力涣散的一个动荡时期的尾声,希望一个强有力的中央政权提供国家的安宁稳定。如果说在初期,基督教'是军事联盟的一个动力因素'并在一个以没有强有力的、具有凝聚力的政权存在为特征的时期发挥过作用的话,那么现在,它已经由于其对教徒具有的影响和表现出的'内部互为依存的机制'而成为一种危险的力量。"③众多基督徒参加的旨在反对中央幕府的岛原起义,"诱

---

① 谢和耐著,于硕等译:《中国文化与基督教的冲撞》,第10—11页。
② 参见拙著《明清之际中西文化交流史——明代:调适与会通》(增订本),第423—428页。
③ 佛朗哥:《日本群岛传教梦的结束——日本的辩解和耶稣会士与托钵僧的论战》,载澳门特别行政区文化局出版:《文化杂志》中文版第五十期。

发并强化了幕府由来已久的仇外与恐外心理",于是,以传教士被驱逐和大量殉难事件为标志的禁教与锁国政策最终完成。①

在此背景下,先是,陆若汉以"私人翻译"的名义,相继陪同视察员范礼安和主教马尔蒂斯进觐日本独裁者丰臣秀吉,以其随机应变和雄辩的才干,迅速博得该独裁者的好感与信任,"开始以'通辞'的身份承担起教会与当局联系沟通的重要使命。"通过成功地化解外交危机,一定程度上缓解了有关传教士驱逐令的贯彻执行。其后,他又作为德川家康与葡人交易的"私人贸易代理"和教会经营商业活动的"管区代表","协调幕府与葡萄牙商人以及教会之间的经济关系"。由于陆若汉过深地介入世俗和宗教上层的政治经济利益,从而树敌甚多。加之他"一再欠缺慎重小心",及生活上有悖于严守贞洁等"修道士相配的品性",处于内外交困的陆若汉,不得不为1610年7月发生于长崎的葡商船塔克拉萨号同日本政府的武装冲突事件付出代价,他"被解除了管区代表和通辞的职务,于1611年3月乘船前往澳门","最终被流放"。②

本来这样一个目睹日本教会的兴衰嬗替,并对此须承担部分责任的传教士,流放澳门后,理应对照中国传教团在较日本困难得多的传教环境所取得的巨大成就,认真思考和总结日本传教团及自己失败的原因与教训。可是,陆若汉非但没有丝毫悔悟的意思,反而怀着阴暗的心理,立即投入清算利玛窦适应策略的斗争,企图将那套在日本已证明失败的传教理念和方法,强加于中国传教团。

经过赴中国内地耶稣会住院和其他场所考察后,陆若汉于1616年(万历四十四年)1月通过从澳门寄给罗马总会长长达20页的书信,全面申述了自己的看法。

他说:

"从1613年6月至1615年7月整整两年的时间内,我受视察员

---

① 戚印平:《日本早期耶稣会史研究》,商务印书馆2003年版,第124—125页。
② 戚印平:《陆若汉其人其事》,载澳门文化局《文化杂志》中文版第六十四期。

巴范济神父的特别任命,对古代东方出现的哲人的学说进行了有组织的研究,这些学者们提倡的学说在根本点上与我们的圣教正好相反。正如你所听说的那样,这一研究的目的在于证明这两个传教地(中国与日本)目前编集中的教理问答收入了这些学者的学说,在根本上是错误的。我受日本准管区长顾问会议的委托,预定完成在两个传教地同时使用的书籍。中国的学者们陈述了各种意见,续而参照教会圣博士们的定见,以制成不感到矛盾的调和的文本。它在这两个国家,即中国与日本,还有朝鲜与科钦的人都能使用。"

他又说:

"在我来到这里之前,神父对此一无所知,或许还未听说过少数人们倡导的思辨哲学,只知道面向大众的传说或教导。虽然利玛窦神父尽全力对这一方面进行了研究,但由于上述原因,在这一点上犯了错误。

……托主启迪的福荫,我的继续研究或许可以成为神父们的参考。这里编写的书出现了几处违反基督教信仰的根本谬误。因为他们以复杂而高尚的语言,作了模棱两可的含混说明。这种事情神父们还是初次耳闻。他们声称,正如所有中国人与中国教义所认为的那样,古代中国人的确知道神,拥有过关于神的正确教义,我们所说的教义与中国祖先所说的教义是相同的。神父们的想法是,只要与知识阶层携手(传教)就会获得成功,但这是错误的。除此之外,这里编写的书籍还有各种错误。"[1]

他还说:

"所有由中国传教团成员写的书都应修改,其传教方法也当改

---

[1] 引自戚印平:《远东耶稣会史研究》,中华书局2007年版,第151—152页。

变。传教团的早期神父们出发点是好的,但已被误导,因他们的无知而默认许多'对各民族都是耻辱'的习俗。他们允许为死者做各种仪式,包括点蜡烛、烧香以及'在死者面前做某种崇拜活动',这些肯定都是'迷信活动'。至于他们的中文著作,它们都应由宗教裁判所审查,并由'日本传教士'来纠正,而非由中国士大夫如保禄(徐光启进士)和迈切尔(杨廷筠进士)来做这项工作,因为他们对这些问题一无所知。""他最后的提议是,中国传教团的'意大利神父们'完全由日本传教团控制,任命一名监会铎,合适人选是阳玛诺,把他们带往日本实践。"①

为使他的这些观点传布更广,"陆若汉曾将在他看来错误的翻译辞汇制成表格,交给龙华民神甫。那些词语不仅有'天主',同时还包括1618年论战中涉及的'天使'与'灵魂'等词语"。当遭到一些在华传教士激烈反对时,"陆若汉毫不让步……将自己所意识到的问题写成几封书信寄给中国的耶稣会长老,以及在各地传教的神甫们"。②

上述披露的文献,至少蕴涵四个方面的内容。其一,这次有组织有领导的审查和清算活动,具有教会官方的性质。陆若汉在信中强调,他是受视察员的特别任命与省区顾问会议的委托,为同基督教义截然对立的古代东方哲人学说(主要是中国儒家学说),进行了多年有组织(实不止一人)的研究,并在编纂适合东方国家《教理问答》的过程中,对受这些哲人学说影响的中国传教士著作的根本错误,进行审查和清算,因而具有教会官方的性质。

其二,利玛窦的适应策略,根本上是违反基督教信仰的谬误。陆若汉从所谓古代东方哲人学说即中国儒家思想同基督教义截然对立的"研究成果"出发,指出吸收这些思想的传教士著作犯了错误,进而点名批判利玛窦的谬误是全面的,从"天主"、"天使"、"灵魂"等翻译词语的

---

① 柯毅霖著,王志成等译:《晚明基督论》,第88页。
② 刘小珊:《耶稣会翻译陆若汉于"礼仪之争"前期的影响》,载澳门《文化杂志》中文版第五十八期。

不当,到基督教义与中国祖先信仰的认同;从容忍中国耻辱性的习俗和迷信活动,到执意跟中国知识阶层的携手合作,从而得出适应策略在根本上违反基督教信仰的结论。

其三,有关来华传教士及其著作的组织处理措施。陆若汉在认定来华传教士的著作都应修改,其适应策略和传教方法必须改变的前提下,建议宗教裁判所审查他们的中文著作,而交付日本传教士修改纠正。至于中国传教团的意大利神父们,则完全由日本传教团控制,并经葡籍神父阳玛诺监督带往日本进行传教实践。

其四,怂恿和挑唆在华传教士进行内部的自我清算。为与向罗马长上直陈从思想与组织上根绝利玛窦适应策略的建议相呼应,陆若汉竟越俎代庖,直接干预中国传教团的事务。他先是将所谓错误翻译词汇的表格交付龙华民,为其率先从内部发难提供思想武器;又以全面清算适应策略的理由和意向遍告在华传教士,促其支持和响应;更广为散布在华神父犯了错误的舆论,形成外部压力的态势。这些内外兼施的举措表明,陆若汉无异于引发这场论争的真正推手和始作俑者。

透过如上分析,可见陆若汉处心积虑而无所不用其极。论手段,上下呼应,内外兼顾(既向长上告状,又遍示同会修士;既形成外部舆论压力,又策动修士内部发难)。论批判,由点到面,全盘否定(从所谓翻译词汇不当,至根本否定适应策略)。论对策,思想审查与组织处理并行,而组织制裁优先。特别是长信中的最后提议,将陆若汉阴暗乃至刻毒的心理暴露无遗。一方面,通过声讨适应策略,摧毁经意大利人创立并继续担任领导的中国传教团,甚至不惜将这些意大利人押往日本"实践",投入因禁教而频繁发生的殉难和杀戮之中。另一方面,中国传教团交由葡萄牙人主导的日本传教团掌控,再次推行那种干预政局和不尊重民俗而招致灭顶之灾的传教政策。这不止是积怨甚深的不同国籍修士的情绪的发泄,不止是失败者对于胜利者的嫉妒和报复心态的反映,更是不容异己的基督徒顽固嘴脸的表现。

出于大致相同的诉求,"1615 年弗朗西斯科·维埃拉(Francisco

Vieira)继巴范济之后任日本、中国巡察使。一位在澳门的耶稣会士卡米洛·迪科斯坦佐(Camillo di Costanzo)向新任巡察使提交了一份攻击那些有争议的词汇的论文,对此提出了挑战。巡察使对卡米洛·迪科斯坦佐的意见表示支持"。①

面对由教会各种势力和思潮纠合的浊流的强烈冲击,处于风口浪尖的中国传教团的成员不得不有所抉择。或随波逐流,对适应策略产生怀疑、动摇乃至反戈相向;或做中流砥柱,在斗争中坚持和捍卫适应策略。事实表明,龙华民、熊三拔是前者的代表,庞迪我、王丰肃则是后者的中坚。

如果说龙华民从内部发难,最先是外部的訾议和压力,引发了他对欧洲原教旨主义教条式信仰的共鸣的话,那么尔后争论愈益炽烈的时候,其固执己见和简单化性格,则使他穷根究底,不肯轻易认输。但须要强调指出的是,"龙华民激烈反对的是在术语翻译问题上的主流意见,在关于礼仪问题上,龙华民是赞成其他人的意见的。"②与此同时,他背着教区长上擅自派遣金尼阁前往罗马游说,寻求教廷批准顺应中国习俗的用中文举行礼拜和弥撒时戴帽子,以及中国传教团从日本省区独立等,诸项明显的遵循适应策略的举措(详后)。有鉴如此,对龙华民就"译名之争"的激烈而固执的态度,仍应该坚持"两点论",即从他矛盾的心绪去进行审视和评议。这毕竟跟陆若汉全面否定适应策略的居心叵测,不可同日而语。

1612年(万历四十年),视察员巴范济得到日本耶稣会士报告,并在巡视澳门时明确告知龙华民、利玛窦及其《天主实义》犯了类似异教徒的错误,他推崇的"天"、"上帝"不能代表创造万物的尊神。龙华民随即"命在中国的耶稣会士,对这个问题加以研究,并且征求奉教的中国学者对这个问题的意见。徐光启和李之藻都赞成利子的主张,龙华民便不能向巴范济有具体的建议。"③

---

① 邓恩著,余三乐等译:《从利玛窦到汤若望》,第268页。
② 同上书,第279页。
③ 罗光:《教廷与中国使节史》,第80页。

1615年(万历四十三年)弗朗西斯科·维埃拉(Francisco Viera)继巴范济之后任日本、中国巡察使(视察员)。在澳门的耶稣会士卡米洛·迪科斯坦佐(Camillo di Costanzo)向新任巡察使提交了一份攻击那些有争议的词汇的论文,对此提出了挑战。巡察使表示支持迪科斯坦佐的意见。① 这时"在北京,龙华民注意到熊三拔(Sabbatino de Ursis)神父跟他一样对'天的主宰'问题心存疑虑",②遂"联合熊三拔向耶稣会中国日本区区长瓦伦逊姆·卡尔瓦罗(Valentim Carvalho)上书,请禁止使用'天'和'上帝'两个名词"。③

视察员维埃拉虽支持迪科斯坦佐的意见,"但是他知道庞迪我和王丰肃不同意这种观点。他要求庞迪我二人写一份陈述自己意见的文字。他们写了,在文中捍卫了利玛窦的做法"。④ "庞迪我神父和王丰肃神父所持意见是,中国人确实曾隐约知道有这三种事物。"⑤并"试图证明中国人具有某种关于造物主、天使和灵性的知识时,他们称之为上帝、天神和灵魂"。⑥ 稍后庞迪我更总结道:"天主者、造天地万物之主,西国所奉之天主,即中国所奉之天,即中国所祀之昊天上帝也……所以必称天主者,为苍苍旋转之天,乃天主所造之物,恐人误认此苍苍者以为主宰,故特称无形主宰之昊天上帝为天主焉。中国称上帝为天,犹称帝王为朝廷,亦无不可。特因此中文字园活,称旋转者曰天,称主宰者亦曰天,可以意会。西国行文,务须分别,必称天主云耳。天主也,一也。"⑦这显然坚持和捍卫了利玛窦的观点。

"熊三拔见到他们的反对意见乃书写长文一篇,题名《论上帝一名》(Tractatus de verbo Xamti),作为对辩。"⑧他仍然认为:"中国人根据

---

① 邓恩著,余三乐等译:《从利玛窦到汤若望》,第268页。
② 谢和耐著,于硕等译:《中国文化与基督教的冲撞》,第22页。
③ 罗光:《教廷与中国使节史》,第80页。
④ 邓恩著,余三乐等译:《从利玛窦到汤若望》,第268页。
⑤ 谢和耐著,于硕等译:《中国文化与基督教的冲撞》,第22页。
⑥ 安田朴著,耿昇译:《中国文化西传欧洲史》,商务印书馆2000年版,第358页。
⑦ 庞迪我:《奏疏》,载钟鸣旦、杜鼎克等编:《徐家汇藏书楼明清天主教文献》第一册,台湾辅仁大学神学院1996年版,第77—79页。
⑧ 罗光:《教廷与中国使节史》,第81页。

第一章　中国传教团继任监督的确立与耶稣会内部的论争　67

他们的哲学原则而从来就未曾知道过与我们所认为的那种物质有所区别的精神实质,因而他们从来不懂上帝、天使和灵魂。""龙华民首肯了这种解释。"① 不久,"熊氏之文由澳门转到罗马,由教会中心的神学家予以研究。著名神学家雷西阿(Lessio),罗里诺(Lorino),格布里阿·宛斯夸茨(Gabriel Vasquez)等,都赞成利玛窦所用的名词"。②

1616年(万历四十四年),从日本驱逐至澳门的耶稣会士陆若汉,上书罗马总会长,反对"天"、"上帝"的称谓及中国礼仪。并将他认为翻译错误的辞汇制成表格,交给龙华民。"其后诸年参加上帝、天主等类名称之讨论,颇不以利玛窦神甫采用之习惯为然。"③"1617年(万历四十五年)龙华民向巡察使维埃拉介绍了一本(他所写)有关这个问题的小册子",④熊三拔在龙华民的文后加有注释。维埃拉乃命熊三拔等再详细研究。

1618年(万历四十六年),陆若汉"在澳门发表一文,辩驳利玛窦神甫等劝导华人入教方法之非。标题作《只懂日语,不顾种种困难泛学汉语》。时庞迪我、高一志(即王丰肃)二神甫曾奉命作答辩。"⑤此时"熊三拔发表了一篇短文和一篇正式的论文,支持龙华民的观点"。⑥"龙华民更进而主张根本废除'天'、'上帝'、'天主'、'灵魂'等名词,一律采用拉丁文译音。耶稣会视察员与耶稣会总长不接受龙华民的主张。"⑦于是,"这场论战到1618年间由于维埃拉的决策,即两种对立的观点应通过对上帝、天使和理性灵魂的观念来评断而到达危急关头。在中国人的智慧传统中究竟有哪一点可与这三者相联系?"⑧"这样就可以决定哪一些中文名词可以被基督徒采用。"⑨凡此实际上排除了陆若汉之

---

① 安田朴著,耿昇译:《中国文化西传欧洲史》,第358页。
② 罗光:《教廷与中国使节史》,第81页。
③ 费赖之著,冯承钧译:《在华耶稣会士列传及书目》上册,第217—220页。
④ 邓恩著,余三乐等译:《从利玛窦到汤若望》,第268—269页。
⑤ 费赖之著,冯承钧译:《在华耶稣会士列传及书目》上册,第217—220页。
⑥ 邓恩著,余三乐等译:《从利玛窦到汤若望》,第268—269页。
⑦ 罗光:《教廷与中国使节史》,第81页。
⑧ 谢和耐著,于硕等译:《中国文化与基督教的冲撞》,第22页。
⑨ 钟鸣旦著,圣神研究中心译:《杨廷筠,明末天主教儒者》,1987年版,第219页。

流欲全面否定中国礼仪,清算适应策略的图谋,而将论战限制在"译名之争"的领域。

当有关争论愈益炽烈且逐渐越出中国传教团范围的时候,在不同长上的支持下,耶稣会内部就典籍与称谓问题举行过多次讨论。其中,最重要的有三次。第一次是1621年(天启元年)在澳门由葡籍教士主持召开。"1621年,(骆)入禄为东亚一切传教区之视察员。同年集资深学优之传教师七人,共议中国礼仪问题,及天与上帝名称问题。"①"1621年耶稣会视察员骆入禄(Jerónimo Ruiz)在澳门召开会议,会议结果赞成利子主张的一派得胜,视察员出令批准。"②

"但是龙华民不是一个轻易放弃自己观点的人。他力主对澳门会议的决议进行检讨。1623年(天启三年)他写了另一篇文章陈述他的申诉。"③"耶稣会视察员命李玛诺函复龙华民,予以申斥。"④

1624年(天启四年),龙华民"针对王丰肃于1616年10月8日写给巡察使的一封长信,写了一本分析批判利玛窦《天主实义》的小册子。1627年(天启七年)葡萄牙传教士费乐德撰写一篇文章支持利玛窦采用那些术语,而一位比利时传教士史惟真则写文章,转变立场而支持了龙华民"。⑤

面对着如此对立而互不相让的两派意见,继任的葡籍视察员班安德(André Palmeiro),亟待找到一种妥善的解决办法,这就是1628年(崇祯元年)1月召开的嘉定会议的由来。同上次澳门会议相比较,嘉定会议具有三个特点,即紧迫性、代表性和妥协性。首先,自沈㴶发动的持续达六七年之久的教难重创之后,至1628年传教事业又获得重振的生机。传教士曾德昭(Alvare de Semedo)为此写道:'到1628和1629年,我们和平地住在我们所在之地时,通往福音之门打

---

① 费赖之著,冯承钧译:《在华耶稣会士列传及书目》上册,第86页。
② 罗光:《教廷与中国使节史》,第81页。
③ 邓恩著,余三乐等译:《从利玛窦到汤若望》,第269页。
④ 罗光:《教廷与中国使节史》,第81页。
⑤ 邓恩著,余三乐等译:《从利玛窦到汤若望》,第269页。

第一章　中国传教团继任监督的确立与耶稣会内部的论争　69

开了,归化异教徒之路平整,上帝鼓励我们作的事业没有遇到阻力和对抗"。① 在这经罹难走向振兴,由低谷步入高潮的紧要关头,中国传教团内部亟须化解分歧,统一认识,以适应变化的新形势。

其次,正是形势的紧迫性,影响到会议的代表性。与会者中,不仅有人数更多、与争论密切相关的传教士,还有奉教的中国士大夫。据记载,"1628年1月教士在嘉定曾经开过一个会议,讨论Deus究当译'上帝'或'天主',或音译'陡斯'。当时参议者共有十一位,即:阳玛诺、高一志(即王丰肃)、龙华民、金尼阁、毕方济、郭居静、李玛诺、曾德昭、费奇观、艾儒略、黎勃劳(即黎宁石),他们的意见不一致,各有相当的理由。"②这样看来,除已在澳门去世的庞迪我、熊三拔外,两派论争的主要人物悉数到场。这较之骆入禄在远离争论的现场和当事人,于澳门召集的资深传教士会议,自然更易当面说合化解矛盾。至于邀请信教的中国士大夫参与耶稣会的内部事务,则绝非嘉定会议组织者班安德一时的心血来潮,而是奉有罗马耶稣总会的成命。1615年,"罗马耶稣总会议决:'为呈请自由传习天学一事,应由在华教士与中国仕绅,共同妥筹进行'。"这种"耶稣会内之事而就商于会外之人,为耶稣会史上前此所未有"的举措,③充分显示对徐光启等奉教仕绅的尊重和信任。而班安德秉承长上旨意延请数人参加讨论,更在急切地寻求有关中国礼

---

①　曾德昭著,何高济译:《大中国志》,上海古籍出版社1998年版,第285页。

②　徐宗泽:《中国天主教传教史概论》,上海书店1990年版,第327页。有关嘉定会议召开的时间,及与会的传教士,各家记载多有出入。如费赖之记为1627年,谓:"1627年诸神甫重在嘉定集议,主持其事者乃(骆)入禄之后班安德(Palmeiro)神甫也。"(冯承钧译本上册,第86页)此外,罗光述说:"来嘉定开会的耶稣会士共有九人或十人"。(《教廷与中国使节史》,第82页)邓恩则称:"在1627年12月的最后一天,九名耶稣会士聚集在嘉定。"并列举了阳玛诺、龙华民、王丰肃、金尼阁、李玛诺、毕方济、郭居静、曾德昭等八人姓名。(余三乐译本,第269页)而谢和耐认为:"……1628年在上海附近嘉定召开了由21名传教士和4名当时最著名的皈依者参加的大会。"(于硕译本,第23页)中国学者杨振锷引证道:"教士曾集议于嘉定,当时来与会者,有教士十一人,教友徐光启、杨廷筠、孙元化、李之藻四人,时在1627年。"(杨振锷:《杨淇园先生年谱》,商务印书馆1946年版,第51—52页)综上所述,可以概见,嘉定会议大致于1627年底或1628年初举行,参加的传教士当在9至11人之间,所谓21名传教士与会的记载,揆诸当时的情势,恐怕不大可能。

③　杨振锷:《杨淇园先生年谱》,第32页。

仪问题的圆满解决。

再次,从嘉定会议的结果和上呈的报告来看,充溢着调和与折衷的精神。据称:"会议就十一点议程取得了一致意见。每日数小时的讨论都相当热烈。与会者对与不太隆重的祭孔和祭祖相关联的问题没有什么分歧。他们在一些实际性的问题上取得了一致,耶稣会迄今为止的政策得到了认可。主要的争论围绕在名词术语上。由于龙华民顽固地坚持自己的意见,在这方面不可能达成协议。会议一直开到一月底,明朝天启皇帝在前一年九月初驾崩的消息传来,会议便匆匆地中断了。"① 会议"讨论的结果,对于敬孔敬祖等问题,沿用利玛窦的方案,不以这种敬礼为宗教上的迷信;对于译名,则采用龙华民一派的意见……于是视察员班安德在 1629 年出命:以后耶稣会士不许用'天'和'上帝'"。② 班安德似乎想通过此两说并存、不偏不倚的裁决,实现耶稣会内部的和衷共济。

这种和衷共济的意图,还体现在班安德巡历中国各地后,于 1629 年(崇祯二年)10 月从澳门向耶稣会总会长呈递的总结报告,该报告特别赞扬了众传教士之间的"精神团结"。他写道:"事实证明,传教士们的心灵上、感情上都没有分裂迹象,相反,亲密无间,友谊为重。虽然传教区内有着不同国籍的神父,意大利的、葡萄牙的、德国的、比利时的、波兰的,但谁也没有把本国偏爱于他国之上的现象。虽然'礼仪之争'困扰着他们,但使我深感惊异的是,他们在思想上虽观点不尽相同,争论时间又持续了很久,但在日常生活中和相互接触间,并未因此而产生隔阂或冷淡。"③ 倘若当时中国传教团内部,确如班安德所说,传教士间虽有分歧但未伤和气,国籍不同却彼此尊重的话,那这一切仍不过是前述范礼安坚持的"多国籍"政策和利玛窦倡导的宽容精神影响之所致。也许班安德正为此"精神团结"感动,他在嘉定会议和巡历期间,不得不顾全大局而力推折衷调和,而在总结报告中,则明确表示自己的立场:

---

① 邓恩著,余三乐等译:《从利玛窦到汤若望》,第 269 页。
② 罗光:《教廷与中国使节史》,第 82 页。
③ 费赖之著,梅乘骐等译:《明清在华耶稣会士列传》上册,第 222 页。

第一章　中国传教团继任监督的确立与耶稣会内部的论争　71

"他又决定有必要与地方官员们进行互访和拜会,并再次批准教士们三十年来沿用的穿戴儒服之举,一再表扬他们在牧灵工作上的勇敢和耐心,以及新教友们对信仰的虔诚。"①这无疑是对利玛窦适应策略的有力支持。

尽管嘉定会议提倡调和与折衷,然而双方的争执并未完结。龙华民在所写的小册子中,"比以前走得更远,他干脆抵制使用'上帝'和'天主'这两个中文词汇,而主张将拉丁文中'DEUS'音译成中文来代替"。他这主张遭到费奇观、艾儒略和曾德昭的反对,李玛诺并为此于1630年上书耶稣会总会长威特勒斯奇(Vitelleschi),认为"天"和"上帝"称谓不宜禁止。②

为对已持续二十余年的争论作一了断,1633年(崇祯六年)耶稣会士再行集会。"整个讨论最后于1633年末或1634年初达成协议,结果温和派压倒极端的欧洲派,后者甚至暗示中国人不能以他们的母语来念天主经或信经。由于温和派的这次胜利,上帝、天或天主的称呼均被接纳。约十年后,傅汛际下令把龙华民的所有文章毁灭,以图消除对这些烦厌的争论的一切记忆。"③

即使如固执己见而不肯服输的龙华民,似乎也平静地接受了长上(时李玛诺继任视察员)的裁决和修士们的共识。自1622年(天启二年)卸任传教团教长职务后,龙华民仍以积极进取的精神,与其他传教士一道经历由禁教的危难到再次振兴的繁忙。晚年更不顾90岁的高龄远涉山东传教,交结皇亲官吏,同百姓共艰苦,食粟与草,其持己甚严而待人宽厚的秉性一如既往。对于过去质疑利玛窦的态度也有所检讨,认为这跟未能亲聆其教诲有关。"他有个借口,就是,终其一生,他只是同利玛窦通信,从来没有交谈过。"④如此看来,费赖之对于耶稣会

---

① 费赖之著,梅乘骐等译:《明清在华耶稣会士列传》上册,第222页。
② 邓恩著,余三乐等译:《从利玛窦到汤若望》,第269—270页。罗光:《教廷与中国使节史》,第83页。
③ 钟鸣旦著,圣神研究中心译:《杨廷筠:明末天主教儒者》,第220页。
④ 裴化行著,管震湖译:《利玛窦评传》下册,第388页。

内部这场争论的评价,"顾凡事皆以协合慈爱精神进行,又在服从指挥之下,意见虽分,而未形于外,于传教事业尚未感何种障碍",[1]可能有一定的道理。

纵观耶稣会有关"天"、"上帝"称谓论争的缘起,诸多势力和思潮的捭阖,及其最终的结局,这无疑是利玛窦身后适应策略经历的第一次重大的考验。通过耶稣会上下和中国传教团内外反复进行的论战,终使"天"、"上帝"和"天主"的称呼普遍得到承认,标志着利玛窦所确立的中西之间在最高信仰上的一致性和互补性,作为适应策略的核心理念与思想基础,从此成为耶稣会的共识。"还值得一提的是,如此尖锐的观点分歧和激烈的辩论尽管存在,但并没有在天主教团体中产生影响而造成分裂。"[2]经此"心灵的冲突",巩固了传教团内部的"精神团结",为应对外部接踵而至的更大风暴的考验,在思想和组织上作好了准备。

耐人寻味的是,耶稣会的高层,包括罗马总会长和高级神学家,以及耶稣会派驻远东、中国与日本教区的视察员、主教,对待论争的态度,有一个明显变化的过程。即从最初支持清算旧说,到倾全力在两种观点间进行调解、调和与折衷,直至采取断然措施焚毁龙华民著作,以维护利玛窦适应策略。究其原因,恐怕跟继任的耶稣会总会长威特勒斯奇对其前任阿桂委瓦支持利玛窦的政策有某种延续性,并对利氏所开辟的中国传教的前景寄予厚望。与此同时,耶稣会高层已意识到随着方济各、多明我会士于 1632 年(崇祯五年)前后进入中国福建沿海传教,耶稣会对中国传教的垄断地位将被打破。"耶稣会士对由此而可能发生的事情,是非常焦虑的。"[3]在这种形势下,唯有迅速地结束耶稣会内部的纷争,坚持行之有效的利玛窦适应策略,统筹内部一致对外,才能确保耶稣会在中国传教的优越地位。两相比较,后者可能是耶稣会高层当机立断,采取粗暴的组织手段结束旷日持久辩论的决定性因素。

---

[1] 费赖之著,冯承钧译:《在华耶稣会士列传及书目》上册,第 65 页。
[2] 邓恩著,余三乐等译:《从利玛窦到汤若望》,第 270 页。
[3] 同上书,第 218 页。

第三节　中国"天"、"上帝"与西方天主(Deus. God)信仰的同一性、差异性和互补性

史实表明，属于思想范畴的认识问题，并非粗暴的组织纪律所能遏制，那些论辩性文字也不是付之一炬便可泯灭的。如龙华民1631年在北京撰写的《论反对使用"上帝"一名》的手稿，便流传境外，为马尼拉多明我会档案馆所收藏。[①] 更为重要的，在论争中产生并被当代西方学者视为"西方对中国居统治地位的理论提出一种系统看法的第一部研究著作"，[②] 即龙华民在1623年（天启三年）用葡萄牙文书写的手抄原稿，仍被秘密地存档、发现和传扬，直至在欧洲以多种文字出版，成为中国礼仪之争中颇具影响的文献。

原来，在龙华民于1654年（清顺治十一年）逝世时，根本就没有人知道他的文章原稿竟然还能留存下来。"龙华民死后，法国耶稣会士汪儒望(Jean Valat)在北京的耶稣会士档案中，发现了龙华民残存的论文。他将它们交给了方济各会士利安当。"自1660年（清顺治十七年）起汪儒望便在山东传教，那里同时也是利安当的活动中心。"利安当神父将这葡萄牙文手抄原稿翻译成拉丁文。"1666年（清康熙五年）3月以后，受杨光先攻讦汤若望案件的牵连，在华各修会传教士均被拘禁于广州。"当时利安当神父与多明我会士闵明我(Domingo Navarrete)，共同生活在同一所住宅。"1668年（清康熙七年）12月9日，闵明我"携带着利安当神父送给他的龙华民手写的原稿"，成功地从拘禁地逃脱。"闵明我想要用它（指龙文）说服罗马的传信部，禁止中国礼仪和对上帝的称呼，因为那里的评论家都出自耶稣会团体。"1676年（清康熙十五年），"这份手抄原稿和闵明我的注释一起"，作为闵明我著作的第五篇论文，在马德里用西班牙文出版。"由于这篇论文的印行，礼仪之争在

[①] 荣振华著，耿昇译：《在耶稣会士列传及书目补编》上册，第379页。
[②] 谢和耐著，于硕等译：《中国文化与基督教的冲撞》，第23页。

欧洲社会第一次产生了。""文字之争和不利传统礼仪的理由便在欧洲广泛流传。"其后,龙华民和利安当所写的论文在罗马传信部的档案中被重新发现,外方传教会将它们翻译成法文,龙华民的文章题名《论中国宗教的若干问题》,于1701年(康熙四十年)在巴黎出版。这部篇幅不大的论著自问世以来,不仅助长了欧洲反耶稣会的浪潮,而且引起了著名哲学家马勒伯朗士(Malebranche)和莱布尼茨(Leibriz)的关注。前者受到龙华民该论著的影响,发表了《一名基督教哲学家与一名中国哲学家有关上帝存在问题的讨论》一书。后者则在批判龙华民观点的基础上,撰写了《致德雷蒙先生的信:论中国哲学》的长文。[①]

这篇包涵十七个部分和序言的论文,虽号称是对儒家思想提出系统看法的研究著作,其实是"属于一种'灵机一动'性质的,没有系统的组织和一些似乎是尚未完成的片断"。不过,鉴于龙华民在论争中的地位,该论文的作用,以及它集中反映同道者意见的特点(它是以同道者四篇论文为基础写成的),[②]仍有必要在这里就论文的主旨及相关的内容,稍加介绍和评议。

(一)日本耶稣会士和陆若汉的思想影响。

龙华民在该书序言中指出:"当初他抵华时,那些教友们对他说'上帝就是我们的主'。开始时,他对那位'神圣人物'有过顾虑,但很快便消除了。不过,当他阅读了《四书》——据朱熹,那是儒家的经典——后,他感到有所领悟,发现'不同解释者所介绍的上帝的概念与神性是背道而驰的'。"[③]于是,龙华民从对"所涉及的问题的严肃性",[④]即基督信仰的纯正性和狭隘性出发,"把他的全部精力都用于证明中国人的'理'和'天'与基督教徒们的上帝没有任何共同之处。"[⑤]龙华民似乎强

---

① Claudia von Collani:"The Treatise on Chinese Religions (1623) of N. Longobardi, S. J.", Mungello, Editor, "*Sino-Western Cultural Relations Journal* XVⅡ"(1995),pp. 29—37;钟鸣旦著,圣神研究中心译:《杨廷筠:明末天主教儒者》,第219—221页。
② 同上文。
③ 艾田蒲著,许钧等译:《中国之欧洲》,河南人民出版社1992年版,上册,第348页。
④ 谢和耐著,于硕等译:《中国文化与基督教的冲撞》,第24页。
⑤ 安田朴著,耿昇译:《中国文化西传欧洲史》,第424页。

调,这种思想的变化全在于自己内心的领悟和信仰的纯真,而实际上,日本耶稣会士尤其是陆若汉的思想影响,在其中起了关键性作用。正如西方学者柯拉里(Claudia von Collani)所说:"在中国关于正确的传教方法的审议,是由日本的事变引起的。"日本的耶稣会传教士企图"使人确信,东亚人民从来不知道关于上帝的任何事情,为此,不应选择一个本土的单词来代表上帝。"当一些日本的耶稣会士被驱逐至澳门后,"他们抵制在中国的耶稣会士具有非常深远影响的适应性,他们同样否认用中国词汇代替基督教的概念。"柯拉里还说:"自利玛窦时代以来,对'上帝'有三个中国的名称在基督徒的布道中使用,即天、天主和上帝。1600年澳门的会议批准了这三个名称……然而,在日本,这种使用日本语的词汇却引起了很大的误解。因此,日本的传教士只赞成用日本语的发音来拼读唯一的拉丁文词汇,像称'上帝'(God)为'Deus'那样。"[1]由此可见,日本耶稣会士的顽固主张,乃龙华民在辩论中所一再要求废除"天"、"上帝"、"天主"等中文名称,采用拉丁文"Deus"译音的思想源头。至于"日本的事变",或使用日本词汇引起的很大误解,则显然指的是"大日如来误译"事件。

所谓杯弓蛇影,给日本耶稣会士造成"巨大心理伤害"的"大日如来误译"事件,原不过是沙勿略在驻日初期,为运用当地语言和思想文化观念宣扬基督教义的一次不成功的尝试,即他在日本教徒的帮助下,误以为"日本真言宗所敬奉的'大日如来'就是天主教所敬仰的天主,他是自我的,是创造世界的真主"。于是,沙勿略在鹿儿岛、平户等地传教时,都是用"大日如来"来称呼天主。然而,当他在实际接触中发现,"在日本没有人肯承认大日如来这个名称可以表示自我的,创造世界的真主",而且"它的命意不太高尚,不过代表泛神教的一个无元的神"以后,特别是沙勿略在同真言宗僧侣交谈中,"神父向他们提问圣三位一体的玄义与人子的关系,并质问他们是否相信圣三位一体的第二位托身为

---

[1] Claudia von Collani:"The Treatise on Chinese Religions (1623) of N. Longobardi, S. J.", Mungello, Editor, "*Sino-Western Cultural Relations Journal XVⅡ*"(1995), pp. 29—37;钟鸣旦著,圣神研究中心译:《杨廷筠:明末天主教儒者》,第219—221页。

人,为拯救人类而被钉在十字架上而死的事",僧侣们对此表示全然不知时,沙勿略遂斥责"这一宗派与日本所有的宗派相同,它那虚伪的、诳人的宗旨都是魔鬼的发明",并派人"在十字路口说教,宣布不要礼拜大日。大日不是神"。同时作出了一个影响深远的重要决定,"用原语音译的方式,表示最为基本而关键的神学概念。表示造物主的拉丁语'Deus',音译为'デウス(徒斯)'。"对于沙勿略及其同辈讳莫如深而后来赴日传教士则大肆张扬的误译事件,陆若汉解释道:"这是因为,当时的人们有许多我们不知其意、不解其秘的迷信,而且崇拜偶像。故神父沙勿略认为,将至高无上的神圣的'Deus'教给这国中的人时,不应当借助于日本人自己的语词。神父担心这些语词会将无限善的万物创造者这一概念,与日本人自身的诸神和偶像的类似概念混淆起来。他唯恐听到人们用这样的语词来称呼造物主,所以决定'Deus'不作变动。神父在说明了主的无限性及其完整性的这一属性后指出,由于日本人从不了解'Deus',所以日本语中没有相应的语词。"[1]

在我看来,被称为"东方传道之父"的沙勿略的贡献,首先在于他对其他宗教和文化蕴含真理因素和须具备在文明民族传教的思想感情有所领悟,并试图用当地的语言乃至思想文化观念传播基督教,[2]这无疑符合文化进化和外来宗教本土化的历史趋势。

按照文化进化的观念,"地球为人类生存所提供环境的多样性使文化呈现出千姿百态",而众多文化类型的存在和演进,"简言之是由于适应性变异",故"文化是人类的适应方式"。一般来说,"适应过程具有两个特征:创造与保持。前者是一种结构和模式的进化,这种特定的结构和模式能使一种文化或一种有机体实现必要的调整以适应环境。后者则为一种稳定化趋势,即保持已实现的适合的结构和模式。"[3]与此相

---

[1] 戚印平:《远东耶稣会研究》,第118—121页。参见拙著《明清之际中西文化交流史——明代:调适与会通》(增订本),第140—141页。

[2] 参见拙著《明清之际中西文化交流史——明代:调适与会通》(增订本),第135—150页。

[3] 托马斯·哈定等著,韩建军等译:《文化与进化》,浙江人民出版社1987年版,第19—20,37页。

类似,"在'一部人类的伟大宗教史'中,它们也是不同宗教间交流的可能性和方法的模式。"通过从神学角度对七种历史模式的考察,可以归纳,"外表的和谐或不同信仰的混合为一种类型,传教冲突或文化帝国主义以及反传教的反响为另一种类型,在这两种类型之间还可以有另外一种基督教与中国接触的方式。这种接触不仅能实现互补的融合,还可以实现真正的'本土化',让基督教在中华沃土中'植根'。这就是外来宗教的本土化……福音应当是符合中国文化背景的文本,它应当超越求外表相似的迁就或者抹杀文化特征,而成为深层的嵌入,使基督教在中国社会本色化。"[①]诸如上述,文化的适应或宗教的交流,从来是一个创造的过程,它要求原有的结构和模式,为适应新的环境须进行必要的调整与改造。具体而言,基督教在中国的传播,应当是符合中国文化背景的文本,并在尊重中国文化特征和实现互补的融合过程中,深入中国社会,实现基督教的本土化。

秉持这样的立场,来观察"大日如来误译"事件,便不难发现,这是沙勿略为寻求基督教与日本宗教在最高信仰上融合的大胆尝试,顺应基督教本土化的要求,是值得肯定的开拓性举措。既然是第一次,错误总是难免,亦无可厚非。误译事件的发生,只是表明文化适应是一个长期而艰巨的过程,却不能抹杀它的历史正当性和必要性。可惜的是,沙勿略在东方传教中新的领悟和思想感情的变化,并不足以战胜其固有的传教理念和"欧洲人主义","为了维护正统的教义信条",他浅尝辄止,断然中绝了这个创造探索的进程。从沙勿略以盛气凌人的口吻,呵斥日本僧侣为何不相信"三位一体"的教义和十字架的神圣,妄言日本宗教皆虚伪的魔鬼的发明,日本人从不了解天主(Deus)的含义,进而武断决定以 Deus 的译音而不用日本语表达的方式来看,这种"基督教的神的启示对亚洲人只能以完全是异己的拉丁—欧洲的面目出现",[②]跟基督教本土化的初衷不啻霄壤之别。而其实际效果,不仅"无助于神

[①] 秦家懿、孔汉思著,吴华译:《中国宗教与基督教》,三联书店1990年版,第227—228页。
[②] 同上书,第216页。

学概念的准确传递",而且"成为日本人取笑传教士"的语柄。甚至连教宗也不得不承认,"西洋地方称呼天地万物之主用斗斯(即 Deus)二字。此二字在中国用,不成话。"①可见这种做法的不得人心。

至于如此决定的消极影响,首在堵塞和杜绝了文化适应的道路与外来宗教本土化的可能性,天主教那种居高临下而又完全异己的面目,乃是它在日本失败的思想文化方面的原因。另外,沙勿略那些守旧的认识和轻率的举动,经后来被驱逐至澳门的日本耶稣会士别有用心的炒作后,更凸显其不合时宜的性质,而成为他们反对利玛窦适应策略及"天"、"上帝"称谓的思想武器,一定程度上亦是诱发龙华民反戈一击的精神资源。

然而,"适应当地文化是信仰的内在需求","当信仰道理在新观念中再生时也会带来相对的进步"。② 正是这种不可遏制的内在需求和进步趋向,一些日籍修士与耶稣会传教士,又开始在汉语中寻找跟"Deus"意义相符词汇的新的创造活动,这就是以"天主"等汉语名词来译解"Deus"的做法,逐渐在日本耶稣会士中流行的缘由。不久这种称谓为范礼安编撰《公教要理》所采用,其后更影响到罗明坚的中文著作《天主圣教实录》,以及利玛窦的名著《天主实义》。③ 凡此表明,范礼安、罗明坚和利玛窦继承与发扬的,乃是起初沙勿略在最高信仰上寻求本土化的进步的积极因素,而陆若汉等日本耶稣会士所极力渲染,并为龙华民接受的,恰是沙勿略那有悖于历史潮流的落后因素。

除此之外,龙华民于 1623 年撰写的论著还直接利用了陆若汉 1618 年论文的内容。如柯拉里指出:"1623 年,龙华民在同会兄弟间进行一次调查后,撰写了他的非常著名的论文。这篇最初用葡萄牙文书写的文章,题为《关于上帝、天使、灵魂和中国其他称谓争论的简短答复》。该《答复》是以龙华民从他同道那里获得的四篇论文为基础,而对

---

① 引自戚印平:《远东耶稣会史研究》,第 122、156 页。
② 奥尔斯哲里(Z. Alszeghy)著,陈德光译:《适应当地文化是信仰的内在需求》,载《神学论集》第 49 号,香港真理学会、(台湾)光启出版社 1981 年版。
③ 参见戚印平:《远东耶稣会史研究》,第 139—145 页。

第一章　中国传教团继任监督的确立与耶稣会内部的论争　　79

龙华民影响最大的,则是陆若汉撰于1618年批判利玛窦及其同伙有关习俗方面的文章……龙华民在《简短答复》中,几乎逐字地利用了陆若汉文章的相关内容。"①

据初步考察,这至少表现在三个方面。第一,中国朦胧的混沌世界的学说,是不辨精神与物质本质差异的无神论,源于西方拜火教徒和大夏国王。柯拉里说道:"陆若汉发现中国的学说具有两种方式。其一,一种民间神学的方式,它是由有高深学问和贤明的人为控制人民而创造出来的。其二,一种能认出上帝的思辨神学的方式。不过,这种仅仅很少人懂得的学说,是接近于隐密征象的朦胧,如同毕达哥拉斯的数字表征和其他表征一样,类似于古代巴比伦与波斯的魔法师。他们的奠基人,拜火教徒,生活在巴比伦里卢斯(Ninus)国王时代的大夏国王,被陆若汉看做与中国神话中的统治者伏羲(公元前2952)相一致。"②

柯拉里继续说道:"在龙华民的看法中,中国最早的耶稣会士们只懂得民间的神学,不懂得那种思辨的神学。他们是如此不认识中国所有的三个'宗教派别'儒、释和道,也就是儒教、佛教和道教。这三个宗教派别全都是无神论者。他们讲授一种不变的物质学说,也就是(天地未出现前的)浑沌世界,认为(天地万物)宇宙是由一种单纯的物质组成,他们没有发现精神与物质间实质的差异。"非特止此,"在龙华民眼中,中国的'教派'有拜火教徒的影响,这些教徒宣扬世界的起源来自不变的混沌世界。"③他甚至声称可以证明,"伏羲与伟大的琐罗亚斯德非常相似。琐罗亚斯德曾是大夏的国王和迦勒底巫士们的首领,是他开创了西方的所有教派。他此后又来到了东方的这一部分地区,创建了中华帝国和文人们的教派或儒教。"④

第二,利用同中国文人学士的会谈搜集证据,以增强上述解释的可

---

①　Claudia von Collani:"The Treatise on Chinese Religions (1623) of N. Longobardi, S. J.", Mungello, Editor, "*Sino-Western Cultural Relations Journal* XVⅡ"(1995), pp. 29—37;钟鸣旦著,圣神研究中心译:《杨廷筠:明末天主教儒者》,第219—221页。
②　同上。
③　同上。
④　安田朴著,耿昇译:《中国文化西传欧洲史》,商务印书馆2000年版,第416页。

信程度。柯拉里指出:"为了证明这种解释的正确性,陆若汉谈到同一些中国文人学士基督徒的'会见'。但他没有说话,熊三拔作为译员为他服务。他的主要证据或他所看到的,号称中国'基督教柱石'的三位博士,即李之藻、徐光启和杨廷筠,他们的信仰充满谬见而非常厌恶。这意味着使用中国词汇称呼上帝、灵魂和天使是不正确的,在中国语言中不存在这样的概念。"①

龙华民亦仿效陆若汉的做法,"他也咨询过很多中国基督徒和中国非基督徒的意见,以支持自己的观点……这些会谈的评论载于该书的末部:'序言十七:曾与我讨论过争辩问题的学者的意见',内容包括两部分:'中国非基督徒学者'和'中国基督徒学者'。"这些在口头访问时摘录下来的学者的言论,受到龙华民先入为主的看法的影响,"因而整个讨论都是朝着一个方向发展,这个方向就是中国人并不认识精神和物质的分别,所以他们是物质主义者,对他们来说,诸神都是幻象,一切精神和事物都是同一实质,无所谓不死的灵魂,因而最富学问的中国读书人都是无神论者……这样的资料和结论可能都不是假的,但它们所肯定的是一面之词。"②

至于第三方面,便是陆若汉将他看来诸如"天主"、"天使"、"灵魂"等翻译错误的词汇制成表格交付龙华民,成为后者举证的凭借。

由此可见,透过所谓中国人种和文化西来说的信口雌黄,中国人不识精神与物质差异的无稽之谈,中国语言没有表达对最高信仰(天主、天、上帝)词汇的宗教偏见,陆若汉这种"带着欧洲经院哲学的背景和具有圣·奥古斯丁精神,曲解了东方的宗教和哲学,并认为即使基督教在中国受到高度的尊重,仍确信中国的宗教是同基督教相抵触"的谬见,③曾经在龙华民思想中引发共鸣,而掀起所谓"译名之争"的波澜。

---

① Claudia von Collani:"The Treatise on Chinese Religions (1623) of N. Longobardi, S. J.", Mungello, Editor, "*Sino-Western Cultural Relations Journal* XVⅡ"(1995), pp. 29—37;钟鸣旦著,圣神研究中心译:《杨廷筠:明末天主教儒者》,第 219—221 页。
② 钟鸣旦著,圣神研究中心译:《杨廷筠:明末天主教儒者》,第 221—223 页。
③ Claudia von Collani:"The Treatise on Chinese Religions (1623) of N. Longobardi, S. J.", Mungello, Editor, "*Sino-Western Cultural Relations Journal* XVⅡ"(1995), pp. 29—37;钟鸣旦著,圣神研究中心译:《杨廷筠:明末天主教儒者》,第 219—221 页。

(二)中国的"上帝"、"天"与西方的"Deus"在信仰上的同一性和差异性。

综合以上阐释和《论中国宗教的若干问题》的实际内容,可在此归纳龙华民的两个基本观点。"龙华民神父认为'上帝'一词绝不是指天主,也不是指一位有才华的和具有无上智慧的人,而仅仅是指有形的和物质的天。至于汉文典籍中讲到的'神',龙华民则认为它们与诸如天使那样的神完全不同,因为他赋予了它们一种身形。"此外,"龙华民神父否认中国人承认基督徒们所说的灵魂,即这种精神的本原……龙华民认为,中国人的生命力就是'魂','是一种非常轻盈和非常纯洁的气,与火的性质相同',它会使身体具有生命力或'魄',绝没有特别的不死性。"①在龙华民看来,这种有形和物质的天,显现身形的神,以及不具有不朽性且同气、火性质相近的魂魄,皆表明"中国人并未对十七世纪天主教神学可接受的词汇所指的'天主'、'天使'与'灵魂'有过任何思考"。

在此之后,龙华民进一步"对中国人所持有的创世概念与天主教中的创世主概念进行了仔细研究"。他指出,自孔夫子以来,中国人认为构成世界的本原是两种不变的物质,第一种为无限的浑沌,称为"理"。第二种为气,散发或产生理,称为"太极"。"本原的存在与实体藏于其间,与产生的万事万物结合一体,从不分离。"通过分析他认为,中国人"从不了解有独立于物质的精神实体,只知道有一种分为不同层次的物质实体"。由此,他断言,中国人这种有关世界本原的学说,不仅跟天主教义及天主、天使和灵魂所持有的精神实体格格不入,而且包括当时文人学士和古代儒生在内的,"最富有才智的中国人都为无神论者"。②

无独有偶。这种17世纪初期因龙华民上述观点引发的来华天主教神父间,对中西最高信仰上认识的分歧,二百余年后,又在驻华新教传教士与神学家之间,爆发激烈的争论。原来,在英籍德国学者、近代

---

① 安田朴著,耿昇译:《中国文化西传欧洲史》,第292,377—378页。
② 艾田蒲著,许钧等译:《中国之欧洲》上册,第350—352页。

西方宗教学奠基人麦克斯·缪勒(F. Max Müller,1823—1900)主编的多卷本《东方的圣书》中,莱格博士在主编的同意之下以英译者的身份,"把(中国)《书经》和《诗经》中出现的'上帝'都译成 God",而且在书中毫不含糊地表明自己的看法:"中文的'帝'和'上帝'就是指 God,指我们的 God,指真正的 God。"从而激起持另一种观点的驻华新教传教士们的不满和抗议。于是,1880 年 6 月 25 日,以上海圣公会主教和香港维多利亚大教堂主教为首,包括若干神学博士、硕士在内的 22 名新教传教士,联合签署了一封致麦克斯·缪勒的信。

信中阐述了三点意见。首先,中国古籍中"上帝"一词应赋予怎样的涵义,历来争议不断。书信指出:"中文的'上帝'一词或称号,指的是什么人或什么物,汉学家在这个问题上早就有争议,对此您不会不知道。有的学者认为'上帝'是指基督教圣经中的 God,另一些学者感到完全无法接受这个涵义……早期在中国的罗马天主教传教士对这个问题有过争论,现今的各派新传教士也有类似的争论。不能说对这个问题的讨论没有学术性。上述的两种观点,在早期的罗马天主教传教士中和后来的新教传教士中,都逐渐有人明确地提出来了,这些人的中文水平和学术水平都是很不错的……这个问题曾引起基督教各派传教士热烈讨论,长达约三百年之久。"

其次,对莱格博士将"上帝"一概译为 God,提出尖锐的批评。作者认为,"该卷书是中国古籍的英译本,原文中的'上帝'一词本可以译成 Supreme Ruler(最高的统治者)或 Supreme Emperor(最高的皇帝)或 Ruler(or Emperor)on high(高高在上的统治者或皇帝);或者像该书有的句子把它照搬过来,音译为'Ti'(帝),这两种译法都没有错,但该译本却把它译成了'God of Revelation'(显灵的神)——这是名译家莱格博士在中国传教时极力宣传的观点。即是说,凡在中国古籍中出现的'上帝',他一概译为 God,以此来表明他个人的观点;而另一些同他一样完全有资格评论这个问题的人却不同意他的译法。"并进而批评道:"即使它(指莱格及其译法)所代表的是以'上帝'指中国人的真神的那一派,那也是其中极少数人的看法;因为那一派中只有很少数的人同意莱格博士说的:'中国古籍里的上帝就等于是基督教圣经里的'耶和华'。"

再次,作者郑重声明:"这不仅是文字上的问题——这是个传教的问题。"将直接或间接地影响中国的基督教传教活动,而"莱格博士的译本就只能使人误入歧途"。最后,联合署名者公开要求主编缪勒,应本着一视同仁而不是明显派性的态度,重新审定该书,"除去一边倒的痕迹"。

对此,主编缪勒,译者莱格乃至汉学家约翰·查默斯坚持己见,均发表文章和书信予以反驳。特别是查默斯的文章言辞颇为激烈,两种对立的观点相持不下。①

站在今人的立场,如何认识和评价近三百年间,在华天主教与新教传教士聚讼纷纭而莫衷一是的所谓译名之争,即中国古籍中的"上帝",究竟是"显灵的神",等同于西方基督教的 God(Deus)和圣经中"耶和华";或者既不是 God,也不是"耶和华",而仅仅是具有身形的"最高的统治者",乃至物质属性的"天"。如前所述,这不只是"传教的问题",更涉及古代中西之间在最高信仰上是否存在同一性和互补性的基本问题。

据我看来,在具体评论时,应先确立一个平等而公正的衡量标准。这方面,麦克斯·缪勒提出了值得重视的原则。他强调指出,"世界上没有一个宗教不含有某些真理成分",因而彼此是平等的。从此出发,他反对基督教至上主义:"任何宗教都不应要求得到特殊待遇,基督教尤其不应当。基督教不享有特权"。于是,他认为,"除非对所有的宗教都公正地采用同一个衡量标准,否则谁也不能诚实地作出这一判断。"②

运用这些基本原则,重新审视沙勿略、陆若汉和龙华民等人的观点,那种强烈的基督教至上主义的霸道,几乎无处不在。如沙勿略见日本僧侣不识基督教"三位一体"教义和十字架神圣,便断言日本宗教乃魔鬼的发明,斥责其宗旨虚伪与诳人的性质。又如陆若汉因畏惧基督

---

① 麦克斯·缪勒著,陈观胜等译:《宗教学导论》,上海人民出版社 1989 年版,第 183—194 页。

② 同上书,第 20—21,102 页;参见吕大吉为该书写的《译序》。

教造物主概念同日本诸神的类似概念相混淆,而迫不及待地宣称日本人从不了解 Deus。再如龙华民明明知道中国古代对上帝、神和灵魂的认识,均具有本民族信仰的特色,可是却执意以西方宗教的标准来衡量,得出中国人从来对天主教神学的类似信仰,没有过任何思考的结论。凡此种种,无不说明,怀着基督教至上主义的霸道和偏见,将世界上几大宗教之一的基督教有关天主乃唯一、永恒、非被创造与人格实在的这种独特的信仰方式,鼓吹为衡量一切各具特色宗教信仰的"普世"标准,那只能使基督教与其他宗教处于凿枘难入的状态,并造成东西方文化存在本质差异和对立的假象。

只有在厘清且祛除基督教至上主义及其自以为是的"普世"标准之后,儒家思想与基督教在最高信仰上,方能"公正地采用同一个衡量标准。"英国著名学者汤因比(Arnold Toynbee)指出:"15 世纪和 16 世纪西方基督教文明与它东半球同时代的文明既相类似,又相排斥。之所以相类似,是因为它也有传统宗教系统。相排斥的原因则是西方基督教不同于东正教、伊斯兰教、印度教和佛教这些东半球其他现存文明的宗教框架。"[1]可见"传统的宗教系统"与不同的"宗教框架",在一定意义上乃是东西方文明既相类似又存在差异的原因。然而,从宗教学的观点来看,"所有的伟大宗教在其经验根基上,都与同一个终极的神圣实在有接触",具有对神的超越性的信仰,应该是东西方"宗教(思想)系统"的共同之处。至于"它们对那神圣实在的不同体验"和阐释,从而"是把神圣者体验为人格的与体验为非人格的之间的区别",则属于不同"宗教框架"的差异。据此,英国宗教哲学家约翰·希克(John Hick)认为,"这几对体验可以理解成互补的而不是对立的,这在原则上并无任何困难。"[2]

与西方基督教崇信那唯一的、至高无上的、有人格的造物者天主相比较,中国人对上帝、天的信仰,确实具有本民族的特色。

---

[1] 阿诺德·汤因比著,晏可佳等译:《一个历史学家的宗教观》,四川人民出版社 1990 年版,第 164 页。
[2] 约翰·希克著,何光沪译:《宗教哲学》,三联书店 1988 年版,第 280—283 页。

其一,中国古代"体验为人格神"的信仰。例如,麦克斯·缪勒运用其丰富的比较语言学知识,经审慎研究后指出:"我们以前用来证明存在原始的雅利安宗教和原始的闪米特宗教的证据现在又出现了,那就是它们有共同的神的名字,意思指最高的神。单音节的华语中有这个神名,亚洲北部一些大的图兰族部落的同源而不相近的方言中也有这个神名。这几个语言中的同一个神名不仅发音相似,而且通过它们在华语、蒙古语和突厥语的发展过程,我们发现它们在来源上有联系。不论在上述哪一个语言中,这个神的名字的第一个意思总是'天',其次指'上帝',最后泛指'众神和精灵'。这个字的变化是和这些民族的宗教变化同时发生的,即是说最先用'天'这个字来表示,后来就形成了'天神'。天神在神话中的表现形式越来越多,逐渐分为众多的神,众神终于形成'神'的观念。如法语的 divinite(神)和吠陀经的 Dyaus(天空),雅库特语的 tangara(圣者)和华语的'天'(天空),我们只能从历史上,也就是从语言和语源上去解释它们的联系。"①

又如,通过对中国最早的甲骨文研究,"郭沫若曰:卜辞屡见帝,或称上帝。凡风雨祸福,年岁之丰啬,征战之成败,城邑之建筑,均为帝所主宰。足证殷人已有至上神之观念。"而在镂刻于钟鼎的金文中,最著名的毛公鼎的铭文,"称尊神为'皇天',也称'昊天'。"宗周钟的铭文,"则称尊神为'唯皇上帝'和'皇天'。"②对古代神话等考察亦表明,"周人把天神想象和说成无限关怀人世统治的有理性的最高主宰,和祖宗神一样,是与自己同类的善意的神。"③至于在《尚书》和《诗》经中,用"天"、"上帝"、"帝"、"昊天"来称呼尊神的记载,已屡见不鲜。④

再如,动乱年代的孔子和孟子,虽然一方面罕言天道,采取重今生而非来世的态度;但另一方面他们信奉的"天命",仍具有超越的人格神的意义。冯友兰指出,"孔子说他自己:'道之将行也与?命也。道之将

---

① 麦克斯·缪勒著,陈观胜等译:《宗教学导论》,第91—92页。
② 罗光:《中国对帝—天的信仰》,载台湾辅仁大学《神学论集》31号(1997年春)。
③ 任继愈主编:《中国哲学发展史》(先秦),人民出版社1983年版,第94页。
④ 罗光:《中国对帝—天的信仰》,载辅仁大学《神学论集》31号(1997年春)。

废也与？命也。'(《论语·宪问》)他尽了一切努力,而又归之于命。命就是命运。孔子则是指天命,即天的命令或天意;换句话说,它被看做一种有目的的力量。"① 此外,"孔子认为德福的不一致是由于天之所命。天命既然对人的幸福有所限制而使它和道德不相配称,那么,此处所说的天便具有超越的人格神的意义。"② 稍后孟子则更将"天命"所在与自己担当结合起来,表示儒家治世之急切。他说:"五百年必有王者兴,其间必有名世者。由周而来,七百有余岁矣,以其数则过矣,以其时考之,则可矣。夫天,未欲平治天下也,如欲平治天下,当今之世,舍我其谁也。"③

诸如上述,从比较语言学,上古神话,甲骨文金文解读,以及众多典籍来看,中国自上古以来确实存在着称之为"天"或"上帝"的,"体验为人格神"的信仰。

其二,宋代理学"体验为非人格神"的信仰。

汉代以后,经历魏晋"玄学"的兴盛,隋唐佛教的泛滥,至宋代的理学,则以振衰起敝儒学的新面貌,而成为中国封建社会后期的主流思想。其显著特点在于,"这种哲学坚决尝试深入探讨古代圣贤简直不敢稍一涉及的本体论各观念",企图将孔子的实用伦理提升到形而上的哲学高度。④ 于是,"性与天道",这个"孔门大弟子子贡所不可得而闻的高深的哲理","在理学家那里却成为经常探讨的问题",成为"中心问题"。⑤

以宋代理学集大成者朱熹而论,"朱熹理学思想体系的核心是天理论。理或天理是朱熹理学思想的最高哲学范畴"。经过《宋明理学史》诸作者的深入论证,朱熹的所谓理或天理,具有几个基本性质。第一,理不依赖任何事物而独立存在。它无始无终,永恒存在。天地万物有成毁,

---

① 冯友兰:《中国哲学简史》,北京大学出版社1996年版,第40页。
② 龚道运:《孔孟的道德和幸福观》,载《儒学国际学术讨论会论文集》上册,齐鲁书社1989年版,第720页。
③ 朱熹注:《孟子章句集注》卷四,公孙丑章句下。
④ 裴化行著,管震湖译:《利玛窦评传》上册,第269页。
⑤ 侯外庐、邱汉生、张岂之主编:《宋明理学史》上卷,人民出版社1984年版,第9页。

而理则超然于成毁之外。第二,理是宇宙的根源、根本,是天地万物的根源、根本,是天地万物的总原则。第三,理和气联系着,有理,便有气,流行发育万物。理是本,而气是造成天地万物的材质,必须依傍理而运行。但没有气,理也就没有挂搭处。理只是一个净洁空阔底世界,没有形迹,不会造作。但是它无物不照,无所不在。第四,理与周敦颐在《太极图·易说》中根据《易传》而提出的太极是同义语。正如作者所说,不依赖于物质世界,并决定"全部自然生活和精神生活的发展","这样,天理就'成为自然的创造者',成为'神'"。[1] 至此,朱熹的理或天理,提供了一个以"非人格神"面目出现的体验那"终极的神圣实在"的理论。

其三,包涵神性与物性的苍茫之"天"的信仰。

虽然先秦时代和宋代理学对那超越的神圣实在,存在着体验为人格与非人格的信仰,但"天道自然"及信奉苍茫之"天"的思想,自古以来亦不绝如缕。如《诗经》记录采自各地的《国风》中,便有多篇以"苍天"抒情言事。《黍离》:"彼黍离离,彼稷之苗。行迈靡靡,中心摇摇。知我者,谓我心忧;不知我者,谓我何求。悠悠苍天,此何人哉。"《鸨羽》:"……悠悠苍天,曷其有所……悠悠苍天,曷其有极……悠悠苍天,曷其有常。"《黄鸟》:"……彼苍者天,歼我良人,如可赎兮,人百其身。"[2]这里的"苍天",似乎具有神性和物性的双重性格。

然而,在中国思想史上,最早提出"天道自然"的是老子。"'道法自然',也就是天道自然。老子用明确的哲学语言,说出了许多人心中已经产生但尚未明确起来的意识。"[3]在荀子的思想中,"天"已被"认做意味着物质性的自然世界……人主体亦从'天'的宗教性权威中被解放出来。"郭沫若说:"他(荀子)是把神、天、道当成一体,看为自然中所有的秩序井然的变化,自此以往的更深一层的穿凿是为他所摈弃的。"[4]此

---

[1] 侯外庐等主编:《宋明理学史》上卷,第381—385页。
[2] 朱熹注:《诗经集传》卷二、卷三。
[3] 李申:《中国古代哲学和自然科学》,中国社会科学出版社1993年版,第88—89页。
[4] 引自佐藤贡悦:《试论孔、孟、荀天道观的比较》,载《儒学国际学术讨论会论文集》下册,第784—785页。

后,如东汉王充继承荀子"天"乃物质性的自然世界的思想,重新确立了自周秦以来就存在"气"的物质性的观点,说明宇宙万物都是由气构成的。并进一步论证,天和地一样没有意志,也没有超自然的力量。日月运行有一定的规律,用不着有一种创造者。[①] "魏晋时期,老庄的著作受到普遍重视……他们阐发老庄,着重于阐发老庄的崇尚自然。"如魏晋玄学的开创者王弼,将老子的基本思想概括为"论太始之原以明自然之性",即是典型的事例。[②]

宋元明时代,理学及其宇宙观虽占据思想界的统治地位,但仍有如宋代叶适和明代王廷相,揭橥反理学的旗帜,就宋明理学违背孔子经典的原义与物质实体的"气"乃世界本原的诘辩,使天道自然和浑沌物质的思想传统连绵不绝。叶适指出,举凡理学家奉为"宗旨秘义"的太极,对《中庸》《大学》的解释,乃至其"所有之道"皆"失孔子之意",而非"孔子的本统"。[③] 正是在这以回归儒家原典相号召,实则批判理学权威的思潮涌动下,王廷相针对理学的"气"、"太极"等哲学范畴,重新进行了解释,祛除精神主宰的神性,恢复"浑浑者"的物质性。他指出,"'气'是可感知的物质实体","是世界的本原,是'生生者';它无边无涯、无始无终,是'浑浑者',这是'气'之'常',是'元气'。"反对在"气化"之上另有精神性主宰的看法。同时认为,"'太极'或'太虚'都是'气'之实体,批评了'太极只是一个理字',视'太极'为'无'的观点。"[④]这种对理学最高范畴的改造,以及对天理即神性的针砭,旨在坚持天道自然及其物质属性的思想传统。

须强调指出的是,这种"天道自然"和苍茫之"天"的理念,往往不是以单一的纯净的面目出现,它更多的是渗入有神论的信仰,彼此处于整体交融的有机联系之中。先秦思想中,那无处所无极至喜怒无常,而人只能屈辱地接受降罚的"悠悠苍天",便是一种神性和物性的混合体。

---

① 郭沫若主编:《中国史稿》第二册,人民出版社 1979 年版,第 354—355 页。
② 李申:《中国古代哲学和自然科学》,第 175—179 页。
③ 侯外庐等主编:《宋明理学史》上卷,第 455—467 页。
④ 同上书,下卷(一),第 496—498 页。

即使最早提出"天道自然"的老子,其观念中还残存天能赏善罚恶的超自然神的痕迹。① 至于荀子将神、天、道视为一体,当做自然秩序及其变化的主宰,也是多种元素的整合。

非特止此,宋代朱熹理学中,这种物性渗入神性的局面亦复存在。就学者归纳的朱熹理学的性质,第一、二项神性的表征十分明显,而三、四项却不尽然。如谓理只是一个净洁空阔的世界,无形迹亦无情意,无计度亦无造作,理气"二物浑沦,不可分开各在一处,然不言二物之各为一物"。这样的"天理"似乎具有非神性的物质浑沌的意味。又如按一元论原则,理或天理应为宇宙观中最高且唯一主导的范畴。可是,实际在相同层次上却重叠地运用从《周易》引来的"太极"概念。很多场合"太极"与"天理"具有同义语的性质,但这并不排除有时"太极"是作为"包括万物之理的总和,又是万物之理的最高概括",以及"宇宙的全体"的"终极的标准"。② 这样使用两个既属同义却稍有歧异的范畴,来阐释宇宙的本源问题,便多少带有二元论的倾向。再如"气"在朱熹哲学中,是相对于"形而上"之理的"形而下"之器,"气"虽须依傍"理"而运行,但没有"气","理"也就没有挂搭存在之处。而"理"之生物,必因是"气"之(凝)聚而后有形。③ 从古代荀子、王充以来,"气"所具有的物质性的传统元素,朱熹直接"采纳张载关于气的学说",④而张载的"'气'不是一个神秘、微妙的精神本体,而是现实存在的、物质状态的东西"。⑤ 这样除了"理"的神性之外,"气"仍多少保持其物质性因素。故而,杨廷筠直截了当地说:"宋儒分别以形体言谓之天,以主宰言谓之帝。"⑥神性物性交汇于宋儒理学之中。

---

① 李申:《中国古代哲学和自然科学》,第 103 页。
② 冯友兰:《中国哲学简史》,第 254 页。
③ 侯外庐等主编:《宋明理学史》上卷,第 388,104 页。
④ 《中国大百科全书·哲学》第二册,1987 年版第 680 页,张岱年:《气》。
⑤ 冯友兰:《中国哲学简史》,第 254 页。
⑥ 杨廷筠:《代疑续篇》卷上,载郑安德编辑:《明末清初耶稣会思想文献汇编》第三卷,第三十册。

正是在这天理与自然、神性与物性的互相渗透和包容的传统影响下，明末士大夫对天的看法，蕴涵自然和自然造化、两者浑沌合一的思想十分普遍。例如，被《四库全书》馆臣誉为"兼取朱陆两家之长，操履笃实，粹然一出于正"的东林领袖高攀龙，①在所撰《知天学》一文中说："人莫要于知天，知天则知感应之必然。今人所谓天以为苍苍在上者云尔，不知九天而上，九地而下，自吾之皮毛骨髓以及六合内外皆天也。然则吾动一善念，而天必知之；动一不善念，而天必知之……知其善而报之善，知其不善而报之不善也。凡感应者如形影。"②在这里，知人善恶和惩恶扬善的天人感应的神性，与苍苍在上的浑沌的物质性同时并存。又如，曾任云南布政使的福建人陈仪，在为传教士艾儒略所著《性学觕述》作序时，指出："吾儒昭事之学，畏天之旨也。吾儒举其浑然者，则曰天；西氏标其然者，则曰天主。要以皇矣之临下有赫，大明之无贰尔心，皆总而属天之主宰，此岂以漠漠苍苍言也。"③按照陈仪的意思，儒家昭彰显扬之学在于事天，而天，既有如儒士举证的漠漠苍苍的浑然之物，又如西方传教士所标示的具有命定神意属性的天主，二者总合起来而属于天之主宰。再如，万历末年积极参与镇压基督教在南京活动的明朝礼部郎中吴尔成，于公文中指出："中国之教，自伏羲以迄周孔，传心有要，阐道有宗，天人之理，发泄尽矣……且天帝一也，以其形体谓之天，以其主宰谓之帝，吾儒论之甚精。"④明末福建下层士人陈侯光，亦持同样看法。他在回应尊崇"上帝"的原因时，说："以形体言则为天，以主宰之神言则为帝，人居覆载中自当敬畏。"⑤可见这些明末的知识精英，无论是否以理学名家，还是反（基督）教护教，抑或官绅士子，均将"天"、"上帝"视作主宰的、天人感应和命定的神性，及颇具形体的、苍漠在上与浑沌的物质性，相互并存交融的共同体。

---

① 《四库全书总目》下册，中华书局1965年版，第1513页。
② 高攀龙：《高子遗书》卷三。
③ 徐宗泽编著：《明清间耶稣会士译著提要》，中华书局1989年版，第212页。
④ 徐昌治订：《圣朝破邪集》卷一，夏瑰琦校注本，香港宣道出版社1996年版，第78—79页。
⑤ 同上书，卷五，第249页。

总括起来,中国古代对"天"、"上帝"的信仰,正如同世界上其他宗教一样,具有"自己独特的方式"。① 既可以表现为人格神或非人格神的信仰,亦可表现对神性物性合二为一共同体的崇拜。一般来说,愈往上追溯,其人格神信仰的色彩愈益浓郁。越往后期发展,对神性物性统一体的崇拜越发显著。然而,不论哪种形态,"在其经验根基上,都与同一个终极的神圣实在有接触",则是确定无疑的。

通过对中国古代"天"、"上帝"信仰的粗略考察之后,便可跟基督教的天主信仰在比较中作一小结。诚然,中国古代无论哪一种神性,均未发展到西方尊崇天主为唯一的、具有位格的造物主那样的地步。与此相对应,中国亦未形成严格的宣传天主奥迹的启示神学,以及代表天主统治人间的等级森严的教会组织。然而,这些宗教生活的程度和神性表达方式的不同,按照前述汤因比的说法,只属于"宗教框架"间的差异性,至于对神的超越性信仰这个本质特征,则是东西方"宗教系统"所具有的同一性。有鉴如此,前述缪勒在回复新教传教士诘难时,便毫不犹豫地宣称,无论就信仰的本质还是翻译的技巧来看,"只有这个("将'上帝'译为 God")译法才是正确的"。②

基于大致相似的立场,18 世纪欧洲启蒙思想家莱布尼茨逝世前撰有《致德雷蒙先生的信:论中国哲学》(1716 年),③在深入批判龙华民《论中国哲学的若干问题》的过程中,全面阐述了他的中国观。对于这篇约四万字的长篇论文的内容及其意义,我们拟在以后有关欧洲启蒙运动与中国思想文化联系的章节中详加讨论,在这里仅撮其大要,简略回应龙华民的前述观点。

针对龙华民有关中国哲学是"无神论"的总体评价,莱布尼茨"运用了高度的明智,解释出自中文的多类字词:包括'上帝'、'天'和更富哲

---

① 约翰·希克著,何光沪译:《宗教哲学》,第 275 页。
② 麦克斯·缪勒著,陈观胜等译:《宗教学导论》,第 190 页。
③ 这是一封未曾发出的法文长信,原稿收藏于德国汉诺威公立图书馆《莱布尼茨档案》中,共占 32 页大纸。此著名论文的中文译本有两种,一为中国大陆学者庞景仁先生所译,题名:《致德雷蒙先生的信:论中国哲学》,发表于《中国哲学史研究》1981 年第 3、4 期,1982 年第 1 期。另一译者是华裔加拿大大学者秦家懿女士,译名:《论中国人的自然神学(致德雷蒙的信)》,收录于该氏编著:《德国哲学家论中国》,台湾联经出版事业公司 1999 年版。

理性的'太极'与'理',并指出它们基本上的一致性"。他的结论是:"中国人是信神的。"①出于这样的认识,他遂对龙华民的主要论点逐一进行了批驳。

例如,莱氏认为龙华民虽一再宣称中国的"理"是"原始物质",但却缺乏可以印证的资料,论证的理由相当薄弱。他说:"龙华民神父一方面提供了出自中国古典作者们很清楚地将'理'说成众善本源的话,另一方面又未能引述任何表示理是经院哲学无形式的原始物质的资料。他虽然自称用推理证明自己的意思,他的推理却不及他引述的话一般清楚。他所述的理由实是很薄弱的。"于是,莱氏根据龙华民对"理"诸多特征的描绘,直截了当地说,中国的"理"即是西方崇拜的"至高神",指出:"总之,龙华民神父认为中国人也将众善归于'理',所以没有比'理'更好的东西了。它是至善之中,至善之善,至善之纯,微而无形。它真是纯精神体的,不可洞窥的;它好得不能更好,这句话说出一切。说了这些话,为什么不能也说中国人的'理'即是我们拜为至高神的至上实体呢?"莱氏在另一处还坚持认为:"既然如此,我们为什么不说'理'是至高神?我指的是本体的、万物之可能性的、第一或至终理由,众善的本源,至高之灵性,被阿那克萨戈拉(Anaxagoras)与其他古希腊人称为 Nous. Mens(灵性)的。"②尽管当今中国学者的研究,似乎在"理"的纯精神体的灵性方面,不如莱布尼茨那么重视,但双方对中国的"理"即具有西方"神"的性质,认识却是一致的。

又如,就龙华民所谓中国的神具有身形,中国人从不了解有独立于物质的精神实体,以及中国浑沌的天乃纯物质的指控,莱布尼茨回应说:"我在熟思后,认为他们承认过——虽然或者没有承认精神实体是与物质分别存在的,对于受造的精神体来说,这并无害处。连我本身也倾向于'天使有肉身'的信念——而这也是数位古教父们的说法。我也认为理性之灵不能完全脱离物质。可能某些中国人也说至高神有肉

---

① 秦家懿编著:《德国哲学家论中国》,第21—22页。
② 秦家懿编著:《德国哲学家论中国》,第72、74—75、79—80页。

身,或者认他为世界的灵魂,并且像古希腊与亚洲的人们一样,将至高神与物质并合。但是我们不须责备中国至古的哲学家们曾经认为'理'或第一本原本身产生了'气'。我们只要解释意思好了。"莱氏总结道:"像古哲学家与早期教父一般,认为神祇或天使们有肉体者,并不否认受造的精神体的存在……可见龙华民神父和他引述的熊三拔神父,都不该断定中国人既然认为神灵有肉身,就是不承认精神体。"①

除此而外,麦克斯·缪勒亦在辩护信中指出:"如果我们对中国人很苛刻,对他们说中文里的'上帝'不能用来表示真正的 God,因为中文'上帝'的同义词是'天'(意为'天空'),那么他们若是指出《新约·路加福音》第十五章第二十一节'我得罪了天,又得罪了你,从今以后,我不配称为你的儿子'这段话,我们用什么来对答呢? 如果凡是不信基督教的民族的圣书中的拟人之说都使我们恼火,而我们读到《旧约》里的'天起了凉风,耶和华上帝在园中行走'那一段时,却能安之若素,这又是怎么回事呢?"他反问道:"因为你们自己说过中国人崇拜天空,一个崇拜天空的人民怎么可能没有意指神的词语呢?"②

莱布尼茨、缪勒批判的犀利之处,在于他们从基督教《圣经》记载和早期教父论述中,寻觅到"以子之矛攻子之盾"的思想武器,揭露龙华民之流的攻讦非但悖离事理,而且数典忘祖。

(三)儒家经典与注释之间的对立和统一。

如前所述,宋代兴起的理学或新儒学,为将孔子的实用伦理提升到形而上的哲学高度,对性与天道等涉及本体论的哲理进行深入探讨,采取的方式之一,便在于通过"理学家注释儒家经典,把它纳入理学轨辙。他们的办法是用理学观点进行注释,用理学家的言论思想进行注释。"③鉴于此,该注释已抛开汉儒注经的传统,不重训诂而旨在义理;不注意文字的疏证和汉魏以来学者的解读,多凭宋儒的胸臆与现实需要从义理上阐释发挥。如"朱熹注《论语》,乃是以理学家的言论思想,

---

① 秦家懿编著:《德国哲学家论中国》,第 68—70 页。
② 麦克斯·缪勒著,陈观胜等译:《宗教学导论》,第 188—189 页。
③ 侯外庐等主编:《宋明理学史》上卷,第 11 页。

特别是二程(程颢和程颐)及程门弟子的言论思想来解释《论语》。这样做的结果,就把《论语》纳入了程、朱理学的轨辙,完全代替了汉、魏以来对《论语》的解释。"①又如陆九渊弟子杨简解释《诗经》,"每每大段发挥他自己的义理,即发挥陆九渊心学的义理。这种做法,完全不像汉儒经注,倒成了他自己的心学讲义。"②这种不重训诂疏证旨在义理发挥的注经方式,一方面,固然表现出宋明儒士对先秦儒家的继承,以及"宋明理学与前代儒家思想相形之下有所发展的特色";③另一方面,在儒家原典与宋儒解读之间,不可避免地出现某种脱节、差异甚至矛盾的现象。

对于中国儒学发展史上这个显著特征,利玛窦和龙华民出于不同的传教理念,采取了截然相反的立场。正如英国著名学者李约瑟所指出的:"利玛窦神父和他的大多数追随者根据经文本身的意义得出结论说,中国古代文字中的'上帝'可用来翻译基督教的 God;'鬼神'或'天神'可译作 angels;灵魂可译作 Soul。当然,正如上面所说的,'上帝'这个概念早已失掉了它原来的拟人特点,而理学家已经把它隐喻为'理'。同样,理学家把'鬼神'解释为自然原因,并认为'魂'是可消可灭的。这样,经文说的是一回事,理学家的注释说的却完全是另外一回事。利玛窦神父和(最初的)大多数人坚持经文原文,而(耶稣会士)龙华民(Nicholas Longobardi)神父和(方济各会士)马安史(利安当,Antoine de Ste Marie)神父则认为最好是接受理学家的注释。在第一种情况下,中国思想只需要加上最微量的启示宗教,就可以取得天主教的地位;而在第二种情况下,中国则是一个无神论者和不可知论者的国土。"④

可见利玛窦将儒家经典与理学家注释对立起来,采取"偏爱古代儒教而非当代儒教"的立场,⑤是由他在儒家学说与基督教义之间寻求同

---

① 侯外庐等主编:《宋明理学史》上卷,第11—12页。
② 同上。
③ 同上书,第258页。
④ 李约瑟著,何兆武等译:《中国科学技术史》第二卷,科学出版社,上海古籍出版社1990年版,第532页。
⑤ 何高济等译:《利玛窦中国札记》下册附录,第689页。

一性和互补性的思想路线决定的。而龙华民坚持儒家经文跟理学家注释的一致性,则在通过证明儒教的无神论性质,从而反对"利玛窦最赞成儒家"及其倡导调和的传教路线。

其实,龙华民并非不知道,"在孔孟的原著与当时的解释者及朱熹的后人的诠释之间,词的含义可能有着巨大的差别"。① 他在书中就列举了不少事例。如古籍原文说有一个至高无上的君王叫上帝,而诠释者却把这一切都归之于物质的天或理。又如孔子的原文说有各种神灵,诠释者则将它解释成自然原因。再如孔子原文的"灵魂"一词是指人的肉体死后它还存在,诠释者认为这不过是一种类似气或火的物质。

可是,出于信仰的纯正性和深层次宗教利益的考量,龙华民非常自觉地强调典籍原文与后人注疏间不可分割的一致性。指出:"典籍的原文是很难啃的并有时是晦涩的。因而注疏必不可少。如果连中国人自己都不得不求助于注疏,外国人无疑益发要循此道而行。如果原文被解释成另一种意思,跟注疏不一样,'中国人就会想象我们没有读过他们全部书籍,或以为我们没有理解书的真正意义'。"据此,他得出结论:"中国人完全相信和服膺他们的评注,人们不可能违反它们。"②

为证明其论断的正确性,龙华民在书中还特地引述了一些皈依基督教的士大夫的谈话,指出他们实际上并不敢违背儒家的传统,在引用原文写书时必袭用注疏家的论点。他说:"士大夫阶层的基督徒向我们作这样的建议即抓住典籍中接近基督教论点的原文,而不要管写注疏的人(他们是无神论者),这可能是因为他们不了解我们所涉及的问题的严肃性,或可能想逃避因信奉外国律法而遭指责,他们往往因发现在我们的宗教中有符合他们教派的地方而欢欣鼓舞。然而,就是这些文人,每当他们引用原文写书时,总是袭用注疏家的论点;如果不如此,他

---

① 艾田蒲著,许钧等译:《中国之欧洲》上册,第348—349页。
② 谢和耐著,于硕等译:《中国文化与基督教的冲撞》,第23—24页。

们就会遭人讥笑，认为有背儒家原则。那么他们为什么总是劝我们去做他们自己都做不到的事呢？"①由此，法国学者艾田蒲总结道："在其论著(《论中国宗教的若干问题》)的开始部分，龙华民神父将被他称为'诠释者'的'现代'儒者与他所说的'原文'的作者，即孔子与孟子，作了区别，可后来，他自己却将这一区别丢诸脑后，不由分说地将众人投进一个袋子，给所有人都贴上了同一的'无神论者'的标签。"②

据我考察，龙华民如此前后不一，置内在矛盾于不顾的原因，首要的，自然在否定利玛窦所钟爱的中国古代儒家。"因为现代儒者'不过是前辈的回声'"，"既然'现代'文人学士宣扬如此明显的无神论，因此有必要从中得出结论，古代的儒者也同样是无神论者"。③ 于是，龙华民追根溯源，公开谴责孔子，声称他"'腐化了文人们的心和搅乱了他们的思想'，迫使他们'仅仅想那些看得见和摸得着的事物'"。④ 然而，若从更深层次探究龙华民执意妄为的理由，则很可能跟他意识到利玛窦的观点已引起欧洲自由思想家的共鸣，且与新教改革派主张具有不可否认的相似性有关。

法国学者安田朴指出："由利玛窦在中国开创的运动可以被视为当时正在欧洲发展的那场运动(蒙田可能为其最典型的代表人物)的反映。""在(自由思想家)蒙田的著作中，伦理则倾向于摆脱中世纪的教条和世俗化，仅满足于一种对人心的深入分析。""当蒙田出版其《散文集》的最新版本时，便使用了自己对中国所知甚为微薄一点内容(他是通过一名传教士的报告而获悉这一切的)，以打掉西方人那目中无人的傲气。"⑤不仅如此，"在蒙田死去的十一年之后，即从1606年起，一名耶稣会士——亨利四世的听忏悔神父和非常关心利玛窦神父之意图的人，这就是科顿(Coton)神父——毫不犹豫地用一大堆使那些思想狭

---

① 谢和耐著，于硕等译：《中国文化与基督教的冲撞》，第 24 页。
② 艾田蒲著，许钧等译：《中国之欧洲》上册，第 351—352 页。
③ 同上。
④ 安田朴著，耿昇译：《中国文化西传欧洲史》，第 424—425 页。
⑤ 同上书，第 261—263 页。

隘的人感到非常愤怒的措辞大讲特讲所谓'异教徒们的道德：'瞧吧！用两句话就介绍了我提出的全部神学，这就是我们所说的善良、诚实、真诚的礼貌、伟大的思想和勇气以及其他的天生道德。虽然它们都存在于异教徒和罪孽者的身上，但却是救世主慈悲的结果'。"①由此看来，无论是蒙田力图将伦理摆脱神学教条的桎梏，还是科顿鼓吹神学即在于追求美好道德；也无论是利玛窦赞赏儒家伦理客观上适应了蒙田对西方人目中无人的批评，还是科顿受到利玛窦传教策略的影响，②坦承异教徒亦存在良好的道德，凡此种种，在思想狭隘的龙华民看来，都是不可原谅的离经叛道之论。

更令龙华民无法容忍的是，这种最早由利玛窦强调的"'古人'与'注释家'之间的区别"，正如法国学者戴密微所指出的，"它提供了与我们的新教'改革派'具有不可否认的类型相似性。我们不应忘记，耶稣会士们是地地道道的'反改革'派代表人物，这是由天主教会在特兰托主教会议（1545—1563）上鼓吹反对所谓'改革'的，这场反改革运动在许多方面都反映了（或者是反对）改革的论点。无论如何，龙华民神父表现得很了解他那个时代在中国展开的哲学讨论。"③

原来，按照欧洲中世纪的观点，直接"查阅《圣经》的人可能误入歧途"，"仅仅阅读《圣经》将使你心绪不宁"，从而要求"读者必须按教会讲的那样仔细理解这部书的内容"，且"只有听从由教会神学解释《圣经》的人才能不犯错误和得到真正的或可救人的信"。在这里，通过"在信徒和《圣经》之间加进了它的权威性解释"，使教会成为天主意志的体现者和执行者。④然而，新教"改革派"领袖路德，则坚决反对"教会认为唯有牧师或教士才能正确地阅读和解释《圣经》"的观点，他

---

① 安田朴著，耿昇译：《中国文化西传欧洲史》，第261—263页。
② 有关利玛窦与科顿互相倾慕和思想契合，参见拙著《明清之际中西文化交流史——明代：调适与会通》（增订本），第395—397、434页。
③ 戴密微：《入华耶稣会士与西方中国学的创建》，载耿昇译：《明清间入华耶稣会士和中西文化交流》，第166—167页。
④ 托马斯·马丁·林赛著，孔祥明等译：《宗教改革史》上册，商务印书馆1992年版，第392—393页。

宣称"每个人都能直接而自由地从上帝那里获得信仰","个人毋需借助牧师或教士就能发现《圣经》的意义"。事实表明,"路德正是从这一角度入手,摧毁了教会精神权威的基础"。①"使宗教改革者与中世纪神学家分道扬镳的这种观点的改变,几乎等于重新发现圣经,这是他们的信仰观造成的。"②可见强制奉行《圣经》原典与后来教会神学解释一致性的政策,乃构筑欧洲中世纪教会精神权威的基础,亦成为宗教改革者与中世纪神学家在理论上的分水岭。

诚然,作为在欧洲反宗教改革逆流中产生的耶稣会的一名传教士,利玛窦显然没有主动迎合新教改革派那样的精神境界,但也根据在中国传教策略的需要,有意识地将古代儒家经典同后来新儒家注释截然分开,偏爱前者而贬抑后者的做法,客观上则与欧洲宗教改革者的思路存在相似性,或者如法国学者戴密微所说,乃是那场运动的某种反映。至于谙熟"他那个时代在中国展开的哲学讨论"及其意义的龙华民,亦对利玛窦此种做法有损于天主教会的潜在危险性,有着明晰的认识和不安。这也许就是他不顾自己论著前后不一的矛盾,坚持中世纪教会有关神学解释与《圣经》一致性的立场,宣传中国宋代新儒家诠释同古代儒家经典不可分离性的缘由。

这样看来,原本是中国儒学发展史上经典注释之间,那种继承与发展、对立与统一的关系,一旦通过利玛窦、龙华民不同的传教理念作为中介,而同欧洲宗教改革运动联系起来,便具有超越国界的积极意义,亦可证中西思想文化在交流中彼此渗透、相得益彰的新形势。

(四)儒教基督教的会通与"四教合一"。

龙华民奉命就中国"上帝"、"天"称谓和信仰进行调查中,曾咨询过一些中国士大夫的意见。《论中国宗教的若干问题》一书的末尾,便汇编了这些"中国非基督徒学者"和"中国基督徒学者"同龙华民讨论时发表的看法。由于这些言论是龙华民为支持自己的观点而选择编排的,

---

① 马文·佩里主编,胡万里等译:《西方文明史》上卷,商务印书馆1993年版,第414页。

② 托马斯·马丁·林赛著,孔祥明等译:《宗教改革史》上册,第394页。

第一章　中国传教团继任监督的确立与耶稣会内部的论争

不能不带有倾向性；它们又都是口头访问现场的随手摘录，存在较大的灵活性；加之龙华民同士大夫的交谈并非坦诚相待，即直接地征询对引起争论问题的意见，而采取一种迂回甚至迹近诱骗的方式，希望从访谈者内心挖掘不掺杂基督信仰的"纯正的儒家思想"。[1] 因此，对于这些本应反映中国士大夫思想的言论，就其真实性而言，难免不打折扣乃至带有某种不确定性。如龙华民相当重视徐光启的忏悔，尤其是他承认中国典籍的上帝不能等同于基督教天主的言论。对此，美国学者孟德卫提出了质疑。他写道："作为口述的方法，龙华民须证明出示的这些谈话是合格的。例如，他引用保罗博士（徐光启）口头讲的意见，即中国的'上帝'不能等同于基督教的 God，无论古代或现代中国，没有任何人认同这个 God，神父们提出这些中文可以等同，是为避免同中国学者的某种疏远。我们不知道徐光启是在什么时候讲过这些话，但很可能是在 1603 年他皈依基督教以后（却并没有博士学位），直到次年他获得进士头衔之前那段日子里。[2] 当然，徐光启的意见不能视为完全没有偏见，或者可作为儒教的典型。而且，在同龙华民的任何谈话中，徐光启真正觉得与一个神父在一起，自己说的太多，特别是如果他表明自己信仰的话。"[3]

确实，徐光启因初涉天教不知深浅，见识略显稚嫩。又久未获功名，言谈间难免带有偏激情绪。即使如此，他仍然建议，"从仿佛天的主宰确具有传教士所说的天主的全部属性入手，可能是个对策。"龙华民写道，徐光启"认为可以赋与（中国）天帝以（基督教）上帝名称，那他们（士大夫）等于相信天帝具有真正上帝所具有的属性"。[4] 从这几近天真的建议中，徐光启那调和两种信仰的意念，由此初露端倪。

---

[1] 钟鸣旦著，圣神研究中心译：《杨廷筠：明末天主教儒者》，第 224 页。
[2] 据梁家勉编著：《徐光启年谱》考订，1603 年（万历三十一年）秋，徐光启在南京经罗如望神父授洗礼为基督教徒。第二年（1604 年，万历三十二年），三月九日开始会试，四月十三日榜发，徐光启得中第八十八名。载上海古籍出版社 1981 年版，第 69—72 页。
[3] David E. Mungello, *Leibniz and Confucianism: The Search for Accord*, The University Press of Hawaii, Honolulu, pp. 27—28.
[4] 引自谢和耐著，于硕等译：《中国文化与基督教的冲撞》，第 27 页。

引起龙华民更大的关注,并认为典型地反映了儒家思想,乃是经当代学者——与其著作比对而基本属实的杨廷筠的谈话。① 这个收录于《论中国宗教的若干问题》第十七章第十九至三十二节的长篇报道,最令龙华民震惊之处,在于杨廷筠表达的那种万事均应融通和"四教合一"的理念。龙华民就此写道:"万物一体之说为儒释道三家所共有。他竭力在本文称誉这三派,说它们都是殊途同归:给予宇宙一个普通的原理。因此它们都很接近我们神圣的信仰,并且趋向这个以我们的信仰为主的同一事理。假若有人指出这些教派中的许多谬误时(这些谬误都与我们的神圣法律相违),他就会说:这些谬误不在教派兴起之初,即不在它们发展自己真实而纯全的教义之时出现,它们只是后来在门徒加以阐释的时候才慢慢渗进,这些门徒不能达到前人的见解。因此,他常常忠告我们在解释事物的时候须看两面,这样才能应用到争辩的双方,满足众人,赢取众人。这是杨廷筠教我们在中国传福音的方法。让每位智者考虑一下,我们从中可以得到什么结果。"②

这种执着于儒教、佛教、道教和基督教诸多信仰的返本溯源、殊途同归的"万物一体之说",正如比利时学者钟鸣旦指出的,原本"是宋明理学的重心,它发展自较早期的儒家'天人合一'的思想。宋明理学常将'天人合一'与张载在《西铭》中所表达的人与宇宙万物之间的和谐相提并论。根据此理论,人在其自性之内与天理相合,与天地万物本属同体"。③ 如此源远流长的"天人合一"和"万物一体"的宇宙观,乃是中国传统文化的博大胸怀及其包容性的理论依据,也是杨廷筠和倾心西学的士大夫,寻求儒家思想与基督教义一致性和互补性的基本出发点。尽管杨廷筠在著作及言谈中,并未明确地讲过儒、释、道、基"四教合一"的话,但他有关这些信仰皆真实纯全,且服从于宇宙一个普遍原理的论述,以及他从援佛入儒到儒基兼容的心路旅程,都为这种四教融合在理论和实践上开辟了道路。

---

① 参见钟鸣旦著,圣神研究中心译:《杨廷筠:明末天主教儒者》,第224—238页。
② 同上书,第236—237页。
③ 同上书,第230页。

其实,同为"天主教三柱石"的李之藻和徐光启,亦在文论或早期信仰中多少透露出与杨廷筠相似的诸教合一共同繁荣的意念。如李之藻称赞古代天主教派之景教(聂斯托尔教派),于唐贞观年间流传的盛况时,写道:"为造大秦寺于咸宁坊,命名景教……又敕诸州各置景寺,崇奉之至,显与儒释玄三教共峙寰宇,非特柔怀异域,昭王会一统之盛而已者。"①从追忆昔日景教与儒释玄并肩而立共峙寰宇中,业已寄寓作者内心的向往。至于徐光启,早年则是福建莆田人林兆恩创立儒释道合而为一的"三一教"在江南的门生信徒,并根据林氏《夏午经》,"云间门人徐光启、吕克孝、姜云龙掇其要曰:《林子第一义》",以广宣传。②徐光启晚年虽以辟佛著称,但早年形成的兼容和会通的思想仍无处不在。由此看来,在明末奉教士大夫中,所谓四教兼容或合一的理念,恐怕已不只是外人的揣测和推论,而是真切地反映了这些执守"万物一体之说"者的认识与期盼。

出于这样的认识和向往,杨廷筠倡导的便不是纯粹的基督教,而是一种儒家思想与基督教义的混合物。如龙华民记录道:"在讨论(天主)第一诫的时候,他说我们要尊敬天地(而不是崇拜唯一的造物主——引者);而在讨论第三诫的时候,他则说我们要敬礼圣人,犹如中国人拜天地、祭祖先那样(并不如基督教义所示,只崇拜天上的真主——引者)。这一切都是基于儒者的意见,他们说:万物原是一体,或是这一体中的一部分。"③又如杨廷筠非常赞同倾心西学士大夫的看法:"为中国人来说,欧洲的基督就是孔子,或其他中国圣人。""天主的法律……就像中国人依从孔子所制定的法律一样,因为两位立法者都被视为天和第一原则。"④诸如此类的事例表明,无论是"万物一体"引导的"四教合一",还是寻求儒家思想与基督教义的认同或融合,杨廷筠都是在不背弃中

---

① 李之藻:《读景教碑书后》,载李之藻编辑:《天学初函》第一册。
② 林兆珂编辑:《林子年谱》,载间野潜龙:《明代文化史研究》附篇,日本同朋舍株式会社昭和五十四年出版。
③ 钟鸣旦著,圣神研究中心译:《杨廷筠:明末天主教儒者》,第236页。
④ 同上书,第234页。

国圣贤遗训和儒家传统的前提下进行的。

正是这种以儒家思想为主体的调和学说,引起了固执基督教纯正和狭隘信仰的龙华民、闵明我的严厉批评。龙华民指责道,杨廷筠虽已领洗入教,但"他仍然喜欢他的中国理论,或倒不如说,喜欢这种混乱的理论"。① 他"不懂在我们正在处理的(教义)问题中不应有丝毫的差错是多么重要",而"把基督教的一些文献按传统中国术语作了重新解释"。因此,"杨弥格(廷筠),这位象征教会的一大成功的士大夫不过是徒有其表的基督徒"。② 多明我会士闵明我亦申斥杨廷筠"接受中国思想,意识混淆",指出:"弥格子(杨廷筠教名弥格)把我们的神圣法律与中国的儒家法律,接着还与其他两种宗教的法律作比较和揉合……在中国,他们更提出'四教合一',就是把孔子、佛陀、老子和基督合一。但我们要注意,根据社会舆论,弥格子是最有学问的中国基督徒之一。"③

究竟应怎样认识杨廷筠的宗教态度,比利时学者钟鸣旦有一段总结性的评论。首先,他认为:"从杨廷筠思想与这明末思想的遗产之间的互相呼应,我们可以进一步见到杨氏思想部分源自宋明理学……我们可以说,杨廷筠的治学态度合乎明末那种相当普遍的综合风气……杨廷筠的宗教态度必须从明末这种综合风气来理解。"其次,借用西方学者贝尔林(Berling)有关"综合"和"内在的正统"的解释,指出:"这个'综合主义'和'内在的正统'定义正好符合杨廷筠对儒家和基督宗教的态度。他欲重新把握'道统'的精粹,又有意识地选择另一种能够与原始和真正的儒家道统充分配合的宗教,这就是内在的正统,他采用精细选择的方法决定采纳哪一种外在因素。这种吸收外来因素的态度会导至一种新的思想系统,甚至一种新的宗教和新的礼仪实践。"最后,他总结道:"明末在中国的传教活动不单只是纯粹的宣讲和接受基督信仰,它是两种文化之间一次最重要的接触。在此接触中,人们可以察觉到一些因素是在任何一次文化沟通和接触

---

① 钟鸣旦著,圣神研究中心译:《杨廷筠:明末天主教儒者》,第234页。
② 谢和耐著,于硕等译:《中国文化与基督教的冲撞》,第25、66—67页。
③ 钟鸣旦著,圣神研究中心译:《杨廷筠:明末天主教儒者》,第218、237—238页。

中都可见到的特色。"①

由此可见,在中国的社会环境和文化氛围中,如果自明末以来中西文化之间这种沟通和接触得以继续,不致因"礼仪之争"的灾难性影响而中绝的话,那么这个经过精细选择、采纳和融合,反映不同文化的互补性,且体现中国进步的文人学士宽阔胸怀及其文化包容性的"新的思想系统",势必为东西方社会的发展和变革,发挥更加强大的精神力量。

第四节　金尼阁维护适应策略的行迹及其贡献

历史往往是如此令人难以捉摸。就在龙华民遵照视察员巴范济巡视澳门时发出的指示,命在华耶稣会士对利玛窦及其《天主实义》所犯类似异教徒的错误严加审查,并联合熊三拔准备向中国日本教区区长卡尔瓦罗(卡瓦略)上书,要求禁用"天"、"上帝"称谓的时候,龙华民却"抓住了巡察使巴范济去世(逝于1612年8月30日②)后职位空缺的时机,不征求卡瓦略的意见,自作主张派金尼阁去罗马"。③ 寻求教廷批准顺应中国习俗的用中文举行礼拜和弥撒时戴帽子,谋求任命中国神职人员,以及中国传教团从日本省区独立等继续深化适应策略的主张,引起省区长卡瓦略和新任视察员弗朗西斯科·维尔热的怨恨与阻挠。

当代神学家在谈到继承范礼安、利玛窦的适应传教策略遗产时,指出:"首先必须了解文化适应不是一件静态,和一劳永逸的事。既然文化适应与传播福音有关,它也应与人类的语言现象相似:并不是瞬息即逝的事件,却是一种人际沟通,是一个过程、是一种活动、是一种进化。"④持此动态的进化过程的观点,来看待利玛窦逝后适应策略的发

---

① 钟鸣旦著,圣神研究中心译:《杨廷筠:明末天主教儒者》,第260—264页。
② 费赖之著,冯承钧译:《在华耶稣会士列传及书目》上册,第30页。
③ 邓恩著,余三乐等译:《从利玛窦到汤若望》,第153页。
④ 奥尔斯哲里著,陈德光译:《适应当地文化是信仰的内在需求》,载台湾辅仁大学《神学论集》第49号。

展,如果说龙华民、熊三拔和庞迪我、王丰肃等在华耶稣会士,曾经因思想处于矛盾状态而犯过错误,不过,他们均能从中汲取教训,为适应策略在严峻考验中得到延续,作出程度不同的努力的话,那么第二代来华耶稣会士如金尼阁、艾儒略、汤若望和卫匡国等人,则继承着一个良好的思想传统,并在他们奋力维护、宣扬和发展过程中,不仅使传教局面转危为安,而且适应性传教策略更加深入人心,为嗣后来华的耶稣会士奉行不悖。

这期间,金尼阁是四人中来华最早,亦最为鲜明地从理论和实践上捍卫利玛窦策略并卓有成效的传教士。在这里,拟通过阐述金尼阁坚定信念的形成,欧洲之行的巨大收获及其著作的深远影响,揭示他为适应策略的发扬光大和中西文化交流的顺利进行所作出的贡献。

金尼阁(Nicolas Trigault),字四表,出生于比利时的杜埃城,曾在该城耶稣会主持的学校读书,1594年加入耶稣会,辗转于多所学院,"从事研究有裨于传教师之语言及地理、天文、数学、医学等科"。自他获准于1607年2月5日登程前往印度传教之时,已具备良好的科学素养和突出的语言能力。这从他在驶往东方"我主耶稣"号帆船上,对黑人语言的悉心研究和沿海鱼类的细致观察便可知晓。同年10月9日抵达果阿后,即在城中及近郊传教两年有余。金尼阁于1610年(万历三十八年)中奉召至澳门,翌年初被派往南京在王丰肃和郭居静指导下学习汉语。不久,应李之藻之邀,随郭居静至杭州,主持李父的葬礼。因参与举行杭州第一次弥撒,被视为杭州开教者之一。在杭期间,金尼阁又参加了同杨廷筠就基督教义展开的多次深谈,并最终令杨廷筠心悦诚服而领洗皈依。1611年(万历三十九年)12月金尼阁前往北京,向监督龙华民汇报会务。此后传教于韶州、南京两地。"尼阁于所经诸城,抽暇测量其经纬。华民见其能,命之赴罗马,谒教皇及会中诸道长,陈明必须增加新教区事。"[①]金尼阁

---

① 费赖之著,冯承钧译:《在华耶稣会士列传及书目》上册,第115—116页;荣振华著,耿昇译:《在华耶稣会士列传及书目补编》下册,中华书局1995年版,第680页。

遂以中国传教团代理人身份前往欧洲。

史称:"金尼阁是一位天性火烈,魄力雄厚的人,他的头脑很明敏,做事很能干,很会在最高一级社会里活动,能操各国语言,是一位有高深文学天才的演说家与著作家。"①当他踏上印度、尤其是中国的土地,便以适应性传教策略的坚定支持者而著称。金尼阁刚刚开始在果阿传教,即深为诺比利(Nobili)在印度实行的新的传教变革所吸引。他于1607年12月圣诞节写于果阿的信件中,相当真切地记述了诺比利传教策略的变化过程:在诺比利了解传教士因衣着简陋和随便同人交往而难以在上层社会取得进展时,便适时地改变了衣着,"摹仿当地最显贵人士"穿起了猩红色长袍,并按照当地习惯以鱼和素菜为食,"于是收获了重大的成果:不多时就劝说若干年轻的显贵同时入了教"。② 犹如拙著前册所论,诺比利的这种改革,是在利玛窦传教思想的影响下进行的,尽管彼此间在组织上迄未发现有什么联系。③ 但正如法国宗教史学家所指出的,"也有可能是通过金尼阁神父,在中国传教的神父们得知诺比利初期的一些情况。"特别是诺比利注意"从理论上极其深刻地说明'汉化'传教士们的神学根据",④凡此给金尼阁以重要启示,为他后来在翻译出版《利玛窦中国札记》过程中,替有争议的传教方式寻找神学理论的依据,作了有力的铺垫。

金尼阁初次进入中国内地,利玛窦虽已病逝,但却有幸跟利玛窦最亲近亦最为了解其思想的郭居静神父朝夕相处共同生活达半年以上。在此期间,金尼阁显然有意识地询问和搜集有关利玛窦生平的第一手资料,并从郭居静极具情感的回忆中,深为利玛窦的传教精神及其宏伟远景所感染。唯其如此,在出版《利玛窦中国札记》时,金尼阁才有可能向欧洲读者第一次准确地披露利玛窦的生平事迹,且怀着崇敬的心情写道:"他比任何其他人更勇敢地以他的行为实现了这次传教的原定计划并坚定地努力去发展它,直到他生命的最后时刻。"⑤除此而外,"他(指

---

① 魏特著,杨丙辰译:《汤若望传》第一册,商务印书馆1949年版,第42页。
② 裴化行著,管震湖译:《利玛窦评传》下册,第477—478页。
③ 拙著《明清之际中西文化交流史——明代:调适与会通》(增订本),第430—433页。
④ 裴化行著,管震湖译:《利玛窦评传》上册,第52页。
⑤ 何高济等译:《利玛窦中国札记》上册,《金尼阁致读者》。

金尼阁)一到中国就被委任编辑1610年和1611年之年报(即传教团每年向罗马耶稣会会长的总汇报——引者),因之他对于中国传教之前途与困难得以一窥真相。当时中国所有的五个传教总区,他都亲自一一考察。"① 金尼阁自己也说,"对整个教团的事务累积了透彻的了解"。②

这样一来,上述三个因素的结合,即印度传教变革的熏陶,利玛窦精神的感染,以及对传教困难和前途真相的了解,使金尼阁毅然从理论与实践两方面承担起维护适应性传教策略的职责。宗教史学家史若瑟(施省三)指出:"事实上,早在利玛窦的生命临终时,他领导中国传教团的方式就已经成为中外聚讼纷纭的对象。人们提出了两种反对意见。在实践方面,人们指责利玛窦过分关注发展与儒家杰出人物的关系,而不是布教事业的进展;在理论方面,他对儒教的积极评价也受到了非议。有人提出,这样做则会冒有损于基督教教义纯洁性的危险。"③

金尼阁首先通过编辑传教的年报,从实践方面回应了教会人士的指责。而在理论上阐释儒家的优点,留待他的另一次机会,则是赴欧洲翻译出版利玛窦回忆录的过程中。在由他撰写的1610年的年报中,一开头就将中国传教团的发展,明确地划分为两个阶段。第一阶段耶稣会士穿着僧服,被中国人当作炼丹术者一类奇特人物,很难"推动基督教的进展"。第二阶段始于"利玛窦采用了儒生装束"的1595年,"从此之后,一切都开始发展,几乎到了繁花盛开的地步"。接着,金尼阁颇为激动地叙述了利玛窦在改换儒生装束前所受到的歧视和压力,称赞他对传教事业的坚定信念、勇气和取得的成就。在回答反对者的责难,解释"为什么利玛窦关心的倒不是群众的皈依,而是博得善良的儒士们的好意"时,金尼阁所阐述的全是利玛窦早已确定的原则。诸如,应该把中国传教团同其他传教团区别开来判断;丝毫不搞什么革命性的东西,同中华帝国的利益没有抵触;在不抛弃任何人的同时,有意避免追求皈依者的数字;担心群众聚集,使多年传教成果毁于一旦。金尼阁指出:

---

① 魏特著,杨丙辰译:《汤若望传》第一册,第42页。
② 何高济等译:《利玛窦中国札记》上册,《金尼阁致读者》。
③ 同上书,下册附录,史若瑟:《1978年法文版序言》,该书第659—660页。

第一章　中国传教团继任监督的确立与耶稣会内部的论争　107

"我们采用的办法就是使自己依靠官员正有如依靠上帝一样,为的是以后——用他们自己的说法——人民也追随他们的榜样。"① 这几乎就是利玛窦晚年总结传教事业时(致巴范济信件)核心理论的翻版。后来,在1621—1622年的年报中,他仍重申了上述看法。甚至说:"我们虽未曾使百万人归化,但有数百也感满足。"② 在当时利玛窦传教方式已横遭非议,特别对他不注重"直接向人民大众传播福音"和关心"布教事业的进展"多有指责的时候,金尼阁挺身而出,如此不计利害地捍卫利玛窦"宁缺勿滥"的传教方针,确乎是需要胆识和勇气的。

如果说年报的撰写还只是金尼阁初露锋芒的话,那么当他奉派到欧洲后,便在更广阔的舞台上充分展现其维护利玛窦事业的热忱,及其明敏干练善于外交活动的才智。

1613年(万历四十一年)2月,龙华民之所以决定绕开惯常的批准程序,径直指派金尼阁从澳门启程赴罗马,"为诸多的问题寻求明确的答复",一则龙华民这样做,并非全然无理。因为按照规定,"每三年,由各省和副省耶稣会任命并派遣代表前往罗马,在这些代表们的集会上讨论该组织的状况"。③ 再则拟提出的,都是十分敏感且久议不决的话题。在龙华民看来,"通过正规的渠道从罗马得到他所期望的关于中国的政策,是根本走不通的。维尔热和卡瓦略都反对这种违背程序的做法"。④ 于是,在维护中国传教团的利益驱使下,龙华民果断地采取了这个大胆的举动。1613年2月底,"在金尼阁从中国(澳门)启程时,身上带着龙华民关于向罗马提出问题的指示性的文字"。⑤ 先是,金尼阁由海上至科钦,改陆路抵果阿,再乘帆船到达霍尔木兹。然后单身孤影,穿越荒凉而凶险四伏的沙漠,历经巴格达、摩苏尔、阿莱普等名城。幸获同乡人的帮助,终于乘船驶往意大利。待1614年岁末抵达罗马

---

① 何高济等译:《利玛窦中国札记》下册附录,第660—662页。
② 钟鸣旦著,圣神研究中心译:《杨廷筠:明末天主教儒者》,第86页。
③ Mungello: *The Forgotten Christians of Hang Zhou*, university of Hawaii Press Honolulu, 1994, p. 16.
④ 邓恩著,余三乐等译:《从利玛窦到汤若望》,第153页。
⑤ 同上书,第147页。

时,离华已近两年,可见旅途之艰辛。①

关于此次出使,美国学者孟德卫指出:"新的传教团长龙华民委派金尼阁作为他们的代理人,其任务是返回欧洲以促进耶稣会传教团的影响。"②德国学者魏特更具体说明:"当时在中国传教的总管龙华民神甫久已就计划遣派一位神甫做代表赴罗马。向教廷和耶稣会管理处报告中国传教状况,为的是可以向教皇请求重要许可,并且向耶稣会总部请求重要问题之解决与更加有力之救济,并且还为的是要唤起全欧洲的赞助。"③实践表明,金尼阁欧洲之行不辱使命,他至少在以下四个方面功劳卓著。

第一,在宗教礼仪方面,获准在典礼中可按中国习俗毋须脱帽,并允许用中文取代拉丁文举行礼拜仪式。

在金尼阁遵照龙华民的指示精神,向耶稣会会长提出的五十个要求中,"有两个要求因为其性质重要,影响深远,只有教廷才能做出决定。第一个要求是,在中国的神父在举行弥撒仪式时允许戴帽子;第二个要求:允许中国用中文举行礼拜仪式"。关于前者,"在中国,不戴帽被视为不敬。一位头上无帽的神父站在祭坛上,在中国人看来与他正在主持的威严仪式是不相称的"。为扭转这种同中国习俗相抵牾的现象,范礼安曾提出改变的请求,但却被耶稣会长所否定。因为在"欧洲人主义"者看来,宗教礼仪"要遵守欧洲人的习俗"。这次直接向教廷呈请裁决时,金尼阁重申:"正在走向祭坛的神父,有着妇女一般的头发,是多么的失礼,特别是在对不戴帽子的男人持反感态度的人的眼中。"④金尼阁的雄辩打动了教宗保罗五世(Paul V)。1616 年 1 月 15 日,在有教宗亲自参加的教廷圣职部会议上,"同意给与在中国的耶稣会请求下的特许权:允许神父们在行弥撒仪式时戴帽子"。⑤ 中国宗教学者方豪对此解释道:"按我国重视'衣冠必整',因此大典礼中必戴冠,

---

① 费赖之著,冯承钧译:《在华耶稣会士列传及书目》上册,第 116—117 页。
② Mungello:*Curious Land :Jesuit accommodation and the origins of sinology*,university of Hawaii Press Honolulu, pp.46—47.
③ 魏特著,杨丙辰译:《汤若望传》第一册,第 42—43 页。
④ 邓恩著,余三乐等译:《从利玛窦到汤若望》,第 146—147 页。
⑤ 同上书,第 147—148 页。

第一章　中国传教团继任监督的确立与耶稣会内部的论争

而西方礼俗则以除冠示敬,故西方弥撒祭服中,并无特制之冠。金氏获得许可后,中国教会乃特定一种'祭巾',沿用至清末。"①可见罗马颁布的教谕或中国教会变通的"祭巾",所表示的,正是对中国儒家传统"衣冠必整"礼俗的尊重和适应。

至于后者,即"在礼仪中用文言汉语代替拉丁语"的请求,②并未见载于现存罗马耶稣会档案馆的当年龙华民交付金尼阁的指示性文件。按情势推断,龙华民事先口头嘱咐的可能性较大。但"依金尼阁的性格来看,它不一定不是金尼阁提出的。金尼阁是位极富想象力,会极力促成实现他的想法的人"。③ 总之,经金尼阁发挥外交折冲的才干,该项请求最初亦获1616年1月15日圣职部会议通过。"此次会议同意给与在中国的耶稣会请求下的特许权:允许神父们在行弥撒仪式时戴帽子;允许将圣经翻译成文言文中文;允许中国籍的神父主持弥撒,允许祈祷时用中文文言文背诵。"不过,"对于这些特许权的精确的措辞",在圣职部3月26日召开的、有教宗参加的会议上被再次提出。新决议在实质上与过去并无不同,但增加了一些限制性条件。"为了给予3月26日所通过的政令以可以达到的最高权利,教宗保禄五世在1615年6月27日的一期罗马教会最高会议简报中,颁布了这个政令。"④

此后,神父们在做弥撒时戴帽子的决议,经"祭巾"的变通形式而得到实施。有关用中文行礼拜仪式的特许,却被长期束之高阁。据美国学者邓恩多方考证,当时中国对天主教迫害的严峻形势,使教会无心亦无力使用这种特许权;加之用中文举行各种圣事,须具备翻译成优雅中文的弥撒书、每日祈祷书和有关礼仪的书籍,如此繁复的翻译工程绝非短期内所能奏效。因此,邓恩认为,"真实的情况似乎是这样:当罗马方

---

① 方豪:《中国天主教史人物传》上册,中华书局1988年版,第180页。
② 荣振华著,耿昇译:《在华耶稣会士列传及书目补编》下册,第680页。
③ 邓恩著,余三乐等译:《从利玛窦到汤若望》,第147页。
④ 同上书,第148—149页。

面同意了在中国的耶稣会士的请求时,他们还没有做好使用这些特许权的准备。是在中国的传教士们自己将罗马的这个政令搁置起来,然后又将它忘记了。"[1]尽管如此,金尼阁所设想并请准实施的用中文举行弥撒、日祷与翻译圣经,设置培养中国教徒的神职班等基督教本土化的措施,均可视为对利玛窦适应策略的肯定和深化。

第二,在宗教组织方面,解除不许任命中国人为神职人员的禁令,实现同日本教区分离,建立独立的中国副省教区。

按照过去的规定,"教会是根本禁止任命中国人为神父的。范礼安曾就任命中国籍神父的问题,请求总会长给予答复,但是由于受到远东,特别是在日本的诸多耶稣会士负面报告的影响,耶稣会总会长在1606年12月12日给他的答复是:不可以任命中国人为神职人员,因为在信仰方面,中国人还太年轻。龙华民一直强烈地反对这个决定,争辩说:中国的修士们在任何一个方面都是完全满足要求的,一点儿也不比日本或是欧洲的神职人员逊色。龙华民对不同意任命中国人为神职人员的反映强烈,他派金尼阁去欧洲,不可能不交待要求教会消除这项禁令。"

然而,解除禁令的请求,却因遇到来自日本耶稣会传教士设置的障碍,而举步维艰。"在日本的耶稣会士对金尼阁赴欧洲的使命持强烈反对的态度。1614年10月,在日本的长崎召开第一届耶稣会日本省会议。在会上,关于适应政策的主张问题一直讨论了十五天。最终得到的结论,在每一点上几乎都直接与龙华民派金尼阁去欧洲的目的相抵触。"会议决定派出两名代表,分别从果阿和墨西哥两条路线前往罗马。1617年5月,其中一名代表到达罗马,"将长崎会议提出的一系列方针交给耶稣会会长。这些方针政策揭示出在中、日两地的耶稣会士的非常不相同的、乃至针锋相对的观点。"

日本的耶稣会传教士通过签署的一份备忘录,在无端指责日本人难以捉摸、不够热诚及缺乏对宗教的全身心投入等弱点后,明确表示,

---

[1] 邓恩著,余三乐等译:《从利玛窦到汤若望》,第158页。

"不同意任命本地人为神父。他们劝说不要任命日本人为神职人员,或者也不同意日本人担当耶稣会的辅理修士。"毫无疑义,"长崎会议上带有偏见的看法,也落在了中国人的头上。"这就是长崎会议派往罗马的代表,一再要求取消金尼阁所获得的特许权的缘由。对于日本耶稣会传教士这种居高临下、无端指责的态度,美国学者邓恩指出:"其实这是'欧洲人主义'的思想在作祟。'欧洲人主义'认为,非欧洲人天生就不适合过有很高要求的神职人员的生活。要消除这种种族和民族的骄傲十分不容易。"

面对过去教会的歧视性规定和新近日本耶稣会士嚣张的种族偏见,金尼阁从未退缩消沉。他"确实对不可以任命中国人为神职人员的禁令展开了抨击,并且获得了胜利。随着这项障碍的清除",在保罗五世颁布的教翰中,亦允许"设置本地神职班"。① 此后,1664年,第一位中国籍的耶稣会士郑惟信,在罗马被任命为神职人员。1688年,又有三名中国人晋升为神职人员,包括著名画家吴历。②

在金尼阁赴罗马提出的诸多要求中,再没有比谋取中国教区行政独立更为迫切,亦更令葡籍长上愤怒和反对的事情。原来,"在中国的耶稣会士们对于与日本联系在一起的管辖关系(中国和日本传教团隶属于同一传教省区管理)一直感到烦恼。当时澳门是天主教日本省区的行政中心。许多在澳门的耶稣会士不配合的态度,一定让在中华帝国的人数不多的耶稣会士感到他们的传教工作就像一个不受欢迎的、后娘养的孩子。"于是,"从最早到中国内地传教的罗明坚开始,在中国的传教士就有一种受歧视、被干扰的感觉。他们认为,唯一解决的办法就是让中国的传教团从日本省区独立出来,成为一个完全自治、自我供给的省区。"范礼安神父甚至设想,"划分全域为若干主教区,其中各大城市都配备'一名主教和一个教务会';利玛窦神父去世后不久,也许正是为了实现他的遗愿,金尼阁神父作为代表前往罗马,请派'四名主教,

---

① 费赖之著,冯承钧译:《在华耶稣会士列传及书目》上册,第117页。
② 以上凡未注明出处者,均引自邓恩著,余三乐等译:《从利玛窦到汤若望》,第147—158页。

其中三名驻在帝国境内'。"①然而,金尼阁却将这次直接谋求中国教区独立的举措,归功于龙华民。据美国学者孟德卫的考察,"到达罗马以后,金尼阁坚持对那个意大利的伦巴第人(指龙华民)以更加迫切的责任感,并把自己作为代理人归因于他,也就是将中国传教区从日本教区中获得独立,归因于他。"这就是说,"龙华民听从了(自范礼安、罗明坚和利玛窦以来的)这一劝告。金尼阁此次赴罗马的主要目的,就是要获得这样的合法的独立形式,筹措资金,并为新的传教省吸收成员。"②

刚开始,金尼阁在罗马上层的游说颇见成效。"金尼阁与耶稣会总会长阿桂委瓦谈得很成功。但是阿桂委瓦在还没有来得及作出成立新的中国传教省区的决定之前,便在 1615 年 1 月 21 日去世了。由于来自日本方面的强烈的反对,新任耶稣会总会长维太利斯奇觉得此事还是小心谨慎为好。他决定暂时给予在中国的传教团以独立的身份,它的领导将具有省区一级的权力,但是是否给与副省区的地位,则让巡察使来决定。巡察使维尔热通知耶稣会总会长的葡萄牙籍的助手说:在中国的传教士要求过高,他决定不给予他们这样的地位。"

"维尔热是有着强烈的民族忠诚感的葡萄牙人。"他自 1615 年接替病逝的巴范济担任日本省巡察使(视察员)以来,总是将对适应策略的反感,跟葡(萄牙)籍意(大利)籍教士间的利益冲突纠缠在一起,从而对中国传教团充满敌意。是他,率先支持被驱逐至澳门的日本传教士对中国"天"、"上帝"信仰的批判,表现出清算适应策略的意向;又是他,完全同意日本长崎会议关于礼拜仪式的观点,对于"金尼阁的这趟欧洲之行的使命他都不赞成",甚至扬言连讨论用中文行礼拜仪式这样的问题,也要等许多年之后;还是他,直接写信给耶稣会总会长的葡籍助理,抨击教会长上在选拔传教团领导和准允教士晋升问题上,一直袒护意大利人而贬抑葡萄牙人。怀着如此敌对的心态,并被龙华民蓄意破坏

---

① 裴化行著,管震湖译:《利玛窦评传》下册,第 382 页;邓恩著,余三乐等译:《从利玛窦到汤若望》,第 153—155 页。

② Mungello:*Curious Land: Jesuit accommodation and the origins of Sinology*, pp. 46—47.

管理准则而擅派专使所激怒的维尔热,毫不掩饰地向葡籍总会长助理发泄道:"他认为金尼阁罗马之行的目的之一,就是说服耶稣会总会长,使在中国的传教团成为一个独立的团体。这样做,是龙华民为了建立他们意大利人的势力范围,与传统上属于葡萄牙人的领域对抗。"他还针对向中国传教团派遣主教的请求,讥讽而夸张地说:"为四名中国天主教徒派一名主教,这太可笑了。"

然而,金尼阁毕竟是一位头脑灵活、意志坚定的人。"1619年12月,在巡察使维尔热神父生命的最后几周,不轻易服输的金尼阁,终于使病中的维尔热转变了他原先反对给予中国以独立省区地位的态度。这时的金尼阁刚从欧洲回到澳门没有几个月。1621年,耶稣会总会长发出通知,任命已经接任龙华民任教团负责人的罗如望神父为第一位中国副省区的负责人。但是罗如望1623年3月23日在杭州去世,这时任命书还没有到杭州。阳玛诺是这个职位的第二位人选,他最终成为任命生效后的第一位中国副省区的负责人。"①

法国宗教史家费赖之,在总结金尼阁出使罗马克奏肤功时说:"尼阁立时进行其所任之要务,获得教皇保罗五世前此从未颁布之教翰,许在弥撒之举行与圣务日课之祈祷中用华语;设置本地神职班;教皇据其请求,许译圣经,并于举行弥撒时不必脱帽,而以重量藏书颁给新传教会。此外教皇命尼阁以教皇之祝福与新近颁布之大赦转达中国。耶稣会长阿奎维瓦(应为其后任维太利斯奇)同时将中国传教会与日本教区分离,并遣派优秀之耶稣会士多人前往助理。"②如果说,获得教宗从未颁布之教翰,遵从中国习俗神父弥撒时不必脱帽,以中文取代拉丁文举行典礼、日祷和翻译圣经,乃通过宗教仪礼的本土化,肯定与深化利玛窦适应策略的话,那么,设置本地神职班,解除不许任命中国人为神职人员的禁令,建立独立的中国副省教区,则是从宗教组织上,保障适应策略的延续和发展。

---

① 以上引文均见邓恩著,余三乐等译:《从利玛窦到汤若望》,第153—156页。
② 费赖之著,冯承钧译:《在华耶稣会士列传及书目》上册,第117页。

第三,在欧洲各地游说,筹措资金,招募人员,为北京耶稣会图书馆搜集书籍。

在宗教礼仪和宗教组织方面的斡旋取得成功之后,"金尼阁将注意力转向寻求银钱、新的补充人员,为传教团在北京的图书馆征集书籍,并为中国皇帝和文人学士寻觅贵重的礼物。"[1]事实表明,这种为中国传教团的筹措活动,是伴随着在欧洲的广泛旅行和游说进行的。先是金尼阁参加了 1615 年 11 月在罗马召开的耶稣会第七次全体大会,借遴选新总会长的机会,向各教区代表陈述中国传教团的状况和希望。会后,从 1616 年至 1617 年,"金尼阁在他为中国大募集的全欧游行中",足迹涉及意大利、西班牙、法兰西、比利时、德意志,直至欧洲北部。他参加各地盛大的欢迎集会,"鼓励耶稣会士们赴中国传教的兴趣"。[2]又沿途拜访王公贵族,"谋求激发王侯们对中国传教团的关心,他取得了非常大的成功"。[3]

首先,在资金筹措方面。"1616 年,巴伐利亚公国的君主允诺每年赠送五百个佛罗林金币(Florin,1252 年发行于佛罗伦萨的一种金币),并在随后支付了至少一个世纪的补助金。"[4]此外,西班牙菲律普三世(Philip Ⅲ)同意捐助中国传教团款项,教宗和新任耶稣会总会长也各有赠送。这样,当金尼阁自欧洲返回中国时,持有并即将获得四千金币。[5] 其次,在贵重礼品捐赠方面,有法国皇后、帕尔麻(Parma)和高西摩(Cosimo Ⅱ)大公爵捐赠的许多箱礼物,有德国巴伐利亚公爵家族赠与的价值昂贵的钟表及金银璀璨的宗教礼物,还有巴伐利亚大公爵马克西米良一世(Maximiliam Ⅰ)捐献的一只堪称欧洲工艺杰作的乌木

---

[1] Mungello:*Curious Land*:*Lesuit accommodation and the origins of Sinology*,pp. 46—47.

[2] 魏特著,杨丙辰译:《汤若望传》第一册,第 44—50 页。

[3] Kenneth Latourette:*A History of Christian Missious in China*,The Macmillan Company,New your,1929,p. 102.

[4] 同上。

[5] 方豪:《明季西书七千部流入中国考》,载《方豪六十自定稿》上册,台湾学生书局 1969 年版,第 39—53 页。

雕刻的矮橱，尤其是那题辞呈送中国皇帝以介绍耶稣生平的圣迹图册，因其栩栩如生，后来给明崇祯和清顺治皇帝均留下了深刻印象。再次，就新人员补充方面，1618年4月16日，当金尼阁从里斯本出发乘"善心耶稣"号帆船重返东方时，他已率领在欧洲各地选拔由不同国籍组成的22名耶稣会士前往中国。虽然这些人中多数因故未能进入中国，但就进入中国的8名传教士而言，如邓玉函、罗雅谷、汤若望和傅汎际皆卓有成就。邓、罗、汤3人因参与编纂《崇祯历书》而声名远播，傅则长期担任中国传教团负责人，以极力维护利玛窦传教策略著称。

至于征集欧洲图书方面，金尼阁自谓这是他巡游欧洲期间始终萦绕心头最为努力的事情。原因是自沙勿略、范礼安、利玛窦以来，为学术传教的需要，均将搜集更多的欧洲书籍乃至建立中国耶稣会图书馆，作为毕生追求的目标。经过不断的积累，1605年（万历三十三年）在利玛窦主持下，北京耶稣会图书馆已经组建起来。"里面藏有西方有关天文学、几何学和钟表制作术的论著，也有宗教、哲学、伦理和历史书籍。"[①]龙华民继任监督后，虽在中国"天"、"上帝"的称谓和神学理论上抛弃了前任的观点，但在筹建图书馆方面，却继续其未竟的事业。从1613年（万历四十一年）龙华民在其备忘录中所拟定的指示来看，为创建北京和各地耶稣会图书馆而征集欧洲书籍，乃进行学术性传教的重要途径。该指示称："现有图书馆及其书籍，即在欧洲亦为第一流者。吾人之目的乃希望能在北京建立一图书馆，俾中国一切官吏与学者得赖此图书馆而认识吾人，并了解吾教教义。因此，且可使彼等乘机请求吾人翻译此项书籍。翻译之书，虽为数不多，但已出版者，业在中国留下永久纪念矣。为此，吾人坚信此为诱引学人进入教会之良好方法……译书工作终将成为吾人在中国传布福音之门径……自吾人与中国学人周旋晋接以来，已证图书馆之需要，与吾人之最后目的及在各地建立会院，应不分轩轾也。"他接着说："除为北京会院所筹备之图书馆外，尚需尽其他私人之力，劝募更多之书，为其他会院之用，俾各

[①] 艾田浦著，许钧等译：《中国之欧洲》下册，第5页。

地均有敷用之书,盖需要之比例俱相似也。"据此,西方学者拉马尔(Edmond Lamalle)认为:"北京创立图书馆之最早动议,应归功于龙华民,而非金尼阁。然赖金氏之热心努力,其会长之愿望卒能实现,亦自有其功绩也。"

诚如所述,"金氏曾向在华传教士保证,在其行程中,图书馆实为其最关切、最努力之事。"他也确曾殚精竭虑恪尽职责,通过各种方式获得了为数众多的欧洲书籍和科学仪器。其中,教宗保罗五世赠送了整整一库珍贵书籍,某主教捐助了价值两千金币的书籍,西班牙主教捐赠五千册书,任凭金尼阁挑选。在德国巴伐利亚公爵家族的赠品中,亦有一大批书籍。此外,金尼阁还在精于书籍的饱学之士、传教士邓玉函的陪伴下,遍访里昂、法兰克福和科隆等当时欧洲著名的出版中心,购买新面世的图书,其中"科学书所占数量至为可观"。"收购之外,作家及出版家馈赠者亦复不少。"经此不辞辛劳的奔波和采取征集、劝募、购买等形式,金尼阁于1617年1月2日从布鲁塞尔发出的信件中综述了所取得的巨大收获。他说:"关于书藏一事,虽须在各处逐渐收集,但似应在此一述。成立图书馆,乃最萦余怀者,几无一事较此更使余念念不忘也。余迄今所获者,无论就数量言(重复者不计),就学术门类之繁多言,就装潢之富丽言,在耶稣会中尚无足以与此颉颃者。余曾在义(意)国、法国、日尔曼国、比国征募书籍,并有精于书籍之友人为伴,其人即余去年函中所述及之医师而兼数学家者(案指邓玉函而言)。以学科之门类言,除吾人图书馆所习有之人文类、哲学类、神学类、教义类及其他名著外,余所搜医学、法学、音乐类书,亦复甚多,而今日所已发明之数学书,则可谓应有尽有。余从各王公大臣所征集及在各地所收购之各项测算仪器与制造仪器之机械,种类之多,品质之精,可谓已一无所缺,若欲一一缕述,则未免太长矣。余愿为君等一言者,即此一书藏与仪器,在离欧前值一万金币……余并携有储藏该项书藏之馆舍图样(指金尼阁和邓玉函'二人已在欧洲预先请一工程师设计图书馆之图样')。以上一切,苟赖主佑而能到达北京,必使君等赞叹不置,并能使君等获得由惊奇而产生之后果。"①

  据德国学者魏特的研究,金尼阁于 1618 年 4 月 16 日从里斯本启航时,在欧洲募集的大部分物品随船出发,只有法国皇后捐赠的礼品和帕尔麻大公爵礼品及一些箱件未能启运。前者为海盗所劫,后者未及时赶赴里斯本。此后,金尼阁一行搭乘的帆船顺利到达果阿。在果阿期间,图书仪器仍处于封存的状态。即使当果阿天空同时出现两颗彗星的奇特现象,"传教士中通晓天文学的,每日都在用着卧亚(果阿)学院里那种不全备的天文仪器,作他们的观察,因为他们所带来的仪器尚未由箱匣中取出的缘故。"直至金尼阁等人 1619 年(万历四十七年)7 月 12—15 日抵达澳门,"他们所带来的一切珍贵礼品和那大批书籍,暂时都被妥当地收藏于(圣保禄)学院之中"。② 其间奉明朝廷之命,前来澳门洽购西洋大炮事宜的奉教官员孙学诗和张焘,正躬逢其会。据金尼阁事后的报告,"当予抵澳门时,适有二学者(金氏报告中此前已说明,'二学者'系孙学诗和张焘)亦来取炮,彼等一见大批书藏及其他珍品,不胜惊奇。"③这样看来,经里斯本启运,而在欧洲搜集的大部分礼品,尤其是数量庞大的图书仪器,由于一路上精心的照料和封存,大抵上被安全地运至澳门。

  关于这批运达澳门而暂存于圣保禄学院的图书数量,据已故中国学者方豪多年钩沉索隐,从当时与金尼阁关系密切的杨廷筠、李之藻、王徵等人的著作中,稽得十余条材料,直接或间接地认证金尼阁携来图书达七千部。"书籍见顿香山澳,俾一朝得献明廷。"近年来有中国学者著文对此七千部说提出质疑,指称"方豪所考,几类孤证","认为金尼阁携来我国西书有七千部之多却是误考"。赞成方豪文章中所批驳的西人惠泽霖神父的意见"肯定金尼阁携来中国西书仅七百五十七部,六百二十九册"。④ 不过,据笔者目前掌握的资料,这些"见顿香山澳"的欧

---

 ① 以上凡未注明出处的引文,均见方豪:《明季西书七千部流入中国考》一文。
 ② 魏特著、杨丙辰译:《汤若望传》第一册,第 51—52,68,73 页。
 ③ 方豪:《明末西洋火器流入我国之史料》,载《东方杂志》第 40 卷第 1 号(1932 年 1 月)。
 ④ 计翔翔:《金尼阁携西书七千部来华说质疑》,载中华书局《文史》第四十一辑。

洲书籍和科学仪器,确曾陆续运进北京或流传地方,其图书数量可能达数千卷。

1623年(天启三年)1月,传教士汤若望抵达北京后,获交不少士大夫朋友。"他又将由欧洲所带来数理天算之书籍列为目录,呈递朝中,并且还将所带来的科学仪器一一陈列,请中国官吏参观。"①汤若望乃金尼阁在欧洲挑选随同到达澳门,且不久进入中国内地的耶稣会士,他在北京进呈和展示的欧洲图书仪器,当来自暂存于澳门的那批行李中。

1624年(天启四年),时任明朝光禄寺少卿转通政使的何乔远,在与汤若望同至北京的龙华民的住所,亲见地球仪、望远镜、西洋琴和图书等物。他说:"今岁有西方人龙华民者,来游京师。予往扣之,见其所藏先世至人之书,皆旁行手书,亡虑数百卷,岂不劳而费功哉。入其卧榻,之旁有二球焉,以测天地之圆方。有竹筒乘镜一寸许,以观天之象度、地之里,无不了然,不似中国憪憪尔也。有琴焉,横而架之,牙在弦下,抽其牙则弦鸣,如中国之琴声,非如中国简易也。"②此处何氏所亲见观天之象度地之远近,且无不了然的"竹筒乘镜",显然指的是欧洲伽利略发明的望远镜。查"伽氏改良之望远镜,成于一六一〇年,即万历三十八年。阅五年,望远镜之应用,即由阳玛诺所著《天问略》,介绍于国人……然则第一座望远镜果于何时入中国耶?曰:在天启六年(一六二六)八月前。盖汤若望《远镜说》自序在此年,第一架望远镜殆即彼所携入"。③由此可见,置放于龙华民卧房的望远镜,以及汤若望携入中国的同一器物,实乃金尼阁在欧洲搜罗甚夥的科学仪器之一。而何乔远同时看到的"旁行手书亡虑数百卷"的"先世至人之书",应与望远镜为同一来源,并包含在由澳门带至北京,经汤若望呈献于朝廷的书目中。

1626年(天启六年)冬,奉教士大夫王徵继母丁艰服除,赴北京候补官职期间,与"候旨修历寓旧邸(指宣武门南堂)中"的龙华民、邓玉函

---

① 魏特著,杨丙辰译:《汤若望传》第一册,第99页。
② 何乔远:《何镜山先生全集》卷三十七,《真奇图序》。
③ 方豪:《伽利略与科学输入我国之关系》,载《方豪六十自定稿》上册,第63—71页。

和汤若望交游甚欢,"得朝夕晤请教益"。王徵遂将向往多日的《职方外纪》(艾儒略著)所载西洋奇器相咨询。"三先生笑而唯唯,且曰:'诸器甚多,悉著图说,见在可览也,奚敢妄?'余(指王徵)亟索观,简帙不一,第专属奇器之图之说者不下千百余种……阅其图绘,精工无比。然有物有像,犹可览而想象之。乃其说,则属西文西字。"①邓玉函便是随同金尼阁遍访欧洲各出版中心,甄选书目而尤钟情于自然科学书籍的传教士。在他北京南堂寓所贮藏的刊载西洋奇器,即物理机械器具的图文并茂的专业书籍,不仅数量可观,已不下千百余种,而且具有与欧洲同步的先进性。如欧洲四位名重一时的力艺学家的著作,皆出版于邓玉函离欧来华之前,它们均被运至北京,并成为于1627年(天启七年)刊刻,由"邓玉函口授,王徵译绘"的《远西奇器图说》的重要参考资料。② 可见这不下千百种的欧洲自然科学著作,当由金尼阁、邓玉函在欧洲多方罗致所得。

明清易代之际,李自成农民军撤离北京时曾在城中纵火焚烧。"耶稣会址在恐怖时日的数周间,所受的物质损失,因汤若望决断果敢地维护,所以并不甚大。1644年(清顺治元年)6月15日他向(清)朝廷报告,教堂和玛利亚小教堂,约近三千卷的欧洲书籍,以及为印刷中国书籍所用之刻板,一律得以救出,而未受有丝毫损伤。受有损伤的,则为天算仪器,因此汤若望在7月25日又向政府呈请,准其复制新仪器。"③

从以上缕列的中西文资料可以看到,自1623年1月龙华民、汤若望教难后再次进入北京,至1644年6月汤若望向清朝廷汇报损失的20年间,由金尼阁在欧洲搜集而暂时寄存于澳门的西方图书仪器,已陆续不断地运往北京耶稣会,使该图书馆所藏约"数百卷",增至"千百

---

① 王徵:《远西奇器图说录最序》,载宋伯胤编著:《明泾阳王徵先生年谱》,陕西师范大学出版社1990年版,第218—220页。
② 参见拙著《明清之际中西文化交流史——明代:调适与会通》(增订本),第574—576页。
③ 魏特著,杨丙辰译:《汤若望传》上册,第222—223页。

余种",直到"近三千卷"之众。时至今日,在汇集历代北京耶稣会的"北堂图书馆现存藏书中,确知为金氏携来,合各种文字计之,凡四百二十八种;不能确定者,凡一百五十一种,两共五百七十九种。三百余年来,几经教难,几经播迁,又几经火灾,幸存此数,亦可贵矣!"[1]诚如美国学者孟德卫所指出的:"金尼阁在欧洲获得的大量书籍成为在北京的耶稣会图书馆的核心。"[2]

不仅如此,这批寄存于澳门的欧洲书籍,很可能仍遵照龙华民原先的计划,通过不同的形式而输送到各地方教会。明末福建反基督教士人指责道:"今日天主教书名目多端,艾氏(指在福建传教的耶稣会士艾儒略)说有七千余部入中国。现在漳州者百余种。"[3]很显然,流传于漳州府这百余种天主教的著作,绝非全出自"七千余部入中国"的西文图书系列,当仍以中文译著为多,但不能排除其中确有澳门直接输入福建,而流行于地方教会的欧洲书籍。此外,从清初常熟教会接收原北京耶稣会图书馆三册西文图书的研究表明,"这些书最初藏在北京的耶稣会会院,当有更多的同类书尤其是新版本到来时,他们就把多余的书派送到内地的其他传教站。"[4]这种先由澳门运入北京,经北京挑选再派送各地教会的情形,可能在明末也曾出现。

综如上述,金尼阁不辞辛苦地征集欧洲图书,旨在继承利玛窦学术传教的遗志。而无论这些书籍是构成北京耶稣会图书馆的核心,还是流传于各地方教会,它们都有利于中西文化交流的深入,尤其是为即将展开的"以直接采用西法为主"的修订历书的工作,作了必要的准备。故而,"金氏带往北京教会之书藏要为文学上及科学上最有价值之资源……而对于科学传教使命,亦曾发生重大之功用。"[5]虽然,

---

[1] 方豪:《明季西书七千部流入中国考》,载《方豪六十自定稿》上册,第50页。
[2] Mungello: *Curious Land: Jesuit accommodation and the origins of Sinology*, pp. 46—47.
[3] 黄贞:《请颜壮其先生辟天主教书》,载徐昌治订:《圣朝破邪集》卷三。
[4] 高华士著,赵殿红译:《清初耶稣会士鲁日满常熟账本及灵修笔记研究》,大象出版社2007年版,第263—264页。
[5] 西方学者拉马尔语,引自方豪:《明季西书七千部流入中国考》。

第一章 中国传教团继任监督的确立与耶稣会内部的论争

这些从欧洲募集的书籍总数不一定达到七千部,而北京的收藏和各地流传的情况表明,亦有数千卷之多。

第四,借翻译、增补和在欧洲出版利玛窦著作《基督教远征中国史》的机会,从神学理论上为适应性传教策略进行辩护。

当金尼阁奉命将利玛窦晚年用意大利文写的回忆录带回罗马,"对于他这次被挑选出来的任务的第一个意图,是翻译和出版利玛窦的原稿"。[1] 这其中或许也包含龙华民的想法。因为前述1613年龙华民在其拟定的指示中称:"创立图书馆之许可,应由教宗批准……吾人为获得教宗之特恩,可编纂一中国公教史,作为奉献于教宗者,并可译为拉丁文,以中国教会名义,进呈于基督之代表。"[2] 而带往罗马的利玛窦原稿,正是第一部所谓"公教"在中国的传播史,其心仪所属不言自明。于是,经过前往欧洲海陆旅行途中的时辍时续,及罗马公干之余午夜灯光下的奋笔疾书,金尼阁的拉丁文译本终于1615年在德国奥格斯堡出版。其后此书被译成法德意西英等多种文字流传,轰动了欧洲。"它打开了中国与欧洲关系的新纪元……它对欧洲的文学和科学、哲学和宗教等生活方面的影响,可能超过任何其他十七世纪的历史著述。"[3]

就金尼阁的拉丁文本对利玛窦原稿的贡献,大致表现在三个方面。其一,根据真实可靠的文献资料,补充和完善了"利玛窦原稿中留下的空白处"。这包括两部分内容:一在汇报南京、上海尤其是韶州传教兴衰的情况(第4卷,17、18章;第5卷,18、19、20章)。另为记述利玛窦逝世及身后的荣耀(第5卷,21、22章)。[4] 前者反映的是龙华民等人不循利玛窦教诲,执意在民众中推行欧洲传教方法所造成的恶果;后者则是对利玛窦适应传教策略取得丰硕成果的肯定。虽然增补部分叙述的是事情的经过,但从这正反褒贬的寓意中,不难体会金尼阁揄扬利玛窦

---

[1] Mungello: *Curious Land : Jesuit accommodation and the origins of Sinology*, pp. 46—47.
[2] 引自方豪:《明季西书七千部流入中国考》,载《方豪六十自定稿》上册,第47页。
[3] 何高济等译:《利玛窦中国札记》上册,《英译者序言》,第31—32页。
[4] 史若瑟(施省三):《1978年法文版序言》,载何高济等译:《利玛窦中国札记》下册附录,第657页。

适应策略的用心。同时表明,尽管金尼阁就派往欧洲担负重任,对龙华民不无感戴之情,然从韶州传教弊端的秉笔直书来看,他并不赞成那种张扬的不计后果的传教理念和方法。这就为金尼阁后来在讨论中国礼仪的嘉定会议上,直言不讳地批评龙华民,埋下了伏笔。

其二,在将原稿翻译成欧洲通行的书面语言,并显著改善其文字质量过程中,增强了对欧洲读者的影响力。"在那时的一切学校里,一律偏重希腊与拉丁两种古典语,而拉丁文尤其重视。即在耶稣教(新教)的学校里,亦和天主教的学校里一样地重视。拉丁文之在当时,是学者作学术论文和交际上书翰文,就是连亲弟兄之间的往来信札,甚至在日常谈话上,都要用的一种语言。"[1]揆诸当时的情形,金尼阁显然认为,采用欧洲知识阶层普遍通行的拉丁文书面语言出版,较之阅读意大利文的人来说,将具有更广大的读者群体。出于上述考虑,金尼阁在翻译过程中,充分展现了他作为一位优秀的拉丁语言学家的才华。"有鉴于利玛窦书面的意大利语,因离开意大利将近三十年而很少使用已变得荒疏,金尼阁作为一位有技巧的拉丁语学家是被尊重的。这样它的出版,金尼阁对这部著作的贡献之一,是改善了它的书面语的质量。"[2]从而该书的出版才有可能在欧洲社会产生轰动的效应,并为西方汉学的兴起开辟了崭新的时代。

其三,利用翻译和出版利玛窦回忆录的机会,阐释了来华耶稣会士采用新传教方法所引发的神学问题,为这种新方法的推行提供了一种辩护的形式,及适当修正的理论。如果说,前述金尼阁在编写年报中,从传教实践方面,回击了对所谓利玛窦过分关注同儒家杰出人物发展关系的指责的话,那么,在翻译和出版《利玛窦中国札记》时,则就神学理论方面,为利玛窦对儒学的积极评价寻找到辩护的依据。我们看到,金尼阁有关儒家优点的阐述,是在利玛窦承认基督教义与儒家思想存在共同性的基础上发挥的:既然两者存在共同性,既然基

---

[1] 魏特著,杨丙辰译:《汤若望传》第一册,第17页。

[2] Mungello: *Curious Land*: *Jesuit accommodation and the origins of Sinology*, pp. 46—47.

第一章　中国传教团继任监督的确立与耶稣会内部的论争

督教的作用在"驱佛补儒",即补充儒家缺少的东西并使之完善,那就有必要利用孔夫子著作中的论述,作有利于基督教的解释,将这一派的权威引为己用。"所以,在捍卫利玛窦而反对他的批评者的时候,金尼阁便求助于当时已经定形的一种神学传统。当时的神学家们确信犹太基督是绝对唯一的真宗教。因此,所有其他的宗教都必然是伪宗教,有碍于永恒得救。另一方面,同样这些神学家也承认自然法则的普遍性,承认它在得救结构中必不可少的作用。金尼阁正是求助于这种神学来捍卫利玛窦对待佛教和儒教的态度的。利玛窦批驳了佛教,因为它是一种伪宗教,使人背离得救的道路;同时他却赏识儒教的积极价值,但不把儒家看成是一种宗教而是一种建立在自然法则基础上的哲学。当金尼阁翻译利玛窦日记时,同一种逻辑仍在起作用。"①

这样一来,当我们考察金尼阁的译本与意大利原稿的关系时,单纯地从某些翻译词句的意思来看,的确可以发现两者之间存在着某种差异、不确切甚至难以自圆其说的地方。但倘若考虑到金尼阁是为了回应当时诽谤者的责难,使耶稣会士新的传教方法在整体上寻找到一种神学传统的依据,并参照发展的形势对过去利玛窦大胆的传教实践,从理论上进行适当的调整和修正,那么在我看来,金尼阁译文中某些与意大利原稿不尽相同之处,如热衷于对中国人迷信陋习的揭露和对中国传统道德的宽容,将中国礼仪区分为"政治礼仪"与"宗教礼仪",等等。非但不能视为歪曲了利玛窦的思想;相反,应看做是在新形势下继承、维护和发展利玛窦思想的反映。② 正如美国学者孟德卫所指出的:"《基督教远征中国史》(今译《利玛窦中国札记》),是第一部将利玛窦的适应性策略介绍给广大欧洲读者的著作。它是两个从未见过面的合作

---

① 史若瑟(施省三):《1978年法文版序言》,载何高济等译:《利玛窦中国札记》下册附录。

② 有关金尼阁译文与利玛窦原稿的关系,是一个需仔细对勘、比较与缜密论证的问题,囿于个人的学力和论著的篇幅,在此只能大体上作些有限的归纳,较详细的介绍,请参见史若瑟:《1978年法文版序言》,载何高济等译:《利玛窦中国札记》下册,第 659—659 页;裴化行著,管震湖译:《利玛窦评传》下册,第 433 页;邓恩著,余三乐等译:《从利玛窦到汤若望》,第 159—160 页。

者——利玛窦和比利时人、耶稣会士金尼阁——的成果……利玛窦与金尼阁各自的贡献显然不可分离和紧密配合的。"①

然而,当金尼阁满载着精神的和物质的丰硕果实于1619年(万历四十七年)7月返回澳门时,却正值国内由沈㴶挑起的教难尚未平息,他不得不和其他传教士乔装改扮,分批潜入中国内地。1621年(天启元年)5月他到达南昌,次年抵杭州,此后在河南、山西和陕西传教。终因其文笔优雅、好学不倦,传教团长上将他调往杭州,"俾其有暇编撰书籍"。于是,无论是传教、著书,还是参加宗教辩论,金尼阁的勤奋和执着的精神,在他再次进入中国内地直至病逝的七年间,皆达到了"非言语笔墨所能形容"的地步。

金尼阁对利玛窦策略的坚定信念,决定了他在1628年(崇祯元年)嘉定会议上的表现。先是金尼阁远赴广州,引导藏匿多日的新任中国教区视察员班安德(Palmeiro),至嘉定主持会议。继而,"尼阁在会议中,曾辩护利玛窦神甫采用礼仪之是,而驳龙华民神甫立说之非"。②"金尼阁是精通中国经书的,曾经到过罗马,他主张用'上帝',因为这名词依经书的解说是指天地万物的主宰。金公保护己说,非常竭力,因劳而得病,发大寒热;于是年十一月十四日在杭州去世"。③ 终年五十二岁。此前,同时参加嘉定会议的郭居静曾经预言:"金尼阁对天主教术语中所争论问题的强烈关注,会杀了他自己。"④可见这种以健康乃至生命为代价的忠诚和执着,乃是利玛窦精神在新形势下的升华。

至于金尼阁"好学不倦,虽疾病而不辍"的勤奋,⑤使他在中西文化交流中留下了一批颇具历史价值的著作。值得注意的是,这些已刊或未刊的著作,大多跟利玛窦有关。就其刊刻的中文著作,影响深远的乃

---

① Mungello:*Curious Land:Jesuit accommodation and the origins of Sinology*,pp. 46—47.
② 费赖之著,冯承钧译:《在华耶稣会士列传及书目》上册,第121页。
③ 徐宗泽:《中国天主教传教史概论》,第327—328页。
④ 邓恩著,余三乐等译:《从利玛窦到汤若望》,第196页。
⑤ 费赖之著,冯承钧译:《在华耶稣会士列传及书目》上册,第121页。

第一章 中国传教团继任监督的确立与耶稣会内部的论争

是《西儒耳目资》和《况义》二书。《西儒耳目资》,"大体说来是以拉丁字母,采用当时的官话配合洪武正韵编成,是综合中西方法,以研究中国文字的书"。① 金尼阁在自序中曾道及编书的旨意,在"述而不作"。他说:"敝会利西泰(玛窦),郭仰凤(居静),庞顺阳(迪我)实始之,愚窃比于我老朋而已。"②据中国学者的研究,一方面,"金尼阁这部书,是遵守他同会利西泰、郭仰凤、庞顺阳等草创的规模……所以书中关于'声'、'韵'、'调'的分类,有十分之八跟利玛窦相同"。③ 另一方面,"金尼阁神父,经过我国学者的指示,依据我国音韵学上的原理,把利玛窦的拉丁字拼音方案加以修改、扩充,并通过整齐划一的工作,而用五个月的工夫,撰成的拉丁注音专书;自然比利玛窦的注音方案更系统化"。因此,"利玛窦和金尼阁的中文拉丁注音,为外国人学习官话,提供很大的贡献;在我国拼音字母运动史上,有很大的影响;在科学化研讨中国语文、中国方言和中国音韵学上,也奠定了新基础。利玛窦和金尼阁在音韵学史上,完成的中文拉丁注音的努力和沟通中西文化交流的劳苦,是值得钦佩和称扬的"。④ 中国著名语言学家罗常培总结道:"(应用利玛窦和金尼阁)这个拼音系统的方法,就可以'不期反而反,不期切而切。第举二十五字,才一因重摩荡,而中国文字之源,毕尽于此'。比起中国用汉字所作的'反切'和缴绕纠缠的等韵'门'法,自然进步得多了。三百年以前的外国传教士……应用拉丁字拼音,学习汉语汉字的进度和成就,是不可磨灭的显著事实。"⑤

《况义》一书,乃古希腊伊索寓言的选译本。伊索为"上古明士,不幸本国被伐,身为俘虏",鬻于著名哲学家藏德氏(Xanthos)为奴,后以巧慧善辩为主人开释。其寓言故事虽出于虚构,但因针砭世事迁善远

---

① 张奉箴:《利玛窦和金尼阁的中文拉丁注音》,载台湾《纪念利玛窦来华四百周年中西文化交流国际学术会议论文集》,第91页。
② 引自罗常培:《耶稣会士在音韵学上的贡献》,载《"中央研究院"历史语言研究所集刊》,第一本第三分册。
③ 同上。
④ 张奉箴:《利玛窦和金尼阁的中文拉丁注音》,载台湾《纪念利玛窦来华四百周年中西文化交流国际学术会议论文集》,辅仁大学出版社1983年版,第90—91,94页。
⑤ 引自上书,第94页。

罪的道德训诫,跟来华耶稣会士的适应策略颇相契合,故传教士多携此书作为随身读物,明末更有五位著名耶稣会士(利玛窦、庞迪我、金尼阁、高一志、艾儒略)引述过书中内容。然而,用中文介绍伊索其人及翻译其著作者,则首见于利氏《畸人十篇》。①

《畸人十篇》为阐述"一种以对死亡的反复沉思作为维持人生的正当秩序的方法",而在《常念死后备死后审》篇中引用伊索《肚胀的狐狸》寓言,《善恶之报在身之后》篇引述了伊索《狮子和狐狸》故事,而《君子希言而欲无言》篇则引证伊索有关舌头善恶美丑的辩论,②凡此三则寓言,虽指出"惧死则愿生"虽人之常情,但当"逐造物所赋原旨",遵从礼教,警省自淑,从对死亡的沉思中维系人间正当的秩序。

由庞迪我所著,意在张扬天主教"七德"克服人生"罪宗七端"(如骄傲、悭吝、迷色忿怒嫉妒等)的《七克》一书,引述了更多的伊索寓言为书中主旨立论。如《伏傲篇》引用了伊索寓言《乌鸦和狐狸》《树木与橄榄树》,又如《熄忿篇》利用了《兔子和青蛙》,再如《平妒篇》引证了《狮子、狼和狐》《胃和脚》等寓言。③

然而,总的来说,利玛窦、庞迪我"翻译介绍的都不过是零星的。这样直到明天启五年(1625年),由法国(应为比利时)的耶稣会士金尼阁口授,中国天主教士张赓笔传的《况义》一书出现,才专门翻译介绍了更多的伊索寓言和类似的寓言,其中正文共二十二则,再加上第二手抄本后面附的十六则寓言,共达三十八则之多。这在我国早期翻译介绍伊索寓言的历史上,可说是重要的一页"。④ 从《况义》的跋中获知,其书大旨在借"比喻"的寓言"多方诱劝","能使读之者近善远罪,而不自知";"虽偶比一事,触一物,皆可得悟"。于是,张赓"取西海金公口授之旨,而讽切之,须直指其意义所在,多方开陈之,颜之日况义"。如此,既

---

① 利玛窦:《畸人十篇》,载李之藻编辑:《天学初函》第一册;戈宝权著:《中外文学因缘——戈宝权比较文学论文集》,北京出版社1992年版,第382—387页。
② 利玛窦:《畸人十篇》,载李之藻编辑:《天学初函》第一册;戈宝权著:《中外文学因缘——戈宝权比较文学论文集》,北京出版社1992年版,第382—387页。
③ 《中外文学因缘——戈宝权比较文学论文集》,第391—401页。
④ 同上书,第401页。

不失伊索针砭世事的原意,亦承继利玛窦《畸人十篇》引述寓言揄扬道德的初衷,而更凸显金尼阁丰富的人生阅历和感悟。

《况义》在每则寓言之后,均设有发表评论的"义曰"一项。综合正文收录的共二十二则寓言的"又曰",便大致可展现金尼阁对世事的感怀和讽切。其一,对治国理念及其统治秩序的规范,金尼阁认为,"天下一体,君元首,臣为腹,其五司四肢皆民也。"彼此须"相养相安,物各相酬,不则两伤,无臣之国,无腹之体而已"。从此出发,就统治者而言,"治之以刑,无如用德";"民疾剥肤久矣……食而不厌(诛求无度),可若何","善治"者须知欲速则不达("进锐偏得退,欲速偏得迟"),"御下者,不可使人有所托"("先窃附其[王者]背而上")。从臣下而论,"等是公家之臣",与主上亲疏远近却各有名分,不可存"以俳优容悦"之妄想。又"主命所加于尔,尔安承之;尔必以诈脱,主还将尔诈绳尔。"为臣下者,"欲成乃公事,怨独任之,谤共分之",故成事甚难。其二,宣扬清净贞正的功德,鞭笞逐欲、谗人和面谀等丑行。金尼阁指出,与"世人之所喜爱厚密"的货财金宝、妻子亲朋相比较,"惟此功德,永守尔神,祈天保佑"。而功德之中,"惟清净贞正以自虞哉,长不栗而不悲"。于是,持此警示世人"其欲逐逐,丧所怀来",得不偿失;"谗人之言,甫脱于口,剥肤之惨,旋罗躬,可畏哉";"人面谀己,必有以也,匪受其谀,实受其愚"。其三,发挥人生的哲理和感悟。如种圃者因违拗天时惭悔而醒悟,"乃向帝天吁曰:下民其蛊,安用我私,请自今一意受命矣"。从此得出"独从私意者,自绝于天。凡盈虚损益,顺之勿疑"的结论。又如"人心百千万异,必欲人人称美,则当合百千万异,得不成一怪。"再如"有生者,夫各有所制矣,毋自戚也。虽然,不忧不惧,岂为能制人。"①

凡此种种,无论是政治秩序的规范、真正道德的宣扬,还是人生哲理的感悟,跟《畸人十篇》《七克》为彰显天主教的死候教义与道德规戒,而对伊索寓言的利用相比较,《况义》具有更加浓郁的儒家思想色彩、用世精神以及中西合璧相互渗透的特征。于此,可概见金尼阁深厚

---

① 以上引文均见《中外文学因缘——戈宝权比较文学论文集》,第408—418页。

的中西学底蕴,及其继承和发展利玛窦思想的良苦用心与卓越成就。

金尼阁的西文著作,既有名闻遐迩的《利玛窦中国札记》,还有卷帙浩繁的《中国年鉴》四卷和《中国五经》译作一卷。前者是来华耶稣会士首次撰写的上自远古下迄纪元后二百年的中国编年史,虽然据说仅第一卷刊行并携往欧洲,其余三卷不知去向,但它给稍后卫匡国和清代法国传教士的著述以深远的影响。后者系儒家五经(诗、书、礼、易、春秋)的译注本,"利玛窦前有《四书》译注本,尼阁又取《五经》译为拉丁文,附以注解。"①以后耶稣会士续有四书五经的新译本问世,而寻根溯源利、金二人功不可没。除此之外,金尼阁计划"续撰或改订其《基督教远征中国史》","拟将利玛窦神甫卒后之事增入"。② 又发宏愿,"作诸国山川经纬度数图十卷,风俗政教武卫物产技艺又十卷",③以及"一部有关中国人的风俗习惯的记述","一部拉丁文的中国伦理典范"。其意图在,"让人们看到他们(指中国人)是如此善于辩论道德问题,从而可以了解这个民族的精神是多么适宜于接受基督教的信仰"。④ 尽管这些阐扬中国伦理道德和记述地理物产的写作计划,因其过早去世而未能实现,但金尼阁不懈地寻求中国民族精神与基督教契合的努力,仍给后人以启迪。

总而言之,自利玛窦病逝前对继任者的考察和选择,病逝后中国传教团内外兴起的清算适应策略的浪潮,以及围绕着中国"天"、"上帝"的信仰,而在组织和思想上展开的长达二十余年的论争,直至金尼阁等传教士奋力维护适应策略的非凡贡献,透过这耶稣会士内部出现的趋同与辨异的斗争过程,似可总结一些带规律性的认识。

例如,来华传教士为适应中国传统文化和风俗,如同利玛窦一样,其思想和感情上都有一个逐步转化与改造的过程。然而,在基督教世

---

① 费赖之著,冯承钧译:《在华耶稣会士列传及书目》上册,第124页。
② 同上书,第125页。
③ 李之藻:《刻职方外纪序》,载徐宗泽编著:《明清间耶稣会士译著提要》,第315页。
④ 《金尼阁致读者》,载何高济等译:《利玛窦中国札记》上册,第42页。

界大环境制约下,这种改造和进步容易出现反复,而经常处于矛盾的状态。

又如,由利玛窦确立的适应策略,乃来华耶稣会士共同的心血的结晶,但它不能一劳永逸和停滞不前,亟须在新形势下不断深化。那些先前处于矛盾与徘徊状态的传教士,往往能从自己所犯错误中汲取教训,替适应策略的延续作出过不同程度的努力。而来华的第二代耶稣会士群体,则从继承良好的思想传统出发,为适应策略新的开拓和传教局面的相对稳定,作出了令人瞩目的成绩。事实表明,这二者的结合,便是利氏身后适应策略得以继续发展的保障。

鉴于这些认识,已在前面篇章中多有论述,毋须赘言。在这里,拟以金尼阁的传教行迹为例,就坚持适应策略的传教士与他在文化交流中的成就之间,存在着某种内在的必然的联系进一步作些归纳。金尼阁出使欧洲,从组织、礼仪、资金和人员方面获得的优厚条件,他"劝说罗马相信在中国发生的事件的意义和利玛窦传播福音方法的充足理由"[1]所取得的成效(龙华民主张最终被否决,原因之一在"耶稣会视察员与耶稣会总长不接受"这种看法[2]),以及他在理论和实践上坚定地回击同会人士的非议,尤其是嘉定会议上对利玛窦思想的坚贞信守,凡此一切既为中国传教事业,亦为他个人施展才干,争取到较为宽松的环境和发展的空间。于是,金尼阁以非凡的热情与毅力,为中国征募和携来数千卷欧洲图书与科学仪器;他在翻译《利玛窦中国札记》和编辑《西儒耳目资》中,充分显示了优秀的语言天赋;他向欧洲介绍中国哲学、伦理和历史的贡献,使他成为欧洲早期汉学的奠基人之一。诸如此类无不表明,在上述两个方面金尼阁均堪称典范,在他身上和谐地体现了两者之间的密切联系。

---

[1] 安田朴著,耿昇译:《中国文化西传欧洲史》,第254页。
[2] 罗光:《教廷与中国使节史》,第81页。

第二章 佛教、基督教之争与"南京教案"的缘起、衍变及其影响

明季来华耶稣会士内部,就"天"、"上帝"的称谓展开趋同与辨异论争的同时,在明朝庙堂之上,则公开爆发了由沈㴶挑起的绵延数年之久的"南京教案",以及稍后经徐光启主持编纂《崇祯历书》而引发的不同的政治趋向,从而尖锐地再现了上述趋同与辨异的矛盾和斗争。在本章中,拟着重探讨"南京教案"的缘起、经过、性质和影响。有关《崇祯历书》的修订过程,将于下一章详加评述。

持续达数年之久的"南京教案",最初是明万历四十四年(1616年)五月,南京礼部右侍郎沈㴶呈上《参远夷疏》,指控外国传教士潜居南北两京各地,鼓吹异说诱惑民众,变乱祖宗纲纪,请予追究查处,随即在朝廷官员支持下,通令全国禁教。居留南京和北京的耶稣会士王丰肃(Alponse Vagnoni)、谢务禄(Alvare Semedo)、庞迪我(Didace de Pantoja)、熊三拔(Sabbathin de Ursis),被逮捕拷问递解出境,诛连教徒二十余人,惨遭酷刑迫害,南京教堂亦被拆毁变卖。至万历四十五年(1617年)十二月,教难暂告一段落。天启二年(1622年),以沈㴶为后台的南京官员又起波澜,借口基督教徒乃叛乱的白莲教同党,刑讯教徒三十余人,恐怖气氛再次弥漫南京城。直到当年七月,时任内阁大学士的沈㴶去职,南京教难方告平息。经此摧折,"西士在中国者俱惴惴自危,而各地教务亦为之衰落不振"。[1]

表面上,这种以不由分说的控告、逮捕和驱逐为特征的镇压举措,可归纳为"晚明反抗天主教之政治运动"。[2] 然而,就其全过程考量,却

---

[1] 张维华:《南京教案始末》,载张维华:《晚学斋论文集》,齐鲁书社1986年版,第504页。
[2] 张维华:《晚学斋论文集》,第493页。

似乎在这政治迫害运动的背后,蕴涵着更深层的思想文化冲突。它实际上是在基督教世界保守倾向和明末党争日趋浓烈的背景下,佛教僧俗势力依托于维护儒家传统的守旧派,同带来异质文化与扩张理念的传教士以及主张变革的皈依士大夫之间的一次较量。这场力量悬殊的对抗,既反映了"正统的书院式的反对(应理解为守旧)派对革新运动的第一次大规模的报复",①同时也是"早期中西文化冲突的一次政治解决"。②

鉴于此次冲突涉及面相当广泛,可从不同的侧面进行评论。而为凸显我们认定的此次思想文化冲突的性质,故在这里将考察的重点集中于明季基督教与佛教势力的消长,袾宏《天说》四篇同"利先生"覆函的旧案,沈㴶与佛教的渊源及其持有的儒家守旧派的立场,徐光启于危难中通过《辨学章疏》所表达的改革诉求和凛然正气,试图从一个新的角度来评估这影响深远的"南京教案"。

第一节 佛教与基督教的对立及彼此势力的消长

明代的佛教,从丛林本身的衍变来看,如对出世教理的"神圣化"阐释,司法僧人的传灯和宗派嬗递,遵守教内清规约束等方面,无疑已处于中国佛教的衰颓期。然而,值得注意的是,佛教的世俗化至明末正方兴未艾,佛教信仰与民众生活已密接在一起。明末谢肇淛记曰:"今之释教殆遍天下,琳宇梵宫盛于黉舍,嗏诵咒呗嚣于弦歌。上自王公贵人,下至妇人女子,每谈禅拜佛,无不潇然色喜者。"③此即为当时情景的写照。诸如"观音信仰,念佛会、放生会、受戒会乃至素食等的实践,使整个佛教深深扎根于民众之中"。④

---

① 邓恩著,余三乐等译:《从利玛窦到汤若望》,第114页。
② 樊洪业:《耶稣会士与中国科学》,中国人民大学出版社1992年版,第36页。
③ 谢肇淛:《五杂俎》卷之八,人部四。
④ 镰田茂雄著,关世谦译:《中国佛教史》,台湾新文丰出版公司1982年版,第241页。

与此相联系,"自万历起,因'四大高僧'的积极推动,佛教复呈回光返照之象。"①所谓"四大高僧",指的是云楼袾宏(1535—1615,嘉靖十四年至万历四十三年)、紫柏真可(1543—1603,嘉靖二十二年至万历三十一年)、憨山德清(1546—1623,嘉靖二十五年至天启三年)、藕益智旭(1599—1655,明万历二十七年至清顺治十二年)。在这里,拟结合袾宏的生卒及其抱负,探究他积极推动的"中兴事业"的内容。

袾宏,字佛慧,别号莲池,俗姓沈,浙江仁和(今杭州)人。"年十七,补邑庠,试屡冠诸生。"兹因数年间妻、子、父、母相继病故,尘世俱念皆灰,便于三十二岁时(嘉靖四十五年,1566年)剃度出家为僧。"单瓢只杖游诸方,徧参知识。"北上五台,入京师,过东昌,至金陵,终归越中。随着袾宏的声名鹊起,他结庵于杭州五云山云楼的禅堂,即"为海内衲子归心遂成丛林"名刹。

袾宏之所以声望日隆,跟他对丛林败象的认识及其改革主张有着密切的联系,这主要表现在三个方面。第一,"悲末法教纲灭裂,禅道不明",毅然以"振颓纲"整顿佛门为己任,"以精严律制为第一行"。首先,袾宏善自警省,带头垂范。弟子记曰:"师尚真实而黜虚浮,敦俭朴而薄华靡,崇戒德而励精修。实践躬行,则八十年来俨然一日。"其次,针对四方蜂拥而至云楼住地求法之衲子,详订《云楼共住规约》。"举功过,行赏罚,以进退人。凛若冰霜,威如斧钺……虽非尽百丈规绳,而适时救弊,古今丛林未有如今日之清肃者。"②

第二,极力倡导符合时代精神的"融通"思想,教内主张禅净双修,教外附会三教同源,但要求保持佛教及其净土宗的特殊地位。鉴于当时"禅、教二宗尚多流弊",袾宏"以为欲挽颓波,必须方便。因阐净土之一门,用作狂澜之砥柱。疏钞弥陀一经,而性、相双融,事、理无碍。俾贤知者不沉溺于偏空,而中下之流咸知向往。"这种在佛教"方便"民众

---

① 赖永海主编:《中国佛教百科全书》,《历史卷》,上海古籍出版社2000年版,第355—356页。

② 袾宏:《云楼法汇》第三十二册,《云楼共住规约》;第三十四册,德清:《右杭云楼莲池大师塔铭》;广润:《云楼本师行略》。光绪二十四、五年(1898—1899)金陵刻经处版。

第二章 佛教、基督教之争与"南京教案"的缘起、衍变及其影响 133

即世俗化过程中,实践"性相双融",将参禅明悟"理性"同念佛执着"事相"的两大宗派(禅、净土)摄合起来,以适应不同阶层的需要。"果然数十年中,海内向风,其间得念佛三昧者不知其几。"①

与此同时,在佛教和其他传统思想的关系上,一方面,袾宏赞同儒释相资、三教一家的融通趋势。他认为,"覈实而论,则儒与佛,不相病而相资。"佛能"阴助王化之所不及",儒则"显助佛法之所不及",因此,"不当两相非,而当交相赞"。② 他又借图寓意,指出儒释道"相看相聚还相恋……想是同根生,血脉原无间",是知"同归一理,所以为三教一家。"③另一方面袾宏似乎并不满足于长期以来佛教对儒家的从属关系,多少有利用佛教世俗化及其改革的初步成绩,以抬高佛教社会地位的意图。如说:"然则读儒书足了生死,何以佛为?……仲尼主世间法,释迦主出世间法也。"④又称:"三教则诚一家矣。一家之中,宁无长幼尊卑亲疏耶?佛明空劫以前,最长也,而儒道言其近;佛者天中天、圣中圣,最尊,而儒道位在凡;佛证一切众生本来自己,最亲也,而儒道事乎外。是知理无二致,而深浅历然。"⑤再谓:"解佛经者,多引用六经诸子……然借其语,不用其意,深造当自得之。"而"佛经皆孔孟所不及道。"⑥对于如此几近分庭抗礼的"轩佛以轻儒"的言论,引起东林学派领袖人物高攀龙的愤怒和忧虑。于是,他针对上述袾宏所论内容,以"异端辨"为题严加批驳。

高攀龙指斥道:"自有开辟以来,圣帝明王相继为治,地平天成民安物阜,不闻有所谓佛也,不待有所谓佛也。圣人之道不明不行,而后二氏乘隙而惑人。昔之惑人也,立于吾道之外,以似是而乱真;今之惑人也,据于吾道之中,以真非而灭是。昔之为佛氏者,尚援儒以重佛;今之

---

① 袾宏:《云棲法汇》第三十四册,广润:《云棲本师行略》。
② 同上书,第二十五册,《竹窗二笔》,《儒佛交非》。
③ 同上书,第二十七册,《正讹集》,《三教一家》;第二十九册,《山房杂录》,卷二,《题三教图》。
④ 同上书,第二十四册,《竹窗随笔》,《寂感》。
⑤ 同上书,第二十七册,《正讹集》,《三教一家》。
⑥ 同上书,第二十七册,《正讹集》,《佛法本出老庄》,《佛书多出才人所作》。

为儒者,且轩佛以轻儒。其始为三教之说,以为与吾道列而为三幸矣。其后为一家之说,以为与吾道混为一幸矣。今且摈之为凡,摈之为外,而幼之而卑小而疏之。然则天下孰肯舍圣人而甘为凡夫,舍尊长而甘为卑小,舍亲而就其疏也。呜呼,用彝变夏至此极矣。斯言不出于夷狄而出于中国,不出于释氏之徒而出于圣人之徒(指先为儒学诸生后依佛门的袾宏),是可忍也,孰不可忍也。"[1]透过高攀龙此番愤懑而无奈的叙述,既可窥见佛氏兴隆及三教合流的历史轨迹,亦可洞悉明末佛教的回光返照,多得力于袾宏一类出身儒士"叛入异教",为"轩佛以轻儒"而奔走呼号者。从中折射出儒家的分化和危机。

第三,结交朝中权贵、地方官绅,笼络民间士子,借以获取官府庇佑与士林拥护。史载,袾宏"道风日播,海内贤豪,无论朝野,靡不归心。闻名而感化者,若大司马宋公应昌,太宰陆公光祖,宫谕张公元忭,大司成冯公梦祯、陶公望龄,并一时诸缙绅先生,次第及门问道者以百计。""监司守相,下车就语……皆忘形屈势",移樽就教。"以故天下名公巨卿,长者居士,洎诸善信,无论百千万人",均"倾心事师"。[2] 甚至向佛弥笃恭称为"九莲菩萨"的万历皇帝的母亲慈圣皇太后,亦因嘉叹袾宏的文章,"遣内侍斋紫袈裟斋次往供,问法要"。凡此表明,袾宏与此同时的其他高僧紫柏真可、憨山德清一样,无不将获取当朝权要贵势的垂青和扶持,作为自己立足丛林出人头地的肯綮。不过,袾宏运筹的手段较之同辈更为精明,既赢得权贵青睐又不介入其中争斗,因而避免了如真可、德清卷入皇太后与皇帝的矛盾及继立皇太子的漩涡,而被拷掠至死或流戍放逐的命运。[3] 其弟子记曰:"隆(庆)万(历)以来,法门之以事波及者(如真可、德清相继获谴),亦往往闻之。独此地(云栖)青山白云,依然无恙。而流风余韵,(袾宏)身后犹存。"[4]足见袾宏处世的圆滑老练。

---

① 高攀龙:《高子遗书》卷三,《异端辨》。
② 《云栖法汇》第三十四册,德清:《古杭云栖莲池大师塔铭》;广润:《云栖本师行略》。
③ 沈德符:《万历野获编》卷二七,《紫柏祸本》、《憨山之谴》。
④ 《云栖法汇》第三十四册,广润:《云栖本师行略》。

第二章　佛教、基督教之争与"南京教案"的缘起、衍变及其影响

正当万历年间佛教世俗化日渐深入和丛林改革初见成效,袾宏之流"抑儒扬释"为争短长跃跃欲试的时候,佛教僧俗势力却遇到了新近进入中国并迅速跻身于主流社会的西方传教士的挑战和排挤。

原来西方传教士对于佛教的态度,有一个变化的过程。最初耶稣会士罗明坚等人来到广东肇庆,当"神父们声明愿作中国皇帝的顺民"后,两广总督便"把北京和尚的服装赐给他们",希望这些来自西方的"番僧",换上与其信仰相似的中国和尚的服饰。① 罗明坚随即向教会长上报告,准备改穿僧衣,"不久我们将化为中国人'以便为基督能赚得中国人'。"② 西方传教士在入华之初就欣然改换中国和尚的装束,并自称"西僧"或"天竺国僧",实有依傍佛教在中国的根基以培植基督教势力的意图。与此同时,传教士却对中国主流社会的儒家学说,持强烈批评的立场。他们在著作中宣称,孔子和儒家未能提及万能的上帝与来世,又强调崇拜祖先,故"他很难、甚至绝对不能免于偶像崇拜的罪行"。③

随着时间的推移,传教士不仅耳闻目睹和尚社会地位的卑贱及其道德的败坏,而且亲身感受到这种卑贱地位所带来的屈辱。如利玛窦所说,和尚是"全国最低贱和最被轻视的阶层","虽然这个阶级不结婚,但是他们放纵情欲,以致只有最严厉的惩罚才能防止他们的淫乱生活。"④ 受此卑微地位和坏名声拖累,留居肇庆被称为"西僧"的传教士,"在官员面前他绝对不许坐下,整个晋见时间他必须跪着……他们的寓所被看作和尚庙,人人都可以随便进去,官吏可以在里面设宴款待不受欢迎的宾客,时间长达四五个小时。"⑤ 更为重要的是,在"中国的耶稣会士们穿着僧服"的时期,"他们仅仅是很少或根本不注重推动基督教的进展"。⑥

---

① 达基·宛杜里编,罗渔泽:《利玛窦书信集》上册,第 40 页,下册,第 451 页,台湾光启出版社、辅仁大学出版社 1986 年版。
② 同上。
③ 裴化行著,管震湖译:《利玛窦评传》上册,第 142—143 页。
④ 何高济等译:《利玛窦中国札记》上册,第 108 页。
⑤ 裴化行著,管震湖译:《利玛窦评传》上册。第 120—121 页。
⑥ 何高济等译:《利玛窦中国札记》下册附录,第 660 页。

直至1595年(明万历二十三年)利玛窦在韶州接受中国士人瞿太素的建议,放弃僧装改"服儒服","乃辨非僧,然后蓄发称儒",①传教事业才有了根本上的改观。自离开广东进入江西以后,传教士便彻底"摆脱讨厌的和尚称号",利玛窦更以"神学家与儒者"身份,出入文人学士的场合,自由同官吏显贵们交往,迅速地跻身于中国的主流社会。② 正是改换儒服带来的社会地位变化的喜悦,以及同知识阶层密切交往的需要,迎来了传教政策的战略性转变。原先遭严厉批评的儒家学说,由于它是中国知识阶层安身立命的理论基础,加之利玛窦从其经典中发现如一位天主、灵魂不生不灭、天堂不朽等思想,同西方基督教义存在某种相吻合的地方,现实利益和思想共鸣,遂使寻求基督教义和儒家思想的一致性与互补性,成为利玛窦适应传教策略的基本特征。

这次战略性调整的另一个突出特点,即无论在礼拜仪式或教义内容都十分相似,③且已依傍十余年的盟友佛教,被耶稣会士推向势不两立的敌对地位,从此渐行渐远,成为口诛笔伐的主要对象。当利玛窦在江西初次身着儒服出现于社交场合,解释"为什么我们改装"的原因时宣称:"当我们第一次到肇庆时,不了解中国的风俗,穿上了僧侣所常穿的服饰,但我们的教义与规律正是与他们完全不同。"④稍后利玛窦于南昌写给兄弟安东的信中坦陈:"中国主要的宗教计有三个(指儒释道),每个又分许多宗派。这些偶像就好像希腊神话中的列尔乃亚湖中的毒龙伊特拉……因此我们需要有一位新的赫拉克烈斯用他的新铁链把这些毒龙杀死;他就是吾主耶稣基督,以其十字圣架击败邪神偶像。我有幸担任他的一个小小工具,希望能完成这一庞大的事业。"⑤由此可见,"不了解中国的风俗",即急于摆脱屈辱的社会边缘地位,不过是传教士决心同佛教划清界线的一个因素。而"以其十字圣架击败邪神

---

① 艾儒略:《大西利先生行迹》;李之藻:《读景教碑书后》。
② 《利玛窦中国札记》上册,第277页;《利玛窦书信集》上册,第202—203,218页。
③ 阿诺德·汤因比著,晏可佳等译:《一个历史学家的宗教观》,四川人民出版社1990年版,第101,173页。
④ 达基·宛杜里编,罗渔译:《利玛窦书信集》上册,第153页。
⑤ 同上书,第224—225页。

偶像",即基督教所固有的狭隘性及其不容异己的精神,则是促成这种战略转变的更为重要的因素。在难以撼动的居于社会指导思想的儒家学说面前,不得不采用适应策略就其权威为己所用;至于原处于附庸状态的释道二教,便改弦易辙,鸣鼓而攻之,与之公开争夺更大的活动空间和民众。

于是,伴随着传教活动向内地的渗透,及对佛教的鄙夷和敌对态度日益明朗化,基督教与佛教僧俗势力的龃龉和争斗亦逐渐展开。彼此间第一次富于哲理性的交锋,发生于利玛窦居留南京期间。经当地士大夫再三邀请,利玛窦与金陵大报恩寺的雪浪大师同时赴会。"雪浪名洪恩,初号三淮。本金陵名家子,弃俗为僧,敏慧能诗,博通梵夹,为讲师翘楚,貌亦颀伟,辩才无碍,多遊缙绅间",[①]名噪一时。利玛窦同这位深谙禅机博通梵典的佛门翘楚的辩论,是围绕着天地主宰者与一般凡人的关系,如何看待日月星宿的运动,以及人性善恶和来源等问题进行的。

在所谓"对天地的根本原则"问题上,三淮和尚首先发难,认为基督教信奉的天地的主宰者跟在座的众人没有什么两样,他并不是神或具有任何特别的尊严。利玛窦则列举一些显然是由天地的创造者所创造出来的事物予以反驳,论证天主是万物的创造者。由于双方各执一辞,争吵不休,与会者难以判定轩轾。在继续的辩论中,三淮和尚宣扬一种与"我思故我在"相似的观点,认为他所看到的太阳和月亮就是凭自己的意念创造出来的东西。利玛窦则大致遵循认识反映论的规则,指出人们看见太阳和月亮,就在自己的心里形成它的影像,当人们谈论它时便将贮存在记忆中的影像取出来,而人们心里形成的影像并不是实物本身。在座人士对利氏这种解释较之那位爱争辩的名僧似乎更为满意。最后,在有关人性善恶的讨论中,利玛窦坚持天地之神是无限的善,人性来自上天也必然性善的看法。对此三淮和尚实难应付,只得讲述佛经故事诵念中国成语搪塞了事。

[①] 沈德符:《万历野获编》卷二七,《雪浪被逐》。

这场天主教士与佛教僧侣的较量,尽管三淮和尚一付目空一切、傲慢和不屑于辩论的作派,但处于衰颓中的佛教那种缺乏思辨和逻辑亦不求甚解的弊病,由此初露端倪。当利玛窦以西方人擅长的逻辑法则、哲学修养(区别本质与偶然、自然的善与道德的善等哲学范畴)和认识反映论来抨击佛教时,可谓得心应手、头头是道。而在答辩天地主宰与一般凡人究竟有何不同时,他却很难以简明易懂的道理说出足以令人信服的缘由。因此,这场辩论互有胜负,总的来看利玛窦占据上风。与会者"终于得出结论:他们原先以为是蛮夷之道的,实际上并不如他们所想象的那么野蛮。利玛窦神父自己则感谢上帝终于在中华帝国为基督之道奠定了基础"。①

自从南京聚会显露峥嵘,利玛窦遂将佛教这个"偶像崇拜者的教派",作为终生"特别反对"的目标。这种意图通过稍后在北京出版的重要宣教著作《天主实义》,得到集中的体现。书中开宗明义,指出佛道"二氏之谓,曰无曰空,于天主理大相刺谬,甚不可崇,尚明矣"。接着,利玛窦从五个方面论证佛说及其偶像崇拜的荒诞不经。(一)释佛空无之说,不能成为万物实有的本原。(二)释佛的教义多窃闻或源于西方天主之教,以传己私妄邪意。(三)所谓轮回、戒杀生之说,既伤情害理,又无补于惩恶扬善。(四)指责佛神诸像乃邪魔潜附,乘人祈福心理以侵迷诳诱。(五)历数释佛所论人道阙失拂理之处。在进行上述指摘后,利玛窦总结道:"圣也,佛也,仙也,均由人生,不可谓无始元者也;不为始元,则不为真主,何能辄立世诫?夫知有归元,则人道已定,舍事天又何学焉!"②据此,利玛窦欲将基督教凌驾于佛道二教乃至儒家学说之上,并取而代之的意图已昭然若揭。

利玛窦颇具挑衅性的表白及其对佛教的攻击,引起知识阶层的普遍关注和猜疑,更激起佛教僧俗人士的仇视与拒斥。如"四大僧人"之一的紫柏真可和尚(字达观),自恃有宫廷的庇护,倨傲地派人告知已定

---

① 何高济等译:《利玛窦中国札记》下册,第364—369页。
② 利玛窦:《天主实义》,载李之藻编:《天学初函》第一册;参见拙著:《明清之际中西文化交流史——明代:调适与会通》(增订本),第343—345页。

居北京的利玛窦,令其"去拜访他(指达观)并屈膝参见"。而"雅好禅学,多方外交",时掌翰林院司经局的著名学者黄辉,因"受到偶像崇拜者所谈的有关来世的寓言的引诱",遂与他人合作,摘录《天主实义》等书言论详加批注,揭露基督教义亵渎神灵的实质,"准备由翰林院公布出版"。① 另一明末"高僧"憨山德清和尚,卷入皇室纠葛而获罪。在发配广东寓居韶州南华寺期间,"追随他的教义的人与日俱增"。因为忧虑当地基督教团体在耶稣会士龙华民主持下不断扩大,可能导致"有一天偶像崇拜的活动会动摇和垮台","所以他决定运用他的权威阻止这一个咄咄逼人的危险"。在会见龙华民神父时,声称"神父们著作中对他的伪神(传教士的贬辞)所写的猛烈抨击使他难以忍受,他威胁着要进行报复"。于是,他"全力从事广聚门徒,修建寺院以及支援寺中的和尚",伺机而动。②

在咄咄逼人的基督教扩张面前,上述驰名的佛教僧俗人士作出的反应,无论是展开哲理上的辩论,或倨傲地对待传教士的访问,还是酝酿广招门徒、出书批驳乃至动用权势加以遏制,均因种种缘故未能收到显著成效。不过,如此动员和汇聚力量的举措,为稍后浙杭地区佛教势力的大张挞伐传教士,作了必要的准备和铺垫。

奋然在浙杭这佛教重镇举起反击大纛的,是当地士绅名流且以崇佛著称的退休官员虞淳熙。虞淳熙,字长孺,号德园,浙江钱塘(今杭州)人,万历十一年(1583年)进士,官至吏部稽勋司员外郎,以"安贫好学"为吏部尚书孙鑨所赏识。万历二十一年(1593年),在对京官大规模考察中,因主持其事的东林巨擘孙鑨、赵南星、顾宪成等人锐意澄清吏治,得罪诸权要,权要遂使人"拾遗论劾",迁怒于吏部属员虞淳熙。虞淳熙被无端削职为民,但在清流士绅中颇具声望。③ 还家之后,虞淳熙归隐山中不问政事,"惟适栖寂,课玄六,时不辍……而宏护净业(佛

---

① 《利玛窦中国札记》下册,第434—438页;《明史》卷二八八,黄辉传;《利玛窦书信集》下册,第369页。
② 何高济等译:《利玛窦中国札记》下册,第499—500页。
③ 《明史》卷二二四,孙鑨传;卷二三一,顾宪成传。

门),所在经筵法席,以身为导"。如此一位"以儒为行,以玄为功,以禅为归"的三教"畸人",①遂成为东南地区佛门的领袖。史载,"竺乾一时尊夙,尽在东南。""莲池(袾宏)弃儒归释,德园(虞淳熙)潜心梵典,皆为东南学佛者所宗。"②

1608年(万历三十六年)3月8日,利玛窦在写给罗马耶稣会总会长的信中说:"浙江省佛、道都很兴盛。有一位学者曾多年在北京朝廷中担任要职,目前返回故里,大力推动佛教,看了我的《畸人十篇》,给我写了一封长信,盛赞内容丰富,有益人生,但请我不要反对佛说,很客气的劝我,否则将有祸患产生。为回答他,我写了一封信,告诉他有关我们的立场,对上主的依持与对真理的执着。"③此处提及的虞、利往返信件,即《虞德园铨部与利西泰先生书》和《利先生覆虞铨部书》。至于受到虞淳熙称赞的《畸人十篇》,乃利玛窦为挽回《天主实义》出版带来的消极影响,通过撰述而采取的补救措施之一。该书以对死亡的反复沉思及其道德训诫为特征,颇受士大夫欢迎。

在《虞德园铨部与利西泰先生书》中,虞淳熙声称:"不佞生三岁许时,便知有三圣人之教,声和影随,至今坐鼎足上不得下。"正是从此儒释道"三教合一"的立场出发,虞氏率先指出,利玛窦虽"渺小释迦"攻讦佛学,实则"未缮其书,未了其义",是"不全窥其秘,而辄施攻具"。于是,劝谕利玛窦须遍阅佛藏,至少选读入门之书,探微稽实之后,再兴师问罪不迟。否则,即如今日的反佛言论,"仅出谀闻,资彼匿笑,一何为计之疎也!"讥诮之意跃然纸上。其次,虞氏缕述"象山(陆九渊)阳明(王守仁),传灯宗门,列俎孔庙,其书近理";"太祖文皇,并崇刹像;名卿察相,咸峙金汤"等史实,指出"堂堂中国,贤圣总萃,论二千余年之人,尽为王印诸戎(外来佛僧)所愚,有是事哉?"欲"火书庐居,谈何容易!"援儒入佛张大其势于兹可见。再次,虞氏强调"彼(佛)三藏十二部者,其意每与先生合辙,不一寓日,语便相袭。讵知读《畸人十篇》者,掩卷

---

① 邹漪:《启祯野乘》卷三,《员外虞公淳熙》。
② 沈德符:《万历野获编》卷二七,《禅林诸名宿》;李之藻:《辩学遗牍》原跋一。
③ 达基·宛杜里编,罗渔泽:《利玛窦书信集》下册,第369页。

而起曰：'了不异佛意乎！'"暗喻利氏诸书颇有抄袭之嫌。总而言之，虽然虞淳熙对利玛窦攻评佛说而未谙其书义，欲取代佛教地位的深长用心，以及《畸人十篇》等著作袭取佛说的指控，皆观察敏锐寓意深刻，但表达的方式却并非剑拔弩张，而是相当的婉转含蓄，显示了虞淳熙很高的文化素养和写作技巧。

与前函相比较，《利先生覆虞铨部书》的内容要宽泛得多，归纳起来要点有八。（一）申明来华欲相阐明"天主至道"，若以象纬之学或技巧奖掖者，"果非知窦之深者也"。（二）对于虞氏来函语调平和而不盛气凌人的态度表示赞赏，"敝乡谚云：和言增辩力，台教之谓乎！"（三）辩论坚信尧舜周孔而非佛的缘由，在于"尧舜周孔，皆以修身事上帝为教，则是之；佛氏抗诬上帝，而欲加诸其上，则非之"。（四）提出与虞氏彼此切磋以求统一的建议，"若得抠趋函丈，各絜纲领，质疑送难，假之岁月，以求统一，则事逸功倍，更惬鄙心矣"。（五）再次重申基督教与佛教的区别，在于虚实、公私和多歧一本之间的对立，以及是否奉事上帝，并扬言，"上国自尧舜来，数千年声名文物，傥以信佛奉佛者，信奉天主，当日有迁化，何佛氏之久不能乎？"（六）自言今日基督教经书多未翻译，难与流传的众多佛藏相抗衡，故"鄙意以为在今且可未论胜负"，势均力敌的诘难有待来日。（七）强调彼此所依据的中国圣贤之不同，"门下所据，汉以来之圣贤；而窦所是者，三代以上之圣贤"。（八）从交友请益而言，欣愿两教所述尽相合辙求同。最后，他指出："窦所惜者，佛与我未尽合辙耳。若尽合者，即异形骨肉，何幸如之。门下试思，八万里而来，交友请益，但求人与我同，岂愿我与人异耶！"

跟前述《天主实义》宣扬的基督教与佛教势不两立必欲取而代之，以及种种激烈攻击的言论相对照，《利先生覆虞铨部书》显然要和缓与退缩了许多。诚然，在诸如传教士来华阐明天主至道，基、释两教存在本质区别，附会儒家尤其是三代以上圣贤，深信基督教将给中国社会带来良好变化等基本问题上，利玛窦仍然坚持其一贯的原则立场。然而，覆信似乎也表现出一些与宗教狭隘性和不容异己的精神并不一致的地方。例如，对于虞淳熙信中的指责、讥诮乃至威胁性规劝，利氏并未针锋相对一一批驳,反而称赞虞氏语调平和"而无胜气",甚至对其控诉传教士有取佛而代之的野心,亦采取回避的态度,不予正面作答。又如,在公开承认基督教经书的流传及其影响远不如佛藏来得深厚的前提下,期盼有朝一日,两教之人能各絜纲领,质疑送难,平等讨论以求统一。利氏还从交友请益的角度,祈愿两教所述尽相合辙。"即异形骨肉,何幸如之"的看法,更是发所未发而闻所未闻。再如,利玛窦仅以刊刻上述往返书信为条件,向虞氏承诺今后"不再写类似(《天主实义》)的文章。"①

应该看到,覆信中所呈现的这些与固有的宗教特性并不一致的现象,正是利玛窦审时度势实施暂时的战略退却的反映。原来自《天主实义》于北京(万历二十三年,1604年)正式出版,传教士来华意图和盘托出之后,招致不少士大夫的猜疑。于是,徐光启希望利玛窦尽快想出办法,"平服在北京日渐引起的对教会的反感"。②为此,利氏采取的缓和措施,包括重印专论人内心修养的《二十五言》,撰写以对死亡的反复沉思作为维持人生正当秩序的《畸人十篇》,再有便是持相当谦恭和退让的姿态覆函虞淳熙。凡此种种,果然重新赢得士大夫的信任。"学者已开始访问我们(利氏自谓),有些且已皈依了。"③利玛窦在临终前不久,总结适应策略的经验和教训时曾指出:"就这样借我所撰写的书籍,称赞儒家学说而驳斥另两家宗教的思想(指佛道二教),但并非直接攻击,只是他们的思想和我们的教义相冲突时,才加以驳斥。因此在中国士大夫中我并无什么仇敌,反之,他们乐意和我交往。"④可见他驳斥或反对僧道的立场从来不曾改变,只是策略从直接进攻转换为防守反击。造成这种转变的原因,既非怵于佛教的气焰,更非对它有些许温情,而是投鼠忌器,担心过激的言辞和进击姿态,将得罪像虞淳熙这样与佛教

---

① 《虞德园铨部与利西泰先生书》,《利先生虞覆铨部书》,均收录于《辩学遗牍》,载李之藻编:《天学初函》第二册。
② 达基·宛杜里编,罗渔泽:《利玛窦书信集》下册,第359页。
③ 同上书,第359页。
④ 同上书,第415页。

第二章 佛教、基督教之争与"南京教案"的缘起、衍变及其影响 143

有着千丝万缕联系的儒家名流,危及适应策略的基础,即同士大夫的友谊和良好关系。然而,当稍后佛教和基督教头面人物受利益驱使与信仰歧异再度交锋时,上述虞、利之间那种矫揉造作的礼貌,便荡然无存了。

同被东南学佛者奉为宗主的袾宏和尚,实际上是关乎訾议异教挑起争端的幕后鼓动者和支持者。如详加批注传教士论述的翰林院著名学者黄辉,对袾宏和尚的虔信称颂几近痴迷。读袾宏《戒杀放生文》即断杀生,自谓平生夙愿,在京城能面对经像遥受杭州袾宏大师所赐"菩萨大戒",其余佛学研修更唯袾宏马首是瞻。而黄辉、袾宏间书信酬酢之际,正值黄辉奋笔批驳基督教之时,其内在联系当不言而喻。[①]

更为直接的证据,出自虞、利论争中袾宏的态度。虞淳熙本来是袾宏所属意的士大夫信徒里,"激扬心要,助转法轮"之第一人。虞氏亦不时地就佛经难解的"公案""敬问大师",祈愿袾宏"先把虞淳熙一点点起,然后尽虚空遍法界",两人间的关系自非同一般。[②] 于是,当虞氏向利玛窦发难时,袾宏写信极尽煽诱鼓惑之能事。首先,坚定虞氏护教的信心。称:"利玛窦回柬……格之以理,实浅陋可笑,而文亦太长可厌,盖信从此魔者,必非智人也。且韩欧之辩才,程朱之道学,无能摧佛,而况蠢尔幺魔乎!"其次,将攻击矛头引向皈依士大夫。谓:"利玛窦回柬,灼然是京城一士夫代作。向《(天主)实义》、《畸人(十篇)》二书,其语雷堆艰涩,今柬条达明利,推敲藻绘,与前不类。知邪说入人,有深信而力为之羽翼者……此幺魔不足辩,独甘心羽翼之者,可叹也。"再次,表白为护法当不惜衰病之驱起而抗争。自陈:"悦其说日炽,以至名公皆为所惑,废朽当不惜病躯,不避口业,起而救之,今姑等之渔歌牧唱、蚊喧蛙叫而已。"[③]史实表明,袾宏此番煽惑颇见成效。原本利玛窦在覆信

[①] 袾宏:《云楼法汇》第三十册,《云楼大师遗稿》卷一,《答四川黄慎轩太史》,《答黄慎轩王墨池诸居士》。
[②] 同上书,第三十四册,吴应宾:《莲池八祖杭州古云楼寺中兴尊宿莲池大师塔铭并序》;三十一册,《云楼大师遗稿》卷三,《答虞德园铨部》。
[③] 同上书,第三十册,《云楼大师遗稿》卷二,《答虞德园铨部》。

中已表示从此不再撰写批佛著作,基、佛二教以"异形骨肉"相期许,确有平息笔战的意思。然而虞淳熙在袾宏蛊惑下,仍不依不饶,又相继著述《天主实义杀生辩》和《明天体以破利夷僭天罔世》等文章,征引"云楼(袾宏)师尝言'诸君若皆信受,我将著破邪论'"的教诲,发誓:"夷之教一日不息,夷之书一日不焚,吾辈犹枕戈也。"①

为了进一步推动围剿异教的舆论,袾宏果然从幕后走上前台,不顾耄耋之年,陆续撰写驳斥基督教和宣扬佛学的《天说》四篇,收录于《竹窗三笔》,万历乙卯即四十三年(1615年)刊行于世,成为明季佛教同基督教抗衡的重要文献。大致看来,《天说》涵盖了三个方面的内容。

第一,声讨基督教,不只是袾宏个人怨恨的渲泄,更反映僧俗人士对传统风俗溃决的担忧,故其攻击矛头并非专对传教士,亦旁及奉教士大夫。袾宏在《天说一》谈到写作动机时说:"一老宿言:'有异域人,为天主之教者,子何不辩?'予以为:'教人敬天,善事也,奚辩焉?'老宿曰:'彼欲以此移风易俗,而兼之毁佛谤法,贤士良友多信奉者,故也。'因出其书示予,乃略辩其一二。"于是,袾宏在讥讽传教士"立言之舛"的同时,亦告诫奉教士人:"现前信奉士友,皆正人君子,表表一时,众所仰瞻以为向背者。予安得避逆耳之嫌,而不一罄其忠告乎!"《天说二》则记述佛教不准杀生教义遭遇追究而陷入困境,"士人僧人不能答",袾宏遂起而护法。由此可见,在袾宏挺身而出的背后,有一股维护传统风俗免遭异教侵蚀而溃决的僧俗势力的支持。这也就是袾宏自命不凡,护卫佛法和警诫奉教士人的意义之所在,从而触及引发"南京教案"的原因和性质。

第二,所谓《天说》四篇,其实是辩论两个问题,一在批驳基督教的"天主"并非崇高,另在申述佛教禁杀生轮回教义慈悲有理。关于前一个问题,袾宏未曾从道理上进行任何思辨和推衍,只是简单地将"按(佛)经以证"作为前提。认为彼所谓"天主",就是佛教中的"忉利天王";而这个欲界六天之一的"忉利天王",从色界之天王"梵天视之,略

---

① 徐昌治订:《圣朝破邪集》卷五。

似周天子视千八百诸侯"。由此断言:"彼所知者,万亿天主中之一耳"。于是,便得意洋洋地说:"余欲界诸天,皆所未知也,又上而色界诸天,又上而无色界诸天,皆所未知也。"似乎基督教徒因不谙佛教诸天说,他们所尊奉的天主便显得渺小而微不足道。这种妄自尊大的心态及其胡乱比附的思维逻辑,确如中国学者所评论的,有点"文不对题"。①

至于后一个问题,袾宏的申辩更是力不从心。佛教《梵纲》经云,今一切动物生灵,皆宿生父母轮回转变所致,若杀而食之,即如食吾前世父母之肉,杀生故当严禁。基督教徒如是追究道,那么人亦不得行婚娶,否则岂不妻妾吾宿生父母?人亦不得置婢仆乘骡马,否则岂不役使陵跨吾前世父母?对此紧逼的责难,袾宏实无法应付,只得在承认这仅是一种可能性的同时反唇相讥:"《梵纲》止是深戒杀生,故发此论",不应"以辞害意,举一例百",若穷追不舍,"如斯设难,是谓骋小巧之迂谈,而欲破大道之明训也"。很显然,如此辩白,亦如中国学者所论,"可说是更加软弱无力的,根本未能驳倒对方论点"。② 经过唇枪舌剑的对决,袾宏的视野狭窄、论理软弱和逻辑混乱已暴露无遗,明季佛教的败象由此可见一斑。

第三,袾宏辩白力引儒家学说以为奥援,甚至站在儒家守旧派立场代圣贤立言。如在戒杀生的论争中,当被追究而难于招架时,袾宏便抬出儒家礼制为佛说撑腰。辩称:"则儒亦有之。礼禁同姓为婚,故买妾不知其姓,则卜之。"似证儒家恐娶同姓亲属之女而占卜的做法,跟佛教担心是宿生父母而严禁杀生的理由如出一辙。又如引述"礼云:倍年以长,则父事之。"而当今替"年少居官者"执役的"长者",不过视同"隶卒",岂能遵照礼制事奉如"父母"? 经此一番攀援比附,袾宏有恃无恐地质问道:"如其(儒)可通行而不碍,佛言独不可通行乎!"再如,袾宏还煞费苦心地从中国古代经典中摘抄17条有关昭事上帝钦崇天道的语录,一一指名此乃"二帝三王所以宪天而立极者",是"遵王制,集千圣之

---

① 郭朋:《明清佛教》,福建人民出版社1982年版,第187—189页。
② 同上。

大成者(孔子)"，以及"亚夫子而圣者(孟子)"的言论。随即总结道："事天之说，何所不足，而俟彼(指传教士和皈依士大夫)之创为新说也！"①这已不是昔日自诩最长最尊最亲的佛门领袖的姿态，而俨然是固守传统的儒家卫道士的立场。

诸如上述，自传教士改变策略，由依傍佛教进而与其争夺活动空间以来，两教便形同水火。从三槐、紫柏、憨山诸名僧同传教士当面折冲论辩，到黄辉、虞淳熙等南北名流居士欲出书或寄信指斥其野心和亵渎神灵，直至僧俗奉为宗主的袾宏走上前台，公开抛出声讨天学的檄文，佛教对基督教的抗争可谓步步为营逐步升级。面对可能危及其生存发展的佛教僧俗势力的威胁和指责，传教士的反击如果说碍于虞淳熙等人的儒士名流地位而有所忌讳的话，那么对于袾宏色厉内荏及其佛理浅薄且自相抵牾的揭露，则毫不留情无所顾忌了。这就是名为《利先生復莲池大和尚竹窗天说四端》的著名论文。

这篇旨在全面回应《天说》批评的文章，呈现三个特点。其一，清晰的说理和严密的逻辑论证。例如，为使唯一天主说抗辩佛教诸天说以及指证轮回谬误更具说服力，该文对辩论的原则及其程序进行了正本清源的阐释，这较之《天说》想当然地以佛经作为衡量一切的标准在论理上显然高明得多。文章正是从"我以天主为主，汝以佛为主，理无二主，即无二是……故辩者吾所甚愿"，从不同信仰的前提出发，引导出须共同遵守的辩论原则："第辩须有伦有序，如剥葱笋，如析直薪，方能推勘到底，剖析净尽，使事理划一，众无二尊，此辩功之成也。若凭讹传之谬说，以为根据，信耳不信理，因而妄相折挫，辩之不胜，即傲言詈语，欲击欲杀，此为儿戏，非正辩矣。"又为剖析轮回之妄，遂引入决然论以反对或然论。指出："生生受生生，生必有父母，盖恐其或已父母，非谓其决已父母也。夫恐其或然，则不宜杀之。不谓其决然，则可得而婚娶之，役使之，骑乘之，于理安乎？"于是总结道："凡辩论事情，宜循其本……若欲明轮回之必有，亦宜条论其必有之故，既能明其必有，然后别生他

---

① 袾宏：《云栖法汇》第二十六册，《竹窗三笔》，《天说一二三》，《天学余》。

论可也。今者空然坐据轮回之必有，而曲论其所以处置之术，是谓不揣其本而齐其末。"这种寓一教的私利于客观辩论的法则之中，足见崇天主者用心良苦。

又如，为应对《天说》所谓"事天之说，何所不是，而俟彼之创为新说"的指责，论文就三个方面进行辨析。首先，从道理上可补益儒书所未足。指出："果系新说，为儒书所未有者，便可发明补益，又安知非足其所不足乎？"其次，在行动中可实践圣贤帝王之志。文章认为，圣贤帝王之志在使人人事天畏天，无过失获罪于天。"然则尧舜孔孟而在今日，抚此民物，自知钦崇奉若之志未为畅满，必将求所以满之之术。"于是闻天主之教，"必共讨论之，论之而当，必尊信力行之，何谓不俟新说乎？"再次，就儒学残缺和实践未见功效而论。文章阐述道："若中国尧舜孔孟言天事天之书，火于秦，黄老于汉，佛于六朝以降，又杂以词章举业功名富贵，书既残缺，所言所事，又未见人人日日投诚致行之，何谓已足乎？……真法尧舜孔孟者，必不据尧舜孔孟残缺之言，而距人千里之外也。"

其二，丰富的中外学识和独到的见解。例如，依据西方天文地理知识，指出《天说》所谓四天下、三十三天，本"言出佛经"，但"多窜入谬悠无当之语"；至于三千、大千之说，西国无闻、印度佛经未载，独中国佛藏有之。由此概述佛经流入中华，"翻译僧儒"共取中国之议论文字傅会增入，尤其老易玄虚恣肆之谈，微渺园通之义尽入佛藏。"不然，何印度所谭佛法，了不闻此等议论？"寥寥数语，佛教几百年间本土化的进程便犁然可辨。

又如，为拒斥佛教轮回、禁杀生之妄，特从教训法律乃古今之公物立论，溯至生人之初经狩猎稼穑进化以来，人兽强弱消长变化的历史，宣扬一种前所未闻的近似于"物竞天择、适者生存"的道理。文章指出："夫教训法律，因于理而出，理附于事势而见者也。教训法律，整理事势，又天下古今之公物也，一物不可杀，即物物不可杀；一人不可杀生，即人人不可杀生；一时不可杀生，即百千万年不可杀生。如此，岂非自今以前，上溯之至于生人之初，人人不杀生乎？果若是也，则世界安得有人?"由此论证道,生人之初时,鸟兽之猛百倍于人,皆能杀人而食之,才智者出,不得已作为五兵网罟之属,以自救而制胜,起而杀鸟兽,食其肉,衣其皮。自是以来,鸟兽之迹不交。食人之鸟兽既远,人亦不得恒食鸟兽,于是稼穑之利兴。然则犹有食稼穑之鸟兽,稼穑尽,犹之乎杀人也。于是作为搜苗狝狩四时之田,猎于田中,去其害稼穑者。此皆杀生之所自来也。如生人以来遂著杀生之戒,彼得而杀人,人不得而杀之,岂能以生人之至寡,当彼至众乎?兽蹄鸟迹何时消?稼穑荒弃而人不尽饥而死乎?如此人类之灭久矣!如若今日戒杀,不出十年,而鸟兽遍国中;不出百年,而天下无孑遗。强者攫弱者而夺之食,此自然之势也。因此,既有此"鸟兽与人不可两存之势,""即有可杀而用之之理,即不宜有禁杀之教训法律"。可见此弱肉强食适者生存的议论,实建立在人与自然分离、人兽不可两存的认识基础之上,这跟西方思想的本质特征乃一脉相承。

其三,对佛说论理的浅薄和自相矛盾的揭示。在上述充分运用西方的思想范畴(一元与多元,决然与或然)、逻辑规则(辩论须有伦序,宜循本责实)和理论观点(法律为天下公物,人与自然判然两分)进行驳议面前,东方佛学那种凭直观印象内心体悟而不注意理论思维形态,基于猜测类比而缺乏严密逻辑论证的特点便相形见绌了。与此同时,有关佛教本土化过程中,因附会和增入中国诸子思想而呈现"人自为说不相统一"状况的揭露,更将佛学置于自相抵牾的尴尬境地。像佛教所称"四天下之最中处",细阅佛藏,彼此记载大相径庭。"一经言崐苍山在地,一经言妙高山在水,孰是乎?崐苍山,一经言高一万五千里,一经言二万一千里。妙高山,言入海八万逾缮那,高四万由旬,孰是乎?一经言欲界、色界、无色界、自下而上;一经言崐苍四面,面各八天,其上一天,又孰是乎?孰为不诳语、不异语乎!"① 由于对《天说》立论的基础所提出的强有力质疑(即依据的事实自相矛盾并缺乏缜密的论证过程),致使袾宏建诸其上的那些议论,如将西方天主比附于东方佛教的忉利

---

① 李之藻编:《天学初函》第二册,《辩学遗牍》。

天王,以及为禁杀生轮回之说敷陈的种种理由,便显得苍白无力而不攻自破了。

虽然《利先生復莲池大和尚竹窗天说四端》将袾宏的观点批驳得体无完肤,但究竟谁是此书信的真正作者,历来中外学者却众说纷纭。原来收录《天说》四篇的《竹窗三笔》,是在"万历乙卯"(四十三年,1615年)春天刊刻,七月袾宏圆寂后方渐流行,而具名复信的"利先生"玛窦,早在五年之前(万历三十八年,1610年)即已去世。对此所谓"脱空之谎",不久为"云栖弟子张广湉"所揭发。他在《证妄说》中指出:"相隔五载,安有未见其说而先为立辨之理?先师序文纪岁,《玛窦行实》亡期,昭然显著,有目共见者。"①此说一出,立即得到"云栖后学释大贤"的证实。② 于是,有关"利先生"复书的真实作者,遂成历史悬案,各家揣测多有不同。法国学者费赖之主张为利玛窦所撰,中国台湾学者方豪揣度为李之藻,另一台湾学者林东阳怀疑出自杨廷筠,比利时学者钟鸣旦则认为徐光启的可能性最大。③

据笔者考察,该书信不一定是某位教会人士单独完成的作品,似乎是彼此合作的产物,而最有可能的合作者,则是利玛窦和徐光启。

实际上,在张广湉等人指责"脱空之谎"的同时,还存在另一种情况。正如中国台湾学者查时杰所指出的:"惟若手抄本的提早流传,则利玛窦亲自复书袾宏和尚的可能性仍然是可以成立的。"④这就是说,《天说》四篇及收录此文的《竹窗三笔》,如果在万历四十三年正式刊刻之前,已有手抄本在士人中流传的话,那便存在利玛窦亲自阅读和复信袾宏的可能性。揆诸袾宏著作当时流传的过程,这种现象确曾存在。

---

① 徐昌治订:《圣朝破邪集》卷七,张广湉:《证妄说》。
② 同上书,卷七,释大贤:《附缁素共证》。
③ 各家之说,出处如次。(1)费赖之著,冯承钧译:《在华耶稣会士列传及书目》上册,第42页。(2)方豪:《李之藻研究》,台湾商务印书馆1966年版,第73—74页。(3)林东阳:《利玛窦的世界地图及其对明末士人社会的影响》,载台湾《纪念利玛窦来华四百周年中西文化交流学术会议论文集》,第366页。(4)钟鸣旦著,圣神研究中心译:《杨廷筠:明末天主教儒者》,第211页。
④ 查时杰:《明末佛教对天主教的"辟邪运动"初探》,载《明清之际中国文化的转变与延续学术研讨会论文集》,台湾文史哲出版社1991年版,第520页。

如前述万历三十三年（1605年）高攀龙寓居杭州西湖期间，从当地士子提供的袾宏"著作数种"中，选取四个条目的内容严加批判。并注明"一条辨良知者"，出自"竹窗随笔内"。"一条辨佛书多才人所作"，摘于"《正讹集内》"。其余两条（《三教一家》和《三教同说一字》），虽未指明出处，实来自定本《正讹集》中。这就表明，袾宏自谓时有感悟而记录的《竹窗随笔》、《二笔》和《三笔》，并非等待全部完成方才汇集出版，而是随机结集便流行于世。此外，高攀龙说："又有竭力专诋朱夫子者，另为一书，尚未得也。"①遍搜袾宏著作，"专诋朱夫子"之文觅得两条。一为《不作佛事》，出自《竹窗二笔》；一为《儒者辟佛》，录于《竹窗三笔》。前者指责《晦菴（朱熹号晦菴）家礼》，"或言父母之丧，不作佛事"；后者将儒士分为三类，訾议"伊川（程颐）晦菴之类"，与佛法相争而至于谤。可见在万历四十三年（1615年）袾宏为《竹窗三笔》作序，并将《随笔》、《二笔》、《三笔》付梓之前十年，书中的许多内容已于万历三十三年（1605年）在杭州士子中广为流传。这样一来，费赖之的下述记载并非空穴来风。"杭州僧人袾宏因作论以攻天主之说，玛窦复作说以辟之，合成《辩学遗牍》一卷，一六〇九年（万历三十七年）刻于北京，有李之藻跋，亦收入《天学初函》。"②

利玛窦是否亲自回答袾宏的诘难，还可从复信的具体内容中探求。首先，所谓"今西国地理学家，分大地为五大洲，其中一洲，近弘治年间始得之，以前不识。"这显然指的是哥伦布1492年（明弘治五年）发现美洲新大陆的探险。其信息来源，非传教士莫属。又"分七政为七重"，及十二重、三十余重之说，不过选取利玛窦《乾坤体义》的内容而稍加变通。③其次，关于袾宏对轮回和禁杀生的驳议，论文作者一眼就看出这是针对《天主实义》第五篇（标题为：《辩排轮回六道、戒杀生之谬说，而揭斋素正志》）而发。于是，作者的答辩便沿袭旧有的思路，重加引证而深化。此外，为揭露袾宏乞求卜筮替禁杀生张目之乖舛，该文又以利玛

---

① 高攀龙：《高子遗书》卷三，《异端辨》。
② 费赖之著，冯承钧译：《在华耶稣会士列传及书目》上册，第42页。
③ 阮元：《畴人传》卷四四，利玛窦传。

第二章　佛教、基督教之争与"南京教案"的缘起、衍变及其影响　151

窦名著《畸人十篇》的论述,作为批评的出发点。如《十篇》所谓"古之卜筮以决疑耳,今者惟侥幸是求耳";以及《春秋》惠伯说"《易》不得以占险",周公不以卜为重的事例,皆为复信申述占卜"不可信用",不过是"权宜副急之策",提供了理论根据。至于复信呈现的西方思维范畴和逻辑规则,尤其是那种强烈的主观与客观、人与自然判然两分的观点,近似于"物竞天择,适者生存"的看法,若非出自传教士手笔,断然不能如此鲜明地反映西方世界观的本质特征。而这绝非任何皈依的中国士大夫短期浸淫西学而可能做到的。

诸如上述,从该论文的价值取向、思维逻辑和具体论证来看,无不显露出西方思想深深的印痕,表明文章的基本框架必出自来华传教士之手。特别是《天主实义》、《畸人十篇》和《乾坤体义》等利氏著作,直接成为支撑文章框架的理论源头。加之袾宏《天说》四篇存在刊刻前以抄本流传的可能性。因此,有理由相信,《利先生复莲池大和尚竹窗天说四端》,并非伪托之作,它在很大程度上应为利玛窦所亲自撰写。

然而,论文中的确还包含一些利玛窦不甚熟悉,或未作深入研究的内容。最明显的例证,莫过于批驳佛教的部分。前此利玛窦在回复虞淳熙的书信中,曾承认"窦未晓佛书",对于佛氏之书人自为说,彼此抵牾的印象,因"未暇读"而得之传闻。并表示今后"究心佛典,以核异同,窦将图之"。[①] 排除行文中谦抑和客套的成分,利玛窦缺乏对佛教的深入了解当是事实。可是事隔不久,在以"利先生"名义同袾宏对垒时,却以一位入室操戈、颇窥堂奥的专家,就佛教本土化及其利弊,发表了相当精深而独到的见解。

例如,(一)论及佛教兴盛的原因,指出:"善恶报应,在身之后,必然不爽,早宜修缮,此则自然之理,根于人之灵心。生死大事,关系人之真命,佛能驱人类而之者,本原在此。"(二)概述佛教本土化过程中,"一时

---

① 《利先生复虞铨部书》,载《辨学遗牍》,袾宏称此信为他人代作,显系凭空杜撰。1608年8月22日利氏致信罗马耶稣会总会长,云此函出自其手。见《利玛窦书信集》下册,第385页。

士大夫,醉心其说,翻译僧儒,又共取中国之议论文字,而傅会增入之,所以人自为说,不相统一。"随即熟稔地引喻佛藏诸经,有关昆仑山高度和诸天表述的种种歧异,以证其彼此矛盾、莫衷一是。(三)为辨析三千、大千之说,乃中国老易微渺圆通之义,尽入佛经所致,并非原印度佛法所固有,特提议延聘印度婆罗门持其经典来华,与中土才士共相肄习翻译,其真伪是非可昭然立见。(四)批评轮回以为四生六道,将父或为子,母或为妻,实天心所不忍。又谓三千、大千世界,乃谈禅者捕风捉影之论。凡此种种入其三昧的论说,决非利玛窦临时抱佛脚所能奏效,必由夙谙佛说而今皈依基督教的士大夫添注。

揆诸当时的情势,能膺其选者当属徐光启。一则,他早年"误入释门,久且深。因穷思反得天学,而亟归之恨晚"。[①] 由于曾深入堂奥,故而反戈一击,辨析佛教兴盛和佛藏记载歧异的原因,其鞭辟入里自非他人可及。再则,前述两种辟佛之论,即佛说惑人在鼓吹善恶报应在身之后;佛说不同于印度原典而衍中国老易之旨,为辨别真伪是非可互相比勘试验,与稍后"南京教案"期间徐光启所呈《辨学章疏》的观点如出一辙。三则,前引批评轮回、四生六道、三千大千世界的看法,与徐光启几乎同时撰写的《辟释氏诸妄》的内容完全一致。[②]

除从情理上进行比较和推断之外,还有更为直接的中西方记载可资参证。据梁家勉编著《徐光启年谱》征引《徐文定公集引》和《徐氏家谱·翰墨考》(上海徐氏家族藏钞本)等由徐氏后人搜集的传记资料,均记载徐光启曾撰有《拟复竹窗天说》一文。[③] 而当时的传教士书信和著作,更将徐光启因驳斥袾宏著作而得罪沈㴶,视为引发"南京教案"的首要原因。如卡米洛·蒂·克斯坦佐(Camillo di Costanzo)1618 年从澳门发出的信件中,"提出了沈㴶对天主教怀有敌意四方面的理由",其第

[①] 张赓:《题天释明辩》,载徐宗泽编著:《明清间耶稣会士译著提要》,第 113—114 页。
[②] 徐光启:《辟释氏诸妄》,载钟鸣旦、杜鼎克主编:《耶稣会罗马档案馆明清天主教文献》第九册,台北利氏学社 2002 年版;据梁家勉编著:《徐光启年谱》,上海古籍出版社 1981 年版,第 109 页,《辟妄》和《拟复竹窗天说》两文,均系万历四十三年(1615 年)所作。
[③] 梁家勉:《徐光启年谱》,第 109—111 页。

第二章 佛教、基督教之争与"南京教案"的缘起、衍变及其影响　153

一个理由便是:"沈㴅的最好朋友,一位僧人挑起了对天主教的攻击。据说是由于徐光启写出反驳的文章所产生的强大效力使这位僧人饮恨而死。"①与此同时,"南京教案"当事人曾德昭(原名谢务禄,Alvare de Semedo),以及中国传教团向罗马耶稣会总会汇报的 1616—1617《年信》(Annual Letter),亦持类似的看法。当代西方学者杜鼎克(Adran Dudink)综述道:"由《年信》和曾德昭提到的首要起因,是因徐光启使沈㴅的老师袾宏所遭受的挫折而感到的痛苦,他在最后几个月中因悔恨而去世……袾宏在 1615 年出版了一本驳斥基督教的著作,徐光启大概在袾宏死(1615 年 7 月 29 日)前几个月写了他的批驳。"②至此,从当时的情势、素养和记载等多方面推断,徐光启曾直接参与该论文写作的可能性很大。

大抵而言,《利先生复莲池大和尚竹窗天说四端》的形成过程,可揣度如下。先是袾宏的《天说》或《竹窗三笔》,在万历四十三年(1615 年)正式刊刻之前若干年,已有手抄本于儒士间广为流传,利玛窦得据此草拟复袾宏之书。无论该利氏文章是否像费赖之所说,1609 年(万历三十七年)在北京刊刻,也改变不了利玛窦对著作精益求精,于原刊文稿上再行手迹校订的习惯,犹如对待已出版的《几何原本》那样。待徐光启丁艰守丧期满,1610 年(万历三十八年)夏后抵京复职时,利玛窦已病故,但从其可观的遗书遗稿中,既觅得利氏生前手迹校订的已刊《几何原本》,③亦可能同时获得手订批驳袾宏《天说》的论文(利氏殁后,其遗稿多有留存。如传教士艾儒略在北京得见利氏遗留的灵修笔记,④而有关西方《记法》的遗作,则为王丰肃所收藏等⑤)。利氏手迹校订的

---

① 邓恩著,余三乐等译:《从利玛窦到汤若望》,第 113 页。
② Adrian Dudink: *Nangong Shudu (1620), Poxie Ji (1640), and Western Reports on the Nanjing Persecution (1616/1617), MONUMENTA SERICA journal of Oriental Studies*(华裔学志)Vol. XLVⅢ, 2000, p. 203.
③ 《题几何原本再校本》,载王重民辑校:《徐光启集》上册,上海古籍出版社 1984 年版,第 79 页。
④ 艾儒略:《大西利先生行迹》。
⑤ 朱鼎澣:《记法序》,载徐宗泽编著:《明清间耶稣会士译著提要》,第 208—209 页。

《几何原本》已臻成熟,加之时下朝廷"方争论历法事",徐光启便稍事重阅增定,为修历动议造势。① 至于批驳《天说》的论文,大概认为需作较大的增补删改,而当时公务繁冗无暇顾及。直待万历四十三年(1615年)《竹窗三笔》正式刊刻流行,此时徐光启适辞官于天津"闲居养病",农圃劳作之余,多伏案著述。为回击佛教势力的张狂,徐光启在撰述《辟释氏诸妄》的同时,亦下功夫增删利氏复袾宏的书信。既改利氏原作语言垒堆艰涩的瑕疵,使之条达明畅,尽彰西方严密逻辑论证的特色;又重写了原作中颇显生疏的辟佛部分,笔端间凝聚着徐光启数十年来对佛教盛衰成败的真知灼见。

利、徐二人珠联璧合的创作,经李之藻和杨廷筠的襄赞,辟佛之旨更形精锐。李之藻(署教名"凉菴"居士)在《辩学遗牍》(包括利玛窦与虞淳熙的来往书信,袾宏《天说》四篇和"利先生"驳议等内容)原跋中,竭力表现出一种矜持和大度的姿态,叹惜利玛窦未曾同虞淳熙、袾宏二人晤面,就彼此教义析疑送难、互相融通为憾。并称袾宏谢世之后,"偶从友人得此抄本,喟然感叹,付之剞劂"。此"友人"自是徐光启,而"抄本"当系徐氏后人所记《拟復竹窗天说》。为凸显对著者的尊重,李之藻在付梓时,已将题目改定为《利先生復莲池大和尚竹窗天说四端》。②

杨廷筠(署教名"弥格"子)另为该书作跋中,则尽显居高凌下、党同伐异的激情。他摭拾流言,宣称袾宏自悔奉佛"错路",并张扬复书明辩之真谛。其文曰:"予视沈僧《天说》,予甚怜之。不意未及数月,竟作长逝耶。闻其临终自悔云:'我错路矣,更误人多矣。有是哉,此诚意所发,生平之肝胆毕露,毫不容伪也……彼既认为非,高明者宜舍非以从是,否则不为后日之莲池乎?噫!予读此书津津有味乎,其辩之明亦惟恐众生堕此危池耳,又岂得已而述。"③根据西方学者杜鼎克对袾宏圆寂时目击者的记载(张方泘:《证妄说》④),袾宏临终前著作的内容(《十

---

① 朱鼎瀚:《记法序》,载徐宗泽编著:《明清间耶稣会士译著提要》,第208—209页。
② 英敛之:《重刊辩学遗牍》,凉菴居士:原跋一。
③ 同上书,弥格子:原跋二。
④ 徐昌治订:《圣朝破邪集》卷七,张广湉:《证妄说》。

第二章　佛教、基督教之争与"南京教案"的缘起、衍变及其影响　**155**

可叹》、《三可惜》①），以及中国传教团《年信》（1615,1616—1617 年度）的考察，②证明杨廷筠所谓袾宏"临终自悔"的遗言纯属子虚乌有。从这种撷拾袾宏自悔之论的传言，以证"利先生"复书明辩的手段，可见奉教士大夫同佛教僧俗头面人物之间，冰炭不能相容的局面。

　　教会人士以"利先生"复信为契机而展开的反击，令颇为张狂的佛教势力遭遇重创，首当其冲的便是袾宏和尚。这位年逾八旬不慎从法事祭坛上跌伤头部的衰翁，这位虚骄自大既欲与儒家分庭抗礼，又蔑视基督教为"蚁喧蛙叫"的佛门高僧，一旦发现自己毕生笃信和珍爱的宗教学说被批驳得无地自容，"内心受到极其猛烈的冲击，'丢了面子'之后所产生的悲痛"，必将加速他走向生命的终点。③ 正是在此伤痛和怨恨之中，袾宏于 1615 年 7 月 29 日（万历四十三年七月初四）圆寂。同样受到强烈刺激的，还有拥戴袾宏的佞佛士人。明季福建文人黄贞对此的唏嘘感伤，可视为这类人群心态的代表。他痛心疾首地说，"名播当世"的"我云栖师翁"，因夷人著作"被驳而理屈"，"至于重泉抱屈，大义未伸"，而深以为恨。④ 于是，在教义辩论中已处于下风而心怀怨恨的佛门僧俗人士，便酝酿采取更为激烈的政治强制措施，给基督教以致命的打击。而他们寄予厚望的，正是万历四十三年（1615 年）六、七月间，被任命为职掌外国人事务的南京礼部右侍郎，且跟佛教和袾宏都颇有渊源的浙江乌程人沈㴶。

第二节　"南京教案"前夕双方的
互动和性质的变化

　　沈㴶（1565—1624，嘉靖四十四年至天启四年），字仲润，号铭缜，浙江

---

① 《云栖法汇》第三十一册，《云栖大师遗稿》卷三，《十可叹》、《三可惜》。
② Adrian Dudink: *Nangong Shudu（1620）, Poxie Ji（1640）, and Western Reports on the Nanjing Persecution（1616/1617）*, MONUMENTA SERICA journal of Oriental Studies（华裔学志）Vol. XLVIII, 2000, p. 203.
③ 邓恩著，余三乐等译：《从利玛窦到汤若望》，第 113 页。
④ 《圣朝破邪集》卷七，黄贞：《不忍不言》。

乌程人。祖上虽家资富饶(为避倭祸,祖父曾携"家累千指"出逃),诗书传家("用《春秋》世业"),但迄无显赫功名(祖父"四上春官"会试不第)。至父辈,功名渐起,诸父四人,一进士,一举人,二太学生。其父初名壓之,字节甫,后以字行。嘉靖三十八年(1559年)进士,历官工部左侍郎,摄部事,以持守儒术关切时局而为舆论所重。①沈㴶兄弟三人,长兄淙,中万历十三年(1585年)浙江乡试。次㴶及弟演,万历十九年(1591年)同赴顺天乡试。"昆仲俱治《春秋》,公(指㴶)以同试不能同魁,改毛《诗》,果皆魁选。"演得中解元,㴶名列第三。次年(万历二十年,1592年),两人同登进士。后沈演历官内外,崇祯年间以南京刑部尚书致仕。②沈㴶则遴选庶吉士,授检讨。二十余年间,历任翰林院侍讲、侍读、侍讲学士,兼辅导太子之詹事府右谕德、左庶子和少詹事等官。直至万历四十三年(1615年)六月,被任命为南京礼部右侍郎,掌部事。③

对于佞佛尤其是与袾宏交往,跟坚定的反基督教立场之间的联系,沈㴶一直深藏不露,"从未全面地解释过他仇视天主教的理由"。④然而,透过一些蛛丝马迹,仍可识其崖略。如任职翰林院之初,为迎合向佛成痴的神宗生母慈圣皇太后(前述袾宏、德清等名僧多受其恩惠),特为她选定的河南伏牛山"福地"所建慈光寺撰写碑文。既称:"有大福地,必有大福缘";又谓:"嘱开万年之法,缘造众生之诸福",一派佛门禅理。万历三十六年(1608年),沈㴶又为"一心大和尚"圆寂撰《塔铭》。记述"出世摄山素庵大和尚之弟子法讳如敬"者,自幼夙有佛缘,出家后因恢宏古刹获朝廷紫金袈裟和《大藏经》恩赐。居留京师时,"和尚应(沈)㴶请,修水陆事"。彼此常问间,和尚深情地说:"吾与居士(指沈㴶)一宿缘,乃能相念耶。"⑤由此看来,传教士有关"沈㴶自年青时便成

---

① 沈㴶:《尊生馆稿》(清初抄本)第四册,《大父巽洲府君行略》;《明史》卷二一八,沈㴶传。
② 《(崇祯)乌程县志》卷六,科第,沈㴶传;《(光绪)乌程县志》卷一五,人物四,沈演传。
③ Adrian Dudink: *Nangong Shudu (1620), Poxie Ji (1640), and Western Reports on the Nanjing Persecution (1616/1617)*, MONUMENTA SERICA journal of Oriental Studies(华裔学志)Vol. XLVIII, 2000, pp. 252—253. Appendix B: "The official career of Shen Que(1565—1624)".
④ 《从利玛窦到汤若望》,第113页。
⑤ 沈㴶:《尊生馆稿》第三册,《勅建慈光寺碑记》;《明摄山园通庵一心大和尚塔铭》。

为一名虔诚的佛教徒"的记载,①当非虚语。

至于与袾宏的关系,例如,沈㴶等几位文人同袾宏合作,于万历四十一年(1613年)翻刻了由高原明昱(1600—1612年在世)创作的《成唯识论俗诠》,这是对唐代玄奘(599—664)著作《成唯识论》(纯粹观念化的教旨成就)的一种注释。② 万历四十四年(1616年),沈㴶就任南京礼部右侍郎后,仍采取合作的形式,刊刻了袾宏的重要门徒冯梦祯所著《快雪堂集》。沈㴶还曾为袾宏追随者袁宏道(1568—1610)的诗文汇集《桃源咏》,写了一篇赞誉的序言。③ 凡此表明,沈㴶同袾宏及其追随者之间,存在着一种亲密和友好的关系。又如,据当时传教士的记载,沈㴶和袾宏还可能有血缘上的关系。因为资料的阙佚,详情现已难于考辨。不过,从袾宏自述家事中获悉,其父辈以商贾起家,堂兄登进士贵显。袾宏有弟二人,沈淞、沈澜,堂兄弟曰淮。而前述沈㴶兄弟曰滦曰演。两相对照,"他们的名字都有一个特征,即由'水'的偏旁构成"。④ 这或许是彼此关联的征象。

除了信仰或亲戚等因素之外,更令沈㴶难以自拔的,是他将梦寐以求生儿子的期盼,完全寄托在袾宏和其他僧侣的祈祷上。沈㴶是传统的"不孝有三,无后为大"的忠实信奉者。如万历三十二年(1604年)十二月,沈㴶在家乡丁艰守丧期间,曾焚香拜告忠肃公于谦之神,云昨岁梦谒神祠如承明谕,用是斋宿请命,伏希再示联兆为幸。所祈求的是:"若㴶四十未有子,后顾茫然。并希曲怜阴祐于以续,㴶不胜诚叩哀恳之至。"⑤两年之后,在国子监司业任上,因遭御史弹劾而疏求罢归,声称:"自怜多病,又无子息,有终焉之志。⑥"可见沈㴶对子嗣的重视,不

---

① Adrian Dudink: *Nangong Shudu* (1620), *Poxie Ji* (1640), *and Western Reports on the Nanjing Persecution* (1616/1617), *MONUMENTA SERICA journal of Oriental Studies*(华裔学志)Vol. XLVⅢ, 2000, p. 208.
② 同上书,第211页。
③ 同上书,第213—214页。
④ 袾宏:《云棲法汇》第二十八册,《山房杂录》卷一,《先考妣遗行记》;参见杜鼎克前揭文,第213—214页。
⑤ 沈㴶:《尊生馆稿》第四册,《于忠肃公告文》。
⑥ 同上书,第三册,《奏为感恩揣分敬陈病苦私衷,恳乞圣慈放归调理事》。

只魂牵于梦萦之中,有时更胜过仕途的追求。其实,沈㴶本有一女,病逝于他在南京任上。① 可是,在士大夫沈㴶心目中,唯有能承嗣宗祧和家业的男儿,才是一切希望之所在。袾宏正是迎合沈㴶这种心态,从精神上进行抚慰、拉拢和开导。在袾宏的遗稿中,有一篇题为《示沈少宗伯荐夭求子》的文章。据西方学者杜鼎克先生对万历八年至万历四十三年(1580—1615年)期间,在南京和北京任职礼部侍郎官员的全面考察,确认袾宏此处"开示"的"沈少宗伯",即为沈㴶其人。② 袾宏写道,无论"荐夭"使亡魂早日超生,抑或祈求诞生"好子",除一般"诵经礼忏",捐献钱帛衣物之外,首重禁杀生"广修阴德",同时"要明己过",与人为善。在"求子"戒示中,特别宣谕须善待家中义男女,并认为老年娶少女为妾有损福德。③ 这显然意有所指,因为沈㴶无子家中养有义男沈忠等人,至于妻妾更多达十人。

待沈㴶任职南京礼部后,当地佛教僧侣更将袾宏那种精神上的抚慰,变成代为向佛祖祈祷求子的宗教实践活动,以促使沈㴶下决心镇压基督教。据中国耶稣会传教团1616—1617《年信》的报告,南京僧侣曾帮助沈㴶结识了一位受人尊敬的、来自印度的瑜伽修炼者。沈㴶延请此僧至家中数日,待如上宾,还打破了官宦之家不准生人接近深闺妻女的禁忌,"沈㴶将他(僧人)引见自己的十个妻妾,她们向他深深地鞠躬,希望通过他的代为祈祷,恳求佛祖(崇拜的偶像)赐给她们一位嗣子。这位瑜珈修炼者允诺佛祖将会恩赐她们一个儿子,唯一的条件是,沈㴶必须作为佛祖意旨的体现者,根绝基督教。"④ 为此目的,南京和尚还投沈㴶招权纳贿的癖好,赠送白银一万两或一万克郎,作为酬谢。⑤

---

① 《尊生馆稿》第四册,《大父巽洲府君行略》;杜鼎克前揭文,第215页。
② Adrian Dudink: *Nangong Shudu* (1620), *Poxie Ji* (1640), *and Western Reports on the Nanjing Persecution* (1616/1617), MONUMENTA SERICA journal of Oriental Studies(华裔学志)Vol. XLVIII, 2000, pp. 214—215.
③ 袾宏:《云栖法汇》第三十一册,《云栖大师遗稿》卷三,《开示》,《示沈少宗伯荐夭求子》。
④ Adrian Dudink: *Nangong Shudu* (1620), *Poxie Ji* (1640), *and Western Reports on the Nanjing Persecution* (1616/1617), MONUMENTA SERICA journal of Oriental Studies(华裔学志)Vol. XLVIII, 2000, p. 215.
⑤ 同上书,第205页;黄尊素:《说略》。

第二章　佛教、基督教之争与"南京教案"的缘起、衍变及其影响　**159**

　　与袾宏等佛教僧侣深相结纳、精心抚慰和重金贿赂形成对照的,是沈㴶不断遭到基督教人士的指责、羞辱及中伤。如1615年(万历四十三年)6、7月间,沈㴶在赴南京履任礼部新职之前,曾在杭州举行宴会。杨廷筠以万历壬辰科(二十年,1592年)同年进士兼同乡的身份,亦应邀出席。"宴会中,杨廷筠针对席间少女表演的娱乐节目,其动作所具有的淫猥性质提出了意见,因为它亵渎了基督教第六条戒律。作为报复,沈㴶变得愤怒并指责杨廷筠坚持一种谴责中国风俗的宗教。"①据说在此之前,同在翰林院任职的沈㴶和徐光启,也在北京的一次集会上,就佛教与基督教的教义展开辩论。沈㴶因为难以反驳徐光启对佛教缺陷所提出的确凿的指控,而显得窘迫和慌乱。沉默一些时间之后,他带着憎恶离开了会场。② 这两次在公开场合沈㴶受到的屈辱,使他亲身体验了袾宏因遭驳斥而悲愤忧伤的心态,从而增强了替袾宏伸冤、为自己出气的报复情绪。

　　通过上述对利玛窦以来基督教与佛教势力此消彼长、纵横捭阖的争斗,袾宏被驳理屈而加速死亡引起的怨恨,沈㴶因与佛教亲昵招致羞辱萌生报复诸情形的揭示,可见在引发"南京教案"的因素中,确有一股蓄积多年、由僧俗人士构成的反基督教的佛教势力,而其代表人物便是时任南京礼部右侍郎的沈㴶。然而,沈㴶毕竟是一位久涉官场、工于心计之人。他深知万历年间迭遭变故和打击的佛教,③其社会影响力已大为削弱,难以独立地同基督教周旋。而佛门禅理在实际较量中更非基督教的对手。在这种情况下,沈㴶南京莅任后近一年的时间,一直按兵不动。私下修炼制胜的武器,寻求志趣相投的同盟者,窥伺出击的时

---

　　① Adrian Dudink: *Nangong Shudu* (1620), *Poxie Ji* (1640), *and Western Reports on the Nanjing Persecution* (1616/1617), *MONUMENTA SERICA journal of Oriental Studies*(华裔学志)Vol. XLVIII, 2000, p. 208.
　　② 同上。
　　③ 如万历三十年(1602年),"专崇释氏",而士大夫好禅者往往从之游的李贽,以"邪说惑众,逮死狱中"。(《明史》卷二二一,耿定向传;卷二四一,张问达传)。第二年,名僧紫柏真可亦因妖书案被逮下狱拷掠至死。"祸不旋踵,两年间丧二导师,宗风顿坠"。(沈德符:《万历野获编》卷二七,《二大教主》。)

机和方向。直至传教士因胜利冲昏头脑,抛弃一贯谨慎小心的态度采取挑衅性的宣讲福音方式,招来儒士阶层群起讨伐之际,沈㴶遂顺应时势,将酬报佛门仇怨之志融会于儒家卫道士的立场之中,发动了蓄谋已久的攻势。

如前所述,在拉丁美洲教会"破除异端运动"和基督教世界日益浓烈的保守倾向驱使下,自1615年担任耶稣会日本省区会长的卡尔瓦罗,曾严厉颁布指示,"禁止使用利玛窦的传教方法",不许如前一样教授数学和哲学,乃至参与修订历书的工作。① 与此同时,却不计后果地鼓励冒险的传教政策,他授予在南京的传教士王丰肃和谢务禄,以"任何慎重范围之外传教的充分自由权"。② 事实表明,正是教会长上这种对传教的错误引导,使利玛窦病故后耶稣会传教士已潜滋暗长的盲目乐观情绪,迅速膨胀为无所顾忌的、公开挑衅性的传教政策。

托庇于利玛窦的余荫,传教事业在其殁后仍取得了显著的成绩。如原有的传教中心和杭州、上海等新的传教基地,继续得到巩固与发展;阳玛诺、金尼阁、艾儒略、毕方济、谢务禄和史惟真等为数不少的耶稣会士成功地进入中国内地,成为上述传教区的核心人物;朝廷上主张吸纳传教士参与修订历书的活动,亦在积极地筹画之中;基督教同袾宏等僧俗势力的对抗,更明显地占据上风。凡此种种,"似乎证实了耶稣会士们的乐观的希望",并成为他们"将以前不得不一贯实行的谨慎政策抛到了脑后"的理由。1611年(万历三十九年)在新任传教团监督龙华民授意下,金尼阁撰写的《年信》中所反映的普遍乐观的情绪,以及对"这里的传教士们已经不再面临着被驱逐的危险的原因"的解释,③即是这种心态的写照。而当主持南京教区的王丰肃,将这一政策付诸实

---

① 邓恩著,余三乐等译:《从利玛窦到汤若望》,第108页。

② Adrian Dudink: *Nangong Shudu* (1620), *Poxie Ji* (1640), *and Western Reports on the Nanjing Persecution* (1616/1617), MONUMENTA SERICA journal of Oriental Studies(华裔学志)Vol. XLVIII, 2000, p.205.

③ 邓恩著,余三乐等译:《从利玛窦到汤若望》,第105页。

第二章　佛教、基督教之争与"南京教案"的缘起、衍变及其影响　**161**

践时,便几乎导致整个传教事业陷入灭顶之灾。

　　王丰肃(Alphonse Vagnoni,1566—1640),字一元,一字泰文。教难后(1624年)再入中国内地,易名高一志,字则圣,意大利人,贵族后裔。生于都灵教区的特罗法雷洛,18岁(1584年)加入耶稣会,1603年远航东方,1605年派往南京。此地系利玛窦、罗如望和郭居静相继经营多年的教区,通过展示西方新奇的图画、书籍、自鸣钟,以及慷慨招待、"常留客饭"等形式,在"这个南方的陪都结交了很多朋友",①进行着一种谨慎、有节制和不事张扬的传教活动。在此氛围中,"初入中国之四年,一志(丰肃)精研中国语言文字,欧罗巴人鲜有能及之者,因是撰作甚多,颇为中国文士所叹赏"。② 同时,亦获利玛窦、罗如望等长上的垂青。如1606年8月15日利氏在致罗马总会长阿桂委瓦的信中称:"王丰肃神父在南京已两年了,努力学习中文与文学,很有成绩,做事睿智有德,那里的长上对他非常满意。"③于是,当郭居静、罗如望陆续调离后,1609年王丰肃被任命为"南京会长"。④

　　利玛窦病逝后,一方面,在有关"天"和"上帝"称谓及中国礼仪的辩论中,王丰肃旗帜鲜明地站在恪守利玛窦路线的立场,坚持基督教义与儒家思想相契合的原则。另一方面,则被眼前的"胜利冲昏了头脑"。在长上的怂恿和功利的诱惑下,王丰肃"将谨慎小心的态度抛之脑后,以完全公开的方式来宣讲福音。"特别是他"暴躁脾气"和"骄傲自大的性格",⑤更使这种公开宣讲的方式具有明显的挑衅性。

　　首先,"王丰肃认为自己的处境非常安全,修建一座教堂不会出什么问题",遂在洪武冈地境兴建大教堂。"不数月,堂工告竣,壮丽宏敞。顶上高竖白玉十字架,阖城望见,中国前此未有也。"⑥待新教堂落成之

---

① 顾起元:《客座赘语》卷六,《利玛窦》;邓恩著,余三乐等译:《从利玛窦到汤若望》,第111页。
② 费赖之著,冯承钧译:《在华耶稣会士列传及书目》上册,第88页。
③ 罗渔译:《利玛窦书信集》下册,第322页。
④ 荣振华著,耿昇译:《在华耶稣会士列传及书目补编》下册,第690页。
⑤ 邓恩著,余三乐等译:《从利玛窦到汤若望》,第110—111页。
⑥ 萧若瑟:《天主教传行中国考》,第154页,献县天主堂,1937年。

日,"天主教徒们排着庄严的队伍"参加典礼。而"在教堂里进行的礼拜仪式上,神父穿着华丽的服饰,场面十分辉煌壮丽"。王丰肃将城市划为三部分,每个部分都有教徒集会祈祷的地方。若逢教堂聚会的时候照例"举行从一些地方到教堂的游行"。他还鼓励热情的教徒组织供奉圣母玛利亚的团体,互相竞争,公开展开社会救济活动,并实行取异名、画十字、教徒剪字贴户门等有别于中国习俗的举措。正如西方学者杜鼎克所指出的:"在中国这第二首都南京,如此带有自由和自信的行为,恰像是发生在基督教的欧洲一样。"①

其次,本来南京的和尚们对于王丰肃的作派虽然反感,但"并没有显示出任何怨恨或愤怒的姿态"。相反地,他们也开始仿效基督徒所做的善事,如拜访病人和给穷人提供生活必需品等。然而,王丰肃却主动出击。他"寄书给佛教徒僧侣,在书里阐明他们的罪恶、伪善和欺诈,以及他们怎样欺骗人民。王丰肃公开提出这一切,为的是使官员和民众谴责与厌恶他们"。同时,"王丰肃还多次在宗教团体的集会上,赞成并激励南京的基督徒,对佛教僧侣施以带有强烈感情色彩的侮辱。"由此杜鼎克指出:"王丰肃对待中国和尚粗暴的待遇,成为令人憎恶、反感和怨恨的重要原因。"②

非特止此,王丰肃和基督徒,"他们对地方长官没有显示出任何畏惧,这些官员一直怀疑这样的民众集会⋯⋯他们反驳地方官员,即使这些人是传教士的朋友"。③ 更有甚者,传教团监督龙华民,曾直接派人调查袾宏的动向。而龙华民1619年8月9日从杭州发出的信件则称,"王丰肃由于在一封信里,对沈㴶无礼的言语(此信大概落入沈的手中),招致沈的愤怒。"④因此,正如杜鼎克所指出的,这种"直接对抗","龙华民、王丰肃对沈㴶的无礼行为",都"是耶稣会省卡尔瓦罗刺激政

---

① Adrian Dudink: *Nangong Shudu* (1620), *Poxie Ji* (1640), *and Western Reports on the Nanjing Persecution* (1616/1617), MONUMENTA SERICA *journal of Oriental Studies*(华裔学志)Vol. XLVⅢ, 2000, pp. 205—296.
② 同上书,第205—206页。
③ 同上书,第205—296页。
④ 同上书,第205页—207页。

第二章　佛教、基督教之争与"南京教案"的缘起、衍变及其影响　　163

策所致"。"他们对于(南京)教案的爆发,首先应负有责任。"①

面对传教政策的骤然变化,尤其是基督教势力的猖狂和挑衅,迅速引起历来对异族异教分外敏感的官绅士子的警惕与讨伐。密切关注事态发展的南京礼科给事中晏文辉,在奏疏中称:"丰肃数年以前,深居简出入,寡交游,未足启人之疑。民与之相忘,即士大夫亦与之相忘。迩来则有大谬不然者。私置花园于孝陵卫,广集徒众于洪武冈。大瞻礼,小瞻礼,以房虚星昴日为会约。洒圣水、擦圣油,以剪字贴户门为记号。迫人尽去家堂之神,令人惟悬天主之像。假周济为招来,入其教者,即与以银。记年庚为恐吓,背其盟者,云置之死。对士大夫谈则言天性,对徒辈论则言神术。道路为之喧传,士绅为之疑虑。祖宗根本之地,教化自出之区,而可令若辈久居乎?"②

时任南京礼部祠祭司郎中徐如珂,对王丰肃等人,"专以天主教惑众,士大夫暨里巷小民,间为所诱"的情形,深为厌恶。"其徒又自夸风土人物远胜中华,如珂乃召两人,授以笔劄,令各书所记忆,悉舛谬不相合,乃倡议驱斥。"③他为此所撰写的《处西人王丰肃议》,大致包含了三项内容。其一,"夫以彝乱华,酿为不可知之患者在异日;以邪乱正,倡为不可训之教者在目前,则请就目前析之。"于是,指控王丰肃传教之种种不轨行迹。如莫尊于上帝,而谓为彝女之所生;莫亲于祖宗,而谓非本教之所尚。以中国之无耦,而抗之以大西国;以大明之中天,而诋之以西天主,其傲慢潛妄之甚。指掌谈天,私习天文弗顾;挥金布地,要结人心弗嫌。竖无檩殿于通都大邑之中,洪武冈王地,岂容虎踞其右;聚群不逞于暮夜晦冥之候,大一统盛时,安用乌合其群。且其来自西洋,踪迹诡祕;党与络绎,每见乍南而倏北。其二,批驳诸多维护传教的言论。如观光上国,乐附内地,中无他肠,原无足虑,蒙古色目亦皆内属,

---

① Adrian Dudink: *Nangong Shudu* (1620), *Poxie Ji* (1640), *and Western Reports on the Nanjing Persecution* (1616/1617), *MONUMENTA SERICA journal of Oriental Studies* (华裔学志) Vol. XLVIII, 2000,第 205—207 页。
② 徐昌治订:《圣朝破邪集》卷一,《南京礼部为远夷久羁候旨,恳乞圣明速赐处分,以维风教,以肃政体事》,万历四十五的二月。
③ 《明史》卷三二六,外国七,意大里亚传。

倭蛮四夷各有所馆等。"若曰西人不可以中国之治治也,则中国可以西人之治治乎?"其三,谳定性质和倡议处置之法。"狂谋未逞,遽难坐以奸细;邪说已炽,实难任其横行。盖容之非矣,而驱之逐之,恐于此解散,于彼纠合,亦未为得策也。安置善地,禁锢终身,俾不得成群结党,斯有瘳乎!"①

明朝末年颇能左右地方政局的青年士子们,对此亦义愤填膺,力倡驱逐之策。南京"数名秀才递上请愿书,请求将外国人从中国赶出去。请愿书中说,这些外国人无论对个人和公众的利益,还是对国家都造成了伤害。请愿书还称,一年中有数次,天主教徒们以做庄严的宗教仪式为借口,男人和女人夜间在教堂聚会,直到天亮之前方才离去……请愿书还指控说,传教士们给每位天主教徒五块银元;这些传教士掌握神秘的炼丹术;新入教人都要起一个十分陌生的外国名字;教徒们一律都被教如何画十字,这是因为他们要发动革命,而画十字是他们使用的暗号;在外国人的住所里藏有武器;等等"。②

诸如此类,无论是王丰肃等传教士极具挑衅性的公开宣教,还是晏文辉、徐如珂等中国士绅维护教化的口诛笔伐,其冲突的性质已远非最初基督教与佛教势力的龃龉和交锋的范畴可能涵盖,而是基督教本质特征与儒家传统价值之间的差异性,所引发的矛盾和斗争的集中体现。

基督教文化具有二元表现。在它通过传教进行精神传递过程中,往往不自觉地承担和发挥传播西方文明的中介作用。拙著前册所述随着利玛窦适应传教政策所带来的西方文明,对中国的积极影响(如开阔认识世界的视野,引进新的思维方法,介绍科技知识等),有利于中国传统社会的变革和进步。与此同时,基督教信奉唯一神论,这种信仰不好的一面是,具有强烈的排他性和不容异己的精神。③ 可是,它却标榜普

---

① 《乾坤正气集》卷二九〇。徐如珂《徐念阳公集》卷二,南京礼部仪制清吏司署司事祠祭司郎中徐:《处西人王丰肃议》。
② 邓恩著,余三乐等译:《从利玛窦到汤若望》,第115页。
③ 参见拙著《明清之际中西文化交流史——明代:调适与会通》(增订本),第71—74页。

第二章　佛教、基督教之争与"南京教案"的缘起、衍变及其影响　　**165**

世的职能,强调教会乃上帝意志在世间的体现者和执行者。这种精神与职能在欧洲以外的典型表现,便是教会和传教团在拉丁美洲殖民化过程中所取得的社会核心地位("社会活动由他们领导,社会结构也由他们重新确定")。① 于是,传教士无不仿效拉丁美洲的榜样,将在海外建立由教会控制的"国中之国",视为天经地义且孜孜以求的目标。利玛窦在中国推行的谨慎和不事张扬的传教策略,说到底,不过是在不得已的情况下,对自身不容异己本性与精神征服欲望的一种压抑和遏制。一旦客观上出现了传教士违背这种策略可能的条件,自律的精神堤防土崩瓦解,其恶性发展是:"使得劝教者和皈依者成为国中之国,而且是——有人这样说过——'软弱国中之强悍国'。"②这就必然跟所在国的传统思想和制度,产生无休止的纠纷乃至激烈的冲突。先前龙华民在韶州传教的失败,已为此提供了例证。上述王丰肃在南京的倒行逆施,亦以"全体传教士几乎被驱逐出境"的代价,再次为这种挑衅政策增添了注释。尔后欧洲教廷与清朝政权矛盾激化,导致基督教在中国被取缔,更与这"国中之国"的政策有着密切的联系。

　　封建社会的基本特征在对人身的超经济强制。明朝政权及其卫道士所关切的,乃是利用现行的制度,最大限度地对民众进行直接的控制。而传统儒家体系包涵的祖先崇拜、孔孟信仰和风俗习惯等,在一定意义上,乃是维系这种制度与实现控制的理论根据和思想原则。如此高度发达的政治制度与久经磨砺的思想武器,一方面赋予儒士对异俗异说以敏锐的洞察力,另一方面则对传统教化持亘古不变的僵硬立场。所谓敏锐的观察,即当王丰肃等传教士"国中之国"的图谋刚刚在行动中显露些许迹象的时候,晏文辉及南京士子们便能未雨绸缪,通过对不同祖先崇拜(家堂之神与天主之像)、宗教信仰(天性与神术)和风俗习惯(传统的安份守己的生活习惯与夜聚晓散、取异名、洒圣水、画十字等夷人风俗)的比较,迅速将传教士从组织和思想上控制徒众的活动,直

---

① 丹·科·比列加斯等著,杨恩瑞等译:《墨西哥历史概要》,中国社会科学出版社1983年版,第39—40页。
② 引自裴化行著,管震湖译:《利玛窦评传》下册,第377页。

接同对国家造成伤害乃至"发动革命"联系起来。至于僵硬立场的表现,仍可以晏文辉的言辞为例:"惟天地开辟以来,而中国之教,自伏羲以迄周孔,传心有要,阐道有宗,天人之理,发洩尽矣。无容以异说参矣。"①由于对异说的敏感和对传统的执着,使晏文辉、徐如珂和南京士子提出了驱逐或终身禁锢外国传教士的要求。

这样看来,在基督教文化与儒家传统文化因差异性引发的冲突中,呈现出复杂的"二律背反"的局面。一方面,通过传教而进行的文明和精神传递过程,有利于中国传统社会的进步与变革;另一方面,凭借传教而建立"国中之国"的图谋,则损害儒家思想基础危及国家安全。一方面,儒家对基督教侵蚀的抵御,具有一定的历史正义性和合理性;另一方面,对外来新鲜事物不分青红皂白地一概拒绝与否定,亦暴露了儒家的保守性,并在一定程度上造成社会的停滞不前。我们看到,命运多舛的明清之际中西文化交流,正是在这由"二律背反"开凿的激流险滩中艰难地跋涉,竭蹶前行。所谓"南京教案",乃中西文化在交汇过程中,因碰撞而激起的惊涛骇浪。

史实表明,实际上早在任职北京翰林院期间,沈㴶业已形成与晏文辉相似且更为保守的儒家理念。此时在他撰写的策问、讲章和奏疏中,鲜明地表达了三种观点。其一,标榜敬天法祖,谓祖宗成宪绝不可更易。他说:"敬天法祖……本朝立法甚备,行法甚谨,不独为臣,若民功令,实亦圣神万世,祈天永命之鸿宝也……故一切为画一之法,又谆谆然本天以诏之,使乎后世子孙视其祖宗成宪,真天造地设,不可易也。"②其二,视厘清华夷之界限,乃维系纲纪所必需。沈㴶在进呈校刊《辽史》、《金史》的奏疏中称:"臣㴶校刊《辽史》、《金史》,今皆竣工……装辑成帙具本进呈者。臣闻天下所限者华夷,世之所维者纲纪,故胡虏无百年之气运,而兴衰亦一代之规模……"③其三,热衷于讲求君臣之

---

① 徐昌治订:《圣朝破邪集》卷一,《南京礼部为远夷久羁候旨,恳乞圣明速赐处分,以维风教,以肃政体事》,万历四十五年二月。
② 沈㴶:《尊生馆稿》第二册,《策问》。
③ 同上书,第三册,《国子监署监事,右春坊右谕德兼翰林院侍讲臣沈㴶谨奏为奉旨校刊史书恭进御览事》。

第二章　佛教、基督教之争与"南京教案"的缘起、衍变及其影响　167

间的权术关系,申谕"禁民"乃官吏职掌之悠关。在所拟诸多策问中,此为关注之重心。如曰:"人主不可以不揽权,权由人主出也。握而不出,则其握必不固;握不固,而代操之衅生。人主欲揽权又不可以不任人。人也者,奉君权而致行之者也。出而无奉,则其出必不继;出不继,而旁溢之窦萌……是故(上)不委权亦不吝权,其为之臣者,不操权亦不避权。"又云:"主臣不可以同术而操术,致主在其臣之懋和也。是故主有主术,臣有臣事。"再谓:"问为治之急,官理矣。《书》言安民则首知人,《大学》言理财必先用人,由此稽之,阜财禁民皆官理焉。"①

所谓祖宗成宪、华夷界限和儒家纲纪,皆不允随时代进步而有所变易;主臣之间不以忠信为本,而专以凶险的权术维系;对民众不施仁政而主张严加禁锢,凡此非但与儒学发展历史相悖离,所坚持的更是儒学的糠粕,从而暴露了沈㴶这个儒家守旧派的真实面目。稍后他在南京对基督教的大张挞伐,便是这种儒家的守旧立场和思想的延伸与实践。这样看来,如果说因信仰、兴趣或亲缘因素,尤其是祈求早生贵子的私利,使沈㴶与佛教及袾宏有着割舍不开的关系,并为佛教僧俗人士寄予厚望的话,那么与此相比较,这位诗书传家、出身仕宦且敢于任事的士大夫,其儒家修齐治平的理念和维护亘古不变传统的职责,更是他安身立命的根基之所在,无疑占据思想的主导地位。沈㴶这种儒家守旧派主将和佛教代理人"一身而二任"的身份,既揭示明季士大夫思想信仰的驳杂,亦反映了在外国宗教传播与皈依士大夫改革面前,佛教和儒家守旧势力的恐惧、聚合和反扑。

当谙熟权术的沈㴶履任后,一改南京衙门"曹事清简"、"拱手以待迁"的旧习,锐意展示对时局的忧虑和民生利弊的关切,以博取朝廷赏识与地方的拥护。据称,"国有大事,无不娓娓为上精言之。三年中公车之牍,以数十上,皆摩切天下大计。"又"如澄汰宿弊,申饬旧章,即兼摄犹然,何论职掌。都中有议及兴除利害者……辄不惜为当事力言之。南都所为颂先生之造福于无穷者,万人如一口也。"②这种当时人记载,难免有阿谀之辞。但从汇刻此间奏疏的《南宫署牍》所包罗的丰富内容

---
①　沈㴶:《尊生馆稿》第一册、第二册,《策问》。
②　顾起元:《嬾真草堂集》卷八,《南少宗伯铭缜沈公考绩序》。

来看,沈㴶决非尸位素餐、拱手待迁之辈。与此同时,沈㴶通过科举制度中"座主"与"门生"的亲密关系,逐渐将触角伸向南京官绅,以笼络志同道合之士。万历二十八年(1600年)沈㴶受命出任湖广乡试主考官,"检镜所至,号无遗材",颇为舆论称许。此时,"南吏部董君,计部欧阳君,礼部张君,太学汪君、陈君,皆楚人,先生(指沈㴶)庚子(万历二十八年,1600年)闱中所登士也。"① 这些"门生"自然是"座主"及其主张的积极拥戴者。此外,如当地乡绅领袖人物顾起元,先曾在南京与利玛窦、罗如望等传教士交游,对西方学术、艺术及器物多有好评。② 自从同沈㴶交往以后,"受知于先生",又"习睹闻先生之行事",遂改变对基督教的态度。著文盛赞沈㴶掀起教案,"驱裔夷之敢为异说,所为统一圣真,尊荣国体,其虑尤长,其论尤伟"。③ 地方舆论之变化,由此可见一斑。至于稍后教案中沈㴶麾下的几员健将,如南京礼科给事中晏文辉,南京礼部祠祭司郎中徐如珂,南京礼部主客清吏司郎中徐从治等人,想必在沈㴶莅任不久,彼此已结为同好。从这些人的传略来看,他们皆出身于进士。初为地方官,抗暴恤民,多行善政。终官封疆大吏,为朝廷平叛建功,九死一生。朝野党争中,亲近东林,敌忾阉党,气节凛然。④ 他们在南京任职期间,之所以与沈㴶结盟共御异教异说,并非对佛教有何偌

---

① 顾起元:《嬾真草堂集》卷八,《南少宗伯铭缜沈公考绩序》。
② 顾起元,江宁(今南京)人,万历二十六年(1598年)会试第一,累官吏部右侍郎兼翰林院侍读学士,后因病辞官归里。在乡梓,以"文章清望,接引后进",关心"地方利病",为人称颂。"其为学,以列圣传心为主,践履实用为功",其"博学通才,固一代师儒"之选。见邹漪:《启祯野乘》卷七,《顾文庄公》。顾氏与传教士交往及评论,见所著《客座赘语》卷六,《利玛窦》。
③ 顾起元:《嬾真草堂集》卷八,《南少宗伯铭缜沈公考绩序》。
④ 晏文辉,江西南昌人,万历二十六年(1598年)进士,授浙江太平知县,"政绩著闻"。行取刑部主事,考选南礼科给事中,参方面贪劣官三十人。后督察京营,因政局浊败,"知时事不可为,请告归"。(《(乾隆)南昌县志》卷三十,人物,贤良三)徐如珂,江苏吴县人,万历二十三年(1595年)进士,历官南京礼部郎中,迁川东兵备副使,亲提兵马恢复重庆,剿灭奢崇明叛乱。入朝为太仆少卿,转左通政,得罪魏忠贤,削籍归里。终因抚恤东林君子杨涟、周顺昌等人,阉党衔怨,丽名《东林党人榜》。(《(同治)苏州府志》卷八十一,人物八)徐从治,浙江海盐人,万历三十五年(1607年)进士。知桐城县"勾稽亩税,平停讼狱,甚有条理"。其抗击横暴乡绅,尤为民众拥戴,亦因此遭陷害而久滞宦官。后历南京礼部主事至郎中,知济南府,终以右副都御史巡抚山东。登莱守军九成等叛变,从治坚守莱州半年,中炮身亡,赠兵部尚书。(《(光绪)海盐县志》卷十五,人物传;《(民国)山东通志》卷七十,职官志,历代官绩五)

好(晏文辉与徐如珂疏议中,从未提及佛教),而全在维护儒家传统和国家安全。也许由于他们的加盟和坚持,使原先沈㴶欲为佛教报冤寻仇的意向不得不有所收敛,而"统一圣真,尊荣国体"的儒家传统立场,则得到进一步彰显。

综如上述,当掀起南京教案的儒家守旧派和佛教势力已经汇合,并经过调整将主要以"统一圣真,尊荣国体"的面目出现;受基督教世界保守倾向的刺激和长上们的错误引导,王丰肃在南京推行公开的挑衅性的传教,日益遭到社会舆论的疏离与反对;坚持儒学糟粕和守旧立场,且与佛教有着渊源关系的沈㴶,因袾宏之死的怨恨和自己遭遇羞辱的愤懑,使他决然利用政府职能的权力,成为高举反基督教大纛的"一身而二任"的主将。待他窥伺报复的时机逐渐成熟,便由幕后走向前台,采取突然袭击的方式,[①]拉开了南京教案的帷幕。

第三节 "南京教案"的爆发、经过与影响

万历四十四年(1616年)五月,沈㴶上奏《参远夷疏》,率先发难。该奏疏可分为四个部分。

第一,提出评价或对待外国传教士的两条基本原则。即首先在于儒术纪纲不为异物所迁,其次为夷夏之防各止其所。他说:"帝王之御世也,本儒术以定纪纲,持纪纲以明赏罚,使民日改恶劝善,而不为异物所迁焉。此所谓一道同风,正人心而维国脉之本计也。"又称:"夷夏之防,载诸《祖训》及《会典》等书……正以山川自有封域,而彼疆我理,截然各止其所。"凡此目的,在于"抑邪崇正,昭然定于一尊,乃风俗之所以淳厚……其为万世治安计,至深远也。"

第二,具体指控传教士的四大罪状。从奏疏指陈"近年以来,突有

[①] 据徐光启于万历四十四年(1616年)五月,从北京所寄家书称:"西洋先生被南北礼部参论,不知所由,大略事起于南,而沈宗伯(即沈㴶)又平昔称通家还往者,一旦反颜,又不知其由也。"(王重民辑校:《徐光启集》下册,第492页)可见平日沈㴶仇(基督)教之心包藏之深,一旦发作,遽令如徐光启这样睿智而敏锐之人,顿觉突然且难究其缘由。

狡夷自远而至,在京师则有庞迪我、熊三拔等,在南京则有王丰肃、阳玛诺等,其他省会各郡在在有之"来看,沈㴶锋芒所向并不限于南京一隅,而是遍及全国所有在华传教士。其具体罪状为,(一)以"大西"相抗"大明",诡称"天主"驾轶中国"天子"之上,违悖皇上为覆载炤临之主和三代以来稽古之定制。(二)针对万历三十九年(1611年)礼部征召"彼夷开局繙译"共治历法的建议,指出自古七政(日月及五星)运行于天,犹人君之有政事,这种天人感应在凸显"天无二日,亦象天下之奉一君"。而彼夷所谓"七政诸天之中心","日月五星各居一天"的说辞,是"举尧舜以来中国相传纲维统纪之最大者,而欲变乱之"。因此,断不可据夷说以纷更"祖宗钦定、圣贤世守之《大统历》法"。(三)宣扬天堂地狱之说,直劝人不祭祀祖先,是教人不孝,无君臣父子之秩,此"儒术之大贼,而圣世所必诛"。(四)以资财济人。量人而与相诱惑,使闾左小民乐于从教,"其胸怀叵测",跟历史上田氏借贷以收民心、卒倾齐国,及刘渊、石勒、安禄山等异族叛乱如出一辙。"有忠君爱国之志者,宁忍不警惕于此"!

第三,奏请勅下礼兵二部覆议,将为首者依律究遣,其余立限驱逐。并须查明,彼夷从何年潜入,见今两京各省有几处屯聚,其传教资财何以渡越关津盘诘而源源不断。为使国家"无复意外之虞","今后再不许容此辈阑入"。

第四,通篇虽以儒家纲维统纪的卫道士立论,矛头直指"胸怀叵测"的外国传教士,但字里行间亦透露出其别有居心。这既表现于不失时机地为佛教涂脂抹粉,也反映在对皈依基督教士大夫的旁敲侧击。前者在申谕夷夏之防后写道:"故释道二氏,流传既久,犹与儒教并驰。"又在批判基督教天堂地狱之说时坚称:"夫天堂地狱之说,释道二氏皆有之,然以之劝人孝弟,而示惩夫不孝不弟造恶业者,故亦有助于儒术尔。"同为天堂地狱之说,出于基督教就罪不容诛,来自佛教便有助儒术;又同样肇源异域,基督教视为"儒术之大贼",佛教则可与儒教并驾齐驱,其间爱恨情仇昭然若揭。后者如指责基督教,"其说浸淫人心,即士君子亦有信向之者"。又"猥云远夷慕义,而引翼之,崇奖之,俾生其羽毛,贻

第二章　佛教、基督教之争与"南京教案"的缘起、衍变及其影响　　171

将来莫大祸乎？"①如此一来，奉教士大夫岂不成了为虎作伥的帮凶。

沈㴶这篇声讨传教士的檄文，可视做儒家守旧派的宣言。上自天体"七政"的运行，中继世间君臣父子的伦序，下及地狱对善恶的劝惩，凡此尧舜以来相传的纲维统纪，皆不得有所变易。为阻止异教异说侵蚀而引起传统堤防的溃决，特设置"夷夏之防"的思想藩篱以相禁锢。而这一切旨在使天下定于一尊，王朝长治久安。至此，可谓儒家的制度化或意识形态化的典型表现。当然，这篇奏疏的内容，无疑渗透着沈㴶一贯的政治思想（与其在北京的策问，讲章等一脉相承），但也吸收了徐如珂和南京士子们的某些意见（尤其是在具体实例方面），既显示出沈㴶同佛教那种割舍不开的情谊，亦暴露了他伺机报复皈依士大夫的阴暗心理。

沈㴶对传教士的指控，迅速得到朝中当权者的支持，并在尚未取得皇帝批覆的情况下，迫不及待地对传教士和教徒采取了镇压措施。沈㴶奏疏送达北京，时署理礼部事务、左侍郎兼翰林院侍读学士何宗彦，于七月初四（阳历8月15日），在会同题覆请旨的奏疏中，"肯定沈（㴶）的请求是正当的，对国家的安全是必须的，就他本人来说他认为沈做得很对，如果没有得到皇帝的格外许可，仅就他的职权说，他已下令在全省（国？）把所有神父驱逐和消灭，唯有在北京的除外"。②果然，七月初九（阳历8月20日），驱逐的"旨令由急差在全国各省公布，还有礼部首脑的一道特殊命令囚禁神父们。"③此项命令送达南京后，七月二十日（阴历8月31日），南京巡视东城御史孙光裕派兵包围教堂。第二天清晨（阴历七月二十一日，阳历9月1日），正式拘捕传教士王丰肃、谢务禄（即曾德昭）和教徒12名（其中一人随即病故）。④此前，北京礼科给

---

① 以上引文均载沈㴶：《参远夷疏》，收录于徐昌治订：《圣朝破邪集》卷一，夏瑰琦校注本，香港建道神学院1996年版。
② 曾德昭著，何高济译：《大中国志》，上海古籍出版社1998年版，第253页。
③ 同上书，第253页；又何守彦，万历二十三年（1595年）进士，自万历四十二年（1614年）迁礼部侍郎，署部事。"宗彦清修有执，摄尚书事六年，遇事侃侃敷奏，时望甚隆。"（《明史》卷二四〇，何宗彦传）后在会推阁臣及入阁办差，宗彦与沈㴶间时相抵牾。可见当年何宗彦支持驱逐传教士的主张，专为朝廷安全计，似乎并无私交牵累或苞苴之嫌。
④ 徐昌治订：《圣朝破邪集》卷一，南京礼部：《付该司查验夷犯劄》；曾德昭著，何高济译：《大中国志》，第253页。

事中余懋孳于七月二十日(阳历 8 月 31 日)呈上"辟异教严海禁"的奏疏,将传教士煽惑百姓,直接跟白莲、无为等秘密宗教,及潜通澳门之番联系起来,指出:"留都王丰肃、阳玛诺等,煽惑百姓不下万人,朔望朝拜动以千计……夜聚晓散,效白莲无为之尤,则左道之诛,何可贷也。"又"使其资往侦来,通濠镜澳之谋,则通番之戮,何可后也"。由是,提出"今日解散党类,严饬关津,诚防微之大计"。① 随着沈、何、余三位高官奏疏的呈递和公布,及对王丰肃等人的逮捕,全国禁教和驱逐的大势已不可逆转。

待八月十四日(阳历 9 月 24 日)第二次在南京逮捕刻印传教士《具揭》的八名教徒后,八月二十日(9 月 30 日),有"南卿寺等、巡视等衙门"请予严惩的联名奏疏。八月二十八日(10 月 8 日),沈㴶呈《再参远夷疏》,依然罗织实例重弹老调。此后,南京礼部颁布《拿获邪党告示》,指斥"狡夷邪说欺世惑人,相应破除者",四款。(一)狡夷诱人崇奉的"天主",实西国十字枷所钉之罪死者,以此竟"敢于欺诳天听"。(二)狡夷私造浑天仪器,张扬决裂天体的"七政七重天"之说,而欲变乱"万世不刊之典"的《大统历法》。(三)彼夷以大小瞻礼、澌圣水、擦圣油、夜聚晓散等,"种种邪术煽惑人民,岂可容于尧舜之世"?(四)"堂堂士君子,立身行己自有法度",焉能惑于夷人施钱财要结人心,或畏惧禁呪狡狯之术,"反沮其正气耶"!②

自沈㴶发难以来,虽"南北礼卿参之,北科道参之,而南卿寺等巡视等衙门各有论疏",③且两次在南京逮捕传教士及教徒二十余人,但并未得到皇帝谕旨批复。特别是按照《大明律例》,"凡化外人犯罪者",

---

① 《明神宗实录》卷五四七;余懋孳,安徽婺源人,万历三十二年(1604 年)进士。"授浙山阴令,政先德惠,力维风教"。"在任操洁,两举卓异,徵为礼科给事中"。履职后,疏责大臣当真心为社稷是图,促福王之国以息群臣猜疑,弹劾镇守闽浙税(太)监高寀,稍苏民困。诸议朝中大政,皆"侃侃风稜寒白日,而肃秋霜"。(《(乾隆)婺源县志》卷十五,人物三,名贤)又徐光启家书,称余氏为"年伯",似颇有交情。谓"余年伯不甚知诸先生(指传教士),疏中略为持平之论"。(《徐光启集》下册,第 492 页)就余氏之操洁、风稜及社交关系言,断不会循沈㴶之私情上疏,当出于"力维风教"而为国家社稷计。

② 《圣朝破邪集》卷二,《拿获邪党后告示》。

③ 同上书,卷一,吴尔成:《移南京都察院咨》。

第二章 佛教、基督教之争与"南京教案"的缘起、衍变及其影响 173

"俱要请旨",方可"依律拟断"。① 为摆脱这骑虎难下的尴尬局面,当事者遂急切地采取合法乃至非法的手段,亟望早日获得俞允的圣旨。先是,南京礼科给事中晏文辉上疏催促,云:"惟是王丰肃等,尚在羁系之中,未蒙处分之旨,守候既久,结局无时,万一自毙,其如法之未明何?"② 稍后,十二月一日(1617 年 1 月 7 日)沈㴶呈上《参远夷三疏》,"伏乞皇上即下明旨,容臣等将王丰肃等,依律处断。其扇惑徒众……分别正罪,庶乎法纪明而人心定,奸邪去而重地亦永清矣。臣无任激切待命之至。"③ 十二月十日(1617 年 1 月 16 日),北京礼部署部事、左侍郎何宗彦等具题,再次支持沈㴶三疏的请求。

半年多的时间里,万历皇帝之所以迄未批复,自然跟其晚年倦怠和废弛政事,跟"那么多奏疏充耳不闻"的积习有关。然而,皇帝对传教士似乎仍心存些许温情,或者也是一个原因。诚如前册所述,利玛窦最终得以在京城居留,并获朝廷恩赐的津贴,实仰赖于万历皇帝的好感及其力排众议。④ 资料显示,这种好感和温情一直留存,即使在教难发生后仍有所表露。据徐光启从太监那里听到的消息:"近日(皇帝)又问近侍云,西方贤者如何有许多议论? 内侍答言,在这里一向闻得他好。主上甚明白也。"⑤ 纵然万历皇帝对传教士并无谋反实迹心知肚明,但他再也懒得像当年那样,为了传教士的去留,而跟如此众多的臣僚斗心智争短长了。

鉴于正常的渠道难于得到久盼的圣旨,沈㴶等人便谋求以私人关系和贿赂打通关节。据教案当事人、传教士曾德昭(谢务禄)记载:"这时,我们的敌人因皇帝迟不作覆,便竭尽最后的努力争取并不那么嫌恶我们的阁老,终于说服他把一份奏疏上呈皇帝,通过一个已用重贿买通

---

① 《圣朝破邪集》卷一,沈㴶:《再参远夷疏》。
② 同上书,卷一,吴尔成:《移南京都察院咨》。
③ 同上书,卷一,沈㴶:《参运夷三疏》。
④ 参见拙著《明清之际中西文化交流史——明代:调适与会通》(增订本),第 315—318 页。
⑤ 王重民辑校:《徐光启集》下册,第 492 页。

的太监之手,以取得皇帝对此的命令。"① 此处之"阁老",系指独擅内阁大权的浙江德清人方从哲,沈㴶"与大学士从哲同里闬(德清与乌程同属湖州府),相善也。"又沈㴶为词臣时,尝"教习内书堂,所教内竖(太监)执弟子礼。"② 通过这两层关系,再加上重金贿礼,阁老、太监或许还有皇后通同蒙混作弊,将事先草拟的诏谕,"用欺诈手法让它得到签署"。于万历四十四年十二月二十八日(1617年2月3日),下达了批覆礼部何宗彦等具题奏疏的圣旨:"这奏内远夷王丰肃等,立教惑众,蓄谋叵测,尔部移咨南京礼部,行文各该衙门,速差员役递送广东抚按,督令西归,以静地方。其庞迪我等,去岁尔等公言晓知历法,请与各官推演七政,且皆系向化来京,亦令归还本国。"万历四十五年正月初九(1617年2月14日),该诏令正式公布。③ 至此,由沈㴶掀起的"南京教案",终于披上朝廷批准的合法外衣。

在骤然降临的教难面前,传教士仍未从那张扬和挑衅的传教政策中醒悟过来。南京的王丰肃是如此,北京的庞迪我、熊三拔也不例外。实际上,当沈㴶、何宗彦会同题覆的奏疏上呈,庞、熊二人已通过知情者获得奏章的副本。他们随"即于七月初旬具揭",指派专人持西文信件("番书订寄揭稿"),迅疾赶赴南京。信件于七月十九日(阳历8月30日)深夜送达,南京会院王丰肃等人由是作好了应变的准备。④

与此同时,庞、熊二人获悉"被参之后,曾具一疏,略陈情款,非敢肆辩,于七月十一日(阳历8月22日),赴通政司告投讫,奔求累月,未蒙奏进。"眼见投诉无门,两人决定将原先"略陈情款非敢肆辩"的简单奏疏,恣意铺陈扩充,撰成一份超过万言的、全面批驳反教指控的《具揭》(或称《书揭》、《揭帖》)。并于七月二十一日(阳历九月一日),差教徒张寀携往南京天主堂,企图"刻揭遍送长安"(南京),以申其"哀鸣不得已"

---

① 曾德昭著,何高济译:《大中国志》,第265页。
② 《明史》卷二一八,沈㴶传。
③ 曾德昭著,何高济译:《大中国志》,第265—266页;《圣朝破邪集》卷一,吴尔成:《移南京都察院咨》。
④ 曾德昭著,何高济译:《大中国志》,第253—254页;《圣朝破邪集》卷一,沈㴶:《再参远夷疏》。

第二章　佛教、基督教之争与"南京教案"的缘起、衍变及其影响　175

之衷情。①

由"庞迪我、熊三拔等"署名的《具揭》,除开篇简述利玛窦来华、入贡和归葬等情状外,主要内容便是将"被参奏中间,议论数端",统斥为"道路讹闻猜忖之言",一一摭拾起来加以"解析",实则辩驳。大致看来,这篇公开批判沈㴶、何宗彦、余懋孳等朝中重臣奏疏的揭帖,具有如下一些特点。第一,经"解析"者达24条之多,囊括了传教士被指控的所有内容。这其中,既有澄清天主信仰、天体运行规则、大西舆地概念、祖宗祭祀、夷夏之防和释道二教之是非,又有驳议异教怪诞、左道乱政、窥测山川险易、为香山澳夷商细作与外煽内乘、图谋叵测之不实,还有辩白南京住房、星昴瞻礼、救济穷困以及刊刻揭帖遍送长安之情由。凡此可见传教士搜罗的全面和反击态度之坚决。

第二,驳议条款虽夥,但叠床架屋,累见重复。如既"解赍财与人",又"解工为黄白、挥金如土";再"解从教者,每人与银三两"。已设"解香山澳夷商细作"之条,复置"解招倭番海鬼诸恶夷","解江浙闽广处处布列","识边境之盈虚,知山川之险易","岭南鱼烂之虞,四海鼎沸之虑"等款,诸如此类,足见传教士行文仓促来不及归纳整合。

第三,文中虽以西国天主、天体七重、教中《十诫》与儒家上帝、九重天、祭祀祖先契合相标榜,但字里行间无不浸透着一个至公至大的普世天主,一个至醇至美的西方风俗,一个在中国推行圣教将使一切化而为善的痴人梦呓。如谓:"历考天下诸种教法,惟我天主圣教极光明,极莹洁,片言皆正道,末事皆真善,今世后世之理,时时刻刻当行之,工夫无不赅备。是能使人为全善者,又他教无有也……即亦普天一主,昭事一心,至公至平,至正至大"。又称:"西土数十国……其风俗则路不拾遗,夜不闭关,一二万里之内,绝少见说谎人、凶恶人、奸淫人、盗窃人、诓骗

---

① 庞迪我、熊三拔等:《具揭》,载钟鸣旦、杜鼎克等编:《徐家汇藏书楼明清天主教文献》第一册,台湾辅仁大学神学院1996年版。携往南京的《具(书)揭》,较之最初奏疏的内容大为扩充,可以《书揭》包涵的反礼科给事中余懋孳的奏疏为例。余疏有关传教士跟白莲、无为逆教和潜通澳门逆谋相联系的指责,为其他弹劾奏疏所未载。而此疏上于七月二十日(阳历8月31日),应在庞、熊七月十一日奏疏之后。庞、熊《具揭》能将反驳余疏的内容收录其中,显见《具揭》的篇幅较奏疏已有大的扩展。

人、骂詈人。一有之,人皆指摘,不能相容……若夫叛逆反乱之云,非独今世无其人、无其事,自遵行圣教以来,亦耳所未闻,书所未载矣。"经过此番违悖实际的吹嘘之后,传教士丝毫不掩饰其来华目的,写道:"所以西土君臣上下,无不爱事天主,推以爱人,专务广行大教……迪我辈数万里远来,实情为此……意天主圣教若行中国,其明效显功当盛于西土。他方夷虏,今作寇钞者,皆可化而为善。"①这种唯我为天下主宰和至臻美俗,不论他国是否愿意,终令其移风易俗服膺真教的言论和行动,典型地反映了基督教狭隘与排他性的本质特征。

就是这样一份仓促形成力图全面批驳朝中重臣指控,且充分体现基督教排他性的文件,一旦公开刊刻散发,犹如扬汤止沸,非但于事无补,反而授人以柄。据记载,教徒张寀受庞迪我派遣,于七月二十一日自北京出发,携"包袱一个,内书揭一大封,差寀送南京天主堂中开拆。寀于八月初八日到南京,见王丰肃天主堂已经封锁,乃寻到教中余成元家。比时(中国修士)钟鸣礼自杭州来,解包开封,因商量刻揭情由。十一日刻起,十四日刻完,随于本夜刷印装订,共成一百本,约十五日习仪处所投递,不意二更时即被拘获。"②同时逮捕共有八人。对于前次庞、熊二人千里差人暗通消息,及此次公然刻印书揭投递对抗,均被沈漼作为传教士危害国家安全的最新证据,而写入弹劾"远夷"的奏疏中。前者如《再参远夷疏》曰:"更可骇者,臣疏向未发抄,顷七月初,才有邸报。而彼夷即于七月初旬具揭,及至二十一日,已有番书订寄揭稿在王丰肃处矣。夫置邮传命中国,所以通上下而广宣达也。狡焉丑类,而横弄线索于其间,神速若此,又将何为乎?"后者如《参远夷三疏》云:"尤可异者,各衙门参彼之疏,尚未得旨,而庞迪我、熊三拔等,亦造疏揭,差其细作钟鸣礼、张寀等,斋持前来,诈称已经奏进,刊刻投递。臣观其疏揭内,公然自言两京各省有十三人,殊为可骇。"③关于南京刊刻投递之书

---

① 庞迪我、熊三拔等:《具揭》,载钟鸣旦、杜鼎克等编:《徐家汇藏书楼明清天主教文献》第一册。

② 《圣朝破邪集》卷二,吴尔成:《会审钟鸣礼等犯一案》。

③ 同上书,卷一,沈漼:《再参远夷疏》,《参远夷三疏》。

第二章　佛教、基督教之争与"南京教案"的缘起、衍变及其影响　177

揭，究为何人著作，西人记述或有错讹。如南京教难当事者、传教士曾德昭称，所印发的乃李之藻撰写的辩护书。其文曰："这时候尤华民神父派来援助囚犯和基督徒的那个修士抵达南京。他见到夏依纳爵，夏是一个有学识的人，一个好基督徒，也是李良（之藻）博士的亲戚，被派遣从高邮前来，为了在南廷印发李博士撰写的一份辩护书。这位修士负责刊印，选择了六个懂技艺的基督徒，在其中一个基督徒的私人花园进行工作。"后被人告发拘捕等。① 又如美国学者邓恩则谓印制的是徐光启的《辨学章疏》。他说："徐光启写了一篇论文，为传教士和天主教做辩护……尤华民就派钟鸣礼带着徐光启的文章赶赴南京，在南京印行并散发。钟鸣礼在李之藻的亲戚、天主教徒夏某（教名依纳爵）的帮助下，找到了六位愿意帮助他印制文章的人。他们在一位天主教徒的家中干了起来。就在徐光启的《辨学章疏》首批刚印完的时候，这位天主教徒的邻居向沈㴶告了密。于是印制文章的人和钟鸣礼被捕了。"②

然而，据《圣朝破邪集》卷二《会审钟鸣礼等犯案》所载，在南京刊刻的《书揭》，乃庞迪我指派"门下"张寀由北京携往者。又沈㴶《参远夷三疏》揭露，该书揭中"公然自言两京各省有十三人"的词句，这显然跟前述庞、熊《具揭》的内容相符。由此可见，由钟鸣礼、张寀等八人在南京刊刻的，实为庞、熊的《具揭》一文。在被捕的八人中，确有名叫"夏玉"者。据他交待，系南京本地人，以卖糕为生，粗通文理，曾诵读"夷教书十五本"而入教。但他并非特意从高邮派遣前来，甚至没有实际参与刷印过程，而只是叫去伴同余成元上街置办鱼肉。"前往蓬中（印刷地），但见揭已刷完，只要明早送了。正吃饭间，被城上拿获"。（《会审钟鸣礼等犯一案》）毫无疑义，窃取朝廷机密而暗通消息的败露，以及刊刻书揭批驳南北礼部大臣的奏疏，不啻为沈㴶以危言耸动朝野舆论，加紧驱逐镇压，提供了求之不得的借口。

这样看来，在教案处于危难紧急的关头，庞迪我等人依然十分冲

---

① 曾德昭著，何高济译：《大中国志》，第258页。
② 邓恩著，余三乐等译：《从利玛窦到汤若望》，第120页。

动。他们既不愿从教难原因的反省中收敛自己的行为,亦不寻求缓和的、非对抗手段(像利玛窦经常做的那样)化解矛盾,而是以攻为守,采取公开的无所顾忌的对抗方式。如此激化矛盾的举措,不但难以"救解"王丰肃的厄运,更将传教士背着朝廷另搞一套的隐秘暴露于光天化日之下。因此,《具揭》的出笼、实质及其后果,与利玛窦适应策略的基本精神并不相侔,尽管某些说词反映了该策略的观点。王丰肃的赤膊上阵与庞迪我的以攻为守实殊途同归,应为传教的重大挫折承担责任。

　　就同在七月上旬的时候,徐光启针对沈㴶奏疏所撰写的《辨学章疏》,则具有完全不同的性质,及非同一般的意义。原来,皈依士大夫对于王丰肃等人不计后果的公开传教,持不赞成的态度。如《汤若望传》作者魏特记述道:"当时的传教士们因为相信奉教官吏之权威可作靠山,所以都开始要摆脱利玛窦所主张的暂避态度,而公然实行传教。在南京,王丰肃神甫尤其喜欢尽量庄严地铺排教会内之神事。他甚至还曾备妥一份上皇帝的奏折(疏),在这奏折中,他所请求的,颇非小事,就是请求准许基督教自由传布的事宜。奉教官吏们,尤其是人人知晓的徐光启劝阻进呈这奏折。因为他们认为那时时机尚未成熟。"[①]不合时宜的奏疏虽未呈递,但固执己见的公开传教,终于酿成灾祸。对于南京教难的起因,徐光启并不知详情。他在家书中说:"西洋先生被南北礼部参论,不知所由,大略起于南"。[②] 然而,当他见朝中《邸报》所载"南京礼部参西洋陪臣庞迪我等",即沈㴶《参远夷疏》,便不顾个人安危,奋然"在一个晚上写了为神父辩护的奏疏",[③]这就是著名的《辨学章疏》。

　　该章疏的内容可分为四个部分。第一,以坦荡的心怀,公开承认自己便是南京礼部不指名纠参的、浸淫西学的士大夫,及尝与传教士考求历法者。"诸陪臣果应得罪,臣岂敢幸部臣之不言以苟免乎!"如此无所畏惧的表白,使前述沈㴶含沙射影以震慑皈依士大夫的手段,难以售其奸。

---

① 魏特著,杨丙辰译:《汤若望传》第一册,第75页。
② 王重民辑校:《徐光启集》下册,第492页。
③ 曾德昭著,何高济译:《大中国志》,第253页。

第二章　佛教、基督教之争与"南京教案"的缘起、衍变及其影响　　179

第二，正因经多年接触，知之最为真确，故对传教士的心迹、道德和学问，尤其是基督教义，给予了极为崇高的评价。前者称："然臣累年以来，因与讲究考求，知此诸臣最真最确，不止踪迹心事一无可疑，实皆圣贤之徒也。且其道甚正，其守甚严，其学甚博，其识甚精，其心甚真，其见甚定。在彼国中亦皆千人之英，万人之杰。所以数万里东来者，盖彼国教人，皆务修身以事上主，闻中国圣贤之教，亦皆修身事天，理相符合，是以辛苦艰难，履危蹈险，来相印证，欲使人人为善，以称上天爱人之意。"后者谓："其说以昭事上帝为宗本，以保救身灵为切要，以忠孝慈爱为工夫，以迁善改过为入门，以忏悔涤除为进修，以升天真福为作善之荣赏，以地狱永殃为作恶之苦报，一切戒训规条，悉皆天理人情之至。其法能令人为善必真，去恶必尽。盖所言上主生育拯救之恩，赏善罚恶之理，明白真切，足以耸动人心，使其爱信畏惧，发于由衷故也。"字里行间，贯串着基督教义与儒学的种种渗透与契合。如西教和中国圣贤之教皆修身事天，理相符合；欲使人人为善，以忠孝慈爱为工夫，等等。这已不是西方原典的基督教义，而是经过中国皈依士大夫融通的带有儒学色彩的基督教义。在那南北礼部纠参并下令羁押传教士的黑云压城的时刻，依然敢出此称颂备至的惊世骇俗之论，其信仰之笃真和自信，决非常人可与比肩。

第三，称颂西教的目的，在于以开放的心态，借此补益儒术的缺陷，排抑佛法的乖谬，倡导对传统思想框架进行改革，以理顺旧有的社会秩序，实现国家的长治久安。首先，他对历来以儒家为主、辅以释氏之说的统治之术及其思想框架，持强烈批评的态度。认为古来帝王之赏罚，圣贤之是非，仅"能及人之外行，不能及人之中情"。加之"司马迁所云：颜回之夭，盗跖之寿，使人疑于善恶之无报。是以防范愈严，欺诈愈甚。一法立，百弊生，空有愿治之心，恨无必治之术。"在这种情况下，"于是假释氏之说以辅之。其言善恶之报在于身后，则外行中情，颜回盗跖，似乎皆得其报。谓宜使人为善去恶，不旋踵矣。"然而，佛教东来千百年的实践表明，释氏之言"似是而非"。"说禅宗者衍老庄之旨，幽邈而无当；行瑜珈者杂符箓之法，乖谬而无理。且欲抗佛而加于上主之上，则既与古帝王圣贤之旨悖矣。使人何所适从,何所依据乎?"鉴于固有的思想构架的弊病已暴露无遗,作者便鲜明地提出:"必欲使人尽为善,则诸陪臣所传事天之学,真可以补益王化,左右儒术,救正佛法者也。"唯其如此,则西洋诸国"大小相恤,上下相安,路不拾遗,夜不闭关,其久安长治"的教化风俗,亦可毕现于中国。作者继而指出,为了引入诸陪臣事天之说,以改造儒术为主辅以释氏的传统思想构架,必须具有"累朝以来,包荒容纳",及"苟利于国,远近何论"的开放心态。只有这样,"则兴化致理,必出唐虞三代上矣"。

第四,为使这样详加考究的真知灼见取信于朝野,特提出试验和处置之法各三种。试验方法有:令陪臣同译西来经传以定其是非,命陪臣与僧道互相辩驳务求归一,将陪臣综述教义规条及事迹功效一并进呈御览。处置之法包括:命陪臣量受国人捐助以给衣食,断绝"广海洋商"接济,"尽释猜嫌"。又命陪臣所居地方士民具结保其德行端正,且所在官司考察赏罚从教之人。

最后,作者充满信心地说:"特以臣考究既详,灼见国家致盛治、保太平之策,无以过此。"①对于这封虽草拟于经宿之间,而实则深思熟虑于无数不眠之夜的奏章,如果仅仅看做是(如西方许多宗教史学家所言)为传教士和基督教辩护的文字,那么难免低估了这一历史文献的重要意义。这是一篇以反击沈㴶奏疏为起因(为揭露沈㴶极力掩盖与佛教的关系,通篇特将批判佛教作为重要内容),正面宣传传教士和基督教为特征,而实质上却是以改造历代统治思想构架为基本诉求的政治改革宣言。文章紧紧抓住善恶赏罚这古今中外道德领域所共同关注的问题,从不只注意今生而且关怀来世的新的视野,通过比较和评品儒、释、基三家的短长,指出传统上以儒家为主辅以释道的统治思想构架已弊窦丛生,难以移风易俗、长治久安。唯有引入已带有中国色彩的基督教事天之学,方可以补益王化的缺陷,左右儒术的趋向,救正佛法的乖谬,在明季那弥漫"综合风气"的氛围中,②开辟融汇儒释道基的中国思

---

① 王重民辑校:《徐光启集》下册,第431—437页。
② 钟鸣旦著,圣神研究中心译:《杨廷筠:明末天主教儒者》,第261页。

第二章 佛教、基督教之争与"南京教案"的缘起、衍变及其影响　　**181**

想发展的新阶段。如此鲜明的政治思想改革的诉求，既反映皈依士大夫对封建后期统治思想衰微腐败的失望，亦憧憬通过引入新的精神元素和对旧有思想框架的改造，将使传统思想呈现出新的活力。这种寻求发展的理念与内在更新的要求，跟沈㴶表白的祖宗成宪不可变易，儒家纲纪不许更张的观点，适形成鲜明的对照。由此可见，在徐光启和沈㴶对待西学迥然不同态度的背后，实隐藏着发展与停滞、革新与守旧这更为深刻的分歧和对立。尽管在今天看来，徐光启对西方的赞誉多有可议之处，显然跟传教士的影响有关。但在当时，与其说这是对域外美好事物的向往，不如说是对心理理想社会的追求。正是在此不可避免的历史局限性中，焕发出其改造社会的自信和热情。或许这就是历史辩证法魅力之所在。

在徐光启以"衙门后辈"指摘礼部大臣，以新说异端企图改变传统思想的奏疏呈上后，万历皇帝不置可否，仅"御批：'知道了'。"[①]这正是当时执政者对新说异端的宽容，任其有一定的活动空间；以及在正统儒学控制下，该新说异端终难以取胜的写照。虽然改革的理念无法获得统治阶层的认同，但皈依士大夫对危难中传教士的庇护仍不遗余力。除被指名参劾的四位神父难以转移地下之外，其余传教士均妥善地藏匿于各地皈依士大夫家中。如龙华民、毕方济神父安排在北京徐光启家里。[②]郭居静、艾儒略、史惟真、黎守石及后来的费奇观、阳玛诺等多名神父，躲避于杭州杨廷筠的住处。罗如望神父逃匿于江西建昌，为当地某奉教官绅所保护。至于任职于高邮的李之藻，更直接用信札、金钱和寒衣救助身陷南京囹圄的神父与教徒。

若探究沈㴶等人施行的镇压，可分为前后两个阶段。前一阶段包括：万历四十四年七月二十一日（1616年9月1日），官兵搜查南京传

[①]　王重民辑校：《徐光启集》下册，第437页。
[②]　萧若瑟《天主教传行中国考》第166页云：教难期间，龙华民、毕方济为避人耳目，暂居北京徐光启私第。而曾德昭《大中国志》记载（中译本第272页），龙华民曾藏匿于杭州杨廷筠府宅，毕方济亦在杭州杨宅。（杨振锷：《杨淇园先生年谱》，第36页，上海商务印书馆1946年版。）

教士住所及城郊花园,拘捕王丰肃、谢务禄和十二名教徒。八月十四日(9月24日),再次在南京逮捕组织刷印庞迪我《具揭》的钟鸣礼、张寀等八名教徒。南京礼部和都察院对被捕西洋教士与中国教徒详加会审。直至万历四十五年正月初九(1617年2月14日),朝廷正式公布驱逐王丰肃、谢务禄、庞迪我、熊三拔的诏令。其间,值得注意之处有三。其一,从一般审案官员对神父与教徒的温和态度,跟沈㴶一再虐待和严刑拷打来看(有两名教徒死于狱中酷刑),暴露了后者私挟仇恨急于报复的心态,这自然与前述袾宏猝死和个人羞辱的恩怨有关。其二,被逮捕的中国教徒,均出身于社会下层,从事于做帽、种园、推水、描金、卖糕等苦力活计。可见王丰肃在南京传教的重心,已由争取知识阶层向底层群众倾斜,这或许是引起当地秀才和乡绅(如顾起元)反感的原因之一。其三,通过对"夷犯"王丰肃、谢务禄的译审,将原先隐秘不彰的传教士在中国的活动情形揭露于世。诸如均取道澳门进入中国,教务钱粮系由每年西洋商船携来六百两白银资给,韶州、南昌、南京、北京教区的分布,郭居静、庞迪我、罗如望、阳玛诺、林斐理等传教士的去向,以及每月聚众讲教的规章。① 这套自成系统的组成形式和活动规章,显然是跟中国封建集权制度不断产生摩擦的根源。

后一阶段内容计有:第一,万历四十五年三月二十五日(1617年4月30日),王丰肃、谢务禄被戴上重重镣铐关进方笼押离南京,三十天后到达广州。与从北京前来却不曾遭受伤害的庞迪我、熊三拔会合,获得暂时的自由。并于1618年(万历四十六年)初遣往澳门。第二,被捕中国教徒中,两名修士(即钟鸣仁、钟鸣礼兄弟)惩罚最重。在"受到几种酷刑和挨打后,一个被罚往鞑靼城墙服役(钟鸣仁),另一个去为皇帝的船拉纤(钟鸣礼)"。其余被关押的教徒,"每人挨了七十大板,然后就被释放了"。② 第三,折毁南京教堂会院,变卖宅基地一百五十两入官,砖石材料移盖名臣黄公祠。出售城郊花园得银十五两,修

---

① 《圣朝破邪集》卷一、《会审王丰肃等犯案》;卷二、《会审钟鸣仁等犯案》。
② 曾德昭著,何高济译:《大中国志》,第267页;邓恩著,余三乐等译:《从利玛窦到汤若望》,第128—129页。

第二章 佛教、基督教之争与"南京教案"的缘起、衍变及其影响 **183**

整涬泥王坟。① 至万历四十五年十二月十一日(1618年1月7日),重建黄公祠的落成,标志着沈㴶挑起的南京教案暂告一段落。②

虽然前一波"南京教案"的风暴似已消退,但全国禁教诏令并未解除,倘遇风吹草动仍有余烬复燃之势。天启二年(1622年),借朝廷平定山东白莲教叛乱而穷治党羽的机会,南京官员以沈㴶为后台,再次掀起第二波教难的风潮。值得注意的是,这次风潮的涨落,具有更为明显的党派争斗的背景。

史称,京畿、山东一带白莲教盛行,二十年中,此民间秘密宗教党徒不下二百万。是年五月,教首徐鸿儒率众起事,"自号中兴福烈帝",攻陷山东郓城、邹、滕等县,掠及运河漕船四十余艘,河道阻截,朝野震动。朝廷遂调集重兵围剿,无告贫民株连囚系者甚众。七月,平定叛乱,擒斩徐鸿儒。大捷之后,实行"招抚赦宥",党徒解散,地方始安。③

当白莲教叛军扩张之际,朝廷曾"在全国发布命令,逮捕和惩处这个教派的人"。与山东毗邻的南京所辖之直隶诸府,自不敢怠慢,悬布告于通衢,"用重赏捉拿该教的人"。④

恰在此时,南京某军士欺辱一基督徒的邻居,基督徒仗义指斥,军士进入其家寻衅,发现十字架和救世主的画像。遂控告于官府,指认该天主教徒"和白莲教是一回事"。审讯中,又牵涉与逮捕圣像画师及34名教徒。一时间教徒之家纷纷被抄,宗教信物(念珠、十字架、圣像、书籍等)劫掠一空。街头上伴随着天主教就是白莲教的斥骂声,教徒们拖着沉重的铁镣前行。监狱中杖刑夹刑交替使用,逼迫交出同党,一名教徒就这样被拷掠至死。官府发布禁止基督教的新法令,恐怖气氛再次

---

① 《圣朝破邪集》卷二,《拆毁违制楼园一案》。
② Adrian Dudink: *Nangong Shudu* (1620), *Poxie Ji* (1640), *and Western Reports on the Nanjing Persecution* (1616/1617), MONUMENTA SERICA *journal of Oriental Studies*(华裔学志)Vol. XLVIII, 2000, pp.249—251, "Bridl overview of the Nanjing persecution"。
③ 《明史》卷二五七,赵彦传;夏燮:《明通鉴》卷七八;何乔远:《何镜山先生全集》,附录,郑之玄:《拟请谥恤揭》。
④ 曾德昭著,何高济译:《大中国志》,第276页。

笼罩南京城。经过甄别权衡,官府最终将八名教会骨干定谳,因为据查他们的家里即是教徒经常集体做祈祷的地方。于是,"在应天府衙门中主持这件案子的官吏,作出信仰天主教有罪的判决。他在重申了沈㴶的奏疏和逐教令之后,宣判八名天主教徒坐牢一个月,并没收他们的书籍、宗教画像及其他与天主教相关的物品。"①

从当时情况看,再起波澜的"南京教案",似乎事出偶然,不过是重申禁止天主教的诏令而已,并无蓄意罗织和激化的趋势。然而,随着在传教士坚持下皈依士大夫的介入,及迎合沈㴶旨意的南京官员的反控,形势又朝着更加紧张和难以捉摸的方向发展。原来南京基督徒星夜赶往杭州向躲藏的神父们报告危险处境,"当时教团总监罗若(如)望神父恰好在杭州,他马上设法寻找补救之策,跟迈可(杨廷筠教名)博士谈到这事,并致函保禄(徐光启教名)博士,由他们写信劝告南京的曼达林(官员)宽赦基督徒。他们的信,热情而有力,特别是保禄博士,在他的信札中列举了我们圣教和白莲教不同的十四个要点。"②与此同时,"杨廷筠也曾写过一篇卫护基督信仰的文章,名为《鸮鸾不并鸣说》,陈述基督信仰与白莲教及无为派的迥异……《鸮鸾不并鸣说》可能是写于1622年。此外,在杨廷筠这篇文章里也提出了十四点基督宗教与其他不同派系相异的地方,与徐光启的十四点不谋而合"。因此,有学者推测,这很可能是同一篇文章。③

史实表明,"在杭州的长上罗如望要求下,杨廷筠、徐光启等不停的上书朝廷令官",④非但未能减轻教徒所受苦难,反而引火烧身,为南京官员新的指控提供了借口。如审结八名教徒案件的南京官吏,原与徐光启的交情可能不薄,而今却在回信中,使用官场上少见的极不尊重的语气予以批驳。"这名官吏在信中断言,天主教就是白莲教的一部分","两者都声言不服从皇帝或他的官员。从神父的行为可看出这点,他们

---

① 邓恩著,余三乐等译:《从利玛窦到汤若望》,第143页。
② 曾德昭著,何高济译:《大中国志》,第278页。
③ 同上。
④ 钟鸣旦著,圣神研究中心译:《杨廷筠:明末天主教儒者》,第102页。

第二章　佛教、基督教之争与"南京教案"的缘起、衍变及其影响　　**185**

按圣旨被逐出国境,仍然胆敢继续留下"。"他还指责杨廷筠和徐光启敢于公然表示不忠于皇上,不忠于皇上的律法,不忠于皇上的内阁。"南京官员不仅如是说,而且形诸于奏疏。"在这不愉快的回复后出现更大的险情:保禄博士得到消息说,不久前,同一个南京城有两个曼达林(官员)上疏皇帝反对基督教,既反对信教的中国人,也反对传教布道的神父,点名指控迈可(杨廷筠)博士是教徒,家里窝藏神父;还指控另外几个收容神父的人;虽然他们没有提保禄博士的名,但容易猜到,他们暗指他是其中一个。"①

这篇奏疏的凶险之处在于,继前次押遣四名神父之后,再次将讨伐的锋芒指向任何胆敢违抗圣旨而藏匿于地方的传教士,必欲驱除净尽而后快。不仅如此,前次对收容神父的皈依士大夫的指责,碍于官场颜面或种种关系(沈㴶与杨廷筠系同乡、同年,沈㴶与徐光启系同事),还只是停留于含沙射影,旁敲侧击的阶段。如今却公然撕破脸面,作为主要攻击的对象,点名指控杨廷筠等人不忠于皇上而窝藏神父的罪行。这种利用偶发事件而一箭双雕,彻底解决前次教案遗留问题的图谋,一旦获得皇帝批复付诸实施,那将带来难以挽回的"危险的后果"。即随着传教的媒介(传教士)和社会基础(皈依士大夫与同情者)被取缔或罢黜,基督教在中国的传播及其影响势必消失殆尽。对此危险已有深切认识的皈依士大夫和传教士,怀着大难临头的忐忑不安的心情,等待着朝廷的判决。

南京官员胆敢如此严厉而无情,并力图实现前次教案尚未完成的使命,除了其士大夫的责任感之外,便是得到已跻身最高决策机构的内阁大学士沈㴶的全力支持,或许还有他的暗中授命。而沈㴶为了自己的政治野心,更与羽翼渐丰的太监魏忠贤彼此呼应、沆瀣一气。这样一来,原本是儒家守旧派与佛教势力结盟,抗击皈依士大夫改革要求和传教士西方异说的斗争,便具有了明末党争的色彩与背景。

————————
① 曾德昭著,何高济译:《大中国志》,第 279 页;邓恩著,余三乐等译:《从利玛窦到汤若望》,第 143 页。

南京教案后,沈㴶并未立即得到升迁,却于万历四十七年(1619年)五、六月间,因病请求离职休养。① 在杭州期间,他目睹众多耶稣会士受到杨廷筠的悉心照顾,及每逢宗教节日教徒聚会至百人以上的盛况。此时的沈㴶虽已无权干涉,但"他反对天主教的态度并未改变,对杨廷筠安排他与耶稣会士们见面的邀请拒不理睬,就清楚地显示了他的态度"。② 于是,当沈㴶被任命为大学士,离开杭州之际,马上"作出怀有敌意的姿态,要求总督给他派五百名侍卫护送,以防范天主教徒。"赴京莅任之初,又破坏了由徐光启、李之藻发起的请求澳门葡萄牙人援助红夷大炮的计划。③ 凡此表明,无论是在朝或在野,沈㴶仇教之心始终如一。前述沈㴶在南京官场、乡绅和青年秀才中颇有影响,故此次南京官员矛头直指杨廷筠的奏疏,多少可视为容忍多日的沈㴶,对他这位同乡怨恨的反映。更何况章疏如若批复奏效,不仅须经过内阁大学士的登录、票拟和上呈等手续,更要得到秉笔太监的首肯。而这一切均离不开沈㴶从中斡旋,上下其手。这样看来,沈㴶与南京官员之间,如果没有事先的沟通、默契或授意,那后者决不会贸然撰此奏疏。沈㴶作为再起波澜的"南京教案"的后台和授意者的角色,当勿庸置疑。

至于沈㴶晚年仕途沉浮,乃与明末的党争息息相关。先是万历四十八年(1620年)廷推内阁大学士,沈㴶的膺选,仰赖于"独相"秉政的同乡方从哲的荐举,幕后则有数万两白银的贿赂。④ 此时,"齐、楚、浙三党鼎立,务搏击清流。齐人亓诗教,从哲门生,势尤张。"⑤ 而会推阁臣"亓诗教等缘从哲意,摈何宗彦、刘一燝辈,独以(沈)㴶及史继偕名

---

① Adrian Dudink: *Nangong Shudu* (1620), *Poxie Ji* (1640), *and Western Reports on the Nanjing Persecution* (1616/1617), MONUMENTA SERICA journal of Oriental Studies(华裔学志) Vol. XLVIII, 2000, pp. 252—255,"Appendix B: The of ficial career of shen Que (1565—1624)"。
② 邓恩著,余三乐等译:《从利玛窦到汤若望》,第134页。
③ 同上书,第141—142页。
④ 黄尊素:《说略》。
⑤ 《明史》卷二一八,方从哲传。

第二章　佛教、基督教之争与"南京教案"的缘起、衍变及其影响　187

上,帝遂用之。"① 可见沈㴶的高升,实与浊流之党的提携分不开。不过,万历皇帝任命之疏未下而驾崩。继祚的泰昌皇帝,念及昔在东宫御讲筵时,沈㴶曾多次上疏保全,②故确认"先帝钦点史继偕、沈㴶二臣"的大学士资格,差官行取来京。③ 但一则史、沈二人远在家乡("在籍"),来京颇需时日,中枢缺人应对繁剧事务;再则沈㴶"素乏时誉",④史继偕资历亦浅,难孚新朝众人所望。于是,泰昌皇帝诏令:"先点二员(指史、沈)允用,还著吏部再推见任,在籍素有才望者七八员来简用。"⑤待到天启元年(1621年)七月,沈㴶抵京入阁办事时,人员构成已今非昔比。对其一再提携的方从哲,因"红丸"等案处置失措,不得不辞官而去。首辅大学士,由德高望重的东林领袖、且对传教士夙有好感的叶向高担任。沈㴶在内阁的地位,八人中居第五,自陈"居王臣后,不能行意"。尽管叶向高此番执政"以求全为智,以避谤为高",对沈㴶一再退让。而沈㴶则得寸进尺,既"责首辅叶向高以闻言充其,直入纶扉";又"责辅臣史继偕",再"讽辅臣朱国祚",更"龁(毁伤)(辅臣刘)一燝",⑥搅得内阁不得安生。因而,引来朝中众言官一致谴责。

当循正道难有出头之日,权势熏心的沈㴶便试图竟走旁门,利用旧日为翰林教习内书堂的机缘,通过与炙手可热的太监魏忠贤等拉拢关系,以为自己的进身之阶。当时最为人诟病的"阳托募兵,阴藉通内"的举措,便视为此类丑行之一。原来自万历末年,明朝在辽东覆军折将、三路败绩,满洲相继攻占开原、辽阳以来,北京为应付此肘腋之患,天启元年(1621年)四月,"兵部尚书崔景荣请分道募兵"。外而宣府、大同、陕西,内而河南、山西、浙江,不拘杂色人等,均按募兵多寡量授相应官职,"得旨如议"。⑦ 于是,各种政治势力蠢蠢欲动,乘此募兵、练兵机会

---

① 《明史》卷二一八,沈㴶传。
② 沈㴶:《尊生馆稿》第三册,《请开讲疏》,《东府公疏》。
③ 《明光宗实录》卷三。
④ 同上书,卷二一八,沈㴶传。
⑤ 《明光宗实录》卷三。
⑥ 陆陇其:《三鱼堂日记》;《明熹宗实录》卷二〇;《明史》卷二四〇,刘一燝传。
⑦ 《明熹宗实录》卷九;《明史》卷二二,本纪,熹宗。

以扩大影响。如"驸马都尉王昺以兵科都给事中蔡思充之荐,奉旨募兵。"此后封侯伯爵位之皇亲国戚,"纷纷以招练入告"。①又如兵部募兵议前,"禁中先是亦有(太监)内操之举",虽有御史请旨解散,而操练如故。② 恰在此时,沈㴶也怀着投机的心理,为之呼风唤雨。他先曾称赞戚臣王昺募兵之举,谓其"忠于皇考"。③继而派人四处招募乡勇。据说他"奏言:'辽左用兵亟,臣谨于东阳、义乌诸邑及扬州、淮安募材官勇士二百余,请以勇士隶锦衣卫,而量授材官职。'忠(忠贤),(刘)朝方举内操,得㴶奏大喜。诏锦衣卫训练募士,授材官王应斗等游击以下官有差。㴶又奏募兵后至者复二百余人,请发辽东、四川军前,诏从之。"④

沈㴶此举招来朝臣一片斥骂声。言官们首先发难。如礼科都给事中惠世扬,吏科给事中侯震旸及六科给事中合疏弹劾辅臣沈㴶。指责:"㴶以募兵为进身之地,实藉为通内之阶……阉人弄兵于内,戚畹弄兵于处,奸相弄兵于内外之间。不必奴酋过关,而长安一片土先化为战场矣。"⑤又谓:"最可恨者,专任结纳权珰,交欢阿姆,倘赐玦不早,恐其内外钩联,舞机役智,更有不可言者。"⑥

部院大臣继起醜诋。如"历官中外,素有清正之名"的刑部尚书王纪,"疏参辅臣沈㴶,引宋奸相蔡京为比。言京生于数百年之前,㴶生于数百年之后,迹不相蒙,而事实相类",如结交宦官、蓄养死党、罢逐良臣等。"尤可讶者,贿交妇寺,窃弄威福,迷国罔上,此又京、㴶百世若合符节者也。"⑦

当言官侯震旸上书被遣外调,与沈㴶交讦的尚书王纪因谳狱过失而罢黜为民,于是,内阁大学士叶向高、朱国祚、何宗彦、史继偕群起申

---

① 《明熹宗实录》卷二〇。
② 同上书,卷一〇,卷二〇。
③ 《明熹宗实录》卷二〇。
④ 《明史》卷二一八,沈㴶传。
⑤ 《明熹宗实录》卷二〇。
⑥ 同上。
⑦ 《明熹宗实录》卷二二。

第二章　佛教、基督教之争与"南京教案"的缘起、衍变及其影响　189

救。"大学士叶向高言：'纪、淮交攻，均失大臣体。今以谳狱斥纪，如公论何？'朱国祚至以去就争。"①

　　表面上看，当边关告急，应诏募兵、练兵似无大过。然而，任由皇戚勋臣，尤其是挟制年幼皇帝的宦官窃弄兵权之势发展，那不仅违背皇明祖训，打破统治结构的平衡，而且将直接动摇国祚的稳固。在这事关王朝基业安危的问题上，一向以"坚持儒家正统"和"严格遵守真正道德行为"相标榜，并以此针砭皇帝群臣言行为己任的，如叶向高、王纪等东林派人士，②自然将奋起抗争。这就是在他们影响下，群臣指责皇戚募兵和太监内操的缘由。至于在追究过程中沈㴶成为众矢之的，则在于其出身儒家而位极阁臣，非但不尽力遏制此危险趋势，反而推波助澜，投其所好，为皇戚太监练兵提供合法性。更加不能容忍的是，沈㴶"结纳权珰，交欢阿姆"，倚势驱逐与己龃龉的刘一燝、王纪等东林派大臣。③若彼此进一步勾结，将严重危害社稷。故交章弹劾酰诋，必欲驱除而后快。正是在此党同伐异，叶向高坚持而群臣激愤的气氛中，"大学士沈㴶屡疏请告"，终于天启二年（1622年）七月十九日致仕。④ 在内阁任上整一年。

　　综如上述，无论从沈㴶晚年的升迁，在内阁的飞扬跋扈，"阳托募兵阴藉通内"的举措，乃至倚仗权势排挤大臣来看，他一直站在朝中清流和东林派人士的对立面，而得到浊流党羽及宦官们的提携与支持，并最终在叶向高等人指控中黯然出局。然而，亦不应忽视，沈㴶早在万历年间维护东宫太子的奏疏，与东林人士的志趣合拍。⑤ 后募兵之举虽有迎合权势之嫌，但两次所募之兵确曾全部由兵部随题拨赴山海关和四川服役，⑥并不存在《明史》本传所谓以勇士隶锦衣卫，即直接为内操提

---

① 《明史》卷二一八，沈㴶传。
② 牟复礼等著，张书生等译：《剑桥中国明代史》，中国社会科学出版社1992年版，第576—579页。
③ 天启五年（1625年）十二月，阉党刊布《东林党人榜》，叶向高、王纪、刘一燝均丽名其中。（《明熹宗实录》卷六六）
④ 《明熹宗实录》卷二四。
⑤ 据中国台湾学者林丽月的研究，万历朝，党派的结合与皇储问题有着密切的关联（《明末东林党运动新探》，第67—77页，1984年）。
⑥ 《明熹宗实录》卷一七，卷二一。

供兵源的情节。至于沈㴶依倚魏忠贤、客氏以排抑异己,一则魏氏擅政此时尚未达到暴虐的顶峰,再则沈㴶投靠仍处于初始阶段,迄无通同密谋不轨之实迹。故而沈㴶殁后,《明熹宗实录》盖棺论定:"濡(沾湿、沾染)跡珰(魏忠贤)、媪(客氏),见訾(毁谤、非议)不休。"① 可见沈㴶与后来被称为"阉党"的顾秉谦、魏广微之流,在性质或程度上还是有所区别的。因此,不能简单地将沈㴶反对基督教,等同于阉党与东林人士的斗争。

随着沈㴶的失去权力,前述闹得沸沸扬扬的第二次"南京教案"便戛然而止。原来惊恐不安的神父们,待躲藏于穷乡僻壤十个星期以后,方获知南京官员的奏疏未得到皇帝的俞允。究其缘因,一种可能是,"这些指控圣教的奏疏是按序上呈,先要由沈登录,奏疏就是为他上呈的,但他就在这时被免去职位。所以当奏疏到来,他已无权利用它,奏疏可能根本就没有上呈"。② 另一种可能则在于,"其未蒙俞允之故,论者咸归功于叶向高"。因他就沈㴶再次策划危害天主教的阴谋,曾"公开地表示反对",并"复以为言,谓不斥逐沈㴶,不足以服众论。沈㴶遂不自安,怏怏而去"。③ 也许正是他有意压下了这封奏疏,不使它上呈。然而,不管怎样,奏疏未获俞允和沈㴶黯然出局,令南京官员"马上改变做法和意见,把基督徒释放,也减缓已判处他们的刑罚。"④ 至此,断断续续达六年之久的"南京教案",随着沈㴶在宦海的沉没而终结。

总而言之,表面上以政治权势和迫害为特征的"南京教案",实质上是具有迥然不同的背景和风格的中西文化,在彼此交汇、碰撞和摩擦中,所触发的社会冲突。由于这是自利玛窦以来,第一次通过国家政权大规模介入而彰显的中西文化的差异性,势必对明清之际中西文化交

---

① 《明熹宗实录》卷四二。
② 曾德昭著,何高济译:《大中国志》,第 280,283 页。
③ 萧若瑟:《天主教传行中国考》,第 179—180 页;邓恩著,余三乐等译:《从利玛窦到汤若望》,第 173 页。
④ 曾德昭著,何高济译:《大中国志》,第 280,283 页。

第二章 佛教、基督教之争与"南京教案"的缘起、衍变及其影响 191

流带来重要的影响。

首先,就传教士而言。耶稣会士显然从失败中汲取了教训,谨慎而不张扬的传教策略重新回到神父们的心中。教难过后,"罗马教会方面听到一些批评……龙华民过去太乐观,王丰肃也不够慎重。他们接受了这些批评,并且聪明地加以改正了"。① 从此传教变得"小心翼翼","这里没有大街上的布道,也没有教会的游行。他们不想重走 1611—1615 年间的过分乐观的老路"。② 非特止此,耶稣会还颇有心计地设法抹去人们对"南京教案"不愉快的记忆,并且收到了成效。据随同澳门葡萄牙士兵炮队前往北京的耶稣会士陆若汉介绍,"1629 年(崇祯二年)冬在南京时,陆若汉意识到了自 1616 年(万历四十四年)镇压以来对洋人的负面印象仍然存在,1616 年时王丰肃是被关在笼子里发配去澳门的。他描述道,'葡萄牙人在各个方面都表现得很好,让所有人满意,不仅在于他们风度翩翩,也在于他们华丽的衣着。'这一印象符合耶稣会要抹去关于 1616 年的记忆之目的,使他作出结论,'南京的百姓以这种方式认识了上帝的宗教,虽然在他们的城市受到迫害,却是由这样的人信奉的:他们比中国人想象的要远为文明得多'"。③ 至此,无论是从自己错误中汲取教训,还是通过展示西方文明重新赢得中国人的良好印象,这一切都意味着利玛窦的传教思想和策略的回归。而这种回归,便使过去在和平与平等交往基础上,寻求中西文化互补性的努力,有可能在新的条件下发扬光大。稍后,《崇祯历书》的编纂即是明证。

其次,从反基督教的儒释人士而论。虽说袾宏、沈㴶均壮志未酬而溘然长逝,但稍后"儒释之徒,援(宏)㴶言而攻天主者,不可胜数,似彼等所以为反教运动者,乃系继㴶之余志,绪教案之余业。㴶等之影响,盖亦深矣"。④ 在明季继承袾宏、沈㴶遗志的儒释之徒中,既有崇祯三、

---

① 邓恩著,余三乐等译:《从利玛窦到汤若望》,第 132 页。
② 同上。
③ 引自卜正民:《早期耶稣会与明末疆界:中国人寻求和解之道》,载《相遇与对话——明末清初中西文化交流国际学术研讨会文集》,宗教文化出版社 2003 年版,第 20 页。
④ 张维华:《晚学斋论文集》,第 518 页。

四年间(1630—1631年)连续四次上书,极力反对朝廷招募澳门葡萄牙士兵炮队护卫北京的礼科给事中香山人卢兆龙;亦有纠合闽浙儒释人士通过刊刻《圣朝破邪集》,誓与基督教不共戴天的漳州士子黄贞等。前者卢兆龙为其主张"西洋异类,不可引入中国,窥我虚实,启彼戎心"立论,遂历数葡人自渐入澳地以来,"肆逞凶残"及借机要挟的种种不轨行径,指控"澳夷专习天主教",流传内地,"浸淫滋蔓,则白莲之乱可鉴"。于是,建议朝廷仿效"万历年间番人庞迪我王丰肃等煽惑京师,为礼部疏参驱逐"的前例,遣返已至内地的"澳夷"。在疏劾力主招募的徐光启和孙元化居心不良的同时,郑重声明:"臣自幼习读孔孟之书,改过迁善省身克己之事,经文备之矣。不识世间有天主一教,与所谓唐朝景教者……微臣以白莲为鉴,戒恐异教流行,礼臣(指徐光启)以玛窦为常师,恐异教不流行,又臣所未解也。"①凡此祖宗典章,夷人叵测和驱逐遣返之常套,一秉沈淮昔日之所作为。

后者黄贞对基督教义稍有了解,即宣称"当起而呼号……以消此(基督教)滔天祸水","共还中国衣冠"。而其精神力量便是沈淮《参远夷》诸疏,及为云楼(袾宏)师翁报仇雪恨的心志。于是,在黄贞、徐昌治等人奔走之下,围绕着崇祯年间《圣朝破邪集》的出版,闽浙儒释人士再次掀起声讨基督教的浪潮。有关内容,将在下面章节中详加讨论。

犹不止此,若清康熙初年杨光先挑起"历狱",攻讦汤若望,其排教思想与晚明反教士人的思想有明显的渊源关系,"康熙初排教案是万历四十四年(1616)南京教案以来,中西文化在宗教和科学两个核心问题上继续交锋的一个结果"。②诸如此类,"南京教案"的影响,无论就其积极或消极的方面,都在某种程度上制约着明清之际中西文化交流的进程。

---

① 《崇祯长编》卷34,35,41,43。
② 陈占山:《杨光先评传》,载杨光先等撰、陈占山校注:《不得已附二种》,黄山书社2000年版,第261页。

第三章 《崇祯历书》的编纂与欧洲科学革命的影响

"南京教案"后,随着思想文化的守旧和辨异势力的暂时消歇,科学技术领域那些坚持革新与趋同的人们,遂书写了灿烂的篇章。这就是通过远迈前代的《崇祯历书》的编纂,在欧洲科学革命成果的影响下,中国传统的科学范式的变革,以及由这种变革引起的,东西方在数学、天文学方面,日益走上彼此融合、浑然一体的道路。

受"天人合一"观和"天人感应"学说的制约,中国古代帝王无不将探知并准确掌握日月五星的运动轨迹及其位移时辰,作为悠关国祚长短和统治安危的警示或征兆。由此中国天文学便视为帝王的禁脔,具有官方的性质。而造成古代历法改革和演变的动因,则在于透过"验天"手段暴露出来的历法同实际天象的乖离与不相吻合。因为这将破坏自然与人的和谐,危害现实统治的稳定。

持此传统的文化精神,特殊的利害关系和历法长期演变进步的规律,考察明代历法的窳败,便不难发现,明朝的制历从一开始便存在先天不足,加之或受祖制不可变更的思想禁锢,或其学识难以承荷改历的重托,致使明朝二百余年间历法苟且迁延迄未修订。适当其时,深谋远虑的来华耶稣会士和奉教士大夫,则在组织、学识和舆论方面进行认真的准备,希冀有朝一日能参与制定国家历法的科学事业,为揄扬西学扩展基督教影响,建立牢固的基础。于是,徐光启利用以藩王入缵大统而力图振兴的崇祯皇帝,"成一朝之巨典"的心态,承担督领历局起用西法制定崇祯历法的重任。

自崇祯二年(1629年)九月历局运作以来,便制定了"以西法为基础"的修历计划。为编纂一部巨大的欧洲天文学丛书,特设置法原、法数、法算、法器、会通等五个纲目,囊括了有关天文历法的全部重要知识。在编书的同时,亦组织并获取了实地观测的数据,介绍和试制了各种专业的欧洲式仪器。在"凡五更寒暑"的修历活动中,经徐光启的率先垂范,李之藻的鞠躬尽瘁,邓玉函、罗雅谷、汤若望的融汇中西,中国知历人员的孜孜不倦,终于五次进呈,编辑《崇祯历书》137卷。

《崇祯历书》对中国天文学的贡献,在于它促进了中国传统的科学范式的变革。即由基本上属于经验性和观测性的范式,向根本改变天体运行的意念、观测工具和方法的理论体系的转化,同时,传统的代数学程式,让位于以几何学模型解释与预测天象。然而,这一切都是在欧洲科学革命成果的影响下进行的。首先,通过与欧洲科学革命巨擘的书信往返,实地在欧洲采购图书仪器,以及不断地接获来自欧洲的科学新刊物等渠道,参与修历的耶稣会士对于欧洲科学革命的进展及其成就,有着真切的了解和把握。其次,由于修会的宗教属性和教廷的禁令,耶稣会士在修历中采用了折衷的第谷体系,但仍对哥白尼、伽利略和刻卜勒的学说进行了介绍与运用。再次,徐光启以历算变革为契机,将改革引向其他科学领域和国计民生部门的意图跟欧洲科学革命中伽利略"把对自然界的种种假设加以数理化"的做法,存在某种相似的内在动力和共同趋向。

《崇祯历书》超越历算学科所具有的更为广泛的意义,则在于徐光启在修历中确立的会通超胜的思想原则,及其体现的民富国强的政治诉求。从会通超胜的内涵、意境和目的来看,它是历史上中西科学、文化较量和交流中,最为正确的指导方针。而徐光启皈依异教引进西学不惮险峻奋力改革的根基,即是其民富国强的情结和诉求。至于崇祯历法的历史地位和影响,除作为明末清初实学思潮中极为活跃的组成部分外,在科技领域最令人瞩目者,便是为中国科学汇入世界发展的潮流,铺垫了最初的基石。

第一节　历代治历传统与明朝历法的败坏

自"南京教案"结束以后,在华传教士的处境有了明显的改善。特别是天启元年(1621年),乘关外沈辽失陷,与满洲战事告急之机,李之藻上疏,请于澳门引进西洋火炮及聘用"教艺炼药"之西人,并出示招徕流寓中土的阳玛诺、毕方济等传教士来京。① 经朝中高官叶向高、张问达、孙承宗的鼎力相助,天启二年(1622年),该疏陈经部议获允,"勅(传教士)罗如望、阳玛诺、龙华民等,制造铳炮,以资戎行"。② 于是,当年十二月廿五日(1623年1月25日),阳玛诺、龙华民、汤若望重新公开出现于首都。受此耶稣会士被召回北京的鼓舞,传教团在山西、陕西和福建开辟了新的会院,使永久性会院达到9个,在华传教士增至18人,其中包括改名易姓重返中国内地的高一志(王丰肃)和曾德昭(谢务禄)神父。"传教士们再次在明帝国取得了半合法的地位。"③

然而,随后魏忠贤阉党暴虐恣肆的数年中,在亲近西学的叶向高被逼致仕,杨涟等东林六君子拷掠至死,包括徐光启、李之藻和杨廷筠在内的数以百计的正直官员遭罢黜的形势下,传教士活动不得不"极端的小心",教徒间聚会也经常处于停顿的状态。据传教士曾德昭记载,真正给传教团带来根本转机的,是在崇祯元年、二年。他说:"到1628和1629年(崇祯元年、二年),我们和平地住在我们所在之地时,通往福音之门打开了,归化异教徒之路平整,上帝鼓励我们做的事业没有遇到阻力和对抗"。④ 这种根本性转机与合法地位的取得,自然跟崇祯皇帝朱由检即位后,通过对魏忠贤阉党的清算所形成的宽松环境有关。但更重要的,则在于实现了耶稣会士多年梦寐以求的奉诏修治历法,从而开

---

① 李之藻:《制胜务须西铳敬述购募始末疏》,载陈子龙等选辑:《明经世文编》第六册,中华书局1962年版,第5324—5326页。
② 黄伯禄:《正教奉褒》,上海慈母堂1904年版上册,第14页。
③ 邓恩著,余三乐等译:《从利玛窦到汤若望》,第171—172页。
④ 曾德昭著,何高济译:《大中国志》,第285页。

掘了耶稣会传教士直接参与中国国家科学事业的先河,迎来了西学传播的新阶段。

在自然科学的发展史上,由于人类生产和生活的需要,天文乃是最早受到重视的学科。恩格斯曾说:"必须研究自然科学各个部门的顺序的发展。首先是天文学——游牧民族和农业民族为了定季节,就已经绝对需要它。"①然而,进入阶级社会,中国历代王朝给天文历法镌刻了强烈的反映统治阶级诉求的印符。而这显然跟"天人合一"观和"天人感应"说,有着密不可分的关系。钱穆指出:"中国人是把'天'与'人'和合起来看。中国人认为'天命'就表露在'人生'上……'天人合一'观,是中国古代文化最古老最有贡献的一种主张……中国传统文化精神,自古以来即能注意到不违背天,不违背自然,且又能与天命自然融合一体。"②这种强调人与自然和谐融合的观念,及其有机统一的整体性思维形态,对于创造博大精深的中国古代文明起了积极推动的作用,但与此同时,宣扬人生与天命紧密相连的理念,在历史长河中,亦为形成天人感应、君权神授等学说,提供了依据。

如西汉董仲舒,作为"中世纪神学体系的创造人",为了"把'天'提到有意志的至上神的地位",并与"儒家伦常的父权(它作为封建秩序的表征)",及"统治者的皇权"有机地结合起来,③遂在著名的《天人三策》中,提出了影响深远的天人感应学说。他进呈道:"臣谨案《春秋》之中,观前世已行之事,以观天人相与之际,甚可畏也。国家将有失道之败,而天乃先出灾害以谴告之;不知自省,又出怪异以警惧之;尚不知变,而伤败乃至。以此见天心之仁爱人君而欲止其乱也,自非大亡道之世者,天尽欲扶持而全安之。"又谓:"臣闻天之所大,奉使之王者,必有非人力所能致而自至者,此受命之符也,天下之人,同心归之,若归父母,故天瑞应诚而至……及至后世,淫佚衰微,不能统理群生,诸侯背畔,残贼良

---

① 恩格斯:《自然辩证法》,人民出版社1971年版,第162页。
② 钱穆:《中国传统思想文化对人类未来可有的贡献》,载《中华文化的过去现在和未来》,中华书局1992年版,第39—41页。
③ 侯外庐等:《中国思想通史》第二卷,人民出版社1957年版,第89页。

民以争壤土,废德教而任刑罚,刑罚不中,则生邪气;邪气积于下,怨恶畜于上,上下不和,则阴阳缪戾而妖孽生矣,此灾异所缘而起也。"①

在这里,天人之际的关系包括,君王奉天之授命和仁爱;天命、天瑞与人际关系的和谐一致;上天以灾害怪异谴告警惧人君,令其自省变易;若人君淫佚失德社会秩序缪戾不和,则天降妖孽灾异而颠覆之。可见董仲舒为历代封建帝王所呈献的"天人感应"学说,是以神秘的天为最高主宰,不时通过天体运动所引起的天象变化(因阴阳之气顺戾而呈现祥瑞灾异)而昭示君王,以维护人世间的和谐与平衡。这种"将人类的事件和决策带入到上天庄严、神圣的运行中,并力求与之协调一致"的学说,②实际上就是强调和谐有序的儒家范畴的"天人合一"观。

这样一来,无论是"序四时之位",测寒暑节气以不违农时,还是按夏商周三代正朔,定王朝服色及预卜吉凶,均要求帝王"必正历数"而谙"知命之术",其肯綮则在于探知并掌握日月五星运动(离合)规律及其时辰。《汉书》艺文志曰:"历谱者,序四时之位,正分至之节,会日月五星之辰,以考寒暑杀生之实。故圣王必正历数,以定三统服色之制,又以探知五星日月之会,凶阨之患,吉隆之喜,其术皆出焉,此圣人知命之术也。"③因此,历代统治者遂将"究天人之际,通古今之变"的天文及其相关学问,视为帝王的禁脔,置于牢牢控制之中。从而,"中国天文学有一个基本特点,这就是它具有官方性质,并且同朝廷和官方有密切的关系。"正如英国著名学者李约瑟所述:"(中国)天文学是古代政教合一的帝王所掌握的秘密知识。灵台(天文台)从一开始便是明堂(祭天地的庙宇,同时也是天子礼仪上的住所)中必不可少的一部分。"④在这方面,沿袭封建传统的明朝情形也不例外。一方面,明朝初年以爵禄访求

---

① 《汉武帝策贤良文学之士制一》、《董仲舒对策一》,载《中国哲学史资料选辑》、《两汉之部》上,中华书局1982年版。
② 邓恩著,余三乐等译:《从利玛窦到汤若望》,第271页。
③ 《汉书》卷三十,艺文志第十,术数略·历谱。
④ 李约瑟著,翻译小组译:《中国科学技术史》,科学出版社1975年版第四卷,第一分册,第39、44—45页。

通晓历数者为己所用；另一方面，则长期以殊死之罪严禁民间研习天文历法。前者如："洪武中，朝廷访求通晓历数、数往知来、试无不验者，必封侯，食禄千五百石。"① 后者谓："国初，学天文有厉禁，习历者遣戍，造历者殊死。至孝宗弛其禁，且命徵山林隐逸能通历学者以备其选，而卒无应者。"②

正是这种"朕惟授时钦若，王者所以格天"③的利害攸关，使自传说中帝尧任命羲、和为"天文官"以后，"这个官制在中国历史上始终存在，就天文问题进行研究、计算和著作的观测人员都是国家的职官。两千多年来，他们都被组织到政府特设的机构天文局（但历代名称有所不同）中去工作。这机构一直保持高度权威"。④ 与此相联系，在长期丰富的实测记录和数学推算的基础上，"中国古代天文学在历法、天文仪器、宇宙理论等方面都很有自己的特色，而且不断发展形成了自己的体系。其中以历法最为突出……由天体测量以及推算出来的各种天文数据和日、月、五星等运动的表格，一直是历代历法的重要内容，在此基础上再应用数学的方法推求日、月、五星的具体位置……它不断以测算日月食、推朔、验气、推校五星行度等手段校验历法的准确程度，使历法处于不断改革、推陈出新的演变过程之中"。⑤

至于造成历法改革和演变的动因，则在于通过"验天"手段暴露出来的历法同实际天象的疏离和不相吻合。有学者先是从汉武帝议造汉历、东汉四分历和隋初大业历的研究中，确认"以上三例表明，历法的选用或废止，都经过了激烈的争论，解决争端的基本方法是接受实际天象的检验，密则取之，疏则舍之"。也就是说，"以验天为基本手段，按其与实际天象的吻合程度来定取舍。"继而，对"我国历史上正式颁用过的四十九种历法先后替代与嬗变的原因"进行归纳，总结道："历法不符实际

---

① 陆容：《菽园杂记》卷一。
② 沈德符：《万历野获编》卷二〇，历学。
③ 崇祯皇帝：《谕督领改修历法敕》，载李杕编：《增订徐文定公集》卷四。
④ 李约瑟著，翻译小组译：《中国科学技术史》第四卷，第一分册，第39,48—49页。
⑤ 杜石然等：《中国科学技术史稿》下册，科学出版社1982年版，第321页。

天象或不甚准确,是我国古代历法改革的最主要原因,其中又以气朔、交食、五星之验最为人们所重视。"①所谓"验气"首先是指检验推算冬至时刻的准确性,而"验朔"则是检验朔晦弦望是否合符实际的月相。"交食之验",在于交食(包括日、月食)的预报是否准确,这是检验历法最可靠的方法。对于金、木、水、火、土五大行星各运其道所呈现的复杂现象,考验着五星预报的准确性,其准确程度如何,早已成为辨别历法优劣的标准之一。② 在这验历方法多样化选择中,统治者尤为关切,天文家亦公认检验历法疏密最为有效的手段,便是被视为灾异示警的、对日月蚀准确的观测和预报。③ 因为任何"错误的计算",导致日月蚀预报乃至整个历法同实际天象不相吻合,那在统治者看来,势必"将搅乱天地之间的平衡,也破坏了自然与人的和谐。它也将不和谐与失调带入了和谐有序的儒家世界中。它使正在平稳运行的机器出轨"。④

持此传统的文化精神,特殊的利害关系和历法长期演变进步的规律,来考察明朝因拒不改革致使历法窳败的情形,学者所论,"抱残守缺的风气蔓延,这不能不是元代以后历法停顿不前以至退步的重要原因",⑤便昭然若揭。

原来,明朝在颁行历法上虽称继承元朝的遗产,但因战争影响,资料残阙或翻译困难,致使明朝制历先天不足。诚如明末钦天监臣戈丰年所奏:"本监所用《大统历》,乃国初监正元统所定,其实即元太史郭守敬等所造《授时历》也。二百六十年来,历官按法推步,一毫未尝增损。非惟不敢,亦不能,若妄有窜易,则失之益远矣。"⑥所谓元郭守敬所造《授时历》,指的是元世祖至元十八年(1281年)元月颁行,由太史令郭守敬总其成,被视为古代"天文学发展高峰"的优秀历法。先是"以

---

① 陈美东:《观测实践与我国古代历法的演进》,载《历史研究》1983年第4期。
② 同上。
③ 参见中国天文学史整理研究小组编著:《中国天文学史》,科学出版社1981年版,第120—123页。
④ 邓恩著,余三乐等译:《从利玛窦到汤若望》,第271页。
⑤ 陈美东:《观测实践与我国古代历法的演进》,载《历史研究》1983年第4期。
⑥ 王重民辑校:《徐光启集》下册,第319页。

《大明历》自辽金承用二百余年,浸以后天,议欲修正。"遂于至元十三年(1276年)"立局改治新历"。郭守敬"首言历之本在于测验,而测验之器莫先仪表"。于是,设计制造用于观测太阳及恒星位置的仰仪、星晷定时仪,验测交会的日月食仪等十余种较先进的天文仪器。他又请准朝廷,"设监候官一十四员,分道相继而出",进行了一次空前规模的测量活动,取得了丰硕的成果。在运用较先进仪器进行大规模实测的基础上,郭守敬"吸取了(以前)各历(法)的精华,运用宋代以来数学发展的新成就,加上自己的创新,编制了我国古代最优秀的历法——授时历,把古代历法体系推向高峰"。与此同时,郭守敬还"比次篇类",整理出有关推步、历议、修改源流、测验法式及五星细行、古今交食考共一百零五卷文献,"并藏之官"。①元世祖在《颁授时历诏》中说:"自古有国牧民之君,必以钦天授时为立治之本。黄帝、尧、舜以至三代,莫不皆然。为日官者,皆世守其业,随时考验,以与天合……夫天运流行不息,而欲以一定之法拘之,未有久而不差之理,差而必改,其势有不得不然者。今命太史院作灵台,制仪象,日测月验,以考其度数之真……庶几吻合天运……乃者新历告成,赐名曰《授时历》,自至元十八年正月一日颁行。"②至此,通过对元朝修历的动因,天文仪器制造,大规模实测活动,以及汲取前历成果总结当下文献等过程的揭示,再次凸显了中国古代有关岁久必差,差而必改的治历传统的精华。

可是,元朝《授时历》的精华,首先因战争破坏资料残阙而难以为继。据徐光启考察,原郭守敬数次进呈朝廷的一〇五卷天文文献,待"高皇帝倡兴大业,元朝所有,典章散失,止存授时成法数卷,元统等因之为《大统历》,仅能依法布算,而不能言其所以然之故。后来有志之士,亦止将前史《历志》,揣摩推度,并未有守敬等数年实测之功力,又无前代灼然可据之遗书,所以言之而未可行,用之而不必验也。"③他又在

---

① 苏天爵辑:《国朝文类》卷五十,齐履谦:《知太史院事郭公行状》,四部丛刊初编本;杜石然等编著:《中国科学技术史稿》下册,第53—54页。
② 李修生主编:《全元文》卷一〇六,江苏古籍出版社1998年版,元世祖:《颁授时历诏》,至元十七年六月。
③ 王重民辑校:《徐光启集》下册,第326页。

另一奏疏中称："郭守敬之遗书一百余卷,悉皆散逸,徒取其仅存之粗迹,为熙朝之大典,讵是事宜?"①可见元朝典章文献的散逸,使继起成明朝历志者,只得据其粗迹敷衍布算,而郭守敬历法的精髓奥义已难存其一二。

此外,明朝历法的另一渊源,即来自阿拉伯和波斯的所谓回回天文学。"明政府对回回天文学也很重视。洪武元年(1368年),征回回司天监黑的儿、阿都剌、兰丞迭里月实等十四人修定历数,第二年又征回回司天台官郑阿里等十一人至京议历法。两批共二十五人,元末回回司天监的主要人才大约全都转入明钦天监工作。在钦天监中设回回科,洪武十五年,原回回司天监黑的儿便以灵台郎的身份出现。"为了翻译那掳至元都藏于内府,而"言殊字异无能知"的"西域书数百册",洪武十五年(1382年),朱元璋令在京开局,征召钦天监西域人海达儿"回回大师"马沙亦黑和马哈麻等多人共襄其事,次第译成《天文书》与《回回历法》。主持将《授时历》易名《大统历》的历官元统亦参与其事,"译为汉算,而书(《回回历法》)始行乎中国"。②朱元璋显然对马沙亦黑等人的工作甚为满意,他在擢升《翰林编修马沙亦黑马哈麻敕文》中称:"……洪武初,大将入胡都,得图籍,文皆可考。惟秘藏之书数十百册,乃乾方先圣之书,我中国无解其文者。闻尔道学本宗,深通其理,命译之。今数月,所译之理,知上下,察幽微,其测天之道,甚是精详。于戏!乾方之书秘,书非尔,安能名于中国?尔非书,安能名不朽之智人?特命尔某为翰林编修,汝其敬哉!"③

有资料表明,朱元璋对于马沙亦黑解读此秘藏的西域天文书籍的能力及其实际贡献,似乎都估计过高。据传教士金尼阁1613年(万历四十一年)编辑的书信披露,"洪武七年(1374年)在皇宫书房内,发现了几百种波斯文抄本,帝命译成华文,但当时竟找不到一位学者能明了

---

① 王重民辑校:《徐光启集》下册,第358页。
② 陈久金:《马德鲁丁父子和回回天文学》,载《自然科学史研究》1989年第1期;吴伯宗:《译天文书序》,薄树人主编:《中国科学技术典籍通汇》天文卷八,第73—74页。
③ 朱元璋:《御制文集》卷八,《翰林编修马沙亦黑马哈麻敕文》。

文中专门名词和科学的证明。只采用了可以实际应用的天文表。其余还是没有印行,最后便遗失了。其中有恒星的原理,和其余几本理论数学的书。连帖木儿(Tamerlan)孙波斯人兀鲁伯(Olougbeg,1393—1449)《天象观察》(《Observations célestes》),似乎也没有人认识。由此可见回教徒方面的遗产,已经完全湮灭了。"①此处所说明初皇宫书房内发现的几百种波斯文抄本,与前述明大将从元都运回、秘藏内府的数百册西域"乾方先圣之书",应为同一来源。因为"当时很多古代阿拉伯文献均用波斯文书写,这是伊斯兰(回回)学者的习惯"。由是,遂取用"回回大师"(阿拉伯学者)马沙亦黑等,翻译这数百册波斯文文献。

至于翻译的最终成果,即从《天文书》和"译为汉算"的《回回历法》来看,其有价值的部分,当主要是金尼阁所指称的"可以实际应用的天文表"。如《天文书》,便是"一部全面介绍阿拉伯星占术的著作",这种以日月星辰的性情及其位置变化以卜吉凶的体系,跟"中国古代传统的以异常天象预兆人间军国大事"的学说并不相侔,可资利用者有限。倒是"本书载有一份三十颗恒星的星表",乃第一份传入中国的阿拉伯星表,应具有实用的价值。② 又如经过重新整理加工而刊刻的《回回历法》(《七政推步》),其大致内容,不过是为避免重复运算而事先给出的数表(二十九份立成表)、中西星名对照表和黄道坐标的星图(十三幅)。③ 而金尼阁信中所披露的,更为深奥的理论数学,以及恒星原理和《天象观察》等典籍,却可能因"回回大师"马沙亦黑学养的欠缺,既无法弄懂波斯文抄本"科学证明"的道理,亦无从寻觅可与之匹配的汉文的"专门名词",只得任凭这些在元朝已有相当发展的回教徒科学的遗产,在明朝的岁月流逝中湮没而遗忘。

至此,从明朝历法的继承关系来看,无论是《授时历》因典章散逸,

---

① 裴化行:《回教的遗产——十五世纪末年欧洲和中国所存回教徒学术遗产的鸟瞰》,载《新北辰》第一卷第八期(1935年8月15日)。

② 李羽中、马哈麻等译:《天文书》;薄树人:《天文书提要》,载薄树人主编:《中国科学技术典籍通汇》天文卷八,第71—156页。

③ 贝琳:《七政推步》;陈久金:《七政推步提要》,载《中国科学技术典籍通汇》天文卷八,第157—281页。

只得据其粗迹敷衍布算;还是不谙回教科学遗产的深奥,仅采用可实际应用的天文表,它显然已失却了两大科学体系拥有的理论上的精华,对于治历的根据及其规律的认识和实践,从一开始便具有先天不足的特征。

如果说明初制历的先天不足,还多少可以无法抗拒的战争因素搪塞的话,那么随后二百余年间历法的窳败,则全在于当政者违背治历的规律,因循苟且,不思进取所致。

实际上,尽管郭守敬《授时历》为中国古代历法的高峰,但受天文仪器、观测数据和计算方法等条件的限制,误差已自难免。如《授时历》颁行不过18年,便出现"当食而不食","食而失推"的现象。① 更何况沿元迄明此历通行的350年间,其错讹缪戾层层相因,不胜枚举。

明朝《大统历》的舛误,集中表现在对日、月蚀的观测和预报上。据《明史》历志所记,景泰元年(1450年),监官推月食失误。成化十五年(1479年),监推月食又误。弘治年间(1488—1505年),月食屡不应,日食亦舛。正德十二、三年(1517—1518年),连推日食起复皆弗合。嘉靖十九年(1540年),日不食而台官推当食。万历十二年(1584年),《大统历》推日食而不食。万历二十年(1592年),监官推月食差讹。万历三十八年(1610年),监推日食讹误。天启元年(1621年),监推日食时刻与天不合。崇祯二年(1629年),《大统历》预推日食荒疏。②

凡此通过"交食之验"而暴露的《大统历》与实际天象日益乖离的弊病,以及明朝历法违背时加修治不断演进的传统,使朝野有关历法改革的呼声此伏彼起、绵延不断。然而,或受祖制不可变更的思想禁锢,或其学识不足以承荷改历重任,致使明朝历法改革苟且迁延,处于难产之中,而坏敝则日甚一日。

例如,成化十七年(1481年),真定教谕俞正己上《改历议》,竟以"轻率狂妄"下诏狱治罪。成化十九年(1483年),天文生张升上言改

---

① 王重民辑校:《徐光启集》下册,第320页。
② 《明史》卷三十一,历一。

历,钦天监谓"祖制不可变",其说遂寝。正德十三年(1518年),漏刻博士朱裕上言,请推新、旧、西域诸法相较,各地实测验证,以救正历法。朝廷则批准礼部"古法未可轻变,请仍旧法"的决议。正德十五年(1520年),礼部员外郎郑善夫建言,为避免因岁月迁延历法不合天象,请按不同地域交食时刻的差距以定历法。朝廷不予理睬。嘉靖二年(1523年),华湘掌管钦天监事,自陈请诣观象台实地测景一年,与元代观测数据相较并详定岁差,"以成一代之制"。却横遭同监官员訾议,理由是旧"历不可改"。① 可见在因循苟且的背后,实祖制不可变、旧历不可改的思想作祟。

又如,万历二十三年(1595年),郑恭王世子朱载堉呈进《圣寿万年历》(八卷)和《律历融通》(四卷)二书。疏言,尝取《大统历》与《授时历》比较,"考古则气差三日,推今则时差九刻",误差已可谓不小。究其原因,在岁差消长上,《授时历》减分太峻,而《大统历》则不消减,故"和会两家,酌取中数,立为新率",编撰《万年历》。又以旧历罕言之律吕爻象为推步本原,而成《律历融通》。疏中恳请"敕大臣名儒参订采用"。可是,"当事惮于改作,抑而不行,斯其积习固然"。② 万历二十四年(1596年),河南佥事、后升任陕西按察司副使邢云路,亦挟其所著《古今律历考》(七十二卷),上疏力诋《大统历》在立春、夏至、立冬等"气朔之验",预测日食的"交食之验"讹误,提出"闰应及转应、交应各宜增损"。疏上,既遭钦天监官员妒忌,诬其"僭妄惑世",而测候之议也未获朝廷俞允。③

朱、邢二人在因循守旧的氛围中,针对《大统历》积弊龂龂而争,不仅表现了振衰起敝的勇气和责任感,而且其议论亦时有创见。像朱载堉在岁差新率中,引入"相减相乘之术",较其他历家"尤为详密"。而其书"援引赡博,持论明辨,于授时立法疏密之故,一一抉发无遗",④ 足资

---

① 《明史》卷三十一,历一。
② 同上书;阮元:《畴人传》卷三一,明三,朱载堉传。
③ 阮元:《畴人传》卷三一,明三,邢云路传。
④ 阮元:《畴人传》卷三一,明三,朱载堉传。

考证。至于邢云路"工于推算,多创新术。《大统》为当时见行之历,故辨之尤力……云路值历学坏敝之时,独能起而攻其误,其识加人一等"。① 然而,从根本上说,朱、邢二人的议论,并未超越中国古代传统历法的固有模式。那些为数有限的创见,对于弊窦丛生的《大统历》的某些部分,或许会稍有补救。但全面改革陈旧历法的重任,显然非其学力所逮。如朱载堉"《律术融通》,以律吕(乐律)爻象(卜卦图像)为推步之本原,其说固出傅会",②且有推验吉凶的迷信色彩之嫌。又如邢云路《古今律历考》,清代著名历算家梅文鼎指出,卷帙虽繁多,"然细考之,则于古法殊略。所疏《授时》法意,亦多未得其旨……古历之源流得失,未能明也,无论西术矣"。③ 乃至天启元年(1621年)春邢氏上疏,声称"竭心力、正表凿度、孔壶浮箭,步得日月交食详悉分数",自谓"所立新法顾似近密,一一皆《授时》对症之药",请据此"以备修历"。然经当年"四月朔日食历数临期策验,分刻乃有不合",遂不得不承认自己沿用的仍是《大统历》的推步方法,实则承袭"郭守敬《授时历》之误"。④ 诸如此类,尽管在明代亟求改历的人士中,朱、邢二人属既有雄心壮志,又确有真知灼见的佼佼者。然囿于学识和功力,他们并未谙习传统历法的源流及其"法意"精神,又自觉不自觉地沿袭旧历的推步方法和错误计算,直至其蕴含的迷信色彩。凡此可以说明,无法摆脱传统历法消极影响的朱、邢二人及其同志,势难承担全面改历的重任。诚如《四库全书》馆臣所说:"当明季历法乖舛之余,郑世子载堉、邢云路诸人虽力争其失,而所学不足以相胜。自徐光启等改用新法,乃渐由疏入密。"⑤

正当因循守旧的明朝统治者对历法改革缺乏应有的兴趣,而有识之士虽苦苦求索却难得要领的时候,深谋远虑的来华耶稣会士和奉教

---

① 永瑢等:《四库全书总目》上册,第894页。
② 阮元:《畴人传》卷三一,明三,朱载堉传。
③ 永瑢等:《四库全书总目》上册,第894页。
④ 《明熹宗实录》卷五,卷十六。
⑤ 永瑢等:《四库全书总目》上册,第894页。

士大夫,却在组织、学识乃至舆论方面进行认真的准备,希望有朝一日能获朝廷的准允,堂堂正正地参加修订国家历法的科学事业,从而为揄扬西学与扩展教会势力,构建牢固的根基。

早在利玛窦居留韶州期间,便从来访的南京礼部尚书王弘海(忠铭)那里,获得他的承诺,表示"他从故乡(海南岛)回北京的途中,将把利玛窦带到京城去校正中国历法中的错误,因为他们自己的天文学家不知怎样加以补救"。① 移居南昌后,利玛窦更于数月前对即将出现的一次日食作出准确的预报,而由朝廷钦天监公布的时间,"因计算错误,日食出现较实际情形为早。"② 有鉴如此,利玛窦在奉命晋京入贡的奏疏中毛遂自荐:"臣先本国忝预科名,已叨禄位。天地图及度数,深测其秘;制器观象,考验日晷,并与中国古法吻合。倘蒙皇上不弃疏微,令臣得尽其愚,披露于至尊之前,斯又区区之大愿,然而不敢必也。"③ 虽此殷切的荐书未被朝廷所采纳,但利玛窦通过对中国国情的了解和传教前途的考虑,更加坚定了派遣精通天文历数的传教士,参与修订中国历法的信心。为此,他在写给罗马耶稣会长上的信中重申:"最后我有一件事向您要求,这是我多年的希望,迄今未获得回音。此事意义重大,有利传教,那就是派遣一位精通天文学的神父或修士前来中国服务。因为其他科技,如钟表、地球仪、几何学等,我皆略知一二,同时有许多这类书籍可供参考,但是中国人对之并不重视,而对行星的轨道、位置以及日、月蚀的推算却很重视,因为这为编纂《历书》非常重要……目前中国使用的历书,有《大统历》与《回回历》两种,对推算日月蚀,虽然后者较佳些,但均不准确……可惜他们除遵循先人所留下来的规律进行推算外,其他可说一概不知……所以,我建议,如果能派一位天文学者来北京,可以把我们的历法由我译为中文,这件事为我并不难,这样我们会更获得中国人的尊敬。""然后,我们就能接手修历的工作。修历的工作将会提高我们的声誉,还会让我们有更多的机会进入中国,给我们

---

① 何高济等译:《利玛窦中国札记》上册,第271—272页。
② 达基·宛杜里编,罗渔译:《利玛窦书信集》上册,第230页。
③ 李杕:《增订徐文定公集》卷首下,《利子奏疏》,徐家汇天主堂藏书楼1933年版。

第三章 《崇祯历书》的编纂与欧洲科学革命的影响　207

的安全、自由带来保障。"①在这里,利玛窦为耶稣会士进入朝廷机构主持修历,并以此扩张基督教势力,设计了一幅诱人的蓝图。看来这一番前瞻性的展望显然打动了罗马耶稣会上层,其后派往中国的传教士中,如熊三拔、邓玉函、罗雅谷和汤若望,都是颇有造诣的天文学家。他们在准备和修治中国历法过程中,均发挥了不可替代的作用。

利氏殁后,先后留居北京的庞迪我、熊三拔、邓玉函、汤若望等人,亦继续利用一切可与朝廷交往的机会,尽量展示传教士在天文历法领域独特的才能,以及西方先进的天义观测仪器。如万历四十年(1612年)庞迪我、熊三拔为回应皇帝交付的译补《万国地海全图》两扇屏风时,不失时机地呈上两件测知时刻的天文仪器。进奏道:"……外象牙时刻晷二具,或看日,或看月,看星,皆可测知时刻。臣等学道余闲,颇习历法,二物系臣等制造,谨附进御前,以为皇上宵衣旰食之一助。"②三年之后,庞迪我等说得更直白:"公言晓知历法,请与各官推演七政。"③天启三年(1623年)汤若望抵京,在获交士大夫友人的同时,"又将由欧洲所带来数理天算之书籍列为目录,呈递朝中,并且还将所带来的科学仪器一一陈列,请中国官吏参观。"他还通过计算预测出天启三、四年间两次月蚀的准确时间,届时观测中,"就发现他的计算书和月蚀的实际情形有至确切的吻合",令当朝官员钦慕不已。不久,邓玉函亦往京城。"他到北京后,登时就从事于天文学之著述。"④

与这种未雨绸缪,着意从组织上派遣并不断展示其才能的同时,传教士和奉教士大夫还通过译介西方历算诸书,为修治历法作理论上的准备。这些著述大致包括,利玛窦撰写的《乾坤体义》(上卷言天象,以七政恒星为九重,下卷言算术。其言验诸实测,其法具得变通,词简而义赅);阳玛诺著的《天问略》(是书于诸天重数,七政部位,太阳节气,昼

---

① 达基·宛杜里编,罗渔译:《利玛窦书信集》下册,第 301—302 页;邓恩著,余三乐等译:《从利玛窦到汤若望》,第 192—193 页。
② 《熙照崇正集》卷二,《奉旨再进新译图说疏》,载韩琦等校注本,中华书局 2006 年版,第 26—28 页。
③ 徐昌治订:《圣朝破邪集》卷一,吴尔成:《移南京都察院咨》。
④ 魏特著,杨丙辰译:《汤若望传》第一册,第 99—101 页。

夜永短交食本原等,皆设为问答,与熊三拔所著《表度说》互为表里);熊三拔口述的《表度说》(明于天地运行,习于三角算术,立表取日影,测知时刻节气方法);熊三拔撰写的《简平仪说》(熊三拔与徐光启合制简平仪,撰此说以申其义。仪器分上下两盘,用于天文测量)。熊、徐二人合译的《日晷图说》、《平浑图说》,并制造定时衡尺、璇玑玉衡等天文仪器;利玛窦口译、徐光启撰写的《测量法义》、《测量异同》、《勾股义》(先表述利玛窦所译西方测量诸法,继以新译测量法义与中国《九章算法》比较异同,再追溯中国勾股遗言以申明《几何原本》之义蕴);李之藻撰写的《浑盖通宪图说》(利玛窦传授,大致出自简平仪法,揆此实测无爽,会通中历而成);李之藻撰写的《圜容较义》(昔从利玛窦研究天体,因论圜容,借平面以推立圜,设角形以徵浑体,由此得各面各体比例之义)。①凡此种种,如《几何原本》、三角算法的基础,天地运行、七政部位、日月交食的原理,简平仪、表度、日晷、定时衡尺等天文仪器的制作和测量方法,乃至与中国传统数学、历法异同的考察及会通的尝试,究其作用,亦如《四库全书》馆臣所言,乃"徐光启等改用新法"的"大辂之椎轮",②即在改用新法中扮演创始者的角色。

  传教士的良苦用心及其举措,终于初见成效。这就是由钦天监臣推荐,礼部堂官复议,奏请令徐光启、李之藻与庞迪我、熊三拔"同译西洋法",俾修改历法有所依据。《明史》历志记曰:"(万历)三十八年,监推十一月壬寅朔日食分秒及亏圆之候,职方郎范守己疏驳其误。礼官因请博求知历学者,令与监官昼夜推测,庶几历法靡差。于是五官正周子愚言:'大西洋归化远臣庞迪我、熊三拔等,携有彼国历法,多中国典籍所未备者。乞视洪武中译西域历法例,取知历儒臣率同监官,将诸书尽译,以补典籍之缺。'先是,大西洋人利玛窦进贡土物,而迪我、三拔及龙华民、邓玉函、汤若望等先后至,俱精究天文历法。礼部因奏:'精通历法,如(邢)云路、(范)守己为时所推,请改授京卿,共理历事。翰林院

---

  ① 徐宗泽编著:《明清间耶稣会士译著提要》,第263—284页;陈久金:《徐光启和〈崇祯历书〉》,载席泽宗等主编:《徐光启研究论文集》,学林出版1986年版,第83—84页。
  ② 永瑢等撰:《四库全书总目》上册,第894—895页。

检讨徐光启、南京工部员外郎李之藻亦皆精心历理,可与迪我、三拔等同译西洋法,俾云路等参订修改。然历法疏密,莫显于交食,欲议修历,必重测验。乞敕所司修治仪器,以便从事。'疏入,留中。未几云路、之藻皆召至京,参预历事。云路据其所学,之藻则以西法为宗。"

述论至此,《明史》历志竟自相抵牾。一则谓:"疏入,留中","时庶务因循,未暇开局"。再则称:"未几云路、之藻皆召至京,参预历事。"① 揆诸中外典籍,万历三十九年(1611年)后修历译书确有其事,并一度为有关人士寄予厚望。如徐光启在《简平仪说序》中指出:"会中朝方修正历法,特简宿学名儒,莅正其事。于时司天氏习闻诸君子(指传教士)之言者,争推举以上大宗伯(礼部尚书),欲依洪武壬戌故事,尽译其书,用备典章,大宗伯以闻,报可。自是一时畴人世业,亡不贾勇摩厉,以劝厥成。"② 后又谓:"顷者交食议起,天官家精识者欲依洪武故事,从西国诸先生备译所传历法……而宗伯以振之(李之藻字振之)请,余不敏,备员焉。值余有狗马之疾(指患病),请急还南,而振之方服除赴阙。"③ 又如周子愚《表度说序》曰:"大宗伯欲依洪武壬戌故事,以译大西洋诸书,请明上闻,已有成绪矣。"④ 再如邢云路疏陈,"详述日月交食分数以备修历。言臣自万历三十九年(1611年)奉有谕旨,命臣治历。至去岁泰昌元年(1620年)九月内治完恭进,奉旨下部。"⑤ 这样看来,在夙与传教士交往且习闻其技艺的钦天监官群相推举,亦对传教士友好的礼部侍郎署部事翁正春支持奏议之下,⑥"修历译书之事已得明廷批准,其工作确于此时已开始,即当邢云路与李之藻被召至京参预历事之一年。"⑦

---

① 《明史》卷三十一,历一。
② 王重民辑校:《徐光启集》上册,第73页。所谓"洪武壬戌故事",即如前述洪武十五年(1382年),朱元璋令翻译西域推测天象验其纬度之书。
③ 同上书,上册,第81页。
④ 徐宗泽编著:《明清间耶稣会士译著提要》,第282页。
⑤ 《明熹宗实录》卷七。
⑥ 陈鼎:《东林列传》卷一七,翁正春传;陈仪:《性学觕述序》(《明清间耶稣会士译著提要》,第212—213页)。翁正春与内阁大学士叶向高,同为延请传教士艾儒略入闽开教的"乡中先达"。
⑦ 黎正甫:《明季修改历法始末》(上),台湾《大陆杂志》第27卷第10期。

在此期间,据《徐文定公行实》记载,"(邢)云路据其所学,之藻测以西法为宗。公(指徐光启)与熊子(三拔),力疾制天盘地盘,定时衡尺,璇玑玉衡等器,皆时人所未睹。第名盛则谤兴,才高则妒起。朝臣啧有烦言,多不满于公。"①另外,此次"修历译书"工作亦存在缺陷,即仍然采取"分曹各治,事毕而止"的传统组织形式。徐光启就此批评道:"迩来星历诸臣颇有不安旧学,志求改正者。故万历四十年(1612年)有修历译书、分曹治事之议。夫使分曹各治,事毕而止,《大统(历)》既不能自异于前,西法又未能必为我用,亦犹二百年分科推步而已",②未脱旧日治历之窠臼。即便这样,徐光启等人对修历仍寄予厚望,希冀借此为传教士在北京觅得长久的安身立命之地。《徐文定公行实》称:"利子殁,教士留京未奉俞旨。公欲具疏奏留,苦无所借词。会昨年(万历三十九年,1611年)十一月朔,日有食之,台监推算失验,而庞子(迪我)等所测,合若符节。公喜,以为机可乘矣。遂促礼部奏称"修历,令庞、熊同译西洋法,以备邢云路等参订。③

然而,传教士和奉教士大夫的如意盘算,显然为标榜"夷夏之防"且固执"祖宗钦定"《大统历》不可变革的沈㴶所不容。他便利用诸朝臣嫉贤妒能,不愿接受外来新事物而掀起的反对声浪,发动了对这次修历活动的口诛笔伐。他在《参远夷疏》中,痛诋"万历三十九年,曾经该部具题,欲将平素究心历理之人,与同彼夷开局繙绎"的做法,认为"是举尧舜以来中国相传纲维统纪之最大者,而欲变乱之"。④事实表明,正是沈㴶的干扰及其掀起的教难,迫使开局修历译书的活动不得不中辍。传教士汤若望在回忆录中写道:"当时中国天算与国历之改革,是决不能再拖延的事件。每年所出的历书……都是按照旧日舛错误谬的表格所制出的,所以久已不能偿遂它的目的了。只有欧洲的科学,在这里方能创出变革。欧洲科学的代表在这一点上,恰恰是决不可缺少的。因此

---

① 李杕编:《徐文定公行实》,载《增订徐文定公集》卷首下。
② 王重民辑校:《徐光启集》下册,第374页。
③ 李杕编:《徐文定公行实》,载《增订徐文定公集》卷首下。
④ 沈㴶:《参远夷疏》,载《圣朝破邪集》卷一。

在利玛窦神甫之时期,就已经自荐愿为中国政府在这方面效力,在他之后庞迪我神甫和熊三拔神甫一律作过这样的自荐,因为他们的目的是要借此可以得到久居北京,官方准许的保障的。这改革中国天算的工作于 1611 年(万历三十九年)开始了。但是经 1616 年至 1618 年(万历四十四年至四十六年)之教难使工作中途停顿。"①

在这里,虽然汤若望对于欧洲科学和传教士的作用,不无矜夸炫耀的成分,但有关中国天算历法的改革刻不容缓,旧日舛错的历法与计算体系已难以胜任,以及吸收欧洲科学成就不失为中国历法变革一条出路的论述,则多少反映了当时的实际。

毫无疑义,"南京教案"阴云的消散,为引进欧洲科学成果,实现以"西法为基础"的中国历法改革,扫清了政治上的障碍,并提供了更为宽松的环境和活动空间。于是,奉教士大夫徐光启和李之藻,在进一步为修历作舆论准备的同时,亦彰显了自己改革的主张。

其一,申明历法的进步全在于不断修订更新,驳斥所谓祖制或古法不可变易的陈腐陋见。李之藻说:"大都谭天之家,迄后来而更覈(核)。测圜之学,寻邈(远。《尚书·牧誓》:'逖矣西土之人')览者为精。元嘉(东汉桓帝年号)、开元(唐玄宗年号),涉历稍广;元人晷测,经纬逾详。里人之识路也,榆识社焉已耳(犹如乡里人之辨别路径,只须看到榆树便可知谁家房舍一样清楚)。"②又如徐光启指出:"历法大典,唐虞以来咸所隆重,故无百年不改之历。"③再称:"盖历自汉迄元一千三百五十年,凡六十八改而后有《授时》之法,是皆从粗入精,先迷后得。谓古法良是,后来失传误改者,皆谬论也。"④如此鲜明的进化和更新的观念,实乃推动历法改革的精神力量。

其二,揭示《大统历》已弊窦丛生、积重难返,而原有典籍的散逸,更使历法难以按旧制修订。徐光启在引证钦天监官戈丰年有关《授时历》

---

① 魏特著,杨丙辰译:《汤若望传》第一册,第 122 页。
② 李杕编:《增订徐文定公集》卷六,《李之藻文稿附》,第 5 页。
③ 王重民辑校:《徐光启集》下册,第 321 页。
④ 同上书,下册,第 357—358 页。

的误差早已存在和《大统历》从未曾修改的基础上,指出《大统历》已错讹屡见,非大加修改方可精密。他说:"臣等查考近年交食,果有先后一二刻至三四刻者,其分秒之数亦有多寡不对者,必求符合,须将今历大加修改。测验布算,务求万分精密,十倍胜于守敬,乃可定今日之所以差,又期他日之可以不差耳。"①然而,当明初元统制订历法时,"元朝所有典章散失","并郭守敬之遗书一百余卷,悉皆散逸。徒取其仅存之粗迹",即"授时成法数卷","仅能依法布算",敷衍而成《大统历》。②这种先天不足的影响在于,"后来有志之士,亦止将前史《历志》,揣摩推度,并未有守敬等数年实测之功力,又无前代灼然可据之遗书,所以言之而未可行,用之而不必验也。"③凡此表明,在明代历法积弊难返而修订又无遗书可据的情况下,明末历法的改革不得不改弦更张,另辟蹊径。

其三,进而概论古往今来中国历法的通病,在于计算虽具有成法却不能言其法义,改历者多凭经验折中其间而不知其所以然。故今日之修历,必须究其法义和所以然而改正之。徐光启称,如与西方《测量法义》相比较,所谓"勾股自求,以至容方容圆,各和各较相求者,旧《九章(算术)》中亦有之"。然而,"第能言其法,不能言其义也。所立诸法,芜陋不堪读"。④又"《周髀(算经)》勾股者",虽然"二帝(黄帝、庖牺)皆用造历",但因为"无以为之藉(凭借)",即使"隶首(传说中黄帝时人,始作算数)、商高(相传为周初人,通晓数学,周公曾与其讨论天文历算)亦不得而言之(义)也"。⑤这种不言法之义蕴,但凭芜陋不堪卒读的诸法所制订的历书,自然会因不断出现的误差而频繁进行改历活动。可是,"前史改历之人……不过截前至后,通计所差度分,立一加减乘除,均派各岁之下,谓之改矣,实未究其所以然也。"⑥因此,为了从根本上改变过去在制历和改历过程中,不知法义及所以然的状况,徐光启特提出:

① 王重民辑校:《徐光启集》下册,第 319—321 页。
② 同上书,下册,第 326,358 页。
③ 同上书,下册,第 326 页。
④ 同上书,上册,第 85 页。
⑤ 同上书,上册,第 82—83 页。
⑥ 同上书,下册,第 344 页。

"第今改历一事,因差故改,必须究其所以差之故而改正之。"①"每遇一差,必寻其所以差之故;每用一法,必论其所以不差之故。上推远古,下验将来,必期一一无爽。日月交食,五星凌犯,必期事事密合。又须穷原极本,著为明白简易之说,使一览了然。百世之后,人人可以从事,遇有少差,因可随时随事,依法修改。"②

其四,强调论证天文度数及其所以然之理,肇自利玛窦入中国始。其象数之学溯源承流、根附叶著,必胜郭守敬数倍。尤其是西国治历的许多观念和方法,皆中国古来所未闻,舍此则改历终无密合之理。务须参用西法,会通归一,本朝历法自可远迈前代。

李之藻在《请译西洋历法疏》中称:"大西洋国归化陪臣庞迪我、龙化(华)民、熊三拔、阳玛诺等诸人慕义远来,读书谈道,俱以颖异之资,洞知历算之学,携有彼国书籍极多,久渐声教,晓习华音,在京仕绅与讲论。其言天文历数,有我中国昔贤谈所未及者凡十四事……凡此十四者,臣观前此天文历志诸书皆未论,及或有依稀揣度,颇与相近,然亦初无一定之见,惟是诸臣能备论之。不徒论其度数而已,又能论其所以然之理。"③徐光启更指出:"而能言其所为故者,则断自西泰子(利玛窦字西泰)之入中国始。"④并追忆说:"臣等昔年曾遇西洋利玛窦,与之讲论天地原始,七政运行,并及其形体之大小远近,与夫度数之顺逆迟疾,一一从其所以然处,指示确然不易之理,较我中国往籍,多所未闻。臣等自后每闻交食,即以其法验之,与该监所推算,不无异同,而大率与天相合。"⑤于是坚信,西方"象数之学亦皆溯源承流,根附叶著",⑥"究竟其学,必胜郭守敬数倍。"⑦除此而外,"至若岁差环转,岁实参差,天有

---

① 王重民辑校:《徐光启集》下册,第344页。
② 同上书,下册,第333页。
③ 引自孙承泽:《春明梦余录》卷五八;据《明史》卷三十一,历一,李之藻此疏上于万历四十一年(1613年),即南京教案之前,故仍有请求重用庞迪我、熊三拔等词语。
④ 王重民辑校:《徐光启集》上册,第73页。
⑤ 同上书,下册,第344页。
⑥ 同上书,上册,第80页。
⑦ 同上书,上册,第74页。

纬度,地有经度,列宿有本行,月五星有本轮,日月有真会似会,皆古来所未闻,惟西国之历有之。而舍此数法,则交食凌犯,终无密合之理。"①至此,徐光启总结道:"故臣等窃以为今兹修改,必须参西法而用之。以彼条款,就我名义,从历法之大本大原,阐发明晰,而后可以言改耳。"②又谓:"参用西法,果得会通归一,即本朝之历,可以远迈前代矣。"③

应该看到,徐光启、李之藻从进化更新的理念出发,在揭露和批判明朝历法窳败与历代天文历算通病的基础上,提出的参用西法、会通归一的历法改革思想,虽明显地悖离了传统的观念和成法,但却适应了明末清算魏忠贤阉党稍许宽松的政治环境,并为回应万历年间以来朝野有识之士亟求历法改革的呼声,指出了一条改弦更张,另辟蹊径的出路。凡此表明,明末历法改革的主客观条件已大体具备,而最后将这些可能条件变为现实性的,便是顷由外藩入缵大统的崇祯皇帝朱由检的支持。

对于崇祯皇帝的评价,清官修《明史》颇为迴护。称:"帝承神(宗)、熹(宗)之后,慨然有为。即位之初,沈机独断,刈除奸逆,天下想望治平。惜乎大势已倾,积习难挽……然在位十有七年,不迩声色,忧勤惕励,殚心治理……祚讫运移,身罹祸变,岂非气数使然哉!"④西方学者则褒贬互见,指斥颇多。谓:"尽管(崇祯皇帝)朱由检后来成了一个比许多年来任何一个皇帝远为认真负责的统治者,但这不能弥补他的缺乏经验、多疑和刚愎自用——这些性格特点促成他的王朝的覆灭。"⑤然无论崇祯政绩的实效如何,其"忧勤惕励,殚心治理"远较过去皇帝"认真负责"的精神,应不存疑义。这种精神在明末历法改革中,亦有所表现。

---

① 王重民辑校:《徐光启集》下册,第 327—328 页。
② 同上书,第 344 页。
③ 王重民辑校:《徐光启集》下册,第 327—328 页。
④ 《明史》卷二十四,庄烈帝二,赞曰。
⑤ 牟复礼、崔瑞德编,张书生等译:《剑桥中国明代史》,中国社会科学出版社 1992 年版,第 661—662 页。

崇祯二年(1629年)五月乙酉朔日食,《大统》、《回回》所推初亏、复圆刻数,均与预测互异。即位不久的崇祯皇帝一改过去对此事的宽宥、"不之罪"的姑息态度,于本月初三日传谕内阁,严加斥责。"钦天监推算日食前后刻数俱不对。天文重事,这等错误,卿等传与他,姑恕一次,以后还要细心推算。如再错误,重治不饶。"钦天监官戈丰年等回奏,指称本监所用《大统历》实承袭元郭守敬所造《授时历》,"二百六十年来,历官按法推步,一毫未尝增损,非惟不敢,亦不能,若妄有窜易,则失之益远矣。"并表示:"今欲循守旧法,向后不能无差;欲行修改,更非浅陋所及。"时任礼部侍郎的徐光启,适时地拟稿《礼部为日食刻数不对请敕部修改疏》,遂依据上述钦天监官无可奈何的申诉,剖析近来交食屡验舛错的缘由,大胆地提出"必求符合,须将今历大加修改"的建议。强调"历法大典,唐虞以来咸所隆重,故无百年不改之历……我国家事事度越前代,而独此一事,略无更定……如蒙皇上垂念制作大事,伏乞敕下臣部,照依万历四十年原议修改,庶国典有光,而世业畴人亦藉手以免于罪戾矣。"

草稿获部议通过,于五月初十日上呈。十三日即奉圣旨:"历法皇祖曾议重修,今日食刻数复差,允宜更正。依卿等所请修改一应事宜,再着另行具奏。"受此皇帝俞允修改历法的鼓舞,七月十一日,徐光启再将"修改历法四款"的具体事宜以礼部名义呈请,内容包括:(一)议选人员。推荐徐光启督领其事,李之藻起补来京协同任事。(二)议博访取。访求各省直通晓历法者查核取用,特仿效洪武壬戌故事,参用西法会通归一。(三)议用钱粮。于原首善书院旧址开设历局,预拟开销费用。(四)议考成绩。开局后随时呈报测验推算、编撰书册及仪器法式以凭审查,事竣之日一并具奏。七月十四日奉圣旨:"这修改历法四款,俱依议。徐光启见在本部,着一切督领。李之藻速与起补,蚤来供事。"虽然徐光启所拟原稿中,另有"议用西历"一款,未蒙礼部会议采纳呈上,但在稍后(七月二十六日)所进《条议历法修正岁差疏》中,则明确提出修历须"用西法"。"万历间西洋天学远臣利玛窦等尤精其术,四十等年曾经部覆推举,今其同伴龙华民、邓玉函二臣,见居赐寺,必得其书其法,方可以较正讹谬,增补阙略。盖其术业既精,积验复久,若以《大统》旧法与之会通归一,则事半而功倍矣。"就此番议论,崇祯皇帝批复道:"修正岁差等事,测验推步,参合诸家,西法自宜兼收,用人精择毋滥。"①为修历事,崇祯皇帝于当年九月十三日,专向徐光启颁《谕督领改修历法》,内称:"顷因日食不合,会议宜请更修,特允廷推,命尔督领。"又谓:"总之迟速之天象可摹……候时筹策,凭仪器以推求,西法不妨于兼收,诸家务取而参合……阐千古之历元,成一朝之巨典。"②

至此,徐光启通过迎合以信王入继大统而力图振兴的崇祯皇帝,特具有的"王者所以格天"和"成一朝之巨典"的心志,利用"交食之验"舛错的积弊,大力倡导历法改革,使奉教士大夫成为众望所归的督领修订历法的负责人,同祖制迥异的西学西法钦定为兼收并用的指导思想,而此前遭驱逐禁锢的西洋传教士如今被推举为新开历局享有朝廷廪给的编译人员。所有这一切,为崇祯年间"改历工作决定以西法为基础",③提供了保障。

第二节 "以西法为基础"的崇祯修历计划

徐光启自崇祯二年(1629年)七月十四日奉旨督领修历事务后,即忙于选用知历人员,制造仪器,铸给钦降关防,同年九月二十二日(1629年11月6日),在北京宣武门内天主堂东侧原首善书院内正式"开局"工作。④ 于此俱废待兴之际,经徐光启深思熟虑和精心运筹,制订了明确的指导思想与有条不紊的修历计划。这集中体现在《条议历法修正岁差疏》(崇祯二年七月二十六日)和《历书总目表》(崇祯四年正月二十八日)这两份文献上。⑤

---

① 王重民辑校:《徐光启集》下册,第319—338页。
② 李杕编:《增订徐文定公集》卷四,朱由检(崇祯皇帝):《谕督领改修历法》。
③ 薄树人:《徐光启的天文工作》,载中国科学院中国自然科学史研究室编:《徐光启纪念论文集》,中华书局1963年版,第116页。
④ 王重民辑校:《徐光启集》下册,第339页。
⑤ 同上书,下册,第332—339,373—378页。

归纳起来,就修历的指导思想而言,大致包括起用西法,会通超胜,深究所以然和度数旁通等内容。所谓"用西法",即徐光启着力渲染洪武年间诏令"回回大师"翻译《西域历书》的故事,并提升至孔子有关"礼失而求之野"的教导,①以为自己荐举西人重用西法立论。他说:"万历间西洋天学远臣利玛窦等尤精其术,四十等年曾经部覆推举,今其同伴龙华民邓玉函二臣,见居赐寺,必得其书其法,方可以较正讹谬,增补阙略。盖其术业既精,积验复久,若以《大统》旧法与之会通归一,则事半而功倍矣。"

会通超胜,则在于重申古往今来修改历法的传统,以及元《授时历》和《西域历书》已自衰败乖舛的现状,明确表示:"臣等愚心,以为欲求超胜,必须会通;会通之前,先须翻译。盖《大统》书籍少,而西法至为详备,且又近今数十年间所定,其青于蓝,寒于水者,十倍前人。又皆随地异测,随时异用,故可为目前必验之法,又可为二三百年不易之法,又可为二三百年后测审差数因而更改之法。又可令后之人循习晓畅,因而求进,当复更胜于今也。翻译既有端绪,然后令甄明《大统》,深知法意者,参详考定,镕彼方之材质,入《大统》之型模"。

深究所以然,制历不仅在与天象"必期事事密合",更在"穷原极本"申明法意。认为:"事竣历成,要求大备。一义一法,必深言所以然之故,从流溯源,因枝达榦,不止集星历之大成,兼能为万务之根本。此其书必逾数倍,其事必阅岁年。既而法意既明,明之者自能立法,传之其人,数百年后见有违离,推明其故,因而测天改宪,此所谓今之法可更于后,后之人必胜于今者也。"

度数旁通,在"度数既明"和"历象既正"之后,徐光启提出"又可旁通众务,济时适用",共达十项事业。其一,历象既合天地运行,便可预知并防备旱涝自然灾害。其二,度数既明,可使测量、疏浚、筑堤、灌溉

---

① 《春秋》,昭公十七年秋,时居古蛮夷之地(浙江嵊县)的郯子来朝,宴饮酬答之间,郯子详述所谓"少皞氏(以)鸟名官"的来历。"仲尼闻之,见于郯子而学之。既而告人曰:'吾闻之,天子失官,学在四夷,犹信。'"(《春秋左传》卷二十三,昭公四。)因此,《汉书》(卷三十,艺文志第十)归纳为,"仲尼有言:'礼失而求诸野。'"

等水利工程,"动无失策,有益民事"。其三,度数与乐律相通,明于度数有助于考正音律、制造器具和修正雅乐。其四,精于度数运用之法,有裨于兵家营阵器械及筑治城台池隍等军事边计。其五,度数既明,古代《九章》诸术皆能简要便捷使用,故因算学久废,官司会计任由胥吏左右的局面即可改观。其六,明于度数,可令营建屋宇桥梁等工程力省功倍。其七,精于度数,能使造作机器与器具皆有利便之法,用于治水用水,以利民生。其八,天下舆地高深广远,皆可以度数之法测量,"道里尺寸,悉无谬误"。其九,"由气积聚而成"的日月五星的运行,与医药之家宜审运气相仿,故相视病体乖和顺逆,可参考历数明察天体的运动,"因而药石针砭,不致差误,大为生民利益"。其十,既明历数,可造作钟漏以知时,安置日月星晷以施用,"率作兴事,屡省考成"。

　　表面上,徐光启的修历思想似乎是三者并举。即起用西法而欲求会通超胜,虽重目前历法精确犹须申明未来治历法意,既着力于历数修订又关注旁通众务。而其实质,无论是直接运用还是间接影响,皆呈现出以西法为基础的特征。

　　在上述思想指导下,徐光启制订的修历计划,主要是围绕着"编纂一部巨大欧洲天文学丛书"而展开的翻译、观测、制器和编辑活动。

　　"一开始他(指徐光启)就首先把力量集中于翻译,其内容包括欧洲天文学的理论、计算和测量方法、测量仪器、数学基础知识以及天文表、辅助用表等的介绍、编算等。这实在是在编纂一部巨大欧洲天文学丛书,只是因为内容主要原是外国的东西,因此叫它'翻译'。"

　　"在编书的同时也安排了观测计划。精密的观测资料是推算准确的历法的基础。徐光启最初提的计划中曾列入了几乎全部的基本数据。这在当时人员缺乏,没有系统的观测资料的积累的条件下是不切实际的。后来在实际工作中改动了原来的计划。许多基本的天文数据就直接采用欧洲第谷测定的数字。"不过,为了验证这些数字并推究西法的可靠性,历局对于全天星表即一切天体的坐标,日月交食初亏复圆的过程,以及日月五星运行的位置,多次进行实地的观测、推算和校订。[1]

为有效地进行观测和推算,在《崇祯历书》编写过程中,介绍并试制了各种专业用途的欧洲式仪器。首先,开局伊始,徐光启便向朝廷提出《急用仪象十事》,请求制造下列仪器:七政象限大仪(六座),列宿纪限大仪(三座),平浑悬仪(三架),交食仪(一具),列宿经纬天球仪(一架),万国经纬地球仪(一架),节气时刻平面日晷(三具),节气时刻转盘星晷(三具),候时钟(三架),测候七政交食远镜(三架)。其后,据中国学者研究,"通过《崇祯历书》的编撰,传教士已经把1619年以前的绝大多数欧洲天文仪器介绍给钦天监。他们参考了许多欧洲的著作,《测量全义》和《恒星历指》等书中有关浑仪、象限仪、纪限仪、地平经纬仪等仪器的内容肯定出自第谷的《机械学重建的天文学》。《恒星历指》卷一提到第谷在万历十年二月二十六日(1582年2月26日)用纪限仪做观测的事,这当是引用了第谷的《新编天文学初阶》(*Astronomiae Instaurata Progymnasmata*,1602)一书。其他学者也相信,《测量全义》的仪器部分引用了第谷的《新编天文学初阶》。"最终,整个编历期间,共制造新式仪器十余种。《新法表异》卷下称:"新法增置者曰:象限仪、百游仪、地平仪、弩仪、天环、天球、纪限仪、浑盖简平仪、黄赤全仪、日星等晷诸器,或用推诸曜,或用审经纬,或用测极,或用求时,尽皆精妙。而其最巧奇则所制远镜,更为窥天要具。"[2]

为了使编书工作有条不紊地进行,徐光启将全部丛书分成节次六目和基本五目。"节次六目是:日躔历、恒星历、月离历、日月交会历、五纬星历、五星交会历。这是这部天文学丛书中六部最重要的著作,研讨天体运动的规律,介绍测量及推算其运动的方法。六部书前后呼应,从简单到复杂,从基本到推广:'循序渐作,以前开后,以后承前,不能兼并,亦难凌越'。"

---

[1] 薄树人:《徐光启的天文工作》,载《徐光启纪念论文集》,第117页。
[2] 引自张柏春:《明清测天仪器之欧化》,辽宁教育出版社2000年版,第154—156页。文中所述《测量全义》和《恒星历指》,系徐光启第二次向明朝廷进呈的书目,即《崇祯历书》的内容(《徐光启集》下册,第386页)。《新法表异》,则汤若望据《崇祯历书》稍加改编的著作。

"基本五目是指:法原、法数、法算、法器和会通。这是这部丛书的五大纲目。法原是天文学基础知识,包括球面天文学原理等。节次六目也可属法原。法数则是天文表,附有使用法。法算是天文学计算中必须的数学知识,主要是三角学和几何学。法器是天文仪器。会通是指旧法和西法的度量单位换算表。这五条纲目网络了有关天文历法的全部重要知识。"[1]徐光启称这五目是"梓匠之规矩,渔猎之筌蹄,虽则浩繁,亦须随时并作,以周事用"。[2]

待修历的指导思想及其计划明晰之后,总的来说,"凡五更寒暑"的修历活动进展顺利。这其中,作为督修历法的组织者和历书译撰的总其成者,徐光启始终发挥着无与伦比的作用。自崇祯二年(1629年)九月开局,至崇祯五年(1632年)五月升任大学士入阁办事之前,徐光启的精力偏重于历局(虽从崇祯二年十一月至次年夏天,因满洲大军进围蓟州,奉旨指授训练京城战守事宜,一度无暇顾及历局)。在此期间,他自陈:"臣等藉诸臣(指传教士)之理与数,诸臣又藉臣等之言与笔,功力相倚,不可相无。"[3]又谓:"目下算数测候膳写员役虽不乏人,而释义演文,讲究润色,校勘试验,独臣一身。"[4]可见徐光启高瞻远瞩,一直把握着修历的关键。在以身作则的榜样激励下,历法修撰成绩斐然。崇祯四、五年间,三次共进呈历书七十四卷。

崇祯五年五月入阁以后,徐光启因主要精力转移至政务,修历进程颇受影响。如崇祯五年十月十一日疏陈:"仰蒙特简入阁办事,控辞未遂,迄今五月,竟不能复寻旧业。"纵然在局远臣,该监官生及知历人等,译撰并推算得日月交食,行星历指和天文立表草稿多卷,"惟历指谭述法意,义多奥赜,臣不在局,尚未能修润成书也。"[5]然而,由于徐光启始终如一的关注和坚韧不拔的努力,历局仍然保持了较快的工作进度,余

---

[1] 薄树人:《徐光启的天文工作》,载《徐光启纪念论文集》,第117—118页。
[2] 以上凡未注明出处者,均见王重民辑校:《徐光启集》下册,第332—339,373—378页。
[3] 王重民辑校:《徐光启集》下册,第344页。
[4] 同上书,下册,第362页。
[5] 王重氏辑校:《徐光启集》下册,第418页。

下等待进呈的《崇祯历书》亦大体上经过他亲自审定和修改。诚如崇祯六年(1633年)九月二十九日奏疏所说:"荷蒙特简入阁办事,会因阁务殷繁,不能复寻旧业,止于归寓夜中篝灯详绎,理其大纲,订其繁节,专责在局远臣该监官生并知历人等,推算测候,业已明备,少需时日,将次报竣。"据称在"新成诸书"六十卷中,三十卷"略皆经臣目手,业已膳缮"。另三十卷"尚属草稿,内经臣目者十之三四,经臣手者十之一二,亦可续写进呈"。① 正是阁务殷繁与历局牵挂的双重压力,使这位年逾七旬老人劳累过度而一病不起。即或在他"病势益甚"之际,"犹矻矻捉管了历书"。② 足见历法改革实乃徐光启晚年心旌之所悬,心血之所聚。因此,当他临终前夕,仍为善后计连上两疏。一在推举属意的山东参政李天经,为历局继任的领导人选。再则请予修历远臣(传教士)以安身赡养之资,尤望奖叙不辞辛劳的25名修历有功人员。③ 当徐光启就未来的修历事业,谋取到最佳的发展空间之后,这位毕生为社会改革呕心沥血,并替中国近代化带来最早讯息的先驱人物,终于崇祯六年十月初七日(1633年11月8日)溘然长逝,享年七十二岁。④

与徐光启如此殚精竭虑、鞠躬尽瘁的操守相辉映的,是李之藻抱病应召、死而后已的敬业精神。如前所述,李之藻早就以宗法西学、"精心历理"为时论所重,故万历三十九年(1611年)经礼部推荐召至京师参预历事。万历四十一年,"之藻已改衔南京太仆少卿,奏上西洋历法,略言台监推算日月交食时刻亏分之谬。而力荐迪我、三拔及华民、阳玛诺等,言:'其所论天文历数,有中国昔贤所未及者,不徒论其度数,又能明其所以然之理。其所制窥天、窥日之器,种种精绝。今迪我等年龄向衰,乞敕礼部开局,取其历法,译出成书'"。⑤ 虽然建议未被朝廷采纳,但李之藻历法改革的诉求从未消歇。于是,崇祯二年(1629年)七月十

---

① 王重氏辑校:《徐光启集》下册,第424—425页。
② 梁家勉编著:《徐光启年谱》,上海古籍出版社1981年版,第202—203页。
③ 王重民辑校:《徐光启集》下册,第424—429页。
④ 梁家勉编著:《徐光启年谱》,上海古籍出版社1981年版,第202—203页。
⑤ 《明史》卷三十一,历一。

一日,徐光启拟礼部奉旨开列修历事宜时,即首荐李之藻。疏曰:"至臣之藻以南京太仆寺少卿丁忧服满在籍,如蒙圣明录用,伏乞敕下吏部,查明履历,酌量相应员缺,起补前来,协同任事。"仅三日即获圣旨:"李之藻速与起补,蚤来供事。"①此后三、四次疏请及批覆中,皆令速催来京,崇祯君臣对李之藻期望之殷切,于此可见一斑。

然而,此时的李之藻已痼疾缠身。抱病就道,又频发咯血,途中耽搁近半年。待沉疴稍瘳,即赴历局承担重任。据徐光启崇祯三年(1630年)五月十六日疏陈:"臣之藻祗奉简命,亦于去冬十一月自原籍杭州府起程前来,行至扬州、沧州两处,为因血疾再发,医疗耽延;今幸获痊,已于本月初六日陛见讫,旋即到局,协同臣光启恪遵原议规则,督率该监官生,在局供事,推求测验,改正诸法。"②五月至九月中,李之藻除督率知历人员严格按照徐光启原先制订的计划,尽心尽力地开展工作之外,还直接参加了四种历书的译撰,它们是:《历指》一卷,《测量全义》二卷,《比例规解》一卷,《日躔表》一卷。③ 在此期间,李之藻更为刚刚辑刻成书的《天学初函》,撰写了《刻天学初函题辞》一文。缕述自利玛窦来华,迄今五十年间,"多贤似续,翻译渐广,显自法象名理,微及性命根宗,义畅旨玄,得未曾有。顾其书散在四方,愿学者每以不能尽睹为憾。兹为丛诸旧刻,胪作理、器二编,编各十种,以公同志。"④理编乃阐释基督教义,介绍西方学术和世界地理著作。器编则汇聚有关西方天文历算的翻译和撰述。《天学初函》的刊刻出版,适时地替以西法为基础的修历活动,提供了有力的学术依据与良好的社会舆论。同时,也是李之藻,这位与徐光启并驾齐驱的中国早期近代化的先行者的最后贡献。

"据西教士记载,之藻逝世在一六三〇年阳历十一月一日。合崇祯三年阴历九月二十七日,(其病逝于住所,享年六十六岁),可知之藻去世,实由于抱病起身,病未愈而又续奔前程;病未全愈而到差办公,且立

---

① 王重民辑校:《徐光启集》下册,第326—329页。
② 同上书下册,第343页。
③ 引自方豪:《李之藻研究》,台湾商务印书馆1966年版,第188—189页。
④ 《天学初函》第一册。

即从事译书,如此忠于学术,为国家而忘身,真足为今世治学之楷模!"①

不言而喻,真正赋予崇祯修历以西学特色的,主要是传教士邓玉函(Jean Terrenz,1576—1630)、罗雅谷(Jacques Rho,1593—1638)、汤若望和龙华民等人的杰出工作。早在来中国之前,邓玉函便以学识渊博而著称。其"医学、哲学、数学以及希伯来、加尔代、拉丁、希腊、德、英、法、葡文字,无一不精,尤以医学为王公大人所器重。"他又富博物知识,亦工绘画,并以其科学成就,当选为欧洲优秀科学社团"山猫学院"或称"灵采研究院"的早期院士。② 特别是这位德国人作为耶稣会神父前往东方前夕,曾陪同金尼阁遍访欧洲各出版中心,购置新面世的图书,其中"科学书所占数量至为可观"。这些显然为邓玉函进入崇祯历局施展才干,作了必要的准备。出身于意大利米兰望族的罗雅谷,少年时即在数学领域"敏慧异常",加入耶稣会后,"曾在家乡讲授实验科学,听众之多,大出意料",其科学素养由来有自。1624 年(天启四年)罗雅谷随同已改名易姓的高一志(原名王丰肃)神父前往山西,开发当地教务。③ 原籍为德国科伦而出身贵族的汤若望,17 岁(1608 年)时以品学兼优,被送至罗马日尔曼学院深造。1613 年见习期结束后,进入著名的罗马学院,开始为期四年的学习和研究。经过在罗马这近十年的严格教育,使汤若望像他的前辈校友利玛窦一样,在科学领域才华横溢。故他1622 年(天启二年)抵达北京后,"曾推算月食,三次皆验,使他声誉雀(鹊)起,为来日事业打下了初步基础。已而他被遣往陕西管理教务,曾在西安留居若干年,行使传教使命,并利用余暇研究天文。"④凡此表明,邓玉函、罗雅谷和汤若望进入历局之前,在数学天文等自然科学领域,或早已是公认渊博的学者,或具有敏慧的突出才能,或理论与实测皆成绩卓著。这些无疑为尔后的发展,奠定了坚实的西学基础。

---

① 方豪:《李之藻研究》,第 189 页。
② 方豪:《中国天主教史人物传》,中华书局 1988 年版上册,第 216—217 页。
③ 费赖之著,梅乘骐等译:《明清间在华耶稣会士列传》,第 213—214 页。
④ 同上书,第 187—188 页。

初开历局时,徐光启请准朝廷,召已在京城的龙华民、邓玉函预其事。徐光启称:"自受命以来,与同西洋远臣龙华民邓玉函等,日逐讲究翻译,至十月二十七日计一月余,所著述翻译《历说》《历表》稿草七卷。忽因警患,臣光启屡奉明旨,拮据兵事,因之辍业,独两远臣与知历人等自行翻译,复得诸色《历表》稿草八卷。日稽月省,臣等凛凛职业,不敢怠荒……不意本年(崇祯三年,1630年)四月初二日(阳历5月13日)臣邓玉函患病身故。此臣历学专门,精深博洽,臣等深所倚仗,忽兹倾逝,向后绪业甚长,止藉华民一臣,又有本等道业,深惧无以早完报命。臣等访得诸臣同学尚有汤若望罗雅谷二臣者,其术业与玉函相埒,而年力正强,堪以效用。"①履职不过六个月而"深所倚仗"的邓玉函遽尔病逝,不啻给修历工作"加上了一层重大打击。邓玉函之去世令当时的人们觉得很是一种难以代偿的丧失。仿佛刚到这伟大的学者困苦艰难地要使基督教在中国走上光荣地步时,他竟被自尘世召赴天国去了。因此连不奉教的官吏们也是哀悼他的丧失的,并且都为他的殡葬赠赙诣唁"。②抛开狭隘的宗教功利,邓玉函殚竭心志竟业于翻译,且通过与伽利略,开普勒昔日的关系,力图引进欧洲科学革命的成果,当功不可没。

从山、陕地方征召至历局的罗雅谷和汤若望,亦未辜负徐光启的期待。他在《治历已有成模恳祈恩叙疏》(崇祯六年十月初六日)中总结道:"如远臣罗雅谷汤若望等,撰译书表,制造仪器,算测交食躔度,讲教监局官生,数年呕心沥血,几于颖秃唇焦,功应首叙。"③揆诸史实,如此评价并非虚语。据称:"1630年(崇祯三年),罗雅各(谷)神父被召去北京,以协助汤若望神父修治历法,他在那里既分担着一切劳累和艰苦,也分享着那位勇敢的同伴取得辉煌成果的喜悦。这一长时间不能休息的艰巨工作,使他们忍受着难以言喻的劳瘁辛苦。他们夜以继日地观察天象,测定星际距离,核对星座位置,计算其运行路线。其间还得向皇上

---

① 王重民辑校:《徐光启集》下册,第343—344页。
② 魏特著,杨丙辰译:《汤若望传》第一册,第123页。
③ 王重民辑校:《徐光启集》下册,第427—428页。

汇报工作,为他编写书刊,制造精密仪器,甚至还须应付那些心怀嫉妒,故作刁难的大臣们,并解答他们提出的幼稚可笑而又出于恶意的一些问题。虽然阻力重重,但两位传教士仍然卓越地完成了他们的使命"。①又谓:"在这天算方面邓玉函神甫,并且在他之后汤若望和罗雅谷,都是很勤奋地下手工作。在当时最需要的,是为中国之共同工作者用中文所写的一批立于科学高峰上之专门著述。同时为造就天算专门人才起见,更需设立一种数理天算之学院。这种种工作在礼部尚书徐光启坚强促进之下进行非常疾速……汤若望和罗雅谷在开头,都是把自己锁在住室中暗自工作的,为的是可以避免当地旧有天算家之反对。以往的著作,他们拿来做为新著作之基础,或加以修正,或重新翻译欧洲各种典籍。耶稣会会址之旁,人们建立宽阔房屋一所,作为教养天算专门人才学院(译者按:即当时之历局)之用。入学院之中国学员自然俱系基督教徒,在传教士指导之下从事于天算表格与对数表迻译之工作。徐光启原为一位一等之学者与文士,在各种译著上皆与以词藻之润色,使之成为典谟之作。"②

当然,这些在传教士指导下从事天算表格的翻译,实际天象的观测和天文仪器的制造的中国学员,也就是徐光启临终奏疏中褒奖的各色知历人员,他们大量的繁琐工作与贡献,同样是不可抹煞的。例如,"知历生员邹明著、访举儒士陈于阶等,思精推测,巧擅绘制,书器方藉前劳,讲解正需后效,所当照纂修办事例优叙者也。"又如,"生员程廷瑞、孙嗣烈、孟履吉,监生李次霦,访举儒士杨之华、祝懋元、张寀臣、黄宏宪、董思定、李遇春、赵承恩等,同心绩学,殚术承天,十狐之腋堪裘,众集之思成益,所当照纂修効劳例量叙者也。"再如,"天文生朱光灿、朱光大等,勤学可嘉,俟学习完日另叙。"③

这样看来,正是由于徐光启的高瞻远瞩和卓有成效的全局调度,李之藻恪遵原议规则的协同与督率,邓玉函、罗雅谷和汤若望融汇中西不

---

① 费赖之著,梅乘骐等译:《明清间在华耶稣会士列传》,第215页。
② 魏特著,杨丙辰译:《汤若望传》第一册,第150—151页。
③ 王重民辑校:《徐光启集》下册,第428页。

同科学范式及历法的创造性劳动,中国知历人员孜孜不倦的工作,使崇祯修历这远迈前代的浩繁工程,在短短五年间即告竣。面对即将完成的修历工程,徐光启自豪地说:"……未有子来遹成(绍述)如今日者。测验推步,上合天行;讲究著述,下穷人巧。日成月要,不敢悠急而瘝庶工,费省工良,共效精勤而襄巨典。诚举局之光,一时之选也。"①该历书曾分五次进呈。崇祯四年(1631年)正月、八月,崇祯五年四月,徐光启三次呈送历书七十四卷。崇祯七年(1634年)六月,李天经抵京继任"督修历法"事后,又于当年八月和十一月,两次上呈历书六十三卷。并称:"前后五次所进共计成书一百三十七卷……此书进呈,而前局结矣。"②不过,魏特著《汤若望传》则认为:"这样所完成的译著分作五组进呈皇帝。此项工作开始后经过七年,即一六三五年(崇祯八年),全部丛集始得完成。这部丛集所包括的卷数约一百五十,刊为三部分,即辅助科学部分,天算理论与实用部分,天算表格部分。"③该丛集的卷数之所以前后不一,显然跟"后来刊印时又有一些增减,而且刊刻了不止一次"有关。④

第三节　欧洲科学革命成果与中国传统科学范式的变革

《崇祯历书》对中国天文学的贡献,或者超越该学科所具有的更为广泛的意义,可以归结为在欧洲科学革命成果的影响下,中国传统的科学范式的变革,在这种变革中须遵循的思想原则,以及这种变革由历算向其他科学领域和国计民生部门的发展趋势。

所谓科学范式的变革,主要反映在,"中国的天文学同中国所有科学一样基本上是属于经验性和观测性的",⑤向知其然更知其所以

---

① 王重民辑校:《徐光启集》下册,第428页。
② 《四库全书》第七八八册,《新法算书》卷四。
③ 魏特著、杨丙辰译:《汤若望传》第一册,第151页。
④ 薄树人:《徐光启的天文工作》。
⑤ 李约瑟著,翻译小组译:《中国科学技术史》第四卷,第二分册,第697页。

然的天文理论体系转化过程中,原先"中国人的数学思想与实践一贯是代数学的,而不是几何学的",[①]让位于以几何学模型解释和预测天象的范式。

中国天文学史整理研究小组编著的《中国天文学史》认为,《崇祯历书》编者们,"在有意识地为自己的计算方法建立一个理论基础"的努力中,使该历书具有以下一些特点。(一)采用了丹麦天文学家第谷所创立的宇宙体系。这个体系是介于哥白尼的日心体系和托勒密的地心体系之间的折衷体系。它认为:地球是宇宙的中心,月亮、太阳和恒星在不同的层次绕着地球转,而五大行星则绕着太阳转。(二)采用本轮、均轮等一整套小轮系统来解释天体运动的速度变化。这样,在计算上就必须采用几何学。(三)引入了明确的地球概念,引进了经、纬度及其有关的测定、计算方法。从而使得在日、月食计算和其他天文计算中较中国古代的传统方法前进了一大步。(四)引入了球面和平面三角学。这就大大地简化了计算手续,提供了准确的计算公式,并且扩充了解题的范围。(五)引入了蒙气差的数值改正;区别开了冬至点和日行最速点的不同,并且指出日行最速点每年前进约 45°;引进了哥白尼、第谷等所测定的较精确的天文数据。(六)引进了欧洲天文学中的一些度量制度。[②]

与这一整套借助于西方天文学理论体系及其科学范式(从宇宙论、天体运动模式和地球概念到具体的几何学原理、计算方法与天文数据)相适应的,便是引入欧洲古典的几何学模型取代中国传统的代数学程式。李约瑟指出:"中国天文学与希腊有深刻不同的地方在于它发展了巴比伦的代数学传统,计算和预告太阳、月亮、行星的位置不需要任何实在的几何模型,不像欧多克斯(Eudoxus,前 409—356)、亚里士多德、托勒密依据机械天层所建立起的那种'均轮套本轮、轨道套轨道'。欧

---

① 李约瑟:《中国与西方的科学与社会》,载潘吉星主编:《李约瑟文集》,辽宁科学技术出版社 1986 年版,第 71 页。
② 中国天文学史整理研究小组编著:《中国天文学史》,科学出版社 1987 年版,第 222—223 页。

几里得(Euclid,约前330—270)几何学没有在中国发展,仅在13世纪才传到那里"。①然而,"特别必须看到,哥白尼的日心体系和刻卜勒的天体运动三定律等都只能在欧洲天文学的几何学天体运动体系中产生,而难以从中国传统的代数学体系中直接导出。如果考虑到这一点,那么我们更应当肯定,徐光启的天文工作是把我们引着向近代天文学的入口处迈进了一大步"。②有鉴如此,在修历过程中,"最先是以第谷体系为基础的,但也包括托勒密、哥白尼等人使用过的一些几何方法。后来又引入刻卜勒的椭圆轨道模型,但将太阳和地球调换了位置。几何模型方法成为清代(1644—1911)官方天文学的理论基础达两个多世纪之久"。由是,"西方的几何体系方法取代了传统的代数方法"。③

正如日本学者桥本敬造所指出的,《崇祯历书》之引进西方的宇宙体系、几何学模型和精确的观测数据,已跟当年利玛窦介绍的亚里士多德—托勒密体系的天文知识,有着性质的不同。它们反映了欧洲方兴未艾的科学革命的成果,或者说,"包括第谷·布拉赫、伽利略、开普勒(刻卜勒)等人研究成果在内的科学革命,整整一个阶段的成就影响了中国"。④这大致可从三个方面进行考察。

第一,来华耶稣会士特别是其中参与修历者,跟欧洲科学革命保持相当密切的联系,对其趋向和成果有着真切的了解与把握。

如前所述,邓玉函未加入耶稣会时,即以博学多才闻名,并继伽利略之后,当选为由科学家楷西亲王(Federico Cesi)创立的"灵采研究院"(或称"山猫学会")的院士。在邓玉函准备离欧赴华传教前夕,曾多次表示,希望获得伽利略推测日月蚀的新方法。如1616年5月18日邓氏在米朗(兰)日记中说:"我希望在起程赴中国之前,伽利略能告诉我推测日月蚀的新方法;因为他的方法,比第谷(Tyco)的方法为精

---

① 潘吉星主编:《李约瑟文集》,第463页。
② 中国天文学史整理研究小组编著:《中国天文学史》,第224页。
③ 席泽宗:《十七、十八世纪西方天文学对中国的影响》,载《自然科学史研究》1988年第3期。
④ 桥本敬造:《崇祯改历和徐光启的作用》,载李国豪等主编:《中国科技史探索》,上海古籍出版社1986年版,第197页。

……希望他至少能预告我一二次未来的日月蚀,我可以考验他和第谷推算方法的准确性究竟相去多少。"邓玉函显然对这件事很重视,当年6月16日便致函教宗御前植物学家法倍尔(Faber):"请代候楷西亲王,希望借他的力,在我起程之前,能向伽利略请教若干事,以便利在中国推算日月蚀的工作。"直至1618年3月31日,邓玉函在离欧前发出的最后一封信,"仍托法倍尔为他搜罗伽利略以及其他学者的新著"。

邓玉函抵达中国后,于1621年(天启元年)8月26日,从躲藏地杭州寄信法倍尔,又提到"伽利略……如能寄来他关于日月的理论,不必附图,对于中国社会必有莫大贡献"。次年4月22日,邓玉函有长信致法倍尔,再次提及伽利略,说:"我诚恳祝祷他新法推算日月蚀的成功,日蚀尤为重要,我们在中国修历,对日蚀的推算,最感需要;因靠修历名义,便不致被驱逐出境。"为此,1624年法倍尔三次写信给楷西亲王,都提到希望伽利略能协助邓玉函。并且,法倍尔"也曾亲自与伽利略晤谈,讨论怎样协助玉函观测日蚀,伽利略自称一无所知。"①

失望之余,邓玉函并未气馁,又转向刻卜勒请教。原来邓玉函陪同金尼阁巡游欧洲采购图书期间,曾与刻卜勒相识相知。如"1616年8月,金、邓二氏在慕尼黑与刻白来(刻卜勒,Kepler)晤面;次年六月至十一月,接触机会更多"。② 于是,1623年(天启三年),邓玉函从中国常州寄给其祖国德意志巴伐利亚的数学家一封长信,该信于1627年经数学家阿尔贝特·库丘斯神父之手转交给刻卜勒。同伽利略的冷淡态度形成对照的是,刻卜勒相当热情地很快给予了答复。这些来往信件于1630年在西里西亚出版。

在复信中,首先,"开普勒(刻卜勒)对邓玉函信中修正中国历法的建议予以重视。对此,他还提出几种不同的设想。不过,为使修正历法的工作能有的放矢",他请邓玉函调查核实,当时中国人制定历法,采用的是哪种天体运行图表的方法,中国历法中是否存在土耳其

---

① 方豪:《中国天主教史人物传》上册,第222—223页。
② 同上。

(回回历)和波斯人行星图表的影响。其次,"由于邓玉函在信中询问恒星的直径及其相互距离时弄错了数据,开普勒为此请他参阅鲁道夫星表。"除此而外,对于邓玉函来信所介绍的《尧典》中关于星辰的记载,中国以六十年为周期的纪年方法,以及《书经》《诗经》《春秋》和历代史书有关日食的报告,刻卜勒分别进行了一些比较、评论与猜测。信的最后,"附上开普勒的愿望,那就是但愿通过您(指邓玉函)的努力工作,中国人不仅能够接受天文学的规律,而且可以接受基督教温和的束缚"。① 为迅速纠正邓玉函数据上的错误,就在复信的当年,即"1627年(天启七年),开普勒交给当时住在澳门的波兰教士卜弥格(Michael Boym)一套《鲁道尔芬(夫星)表》(Rudolphine Tables,属于哥白尼学派),卜弥格又把它连同热情的赞词一起转送到北京"。② 透过邓玉函如此执着地将欧洲科学革命的最新成果运用于修历的种种努力,固然反映教会欲借此巩固其地位的意图由来已久,但客观上亦有利于中国历法的变革和进步。

　　来华耶稣会士与欧洲科学革命联系的另一表现,则在于通过传教士金尼阁、邓玉函在欧洲各地的征集和购买,体现欧洲最新科学成就的数量可观的图书仪器,被安全地运抵澳门并陆续进入北京,成为崇祯修历基本的参考书籍和测验仪器。前面介绍金尼阁的章节中,业已勾勒出当时的情景。需要强调指出的,在从欧洲起运价值一万金币的多门类图书中,"今日所已发明之数学书,则可谓应有尽有"。而"从各王公大臣所征集及在各地所收购之各项测算仪器与制造仪器之机械,种类之多,品质之精,可谓已一无所缺"。③ 这些究竟是虚骄的大话,还是确有其事,在此不妨稍加考证。据中国学者的研究,1619年(万历四十七年)7月15日,金尼阁率领二十余名传教士抵达澳门,"带来了七千余

---

① 莱布尼茨1692年3月21日致闵明我的信,载夏瑞春编,陈爱政等译:《德国思想家论中国》,江苏人民出版社1995年版,第25—28页;李约瑟著,翻译小组译:《中国科学技术史》第四卷第二分册,第661—663页。
② 同上。
③ 方豪:《明季西书七千部流入中国考》,载《方豪六十自定稿》上册,第44页。

部书籍和仪器等,这些书很可能是后来编译历书的资料来源。原北堂图书馆收藏了许多传教士使用的书籍。北堂书目中发现了大约20部有关天文仪器的书籍,包括第谷、伽利略、开普勒……的著作"。他还认为,"通过《崇祯历书》的编撰,传教士已经把1619年以前的绝大多数欧洲天文仪器介绍给钦天监。他们参考了许多欧洲的著作"。① 在此将1619年作为时间的断限,显然也跟金尼阁带来大量欧洲图书仪器有关。

另一位中国学者,则将《崇祯历书》介绍和采用的大部分欧洲天文学著作,明晰考证出来。包括第谷四种,托勒密一种,哥白尼一种,开普勒四种,伽利略一种,朗高蒙田纳斯一种(阐述第谷学说),普尔巴赫与雷吉奥蒙田纳斯合著一种(阐述托勒密学说)。并指出:"上述13种当年由耶稣会士携来中土、又在编撰《崇祯历书》时被参考引用的16、17世纪拉丁文天文学著作,有10种至今仍保存在北京的北堂藏书中。其中最晚的出版年份也在1622年,全在《崇祯历书》编撰工作开始之前。"②进而言之,上述书目中,除开普勒著《宇宙和谐论》(1619)、《哥白尼天文学纲要》(1618—1621)和朗高蒙田纳斯的《丹麦天文学》(1622年)外,其余10种皆出版于金尼阁1619年抵达中国之前。综合以上两位中国学者的研究,既然13种以上的欧洲天文学经典和科学革命代表人物的著作为《崇祯历书》所采用,其中10种出版于1619年以前;既然可以1619年为断限,此前绝大多数欧洲天文仪器已介绍到中国,那么1619年金尼阁抵达澳门时所携带的数千卷欧洲图书和仪器,成为稍后编纂《崇祯历书》的资料来源,应该是顺理成章的事情。

为此提供更有力证据的,是第一次出现于中国的望远镜,即来自于金尼阁、邓玉函和汤若望携至中国的那批欧洲货物中。在这里,先须对耶稣会士分外重视伽利略的望远镜及其观察成果,稍加叙述。"人们记

---

① 张柏春:《明清测天仪器之欧化》,第96,154页。
② 江晓原:《欧洲天文学在清代社会的影响》,载黄爱平等主编:《西学与清代文化》,中华书局2008年版,第467—468页。

得,先是荷兰人启发了他,然后伽利略制出了自己的望远镜,从那以后,科学的发展日新月异。"①1610年当伽利略发表运用望远镜对天体观察所获得的重大发现时,轰动了欧洲,这些成果实际上是为哥白尼的日心学说"奠定了直接的实验基础"。② 不过五年,在1615年(万历四十三年)首刊于北京的传教士阳玛诺所著《天问略》中,便首次介绍了伽利略发明天文望远镜及其天象观察。他说:"近世西洋精于历法一名士,务测日月星辰奥理,而哀其目力尪羸,则造创一巧器以助之。"随即缕述了诸如金星"其光或消或长,无异于月轮",土星"圆似鸡卵,两侧继有两小星",木星"四围恒有四小星周行甚疾",以及天河乃无数密集的小星等四项望远镜天文新发现。最后声称:"待此器至中国之日,而后详言其妙用也。"③11年后,即1626年(天启六年),传教士汤若望果然据此器物而言其妙用。在所撰《远镜说》中图文并茂,就望远镜仰视、直视的功能,高(凸)洼(凹)二镜合用的效益,能易物象的光折射原理,以及望远镜的结构和制造,皆言简意赅,一一加以说明。特别是《利用于仰观》的条目下,集中阐释了运用望远镜观察月亮(太阴)之本体,金星之消长,太阳之出没,木星为四小星围绕,土星两傍之两小星,乃至宿天诸星"借镜验之算之,相去几何,丝毫不爽"的情景,而"星宿正度偏度,于修历法,尤为切要"的道理。在该书的最后,再设《用镜测星法》和《用镜测交食法》二条目,详述器物的安排、观测和计算的方法。④ 若将汤若望的《远镜说》与阳玛诺的《天问略》相比较,汤著不仅就望远镜的功能、效益、原理及其新发现的理论认识,较之阳著更加全面和深入;而且在器物的结构、制造、安装和调试等实践经验方面,前者亦填补了后者的空白。这表明汤若望在来华前后,有相当便利的条件任随他对器物进行

---

① 潘吉星主编:《李约瑟文集》,第206页。
② 童鹰:《世界近代科学技术发展史》上册,上海人民出版社1990年版第126、135—138页。
③ 阳玛诺:《天问略》;参见石云里:《天问略提要》,均载薄树人主编:《中国科学技术典籍通汇》天文卷八,河南教育出版社1993年版,第339—367页。
④ 汤若望:《远镜说》;参见王冰:《远镜说提要》,均载薄树人主编:《中国科学技术典籍通汇》天文卷八,第369—381页。

把玩与研究。

这个便利的条件,就是金尼阁在欧洲采购、起运,并经澳门进抵北京途中,望远镜一直陪伴在汤若望和邓玉函的身边。李约瑟说:"1618年邓玉函到达中国。他曾继伽利略之后当选为山猫学院第七名院士,是一位有才华的天文学家兼物理学家。他随身携有一架望远镜(后来在1634年献给皇帝),并与伽利略(对邓玉函帮助不大)和开普勒(较热心)一直保持联系。"[①]另据崇祯七年(1634年)十一月初九日督修历法的李天经,为回应崇祯皇帝询问,介绍"创自远西,乃新法中仪器之一"的"窥管"时说:"若夫窥筒,亦名望远镜,前奉明问,业已约略陈之。但其制两端俱用玻璃,而其中层叠虚管,随视物远近以为短长。亦有引申之法,不但可以仰窥天象,且能映数里外物,如在目前。可以望敌施炮,有大用焉。此则远西诸臣罗雅谷汤若望等,从其本国携来而葺饰之,以呈御览者也……谨将窥筒远镜一具,遵旨先进御览。"[②]又崇祯八年(1635年)七月十二日,李天经奉旨造"窥远镜二具"进呈,随即"督同本局远臣汤若望罗雅谷等,将本国携来玻璃星夜如法制造,今已造完,谨将窥远镜二具恭进御览。"[③]据《明清间在华耶稣会士列传》曰:"罗雅谷神父在澳门等待了两年,于1624年得随高一志神父进入中国内地前往山西,协助高神父开发当地教务。"[④]而迄无资料显示,罗雅谷当时到过北京。如前所述,就在这一年(天启四年,1624年),时任通政使的福建人何乔远,在北京拜访传教士龙华民住处时,曾目睹数百卷西洋书籍,测天地圆方二球,以及"有竹筒乘镜一寸(尺?)许,以观天之象度,地之里,无不了然,不似中国懵懵尔也"。[⑤] 这恐怕是中文典籍有关望远镜的最早记载之一。不久这段文字为其他士人记录北京天主堂的见闻所证实。据崇祯八年(1635年)刊刻的《帝京景物略·天主堂》称:"……

---

① 李约瑟著,翻译小组译:《中国科学技术史》第四卷,第二分册,第661页。
② 徐光启等:《新法算书》卷三,《四库全书》第七八八册,第52—53页。
③ 《新法算书》卷四,《四库全书》第七八八册,第67—68页。
④ 费赖之著,梅乘骐等译:《明清间在华耶稣会士列传》,第214页。
⑤ 何乔远:《何镜山先生全集》卷三七,《真奇图序》。

远镜,状如尺许竹筒,抽而出,出五尺许,节节玻璃,眼光过此,则视小大,视远近。"①

诸如上述,最初出现于中国,被称为窥管、窥筒(筒)、窥筒眼镜、竹筒乘镜、远镜、窥远镜和望远镜的西洋新法仪器,确系耶稣会士携入,并迅速为朝野上下所关注。由于 1624 年罗雅谷从澳门未经北京径往山西,而当年在北京传教士龙华民亦汤若望的住处(两人于 1622 年同至北京),已见贮有望远镜,后在天主堂公开陈列的即此形制器物,故可断定汤若望、邓玉函乃最早携该器物入北京者,而包括器物及其原料均来自金尼阁运抵澳门的那批货物。至此,透过天文书籍和测验仪器的考察,金尼阁采购的体现欧洲最新科学成果的什物,成为崇祯修历的基本资料来源的结论,当可定谳。

非特止此,就在耶稣会士直接参与历局的活动之后,为"使欧洲数理天算的科学成为中国人们底学识,在这种工作中他们(指耶稣会士)总是尝试着站立于欧洲学识之高峰上。为了这个原故,他们令家乡底人们时常把家乡的对于科学上重要之一切新刊物,给他们向中国邮寄"。② 由此可见,通过与欧洲科学革命巨擘的书信往返,实地在欧洲采购图书仪器,以及不断地接获来自欧洲的科学新刊物等渠道,在华耶稣会士对于欧洲科学革命的发展及其成就,有着相当真切的了解和把握。

第二,由于制历旨在精密的实际需要,特别是为遵从修会的宗教属性和教廷禁令的影响,耶稣会士在修历中采用了具有折衷与过渡性特征的第谷宇宙体系。然而,在具体阐述宇宙构造、天体运行理论和望远镜作用时,仍对哥白尼、伽利略、刻卜勒学说进行了介绍。

欧洲的科学革命,是一个连续而完整的自然历史过程。"哥白尼把地球看做是太阳系里的一颗小行星,以这一革命性思想为发端,经过伽利略、第谷·布拉赫和刻卜勒等人的工作,最后导致牛顿对物理

---

① 刘侗、于奕正:《帝京景物略》卷四,《天主堂》。
② 魏特著、杨丙辰译:《汤若望传》第一册,第 149—150 页。

第三章 《崇祯历书》的编纂与欧洲科学革命的影响

世界的伟大综合。"①研究表明,哥白尼日心说最初作为一种新的科学假说,"有它不完善的地方,还得经过一段长时间的发展"。直至1632年伽利略在《关于托勒密和哥白尼两大世界体系的对话》中,建立其惯性原理;尤其是刻卜勒通过分析第谷遗留的大量天文观测数据,从而发现行星运动三定律,才埋葬了托勒密的地心体系,"奠哥白尼体系于磐石之上"。②

第谷的宇宙体系,正是在日心说虽已提出尚待完善和确证,而地心说并未退出历史舞台的过程中产生的。该体系的特点之一,即建立于先进的观测技术和精确的天文数据的基础之上。如在第谷的星表中,标准星座标的概差仅为25秒左右。而按哥白尼理论编算的这些星表,"所根据的只是最低量的粗略而又往往不可靠的观察",其误差甚至达到4至5度。因此,"在这种新的宇宙论(指日心说)能产生与之相称的星表之前,还必须有第谷·布拉赫所做的那些精密而又系统的观察"。③

第谷体系的另一特点,"是以否定亚里士多德的宇宙体系为前提"。④李约瑟高度评价第谷于1572年观测"新恒星",在历史上具有的重大意义。指出:"这是从根本上动摇了亚里士多德的天体'完美'学说的事件之一,它为接受哥白尼的宇宙观铺平道路。"并在引述伽利略据此观测而续有新发现之后,写道:"这些证据表明,天既不是永恒不变,也不是完美无缺,因而它们对彻底推翻中世纪经院哲学作出了巨大贡献。"⑤在这种背景下,第谷测定的星表,"1602年一发表便取代了托勒密的《至大论》中的古旧了的星表"。⑥

---

① 沃尔夫著,周昌忠等译:《十六、十七世纪科学技术和哲学史》,商务印书馆1985年版,第161页。
② 席泽宗:《科学史八讲》,台湾联经出版事业公司1994年版,第172—173页。
③ 沃尔夫著,周昌忠等译:《十六、十七世纪科学技术和哲学史》,第28—29,138—145页;参见江晓原:《第谷天文体系的先进性问题》,载《自然辩证法通讯》1989年第1期。
④ 桥本敬造:《从〈崇祯历书〉看科学革命的一个过程》,载《科学史译丛》1984年第3期。
⑤ 李约瑟著,翻译小组著:《中国科学技术史》第四卷第二分册,第610,614—615页。
⑥ 沃尔夫著,周昌忠等译:《十六、十七世纪科学技术和哲学史》,第143—144页。

在华耶稣会士决定采用第谷的宇宙体系,表面上,从纯历法的技术角度,似乎跟准确的观测数据有关。李约瑟指出:"按纯历法的标准来说,他们并不需要在两者之间作什么选择。地心说和日心说在数学上意义是完全等同的,不论静止不动的是地球还是太阳,距离和角度总是一样,要求解的三角形也一样。起决定作用的完全不是历算家的参照构架,需要的是卡西尼和弗拉姆斯蒂德时代较准确的观测数据……所谓历法不过是用来尽可能细致地调和观测到的天地周期,预测其循环往复,并把常用的时间单位(月、日等)调整到最恰当的一种方法罢了。耶稣会传教士占优势的地方,是他们的仪器较为先进,数学较为优越。"①如前所述,在为历法最需要的观测数据方面,由于第谷使用了较先进的仪器和数学,其提供的数据比托勒密乃至哥白尼更准确,这也就是《崇祯历书》"许多基本的天文数据就直接采用欧洲第谷测定的数字"②的缘由之一。

然而,若从深层次的思想趋向考察,第谷体系在理论上的折衷和不彻底,客观上适应了耶稣会的改良主义性质,及其在亚里士多德—托勒密宇宙体系崩溃后寻求学术出路的努力。大体说来,第谷之所以抛弃哥白尼宇宙体系,跟他认为这种学说"不符合《圣经》的教义",以及天文观察中无法检测到恒星视差位移有关。而他试图建立的宇宙体系是:"水星、金星、火星和土星等行星围绕太阳旋转,而太阳和月球围绕地球旋转……地球是宇宙的固定不动的中心。"③这一体系则具有明显的折衷倾向和理论的不彻底性。然而,正是如此宗教感情与理论倾向,跟耶稣会的性质及其学术诉求,存在着某种内在的联系,故第谷体系颇受耶稣会科学家的青睐。

犹如拙著前册所述,在反宗教改革的天主教复兴运动中应运而生的耶稣会,其目的固然在拯救欧洲天主教会摇摇欲坠的局面,但跟老的保守的修会有所不同,耶稣会"洞识了时代的讯号",有着"对时代需求

---

① 李约瑟著,翻译小组译:《中国科学技术史》第四卷第二分册,第666—668页。
② 薄树人:《徐光启的天文工作》,载《徐光启纪念论文集》,第117页。
③ 沃尔夫著,周昌忠等译:《十六、十七世纪科学技术和哲学史》,第139—140页。

第三章 《崇祯历书》的编纂与欧洲科学革命的影响　237

的敏锐"观察,注意不断"使大地更新"的主张。因而,在价值取向上,便呈现出力图在信仰与理性、中世纪与文艺复兴、个人主义与绝对服从精神、基督教与人文主义之间,搞调和折衷的改良主义的色彩。① 与这种思想境界相一致,在科学诉求上,"即使是罗马的耶稣会派的天文学者也不得不承认托勒密的学说已经成为不起作用的理论了,于 1612 年逝世的罗马大学数学教授克拉维乌斯(即丁先生,Ch. Clavius)在 1611 年也承认了这一点。""当然,不能指望它一下子就转变为哥白尼的学说,但是,作为从亚里士多德学说发展到哥白尼学说的一个阶段,采用第谷的宇宙体系并确定一定的地位,尤其从它对中国的影响来看,不能说它不是一件重大的事情。"②

然而,"现在已经知道,在早期,特别是在伽利略被判罪之前,教会中相信哥白尼学说的其实不止一人。卜弥格赞成它,另一个波兰传教士穆尼阁(Nicholas Smogulecki)在南京传播它,和邓玉函同行的祁维材(Wenceslaus Kirwitzer)肯定是一个哥白尼主义者,不过他在 1626 年就短命死去了。一般可以这样说,从 1615 年到 1635 年,中国出版的书已述及使用望远镜取得的新发现,但尚未提及哥白尼学说;不久以后,有人曾阐述过日心说,但伽利略被判罪的消息一传到中国,便又急忙拉下帷幕,换成托勒密的学说。"③通过上述对耶稣会士在三种宇宙体系(托勒密、第谷、哥白尼)之间徘徊,及其最后选择第谷体系过程的揭示,典型地反映了耶稣会的科学观,终究不能违拗罗马教廷的禁令,超越该修会妥协折衷的窠臼。

尽管在修历中确立第谷体系的主导地位,但耶稣会士仍不时地介绍了哥白尼、伽利略和刻卜勒的有关学说。例如,罗雅谷撰写、汤若望修订的《西洋新法历书·五纬历指》中,将哥白尼地球自转之说,作为一

---

① 拙著《明清之际中西文化交流史——明代:调适与会通》(增订本),第 96—101、111—112 页。

② 桥本敬造:《从〈崇祯历书〉看科学革命的一个过程》,载《科学史译丛》1984 年第 3 期。

③ 李约瑟著,翻译小组译:《中国科学技术史》第四卷第二分册,第 665—666 页。

家之言而予以评述。"问:宗动天之行若何?曰:其说有二。或曰:宗动天,非日一周天,左旋于地,内絜诸天与俱西也。今在地面以上,见诸星左行,亦非星之本行,盖星无昼夜一周之行,而地及气火通为一球,自西徂东,日一周耳。如人行船,见岸树等不觉已行而觉岸行;地以上人见诸星之西行,理亦如此。是则以地之一行免天上之多行,以地之小周免天上之大周也。然古今诸士又以为实非正解。盖地为诸天之心,心如枢轴,定是不动。且在船如见岸行,曷不许在岸者得见船行乎!其所取譬仍非确证。"①据学者研究,"这段话几乎就是直接译自(哥白尼)《天体运行论》第一卷第八章,用地球自转来说明天球的周日视运动。这是日心地动学说中的重要内容,很值得注意,尽管随后作者表示他们赞同的是另一种解释(即第谷体系的所谓'正解')。"另外,《西洋新法历书·新法历引》,将哥白尼(歌白泥)与托勒密(多禄某)、第谷(第穀)、亚而封所,并列为"西国之于历学"四大家,称赞道:"而是四家者,首为后学之所推重,著述既繁,测验盖密,立法致用,俱臻至极。"又《西洋新法历书·历法西传》则谓:"有歌白泥验多禄某法虽全备,微欠晓明,乃别作新图,著书六卷。"明示前者学说较后者优越。不仅如此,汤若望等人还在修撰《崇祯历书》时,共译用了哥白尼《天体运行论》原书的11章,引用了他所作27项观测记录中的17项。须强调指出的是,以上这些褒胜于贬的评价,袭用原书和观测记录,皆发生在已知伽利略获罪(遭宗教裁判所训诫乃至审判)其书被禁之后,诚属"难能可贵"。②

又如,同样在《五纬历指》中,演绎了刻卜勒有关太阳内部存在能动之力,并由太阳放射出来,作用于行星运转,以及将太阳看做一块球状的磁铁,行星由太阳磁力驱动,而引起天体运动的学说。"《崇祯历书》中写道:天体的运动'皆繇一能动之力、此能力在太阳之体中也';又曰'太阳于诸星,如磁石于铁、不得不顺其行',这介绍了开普勒所考虑到

---

① 《西洋新法历书》,《五纬历指》一,载薄树人主编:《中国科学技术典籍通汇》,天文卷八,第1504页。
② 江晓原:《耶稣会士与哥白尼学说在华的传播》,香港中文大学中国文化研究所:《二十一世纪》2002年10月号。

的天体运动的原因论。"此外,在《五纬历指》卷四,还特别记叙了开普勒踵第谷遗业著为《火星行图》,及根据《行图》制订的天文历表相继问世的情形。曰:"火星视行,絜他星之行更奇……后世之士益敏学,如第谷二十年中,心恒不倦,每夜密密测算,谋作图法,未竟而斃。其门人格白尔(刻卜勒)续之,著为《火星行图》一部,分五卷七十二章,而定其经纬高低之行,然但穷其理,未有成表。测法虽明,未解其用,阙然未备。后马日诺及色物利诺二人,相继作表,而用法始全。兹本指以古今讲测诸法,择其最要者译之。"①

再如,"虽然耶稣会士贬低哥白尼理论本身,却又大张旗鼓地宣传伽利略1610年以后通过望远镜所作的发现。"②《五纬历指》卷一称:"自古以来,测候所急,追天为本。必所造之法,与密测所得略无乖爽,乃为正法。苟为不然,安得泥古而违天乎!以事理论之,大抵古测稍粗,又以目所见为准,则更粗。今测较古,其精十倍。又用远镜为准,其精百倍。是以舍古从今,良非自作聪明,妄违迪哲。"又谓:"按古今历学,皆以在察玑衡,齐政授时为本。齐之之术,推其运行、合会、交食、凌犯之属,在在之法,则目见器测而已。然而目力有限,器理无穷。近年西土,有度数名家,造为窥筒远镜,能视远如近,视小如大。其理甚微,其用甚大。具有本论,今述其所测,有关七政者,一二如左。"③可见"西土度数名家"发明的精确百倍于昔的望远镜,已成为中国历法变革舍古而从今的测天利器。实践证明,自崇祯四年(1631年)四月以来,历次运用望远镜观测和检验日月蚀过程中,徐光启等预报食分食甚较它法更密,亦更为简便,从而增强了西法的可信度。西法经过抗争,由被怀疑提升为参用的地位,终使崇祯皇帝"深信西法之密",决定采纳而颁行天下。关于望远镜在宇宙观方面的影响有这样的评价:"明清之际望远镜的传入深刻地改变了中国天文学家对日月、五星、恒星、银河甚至整

---

① 参见桥本敬造:《从〈崇祯历书〉看科学革命的一个过程》。
② 潘吉星主编:《李约瑟文集》,第206页。
③ 薄树人主编:《中国科学技术典籍通汇》天文卷八,第1503、1517页。

个宇宙的认识。"不过,"在太阳系行星宇宙论方面,望远镜主要被用于支持第谷学说而拒斥亚里士多德—托勒密体系"。①

凡此种种,无不说明,在亚里士多德—托勒密地心说行将崩溃却并未退出历史舞台,哥白尼日心说虽然新颖仍有待完善和确证之际,以精密观测见长的第谷宇宙体系,作为否定前者而向后者发展的过渡阶段,有其历史必然性和存在合理性。然而,这种宇宙观被确立为中国修历的主导地位,则跟耶稣会的性质与罗马教廷的禁令,有着密切的关系。至于来华耶稣会士在《崇祯历书》中,就宇宙构造理论、天体运行原因和望远镜作用等,对哥白尼、刻卜勒与伽利略学说的某些方面所作的褒贬互见的介绍,反映了这些传教士在科学进步思潮冲击下的矛盾心态,客观上则有利于欧洲科学革命的成果渗入并影响中国科学的进程。

第三,徐光启倡导"度数旁通十事",试图以历算变革为契机,将改革引向其他科学领域和国计民生部门。这跟欧洲科学革命"扩大数和度在天文学中的统治",以及伽利略"把对自然界的种种假设加以数理化"的做法,存在某种相似的内在动力与共同趋向。

研究表明,欧洲科学革命肇始于天文学,然流风所被已不局限于某个具体或类别的科目,而给整个科学领域乃至社会形态,确立了新的世界观和方法论。②据此,美国著名科学史学者席文(Nathan Sivin)撰文,虽然肯定西方的数学和数理天文学,曾引起中国天文学概念、工具和方法的深刻变化,他称之为"一场概念的革命",但却认为,"这场革命(在中国)没有产生同时期欧洲的科学革命所产生的那种牵引力。它没有导致人们对整个自然界的看法发生根本的改变……最重要的是,在它统摄现世每一种现象以前,它没有扩大数和度在天文学中的统治",存在"伽利略促成的把对自然界的种种假设加以数理化的激进做法"。③

---

① 王广超等:《明清之际望远镜的传入对中国天文学的影响》,载《自然科学史研究》2008年第3期。
② 参见拙著《明清之际中西文化交流史——明代:调适与会通》(增订本),第91页。
③ 席文:《为什么科学革命没有在中国发生——是否没有发生?》,载李国豪等主编:《中国科技史探索》,上海古籍出版社1986年版,第109—110页。

其实,类似的思想在中国并非从未出现。早在徐光启翻译《几何原本》时已有所流露,而更系统的认识则形成于修历过程中。利玛窦、徐光启合译《几何原本》(1606—1607)的贡献之一,在于介绍了一种"把以几何学为基础的欧洲学术体系概念化,主张对数和度的理解是通达自然本性的基础"的全新观念。[①] 深受此新观念启迪的徐光启,很快便发表了强调度数或几何学,乃实用万事的基础和必由之道的言论。如说:"《几何原本》者度数之宗,所以穷方圆平直之情,尽规矩准绳之用也……由显入微,从疑得信,盖不用为用,众用所基,真可谓万象之形囿,百家之学海。"又谓:"算术者,工人之斧斤寻尺,历律两家、旁及万事者,其所造宫室器用也,此事不能了彻,诸事未可易论。"由此得出"率天下之人而归于实用者,是或其所由之道"的结论。[②] 就凭着这种偏重于感性和笼统的认识,徐光启便着手将度数之学试用于水利、兵器、敌台建筑、化学、作物栽培等具体部门,积累了实践经验。

经过多年的西学翻译和应用实践,特别是在酝酿和筹措修历过程中,得"众思群力之助"(隐指诸来华传教士),对欧洲最新科学成就有所体察的情况下,徐光启便于崇祯二年(1629年)七月二十六日,所上《条议历法修正岁差疏》中,陈述其修历的志向("臣之所志")。一在历法的本身。如荐举西人、采用西法和制造西洋测天仪器等,意在修治高质量的历法。"必期事事密合,又须穷原极本,著为明白简易之说。"另在度数之学从历法而运用于其他领域。"凡物有形有质,莫不资于度数",且"度数既明,又可旁通众务,济时适用。"于是,遂提纲絜领,拟就《度数旁通十事》。在逐项缕述具体内容之后(《十事》有关内容已如前述),徐光启建议:"右十条于民事似为关切……此须接续讲求,若得同事多人,亦可分曹速就,伏乞圣裁。"不久,崇祯皇帝表示同意:"度数旁通有关庶绩,一并分曹料理。该衙门知道。"[③] 由此可见,徐光启主持修历的目的

[①] 桥本敬造:《崇祯改历和徐光启的作用》,载李国豪等主编:《中国科技史探索》,第192页。
[②] 王重民辑校:《徐光启集》上册,第75—81页。
[③] 同上书,下册,第332—339页。

或志向,不只在历法本身,更在超越该领域的旁通运用,落脚处则在关切民生利益济时适用。若以这种历算变革为契机,将改革引向气象、水利、音律、军事、会计、建筑、机械、测量、医药、时计等科学领域和国计民生部门的意图,跟徐光启译述《几何原本》时的认识相比较,不啻思想境界的巨大飞跃。

徐光启生前受战事、政事和历事羁绊,很难在度数旁通上有大的作为。其逝后在李天经积极筹划下,具体事务颇有进展。先是崇祯八年(1635年)四月,李天经遵旨与罗雅谷、汤若望逐项商议旁通诸务,再次呈上稍经修订的《度数旁通十事》。然后,一方面,派遣历局儒士,"差往广浙,搬取旁通书籍",扩充资料来源;另一方面,"督率两远臣将旁通诸务,逐一讲求,稍有次第可举。但其中有政在翻译,尚未脱稿者;有翻译已竟,犹未缮写誊真者;亦有鸠工将及半,庀材苦于无资者"。经过数年努力,除制造黄赤全仪、浑天仪、星球、牙晷等大小测天仪器外,还有两项与"旁通"直接相关的成果。其一为罗雅谷根据西方力学原理创制的可"举重引重"的机械。据李天经崇祯九年(1636年)四月二十八日报告:"完得运重一具,附有图说。此依远臣罗雅谷法,用以升高致远,或挽木石,或利粮艘,力省功多,而大有裨于兴作河渠者也。又《度数旁通十事》第七欵中之一端也。"另一项成果,则是汤若望依据西书翻译的有关探测、开采和冶炼五金矿藏的《坤舆格致》四卷。崇祯十二年(1639年)八月二十三日,李天经"题为代献刍荛以裕国储事"称:"微臣蒿目时艰,措饷为急,每欲于生财一节……惟于修政历法之余,同修历远臣汤若望等,遵旨料理旁通诸务,以图报称。简有西库《坤舆格致》一书,窥其大旨,亦属度数之学。于凡大地孕毓之精英,无不洞悉本源,阐发奥义。即矿脉有无利益,亦且探厥玄微。果能开采得宜,煎炼合法,则凡金银铜锡铅铁等类,可以充国用,亦或生财措饷之一端乎……诚闻西国历年开采皆有实效,而为图为说刻有成书。故远臣携之万里而来,非臆说也。且书中所载,皆窥山察脉试验五金,与夫采煤有药物,冶器有图式,亦各井井有条,而为向来所未闻。"请求朝廷勑发各地依法开采,其裕国储措饷当不无小补。奏疏说,去冬及今汤若望已撰译缮绘得《坤舆格致》三卷,汇成四册先呈御览。另有煎炼炉冶诸法一卷,仍在纂辑中。直至崇祯十三年(1640年)六月初二日,李天经方将完璧的《坤舆格致》四卷进呈。①

无独有偶。曾参与朝廷修历测量活动("朝廷下达旨意,命其测量北极纬度,观察日食月食,并参加修历工作"②)的耶稣会士毕方济(Francois Sambiasi),为迎合南明福王的"中兴",亦于崇祯十七年(1644年)十二月初六日,以"蒿目时艰,思有所以恢复封疆,裨益国家"具题上疏,提出明历法、辨矿脉、通西商、购西铳等四项建议。其中,"辨矿脉以裕军需"曰:"盖造化之利,发现于矿,第不知脉络所在,则妄凿一日,即需一日之费。西国格物穷理之书,凡天文地理,农政水法火攻等器,无不备载,其论五金矿脉,征兆多端,似宜往澳取精识矿路之儒,翻译中文,循脉细察,庶能左右逢原也。"③

凡此种种,无论是徐光启《度数旁通十事》的理想,还是李天经、罗雅谷、汤若望和毕方济将度数之学具体运用于重力机械与探矿冶炼部门,都是在欧洲科学革命影响下,明末崇祯历局人士力图"扩大数和度在天文学中的统治",并在一定程度上"把对自然界的种种假设加以数理化"的大胆尝试,彼此之间存在某种相似的内在动力和共同趋向。至于为什么在中国没有产生同时期欧洲那样的牵引力,究其近因,恐怕是明清易代战争打断了业已开启的度数旁通庶务的进程。更深远的缘由,需从中国社会形态及其思想文化领域去探寻。

---

① 《新法算书》卷四,卷五,卷七,《四库全书》,上海古籍出版社1987年版,据文渊阁本,第七八八册,第66—67、78、85、113—114、120—121页。
② 费赖之著,梅乘骐等译:《明清间在华耶稣会士列传》,第161页。
③ 钟鸣旦等编:《徐家汇藏书楼明清天主教文献》,台湾辅仁大学神学院1996年版,第二册,《毕方济奏折》。不过,毕方济上此奏疏时间,有多种说法。费赖之记于1633年,即崇祯六年,冯承钧译本(《在华耶稣会士列传及书目》上册,第148页)和梅乘骐译本(《明清间在华耶稣会士列传》,第165页)均同。黄伯禄则记于崇祯十二年,即1639年(《正教奉褒》上册,第17张)。经中国学者汤开建、王婧考证,该奏疏应呈递于南明福王弘光朝廷,时间为崇祯十七年(1644年)十二月初六日(见汤、王论文:《关于明末意大利耶稣会士毕方济奏折的几个问题》,载《中国史研究》2008年第1期)。

第四节　会通超胜、民富国强的原则和理想以及新旧历法之争

纵然徐光启对西人倾心交结，对西学推崇备至，对西法修历精益求精，但在其思想深处，从不曾满足于消极地追随西方科学的步伐，而凝聚着融汇贯通、后来居上的雄心。最典型的例证，莫过于由修历总结的"欲求超胜，必须会通，会通之前，先须翻译"[①]的有关中西文化交流的思想原则。在这里，所谓"会通"中西科学文化，实包含三种意境或步骤。第一是翻译和学习，这是"会通"的条件。在当时中国与欧洲生产发展水平大抵相近，[②]而历法等传统科学已呈颓势的背景下，强调先须翻译"至为详备"的"西法"，谙习他人之所长，为增补传统科学的阙略作铺垫，这种虚怀若谷的态度，并非妄自菲薄的消沉，而是对传统文化及其变革充满自信的积极进取的表现。第二乃融合"双美"，这是"会通"的核心。徐光启指出："翻译既有端绪，然后令甄明《大统》，深知法意者，参详考定，镕彼方之材质，入《大统》之型模。"在这"镕彼方之材质，入《大统》之型模"的震铄古今的名言后面，蕴涵着两层意思。如无论彼方原始素材和资质判断，还是己方科学范型及旧有模式，均需融汇贯通，"合之双美"。此其一。然而，这种彼此融合的趋同性，当遵从或尊重中国的文物制度，即所谓"尊制同文"。此其二。第三种意境在超胜古今中外，这是"会通"的逻辑必然和最终目的。如谓："果得会通归一，即本朝之历，可以远迈前代矣。"又称："圣朝之巨典，可以远迈百王，垂贻永世。"[③]上述言论，固然在强调融合中西精华而"会通归一"的崇祯历法，当远迈中国历代的成就，但字里行间，似亦寄寓着作者对超越西学西法的某种期盼，这透过一些具体事例可窥其一二。

[①]　王重民辑校：《徐光启集》下册，第374页。
[②]　参见拙文《从国际市场的商品竞争看明清之际的生产发展水平》，载《中国史研究》1988年第3期。
[③]　王重民辑校：《徐光启集》下册，第328，374—375页。

例如,在"徐光启镕西人之精算,入大统之型模"中,有"从西不从中"的("定气整度"),亦有"从中不从西"的("正朔闰月"),更有"既非中法复非西法"("中法十二次之名"与"西法十二星象"并用于星表)的内容,①这表明该历法并非一味地移植西法,而是择善而就,意在"集星历之大成"。除此而外,在该历法中还可能包含一些超越西方天文学的新发现。据中国学者的初步研究,"《崇祯历书》星表星图是崇祯改历中取得的重大成就,星表虽然是参考西方星表观测推算而成,但可以说是超越了西方当时存在的星表。星表的南天增星(指南极附近新增诸星)很可能是传教士在来华途中所测,被收入全天星表并给出黄道赤道坐标在中国是首次,在世界上也可能是首次。"②透过如此择善而从及推陈出新的实例,似可触摸到徐光启那种远迈古今超胜中外的雄心和期盼。

虽然崇祯修历筚路蓝缕,尚处于西学翻译及运用阶段,远未达到全面展现会通超胜成果的地步。但徐光启从中提炼的会通精髓、超胜目标和递进意境,无疑给后来为中华科学振兴而奋斗的人们,以巨大的精神鼓舞。特别在中西文化交流中,跟清初康熙皇帝宣扬的"西学中源"说,清末张之洞鼓吹的"旧学为体、新学为用"相比较,无论就自信心、襟怀、视野和目的而言,徐光启的"会通超胜"说,乃是最为正确的思想原则。

纵观修历过程和度数旁通主张的提出,除上述科学自身的原因(如欧洲科学革命影响和振兴中国科学)之外,还寄托着匡救时弊有益民生的政治诉求。徐光启早就坦言,因"时时窃念国势衰弱",故讲究"富强之术"乃其生平夙愿。③ 不过,几十年中,随着仕途的坎坷和西学的浸润,徐光启寻求"富强之术"的内容,前后亦有所变化。

最初,徐光启所讲求者,乃屯垦练兵、疏浚水利、灾伤盐政、重农抑末等传统的经世之学,然数十年间政局日坏,而这些老生常谈迄无多少

---

① 阮元:《畴人传》卷四十二,江永,商务印书馆1955年重印版第三册,第528页。
② 孙小淳:《〈崇祯历书〉星表和星图》,载《自然科学史研究》1995年第4期。
③ 王重民辑校:《徐光启集》下册,第454页。

实效。为此,他自叹道:"每为人言富强之术,富国必以本业,强国必以正兵,二十年来,逢人开说,而闻之者以谓非迂即狂。"①令其伤感不已。接受西学之后,徐光启的识见显然有了质的飞跃。在前述为驳斥沈㴶而公开发表的《辨学章疏》中,徐光启已深入到传统统治思想的结构改革。主张以经过改造的儒学与基督教义融合的思想体系,取代趋于腐败的儒释结合的传统思想框架。同这种政治改革相呼应的,便是就此以欧洲科学革命影响下的崇祯修历为杠杆,掀动整个科学领域和国计民生多个部门的变革,而其落脚处仍在于民富国强。如言及预知气象、疏浚水利、造作机器、药石针砭时,均不厌其烦地指明:"于民生财计大有利益"、"有益民事"、"以前民用,以利民生"、"大为生民利益"。可见儒家传统的"民本"思想,仍是徐光启心中挥之不去的情结,亦是其皈依异教引进西学不惮险峻致力改革的根基之所在。而论述度数之学对军事、会计、建筑、时计部门的作用,则彰显其巩固国防,遏制地方胥吏贪污,节省财力和提高行政效率等功效。凡此可透露出徐光启还念念不忘惩治时弊拯救国家危难的初衷。

一言以蔽之,历时五载的崇祯修历活动,从一开始便制订了"以西法为基础"的明晰而周详的计划,遴选优秀的中西知历人员各擅其才通力合作,特别是将欧洲科学革命的成果直接运用于修历实践,致使中国传统的科学范式发生变革,并试图由这种科学变革扩展至社会其他领域进步的同时,编纂出中国历史上最为精密的历法。新历法的优越性,立即通过崇祯年间有关日月交食,以及木、火、水星运行轨迹的八次准确预报和实测验证,集中地表现出来。这跟同时进行预推的《大统》、《回回》历法的错讹绌漏,适形成鲜明的对照。② 尽管崇祯历法以无可辩驳的事实,证明其历史进步性和观测精确性,但因保守势力的阻挠和

---

① 王重民辑校:《徐光启集》下册,第 454 页。
② 据《明史》卷三十一,《历一》所载,崇祯年间八次天象测验中,仅崇祯二年(1629 年)五月日蚀的预测,在历局开设之前。不过,徐光启已"依西法预测"成功,当属新修历法范畴。有关新旧历法八次预测的情形,参见江晓原等:《天文西学东渐集》,上海书店出版社 2001 年版,第 312—315 页。

朝廷的犹豫不决,该历法终明之世迄未获颁布全国推行。

　　实际上,在修历过程中,一直存在着革新与守旧的辩论和斗争。先是崇祯三年(1630年),四川资县儒学生员冷守中,"执有(天文)成书,言论娓娓",经地方官推荐要求历局采用。徐光启审查发现,其说不过是"附会《皇极经世》中的一套数字神秘主义的理论",便指出:"从古用大衍,用乐律牵合傅会,尽属赘疣。今用皇极经世,亦犹二家之意也。"同时,建议冷守中预测崇祯四年四月十五日四川月食的时刻,届时验证以定优劣。据会同验证的四川官员报告:"冷守中预报初亏时刻,参验交食,差错二时,历法未精,不必言矣。"①

　　稍后崇祯四年(1631年)六月,由保定府满城县耆儒魏文魁令其子象乾将"近刻《历测》、《历元》二书"呈请历局考验,问题较前要复杂得多。一方面,徐光启肯定,魏氏虽草泽布衣,然以天文驰名二十余年,前述邢云路所著《古今律历考》亦多出其手。新呈《历测》《历元》二书,"则功力识见,加胜于前,盖苦心力学之士"。希望魏氏其书,"征前验后,确与天合,因而推步成历,不惟生平绩学可以自见,本(礼)部亦得取资借力以襄大典矣"。对其人其术褒奖有加。另一方面,经仔细研究,提出二议、七论,诘难其说。一议交食,再议冬至,皆指摘其书参商矛盾,"明显测验和推算不合"。尤其是《历测》采用金代重修《大明历》岁实数据,显然已经落后。至于"七论",则旨在"批评魏文魁理论上的错误"。如仍采用过时的岁实和圆周率,误差甚大;沿袭传统方法,计算日食时差与交食食限;根据旧有观念,确定日月运行迟疾及位置等。② 与此同时,"钦天监在(历)局学习官生"周允、贾良栋等九人,著文"共排文魁"。"文魁更申前说,以答光启。"③辩辞中,甚至出现"余之所用岁实者,不假思索皆从天得。《历元》著明千载,合天不谬,真而不伪"④这样大言

---

①　薄树人主编:《中国科学技术典籍通汇》,天文卷八,《西洋新法历书·学历小辩》,该书第977—979页;参见薄树人:《徐光启的天文工作》,载《徐光启纪念论文集》,第127—128页。

②　《中国科学技术典籍通汇》天文卷八,第965—968页;《徐光启纪念论文集》,第128—130页。

③　阮元:《畴人传》卷三十一魏文魁。

④　《中国科学技术典籍通汇》天文卷八,第968页。

不惭的话,其强辞夺理不可晓喻,由此可见一斑。不过,慑于徐光启威望,魏文魁并未掀起大浪。

崇祯七年(1634年),待徐光启病逝而李天经尚未赴京履职督理历法之际,"魏文魁上言,历官所推交食节气皆非是。于是命文魁入京测验"。①礼部尚书李康先便报称,测验日食俱与《大统历》及魏文魁所推相合。由是,"奉圣旨:日食初亏、复圆时刻方向,皆与大统历合,其食甚时刻及分数,魏文魁所推为合。既互有合处,端绪可寻,着速催李天经到京,会同悉心讲究,仍临期详加测验,务求画一,以裨历法。魏文魁即着详叩具奏。"②从此之后,魏文魁越发气焰嚣张,李天经及其历局处处受人刁难,而历法则"言人人殊,纷若聚讼焉"。③

其实,"文魁学本肤浅,无怪其所疏《授时》,皆不得其旨也"。④阮元更指出:"文魁主持中法以难西学,然其造诣较唐宋术家,固已远逊。反复辨论,徒欲以意气相胜,亦多见其不知量矣"⑤然而,就是这样一个学本肤浅、唯以意气相争的老朽之人,因誓以阻挠西法为职志,故深得朝中守旧人士如礼部、内官、钦天监和管理另局历务官员的支持,居然能自立"东局",专与"西局"("西洋")相抗衡。如李天经到任后,即秉承圣旨,移文礼部催促魏文魁到历局参究异同,讲求画一。魏氏却"久之未至也,但托人传语,若(指魏氏)衔历局夙昔辨驳之隙,必不欲见局中一人,亦不欲向局中一步,仅与臣(指李天经)一相面于往复私邸中"。对于如此藐视乖张举动,非但未获朝廷谴责,反而奉圣旨:"魏文魁历法,着另局修定备考。"⑥自设"东局"后,崇祯八年(1635年)正月十五夜望月食,魏文魁"所算初亏、复圆俱谬",却以"一时失算"自辩,⑦其才疏学浅的面目毕现。又如文魁之子象乾以"剖陈秘法"上奏,遂命会同礼部、钦天监官员测验崇祯十年(1637年)十二月初一日日食。按照规

---

① 《明史》卷三十一,历一。
② 《新法算书》卷三,《四库全书》第七八八册,第41—42页。
③ 《明史》卷三十一,历一。
④ 同上。
⑤ 阮元:《畴人传》卷三十一,魏文魁。
⑥ 《新法算书》卷三,《四库全书》第七八八册,第46—47页。
⑦ 同上书,卷六,《四库全书》第七八八册,第100页。

定,钦天监局均须数月前将预测交食时刻上报封存,"临期考测疏密,以服公道"。可是,直"至日食将及复圆,突见象乾袖出一揭,向部臣投递,问其所以,则曰:'日食分秒时刻'。部臣同臣(钦天监副周胤)粗略一看,大抵摹拟新法"。官员于是诘问:"今已将近复圆方行投递,不亦晚乎!象乾自觉理屈,遂拂然袖去。"①然而,如此欺世盗名之魏氏父子,竟一直受到朝廷的袒护和恩宠。"且以造历未成,如魏文魁者。生叩汤饭,殁邀秩级之外,尚蒙照前补其俸廪,父子沾恩。"②

相形之下,李天经及其历局处境有霄壤之别。其一,生活待遇菲薄,备受刁难。如"历局生儒办事已阅五年,两载未沾半菽,总缘户工事例已停"。③ 而李天经"到京(任职)已及一年,藩司薪俸久不沾濡,仕籍姓名向已刊落"。④ 至于在历局操劳七年之远臣罗雅谷、汤若望,"自任事以来,每日止共领光禄寺下程银三分,米四合,清苦奚堪。"加之著述推测不惮寒暑不分昼夜,罗雅谷终于积劳成疾,崇祯十一年(1638年)三月十三日(阳历4月26日)溘然长逝,年仅四十五岁。⑤ 其二,借势倾排、妒嫉中伤,乃至篡改观测数据。例如,针对钦天监官故意含糊其词,不据实申报新法屡测皆合天象,李天经批评道:"总之若辈牢不可破之成心,惟欲承舛袭讹。嫉修改为多事,止知护短固位。忌测验为摘发,遂不难支离巧饰。"⑥又如,礼部官员为阻挠新法,甚至在奏疏中捏改历局观测数据,以欺瞒朝廷。李天经对此予以揭露:"惟是(崇祯十年,1367年)十二月朔之日食,臣局所报食甚在未初二刻半者,图疏昭然。(礼部管理另局历务)郭正中见臣法合天,疏内捏改臣报未初三刻半,而诳陈之。又巩立事于分秒,亲测六分余,书纪见存。(礼)部疏又改为四分,而诳覆之。种种欺罔,难以殚述。"⑦至此,李天经痛斥这些

---

① 《新法算书》卷六,《四库全书》第七八八册,第101页。
② 同上书,第104页。
③ 同上书,卷五,《四库全书》第七八八册,第76页。
④ 同上书,卷四,《四库全书》第七八八册,第65页。
⑤ 同上书,卷六,《四库全书》第七八八册,第104—105页。
⑥ 同上书,卷五,《四库全书》第七八八册,第83页。
⑦ 同上书,卷六,《四库全书》第七八八册,第103页。

守旧人士的险恶用心。指出:"臣以孤子之身,膺兹千秋巨任,故操异议者,遂分门角技,借势倾排,无所不至。窥其立意,不但欲挠臣局已成之法,并欲驱臣局任事之人,而后可结彼欺诳之局,以塞修完备考之责。"①其三,这种"屡疏诋诬"及"藉势影射横行无忌",②乃是魏文魁之流气焰嚣张和新法久不得颁行的缘由。《明史》历志载,崇祯八年(1635年)四月,"是时新法书器俱完,屡测交食凌犯俱密合,但魏文魁等多方阻挠,内官实左右之。以故帝意不能决,谕天经同监局虚心详究,务祈画一。"又崇祯十年(1637年)正月辛丑朔,日食,其《大统》、《回回》和东局所推俱不合,"而食时推验,惟天经为密。时将废《大统》,用新法,于是管理另局历务代州知州郭正中言:'中历必不可尽废,西历必不可专行。四历各有短长,当参合诸家,兼收西法。'十一年正月,乃诏仍行《大统历》……旁求参考新法与回回科并存。"③

正是朝廷守旧人士的欺诳、诋诬与倾轧,使具有"多疑和刚愎自用"的性格弱点,且又想"成一朝之巨典"的崇祯皇帝,态度迹近刻薄无情。虽然"新法久已告成",他却坚称"于推算精详之后,尚须取验于天行",一再要求李天经及其历局在推算和取验上续下功夫,而不轻言"画一通行"。④

面对如此艰难险阻的环境,李天经以"孤子之身",不负徐光启之重托,"谨守成法,毕前人未毕之绪,十年如一日",⑤终使朝廷不得不承认"西法之密"而颁行全国。先是,据李天经自述:"臣自任事以来,惟知埋首著述,推测考验以图报称。前后共译算过历书一百四十余卷,制过新式仪器十数种,并恭进乙亥丙子丁丑三年七政经纬凌犯诸新历,见在御前,是臣局历法已于乙亥年(崇祯八年,1635年)告成矣。"⑥又谓:"今臣

---

① 《新法算书》卷六,《四库全书》第七八八册,第 97—98 页。
② 同上书,第 97—98 页。
③ 《明史》卷三十一,历一。
④ 《新法算书》卷六,《四库全书》第七八八册,第 101 页。
⑤ 阮元撰:《畴人传》卷三十三,李天经。
⑥ 《新法算书》卷六,《四库全书》第七八八册,第 98 页。

局历法,自奉敕修改以来,逐年推测交食、五星、无不合天。且书器久已告成,惟候画一遵行耳。"①像这样记录著述、推算和取验卓有成效的奏疏,连篇累牍进呈的同时,李天经还不遗余力地揭露魏文魁之流历法的错讹疏漏,批评朝中守旧官员仗势欺诳诋毁,非欲置新法于死地的卑劣行径,并乘机在"度数旁通"庶务上续有作为,改善中外知历人员的生活待遇稍奏肤功。凡此种种,终令崇祯皇帝消除顾虑,"已深知西法之密"。"迨十六年(1643年)三月乙丑朔日食,测又独验。八月,诏西法果密,即改为《大统历法》,通行天下。未几国变,竟未施行。"②

试观崇祯修历的过程,由礼部、太监和钦天监官员,纠合民间儒士而形成的保守派,其势力不可谓不强大;内(从历法驳议)外(诋毁诬陷)夹击,手段不可谓不老辣;崇祯三年延续至十六年,排拒时间不可谓不长久。然而,在明季社会变革的背景下,这一切终难抵挡经历法改革而凸显的进步的科学思潮的冲击。崇祯历法通行天下的诏令,即是历法革新战胜因循守旧的明证。尽管因王朝易姓,新历法来不及在明朝施行,但这融汇中西科学的精华且凝聚中外众多知历人员心血的崇祯历法,并未就此湮没于历史尘埃之中。它经过汤若望稍事删订增补,便作为向入主中原的满清新王朝进献的厚礼,以《西洋新法历书》(《时宪历》)颁行,一直沿用至清末。

至于崇祯历法的历史地位及其影响,可粗略地归纳为以下四点。

第一,在明末清初蔚为壮观的经世致用的实学思潮中,徐光启是开风气之先的领路人之一,而由他主持的崇祯历局的科学实践活动,则是该思潮中极为活跃的组成部分。诚如中国学者所指出的:"明末思想学术界的繁荣,是从腐朽的心学束缚下解放出来的结果。在反对王门后学的空疏,主张回到'经世致用'的朴实学风方面,徐光启可以说是先行者。顾炎武、黄宗羲主张经世致用之学,常被后人称道,但开风气之先的,是徐光启。可以毫不夸大地说,从复社的张溥、陈子龙到明清之际

---

① 《新法算书》卷六,《四库全书》第七八八册,第102页。
② 《明史》卷三十一,历一。

的一些进步思想家身上,都可不同程度地看到徐光启对他们的影响。"① 当然,这种影响不仅反映在政治思想方面,更集中表现于科学技术领域。

第二,科技领域的表现之一,指明并推动有清一代的科学走向,呈现西学渐兴续有创获的局面。经崇祯修历活动及引进西学的刺激,使原本在明代已衰落的传统数学与天文学,至清代成为朝野竞相推崇的显学。梁启超总结道:"自明徐光启以后,士大夫渐好治天文、算学,清初则王锡阐、梅文鼎最专精,而大师黄宗羲、江永辈皆提倡之。清圣祖尤笃嗜,召西士南怀仁等供奉内廷。风声所被,向慕尤众。圣祖著有《数理精蕴》、《历象考成》,锡阐有《晓庵新法》,文鼎有《勿庵历算全书》二十九种,江永有《慎修数学》九种,戴震校《周髀》以后迄六朝、唐人算书十种,命曰《算经》。自尔而后,经学家什九兼治天算。……兹学中国发源甚古,而光大之实在清代,学者精研虚受,各有创获。"② 不过,这种传统科学在清代的振兴和繁荣,并非旧有基础上的简单复归,而是大致沿着明末修历指引的方向,吸收和消化西方近代科学的思维方式、概念与方法,呈现"'西学'者渐兴","其于西来法,食而能化"的局面。③ 美国学者席文认为:"西方的数学和数理天文学被引进中国,开始于1630年左右,其形式不久后在欧洲那些容许人们接触新知识的地方(伽利略时代之后的意大利则不是这样)就变得过时了。一些中国学者,包括梅文鼎(1633—1721)、薛凤祚(约1620—1680)和王锡阐(1628—1682),很快对此作出反应,并开始重新规定在中国研究天文学的方法。他们彻底地永久地改变了人们关于怎样着手去把握天体运行的意念。他们改变了人们对什么概念、工具和方法应居于首要地位的见识,从而使几何学和三角学大量取代了传统的计算方法和代数程式。行星自转的绝对方向和它与地球的相对距离这类问题,破天荒变得重要起来。中国的

---

① 王鹏:《没落封建王朝的伟大爱国者》,载席泽宗等主编:《徐光启研究论文集》,学林出版社1986年版,第12页。
② 《清代学术概论》,载《梁启超史学论著四种》,岳麓书社1985年版,第61—62页。
③ 同上。

天文学家逐渐相信:数学模型能够解释并预测天象。这些变化等于是天文学中的一场概念的革命。"①

第三,科技领域的表现之二,为中国科学汇入世界科学发展的潮流,铺垫了最初的基石。李约瑟强调指出:"就目前而论,最关紧要的是,全世界都应当认识到,17世纪的欧洲并未发展出本质上为'欧洲的'或'西方的'科学,而是发展出了世界性的科学,即与古代或中世纪科学相对而言的'近代'科学。古代和中世纪的科学总是不可磨灭地带有种族的形式或印记。它的理论在形式上多少带有原始性,各具其固有文化的根源,因而无法找到共同的表现方式。但是,科学发现的基本技巧一旦为人们所发现,对自然界进行科学研究的完备方法一旦为人们所掌握,科学便有了像数学那样的绝对普遍性,便以它的近代形式在世界各地生长起来,成为各族人民所共有的福祉和财富。"②显而易见,这种在伽利略时代的西欧发展起来的近代科学,诸如"数学化的假设应用于自然的基本原理,以及数学在所提出的问题中的应用。总而言之,是数学与实验的结合"的特征,③在中国正是首先体现于崇祯修历中,并逐渐为中国科技界所熟悉和掌握。如此近代科学与中国传统科学接触后,引起的变化便是彼此的融合。"在数理科学这一方面,东西方的数学、天文学和物理学一拍即合,到明朝末年的1644年,中国和欧洲的数学、天文学和物理学已经没有显著差异,它们已完全融合,浑然一体了。"④

第四,科技领域的表现之三,开创了传教士直接参与朝廷科学事业的先例,并为尔后百余年间以钦天监为据点传播西学,打下了坚实的基础。美国学者邓恩评论道:"随着1629年(明崇祯二年)皇上诏书的发布,利玛窦的三十来年前的梦想实现了。邓玉函和龙华民在1629年进入时宪局(历局)工作,标志着耶稣会在中国的传奇故事中最让人兴奋

---

① 席文:《为什么科学革命没有在中国发生——是否没有发生?》,载李国豪等主编:《中国科技史探索》,第109页。
② 李约瑟著,翻译小组译:《中国科学技术史》第四卷,第二分册,第671—672页。
③ 潘吉星主编:《李约瑟文集》,第264—265页。
④ 同上书,第196页。

的部分开始了。他们起初任助手,但所做的工作是真正的指导性的工作。"而随着汤若望向清朝进献明末编就的历法,顺理成章地担任钦天监官员以后,"传教史中一些最伟大的人物都担任过钦天监的负责人",并一直持续到清乾隆四十年(1775年)。"耶稣会在钦天监工作的这些年,对在整个中华帝国传播天主教的信仰起了决定性的作用。正如利玛窦预见的,他们赢得了威望,结交了上层人物,使在各地的直接传布福音的工作变得容易一些。"[1]

---

[1] 邓恩著,余三乐等译:《从利玛窦到汤若望》,第193—194页。

第四章　基督教和西学在浙闽地区的传播

后利玛窦时代，不同政治势力和宗教派别之间趋同与辨异的分野，还通过基督教和西学由中央延伸地方、从士大夫普及民间的发展，以及在这过程中遭遇地方民间排拒而反映出来。

伴随着崇祯修历中耶稣会士的成绩卓著，及参与北京城防的尽心尽力，这些所谓远西之臣，终于赢得秉性多疑的崇祯皇帝的赏识。"崇祯十一年(1638年)，礼部题叙，汤若望等，创法讲解，著有功效，并道气冲然，颇资矜式，理应褒异。上谕传旨嘉奖。并御题匾额曰：'钦褒天学'。敕赐若望敬挂堂中。"[①]"不一二月，遍于全国。"[②]至此，"南京教案"的阴霾尽然消散，迎来了西学传播和基督教发展的大好时期。

明季来华耶稣会士艾儒略曾对人说："会友二十人来中国开教，皆大德一体也。今南北两直隶、浙江、湖广、武昌、山东、山西、陕西、广东、河南、福建、福州、兴、泉等处，皆有天主教会堂，独贵州、云南、四川未有耳。"[③]于是，"半个世纪以来，开拓性的传教事业带来的成果，首先在各省以不断皈依天主教的运动的形式呈现出来。"[④]其中，如山西、陕西、山东、湖广等新辟教区，表现为教堂的建立和信教的人数均有明显增长。又如南京、上海等原有传教中心，有的(南京)迅速从挫折中得到恢复和发展，有的(上海)则持续处于兴旺的状态。[⑤] 然而，若从文化交流

---

① 黄伯禄：《正教奉褒》，第二十张。
② 萧若瑟：《天主教传行中国考》，第193页。
③ 徐昌治订：《圣朝破邪集》卷三，黄贞：《请颜先生辟天主教书》。
④ 邓恩著，余三乐等译：《从利玛窦到汤若望》，第209页。
⑤ 同上书，第209，287—292页。

的更深层次观察,无论是因西学和基督教传播所引起的地方社会舆论的变化,还是它们遭遇的传统守旧势力排拒的激烈程度;也无论是作为新旧历法之争和"南京教案"的后续与余波,抑或中外宗教之间冰炭不能相容的局面,诸如此类的特征,其他地域远没有像在浙江、福建那样,得到如此集中的表现。因此,上述两省遂成为我们考察的重点。在这一章中,先行缕述基督教和西学在浙闽的广泛传播及其影响的情形。至于闽浙儒释人士对此的激烈抗拒及其串联活动,则留待下一章加以评议。

杭浙乃基督教传入较早的地方,由于第一代皈依士大夫李之藻和杨廷筠的机缘,曾一度成为全国的传教中心,具有宗教传递的发散地的功能。明清易代之际基业未堕,出现了被称为"中国第二代基督徒中卓越的文人学士"朱宗元,在运用"本地文化概念和想法来解释神学"方面,作出了初步的尝试和贡献。与此同时,西方自然科学对浙东学人的影响,亦不可忽视。

僻处海滨且基督教传入较晚的福建地区,之所以有后来居上之势,则显然跟传教士艾儒略在此苦心经营二十余年,并卓有成效地推行基督教本土化,有着密切的关系。例如,通过同福建士大夫的友好交往和精神抚慰,在当地形成热衷"西学"的社会舆论与良好氛围,获得深入各阶层的便捷手段和安全保障。又如,着意培养中下层士人,成为教区的核心与推行本土化的骨干力量,而张赓、李九标、李九功等教会中坚的涌现,及其连接教内外、省内外的世俗和宗教网络,有利于新形势下基督教的发展。再如,承认基督教义与儒家学说,在道德、礼俗乃至天神崇拜方面,存在某些相通或相容之处。对于中国祭奠先亲的传统礼仪,亦采取宽容的态度。凡此表明,所谓基督教本土化,首先是利玛窦适应性传教策略的继续和深化,具有积极的意义。不过,由于艾儒略对灵牧神学的偏好及其修会宗教属性的制约,这种由传教士主导的"本土化",不能不带有很大的局限性和保守的趋向。如为维护原罪的教义,明确提出修改儒家经典;不顾及中国人的感情,从《圣经》推衍出"中国人种西来说";甚至指认中国圣贤因不合西方《十诫》教规,堕入地狱永无出头之日。非特止此，艾儒略还在一系列神学著作中，以非常欧化的内容和生硬晦涩的语言，像对待欧洲人那样，异常苛刻并带有恐惧的威胁，要求中国基督徒信仰的纯洁性和对基督奥迹的盲目服从。诸如此类，已将移植西方宗教及其固有的狭隘性，凌驾于它赖以在中国依傍生存，且不得不与之相通相容的传统儒家之上。此后，随着"中国礼仪之争"愈演愈烈，这种有关"本土化"的探索，便越发地退化和消沉。

福建教会中，以张赓、李九标、李九功为代表的中下层士人群体的涌现，乃"开拓性的传教事业"，深入地方基层取得"成果"的标志性事件。这些在动荡的明季社会久试不第前途渺茫的下层士人，不啻将皈依基督教，作为人生出路的一种选择，希冀从中获得精神寄托、内心安宁和信仰追求。他们在承当传教士的助手，充分发挥民众与传教士之间桥梁作用的过程中，亦不断加强自身的道德省察，知识修养，以及对天学的深入体味和虔诚信奉。其中，对西方自然科学表示的强烈渴望，尤令人感动。为了克服信教者在孤寂的环境中内心经受的煎熬，特别创立多种形式的宗教结社，开展由众多基督徒团结合作编辑宣教著作等自我教育的活动。然而，福建基督徒这种信仰的转换，并不意味着对中国传统价值的背离，而是建立在西学儒学相通相容、互证互补的基础之上。正是出于坚定的信念，那种所谓"中国人种西来说"，便遭到坚持中华民族本位教友的质疑和拒绝。若干攻评儒家经典的言论，引发教友的忠告，当"勿轻拟儒书之非"。如此不加掩饰的反感和自发的抵制，在一定程度上遏制或化解了因传教士处置失当而给"本土化"带来的消极影响，也使艾儒略的过激言行有所收敛和醒悟。

第一节　杭浙的基督教中心地位与西学对浙东学人的影响

杭州和浙江地区，自李之藻、杨廷筠领洗皈依以来，逐渐形成中国基督教的中心之一，拥有其他地区所不曾具备的几种基本功能。

其一，传教士活动非常密集的地区，教难期间更成为神父藏匿和临时指挥的主要场所。

据西方学者考查,"在一些耶稣会士第一次到达杭州以后的一百年中(1611—1707),有六十五位耶稣会士(来自欧洲和东亚)曾活动或经过该地域。其中,包括 17 世纪一些最杰出的传教士。如艾儒略(Aleni)在 1617 年上半年到达,利类恩(Buglio)在 1637 年,安文思(Magalhaens)在 1640 年,南怀仁(Verbiest)在 1657 年,刘应(Visdelou)在 1691 年。这些耶稣会士活动的一部分是跟杭州地区紧密联系在一起的,他们的访问显示了那个时代该地区的重要性。"[1]与此相对应,大约有二十一位耶稣会士死后埋葬于杭州大方井的专属墓地。像曾任中国传教团监督的罗如望(Socha),被教廷任命为中国北方副省教区长的伏若望(Froes),长期担任中国传教团视察员和副省教区长的阳玛诺(Junior),便是其中声名显赫者。[2] 至于最早开教杭州且对适应政策多有贡献的郭居静(Cattaneo)、金尼阁(Trigault),以及后来向欧洲介绍中国文明与儒家经典卓有成就的卫匡国(Martini)、殷铎泽(Intorcetta),都是曾长期在杭州和浙江地区活动,并归葬于大方井墓地的著名耶稣会士。

尽管从百年间活动及长眠此地的传教士人数之众,便可窥见基督教会对杭州和浙江地区期望之殷切;而进一步考察南京教难期间该教区发挥的非同一般的作用,则更加凸显其重要的地位。

"当教难初起时,杨廷筠大显信德,致书于各处传教司铎,请来其家避难。时散居各省之西洋教士,仅十三名,托庇于杭州廷筠家者,初则二三名,渐至六七名之多。"[3]然据中国学者搜求佐证,"考居留内地之西士十四人中,先后来廷筠家者,竟达十人之多。"[4]全国半数以上传教士藏匿之地,自然成为教会渡过危难的临时指挥中心。据教难当事人、

---

[1]　D. E. Mungello: *The Forgotten Christians of Hang Zhou*, pp. 17—19, University of Hawaii Press, Honolulu, 1994.
[2]　同上。
[3]　萧若瑟:《天主教传行中国考》,第 170—171 页。
[4]　杨振锷:《杨淇园先生年谱》,商务印书馆 1946 年版,第 36—37 页。

传教士曾德昭(Semedo)记载:"杭州的驻地在迈可(杨廷筠)博士的庇护下是最发达的……这所房屋在困难日子里是神父们所能有的最安全、宽敞和方便的避难处。总监(指龙华民——引者)住在这里,所有事情都在这里处理,在受难时神父大多来到这里,有时人数相当多……每个圣日做弥撒,讲道,都有大量基督徒参加,还有许多新入教的信徒。"①而天启间教难再次降临南京城,最先获得信息的仍是杭州教会。"当时教团总监罗如望神父恰好在杭州,他马上设法寻找补救之策,跟迈可博士谈到此事,并致函保禄(徐光启)博士,由他们写信劝告南京的曼达林(官员)宽赦基督徒。"②待南京官员上疏指名参劾杨廷筠窝藏传教士,形势岌岌可危之际,又是"西士在杭州杨廷筠家,大家集议",并征得杨廷筠等人同意后,决定"散往他处",分途躲避,静观其变。③ 凡此种种,从众多传教士的聚结,两位教团总监的处理应对,及传教士集议以定将来走向来看,杭州教区作为传教的中心,实关系中国教会的安危和未来。

其二,传教士研习中国语言和文化礼仪的摇篮,亦为撰述、刊刻宗教科学著作的基地。

史籍表明,凡在杭州居留的传教士,无不受到李之藻、杨廷筠的悉心照顾,而两位皈依者最为关注传教士的,便是中国语言和礼仪的学习。据受此恩惠的耶稣会士曾德昭披露:"出自他(李之藻)对神父们的敬爱,他日益关心他们的学习和健康,也关心他们的生活起居,以及他们应知道的跟中国人谈话的语言、礼节、问候,这些在中国人中是很受重视的;在种种情况下,当他发现我们有失中国礼仪时,他总是诚恳地给我们告诫和指导。""尤其对那些刚来的,还不会说中国话的人……他特别指导他们学习中文的方式和方法。"④而在教难期间,"耶稣会士的大多数聚集在杭州。在这里,在博学的杨廷筠的指导下,他们刻苦地学

---

① 曾德昭著,何高济译:《大中国志》,上海古籍出版社1998年版,第272页。
② 同上书,第278页。
③ 萧若瑟:《天主教传行中国考》,第179页。
④ 曾德昭著,何高济译:《大中国志》,第296页。

习中国的文学和语言,为在风暴过去之后能够更为有效地传教默默地作着准备。艾儒略是杨廷筠的得意学生,在传教工作处于半停顿的几年里,他获得了大量的有关中国文学和风俗习惯的知识"。① 由于杭州教区一直保持良好的文化氛围,故初入中国来此学习中文者络绎不绝。如葡萄牙传教士伏若望 1624 年入中国,"初派至杭州肄习语言"。② 又如葡萄牙传教士何大化(Gouvea)1636 年至华,亦"在杭州学习语言"。③

与此同时,通过李、杨二人的倡导和帮助,杭州教区遂成为传教士运用中文著述的重镇。如前述艾儒略正是在杨廷筠指导下,撰写了一系列重要著作。他于《职方外纪自序》中坦陈:"淇园杨公(廷筠)雅相孚赏,又为订其芜拙,梓以行焉。"④又如葡萄牙传教士傅汎际(Furtado)1621 年入华,"初派至嘉定肄习语言。已而赴杭州与李之藻相随,似留杭止于 1630 年之藻之死。汎际除布教外,曾与之藻编撰哲学书籍。"⑤这就是两人共同翻译亚历士多德(Aristotelis)的名著(采用葡萄牙科英布拉大学[Coimbra]讲义),言天体宇宙之《寰有诠》和论逻辑理则学之《名理探》。再如德意志传教士邓玉函(Terrenz)译述人身生理知识之《泰西人身说概》,"首有东莱毕拱辰序,称译于武林李太仆家。李太仆即之藻,是玉函此书之作,当在杭州时。"⑥鉴于杭州乃传教士著述之重镇,故比利时传教士金尼阁虽四处奔波开辟新教区颇有成绩,但因其文辞优雅、好学不倦,"诸道长决定召之赴杭州,俾其有暇编撰书籍",以发挥其所长。⑦

与此相辉映的,便是杭州绍介西方宗教科学的出版事业亦蒸蒸日上。仅据费赖之《在华耶稣会士列传及书目》所记,17 世纪在杭州刊刻

---

① 邓恩著,余三乐等译:《从利玛窦到汤若望》,第 131 页。
② 费赖之著,冯承钧译:《在华耶稣会士列传及书目》上册,第 191 页。
③ 同上书,第 227 页。
④ 谢方:《职方外纪校释》,中华书局 1996 年版,第 2 页。
⑤ 费赖之著,冯承钧译:《在华耶稣会士列传及书目》上册,第 157 页。
⑥ 同上书,第 161 页。
⑦ 同上书,第 120—121 页。

的传教士中文著作计有:利玛窦的《天主实义》,"1605或1606年重刻于杭州"。① 艾儒略的《万物真原》,"初刻本疑刻于杭州,年月未详";②《性学觕述》,"1623年杭州刻本";《西学凡》,"1623年杭州刻本";《职方外纪》,"1623年杭州刻本";《三山论学记》,"1625年杭州刻本"。③ 金尼阁的《西儒耳目资》,"1626年杭州刻本"。④ 傅汎际的《寰有诠》,"1628年杭州刻本";《名理探》,"1631年杭州刻本"。⑤ 阳玛诺的《景教碑诠》,"1644年杭州刻本"。⑥ 伏若望的"遗著有三,皆刻于杭州",分别是《助善终经》、《五伤经礼规程》、《苦难祷文》。⑦ 卫匡国的《述友篇》,"1661年杭州刻本"。⑧ 其间,中文祈祷书第一版,1628年亦在杭州印刷。⑨

值得注意的是,杨廷筠和李之藻执着于"多刻圣学书籍,广传正教"的信念,⑩在家乡杭州不仅出版了自己撰写的不少护教和科学作品,而且汇集传教士与皈依士大夫敷衍西学的已刊中文著作的菁华,"丛诸旧刻,胪作理器二编,编各十种,以公同志,略见九鼎一脔"。⑪ 这套李之藻于崇祯二年(1629年)编辑的基督教丛书《天学初函》,搜求旧刊重为校梓,工程浩大。⑫ 虽然自1662年之后,在出版传教士中文著作方面,北京实际上已处于垄断的地位,但杭州仍然与北京、福州并列为全国三个主要的出版中心。如以1715年左右所编辑的基督教中文著作的目录为例,北京刊印124部,福州51部,杭州则有40部。⑬

---

① 费赖之著,冯承钧译:《在华耶稣会士列传及书目》上册,第41页。
② 同上书,第138页。
③ 同上书,第138—141页。
④ 同上书,第122页。
⑤ 同上书,第157页。
⑥ 同上书,第113页。
⑦ 同上书,第192页。
⑧ 同上书,第264页。
⑨ Mungello 前揭书,第18页。
⑩ 引自杨振锷:《杨淇园先生年谱》,第67页。
⑪ 凉菴逸民(李之藻):《刻天学初函题辞》,载《天学初函》第一册。
⑫ 方豪:《李之藻研究》第153—156页。
⑬ D. E. Mungello; *The Forgotten Christians of Hang Zhou*, pp. 18, University of Hawaii Press, Honolulu, 1994.

其三,向其他教区输送传教士、皈依文人和宗教著作,成为组织遣派与精神传递的发散地。

经过平日中国语言文学的研习,教难期间的磨炼与反省,以及大量西学著作的刊刻,使基督教在新时期发展中,杭州成为组织派遣和精神传递的始发地。

如前述曾德昭所记,李、杨二人在关注传教士学习的同时,亦在彼此间深入探讨"如何宣传福音,如何保护、支持和委派全国的教士……先去哪个省,监督须派哪位神父去哪里最合适"。并且,"他们自己商量应向他们的哪位朋友推荐教士"。[①] 正是在教会监督和皈依士大夫的默契配合与反复斟酌中,原先聚集于杭州的传教士便在教难平息后,迅速奔赴各地开拓新教区。如天启元年(1621年),"孙元化受洗于北京,比告归,来杭州廷筠家,请西士至嘉定开教,曾德昭、郭居静二司铎偕行"。[②] 天启三年(1623年),"瞿式榖至杭州廷筠家,邀艾儒略至常熟开教,儒略从之"。[③] 天启四年(1624年),"金尼阁受韩家两兄弟(韩霖、韩云)的邀请来到山西绛州"。第二年,"离开山西的金尼阁,在王徵的邀请下来到陕西省"。山、陕两省的传教中心就此建立起来。[④] 亦于天启四年,叶相国(向高)"致仕归里,路过杭州,住杨廷筠家,得与西士相遇。与艾儒略谈论教理,深为悦服,因延艾司铎偕往闽省传教"。[⑤]

杭州教会不仅有计划地向新教区派遣传教士,而且利用浓厚的宗教氛围,感化和皈依中国文人学士,使他们日后成为新教区基督教团体的骨干。最典型的例证,便是在杭州受洗的福建晋江举人张赓的事迹。史载:"杨廷筠身为显宦,奉教热心,文人学士,亦多被化者。有举人张赓,字夏詹,福建晋江县人,当时为杭州教谕。亦被化进教,圣名玛窦。奉教极热心,与杨廷筠协助西士翻经译传,功德不尠(鲜、少)。艾公(儒

[①] 曾德昭著,何高济译:《大中国志》,第296页。
[②] 杨振锷:《杨淇园先生年谱》,第43页。
[③] 同上书,第48页。
[④] 邓恩著,余三乐等译:《从利玛窦到汤若望》,第177页。
[⑤] 萧若瑟:《天主教传行中国考》,第180页。

略)《职方外纪》、《言行纪略》等书,多出此时……张公夏詹,后补河南原武县令。越数年,调任广东某县令。又数年,致仕归里。帮助艾司铎开教,为教众所仰望。"①张赓亦在自述杭州归化的情景时说:"幸天帝闵予,假缘辛酉(天启元年,1621年)之春,读书浙湖上,乃得闻天主正教……天帝又闵予,默牖京兆尹淇园杨先生,爱予开予,再三提撕予,令予囊所难除者,一刀割绝。而日惟传教诸先生是侍,日惟传教诸先生是听。数年来,遂不甘不自成,并不甘独自成,实皆淇园先生之指吾南也。"②凡此表明,张赓如此坚定的天主信仰,实仰赖于杭州皈依士大夫的提撕和传教士的教诲;而他在家乡扮演艾儒略开教的得力助手的角色,不过是他于杭州所立宏愿的实践以及协助西士翻译经传的延伸。

非特止此,杭州刊刻的传教士著作,以及中国第一、二代皈依文人的事迹和宣教书籍,在福建的广为流传,更突出了杭州教会作为精神传递发散地的功能。如从崇祯十四年(1641年)福建建宁县令左光先发布文告推荐的基督教著作,以及当时反教僧俗人士指斥的"虚诞妖书"中,得知明末福建流传甚广且反响强烈的宣教书籍有:《天主实义》、《圣水纪言》、《辩学遗牍》、《鸮鸾不并鸣说》、《用夏鲜》和《代疑正续》二编。③ 其中,除《用夏鲜》未知著者姓氏外,《天主实义》、《辩学遗牍》系利玛窦所撰,且《实义》有杭州重刻本。又如《并不鸣说》、《纪言》、《代疑》正续篇,俱出自杨廷筠手笔。而作为中国第一代的皈依文人,杨廷筠与"泰西诸先生"的交往,及其"聆天学卓然进修"的"懿行隐德",经艾儒略在福建传扬并为晋江人丁志麟笔录后,遂成为闽中"后之同志者可观而法"的典范。④ 更有甚者,被称为"中国第二代基督徒中卓越文人学士"的代表浙江鄞县举人朱宗元,⑤其敷宣基督教理,阐释天主降生、

---

① 《天主教传行中国考》,第172—173页。
② 《张赓撰阅杨淇园先生事迹有感》,载杨振锷:《杨淇园先生年谱》,第88—89页。
③ 左光先:《建宁县左明府告示》,载黄伯禄:《正教奉传》;林启陆:《诛夷论略》,载徐昌治订:《圣朝破邪集》卷六。
④ 丁志麟:《杨淇园先生超性事迹》,载钟鸣旦等编:《徐家汇藏书楼明清天主教文献》第一册,台湾辅仁大学神学院1996年版。
⑤ D. E. Mungello: *The Forgotten Christians of Hang Zhou*, p. 19, University of Hawaii Press, Honolulu, 1994.

三位一体和最后审判等奥义,乃至辟佛斥道补儒的《答客问》、《拯世略说》二书,亦成为福建著名基督教徒李九功编辑《问答汇抄》的重要内容。① 凡此种种,皆可见杭浙教会业已形成向其他教区遣派传教士,输送皈依文人和精神传递的中心。

其四,杭浙教会内部衣钵相传、基业未隳,涌现出新一代以中国观念阐释西方神学的代表人物。

李之藻、杨廷筠不仅从生活、思想、组织和出版方面,关注传教士及其西学的本土化进程,而且身体力行,公开在家乡杭州讲解圣经神学,化育后辈士子。如南昌人熊士旂记曰:"己未(万历四十七年,1619年)春,游武林(杭州),闻侍御杨公(廷筠),水部李公(之藻),讲学西湖,言下宗旨,归本昭事。因蹴跻问道侍御,公不啻口出身教为多。"熊氏遂因此感化,"骈述西学一篇",名曰《策怠警喻》,并由杨廷筠付梓出版。② 其实,杨、李言传身教、敷宣神学,岂止培育邻省士子,更令桑梓卓识之士靡然向化。据记载,杨廷筠"伤正学之榛芜,悲邪说之流行,思扬圣教,接导群生。爰于宅畔,扩建(天)主堂,为同教瞻礼之地。廷泰西会士诸先生,住其中,时与众人讲解圣经,武林人士,靡然向风矣。"又谓:"至于邦之人,亦以公为表率,志士仁人,洗心涤虑,向化者寖盛。"于是,"公见人迁善,不胜欣跃。一瞻礼日有多人士领洗,辄欢心达于颜色。谓艾先生(儒略)曰:吾见新奉教者,心实喜,而且敬之,何也? 兹世界尚混混然,圣教未明之时也,乃有卓识之士相率而来,岂不可敬!"③

经此长期的苦心筹措,故杨廷筠、李之藻相继病逝之后[杨殁于天启七年(1627年);李于崇祯三年(1630年)辞世],杭浙教会的基业未隳。首先是杨李的后人克绍箕裘、发扬光大。如崇祯十二年(1639

---

① 李九功:《问答汇抄》,载钟鸣旦、杜鼎克主编:《耶稣会罗马档案馆明清天主教文献》第八册,台北利氏学社2002年版。
② 徐宗泽编著:《明清间耶稣会士译著提要》,第96页。
③ 丁志麟:《杨淇园先生超性事迹》,载钟鸣旦等编:《徐家汇藏书楼明清天主教文献》第一册,台湾辅仁大学神学院1996年版。

年),李次霦为乃父之藻与耶稣会士傅汎际合译的《名理探》所撰写的序言中,追忆因侍先父日聆传教士诲谕,而对教理深有领悟。他写道:"余小子其何知,惟德曩侍先大夫,日聆泰西诸贤昭事之学。其旨以尽性至命为归,其功则本于穷理格致。盖自函盖内外,有模有象,不论不议者,无不叩其底蕴,而发其所以然。觉吾人褆繕(安好繕治),始有实际;身心性汇,始有究竟归宿。贞教淑世,直溯宣尼公(孔子)且而嘿契焉。"这种天教儒学"殊海心同,若合符节",以及天教在涵盖本源、实际修养和心性归宿方面,超越儒学的议论,跟其父李之藻在《〈天主实义〉重刻序》及有关《畸人十篇》的序跋所申述的道理,① 乃一脉相承。序文还记叙崇祯十年(丁丑)耶稣会副省长傅汎际进驻北京,以《名理探》刻本相赠而深受鼓舞的情形。特别赞誉崇祯皇帝"钦褒天学"的御榜,对基督教"斯道大明大行",而"开榛芜,启蒙瞆,息异喙,定一真"的重要意义。企盼"有志于正学者",能以是编为发端,达到"行将殚西学以公诸寰宇,使旨趣不迷,统诸归一"的目的。② 凡此合儒、超儒的理念,基督教"大明大行"的信心和西学"公诸寰宇"的期盼,皆可见这新一代基督徒继往开来的精神境界。

为承续乃父的未竟事业(李之藻病逝于北京修历任上),监生李次霦遂以"知历人"身份,"入署缵业,鞍掌测演",直接参加崇祯历局的工作。因其勤敏有加,故崇祯六年(1633年)十月初六日徐光启所呈《治历已有成模恳祈恩叙疏》中,李次霦与其他"知历人",以"同心缵学,殚述承天,十孤之腋堪裘,众集之思成益,所当照纂修效劳例量叙者也"。③ 直至崇祯九年(1636年)二月十九日,礼部对在历局工作达七年之久人员量加叙录中,李次霦和其他七人,因"昼夜推测七政缠度,书写进呈御览,劳绩久著",而被授予"钦天监从九品,漏刻博士职衔"。④ 从

---

① 参见拙著《明清之际中西文化交流史——明代:调适与会通》(增订本),第 601—602 页。
② 徐宗泽编著:《明清间耶稣会士译著提要》,第 196—197 页。
③ 王重民辑校:《徐光启集》下册,第 428 页。
④ 《新法算书》卷四,《四库全书》第七八八册,第 76—78 页。

李次霦和全体历局成员备受猜疑而终获晋升嘉奖的事实,显示了这个基督教群体同甘共苦、锲而不舍的精神力量及其卓越成就。

李次霦虽在京城"鞍掌测演"天象,但仍密切关注家乡教会的发展。如崇祯八年(1635年)八月,佞佛者持禅师文章径往杭州天主堂,要求同主教傅汎际诘辩。傅氏遽读之下,一时"似不甚解"文中要害。"适我存李先生(之藻字我存)公子引人入教在座,乃为之解说",①使预先有所防备。至此,李次霦继承乃父对天教的热忱和领悟,积极的传教活动,以及娴熟的西方科学知识,皆是保持杭浙教区基业不堕的有利因素。

与此相仿佛,杨廷筠的子女、门人亦是杭州教会的中坚。如廷筠在世时,曾捐杭州大方井祖茔为传教士墓地。临终前,又"筑华丽教堂一所,西士住宅一处,修道院一所"。他死后,其"次公子将田房原契赠泰西先生;长公子又加若干亩田,为公所献墓地守护之需,女公子依搦斯在南京保护教会,创立贞女院,都能继承公的遗志"。②

远不止此,廷筠门人范姓者,还是代表天主堂出面同佞佛者辩论的重要人物。前述杭州佞佛者(张广湉)再执禅师(天童密云园悟)辟教文章(《辨天说》)往天主堂挑衅,要求诘辩。"坐移时,始有范姓者出,乃中国人,盖游淇园杨公(廷筠号淇园)之门而笃信天教者也。"双方在折冲论辩时,范君申明教会原则:"凡有书出来无不收,然必不答,实告于公,此是教中大主意。"同时,坚定地表示:"佛教与天教原是不同,必不可合者。盖佛教虽重性灵而偏虚不实,唯我天教明言人之灵魂出自天主,则有着落,方是大全真实之教。"并说:"敝教皈依者,必先与讲明天主大义,至再至三,然后受教。其进若此之难,故其出教亦不易。不似学佛之徒,倏尔进,倏尔退。"最后,点明禅师、佞佛者频繁挑衅的用意,在"彼欲化我,虽是好心,而我辈断断无舍天教而复皈依佛者,不必空费许多气力。况云栖尝著《天说》四条,欲辨天教,尚且不胜,岂今天童更有过于云栖者乎!"③杭州主教指派范姓应对此棘手事,而他纵横捭阖、游刃

---

① 释园悟:《辨天说》,载徐昌治订:《圣朝破邪集》卷七。
② 方豪:《中国天主教人物传》上册,第135—138页。
③ 释园悟:《辨天说》,载徐昌治订:《圣朝破邪集》卷七。

有余,足见训练有素的杨氏门人,仍为教会所倚重。至于范氏指陈天佛二教在义理和组织上迥然不同,除表明他对基督教充满信心之外,亦显示其辟佛的思想依然遵循先师的轨迹。

这位杭州教会倚重的范姓教徒,因名字阙略,难以指认是否跟"杭州府学生范中、圣名第慕德阿"者系同一人。而范中则于崇祯六年(1633年)撰述并刊刻了《天主圣教小引》。据介绍,这"是一本引人皈依天主教之书,概述天主教之真相,入教宜信之理,宜守之戒,宜行之礼。书中言在危急时,不能在传教先生(神父)手求领洗,则任何人可以行此圣洗礼"。①

除此而外,基督教还在湖州府德清县吸收信徒,其禁止娶妾和互助互济的教规,因教徒们奉行唯谨,而为反教者所责难。如说教徒"周国祥,老贫无子,幸买一妾,举一子,才二岁。夷教之曰:'吾国以不妾为贤,不以无后为大。'周听而逐其子之母"。又谓"夷辈"有关"汝但从教,即某某大老,某某中贵,亦称曰教兄,礼为上客。虽酷贫者可骤富,功名可掇,患难必援"的宣传,在教徒中颇有影响。甚至反教人士也不得不承认,"余亲见某某,本业刀笔,今徒业归夷不数月而屋润,徒之聚食者日益数十人"。②

透过上述勾稽的零星资料,亦可概见杨、李殁后杭浙教会的风貌。无论是杨李后人从精神和物质上,继续保持对天教的坚定信念与对教会的大力扶持,还是杨氏门人及青年学子依然著书立说、折冲辩论,为宣教而奔忙,抑或禁妾和互济的教规,深为一般教徒所信奉。凡此表明,杨、李开创的杭浙教会后继有人,其基业迄未坠落。

明季动乱和易代战争的环境,并没有阻止基督教在杭浙地区的发展。先是,辗转传教于浙江的耶稣会士卫匡国(Martino Martini),迅速与统清军南下功授浙江巡抚的佟国器,建立了良好的友谊。经他的提

---

① 徐宗泽编著:《明清间耶稣会士译著提要》,第175页。
② 许大受:《圣朝佐辟》,载徐昌治订:《圣朝破邪集》卷四。

议和捐助,在杭州重建宏敞而华丽的西式教堂。不仅佟国器时来教堂听卫匡国讲道,当地士绅名流亦接踵而至,"交游极多"。① 在此前后,通过传教士在省城和属县的活动,地方上逐渐形成以知识精英为首的基督教团体,涌现新的运用中国文化观念阐释基督教义的神学人才。鄞县士子朱宗元和兰谿"奇士"祝石,便是这方面的代表人物。

朱宗元,字维城,浙江鄞县(今宁波市)人。出身官宦之家,祖父莹曾官至工部员外郎,改江南按察佥事。据最近学者的研究,朱宗元"出生于 1617 年(万历四十五年)或稍早;1638 年(崇祯十一年),受洗成为天主教徒,这一年,他大约 21 岁;在 1638 年到 1640 年之间(崇祯十一年至十三年),他写出《破迷论》;1640 年(崇祯十三年),他写出《答客问》初稿;1642 年(崇祯十五年),他参与了(传教士)孟儒望《天学略义》的校订工作;1644 年(崇祯十七年),也就是明朝灭亡的这一年,他写出了《拯世略说》;1646 年(清顺治三年),成为清朝的贡生;1648 年(清顺治五年),成为举人。我们在中文文献中见到他最后一次活动,是在顺治十六年(1659 年),这一年,意大利传教士贾宜睦的《提正编》一书刊行,朱宗元是该书的校订者之一"。②

这简略的履历,凸显出朱宗元天学信仰的虔诚,与传教士亲密的关系,以其"博学善文"而倾心宣教的志向。原来朱宗元是在省城杭州,经意大利传教士利类思(Louis Buglio)授洗,教名葛斯默(Cosme)。回故乡后,说服家中亲属皈依,多次邀请传教士前往布教。明崇祯十一年(1638 年),利类思如约从杭州至宁波(鄞县)讲道,"即有十五人受洗,多数是文人学士"。次年,"阳玛诺也循教友的请求而到宁波,教友竭诚欢迎,留居若干日,付洗若干人"。经过传教士的频繁宣谕和朱宗元兄弟的精心组织,宁波遂形成以知识精英为中心的兴盛的教区。据高珑磐《江南传教志》说:"一六四〇年(崇祯十三年)宁波亦成为教务昌盛地区,得新教友五百六十人,官绅子弟亦多加入。有朱氏昆仲三人,都出

---

① 萧若瑟:《天主教传行中国考》,第 263 页;方豪:《中国天主教人物传》中册,第 117 页。
② 据龚缨晏:《明清之际的浙东学人与西学》,载《浙江大学学报》2006 年第 3 期。

身科第,洗名伯多禄、葛斯默、玛弟亚、最受人注意。"①1643年(崇祯十六年),在为耶稣会士孟儒望刊刻宣教著作《炤迷四镜》的"参订姓氏"中,除西洋同会教士外,亦有中国人"朱宗元、水荣褒、张谐当、朱弼元,俱鄞县;张能信、钱廷焕、冯文鳞、张紫嘉、钱玄爽,俱慈谿,同较(校)"。正如学者所言,这中方参订人员的姓氏,"简直可以说是一份浙东天主教耶稣会主要成员的名单,并且清楚地注明了籍贯,其中鄞县人有四个,慈溪人有五个"。② 凡此表明,以朱氏兄弟和其他士子为核心的浙东基督教团体,直至明季依然十分活跃。

兰谿士人祝石,是一位"不屑屑于章句",而"识地高卓,黜浮崇实"的"奇士";"又擅医术,浪游江湖间,所交多知名士"。③ 地方志载,祝石"曾从金华朱大典游"。④ 传教士卫匡国所著《鞑靼战纪》称,这位官拜南明兵部尚书而据其家乡郡城抗清,于顺治三年(1646年)八月城破殉节的朱大典,乃其"私人朋友"。⑤ 这样卫匡国与祝石,很可能在朱大典固守金华之前,即已相交相识。于是,顺治四年(1647年)五月,卫匡国便以老友身份过访玲严祝石山楼,促膝长谈五昼夜。卫氏日授数十或数百言,演绎利玛窦《交友论》所未尽者。祝石据其叙说敷渲润色,遂成阐释西方交友之道的又一名著《述友篇》。然而,卫、祝交谊的更深因缘,还在于祝石是当地一位颇具影响的基督徒。据说清顺治年间,兰谿已成为耶稣会和方济各、多明我会并立的传教地区,修会间时有龃龉,影响及于教徒。"兰谿教友且曾上书罗文藻主教请求早日莅临兰谿,此书领衔者署名为Cho Xe,实为祝石的译音。"⑥可见卫匡国的探访及其友谊,实乃笼络地方知识精英,巩固耶稣会在基督教团体影响的一种传

---

① 龚缨晏:《明清之际的浙东学人与西学》,载《浙江大学学报》2006年第3期;方豪:《中国天主教史人物传》中册,第91—94页。
② 孟儒望著:《炤迷四镜》及其中外参订姓氏名单,见钟鸣旦、杜鼎克等编:《徐家汇藏书楼明清天主教文献》第二册,台湾辅仁大学神学院1996年版;参见龚缨晏前揭文。
③ 《(光绪)兰谿县志》卷五,人物。
④ 同上。
⑤ 卫匡国著,戴寅译:《鞑靼战纪》,载杜文凯编:《清代西人见闻录》,中国人民大学出版社1985年版,第38页。
⑥ 方豪:《中国天主教史人物传》中册,第122页。

教方式。

一般来说,利玛窦、卫匡国等来华耶稣会士,为适应中国传统文化,在他们撰述和翻译的中文著作中,或多或少地反映了融汇中西文化及其宗教的意向。这对于基督教中国本土化来说,无疑是初步的但却是必要的前提。当然,最具实质性的本土化进程,还在于"中国基督徒用他们本地文化概念和想法来解释神学,并形成一种中国的神学。"[①]朱宗元和祝石,便是当时运用"本地文化概念和想法来解释神学"的卓荦可观者。

祝石在同卫匡国译述《述友篇》过程中,对绍介西方交友之道彰显上帝仁爱精神深有感悟,撰《述友篇叙》予以表扬。首论交友之道有益于灵魂的净化:"自先生(指卫匡国)言出,而益知友之不可少也;不可少之故,为益己之身神(灵魂)。"其次,交友之道因充溢上帝仁爱精神而人乐于遵从。他说:"述之之道,人乐遵……宜者,上主所定之公性也……爱者,上主所赋之仁性也。宜也,爱也,故人乐遵也。"再次,祝石将交友的道"理"与净化灵魂的追求,道德的修养与虔诚事奉上帝紧密联系起来。总结道:"愿读是篇者,惟求理之非(所)是……理是,则益身神;益者何,修德。明修德,自能事上帝。"[②]与对西方天学如此景仰推崇形成鲜明对照的是,祝石对传统儒学和明末空谈,颇呈嗤尤鄙夷的过激之态。据《(光绪)兰豁县志》卷七引王崇炳评论曰:"子坚(祝石字子坚)先生好韩非子书,好为聱牙屈曲之文。著书不一种,予只见其《希燕说》,盖有激于明末空谈之盛而然。其嗤鄙儒术,不无过当,要其说则有卓然不可磨灭者。"[③]

与祝石那浪足迹江湖的生活方式和留存甚少的宣教序文相比较,朱宗元职业神学家的诉求及其传世阐教著作,要明显丰富得多。首先,

[①] 钟鸣旦:《中西文化交流的研究与本位化概念》,载台湾辅仁大学《神学论集》⑧,1991年夏。

[②] 祝石:《〈述友篇〉叙》,载《天主教东传文献三编》第一册,台湾学生书局,1972年,台北。

[③] 参见方豪:《中国天主教人物传》中册,第124页。

据已故意大利汉学家白佐良(Giuliano Bertuccioli)先生在罗马耶稣会档案馆发掘的资料,"有一个叫朱宗元的人(生于 1609 年),教名为葛斯默(Cosmas),他构想出与卫氏(匡国)一起把耶稣会中有名的神学家苏何勒滋(Francisco Suarez,1548—1617)的著作译成中文的一个计划。这是一个十分伟大但难以实现的事业,因为苏何勒滋是一位多产作家。朱氏和卫氏在 1650 年必须分手时(卫氏奉调回欧洲,朱氏被调到异地),那项翻译工作尚未结束。"[①]

虽然庞大的翻译计划未能实现,但在耳濡目染的合作过程中,朱宗元显然对西方神学的奥义颇有心得和感悟。受此启发,朱宗元遂在运用中国"本地文化概念和想法来解释神学"方面,发表了《答客问》《拯世略说》《天主圣教豁疑论》《十诫序》和《郊社之礼所以事上帝》等一系列著作。

透过对这些流传至今的著作的分析,可概见朱宗元宣扬的神学观念及其职业诉求。

第一,阐释包括"可任理推测"和奥迹信仰在内的全面的基督教义,强调天学与儒说大较相同并可补儒之不足,同时辟佛斥道,摈抑占天、卜筮等术数迷信。

所谓"教中凡可任理推测者",乃指上帝主宰,灵魂不灭,赏善罚恶、天堂地狱等教义,自利玛窦糅合中国观念在《天主实义》广为传扬以来,已大致为亲近"天学"的士子所接受。这也再次成为朱宗元著述的内容。诸如,《答六经言天》、《答先有天主非太极之谓》、《天主自有而无所由有》、《灵魂不灭不衰》、《善恶赏罚》、《辨为善无所为》和《天堂地狱》等条目,便是此类教义的发挥。然而,朱宗元阐述的重点,却在人们"非意所测"的核心教义,即"三位一体,降生受难,复活升天,原罪传染,神魔攸分,审判复生"等基督教奥迹。为使这些文人学士颇感困惑的核心教义(如明末福建士大夫叶向高等人终难接受天主降生之说[②])令人信

[①] 白佐良:《卫匡国的〈逑友篇〉及其他》,载德马尔基等编:《卫匡国:一位在十七世纪中国的人文学家和科学家》,意大利特兰托大学 1996 年中文版,第 192 页。

[②] 参见拙文《明末福建士大夫同传教士的交往氛围及群体特征》,载刘东主编:《中国学术》总第十七辑,商务印书馆 2004 年版。

服,朱宗元不仅通过《人始生原罪》、《公审判肉身复活》、《复活必在世末》、《天教有三》、《进教贵勇决》、《神魔之分》等条目,直接从教理本身进行说明;而且采取间接的方法,先行论证传教士系正人君子,从而推演其传播的玄虚教义亦确凿可信。朱氏指出,"知之有八证",即以无求证,以节操证,以人品证,以冒苦证,以谦忍证,以资粮证,以学术证,以先后同符证。由是总结道:"凡斯八者,人皆可目睹躬验,非传闻虚誉之辞。以此观之,西士果正人君子,其言决无谬也。"从这兼备"任理推测"和"非意所测"教义的全面阐扬,尤其是对基督奥迹的笃信和宣传中,可见朱宗元宗教修养的深厚及其用心之良苦。

关于基督教义与儒学,朱宗元首先承认"天学既与儒者合辙","惟儒者之上帝,庶得其真"。申明:"孔子著书垂训,岂欲人尊拜已哉,欲人尊厥说而力行之耳。今试取孔子之书读之,其所诏人凛凛昭事者何物,小心钦若者何物?尊奉天主,正践孔子之言,守孔子之训也。"不过,朱宗元在论述天学"合儒"的同时,亦注重阐扬"补儒"乃至"超儒"的道理。如说:"尽伦之事,治世之略,大较相同,而生死鬼神之故,实有吾儒未及明言者……唯得此天教,而修身养性之法,复命根归之业,始益备。且学问之道,必晓然明见万有之元始,日后之究竟,乃可绝歧路而定一尊。此在儒书多未显融,独天学详之……一领天教,而后知我《六经》、《四书》中,句句皆有着落,句句皆有把柄。"又谓,儒家程朱"因性"之学,已"沾超性润泽无疑"。假令程朱当日自恃分内为善已足,不肯信从上主身教,则程朱"德行俱不足取,徒有一傲主自是之罪",需待上主之拯救。更有甚者,朱宗元缕列"太西诸国"在风俗、治安、学问、繁庶、技巧、武备和富饶诸多方面,"更有中土亦不如者"(《答分夏译》),益见作者援"天学"以补儒、超儒,引中土臻于"太西"的期待。

至于摈抑佛道和民间术数,朱宗元愈加不遗余力。在此,只须略举撰述的条目,便可一目了然。如辟佛:《佛氏抗天》、《佛氏自侈其性》、《辨轮回之诞》、《辨戒杀之谬》。又如斥道:《明道家》、《辨旌扬真武之类》、《答张氏符水》。再如贬抑民间迷信:《答禁推命》、《答禁看相》、《明斥风水》、《答禁择日》、《答禁占天》、《答禁卜筮》、《答禁诸术数》。[①] 诸如此类,无不凸显朱宗元鲜明的基督教立场,及其对中国民间宗教迷信的鄙薄和批判。

第二,自我揭示为追求人生真谛和心灵的永久归宿,而超脱"三教"皈依基督的思想轨迹。

朱宗元之所以对基督教有如此坚定的信仰和传道的热忱,透过所撰《拯世略说自叙》的剖白,可窥其一二。首先,朱宗元坦陈,其人生的感悟有三。一念"虽声名籍籍,功业盖世,总一时事,要当寻永久安顿处"。又念"一点灵明,迥超万物,断无与物同生同尽之理,自然暂谢,神灵永存"。再念世间万物鬼神司之,"然鬼神众矣,亦自有所从受命者"。持此念想和追求,朱宗元曾就"三教(儒释道)百家,参悟有年,颇悉梗概,顾终无真实、确当、了彻、完全之义,使此心可泰然自安者。"正是这种对传统的"三教百家"的失望,使他试图从西方基督教中寻觅心灵的安慰和解脱。于是,朱宗元以欢欣雀跃的笔调,描述了他获睹人生真谛的喜悦心情。指出:"及睹天学诸书,始不禁跃然起曰:'道在是,道在是!向吾意以为然者,而今果然也;向吾求之不得其故者,而今乃得其故也。'复获大西诸士,益叹德行之纯全,至西士止矣;学问之覆博,至西士止矣。吾何幸而获闻兹理耶!"为了报答"造物主"赐予自己的"特恩",并使获知的人生真谛更加纯粹,从此,朱宗元毅然承担起传扬基督教的职责。他说:"复思吾身幸识此高明之路,岂忍听有众之沉沦,故不顾世俗拂耳,每每喜向人道也。"又谓:"余小子,既受造物主多恩,识所能及,口所能言者,何敢不竭其区区。始也好辨,为《答客问》行世,今标大义数端,曰《拯世略说》。"[②]

由此可见,朱宗元的心路旅程,揭示了当时具有普遍性的青年学子

[①] 以上未注明的条目和文字,原出于朱宗元所撰《答客问》和《拯世略说》二书,此处引自李九功纂:《问答汇抄》(八卷),载钟鸣旦、杜鼎克编:《耶稣会罗马档案馆明清天主教文献》第八册,台北利氏学社 2002 年版;同时,参见郑安德编辑:《明末清初耶稣会思想文献汇编》第三卷第三十一册,载朱宗元:《答客问》。

[②] 郑安德编辑:《明末清初耶稣会思想文献汇编》第三卷第三十二册,朱宗元:《拯世略说》。

皈依基督教的真实轨迹。即在明季士大夫的西学热潮中,受其感染的青年学者朱宗元,执意从儒家只重今生不问来世的传统立场超脱出来,而追求心灵的永久归宿和世事人生的最高授命者。当传统文化(儒释道和诸子百家)难以满足其诉求时,基督教义与传教士典范,为此指出了一条"高明之路"。于是推己及人,誓愿宣教而终身不渝。

第三,继徐光启、利玛窦之后,正面回应并诠释"辟佛补儒"的缘由和意义。

众所周知,所谓"其教必可以补儒易佛"这一重要命题,为徐光启在《泰西水法序》中首先提出,不过未作充分说明。[①] 稍后利玛窦撰回忆录,将此命题提升为"基督教律法的基础",说"它破除偶像并完善了士大夫的律法",但仍未进一步申述理由。[②] 然而,朱宗元通过撰写《天主圣教豁疑论》,对此作出了积极的回应和深入的论证。

在文中,作者先是设疑发问。"难者曰:天学既即儒理,孔孟之训已足,何必舍己从人。而徐相国(光启)更云'辟佛补儒',敢问儒者何阙,而待于彼之补之也!"然后,作者从四个方面推衍作答。(一)知天奥秘和事天礼则,必待西学始备。"三代而降,虽言知天,实未殚乎知之奥秘;虽言事天,实未尽乎事之礼则。故终日曰知曰事,究竟无一人知且事者。"举凡乾坤开辟、万类穷尽之原因,上主妙性、身后苦乐之去处,悔过还诚、迁善绝恶之途径等,"必待西说始备"。(二)传教士优秀品德的养成,均因接受教法所致。朱宗元"以余日接诸君子"的切身体验为例,缕述传教士诸如忠信、廉介、谦和、勤奋与爱人等优良品质,认为这一切,"讵彼性独异人乎?良由授受明而教法备也"。此乃标榜传教士的品德,以增西教的感召力,足证补儒之必要。(三)中华典籍废阙,古史传说多查考无稽,不如西方肇产人类、洪水泛滥和天主降生等记载无讹可信。朱氏言,像中国上古人头鸟身的九天玄女,及山石抬升形成云层的传说,因"书传无稽",不可凭信。"惟如德亚国,史载无讹。"如"肇产

[①] 《泰西水法序》,载王重民辑校:《徐光启集》上册,第66页。
[②] 何高济等译:《利玛窦中国札记》下册,第485—486页。

人类"亚当、厄袜及其"堕失","主乃大降洪水","天主降生为人"等故事,"以理推之,亦可信者"。此乃通过中西历史不恰当的比较和褒贬(中国上古传说固难以稽考,基督教故事又何尝凿凿可信),添益西学补儒的诚信度。(四)儒者夙所论著与西儒超性之说相结合,方可不虚此生,不失至理。在这里,朱宗元已相当清晰地勾勒出中国儒者与西儒相同与不同之处。指出:"是故天地之有主也,此主之宜事也,佛老之宜斥也,淫庙之宜蠋也,星卜矫巫之宜摈也,皆儒者所已言,其事已著,其理易知。若乃天主三位一体之秘,一位降生救赎之功,万民复活审判之义,天地人物始生之原,中华旧无言者,言之自西儒始。"最后,朱宗元表达了融汇中西的祈求。写道:"吾愿含生之伦,大开眼孔……讨讲儒训,以究因性之义;寻绎西典,用求超性之微。翻然悔悟,肃然改图,庶几不虚此生,不失至理,不误灵魂大事。"①

第四,为感怀天主"特恩"和"神师"教诲,多次表白愿做终身宣教的职业神学家的意向。

史实表明,朱宗元很早便对基督教神学具有浓厚兴趣和较深造诣。在传教士眼中,朱宗元是"一位青年学者,曾读过不少教会书籍"。② 前述他与卫匡国拟定的翻译西方神学家著述的庞大计划,乃其兴趣、造诣和抱负的体现。而他那部涵盖非常广泛的宣教著作《答客问》,更可视为其年轻时理想与心血的凝聚。为此,后人称赞道:"考朱子(宗元)之著是编也,年才二十三耳。超超见道,岁何其早,而力何其坚。殆斯教当兴,而天早授夫明道之人耶!"③

正是如此早慧力坚的"明道之人",为感怀天主和传教士的恩德,曾多次宣誓愿终身奉献于基督神学的传播。如朱宗元在《拯世略说自叙》中,叙说获取天学真谛的喜悦之后,写道:"虽造物主于人无厚薄,在我不可不自谓特恩……余小子,既受造物主多恩,识所能及,口所能言者,

---

① 朱宗元:《天主圣教豁疑论》,载《天主教东传文献三编》第二册,台湾学生书局,1972年。
② 引自方豪:《中国天主教史人物传》中册,第92页。
③ 林文英:《答客问序》,载徐宗泽编著:《明清间耶稣会士译著提要》,第155页。

何敢不竭其区区。始也好辨,为《答客问》行世,今标大义数端,曰《拯世略说》。"①又如《天主圣教豁疑论》云:"吾愿含生之伦,大开眼孔,认真本主,去夙溺之意见,证以天下万世之公理……方可使梦者而为觉,悟今是而昨非。"②更如朱氏利用为其恩师传教士阳玛诺所著《十诫真诠》撰序的机会,尽情挥洒西方神学和哲理以后,再次表白:"呜呼皇矣哉,上主之爱吾也;大矣哉,吾师之怜予也。小子私幸,受业终岁,将振群聋,付之枣稽。首拜手复,复我神师。"③

由此,中国学者方豪推测道:"读序文亦可见宗元传教之心极热,而所谓'受业终岁,将振群聋',可能宗元或曾以传教为职业。"④有关朱宗元职业神学家的趋向,还可得到其他史实的佐证。据《(康熙)鄞县志》和罗马耶稣会档案馆发掘的资料,朱宗元于1648年(清顺治五年)得中举人,⑤可并未赴朝廷谋取官职,或顺着科举阶梯继续攀援,却跟传教士卫匡国一道翻译西方神学著作,直至1650年因故中辍。而原因之一,还在于朱宗元被教会调往外地,仍然从事与宣教有关的工作。一言以蔽之,从朱宗元的兴趣和造诣,终身奉献宣教的意愿,到服从教会调遣从事神学工作来看,所谓朱宗元的职业神学家的身份,是可以确认的。

台湾辅仁大学神学院出版的《徐家汇藏书楼明清天主教文献》第三册,收录《道学家传》一书。该书虽未著作者姓名,据悉乃耶稣会士南怀仁所为。⑥其内容自参阅了《圣教信证》(由"晋绛韩霖、闽漳张赓暨同志公述")所证明末清初诸来华耶稣会传教士的简历及著述目录,然其意旨却在于,将"原祖(亚当、厄袜以来)历代(基督教)宗谱,(汇)合中国朝代年历略记",于此,以证"普天之下,原同一祖"。为突出这一意旨,该书抄摘了四篇序言,其中两篇,即出自朱宗元。经过查证,被称为"教

---

① 引自徐宗泽编著:《明清间耶稣会士译著提要》,第156页。
② 引自《天主教东传文献三编》第二册。
③ 朱宗元:《十诫序》,载《明清间耶稣会士译著提要》,第180—182页。
④ 引自方豪:《中国天主教史人物传》中册,第95页。
⑤ 同上书,第91页。
⑥ 费赖之著,梅乘骐等译:《明清间在华耶稣会士列传》,作者自序。

要"的文章,全篇抄录朱宗元为其神师阳玛诺《十诫真诠》所写的《十诫序》。另一"宇宙之内道统惟一"的论文,则直接源自朱宗元《拯世略说》一书中"宇宙之内真教惟一"的章节。① 由此可见,朱宗元及其著作,在明清基督教史上非同一般的地位和影响。

非特止此,正如林文英在《答客问序》称赞朱宗元早慧力坚的神学修养的同时,亦褒扬其精诚经纬天象的西学,认为神学与科学的结合,乃构成"敬天"之"燮(和)理"。他说:"余闻西学最精天象,今颁行宪历皆其所推定,较诸前古为特善。朱子(指朱完元)学既精诚,举其经纬之理,一一而指陈之,亦足见其敬天之心。著为体天之象,以上资夫燮(和)理。"②

在有关经纬天象的介绍中,朱完元首先强调,天象变化乃天行自然一定之理,与世间盛衰、治乱存亡并无关连。他说:"日月薄蚀、五星凌犯、飞孛慧抢、云霞雾霭,皆天行自然一定之理。盛世有之,衰世亦有之,非治乱存亡所系也。治乱存亡,在君相之贤不肖耳。"而民间流传如雨师、风伯、雷公、电母主宰天象变化的俚谈谬说,"概由不穷物理所致"。于是,通过对云雨雷电的生成,晦霾霜雪具体原因的揭示,再次重申"种种变化,悉出自然……兹皆天地固然之理矣。"③如此将天象变化与人世盛衰严格区别开来,追求阐释"空中变化"的"格致学"的主张,显然不同于中国传统的"天人合一"的理念。而朱宗元这种融合神学和科学(尽管后者成分较少)的整体世界观,乃其西学浸染甚深的表现。

明季流行的这种知识结构的西学,不仅启牖于皈依基督的士子,而且对当时进步士大夫乃至清初重要的浙东学派亦颇具影响。前者如清康熙三年(1664年)浙江嘉善人魏学渠,为方济各会传教士利安当所著《天儒印》撰写的序中说:"余发未燥时,窃见先庶尝从诸西先生游,谈理

---

① 《道学家传》,载钟鸣旦等编:《徐家汇藏书楼明清天主教文献》第三册;朱宗元:《十诫序》,载徐宗泽编著:《明清间耶稣会士译著提要》,第180—182页;朱宗元:《拯世略说》,载郑安德编辑:《明末清初耶稣会思想文献汇编》第三卷,第三十二册。

② 林文英:《答客问序》,朱宗元:《答客问》,《拯世略说》,俱载郑安德编辑:《明末清初耶稣会思想文献汇编》第三卷第三十一、三十二册。

③ 同上。

测数,殚精极微。盖其学与孔孟之指相表里,非高域外之论以惊世骇俗云尔也。"[1]据考证,魏学渠乃明天启间被魏忠贤残酷杀害的东林巨擘魏大中的子侄辈,文中所称"尝从诸西先生游"之"先庶",当指任职于朝廷的魏大中。[2] 而此前于明崇祯十五年(1642年),替孟儒望神父出版《天学略义》的校订者魏学濂,即魏大中亲子。[3] 可见魏学濂、学渠兄弟与传教士友好交往并为"谈理测数"的西学所吸引,实乃接续其父辈之旧缘。

后者如同为东林遗属且开创清代著名浙东学派的黄宗羲、黄百家父子(宗羲之父尊素亦东林翘楚,惨遭魏忠贤党羽杀害),对西学的态度却稍有不同。一方面,黄氏父子与来华耶稣会士有直接交往,关注最多的是西方天文历算之学,他们对"引进西方科学表示认同甚至支持的态度"。另一方面,"就整体而言,清代浙东学派对天主教学说(神学)一直存在排拒的倾向"。其中,黄宗羲的排斥态度尤为鲜明。[4] 就此详情,拟在后续章节加以论述。

最后,倘若将前述朱宗元著作及其人生履历,跟其前辈徐光启、杨廷筠相比较,那便可发现,这位第二代基督徒中的杰出学者,与第一代皈依的文人学士之间,是既有联系又有发展。首先,就宣教的基本内容(与杨廷筠相比较)或皈依的心路旅程(与徐光启相比较)而言,彼此间大致相同,体现了思想的继承和道脉的延续性。不过,第二代皈依文人在宣教上表现得更加全面与虔诚,信仰的自我转换,亦较为真切坦露。其次,从"辟佛补儒"的诠释和职业神学家的趋向来看,则反映了第二代皈依文人在基督教本土化领域向纵深的发展。稍后的事实表明,朱宗元的这些思想特征,在同时代的福建皈依文人群体中,亦有同样生动的

---

[1] 魏学渠:《天儒印序》,魏学濂为《天学略义》校订者,均载《天主教东传文献续编》第二册,台湾学生书局1966年版,第847,983—987页;参见方豪:《中国天主教史人物传》中册,中华书局1988年版,第91—98页。

[2] 方豪:《中国天主教史人物传》中册,第110页。

[3] 同上。

[4] 参见徐海松:《西学东渐与清代浙东学派》,载卓新平主编:《相遇与对话——明末清初中西文化交流国际学术研讨会文集》,宗教出版社2003年版,第186—215页。

表现。闽浙两地的基督教徒,无论在组织或思想上,都是相互沟通的。

第二节　艾儒略在福建的传教活动及基督教本土化的进展

在后利玛窦时代,较为卓越的来华耶稣会士,莫过于金尼阁、艾儒略、卫匡国和汤若望等人。如果说,金尼阁的贡献,主要表现在向欧洲宣扬中国传教团业绩扩大影响过程中,注意从理论和实践两个方面,捍卫利玛窦适应性传教路线的话,那么,稍后于金尼阁来到中国的耶稣会士艾儒略,则在二十余年巡历福建的传教生涯中,具体运用和深化利玛窦的传教策略,对基督教本土化作出了有益的探索,并推动了福建知识阶层掀起的"西学"热潮。因此,福建教友称赞道:"天主耶稣圣教之入中华也,自西极利公始。其继利公而来者,皆抱道怀仁,超然物外。然而,德最盛,才最全,功最高,化民成务,最微妙无方者,莫若思及艾先生。"[1]

艾儒略(Jules Aleni,1582—1649),字思及,出生于意大利北部的布雷西亚(Brescia)。"其幼时有志于勋名,十八岁而学已成。遇耶稣会修士,劝以守贞苦修,是为不朽真勋名。"[2]在当地宗教复兴氛围影响下,艾儒略经过退省深思,遂于1600年加入耶稣会。此后,"历试多艰,攻格物穷理之学,进而攻超性之学,七年而学成,三试,擢为铎德(神父),以司教事"。[3]艾儒略于1607年12月进入著名的罗马学院的前后,曾数次上书总会长,请求赴印度、远东传教,"献身于印度人民的心灵福祉","经受磨难和贫困"的考验。[4] 申请获得批准,艾儒略在1609年登舟前往远东。"渡海东来,历诸苦难",终于1610年抵达澳门。在

---

[1] 李嗣玄笔述:《西海艾先生行略》,载钟鸣旦、杜鼎克主编:《耶稣会罗马档案馆明清天主教文献》第十二册,台北利氏学社2002年版。
[2] 李嗣玄笔述:《西海艾先生行略》。
[3] 同上。
[4] 引自柯毅霖著,王志成等译:《晚明基督论》,第161页,四川人民出版社,1999年。

此停留期间,"因与偕来史(惟贞,Pierre Van Spiere,1584—1628)、毕(方济,Francois Sambiasi,1582—1649)二公,修学澳中。先习中华语音文字,仅二、三年,而中华典籍,如经史子集、三教九流诸书,靡不洞悉"。① 虽这些记述难免有过誉之词,然由于其聪慧和锲而不舍的努力,加之后在杭州得到"中学"导师杨廷筠的亲炙,艾儒略成为"明季西士中博通汉籍能为流畅之汉文者",②当并非虚语。

当艾儒略于1613年(明万历四十一年)进入中国内地时,利玛窦已经去世三年,他仍径往北京,拜谒利氏坟茔,感恩于中国之行乃利氏的寄书召唤。他说:"为熙朝历法,岁久而差,礼部具疏,荐利子及庞子(迪我)同修,旨报可。利子以道之广传,及国家重典,未可一人独任。因寄书本国,招一二同志,多携西国书同译。儒略始与二三友朋,如毕子今梁(方济)、史子建修(惟贞)浮海东来,而利子是年殁矣。虽不及一面,亦躬造燕京,瞻仰赐坟,感激熙朝之厚仁也。"③在感激朝廷仁厚和缅怀利氏恩德之余,艾儒略还从阅览利玛窦生前对接天主而恭默修炼志操的笔记中,深受教诲和启悟。他写道:"诸会士多喜熟玩,得其教诲良多。即儒略读之,亦时有醒悟也。"④不久,艾儒略便随同徐光启往上海传教。后又赴与徐氏友善并从其学兵法的山西绛州韩霖处,主持其家族的洗礼皈依仪式。1620年(万历四十八年)前后,艾氏来到当时天主教中心杭州,为李之藻母亲预备后事。在杭期间,更与杨廷筠十分亲近。艾儒略"为杨廷筠圣学神师,于中学,则奉廷筠为师。在杭同居数年,彼此大有进益"。⑤

这样看来,无论是艾儒略出于来中国传教的感戴,还是对利玛窦操行的景仰;也无论是同徐、李、杨所谓"中国天主教三柱石"的友谊,还是彼此切磋学问的启发,都极大地增进了艾儒略对于适应性传教策略的

---

① 李嗣玄笔述:《西海艾先生行略》。
② 艾儒略:《大西利先生行迹》,陈垣校本及附识。
③ 同上。
④ 同上。
⑤ 萧若瑟:《天主教传行中国考》,第199页,河北献县天主堂1937年版。

理解和感情。

其表现之一,艾儒略积极参加了1628年(崇祯元年)在嘉定召开的耶稣会辩论中国礼仪的会议,会后或用中文阐述"中国祭祀祖先说",或用西文书写"关于中国问题的信"件,借以批"驳龙华民神甫言论",[1]护卫利玛窦主张。表现之二,当中国传教团内部就礼仪的争论相持不下,尚未作出决议之前(自龙华民于1612年挑起争端,严禁中国奉教之人称"天主"、"天"或"上帝"开始,直至1633年决议维护"以往的习惯和名字"而结束),艾儒略撰写并出版了《大西利先生行迹》(中国学者陈垣和西方学者伯尔纳考证此书写作出版于1630年,而费赖之则指出该书有1621年北京刻本[2]),全面而翔实地叙述了利玛窦的身世,东来中国后艰难曲折的传教经历,适应性传教策略的形成和不断取得成功的过程,以及与朝中士大夫释疑辩难、情真谊笃的情景。在书的结尾处,作者强调其写作意图:"余不敏,略次先友行跡,以待后之君子有志而愿知者。"[3]旨在勉励后来者继承先辈的志向。对此,当时士大夫评论道:"夫知信利子者,信天主者也;信艾思及西泰述者,信利子者也。"[4]可见艾儒略所撰利氏传略,已深得其前辈传教之精义,二者在思想上乃一脉相承。

表现之三,遵循利玛窦有关"多写几本书,这样为传扬圣教大有裨益","借书籍传播"基督教的训导。[5] 在杭期间,编撰原自亚里士多德的《论灵魂》一书,阐述基督教有关肉体与灵魂观念的《性学觕述》,介绍世界地理知识和图说的《职方外纪》,以及完整诠释西方教育制度与学术体系的《西学凡》。在《性学觕述》里,艾儒略秉承利玛窦所谓动植物与人类的生魂、觉魂、灵魂"三品"说,深入论证和辨析,"絜其全而折其

---

[1] 《在华耶稣会士列传及书目》上册,第141—142页。
[2] 陈垣考证,见艾儒略:《大西利先生行迹》后,"陈垣校毕附识";伯尔纳之见,载柯毅霖著:《晚明基督论》,第212页;费赖之主张,引自所著:《在华耶稣会士列传及书目》上册,第139页。
[3] 艾儒略:《大西利先生行迹》(陈垣校)。
[4] 张维枢:《大西利西泰子传》,载《耶稣会罗马档案馆明清天主教文献》第十二册。
[5] 罗渔译:《利玛窦书信集》下册,第268,316—317页。

委,详哉言乎"。① 而《职方外纪》的撰写,艾儒略自谓是在先辈利玛窦、庞迪我遗稿的基础上,增补本人"西来所携手辑方域梗概"而成帙。"要亦契余不忘昔者吾友芹曝自献之夙志,而代终有成所愿共戴天履地者",②即不辜负前辈夙愿而终有所成就。至于《西学凡》,在中国人眼中,"其致力亦以格物穷理为本,以明体达用为功,与儒学次序略似"。③在本体论和认识论方面,跟儒学有相通之处。特别是此书的结尾处,为回应杨廷筠、许胥臣欲聚集同志假以时日遍译金尼阁携来西方七千余部典籍的呼吁,艾儒略写道:"旅人九万里远来,愿将以前诸论与同志翻以华言,试假十数年之功,当可次第译出……洞彻本原,阐发自广。渐使东海西海群圣之学,一脉融通。"④至此,艾儒略念念不忘先辈的精神和夙愿,倾心于融通基督教义与儒家学说的志向,已坦露无遗。

正是在这种情况下,1624年(明天启四年)秋,明朝内阁大学士"叶相国(向高)致仕归里(叶为福州府福清人氏),路过杭州,主(杨)廷筠家,因得与艾公遇。与之语,深为敬服,邀往福建传教。艾公久怀此愿,正苦无机会,闻叶公言,遂欣然偕往"。⑤ 叶、艾一行于当年十二月底抵达福州,艾儒略"遂为开教福建之第一人"。⑥

明末福建呈现出封建社会后期特有的社会形态。一方面,国内外贸易繁荣,原有经济结构逐渐发生变化,思想信仰臻多元化趋势,知识阶层对外来的异教异物,持相对宽容和开放的态度。另一方面,科举奕盛,人才辈出,从万历后期到南明五十年左右时间里,涌现出一大批出身科举、跻至高位的士大夫。他们既是引导地方舆论和文化的领袖,亦是当时普遍存在的聚族而居的中流砥柱,传统的宗法制度与观念,仍然是维系地方秩序的强大习惯势力。⑦

---

① 瞿式耜:《性学序》,载徐宗泽编著:《明清间耶稣会士译著提要》,第211页。
② 艾儒略:《职方外纪自序》,载谢方:《职方外纪校释》,中华书局1996年版。
③ 永瑢等:《四库全书总目》卷一二五,子部,杂家类存目二上册,第1080页。
④ 艾儒略:《西学凡》,载《天学初函》第一册,台湾学生书局,1965年。
⑤ 《天主教传行中国考》第199页。
⑥ 《在华耶稣会士列传及书目》上册,第134页。
⑦ 拙文《明末福建士大夫同传教士的交往氛围及群体特征》,载刘东主编:《中国学术》2004年第1辑(总十七辑),商务印书馆。

艾儒略正是在可能给基督教带来一定活动空间的社会环境和文化氛围中,来到这个东南濒海地区。不久,他就面临着考验。1625年(天启五年)春,经"阁老叶向高为之吹拂",艾儒略出席了福州书院的一次聚会。与会的士人以儒家经典《中庸》所论"天命之谓性,率性之谓道,修道之谓教"为题,要求艾氏予以解释。艾儒略在答辩中,阐释天主性质时说,儒家经典中的"天",并非人们"抬头看到的那个(自然的)天",而是(主宰一切的)"天主",它的确是"我们心中的自然之普遍法则的源头"。为此,他引述"孔子在他的哲学论断中多处在这个意义上用到'天'这个字眼",以相印证。此外,谈及人性的完美性,则从天主所命世界万物皆完美的观点出发,认为人性最初也是完美的,只因人类祖先的犯罪,使人性堕落、子孙后代饱尝苦楚。唯有基督教的信仰和天主的恩宠,方能回复人性原始完美的状态。[1] 由于艾儒略将天主主宰和天命世界的基督教义,附会于孔子哲学,并同当时盛行的王阳明心学联系起来,加之巧妙地把西方原罪、赎罪的观念包裹在追求人性完美的框架中,这跟儒学性本善的理解及对完美道德的践履和修养,也有某种相通之处。正是通过这别具匠心的答辩,使原本来自西方宗教的观念经过调适之后,以其新颖性迅速受到当地士人的欢迎。史载:"第一次与士夫辩论后,受洗者二十五人,中有秀才数人。"[2]凡此充分显示了艾儒略的博学与干练,以及运用利玛窦传教策略和方法的娴熟。

从此以后,直到1649年(清顺治六年)病逝的24年间,艾儒略脚踏草鞋走遍福建极边之地,足迹所至,即福州、兴化、建宁、延平、邵武、泉州、漳州等府,"自七郡而邑而乡,凡建堂二十余所,受洗者以万计"。[3]由此,"闽中称(艾儒略)为西来孔子"。[4]

那么,艾儒略在漫长的传教生涯中,根据明季福建的社会状况和形

---

[1] 引自柯毅霖著,王志成等译:《晚期基督论》第177—178页;参见林金水:《艾儒略与明末福州社会》,载《海交史研究》1992年第2期。
[2] 《在华耶稣会士列传及书目》上册,第135页。
[3] 李嗣玄笔述:《西海艾先生行略》,载钟鸣旦、杜鼎克主编:《耶稣会罗马档案馆明清天主教文献》第十二册,台北利氏学社,2002年。
[4] 韩霖、张赓:《圣教信证》,载《天主教东传文献三编》第一册。

势的变化,在推行基督教本土化过程中,究竟具有哪些特点呢? 归纳起来,大致表现在以下四个方面。

第一,利用福建士大夫长期同传教士友好交往的关系,以及因贬谪回籍后心情郁闷而寻求精神慰藉的机会,通过士大夫间传统的宗法观念和人际网络,获得深入各阶层便捷的手段,逐渐在闽省形成热衷"西学"的社会舆论,并在突发的教难中使传教事业转危为安。

若考察基督教大行于福建的机缘,首先映入眼帘的,便是艾儒略与居于统治地位的福建士大夫的友好交往并为其所接纳。时任云南布政使的闽县人陈仪指出:"余乡中先达,复有延之(指艾儒略——引者)入闽者,而叶相国、翁宗伯、陈司徒诸老,皆喜其学之有合于圣贤,为序其著述诸书。"[1]可见延请艾儒略入闽且为其张扬教义者,并非叶向高相国个人,而是以他为首的福建士大夫群体。究其缘由,这些积极赞助的士大夫,此前都曾跟利玛窦、庞迪我、熊三拔、龙华民等传教士有过友好的交往,深信艾儒略乃利氏事业的卓越继承人。

如万历、天启两朝官位内阁首辅大学士的福清人叶向高,任职南京时即是最早拜访利玛窦的重要官员之一,居官北京又两次在家款待过利氏。[2] 利玛窦病故后正是经过他从中斡旋,促成钦赐坟茔的恩典。他在为杨廷筠《西学十诫初解》撰序中声称,于西方性命之学时有领悟,唯天主降生教义尚存疑虑。故谢政归家路过杭州,遂邀艾儒略"同舟来闽,多所参证",继续研习天学。[3]

翁宗伯,即礼部尚书、侯官人翁正春。曾于万历三十八年(1610年)十一月上疏,以钦天监历法错讹亟待改正,荐举"大西洋归化之庞迪我、熊三拔等,有推彼国历法测验推步,足备采用。请令(徐)光启对译,与(邢)云路等参讨修复"。[4] 足见对传教士科学素养的心仪和敬重。

与叶向高、翁正春襄助艾儒略入闽的"乡中先达",还有工部尚书、

---

[1] 陈仪:《性学觕述序》,载徐宗泽编著:《明清间耶稣会士译著提要》,第212页。
[2] 何高济等译:《利玛窦中国札记》下册,第343、623页,中华书局,1983年,北京。
[3] 李嗣玄:《西海艾先生语录》上,载《耶稣会罗马档案馆明清天主教文献》第十二册。
[4] 陈鼎:《东林列传》卷一七,翁正春传。

长乐人陈长祚,云南布政使、闽县人陈仪、四川按察使、侯官人曹学佺和广西布政使、长乐人谢肇淛。

陈长祚同传教士交往,除作为"叶相国(向高)之师"①这层亲密关系外,还自有其家世渊源。乃父陈瑞在两广总督任上,跟来肇庆献礼的耶稣会士罗明坚欢洽相处近半年。② 陈仪先是在其"座师"、南京刑部尚书赵参鲁处邂逅利玛窦,此后不仅熟读利氏著作,且亲诣北京与庞迪我、艾儒略交游。③ 曹学佺和谢肇淛,曾分别于南北两京任职期间,同利玛窦有过亲密接触,并有诗文以纪其事。

除上述家籍福州府的达官显宦,与利玛窦等传教士有过友好交往的经历之外,户籍泉州府晋江县的内阁大学士张瑞图,赠工部尚书何乔远和工部侍郎张维枢,也同利玛窦、龙华民曾有交谊的记录。万历年间,张瑞图在京城任职与利氏时相过从,利氏赠以《畸人十篇》。④ 张维枢则主动拜访北京的利氏住宅,对其"谦冲善下"的品德留有深刻印象。⑤ 与这两位同乡稍有不同的是,何乔远交接的乃是天启年间再入京师的龙华民。他曾应邀前往传教士寝居,"见其所藏先世至人之书",及天地球仪、望远镜等西方器物。⑥

大致看来,这些福建籍士大夫在同利玛窦等传教士交往中,尤为钟情和赞赏之处在于:其一,坚信西学与儒学深相契合,而警醒人世则更为亲切。诚如叶向高所言:"近乃有大西人自数万里外来,其学以敬天为主,以苦身守诚为行,大率与吾儒同……东夷西夷,先圣后圣,其揆一也……世儒非不口口言天,而实则以天为高远,耳目不接。若西氏言天,直以为毛里之相属,呼吸喘息之相通,此于警醒人世最为亲切。"⑦ 其他如陈仪、谢肇淛、张维枢和张瑞图等人,皆有与此相仿的议论。其

---

① 谈迁:《枣林杂俎》,和集·丛赘,陈长祚。
② 罗渔译:《利玛窦书信集》下册,第432页。
③ 陈仪:《性学觕述序》,载《明清间耶稣会士译著提要》,第212页。
④ 《熙朝崇正集——闽中诸公赠泰西诸先生初集》,载《天主教东传文献》。
⑤ 张维枢:《大西利西泰传》。
⑥ 何乔远:《何镜山先生全集》卷三七,《真奇图序》。
⑦ 叶向高:《西学十诫初解序》,载《苍霞余草》卷五。

二,敬慕西人的道德节操和科学素养。如叶向高在回答宦官对赐葬利玛窦的质询时说:"子见从古来宾,其道德学问,有一如利子者乎!毋论其他事,即译《几何原本》一书,便宜赐葬地矣。"①谢肇淛则称赞其待人接物的态度,云:"(利氏)与人言,恂恂有礼,词辩扣之不竭,异域中亦可谓有人也已"。②陈仪至京师与庞迪我交游后,深叹:"克己苦行,独复乐道,于名利声色之习,一切无所染,盖与西泰同轨同辙。"③至于传教士的科学造诣,陈仪指出:"其传衍若推步表度之法,与制造音律之器,皆超出吾习见习闻之外,有足为司天司乐氏备咨诹者。"④其三,钦佩不避险阻的传教精神。如叶向高在赠诗中称:"爰有西方人,来自八万里……著书多格言,结交皆贤士,淑诡良不矜,熙攘乃所鄙。"⑤张维枢亦诗云:"望国遥看沧海涨,尊天代演物原章;一枝笻杖扶双屐,数卷灵编度十方。"⑥

这样看来,艾儒略欲在福建传扬基督教,其首要条件,便是忠实地执行利玛窦的适应性传教策略,以其儒雅的风度、贞洁的生活方式和深厚的文化素养,并在著作中坚持西学与儒学心理相通的思想原则,博取士大夫的同情与好感。天启六年(1626年),何乔远为艾儒略《西学凡》所撰写的序言,集中地反映了艾儒略在这方面取得的成功。首先,何乔远认为,艾氏《西学凡》介绍的西方学制,与中国天子之学、府州县之学相仿佛:"要如吾中国始求之六艺,会通于性命,而归重于尊天。益进益深,愈精愈微。所谓东海有圣人出焉,此心此理同也。西海有圣人出焉,此心此理同也。"其次,据他的观察,艾儒略有三大品质令人称道不已。如其大儒风度:"艾思及先生重译而至,学吾中国之言语,通其文辞,其衣冠格度,恍若与吾中国庄士大儒同一修整,无一毫越礼义。"又如贞洁的生活方式:"盖其入中国也,历海以三岁。所其来也,董董居一

---

① 艾儒略:《大西利先生行迹》,陈垣校本。
② 谢肇淛:《五杂组》卷之四,地部二。
③ 陈仪:《性学觕述序》,载《明清间耶稣会士译著提要》,第212页。
④ 同上。
⑤ 刘侗、于奕正:《帝京景物略》卷之四,天主堂。
⑥ 引自《熙朝崇正集——闽中诸公赠泰西诸先生初集》。

室,块然独身而已。其所以来,为证学而已。"再如深厚的文化素养:"先生习中国之学有年数。至于《西学凡》之文字闳畅明健,可以当吾中国先辈之作,操觚之伦未能或之先也。"① 正因为艾儒略具有这些贯彻适应性传教策略的思想品质,因而,福建的士大夫不约而同地称赞艾氏是利玛窦传教事业的继承人。如张瑞图在诗作中,追忆昔日在北京同利玛窦的交往及抒发其著作"篇篇皆妙理"的感想之后,接着写道:"九原不可作,胜友乃嗣起,著书相羽翼,河海互原委。"② 这即在表彰作为利氏"胜友"的艾儒略,接续和羽翼其传教事业的贡献。而陈仪则积四十年同利玛窦、庞迪我和艾儒略等多名传教士交游的经验,认为彼此授守一以贯之。他指出:"盖诸先生来此者,虽先后不齐,然究其相授守一教,阅十数辈如一人,历四十余年如一日,已无可疑之行。"③ 张维枢更是直截了当地说:"信艾思及西泰述者,信利子者也。"④

除了上述过人的思想品质之外,艾儒略博得福建士大夫好感和信任的另一机缘,还在于这些标榜正直纯诚、以德立身的政治精英及兼具综世成务实际才干的封建官吏,⑤ 由于明末黑暗政治势力的排挤和倾轧,大多被贬谪回籍,且日夜为灾难随时可能降临的惶恐阴影所笼罩。当这种种委屈与无奈、愤懑与无助的心绪需要得到排遣,而原有的儒家体系因其礼教的冷漠难以从中获取精神慰藉和临终关怀的情况下,⑥ 他们自然将祈求的目光转向民间流行的佛禅老庄、堪舆迷信,同时亦期盼素有友好交往的传教士及其教义,可以安慰那备受摧残和惴惴不安的心灵。对传统思想体系的游离和信仰的多元化,乃是基督教得以乘虚而入的有利条件。

据记载,万历后期至天启年间,因故不为朝廷所容仓促谢政归里的

---

① 何乔远:《何镜山先生全集》卷三七,《西学凡序》。
② 引自《熙朝崇正集——闽中诸公赠泰西诸先生初集》,载《天主教东传文献》。
③ 陈仪:《性学觕述序》,载《明清间耶稣会士译著提要》,第213页。
④ 张维枢:《大西利西泰传》。
⑤ 何乔远:《何镜山先生全集》卷四六,《寿马使君序》。
⑥ 参见拙著《明清之际中西文化交流史——明代:调适与会通》(增订本),第441—442页。

士大夫,计有叶向高、张瑞图、翁正春、陈长祚、何乔远、张维枢、曹学佺等人。而崇祯年间为抗争朝政权臣不得不辞职回籍的缙绅,则有内阁大学士黄景昉、蒋德璟,翰林学士郑之玄和苏州推官周之夔等人。

叶向高返乡后的遭遇,典型地反映了这些被逐回籍的官宦的凄苦。他刚离京城,即有言官给事中三人具疏攻讦以图报复。归家后阉党又"百计"中伤,而叶却"里居待罪而已,不敢辩也"。身心既受煎熬,家庭迭遭变故。先是匹配俞夫人因腹痛而病逝,不久发现自己亦"胸膈间有痞块",痼疾难复。在此国忧、家丧和自废交迫之下,叶向高晚年"触事感伤,郁郁不乐……郁结无聊,日甚一日"。[①] 于是,这些平日以儒家礼教相标榜的士大夫,便遽而生一种"不复以衣冠为绳束"的逆反心理,[②]纵情恣肆地从其他信仰中寻找精神慰藉。他们之中,如叶向高迷醉于风水堪舆之术,谋为后人祈福。[③] 曹学佺鄙夷官场贪黩恶浊之风,试图从诵经礼佛之中平复内心的伤痛。[④] 张维枢则向往道家的出世并研习其"幽三为一"静功,深信此远离尘世的道士生活可"得其平生"的寄托。[⑤] 在这个过程中,他们还不同程度地对传统儒学乃至封建体制,表示了从未有过的失望和抨击。如张瑞图晚年在熟读《畸人十篇》和从艾儒略言行的对照中,领悟并斥责儒家弟子口是心非、同室操戈、蝇营狗苟的两面派作风("诗礼发冢儒,操戈出弟子;口诵圣贤言,心营锥刀鄙;门墙堂奥间,咫尺千万里")。[⑥] 又如叶向高病笃之前借与艾儒略辩难生死性命之学,就赏善罚恶十二个问题提出质疑的机会,所渲泄的正是对当时皇帝昏庸、邪恶当道政局的忧伤和绝望,希冀在天主宗教中获得虚幻的公正、精神奖赏与慰藉的强烈感情。如他提出质询:善人为恶类所伤是否气数之辩,为恶者当由其自身、子孙或万世获谴之辩,天主何

---

① 叶向高:《蘧编》卷一八,一九,二〇。
② 同上。
③ 同上。
④ 谢肇淛:《五杂组》卷之八,人部四。
⑤ 张维枢:《访玄栖山房记》、《致远楼记》,载黄宗羲编辑:《明文海》卷三三八,中华书局1987年版。
⑥ 引自《熙朝崇正集——闽中诸公赠泰西诸先生初集》。

不笃生贤哲之君俾天下治平之辩,天主何不尽歼恶人为世间保全善类之辩,天主何不于现世奖罚昭彰令善恶之人有所儆畏激劝之辩,天主赏善罚恶必在身后谁得见之又安能享其苦乐之辩,等等。① 诚如叶向高的学生黄景昉指出的:"文忠(叶氏谥文忠)所疑难十数端,多吾辈意中,喀喀欲吐之语,泰西氏亦迎机解之。"②可见叶向高揭橥的疑难、困惑及其渲泄的情感,不止出自个人的胸臆,更是代表了那些颇怀公忠却遭不公正待遇的福建缙绅的共同心声。

为了将福建缙绅这种对于传统儒学体系的失望,多元化的思想趋向和亟待精神慰藉的需求,引导到信仰基督教和接纳传教士上来,于是,艾儒略踵接利玛窦的学术传教方针,九下泉州,三上建宁,与各地士绅进行广泛的交往。从其门徒记录艾儒略传教行踪的《口铎日抄》中,可窥见各地"问道于艾先生"者,既有刘总戎、郭郡丞、费中尊等地方执政,又有朱宗伯(礼部尚书朱继祚)、周相国(内阁大学士周如磐)一类谢政归里的达官贵人,更有如薛、谢、林、黄、戴、彭诸姓"文学"之士,及周孝廉、郑明经等持有功名的乡绅。这些移樽就教的地方缙绅,大都阅读过流行的基督教著作,并当面称赞教义之精妙和修养工夫的严整。如"戴文学入谒,请于先生曰:'向读天学诸书,如《七克》、《十诫》论学诸篇,可谓种种妙义矣'。"又如郭郡丞曰:"贵教存养工夫,诚为严密,余窃慕焉。"再如大学士朱如磐所说:"承大教,及所刻诸书,心窃向往。"③

另据其学生所撰《西海艾先生行略》,知福建士绅"雅闻先生名,质疑送难无虚日",并为艾儒略雄辩"心折"而有所感化者,"吾闽则张令公夏詹(赓),柯侍御无誉(士芳),叶相国台山(向高),何司空匪莪(乔远),苏司徒石水(茂相),蒋相国八公(德璟),黄宪副友寰(鸣乔),孙学宪凤林(昌裔),铨部周公日台(之训),陈公祝皇(天定);当道则前兴泉道、今

---

① 艾儒略:《三山论学纪》,载《天主教东传文献续编》第一册,台湾学生书局1966年版。
② 黄景昉:《三山论学记序》,载《明清间耶稣会士译著提要》,第153页。
③ 李九标等编:《口铎日抄》卷一、卷二、卷三、卷八,载《耶稣会罗马档案馆明清天文教文献》第七册。

冢宰曾公二云(樱)、前漳南道、今司徒朱公未孩(大典)。此数十公者，或谊笃金兰，或横经北面"。①

艾儒略在与这些文人学士金兰结交、质疑送难之间，每对症下药，针对他们最感困惑亦最为关切的时事，循循善诱解其心结。天启七年(1627年)初夏，艾儒略与叶向高、曹学佺辩究造物主及生死性命之学的《三山论学纪》，便是这类讨论中尤为著名者。艾氏论学虽不忘摈斥佛学，剖析理气太极诸说之弊病，但重点却在回应叶向高的诉求。如叶向高提出赏善罚恶十二个问题的核心在于，天主何不于现世奖善罚恶为世间保全善类，天主劝惩必在身后谁得见之又安能享其苦乐？艾儒略的回答是：天主至善，司赏罚之权以劝惩世人。然善恶之人的辨别及其赏罚，须天主照其毕世表现方可定夺。故人必饬躬励行至终不变始称善人，若随善随赏恐其修德之心不纯正；恶人之藉亦终不改图方受重罚，只罚以世间微苦而恶人不足惧。因此，天主总以死后对灵性的审判，而令赏罚必报以身后永世。此外，叶向高亦疑惑：天主何不笃生贤哲之君俾天下治平？艾儒略为此论证帝王士庶与世人禀赋相同，而善恶影响甚大，唯基督教大行之地代有贤哲主持教化，政平俗美熙穆和乐，则上下皆尊圣教自不肯为非。至此，叶向高深有感触而总结道："天主之教，如日月中天，照人心目。第常人沉溺旧闻，学者竞好新异，无怪乎歧路而驰也。先生所论，如披重雾而睹青天，洞乎无疑矣。示我圣经，以便佩服。"②看来艾儒略这一番精神抚慰和开导，明显地收到了成效。使叶向高多少从沉溺旧事的苦痛状态中解脱出来，有一种如拨雾见日的焕然新奇的感觉，从而增进了探究基督教经典的兴趣和愿望。

鉴于艾儒略创造性地推行利玛窦适应传教策略，有效地满足了众多被贬谪的福建士大夫亟待精神慰藉的需求，故而，迅速为士大夫阶层所接纳（"铎音敷至教，户屦满公卿"③，即为当时情景的写照），并由此

---

① 李嗣玄笔述：《西海艾先生行略》，同上书，第十二册；参见林金水：《艾儒略与福建士大夫的交游》，载朱维铮主编：《基督教与近代文化》，上海人民出版社1994年版。

② 艾儒略：《三山论学纪》，载《天主教东传文献续编》第一册。

③ 郑之玄赠诗，载《熙朝崇正集：闽中诸公赠泰西诸先生初集》，载《天主教东传文献》。

在福建掀起"西学"热潮。

例证之一,经"晋江天学堂辑"录的《熙朝崇正集:闽中诸公赠泰西诸先生初集》,共聚合71人的84首诗作。据崇祯十四年(1641年)六月,《福建建宁县正堂左(光先)遵明旨褒天学以一趋向事》揭示:"泰西利先生首入中华,倡明景教……自是西儒接踵来都……内而公卿台省,外而院司守令,莫不敬爱景仰,所题赠诗文,刻于《崇正集》者甚众。而艾思及(儒略)先生,在西儒中尤称拔萃。"①循此线索考证,可知该诗文实"乃明季士大夫赠天主教教士之总集",而"集中大半系赠儒略者"。② 明末福建士大夫之景仰艾氏及对西学的倡导,由此可见一斑。③

例证之二,随着福建士大夫和艾儒略交往的深入及"西学"热潮的扩展,从天启至南明的数十年间,形成与传教士友好的,以叶向高为首的福州籍士大夫的乡亲群体,以及何乔远为中心的泉州晋江籍士大夫的乡亲群体。前者包括叶向高(福清)、翁正春(侯官)、陈长祚(长乐)、陈仪(闽县)、谢肇淛(长乐)、曹学佺(侯官)、徐𤊹(闽县)等位至卿相、封疆大吏和地方精英。后者则联络如内阁大学士(蒋德璟、黄景昉)、尚书(苏茂相、林欲楫)、侍郎(何乔远、张维枢)和翰林(郑之玄、庄际昌)等极品的泉州晋江达官显宦。这两个士大夫乡亲群体的共同特征是:承认儒学与基督教义的契合,东西方圣人此心此理相同;敬慕传教士的道德节操、科学素养、才能和传教精神;相信西学可补儒学之不足,不应以夷夏观念歧视传教士,而为交往设置障碍。通过彼此为文集作序,互致书信勉励重返仕途,以及借门生弟子以沟通声息,这两个乡亲群体的领袖叶向高和何乔远,由相识、相交而成为挚友,群体间保持着密切的关系。于是,福州群体的作用,主要表现在天启年间,引入并首次将传教士艾

---

① 载黄伯禄:《正教奉传》,第3—4页,光绪丁丑(三年,1877年)镌板,上海慈母堂藏板。

② 顾保鹄:《熙朝崇正集影印本序》,载《天主教东传文献》,第1—4页。

③ 更详深的研究,见林金水:《〈闽中诸公赠诗〉初探》,载陈村富主编:《宗教文化》(3),东方出版社,1998年;《以诗记事以史证诗——从〈闽中诸公赠诗〉看明末耶稣会士在福建的传教活动》,载卓新平主编:《相遇与对话——明末清初中西文化交流国际学术研讨会文集》,宗教文化出版社2003年版。

儒略介绍给福建知识阶层，采用各种形式（如集会、辩论、赠诗、作序等）扩大基督教和西学的影响，且在最初的危难中保护传教士（如叶向高为在驱逐荷兰人中疑为间谍的传教士辩护）。而泉州群体则承继和发扬了其同乡前辈与传教士友好交往的情趣、形式和意向，在崇祯年间，继续为基督教与西学深入地方社会，尤其是为平息福建教难发挥了关键性作用，并一直将这种影响保持到南明王朝。①

例证之三，基督教在八闽大行其道，使持儒家"夷夏之辨"的官绅士子视为洪水猛兽，从他们激烈的反教言论中，亦可折射西学潮流的汹涌。如首倡"辟天主教"的漳州士子黄贞曰："迩来有天主教中人利玛窦会友，艾姓儒略名，到吾漳，而钝汉逐队皈依，深可痛惜。更有聪明者素称人杰，乃深惑其说，坚为护卫，煽动风土，更为大患……今日天主教书名目多端，艾氏说有七千余部入中国，现在漳州者百余种，纵横乱世，处处流通。"②乃师颜茂猷亦谓："艾妖辈踵至吾漳，既已归人如市，又欲买地拘鬼堂，几令人目击心怖。"③此种盛况不只出现于漳州，省城和其他地方亦犹过之。据福建《提刑按察司告示》："访得闽属传习邪教（此处专指基督教——引者）者不少，而省城尤甚。"④由此可见，艾儒略传教的卓见成效，一般民众的逐队皈依，均与"素称人杰"的士大夫，"坚为护卫、煽动风土"，推动西学热潮有着必然的联系。

更为典型的坚护传教士的事件，则表现于士大夫平息崇祯十年（1637年）十一月骤然而起的福建教难。原来自艾儒略入闽十二、三年间（天启四年岁末至崇祯十年十月，1625—1637），一直处于自由传教状态。官府所谓"此道惑人有日，在上申饬未行"的言论，⑤正是这种不干预政策的体现。在此期间，由马德里出发、途经墨西哥到达菲律宾的西

---

① 参见拙文《明末福建士大夫同传教士的交往氛围及群体特征》，载《中国学术》2004年第一辑（总十七辑），商务印书馆。
② 黄贞：《请颜先生辟天主教书》，颜茂猷：《圣朝破邪集序》，载徐昌治订：《圣朝破邪集》卷三。
③ 同上。
④ 徐世荫：《提刑按察司告示》，同上书，卷二。
⑤ 施邦曜：《福建巡海道告示》，同上书，卷二。

班牙多明我会和方济各会传教士,遂乘耶稣会士已开辟局面和明末社会混乱,于1632—1633年(崇祯五、六年)进入福安顶头传教。"伊等不谙中国风俗,异服异言,贸然入内地传教",引起官民惊慌,咸"谓教士与外洋海盗,声气相通,将大不利于中国"。① 更有甚者,1637年8月14日(崇祯十年六月二十四日),两名方济各会士携带三名福建教徒未经允许径至北京。他们"想效仿中世纪的十字军东征者那样去征服北京……威逼那位他们认为徒具虚名的天子"。"并且威胁道:'西班牙定能用武力征服难于驾驭的中国人'。"②此宣教一行在北京被捕获后,朝廷随即"题奉明旨",责令福建缉拿党羽扑灭夷教。地方官闻风而动,久怀仇怨的下层文人黄贞等亦推波助澜,自崇祯十年十一月,各地驱逐传教士、缉捕从教士民及罚没教堂渐趋激烈,教难弥漫福建全境。而被官府指称为"天主教首"的艾儒略,自然成为通缉驱逐的重犯。此时艾儒略虽不得不藏匿于民间,但仍未停止传教活动。

不过,教难持续不到一年,事态出现转机。表面上促成这种由严禁转向宽弛的头面人物,是两位担任朝廷和地方要职的命官,而实际支持这种决策的背后势力,则是上述长期与艾儒略友好交往的福建士大夫的特殊群体。事情的缘起是,教难方兴未艾之际,"泉(州)兴(化)诸绅衿,各具呈守道台前",指斥艾儒略等西方传教士与国内"无为"邪教同类,祈求严禁,"以扬道风"。时任右参政、分巡兴泉道曾樱,对此却大不以为然。他在批复莆田绅衿诉牒中指出:"艾儒略与利玛窦同社同业,自入中国来,专以讲道迪德为务,并无他营,与异端不同。仰福州府查行缴。"后又于判复泉州来牒里再次重申:"西士艾儒略,学道人也。其修诣与吾儒不同者,岂可与无为等邪教同类,而共逐之乎? 仰府给示,并谕各县遵照行。"③前者知会视艾儒略等同于无为教首,而加以查禁

---

① 萧若瑟:《天主教流行中国考》,第200—201页。
② 恩斯特·斯托莫著,达素彬等译:《"通玄教师"汤若望》,第36—37页,中国人民大学出版社1989年版;魏特著,杨丙辰译:《汤若望传》第一册,第200—202页,商务印书馆1949年版。
③ 黄鸣乔:《天学传概》,载钟鸣旦、杜鼎克等编:《徐家汇藏书楼明清天主教文献》第三册,台湾辅仁大学神学院1996年版。

的福州知府,①劝诫区别对待、慎重从事;后者则通谕属下府县,对艾儒略网开一面。果然,曾樱的通谕收到了成效。就在并未弛禁的崇祯十一年(1638年)八月,艾儒略仍公开在莆田活动,相继拜访了致仕礼部尚书朱继祚和内阁大学士周如磐,并在横塘的周氏家中受到了隆重的接待。双方以天主为唯一真神,及天主与佛老、民间信仰的关系质疑送难、深入切磋。在此过程中,周如磐一再表示对基督教及艾儒略的敬佩之情。交谈伊始,他说:"承大教,及所刻诸书,心窃向往,但教规颇严,未易从事也。"议论之后,他又"对坐客,称先生远来阐教之苦心,与圣教用功之严密焉"。② 这种相敬如宾、亲近友好的氛围,显然跟当时福建全境浓烈的禁教阴霾形成了极大的反差。由此可见,即使在严厉的福建禁教期间,一些相当有权势的在职官员和地方士绅,仍然在公开或暗中地庇护艾儒略及其传教活动。

正是在此微妙的状况下,当年十一月,在朝担任翰林院左春坊官职的晋江人蒋德璟,以"奉差复命路经三山(福州)"。他在其好友曾樱的支持下,审时度势,巧妙地确立了"斥其教而缓其逐"的处理原则,使沸沸扬扬的福建禁教由是宽弛下来。原来当蒋德璟初抵福州,即受到两方面的压力。一方面,福州卫所千百户掌印官暨闽、侯官二县儒学生员近四十人,联名签署《攘夷报国公揭》,呈请蒋德璟持此"入告朝廷,尽除(天主教之夷)以清华夏"。③ 另一方面,则在教难中遭受重创,为"所司逐之,毁其像,拆其居,而株擒其党"的天主教人士,亦"事急乃控于"蒋德璟。在此去从两难的抉择关头,蒋德璟显然由阐扬中华文化包容性的责任心驱使("且以中国之尊,贤圣之众,圣天子一统之盛,何所不容?四夷八馆,现有译字之官;西僧匕王,亦赐阐教之号;即近议修历,亦令西士与钦天分曹测定,聊以之备重译一种,示无外而已"),加之为昔日与艾儒略的友谊(经他审阅的艾氏著作《西方问答》,崇祯十年刚出版),

---

① 徐昌治订:《圣朝破邪集》卷二,吴起龙:《福州府告示》。
② 李九标等编:《口铎日抄》卷八。
③ 李维垣等:《上翰林院左春坊蒋公德璟攘夷报国公揭》,载徐昌治订:《圣朝破邪集》卷六。

第四章　基督教和西学在浙闽地区的传播　　**295**

以及为西学所吸引（"向与西士游,第知其历法,与天地球、日圭、星圭诸器以为工"），遂通过与私交甚笃①且公开庇护艾儒略的曾樱商议,又义正词严批驳反教士人黄贞的过激言论后,以一位中央大员的身份,确定了处理教案的基本原则,即表面上顺从社会舆论谴责基督教,实则停止执行搜捕和驱逐传教士的政策。很显然,此种"斥其教而缓其逐"的原则,正中曾樱的下怀,双方一拍即合。蒋德璟就此写道:"予适晤观察曾公,曰:'其教可斥,远人则可矜也。'曾公以为然,稍宽其禁。"②诚然,蒋、曾二人敢于作此决断,亦多少有所恃持。一则闻悉"艾公致书于所善各官力辩其诬,奉教学士亦作书立论",福建地方官吏同情者实不乏其人。再则稔知传教士汤若望在朝廷修历铸炮,颇得崇祯皇帝赞赏。果然不久,"皇上所赐汤若望'钦褒天学'之匾,发到福建,一时仇教官吏顿改初心,变疑忌为敬惮,速将没收之圣堂,一律奉还。"③于是,一度甚嚣尘上的福建教难,就这样由严禁转向宽弛而终至平息。

　　蒋德璟、曾樱之所以甘冒风险倡导宽弛其禁的主张,固然有其个人感情的因素(二人均属与艾儒略"谊笃金兰"的闽省显宦的行列),但更重要的是,反映了泉州晋江籍乡亲群体的意向。蒋德璟实何乔远的入室弟子,凡事"欲追先生而瞪乎后也"。④ 曾樱为东林中坚邹元标的学生,乃师与何乔远于天启元年(1621年)同被朝廷启用之际订交,互相扶助并共为进退。崇祯初曾樱出任何氏家乡、兴泉道右参政后,遂接续了父辈间的友谊。曾樱不仅对何乔远"纯教纯忠,大仁大智,为圣门真狂狷,为后学真羽仪"的精神,至为钦佩和颂扬;⑤而且同何乔远弟子的情谊亦与日俱增。特别是何乔远病逝后,应其子的约请,艾儒略以"泰西耶稣会士"的身份,缅怀何乔远恩德记述彼此情谊的文章,与蒋德璟、曾樱等泉州亲友大量的吊唁文字汇合刊刻,足以证明艾儒略已成为泉

---

① 蒋德璟:《邹南皋先生理学要语序》,载黄宗羲编辑:《明文海》卷二二九,第三册,第2366—2367页,中华书局1987年版。
② 蒋德璟:《破邪集序》,载《圣朝破邪集》卷三。
③ 萧若瑟:《天主教传行中国考》,第201页。
④ 门人蒋德璟:《泰昌集序》,载《何镜山先生全集》附录。
⑤ 豫章后学曾樱:《何镜山先生像》,同上书附录。

州乡亲群体所接纳和信赖的一员。因此,蒋、曾二人联合平息教难的举措,在某种意义上,可视为以何乔远为中心的泉州乡亲群体同传教士交情的延伸和升华。

虽然福州和泉州士大夫,由于客观(多待罪家居,且荷兰殖民者常骚扰福建沿海,故不敢贸然触犯时讳,公开加入洋教)和主观(一在对天主降生教义难以理解,再则不愿割舍多妻制的习俗)的原因,①其中真正领洗皈依者,现在已难于一一指认。然而,维系这两个乡亲群体的社会交际网络,如父子、祖孙、舅甥等家族、亲戚关系,座主门生、同年、同僚等官场关系,因地域毗邻的乡里关系,凡此传统社会长期凝聚而成的宗法关系,已经成为诱发彼此的西学兴趣和传递传教士友谊的联系纽带。② 艾儒略的适应策略或本土化的成功之处,首先在于获得士大夫的庇护并充分利用其关系网络,为基督教深入其他社会阶层,提供了便捷的手段和途径。这便是明末福建社会,基督教得以在中下知识阶层和普通民众中绵延不断的重要保障。

第二,福建中下层士人,成为争取和实现基督教本土化的骨干力量。通过巡游各地深入基层的宗教组织活动,全面宣传基督教的理性信仰和神灵启示的奥秘,标榜浓郁宗教色彩的道德修炼与西方科学知识,希冀在中国社会和文化土壤中,培植出一个具有虔诚的信仰,优良品德与科学素养,为民众拥戴的基督教群体,及其世俗的神职人员队伍。

在与士大夫长期交往中,艾儒略洞悉他们对入教的态度大多是:"既心服圣教,而未肯勇决以从。"③究其缘由,大致在"富贵人沉溺已深,一时拯拔之,未易起也",反不如"劳心苦形磨练有素,其入道正不甚难"。④ 于是,艾儒略总结道:"今中邦一二名卿,慕道而愿承教者,此岂

---

① 参见拙文《明末福建士大夫同传教士的交往氛围及群体特征》,载刘东主编:《中国学术》2004年第1期(总第十七辑),商务印书馆。
② 同上。
③ 李九标等编:《口铎日抄》卷一。
④ 同上书,卷三。

可泛视之乎！必有默荷主祐者矣。然则富贵而慕道者,论人情则难,论主祐则易。"①艾氏显然对传教事业采取了十分现实的态度,即将少数公卿富贵者慕道而愿承教,仰荷于天主份外的助祐和恩典,至于经常性的传教工作,则倾注于功名富贵远较前者逊色的"劳心苦形磨练有素"的群体。

史实表明,这个群体便是中下层知识分子。前述艾儒略首次出席福州书院聚会,以其辩才令众人折服后,便有几位秀才率先领洗皈依。而按照《口铎日抄凡例》,书中"显载姓字者,悉皆同道(奉教)诸友"。由此稽得有姓氏者77人。在这个活跃而热心圣事的基督教群体中,虽不乏民间医士和整日为生计忙碌的贫瘠者,然基本成员特别是其中的精英,则为中下层士人。如追随艾儒略左右,并参与《口铎日抄》的记录、汇编和订正的李九标、李九功、张赓、严赞化、颜维圣、李嗣玄、林一俊等人,除曾任杭州教谕的张赓为举人外,其余多是久试省城秋闱(乡试)而落第的秀才或儒学生员。乃至福建教难期间,福安县被缉录"设立夷馆、集众从教"的当地生员达14人,藏匿夷人生员1人。更有被缉录生员"忿忿不平",直赴官府"为夷人护法"。② 凡此种种,无不表明,基督教在福建传播和本土化过程中,出身于中下阶层的秀才、生员的皈依和支持,具有举足轻重的作用。

明代的生员,是一个隶属于统治阶级的特殊阶层。一方面,作为官府开办于地方的学校且为官吏后备的成员,此阶层人数众多(如县以三百计,全国不下五十万人),享有一定的封建特权(免于编氓之役,官长以礼相待等),甚至"出入公门以挠官府之政",或"倚势以武断乡里",成为明代地方政治中不可轻视的一股力量。另一方面,生员人数的众多同沿科举阶梯跻身上层的数额有限的矛盾始终存在,而生员名分的取得及其升迁,十之七八不得不借助贿赂以打通关节。随着朝廷对生员"益厌、益轻、益苛"趋势的加强,生员出路的狭隘便日渐凸显。③ 于是,

---

① 李九标等编:《口铎日抄》卷七。
② 施邦曜:《福建巡海道告示》,载《圣朝破邪集》卷二。
③ 参见顾炎武:《生员论》上中下,载《顾亭林诗文集》卷二,第21—24页,中华书局1959年版。

在明末政治黑暗和社会动荡冲击下,生员阶层的分化愈加明朗。相当一部分失意的秀才、生员,从统治阶级分裂出来,投奔农民起义,使明末农民战争呈现斑烂绚丽的色彩。更多的儒学生员,如前述黄贞和闽、侯官二县生员,仍然站在维护封建礼教与旧有秩序的立场,对夷人异教大张挞伐。但另有一部分生员,在社会激流中彷徨失据,既因久试不第而失望,又希冀在动乱中寻求精神寄托,"使得个人能够获得自身内部的和谐以及同周围环境的和谐",从而保持并促进对人生"某些伟大的观念或象征"的信仰。① 在明末福建西学大行其道的情况下,李九标、李九功、严赞化等人的皈依并成为基督教团体的中坚,应视为具有开放意识的明末生员出路的一种选择。

艾儒略和此后来闽传教的耶稣会士卢安德(Andre Rudomina,立陶宛人,1626年来华,1632年殁于福州)、林本笃(Benoît de Mattos,葡萄牙人,1630—1635年居福建,后赴海南岛传教)、瞿洗(西)满(Simon de Cunba,葡萄牙人,1629年入内地,辅助艾儒略,先至建宁,嗣至福州),充分利用了这历史赐予的机遇和条件,并为此采取了一系列措施。

其一,巡游各地深入基层,主持重大瞻礼日仪式,普及宗教教育,通过鼓励新教徒短期的进修,督促旧教徒虔行圣事忏悔自省,维系基督教在民众中的影响。艾儒略深知,在传统文化和习俗包围中,中国人欲"奉教求登天国,岂直一山之高哉,乃世尽险途也"。② 其中,"不独乡曲亲朋,或生疑阻,即一家之内,亦有然者"。③ 与此相呼应,虽虔诚皈依而内心时受煎熬的李九标亦痛陈:"尘思撩人,如着败絮,行荆棘道中,左支右拄,苦莫可脱。安得时闻德音,可以破空而走也。"④ 显见不断获取传教士灌输的基督教义,乃维持和坚定教徒信仰的重要手段。在教徒散居四方的情况下,这就是艾儒略九下泉州,三上建宁,脚踏草鞋走遍八闽真谛之所在。

---

① 约翰·希克著,何光沪译:《宗教哲学》,第173页,三联书店1988年版。
② 《口铎日抄》卷五。
③ 同上书,卷八。
④ 同上书,第四卷小言。

第四章　基督教和西学在浙闽地区的传播　**299**

巡游期间,艾儒略严格按照西方日历和教会规定礼仪,在各地主持基督教瞻礼日活动。在这些教徒遐迩咸集的典礼上,艾儒略宣讲圣经、圣人行实和宗教故事,谆谆告谕众人颂扬天主仿效圣人德行。①

巡游所到之处,传教士十分注意对短期进修的新教徒进行感化工作。或针对深受佛教浸染的教徒提出的疑难,不厌其详地讲析基督教义;②或对结业告归的新教徒,劝勉其谨言慎行,防范魔鬼的诱惑。③ 与此同时,对于那些久已进教的信徒,则从读经、言行方面时加督促检查。甚至短期集中教友,一一追询劝诫。如崇祯十三年(1640年)五月三日至十四日,艾儒略在龙江利用瞻礼日布道的机会,召集李九标、谢斌、林翰、翁允鉴、石鲁等11名教徒,逐一质询从教瞻礼的心得体会。在交谈中,既充溢着对天主、圣母的钦崇热爱,又虔信涤罪与救赎、道情与世情、苦修与天堂诸教义,更抒发谨守《十诫》和贞爱、勤谦、信德等愿望。对于老教友间此次较深层次的探讨和检查,艾儒略十分满意。谕众曰:"高论种种,得其一焉,皆可终身行之者也。"④

其二,支持建立各种名目的基督教团体,强调教友间发展亲密关系,通过自我教育和约束,增加基督教的凝聚力。虽然经过短期进修和集中讨论,艾儒略对教友的信仰及其进取心颇为欣慰,然而,仅凭这孤单的传教士巡游和短暂停留期间的说教,仍然难以长久保持与巩固基督教的感召力。于是,艾儒略便着意诱导教友之间加强组织、思想和血缘上的联系,通过自我教育与约束,来推动基督教本土化。

据《口铎日抄》记载,教友间成立的团体有仁会、贞会、善终会、圣母会、主保会等。这些仿效社会上流行的结社形式,而教友之间自发组织的宗教团体,其初衷在深入了解和遵从基督教品德,感念天主、圣母恩惠,持身贞洁力行善事。可是,艾儒略在团体的筹划和亲莅现场的教谕

---

① 《口铎日抄》卷八。
② 同上书,卷五。
③ 同上书,卷一、卷六。
④ 同上书,卷八。

中,除了颂扬立会乃天主眷佑与恩德外,便在烘托教友之间的亲爱和勉励情谊。如谓"仁会之立,正为吾侪亲爱设也"。① 圣母会,则"以劝人为善,为诸友勖(勉励)"。②

这种为加强教友间亲爱和勉励情怀的立会宗旨,在艾氏其他论述中,遂发展成以亲如兄弟的关系与进行宗教思想交流相期许。前者如艾氏在瞻礼日布道时说:"子等共事圣母,已不啻亲若兄弟矣。脱或过失不规,疾病不恤,懈惰者,未能谆谕而加勉,意于顾之之义,或有未尽者乎!"③后者如艾氏教诲信徒严刚克,须反复玩味背诵圣教之书,唯其如此,"故时遇同道诸友,述其所得,不遗不紊,是可益己而兼益人也"。④

至于通过血缘、宗族关系扩大基督教影响,那更是艾儒略日常训谕的重要内容。如教徒"柯桢符入谒,求为其子领洗,其尊人尚未入教也"。艾氏便以《十诫》相督促,令劝其父母入教。⑤ 又借医士、教徒周修我治病做善事为例,艾氏教导道,有治身体之病的"形药"和疗灵魂之病的"神药",如果"即知疗己神病,至家中亲戚大小,未闻道,未受洗,灵魂之病亦已久矣,而独不一置念,岂神病轻于形病乎!岂非济人药,而不济家人亲戚乎!"⑥为引起教徒的重视,艾氏特地向众人推荐了外省一个楷模式的基督教家庭。他说:"楚中李友者,图己肖像,上画一圣号,祥云捧之,而绘己肖像于旁。执念珠,佩圣匮,恭向圣号。且遗命其家人,凡子孙有奉教者,悉照昭穆之序,咸登斯图。其不奉教者非吾子孙,不得与斯图矣。后有吊拜我者,如同我恭奉上主也。"⑦史料显示,这种利用血缘的亲密联系而拓展基督教影响的努力,实际上已收到成

---

① 《口铎日抄》卷六。
② 同上书,卷七。
③ 同上书,卷八。
④ 同上书,卷四。
⑤ 同上书,卷三。
⑥ 同上书,卷七。
⑦ 同上书,卷七。

效。不仅张赓、李九标、严赞化及叶向高之孙益蕃等基督教家庭,当时在其故乡(泉州晋江、福州福清、漳州龙溪)远近闻名;而且这种影响还延续到后代,如清朝福建一些地方存在的基督教家族,其渊源均可追溯到明朝末年。[1]

凡此表明,无论在教友结社中标榜信仰坚贞,立善修行和亲爱勉励,还是由布道所凸显的彼此间亲如兄弟的关系与思想上共享读圣教之书的成果,以及利用血缘宗族联系拓展基督教的影响,这些都是在艾儒略的倡导和扶植下,经由信徒之间的自我教育与亲密关系,为增强基督教凝聚力而采取的有效措施。

其三,倾全力培训由中下层士人组成的教会中坚骨干,通过朝夕相伴频繁接触,全面施行基督教义、道德品质和科学知识的教育,发挥他们在传教士与教友之间桥梁作用的过程中,为建立一支世俗的神职人员队伍作出了初步的尝试。

在这个骨干队伍中,举人出身的晋江人张赓,被公认为"教中柱础"。[2] 他在任职杭州教谕期间,经杨廷筠提撕晓喻,遂从艾儒略受洗进教。后"致仕归里,帮助艾司铎开教,为教众所仰望"。[3] 由于张赓跻身官宦之阶,又深得杨廷筠赏识,故在闽中亲近西学的士大夫群体中亦颇具声誉。如其同乡缙绅张维枢在记述利玛窦生平的传略里,仍不忘褒扬张赓信仰虔诚论证真确。他说:"近吾里张夏詹(赓字夏詹)父子,虔奉圣教,夏詹为述天学,证符良确。"[4]同时,"在张赓父子的影响下,张赓的姐姐、内弟、女婿、亲家等也都成了教徒"。于是,以张赓家族为中心的泉州天主教传教区的形成,便为艾儒略九下泉州提供了有利的宗教氛围和条件。[5] 非特止此,张赓之子张识(教名弥格尔),以其超乎

---

[1] 参见张先清:《明清宗族社会与天主教的传播》,载卓新平主编:《相遇与对话——明末清初中西文化交流国际学术研讨会文集》,宗教文化出版社 2003 年版。
[2] 李嗣玄:《西海艾先生行略》。
[3] 萧若瑟:《天主教传行中国考》,第 172—173 页。
[4] 张维枢:《大西利西泰子传》。
[5] 参见林金水:《艾儒略在泉州的交游与传教活动》,载台湾《基督教与中国现代化国际学术研讨会论文集》,宇宙光出版社 1994 年版。

常人奉献天主的灵迹和承天主恩赐而起死回生的梦幻故事,经杨廷筠、艾儒略加工铺张为《弥格尔遗迹》后,便成为催生教徒信仰激情的典范。资料显示,这种产生于本土最早的基督教奇迹,在福建教徒中具有广泛的影响。①

又如生员出身的福清人李九标、李九功兄弟,自崇祯元年(1628年)赴省城乡试,"始得就艾、卢二先生,执经问道",而受洗入教。此后,"等功名于浮云,视举子业如弁髦",以其世俗"教士"的身份,"归而诱化数百人",在家乡从事建(天主)堂立(教)会的宗教活动。② 李九标兄弟不仅在家乡教友中颇孚人望,而且与闽中其他地方的上层权贵亦夙有渊源。如崇祯四年(1631年)十月,李九标乘往东粤省亲之便,引导艾儒略至兴化府莆田县拜访其昔日老师,曾任朝廷太仆寺少卿的卓迈(号冋卿)。此人在当地西湖构筑"亭榭台沼,备诸工好",实为富甲一方的达官显宦。③

再如建宁人李嗣玄,出身庠生,鼓箧南雍(南京国学贡监),为博雅通儒,所至名山大川,辄有题咏,一时公卿大夫交重之。其父尝任南京户部主事,亦地方名贤。④ 据嗣玄自述:"玄于丙寅(天启六年,1626年)夏,晤(艾)先生于福(州)堂,蒙先生赐以《天学初函》,即津津向慕……乃豁然有省,尽焚弃向来所惑溺诸书,一心事主。"⑤鉴于李嗣玄系官宦之后,家境殷实(养有婢仆),而信仰虔诚,又父子皆地方名贤,公卿交相敬重,这不啻为基督教深入民间,创造了良好的条件。于是,自明崇祯十四年至清顺治二年间(1641—1645年),艾儒略三上建宁,虽战火纷飞、生死叵测,亦在所不辞。特别是崇祯十四年艾氏首莅建宁,立即为

---

① 杨振锷:《杨淇园先生年谱》,第84—86页;《口铎日抄》卷一。
② 李九标:《口铎日抄小引》;张赓:《口铎日抄序》。
③ 拜访情形见《口铎日抄》卷二。据邵捷春:《闽省贤书》卷六,《万历三十一年癸卯科福建中式》名单,其中曰:"卓迈,兴化,诗,已未,三甲,太仆少卿。"又民国《莆田县志》卷一三,选举志曰:"万历三十一年癸卯,卓迈,字士英,府学,已未,进士。"揣度卓迈、卓冋卿系同一人,冋卿为其号。
④ 引自林金水等:《艾儒略在华传教活动的结束——记艾氏在闽北》,载陈村富主编:《宗教与文化论丛》(1994),东方出版社1995年版。
⑤ 李嗣玄:《西海艾先生行略》,载钟鸣旦、杜鼎克主编:《耶稣会罗马档案馆明清天主教文献》第十二册。

县令左光先"大相敬爱"。左氏一则谓基督教义较中华儒学"超人一等",再则主动倡率为基督教建堂,三则告示全县,称颂艾氏其人其书,劝谕民众"体心研求,必且憬然会心"。① 对于左光先这些惊世骇俗之举,李嗣玄评价说:"此虽侯(光先)之超识,而(艾)先生过化之神,自有目击道存者。"② 在这里,洞悉艾左二人交往详情且笔载于篇的"目击道存者",实非李嗣玄莫属。他作为当地贡生、名贤和虔诚教徒,很可能是引导艾儒略进入建宁,并有资格介绍艾氏与左光先相识之人。若非亲目所见,亦断难将左氏褒贬天学儒学的言谈,记述得如此清晰。

于是,为了充分利用这些中坚骨干在一般民众中的威望,与上层士大夫的关系,艾儒略在驻守福州本堂或巡游外地,往往选择张赓、李九标、严赞化、林一俊、颜维圣等人随侍左右。既可在他们引领下多次访问其家乡,在向新教友布道时,他们陪坐听讲从旁辅导;当旧教友遭遇训诫,他们私下劝勉化解隔阂,③ 承担起神职辅助人员的功能。而在与士大夫交往中,又可代传教士回答有关礼仪风俗等敏感的问题。如一次林太学邀宴艾儒略,张赓、颜维圣作陪,席间谈及"娶妾一事"。林太学遂借古圣"尧以二女妻舜,舜亦不告而娶,为无后也,然则尧舜非与?"以相质询。在此既不愿当面非议中国圣贤,又不能亵渎教会诫律的两难之下,艾儒略便推托道:"昨与令公(张赓)亦详及此,请转质之令公。"于是,张赓辩论道,千古以来人们视尧之伟大,在其功业、文章和德智孝品质,并不以娶二女闻名于世。故人学尧舜当效法前者,何独学其娶二女?帝娶二女虽古书有记载,"然余未敢信其真也;诚真也,余又未敢许其是也"。接着,颜维圣更有新论:殊不知"二女之称",指的是"第二(个)女"儿;又舜娶娥皇女英,"乌知非一人名,误分为二者乎!世世传讹,遂为娶妾者作话柄耳"。经过一番铺垫,艾儒略总结道:借口尧舜邪淫,正如借口汤武篡杀一样,都是妄加之罪。④ 在此,张颜二人俨然以传教士忠实

---

① 黄伯禄:《正教奉传》,第3—4页。
② 李嗣玄:《西海艾先生行略》。
③ 《口铎日抄》卷一、卷三。
④ 同上书,卷三。

代言人身份出现。综上所述,通过这些中坚骨干的社会关系,以及作为传教士助手和代言人功能,基督教有效地扩展了在不同阶层中的影响。

艾儒略精心挑选这些中坚骨干陪侍左右,朝夕相处,还有一个更为深远的意图,即按照理想的模式,对他们进行信仰、道德和学识的全面训练。如前所述,利玛窦一般宣教时昭示的,是"象神、开天辟地、灵魂不朽、善恶报应等理性的基本原则"。① 对于更深层次须仰赖神灵启示的基督教奥秘,如降生救赎、道成肉身、三位一体等教义,则暂引而不发。经过数十年的揄扬,"今儒者既信天主为真有","天主之为万物主"等信念,大体上已为亲近西学人士所接受。在此基础上,艾儒略遂对这些教会骨干进行愈加深入的信仰教育。

在《口铎日抄》中,上述理性信仰的基本原则,仍然是日常宗教讨论的课程。然而,艾儒略施教的重点,已集中于阐释被称为基督教信仰精髓的奥秘内容,以及瞻礼、弥撒、领圣体、受洗、告解、忏悔等教会礼仪。在艾儒略有关奥迹的布道中,充斥着对降生救赎,耶稣受难、牺牲、复活,三位一体,十字圣架,原罪,炼狱,最后审判,灵奇圣迹等说教。这其中,他特别强调天主降生救赎的意义。称:"古今万民,其升天有路者,不专靠自己功德,全赖吾主救赎之恩。古圣有云,吾主降生之恩,更大于化成天地者,正谓此也。"② 以故,"天主之恩,莫大于降生救赎矣。"③ 这显然在引导教会骨干步入基督论的堂奥,将虔诚信仰由理性提升到奥迹的高度。史实表明,艾儒略这一番苦心终为其门徒所领略。

如李嗣玄记述道:"玄于丙寅(天启六年,1626年)夏,晤(艾)先生于福(州)堂。蒙先生赐以《天学初函》,即津津向慕。然于上帝降生受难之事,不能无疑。至是蒙主默牖,乃豁然有省,尽焚弃向来所惑溺诸书,一心事主。"④ 张赓亦自谓对天主降生受难复活等灵迹,也经历由疑惑到笃信的过程。他说:"然尔传称降生,传奉十字架⋯⋯当未闻道之

---

① 秦家懿、孔汉思著,吴华译:《中国宗教与基督教》,第214页,三联书店1990年版。
② 《口铎日抄》卷一。
③ 同上书,卷五。
④ 李嗣玄:《西海艾先生行略》。

先,(余)亦不能顿为信也。尔时我云,至神无相,我不信降生……胡然降生?为我众生。胡然受死?为救我等死。死则假此架成苦功。死而复生升天,则遗此生灵迹。是我世世当感念,奚以怪者!"①毫无疑义,李嗣玄所谓"蒙主默牖乃豁然有省",或张赓的幡然醒悟,皆可视为在艾儒略多方晓谕和诱导下,张、李二人和教会其他骨干一样,克服宗教情感与理解上的困难,真诚服膺于包括理性和启示神学在内的全面的基督教信仰。

关于道德品质的修炼,艾儒略突出了以下四个方面。(一)善良品德的本源来自天主,人欲德行纯全,必一心爱慕和奉献天主。为此,艾儒略在同严赞化讨论"天主全知"与人"自专之能"关系时,②传教士卢安德利用西方宗教图画逐一向李九标解释时,③无不极力灌输此种思想。(二)常念死候以窒遏欲望。艾儒略认为,为报效天主,人应"负己之十字架以从","盖指克己、忍耐、绝欲诸德也"。④因此,艾儒略遵从利玛窦在《畸人十篇》阐扬的方法,将常念死候推崇为窒遏欲望、守贞防淫的一剂良药。指出"常念死候也,其守贞防淫之一剂"。⑤他甚至告诫为祈望善终而建立"圣母会"的教友,"学天主之道无他,学死是已"。要求教友按照会规,"日诵死候经一遍,其务行诸毋忽"。⑥(三)为道德修炼涂上浓郁的恐怖色彩。根据艾儒略等人的传教体验,"深痛吾中华人士,沉溺佛魔陷阱中","人性已坏",且教徒态度亦时有反复:"有觌面而失者,有依违两可者,有始从终背者"。⑦为警醒这些陷溺邪说或奉教动摇之人,传教士在布道中往往有意渲染最后审判的劫难,及秽乐者在地狱的惨状,从而替道德修炼抹上了一层浓郁的恐怖色彩。如传教

---

① 张赓:《武荣出地十字枷碑序》,引自柯毅霖著,王志成等译:《晚明基督论》,第343页。
② 《口铎日抄》卷三。
③ 同上书,卷一。
④ 同上书,卷一。
⑤ 同上书,卷三。
⑥ 同上书,卷六。
⑦ 李嗣玄:《西海艾先生行略》;《口铎日抄》卷二。

士卢安德展示西方所绘灵魂在地狱、炼狱和天堂的不同境遇和形象的图画,告诫若耽溺秽乐,甘心与魔鬼为徒,终将于地狱永受熊熊烈火的烤灼。指出:"人心而常念四末(死候、审判、地狱和天堂),则必倍恐惧修省,善日以增,而过日以寡。"李九标由此"闻而悚然怖畏,喷然叹想,退而自思",决心修持正道。① 艾儒略更以最后审判,必"借水火刀兵之患,以炼其罪",来惕励李九标多行善事。凡此表明,在道德修养方面,凸显其恐怖性可能是艾儒略最不同于利玛窦的地方。(四)引入西方道德实践的观念和方法。针对儒家脱离实际的弊病,传教士极力倡导道德修养的实践性。如卢安德对李九标说:"夫能力行孔子之训者,进而天学,当必易易。然诵读孔子者,朝斯夕斯,未闻身体而力行之也……我等学道之人,凡诸善事,须暗然行之。"②又李九标向传教士林本笃请教西方修炼的默想工夫,林本笃在介绍默想工夫的重要性、实行条件和目的之后,特别指出:"默想期于行,默而不行,是为无实。"③然而,传教士揭橥的道德实践性,并不以前述孔子"非礼勿视"等训诫为圭臬,而是增进对天主的信仰为指归。于是,基督教的信、望、爱的美德,及其默想和涤罪工夫,遂成为艾儒略经常向教徒宣讲并令其遵行的主要内容。

至于科学知识方面的培训,首先,艾儒略是一位在数学和自然科学领域颇有造诣的传教士。继利玛窦翻译《几何原本》后,艾氏用中文撰述并于崇祯四年(1631年)刊刻了《几何法要》一书,解"求作线面诸法,而较几何原本为详"。④ 就科学理念,从艾氏谈论金星在一定轨道上围绕太阳作有规律的运动,而月蚀表明太阳、月亮围绕地球旋转来看,⑤艾儒略所宣扬的已不是欧洲传统的亚里士多德的地心说,而是当时流行的折衷于日心说和地心说的第谷体系。这也是邓玉

---

① 《口铎日抄》卷一。
② 同上书,卷一。
③ 同上书,卷六。
④ 阮元:《畴人传》卷四十四。
⑤ 《口铎日抄》卷二。

函、汤若望等传教士正在北京编纂《崇祯历书》的指导思想。其次,这些教会中坚对于西方的科学理念和器物,表示了浓厚的兴趣与求知渴望。他们不厌其详地询问和吸收像地如圆球,四面皆人所居,各地时差及昼夜长短之不同;西方四行纯体(火气水土)与中国五行说(金木水火土)之不可并论;日月五星的运动和星坠、流星之成因,中西治历推算所据不同,以及风、地震、雷、电之形成原因等自然科学知识。与此同时,他们对来自西方的地图、星图、简平仪、望远镜和西洋琴等器物,也爱不释手。尤为可贵的是,李九标等人能够理智地将这些西方新说与传统儒学相比较。他们或是"欣然叹赏"西方器物之余,对"拘儒"识见之闭塞"嗒然若丧"(灰心丧气);或是领悟天体运行自有规律,与天人感应的吉凶征兆无涉(如李九标聆听讲解后说道:"荧惑(火星)入斗,原天行一定之数,固无关家国吉凶耳"[1]);或是通过问学乃"爽然自失,思学问之道无穷,其未可一得自足者"。[2] 总之,西学能开启儒学的视野,并补充和纠绳儒学之不足,已成为这些中方教会骨干的共识。

然而,艾儒略与利玛窦一样,传扬西方科学不只在满足中国士人的好奇或提高其素养,更重要的,"科学只不过是达到目的的一种手段而已。他们的目的,自然是利用西方科学的威力来支持并抬高'西方'宗教的地位"。[3] 在这方面,艾儒略较之利玛窦表现得更为急切和露骨。他曾教导士人曰:"子试思天文之学,有甚关切于人者乎!知之固为博物,不知初亦无损。若性命至理,为人生日用所不可离者,则造物主必显示之,初非有隐也。"[4]这就是说,天文知识博物而已,远不如天主昭示性命至理来得关切。于是,几乎在解释每一种自然现象或演示某具西方仪器时,艾儒略总不免微言大义,总不忘将其归结为天主的造化、允命和降罚,以及宗教的哲理和道德,借此深化这些教会骨干对

---

[1] 《口铎日抄》卷二。
[2] 同上。
[3] 李约瑟:《中国科学技术史》第四卷第二分册,科学出版社 1975 年版,第 673 页。
[4] 《口铎日抄》卷五。

天主的信仰。

如谓,地震将城郭人民沦没,"斯正上主降罚之意,殆恐惧修省之一助"。① 又称,昊天因隐奇而难于测度,"即此一端,亦可徵造物主之妙也"。② 再云,"水火皆无情之物,然其焚人溺人也,非有上主允命不可。"③ 至于望远镜所呈现的"正观,则极远之物,皆近而大;倒观,则极近之物,皆远而小"的物理性能,艾儒略竟然归结道:"身后之事,世人以为极远,不知其至近,而所系之大也;眼前之事,世人以为极近,不知其至远,而所系之小也。"④ 诸如此类的故弄玄虚,穿凿附会,跟艾儒略严词批判的中国天人感应说和坊间堪舆迷信的差别,不过在五十步与百步之间。

虽然艾儒略在培植以中下层士人为核心的教会骨干时,显露出狭隘的宗教意图和算计,但这一大胆尝试已取得初步成效。这些地方社会的精英人物,通过他们在下层民众中的威望,及与上层士大夫的密切关系,为基督教深入社会各阶层发挥了桥梁的作用。而在具体传教过程中,他们实际上已承担神职辅助人员的功能,扮演传教士忠实代言人的角色。特别是这些精英人士握管操觚,终身以阐扬基督教义为职志,那更体现了基督教本土化的进展。有关李九标、李九功等人的宣教著作,我们将在后面详加分析。

第三,对待中国传统思想和风俗习惯,一方面,大致沿袭过去党同伐异,为己所用的方针,批判佛道和民间迷信,基本否定新儒家太极、理气之说,承认基督教义与儒家学说有相通相容之处。另一方面,从维护原罪、圣经和基督教规的权威,而指责儒家经典、中华祖先与圣人的言行来看,已具有明显的保守倾向。

艾儒略在福建的传教活动,无论巡游各地同士大夫酬酢往来,还是深入一般民众发展基层组织,抑或全面培训教会骨干,他像利玛窦一

---

① 《口铎日抄》卷二。
② 同上书,卷五。
③ 同上书,卷八。
④ 同上书,卷四。

样,始终无法回避一个基本问题,即如何对待中国传统思想、宗教和风俗习惯。就此,艾儒略的态度大致呈现出几个不同的层次。

第一个层次,对佛教、道教和民间占卜、堪舆迷信,持截然对立的态度,极尽抨击挞伐之能事。

因佛老在知识阶层和一般民众中的广泛影响,故道教尤其是佛教,遂成为艾儒略攻击的主要对象。他从基督教普世性和唯一信仰的立场,指控佛老迷其本原另立门户。他说佛家释迦和道家玉皇大帝,"本天主所生",又"佛老之于天主,既如臣子之于大君,不可秘设禁戒,不可妄拟僭越"。而佛老则不然,"迷其本原,另立门户,不导人祇事天主,惟以己性为宗,乃云上天下地,惟我独尊也,岂不悖逆之甚哉。"①此外,艾氏还指责释氏乃私窃基督教义而加以歪曲。强调"释氏之教,来自身毒,究其原,乃窃吾教之似而讹出之者",如天堂地狱之说即是如此。因此,不能为圣教"并容"。② 对于深为当时社会认知的佛门轮回和明心之论,更详加批驳。指出"谓人寿修短皆前生功罪所定"的"轮回之说",实大谬不然。因为人寿之修短,取决于三种因素。父母之禀气有厚薄,自己之摄生有善否,而"由天主者,则吾生死之大主,能操其权衡,以增减人之年数者也"。艾氏进一步解释说:"大抵至尊上主,多顺人之自然。其若此者,亦间用以赏罚善恶,显全能不测之权耳。"因而,"今人不明此理,乃溺于浮屠之说,谓现世修短,悉由前生之功罪也,岂不悖哉"。③ 至于颇为中土士人欣赏的佛门"明心之论",艾氏斥责"此正释教误人第一义"。所谓"心一明便可成圣,便可升天"的言论,将"一切功行无假修持",而通过修持工夫达到良好道德境界的途径("修达德行达道者"),"概属沉沦矣"。这显然不符合中华的古训。他说:"今佛责明心,谓诚克皆可不事。不思中邦圣贤日修身,日日省,是何等用功。而其于心也亦必曰正,必曰存,岂第明之而已乎!"④

与此同时,艾儒略告谕崇尚道教吕纯阳(洞宾)的"修真会"者,讥讽

---

① 《口铎日抄》卷二,卷五,卷七。
② 同上书,卷五,卷七。
③ 同上书,卷二。
④ 同上书,卷七。

其泛神信仰志向不定。指出:"且彼佛亦拜,仙亦拜,三教亦拜,何处不拜也。志向不定于一真主,功行到底无成。"①艾氏还"著辟堪舆一书",凡卜择葬地风水为子孙祈福,或克择月日良辰以趋吉避凶,皆指斥为无稽之谈,②并在解释自然现象的成因时,痛贬"星相占卜诸术"之荒诞不经。③

尽管艾儒略辟扑异教立场坚定,且有灭此朝食的气慨,然在实际中却仍遵循利玛窦内外有别的韬略。即在教内激发对异端的同仇敌忾,教外则尽可能减少士大夫的反感。前者如教徒赖士章质询:"释氏虽不敢与天主并,然其教入中土旧矣。先生始至敝邦,即昌言辟之。窃思燎原方盛,扑灭綦难,乃竟诋毁之不遗余力,何也?"艾儒略回答道:"此情理不容不然也……吾秉一大中至正之理辟之,虽唇焦舌敝,亦无非图报真主,为世道人心计耳。乌可以燎原之势,难于扑灭,遂任其熏灼人心,而莫之恤哉。"④可见狭隘的宗教感情和争夺活动空间的宗教功利(在"图报真主"和"为世道人心"的幌子下),促使艾儒略等传教士不顾来华日浅和势单力薄,奋起辟佛攘道与燎原之势相抗衡。然而,这种在教徒面前显示的咄咄逼人的进攻架势,在士大夫那里,却变换成一副各守门户,并不主动进击的面孔。如费中尊与艾儒略就佛教多所辩难之后,中尊曰:"释氏教虽非正,然辟之则无所容,先生稍恕之,何如?(艾)先生曰:'人不来问,愚未尝往辟。然有幡然参证者,则邪正之路,乌得混而容之'。"⑤艾氏的表态,显然是利玛窦所谓"驳斥另两家宗教的思想(指佛道二教),但并非直接攻击……因此在中国士大夫中我并无什么仇敌"⑥言论的翻版。

第二个层次,对宋明以来新儒家的太极、理气说,在持基本否定看法的同时,表现出试图同天主教义糅合的意向。

早在《三山论学纪》中,针对叶向高、曹学佺所谓理气运旋生万物,

---

① 《口铎日抄》卷四。
② 同上书,卷一,卷三。
③ 同上书,卷二。
④ 同上书,卷五。
⑤ 同上书,卷六。
⑥ 罗渔译:《利玛窦书信集》下册,第415页。

太极为天地之主的观点,艾儒略驳议道:气,"不出变化之材料,成物之形质";理,"则物之准则,依于物";太极,为"物之元质,与物同体者"。于是,从理、气、太极乃物之材料、准则、元质来看,它们皆"囿于物","自不能生物",故"别有造物之主无疑矣"。其后,艾儒略在地方巡游中,为回答郑孝廉有关"太极生两仪"的质疑,重申了《论学纪》谓太极乃成物"元质"的看法,不过,这个"元质"已非游离或对立于造物主,而是作为"可举之物"的材料,纳入造物主化成天地的过程中。他说,"天地间凡可举之物",包括"天地亦然","必藉四所以然而后成。一曰质,一曰模,一曰为,一曰造者"。其中,质即指"元质",而"造物主为造者"。由是,艾儒略总结道:"今观儒者之解太极,不出理气两字,则贵邦所谓太极,似敝邦所谓元质也。元质不过造物主化成天地之材料,不过天地四所以然之一端,安得为主,又安得而祭之、事之也哉。"①持此看法与利玛窦有关议论相比较,如指斥太极、理气并非天地万物本原或创造者,乃某种物质和元质性的东西,艾、利二人意见大体相同。而在创造性地将中国太极论跟西方造物主观念相糅合,使前者为后者所利用方面,艾儒略似乎解决得更为妥贴。

第三个层次,承认基督教义与儒家学说,在道德、礼俗乃至天神崇拜方面,存在某些共通或相容之处。

首先,表现在道德领域。传教士寓意,儒家的道德规范和孔子的训导,可视作基督教认可的"端人德士"的标准,进一步修炼天学的阶梯。如卢安德对李九标说:"今天主圣教,其入中邦也,虽仅数十年,而中邦孔子之训,则已二千余载矣。夫能力行孔子之训者,进而天学,当必易易。"②而艾儒略则广告众教徒:"子等自学道以来,亦常谨守五官之司者乎!必也,目毋妄视,耳毋妄听,口毋妄言,手足毋妄持行,使人望而见之,即知为端人德士也,斯于道其庶几乎。"③可见初入中国的天学,

---

① 《口铎日抄》卷四。
② 同上书,卷一。
③ 《口铎日抄》卷五。

为深孚人望,乃不得不借助源远流长的儒学以自重。这就是艾氏套用孔子"非礼勿视,非礼勿听,非礼勿言,非礼勿动"①的名言而变通,卢氏恭维力行圣训易进天学的缘由。有鉴如此,艾儒略申明,"夫人子事亲,有隐而无犯,礼则既言之",倘若违背,"罪滋甚矣"。因而,"今人肯以爱慕父母者爱慕天主","未有不获主宠者也"。② 依然是借孝敬父母推及爱慕天主,从儒家礼制融通基督教功德,其良苦用心,一以贯之。

其次,体现于祭奠亡灵的礼俗。一方面,艾儒略怵于中国祭奠先亲传统礼俗的隆重及其不可挽夺,不得不承认:"余观中邦之礼,于亲没后,设遗像木主,虔供酒饭,此或人子如在之诚。"另一方面,又切望能用基督教之"道"对这种礼俗加以约束,他告诫举行祭奠亡灵礼俗的教徒们,"今日之举,为道也,非为世俗也。若一毫不能脱俗,则去道远矣。"为此,艾儒略提出了"道味与孝情须相兼为妙"的调和原则。教徒们由是推行了一套道俗兼容、中西合璧的祭奠礼俗。具体做法是:"其亲谢世……只制一十字架,书亡者本名于旁,置座前奉祀。每七日,虽备馔食以待亲戚,必先奉献主前,诵降福饮食经,祈主赐祐,因转施于人,以资冥福。此不失孝敬先人之诚,亦不失教中道意也。"③

再次,反映在天神崇拜的汇合。当莆田致仕大学士周如磐,再三晓喻中国民间尊重的城隍之神,并非人类私塑其像以邀福,实乃护守一城一地的天神时,艾儒略回答道:"果尔,则但当书一木牌,称为天主所命护守本城之神,即以天教之礼奉之。"④原本是中国民间崇拜的城隍护卫之神,通过书写木牌的象征性转换,而被纳入基督教的天神系统。就此渠道,"土神""洋神"有了汇合的可能。

第四个层次,为维护原罪、圣经和基督教规的权威,而非议儒家经典,炮制中国人种西来说,散布中国圣人堕入地狱的谬论。

如果说前三个层次,即批驳佛道迷信,否定新儒家太极、理气说,承

---

① 《论语》颜渊第十二。
② 《口铎日抄》卷五,卷一。
③ 同上书,卷七。
④ 同上书,卷八。

认中西思想文化之间存在某种容通之处,大体上仍未脱出利玛窦矩矱的话,那么直面基督教义与儒家学说的差异和矛盾,鲜明地站在维护基督教权威的立场,非议儒家经典和中国圣贤,炮制伤害民众感情的中国祖先西来说,凡此业已突破利玛窦精心守护的回避中西文化冲突的界线,带有因多次教难和其他修会攻讦而留存的保守倾向的明显印痕。

其一,从原罪观念出发,将儒家"述圣"子思[①]"率性之谓道",修改为"克性之谓道"。如艾儒略对李九标、翁允鉴等人说:"子思子有云:率性之谓道。吾将曰:克性之谓道。夫性体之未坏也,率之即已是道。乃今人之性,亦尽非其故矣。不克之,又何以成道哉。"[②]虽然艾儒略振振有词,辩称这种修正乃基于人性已坏的现实,但其思想渊源却出自基督教的原罪观念。如稍后李九标、翁允鉴与传教士林本笃论道,在询问原罪既除,为何自造诸罪踵至的缘由时,林本笃答道:"今人原罪虽除,然一自受染之后,其性不能无偏,此亦原罪之余迹也。故必猛力克治,始可无愆。故克之正未易易耳。"[③]可见原罪及其余迹的教义,不仅决定了"猛力克治"的修养观,更推动对不合此种教义的儒家经典的訾议和修改。

其二,以造物主化生人类原祖的《圣经》为据,指称中国始祖伏羲、神农氏乃西方亚当厄娃之后人。如教徒黄贲宇虽谛听有关天主始生亚当、厄娃以为人类原祖的布道,但仍心存疑窦。揣度,"此二人生近如德亚国(今耶路撒冷),或可为如德亚国之始祖耳。纵相传,亦传太西一州耳"。而如德亚距中华之邦数万里,"当初中邦(伏)羲、(神)农未生,未有舟楫,又谁生羲农诸人乎,抑或五大州,各生二人以为祖乎?"这委婉表达的意思是,亚当、厄娃不过是如德亚,至多是大西一洲的原祖。因彼此上古并无往来,中华始祖未必为太西后人,世界五大洲可能各有自己的始祖。对于这种质疑基督教权威而坚持中华民族本位的观点,艾儒略自然不会轻易放过。他教谕道:"按造物主《圣经》,天下万民共出一祖。盖造物主肇成天地,化生亚党厄娃时,天下一空虚世界耳。迨嗣

---

① 子思,名伋,孔子之孙,思孟学派创始者,后人尊为"述圣"。
② 《口铎日抄》卷二。
③ 同上书,卷四。

续相传,人类繁兴,始分住他国。考中邦至羲农御世,则已历二千余载,于时人类分析,始及中土。故中邦之有人类,大约自羲皇时始也。"接着,艾氏论证如德亚国与中邦同处一洲陆路易于相通,即使必经水路舟楫而后渡,"安知二千余年之前,造舟不在神农先乎?又安知神农舟楫之利,非西邦祖制乎!"于是,艾氏归纳道:"中邦人未得造物主经传,只知有羲农而已。未考羲农从何而生,故有此问也。"①从《圣经》推衍出"中国人种西来说",艾儒略是始作俑者。这一极度伤害中国人民感情的言论,经清初天主教徒李祖白《天主传概》宣扬后,遂成为杨光先深文周纳而引发耸动一时的教案的媒蘖。

其三,强调毋行邪淫、娶妾有罪的《十诫》教规,贬斥拥有众多妃嫔的周文王及历代圣帝明君当入地狱。前述漳州林太学以如何看待"尧以二女妻舜"相质询时,艾儒略虽采取回避态度未曾正面作答,但那种鄙薄和歧视的心态终难以掩饰,必将在其他场合赤裸裸地暴露出来。当漳州反教士子黄贞,伪以千古大案须令人了然方可皈依为辞,连续三日追问艾儒略,如何看待"(周)文王后妃众多"、"中国历来圣帝明王有妃嫔",这一违背《十诫》的事实。三日间,艾氏经"沉吟不答"的多次缄默之后,终于一吐为快。"徐曰:'对老兄说,别人面前,我亦不说。文王亦怕入地狱去了。'又徐转其语曰:'论理不要论人。恐文王后来痛悔,则亦论不得矣'。"②由此看来,艾儒略即使深知"谤诬圣人"事关重大,但出于宗教的狭隘性和排他性,仍按捺不住冲动,竟然将基督教凌驾于它赖以在中国依傍生存,并力求与之容通的儒家礼俗之上。

第四,针对平日教理切磋和信徒皈依过程中,中国人难以理解和接受的天主降生救赎等教义,特撰写多种神学著作,集中阐释基督论的内容。由于强调忠实地介绍福音信息,其书大都直接翻译或改编自欧洲手册,加之书中对中国教徒有如欧洲人一样的苛刻要求,这些著作明显

---

① 《口铎日抄》卷三。
② 黄贞:《清颜壮其先生辟天主教书》,载徐昌治订:《圣朝破邪集》卷三。

地呈现出有悖于本土化的异国情调。

　　借著述以传扬基督教,已成为来华耶稣会士的传统,艾儒略则是其中出类拔萃者。他曾对李九标说:"著书以明圣教",乃上帝特赐"天堂之赏"之一(另为致命和童贞),"凡有心有力者,皆可勉而能之"。① 经此激励,李九标辈握管操觚,宣传教义十分踊跃,形成明末福建西学热潮和基督教本土化中一大特色(详情后叙)。与此同时,艾儒略"极喜刻书。尝谓人之心病不一,广刻善书,譬诸药肆,诸品咸备,听人自取,凡可随其病而疗之。乃以省察之余晷,悉以著书,以约腹之余财,尽以供刻"。②

　　综合各家的记载,艾儒略的著作有 27 种之多。它们是:《万国全图》③、《天主降生言行纪略》、《降生引义》、《昭事(弥撒)祭义》、《涤罪正规》、《万物真原》、《三山论学》、《西学凡》、《圣梦歌》④《性学觕述》、《职方外纪》、《西方答问》、《几何法要》、《景教碑颂注解》、《圣体要理》、《圣体祷文》、《出像经解》、《(玫瑰)十五端图像》、《利玛窦行实》、《熙朝崇正集》、《杨淇园行略》、《张弥克遗迹》、《悔罪要旨》、《五十言(余)》、《四字经》⑤、《圣母行实》、《圣教神业》。⑥ 除此之外,可能还有著作尚未囊括在上述书目中。如其门徒称,艾儒略曾"著辟堪舆一书",⑦即未被收录。可见艾氏的中文著作当不下于 30 种。

　　据意大利学者柯毅霖(Gianni Criveller)的研究,这近 30 种著作,大体上可以 1624 年(天启四年)艾儒略抵达福建为界,分为两部分。在此之前,艾氏"写了大量的科学著作"。至闽省以后,"他不再有很多科学著作,取代它们的是一些为他的新皈依者而撰写的灵性作品、要理问

---

① 《口铎日抄》卷八。
② 李嗣玄:《西海艾先生行略》。
③ 柯毅霖著,王志成等译:《晚明基督论》,四川人民出版社 1999 年版,第 162 页。
④ 费赖之谓"《圣梦歌》亦题《性灵篇》",两者系同一书。费赖之著,冯承钧译:《在华耶稣会士列传及书目》上册,第 139 页。
⑤ 韩霖、张赓:《圣教信证》,艾儒略,载《天主教东传文献三编》第一册,台湾学生书局 1972 年版。
⑥ 李嗣玄:《西海艾先生行略》。
⑦ 《口铎日抄》卷一。

答、道德作品、经文和祈祷文等"。① 为此,柯毅霖从教义的核心基督论和西方神学的角度,广搜博引,对艾儒略在福建撰述的16部颇具代表性的著作,进行了全面的梳理和介绍,出版了专著《晚明基督论》及相关的论文。在这里,拟借助这些研究成果,就涉及本土化的两个问题稍作归纳。

第一个问题,神学理论著作与传教实践的关系。艾儒略的这些著作,固然有替初创的福建教会铺设可靠的神学基础的意图,但从著述的时机及其主题来看,都跟传教实践有着密切的联系。一般来说,传教首先展示的,主要是传教士"个人生活的人格榜样"及其魅力。此时注重的,乃是基层组织的建立和宗教宣传的普及。至于有关教理的讲解,则不得不带有某种随机性(随问随答)与非系统性(片断和语录式)的特征。记述艾儒略传教活动的《口铎日抄》,即是上述特征的真实反映。经过多年的传教实践和不懈的努力,当"布道团的基础(在福建)已经相当稳固,因此在直接宣讲福音方面能做到更为彻底"的条件下,艾儒略才有可能从容地、系统地撰写多种神学理论著作。

其次,这些神学著作的主题,在"集中表述基督的奥秘",包括"倡导以基督为中心的灵性",强调"以圣餐为中心的灵性和日常弥撒",鼓励"冥想我们主耶稣基督的生活:他的言语和形象"。至此,"为了中国基督徒需要发展的"基本方面,如基督奥秘的灵性体验,日常宗教礼仪蕴含的救赎道理,借助冥想感知而效法耶稣基督圣洁生活等,艾儒略"第一次详尽地提供了手段"。② 其实,诸如此类的教理,平日在艾氏和教会骨干论道时已多有涉猎,不过未及深究而已。而未及深究的原因,很大程度上在于,无论亲近西学的士大夫(如叶向高),还是虔诚皈依的中下层士人(如李嗣玄、张赓),均表示对天主降生救赎的奥秘难以理解和接受(不过叶向高排拒终身,而李、张二人则徘徊于一时)。也许正是这些平日教义切磋中难以解开的疑团,或教徒皈依时无法排遣的困惑,促

---

① 柯毅霖著,王志成等译:《晚明基督论》,第163—164页。
② 柯毅霖著,汪建达译:《晚明基督论(1582—1644年)——从利玛窦到艾儒略》,载陈村富主编:《宗教文化》第3辑,东方出版社1998年版。

使艾儒略下决心将集中阐释基督的奥秘,作为自己撰写多部神学著作的主题,借此回应和排除传教实践中所遭遇的思想障碍、疑窦和困惑。当然,这种举措跟艾儒略的宗教修养及其自觉的宗教责任感,有着必然的联系。正如柯毅霖指出的:"艾儒略在成长岁月中形成的朝向基督中心的灵性的个人倾向,对这一选择产生了重要影响……青年艾儒略热衷于耶稣会士的灵性,在对耶稣受难的冥想中明白其传教的天职,这决非偶然。"①

第二个问题,在中西文化矛盾状态中所凸显的宗教保守趋向。由于"艾儒略把自己的传教中心",从利玛窦那种"认识天主之真理"阶段,"转向在耶稣里降生成人和救赎的奥秘",宣教活动"主要目标是呈现全部的基督信息",②这样就决定了他的这些神学著作的基本特点。

其一,"艾儒略首先要做的是,忠实地介绍福音信息。这一要务压倒了所有适应性问题。"③如《天主降生言行纪略》,这是"第一部根据四福音书用中文写成的完整的耶稣传记"。为使该书通俗易懂,作者采用了中文表达形式和实例,通过大量的评注解释福音书的疑难。然而,作者的这些诠释都是严格按照基督论进行的,书中系统地介绍了《圣经》救赎的教理,传达了西方生活方式的大量信息,甚至在细枝末节上也尽力做到忠实于福音书。这样一来,中西文化的差异和矛盾,便通过"福音书道德与儒家道德在对孝道的价值认识上"的"冲突"凸显出来。例如,福音书教人不必礼葬父亲和守孝,也不必向母亲辞行告别,而径随耶稣四处传教,这显然跟儒家道德相悖离。可见,"在此书中,作者要做的首先是忠实地传达福音信息,然后才是相关的适应与调整工作"。④

其二,"这三本书的内容都非常欧化,其中许多段落极有可能是从欧洲人用的手册中直接翻译或改编而来。"⑤《弥撒祭义略》《圣体要理》

---

① 柯毅霖著,汪建达译:《晚明基督论(1582—1644年)——从利玛窦到艾儒略》。
② 柯毅霖著,王志成等译:《晚明基督论》,第298页。
③ 同上书,第227页。
④ 同上书,第216—239页。
⑤ 柯毅霖著,王志成等译:《晚明基督论》,第204页。

和《耶稣圣体文》,是三部与基督教日常礼仪有关的"教牧作品"。前者陈述弥撒的礼拜仪式,后两者则在阐释圣餐礼的意义及方式。据柯毅霖的研究,"关于圣餐的教义和实践的几个问题,很可能是在中国基督徒中产生的。如对不用米饭而用面包作圣餐的解释。有大量对中国当地情况的迁就",等等。此外,如《弥撒祭义略》中第二部分,"有对祭巾的描述和解释",这显然是就金尼阁赴欧征得教廷准允而实行中国习俗的一种认同。然而,既然这三册书直接译自欧洲且内容非常欧化,那么通过这些礼仪所强调的,仍是欧洲基督教的原旨。如在圣餐礼仪中,突出宣传纯洁和信仰即是例证。"纯洁几乎以一种令人困惑的方式成为领受圣餐的必要条件",而"圣餐的奥秘理性解释不了,从信仰之外看,它是不可思议的"。① 这就表明,前述对中国习俗的一些皮毛的迁就,跟书中主旨所严厉要求的绝对的纯洁和不由分说的盲从奥秘相比较,可以说是微不足道的。

其三,"艾儒略对皈依者的要求太苛刻,简直是把他们当成欧洲人了。"② 如专为中国皈依者撰写的教牧问答体作品《涤罪正规》,不仅题目晦涩难懂,而且内容的艰深也令中国皈依者望而却步。"他介绍了一些相当专业化的概念和实践方式,如良心反省、忏悔和懊悔、可赦的和不可赦的罪过以及几种可行的苦修方式,等等。艾儒略很少运用中国的俗语和例子:他所用的多是选自欧洲虔敬文学的启示故事。"同时,由于这些故事弥漫着当时欧洲盛行的所谓"恐惧教牧"的气氛,故"很容易引人生发恐惧感"。这种将中国皈依者当成欧洲人一样的苛刻要求,以及令人生发恐惧感的陌生的教义,据说是艾儒略为了纠绳"中国基督徒难以将悔罪付诸实践的症结",而下的一剂猛药。③ 然而,因此态度和做法同儒家道德内省与实践的传统大相径庭,故为中国教徒的接受程度和实际效果,都是值得怀疑的。

---

① 柯毅霖著,王志成等译:《晚明基督论》,第 200—206 页。
② 同上书,第 198 页。
③ 同上书,第 197—200 页。

其四,"艾儒略颇有创见地第一次撇开西方圣人而推出一二位中国基督徒的传记。这显然为削弱基督教的异国情调向前迈出了一步。"①《张弥格尔遗迹》《杨淇园先生超性事迹》和《大西利先生行迹》的写作,是艾儒略试图为不具备西方宗教背景的中国基督教会,开始确立其自身传统的一种努力。张赓之子张识(教名弥格尔)以灵修的虔诚和梦幻故事,杨廷筠(号淇园)以从教之坚忍与自我修养,利玛窦(字西泰)以品德高洁和牺牲精神,在中国基督教徒中享有盛誉。艾儒略在将他们的优良品德通过注入基督神性,塑造成人世楷模的过程中,一方面是顺应"中国百姓愿意并乐于接触源自德行高尚者的生活的灵性与道德教导",另一方面则在激励后来者效法"信教的先辈们的事迹和体验,从而使信仰代代相传"。②

尽管在这些传记或其他神学著作中,对中国文化和习俗的迁就多少有所表示,但大体上,那种在中西文化矛盾状态中凸显的宗教保守倾向,仍贯串于著作的始终并占据主导的地位。

实际上,艾儒略在推行基督教本土化过程中,还具有第五个特点,即围绕着在中国的传教策略,艾儒略同初至福建的方济各、多明我会士的分歧与斗争。首先,艾儒略坚持和充实了利玛窦适应策略的基本方面。如和平与学术传教方针,向士大夫和知识阶层宣教的意向,容纳中国祭奠礼仪、相兼"道味与孝情"的调和原则等,与方济各、多明我会士主张武力护教,直接在下层平民煽动宗教狂热,不容忍任何调和妥协的极具侵略性的做法,适形成了对照。很显然,正是这种适应性传教策略,开启了福建基督教本土化进程。但与此同时,出于传教士共同的属性和实际利害关系的考量,艾儒略也不能不受到因方济各会士指责而形成的舆论,即所谓"耶稣会士在中国隐瞒基督的十字架,是偶像崇拜者"③的不良影响,从而阻碍和制约了他在基督教本土化中的积极作用。如维护基督教义权威对儒家习俗的某种否定和批判,或在论著中选择完

---

① 柯毅霖著,王志成等译:《晚明基督论》,第213页。
② 同上书,第213—214页。
③ 同上书,第168页。

全欧化地表述基督奥秘的主题,这些都跟艾儒略从消极方面接受影响,有着密切的关系。鉴于明末福建有关传教策略的争论,属于稍后引起轩然大波的中国礼仪之争的序幕和重要环节,其发展的脉络我们将在稍后章节加以讨论。在这里,仅简略地提示这种争论在明季福建基督教本土化进程中的消极影响。

综合对艾儒略在福建推行基督教本土化的考察,可以归纳出一些初步的认识。

第一,"本土化"是传教士适应策略的继续和深化,而对该策略的某种背离或处置失误,势必制约乃至扭曲"本土化"的进程。

首先,从艾儒略与利玛窦一脉相承的关系来看,前者的传教实践无疑是后者适应策略的继续。表面上,艾儒略同福建士大夫的密切交往,似乎跟基督教本土化并无多少关联,但实际上,如果没有在这种交往中建立的友谊和信任,没有彼此对西学儒学心理相通原则的认同,那么,便不可能得到官绅的庇护而在教难中化险为夷,也不可能获得深入其他社会阶层便捷的手段和途径,以及有利于传教的社会氛围。

其次,传教实践还表明,艾儒略"本土化"的举措,乃是适应策略的深化。诸如,将传教的重心由士大夫转移到中下层士人,传教形式由驻守中心城市到巡游全省各地;对于儒学与基督教义隐含的矛盾和冲突,由原先的回避改为直接面对的态度;特别是深入基层进行宗教组织活动,着力从信仰、品德和知识方面培养教会骨干,并通过布道及多种著述,将中国知识精英与教徒皈依中最难理解和接受的有关天主降生救赎的奥秘,作为宣教的主题和中心。凡此种种,显然已非原有的适应策略可以涵盖,而属于基督教本土化的范畴。如果在这些范畴的进一步演绎中,艾儒略仍能更加细致地编织与调和儒学西学的精义,而不偏离适应本土文化的既定方向,那么,这种"本土化"便可减少前进的阻力,迎来稳步的发展。然而,由于个人灵性倾向的张扬和受其他修会所造舆论的消极影响,艾儒略在"本土化"中,未能持之以恒地将适应本土文化的传教策略贯彻到底,特别是忽略儒学西学的同一性及其平等交流的原则,从而暴露了基督教本土化的局限性和保守的趋向。其明显的例证在于,艾儒略为维护原罪的教义,明确提出修改"率性之谓道"的儒家经典;不顾及中国人的感情,从《圣经》推衍出"中国人种西来说",甚至指认中国圣贤因不合西方教规而堕入地狱受罪,永无出头之日。与此种议论相呼应,艾儒略还撰写了多种神学著作。在标榜集中表述基督奥秘和忠实介绍福音信息的前提下,用非常欧化的内容与生硬晦涩的语言,像对待欧洲人一样,异常苛刻并带有恐惧的威胁,要求中国基督徒信仰的纯洁性和对基督奥秘的盲目服从。凡此表露,已将移植西方宗教,以及该宗教固有的狭隘性和排他性,凌驾于它赖以在中国依傍生存,并不得不与之相通相容的传统儒家之上。这样,事物便逐渐走向自己的反面。原本是为基督教本土化开辟道路的适应性传教策略,由于艾儒略的某种背离和失误,遂不能不影响和制约"本土化"的进一步发展。

第二,福建基督教徒在"本土化"过程中的自我转换,及其对违背本土文化趋向的自发抵制。

随着传教士的活动由适应性策略深化为基督教本土化进程,福建以中下层士人为核心的基督徒,亦经历了由最初对传统政治腐败的失望,而衍变为虔诚信奉西方宗教的自我转换过程,李九标等人的皈依,也大致沿袭其前辈徐光启、李之藻和杨廷筠相似的心路旅程。即面对明末政治腐败和科举弊窦丛生的状况,很难施展个人的抱负,有着切身的体会(李九标等人因出身于统治低层的失意生员,对此尤为痛切,李九标抒发内心煎熬的自白可以证明①)。稍后,他们在同西方科技接触和传教士圣洁生活的感召下,深信西学可补充和纠绳儒学之不足(从李九标对西方科学的浓厚兴趣及感慨中,可窥见其心态②)。最后,在基督教义与宗教生活中,他们寻觅到终生的寄托和关怀。

福建基督徒这种寄托与皈依,具有多种表现形式。例如,宗教组织

---

① 《口铎日抄》第四卷小言。
② 同上书,卷一、卷二。

方面。教会内各种名目的宗教结社勃然而兴,教友间亲密友谊和思想共鸣日渐显著,借助于血缘关系教会得以深入社会基层,出现了若干名闻遐迩的基督教家族。又如,教会骨干方面。以出身中下阶层为主体的士人,在他们成长为传教士助手和代言人过程中,已于信仰、品德与科学知识具备了一定的素养,担当起推动基督教本土化的中坚力量。再如,理解和接受教义方面。从一次持续多日的十一名教徒自诉研习教义心得的聚会中,可知像钦崇天主圣母,坚贞信念和热心,忻勤圣事,淡薄世味,终身苦修改过及切望天主救赎之恩等基督教义已多有体会,①且达到相当的认识深度。即使如中国知识精英极难接受的天主降生救赎奥秘,李嗣玄、张赓等人亦能在皈依中,顺利地克服民族情感和宗教理解上的困难,而笃信不疑。凡此种种,可以说明,"本土化"在改变中国基督徒的信仰,实现其自我转换方面,收到了一定的成效。

然而,须要强调指出的是,福建基督徒这种信仰的自我转换,并不意味着他们对中国传统价值的背离,相反地,却是建立在坚信西学可与儒学相通相容和互补的基础之上,建立在中国文化的包容性与亲和力之上。这些扎根于传统文化的中下层士人,曾宣示其"奉教,亦以圣教为不悖于孔子,故诚心而敬服之"。② 在他们看来,"东海西海,心理相同,近天教者莫如儒,故其书之相合者多"。③ 他们之中,甚至有人觉察到传教已多少有悖于这个原则,而特别提出忠告:"今欲敷教中土,当发明天教之是,并勿轻拟儒书之非。"④于是,从此融合的理念出发,闽楚教徒在实践中特为尊奉祖先、祭奠亡灵创造出一套道俗兼容、中西合璧的礼仪。然而,那传教士津津乐道的"中国人种西来说",则遭到坚

---

① 《口铎日抄》卷八。

② 《闽中将乐县丘先生(晟)致诸位神父书》,藏罗马耶稣总会档案馆,Jap. Sin I 40/3。此文虽出于清初从教之下层士人,但却代表了明末清初皈依士人的共同心声。有鉴如此,包括丘晟、严谟(严赞化之子)在内的相当一批福建信教士人,在"礼仪之争"中,坚定地站在支持适应传教策略和维护中国传统文化的立场。

③ 李九功:《礼俗明辨》总评,载钟鸣旦、杜鼎克编:《耶稣会罗马档案馆明清天主教文献》第九册,台北利氏学社 2002 年版,第 46 页。

④ 李九功:《礼俗明辨》总评,载钟鸣旦、杜鼎克编:《耶稣会罗马档案馆明清天主教文献》第九册。

持中华民族本位的教友的质疑和婉拒。也许正是这些执着于追求中西文化同一性的教会骨干,对于那明显伤害中国人情感的教义,以及恣肆攻讦儒家经典的言论,所表露的反感和自发的抵制,在一定程度上遏制或化解了因传教士处置失当而给"本土化"带来的消极影响。同时,也可能使艾儒略的过激言行有所收敛和醒悟。① 从而在那复杂艰难、毫无前例可援的情况下,福建"本土化"进程依然取得了瞩目的成绩。

第三,充满矛盾和互动互补的"本土化"进程。

从16至18世纪的形势来看,所谓"基督教本土化",指的是通过宗教传播而引起的不同文化之间的互动关系。这不仅表现为,蕴含西方文化渊源和内容的基督教,在对欧洲以外地区传统文化的浸蚀过程中,不同程度地促进了本土文化的变化;同时意味着,基督教在为本土文化吸纳过程中,也不得不改变存在形式和表达方法。在它寻求并运用本土的语言文字、观念形态乃至思维习惯演绎西方神学的时候,其原旨教义也不可避免地发生某种变异。这样"基督教本土化",便呈现出"转变文化的性质并产生一个新的创造"的过程。②

然而,"基督教中国化"过程中这种互动关系,却是在纵横交错的矛盾状态中形成和发展的。一方面,一心想宣扬西方原旨教义的传教士,在当时形势下不得不适应中国传统文化,而又很难将这种适应策略全面贯彻和坚持到底;另一方面,一直眷恋本土文化传统与价值取向的中国基督徒,却希冀在西方宗教获得精神寄托和终极关怀,且力图在这两者的调和中求得内心的平衡。一方面,传教士在促使基督徒信仰的自

---

① 如艾儒略晚年羁留延平,躲避战乱,虽饥病交加,犹"谓教友曰:可为吾书一匾曰:'四忧堂',即吾夫子德不修、学不讲曰语也"。门徒李嗣玄对此称赞道:"其孜孜汲汲,毫不倦勤,倘所谓望道未见,不知老子将至者乎!"(李嗣玄:《西海艾先生行略》)考艾氏"四忧堂"典故,原出于孔子《论语》"述而第七"(卷四),"子曰:德之不修,学之不讲,闻义不能徙,不善不能改,是吾忧也。"艾氏晚年仍以孔子教诲以自勉,既可视做其修德志学老而弥坚的反映,也可认为是向中国教徒传达一种信息,即他虽间有贬抑儒家经典诋毁中国圣贤的言论,但内心深处还是崇敬孔子及其学说的。这似乎是艾氏收敛昔日过激言行的表白。

② 钟鸣旦:《中西文化交流的研究与本位化概念》,载中国台湾辅仁大学《神学论集》⑧,1991年夏。

我转换方面,取得了明显的进展,而其居高临下的教义和对儒家经典的诘难,却招致基督徒的反感与抵制;另一方面,基督徒对西学乃至深奥的天主降生救赎教义,亦能克服困难平和地接受,而其维护本土文化的表示,则使传教士的过激言行多少有所收敛。总而言之,正是通过这不同的文化、宗教及其载体(传教士与中国基督徒)之间的矛盾,以及这些矛盾在特定社会环境中的碰撞、互动、融合和补充,使明季福建基督教本土化呈现出纷繁复杂的局面,既取得一定的进展,亦暴露了固有的局限性。

如果说,艾儒略对基督教本土化的尝试,具有开拓的意义,虽得失互见,但毕竟有所进展的话,那么,随着以后传教观念的愈加保守,这种"本土化"的探索便越来越退化。正如意大利学者柯毅霖指出的:"令人遗憾的是,本土化并没有朝着本土特征好的方面持续发展。传教士的道德心和实践有退化迹象,这可能是礼仪之争带来的许多消极后果之一。"①

第三节 构建福建基督教会核心的中下层士人及其特征

为叙述的方便,在上一节中,已就传教士艾儒略开拓基督教本土化进程中,以中下层士人为核心的福建基督教会及其代表人物的种种表现(若论其辈分,这些代表人物如同朱宗元一样,属于第二代皈依文人),作了大致的勾勒。在这里,拟着重从李九标、李九功、张赓等教会精英的著述方面,稍加归纳和铺陈,以窥福建教会人士活动之全豹,进而凸显第二代皈依文人的若干属性。

李九标(字其香)、李九功(字其叙)系同胞兄弟,福州府福清县海口镇人。乃祖、叔和长兄,都曾担任未入流品的县教谕、训导之职。② 从

---

① 柯毅霖著,王志成等译:《晚明基督论》,第252—253页。
② Adrian Dudink:*Giulio Aleni and Li Jiubiao*,"Schotar from the West":Giulio Aleni S. J. (1582—1649)and the Dialogue between Christianity and China,Sankt Augustin,Ed, by Tiziana Lippiello. and Roman Malek,1997,p.180.

李九功称:"幼习先博士训",①李九标崇祯四年(1631年)"将东粤省觐"来看,②其父亦任职广东教授经学的学官。可见李氏兄弟出身于世代以儒学教官为业的中下层士人之家。

像这种虽诗书传家却无显赫功名家庭的愿望,便是督促子弟埋首经书,沿着科举的阶梯,跻身士大夫的行列。为此,万历四十年至四十八年(1612—1620年),李九标由祖父李裁带至建宁府崇安县儒学官衙(裁时任副训导),拜训导、莆田人卓迈为师(此人后考中进士,终官太仆寺少卿),在其指导下学习。万历四十五年(1617年),李九标通过了秀才的考试。此后20年间,九标一直以两位兄长为榜样(一得中进士,一为举人),严格按照科举八股文的范式,潜心揣摩和练习,并一次又一次地前往省城福州,参加每三年一届的争取举人头衔的"乡试"。然而命运多舛,应试均以失败告终。

迭遭挫折和打击之后,在明末多元化思潮激荡下,李九标就人生道路作出了两项重要决定。其一,率先皈依基督教,成为地方教会的领袖。李九功写道:"戊辰(崇祯元年,1628年)冬,偕伯氏其香(九标),就试三山(福州),闻道于艾(儒略)先生,幡然志昭事之学,始受圣洗。"③九标教名德望,九功教名多默。按照惯例,新入教者须短期培训,而"其香一日闻道,遂静修三山堂,思辨一年"。④可见传教士对他的重视。九标兄弟果然不负所望,"嗣是,予乡唱和实渐有人,协力建堂为祀主讲德地。"⑤"归而诱化"入教者达"数百人"之众。⑥又十数年间,"标奉教于诸先生(传教士),六、七位于兹",⑦倍加亲密。尤其随侍艾儒略左右,绍介和晋接各地缙绅,疏通教徒与神父关系,辩论并普及降生救赎

---

① 李九功:《励修一鉴自序》,载徐宗泽编著:《明清间耶稣会士译著》,第64页。
② 李九标汇编:《口铎日抄》卷二,载钟鸣旦、杜鼎克主编:《耶稣会罗马档案馆明清天主教文献》第七册。
③ 李九功:《励修一鉴自序》,载徐宗泽编著:《明清间耶稣会士译著提要》,第64页。
④ 张赓:《口铎日抄序》,同上书,第90页。
⑤ 李九功:《励修一鉴自序》,载徐宗泽编著:《明清间耶稣会士译著提要》,第64页。
⑥ 张赓:《口铎日抄序》,同上书,第90页。
⑦ 李九标汇编:《口铎日抄》卷八。

等教义,乃至笔记和汇编《口铎日抄》一书,"为我们提供了一幅耶稣会传教士在晚明福建活动的极为珍贵的图画"。① 凡此表明,李九标兄弟不仅是其家乡基督教团体的领袖,而且是传教士的得力助手和福建教会的重要骨干。

其二,放弃科举仕途的追求,关注经世致用之学问。其教友张赓评述道:"其香一日闻道,遂静修三山堂,思辨一年。等功名于浮云,视举子业如弁髦。而且理日益明,才日益迈。"② 似乎皈依静修的醒悟,直接导致对科举仕途的决绝,然而,事情并非如此简单。就在崇祯元年(1628年)冬,李九标领洗皈依和静修一年之后,他仍参加了崇祯三年(1630年)、六年(1633年)和九年(1636年)在省城举行的乡试。③ 崇祯十三年八月十五日(1640年9月30日),李九标在由他编辑的《枕书》的序言中写到,崇祯十年(1637年)初夏,他决定停止对通过举人考试的进一步努力,此前二十多年间(1617—1637年,万历四十五年至崇祯十年),他完全按照八股文的规范,进行着认真的准备。今后代替自己这种考试准备的,是想要为国家做一些事情,特别是国家危难的时候(内有盗贼作乱,外有蛮族(满洲)入侵)。他在此传递的知识取自以前读过的书籍。这些书籍为国家的治理,经济的补救和抑制目前的危机,提供了教诲与方法。④ 这样看来,如果说在李九标摈弃科举入仕过程中,皈依基督教确乎是诱因的话,那也不是决定性的。更重要的因素,还在于中国文人以天下为己任的传统和经世致用的理念。当然,不能排除因久试不第而产生的怨尤与失望。

从此,一方面,李九标忍受着加入基督教后内心的孤寂和煎熬,尽

---

① Adrian Dudink:*Giulio Aleni and Li Jiubiao*,"Schotar from the West":Giulio Aleni S. J. (1582—1649)and the Dialogue between Christianity and China,Sankt Augustin,Ed, by Tiziana Lippiello. and Roman Malek,1997,p. 129.

② 张赓:《口铎日抄序》。

③ Adrian Dudink:*Giulio Aleni and Li Jiubiao*,"Schotar from the West":Giulio Aleni S. J. (1582—1649)and the Dialogue between Christianity and China,Sankt Augustin,Ed, by Tiziana Lippiello. and Roman Malek,1997,p. 155.

④ 同上书,第154—155,161—162页。

量从西学或天学中,汲取新的知识与信仰,寻求人生的意义和归宿。另一方面,则不顾传教士不公正的责难,在国事颠危之际,继续搜集、编纂和传扬历代治国安邦之策略和儒家忠孝节义的精神。这样一来,不仅在李九标身上生动地体现了基督教义与儒学的调适和融通,而且在他周围,亦形成并联结着范围广泛的宗教与世俗两个关系网络。

据我考察,李九标迅速皈依基督教,且为西学所吸引的缘由,大致可归纳为四点。

(一)以利玛窦道德品质为表率,从由衷的景仰,至愿私淑而揄扬。

耶稣会士艾儒略曾撰有《大西利先生行迹》(《大西西泰利先生行迹》),表彰其先行者利玛窦在华之业绩,申述后辈传承适应传教策略的信念。受此感染,李九标写下《读先生传后》一文,充分表达了一位僻处海滨的下层士人,对于来自异国的利玛窦道范德容的尊敬,并缕列其不同凡响的优秀品德,为鉴为表,予以褒扬和效法。

首先,文章认为,利玛窦惠顾吾邦的功绩,在"开千百年人心之迷,提长夜而使之旦"。故"诸凡穷陬僻壤读其书者,无不景仰其人。"利氏"德容"、"道范",经艾先生诠次行实(指立传)之后,使僻处海滨而"私心向往"的九标,得读斯篇恍若在目前。"因思古今有志之士,得先正遗言往行,莫不私淑百代,尚友千秋。今读利子之书,如知利子矣。读利子之行迹,愈以知利子矣。"

为使这些"先正遗言往行"得以宣扬和师承,李九标总结出利氏13项优良品德作为镜鉴,号召克服与之对立的坏的表现。这些品德是:谦,正,翼翼昭事天主,孜孜诱归,险阻不避,利名不染,德功不居,横逆不较,衣食不问,勤学惜时,制器类物,测影考度,闻风趋教。[①] 其中,既有坚定的天主信仰和传教热忱,又有不畏艰险不计名利的事业追求;既有谦正品质和勤学作风,还有制器类物、测影考度的科学才能。由此可见,李九标由衷钦佩且力图效法者,乃由传教士带来的一种新的信仰、

[①] 艾儒略:《大西西泰利先生行迹》,李九标:《读先生传后》,载钟鸣旦、杜鼎克主编:《耶稣会罗马档案馆明清天主教文献》第十二册。

事业、学风和才智。

(二)对于新奇的西方科学知识,怀有强烈的学习热情,且举一反三,颇有心得。

翻检《口铎日抄》便不难发现,详询西方科学知识,乃李九标与传教士交谈的重要内容之一。大者如七政天体之运行(日月本动、宗动,五星躔度次舍,星坠之说,雷电成因及是否有龙等),中者地如圆球诸现象(各地居人而不同时,南北极昼夜皆半年等),小者如中西历法所据有别(西法从太阳算,中法从太阴算),旁及天地仪标志,地图诸种画法,推算月蚀方法,舆图定南北东西度数方法。凡此种种,无不显示一位僻处边远、平日孤陋寡闻的下层士人,一旦有机会接触西方科学知识,犹如打开了一个广袤无垠的新天地,那种迫不及待而孜孜以求的热情,不弄明白则决不罢休的执着精神,不能不令人感动。

例如,一次,中午,同视教堂壁间所挂罗马地图,艾儒略以日轮所照度数不同,称此时罗马正未行弥撒之凌晨,李九标闻之"愕然",请问其故。另一次,艾氏又谓欧洲极北之地半年为昼半年为夜,九标初"讶而未得其解"。经点拨稍有领悟,"复按地图以质"对。艾氏见状,"遂出天地仪示余(指九标),且缕缕言之。余质性鲁钝,仓卒未能了了。先生曰:'是乌可一蹴至乎!姑先志仪圈诸名,可渐而学矣'。"不久,九标又持此疑难请教卢安德神父,卢氏便以天地仪、地球仪与舆图三者相较,详加解答。一年之后,李九标仍持此话题再询教友林君及和艾儒略神父。在此反复征询、不厌其烦过程中,李九标对新学的执着精神固可感佩,而传教士循循善诱、诲人不倦的品德亦值得称赞。正如荷兰著名汉学家许理和先生指出的,《口铎日抄》记载传教士与教徒之间,"在平等的条件下",所呈现的"那种理解、儒雅和相互尊重的氛围",彰显了东西方文化交流的魅力和成就,具有"持久的价值"。[①]

正是在此科学对话和仪器演示的良好氛围中,李九标的聪明才智

[①] 许理和(Erik Zürcher)著,王绍祥、林金水译:《李九功与〈慎思录〉》,载卓新平主编:《相遇与对话——明末清初中西文化交流国际学术研讨会文集》,第95页,宗教文化出版社2003年版。

亦得到升华。例如,初闻罗马与福建居不同时的缘故,李九标即能举一反三,表示:"信如师言,推之敝邦诸省",亦复如此。又如,获悉南北极昼夜长短的自然现象后,李九标退思联想,诟病目光狭隘的"拘儒",写道:"余闻而喈然若丧。退思舆图所画,微识其解。夫拘儒以目所不见谓无也,孰知以理测之,固凿凿可按若斯者乎!"再如,向艾氏详询日月交会而成晦朔的原因,李九标感叹道:"余闻而爽,然自失。思学问之道无穷,其未可一得自足者,大抵如斯乎!"最后,请艾氏阐释金星天行度距日迟速几何时,李九标更列举中国古籍《毛诗传注》以相质对,讨论愈加深入。① 举凡由一返三,以中国古籍质对,或批评拘儒狭隘和堪舆迷信(从略),乃至警惕学问之道不可自满自足,这一切无不勾勒出一位下层士人在西学的沐浴下,那种舒畅、激励和才华横溢的情景。

(三)认定基督教的作用,欲在洪波浩森中为人世作津梁,经过反复思考和讨论,欣然接受这新信仰与教义。

如前所述,李九标于《读先生传后》指出,利玛窦等传教士来华的功绩,在"开千百年人心之迷,提长夜而使之旦"。稍后,诸教友替《口铎日抄》撰写序言,共同为"开迷提旦"的含义进行了说明。张赓在第一篇序言中认为,传教士使人始知生之大根原。他说,过去,"以从事我生之大根原,与夫我生之大究竟,呜呼,是可谓终身不灵者矣……得西方先生,提铎而振焉,人始知有大根原,大究竟焉"。② 林一俊在第二篇序言中,诠释人生大根原、大究竟,便是知此生之所自来与自往,认至尊至灵之主宰和以生死大事为根宗,但这些认识却因世人的种种缺陷而受到限制。他写道:"世人拘于旧习,溺于秽乐,曾不能开拓心胸,驰域外超旷之观,思此生之所自来,与所自往……未绎思乎永报,先责望乎目前,不于万有之上,认至尊至灵之主宰……不以生死大事,早觅究竟之根宗。"值得注意的是,与李九标同为科场困阨的林一俊,还特别在文中针砭以辞章为务的科举制度,禁锢人性思力,追逐伪荣微福,成为世人关注生

---

① 有关李九标对西方科学的兴趣,引自《口铎日抄》第一、二、八卷,载《耶稣会罗马档案馆明清天主教文献》第七册。

② 张赓:《口铎日抄序》,载《明清间耶稣会士译著提要》,第89—90页。

前死后大事的障碍。他揭发:"大抵三代而后,学者多以辞章为务,科名为业,又有一切下学之法,设为方便梯航,积久认真,锢人思力,故于人性以上,生前死后之大关,存焉不论,论焉不详者矣。"又规诫道:"诸君子试思吾党中,治铅椠,应制科,一日云蒸龙变,或标皇常,铭鼎吕,或广第宅,饰舆马……而斯世伪荣微福,直转瞬浮云,无堪久恋者乎!"①有鉴于诸教友的上述铺垫,李九标遂在第三篇序言总结道,传教士铎音远播的意义,在以造物主之真传,于洪波浩淼之中,欲为拯救世人作桥梁。他说:"泰西诸先生之航海而东也……独铎音远播,其所醒觉而提命者,不一而足。嗟夫,是岂炫学问而博称声者哉。盖亦以造物主之真传,晦蚀已久,而二氏(佛老)之曲说,浸淫方深。冯生总总,都在洪波浩淼之中,觅一片板隻筏而不可得。故热肠不禁,欲为人世作津梁耳。"②

正如同造物主的真传和皈依的意义,是李九标在与众教友切磋中逐渐明了一样,他对基督教核心教义的服膺,也是在和教友、传教士质疑送难中实现的。如"在《口铎日抄》的宗教主题中,耶稣显然被看做基督徒信仰和生活的中心"。有关"耶稣受难和被钉十字架的意义",则是传教士灌输的重要内容。③ 事实表明,对此陌生的教义,李九标是以好学深思的态度,经过反复辩论方才领悟的。

崇祯三年(1630年)十一月,李九标为纾解"降生救赎"教义的疑惑,专程前往福州教堂,"问于(艾儒略)先生曰:'教中事理,广大渊深,有愈析而愈无穷者。即如降生救赎,此莫大事理也。向承师训,若无可疑矣。近与其叙(弟九功)质疑送难,复觉有未安者,非师其谁启之'"。于是,先问天主降生为万民所赎何罪,万民怎样得沾天主救赎之恩;继询天主降生后救赎既如此,若其未降生前之人,如何闻悉天主降赎之意。经艾儒略一一解答之后,李九标认识道:"古今万民,必有信望爱三

---

① 林一俊:《口铎日抄叙》,载《明清间耶稣会士译著提要》,第90—91页。
② 李九标:《口铎日抄小引》,载《明清间耶稣会士译著提要》,第92页。
③ 柯毅霖著,王志成等译:《晚明基督论》,第329—330页,四川人民出版社,1999年,成都。

德,始沾吾主救赎之恩。"然仍有未释疑者,"若彼孩童无知而死者,将何处蒙恩耶?"艾氏再申领洗之礼洗涤原罪的含义,并说:"总之古今万民,其升天有路者,不专靠自己功德,全赖吾主救赎之恩。古圣有云,吾主降生之恩,更大于化成天地者。正谓此也。"①在这反复辩难中,李九标兄弟并非曲意苟从,诸多疑惑无不一一指陈而求解。如此锲而不舍的精神,经艾儒略提撕引导,便随着李九标对基督教义的理解愈进愈深,其对天主信望爱的德行亦与日俱增。

最明显的例证,表现在《口铎日抄》中。传教士有关中国文人学士颇难接受的基督论的阐述(天主降生成人、三位一体、耶稣受难等),大都集中于第二卷,②而这正是由李九标亲自参与讨论并独自记录成篇的。诸如天主无所不在;天主降生亦在于天,迨及升天亦不离世;天主受难被钉乃天主莫大之恩;十字架与天主受难救赎的关系;吾主降生受难原为爱人;天主之教有三:性教("十诫")、书教(经典)、宠教(天主降生为人以身立表);灵魂之妙不落形相纯是神体;天主化生天堂地狱,原使人欣而知趋,惧而知避;等等。透过李九标对这些核心教义的准确把握和大力宣扬,凸显其虔诚的信仰与超凡的素养。

(四)在基督教范畴内,讲求修德省察之功,并愿按照新观念,改过不吝终身以之。

在不断增进天主信仰的基础上,李九标亦时聆基督教道德观的教诲。一次,李九标与艾儒略讨论"报效吾主以何者为首功",李以"熟观诸书,孜孜接人"作答,艾谓此非首功,说道:"未有大于为天主而负己之十字架者。昔耶稣之语宗徒,亦惟曰:'尔其日日负己之十字架以从我,未及于接人也'……子自入道以来,业已寻得十字架矣。子宜负焉。如不愿负而拖之,则更重矣。"此"盖指克己、忍耐、绝欲诸德也,余唯唯承教"。又一次,李九标与诸教友商议成立"善终会",请教于艾儒略。"先生曰:是不可不知其义也……今人之生命,修短迟

---

① 李九标汇编:《口铎日抄》卷一。
② 参见《晚明基督论》,《中译本序言》(陈村富),及该书第329页。

速,惟主所操,吾不知终之何期也。然不可不求其善。须有备焉,而后可以无患矣。故善其死者,必先求善其生;善其生者,斯可以善其死者也。吾子识之。"

儒家历来重今生不重来世,其个人修养亦是在注重与现实周围"接人"的环境中,跟家国联系在一起。在这里,基督教则将个人道德,譬喻为自己背负十字架追随耶稣救赎之路,突出的仅仅是个人对于天主的从属,而不是与其他"接人"的关系。与此相对应,道德修炼的着眼点,也由尘论及死,由今世扩及来世。

从这种新的观念出发,传教士一则强调修德之刻不容缓,另则宣扬蒙主启祐下的克性之道。如崇祯四年(1631 年)四月初九,"余(九标)冒雨造堂,卢(安德)先生勉余曰:'人生斯世,电光石火耳,须及时进修。时机一失,后不可图也。有画数幅,为子陈之,何如?'余欣然请教"。于是,卢安德遂出示西洋图画十幅,并逐一讲解。大意谓时机在前,人宜勉图为善,可获在天之福乐;若玩忽时机任其流失,地狱之火旋逼其躬;唯痛悔求赦,依归天主,庶或有救。而传教士倡导克性之道,据艾儒略解释,这是因为"今人之性亦尽非故矣,不克之,又何以成道哉"。另说:"人性已坏,其发之不能全无偏。然克之又克,终渐至于寡也。"对此不断表露和涌现的坏的品德与"妄念",归根到底,都跟"人惟染原罪"有关,故蒙主启祐之下,须讲究克己省察之功。

事实表明,对于这陌生的基督教道德观念及其省察之功,李九标先是反复领会其义蕴,认识上有所醒悟。稍后初试省察之功,因不熟悉窍要而遭遇困难,但誓言愿以圣母四德为标准,改过不吝,终身以之。

如李九标谛听卢安德神父"须及时进修"的教谕后,写道:"余受而反复其义,思天国地牢若是判也,其初只争勤怠一念耳。乃或升九天,或堕九地,人可不警厥初乎!虽然,即临死一刻,犹可挽回。彼钟鸣漏尽,而尚讳改图者,独何心哉!"可见李九标对教义已颇有感悟。接着,李九标在遵从教规实践省察之功时,因注意力无法集中而出现困难。如崇祯十二年(1639 年)八月二十六日,"其香至堂,问曰:'省察之功,其在言行者易见已。至若念虑之萌,初非着意而为者,其为罪与否,未易明也。无论他事,即如对主持诵,至严肃矣,而妄念憧憧,其来也无端,罪乎非罪乎'?"当艾儒略回答此系"原罪之迹","似未为罪"时,九标并不因此而懈怠,继续追问克服之道,艾氏遂以"惟有祈主祐"相对。于是,李九标在一次教友公开集会上表示:"标反躬多过,承师训,有过者,地上之事;改过者,天上之事。改过不吝,愿终身以之。"后又在圣母瞻礼日声明,撷取圣母诸德中之贞、爱、勤、谦"四德",作为取法的标准以鞭策自己。① 凡此真实心迹的坦露,既反映了中国教徒施行西方宗教的神功是多么生疏和艰难,亦表达了李九标欲遵循教规,磨砺意志和品德的决心。

尽管从多方面看,李九标对天学满怀热忱,愿终身信奉,可是在中国传统的环境中,他却不得不面临少有的孤寂,而忍受内心的煎熬。如有教徒埋怨道:"今世之人,谬迷大本,皆谓奉教之人,悉天主所主;其不奉教者,天主不得而主之也。"②世俗将原有人群区分为奉教或不奉教的做法本身,便包含着对皈依者的某种歧视。所谓"凡初入天教,笑讥有不免者",③即是这种歧视的表现。外界世俗陈见的压力,固然令人沮丧;而内心因天学引发的出世入世的冲突,更使人备受煎熬。诚如李九标在《口铎日抄第四卷小言》所说:"隙驹如驶,岁月不留,返顾年来,茫无寸得……然而尘思撩人,如着败絮,行荆棘道中。左支右挂,苦莫可脱。安得时闻德音,可以破空而走也。"很显然,李九标是将摆脱这内外困境,获取精神力量,寄托在能经常聆听传教士的鼓励、开导和警示上。然而,在当时的条件下难以如愿。原因在,纵然传教士被指定派往某个确切的地方,但他却有权根据传教和施行圣礼的需要,在这地域的周围进行广泛的旅行,并随机于某地作或长或短的停留。于是,在某个特定的地方,许多个月看不到一位神父,是常有的事情。即使像李九标家乡这样重要的教区,艾儒略和其他传教士通常也只是一年访问一次,

---

① 以上引文未注明出处者,均见《口铎日抄》卷一,卷二,卷八。
② 李九标汇编:《口铎日抄》卷二。
③ 李九功:《慎思录》第三集,载钟鸣旦、杜鼎克编:《耶穌会罗马档案馆明清天主教文献》第九册。

居留时间且相当短暂。①

如此亟"闻德音"却又难觅"德音"的后果,便是教徒中出现"精神上的危机"。李九标胞弟九功即经历了这样一场危机。九功在《励修一鉴自序》中称,自与乃兄在福州经艾儒略授洗,家乡唱和圣教筹建教堂的活动,"予亦幸从诸君子后,互相切劘,以庶几无负师恩,无堕主宠"。然而,"岁乙亥(崇祯八年,1635 年),读书海澨,明师益友去我一方。因念人渡险世,如履雪地,走危陂,矧予小子秉质愚柔,独立寡助,几何得免颠踬之患"。凭着受洗的热情和艾儒略海谕的效应,加之信徒间切磋教义的新知与共襄圣事的愉悦,李九功的精神可谓充实和自信。然而,一旦只身僻处海涯,远离"明师益友"的宗教氛围,重拾经书继为功名富贵苦读时,其内心出世入世抉择的煎熬,对难以把握的未来命运的恐惧,凡此一切自然使这位"秉质愚(应理解为缺乏阅历——引者)柔,独立寡助,"且皈依不久的教徒,易于陷入无所适从的精神危机。

所谓"李九功阅读奇迹的故事战胜了危机",或"他在传教士缺席期间,阅读奇迹故事获得了慰藉",②指的是他曾在"西师译述"和中国"朋侪笔记"中,通过领悟那些"诏我钦崇"、"训我证修"、"起我敬信"与"圣贤懿范"的中外基督教的圣迹故事,获取精神力量,从而坚定其天主信仰。《励修一鉴自序》在缕列内心的困扰和恐惧后,写道:"惟主悯予,启予悉发箧中书,焚香熏几,次第阅之。由是而觉蒙者开,弱者振,食蔗知甘,向火生热。感上主之鸿恩,在在悉被;信善书之启掖,受益靡多也。"因此渡过难关的李九功,为让更多教友从自己切身体验中汲取教益,遂决定将长年积累的阅读心得,汇集成帙,"爰付枣梨,盖亦敬承师命,为学者励修少助耳"。这就是崇祯十二年(1639 年)自序,十六年(1643 年)修订的《励修一鉴》。③

---

① Adrian Dudink: *Giulio Aleni and Li Jiubiao*, "Schotar from the West": Giulio Aleni S. J. (1582—1649) and the Dialogue between Christianity and China, Sankt Augustin, Ed, by Tiziana Lippiello. and Roman Malek, 1997, pp. 157—159.

② Ibid., pp. 158—159.

③ 李九功:《励修一鉴》,载《天主教东传文献三编》第一册,台湾学生书局,1972 年,台北。

李九功经历的信仰危机,在皈依不久的士人中,具有典型的意义;而其颇见成效的纾解方法,则起到了示范的作用。于是,"著书以明圣教",①便成为闽省教会精英特别关注的事情。而他们阐教著作的特点,则多少跟应对李九功式的困境有关。例如,鸠集众多同志参阅较刻,或互为序跋传扬,体现了团结应对的愿望和集体创作的精神。又如,时有汇编并诠释天学义蕴的著作问世,为散居四方孤立潜修的教友,在思想上提供指导与慰藉。这其中,最具代表性的作品,莫过于李九标记录汇编,并于崇祯十三年(1640年)出版的《口铎日抄》(据李九功自序,其《励修一鉴》的创作,亦受到乃兄此书的启发)。

《口铎日抄》共分八卷,真实记录了自崇祯三年(1630年)正月至崇祯十三年(1640年)五月间,赴闽耶稣会传教士(以艾儒略为首,还有卢安德、林本笃、瞿西满等人),与当地士民(包括基督徒和非基督徒),在平等交往的氛围中,围绕着"西学"或"天学"所展开的一次深入而感人的互动过程。在彼此交谈问答、质疑送难的形式下,包罗着众多的内容。"主题涉及自然奇观、天文学和语言学的科学主题、对佛道和其他宗教信仰的驳斥、地卜(堪舆)、神话传说、基督教概念、教义、戒条、比喻、案例和神迹等等。"这其中,大致可归纳为三部分。第一部分,西方科学技术的介绍和讨论。所占篇幅虽有限,但因反映下层士人对外部世界的渴望,故不应忽视。第二部分,"包含神学和心理学的问题"。这一部分"特别强调耶稣人格以及像天主降生成人、受难和救赎这样的论题",凸显中国士民对此教义的疑惑与难以理解。第三部分,"处理宗教生活的具体实践:基督徒的道德和自我修养,罪及其后果,忏悔,圣事活动,仪式的职责,奉爱实践和普通教友的生活"。② 体现中国士民对于基督教道德节操的欣赏,以及皈依者欲遵循其道德规范的愿望。总而言之,透过如此活泼、无拘束和深入探讨的互动过程,不仅艾儒略等人

---

① 李九标汇编:《口铎日抄》卷一,卷八。
② 柯毅霖著,王志成等译:《晚明基督论》,第302—330页。

的适应性传教策略及其本土化进程,生动地呈现在人们面前;而且以李九标等为典范的下层士人皈依者,那种忍受外界世俗的压力与内心孤寂的煎熬,渴望并追求新知识新信仰的勇气和努力,亦给人留下深刻的印象。这一切自然能给那些散居四方的基督徒,增添潜修的信心,并树立效法的榜样。

与此相联系,《口铎日抄》另一新颖之处,就在于它是众教会骨干合作的成果。该书的创意,原出自李九标。他写道:"庚午(崇祯三年,1630年)以返,其亲炙(艾、卢)二先生者,多无旷时,或在同堂,或在燕处,或为师言之诏我,或为朋侪之起予,爰笔所纪,不觉成帙……小子何心,其敢私为帐中之秘也乎!谨揭而传之,以昭同好。"①然而,一则传教士巡游不定,再则九标为俗事羁绊(他在家乡以教书为业),难以一直追随。为此,崇祯四年(1631年)冬,李九标前往东粤省亲途中,先同漳州教友严赞化谈及,后有泉州教友颜维圣附议,继由他们记录传教士在漳泉活动的情形。九标在《口铎日抄第三卷纪事》中说:"庚午之春,主启余衷,谬兴剞记之役,然特标所闻且见耳。其为见闻所未经者,挂一漏万,宁有穷乎。忆客岁晤思参(严赞化)时,思参即雅存是想。乃懿好不孤,胜友朋起,复有尔宣颜子(颜维圣)其人者。读思参之述,宛觌旧识;读尔宣之纪,怳对新知。窃谬加诠厘,并拙述数帙,汇成一卷。庶无负二友一片苦衷,且遍告同道诸友之均有是心者。俾先生言言诱诲,并作津梁;语语箴规,悉储药石。则吾党幸甚,小人尤幸甚。"②可见李九标等人孜孜以传教士言行诲谕为念,且彼此接力、记录传扬的"苦衷",即在鼓励"同道"借此作救世之"津梁",使"吾党"教友在精神上有所依托和规诫。

炯鉴如此,李九标的上述号召迅速得到"同道诸友"的积极响应。于是,参与《口铎日抄》的汇记,笔记,分录,校订(参订),鉴定(点定),校

---

① 李九标:《口铎日抄小引》。
② 李九标汇编:《口铎日抄》。

阅（校辑），参补，乃至撰序者，共达 26 人之多。这些人，既是福建各地基督教团体的首要人物，又是传教士巡游四方时朝夕相处，坐而论道的活跃分子。这些人，平日通过共赴省城会考，远途专程拜访和频繁书信往来，保持着"吾党"间同气相求的亲密关系。而他们一旦在李九标呼唤下，共同编纂《口铎日抄》，将个人的宗教诉求汇合成颇具规模的共同的宗教运动时，其业已形成的宗教网络便毕露无遗。就中，《口铎日抄》非同一般的意义和李九标的核心作用，亦一目了然。

值得注意的是，《口铎日抄》卷七的"同订"者，为"武林"即杭州人吴怀古（今生）和冯文昌（砚祥）。根据凡集中"显载姓字者，悉皆同道诸友"的编辑《凡例》，吴、冯二人应为基督教徒。这就表明，围绕着李九标而展开的基督教关系网络，不仅联系本省各地，而且延伸到省外，至少是与福建教区颇有渊源的浙江杭州教区。

综如上述，通过对李九标甘愿忍受世俗压力和内心煎熬，为追求新知识新信仰而皈依基督教的过程，以及他在编纂《口铎日抄》与建立宗教关系网络的作用的揭示，典型地反映了在明末政治信仰危机和社会动荡下，一位下层士人及其代表的群体，寻求自身出路所经历的思想感情的变化。须要强调指出的是，这种思想感情的变化，并非以悖离儒家传统为指归，而是以融通儒学西学为宗旨。这从李九标不顾传教士的批评，编辑有益于世道人心的《枕书》和忠孝节义的范本，及其由编定《枕书》所建立的与省内外进步的复社人士的关系网络，依然可看出，李九标的儒家本色。

崇祯十三年（1640 年），就在编辑、刊刻宣教的《口铎日抄》的同时，李九标却实践着摈弃科举应试之学，为处于危难中的国家做些事情的承诺，奋力编纂跟基督教毫无关涉，而具有纯粹儒家色彩的《枕书》。其"出版目的非常明确：'谈治国之道，供治国之策，针砭时弊'"。[①] 这是一部计 20 卷，约 500 条，共 721 页的庞大著作，实际上是对 65 种书籍

[①] 许理和：《李九功与〈慎思录〉》，载《相遇与对话——明末清初中西文化交流国际学术研讨会文集》，第 78 页。

的资料(主要来自李氏家藏书),经过筛选、摘录、注释而成。有迹象表明,《枕书》的编辑出版曾得到官府支持和当地士绅的赞许,而其阅读对象则偏重年青学子。李九标在书中教导他们,应借助这些摘要去通读原文,领略更深的道理。① 李九标对此书可谓殚精竭虑,曾两次组织颇具规模的编辑活动,动员省内外人士 200 余人。因其过于热心,遂遭到传教士艾儒略的训诫。

崇祯十三年(1640 年)五月,艾儒略巡游至阔别已久的李九标家乡龙江,集信徒申谕救赎等教义。一日,"亭午,其香(九标)复至堂。(艾)先生见其有倦色也,问其故。对曰:'窃效著述,不觉劳勩(疲劳)。'先生曰:'固也'。亦问其所著者为何书耳。'著世俗之书,未免劳而罔功。若阐明天主之事理,则劳多而功多矣'"。并指出唯著书以明圣教,方能获"天堂之赏"。② 此时在家乡教书的李九标,正与众弟子合作编辑《枕书》,故艾儒略所谓"著世俗之书,未免劳而罔功"的指责,即对此而发。诚如西方学者杜鼎克所说,艾儒略申斥李九标没有写关于基督教的主题,是不公正的。它表明,即使艾氏讲过或写过儒家和基督教是可以调和甚至基本一致的话,但他毕竟是一位西方传教士。对于中国皈依者来说,这两者的调和与一致性,必然较艾儒略具有更多的真实性。③

有关艾儒略上述训诫,李九标虽未在记录中表示可否,然而三年之后,即崇祯十六年(1643 年)左右,他与同乡举人林琦编辑忠诚、孝道和贞节范例的书籍,仍能看出其坚守儒家传统的立场。明末一篇有关林琦的传记写道:"盗贼开始扩展到所有中原各地,他(指林琦)和他的朋友李其香(李九标),从古人那里搜集(对当前时代有激励作用的)有关忠诚、孝道和贞节的实例,他把它们编进了一本书里,成为'五种关系(五伦)的历

---

① Adrian Dudink: *Giulio Aleni and Li Jiubiao*, "Schotar from the West": Giulio Aleni S. J. (1582—1649) and the Dialogue between Christianity and China, Sankt Augustin, Ed, by Tiziana Lippiello. and Roman Malek, 1997, 165—166.

② 李九标汇编:《口铎日抄》卷八。

③ Adrian Dudink: *Giulio Aleni and Li Jiubiao*, "Schotar from the West": Giulio Aleni S. J. (1582—1649) and the Dialogue between Christianity and China, Sankt Augustin, Ed, by Tiziana Lippiello. and Roman Malek, 1997, p. 157、162.

史中杰出的版本'。"①李九标始终如一的儒家信念,由此可见一斑。

如果说,李九标同时编辑《口铎日抄》和《枕书》,既服膺天学信仰和修德省察之功,又始终坚守并传扬儒家忠孝节义的道德风范,在他身上体现了儒学天学的调适和融通的话,那末在他周围,不仅如前述形成了一个遍布福建、延伸省外的基督教的关系网络,而且存在着以亲戚、朋友和门生为纽带的另一个范围广泛的世俗的关系网络。

《枕书》共编辑两次,第一次在崇祯十三年(1640年),稍后又再次编辑。两次以参评、校梓身份参与者计215人,其中亲戚19人(包括叔、兄、弟、侄和侄孙),门徒58人,朋友138人。在李九标的这些朋友中,有83人来自其所属福州府的五县(即侯官、闽县、长乐、连江和福清),38人出于福州以外闽省各府州(兴化、建宁、延平、汀州、邵武、泉州、漳州等府和福宁州),另17人远自外省(江西南昌、瑞州、抚州、赣州、建昌等府14人,南直隶常州府2人,浙江宁波府1人)。在参与编辑的人员中,大约有37名基督徒。已确知亲戚2人,福州地区的朋友和门徒5人,福州以外的闽省皈依者至少20人,据推测外省皈依者很可能有10人。如此众多的编辑人员,有较高学衔可稽者,为进士2名,举人22名。分布是,外省有11位举人[其中常州府武进县人陈震生和龚禹锡为崇祯十二年(1639年)举人,编辑《枕书》后,于崇祯十六年(1643年)得中进士],本省(福州以外)有1位进士[九标朋友张利民于崇祯十三年(1640年)中进士]和5位举人,九标家乡海口有5位举人,亲戚中进士[九标其兄李允佐于崇祯七年(1634年)中进士]、举人(其叔李光斗)各1位。值得注意的是,在李九标的朋友中,大约有10人系当时进步的士人团体"复社"的成员,计外省3至4名,福州以外2名,福州地区4名。而同情向往者可能更多。②

---

① Adrian Dudink: *Giulio Aleni and Li Jiubiao*, "Schotar from the West": Giulio Aleni S. J. (1582—1649) and the Dialogue between Christianity and China, Sankt Augustin, Ed, by Tiziana Lippiello. and Roman Malek, 1997, p. 162.

② Adrian Dudink: *Giulio Aleni and Li Jiubiao*, "Schotar from the West": Giulio Aleni S. J. (1582—1649) and the Dialogue between Christianity and China, Sankt Augustin, Ed, by Tiziana Lippiello. and Roman Malek, 1997, pp. 165—174.

透过以上西方学者杜鼎克的缜密考证,似可对编辑《枕书》而凸显的社会关系,进行一些归纳。首先,这是以亲戚、师生和朋友为纽带,涉及4省33县215人的庞大的社会关系网络。如参与其事的四方朋友的人数,远远超过宗法联系(血缘和师生)人数的状况,显然跟明季士人间因社会交往频繁而"五伦"中突出朋友一伦,出现"交尽于友,学尽于友"的思潮是分不开的。① 其次,这是世俗和宗教关系部分重叠,而以世俗关系为主体的社会网络。就确知和估计的基督徒约占编辑人员六分之一的比例,既表明李九标联系的宗教网络和世俗网络有一部分重叠,参与其事的基督徒具有可融通的双重身份;同时这种以世俗关系为主体的性质,也保证了《枕书》纯粹的儒学色彩。再次,这基本上显示了由下层士人群体构成的社会关系网络。从撰序的进士(张利民和李允佐)与参与编辑的举人,仅占总人数的九分之一来看,可知绝大多数参评、校梓者,若非李九标一类的秀才、生员,自是其门生的年青学子。下层士人间相交互助的关系于此毕现。

还有,"复社"原为应试而读书会友的江南青年学子所发起,后经多次聚会整合,遂形成联络大江南北十余省二、三千人,崇尚儒家礼教、声讨朝野奸邪的进步的士子同盟。② 李九标组成的关系网,"名单中相当一部分文人要么是'复社'成员,要么是'复社'支持者",甚或其中的头面人物。③ 说明地处福建僻远海边、由编辑《枕书》而展现的下层士人的社会关系网络,原与江南文化中心兴起的进步的青年士人运动声息相通、形影相依,有着直接或间接的联系。

凡此种种,正如荷兰学者许理和所指出的,实际上,李九标置身于两种网络之中。"一种是天主教网络(扎根于当地,但其关系网遍及整

---

① 参见拙著《明清之际中西文化交流史——明代:调适与会通》(增订本),第456—457,461页。
② 参见谢国桢:《明清之际党社运动考》,第119—152页,中华书局1982年版。
③ 如由"复社"发起者张溥、张采审定的最初成员名单中,福州张利民(李九标的亲近友人)、曾异撰即膺其选(见陆世仪著:《复社纪略》卷一)。又常州陈震生、龚禹锡,亦为当地"复社"的重要人物(杜鼎克前揭文,第173页)。

个地区,乃至整个中国);另一种网络覆盖面则更广……称之为'志同道合者'所组成的网络。两者共同的理想是:敦厚民心,教人和睦。"① 毫无疑义,由李九标串联的这宗教和世俗的网络,乃其追求的融通儒学天学的理想的反映。

据考察,李九标这位以下层士人为主体的福建教会的核心人物,大约在清顺治三年(1646年),死于清军攻占其家乡(福清县海口镇)时与当地民众的激烈战斗中,此后再也没有听到有关他的任何消息。② 然而,他对新信仰的执着追求和调适儒学天学的坚定信念,却在战乱中幸免于难的胞弟李九功身上发扬光大。

李九功自明崇祯元年(1628年)与乃兄九标同于福州经艾儒略授洗后,在家乡归化民众、兴建教堂颇为得力。又以参定、参补、校辑和校阅等名义,辅助乃兄编辑出版了《口铎日抄》;且受该书的启发,并结合自己通过阅读奇迹故事战胜精神危机,保持基督教信仰的经历,从18种天学著作中撷取精华,按敬主、修己、爱人三大类,条分缕析,汇编《励修一鉴》两卷,以激励和引导志同道合者。

明清易代不久,李九功家乡属于清廷颁布的禁海迁界令的范围,他不得不移居福州"绿庄堂",以教授私塾为业。虽然生活境况难尽如人意,可对书籍的嗜好却愈老弥坚。他自谓:"余生平无他好,所好惟书,尤酷好天教书。故自少至老,手不停披,习以为常。但觉匡坐一室,惟此友为益为良。朝夕必偕,舍之遂无以自怡,亦无以自济矣。"③ 其子李奕芬亦称:"家严年将及耄,夜多不寐,常以平日学道所见者,乐于枕上抽绎。祈主默启,切欲导人以知天知性。遇有会心,始获安寝。每至晨兴,则取不忘者笔记之。"④ 正是这数十年如一日对书籍,尤其是天学典籍的痴迷和钻研,为李九功启牖人们灵魂而著书立说,提供了丰

---

① 许理和:《李九功与〈慎思录〉》,载《相遇与对话——明末清初中西文化交流国际学术研讨会文集》,第78页。
② Adrian Dudink: *Giulio Aleni and Li Jiubiao*, "Schotar from the West": Giulio Aleni S. J. (1582—1649)and the Dialogue between Christianity and China, Sankt Augustin, Ed, by Tiziana Lippiello. and Roman Malek, 1997,pp. 162—164.
③ 李九功:《慎思录》第三集;李奕芬:《慎思引》,载钟鸣旦、杜鼎克编辑:《耶稣会罗马档案馆明清天主教文献》第九册。
④ 同上。

富的资源。

于是,在他于清康熙二十年(1681年)病逝之前,①撰写了一系列著作,按其性质大致可分为三类。第一类为增进公众道德和反对有害风俗的摘录、汇编和心得纪要。如康熙十七年(1678年)付梓的《文行粹抄》四卷,即是摘引中西有关著作的汇编。该书虽然包含了19篇原自基督教书籍冗长的引文,像杨廷筠的《代疑篇》,庞迪我的《七克》,艾儒略的《性学觕述》和李九标的《口铎日抄》等,不过,它们几乎不触及神学的论题。加之该书的主体(或大部分)是由许多抄录儒家经典的段落组成(事实上若干语录来自朱熹书中),更表明李九功辑录此汇编,是以非基督徒的读者为主要对象。其宗旨显然在,"增进公众的道德和反对有害的风俗"。②

另由李九功编纂而以手稿传世的《问答汇抄》,则摘自传教士和中国皈依文人的28部著作。该汇编有《证正集》(1—4卷)和《辟异集》(5—8卷),共8卷,整分224条,每条冠以题目。在前四卷中,举凡天主信仰、灵魂不灭、天堂地狱等一般教理;降生救赎、复活审判、三位一体等核心教义;弥撒、领洗、解罪、悔罪和十诫等教规;祀祖先、禁娶妾、守贞洁、贵勇决、勿分夷夏等道德修养,均旁征博引、谆谆晓谕。后四卷,则明神魔之分,辨佛论道,兼及民间占卜、推命、风水等术数,皆挞伐不遗余力。③可见《问答汇抄》似与多年前汇编《励修一鉴》的志趣相仿佛,通过宣扬基督教义及其圣迹故事,以坚定各地皈依者的信仰。

李九功病逝后,经其子奕芬整理刊刻的《慎思录》,可视为其多年徜徉于天学、儒学的体味和人生阅历的领悟。由于这些记述系九功生前"随手录存,未为序次",其子虽对此137章的遗稿"汇成条贯,分为和天、和人、和己三集",然受写作体裁与编者水平的限制,《慎思录》与其

---

① 九功子李奕芬在《慎思引》中称:"岁在辛酉(康熙二十年,1681年),而家严谢世矣。"

② Erik Zürcher: "Li Jiugong and his Meditaions(Shensi lu)", Xiaoxin Wu Edited, *Chauging perspectives on Chinese—Western Exchanges from the Sixteenth to Eighteenth Centuries*, P. 79, Sankt Augustin-Nettetal 2005.

③ 李九功:《问答汇抄》,载钟鸣旦、杜鼎克编:《耶稣会罗马档案馆明清天主教文献》第八册。

说是一部条贯分明、叙事严整的著作,不如说是网罗丰赡而思想驳杂的札记汇编。即使如此,该书的主旨和特点仍有脉络可循。如第一集"和天之思",所谓"但取其足以发明上主之道,引人以识大本原,觅大究竟"的信仰,在此集中阐释最为透析。不过,这种说教已非《励修一鉴》那种浓烈的异教圣迹的色彩,而是融汇于儒学之中,借助儒家昭彰其教义。又如第二集"和人之思",试图从"人皆天主所生,即无不蒙主顾庇,我遇人亦如接主,则天下无不当爱之人"的理念出发,检讨人与人的关系;论及交友和子嗣教育时,亦可发现西学《交友论》(利玛窦)和《童幼教育》(高一志)浸润的痕迹。但更多的论述,却是渗透着儒家事亡如生、"追养继孝"的传统,以及李氏自己对风俗人情的观察和体验。再如第三集"和己之思",虽以基督教常念死候和"四末"(指死候、审判、天堂、地狱)规范道德修养的说词充斥其间,但有关世俗人生的十大快事(庭闱聚顺,子弟率教,眼明体健,足已无求,拥书万卷,良朋往来,公门不履,怨家不作,官税早完,行善无阻)、杀身成仁、舍生取义的孔孟训诫,及嗜书如命、自怡自勉的感情,无不透露出传统的影响和追求。[1] 总之,《慎思录》主旨在揄扬天主信仰,遵天主教谕,处理人与人关系和增进自身道德修养,固无可怀疑;然而,融通于儒学之中且渗透作者人生感悟的特点,亦相当明显。

李九功著述的第二类,约在康熙十六年至十八年(1677—1679年)间,应耶稣会士李西满(Simao Rodrigues)之邀,写成《礼俗明辨》《证礼刍议》二稿,以反驳多明我会士万济国(Francisco Varo)对中国礼仪的责难。"李九功广征博引儒家经典,重申利玛窦以来耶稣会士之观点"。因此,他"很可能是第一个应邀引用儒家经典、为中国礼仪辩护的中国教徒"。[2] 有关内容将在以后章节再详加讨论。

第三类著述,为艾儒略传略及其语录。清顺治六年(1649年),艾

---

[1] 李奕芬:《慎思引》,刘蕴德:《慎思录序》,李九功:《慎思录》,载钟鸣旦、杜鼎克:《耶稣会罗马档案馆明清天主教文献》第九册,并参见许理和:《李九功与〈慎思录〉》一文。

[2] 引自许理和:《李九功与〈慎思录〉》。

儒略病故安葬福州后,其"方人""沈嘉禄从先,李九功其叙,先后草先生传略授小子(李嗣)玄,俾有所据依,以状先生。"①经数年酝酿,李嗣玄果然据此撰成《西海艾先生行略》,成为这位开教福建的耶稣会士最具权威性的传记。此外,由李嗣玄摘述、李九功参补、校阅而成的《西海艾先生语录》,主要引自《三山论学纪》和《口铎日抄》,②此乃又一种颂扬艾儒略传教事业的纪念性文字,足见李九功等皈依者,对其授洗导师的眷眷深情。

与乃兄李九标的著述一样,九功这些著作除具有综合汇编性特点外,便是"'天主教团队精神'和团结合作的结晶"。③ 早年《励修一鉴》和后来《礼俗明辨》、《西海艾先生行略》等创作,曾一一传递此种信息,而最为典型的《慎思录》的刊刻,以著者、编者、校梓、校阅、审定、题示和序跋身份参与其事者,更多达22人。这其中,有清初管理福建教务的葡籍耶稣会士何大化(Antoine de Gouvea),④曾任钦天监右监副、后加入耶稣会并晋升司铎(神父)的湖广人刘蕴德、耶稣会修士、江南华亭人陆希言,⑤同传教士卫匡国友谊深厚的浙江兰豁教会领袖祝石,与李九标齐名且汇编《口铎日抄》的漳州教会首领严赞化。这些全国或地方上名重一时的皈依者,共同参与《慎思录》的修订表明,即使经过明清易代的战乱,李九功置身其中的数省基督教网络依然存在,不过,规模已远逊于李九标时代。

大量事实显示,与乃兄相比较,李九功对天学的认识和虔诚愈加醇厚,而坚持儒家的立场则始终如一。正像西方学者所说,降生救赎、三位一体等基督教奥秘,是很难"借助理性去证明",终须依靠"拥有信仰经验"而领悟。⑥ 前述李九标兄弟对降生救赎教义反复辩疑却难以释

---

① 李九功、沈从先、李嗣玄:《西海艾先生行略》,载《耶稣会罗马档案馆明清天主教文献》第十二册。
② 李嗣玄、李九功:《西海艾先生语录》,同上书。
③ 引自许理和:《李九功与〈慎思录〉》。
④ 费赖之著,冯承钧译:《在华耶稣会士列传传及书目》上册,第227—230页,何大化传。
⑤ 方豪:《中国天主教史人物传》中册,刘蕴德、陆希言传。
⑥ 柯毅霖著,王志成等译:《晚明基督论》,第344页。

怀,不得不向艾儒略质询的故事,反映新皈依的李氏兄弟企图凭借理性去推衍证明的心态和愿望。经过数十年宗教体验之后,在《慎思录》中,李九功不仅对"天主降生,为普拯人群"而留存中国史迹的证据如数家珍,而且就信仰(信)和理性(明)的关系,发表了一位耄耋之年教徒的非凡领悟。他说:"天教至理,惟恃造物主真传。自宜先信后明,不必先明后信也。盖信为明之引,而明为信之报。先信者,譬如暗室渐启,天光从而入焉。若必先明,则如室中仅存萤火,而永昼长扃,天光何由得入?"①所谓信仰为理性的引导,理性不过是信仰的知应;信仰如渐启暗室的天光,终将化为灿烂阳光照亮全室,而理性不过像关锁于室中的萤火,点点光亮岂能照耀暗室!由是天教至理,应首先信仰造物主真传,其次借助理性再去推衍证明。李九功这一番颇具哲理的说教,表明他对天主信仰更加深沉和成熟。

李九功的天学修养另一超越乃兄之处,在于遵从教规实践神功和告解,已没有前述李九标那种陌生感及因不识窍要而茫无所措的艰难。《慎思录》的札记显示,"神功"不仅成为李九功"寡过策怠",省察个人言行激发报效天主志向的每日必修课程;而且他还以久习行者的经验,总结"告解"教规的基本要求及其施行步骤。如在神功方面,李九功写道:"每日当用神功,不拘晨兴与夜静。但得事物未接,念虑犹清,便欲心存想。或惭悔前愆,以杜新诱之端倪;或感谢主恩,以提报本之恳志。由是时自激发,庶为寡过策怠之一助乎。"有关告解方面,李九功认为:"告解免罪,以痛悔定改为要。"于告时勿叙及日用易犯小过,"法莫善于追想入教以来,间有大误犯,为吾所最恨恶者,更申提一二,以为能痛能定之助",庶几达到告解的要求。至于告解的步骤,须"由浅入深。初解,欲绝其巨愿;继解,并除其小愆。累而上之,诚有不容存留纤疵,务刮磨到极光极美而始慰者。此解之所以不厌频也。"②这种由日常省察到集中忏悔的经验体会,即除"小愆"又绝"巨愿"的真诚愿望,皆反映在对基

---

① 李九功:《慎思录》第一集。
② 同上。

督教神功的认识和实践上,李九功较其兄长有了很大的提高。

尽管李九功的天学信仰和修炼愈进愈深,但他维护中国礼仪,寻求天学儒学的契合从未曾懈怠。他说:"儒者之教,原只知天……吾侪果悉遵儒修,即已近乎天矣。"又谓:"孔孟两夫子,开口便说不怨天,窃意凡真圣贤,无一不知天者。"再称:"朱子诠天命之谓性,曰命如诰敕,性如职任。此解最好。如此看性,便寓有责成意在。即造物主陟明黜幽大法,亦可从此悟出。"既遵儒修已近乎天,又造物主大法可从儒学悟出,那彼此间的亲缘和契合,自不言而喻。有关中国礼仪的申述,虽未采取辩论的形式,但字里行间无不贯彻实为社会风俗而非迷信色彩的意旨。如,"先王制为祀典,如郊天庙祖,皆主报而不主祈。""主报"在于"反始",即追溯祖先的意思。"必教之追养继孝,而事死亡如生存,庶可以厚人心,维风俗"。从这种"孝思其本"的祭祀之礼出发,"苟得其本,而用实物,以寓孝思,犹云可也。"与此对立的是"主祀"者,"误以祖考之灵,各得福庇子孙,故祭或宣祝祈福,何其不达于天人之理乎",此种议论应该摒弃。至于孔子,自明"嘉靖之朝,始改塑像为木主,悉去从前虚号,而特称先师孔子。由是而孔子之道,愈显愈尊。即天子之贵,为严师而施拜可也。"①诸如此类,诠释中国传统的祭祖祀孔礼仪,乃在重孝本尊先师,实为厚人心维风俗的举措,并同乞灵徼福、崇拜偶像划清界线。这就从根本上批驳或回应了多明我等派传教士对中国礼仪的非难。

再没有一段话比这更能反映当时李九功的坚定态度。他说:"盖由东海西海,心理相同,近天教者莫如儒,故其书之相合者多。"又谓:"今欲敷教中土,当发明天教之是,并勿轻拟儒书之非。"②义正词严,铮铮数语,中国皈依者的胆识与追求和盘托出。

明末福建教会中,除李九标兄弟、严赞化、颜维圣、李嗣玄等出身秀才、生员,终身居守乡土的基督教中坚骨干之外,还有一位以举人入仕教

---

① 李九功:《慎思录》第一、二集。
② 李九功:《礼俗明辩》总评,载《耶稣会罗马档案馆明清天主教文献》第九册。

谕、县令,曾于明天启元年(1621年)在杭州受洗皈依。崇祯二年(1629年)"致仕归里,帮助艾司铎开教,为教众所仰望"的晋江人张赓。①

张赓父子首先以奉教虔诚和热心著称。张赓在杭州"与杨廷筠协助西士翻经译传,功德不尠"。② 尤其子张识(教名弥格尔)少年奉教"刻意精修",危病中白昼忽见"天主圣容"不药而愈的"异迹",经艾儒略、杨廷筠渲染为《张弥格尔遗迹》后,③作为"中国早期基督教会的第一部关于游历天堂、地狱的故事","在福建教会中影响最大"。④ 其次,传教中起到其他人无法替代的作用。如,某教徒因忙于生计而宗教集会后期,为艾儒略诘问。张赓随即私下慰问,以"天教正甚宜于贫贱"相劝勉。又,士绅持"尧以二女妻舜"故事质询艾儒略,娶妾是否有罪? 对此敏感问题艾氏左右为难,只得请张赓代为回答。张赓以"未敢信其真"、"又未敢许其是"为辞,既表达对古圣贤尊重亦维护了基督教规。⑤ 再,为劝谕教友在"世俗谬迷"中真心奉教,张赓特撷拾身边事例著述《好怪事》数篇以示警诫。像针砭祭葬隆重之怪现象,遂云人生前犹不敢坐受人拜,死后乃敢受老幼亲疏群然罗拜乎! 讥讽某举人以教规为苦不愿皈依,却每每以令其昆弟相与从事为掩饰。凡此事例,已成为艾儒略宣教时生动而具有说服力的教材。⑥

由于原有的官宦身份,往日在杭州与杨廷筠、艾儒略的密切关系,加之福建教会中不可替代的作用,张赓在教内外、省内外均享有很高的声誉。李嗣玄在为李九功《励修一鉴》作序时称:"先生(指九功)曰:'张夏詹者(张赓字夏詹),窥心之离娄(黄帝时能视百步、能察毫末之明目者)也。其序天学也劲而灵,吾畏之。'其叙(九功字其叙)其走清源而质之,其于斯言有当乎否耶!"⑦可见教内诸友对张赓的推崇和倚重。曾

---

① 萧若瑟:《天主教传行中国考》,第172—173页。
② 萧若瑟:《天主教传行中国考》,第172—173页。
③ 杨廷筠:《张弥格尔遗迹序》,载杨振锷著《杨淇园先生年谱》第84—85页,李九标汇编:《口铎日抄》卷一。
④ 柯毅霖著,王志成等译:《晚明基督论》,第210页。
⑤ 李九标汇编:《口铎日抄》卷三。
⑥ 同上书,卷七。
⑦ 李嗣玄:《励修一鉴序》,载《天主教东传文献三编》第一册。

任工部侍郎且对西方传教士颇有好感的晋江人张维枢,在所撰《大西利西泰子传》的结尾处说:"近吾里张夏詹父子虔奉圣教,夏詹为述《天学证符》良确。易称乾元统天帝出乎震,与诗书礼记之称上帝非一,复何疑于天主教旨。"①足见闽省士大夫对张赓及其著作的赞许。崇祯十四年(1641年)左右,张赓离别杭州20年后旧地重游,与主持教务的耶稣会士孟如望(Jean Monteiao)相交甚欢。张赓写道:"天帝开予眼,夙于武林睹诸先生之日,今重来,复再睹孟先生……第相引而共游于日之中。"②更应孟神父之请,为其新作《天学略义》撰写唯一序言。而《略义》的"笔受者"和刊刻的"校正"者,为浙省"名士朱宗元",③张、朱之间想必亦有交往。从张赓重游杭州的高规格待遇,可概见他在闽省之外享有的声誉。

刊刻于清朝初年的《圣教信证》,④乃明末清初教徒从理论("本教著述各端,俱属极合正理之确认")和实践(历述沙勿略以来九十二名来华耶稣会士的姓氏、国籍、传略、书目墓地等)两个方面,梳理与综述基督教在中国流传统绪的重要著作。而该书的署名,则为"后学晋绛韩霖、闽漳张赓暨同志公述"。张赓与闻名遐迩的山西人韩霖(此人事迹容后再叙),并列为中国教徒表达共同信仰而集体创作的领衔者,凸显张赓在全国基督教徒中的影响。

正是这样一位被称为"教中柱础"的张赓,通过其著述宣扬了如下一些内容。

(一)坦陈自己克服思想障碍皈依基督教的过程,为处于同样困境士人的进教,提供了可效法的榜样。

---

① 张维枢:《大西利西泰子传》,载《耶稣会罗马档案馆明清天主教文献》第十二册。
② 张赓:《天学略义序》,载《天主教东传文献续编》第二册。
③ 费赖之著,冯承钧译:《在华耶稣会列传及书目》上册,第250页。
④ 《圣教信证》卷首,有韩霖题于清顺治丁亥年(四年,1647年)的《叙》。徐宗泽编著:《明清间耶稣会士译著提要》,亦谓此文刻于顺治丁亥(该书第224页)。然检索书中,却有汤若望死于康熙五年(1666年)、何大化、安文思、张玛诺死于康熙十六年(1677年)、穆宜各、穆格我移葬于康熙十七年(1678年)等内容(载《天主教东传文献三编》第一册)。揆度此文刊刻后时有增补,益见中国教徒之重视。

第四章 基督教和西学在浙闽地区的传播 **349**

如前所示,张赓之受洗皈依,在天启元年(1621年)任职杭州教谕时,经杨廷筠再三提撕才幡然悔悟。他记述道:"假缘辛酉(天启元年,1621年)之春,读书浙湖上,乃得闻天主正教,一时目传教者言,耳传教者言。亦知吾孔,朝闻夕可,吾孟存养事天,大都发明此真宗无异。若不遵此道者,总归邪道者。奈俗缘难除,坐进此道不果。天帝又闵予,默牖京兆尹淇园杨先生,爱予开予,再三提撕予,令予曩所难除者,一刀割绝,而日于(惟)传教诸先生是侍。"①所谓曩所难除的"俗缘",当指仕宦之人养有侍妾的陋习。遵从基督教的《十诫》,若辈如不毅然"割绝",断不可"坐进此道"。这种理智上相信基督教乃与孔孟相通的"真宗",而情感上却难以割舍养妾习俗的矛盾,最终是通过杨廷筠言传身教、多方开谕(杨廷筠亦曾因养妾习俗困陋,几经挣扎方屏绝入教),张赓才痛下决心"一刀割绝"。

与此习俗和情感的困惑相对应,张赓亦如实反映了理解天主降生救赎教义的困难。他写道:"天之有主宰也,习称之,习信之矣⋯⋯然而传称降生,传奉十字架,不但小慧士或不信,弥自负大慧士弥不信,即最黩阁(不明)如余,当未闻道之先,亦不能顿为信也。"只是经过"不征不信,不信不尊"的多次反复,积累了一定的"信仰经验",加之崇祯二年(1629年)其"承教之师"艾儒略莅临晋江,与"适归休"的张赓相会,赓"乃于艾师坐间,获聆圣真诠"之后,才豁然开朗。他说:"天主生星生狱,岂其所生者可云降生,生之者乃不可自降而生乎!胡然降生,为我众生;胡然受死,为救我等死。死则假此架成苦功,死而复生升天,则遗此灵迹。是我世世当感念,奚以怪者。"②

从主观上讲,屏绝养妾习俗和无法理解天主降赎灵迹,乃是明末亲近西学的士大夫与青年学子,难以领洗皈依,实现从组织上加入基督教的两大思想障碍。③ 在此张赓以亲身经历昭示,无论富贵或贫贱者,如

---

① 《张赓撰阅杨淇园先生事迹有感》,载杨振锷:《杨淇园先生年谱》,第88—89页。
② 张赓:《武荣出地十字架碑序》,引自 Adrian Dudink:"Zhang Geng, Christian Convert of late Ming times: Descendant of nestorian christians?",此文与上述所引多篇西方论文,系 Dudink(杜鼎克)先生惠赠,特此致谢。
③ 参见拙文《明末福建士大夫同传教士的交往氛围及群体特征》,载刘东主编:《中国学术》第十七辑(2004.1),商务印书馆。

能以"道德性命真大事"为念,上述思想障碍自可迎刃而解。① 这不啻为心存疑虑者,提供了近在身旁的可仿效的榜样。

(二)与传教士合作翻译,或为其著作撰序,宣扬传教士的神学精粹。

张赓在崇祯十五年(1642年)所撰《天学略义序》中说:"小子赓从事天学,今二十年所矣。潜心乐玩诸先生之发明诸书,亦且数十种矣。其专主天帝无二心,其传述天帝降生同人如一口;其指示天帝爱人之训,超性德之修,又皆同功。"②张赓正是以对天主信仰之虔诚,研习教义诸书之娴熟,以及数十年超性道德修养之功力,采取各种形式,或发扬传教士论著的精粹,或表彰教会同仁奉教的坚贞,或参证天学儒学的契合,凡此可视为一位矢志献身基督教的皈依者情怀的表露。

1625年(天启五年)出版于西安,经"西方金尼阁口授,南国张赓笔传"的《况义》一书,是当时翻译和介绍古希腊伊索寓言内容最为丰富的著作。此前,虽利玛窦、庞迪我有过零星的译述,但"直到明天启五年(1625年),由法国(应为比利时)的耶稣会士金尼阁口授、中国天主教士张赓笔传的《况义》一书出现,才专门翻译介绍了更多的伊索寓言和类似的寓言,其中正文共22则,再加上第二手抄本后面附的16则寓言,共达38则之多。这在我国早期翻译介绍伊索寓言的历史上,可说是重要的一页"。③ 至于"况义"的意思,"盖言比也",即比较于古希腊伊索的寓言故事,"使读之者迁善远罪"。为此,"张先生悯世人之懵懵也,取西海金公口授之旨,而讽切之。须直指其意义所在,多方开陈之,颜之曰况义"。④ 可见借古寓今,讽切世人遵从迁善远罪的教义,才是这位"中国天主教士"笔传《况义》用意之所在。

1642年(崇祯十五年)刊刻于宁波的《天学略义》,乃传教士孟儒望

---

① 《张赓撰阅杨淇园先生事迹有感》,载杨振锷《杨淇园先生年谱》。
② 张赓:《天学略义序》,载徐宗泽编著:《明清间耶稣会士译著提要》,第166—167页。
③ 《中外文学因缘——戈宝权比较文学论文集》,第401页。
④ 谢懋明:《跋〈况义后〉》,同上书,第417—418页。

解释使徒信经的神学著作。作者谓,天学玄妙,厥要八端,诸如造物主、三位一体、天主降生、救赎、复活、升天、临世审判等,皆基督论的核心要义。① 张赓撰序在阔别杭州多年后,"今重来(此地),复再睹孟先生",有感而发。序文针对消极的议论,即传教士各种名目的著作已有不少,犹十日并出,人们视作寓言,未能认真对待,今又何必再加刊刻("或曰:'诸先生书,其为日也多矣,十日并出,昔特作寓言,何必更多!'")张赓对此批评道,读前刻诸书,如沐浴昨日之阳光;习孟先生之《略义》,益近今日之太阳,难道人们不应该更贴近阳光的照耀吗?("予笑为再况曰:'而睹诸书,昨日以前日也;孟先生《略义》,今日又周之日也。吾侪近光,昨日以前日,此日更不欲近光乎!'或无以对,遂求先生普示!"②)在这里,张赓显然将太阳的光辉,比况为基督教神学的阐发,其推崇褒扬可谓无以复加。

1645年(清顺治二年)刻于福建的艾儒略著作《五十言余》,是以出世的态度,糅和基督教伦理和儒家道德修养理念的一本箴言集。张赓所撰《题五十言余》,词简意赅,一在突出艾氏《五十言余》,旨在延续利玛窦名著《二十五言》的意蕴,"因而重之也"。另在归纳艾儒略著书化人的目的:"故先生西来著书凡数万言,总而归之无言,惟一天主。"③

(三)为第一、二代皈依文人著作撰序,表彰其信仰坚贞和天学心得。

前述《张赓撰阅杨淇园先生事迹有感》一文,对于指引自己皈依的这位领路人,感戴之情溢于言表。为传扬杨廷筠剖析天学佛门教义、貌似而实则迥异的著作《天释明辩》,张赓遂撰《题天释明辩》。首谓,"天学之不明不行",在"释教乱之"。而杨廷筠"此辩行,释其无所逃败",对天学及《明辩》的盛行充满信心。接着,笔锋一转,以徐光启、杨廷筠为例,推衍出明末文人皈依天学的规律性认识。他写道:"吾以为深入禅理者,其转入天学更弥精也。夫人不困幽谷,不知光天之大之尊。吾天

---

① 孟儒望:《天学略义》,载《天主教东传文献续编》第二册。
② 张赓:《天学略义序》,同上书。
③ 艾儒略:《五十言余》,张赓:《题五十言余》,载《天主教东传文献三编》第一册。

会中,玄扈徐相公(光启)及杨京兆(廷筠),初时者,等夙慧,博极群书,误入释门久且深。因穷思反得天学,而亟归之恨晚,永归之无贰。"①这就从深层次揭示,徐、杨二人自皈依后,矢志辟佛且犀且厉的缘故。

除就第一代皈依文人称颂备至外,对于第二代皈依文人的佼佼者,李九标、李九功兄弟的功德,张赓亦大力揄扬。他在《口铎日抄序》中称:"即余侍诸先生,视闽中诸君子不后,亦且自谓能信不贰,曾何所得诠述一二言乎。乃今而始得吾胜友李其香(九标),闻艾卢二先生口铎而日抄之也。其香一日闻道,遂静修三山堂,思辨一年。等功名于浮云,视举子业如弁髦。而且理日益明,才日益迈。归而诱化数百人,交相磨砺,其德与日俱新。"②这抑己扬彼的寥寥数笔,透露出教中长者烘托新锐的良苦用心。与此相仿佛,对于其弟李九功(其叙)汇编天学诸书,昭示敬主修己爱人品德的《励修一鉴》,张赓褒奖亦不遗余力。他特别推许其书炯诫的功能,称:"余今将此鉴归其效,试令悬之室中,能俾一家时时灼刷,厥垢底纯白乎。悬之斋头,能俾多贤友人人灼刷,厥垢底纯白乎……使之返灼返刷,即以自己心神,为自修之鉴可也。"③

(四)撰述辩道护教的著作《天学证符》,以反驳社会舆论对基督教的责难。

随着基督教在福建大行其道,引起固守儒学传统的卫道士忌恨,遂互相联络、鼓噪,散布反教的舆论。张赓在《天学证符引》中称:"惟是天主经诫,吾侪以畏难不克遵,乃尔作违心语,至诬其为悖孔孟也。"书中又谓:"如今共畏主教之难遵,遂诋其道之为异。"丑诋基督教悖于孔孟,为夷狄异端,这正是当时流行的反教言论。张赓撰写的《天学证符》,对此并未采取直接对抗的论战的形式,而是通过比对基督教义与四书五经内容,以证天学儒家符契融通,以及天学补充和超越儒学的因素。这平和委婉的论理方式,较之前者更具说服力。

---

① 张赓:《题天释明辩》,载《天主教东传文献续编》第一册。
② 张赓:《口铎日抄序》,载钟鸣旦、杜鼎克主编:《耶稣会罗马档案馆明清天主教文献》第七册。
③ 张赓:《励修一鉴序》,载徐宗泽编著:《明清间耶稣会士译著提要》,第64页。

第四章 基督教和西学在浙闽地区的传播

为凸显书中主旨,先是在《天学证符引》中,作者历引《诗》、《书》、《礼》、《易》、《春秋》等古籍,指认"天非苍然色象,自有个主宰";"五经四部书只言天,不显言天主,盖从简语法"。而"上帝之称于天主,正同义只异字耳"。此种附会中国古代典籍的方法及其结论,乃与利玛窦《天主实义》的论证相类,其间承袭关系不言而喻。至于《天学证符》采用严整的章节式的写作方法,则是作者依据《论语》全文的顺序,次第梳理出40个天学儒学参证比对的题目,冠以醒目的章节名称(如"证时习章","证孝弟章",等等),而逐一加以辩证。张赓此别出心裁的创意,可谓煞费苦心。

《天学证符》内容虽涵盖信仰、生死、伦理、道德、修养、学业等诸多方面,然就天学儒学的实质关系而言,可分为三类。

第一类,确证天学儒学志趣相同,道理融通。总十七章。如儒家孝弟,与天主《十诫》之孝敬父母、爱人如己;曾子曰吾日三省吾身,与圣教每日省察;孔子曰朝闻道夕死可矣,与圣经刻刻念死候急求闻道;子路之车裘共敝,即天学克悭吝;颜渊之善劳俱忘,即天学克骄傲;孔子之老安友信少怀,即天学之爱人如己;子曰克己复礼为仁,为仁由己,而由人乎,与主教爱人合天下同归于仁,只就己身上寻礼,不须别贷;孔子曰君子(少、壮、老)有三戒,在敕人戒防迷色、忿怒、贪财,与天主垂训自少至老无时不宜戒。

凡此种种,作者既谓天学儒学"其言似异,而志则无不同"("证言志章"),又称儒学"此与教中语正相符,乃是实理"("证司马牛问君子章"),更将《论语》有关樊迟、子贡、颜渊、仲弓、司马牛、子张等人与孔子论仁的内容加以归纳,以证天主教与之相符,而诋其教为异端者,有悖于孔子遗训。张赓写道:"问仁之答其语不同,而大旨要归钦翼也,敬修也,爱人如己也。试历披一部《论语》,序按其论仁而互勘之,其与天主之教符耶,异耶?天主教念念对越,念念敬诚,念念克己爱人,无妄言、妄动、妄思。今勘懋迟初问仁曰……(从略)故天主教谓之公,谓之相通功……如今共畏主教之难遵,遂诋其道之为异,是贤者仁者可勿事勿友,而大道之公,终不能行于天下也。"("证居处恭章")

第二类,援引天学注释儒学,以收补儒之功效。共十六章。如,曾子曰慎终追远民德归厚,原意在丧祭须尽诚竭礼,下民为其德化归于厚。而张赓却将此解引申对大父母即天主的钦崇,认为上人致厚丧祭非遽能以德化人,要在九族既睦百姓相亲,方可云厚。倘能追溯人之生,其远始同一大父母;人之终,其恶薄者必获谴于大父母,那彼此自爱人如己,德宁不归于厚乎!("证慎终章")又,曾子有疾召门生弟子反复叮咛,对其遗体手足须分外小心("如临深渊,如履薄冰")保全,不得有所毁伤。就此原本身体受之父母,全而生之、全而归之的传统观念,张赓注入了圣贤勤修不在形体而在死后的天主教精神。他以为前述曾子教诲弟子,"正欲令其知安稳而不忙乱,须相勉修也。若徒谓不致毁伤,则一生学问仅为全躯保身地矣,毋乃浅乎!圣贤勤修,决不在形体上用工夫,实为夕死之可计耳。曾子曰吾今乃可以死矣,免于永堕地狱矣。"("证启足章")再,司马牛为己无兄弟而忧戚,子夏开导道,君子若能顺受天意己无过失,待人恭而有礼,天下之人皆如兄弟般爱敬之,何愁无兄弟!这最初并无多少深意的劝慰之语,待张赓援引基督教义予以诠释后,儒家泛论的"四海之内皆兄弟",遂变成专指"大西司教诸君子,"即传教士与中国人的兄弟关系。他写道:"世间不敬爱大父母,故不敬爱大父母同生之人。为胡为越,即胞兄弟非兄弟矣。奉主教者,此亦一敬恭,彼亦一敬恭,虽极疏极逖之人,皆如一体,奚啻兄弟云乎。大西司教诸君子,越九万里而来,与绝不相识,等如兄如弟,总是行此恭敬之德,不但有邻,且兄弟多多许矣。"("证四海兄弟章")

第三类,由《论语》扩及《孟子》、《中庸》等经典,从更高的层次检讨儒学的阙失,以证天学超儒的理由。约七章。通过以上三十余章的具体论述,确认天学合儒、补儒之后,作者更高屋建瓴,就中西学的根本歧异处入手,总结出天学超越儒学之所在。这大致包括四点。

其一,从探究天命与性、道的关系,论证诚仁、忠恕之道的实现过程,坚称天主之命乃上述关系和实践成果的根本。作者批评道,儒家"性即天"、"道生天"的议论,皆错认而"不识其命于天"。只有"使人共畏天命,乃真为司教有功天主也"。("证天命章")又说,儒家诚仁、忠恕、成己成物的实现,须"归之曰性之德也。性何从来,是固天命之之谓也。吾侪非遵天主之命,其奚能尽天下物我,同归于仁焉"。("证万物皆备章")。

其二,强调君子尽道修身立命,唯在于正死或死候这一件大事,跟儒家重今生不重来世的观念形成鲜明的对照。虽然孔子将天命"看做一种有目的的力量",[①]但却"敬鬼神而远之",采取"未知生焉知死","未能事人焉能事鬼"的重今生而非来世的态度。对于儒家这种态度,张赓似未作正面回应,然从他分外强调天主教的死候观中,可折射出他对儒家阙失的关注和某种程度的修正。他说:"君子尽道,实惟正死。是图正而死,故能立命。"又谓:"修身岂是怖死,正乃为死地耳。"("证顺受章")所以,"吾人大事,孰为大于死候一件乎!"("证送死大事章")在这将修身立命的根基由儒学的今生,移向天学的来世过程中,自然蕴含着天学对儒学的超越。

其三,驳议古今儒士有关"夷夏之辨"的观点,为传教士的善行和天学的真谛张目。孔子说:"夷狄之有君,不如诸夏之亡也。"孟子所谓:"吾闻用夏变夷者,未闻变于夷者也";"莅中国而抚四夷";"周公兼夷狄驱猛兽而百姓宁"。凡此遂成为历代固执"夷夏之辨"者的思想渊源,亦是明末反教的朝野人士的精神支柱。《证符》中,张赓为彰显传教士的善行("奉天主教者,教人为善以事天,其人来自西方,我中士未能或之逮也")和天学的真谛("其学又真既正"),在指摘时儒蓄意诋毁西人天学的同时,也追溯其思想渊源。指出:"(时儒)乃不之从,则恐无辞以谢于人,于是向人解曰:'未闻变于夷也。'"对于时儒这种有恃无恐的孟子言论,作者驳议道:"曾思东夷之人舜乎,西夷之人文乎,舜、文今日而在,将亦必曰此夷人也,奈何变于夷。吾侪其勿法舜,其勿师文王?然耶,否耶!"("证东夷西夷章")

其四,经过全书的比较辩论,至此声称天教乃真正大公之教,外此

[①] 冯友兰:《中国哲学简史》,北京大学出版社1997年版,第40页。

教者皆为异端。在既确证天学之合儒、补儒,又检讨儒学阙失而凸显天学超儒的特色:唯有秉承天主之命方能实现儒学诚仁、忠恕之道,唯有常念死候笃信天学才是君子尽道修身立命之基,唯有捐弃古今儒士"夷夏之辨"的陈腐观念从而获知西人天学的真谛。经过这一番精心梳理驳议之后,张赓遂公然标榜天教乃普天下真正大公、古今远近须同遵无异之教,凡外此教者皆为可攻伐之异端。他写道:"普天下,惟天教是至真至正至大至公,故古今远近同遵无异。其余一切诸端,多伪多邪亦小亦私。是以彼之所同,此共异之;小人所同,君子共异之。凡择正学,须从其古今远近互同无异者为确。"像此天有主宰,《十诫》令人共钦崇一主共爱人如己,这些都是古来相传人所禀仰的真谛。而"凡外此教者皆异也。虽种种持论操术,极灵变极名通,皆异端也……然异端不熄,正学不著,为害甚烈。子是以云攻乎异端,斯害也已。"("证异端章")①

这种唯天教是正、攻乎异端的议论,表面上似未触及儒学的定位,而实则将其置于模棱两可之中。如按天主教是正学,外此教者皆为异端的标准衡量,儒学自应划入异教异端的行列。若从张赓强调正学乃"古今远近互同无异者为确",坚称天有主宰、《十诫》条文与儒学颇合符契来看,儒家似宜附骥天学之尾,而归于正学的范畴。如此将公认居于社会主导地位的儒家,故意含糊其词置于待定之天的做法,反映了作者在中西文化宗教之间举棋不定的心态。它既表明张赓浸淫天学之深,已多少沾染基督教的狭隘性和排他性,对儒家有所贬抑,同时亦显示他终究难以割舍儒学的传统,抛弃其安身立命的根基。随着基督教在中国发展,像张赓这样天学儒家如何定位的矛盾,还会继续困扰皈依的中国文人。

如上所述,鉴于中下层士人为主体的第二代皈依文人,已经成为明季闽浙教会的中坚骨干,故对这个皈依文人群体的某些共同特征,有必

---

① 张赓:《天学证符》,载钟鸣旦、杜鼎克主编:《耶稣会罗马档案馆明清天主教文献》第八册。

要在此稍加归纳。

第一,皈依者心路旅程的考察。就入教的诱因而言,或缘于科举累挫的失望(李九标、林一俊),或为追求永久归宿和最高授命者(朱宗元),或欲于时(危)局中讲究经世致用之策(李九标)。于是,传教士的道德表率,西方制器测度的实用技能,天教于洪波浩淼中为人生做津梁的宗旨,以及修德省察的"神功",自然对皈依者具有极大的吸引力。不过,这些中下层士人的进教,并非一帆风顺。他们必须逾越两大思想障碍,即屏弃养妾的习俗(张赓)和对降生救赎教义理解上的困难(张赓、李九标、李九功)。正是在此思想的衍变与磨难中,他们全面地接受了天主教义,对于其核心的基督论亦虔敬笃信(朱宗元、李九功、张赓)。甚至出现了对造物主真传,"宜先信后明,不必先明后信"的绝对信奉的议论(李九功)。

第二,牵涉天学儒学关系的论证。首先,坚持天学儒学的会通和契合,乃皈依者基本一致的看法。他们之中,有的历引儒家经典证明上帝、天主正同义异字(张赓、朱宗元);有的比况信仰、生死、伦理、道德、修养、学业等诸多方面,力陈天学儒学志趣相同、道理融通(张赓)。有的阐述中国传统的祭祖祀孔礼仪在重孝本尊先师,并不悖离基督教义(李九功)。有的同时编纂宣扬基督教义的《口铎日抄》和传承儒家理念的《枕书》,平行地构筑世俗与宗教的关系网络,以实际行动彰显天儒之间的契合(李九标)。

其次,强调天学可补儒学之不足,唯融汇中西方为至理,此亦皈依士人共同的认识。如有人在诠释徐光启"辟佛补儒"意蕴过程中,指出儒训重"因性之义",西典在"超性之微",唯融汇中西庶几不虚此生,不失至理(朱宗元)。有人虽未详析天学可补儒学不足的缘由,但从其尊称利玛窦事迹为"先正遗言往行",将他"翼翼昭事天主"等十二项优良品德作为勉励众人的镜鉴来看,其补儒的思想趋向如出一辙(李九标)。有人则缕述天学补儒的诸多内容,谓儒书上帝不如称天主,尊亲二义毕现;天教笃信之真主、真理、真修,实为世风既降之今世的"对症药石";"生寄死归"或古圣贤言之,"但儒者多详日用,而不及天载精微",故"真实了生死大事者,舍天教,吾谁与归!"①(李九功)有人更从事于儒学向天学的转化和融合,如将曾子慎终追远的格言,引申为钦崇大父母天主;身体受之父母不得毁伤的传统,注入圣贤勤修不在形体而在死后的天主教精神;儒家"四海之内皆兄弟"的训导,衍变为西洋传教士与中国人的兄弟关系(张赓)。

再次,天学是否超越儒学而居思想的主导地位,皈依者的见解似有差异。一种意见称,中华典籍废阙,古代传说不可凭信。不如亚当厄袜、大降洪水和天主降生为人等西方故事,"史载无讹","以理推之,亦可信者"(朱宗元)。又谓,唯秉承天教方能实现儒家诚仁、忠恕和修身立命之道。因此,天教是正是真,其余一切皆为可攻伐之异端(张赓)。这就不只是从理论和史实方面,探究天学超越儒学之处;而且已多少沾染基督教的狭隘性与排他性,对儒学有所贬抑。另一种议论则显然不同。既坚持"东海西海心理相同"的一贯立场,指出近天教者莫如儒,彼此相合者多。又针对当时教会内日渐嚣张的申斥儒家礼仪的鼓噪,警告道:"今欲敷教中土,当发明天教之是,并勿轻拟儒书之非。"(李九功)

第三,职业神学家趋向的显现,如果说闽浙皈依的中下层士人群体的上述特征,与第一代皈依者相较大同小异的话,那么第二代皈依者显露出来的职业神学家志向和活动,则是前所未有的现象。

如有的皈依者中举后并未攀援仕途,而专注于制订计划翻译西方神学家著作。该计划的中辍,则因皈依者由教会派往异地服务。另外从他誓愿终身从事基督神学的传播来看,其职业神学家的意向昭然若揭。(朱宗元)

有的从仕途归里后,将其余生奉献教会。他着力调剂传教士与信徒间关系,应对官场上对天教的诘难;坦陈自己克服思想障碍皈依的过程,为世人提供效法的榜样;合作翻译西方寓言,撰写剖析天学儒学异同的著作;表彰第一、二代皈依文人的卓荦操行,乃至参与以其儿子故

---

① 李九功:《慎思录》第一集。

事为原形的基督圣迹的炮制。这位被称为"教中柱础"而在全国基督徒中享有声望之人,虽未曾表白职业神学家的志向,但以上经历皆可视为该理想的实践。(张赓)

有的出身秀才,长期以塾师为业。然数十年所嗜好者乃天学诸书,其著述亦以宣教为职志。由此成为应传教士之命,为中国礼仪辩护的第一位中国教徒。可见此人虽无其名(职业神学家),而多行其实。(李九功)

清初与福建教会有联系的信徒中,确曾出现最早加入耶稣会,或为修士,或晋升神父的中国本土专职传道者。他们屡奉长上之命往各地传教,且综理地方教堂事务,以著述闻名,反映了皈依文人中一种新的趋向和归宿。(刘蕴德、陆希言)

凡此种种,足以说明,在明季诸省皈依基督教运动中,闽浙地区始终以声息相接,形影相依的姿态领先于潮流。如浙江被称为第二代基督徒中卓越文人朱宗元的涌现,福建叶向高、何乔远为首的、与传教士友好交往的士大夫群体的形成,中下层士人中以李九标兄弟为核心的基督教关系网络的扩展,皆表明基督教的传播,已对当地的封建秩序和固有传统形成巨大的冲击。而这正是引起闽浙封建卫道士惶恐不安,彼此联络并奋起反击的缘由。

第五章　闽浙儒释人士对基督教、西学的排拒和《圣朝破邪集》的出版

如前所述,挟编纂《崇祯历书》和铸造西洋火炮,为崇祯皇帝褒奖的胜势,基督教与西学的传播,在各地呈欣欣向荣的景象。其中,尤以闽浙士大夫舆论的变化,以中下层士人为核心的教会精英的形成,最令人瞩目。凡此已经触动固有的封建秩序,引起闽浙维护传统的各阶层人士的忧虑、排拒和声讨。

尽管闽籍在职京官、地方官,外省籍任职福建官员,致仕归里的闽省缙绅和在闽佛教僧侣等各阶层中,具有强烈反天教意识者为数不少,但囿于客观形势的制约和社会关系的羁绊,却顾虑重重,难以有所作为。他们之中,或探明朝廷倚重西人而畏葸不前;或对西学有褒有贬,处于矛盾的状态;或珍重同甘共苦的旧友而容忍不发;或宁可私下纵谈訾议,怵于公开表态得罪乡中贤达;或窥测时机前恭后倨以泄私愤;或敏感忧虑率先发难却无以为继。这种士大夫激于言绌于行,为保身家而苟且容忍的局面,便替那些年轻气胜且羁绊较少的下层士人,成长为反天教的积极鼓吹者和组织者,提供了历史的机遇。

下层士人撰写辟邪教文章十分踊跃,对士大夫的苟且容忍持严厉批评的态度,以"忧危虑远之士"相期许,表现出维护传统的强烈责任感。在闽浙儒释人士排拒基督教的斗争中,奔走呼号、上下串联而居功至伟者,非漳州龙溪县"白衣弟子"黄贞莫属。

在闽省辟教举步维艰的形势下,黄贞遂将呼吁联络的范围,由福建扩展到浙江,从儒士散播于佛僧。这种在昔日辟教中心重燃战火的图谋,迅速收到了成效。沈㴶当年参劾"远夷"的疏章被重新翻刻,许大受沉晦多日的反教论文亦抄录流传,下层士人为辟邪"摧锋陷阵"的言论

应运而生,特别是在佛门临济宗传人圆悟和费隐的大纛下,聚集了相当一批反教的僧俗人士。于是,以闽浙下层士人为核心骨干,联合佛门临济宗传人麾下的僧俗人士,在公开或潜在的反教士大夫支持下,而掀起的所谓"破邪"运动,随着骤起的福建教案达到高潮,亦因教案的戛然而止陷入缺乏后劲的困境。由此编辑出版的《圣朝破邪集》,便是明季闽浙儒释人士联合排拒天教西学运动的历史记录。

第一节 以福建下层士人为主体的反基督教斗争

在闽省反教人士看来,下述反映基督教盛况的现象,足令其痛心疾首。(一)普通百姓逐队皈依,已逾万人。如"艾(儒略)妖辈踵至吾漳(州),既已归人如市,又欲买地搆堂,几令人目击心怖。"[①]另"迩来有天主教中人利玛窦会友,艾姓儒略名,到吾漳,而钝汉逐队皈依,深可痛惜……闽省皈依,已称万数之人,九州播恶,实受无穷之害。"[②](二)缙绅士大夫入其邪说,坚为护卫。如"更有聪明者素称人杰,乃深惑其说,坚为护卫,煽动风土,更为大患。"又"今日缙绅大老、士君子入其邪说,为刊刻天主教书,义为撰演天主教序文,(黄)贞目睹所及甚多,此其可患可愤者。"[③](三)教义书籍衍译翻刻,四处流通。如"其书译入华地不能偏阅。适逢崇祯八年(1635年),利妖之遗毒艾儒略辈入丹霞(漳州),送余有《天主实义》、《圣水纪言》、《辨学遗牍》、《鸾鹄不并鸣说》(应为《鸦鸾不并鸣说》)、《代疑续编》诸妖书等。其言极肤浅,极虚诞。"[④]又"今日天主教书名目多端,艾(儒略)氏说有七千余部入中国,现在漳州者百余种,纵横乱世,处处流通。"[⑤](四)朝廷多所倚重,官府不予闻

---

① 徐昌治订:《圣朝破邪集》卷三,颜茂猷:《圣朝破邪集序》。笔者所据版本,系夏瑰琦女士以明崇祯十二年刻本之手抄本为底本,参校日本安政乙卯翻刻本而成,由香港建道神学院于1996年出版。
② 徐昌治订:《圣朝破邪集》卷三,黄贞:《请颜壮其先生辟天主教书》。
③ 同上。
④ 同上书,卷六,林启陆:《诛夷论略》。
⑤ 徐昌治订:《圣朝破邪集》卷三,黄贞:《请颜壮其先生辟天主教书》。

问。如"夷辈……于是多藉技艺,希投我圣天子之器,使胡公卿士大夫相率诗咏之,文赞之,疏荐之。至于礼乐兵刑钱谷营建诸大权,皆让能于夷,欲夷司其事。由是夷势夷毒,日酿于其中而不可言。"①对其狙诈,"今日朝廷不及问"。②(五)社会舆论苟且纵容,敢抗辟者多遭阻挠唾骂。"然始也,保守身家者多,敢辟者少。求之既如逆浪行舟,且高明特达者微,阻障者众。辨之又若纷丝寻绪,每一回想不觉泪下。"当时阻挠的舆论有:纵为公卿,亦不能与之敌;彼奸党声势之下,谁听而从子之抗击乎;彼教无父无君,决不能行,不足虑也,此系天意,子将奈何。诸如此类,不一而足。③ 于是,"愚贱如小子,设起而昌言排之,则唾而骂者众矣。"④

面对"彼夷乱华机局"在福建的种种表现,闽省各阶层"慨然有崇正辟邪之思"者,大约有此五类人。

第一类,闽籍在职京官及地方官。

崇祯年间,闽籍在京为官者实不乏其人,⑤而像颜茂猷如此执意反教的京官却并不多见。颜茂猷,字壮其,漳州府龙溪县(亦谓平和县)人,⑥以熟谙"五经"著称于世。按照科举规则,考生只限于回答"五经"(易、书、诗、春秋、礼记)中之一经试题,否则违例。天启四年(1624年)福建乡试,颜茂猷违例采取"五经题兼作"办法,因而"中式"。崇祯七年(1634年)会试,茂猷如法炮制,"又作五经。考试官(因其违例)不敢取

---

① 《圣朝破邪集》卷三,苏及寓:《邪毒实据》。
② 同上书,卷三,王朝式:《罪言》。
③ 同上书,卷三,黄贞:《破邪集自叙》。
④ 同上书,卷五,陈侯光:《辨学蒭言》。
⑤ 仅崇祯四、五年间,泉州府在朝为官的缙绅,即有二十二人。参见何乔远:《何镜山先生全集》附录:《请覆谥荫揭》。
⑥ 崇祯间官至右金都御史、福州府侯官人邵捷春,在所著《闽省贤书》卷一,"特赐进士"条,记录颜茂猷籍贯为"龙溪"。而该书卷六,《天启四年甲子科》条,则是"平和"。另《(乾隆)福建通志》卷三十六,崇祯七年进士题名榜单中,有"平和县,颜茂猷"的记载。两相对勘,颜氏籍贯似以平和县为准确。然而,颜茂猷在自撰《圣朝破邪集序》谓:"霞漳宗璧居士"。考龙溪县,"东南滨海,海中有丹霞等屿"。(《明史》卷四十五,地理六)又龙溪县有"丹霞山,土石皆赤,晨夕映日色,若丹霞。故郡东西南北四郊,皆以霞称"。(何乔远:《闽书》卷二十八,方域志)由此看来,颜氏籍贯当以龙溪县更为可靠。其门徒黄贞,在《圣朝破邪集》中,三次以"霞漳去惑居士",或"霞漳黄贞"自称,可见他与乃师同为龙溪县人。

第五章　闽浙儒释人士对基督教、西学的排拒和《圣朝破邪集》的出版　　**363**

中。揭榜后，请旨。今上(指崇祯皇帝)特赐进士。廷试，列名(进士)登科录之首，盖异数也。"像这样的"特赐进士"，终明之世福建仅有二人，颜茂猷即其中之一。① 以此非正规手段得中进士后，他被授予"礼部主事"之职。② 然而，这位惯于投机取巧却对国家大计毫不用心的颜茂猷，因此引起皇帝不悦而告归。据崇祯朝锦衣卫指挥王世德所记，"(崇祯)七年甲戌二月，会试，颜茂猷以五经中副榜，特拨于正榜之前，授礼部主事。召对平台，问安攘之计，俯首不能对，上不怿。茂猷未任事，告归，终于家。"③

在京城短暂停留期间，颜茂猷接到门徒黄贞指控天主教的信件，既请"急著论辟之"，又望寻求"多方翦斥"的办法。④ 颜茂猷为此确曾四处活动，打探朝廷再掀教难的机会。结果以失败告终，甚至连辟教的文章也未敢轻易下笔。他写道："余在京邸时，接门人黄贞请辟天主书。窃有慕沈宗伯㴋苦志而未逮。无何辄以母丧告归，读礼家居，未敢干丝毫分外事。"⑤所谓"窃有慕沈宗伯㴋苦志而未逮"，应包含颜茂猷效法沈㴋谋略碰壁后对形势的清醒认识。直至崇祯十年(丁丑，1637年)秋冬，福建反教浪潮骤然高涨，告归家居的颜茂猷，方循门人黄贞之请撰序，表明辟教立场。

虽然辟教文字迟未发表，但颜茂猷通过与禅师的交往和佛法的"举扬"(详后)，所形成的融合三教(儒释道)的信仰，早已将自己置于基督教的对立面。原来当他通过撰写《迪吉录》这部颇具影响的"劝善"著作，在宣扬"因果报应"的"宗教伦理学说"时，"他显然更多地汲取了道佛两教的思想资源，他将'趋吉避凶'、'天地一气'之观念与佛道的'冥司'理论、'因果轮回'之思想糅合在一起，形成了一种以融合三教之信仰为基本形态的劝善理论。"⑥很显然，这种"融合三教之信仰"，遂成为

---

① 邹捷春：《闽省贤书》卷一，"特赐进士"。
② 邹捷春：《闽省贤书》卷六；《(乾隆)福建通志》卷三十六，选举。
③ 王世德：《崇祯遗录》，载《明史资料丛书》第五辑，江苏古籍出版社1986年版。
④ 徐昌治订：《圣朝破邪集》卷三，黄贞：《请颜壮其先生辟天主教书》。
⑤ 同上书，卷三，颜茂猷：《圣朝破邪集序》。
⑥ 吴震：《明末清初劝善运动思想研究》，台湾大学出版中心2009年版，第126页。

颜茂猷公开讨伐基督教的思想武器。他在《圣朝破邪集序》中开宗明义:"粤自开辟以还,三教并兴,治世治身治心之事不容减,亦不容增者也。何僻尔奸夷,妄尊耶稣于尧舜周孔之上,斥佛、菩萨、神仙为魔鬼,其错缪幻惑固已辴然足笑。世人不察,入其教者比比……嗟嗟!夷变至是,不惟乱世统,兼乱道脉,不特戕人类,并戕人性,举世冥冥,莫知其详……故今日之能使人知,使人言,使人见,江统忧,贾生哭,则破邪一集,其以裨于世道人心,顾不巨欤!"① 颜茂猷这篇犹如征讨的檄文,可谓文辞犀利,感情充沛。但由于他一贯对当代"敏感的政治问题",持小心谨慎的态度(北京平台召对时噤不出声,即是一例。而在所著《迪吉录》中,也明显表现出"愈靠近他生活的时代,他就避而不谈,仿佛视而不见",以免"触及任何敏感的政治问题"②),故颜氏这种声援和征讨似仍停留于口头或文字,迄未发现参与实际的组织串联活动。即使如此,颜茂猷倡率的"融合三教之信仰",无疑是鼓舞受业弟子黄贞奔波闽浙纠合儒释、抵御、攻伐基督教的思想基础。

长期担任地方官员的魏浚,对西学则是另一番心情。"魏浚,字禹卿,松溪人,万历甲辰(三十二年,1604年)进士,初授户部主事,升郎中,出为广西提学。"此后历任江西、山东等省官吏,直至崇祯五年(1632年)三月,"擢都察院右佥都御史,巡抚湖广,病卒,年七十二"。这位社会阅历颇为丰富的地方长官,曾留下一份遗作,对西学有褒有贬,透露出士大夫矛盾的心态。在此语调平和却题名《利说荒唐惑世》的文章中,依据中国地理观念和古代典籍,指责利玛窦《山海舆地全图》不将中国置于全图中央,而居稍偏西北之说,乃"杜撰以欺世人",实不足为训。与此同时,对于他亲见的"玛窦所制测验之器,谓之自鸣钟者",却赞赏有加并怀有浓厚的兴趣。经过魏浚"细析而观之",他不仅认为构造"极其精巧",而且津津乐道其机械运作击钟报时的过程,承认自鸣钟较中国古代计时壶漏更为简便。③ 这种一方面固守"中央之国"的传统理

---

① 徐昌治订:《圣朝破邪集》卷三,颜茂猷:《圣朝破邪集序》。
② 吴震:《明末清初劝善运动思想研究》,第165页。
③ 《(乾隆)福建通志》卷四十七,人物;《圣朝破邪集》卷三,魏浚:《利说荒唐惑世》;吴廷燮撰:《明督抚年表》卷五,湖广,下册,中华书局1982年版,第543页。

第五章　闽浙儒释人士对基督教、西学的排拒和《圣朝破邪集》的出版　365

念,一方面却称赞西方器物的精巧简便,典型地反映了一般士大夫对待西学的矛盾心态。

第二类,外省籍任职福建官员。

曾于福建担任三年巡抚的邹维琏,可作为其中的代表。"邹维琏,字德辉,江西新昌人,万历三十五年(1607年)进士。官吏部,疏参魏忠贤,削夺为民,寻下狱,谪戍。崇祯五年(1632年),由金都御史巡抚福建。维琏至,察吏安民,御倭弭盗,竭力匡救时艰,至废寝食。"任职期间,最为人称道的功绩,在统率官军同进犯厦门、石湾、海澄、同安诸处的荷兰侵略者("红夷")殊死战斗。崇祯七年(1634年),邹维琏"大集舟师,自漳州调发诸军至铜山(亦名东山,在漳州府所属铜山卫所),与('红夷')贼遇。苦战凡八昼夜,大败之,生擒酋长数十人,焚其舟舰器械略尽。"就是这样一位抵御侵略"劳绩甚著",且"大有功于闽"的地方长官,却因"其党东林"的态度,"与政府不合","乃为政府('当国者温体仁辈')以门户谗抑"而罢官。①

邹维琏在奋力抗击西洋人武装骚扰沿海的同时,自然亦对境内流传的西洋宗教,保持着高度警惕和忧虑。未著撰述年月的《辟邪管见录》,即是一例。这篇题为"豫章大司马邹维琏德辉甫著"的短文,对于利玛窦来华的经历、著作,及其"彼方思以易天下"的目的,均有清晰的认识。文章集中揭露"利妖敢以邪说比六经","以天主合经书之上帝"的谬论,指出这是"标大题,借大号",实则"凌驾于五帝、三王、周礼之上"的伎俩。"至于孔子太极之训,《春秋》之作,孟子仁义之对,无后不孝之言,皆见指摘",更有如张仪、苏秦、王莽之流"侮圣欺天"的狂言。由是惊呼:"从来大变,未有甚于此者。"最后,作者写道:"琏以管见而谈,终觉惶汗。惟望忧时忧道大君子,极力剪除,勿使蔓延惑世,以害天下,而为中国将来忧。实区区之鄙衷也已。"②

所谓"以天主合经书之上帝",证明天学与儒学的契合,此乃利玛

---

① 《明史》卷二三五,邹维琏传;《(乾隆)福州府志》卷四〇,名宦;何乔远《闽书》卷三〇,方域志,漳州府,卫所附。

② 《圣朝破邪集》卷六,邹维琏:《辟邪管见录》。

窦、艾儒略等传教士极力宣扬的理念,也是叶向高、翁正春、陈长祚等倾心西学的福建士大夫,同传教士友好交往的思想基础。① 邹维琏通过对这种"合儒"理念的批判,表明他与闽省倾心西学的士大夫之间,存在着基本的分歧和对立。此其一。文中控告传教士对儒家"无后不孝之言"的指摘,实出于艾儒略的两次谈话。一次在崇祯五年(1632年)五月,福建士绅质询,舜因无后而娶尧之二女,是否犯天教邪淫之诫?艾儒略令随行的张赓、颜维圣回答,二人振振有词,皆指其为非。② 另一次在崇祯六年(1633年),艾儒略至漳州传教,反教士子黄贞三日间,苦苦以"文王后妃众多",是否"犯大戒,必入地狱"相催问。艾氏一再沉吟忍让,终曰"文王亦怕入地狱去了"作答。③ 这样看来,邹维琏《辟邪管见录》,必定写于崇祯五、六年之后。此外,该文署名"豫章大司马"云云,查《明史》本传,崇祯"八年春,叙却贼功,诏许起用。旋召拜兵部右侍郎,遘疾不赴,卒于家"。④ 大司马乃兵部长官的通称,可见《管见录》之定稿,在崇祯八年召拜兵部而遘疾病卒之际。此其二。

既然邹维琏对传教士图谋不轨和侮圣蔑孝言论颇为明晰,既然在天学儒学异同的理念上,跟倾心西学的缙绅格格不入,那么这位被称做"孤介有大节"、"清方有为"的人物,⑤何以不在崇祯五年至七年(1632—1634)福建巡抚任上,⑥施展权力裁抑基督教的嚣张气势,非待离任而濒临死亡之际,方坚吐其辟教诤言,寄希望于未来"忧时忧道大君子",剪除异教以绝后患。究其缘由,朝廷倚重传教士修历铸炮,故对基督教在各地的发展视若无睹,使邹维琏等反教人士不敢贸然行动,固然是原因之一。而邹维琏与东林旧友和朝中新贵的情谊,亦是不可忽视的因素。天启五年(1625年),朝中阉党为打击正直官员曾刊布《东

---

① 参见拙文:《明末福建士大夫同传教士的交往氛围及群体特征》,载刘东主编:《中国学术》,2004年第1辑。
② 李九标汇编:《口铎日抄》卷三。
③ 《圣朝破邪集》卷三,黄贞:《请颜壮其先生辟天主教书》。
④ 《明史》卷二三五,邹维琏传。
⑤ 陈鼎:《东林别传》卷一九,邹维琏传。
⑥ 吴廷燮撰:《明督抚年表》卷四,福建,下册,第515—516页,中华书局1982年版。

第五章　闽浙儒释人士对基督教、西学的排拒和《圣朝破邪集》的出版　367

林党人榜》,邹维琏跟后来位至卿相且与传教士交好的福建士大夫叶向高(大学士)、翁正春(礼部尚书)、陈长祚(工部尚书)等丽名其中,同遭迫害。① 史称崇祯年间邹氏仍因袒护东林得罪当道而罢官,可见他对昔日东林情谊的珍重。

不仅如此,崇祯五年(1632年),泉州籍京官(多达22人)、桑梓士绅和地方长吏,共同发起为刚去世的南京工部右侍郎、晋江人何乔远,申请朝廷赐以赠官祔葬学宫的荣誉。莅任不久的邹维琏,亦"准泉州府晋江县在籍乡官大学士史继偕等公揭",上呈《请特祀疏》,附和此敬老尊贤的盛举。② 然而,何乔远乃是与传教士交往密切的泉州士大夫乡亲群体的核心人物。他不仅吟诗撰序、对西学称颂备至,而且推动其在朝担任高官的三位门徒:蒋德璟(终官内阁大学士)、林欲楫(礼部尚书)、郑之玄(翰林学士),同传教士建立友好关系。③ 在这种情况下,邹维琏即使有运用职权制裁传教士的打算,却投鼠忌器,惟恐开罪于谢政乡居的东林旧友和官运亨通的朝中新贵。直至临终才发诸笔端,一吐心中的怨气。这种无可奈何的情绪,也影响到稍后福建教难中地方官员敷衍的态度。

第三类,致仕归里闽省缙绅。

如曾任工部右侍郎、闽县人董应举,湖广佥事、晋江县人黄廷师,苍梧参议、仙游县人唐显悦,苏州推官、闽县人周之夔,致仕归里后,目睹异教势力日渐坐大,虽存"崇正辟邪之思",怵于当时情势,仍难有所作为。

《明史》评论道:"(董)应举好学善文。其居官,慷慨任事;在家,好兴利捍患。比没,海滨人祠祀之。"④ 他的门徒黄问道亦记曰:"吾乡崇相董先生(董应举字崇相),学正品端,不肖从游门下。先生以天下为己

---

① 《明熹宗实录》卷八一。
② 邹维琏:《请特祀疏》,载何乔远:《何镜山先生全集》附录。
③ 参见拙文:《明末福建士大夫同传教士的交往氛围及群体特征》,载刘东主编:《中国学术》2004年第1辑。
④ 《明史》卷二四二,董应举传。

任,防辽有疏,防海有议,持之数十年之前。谈及夷教,慨然有崇正辟邪之思。不肖略撰一二说,以附先生之末矣……有志之士,欲辟邪闲道,有先生在,执牛耳,立坛坫,不肖左执鞭弭……以从事焉。"① 如此一位以天下为己任,且对异教怀有强烈崇正辟邪意愿的退休缙绅,被桑梓士子奉为反教领袖而寄予厚望,应是情理中事。然而,这不过是其门徒的一厢情愿。董应举迄未著文指斥异教传播,其门徒向往的反教联盟终属空中楼阁。看来董应举宁可在私下里纵谈訾议,却不愿公开举起反教大纛,以得罪亲近西学的同乡高官耆旧。②

黄廷师,晋江县人,万历四十七年(1619年)进士,历官湖广佥事、兵巡道。唐显悦,仙游县人,天启二年(1622年)进士,曾任广西苍梧参议。③ 这是两位持坚决反教立场的缙绅。前者曾撰《驱夷直言》,指证所出"原距吕宋不远"的夷种,托名贸易和传教,并吞吕宋及其统治的种种劣迹。后者则签《题黄天香词盟》,寥寥数语,既称赞黄贞"不远千里,呼朋辟邪,惟力是视"的勇气,又申明"疾彼西人",乃"世道攸系"的重要性。④ 不过,这两篇辟教文章均写于崇祯十年至十一年间(1637—1638),即乘朝廷饬令福建有司严查基督教的有利时机,黄、唐二人沉晦多日的反教思想,方形诸文字公布于世。

应该说,在福建一些履职和退休官员中,潜在的反教意识无疑是强烈的。然而,他们是否著文公开发表或何时发表,则跟时局的变化有着密切的关系。这些人中,不能排除有依违其间投机取巧者。以气节自负而处事乖张的周之夔,便是一例。周之夔,字章甫,闽县人。自诸生时,"素与吴越声气通"。崇祯四年(1631年),之夔与复社领袖、太仓人张溥系"同榜进士",又选授苏州府推官。由是,更"与(复)社局诸人雅相善"。崇祯五年(1632年),张溥撰刊"国表社集",周之夔即列复社名录中。⑤ 其

---

① 《圣朝破邪集》卷五,黄问道:《辟邪解》。
② 董应举曾为同乡耆旧、礼部尚书翁正春撰有碑铭,对其道德文章深为敬佩(《崇相集》第六册)。而翁氏即是上疏首荐传教士参与修历之人(陈鼎:《东林列传》卷一七)。
③ 《(乾隆)福建通志》卷三六,选举;《(乾隆)泉州府志》卷三四,选举二。
④ 《圣朝破邪集》卷三,黄廷师:《驱夷直言》,唐显悦:《题黄天香词盟》。
⑤ 陆世仪:《复社纪略》。

间,张溥为礼部尚书徐光启激赏,亦尝侍恩师参"究泰西历学"。[①] 风气所被,追随时尚且与张溥友善的周之夔,对西学也颇有好感。收录于"闽中诸公赠泰西诸先生诗初集"中周之夔的赠诗,应是此时期的作品。诗文从承认西方天文学有助于中国修历("捧出河图告帝期,经行万里有谁知?浑天尚有唐尧历,中国犹传景教碑"),由赞许西学到推重基督教信仰("地转东南分昼夜,人非仙佛识君师"),并表示如此精妙的学问和信仰,皆不可怀疑("金声玉齿悬河舌,沧海茫茫不可疑"[②])。这种附和徐光启、张溥参究泰西历学的活动,对于西方科技和信仰的推崇,多少有加深同复社领袖感情的意味。

然而,一旦个人利益受到限制,在主持州县诸生考试权力上发生龃龉,周之夔便将与复社领袖十年的交谊弃如敝屣,也不顾及州县士民拟输纳军储代替漕粮渡过灾荒的民间疾苦,而执意报复,以"悖违祖制,紊乱漕规",向上峰控告。终于触犯众怒不得不去职,周之夔因此又归咎于张溥。遂乘机伏阙上书,诬陷张"溥等把持计典……因及复社恣横状"。致使朝廷严令追查,至张溥死后仍未休止。周之夔强烈的报复意识和不计后果的乖张举措,不仅为苏州士绅所不齿,也遭到在朝福建正直官员黄道周、蒋德璟的谴责。黄道周甚至将周之夔"比之人枭"。[③]

罢官归里后,周之夔生活拮据,"尝居僧寺,佣书画自给"。[④] 思想也一度消沉,自谓:"夔迩来力辟社党,不无见尤焉……誓从此不谈人间是非。"可是,崇祯十一年(1638年),当士子黄贞"持所刻《破邪集》问序于夔"时,正值福建反教声浪高涨之际,周之夔又按捺不住发泄仇怨的激情,通过撰写《破邪集序》,由声讨"邪教之乱儒乱佛",进而咒骂心目中那些倾心西学的政敌。文章充斥对天主教的蔑视,既称"若其为教,最浅陋无味",又"谓其天文尚可用,则不主休咎,已明绝吾儒恐惧修省

---

① 徐光启撰,石声汉校注:《农政全书校注》上册,《张溥原序》,上海古籍出版社1979年版。
② 《熙朝崇正集——闽中诸公赠泰西诸先生诗初集》,载《天主教东传文献》。
③ 陆世仪:《复社纪略》;《明史》卷二八八,文苑四,张溥传;参见林金水:《艾儒略与明末福州社会》,载《海交史研究》1992年第2期。
④ 《(乾隆)福州府志》卷六〇,人物,文苑,周之夔传。

一脉。且彼以尧舜周孔皆入炼清地狱矣,其毁吾圣贤,慢吾宗祖至此"。于是,周之夔提出耸人听闻的观点。"夔愚每谓:'视天主教与从其教者,只宜视如禽兽,不当待以夷狄之礼。何则?夷狄犹靦然人也。而诸君子犹鳃鳃焉引圣贤与之析是非,此不亦待之过厚,与佛慈悲等,而非吾孟子所以自处乎!'"①在此,周之夔自诩持"孟子待横逆妄人"直如禽兽的立场,批评辟教诸君子过于宽厚,枉费口舌与之辩论,因为"天主教与从其教者",较视为人类的"夷狄"更加低下,简直如同禽兽一般。这种对天主教和西学的评价,跟数年前的赠诗相比较,真有霄壤之别。而其咒骂的对象,既为天主教,更在"从其教"的中国士人。这自然包括前述参究泰西学问的徐光启、张溥,也影射正试图平息福建教难的蒋德璟等人。可见正是周之夔个人境遇的变化和好恶情绪的迸发,导演出对天主教前恭后倨态度的不同。

第四类,在闽佛教僧侣。

自从利玛窦接受中国士人瞿太素建议,由僧装改换儒服,原本是盟友的佛教,便变成争夺活动空间和群众基础的势不两立的仇敌。伴随着著名居士虞淳熙、黄辉,及明末高僧雪浪大师、紫柏真可、憨山德清、云栖袾宏相继介入论争,佛门僧俗势力,遂成为推拥"南京教案"的重要因素。

"南京教案"之后,基督教在各地卷土重来,令佛教僧侣再次感到威胁。于是,由杭州云游至漳州龙溪县南山潜云堂之禅僧普润,②崇祯七年(1634年),在福建率先汇编刊刻《诛左集》,号召为使"道统治统咸明,君恩佛恩齐报",合力"诛左道之心"而"破邪"。普润所撰《诛左集缘起》,俨然一篇声讨天主教的檄文。文章着重从"伤俗败伦"和"无父无君"两个方面,揭发天主教的罪恶。前者如:"斥率性为非道,讥事亲为不臧,怨禽兽以无灵,诬木石而有命,因以烹割为斋,蔑好生之盛德。悖

---

① 《圣朝破邪集》卷三,周之夔:《破邪集序》。
② 《圣朝破邪集》卷八,武林后学释普润著:《诛左集缘起》,其落款为:"崇祯甲戌(七年)仲秋之望扶病书于闽漳南山潜云堂。据何乔远编撰《闽书》卷二八,方域志,漳州府,龙溪县,境内有丹霞山,"山阴有南山寺,亦名南山。"可见"闽漳南山",即龙溪县南山。

第五章　闽浙儒释人士对基督教、西学的排拒和《圣朝破邪集》的出版

逆犹孝，乱秉彝之大伦，抹杀轮回，谓无终而有始。私颁律历，示彼正而我偏。无后未为不孝，多妾诚为大愆。理欲混淆，华夷倒置……伤俗败伦，靡所不至。"而其目的则在于："阳排释道以疑儒，阴贬儒宗而探学。"后者称："姦盗诈伪之徒，一造其室，遂登永乐之天；尧舜、周孔之圣，不得其门，久锢铼清之狱……况复赂渔中贵，饘饵寒衿，贡献缙绅，簧鼓黔首……加以制火车，铸巨铳，城广澳，筑平和，帑叵测其所从，人不定其所止；鼠窥我土，业已五十余年，蚕食我民，不知几千万户"。真可谓"欺天侮圣，无父无君，至此极矣！"

口诛笔伐之余，普润写道："润也匪以滥居禅窟，辄兴斯举（指效法古人"卫道筹邦"檄讨异端之举），不获已焉。每思闻一言而谤佛，如三百矛以刺心。后昆之罪首莫逃，先觉之功臣罔克。愧未及著全书而破邪，愿先驱揭众言以见志。于是搜诸迩迩得若干篇，缁素兼收，拙工靡择，意在广集同然之理，公诛左道之心。庶道统治统咸明，君恩佛恩齐报云尔。"①

纵观普润讨檄全文，从天主教理之危害至洋人行动之叵测，从贬儒排佛的用心到窥伺我神州的阴险，其对异教的揭发不可谓不周详，作为禅僧遭遇的威胁不可谓不敏感。然而，就此僧人在福建刊刻的破邪汇编，既系首创亦为绝响来看，其社会效应难免令人失望。这固然反映佛教人士对于异教势力膨胀的担忧，而无后续的有份量的著作跟进表明，已处于衰颓时期的佛教，难以单独应对基督教咄咄逼人的气势，唯有依附占主导地位的儒家，方可与之相抗衡。②《诛左集》所谓异教"阳排释道以疑儒"，而汇编"缁素兼收"、"君恩佛恩齐报"的说教，以及稍后杭浙僧人附和闽省士人黄贞的鼓噪，皆是这种趋向的佐证。

第五类，福建下层士人。

综前所述，尽管在闽籍京外官，外籍地方官，致仕缙绅和佛教僧侣等各阶层中，具有强烈反天教意识者为数不少，但囿于客观形势的制约

---

① 《圣朝破邪集》卷八，普润著：《诛左集缘起》。
② 参见拙文《基、释之争与明末南京教案》，载澳门特别行政区政府文化局：《文化杂志》中文版 2004 年冬季刊。

与社会关系的羁绊,却顾虑重重,难以有所作为。他们之中,或探明朝廷倚重西人而畏葸不前;或对西学有褒有贬,处于矛盾的状态;或珍重同甘共苦的旧友而容忍不发;或宁可私下纵谈訾议,怵于公开表态得罪乡中贤达;或窥测时机前恭后倨以泄私愤;或敏感忧虑率先发难却无以为继。这种士大夫激于言绌于行,为保身家而苟且容忍的局面,自然招致以国事为重的下层士人的不满,亦替那些年轻气胜且羁绊较少的下层士人,成长为反异教的积极鼓吹者和组织者,提供了历史的机遇。

(一),下层士人撰写辟邪教文章十分踊跃。例如,"三山"(福州)陈侯光在《辨学蒭言》中,自称"东庠居士",谓"愚贱如小子,设起而昌言排之,则唾而骂者众矣"。显系地位不高的县学生员。"霞漳"(龙溪)苏及寓撰述《邪毒实据》,则有"野人无知,天历之说,未暇置辨"的言论。"清漳"(漳浦)王忠在所著《十二深慨》中,却以"韦布"(布衣)自况,对"草野告变","草野或有所陈说,欲叩无门"的窘境,深为愤慨。"三山"曾时为黄贞《不忍不言》作序时,称"白衣弟子"黄贞为"社兄",抒发"草莽无权,则心惟一旨","小子之不忍不言"的豪情。可见上述四位作者,若非县学生员,即布衣学子。①

又如,署名"胆山子李灿"所著《劈邪说》曰:"忝居儒列,难诿斯文,况当邪说横流之际,敢辞佐正好辨之担。"②从其称号及担戴可知,乃一英武豪爽之读书人。近翻阅方志,得悉此人履历。"李灿,字君发,宋延平先生裔孙,先世迁侯官。灿与兄尚斌键户读书。尚斌补博士弟子,终魏县令。灿以闽清籍登康熙丁未(六年,1667年)武进士……"③键户读书的李灿,至清初方获武进士功名,揆度明末草拟辟教文章,尚为年少白衣人。

再如,崇祯十一年(1368年)十一月,福建反教浪潮方兴未艾之际,

---

① 《圣朝破邪集》卷五,陈侯光:《辨学蒭言》卷三,苏及寓:《邪毒实据》卷六,王忠:《十二深慨》;曾时:《不忍不言序》。

② 同上书,卷五,李灿:《劈邪说》。据夏瑰琦女士编校的版本,该书目录为《劈邪说,李灿》,实录文章署名则为"胆山子李灿著",灿、璨同义,彼此通用。

③ 《(乾隆)福建续志》卷四十二,人物二,国朝。

第五章　闽浙儒释人士对基督教、西学的排拒和《圣朝破邪集》的出版　　**373**

适在朝任翰林院左春坊、晋江人蒋德璟,奉公差复命途经福州。福州府闽、侯官二县儒学生员,会同福州三卫千百户掌印官上书,"伏乞(蒋德璟)入告朝廷,尽除('天主之夷')以清华夏。"在此《攘夷报国公揭》上联署的"福州府闽、侯(官)二县儒学生员"有七人,"布衣"五人。① 足见一部分下层士人激烈的反夷趋向。

更如,闽省响应黄贞辟教召唤而撰写文章者,还有"福唐(清)戴起凤"(《天学剖疑》),"三山(福州)黄紫宸"(《辟邪解》),"三山钓龙黄问道"(《辟邪解》),"闽芝城(瓯宁)谢宫花"(《历法论》《四宿引证》《续正气歌》)等人。从这些文章的字里行间迄未透露撰者身世,而在隶籍的方志中亦难寻觅传记的踪影来看,上述作者仍以下层士人的可能性最大。此外,《诛邪显据录》作者,"西瓯(瓯宁)李王庭(字犹龙)",虽为礼佛至勤而与官宪私交甚笃的当地"士绅",②恐怕亦无显赫的功名。

(二),严厉批评士大夫苟且容忍的态度,对维护传统表现出强烈的责任感。

如苏及寓说:"艾儒略等夷人也……夫复来而若此之久也,天下竟无一人忧之而维其变,将奈何?""今日满朝俱荷君王恩,遍野皆习孔孟书,蠢尔狡番敢诳天子,拜耶稣为天主,敢毁孔孟,入地狱为话柄。朝廷无人忧愤之……念及此,能不伤心痛哭。"③黄问道亦谓:"所可讶者,吾中国之缙绅学士,扬其波而助之焰也。"④李灿更称:"独怪迩来士大夫,亦禽然从之,相与采经书类上帝之语,以实天义;又借圣贤事亲知天之论,以辟佛经,扯曳敷辞,自语自背,欺天诳圣,丧尽良心。"⑤为此,王忠专撰《十二深慨》,旨在揭露天主教入中华以来,士大夫优容邀结的种种表现,诸如:燕安高堂,只顾身家,袖手坐视,与之交接,甘从夷人外护,

---

① 《圣朝破邪集》卷六,《上翰林院左春坊蒋公德璟攘夷报国公揭》。
② 王谷全集,徐昌治证较:《福严费隐容禅师纪年录》卷上,载《中国历代禅师传记资料汇编》中册,全国图书馆文献缩微复制中心,北京,2003年;《圣朝破邪集》卷八,刘文龙:《统正序》。
③ 《圣朝破邪集》卷三,苏及寓:《邪毒实据》。
④ 同上书,卷五,黄问道:《辟邪解》。
⑤ 《圣朝破邪集》卷五,《劈邪说》。

阻挠草野辟教等。并呼吁"当道大人,英迈君子,幸毋蹈种种之愆,毋忽草草之言,共芟邪夷之党,以闲先圣之道"。①

于是,在屈尊请求、严辞抨击和激昂呼吁,仍难改变士大夫态度的情况下,下层士人遂善自砥砺,以"忧危虑远之士"相期许,大有力挽狂澜,舍我其谁的气概。如黄问道宣示其志向:"男子生世间,旋乾转坤,排难解纷,作后人之鼻祖,为前圣之功臣。"②王忠亦响应道:"是故,忧危虑远之士,抱忠君爱国之心……于是苦心冒死以维持,不啻疾痛之在身,其切切偲偲(切磋、督促),遍暴天下,将使豪杰端人,共起而应之耳。"③谢宫花甚至撰《续正气歌》,以鼓舞斗志。"……嗟彼西夷兮,类聚犬羊。阴蓄异谋兮,天主教张。荧惑士女兮,横水汤汤。世聋瞆而不悟兮,举国若狂。一桴众鼓兮,竟不知当今有圣王。邪说充塞兮,颠倒冠裳。人心既丧兮,夫谁与匡。我今作歌兮,续正气之刚。方愿言辟邪兮,与日月而争光。"④

毫无疑义,在这些闽省下层士人,乃至闽浙儒释人士排拒基督教的斗争中,奔走呼号、上下串联而居功至伟者,非漳州龙溪县黄贞莫属。

这位迄无功名的"白衣弟子",当崇祯六年(1633年)艾儒略至其家乡传教时,他也为当地"钝汉逐队皈依"和"素称人杰"者"坚为护卫,煽动风土"的盛况所推动,卷入崇尚西学的热潮,前"往听讲数日"。虽黄贞后来吹嘘"贞一见即知其邪",然揆诸情势,恐怕他曾一度为天学所吸引,与艾儒略亦有相当的接触且取得一定的信任。否则,他不可能在处世谨慎而颇具阅历,"客初至堂,一见即洞悉其心"的艾儒略那里,⑤探究到如此深入和隐秘实情的谈话。

第一件事,据黄贞说:"彼教中有《十诫》,谓无子娶妾,乃犯大戒,必入地狱。是举中国历来圣帝明王有妃嫔者,皆脱不得天主地狱矣。贞

---

① 《圣朝破邪集》卷六,《十二深慨》。
② 同上书,卷五,《辟邪解》。
③ 同上书,卷六,《十二深慨》。
④ 《圣朝破邪集》卷六,《续正气歌》。
⑤ 李嗣玄:《西海艾先生行略》,载钟鸣旦、杜鼎克主编:《耶稣会罗马档案馆明清天主教文献》第十二册。

诘之曰:'文王后妃众多,此事如何?'艾氏沉吟甚久不答。第二日,贞又问,又沉吟不答。第三日,贞又问曰:'此义要讲议明白,立千古之大案,方能令人了然,皈依而无疑。'艾氏又沉吟甚久,徐曰:'本不欲说,如今我亦说。'又沉吟甚久,徐曰:'对老兄说,别人面前,我亦不说。文王亦怕入地狱去了。'又徐转其语曰:'论理不要论人。恐文王后来痛悔,则亦论不得矣'。"

第二件事。"观音菩萨,关圣帝君及梓潼帝君,魁星君,吕祖帝君等像,皆令彼奉教之徒送至彼所,悉断其首,或置厕中,或投火内。语及此,令人毛发上指,心痛神伤,此贞亲见者。"

第三件事。"艾氏言:'会友二十人来中国开教,皆大德一体也。今南北两直隶、浙江、湖广、武昌、山东、山西、陕西、广东、河南、福建福州、兴、泉等处,皆有天主教会堂,独贵州、云南、四川未有耳。'呜呼! 堂堂中国,鼓惑乎夷教,处处流毒,行且亿万世受殃。"①

来华耶稣会士据《十诫》中之第六诫"毋行邪淫",认定中国娶妾习俗违悖教规,故对入教者审查甚严。明末李之藻、杨廷筠、王徵等士大夫进教,均因此禁而多生波折。不过,对待中国古代圣贤的娶妾行为,传教士则较为慎重。利玛窦赞成这样的说法,即"彼一时,此一时,古者民未众,当充扩之,今人已众,宜姑停焉"。② 显然采取宽容的态度。艾儒略对此要苛刻严厉得多,但也只限于跟教会中坚张赓私下讨论。地方士绅就此质询,则转令张赓等人作答,以免直接得罪于人。③ 那么,黄贞何以通过与艾儒略三日间的交谈,便可套取其思想深层的认识和感受? 同样地,焚毁佛道及民间崇拜的偶像,亦为教士蛊惑的中国教徒的狂热行为。然得允进入教堂目睹其肆虐过程者,岂非泛泛之辈? 特别是传教士和天主堂在中国各地的分布,乃属基督教会的组织隐密,黄贞用何手段令艾儒略如此畅快淋漓地和盘托出?

可能的解释是,最初出现在艾儒略面前的黄贞,并非"一见即知其

---

① 《圣朝破邪集》卷三,黄贞:《请颜壮其先生辟天主教书》。
② 利玛窦:《天主实义》第八篇。
③ 李九标汇编:《口铎日抄》卷三。

邪"的反教先知,而是为西学吸引准备皈依的"望教人"。黄贞所谓"此义要讲议明白,立千古之大案,方能令人了然,皈依而无疑",正是处于"深入理解教义并进行考查的望教阶段"的反映。① 唯其如此,艾儒略几经犹豫,仍不乏信任地陈述自己心底的看法("对老兄说,别人面前,我亦不说"),准许黄贞自由出入教堂,甚至向他坦露教会的组织隐密。这样一来,作为准备皈依的望教者,黄贞大致像李九标那样,为西学的道德、科技、人生哲理和省察功夫的新奇所吸引。而作为传统制度的信奉者,他从最隐密的深处,发现基督教跟中国固有的祖先(古代圣贤)崇拜、宗教习俗和国家理念凿枘难入。这种尖锐的思想冲突,使他陷入苦苦的挣扎之中。其自谓:"贞不得已,往听讲数日,未能辨析破除之,几至大病。至四五日以后,方能灼见其邪说所在,历历能道之,心神始为轻快。"②可视做经过内心抗争而得到解脱的表现。不过,明末士大夫西学倾向的代表人物王徵,是通过大病期间研读天学《七克》而改变信仰,终身服膺基督教;③闽省下层士人黄贞,则是在大病中战胜诱惑,淬砺传统的儒家信仰,成长为反对异教的斗士。

自从黄贞深入堂奥而毅然反戈一击,他便像反教的下层士人一样,面临人微言轻、势单力薄的尴尬处境。他说:"今日缙绅大老,士君子入其邪说,为刊刻天主教书,义为撰演天主教序文,贞目睹所及甚多,此其可患可愤者。"④相形之下,"予草野愚拙,微寒孤立,其何能为!"然而,其识见高明之处,在并未停留于一般的愤懑情绪和独自担当的匹夫之勇,决定起而呼号、纠集六合,将组织和鼓动民众共同"破邪",作为奋斗的目标。这在当时情势下,不啻弥补自身缺陷寻求"破邪"最大效应的良策。于是,黄贞"愤郁胸热如火,累夜鸡鸣不寐,得一计焉。曰:'我今日当起而呼号,六合之内共放破邪之炬,以光明万世,以消此滔天祸水'"。⑤ 因此,一方面,黄贞撰写《尊儒亟镜》文章,高树尊儒辟教的旗

---

① 参见拙著《明清之际中西文化交流史——明代:调适与会通》(增订本),第422页。
② 《圣朝破邪集》卷三,黄贞:《请颜壮其先生辟天主教书》。
③ 参见拙著《明清之际中西文化交流史——明代:调适与会通》(增订本),第567—568页。
④ 《圣朝破邪集》卷三,黄贞:《请颜壮其先生辟天主教书》。
⑤ 《圣朝破邪集》卷三,黄贞:《破邪集自叙》。

帜。另一方面,则四处串联,呼吁各界共襄破邪大业。

在这篇殚精竭虑,标榜天教儒学势不两立的《尊儒亟镜》中,黄贞首先警示世人,原"崇于宇宙"的儒教,正遭受"欲灭之者"的卑贱和混淆。"夫欲灭之者何物乎?西之夷,天主耶稣之徒,与华之夷,从天主耶稣之徒者是已。"对于日渐坐大的"妖夷"势力,黄贞决绝地表示:"苟中华相率而为夷……予小子惟有赴东海而死耳,岂肯处夷世界以求活也哉?"于是,黄贞"亟以仲尼一堂所传授之镜镜之",即秉持儒教思想为镜鉴,令肆虐的"妖夷之肝胆情形"毕露。因此,《尊儒亟镜》缕列七节,逐一加以比对。

作者标举"狡夷"总的危害在于:"利玛窦辈相继源源而来中华也,乃举国合谋欲用夷变夏,而括吾中国君师两大权耳。"随即,从中国圣贤与"狡夷"的天命观、生死观和苦乐观的截然对立,以及德性尊贵与耶稣迷悟,性与天道之旨跟天堂地狱之说,太极生两仪之原与天主化生万物之谬的不可混同之处,详加说明。如天命观,"吾儒惟有存心养性,即事天也,惟有悔过迁善,即祷天也……夷妖混儒之言天、言上帝……不敢言即吾心之道,不敢言即吾心之诚,岂非以其害于天主耶稣之说乎哉?"又如生死观,"中国之儒门无异学,惟有仁义而已,故生死皆不失其正……妖夷不知真体所在,心惟天主是逐,不嫌尽此生而媚之。则生也,为抱妄想,生是虚生,志惟天堂是惑,不难舍此生而求之。则死也,为抱妄想,死是虚死,生死皆欲也。夫吾人之生死大事也,妖夷与孔孟理欲相背如此!"再如苦乐观,"盖命即理也,此理极精微,仁乃道也,此道最广大,惟君子致广大而尽精微……现成之受用……圣贤生之受用诚乐哉。如是则与狡夷之所谓灵魂者,生时如拘缧绁中,既死则出如暗狱,教人苦生乐死也,毫不相干矣。"

除此而外,象君子尊德性,而德性本体在我,原与天不二,极高峻且无边际,即天与地之道。跟狡夷尊贵天主耶稣所得而主宰,七日造成世界之说,不可同日而语。又性与天道之旨,乃吾道一以贯之宗。妖夷不能知此一贯之道,故妄立天主与灵魂,而卑贱太极与理道。更仲尼太极生两仪,实天地万物之原,跟妖夷称化生万物的天主乃万物之灵的说教,断乎不可混同。

值得注意的是,黄贞虽着力划清儒家与天主教的界线,以证彼此的势不两立,但字里行间,亦毫无顾忌地将攻击的矛头,同时指向附和天教的所谓"华之夷"。如说,"其最受朱紫疑似者,莫若'上帝'、'天命'与'天'之五字,狡夷以为甚得计者在此。吾国吠声之夫与贪货之流,起而和之,各省皆有其羽翼。"又云:"……而我华人,以夷之天主耶稣,为合吾儒之经书帝天者,何异以鸟空鼠,即为合凤凰之音也与?"再称,"华人峨冠博带辈,读仲尼书者,敢曰:'利先生天学甚精,与吾儒合。'呜呼!是可忍也,孰不可忍也?祇为太极之乱臣贼子,为素王之恶逆渠魁焉已矣。"①

综上所述,黄贞誓死不与夷人共存,及其敌忾同仇,固然勇气可嘉。而悉心划分天教儒学的界线,亦不失为有价值的理论探索。然而,黄贞标榜的儒家思想武器,除"用夷变夏"的传统夷夏观之外,便是极力美化的仁义道德的说教。由此暴露了黄贞等下层士人志大才疏,思想陈旧的特征。特别是黄贞咒骂主张天教儒学契合的衣着朱紫、峨冠博带的士大夫,更触及封建礼制中以下犯上的忌讳。在这种情况下,黄贞虽奔走呼号,然成绩之惨淡可想而知。数年之间,仅有一些下层士人撰文附和,而士大夫阶层响应者寥寥。甚至连其业师、时任朝廷礼部主事的颜茂猷,也不敢贸然支持。每念及此,黄贞不禁潸然泪下。他说:"然始也,保守身家者多,敢辟者少。求之既如逆浪行舟,且高明特达者微,阻障者众。辨之又若纷丝寻绪,每一回想不觉泪下。"②

在闽省辟教举步维艰的形势下,黄贞遂将呼吁联络的范围,由福建扩展到浙江,从儒士散播于佛僧。这是因为浙江素称佛教之重镇,前述反教著名僧俗人士虞淳熙、云栖袾宏的拥护者尚存人间;同时,这里也是"南京教案"始作俑者沈㴶的故乡,其辟邪思想流传未断。这样看来,黄贞此举颇有从始溯源、继往开来的意味。

---

① 凡未注明出处者,均引自《圣朝破邪集》卷三,黄贞:《尊儒亟镜》一文。
② 《圣朝破邪集》卷三,黄贞:《破邪集自叙》。

第二节 闽浙儒释反教势力的联合与《圣朝破邪集》的出笼

果然,崇祯八年(1635年)黄贞出访,"乃奔吴越之间。幸得沈仲雨(㴐)等诸公旧疏于沉晦之秋,遂募刻播闻。"①继而,黄贞再撰《不忍不言》,为"檄沙门而交攻","同扶大义",②便以云栖袾宏、三淮(槐)雪浪为传教士驳议羞辱为辞,号召萎靡不振的浙江僧俗人士奋起寻仇雪耻。他写道:"云栖被驳而理屈,三槐受难而词穷。夫云栖、三槐何人哉!彼岂不知二老皆僧中所谓博大真人者……二老名播当世,凡缁流欲藉之以扬声者,莫不曰我云栖师翁、雪浪大师。至于重泉抱屈,大义未伸,而子兮孙兮,反褎如充耳者,何哉?"③

这种在昔日辟教中心重燃战火的图谋,很快取得了成效。而率先附和者,还是下层士人。如浙江山阴(绍兴)人王朝式特撰《罪言》,以壮声势。他说:"闽中黄天香(贞)子,为颜光衷(茂猷)先生门人,翩然来越。以狡夷之驾为天主说者相告,愿鸠同志合击之,必绝其根株乃已。盖痛邪说之迷人日日已甚,而我国家庙社之忧,不可言耳。"于是,作者检讨道,自沈㴐《参远夷疏》至今,原已衰熄的"夷氛"卷土重来。"狡夷欺天侮圣,蔑君毁祖,其谬妄悖逆,皆振古所未有。而所以售其奸者,亦从来所不及。"最后,作者既称赞黄贞倡导辟邪之勇气,希冀天下豪杰响应其号召;又担忧自己率尔从之,因能力不济而无补于事。他写道:"然而今日朝廷不及问,学士大夫不及知,独天香子以韦布之贱,起而昌言之。且呼号同志,若求亡子于道者,视古人著论徙戎,更为深隐。吾计天下豪杰之士,必将翕然应之若式。"又谓:"私心固弗忍,而欲一倡大义,为天香子摧锋陷阵,力又有所未能;徒坐而贻

---

① 《圣朝破邪集》卷三,黄贞:《破邪集自叙》。
② 同上书,卷七,曾时:《不忍不言序》。
③ 同上书,卷七,黄贞:《不忍不言》。

君父以隐忧,蓄生民之酏毒,则我一人不独为大圣人之罪人,实为天香子之罪人矣。嗟夫!"①这种情感上为辟教欢欣鼓舞,行动中则因利害考量而犹豫畏葸的表现,恐怕跟当时全国倚重西学的舆论,以及杭浙地区基督教仍然十分活跃不无关系。

另外,在闽浙儒家人士中最具理论色彩的辟教著作《圣朝佐辟》,虽撰写于黄贞揭竿反教之前,但经过访谈而抄录其文(黄贞所谓"谈之唇焦未罄,录之笔秃难完",即此写照②),不啻黄贞奔走吴越间一大收获。

《圣朝佐辟》作者为湖州府德清县人许大受,乃官宦之后。父亲许孚远,字孟中,自嘉靖四十一年成进士,至万历二十三年乞休(1562—1595年),释褐三十余年,内朝外府,上下沉浮,仕途并不顺利。终官兵部左侍郎,赠南京工部尚书,谥恭简。③ 其政绩为人称道者,在任福建巡抚两年期间(万历二十年十二月至二十二年十二月,1592—1594年),④内外制度多有建树。特别是请允民间贩卖东西二洋的《通海禁疏》,显示了相当开放的态度。不过,忧患漳州商人勾引"番僧"来华,恐"将来渐恣盘据",下令严"禁番夷留止"。⑤ 至于学术思想,则渊源于湛若水之甘泉学派,以"体认天理"为宗旨,然亦笃信王阳明的良知说。"先生信良知,而恶夫援良知以入佛者",斥为"荒唐无忌惮之说,以惑乱人听闻"。万历二十年(1592年)前后,许孚远在南京会众讲学,与同开讲坛主张"以无善无恶为宗",实则"援良知以入佛"的周汝登等人,"互有口语",多所龃龉。孚远亦因讲学为人论劾而辞官。⑥

据记载,许孚远死后,朝廷诏"录一子,子大受,今业国学,无二男也。"⑦作为孚远独子的大受,因廕叙制度得入国子监读书。终万历朝,继以乃父的"恩廕",许大受官至刑部郎中。⑧ 虽然许大受一生享用父

---

① 《圣朝破邪集》卷三,王朝式:《罪言》。
② 同上书,卷三,黄贞:《破邪集自叙》。
③ 《明史》卷二八三,许孚远传。
④ 吴廷燮:《明督抚年表》卷四,福建,下册,第510页。
⑤ 许孚远:《敬和堂集》第五册《抚闽疏》第八册,公移,《海禁条约行分守漳南道》。
⑥ 黄宗羲:《明儒学案》卷四一,甘泉学案五,《侍郎许敬菴先生孚远》;《明史》卷二八三,许孚远传。
⑦ 焦竑编:《献徵录》卷四一,孙矿:《兵部左侍郎赠南京工部尚书许公孚远神道碑》。
⑧ 《(康熙)德清县志》卷六,选举志。

亲的恩惠,但其思想已经抛弃乎远积极的方面,即开放的姿态和不援儒入佛的宗旨;却继承并宣扬其消极的方面,为根绝"番夷"在华的"盘据"和"留止",而不遗余力。其集中表现,便是《圣朝佐辟》的著作。

该书的写作,大致在作者致仕归里,目击民众叛乱,耳闻异教邪说,担忧基督教传播祸危更甚,遂于天启四年(1624年)或此后不久,草拟此文以明心志。许大受写道:"辟者何?辟近年私入夷人利玛窦之邪说也……目击乎东省白莲之祸,与吾西吴赤子之危,念此邪徒,祸危实甚。而窃儒灭儒,人所叵测。日炽一日,靡有底归。"①所谓"东省白莲之祸",即天启二年(1622年)五月,山东白莲教首徐鸿儒起兵谋反。而"西吴赤子之危",乃天启四年(1624年)正月,浙江湖州府"长兴民吴野樵杀知县石有恒、主簿徐可行"事件。②此外,书中至少有三处,记述作者与艾儒略直接对谈辩论的情形。而艾儒略居留杭州在万历四十八年至天启四年(1620—1624年)之间。③这样看来,天启四年之后,④由忧虑民众叛乱联想到对异教离经叛道的恐惧,应是作者为维护传统价值而大张挞伐的意图之所在。

据西方学者杜鼎克的研究,浙江许大受跟福建黄贞一样,对基督教义和传教士都颇为熟悉。杜鼎克指出:"许大受从利玛窦的《天主教要》中引用了部分天主经、《使徒信经》的最后一章,十诫中的三诫。后来,高一志在1615年(万历四十三年)为利氏的《天主教要》新增了说明,题为《天主教要略解》。其他一些引用,涉及耶稣在十字架上的受难、恩宠、四地狱、贞节和禁食,表明许大受不仅阅读过基督徒的书籍,而且与传教士和皈依者都有过讨论。总之,他熟悉基督教教义及其团体。"据此,杜鼎克推测,"许大受曾是皈依者或慕道者"。⑤

---

① 《圣朝破邪集》卷四,许大受:《圣朝佐辟自叙》。
② 《明史》卷二二,熹宗。
③ 费赖之著,冯承钧译:《在华耶稣会士列传及书目》上册,第133—134页。
④ 关于许大受《圣朝佐辟》的成书年代,西方学者另有二说。谢和耐(Jacques Gernet)认为,该书写在1633—1639年(崇祯六年至十二年)之后。杜鼎克(Dudink)则主张,该书于1623年(天启三年)出版,刚好在镇压1622年(天启二年)末的白莲教起义之后。转引自柯毅霖著,王志成等译:《晚明基督论》,四川人民出版社1999年版,第357—358页。
⑤ 转引自柯毅霖著,王志成等译:《晚明基督论》,第358,387页。

由于许大受对基督教教义及其皈依者有相当的了解,故他在《圣朝佐辟自叙》中,以精练的语言概括了辟教的基本诉求。如"治统道统各不容奸",即着重揭发异教对国家政权和传统礼教的危害。又如"三教决不容四",乃儒释道三教合一以排拒基督教。而其纲领则在于,坚持"夷夏之辨"的内涵:"夫堂堂中国,岂让四夷!""利玛窦之邪说也……将我二祖列宗之华夷内外,忽倒一时。"

由此出发,《圣朝佐辟》虽缕列十章,阐述则集中于三个方面。

第一,概论大西国地理位置和利玛窦入华以来的传教活动,指出此等"涛张为幻"之夷,从未见于中国古籍记载,实乃广东界外香山澳人。彼以澳门为窟,闯入各省直地方,互相交结。"既蔑历朝天子,且敢指斥乘舆",窥伺中国神器。"复欲沼华夏,而再腥膻,岂非千古未闻之大逆哉!"至于彼之自鸣钟、桔槔、火车等,徒耗金钱并无大益。占候、四象、地球诸说,"今其书所列,其可知者,不过吾儒已陈之诠;其不可知者,皆一无考据者耳。"况且,"彼所言之天文,又最荒唐悠谬";"而谓夷历独精,真可笑之极"。由此,"深有以识圣祖(洪武)内华外夷之大经大法,确不可更也。"

第二,剖析圣学与异教在"尊天"、"性理"观念上绝不相侔,指摘异教违悖君臣、父子、夫妇、昆弟、朋友等人伦,贬抑儒家太极仁义之说,诬陷羲皇、尧舜、孔圣地狱之论,且将关公等民间崇拜的"精忠仗义之神明"塑像,俱加焚毁亵渎。凡此贬儒、反伦、废祀、灭圣的倒行逆施,必"使舍华从夷,弃人暱鬼,空疏现在,而希冀未来";"悉坏其本来之聪明,而倒置其万古之伦理,其罪真不容诛矣。"

第三,因"夷言人有后世,非贯通儒释,不足以折妖邪",故特置《辟窃佛诃佛种种罪过》一章,就佛教天教异同优劣,不吝笔墨,详加辨析。(一)天主独尊而实卑不足道,不如佛门既有"惟吾独尊之唱",又有"真报佛恩"之说来得合理。(二)天主包容天地、四方的境界不如佛之广大长久;佛言一切众生皆可成佛,与天主"全能私据"而实"无一能"不同。(三)天主教法"不知生义","第妄希他日之魂尝生,而今日之形莫急于求死";而按禅师言,"生何碍道,死又何益于生天"。(四)天主教窃佛忍

第五章　闽浙儒释人士对基督教、西学的排拒和《圣朝破邪集》的出版

辱悲愿及忏悔之说,然佛性以总圆愿满为念,"而夷则谓一坠永锢",不得翻身出头。(五)申述沙门求人布施、佛有四众和戒杀生精义,诃斥天主教之责难别有用心。作者在总揽天主教"因人之好异"而敷设的种种教规后,写道:"故谓彼为聚欲倡乱之术则可,谓之教则不可。"与此相反,"佛之为教,但阐心光,弗干治统,务寻法器,弗滥庸流"。因此,"谨微君子,恪守儒规以砥其波,兼明佛律以防其滥,则王化之始端,而圣人之徒端有属矣"。

由此可见,为贯彻"内华外夷"的纲领,而展开的对基督教窥伺神器、倒置伦理的批驳,以及佛教天教优劣异同的剖析,皆具有相当的理论深度。然而,从许大受对域外事物懵懂无知,不思进取而一概拒绝的态度,则反映这种对传统的维护,不过是坐井观天、抱残守缺而已,无益于社会的进步。但许大受毕竟混迹官场多年,深知那时"当道君子宜穷治其徒"的可能性甚微,故对自己铺陈论文的效应,不存什么奢望。透露出如此辟教之强人,对前景也呈尽人事、听天命的无可奈何的心态。

黄贞浙江之行的另一重要收获,在激发起佛门僧俗人士寻仇雪耻的斗志。崇祯八年(1635 年)七、八月间,黄贞携其辟邪及乞佛门"同扶大义"的著作,前往宁波天童寺,拜访明代禅宗的最大临济支派的嫡系传人密云圆悟,希冀援手排拒基督教。

"圆悟,号密云,宜兴蒋氏子也。耕樵为业,好学书。年三十,别其室,事龙池傅和尚三年,始祝发掩关千日。后过铜官山,豁然大悟。凡六坐道场,法席最盛,临济之传,称为中兴焉。时天童古刹久废,悟因礼育王游览至此,慨然重建。于是营构一新,复宏智之旧观,中土外域顶礼至。至所嘱付十二人,俱出主诸方名刹,由是天童法两遍于宇内。崇祯辛巳(十四年,1641 年),怀宗赐师紫衣,命为南京大报恩寺住持,师以老病固辞。踰年示寂于天台通元寺,返葬天童。有语录十二卷行世,国朝顺治十六年(1643 年)赐入大藏。"①由于圆悟作为临济宗三十四世(亦有称三十世)传人名声日噪,其席下"莫人杰士"往往脱颖而出,加之

---

①　《(雍正)宁波府志》卷三十二,仙释。

圆悟所主"道场"虽偏重吴越,然"崇祯庚午(三年,1630年)赴闽川黄檗之请",于福州该寺开堂传法。因此,"吴越闽楚名公巨儒,慕师宗风,或晨夕随侍,或尺素相通,或邂逅咨请,得师激发,无不虚往而实归。宗藩勋戚仰师德者,怀香参扣。而齐鲁燕赵及殊方异域之士,亦憧憧不绝也。"①这样看来,黄贞投奔圆悟之门,不仅缘于自身的佞佛倾向(可以撰文引述佛教《梵網经》为证②),更在借重圆悟和尚于吴越闽楚间的广泛影响,及其临济宗腾达朝廷权贵的势力,以遏制基督教对朝野的侵蚀和危害。

黄贞的同仇敌忾及其殷切期待,使圆悟和尚难以托词搪塞。于是,圆悟仿效云栖袾宏《天说》四篇的旧例,于崇祯八年(1635年)八月至十二月间,陆续撰写《辨天说》三则,令门徒禅客四处散发,重新高擎声讨基督教的大纛。他在《辨天初说》中称,"天香黄居士拟辨天主教,持其书以示予。予观其立天主之义以辟佛,则知彼不识佛者果何为佛,又何足与之辨哉!"继而审查利玛窦《辨学遗牍》提出的挑战:"何为置之不辩耶?以佛为主,不佛者置之不辩,亦非度尽众生我方成佛之本愿。"圆悟随即认识到,这"不惟不识佛,亦且不识众生",更直接威胁佛教如来、迷悟等安身立命的基本观念。正是在这种情况下,即黄贞辟教意志的感染和佛门面临立命的威胁,终促圆悟奋起论辩天学。

圆悟论辩的主旨在,"一切众生皆有如来智慧德相,但以妄想执着不能证得。惟彼不能自证得,故执天主为天主,佛为佛,众生为众生,遂成迷倒,故有人我彼此是非之相,此乃彼之病根。"这就是说,无论佛祖凡人、圣贤百姓,其"如来"("无所从来,亦无所去")正体,皆具"智慧德相","无人不同,无人不合"。之所以后来有佛、众生乃至所谓"天主"的区分,及"彼此是非之相",全在于不知佛者之觉悟,"人人觉悟则人人皆佛"。如果"以汝我从来具足者不自觉悟",而"愚迷横计"于妄想执着,自然是悟迷殊途、佛众犁然,"迷之则生死始,悟之则轮回息"。若"天主

---

① 王谷:《密云禅师行状》,载全国图书馆文献缩微复制中心:《中国历代禅师传记资料汇编》中册。

② 《圣朝破邪集》卷三,黄贞:《请颜壮其先生辟天主教书》。

苟不自悟,则亦浮沉三界之人耳"。此乃天主教"不能证得"自身而意欲辟佛的"病根"。

正如中国学者郭朋所指出的:"'佛与众生,唯是一心,更无别法',其差别,就在于迷、悟之间。这是除唯识宗以外的大乘各派的共同观点,尤其是禅宗的观点。"像圆悟的师祖、临济宗第三十二世传人笑岩德宝就曾说过:"……悟者,心能转物,物物皆归自心,即是诸佛。迷者,背心向物,妄随物转,即是众生。是故诸佛与众生,唯是一心,更无别法。"①可见在"本源心性"之上,因迷悟不同而形成诸佛与众生的区别,乃禅宗一贯的主张。圆悟便持此作为反击基督教的精神武器。

自圆悟树立"辟邪"旗帜后,佛门反教僧俗人士迅速集结于麾下。其中,既有原"云栖(袾宏)弟子"、杭州居士张广湉,"云栖后学释大贤";更有禅宗传人:"寓(福州)黄檗释费隐通容","武林(杭州)释成勇","罗川释如纯",海盐居士徐昌治等。这些僧俗人士的活动,大致涉及两个方面。

第一,直接向基督教会挑起论争。据圆悟说:"余《初说》既出,恐彼教中人不闻不知,特遣润禅遍榜武林,索其辩论,得二旬余日不报。后八月念一日,有梦宅张君湉者,毅然直持天教之堂以告",要求予以诘辩。并谓:"闻大教中屡征诘辩,故敢将以请教,以决所疑。"当出面接待的杭州教会主教傅汎际(Francois Furtado),经李之藻之子解释,详悉《初说》内容后,问道:"何不教这僧来这里面辨。"张广湉回答:"此人乃一方知识,现在宁波,何得来此,乞先生出书为辨可也。"傅汎际虽然有些不悦,且将赴外地访问,但仍承诺出书论辩,随以《辨学遗牍》一册相赠。

此后,张广湉又两次前往教堂,并携圆悟新撰《辨天二说》,索要书面答复。这时教会的态度已发生明显变化。不仅接待者由西方教士换成中国教徒,而且原先承诺的公开辩论,亦为拒不作答所取代。据教堂"司阍者"(守门人)称:"……况自亦有许多我相执着不平之气,实非欲与我辨者……若与之辨则成是非,故不与之辨也。"另一负责接待的中

---

① 引自郭朋:《明清佛教》,第64—65页。

国范姓教徒,乃"游淇园杨公(廷筠)之门而笃信天教者",接到张氏递来的文章,"竟不目,即内诸袖"。并说:"凡有书出来无不收,然必不答。实告于公,此是教中大主意。"张广湉随即质问道,天教一再强调"理无二是,必须归一","且曰辨者吾所甚愿"。而"贵教傅先生又面许辨答,后竟食言"。今日更谓"百说千说一总不答,何先后矛盾之甚!"范姓教徒的申辩,集中在两教虽然不同,但不必是此非彼。声称:"教中虽有欲归一之说,然而佛教与天教原是不同,必不可合者。""如两医者……唯期疗病而已,何必是此非彼,况又欲合众医为一耶!"另仍坚谓天教远较佛教信仰优越。他说:"盖佛教虽重性灵而偏虚不实,唯我天教明言人之灵魂出自天主,则有着落,方是大全真实之教。"因此,"我辈断断无舍天教而复皈依佛者"。最后,揶揄道:"故彼欲化我,虽是好心……不必空费许多气力。况云栖尝著《天说》四条,欲辨天教,尚且不胜。岂今天童更有过于云栖者乎?"

从教会对论战态度的变化,似可透露出一些新的信息。首先,明显地吸取了"南京教案"的教训。当教会发现寻求辩论者,既有佛门翘楚,亦有当地士人,且言语间流露出一种"执着不平",即嗟尤敌忾之气时,便意识到,"若与之辨则成是非",倘事态扩大势必重修南京教案的旧怨,不利于基督教在朝野的大好局面。于是,便有拒不作答的决定,"这教中大主意"的出笼。其次,似从实践中认识到,终难消灭佛教实现基督教会的"归一",而不得不接受并行不悖的现状,甚至散布"何必是此非彼"的言论。虽然这或许带有息事宁人、保全大局的策略性考虑,但毕竟反映"南京教案"之后,基督教会的圆熟和进步。

基督教会拒不作答或韬光养晦的姿态,一定程度上,助长了佛门僧俗人士"辟邪"的气焰。随着圆悟和尚的《辨天三说》,将攻击矛头由西方教士转向中国范姓教徒,并撰"欲以含沙之计,阴肆其鬼蜮之怀";"或矫诬于异日,或捏造于他方,穷其心志,不过以之惑世行奸"等煽惑性言辞之后,[①]其麾下僧俗人士纷纷仿效,辟教的声势稍具规模。

---

① 以上引文均见园悟:《辨天说》(三则),载《圣朝破邪集》卷七。

第五章　闽浙儒释人士对基督教、西学的排拒和《圣朝破邪集》的出版　　**387**

第二，进一步从论理和事实上，揭露天教的谬妄与虚伪。以圆悟《辨天说》为圭臬，张广湉在《辟邪摘要略议》中，详审天教不可从者有五，即乱我国一君之治统，（多妻制）至尊之大典，万代之师表，如生之孝源，天府（不得私习天文）之禁令。① 佛僧如纯所撰《天学初辟》，则就佛教天教迥异且从抵牾的原罪，万物不同体，曰无曰空，杀生，轮回，魂性异同，无根谤佛，佛入中国不可究诘，佛经皆中国文人撰集等九个方面，② 针锋相对地进行批判。杭州僧侣成勇更拟《辟天主教檄》，控诉天主教用夷变夏，殃民惑世；诃佛祖做魔鬼，谤法蔑僧，其心叵测；甚至诬污云棲大师，诽辱天童和尚，灾近剥肤，宁无痛惜！并坦陈自"为佛子"之心愿："幸际圣明，沈宗伯（潅）之谏疏犹新，许徵君（大受）之辟书尚在，凡我同仁，敬期共事。或口诛笔伐，齐吐徵音；或面折庭诤，各申妙辨；标赤幡于当道，鸣论鼓于王庭。扫殄妖氛，肃清狐兔，庶佛日永明，法灯徧炽。"③

当然，在这些僧俗人士中，最能体现密云圆悟"辟邪"的精髓，从禅理上深入阐释佛教天教的基本歧异者，莫过于圆悟的嫡系传人之一，费隐通容所撰《原道辟邪说》。"第三十五世径山费隐通容禅师，密云嗣，闽之福清何氏子。十四依镇东慧山祝发，初参寿昌、博山及云门皆不能了……后闻密云和尚过越，寓吼山，遂谒便问……既而云主金粟，命职西堂。明年随赴黄檗，云升座，以源流衣佛付焉。"④"时（圆）悟以师为杰出临济，而师亦以法门为大任。"⑤

撰述于崇祯九年（1636年）的《原道辟邪说》，⑥ 针对利玛窦《天主实义》八篇中的前四篇内容，以揭邪见根源，空无谤佛，三魂惑世，迷万物

---

① 以上引文均见园悟：《辨天说》（三则），载《圣朝破邪集》卷五，张广湉：《辟邪摘要略议》。
② 同上书，卷八，如纯：《天学初辟》（凡九）。
③ 《圣朝破邪集》卷八。
④ 徐昌治：《祖庭嫡传指南》卷下，载兰吉富主编：《禅宗全书》，史传部（十八），台湾文殊出版社1988年版。
⑤ 天王水鉴海和尚六会录：《金粟费隐容和尚行状》，载《中国历代禅师传记资料汇编》，中册，全国图书馆文献缩微复制中心，北京，2003年。
⑥ 同上书，嗣法门人王谷同集，徐昌治证校：《福严费隐容禅师纪年录》卷上。

不能为一体等标题,逐一进行批驳。然其重心,仍在把持禅宗所谓佛与众生原是一心,其差别唯在迷悟之间的理念,接续尊师圆悟指斥天教"病根"在不谙此理妄分众人的话语,向理论的更深层次推进。通容说道:"利玛窦妄执无始无终为天主之邪见根源矣。殊不知此无始无终,正是吾大道之元,亦是吾全真之旨。且此全真之旨,人人具足,大道之元,个个不无……固无二无二分,无别无断。故悟此谓之圣人,迷此谓之凡夫,要且凡夫之与圣人初无二致……盖玛窦不悟此意,专用心意识向天地万物上妄自推穷计度,以心意识向天地万物上推穷计度到虚玄深邃处,自家体贴不来,便妄执有个天主具无始无终之量,能育天地,健生万物……要人钦奉遵守,而矫为过高之论,卑劣今古圣贤……所谓毫厘之差,有千里之谬,信不诬焉。"又曰:"自具大道之元,全真之旨,又会而归之,总备当人自心显为一体焉。今略比明,盖当人有心思及一物,则一物可知可见,并及可闻。一物不思,则不可见,亦不可闻,并不可知。类而推之,一物如是,众物亦然,乃至一世界如是,多世界亦然……如是则世界之广多,事物之弥盛,总在一心包罗该博,无一法而不具摄者。"

凡此表明,佛教大道之元或全真之旨,总在于主体的心思。人有心思便物物可见可闻,世界之广大在于一心之包罗。而此心性则人人皆有,无处不在。圣人凡夫之别,唯于迷悟之间。从这种主观唯心的世界观出发,去揭露天地万物之上存在最高主宰的天教客观唯心的弊病,自难厘清彼此的是非和信仰的优劣。如煞有介事宣称的天主与佛法的无始无终,实际上并非两教分歧的根源,它们只是建立在唯心论基础上不同的表述而已。不过,有关天主乃心意识向天地万物上推衍到极致,遂由"自家"的"心意"蜕变为客观世界主宰的论述,却颇有见地,一定程度上揭示了"作为心之本质的上帝"[①]的思想形成过程。至于所谓圣人、凡夫、天主、佛祖,其"智慧体相"原无不同,各自的区别全在于后天的人为因素,这较之天教关于原罪的说法,具有某种合理性。而循此推导出来的人人可为佛为圣,亦比一切须祈祷天主恩赐的做法,更适合中国人

---

① 参见费尔巴哈著,荣震华译:《基督教的本质》,商务印书馆1994年版,第86—87页。

第五章　闽浙儒释人士对基督教、西学的排拒和《圣朝破邪集》的出版　389

修齐治平的文化心态。诸如此类,皆可见临济传人通容,弘扬禅宗贬抑天教的较深功力和用心。

这些僧俗人士为增强佛理抨击的效应,还重提当年袾宏、利玛窦论辩的旧案,通过揭露天教的虚伪,达到丑化和羞辱的目的。自称"云楼(袾宏)弟子"的张广湉首先发难,其《证妄说》指出:"天教中刻有《辨学遗牍》一书,乃辨吾云楼《天说》四则而作也。考云楼出《天说》时,西人利氏已殁五载,不知此作出自何人之笔,而伪云利氏所辨,读之不胜惊叹。今据事直证其证。"张氏指控天教"脱空之谎"有三。其一,《天说》自序撰于万历四十三年(1615年)之春,"刻成未印",袾宏于是年七月四日圆寂,"以后方渐流行"。而利玛窦病故在万历三十八年(1610年)闰三月十九日,距袾宏"著《竹窗三笔》之时,相隔五载,安有未见其说而先为立辨之理?"其二,教会在闽中刊刻的《辨学遗牍》,有弥格子(即杨廷筠)所撰之跋,曰:"闻其(袾宏)临终自悔云:'我错路矣,更误人多矣!'"袾宏绝无此语,乃诽谤之言。当"示寂之日,缙绅云集,僧俗环绕,远近奔赴者肩摩踵接,室内外满逾千众,予(指张广湉)时亦在室中,共聆嘱累之言,静听末后之训,念佛面西而逝。弥格子于亲见亲闻者之前,造此无根妄语,不知其欺心几许?"其三,《辨学遗牍》在"伪答《竹窗天说》中云:'不佛者置之不辨'……"待张氏持天童密云和尚《辨说》至彼堂中索求,彼傅姓者则自食其言。明是理屈词穷,黔驴之技止此矣。①

张氏重翻旧案,乘机洗刷当年袾宏屈辱的言论一出,立即得到众多佛教僧侣的赞许和支持。天童密云和尚据此复书张氏,称"《证妄说》尤深切著明,何物奸回复能伸其喙哉!"谓张氏"真法门墙堑者也!"②禅师唯一普润亦为该文作《跋》曰:"天教之徒,为书与跋以诬云楼二十有余年矣。卒无与证者,故人多惑其说,而居士乃立言以证之……岂直为夫云楼而已哉。不然云楼之德纯如也,不可诬也,尚奚取白于二十余年之

---

① 《圣朝破邪集》卷七,张广湉:《证妄说》。
② 同上书,卷七,释园悟:《复张梦宅书》。

后哉。为说于二十余年之后者,政虑夫天下后世之人犹惑其说而莫之返也。"①原云栖门人大贤和尚适著文共证,曰:"先大师示寂,缁素骈集数万余指,谆谆以专修净土莫改题目为训,当时在会入耳铭心者,非止贤一人也。至于《竹窗三笔》四《天说》,系大师临灭之年始出,而西人利氏已先卒化五载,安有说未出而预办……梦宅居士《证妄说》直发其奸诡,真法门功臣、云栖挣子也。"②

然而,在此一片赞扬声中,张广湉却心存顾忌,于是再撰《证妄后说》,针对有关其人微言轻何喋喋不休,宁不畏祸的议论,予以解释。首谓"余证妄之说,岂得已之述哉……是则学佛者,当心契佛心,行合佛行,以承佛志,以绍佛愿,何乃高视空谈而谓一切是非莫辨耶!"这就是说,之所以喋喋申辩,全在于尽学佛者的一番心愿。"然余于天教之人,亦何有仇仇嫉忌之心哉!念彼离国远来,鍊形摄养,欲人去恶为善,以敬天帝,亦无不可者。而无奈执性颠倒,妄计邪因,不得佛意",故起而论辟。③如此表白,反映了这位"人既不重"的"无名"之辈,缺乏自信的心态。

所谓利玛窦病逝于前,袾宏《天说》出版在后,"安有未见其说而先为立辨之理"?此"脱空之谎",似教会难辞其咎。然据本书第二章第一节考证,袾宏因时感悟而记录的《竹窗随笔》、《二笔》、《三笔》之内容,随机完成后即有流传于世者,并非待全部结集方行刊刻。由此为利玛窦生前阅读和复信袾宏,提供了可能性。故而,"脱空之谎"的指责恐难成立。至于杨廷筠有关袾宏临终自悔"错路"的指称,纯属子虚乌有,确有"脱空之谎"的嫌疑。

虽然浙江僧俗人士重燃"辟邪"的心火,无疑跟闽省士子黄贞自崇祯八年(1635年)以来的串联煽惑有关。但这种思想交流不是单向的,并非只有福建士子影响浙省僧侣,事实表明,浙江僧人对于闽省反教士人的鼓舞亦不可小觑,交流呈双向互动的状态。

早在崇祯三年(1630年),密云圆悟应位于闽省福清县的禅宗胜地

---

① 《圣朝破邪集》卷七,释普润:《证妄说跋》。
② 同上书,卷七,释大贤:《附缁素共证》。
③ 同上书,卷七,张广湉:《证妄后说》。

黄檗寺之请,于是年四月开堂讲法。因该"寺为(叶)文忠(向高)题请朝命所复",故圆悟详"观叶相国文忠公诗",并"次韵四首"以相唱和。六月,"复……叶内史益蕃问道书"。八月,圆悟"离黄檗,叶文忠公孙晟与暹迎师至府第,为先君对灵,小参留九日"。① 诚如前章所述,叶向高乃引导艾儒略至福建开教且坚为护卫之第一人,病笃之际亦亟从神父处获取临终关怀。在其死后,"叶向高的两个孙子叶益蕃、叶益荪得以受洗入教,并以他们为中心,逐渐在福清城关组成了一个天主教社群"。②而从上述披露的材料来看,传教士的保护人叶向高,同时也是兴复佛教名刹的发起者。作为基督教徒的叶益蕃,竟然主动向禅宗传人请示佛法。其基督教家庭甚至恭迎高僧到府第做道场,祭礼先君亡灵。凡此严重违悖《十诫》的举措,纵然反映叶氏家族对于基督教的信仰,并非那么虔诚和专一;不论其入教与否,士大夫固有的思想驳杂的特色和痕迹,终难以泯灭。然而,从圆悟高僧对待这著名基督教家族的特殊热情和有求必应中,似乎亦可窥见运用佛法礼仪化解异教信仰,回归本土习俗的图谋。

如果说密云圆悟禅师与叶氏家族交往,旨在腴削其基督信仰的话,那么门徒费隐通容同闽省反教士绅酬酢,则在凝聚"辟邪"的力量。通容原籍闽省福清,在当地剃度出家。后云游四方,领受临济宗衣钵。崇祯六年(1633年),"福清绅士请(费隐)师主席黄檗"。至九年春,费隐"辞黄檗,过建宁地藏院结夏。西瓯李犹龙谒师,问生死就在轮回处么?师便掌,龙拟进语,师震威一喝……龙(领悟)笑而去。是秋,僧清宇请住莲峰外翰上。官宪绅士刘云子、李犹龙皆依座下,朝夕咨询。漳绅颜壮其见师语录,肃启,请举扬大法……西人创天主教毁佛,师著《原道辟邪》一卷。"③

---

① 唐元兹重订:《天童密云禅师年谱》,载《中国历代禅师传记资料汇编》中册。
② 引自张先清:《明清宗族社会与天主教的传播》,载《相遇与对话——明末清初中西文化交流国际学术研讨会文集》,第156页,宗教文化出版社2003年版。
③ 王谷全集,徐昌治证较:《福严费隐容禅师纪年录》卷上,载《中国历代禅师传记资料汇编》中册。

所谓皈依于费隐和尚座下的西瓯"官宪绅士",指的是在瓯宁担任官职的江西临川人刘文龙,字云子,及瓯宁本地士绅李王庭,字犹龙。而肃然诵读费隐语录并请弘扬佛法之"漳绅",便是前述因母丧家居守制的礼部主事、黄贞的业师龙溪人颜茂猷,字壮其。有证据表明,这些对佛僧顶礼膜拜的士绅,皆是力辟异教的积极鼓吹者,而他们如此坚定的态度,则是受到费隐和尚精神上的支持。如刘文龙在《统正序》中称,昔日于华亭谒拜座师许孚远,即知有天主教为害地方之事。崇祯九年(1636年)任职瓯宁以来,"复闻有天主教之寓于建宁(瓯宁县属建宁府),也有年矣"。对此"百姓受其狂惑"的"左道",表示"自不甘没没也"。然而,在当时"举世冥冥,莫知其详,间有知者,亦莫之敢言"的形势下,这些不甘心湮没无闻的反教士绅,不得不从佛法禅师的灵光中寻觅精神的寄托。诚如刘文龙所说:"偶因访盟社李犹龙(王庭)兄,暨楚桃源上官法护先生,得拜费隐禅师大和尚《性命正解》,并诸公辟邪诸说,因知三教圣人尚存人间,此正其转身说法时耳。凡切吾徒卫之不可不力。"①于是,刘文龙《统正序》和费隐和尚的《原道辟邪说》,便于是年(崇祯九年)在互相勉励的亢奋情绪中完成。

正当通过黄贞四处串联和费隐坐堂说法,闽浙反教的僧俗势力逐渐凝聚与汇合之际,迎来了崇祯十年(1637年)骤然发生的"福建教案"。确如前面章节所述,此次教难的起因,为在福安传教的两名方济各会士,借口声辩前往北京的当地某文人的反教言论,遂携带三个中国教徒,于崇祯十年六月廿四日(1637年8月14日)径至首都,要求立刻会见皇帝,狂言"西班牙定能用武力征服难于驾驭的中国人"。这一行人在京城被逮捕后,朝廷随即"题奉明旨",责令福建地方缉擒党羽扑灭异教。于是,自当年十一月始,福建提刑按察司、巡海道和福州府相继发布"奉旨缉获邪教"告示,宣称已在宁德、福安等地擒拿夷人三名,及"设立夷馆集众从教"的生员若干,分别驱逐惩罚。并将严拿究治艾儒略、阳玛诺等天主教首。同时,指责"借夷教以乱圣道,必致夷狄而乱中

---

① 《圣朝破邪集》卷八,刘文龙:《统正序》。

华";重申"夷汉之防甚严,通夷罪在不赦"的禁令。在朝廷明旨和地方官司推动下,教难迅速弥漫福建全境。"一六三八年(崇祯十一年)风波突起,诸神甫被逐。当时教堂甚多,仅泉州一府有教堂十三所。至是全省教堂除一所外皆没收,移作俗用。教徒被迫缴纳巨额罚金,有数人被投诸狱,其他皆大受窘苦。"①

　　福建教案的骤然发生,不啻为闽浙反教人士提供了天赐良机。就在黄贞与业师颜茂猷闻讯福建官府即将发布制裁基督教文告的前夕,决定编辑出版《圣朝破邪集》,②以整合和壮大各阶层反教势力,为扑灭异教推波助澜。而在士大夫、下层士人和僧侣中隐聚多时的排拒异教情绪,亦由此有了抒发的渠道与表露的机会。于是,经年之间(崇祯十年十一月至十一年底),黄贞迅速搜集到来自闽浙这三类人群的四十余篇文章,汇编已粗具规模。黄贞在《破邪集自叙》中写道:"奸夷设天主教入我中邦……杨墨之祸未堪匹此,贞尝泣而言之矣。始自癸酉年(崇祯六年,1633年)艾儒略之入吾漳也,贞乃知之……呜呼!七年以来,一腔热血,两画愁眉。此身不管落火落汤,此集岂徒一字一血;谈之唇焦未罄,录之笔秃难完。今幸集成,谨拜手稽首以白天下后世曰:此国夷众,生生世世,夺人国土,乱人学脉,不可使其半人半日在我邦内也。此破邪之集,良存华明道之至计,诸圣人之授灵于小子者,其尤当世世流行而不可废也夫!"③历经数载,黄贞含辛茹苦、锲而不舍,以"白衣弟子"微贱之身,奔走两省,出入僧俗,甚至指斥贵为翰林的蒋德璟,谓其缓逐夷人之策悖逆孟子遗训。④凡此殚力诚心、不计利害,终于成就阐明道统维护学脉的传世之作,实可感佩。然而,决不使他国"半人半日在我邦内"的编辑方针,则凸显其胶固保守的本来面目。

　　就在黄贞等人欲挟朝廷明旨之余威,通过编纂《破邪集》张大剪除夷教的声势时,福建教案的风波却于崇祯十一年(1638年)年底前后烟

---

① 费赖之著,冯承钧译:《在华耶稣会士列传及书目》上册,第136页。
② 据《圣朝破邪集》卷二,福建巡海道、按察司和福州府有关"告示",颁布于崇祯十年十一月初一至初五日,而颜茂猷所撰《圣朝破邪集序》日期,则在"崇祯丁丑年(十年)孟冬(十月)"(该书,卷三),可见编辑此书的因缘,必与风闻并旨在配合官府辟教告示有关。
③ 《圣朝破邪集》卷三,黄贞:《破邪集自叙》。
④ 同上书,卷三,蒋德璟:《破邪集序》。

消云散。先是分巡兴泉道、右参政曾樱在官牒中申明,艾儒略专以讲道迪德为务并非邪教,知会州县网开一面。继而与官至翰林的晋江人蒋德璟商议,实行"斥其教而缓其逐"的宽容政策。与此同时,莆田致仕礼部尚书朱继祚和内阁大学士周如磐,公开在家中礼待来访的艾儒略,洽谈甚欢,表明有权势的缙绅不以禁教为然。具有扭转局势的决定性事件是,崇祯十一年,崇祯皇帝为表彰传教士汤若望的功绩,"御题匾额曰:'钦褒天学'。敕赐若望,敬挂堂中"。① 不久钦赐匾额发到福建,仇教官吏态度顿时改变,被没收的教堂悉数归还。倏然而兴的福建教难,如是戛然而止。

随着"福建教案"的渐行远去,于崇祯十二年(1639年)二月编就的《圣朝破邪集》,不仅失去了在众人面前风光的条件,而且连在闽省刊刻出版也出现困难。黄贞只得将原稿寄呈浙江费隐禅师处,以待时机。当年中秋,随"费隐通容禅师参学二十余年"的"临济宗居士",杭州府海宁县盐官之徐昌治,"偕费隐禅师连舟诣禾(嘉兴),见其案前所列辟邪诸书"。其中,有"痛斥天主教之以似乱真,贬佛毁道,且援儒攻儒",洞烛其奸者;有记述沈㴶当年南北谏臣之疏论者。有汇集目前闽浙君子侃侃纠绳,党同伐异者。"至于云楼有说,密(云)老有辩,费(隐)师有揭",皆呈"佛与儒同一卫道之心"。费隐和尚当即表示:"巧伪易滋,除蔓匪细,不合诸刻揭诸塗,使人人警省,在在耸惕焉。能户为说而家为喻。"于是,"因以数帙授昌治",嘱咐"编其节次,胪其条窾,列其名目"。② 徐昌治谨受师命。

徐昌治,字觐周,法名通昌。据其自述,"幼习儒,蚤补博士弟子,以副榜贡入都。道经山东,凑兄从治巡抚彼省,被围莱城,时援莱者泄泄,且掩败为功。予据实具疏上闻,得俞旨。"挠怯者督师刘宇烈虽被逮,乃兄俄中炮身亡,时为崇祯五年(1632年)四月。"旋携兄家眷南还。见髦父叹世情冷淡,郁郁不乐。发愤攻苦,获登贤书,以慰亲心。""就试南省,登癸酉榜(举人),以父老不上公车。"兄长牺牲的悲愤和世态炎凉的

---

① 黄伯禄:《正教奉褒》第十七张,怀宗给匾额。
② 《圣朝破邪集》,徐昌治:《辟邪题词》。

第五章　闽浙儒释人士对基督教、西学的排拒和《圣朝破邪集》的出版　　**395**

感伤,使心灰意冷的徐昌治,易于从佛教的超脱中寻求人生的真谛。当他听讲《楞严经》,得悉佛祖"放舍外六尘、内六根、中六识,舍却无可舍处,是放身命处当下,心意豁然。遂弃公车,猛图佛乘,分家脱俗,一切撇下……随费(隐)老人入径山,喜而付杖……书偈曰:'立地顶天一丈夫,儒宗释典旨相符,年来体道深深喜,肯把瞿昙担子扶'。"①

从上述简略履历中,似可推断徐昌治乐意领受师命,编校"辟邪"诸稿,乃至主动承担刊刻出版职责的缘由。其一,"南京教案"时,兄长徐从治适任沈㴶南京礼部祠祭司主事,参与会审中国教徒钟鸣仁和拆毁违制楼园等案。当时下闽浙僧俗公认"辟邪"旨在发扬当年沈㴶等人精神的情况下,刊刻此类文章,自有缅怀亡兄功绩的意义。其二,坚持"儒宗释典旨相符"的信念,既说"余佩服儒教,攻苦有年";又"猛图佛乘",以扶植瞿昙(释迦牟尼)禅宗为己任。他既撰有《四书旨》《周易旨》《通鉴灿》《昭代芳摹》等儒家著作,②又曾编述《高僧摘要》《无依道人录》《祖庭嫡传指南》等佛门坟典。③ 这种思想主张和知识结构,与"辟邪"文稿诸作者的精神境界如出一辙,因此产生共鸣而愿褒奖传扬。其三,追随"费隐通容禅师参学二十余年,得其付法",④常铭感于心而奉命唯谨。且家业富裕,"到处(佛教)丛林皆拥护,而舍田输粟,竭力倾心。"⑤饶有钱财应付刻书的费用。

诸如对亡兄缅怀、恩师感戴和思想共鸣等因素,使徐昌治在领受乃师嘱托时,颇能随会其"忧世觉人之苦心"。为"明大道,肃纪纲,息邪说,放淫词,辟异端,尊正朔",遂"删繁就简,去肉存髓,凡一言一字,可以激发人心,抹杀异类,有补于一时,有功于万世者,靡不急录以梓。"⑥该书于崇祯十二年(1639年)十二月,由徐昌治在浙江印行。

――――――――――
① 徐昌治编述:《祖庭嫡传指南》卷下,载兰吉富主编:《禅宗全书》,史传部(一八);《(光绪)海盐县志》卷十七,人物传四,文苑;《(民国)山东通志》卷七十,职官志,历代宦绩五。
② 《(光绪)海盐县志》卷十七,人物传四,文苑。
③ 兰吉富主编:《禅宗全书》,史传部(一八),《祖庭嫡传指南》(编译组注释)。
④ 同上。
⑤ 徐昌治编述:《祖庭嫡传指南》卷下。
⑥ 《圣朝破邪集》卷首,徐昌治:《辟邪题词》。

《圣朝破邪集》共有八卷。从体例安排上看。首先,重刊“南京教案”公牍和沈㴶、袾宏、虞淳熙文章,说明闽浙“辟邪”自有渊源。其次,摘取“福建教案”官府“告示”三则,显示扑灭异教为朝廷所号召。再次,收录士大夫序文近十篇,而闽省文章多出于教案期间,折射缙绅唯有在局势明朗、朝廷认可的情况下,方愿公开出面“辟邪”。还有,缕列黄贞和闽浙下层士人论文多达二十篇,反映此阶层为排拒异教的积极参与者。最后,搜集禅宗传人和僧俗人士辩驳文字十一篇,表明这次“辟邪”运动具有浓郁的佛教色彩。

至于思想内容方面的考察,前此在有关成书过程的叙述中,已多有论列。为避免重复,在这里仅就全书的一般特色,提纲絜领,稍加归纳。而对全书构架的精神支柱和诸作者的批判武器,即传统的“夷夏之辨”的消极因素,则准备另辟出一章篇幅,探幽索隐,从源流上梳理铺陈,以揭橥明末闽浙儒释人士排拒基督教,及其《圣朝破邪集》的历史局限性。

该书特色之一,在于明确指出“夷变至是,不惟乱世统,兼乱道脉”,于是国家安全和儒学命脉,遂成为排斥异教维护传统的核心内容。

首先,作者依据有限的信息来源和固有的警惕性,对西方人在中国沿海和周边地区的侵略活动分外敏感。他们拒不相信传教士从九万里之外“大西洋国”而来的言论,认为此“诈远”说,在掩盖“彼之我吞”的野心。通过征引中国人著作,指证彼不过是广东界外香山澳,或距吕宋不远之夷人。接着,历数彼“吞我属国吕宋及咬嚁巴、三宝颜、窟头朗等处,复据我香山澳、台湾、鸡笼、淡水,以破闽粤之门户”的侵略活动,以及“渐诱吕宋土番各从其教,遂吞吕宋,皆以天主之说摇惑而并之”的事实,说明夷人的军事侵略和“天主之说”的蛊惑作用,同样不可轻视。

非特止此,文章还揭露夷人以澳门为窟穴,深入各地,内外呼应,觊觎神器的种种表现,指出:“嘉靖间澳门诸夷,不过渐运木石驾屋,若聚落尔。久之独为舶薮,今且高筑城垣,以为三窟。且分遣间谍峨冠博带,闯入各省直地方,互相交结……频年结连吕宋、日本,以为应援。凡我山川阨塞去处,靡不图之于室。居恒指画某地兵民强弱,妇藏多寡,洞如观火。”又“时时錬兵器,积火药,适且鼓铸大铳无虚日”,致“使各处起干戈……自万历初年,此夷人入中邦,中邦即有吴公吴婆变乱"。诸如此类,皆"窥伺中国,睥睨神器之显状"。

有关基督教"坏乱天下万世学脉"的指控,内涵相当丰富。在此仅从认识根源上稍事敷陈,更多内容留待下一章详加论述。反教者声称,儒学天教凿枘难入之处在于,"孔子言事人而修庸行,彼则言事帝而存幻想;孔子言知生而行素位,彼则言如死而邀冥福。"即儒学教导人们体认今生,于见在地位上注重人事关系和日常修养。而天教则强调来世,在虔奉天主的虚幻中祈祷死后的幸福。实质上,双方的分歧,来自对"知天事天"的内涵及其归宿理解的差异。"圣学何尝不言天,然实非夷之所谓天也。"彼此之间"不可混说"的理由是,孔子"垂教大旨惟在德性心学","是以吾儒惟有存心养性,即事天也;惟有悔过迁善,即祷天也"。此乃"事天祷天之精义"。然而,"妖夷不知真体所在,心惟天主是逐","志惟天堂是惑",则生与死皆为虚幻。于是,儒家本此"君子、圣人、夫妇、天地共在一道中"的"万物一体"观念,总揽"性与天道",而"专精(于)伦理"。与此相反,"妖夷不能知此一贯之道,故妄立天主与灵魂"。并将天主跟人类,禽兽魂跟草木魂,人魂跟禽兽魂,"种种割裂,万万不通之理一至此"。可见"万物一体"与"种种割裂",乃两种不同学说的认识根源。

从此不同的认识根源出发,反教者对于人类"元初祖先",究竟是西方天主所造的亚当、阨袜,还是中华盘古以来的诸圣哲,持不可调和的鲜明态度。利玛窦、艾儒略曾一再宣称:"天主始生一男曰亚当,一女曰厄娃,为一切人类之始祖。"对于传教士"立言先自矫乱,欲中华士昧心以相从"的言论,书中文章批判道:"我中华邈盘古开辟以来,如伏羲、神农、黄帝、尧舜,世有哲王,以辅相天地,未闻不肖如亚当、阨袜者也。"在这事关民族始祖和民族感情的原则问题上,通过对所谓天主创造亚当阨袜,而为西洋、中国乃至普世人类祖先的谬论的谴责,维护了中国人的尊严。

与此相联系,基督教的诪张谬妄,在反教士人眼中,莫过于天主降生之说,指出:"天主降生……此事狡夷传久,理未足信。"质问道,如,"天主降生(人间)三十三年,则(天上)百神无主,化工不久辍乎?"若,"在天主宰一天主,降生复一天主,是二天主矣。"又,"天主欲救世,讵不能生圣人、行天道以救之,何必自受难钉死也?"再,"天主既降生于彼国,欲救彼国之殃,则遗漏于他国,坐安他国之虐,有是理乎?"更,天主"既降生而复升天也,地上之殃,又谁续救之耶?"凡此种种,所谓天主降生、三位一体、救赎升天等基督教核心教义,既成为反教文人"大不可解"、"理未足信"的疑难之处,也是他们奋力排拒的缘由、口实。

综如上述,在事关民族感情(中华祖先)、国家安危(在中国东南沿海侵略骚扰活动)和文化传统(伦理等,详后叙述)等基本问题上,书中作者表现的责任感、警觉性与忧患意识,具有维护国家独立和延续民族精神的历史正义性。与此同时,对于儒学与天学的分歧,如世界的中心和创造者,在于德性心理,还是唯一主宰天主;人们认识的出发点,是万物一体,还是种种割裂;人类生存的价值标准,是现世的伦理关系和修养,还是寄托于天主的降生与救赎。在这辨析不同学术思想体系的问题上,书中作者显示了非同一般的观察、比较和综合的能力,具有较高的学术素养。

然而,书中作者的激情,却带有一种虚幻和超前的意识,也就是将尚处于萌芽状态的可能性,当做已造成严重后果的必然性,且以此作为立论的根据。如为数有限的传教士散布于中国各地,对中国社会的作用实包涵积极和消极两个方面。即使就危害性而言,似仍处于局部地区或萌芽状态,远未达到从整体上颠覆国祚和戕坏纲常的地步。书中作者便以这种可能性当作现实性的判断立论,自然易于混淆西方人在沿海骚扰与和平传教之间的区别,难以辨识西学中神学与自然科学的不同,从而将儒学天学在差异中磨合的过程,及其对传统文化的冲击,视为变乱治统道脉的致命威胁。就此,他们堵塞了天教合儒,融入中国思想体系的途径。而那种"但患人之不华,华之为夷,不患历之不修,修之无人",即排斥西方文化和科技的决绝态度,则使中国文化失去了借鉴和改造的时机与条件。诸如此类,固然跟书中作者信息闭塞、视野狭隘和胶柱保守的习性有关。而字里行间充溢的对夷人异教那种不共戴天的情感,显然跟我们稍后须讨论的传统"夷夏之辨"的消极影响,有着必然的联系。

该书特色之二,在于佛门僧俗人士"愿先驱揭众言以见志",彰显浓厚的佛教色彩。当此"南京教案"以来颇具规模的闽浙僧俗势力联合"辟邪"过程中,特别突出儒释道三教合一共御异教的立场,并运用禅宗蕴义抨击基督教理,较前更具理论性和战斗力。

如前所述,"南京教案"的缘起,确曾得到蓄谋已久同基督教争夺活动空间和民众基础的佛教势力的支持与推动。二十年后,反异教的僧俗人士这次重新集结,是以明代最大禅宗支派临济宗嫡系传人,密云圆悟和费隐通容作为精神领袖。旗下包括原袾宏弟子,如僧人大贤与居士张广湉;禅宗门徒释成勇、如纯,居士徐昌治;佞佛士绅许大受、颜茂猷、刘文龙、李王庭、黄贞等人。从他们修怨的对象和目的丝毫未曾改变,以及"辟邪"过程中,追溯并刊刻袾宏、沈㴶著作与"南京教案"公牍,作为精神鼓舞的源泉;且深以"云栖师翁"被驳抱屈九泉而不平,非重翻旧案为之昭雪而后快来看,这颇具规模的闽浙僧俗人士反基督教运动,旨在继承袾宏、沈㴶未竟之志,实与"南京教案"乃一脉相承。

不过,跟袾宏既赞成儒释融通一家,又声称佛较儒更长更尊更亲的言论稍有不同,[①]此次运动特别突出儒释道三教合一共御异教的立场。如向佛儒生强调,"夷言人有后世,非贯通儒释,不足以折妖邪",故"谨微君子,恪守儒规以砥其波,兼明佛律以防其滥",由此提出"三教决不容四"。僧人也随声附和:"夫明其心,尽其性……释氏同,老氏契,而孔氏贯。且此三者,一犹三,三犹一,如宝鼎之三足。"佛教附庸儒家,还表现在佛门僧俗申斥天教谬妄时,运用了诸如万物一体、心性包罗万象、重生之道等与儒家相似的观念,表明佛教中国化的深度,以及儒释利害攸关的现状。

值得注意的是,圆悟和通容和尚在辩论中,显然汲取了袾宏失败的教训,不再重提那被《利先生覆莲池大和尚竹窗天说四端》,批驳得体无完肤的禁杀生、轮回教义。[②] 而是充分发挥佛与众生原是一心,其差别唯在迷悟之间的禅宗精义。这种强调后天的作为和人人可为佛为圣的理念,不仅适应儒家修齐治平的文化心态,而且对揭露基督教原罪与仰承天主恩赐观点的不近人情,也颇具论理性和战斗力。

---

① 袾宏:《云栖法汇》第二十七册,《正讹集》,三教一家;参见拙文:《基、释之争与明末"南京教案"》,载澳门特别行政区政府文化局:《文化杂志》中文版2004年冬季刊。
② 参见拙文《基、释之争与明末南京教案》,载澳门《文化杂志》中文版2004年冬季刊。

该书特色之三,在于批判文章虽言词犀利,态度决绝,但在基督教不断扩大影响的新形势下,书中作者似乎对"辟邪"的实际效应不抱什么希望,普遍呈现出色厉而内荏,缺乏自信的无奈和忧伤的情绪。

如曾任朝廷高官及封疆大吏者,可为一类。包括湖广巡抚魏浚(福建松溪),福建巡抚邹维琏(江西新昌),工部右侍郎董应举(福建闽县),刑部郎中许大受(浙江德清)等人。他们之中,有的人在遗作中对西学褒贬互见,透露出矛盾的心境;有的人虽洞烛传教士的谬妄与不轨,却不敢在任上执法剪除,而遗书寄希望于未来君子;有的人私下"慨然有崇正辟邪之思",终因畏葸未能公开出头反教;有的人论辩鞭辟入里,然怵于当道难穷治其党,对"辟邪"效应不存奢望。上层统治者如此矛盾、畏葸和不敢认真执法的现象,反映了基督教在朝廷与地方影响的扩大,以及官场因循苟且的作风。

又进士出身并拥有官衔的地方士绅,可为另一类。包括礼部主事颜茂猷(福建龙溪),湖广佥事黄廷师(福建晋江),苍梧参议唐显悦(福建仙游)及苏州推官周之夔(福建闽县)。他们虽对基督教披猖素有怨恨,却长期容忍而不敢发,直待福建教案期间才彰显于世,折射中下层统治者明哲保身、不思进取的常态。至于周之夔前恭后倨的变化,更有投机取巧、挟仇报复的嫌疑。

混迹于下层士人的众多撰稿者,可为第三类。他们虽言辞激越,"辟邪"踊跃,表现出强烈的历史责任感和"舍我其谁"的气概。但字里行间,仍流露出人微言轻,地位低下的自卑,以及在士大夫蔑视与当权者阻挠下,难奏肤功的无奈和悲苦。而与之联盟的佛教僧俗人士,心怀报仇雪耻的夙愿,却囿于情势只能作为儒士的附庸,在"破邪"的摇旗呐喊中充当次要的角色。可见反教的组织者和同盟者,因先天之欠缺,心有余而力不足,终难有所作为。

于是,明季以闽浙下层士人为核心骨干,联合佛教临济宗传人麾下的僧俗人士,在公开或潜在的反教士大夫支持下,而掀起的所谓"破邪"运动,随着骤起的福建教案达到高潮,亦因教案的戛然而止陷入缺乏后劲的困境。这样一来,专门记录闽浙儒释人士排拒基督教与西学过程的著作:《圣朝破邪集》,遂由此成为绝唱。

明清之际中西文化交流史

——明季：趋同与辨异

下 册

沈定平 著

商务印书馆
The Commercial Press

2012年·北京

目录

第六章 "夷夏之辨"的思想渊源、历史演变及其在明季遭遇的冲击 …… 401
 第一节 "夷夏之辨"的思想渊源与历代政策演变 …… 404
 第二节 明代夷夏观的特征 …… 435
 第三节 传统"夷夏之辨"在明季遭遇的冲击 …… 446

第七章 "中国礼仪之争"的骤起与最初的较量 …… 469
 第一节 多明我、方济各会传教士进入中国及其挑起的争端 …… 470
 第二节 耶稣会士卫匡国赴罗马应对辩论和中国文化在欧洲的传扬 …… 495

第八章 西洋火器的大规模引进及其对明清战争的影响 …… 525
 第一节 佛郎机铳的仿制和推广 …… 527
 第二节 西洋大炮的输入及引发的争论 …… 537
 第三节 西洋大炮实战的效用与影响 …… 568

第九章 传教士与奉教士大夫在明清战争的作用和贡献 …… 586
 第一节 李自成、张献忠农民军与中外基督教人士 …… 588
 第二节 弘光、隆武、永历朝廷与西方传教士 …… 633
 第三节 弘光、隆武、永历朝廷与奉教士大夫 …… 679
 第四节 明郑政权兴亡与西方政策 …… 754
 第五节 汤若望在明清易代中的作用与贡献 …… 787

著作出版推荐意见书 …… 825

第六章 "夷夏之辨"的思想渊源、历史演变及其在明季遭遇的冲击

透过前述沈㴶发动"南京教案"的缘起,闽浙儒释人士排拒基督教、西学过程的揭示,发现在这些反教人士的背后,有着强大的精神力量的支撑,这就是"夷夏之辨"的思想传统,保守而内敛的明朝诏令,以及自古以来夷狄叛乱的历史教训。因此,为了对明季反教人士那种沦肌浃髓仇恨的思想根源,有一个系统而全面的了解,须就"夷夏之辨"产生的源头,先秦诸子的主张,历代汉族和北族王朝政策的演变,明朝夷夏观的特征等,进行简略的纵向的考察。特别是经世界地理大发现推动的中西文化交流新时期中,由于夷夏关系的对象,依托的文明形态,存续的条件及其社会功能,跟传统的夷夏关系相比较,在性质上已发生重大变化。故在实践中,传统的夷夏观遭遇到前所未有的冲击。凡此种种,为我们在更加广阔的历史视野中,探寻明季反教人士的思想渊源,及其违背历史潮流的局限性,提供了新的思路和评介的线索。

"夷夏之辨"或"夷夏大防",无疑是中国历史上影响深远的传统观念。纵观"夷夏之辨"的思想渊源及其历史衍变,可以说,在促进中国统一与中华民族融合壮大过程中,从来没有哪种观念像它一样,发挥过如此巨大的凝聚力和向心力的作用。但与此同时,那种睥睨天下的中央之国的理念,及唯我独臻完美的文明形态,亦在历史长河中呈现出一定的狭隘性。

先秦时代,从最初夷夏界分意念的产生,到"尊王攘夷"口号的提出,直至法、道、墨和儒家对此的概括、提炼与升华,反映了植根于华夏民族性的"夷夏之辨"理论框架的形成过程。而这种新确立的观念,推动了秦朝统一和华夏对"戎"、"狄"、"蛮"、"夷"的同化。所谓始皇并天

下而"中国无复四夷"的论断,在一定意义上,正是此种新观念生命力的表现。

秦汉迄明朝中后期,在欧亚大陆农耕世界与游牧世界对峙的背景下,千余年间中原汉族帝国同北族王朝的交往和争斗,为"夷夏之辨"的思想延续及其功能的展现,提供了广阔的历史舞台,并注入新的内涵与活力。

由夷汉严阵对立进入大规模杂居,乃孔孟夷夏观走出华夏畛域,成为夷汉民族共同遵从的价值观的初期。从汉族政权来看,虽然坚持"非我族类,其心必异"的传统看法,欲凭借武力强迫内附夷狄返回故土,恢复华夷内外之限者大有人在,但社会舆论仍倾向于遵循"有教无类"、"修文德以来之"等古训,非用力诈而重礼义,以华夏先进文明同化异族消弭祸端的主张。这种观点既体现了孔孟原典的精髓,亦适应变化的新形势。当中国统一时加速了民族融合(如唐朝),即使处于分裂状态,汉族王朝依然在精神和文化上,对北族政权保持着优势(如晋朝),从而有利于"用夏变夷"的态势。与此同时,不得不依赖汉文化资源进行统治的北族王朝,对于源自华夏民族的夷夏观,也持景仰、赞同乃至亦步亦趋的态度。如急欲将本族人身份从原先夷狄族群中分离出来,对孔孟推崇文化优劣重于种族区分的真谛有所领悟,特别是对"莅中国而抚四夷"的儒家大一统的理想及其图景,更孜孜以求。凡此北族王朝"变夷从夏"的趋势与前述汉族帝国"用夏变夷"的举措,相互呼应、彼此促进,构成这个时期夷夏关系的主流。进而表明,孔孟夷夏观已经超越原来华夏民族的畛域,成为中国大地上不同族类融合中共同尊奉的思想观念。

由夷汉杂居发展到夷汉政权(宋辽金元)长期对峙,是传统夷夏观经受考验不断深入的时期。宋朝在民族矛盾激化和理学勃兴的交互作用下,以《中国论》、《正统论》和《春秋传》为代表的激扬民族情怀,严析"华夷之辨"的思潮,已经成为社会舆论的主流。这种"于中国夷狄混然无辨之中而致其辨"的思想成果,标志着人们的国家意识和民族情感质的飞跃,具有捍卫与发扬中华民族优秀文化遗产的功效。不过,在思维方式上，却带有偏执一端的形而上学的弊病。与此相对应，同样在思维方式上陷入形而上学泥沼的辽金元王朝，由于一直保存着本民族文化认同的资源，且在北族当权的情况下，汉化表现为漫长的过程，所谓"一体化"只具有相对的意义，因此，这些王朝统治者对于传统的夷夏观，呈现出矛盾的心态。一方面，对于孔孟和宋人某些重诸夏轻夷狄的言论，表示强烈不满和抗议，显露出建立以北族为主体的夷夏关系的愿望；另一方面，仍不得不服膺儒家大一统的理念，甚至炫耀以儒家经典为新王朝正名的壮举。一方面，心仪北族王朝的自成统系（如元继辽金）；另一方面，又不得不标榜汉族王朝原为承继的正统（如元继宋）。一方面，试图为北族王朝的夷夏观，寻找理论的依据；另一方面，则不得不通过对儒家经典的摹拟和变通，方获得可利用的理论空间。诸如此类，北族王朝虽对孔孟言论有所指摘，表达了某种试图突破该思想藩篱的愿望，然在整体上，仍以接受和遵从传统夷夏观，作为立论的基础与归宿。宋辽金元夷夏观这种对立（彼此分野）和统一（以承认与接受孔孟夷夏观为前提）的关系，乃中华民族融合过程中必然经历的阶段。同时，在斗争和考验中，推动孔孟夷夏观适应不同的时代并向纵深发展。

仍深深陷入蒙汉对抗模式的明代夷夏观，在大一统的氛围中，既具有克服前代立论的偏颇，走向整体性综合，全面恢复孔孟夷夏观的优势；又结合防御战略的实践，而凸显传统夷夏观保守和内敛的特性。更在历史背景由原先欧亚内陆农耕游牧的对峙，到"地理大发现"拓展人类物质和精神生活世界化的重大转折时期，传统夷夏观在系统总结的同时，亦面临变化的机遇与挑战。

自明万历年间西方传教士进入中国以后，传统的"夷夏之辨"，便成为排拒和服膺天教、西学者激烈论争的话语。凡持排拒立场的官绅士子、缁流耆旧，无不高祭"夷夏之辨"的法宝，作为维护华夏文明和传统制度的精神支柱，挞伐夷人异教的思想武器。而一些持开放态度的士人，在他们倾心西学服膺基督教议论的同时，亦将批判的锋芒指向"夷夏之辨"，致使该传统观念遭遇前所未有的冲击。

第一节 "夷夏之辨"的思想
渊源与历代政策演变

中华民族多元一体的格局,最早表现于华夏民族的形成过程中。文献和考古资料显示,夏、商、周是并行发展而依次取得统治优势地位的,"同一文化体中的不同的族群"。伴随着一统观念的确立,"华夏"变成周人用来称呼整个的族群。原来的"地理文化概念乃逐渐形成为民族认同的'华夏'概念"。①

史初时期的夷夏界分,"是现实生活华夏民族与异姓族落在种姓和文化上的差异,以及由这些差异引发出来的族际冲突"的反映。② 早在商代,东夷、淮夷、南夷和南淮夷即已存在。终西周之世,周人同淮夷、东夷、南夷的征战连绵不断。至于夷夏观念产生的春秋时期,夷患愈演愈炽,据《春秋》经传记载,戎狄之患达六、七十次之多。其中,戎狄或采取偷袭的方法,或利用诸侯国间混战正酣,或乘诸侯国处于国丧无备及内乱之际,频繁侵犯齐晋鲁宋卫邢郑等诸侯国。③ 夷狄的骚扰虽累遭败挫,然其披猖之势令人生畏,对华夏民族构成了威胁。在这种情况下,一些强大的诸侯国亦不得不寻求同夷狄结盟,借重其力以竞逐霸业。④

有鉴如此,春秋时期的夷夏界分及其"尊王攘夷"的口号,便具有双重的意义和作用。一方面,由夷狄的侵凌而产生的忧患意识,强调"夷夏之大防";另一方面,则不得不面对扰攘的现实采取变通的态度,从而凸显文化的包容性和民族融合力。⑤ 与此相适应,"春秋霸主们在'尊王攘夷'的口号下取代周天子维持国际秩序,是一种变相的封建制度,

---

① 陈致:《夷夏新辨》,《中国史研究》2004 年第 1 期。
② 姜建设:《夷夏之辨发生问题的历史考察》,《史学月刊》1998 年第 5 期。
③ 参见《春秋》卷三,卷六,卷七,卷八,卷九,卷十二,本章"夷"、"戎"、"蛮"、"狄"诸称谓,只具有历史符号的意义,完全排除其原有的歧视少数民族的色彩和内涵。
④ 同上。
⑤ 陈致:《夷夏新辨》。

第六章 "夷夏之辨"的思想渊源、历史演变及其在明季遭遇的冲击　　405

一方面也激发了中原各国对华夏族文化的认同感,使得文化落后的渔猎或半农耕民族——戎、狄、蛮、夷渐渐同化。"①

夏商周时代华夏民族与夷狄的这种关系,以及最初素朴的界分和防范意识,经过先秦诸子,尤其是儒家孔孟等思想家的提炼、概括与升华,遂成为中国历史上至关重要的"夷夏之辨"的思想源泉。

如春秋间以"尊王攘夷"相号召,且辅佐齐国成就霸业的早期法家管仲,当"狄人伐邢,管敬仲(即管仲)言于齐侯曰:'戎狄豺狼,不可厌也;诸夏亲昵,不可弃也'"。② 从这种种族习俗的异同而决定亲昵或排斥的立场出发,管仲盛赞齐桓公在称霸过程中对夷狄的征伐。他说齐桓公有大功十二,其中包括"禽狄王,败胡貉,破屠何(东胡之先),而骑寇始服(北狄以骑为寇)。北伐山戎,制泠支,斩孤竹,而九夷始听"。③ 管仲虽赞赏以战服夷的业绩,然在"九夷始听"之后,则主张令夷人"怀其文而畏其武",施行教化的举措。为此,"筑蔡鄢陵培夏灵父丘(皆邑名),以卫戎狄之地,所以禁暴于诸侯也。筑五鹿中牟邺盖与社丘,以卫诸夏之地,所以示劝于中国也。教大成"。④ 这就是试图修建城邑以隔离诸夏夷狄居地,既使各安其生不互相侵暴,又按不同的文化习俗而渐行教化。其效果是,"东夷西戎南蛮北狄,中诸侯国,莫不宾服"。⑤

声称治国"不务德而务法"的战国时期法家代表人物韩非子,在对待夷狄问题上,却似乎显示出一种不专恃武力而注意德化的理念。如"东夷之陶者器苦窳,舜往陶焉,朞年而器牢……舜往为之者,所以救败也,舜其信仁乎……故曰:圣人之德化乎。"⑥又如"当舜之时,有苗不服,禹将伐之。舜曰:'不可。上德不厚而行武,非道也。'乃修教三年,执干戚舞,有苗乃服。"⑦诚然,上述韩非子的议论,不过是为申明"世异则事

---

① 刘超骅:《山河岁月——疆域开拓与文化的地理环境》,载姜义华等编:《港台及海外学者论中国文化》上册,上海人民出版社1988年版,第114页。
② 《春秋左传》卷四,闵公元年。
③ 戴望:《管子校正》卷八,小匡第二十。
④ 同上。
⑤ 同上。
⑥ 韩非著,王先慎集解:《韩非子集解》卷十五,难一第三十六。
⑦ 同上书,卷十九,五蠹第四十九。

异","仁义用于古而不用于今"的基本思想,所列举的两个古代的事例。然而,在字里行间,依然可窥见法家虽强调种族习俗的不同,赞赏以战服夷的功绩,推行夷夏界分和彼此隔离的举措,但在各安生理不互相侵暴的前提下,亦彰显厚德修教的理念,提高夷狄的生产水平和生活质量。

以"秉要执本清虚无为,及其治身接物务崇不竞"为特征的"道家"思想,①从"泛爱万物,天地一体",②向往恢复无文化的"纯朴"社会的立场出发,虽然承认华夏较其他种族的文明来得先进,如有关"宋人资章甫(殷冠)适诸越,越人短发文身,无所用之"的记载,③表示短发文身的越人习俗,自不及中原宋人的冠冕堂皇。可是,在道家眼中,诸夏文明这种华美的装饰,犹如山林"丰狐文豹"的斑斓皮色一样,正是其无尽的忧患和灾祸的根源。于是,建议鲁国之君,"刳形去皮,洒心去欲,而游于无人之野"。为此,特别在远离华夏的南越地境,设计出一个"无为之道德"的理想国("南越有邑焉,名为建德之国,其民愚而朴,少私而寡欲……不知义之所适,不知礼之所将……"),并"愿(鲁国之)君去国捐俗,与道相辅而行"。④ 总之,透过这些记载、寓言和理想,非但感受不到道家对非华夏文明的歧视,反而呈现出将克服华夏文明的奢靡和灾祸,寄托于纯朴甚至落后的非华夏文明的意向。

曾在先秦成为"世之显学"的墨家,其创始人墨翟为纠绳"国家(之间)务夺侵凌"的状况,提出"兼爱非攻"的主张。强调"今天下无大小国,皆天之邑也;人无幼长贵贱,皆天之臣也。"⑤因此,"天必欲人之相爱相利,而不欲人之相恶相贼也。"⑥从此出发,他特别推崇"古者禹治天下"水利,于东西南北泄洪开流凿窦的功绩,称其恩泽中国百姓,亦惠及北方"胡貉"与"南夷之民"。⑦ 与此同时,对于圣贤施教化于夷狄,如

---

① 张湛注:《列子》目录。
② 郭庆藩辑:《庄子集释》杂篇,天下第三十三。
③ 王先谦注:《庄子集解》卷一,逍遥游第一。
④ 郭庆藩:《庄子集释》卷五,山木第二十。
⑤ 孙诒让:《墨子间诂》卷十三,鲁问第四十九。
⑥ 同上书,卷一,法仪第四。
⑦ 孙诒让:《墨子间诂》卷四,兼爱中第十五。

"昔者尧北教乎八狄","舜西教乎七戎","禹东教乎九夷"的举措,及其病逝于旅途而行薄葬的事迹,亦十分钦佩。①

不过,这种"兼相爱,交相利"的信念,并非毫无原则。针对蛮夷之邦落后的风俗,不教而诛的刑法和天怒人怨的叛乱,墨翟表示了强烈批评乃至声讨的立场。如对东越之国解食诞生之长子,南楚之国弃朽肉而埋其骨,西秦之国聚柴焚烧遗体等"恶俗",统斥之曰:"此岂仁义之道哉!"②又如"昔者圣王制为五刑,以治天下。逮至有苗之制五刑,以乱天下。"二者区别不在于刑法本身,而在制定者的善恶和是否施行教化。"三苗之主顽凶,若民习蚩尤之恶,不用善化民,而制以重刑",故称"五虐之刑"。③再如"昔者三苗大乱,天命殛之……禹亲把天之瑞令,以征有苗……苗师大乱,后乃遂几(微)。禹既已克有三苗,焉磨(历、离)为山川,别物上下,卿(乡)制大(四)极,而神不违,天下乃静。"④对禹奉天命大张挞伐三苗,墨翟极为赞赏,认为这就是墨家追求兼爱的真谛。他说:"禹之征有苗也,非以求以重富贵,干福禄,乐耳目也。以求兴天下之利,除天下之害,即此禹兼也。虽子墨子之所谓兼者,于禹求焉。"⑤

如此看来,由于墨家强调华夏与夷狄族类同为天之臣民,当相爱相利,从而推重前者对后者的文明教化,试图改变夷狄非仁义的落后习俗,及恶待人民的五虐重刑。然而,当危害华夏文明的夷狄叛乱时,则赞成奉天吊民攻伐镇压的措施。认为这是兴利除害、实践兼爱的理念,同时也是华夏文明推行于荒蛮之地的手段。

综上所述,在对待夷狄的问题上,因法、道、墨三家基本思想主张的歧异,其侧重点亦有所不同。但是,在厘清华夏与夷狄在种族、习俗和文化上的差异,对夷狄实行厚德修教、兼爱交利的同时,须用强有力的征伐,排除夷狄的侵扰和威胁,以维护与推进华夏文明。在这些方面,

---

① 孙诒让:《墨子间诂》卷六,节葬下第二十五。
② 同上书,卷六,节葬下第二十五。
③ 同上书,卷三,尚同中第十二。
④ 孙诒让:《墨子间诂》卷五,非攻第十九。
⑤ 同上书,卷四,兼爱下第十六。

彼此仍存在某种共同性。

孟子称,与诸圣相比较,"孔子之谓集大成"。① 就"夷夏之辨"而言,由于"脉络通贯,无所不备,则合众小成而为一大成"②的特征十分显著,故儒家孔孟确乎是先秦诸子有关议论的集大成者。

从孔孟天下一统的理念出发(如孔子称赞"管仲相桓公,霸诸侯,一匡天下",③及孟子天下"定于一"的言论④),"莅中国而抚四夷",⑤遂成为儒家夷夏观的核心。其涵盖的内容大致有三。第一,坚持种族和习俗的区别,强调华夏文明的优越性,为遏止夷狄对中国的侵扰,支持并赞扬历代抵御和征讨夷狄的功绩,但主张威武与德教并行,以收其全效。如"子曰:夷狄之有君,不如诸夏之亡也。"孔子之所以发出"夷狄且有君长,不如诸夏之僭乱"这样的感叹,⑥就在于无论是"被发左衽"的夷狄习俗,⑦还是"南蛮𫛩舌之人"的异族异音,均"非先王之道",⑧即尧舜留传的优越的"诸夏礼义之教"。为维护华夏文明,须时对夷狄叛乱保持高度的警惕。如《虞书·舜典》载:"帝曰:皋陶,蛮夷猾夏,寇贼奸宄,汝作士。"⑨将外而蛮夷作乱内而寇贼奸盗并视为祸源,特设专官以缉捕抵御。稍后,当夷狄对中国纷扰不断,如"狄人侵之,事之以皮币不得免焉,事之以犬马不得免焉,事之以珠玉不得免焉",甚至在"狄人之所欲者吾土地"的威胁下,⑩为华夏文明的存续,且在文化习俗上实现"用夏变夷",而非"变于夷"的方针,⑪儒家对历代征伐乃至诛灭夷狄的武功,皆表示支持和赞颂。如孔子虽对管仲器量的狭小颇有微词,但就

---

① 朱熹注:《孟子章句集注》卷十,万章章句下。
② 同上。
③ 朱熹注:《论语章句集注》卷七,宪问第十四。
④ 朱熹注:《孟子章句集注》卷一,梁惠王章句上。
⑤ 同上书,卷一,梁惠王章句上。
⑥ 朱熹注:《论语章句集注》卷二,八佾第三。
⑦ 同上书,卷七,宪问第十四。
⑧ 朱熹注:《孟子章句集注》卷五,滕文公章句上。
⑨ 蔡沈注:《书经集传》卷一。
⑩ 朱熹注:《孟子章句集注》卷二,梁惠王章句下。
⑪ 朱熹注:《孟子章句集注》卷五,滕文公章句上。

第六章 "夷夏之辨"的思想渊源、历史演变及其在明季遭遇的冲击　409

其辅佐霸业、捍卫华夏文明则多有褒奖,指出:"管仲相桓公,霸诸侯,一匡天下,民到今受其赐。微管仲,吾其被发左衽矣。"① 与此相类似,对于舜"杀三苗于三危……而天下咸服";② 禹"奉辞伐罪"并"分北三苗",③ 以及"周公兼夷狄、驱猛兽而百姓宁"的举措,④ 俱极为赞许。但在大张挞伐、讨逆军师压境之际,亦主张"弛其威武,专尚德教",以感化有苗之众归服。⑤ 凡此跟法、墨两家对禹征三苗及施行德教的说法,并无二致。

第二,在疆域分布上,划定华夏处内而夷狄居外的地理界限,以距离中国的远近为依据,对夷狄实行文教、武卫乃至羁縻等不同的政策。如《夏书·禹贡》所载,在"九州攸同,四隩既宅"之后,大禹以所在王城为中心,按照距离王城的远近,将天下疆土设定为甸服、侯服、绥服、要服、荒服五大地理区域。所谓"五百里甸服",乃王城畿内土地。"五百里侯服",为甸服之外诸侯采邑邦国。二者显然是华夏民族生息之地。而"五百里绥服",则侯服外介于华夷之间的地区,因"渐远王畿,而取抚安之义"。"故以内三百里揆文教,外二百里奋武卫。文以治内,武以治外,圣人所以严华夏之辨者如此。"至于五百里要服和五百里荒服,"皆夷狄之地,其文法略于中国"。由于"去王畿益远,而经略之者","特羁縻而已"。⑥ 在另一儒家经典《周礼·职方氏》中,亦有类似的区划。王畿占据千里,其外以五百里为限,分为侯、甸、男、采、卫、蛮、夷、镇、藩九服。正如明朝丘浚指出的,无论《禹贡》五服或《周礼》九服,其精神实质皆在于:"当是之时,华夏之辨,截然有一定之限。""此无他,天地间有大界限,华处乎内,夷处乎外,各止其所,而天下之理得矣。"⑦ 这种从地域区划上厘清华夷界限,既与前述法家的举措相近,更是"莅中国而抚四

---

① 朱熹注:《论语章句集注》卷七,宪问第十四。
② 朱熹注:《孟子章句集注》卷九,万章章句上。
③ 蔡沈注:《书经集传》卷一一,虞书,舜典,大禹谟。
④ 朱熹注:《孟子章句集注》卷六,滕文公章句下。
⑤ 蔡沈注:《书经集传》卷一,虞书,舜典,大禹谟。
⑥ 蔡沈注:《书经集传》卷二。
⑦ 丘浚:《大学衍义补》卷一四三,治国平天下之要,内夏外夷之限上。

夷"的核心理念的体现。

第三,虽然华夷之间在种族、习俗和地理上存在差异,但从更高的文化认同的理念来衡量,即在普遍承认和实践"先王之道"或"礼义之教"的前提下,上述界限处于相对次要的地位。换句话说,以上这些差别,只不过反映了对于文化理想认知的不同程度。如"樊迟问仁。子曰:'居处恭,执事敬,与人忠,虽之夷狄,不可弃也'。"①又"子张问行。子曰:言忠信,行笃敬,虽蛮貊之邦行矣'。"②再"丘也闻有国有家者……远人不服,则修文德以来之。既来之,则安之。"③可见孔子倡导的言忠信、行仁政、修文德的理想,皆超越于华夷之间的界限,而是从文化认同的重要性立论,此其一。同时,前面揭橥的种种差别,亦可从不同的文化底蕴中寻找答案。像夷狄虽有君长不如诸夏僭乱的感叹,在于夷狄君长"不能尽其道"。而"南蛮鴃舌之人"遭到嫌弃,则在"非先王之道"。至若"吾闻用夏变夷者,未闻变于夷者"的警告,更在维护先进的"诸夏礼义之教",反对"变化于蛮夷之人"的落后文化。凡此华夷在种族、习俗和地理上的差异,均可归结为对"先王之道"和"礼义之教"的认知程度,归结为坚持先进还是屈从落后的文化。此其二。然而,最能反映遵循中国圣王之道,远较华夷间种族地域差别来得重要的证明,莫过于孟子对古代圣贤的评论。"孟子曰:'舜生于诸冯,迁于负夏,卒于鸣条(三地皆在东方夷服之地),东夷之人也。文王生于岐周(近畎夷之地),卒于毕郢,西夷之人也。地之相去也,千有余里;世之相后也,千有余岁。得志行乎中国,若合符节。先圣后圣,其揆一也'。"④舜和文王初为夷狄之人,却被儒家推崇为中国圣人,究其缘由,全在于他们已摒弃原有落后的文化习俗,承认和接收先进的中国文化。所谓"得志行乎中国",即将中国的"礼义之教"与"先王之道"颁行于天下。足见儒家学说及其夷夏观中,中国礼义之教的推行和文化习俗的变易,从来占据首要的地

---

① 朱熹注:《论语章句集注》卷七,子路第十三。
② 同上书,卷八,卫灵公第十五。
③ 同上书,卷八,季氏第十六。
④ 朱熹注:《孟子章句集注》卷八,离娄章句下。

位。此其三。

这样看来,在基本内容上,儒家夷夏观大致涵盖了先秦诸子的有关议论。在精神实质上,较之种族、习俗和地理上的差别,则更加注重先进文化的同化作用,突出礼义之教的普遍推行,以及落后的文化习俗向较高的文明形态的转变。而此种人文精神的彰显,正是儒家夷夏观的高明之处。这或许是儒学在绵延二千余年的历史中,能够适应复杂的政治环境和不同民族的统治者,实现"创造性的自我转换"的重要基因。

春秋战国既是社会处于剧烈变革,诸子百家争鸣的时代,也是原先的华夷民族频繁接触增进融合的契机。晋人江统说:"(秦)始皇之并天下也,南兼百越,北走匈奴,王岭长城,戎卒亿计。虽师役烦殷,寇贼横暴,然一世之功,戎虏奔却,当时中国无复四夷也。"[1]当代学者亦谓:"秦汉时期,先秦史籍中常见的许多'戎'、'狄'、'蛮'、'夷'等族都不见了,他们中绝大多数都融合于具有高度文化的华夏族中,形成所谓'汉族',当时具有强大的生命力,造成两汉国势的昌盛。"[2]

中国的统一和汉民族的初步形成,固可视为自古以来"夷夏之辨"的理论和实践取得成功的标志;然而,秦汉以后为保卫先进的农耕文明,中国在更为广阔的地域上,同北方游牧部落所展开的长期激烈的抗争,既是亚欧大陆农耕世界与游牧世界对峙的重要组成部分,也为汉民族的不断扩大,以及"夷夏之辨"思想的延续注入了新的内涵和活力。

西汉末年杨雄上书,指出"五帝所不能臣,三王所不能制"的"北地之狄",跟平定西南夷后,"郡县而置之"的情形迥然有别,"唯北狄为不然,真中国之坚敌……未易可轻也"。[3] 其后,江统亦称:"其性气贪婪,凶悍不仁,四夷之中,戎狄为甚。"[4]可见自秦汉以降,与"容易接受中原儒家文化",并"以臣属的地位和中国相处,甚或加入中原社会"的"南方

---

[1] 《晋书》卷五六,江统传。
[2] 缪钺:《略谈五胡十六国与北朝时期的民族关系》,载中国魏晋南北朝史学会编:《魏晋南北朝史研究》,四川省社会科学院出版社1986年版。
[3] 《汉书》卷九四下,匈奴传。
[4] 《晋书》卷五六,江统传。

边族"相比较,"中国的边疆问题,从历史的表现来看,主要是来自北方、西北方和东北方"。①

根据中外学者的研究,中国古代华夏与"北地之狄"这连绵不断的争斗,有着广阔而深远的世界历史的背景。原来,从新石器时代至十四、五世纪"地理大发现"之前,"就亚欧大陆而言,中国由黄河至长江,印度由印度河至恒河,西亚、中亚由安那托尼亚至伊朗、阿富汗,欧洲由地中海沿岸至波罗的海之南,由不列颠至乌克兰,还有与亚欧大陆毗连的地中海南岸,都先后不一地成为农耕和半农耕地带……这个地带绵亘于亚欧大陆两端之间,形成一个偏南的长弧形。我们不妨称此长弧形地带为亚欧大陆的农耕世界"。几乎与此农耕地带平行而偏北,"东起自西伯利亚,经我国的东北、蒙古、中亚、咸海里海之北、高加索、南俄罗斯,直到欧洲中部,也是自东而西,横亘于亚欧大陆的居中地带。对这个地带,我们不妨也援前面提出的农耕世界之例,称之为游牧世界"。而在农耕世界与游牧世界之间,"从亚欧大陆的东头说起,兴安岭、燕山、阴山、祁连山、昆仑山、兴都库什山、萨格罗斯山、高加索山,直到欧洲境内的喀尔巴阡山,大体上构成它们的分界线"。②

由于自然条件、生产方式和社会形态的差异,这两个平行存在的世界,在富庶与贫瘠、先进与落后方面对比悬殊。于是,"欧亚大陆边缘地区那些古老的(农业)文明中心对周围的部落来说,有如一块块有着不可抗拒的吸引力的磁铁。丰富的农作物、堆满谷物的粮仓、城市里令人眼花缭乱的各种奢侈品,所有这一切都吸引着大草原和沙漠地区饥饿的游牧民。因此,诸古老的文明中心不时遭到侵掠……伟大文明的生存……受到游牧民的威胁"。③ 在前后约三千年的漫长岁月中,"横亘亚欧大陆创建各古典文明的长弧形(农耕)地带",遭遇到北方游牧部族发起的三次大规模冲击的浪潮。④ 中国大地上,诸如秦汉朝与匈奴,魏晋朝

---

① 蔡学海:《万民归宗——民族的构成与融合》,载姜义华等编:《港台及海外学者论中国文化》上册,第159页。
② 吴于廑:《世界历史上的游牧世界与农耕世界》,《云南社会科学》1983年第1期。
③ 斯塔夫里阿诺斯著,吴象婴等译:《全球通史——1500年以前的世界》,上海社会科学院出版社1988年版,第152—157页。
④ 吴于廑:《世界历史上的游牧世界与农耕世界》。

第六章 "夷夏之辨"的思想渊源、历史演变及其在明季遭遇的冲击

与羯、氐、鲜卑,唐朝与突厥,宋朝与契丹、女真、蒙古,凡此华夏与北方民族交往及抗争的历史,都跟这第二、三次大规模冲击的浪潮有着密切的联系。正如中外学者所指出的:"尽管在这些漫长的世纪中入侵的骚扰不断,王国和帝国一个个不断地崛起和衰亡,其统治者也换个不休,然而有一个颇有意义的事实始终没变,这就是:文化具有惊人的连续性……诸入侵蛮族由于受城市奢侈生活的引诱,由于需要当地书吏、官吏和祭司的合作,很快就适应了其臣民的生活方式和传统。"①"来自游牧世界的各部族被吸收、融化于农耕世界,一批又一批接受农耕世界的先进经济和文化"。② 由此看来,正是这种又冲突又融合的历史进程,孕成中华民族整体的形成与发展。而经多民族创造的中华文明,乃是亚欧大陆古代文明的重要组成部分。至于反映这种历史趋势并具有文化连续性的"夷夏之辨"思想,因为跟上述民族交往和抗争密不可分,故而,透过对该思想轨迹的考察,亦可从一个侧面揭示中华民族融合的过程。

统一中国未久的秦汉王朝,便处于这第二次冲击浪潮开始的年代。秦朝的对策,在连贯先前各国已建长城基础上,起临洮至辽东,蜿蜒山岭间,构筑万余里长城。"秦既兼天下,使蒙恬将兵略地,西逐诸戎,北却众狄,筑长城以界之。"③其后,"汉武帝之所以把长城一直延伸到敦煌以西玉门关,置河西四郡,沿边设置烽燧,随时报警,目的就是防止游牧民族南下……把游牧、半游牧以及正转向农耕的部族阻止于农耕世界的边线之外。汉文帝曾经说:'长城以北,引弓之国,受命单于;长城以南,冠带之室,朕亦制之。'……他很想把长城作为南农北牧的一道屏藩,彼此相望而不相犯"。④ 秦汉之后,"若魏,若北齐,若隋,亦皆筑焉。盖天以山川险隘限夷狄,有所不足,增而补之……则天下后世,亦将有以赖之。限隔华夷,使腥膻桀骜之虏,不得以为吾民害矣"。⑤ 与"从春

---

① 斯塔夫里阿诺斯著,吴象婴等译:《全球通史——1500 年以前的世界》,上海社会科学院出版社 1988 年版,第 152—157 页。
② 吴于廑:《世界历史上的游牧世界与农耕世界》。
③ 《后汉书》卷一一七,西羌传。
④ 吴于廑:《世界历史上的游牧世界与农耕世界》。
⑤ 丘浚:《大学衍义补》卷一五〇,治国平天下之要,守边固圉之略上。

秋战国直到隋,中原王朝为了抵御北方游牧民族的南进,都曾不同程度地修筑过长城",稍有差异的是,唐朝(玄宗开元天宝以前)采取大力修建边城的举措,以取代长城的防御功能。① 然而,那种"限隔华夷"、抗御北方游牧民族侵扰的性质,从未曾改变。

如果说物质层面上,历代中原王朝依据峻山险隘及"年雨量250毫米等雨线"的走向,通过构筑长城,使之成为"中国地理上游牧地区与农业地区之天然分界线"的话,②那么精神层面上,面临北方游牧民族不断增长的威胁和侵扰的新形势,传统的"夷夏之辨"便赋予了新的内涵与意义。特别是汉武帝独尊儒术之后,儒家的夷夏观遂成为中国封建社会维护华夏文明,观察和处理汉族同北方游牧民族关系的思想资源及政策导向。

东汉人班固在所撰《汉书·匈奴传》中,从"《(尚)书》戒蛮夷猾夏,《诗》称戎狄是膺,《春秋》有道守在四夷"等儒家理念出发,历述先秦尤其秦(西)汉以来中原王朝同北方游牧民族交往的教训,以及庙堂上诸缙绅之儒纵论和亲或征伐政策的得失之后,总结道:"故先王度土中立封畿,分九州列五服,物土贡制外内,或修刑政,或昭文德,远近之势异也,是以《春秋》内诸夏而外夷狄。"为申明夷夏须内外有别的主张,班固继续写道:"夷狄之人,贪而好利,被发左衽,人面兽心。其与中国殊章服,异习俗,饮食不同,言语不通。辟居北陲寒露之野,逐草随畜射猎为主,隔以山谷,雍以沙漠,天地所以绝外内也。是故圣王禽兽蓄之,不与约誓,不就攻伐。约之则费赂而见欺,攻之则劳师而招寇。其地不可耕而食也,其民不可臣而畜也。是以外而不内,疏而不戚,政教不及其人,正朔不加其国。来则惩而御之,去则备而守之,其慕义而贡献,则接之以礼让。羁縻不绝,使曲在彼,盖圣王制御蛮夷之常道也。"③

虽然班固援引的词句,均出自儒家的经典,但在"远近之势"发生变化的情况下,班固强调的重点已有所不同。表面上,班固论说与孔孟原

---

① 程存洁:《唐王朝北边边城的修筑与边防政策》,载《唐研究》第三卷,北京大学出版社1997年版。
② 刘超骅:《山河岁月——疆域开拓与文化的地理环境》。
③ 班固:《汉书》卷九十四下,匈奴传,赞。

第六章 "夷夏之辨"的思想渊源、历史演变及其在明季遭遇的冲击

典都承认华夷之间在种族、习俗、语言、文明程度和生产方式上存在差异。然而,孔孟的精要在于,这些差异尽可通过文化发展,特别是先进文明的同化作用,而逐渐消弭乃至融合。班固则将这些差异绝对化和凝固化,其缘由在于"政教不及其人,正朔不加其国",在兵戎相见、壁垒森严的对峙中,先进文明的教化功能实难以施展。故凸显的只有泾渭分明的对立和壅隔沙漠山谷的地理界限。与此同时,在班固的议论中,对于夷狄(匈奴)的政策更加明确和具体。前述《尚书》《周礼》所谓中立封畿、五服九服的区划,以及对夷狄之地"羁縻而已"的策略,很大程度上属于儒家理想的蓝图,未必具有实用的价值。而班固有关"不与约誓,不就攻伐";"来则惩而御之,去则备而守之"的归纳,不仅是前述儒家理想的具体化,更是秦汉王朝抵御北方游牧民族经验教训的总结,带有明确的政策导向的性质。

毫无疑义,这种在精神层面上强调华夷之间不可弥合的差异,及其壅隔沙漠山谷的内外界限,与物质层面上修筑长城限隔华夷的举措,乃一脉相承,互为表里,代表了秦汉王朝对于夷狄的认识和基本政策走向。同时表明,儒家所谓"圣王制御蛮夷"之道,并非僵死的教条,乃随时移势易而不断调整变化的学说。

"西汉中叶起对来降的胡人,均安置于塞下,即长城附近。胡人得到良好的水草地,种类繁衍,从东汉至三国,日益内逼。"[①]从此,在中原大地上形成的华夷民族大规模交错杂居的状况,已经超越并取代过去以长城为界彼此对峙的局面。与此相对应,孔孟夷夏观亦走出华夏畛域,逐渐成为夷汉民族共同遵从的价值观。

"圣人作《春秋》之意,所以严华夷之辨,万世王中国者所当鉴戒也……而其祸尤大者,在以羌胡而处塞内也。汉以南单于歆五原塞,赐姓为藩臣,其后刘渊、刘聪大为中国患。魏晋之世,处鲜卑、羯、氐于内地,遂迭起乱华,晋遂不支。唐至中叶,以安禄山守范阳,其后尽以蕃将易汉将,夷狄之祸,直至唐亡。"[②]鉴于历史的教训和不断增长的现实威胁,历代

---

① 刘超骅:《山河岁月——疆域开拓与文化的地理环境》。
② 丘浚:《大学衍义补》卷一四三,内夏外夷之限,上。

中原王朝的股肱之臣纷纷进言,寻求驱除应对之策。在这为数众多的议论中,有两种截然不同的观点。第一种以江统(晋朝)、魏征(唐朝)为代表,坚持"非我族类,其心必异"的传统看法,主张徙内附夷狄返回旧土,严华夷内外之限。另一种以唐太宗、温彦博(唐朝)、范晔(南朝宋人)为代表,遵循"有教无类"、"修文德以来之"等古训,强调非用力诈而重礼仪,以先进文明同化异族以消弭祸端。

前者如江统在《徙戎论》中,标榜"内诸夏而外夷狄"的"《春秋》之义",追述殷周秦汉以来,由拒戎狄于封疆之外,"境内获安,疆场不侵"的局面,到"戎狄乘间得入中国……而与华人杂处",致使"寇发心腹,害起肘腋","夷夏俱毙"的过程。于是,重申"非我族类,其心必异,戎狄志态,不与华同"的原则,以及"华夷异处,戎夏区别"的界限,认为当今之计,宜乘兵威方盛,迁徙居住关中的羌氏部族北还。"各附本种,反其旧土,使属国、抚夷就安集之。戎晋不杂,并得其所。"这样一来,"纵有猾夏之心,风尘之警,则绝远中国,隔阂山河,虽为寇暴,所害不广"。①

魏征亦援古而证今,说:"晋初诸胡与民杂居中国,郭钦、江统皆劝武帝驱出塞外,以绝乱阶,武帝不从。后二十余年,伊洛之间遂为毡裘之域。此前事之明鉴也。"由是,力倡降附之突厥,"宜纵之使还故土,不可留之中国。夫戎狄人面兽心,弱则请服,强则叛乱,固其常性。今降者众近十万,数年之后,蕃息倍多,必为腹心之疾,不可悔也"。②

后者如温彦博论曰:"王者之于万物,天覆地载,靡有所遗。今突厥穷来归我,奈何弃之而不受乎!孔子曰:'有教无类'。若救其死亡,授以生业,教之礼义,数年之后,悉为吾民。选其酋长使入宿卫,畏威怀德,何后患之有。"③这种"畏威怀德"的宣传,深刻揭示了唐朝极盛年代对待北方民族政策的性质。一方面,唐太宗昭谕:"中国贵尚礼义","远人不服,则修文德以来之"。他认为:"夷狄亦人耳,其情与中夏不殊。人主患德泽不加,不必猜忌异类。盖德泽洽,则四夷可使如一家。猜忌

---

① 《晋书》卷五六,江统传。
② 《资治通鉴》卷一九三。
③ 同上。

多,则骨肉不免为仇。"表示朝廷将"善待其达官皆如吾百僚,部落皆如吾百姓"。并且,以其"种落皆依朕如父母",傲视为唐太宗远迈古代君王成就帝业的五种因素之一。另一方面,唐太宗却仍抱着"戎狄人面兽心,一旦微不得意,必反噬为害"的陈见,为强固"中国根干"而削弱"四夷枝叶"[唐太宗谓侍臣曰:"中国,根干也;四夷,枝叶也。割根干以奉枝叶,木安得滋荣。朕不用魏征言,几致狼狈"(指安置十万突厥降众于幽灵之间)],充分利用当时"中国强戎狄弱"的形势,不听群臣疏谏,反悔与突厥降酋的婚约,声称宁可失信于人,终不能让"夷狄"借此坐大而枝叶繁茂。①

当然,无论崇尚礼义,以德怀柔或心存民族歧见,处处隄防;也无论汉族政权处于大一统的强盛(如唐朝),或分裂衰弱(如南朝)的状态,其政策的意图总在"以夏变夷"。正如南朝宋人范晔在撰述《后汉书》时所说,不应以"文章礼乐其道邈远",难为时弊末世采用,而对其讥嘲贱斥。如果认为单凭"力诈"便可以救沦敝、致宁平,"虽济万世,其将与夷狄同也。孟轲有言曰:以夏变夷,不闻变夷于夏,况有未济者乎!"②由此告诫世人,勿论事势顺逆,须始终把持儒家以德化人的宗旨。

毋庸置疑,江统、魏征之论,意在尽力消除因北族内徙、夷汉杂居而日渐威胁中原王朝的态势。然而,欲凭借武力驱赶北族返回故土,恢复先前夷夏各安其所,隔阂山河、界限分明的状况,在当时已是可论(议论)而不可及(实践)的事情。江、魏的立论虽源于儒家承认不同种族所具有的差异性,但却将其推向极端,从而抹煞了民族融合和先进文明同化的任何可能性。这样看来,江、魏主张实可视为前述班固议论及秦汉王朝有关政策的延续。可是,在变化的新形势下,它们显然已不合时宜。

与江统、魏征的议论相比较,唐太宗、温彦博和范晔所言,似更贴近现实的需要,亦更能反映孔孟原典的精神。儒家从不隐晦华夏民族及

---

① 《资治通鉴》卷一九五,卷一九七,卷一九八。
② 《后汉书》卷一一二上,方术列传第七十二上,论。

其文明的优越感和自信心,即使在"焕乎文章,时或乖用;本乎礼乐,适末或疏"①的逆境之中,依然坚信礼义施教的重要性("有教无类")和先进文明不可抗拒的同化作用。强盛时,接纳降附的部落,承认夷汉杂居的现实并推行一视同仁的政策。突厥民众由山林进入平原,"由落后的经济生活进入先进的经济生活",其酋长"弃其突厥名称,承用唐官之唐名"。② 随着突厥封建化过程的加速,民族融合收到了显著成效。分裂时,仍然强调礼乐文章的教化,反对强力和欺诈的政策,在精神和文化上,依然对北族王朝保持着优势。凡此种种,基于对实际效用的考量,还是从反映儒家精髓来看,唐太宗、温彦博和范晔的议论,在这个时期的汉族舆论中,一直占据主导的地位。

史实表明,正是大一统的汉族王朝对于徙居内地的北方游牧民族的宽容和接纳的政策,以及当中原板荡而僻处江南的汉族政权,仍然对"以夏变夷"充满信心,这就在一定程度上呼应并促进了北族王朝"变夷从夏"的趋势。

之所以将10世纪上半叶之前的北族王朝称为"渗透型"王朝,在于"它们的建立者事先都有一段……向汉地社会'渗透'的漫长经历"。另外,"不论是出于有意还是无意,他们与故地血亲部落的联系总之是断绝了。这种断绝,意味着他们失去了维持自己的种族和文化认同的一种至关紧要的资源。这同时也就意味着,这些王朝不得不更多地依赖于被征服地的本土资源,也就是汉文化的资源,来维持自己的统治"。③

从"夷夏之辨"的视角考察,这些北族王朝统治者在利用汉文化资源过程中所产生的变化,归纳起来,大致表现在三个方面。

第一,程度不同地受到儒家思想的浸染和教育,实行移风易俗的汉化性质的社会改革,对于孔孟夷夏观亦有所领悟。

史实表明,诸北族王朝统治者,如匈奴人刘渊、刘聪父子(后汉),羯

---

① 《后汉书》卷一一二上,方术列传第七十二上,论。
② 《中国史稿》编写组:《中国史稿》第四册,人民出版社1982年版,第276—277页。
③ 姚大力:《中国历史上的民族关系与国家认同》,载刘东主编:《中国学术》,2002年第4期(商务印书馆),第197页。

人石勒(后赵),鲜卑人慕容俊(前燕)和氐人苻坚(前秦),无不奋力向学,究通经史。有的"《史(记)》《汉(书)》、诸子,无不综览";有的"工草隶,善属文",吟诗颂赋百余篇;有的"雅好文学,虽在军旅,常令儒生读书而听之";有的笃嗜文籍,讲论不倦,著述四十余篇;更有的"颇留心儒学",祀师孔子,广修学宫,考学生经义。① 上述北族统治者如此亲近儒学,乃至踵乱世之后欲振兴教育,这一切皆与其政治抱负有关。如石勒自夸其功业,"当在二刘(刘邦、刘秀)之间",声称"脱遇光武,当并驱于中原,未知鹿死谁手?"②苻坚则"每思天下不一,未尝不临食辍餔"。为此,希冀重振儒学,"庶几周孔微言,不由朕而坠,汉之二武,其可追乎!"③俨然以继绝世、开大统的英主自诩。即使如接触汉文化较迟,颇具游牧民族习性的北魏拓跋珪,也申明要跟"总御幽都、控制遐国,虽践王位,未定九州"的"远祖"区别开来,"表明自己虽出身殊俗,但将以德抚民,为中华之主"的愿望。④

为克绍汉高、光武,实现逐鹿中原做中华共主的愿望,这些北族王朝统治者大都推行过以汉化为特征的移风易俗的社会改革。苻坚支持汉臣王猛"整齐风俗,政理称举,学校渐兴"等改革,即其中较深切著明者。此后,魏孝文帝、北周文、武二帝均采取过类似的措施。如魏"孝文帝太和八年(公元384年)诏:'故变时俗,远遵古典'。周文帝'恒以反风俗,复古始为心'。周武帝反复强调的'朝政维新',都是以不同提法,表明'用夏变夷'的一个思想。"⑤

正是在这长期受儒家思想熏陶,为做中华共主而实行汉化的过程中,北族统治者对于儒家"用夏变夷"的传统思想亦有所领悟。如前燕慕容儁的祖父慕容廆劝降中原世族高瞻时说:"今天子播越(指东晋),

---

① 《晋书》卷一〇一,刘元海载记;卷一〇二,刘聪载记;卷一〇五,石勒载记下;卷一一〇,慕容儁载记;卷一一三,一一四,苻坚载记上下。
② 《晋书》卷一〇五,石勒载记下。
③ 同上书,卷一一三,一一四,苻坚载记上下。
④ 引自何德章:《北魏国号与正统问题》,《历史研究》1992年第3期。
⑤ 引自朱大渭:《儒家民族观与十六国北朝民族融合及其历史影响》,《中国史研究》2004年第2期。

四海分崩,苍生纷扰,莫知所系。孤思与诸君匡复帝室……君中州大族,冠冕之余,宜痛心疾首,枕戈待旦。奈何以华夷之异,有怀介然。且大禹出于西羌,文王生于东夷,但问志略何如耳,岂以殊俗不可降心乎!"①此番议论,显然在套用孟子有关虞舜、文王原为夷人,"得志行乎中国"而尊为圣人的典故。②虽然在援引典故的史实上,慕容廆或许有所差池,但在把握孟子论断的精神实质方面,却较为准确。所谓不应以华夷种族或风俗的差异而心存芥蒂,惟问是否秉承儒家义理,以及恢复中原文物制度的志略如何,这乃是超越种族、习俗和地理界限,旨在承认与实践"先王之道"或"礼义之教"的孔孟夷夏观的真谛。

第二,在接受儒家夷夏观的核心"莅中国而抚四夷"的前提下,标榜本族为"国人",视其他北族为戎胡,急切地将本族人从原先夷狄族群中分离出来,以表示对施行礼教的中国的认同。

如石勒实行汉化的同时,遂"号胡为国人",即"规定称呼羯人为'国人'"。其余北族犹以"尔曹夷狄,人面兽心"视之。③ 慕容儁既自诩中国之主,其他北族乃咒骂为"死胡"。④ 而苻坚则告诫率兵经略西域的部将吕光曰:"西戎荒俗,非礼义之邦,羁縻之道,服而赦之,示以中国之威,导以王化之法,勿极武穷兵,过深残掠。"⑤从慕容儁、苻坚自称"中国"之主,宣扬"中国之威",石勒号令本族为"国人",称其他北族为行"荒俗"而"人面兽心"的"胡戎"来看,以及欲遵汉制对夷狄施羁縻之道,勿穷兵黩武而"导以王化之法"诸多史实中,上述北族帝王对于孔孟夷夏观的核心,即"莅中国而抚四夷",不仅心领神会,而且力图贯彻推行。

五代时期,无疑是中国历史上大规模民族融合的又一重要阶段。而华北地区少数族政权的领袖,亦跟魏晋时期的北族帝王一样,十分珍重新获得的"中国"或"唐人"的身份,对于原先"胡夷"的称谓则认定为

---

① 《晋书》卷一〇八,慕容廆载记,高瞻。
② 朱熹注:《孟子章句集注》卷八,离娄章句下。
③ 《晋书》卷一〇五,石勒载记下;参见王仲荦:《魏晋南北朝史》,上海人民出版社2003年版,第227页;《晋书》卷一〇七,石季龙载记下,附冉闵。
④ 《晋书》卷一一〇,慕容儁载记。
⑤ 同上书,卷一一四,苻坚载记下。

侮辱性的歧视。所谓这一时期"胡/汉语境"趋于"消解"的论断,正是孔孟夷夏观深入人心的体现。有关内容,请参见学者最新的研究成果。①

第三,将所建北族王朝的国号及其服色,纳入中国传统的五德转移说的序列,或借助天人感应的谶纬图说,乃至道教继绝统之论,使北族王朝获得上天护佑的合法性。亦令同南朝汉族政权争夺正统地位的过程,具有神秘的宗教色彩。

如十六国时期,匈奴人刘曜称帝。"以水承晋金行,国号曰赵。牲牡尚黑,旗帜尚玄。"②这是将封建王朝的兴衰嬗替,跟传统的五行相生相克说紧密联系起来,在天人感应的氛围中,附会(前)赵当取代晋朝而兴盛。又如苻坚则以其"祖孙名讳符应图谶之文,当灭燕国,雄定八州",从中领会到"朕既大运所钟,将简天心以行天罚"。遂力排众议,倾前秦兵力讨伐东晋。"他是急欲做正统,恐后世以其非正统,故急欲亡晋。"③再如拓跋珪在众议国号时,听从汉臣建议,称国号曰魏。为符应五德转移说的次序,从最初的"土德之运",到汉化更深的孝文帝,遂改土德为水德。以为只有这样,"承西晋之统,才真正找到了北魏的理据"。④

综如上述,就十六国、北朝和五代时期诸北族王朝在汉化过程中,对儒家夷夏观的认知而言,统治者对其核心,即"莅中国而抚四夷"的大一统理念,早已心领神会。在此前提下,他们标榜本族为"国人",视其他北族为戎胡,急欲将本族人从原先夷狄族群中分离出来,以表示对施行礼教的中国的认同。与此同时,他们已多少体味到孔孟注重以文化优劣区分华夷的思想主张及其意义。并且,沿袭和附会中国传统的天人感应和五德转移说,使跟汉族政权争夺正统的意图,涂抹上一层神圣的色彩。凡此北族王朝,"遵明王之德教,阐先圣之儒风,抚育黎元,忧

---

① 引自邓小南:《试谈五代宋初"胡/汉"语境的消解》,载张希清等主编:《10—13世纪中国文化的碰撞与融合》,上海人民出版社2006年版。
② 《晋书》卷一〇三,刘曜载记。
③ 黎靖德编:《朱子语类》卷一三六,中华书局1986年版。
④ 何德章:《北魏国号与正统问题》,《历史研究》1992年第3期;刘浦江:《德运之争与辽金王朝的正统性问题》,《中国社会科学》2004年第2期。

勤庶政"所建立的功业,正如唐朝编纂《晋书》的作者指出的,尽可归纳为"变夷从夏"的趋势。① 它跟前述汉族政权"用夏变夷"的信念及其接纳宽容的态度,可谓彼此呼应、相得益彰,共同构成魏晋至五代这整个历史时期夷夏关系的主流。

宋辽金元时期夷夏观的发展,无论宋朝汉族政权,还是辽金元北族王朝,都具有不同于已往的明显特征。就前者而言,"北宋士大夫中严'华夷'之辨观念的强化,是伴随着与契丹、党项矛盾之日形突出,伴随着新儒学的复兴而来"。② 从后者来看,这些所谓"征服"型王朝,在进入汉地社会以后,并未抛弃其"祖宗根本之地",仍"把它当作自己种族和文化认同的珍贵资源"。因此,"征服型王朝的种族本位主义的意识和表现比渗透型王朝更为深刻和显著"。③ 这样一来,通过彼此民族意识(汉族与北族)的彰显、斗争和融汇,传统的"夷夏之辨"必然呈现出更为丰富与复杂的内涵。

唐朝自安史之乱后,"夷夏之防"便转而从严,至宋代,其质与量皆呈跃进的态势。

第一,具有划时代意义的《中国论》的高扬,是以"夷夏之辨"作为立论的基础。

被称为理学先驱"宋初三先生"之一的石介,其所撰写的以"中国"命名的政论中,正是将传统的"夷夏之辨",作为中国居天地之中、礼乐所自和伦理攸关的理论根据。他说:"夫天处乎上,地处乎下,居天地之中者曰中国,居天地之偏者曰四夷。四夷外也,中国内也。天地为之乎内外,所以限也。"这是赋予夷夏内外的地理限隔,以天地永恒的意义,并因此作为中国"居天地之中"的依据。又说:"夫中国者,君臣所自立也,礼乐所自作也,衣冠所自出也,冠婚祭祀所自用也……"而东夷、南蛮、西戎、北狄,或被发文身,或衣毛穴居,或不粒食、火食者。"其俗皆

---

① 《晋书》卷一一五,符丕符登载记,史臣曰。
② 邓小南:《试论五代宋初'胡/汉'语境的消解》。
③ 姚大力:《中国历史上的民族关系与国家认同》,载刘东主编:《中国学术》,2002年第4期(商务印书馆),第197—198页。

第六章 "夷夏之辨"的思想渊源、历史演变及其在明季遭遇的冲击

自安也,相易则乱。"这是以夷夏文明习俗的优劣,作为各安其俗而互不交往变易的依据。再谓,天之二十八舍,地之九州分野,与夫人之"君臣、父子、夫妇、兄弟、宾客、朋友之位",乃天常、地理与人道之所在。然而,"非君臣、父子、夫妇、兄弟、宾客、朋友之位,皆夷狄也……是悖人道也"。"苟天常乱于上,地理易于下,人道悖于中,国不为中国矣。"这是将人间伦理秩序提升到与天体运行、地理分野同等重要的地位,强调若让悖逆人道的夷狄及其习俗盛行,此国家便不成其为"中国"。

为此,作者遂将抨击的锋芒,指向"自西来入我中国"之佛及"自胡来入我中国"之老聃。声讨他们以其道俗、书教、礼乐、文章、祭祀、居庐、饮食、衣服,变易中国固有的一切。最后,石介提出解救的药方是,"各人其人",各守其习俗、礼教、居庐、衣服,"四夷处四夷,中国居中国,各不相乱,如斯而已矣。则中国,中国也;四夷,四夷也。"[①]这就是说,只有不遗余力地区分或构筑华夷之间在种族、地理、文化和习俗方面不可逾越的界限与鸿沟,彼此互不往来,"各不相乱",才能保持"中国"与"四夷"固有的特性。

从儒家夷夏观的发展进程考察,石介的《中国论》具有非同一般的意义。虽然千余年间,孔孟夷夏观一直为历代夷汉王朝及其统治者所遵从,但因孔孟的原典过于简略且年代邈远,后起诠释义理者,多因时感怀任凭胸臆,特别是经夷汉大规模杂居和北族统治者有意混淆彼此的差异之后,何谓"中国",何谓"四夷",二者具有哪些特定的内涵和区别,长期以来处于似明若暗、认识模糊的状态。石介通过这"古代中国第一篇专以'中国'为题的著名政治论文",在华夏民族生存面临异族威胁的形势下,总结已往的经验教训,用十分明晰而规范的话语,就儒家夷夏观的定位及其内涵,作出了全面和深入的阐释。与此同时,论文还将中国人及其特性,如居天地之中和儒家礼乐伦理,视之为天经地义、永世长存的真理。这些既预示儒家夷夏观在

---

① 石介:《徂徕石先生文集》卷一,《中国论》,中华书局1984年版,第116—117页。

理学思潮激扬下进入发展的新时期,亦表明人们的"民族和国家的自我意识"已有了质的飞跃。①

很显然,石介的《中国论》对于加强民族意识,保护华夏文化,具有一定的理论和现实意义。然而,它那抛弃孔孟思想中蕴含的发展与辩证的因素,却呈现出论断的绝对性和保守的思想倾向。孔孟固然强调华夏文明的优越,承认夷夏之间的差别,但认为这些只具有暂时或相对的意义。从孔孟对文化的极端重视,以及先进文化对落后文化的改造和变易的高度认知来看,他们对"用夏变夷"、移风易俗充满信心。而正是这种发展、变易和辩证的思想因素,成为促进中华民族大融合的诸多因缘之一。

到了民族危机深重的南宋,"中国"之论便成为倡导改革更新以恢复中原的有志之士的精神支柱。如浙东事功派代表人物陈亮,在《上孝宗皇帝第一书》中,开宗明义:"中国,天地之正气也,天命之所钟也,人心之所会也,衣冠礼乐之所萃也,百代帝王之所以相承也,岂天地之外夷狄邪气之所可奸哉!"②同时代的朱熹,亦有众多"尊诸夏、外夷狄",彰显民族大义的言论。由此可见,在具有民族气节的文人学士那里,"中国"始终是华夏民族膺受天命人心,承袭百代帝王事业,聚萃衣冠礼乐,乃至褒扬天地正气的最高精神寄托和罕与其匹的政治权威。

第二,在强化"夷夏之辨"的氛围中,《正统论》的出笼及其流衍,乃是凸显华夏民族意识的又一标志。

"夷夏之辨"从来是区分王朝正统或僭伪的重要依据,梁启超归纳中国历史衡量正统的六条标准中,第六条即是"以中国种族为正,而其余为伪"。并指出:"正统之辨,昉(始)于晋而盛于宋。"③宋初欧阳修专以评骘历代王朝兴废正闰的《正统论》,便是"外振兵武攘夷狄,内修法

---

① 参见葛兆光:《宋代"中国"意识的凸显》,《文史哲》2004 年第 1 期。
② 邓广铭点校:《陈亮集》上册(增订本)卷一,中华书局 1987 年版,《上孝宗皇帝第一书》,第 1—9 页。
③ 梁启超:《新史学·论正统》,载吴松等点校:《饮冰室文集点校》,云南教育出版社第三集,第 1639—1640 页。

第六章 "夷夏之辨"的思想渊源、历史演变及其在明季遭遇的冲击

度兴德化"背景下的产物。文论的重心虽在针对历史上王朝正闰的各种说法,从整体上进行梳理和批判,指出"大抵其可疑之际有四,其不同之说有三,此论者之所病也"。而其实质,则在确立儒家道德原则的前提下,尽可能将北族王朝排除于历代正统世系之外,高扬宋朝继承汉唐的正统地位。

首先,欧阳修质疑已往正统世系的理由之一,在于"自唐而上,至于后魏,又推而上之,则为夷狄。其帝王之理舛,而始终之际不明,由是学者疑焉"。因为上溯隋唐正统源自夷狄,便认定华夏的传承不明,中国帝王的谱系错谬,其严"华夷之辨"的心态可见一斑。其次,出于同样的心态,欧阳修不顾"凡为正统之论者,皆欲相承而不绝"的惯例,将东晋至隋初二百余年的统绪置于断绝的状态。表面的理由是天下大乱,诸王朝皆不得其统。实际的考量,"犹格之夷狄"的陈见,断然不给称雄于中原的北族王朝以正统的地位。最能反映此种心态的,莫过于欧阳修编纂的《新五代史》,将同宋朝对峙的辽朝契丹族历史,不列为正式记载,而作为"四夷之一",附录于书尾。① 与此形成对照的,欧阳修强调:"舍汉唐,我宋非正统也。"②石介亦坚称:"国家虽承五代之后,实接唐之绪。"③标榜孱弱的宋朝乃强大汉唐王朝正统血脉的胤嗣。至此,华夷轩轾之别,北族王朝不得为正统的立场昭然若揭。

宋室南渡之后,欧阳修著作中这种"攘夷"的因素,有了极大的拓展。"从'华夷之辨','夷夏之防'的角度来论历史上的正统归属,是南宋以来正统理论中的新内容",并将这理念跟反对偏安一隅倡导复仇大义的现实诉求紧密联系起来。在如此氛围中,"正统理论就从一种单纯的历史哲学一变而成一种强烈的、赋有民族主义意绪的政治观念。"④

第三,《春秋》学在宋代大行其道,既是《中国论》、《正统论》等名篇

---

① 欧阳修:《新五代史》卷七十二,四夷附录第一。
② 以上引文凡未注明出处者,均摘自《欧阳文忠公集》卷五十九。所谓《正统论》,实包括《原正统论》《明正统论》《秦论》《魏论》《东晋论》《后魏论》《梁论》《正统辨上》《正统辨下》等多篇著作。
③ 石介:《徂徕石先生文集》卷一八,唐鉴序。
④ 范立舟:《宋代思想学术史论稿》,澳亚周刊出版有限公司2004年版,第64—65页。

的思想渊源,更是激发民族意识,严析"华夷之辨"的精神力量。

《四库全书》馆臣曰:"说《春秋》者,莫夥于两宋。"① 举凡两宋的著名学者,如石介、欧阳修、程颐、朱熹、陈亮等,几无不撰文表彰该书经义,从中汲取营养。如石介称,《春秋》"乃圣人之极笔","所以正王纲、举王法"的"万世之大典"。② 欧阳修亦谓:"正统之说,肇于谁乎? 始于《春秋》之作也。"③可见孔子之《春秋》,乃《中国论》、《正统论》等名篇的思想渊源。

然而,在宋代,将《春秋》"尊王攘夷"的"大义",发挥得酣畅淋漓且对后代影响深远者,莫过于身处南北宋之交的胡安国及其名著《春秋传》。胡安国私淑二程(程颢、程颐)理学,"以圣人为标的",又罹南北播迁之痛,"故感激时事,往往借《春秋》以寓意"。④ 他在《春秋胡传序》中申明,奉宋高宗谕旨纂修《春秋传》,乃欲借"圣王经世之志",即"尊君父,讨乱贼,辟邪说,正人心,用夏变夷",匡助南宋君主应对民族危亡的乱局。

就夷夏观而言,首先,胡安国认为,《春秋》之义,帝王尤谨严于"华夷之辨"。他说:"《春秋》,固天子之事也,而尤谨于华夷之辨。中国之所以为中国,以礼义也。一失,则为夷狄;再失,则为禽兽,人类灭矣。"⑤又谓:"韩愈氏言,《春秋》谨严,君子以为深得其旨。所谓谨严者,何谨乎? 莫谨于华夷之辨矣。中国而夷狄,则狄之;夷狄猾夏,则膺之,此《春秋》之旨也。"⑥这显然是将帝王的职责跟保卫华夏文明,防止中国为夷狄侵扰或取代,以致沦落到禽兽不如的境地,紧密地联系起来。如此从文明沦丧和人类毁灭的角度,阐发"夷夏之辨"的重要性,较之先秦诸子仅仅强调华夏文明的优越性,似乎更为深沉和透彻。

其次,既严格区分华夷之诸多界限,彼此不可混杂而各安其所;又

---

① 《四库全书总目》卷二九,经部,《日讲春秋解义》。
② 《徂徕石先生文集》,第41、47、77、82、143、223、253、256—258页。
③ 《四库全书总目》卷四六,史部,正史类二,《新五代史记》。
④ 同上书,卷二七,经部,《春秋传三十卷》。
⑤ 胡安国:《春秋传》卷一二。
⑥ 同上书,卷一。

嘉其慕义能修中国之事,仍存"以夏变夷",柔服远人之意。作者总揽历来辨析华夷之区别者,如"明族类、别内外","内中国而外四夷"等种族地域的区分,①又"中国之所以为中国,以礼义","以其有父子君臣之大伦,一失则为夷狄"等礼义伦理的界限,②——缕列于著作。特别是将《易传》卦辞引入其中,使这种差异更具永久的哲理。胡安国写道:"中国之有戎狄,犹君子之有小人。内君子,外小人,为泰;内小人,外君子,为否。《春秋》,圣人倾否之书。"③所谓泰、否,原出于《易》经两卦的象辞。"胡安国借用《易传》以自然现象论证社会人事的方法来阐明《春秋》华、夷之辨……这就为他的华、夷之辨提供了自然哲学的依据,使他对《春秋》'攘夷'之义的说明富有哲理性。这是《胡传》突出《春秋》'攘夷'之义的又一表现。"④

于是,对于突破内外地域的界限,华夷混杂乃至夷狄反为中国盟主,作者口诛笔伐,视为悖逆《春秋》旨意的天下大变。如评论春秋间"宋方主盟,而蛮夷执而伐之,以其俘获来遗"的历史事件,指出:"是夷狄反为中国主,禽兽将逼人而食之矣。此正天下大变,《春秋》之所谨也。"⑤又以"诸戎杂居洛水之间",而斥责道:"洛邑,天地之中,而戎醜居之,乱华甚矣……《春秋》正其名与地以深别之者,示中国夷狄,终不可杂也。"⑥然而,就华夏诸国肇开兵端,恃强暴侵夺夷狄土地,屠戮其人民,亦持严厉批评的态度。如借齐侯助燕国北伐山戎故事,发表评论说:"越千里之险为燕辟地……劳中国而事外夷,舍近政而贵远略,困吾民之力,争不毛之地,其患有不胜言者。"⑦又以"晋师灭赤狄"事件评议道:"今赤狄未尝侵掠晋境,非门庭之寇,而恃强暴以灭之,其不仁甚矣……必欲尽殄灭之无遗种,岂仁人之心,王者之事乎!"⑧

出于同样"与人为善"的道理,胡安国认为对夷狄用兵,不能"好武

---

① 胡安国:《春秋传》卷一四,卷一。
② 同上书,卷一二,卷一一。
③ 同上书,卷一。
④ 侯外庐等主编:《宋明理学史》上册,人民出版社1984年版,第239—240页。
⑤ 胡安国:《春秋传》卷一二。
⑥ 同上书,卷一四。
⑦ 同上书,卷九。
⑧ 胡安国:《春秋传》卷一八。

功而不修文德",应重在伸张"柔服远人之意"。夷狄欲朝聘中国,"虽蛮夷而能修中国诸侯之事,则不念其猾夏不恭而遂进焉……来则嘉其慕义,而接之以礼,迩人安,远者服矣。"①故"向慕中国则进之而不拒"。②凡此种种,足以说明,"《胡传》关于《春秋》'攘夷'之义不仅有拒'夷狄'于'中国'之外的意思,并且还有变'夷'为'夏',以'华夏文明'开化'夷狄'的意思。"③

由于胡氏《春秋传》为南宋迄清初最有影响的《春秋》学著作,具有继往开来的贡献,故宗法程朱理学的元明科举之制,遂规定该书为士子应试必读的典籍,取得官方独尊的地位。④

综上所述,宋代"夷夏之辨"观念的强化,以前所未有的《中国论》、《正统论》相继问世,《春秋》学大行其道,而得到集中的体现。与前代相比较,其深刻之处,首先表现在,"于中国、夷狄混然无辨之中而致辨",⑤即在内外混淆而北族王朝力图抹煞此种界限的情况下(详后),通过纵向和横向考察,以明晰而规范的话语,揭示华夷之间在种族、地理、文明和伦理上的区别,重新为儒家夷夏观定位或正名。并从文明沦丧与人类毁灭的高度阐释这"夷夏之辨"的重要性,同时赋予它以自然哲学的理论依据。在当时汉民族危机日益深重的形势下,这种醒世诤言本无可厚非,它客观上为保卫先进的华夏农耕文明,具有积极的现实意义。受此民族情绪和国家意识的感染,在对历代王朝的正闰学说梳理过程中,以儒家"居天下之正"的道德标准,取代神秘色彩的"五德转移说";以"合天下于一"的大一统理念,重新确立正统王朝的谱系。凡此均具有深远的历史影响。

然而,勿庸讳言的是,石介等人在洞彻和厘清夷夏区别的同时,却抛弃了孔孟原典中的变易思想及对文明开化的重视,而将这种种区别

---

① 胡安国:《春秋传》卷九。
② 同上书,卷一五。
③ 侯外庐等主编:《宋明理学史》上册,第241页。
④ 参见《四库全书总目》上册,第219页;赵伯雄:《春秋学史》,第522页,山东教育出版社2004年版。
⑤ 邓广铭点校:《陈亮传》上册(增订本),中华书局1987年版。

第六章 "夷夏之辨"的思想渊源、历史演变及其在明季遭遇的冲击 **429**

绝对化与凝固化。如此偏执一端的形而上学,附会于激昂的民族情绪,遂将历代北族王朝排除在正统谱系之外,并且导致保守的思想倾向成为宋代夷夏观的主流。但是,孔孟的思想精华并未就此泯灭。透过胡安国、陈亮论著的某些篇章,探寻他们对此的领悟、继承和发挥,仍可看到"以德化夷"的孔孟原典思想的深入人心。

辽、金、元等所谓"征服"型的北族王朝,①虽仍将其祖先发祥之地,作为种族和文化认同的资源,具有"界定文化本体和军事力量的'储备基地'"的作用,②但在先进的农耕生产方式和优势文明形态影响下,也不得不亦步亦趋,汇入汉化或封建化的潮流。据研究,辽、西夏和金朝的汉化,基本完成于各自开国的百年左右,③蒙古建立适应中原的统治制度,亦经历了半个多世纪。④ 在当时史家看来,如此汉化进程,全系"用夏变夷"的成果。如元人郝经说:"盖金有天下,席辽宋之威,用夏变夷,拥八州而征南海,威既外振,政亦内修。"⑤明朝《元史》纂修者则曰:"(元)世祖度量弘广,知人善任使,信用儒术,用能以夏变夷,主经陈纪,所以为一代之制者,规模宏远矣。"⑥

在这种汉化趋势中,辽、金、元朝的夷夏观,其思想范畴虽与宋朝颇为相近,而内容却迥然不同。

其一,从"华夷同风",文物"彬彬不异于中华"自诩;到反对贵诸夏轻夷狄的传统理念,贬斥宋朝为"岛夷"、"淮夷";乃至声称中国已亡于

---

① 姚大力先生将历史上北族王朝划分为"渗透型"和"征服型"的提法(《中国历史上的民族关系与国家认同》,《中国学术》2002年第4期),其名实之间是否相符,尚可商榷,然彼此间的特征确有不同,在此姑从其说。
② 韦斯特著,周萍萍译:《12世纪至20世纪蒙古人与中国——游牧民与定居民的关系》,载《元史论丛》第九辑,中国广播电视出版社2004年版。
③ 虞云国:《试论10—13世纪中国境内诸政权的互动》,载张希清等主编:《10—13世纪中国文化的碰撞与融合》,上海人民出版社2006年版。
④ 陈德芝:《耶律楚材、刘秉忠、李孟合论——蒙元时代制度转变关头的三位政治家》,载《元史论丛》第九辑。
⑤ 郝经:《郝文忠公陵川文集》卷三,《删注刑统赋序》。
⑥ 《元史》卷一七,世祖本纪十四。

晋,须"肇造区夏","夷而进于中国则中国之",显示建立一种新型夷夏关系的强烈愿望。

对于这"深层文化结构的思想意识",辽朝夷夏观呈不断增进的态势。如初期安于被称为"夷"、"蕃"的状况,至中叶道宗时,便坦承与上世无礼法之夷划清界限,以彬彬不异于中华自诩。一次,"汉人讲《论语》……讲至'夷狄之有君',疾读不敢讲。(道宗)曰:'上世獯鬻、猃狁荡无礼法,故谓之夷。吾修文物,彬彬不异于中华,何嫌之有!'卒令讲之"。这种不以种族区分,而以礼法存废或文明高下,作为衡量夷夏的标准,正是孔孟着力宣扬之处。道宗对孔孟精义的"神领心解",以及"文物彬彬不异于中华"的认同,凸显这位北族君主的自信和坦诚。于是,道宗亲自撰文,倡导"君臣同志,华夷同风",将此理想媲美于古代"虞廷开盛轨",期盼文治声教被及遐迩。从此,辽朝国人称为"中国之民",其余则视之"岛夷小国"(高丽)、"西边诸番"、"朔北小夷"(女真),辽朝俨然睥睨四夷的中国之主。①

如果说,辽道宗对于《论语·八佾》所谓"夷狄虽有君,不如诸夏之亡"的论断,还是在尊重孔孟原典权威的前提下,从积极的方面进行自我辩护的话,那么,汉化程度更深的金海陵王,显然"反对贵诸夏轻夷狄的情绪较辽道宗要强烈得多"。他说:"朕每读鲁论,至于'夷狄虽有君,不如诸夏之亡也',朕窃恶之。岂非渠以南北之区分,同类之比周,而贵彼贱我也。"②在这里,无论对孔子论述直率地表示厌恶,还是揭露这种以地理和种族区分的实质在贵华夏而贱夷狄,皆反映了一位北族帝王对孔孟夷夏观消极内容的抵触与抗议。在此氛围中,原为华夏主体的宋朝,被贬斥为"伪宋"、"孽宋"、"淮夷"、"岛夷",声称:"惟我国家,奄宅中外,威制万里";"恢土德,以大中原之统绪,塞垣,以杜外夷之虞";"皇纲弛而振,亟夏危而复安";"祀夏而不失旧物,继汉而系隆有命"。③ 似乎金朝乃天命有归而拯诸夏于危亡的中国之主。

---

① 以上引文,均摘自郭康松:《辽朝夷夏观的演变》,《中国史研究》2001年第2期。
② 引自宋德金:《辽朝正统观念的形成与发展》,载宋德金:《辽金论稿》,湖北教育出版社2005年版,第176页。
③ 赵秉忠:《闲闲老人滏水文集》卷一〇,《答夏国告和书》、《上尊号表》;卷一八,《宣宗谥议》。

第六章 "夷夏之辨"的思想渊源、历史演变及其在明季遭遇的冲击

较之辽金,元朝君臣逆反传统的夷夏观念则更进了一步。他们已不满足于承袭原汉族诸夏和中原主人的名分,而高扬如"受天明命,肇造区夏";"至德体元,中华开统";"四征既庭,遂开中原"①等重塑诸夏、再造中华的殊功伟业。与此相适应,遂直指原汉遗泽已尽已亡之中国,亟待新王朝善加治理,而不应苛责是夷人还是汉人。如郝经著文历数尧舜三代治世及秦汉得失之后,指出:"及于晋代,狙诈取,而无君臣;逸间行,而无父子;贼妒骋,而夫妇废;骨肉逆,而兄弟绝。致夷狄兵争,而汉之遗泽尽矣,中国遂亡也。故礼乐灭于秦,而中国亡于晋。"接着,作者评论道:"中国而既亡矣,岂必中国之人而后善治哉。圣人有云:夷而进于中国则中国之,苟有善者,与之可也,从之可也,何有于中国、于夷。"②

纵观辽金元等北族王朝的夷夏观,虽仍以孔孟原典作为评论的出发点,但却根据统治者的好恶而有所取舍。对于以礼法的存废作为统治中原的标准,因为符合"夷而进于中国则中国之"的利益,故欣然表示赞同。而按种族和地域划分夷夏的言论,特不利于统治者抹煞彼此实际存在的差异,则认为此种舆论在"贵彼贱我",提出强烈的抗议。与此相联系,辽金元与宋朝的夷夏名分,亦发生颠覆传统的令人瞠目的变化。昔日华夏主体的宋朝被蔑视为蛮夷,夙为华夏文明发祥的中国和中原,如今亟需北族王朝善加治理,重塑诸夏,再造中华。至此,一种期盼从属于辽金元民族意识的夷夏观呼之欲出。

其二,由辽朝徇历代嬗替的惯例,炫耀所获传国玺乃正统王朝的象征;至金朝更定金德为土德的德运之争,以切合"五行相生"次序而昭示王朝正统之所在;发展到取法《春秋》、体认《易经》正国号曰大元,并通过修史同时承继辽金宋三朝的统绪,凡此既是历史上"正统论"的延续,亦为它增添了新的内容。

历代夷汉王朝的正闰之争,从来是"夷夏之辨"的组成部分。正如

---

① 苏天爵辑:《国朝文类》卷九,王构:《即位诏》;卷二十一,虞集:《元帅张献武王庙碑》。
② 郝经:《郝文忠公陵川文集》卷一九,《时务》。

同欧阳修及其后继者,欲借此剔除北族王朝统治的合法性,辽、金、元朝则通过传国玺、德运说、取国号、修国史等各种舆论手段,使其在中国的统治名正言顺。如辽圣宗为掳获的传国玉玺(实非秦玺,乃后晋石敬瑭所重琢)赋诗:"中原既失守,此宝归北方。"兴宗又"以《有传国宝者为正统赋》,试进士",①极力渲染玉玺的象征意义。金朝原附会祖训以奉金德,后为"继汉而系隆有命"的合法王朝,遂更定金德为土德,真正纳入中国五德终始说的德运体系。② 蒙古入主中原,为宣扬"绍百王而继统,肇从隆古"的伟业,便令建国号与表岁纪时,直接祖述儒家经典。所谓"建国号曰大元,盖取《易经》乾元之义";表岁纪时,则"法《春秋》之正始"。③ 特别是在众说纷纭而久议未决的纂修国史过程中,最终裁定"三国各与正统,各系其年号",即在"夷夏之辨,当时所讳"的氛围中,既钟情于辽金的北族王朝的统绪,又不得不正视中国的文化传统,宣示继承汉族宋朝的正统地位。④

其三,鉴于《春秋》一直是"夷夏之辨"的精神支柱和思想资源,故在北族王朝环境中形成的"中州士大夫"群体,亦利用唐朝韩愈对《春秋》意蕴的诠释,引导出"能行中国之道,则中国之主"的夷夏新观念,为北族王朝进据中原提供理论依据。

在"中原二十世,迥无一汉祖";而"中原帝圣君,太平今有象"的形势下,⑤数百年间依附于辽金元王朝的契丹(如耶律楚材)、女真(如元好问)和汉族(如刘辉、赵秉文、修端、刘秉忠、许衡、郝经、李孟等)仕宦之家,遂形成"中州士大夫"的特殊群体。他们以思想上遵从儒家,而政治上忠诚于北族王朝为其价值取向。该群体的代表人物郝经,在述及

---

① 陈述辑校:《全辽文》卷一,《传国玺》;《辽史》卷五七,仪卫三,符印,卷一八,兴宗一。
② 参见刘浦江:《德运之争与辽金王朝的正统性问题》,《中国社会科学》2004年第2期。
③ 李修生主编:《全元文》,江苏古籍出版社1998年版,第三册,卷一〇一,《建国号诏》;卷九三,《中统建元诏》。
④ 权衡:《庚申外史》卷上,载曹溶辑,陶樾增订:《学海类编》;解缙著:《解学士全集》卷八,《伯中公传》。
⑤ 郝经:《郝文忠公陵川文集》卷二,卷四。

作为元朝国使为南宋拘禁16年,虽胁迫利诱终不能屈其志时说,"吾家业儒凡七世矣,顾肯忘义大节,以辱中州士大夫乎!"①正是在这种价值观指导下,他们不仅炮制了上述维护辽金元利益的夷夏观念,而且从《春秋》经典的解读中,领悟到构建北族王朝夷夏观的理论根据,这就是"夷而进于中国,则中国之"。

其实,最早提出此论者,乃建立道统且"申明夷夏之大防"的唐代思想家韩愈。他为抨击当时盛行的佛教、老子之学,指责以夷狄之法凌驾于古先圣儒教之上,遂在著名的《原道》中说:"孔子之作《春秋》也,诸侯用夷礼,则夷之;进于中国,则中国之。经(《论语》)曰:'夷狄之有君,不如诸夏之亡。'《诗》曰:'戎狄是膺,荆舒是惩。'今也,举夷狄之法,而加之先王之教之上,几何其不胥而为夷也。"②在这里,《论语》《诗经》引文,均出自原典原词,唯有《春秋》文字,系作者依据原书史实参以《公羊传》等注疏归纳而成。其大旨,"谓孔子为《春秋》,下字谨严,凡中国诸侯用夷礼,其书中则以夷视之,而夷人能向慕中国之礼者,其书中则以中国视之"。③

史实表明,韩愈对《春秋》意蕴的概括和发挥,为"中州士大夫"替北族王朝寻求统治的合法性,提供了可利用的理论空间。如金朝赵秉文和元朝杨奂皆以韩愈总结的《春秋》大义:"中国(诸侯)而用夷礼则夷之,夷而进于中国则中国之",为位居边鄙的地方政权,及北族王朝进据中原,制造社会舆论。④ 然而,对此运用得颇为圆熟并更具理论色彩的,还是那论证中国亡于晋,汉之遗泽已尽的郝经。他写道:"圣人有云:'夷而进于中国则中国之'。苟有善者,与之可也,从之可也,何有于中国、于夷。故苻坚秦三十年而天下称治,元魏数世而四海几平。"⑤此外,他还在抒发自己为元世祖召用的心情时说:"今日能用士,而能行中

---

① 阎复:《元故翰林侍读学士国信使郝公墓志铭》,载《郝文忠公陵川全集》卷首。
② 韩愈著,阎琦校注:《韩昌黎文集注释》上册,三秦出版社2004年版,第20—21页。
③ 同上。
④ 赵秉文:《闲闲老人滏水文集》卷一四,《蜀汉正名论》;苏天爵辑:《国朝文类》卷三二,杨奂:《正统八例总序》。
⑤ 《郝文忠公陵川全集》卷一九,《时务》卷三七,《与宋国两淮制置使书》。

国之道,则中国之主也。士于此时而不自用,则吾民将膏铁钺粪土野,其无孑遗矣。"①郝经有关仕元的表白,似未脱儒家"民本"思想的窠臼,而所谓"能行中国之道,则中国之主"的论断,则显然是对韩愈"夷而进于中国,则中国之"的摹仿,且更为明确的诠释。由此可见,"中州士大夫"充分利用韩愈对《春秋》意蕴的阐述,通过割裂全文、断章取义,将原本属于《原道》"申明夷夏之大防"的组成部分,抽调出来且稍经改造,纳入另一种历史观念体系,便变成北族王朝夷夏观的理论根据。

总而言之,辽金元等北族王朝的夷夏观,大体上是在承认孔孟原典的基础上,并在与宋朝夷夏观相似的范畴内展开,但同样犯有偏执一端的形而上学的毛病。不过,北族王朝反感和企图抹煞的,乃宋朝夷夏观坚称的地理、种族等方面的区别(如金海陵王诋毁《论语》的言谈);而北族王朝极力维护的,正是宋朝夷夏观轻易抛弃的,以文明的进退高下作为衡量中国统治者的标准(如赵秉文、杨奂、郝经有关"能行中国之道则中国之主"的论述)。当然,无论宋朝还是北族王朝,对于孔孟原典中大一统的理念,并不存异议,而持衷心拥护的态度(如元朝取法《春秋》、《易经》之义,建国号年号)。在北族王朝"汉化"是漫长曲折的历史过程,其"尽行中国法"或"达到水乳交融的程度",只具有相对意义的形势下,北族政权出现某种民族化倾向,"应作具体的研究分析,不能一概视为对汉化进程的历史反动,其中也有少数民族政权保存本民族文化传统的自觉努力"。②既然宋朝出于汉民族生存的需要,可以精心挑选并发挥孔孟夷夏观中有利于自己的部分,那么,北族王朝在汉化过程的某个阶段,为维护本民族传统且寻找进入和统治中原的理由,又何尝不能接受并揄扬孔孟原典中更适合自己利益的部分。凡此宋辽金元夷夏观的对立(彼此分野)和统一(以承认孔孟夷夏观为大前提),乃中华民族融合过程中必然经历的阶段,并推动儒

---

① 《郝文忠公陵川全集》卷一九,《时务》卷三七,《与宋国两淮制置使书》。
② 参见陈得芝:《耶律楚材、刘秉忠、李孟合论——蒙元时代制度转变关头的三位政治家》,载《元史论丛》第九辑;虞云国:《试论10—13世纪中国境内诸政权的互动》,载《10—13世纪中国文化的碰撞与融合》一书。

家夷夏观适应不同时代而向纵深发展。

第二节　明代夷夏观的特征

明朝的建立,这种所谓"一统华夷之盛",而"功高万古"的伟业,①无疑为纠绳宋辽金元夷夏观的偏执和分野,走向整体性综合,乃至较为全面地实践孔孟夷夏观,提供了必要的条件。此外,因退处塞北的蒙古游牧民族的侵扰,一直是内地农耕文明生存的威胁,故在长期形成的防御战略中,凸显保守和内敛的倾向。于是,整体综合与保守内敛,便成为明朝夷夏观的基本特征。它们大致表现在三个方面。

第一,明初夷夏观特色的彰显及其指导下防御战略的形成。

明朝奉行"敬天法祖",故明初太祖、太宗和宣宗的思想取向及其举措,为后代执政者奠定了理论和政策的基础。

如朱元璋于建国前之吴元年(公元1367年),为挥师北伐而颁布的《谕齐鲁河洛燕蓟秦晋民人檄》(又称《谕中原檄》),便浸透着对孔孟夷夏观的崇重和同仇敌忾的华夏民族意识。檄文虽认为,"自宋祚倾移,元以北狄入主中国,四海内外,罔不臣服,此岂人力,实乃天授。"然而,这种表面上承认"北狄"曾入主中国的所谓"天授"说,不过是替天运循环已有新的主人,朱元璋"恭天成命",北伐中原"复汉官之威仪",所做的一种铺垫。檄文宣称:"古云:胡虏无百年之运,验之今日,信乎不谬。当此之时,天运循环,中原气盛,亿兆之中,当降生圣人,驱逐胡虏,恢复中华,立纲陈纪,救济斯民……予恭天成命,罔敢自安,方欲遣兵北逐群虏,拯生民于涂炭,复汉官之威仪。"需要指出的是,华夏民族意识和天命帝王心态的如此张扬,全然是在孔孟夷夏观的理论框架内进行的。檄文开宗明义:"自古帝王临御天下,中国居内以制夷狄,夷狄居外以奉中国,未闻以夷狄治天下也。"继而,

---

① 宋濂:《翰苑续集》卷五,《大明日历序》,载罗月霞主编:《宋濂全集》第二册,浙江古籍出版社1999年版,第874页。

指斥元朝"冠履倒置"之罪,首在淆乱父子君臣、夫妇长幼之伦理纲常。至结尾处,宣布:"盖我中国之民,天必命中国之人以安之,夷狄何得而治哉!尔民其体之。如蒙古、色目,虽非华夏族类,然同生天地之间,有能知礼义愿为臣民者,与中国之人抚养无异。"①诸如内中国而外夷狄,彼此纲常礼义之区分,此乃传统夷夏观平素的主张。而昭示非华夏族类的蒙古、色目人,只要接受中国礼义之教,当与中国之人抚养无异的承诺,显然是韩愈(夷)"进于中国则中国之"说法的变通,其中蕴含以中国礼义同化异族的深意。这种既厘清夷夏之间的差别,又突出文明更化作用议论的综合,正是孔孟精神整体性的回归和再现,具有指导现行政策的意义。

此后,对于上述原则,明太祖有进一步的阐述。其一,将元明易代,自己以布衣而得天下,皆归于天命或天意。如说:"胡元入主中国,蔑弃礼义……天实厌之,以丧其师。朕率中土之士,奉天逐胡,以安中夏。"②又谓:"朕起寒微……安有三军六师以威天下?岂料应图谶,有天命,众会云从,代君家而主民。"③更称:"朕本布衣以有天下,实由天命。"④毫无疑问,在已往的夷夏观中,如天地区分夷夏说,五德转移说,图谶说,均带有超越人世的神秘的色彩。而朱元璋将夷夏政权的更迭和华夏礼义的复兴,统统归结为上天的意旨及其眷顾,这不啻强化了传统夷夏观的神秘和宗教的性质。

其二,虽承认夷夏种族、地域和语言的区别,然更看重用夏变夷,以礼义之教更化胡俗。对于传统坚称的夷夏差异,朱元璋仍缕列无遗。如"胡元入主中国,非我族类,风俗且异,语意不通。"⑤又"中国实汉朝之故地,胡本不可久居";⑥"天造之险,所以限夷夏也。"⑦再"中国之于

---

① 王世贞:《弇山堂别集》卷八五,诏令杂考一,《谕中原檄》。
② 朱元璋:《宝训》卷二,《尊儒术》,载张德信等主编:《洪武御制全书》,黄山书社1995年版,第443页。
③ 朱元璋:《御制文集》卷一九,《祭元幼主文》,同上书,第237页。
④ 《宝训》卷一,《论治道》,同上书,第416页。
⑤ 朱元璋:《御制大诰》,胡元制治第三,载《洪武御制全书》,第750页。
⑥ 朱元璋:《御制文集》卷五《与元幼主书》,同上书,第74页。
⑦ 《御制文集》卷九,《劳北口卫指挥敕》,同上书,第139页。

第六章 "夷夏之辨"的思想渊源、历史演变及其在明季遭遇的冲击 437

四裔,犹衣裳之于冠冕,水木之于本源,分至明也。"① 不过,在朱元璋看来,这些差异更促使他用夏变夷,移风易俗,申明中国的传统礼义。他诏告天下:"市乡里间,尚循元俗,天下大定,礼义风俗可不正乎……用夏变夷,风俗之所由厚……因时制宜,与民更化,其臻礼义之风,永底隆平之治。"② 还谕示群臣:"学校之教,至元其弊极矣。使先王衣冠礼乐之教,号为夷狄……朕恒谓治国之要,教化为先,教化之道,学校为本……宜令郡县皆立学,礼延师儒,教授生徒,以讲论圣道。使人日渐月化,以复先王之旧,以革污染之习。此最急务,当急行之。"③ 如前所述,这种既承认夷夏之间差别,尤注重以先进礼义更化胡俗的说教,弥补了宋辽金元夷夏观的缺陷,恢复了孔孟原典的精髓。

其三,对待为祸北边的蒙古,采固守疆圉的防御战略,而对境内的蒙古色目人在存恤之余,亦推行"华夷无间"的同化政策。明初保守和内敛的倾向,在朱元璋亲撰的《祖训》中已坦露无遗。他告诫子孙,安南、占城、高丽等"海外夷国","限山隔海,僻在一隅。得其地不足以供给,得其民不足以使令"。因此,不可"倚中国富强,贪一时战功,无故兴兵"。然而,"胡戎逼近中国西北,世为边患,必选将练兵,时谨备之"。④ 前者体现内敛而不扩张的特征,后者则彰显警备西北保守边防的紧要。为此,他多次教谕将士,蒙古"出塞之后,即固守边圉,防其侵扰"。⑤ "山西、北平与胡地相接,犬羊之群,变诈百出",故"处太平之世,不可忘战,略荒裔之地,不如守边。"⑥ 凡此祖训,为明朝"东起鸭绿,西抵嘉峪,绵亘万里"的边墙长城的修筑,"九边"驻防重镇的设立,乃至迁都北京作为捍卫北方防御体系的中坚,指明了既定的方向。

在制定固守边圉的防御战略的同时,为重申"朕居中国抚四夷,若夷有诚从者,必以礼待之"⑦的原则,朱元璋曾两次下诏宽恤留居境内

---

① 王世贞:《弇山堂别集》卷八七,诏令杂考三。
② 朱元璋:《宝训》卷一,《兴学》,载《洪武御制全书》,第440页。
③ 同上。
④ 朱元璋:《祖训录》,《箴戒》,同上书,第366页。
⑤ 朱元璋:《宝训》卷一,《经国》,载《洪武御制全书》,第437页。
⑥ 《明太祖实录》卷七八。
⑦ 朱元璋:《御制文集》卷七,《问中书礼部慢占城入贡敕二篇》,载《洪武御制全书》,第102—103页。

的蒙古色目人。一次谓:"蒙古色目人既居我土,即吾赤子。有才能者一体擢用,鳏寡孤独废疾不能自养者,官为存恤。"① 另一次称:"朔方百姓及蒙古色目诸人,向因兵革连年,供给久困弊政,自归附之后,各安生理,趁时耕作。所有羊马孳畜,以便牧养,有司常加存恤。"② 对于西北归附的蒙古人,当顺其性而抚之。"使其归就边地,择水草孳牧,彼得遂其生,自然安矣。"③ 如此"以礼待之"的原则,固然有在官府宽恤下遂其生理,恢复安定秩序的意图,但更深远者,还在以中国礼教更化胡俗的考量。犹如后世臣僚所总结的:"禁其种落不许自相婚媾,变其衣服不许仍遵夷俗。或以为兵,使与吾中国之兵部伍相错以牵制之。或以为民,使与吾中国之民里甲相杂以染化之。"④ 务求"华夷无间",实现民族的同化和融合。

总括起来,明太祖以一个目不识丁且困于生计的僧人,居然成为纠绳宋辽金元数百年间的偏颇,呼唤有明一代恢复和实践孔孟夷夏观的领导者,其奥秘之处便在于建国前后儒臣的熏陶,及自身对儒家经典的领会。据记载,"每儒臣进讲《论语》等书,(朱元璋)必有辨说。"如讲至"夷狄之有君,不如诸夏之亡"时,朱元璋辩论道:"夷狄,禽兽也,故孔子贱之。以为彼国虽有君长,然不知君臣之礼,上下之分,争斗纷然。中国纵亡君长,必不如此。是其有君,曾不如诸夏之亡也。"⑤ 由此看来,朱元璋在护卫和强化华夏文明先进性的同时,也继承了孔孟对异族的陈见与歧视,这或许是其保守性的思想根源。

具有雄才大略的明成祖朱棣,欲一劳永逸地消除塞北蒙古的威胁,"一扫风尘,永清沙漠",⑥ 曾五次调集大军亲征漠北。终因"比年师出无功,军马储蓄十丧八九,灾眚迭作,内外俱疲",⑦ 而不得不放弃。在

---

① 《明太祖实录》卷三四。
② 《明太祖实录》卷三五。
③ 朱元璋:《宝训》卷六《怀远人》,载《洪武御制全书》,第 597 页。
④ 陈子龙等选辑:《明经世文编》第一册,中华书局 1962 年版,第 376—377 页。
⑤ 《御制文集补》《解夷狄有君章说》,载《洪武御制全书》,第 310 页;参见南炳文:《明史新探》,中华书局 2007 年版,第 61—62 页。
⑥ 谷应泰:《明史纪事本末》卷二一,《亲征漠北》。
⑦ 《明史》卷一四九,夏原吉传。

他第五次亲征返京途中病逝前,遗诏曰:"丧服礼仪,一遵太祖皇帝遗制。"①这恐怕不只是服丧礼仪的遵从旧制,更可视为固守疆圉的防御理念和战略的重归。

果不其然。明宣宗在亲撰《御制帝训》的《驭夷篇》中,显然吸取了乃祖朱棣频出漠北劳而无功的教训,重申"驭夷之道守备为上"的保守的祖宗遗制。文章虽承认"有中国必有夷狄,如阴阳昼夜不能无者",且其"生长"亦顺乎"天道"的客观事实,但却强调彼此在种族("夷狄固自为类")、文明程度("夷狄非有诗书之教、礼义之习")和习性(夷狄"好则人,怒则兽,其气习素然")之间,乃"天地为之区别"。故而,"四夷非可以中国概论","圣人亦不以中国治之"。于是,宣扬一种中国安治而后边圉巩固,"严守备使不为中国患而已"的观念。他说:"夷狄为患,必乘中国之弊。使朝廷之上,君臣同德,法度昭明,中国安,兵食足,边圉固,彼虽桀骜,何患之能为是。故能安中国者,未有不能驭夷者也。"又谓:"驭夷之道,守备为上。《春秋》之法,来者不拒,去者不追。盖来则怀之恩,畔而去者,不穷追之,诚虑耗弊中国者大也。"因而,"国家置边圉,简将帅,励兵甲,严守备,使不能为中国患而已。"②从此,明宣宗这番领悟儒家大义,遵从祖宗遗制,总结当代教训,弥漫着内敛和保守气息的诫谕,遂成为明朝处理夷夏关系的指导思想。

第二,明代保守的夷夏观,通过承继宋朝剔除辽金元的正统论,而得到集中的体现。

最初,洪武君臣对元朝的正统地位,无论从情感的顾惜还是"崇德报功"的理念来看,均持相当赞许的态度。前者如《与元幼主书》称:"君之祖宗,有天下者一百余年,养育之久,生齿之繁,以此恩此德观之,未必至于便终,此亦天理之常也。"③后者如宋讷受诏撰写的《赐建历代帝王庙碑》文,居然以遵从"皇上敦名实、重理道、崇德报公"为由,斥秦晋及隋"黜而不与"庙堂,而元朝则跻身三皇五帝的正统序列,"列像于庭,

---

① 《明太宗实录》卷二七三。
② 《明宣宗实录》卷三八。
③ 《洪武御制全书》,第 76 页。

金玉其相,衮冕焜煌",供人朝拜。宋讷就此写道:"正名定统,肇自三皇,继以五帝,曰三王曰两汉曰唐曰宋曰元。受命代兴,或禅或继,功相比,德相侔。"又谓:"皇帝王之继作,汉唐宋之迭兴,以至于元。皆通混一寰宇,绍正大统,以承天休而为民极。"①朱元璋君臣的情感和识见由此可见一斑。

然而,洪武君臣对元朝正统地位毫不迟疑的肯定,却随着理学传承的深入和民族矛盾的激化发生了变化。明朝是程朱理学独尊的时期。被推许为"程朱复出"、"千秋正学",并慷慨赴死名垂青史的方孝孺,正是固执道德仁义之矩矱,率先从理论上对元朝正统地位提出强烈质疑的理学家。在所著《释统》(上中下)和《后正统论》诸篇中,方孝孺从批判"以全有天下,号令行乎海内者为正统"的传统观念入手,甚至认为朱熹《通鉴纲目》将周秦汉晋隋唐皆定为正统的看法也存在瑕疵,指出:"苟如是,则仁者徒仁(指周汉唐),暴者徒暴(指秦隋),以正为正,又以非正为正也(指晋),而可乎!"接着,申述自己的主张。"吾之说则不然。所贵乎为君者,岂谓其有天下哉。以其建道德之中,立仁义之极,操政教之原,有以过乎天下也。有以过乎天下,斯可以为正统。不然,非其所据而据之。"

从这种仁义道德高于据有天下的基本立场出发,方孝孺明确规定:"有天下而不可比于正统者三,篡臣也,贼后也,夷狄也。"就夷狄纵有天下而不得为正统,方孝孺提出了三大理由。首先,"华夷之分不可废"。强调因人伦礼教的区别,"故先王以禽兽畜之(夷狄),不与中国之人齿。苟举而加诸中国之民之上,是率天下为禽兽也。"其次,"夷狄恶其乱华"。试问,"苟以夷狄之主而进之于中国,则无厌之虏何以惩畏,安知其不复为中国害乎!"反之,"使夷狄知大义之严,正统之不可以非类得,以消弭其侥觊之心。"再次,"夷狄之不可为统"本乎儒家先圣的教诲。作者引述《尚书》《诗》《孟子》《周礼》等经典后,写道:"然则进夷狄而不

---

① 宋讷:《西隐集》卷七;参见张兆裕:《明代的华夷之辨》,载《第九届明史国际学术讨论会论文集》,厦门大学出版社 2003 年版,第 272—274 页。

第六章 "夷夏之辨"的思想渊源、历史演变及其在明季遭遇的冲击

攘,又从而助之者,其不仁亦甚矣……学圣人之学,治先王之道,而昧乎此,又何足论哉!"

如此煞费苦心的立论和铺陈,均指向同一主题,即属于夷狄的元朝不当为中国之正统。可是,当需要直接表述命题时,方孝孺却欲言又止。只是强调不应随时俗的好恶,而须站在"百世不易之道"的高度,来看待元朝的夷狄属性。他说:"苟亦随俗之好恶,待时而重轻,岂足以为圣人哉……至于元百年之间,四海之内,起居饮食,声音器用,皆化而同之。斯民长子育孙,于其土地习熟已久,以为当尔。昔既为其民矣,而斥之以为夷狄,岂不骇俗而惊世哉。然顾嫌者乃一时之私,非百世不易之道也。"①

这组大致写作于洪武中期的论文,②虽因世俗忌讳未能畅所欲言,其论点也不无可议之处,然他那祖述孔孟、绍续宋儒而针砭时弊的精神却熠熠生辉。方孝孺自称:"吾闻道之在人,不以古今而有二",以示其信守孔孟矩矱之坚贞。而所谓"华夷之分不可废"的根据,与宋儒石介《中国论》同出一辙。至于评判王朝正统,在仁义道德与据有天下孰重孰轻的问题上,方孝孺似乎较欧阳修更为偏激。如果将方孝孺的正统论跟前述洪武君臣肯定元朝所谓天理天授、恩德在人和混一寰宇的主流舆论相对照,方氏那不屈从权威,不随世俗沉浮的胆识和正气,令人肃然起敬。

方孝孺揭橥夷狄不得为正统的理论,虽在当时遭人訾议、讥笑乃至"阴诋诟之",却助长了后世掀起的借重修《宋史》,申明"天下之大防"和"《春秋》外夷狄之义"的浪潮。

最早表示重修《宋史》意向者,可能是洪武后期著名才子解缙。当他奉明太祖谕令回乡著述期间,以"《元史》舛误,承命改修,及踵成《宋书》,删定《礼经》,凡例皆已留中。"③由修订《元史》而踵成《宋书》,这不

---

① 以上凡未注明出处者,均引自方孝孺:《逊志斋集》卷二,《释统》上、中、下,《后正统论》。
② 方氏在后记中称,该论文曾得乃师宋濂和胡翰赏识。据查,宋、胡二人同殁于洪武十四年(公元1381年),可知论文当撰于此前不久。
③ 《明史》卷一四七,解缙传。

只是史事的追溯,更关系史统的驳正。原来解缙的季祖父伯中与同里周以立,曾任职于前述元末至正史馆,并先后上书力争元当继宋统,而不应宋辽金三史并列。认为非如此不足以宣扬"圣贤经世立法,正以存天下之大防"的深意。因奏议不合时宜,二人愤然辞职而去。解缙就此赞叹道:"是虽一时废不用,万世之下,虽与日月争光可也。"①揆度解缙将已"踵成《宋书》"同承命改订的《元史》一并上呈,颇有借助朝廷重定正统谱系,以酬先人未竟之业的意愿。

与此相联系,永乐年间解缙奉诏遴选青年才俊"读书文渊阁",特拔擢周以立的后人周述列名其中,以寓同气相携相求的效应。后周述果然于英宗朝上疏,"请删修《宋史》,以毕先(祖之)志。"②奏章称:"窃观宋辽金三史成于前元至正间,当时秉国大臣皆辽金族类,不以正统归宋,遂分裂为三,而以辽金加于宋首,不惬人心,不协公论……至今越百年,凡有志史学正纲常者,未尝不掩卷愤叹也。"③于是,周述获英宗准允,得"自修"宋史。

虽然明代重修《宋史》的动议,最初来自于解缙、周述等元末史馆中持异议者的几个后人,但因此而形成潮流,则跟持续激化的民族矛盾有关。据学者研究,"土木之变后,民族情绪高涨,华夷之辨盛行一时。明人改编《宋史》之风,始于正统而盛于嘉靖,与当时民族矛盾的激化显然有非常密切的关系。"④前者正统间土木兵败,蒙古瓦剌俘掳明英宗北去。后者嘉靖间蒙古俺答大举入侵,肆掠京畿围困都城。就是在此同北方蒙古争斗日趋炽烈的形势下,通过改修《宋史》以贬抑夷族历史而重塑华夏王朝的正统地位,不啻为"明代士人华夷观念的一种表达方式和一个宣泄渠道"。⑤

在明人修成的几种《宋史》中,以王洙《宋史质》和柯维骐《宋史新

---

① 解缙:《元乡贡进士周君墓表》,载叶盛:《水东日记》卷二四,《正统辨》;又见解缙:《解学士全集》卷八,墓表,《元乡贡进士周君》。
② 《明史》卷一五二,周述传;查继佐:《罪惟录》卷一三,谏议诸臣列传上,周叙传。
③ 《明英宗实录》卷一六五。
④ 刘浦江:《德运之争与辽金王朝的正统性问题》,《中国社会科学》2004年第2期。
⑤ 同上。

编》影响最大,亦最能反映明人的正统观念。《宋史新编·凡例》称:"宋接帝王正统,契丹、女真相继起西北……均为边夷。""今会三史为一,而以宋为正";辽、金"附载本纪","列于外国","庶几《春秋》外夷狄之义"。《宋史质》以辽金入《夷服》,其《叙略》曰:"先王严五服之制,所以谨华夷之辨也……元人合辽、金、宋为三史,且以外国名,非制也,兹黜之。"《四库全书》馆臣就此评论道,该书"大旨,欲以明继宋,非惟辽、金两朝皆列于外国,即元一代年号亦尽削之。而于宋益王之末,即以明太祖之高祖追称德祖元皇帝者承宋统。"[1]经此一番曲笔,元朝遂被剔除于正统系列之外。

凡此种种,明中叶以前,随着理学传承的深入和民族矛盾的激化,明代士人以竞相编纂《宋史》,作为表达和宣泄华夷观念的重要形式。其目的不仅说明某一北族王朝(辽、金或元)不能为中国正统,而且从儒家经典、夷夏区分和乱华危害等多方举证,凡夷狄纵有天下终不得为正统。这种对北族王朝沦肌浃髓的蔑视,及其武断、绝对的思维方式,正是保守的夷夏观的典型表现。

第三,明代夷夏观整体综合的特征,透过明中叶丘浚《大学衍义补·驭夷狄》的编纂,而收总结历史经验教训的功效。

历仕景泰、天顺、成化、弘治四朝而跻至内阁大学士高位的丘浚,"以(宋)真德秀《大学衍义》于治国平天下条目未具,乃博采群书补之",[2]题名《大学衍义补》,辟13条目,凡160卷。其中,《驭夷狄》条目包括8个子目,14卷(从卷一四三至卷一五六),超过12万字。

大致看来,《驭夷狄》诸篇所呈现的特点,首先在于,它是有关古代文献较为完备的汇编,同时也是历代"夷夏之辨"论述的系统总结。虽然"夷夏之辨"的思想和实践,贯串于中国古代社会的始终,但足以勾勒全貌或反映其变迁的典籍却零散阙略。先秦诸子的思想言简意赅地散布于诸多文献,若不细心勾稽、比对和贯通,实无从窥其崖略。而汉唐

---

[1] 刘浦江:《德运之争与辽金王朝的正统性问题》,《中国社会科学》2004年第2期。
[2] 《明史》卷一八一,丘浚传。

思想的延续与精华,则大多淹没于君王诏谕和群臣奏议的瀚海之中,往往有沙里淘金,顾此失彼,难以求全兼备之叹。宋朝石介《中国论》、欧阳修《正统论》和胡安国《春秋传》等专论篇章的出现,表明国人对"夷夏之辨"思想的认识有了质的飞跃,却又剑走偏锋,固执一端,未能全面体现孔孟原典的精神。明朝建立以来,夷夏观的整体性综合的趋向及其指导下卓有成效的实践,为丘浚采集和汇编历史上"夷夏之辨"的文献,并在此基础上,对其源流和衍变进行系统的总结,提供了难得的机遇。

有鉴如此,丘浚自述《大学衍义补》,"因采《六经》、诸史、百氏之言,汇辑十年,仅成此书"。①《四库全书》馆臣亦认为:"浚博综旁搜,以补所未备……故所条列,元元本本,贯串古今,亦复具有根柢。"②这种综博汇辑、元元本本的特色,证之《驭夷狄》诸篇,殆非虚语。大致上穷先秦儒家典籍及其注疏,中及秦汉魏晋唐宋史迹、贤君诏谕、名臣奏疏和政策应对,下迄《皇明祖训》、《大明一统志》的官方记录;内而中国历代夷夏观的变化,外则北狄、西域乃至朝鲜、日本的状况,莫不一一罗列其中。总计徵引前人的论述374条,作者相应评论223条,《驭夷狄》文献的集大成性质于此而彰明较著。

非特止此,透过对《驭夷狄》子目的剖析,亦可见历代"夷夏之辨"涉及的范畴及其基本内容。(一)《内夏外夷之限》。指出梗阻人君之治者,其大在蛮夷,必使外而蛮夷,不敢乱吾华夏之地。故严华夷之辨,乃万世王中国者所当鉴戒。而辨之者,所以防之也。于是,从地理、族类和风俗等方面揭示华夷的区分,以及在夷夏对峙与夷夏杂居态势下,历代应对的策略。(二)《慎德怀远之道,译言待宾之礼》。前者谓,王者驭夷狄,以自治为上策,华风既盛,夷心自然归仰,即或远人不服,则修文德以来之。后者则陈述历代接待外夷朝贡的礼仪,及译言馆舍制度。(三)《征讨绥和之义》。检讨征伐绥靖的义蕴,归结

---

① 丘浚:《大学衍义补序》,载蓝田玉等校点,《大学衍义补》第一册,中州古籍出版社1995年版。

② 《四库全书总目》卷九三,子部,儒家类三,上册,第790—791页。

为,古今制驭夷狄之道,不出乎战、守、和三者,然其要归,止于守吾之封疆而已。是三者之中,则又以守为本。(四)《修攘制御之策》。中国帝王攘外安内之上策,无出于唐代陆贽所陈四条,即设险以固军,训师以待寇,来则薄伐以遏其深入,去则攘斥而戒于远追。(五)《守边固圉之略》。在御戎狄之道以守备为本的战略思想指导下,追溯修筑长城的沿革,边塞烽燧墩台制度,并探究明朝边防得失。(六)《列屯遣戍之制》。综述历代遣军、徙民赴边及屯戍防边制度。(七)《四方夷落之情》。追述历史上南蛮(三苗、南越等)、北狄(匈奴、突厥、回鹘、契丹、女真、蒙古)、西域和朝鲜、日本等国的地理分布、性情习俗及其统属、剿抚、应对的办法。(八)《劫诱穷黩之失》。中国之所以取胜于夷狄,不独以威,盖亦有道。华夷各止其所,而天下安。彼戎夷越疆界而犯我内地,奉天命以行天讨,是为王者之师。彼处其域中,而我兴师出境,出其不意无备而袭之,则曲在我。更毋论汉武帝意广欲多,穷兵黩武之举。

至此,丘浚第一次将历史上有关"夷夏之辨"的杂乱无章的论述,经过认真的梳理和区分,创造性地归纳为八个基本范畴。而这基本的范畴,既包括传统的思想观念,亦涵盖王朝推行的具体政策。人们不仅能从中追溯"夷夏之辨"的缘起和根据,而且可索求它在后世的发展演变,以及历代政策的成败得失。于是,《驭夷狄》的系统总结的功能,已灿然明备。

与此相联系,《驭夷狄》呈现的另一重要特点,即在于充分彰显历史上"夷夏之辨"的仁道和保守的性质。上述基本范畴,大致可分为三个层次。《内夏外夷之限》和《四方夷落之情》为第一层次。旨在论证严"华夷之辨"的缘由,而辨之目的在于防范,这已触及其实质。《慎德怀远之道,译言待宾之礼》与《劫诱穷黩之失》属第二层次。强调修文德以徕远人,訾议穷兵黩武的举措,仁道之意蕴已深寓其中。《征讨绥和之义》《修攘制御之策》《守边固圉之略》和《列屯遣戍之制》系第三层次。这半数子目所揭发的御敌策略、意义和制度,无非是凸显以固守封疆为本的战略思想及其实践。经此一番阐释,历代夷夏观固有的仁道和保守的实质,已深切著名。①

由于《大学衍义补》博综旁搜、贯通古今,且其中《驭夷狄》系统总结的意蕴十分突出,故该书深中帝王"治国平天下"之肯綮,自问世以来,颇得明清统治者的重视和褒扬。如明孝宗以此书"有补于政治",命"发福建布政司著书坊刊行"。明神宗不仅复令梓行,还"亲为制序,盖皆甚重其书"。至清朝,顺治皇帝"敕是书颁行庠序",并作为乡会试命题的内容,"成为各地生员考科举必读的参考书,大大地扩大了读者范围"。② 可见内含《驭夷狄》的《大学衍义补》的显赫地位及其深远影响。

一言以蔽之,明代夷夏观整体的综合和保守内敛的特征,奠基于明初帝王对经验教训的认真反思及儒家经典的学以致用。它既是孔孟原典精神较为完备的表述,亦是面对劲敌采取防御战略的现实需要。在发展过程中,以剔除辽金元的正统论的传扬及丘浚《大学衍义补·驭夷狄》的编纂,标志着明代夷夏观的日臻完善,更预示在欧亚大陆农耕文明与游牧文明长期对峙模式中,反映中原汉族帝国同北族王朝错综复杂关系的"夷夏之辨"观念,亦步入历史上系统总结的时期。

第三节 传统"夷夏之辨"在明季遭遇的冲击

纵观"夷夏之辨"的历史,便不难发现,它是中国的统一、中华民族的融合和农耕文明的延续过程中的产物,并给它们的发展以巨大影响的深层次的思想意识。当它从文明的沦丧和人类毁灭的高度阐释"夷夏之辨"时,具有保卫华夏文明生存与进步的积极意义;当它指责被发文身、衣毛穴居的风俗,强调划分夷夏之间界限时,旨在防微杜渐落后的文化习俗对先进的华夏文明的侵蚀和破坏;当它申述华风既盛,夷心自然归仰,远人不服则修文德以来之时,则对优秀文明更化和改造低劣

---

① 以上引文均见丘浚:《大学衍义补·驭夷狄》,载蓝田玉校点本第五册。
② 引自李龙潜:《〈大学衍义补〉序》,同上书,第一册。

第六章 "夷夏之辨"的思想渊源、历史演变及其在明季遭遇的冲击 447

文明充满信心。正是这种维护与宣扬优秀华夏文明的特质和内涵,使它成为中原大地上推动夷汉政权由分裂走向统一的强大的精神力量。无论是秦汉和明朝大规模修筑长城,彰显的内敛与保守的倾向;还是唐朝接纳突厥降众,体现的宽容和同化的功能;抑或宋朝反对偏安收复失地,所激发的国家和民族意识,凡此表明,"夷夏之辨"已形成历代汉族帝国应对北部威胁的政策导向。

与此同时,所谓"渗透"型和"征服"型北族王朝,无不在实行"汉化"性质的社会改革中,或者急欲将本族人从原先夷狄族群中分离出来,认同中国之民;或者效法汉高、光武,以逐鹿中原重振儒学而自诩;或者对孔孟坚称的夷夏地理、种族界限表示不满,却对其以文明进退高下衡量中国统治者的标准心悦诚服;或者标榜重塑诸夏、再造中华,突出北族王朝的殊功伟业,但又不得不祖述儒家经典和传统,既作为建国号纪元的根据,亦表示继承汉朝王朝的正统地位。诸如此类,尽管不同时期北族王朝的表现有所差别,然而,它们对于"莅中国而抚四夷"的孔孟夷夏观的核心,则始终如一的尊崇并力图加以贯彻执行。

至于"夷夏之辨"在中华民族形成和壮大过程中的作用,不仅表现在先秦时代它是推动华夏融合夷狄形成汉族的因素之一,更反映在秦汉之际夷汉的严阵对立,魏晋以后夷汉的大规模杂居,以及宋辽金元间夷汉政权对峙的漫长历史时期,通过不断展现高度发达的汉族文明,突出夷汉的理念和宽容的政策,使"用夏变夷"犹如磁石一般,具有不可抗拒的吸引力。与此相适应,为追逐和企图攫取高度发达文明成果的周边游牧部落,在它们深入中原同汉族长期共存频繁交往中,不能不受到强势礼制文化的熏陶,及儒家思想的潜移默化,"变夷从夏"亦成为不可阻挡的趋势。正是在这"用夏变夷"的吸引和"变夷从夏"的向往中,华夷民族逐渐融合同化,中华民族从此崛起壮大。由此可见,在促进中国统一和中华民族融合过程中,从来没有哪种观念像"夷夏之辨"一样,发挥过如此巨大的凝聚力与向心力的作用。

当我们充分肯定"夷夏之辨"历史作用的同时,亦不应忽视其消极影响。由于它始终站在睥睨天下的中央之国,以及至尊至美的华夏文明的立场,用歧视的目光甚至侮辱性语言,来看待和议论其他民族的文化习俗,并以一种居高临下恩赐于人的心态,推动先进文明对落后文明的更化和改造。因此,这种国家、民族和文明的优越感亦呈现一定的局限性。如任其膨胀或陷入僵化,那对内势必固步自封、不思进取;对外则妄自尊大、藐视一切。前述存有民族"文化本位"的辽金元统治者,对于传统夷夏观的质疑和抗议;承担系统总结历史的明人丘浚《驭夷狄》诸篇,竟然只记录历代汉族王朝君臣的议论及对策,而将北族王朝对此的适应、遵从和发挥排除在外,皆从不同的方面,揭示了传统夷夏观的狭隘性。

毋庸置疑,传统的夷夏观纵然带有明显的缺陷,却仍能在中国古代社会发挥如此积极的作用,归根到底,就在于它所依托的基础,即农耕生产方式及其文明形态,较之游牧生产方式和文化习俗,具有无法比拟的先进性和优越感。这种粗精文野之间的悬殊差别,正是塞外北族觊觎并移居中原,通过汉化融入中华民族,以及北族政权由分裂走向全国统一的基本动力,也是传统夷夏观安身立命的根基之所在。如果随着历史的发展,原先夷夏关系存续的条件和对象发生变化,特别是新型夷夏关系赖以建立的物资基础,再也不是过去那种具有悬殊差别的文明形态,那么,传统的夷夏观自然会呈现另一番景象,其固有的狭隘性和保守性,势必得到充分的暴露。明朝末年,在由世界地理大发现所推动的中西文化交流的新时期中,其情形便是如此。

以1492年(明弘治五年)哥伦布发现美洲,1498年(明弘治十一年)达·伽马开辟通往东方的新航路,以及1519年(明正德十四年)麦哲伦环球航行为标志的"地理大发现",在世界历史上引起的深刻变化,主要表现在人们的物质生产和精神生活逐渐摆脱闭关自守的状态,超越民族和地域的限制,而日益具有世界性。"由于开拓了世界市场,使一切国家的生产和消费都成为世界性的了……过去那种地方的和民族的自给自足和闭关自守状态,被各民族的各方面的互相往来和各方面的互相依赖所代替了。物质的生产是如此,精神的生产也是如此。各民族的精神产品成了公共的财产。"① 自明朝万历以后,以西方传教士为媒介的中西文化交流活动,正是上述历史趋势和时代精神的突出表现。它大致具有如下一些特征。其一,这是中西文化间第一次较大规模的实质性接触。交流的媒介即来华耶稣会士,具有较高的教育水平和文化素质,他们是作为西方一种完整文化的不自觉的载体,而同中国知识阶层进行广泛的交往。其二,这是两大文化体系以和平的方式,在较为平等的氛围中的交流。其三,这种文化交流始终是跟世界历史的近代化进程紧密联系在一起,并有力地促进了欧洲和中国的社会变革。②

需要指出的是,诸如平等地位的确立,彼此的实质性交流,及其促进社会变革的功能,皆建立在中国与西方大体相近的生产发展水平,以及同样发达的文明形态的基础之上。正如稍后德国启蒙思想家莱布尼茨(Eibniz)所总结的那样:"中国这一文明古国与欧洲相比……在许多方面,他们与我们不分轩轾,在几乎是'对等的较量'中,我们时而超过他们,时而为他们所超过。以下集中对其两者的主要方面作一比较:在日常生活以及经验地应付自然的技能方面,我们是不分伯仲的。我们双方各自都具备通过相互交流使对方受益的技能;在思考的缜密和理性的思辨方面,显然我们要略胜一筹……那么在实践哲学方面,即在生活与人类实际方面的伦理以及治国学说方面,我们实在是相形见绌了。"③

显而易见,在明末展开的中西文化交流的新时期,无论就夷夏关系的对象(西方传教士取代中国境内的北族统治者),依托的文明形态(难分伯仲的东西方高度发达的文明代替先进与落后迥然有别的农耕游牧文明),还是存续的条件(在交流中互补互利嬗替先进对落后的更化)和社会功能(增进北族社会汉化进程转变为促进东西方社会变革),跟传

---

① 《马克思恩格斯选集》,人民出版社1972年版,第1卷,第254—255页。
② 参见拙著《明清之际中西文化交流史——明:调适与会通》序言。
③ 莱布尼茨:《〈中国近事〉序言》(1697年),载夏瑞春编,陈爱政等译:《德国思想家论中国》,江苏人民出版社1995年版,第4—5页。

统的夷夏关系相比较,性质上已发生重大的变化。在这种新形势下,传统的夷夏观自然会因为人们不同的抉择而趋于分化。一种倾向是,凡对西学持排拒立场的人士,无不将"夷夏之辨"视为维护华夏文明和传统制度的精神支柱,讨伐夷人异教的思想武器。另一种倾向则是,对西学持开放态度的士人,从最初利用古代圣贤有关夷夏的言论,作为表彰西学的依据,进而采取"域外之观"的立场,批评传统夷夏观的狭隘,提出新的评判夷夏的标准。

具有保守倾向的人士,申斥天教西学罪责时,大多集中在三个方面。第一,指控传教士盘踞各地散布流言,蛊惑民众交结缙绅,欲争夺中国君师两大权,变乱民间风俗,故儒学天教绝不相侔,而辟教之举居功甚伟。

反教人士揭露,传教士已分布南北直隶及各省地方。如在南京亦"聚有徒众,营有室庐……其类实繁,其说浸淫人心,即士君子亦有向之者。"[1]福建则"钝汉逐队皈依,深可痛惜。更有聪明者素称人杰,乃深惑其说,坚为护卫,煽动风土,更为大患。"[2]至于浙江"互相交结,即中国之缙绅章缝,折节相从,数千里外,问候不绝。"[3]随着基督教势力在各地日渐膨胀,其不轨意图亦愈益暴露。如"自称其国曰大西洋,自名其教曰天主教",以此同"大明"国号和中国"天子"相颉顽,足见其"未有以尊中国大一统"。[4] 又如其书"极诋中国亲死追荐之非,既从天主便生天堂,春秋祭祀,俱属非礼,是则借夷教以乱圣道,真为名教罪人。"[5]再"公然欲以彼国之邪教、移我华夏之民风,是敢以夷变夏者也。"如宣扬"一国而二主"(教化皇帝与治世皇帝)和"一夫一妇"制度,是"敢以彼国二主之夷风,乱我国一君之治统";"敢以彼国一色之夷风,乱我国至尊之大典"![6] 通过此类危害中国大一统、圣道名教及民俗民风言行的

---

[1] 徐昌治订:《圣朝破邪集》,夏瑰琦校注本,香港宣道出版社1996年版,卷一,沈㴶:《参远夷疏》。
[2] 《圣朝破邪集》卷三,黄贞:《请颜壮其先生辟天主教书》。
[3] 同上书,卷四,许大受:《圣朝佐辟》。
[4] 同上书,卷一,沈㴶:《参远夷疏》。
[5] 同上书,卷二,《福建巡海道告示》。
[6] 《圣朝破邪集》卷五,张广湉:《辟邪摘要略议》。

揭发,反教人士断言:"利玛窦辈相继源源而来中华也,乃举国合谋欲用夷变夏,而括吾中国君师两大权耳。"①又曰:"斯其心其势,不举我中国君师两大权,尽归之耶稣会里,大明一统之天下,尽化为妖狐一窟穴不止也。"②至此,他们坚称,儒学天教誓不两立,绝无共同之处。所谓"夷妖混儒之言天,言上帝……而我华人,以夷之天主耶稣,为合吾儒之经书帝天者,何异以鸟空鼠,即为合凤凰之音也与!"③在如此同仇敌忾氛围中,反教人士对万历四十四年(1616年)镇压基督教的"南京教案",莫不拊掌称庆,盛赞挑起事端的沈㴶,"驱裔夷之敢为异说,所为统一圣真,尊荣国体,其虑尤长,其论尤伟"。④

第二,指责西方天文、地理诸学,颠覆中国天人感应、居世界中央等传统观念,且祖宗钦定历法至为精良,故传教士私习天文图谋修历,乃千古未闻之大逆。

由于利玛窦等来华耶稣会士推行"以学术收揽人心"的传教策略,⑤着意传播西方"在思考的缜密和理性的思辩方面""略胜一筹"的科学技术成果,如数学、天文、地理、水利等学说。于是,西学在民间不胫而走,流传日广。"到了明末,所谓泰西文明便普遍地成了士大夫中间时髦的学问。"⑥传教士并奉诏谕参与了修订已错谬迭出的明朝历法。对此被视为悖逆中国相传纲维统纪之行径,反教人士痛心疾首,相率予以挞伐。

首先,訾议者指出,"从来治历,必本于言天,言天者必有定体。"这个"定体"便是相沿已久的天人感应:"以天体之运有恒……犹人君之有政事也。"西学则揭示,"诸天"与"地心",天体"七政"(日月五星)之间,各有不同的"处所"和"行度"。在反教者看来,这种纯粹寻求自然规律

---

① 《圣朝破邪集》卷三,黄贞:《尊儒亟镜叙》。
② 同上书,卷三,王朝式:《罪言》。
③ 同上书,卷三,黄贞:《尊儒亟镜叙》。
④ 顾起元:《嬾真草堂集》卷八,《南少宗伯铭缜沈公考绩序》。
⑤ 费赖之著,冯承钧译:《在华耶稣会士列传及书目》,中华书局1995年版,上册,第32页。
⑥ 侯外庐:《中国早期启蒙思想史》,人民出版社1956年版,第28页。

从而颠覆天人感应的"诞妄不经"之论,"是举尧舜以来中国相传纲维统纪之最大者,而欲变乱之"。① 又如利玛窦依据西方天文地理观测绘制的《舆地全图》,并未将中国置于全图之正中,且图形画得如此蕞尔狭小,更令反教者气急败坏,遂旁征博引中国古代典籍予以反驳。抨击道:"焉得谓中国如此蕞尔,而居于图之近北,其肆谈无忌若此……因杜撰以欺世人耳。""真所谓画工之画鬼魅也。"②

反教者对西方历算地理之学,持如此敌视的态度,除维护传统观念之外,还固执地认为,已弊窦丛生的明朝历法仍至臻完美,不容修订和变革。如论者缕列自汉武帝太初年间以来历代所修46种历法,归结为:"我朝《大统历法》,莫不参证斟酌无移。再考授时,测定闰应,颁《大统历》行于天下,万世遵法……夫我明《大统历》兼参诸历之长,行之万世无弊。"③有鉴如此,"《大明律》有私习天文之禁,正谓《大统历法》为万世不刊之典。惟恐后世有奸宄之徒,威侮五行,遁天倍法者,创为邪说,以淆乱之也,故预严其防耳。"④既然明朝历法兼备诸家所长而无弊,当为万世不刊之典;既然明朝律令严防后世创为邪说,淆乱祖宗钦定之成历,那么"狡夷突来,明犯我禁,私藏另造浑天仪等器",⑤"即欲改移历法,此其变乱治统,觎图神器,极古今之大妄"。⑥ 于是,挞伐之声不绝。有谓:"何物妖夷,敢以彼国末技之夷风,乱我国天府之禁令!"⑦有称:"行私历攘瑞应谋不轨,为千古未闻之大逆。"⑧

第三,极端偏激之士更危言耸听,声称尽将中国变为夷狄的天主教及其从教者,只宜视如禽兽,并信誓旦旦,为驱逐夷教而至死不渝。

这些人士对于上述天教西学的传播及其对传统礼教的侵蚀衔恨次

---

① 《圣朝破邪集》卷一,沈㴋:《参远夷疏》。
② 同上书,卷三,魏浚:《利说荒唐惑世》。
③ 同上书,卷六,谢宫花:《历法论》。
④ 同上书,卷二,《拿获邪党后告示》。
⑤ 同上。
⑥ 同上书,卷六,林启陆:《诛夷论略》。
⑦ 同上书,卷五,张广湉:《辟邪摘要略议》。
⑧ 同上书,卷四,许大受:《圣朝佐辟》。

第六章 "夷夏之辨"的思想渊源、历史演变及其在明季遭遇的冲击   453

骨,一再借重孟子的言论予以鞭笞。如说:"孟子待横逆妄人,以为与禽兽奚择,于禽兽何难?"作者遂由此引申:"视天主教与从其教者,只视如禽兽,不当待以夷狄之礼。何则? 夷狄犹靦然人也,而诸君子犹鳃鳃焉引圣贤与之析是非,此不亦待之过厚,与佛慈悲等,而非吾孟子所以自处乎!"随即再引证孟子声讨"杨墨之道,无父无君是禽兽,而率兽食人"的名言,指出:"以禽兽视天主教与从其教者,诚非刻(薄)而可以佐天香(黄贞倡导)辟邪之本心矣。"① 可见如此危言耸听,诅咒从教者为夷狄不如的禽兽,其用意犹在辟扑而根绝异教。为宣示根绝异教的决心,反教人士信誓旦旦,既不与夷教并立于世界,更不惜性命奋勇而驱除。前者谓:"苟中华相率而为夷……予小子惟有赴东海而死耳,岂肯处夷世界以求活也哉!"② 后者称:"夫堂堂中国,岂让四夷,祖宗养士,又非一日,如能为圣人、为天子吐气,即死奚辞!"③ 更曰:"夷之教一日不息,夷之书一日不焚,吾辈犹枕戈也。敢惜躯命而不奋勇为前矛者,非夫矣。"④

  透过上述疾言厉色的愤怒的讨伐声,人们不难查考到掀起这阵阵声浪的思想资源,即"夷夏之辨"的传统、保守的明朝诏令和消极的历史教训。首先,儒家经典尤其是孟子训诫中,那种歧视夷狄,只许华夏更化夷俗,不容夷俗补益华夏文明的所谓"吾闻用夏变夷者,未闻变于夷者"之论,已经成为抗拒西学传播最锐利的思想武器。不仅前述反教激进人士奉为至宝,而且明朝政府亦据为金科玉律。如南京礼部行文称:"窃炤夷夏之防自古严之,故'用夏变夷,未闻变于夷者',孟轲氏言之确矣……职等伏念此辈(指来华传教士)左道惑众,止于鼓铎摇铃,倡夷狄之道于中国,是《书》所称"蛮夷猾夏者也'。……但其各省盘据,果尔出神没鬼,透中国之情形于海外,是《书》所称'寇贼奸宄者也'。"⑤ 可见传

---

① 《圣朝破邪集》卷三,周之夔:《破邪集序》。
② 同上书,卷三,黄贞:《尊儒亟镜叙》。
③ 同上书,卷四,许大受:《圣朝佐辟自叙》。
④ 同上书,卷五,虞淳熙:《第一篇明天体以破利夷僭天罔世》。
⑤ 《圣朝破邪集》卷一,吴尔成:《会审王丰肃等犯案》。

统夷夏观中的消极因素,正是明末朝野内外排斥异己、不思进取的精神支柱。

其次,具有保守色彩的明朝诏令,亦是反教人士有恃无恐的依据。如引证曰:"以太祖高皇帝长驾远驭,九流率职,四夷来王,而犹谆谆于夷夏之防。载诸《祖训》及《会典》等书……正以山川自有封域,而彼疆我理,截然各止其所。"①此外,"《大明律》有私习天文之禁",旨在防范后世改易或淆乱历法。无奈颁行二百余年的《大统历》已与天象错讹难符,不得已准允传教士参与修历。不过,参照西方科技成果编纂的《崇祯历书》,因为保守人士群起攻击,而终明之世迄未颁布实行。承明朝律令支撑的守旧势力的强大,由此可见一斑。

再次,历代夷狄叛乱的惨痛教训,更是反教人士挥之不去的历史记忆。如论者视万历间参奏并驱逐传教士的举措,犹同于历史上五胡乱华前的形势。"昔贾谊痛哭于庶孽,江统著论于徙戎,当时若能听其言,则七国之衅必可逆销,五胡之乱何至横决哉。"②因此,须"预察其端而力防其渐",以免重蹈历史覆辙。如"刘渊入太学,名士皆让其学识,然而寇晋者刘渊也。王夷甫识石勒,张九龄阻安禄山,其言不行,竟为千古永恨。有忠君爱国之志者,宁忍不警惕于此……贻将来莫大之祸乎!"③有人甚至认为,天主教入中邦的危害,"五胡之祸未堪匹此"。④如"五胡杀乱主,而彼(夷)直杀圣师及古圣帝;五胡偶乱华,而彼直举从来之中华,以永逊于彼夷之下。"⑤然而,最能反映"夷夏之辨"传统与明末驱除夷人异教乃一脉相承者,莫过于掀起"南京教案"的沈㴶其人。他之所以张扬明朝诏令的保守色彩,痛陈五胡乱华的历史炯鉴,皆源自于其所固执的"夷夏之辨"的思想传统。早在翰林院任职时,沈㴶在进呈校刊史书的奏疏中称:"臣㴶校刊《辽史》、《金史》今皆竣工……装辑

---

① 《圣朝破邪集》卷一,沈㴶:《参远夷疏》。
② 同上书,卷一,陈懿典:《南宫署牍序》。
③ 同上书,卷一,沈㴶:《参远夷疏》。
④ 同上书,卷三,黄贞:《破邪集自序》。
⑤ 同上书,卷四,许大受:《圣朝佐辟》。

第六章 "夷夏之辨"的思想渊源、历史演变及其在明季遭遇的冲击

成帙具本进呈者。臣闻天下所限者华夷,世之所维者纲纪,故胡虏无百年之气运,而兴衰亦一代之规模。"① 正是这种根深蒂固的华夷界限为世代纲纪的观念,赋予沈㴶等人以超乎常人的警觉和忧虑,齐声鼓噪"西洋夷人"蓄谋变乱"中国相传纲维统纪",非欲驱除,"不可使其半人半日在我邦内"而后快。② 可证明末反教人士的上述言行,实乃传统的"夷夏之辨"思想的延续和发展。

一般来说,明末"西学东渐"对中国传统社会的冲击,在政治领域,并未对国家政权构成直接的现实的威胁。表现在思想文化领域,则引入了一种既能补盖和强化中国传统价值,亦可侵蚀与削弱其效应的西方价值体系。即使如此,这种冲击和影响,正如明末人士所说,仍处于"方其萌芽窥伺",尚"无扞罔逆迹"的阶段。③ 由是,从新的时代精神和具体的历史环境,来观察沈㴶、黄贞等人那些言过其实的喧嚣,与其说它们是出于现实的迫切需要,倒不如说,更多的是"夷夏之辨"传统引发的超前的忧患意识。纵然这种忧患意识不乏忠君爱国、维护华夏文明的作用,但在夷夏关系的对象和基础已发生变化的形势下,依然抱着原有的歧视夷人的态度,偏执彼此在种族、地理与习俗上的根本区别,强调只许华夏更化夷俗、不容夷俗补益华夏文明的观点,那无论其主观意愿还是客观效果,都有悖于历史发展的潮流,具有抱残守缺、不思进取的保守性质,以致阻碍社会变革和进步的消极作用。

与保守人士食古不化,消极地偏执"夷夏之辨"传统,形成鲜明对照的,对西学持开放态度的士人,则积极地利用、解构和诠释古代圣贤有关夷夏关系的言论,为西学有益于社会进步张目。

这些进步人士对天教西学的赞扬,亦大致涵盖三个方面。

(一)天教儒学心理相同原系一脉,儒学得西学之助而益明,两者交相发明和裨益,则可达到东渐西被六合一家的理想境地。

首倡儒学天教若合契符者,为最早替利玛窦《交友论》撰序的瞿汝

---

① 沈㴶:《尊生馆稿》第三册,《谨奏为奉旨校刊史书恭进御览事》。
② 《圣朝破邪集》卷一,沈㴶:《参远夷疏》;卷三,黄贞:《破邪集自序》。
③ 同上书,卷一,陈懿典:《南宫署牍序》。

夔和冯应京。瞿氏说:"今利公具其弥天之资,匪徒来宾,服习圣化,以我华文,译彼师授,此心此理,若合契符。"①冯氏亦言:"视西泰子(指利氏)迢遥山海,以交友为务,殊有余愧。爰有味乎其论,而益信东海西海,此心此理,同也。"②此论一出,附和者接踵而至。如谓:"尝读其书,往往不类近儒,而与上古素问周髀考工漆园诸编,默相勘印……信哉,东海西海,心同理同,所不同者,特言语文字之际。"③又称:"盖上古之世,非无书史可考,然经秦火之后,古儒真传道统,竟多失落……是以究诸西史,幸神师指示,古经尚存,一一详备其内。果见东海西海,此心此理,同一无二,原同一脉。"④更归结道:"盖由东海西海,心理相同,近天教者莫如儒,故其书之相合者多。"⑤

随着与传教士交游愈久,对"译彼师授"的典籍涉猎日深,倾心西学者并未止步于儒学天教原同一脉、若合契符的认识水平,在异质文化的刺激和比较中,他们敏锐地察觉到中国传统识见的狭隘。如米嘉穗读《西方问答》后感叹道:"学者每称象山先生,东海西海;心同理同之说。然成见作主,旧闻塞胸,凡纪载所不经,辄以诡异目之。抑思宇宙大矣,睹记几何,于瀛海中有中国,于中国中有我一身,以吾一身所偶及之见闻,概千百世无穷尽之见闻,不啻井蛙之一窥,萤光之一焫也。乃沾沾守其师说,而谓六合内外,尽可不论不议,此岂通论乎!"他承认西学究极精微,儒学得西学而益明,说:"天学一教入中国,于吾儒互有同异。然认主归宗,与吾儒知天事天若合符节。至于谈理析教,究极精微,则真有前圣所未知而若可知,前圣所未能而若可能者……予不敏,窃谓吾儒之学,得西学而益明。"⑥与此相类似,毕拱辰通过研读《泰西人身说

---

① 徐宗泽编著:《明清间耶稣会士译著提要》,中华书局1989年版,第344—345页,瞿汝夔:《大西域利公友论序》。
② 徐宗泽编著:《明清间耶稣会士译著提要》,中华书局1989年版,第344页,冯应京:《刻交友论序》。
③ 同上书,第147页,李之藻:《天主实义重刻序》。
④ 同上书,第225页,佚名:《道学家传小引》。
⑤ 李九功:《礼俗明辨》,载钟鸣旦、杜鼎克编辑《耶稣会罗马档案馆明清天主教文献》,第九册,台北利氏学社2002年版,第46页。
⑥ 《明清间耶稣会士译著提要》第300—301页,米嘉穗:《西方答问序》。

概》,亦认为其中原理"持论不诬,而东海西海理相符契矣。""至于精思研究,不作一影响揣度语,则西士独也。"更"著有象纬舆图诸论,探源穷流,实千古来未发之旨,俾我华宗学人。"①

就是在这儒学西学若合契符,而西学开阔视野补益儒学的基础上,如冯应京等人,遂将实现"六合一家"的理想,寄托于东西文化交流之中。冯氏指出:"即如中国圣人之教,西士固未前闻,而其所传乾方先圣之书,吾亦未之前闻,乃兹交相发明,交相裨益。惟是六合一家,心心相印,故东渐西被不爽耳。"②后继者为"盱眙公(冯氏)欲联万国为弟兄,其志伟,其虑远"的精神所感动,遵其遗嘱翻刻由利玛窦绘制的世界地图《方舆胜略》。③

值得关注的是,明末士人这种对传统文化与异质文化之间,从最初的认同、互补到"六合一家"世界大同新关系的揭示,在封闭的古代社会可谓空谷足音,具有非凡的历史意义。然而,如此崭新观念的演绎,却始终围绕着古代圣贤的一段旧话而进行。这就是人称"象山先生"的南宋理学大家陆九渊,所谓"东海西海,心同理同"之说。据考察,这位胸怀民族大恨的"夷夏之辨"传统的积极拥护者[他曾说:"吾人读《春秋》,知中国夷狄之辨。二圣之仇(指宋徽宗、钦宗为金朝俘掳)岂可不复。所欲有甚于生,所恶有甚于死"④],标榜"东海有圣人出焉,此心同也,此理同也。西海有圣人出焉,此心同也,此理同也。南海、北海有圣人出焉,此心同也,此理同也……"其用意原在宣扬"宇宙便是吾心,吾心即是宇宙"的心学思想体系。⑤如此看来,历史上这承奉"夷夏之辨"且创立心学体系者的议论,在剥开其旧核注入新意之后,便成为明末开明士人融汇夷教西学而振振有词的理论根据。

(二)西方天文、地理等格致之学,多为中国千古所未闻,故不当以

---

① 《明清间耶稣会士译著提要》,第303—304页,毕拱辰:《泰西人身说概序》。
② 冯应京:《舆地图叙》,引自林东阳:《明末西方宗教文化初传中国的一位重要人物——冯应京》,载《明清之际中国文化的转变与延续研讨会论文集》。
③ 南师仲:《方舆胜略序》,引自洪煨莲:《考利玛窦的世界地图》,载《禹贡》半月刊,第五卷,第三、四合期。
④ 陆九渊:《象山先生全集》卷三十六,年谱。
⑤ 同上。

来自外夷而便生藩篱,应镕彼方材质入我中华型模。

最初通过系统的梳理和比较,确证西学乃中国千古未闻者,出自郭子章所撰《山海舆地全图序》。序中缕列中国对世界认识的典籍(如《括地象》《山海经》等)和闻人(如骐衍、张骞)的记载,多有"闳大不经"、真伪难辨之后,写道:"不谓四千载后太西国利生持《山海舆地全图》入中国,为骐子(衍)忠臣也。则以人证书也。非若竹书之托空言也。利生之图说曰:天有南北二极,地亦有之,天分三百六十度,地亦同之。故有天球,有地球,有经线,有纬线,地之东西南北各一周九万里,地之厚二万八千六百余丈(里),上下四旁,皆生齿所居,浑沦一球,原无上下。此则中国千古以来未闻之说者,而暗与《括地象》《山海经》合,岂非骐子一确证耶……或曰:利生外夷人也,其图、其说,未必一一与天地券合,而子胡亹亹于兹?郭子曰:不然。郯子能言少皞官名,仲尼闻而学之。既而告人曰:天子失官,学在四夷。介葛卢闻牛鸣而知其为三牺,左氏纪之于传。孔、左何心,而吾辈便生藩篱,不令利生为今日之郯、介耶!"①

郭子章这种纵论古今,洞察传统科技之缺失,推崇西学,不以外夷而生藩篱的主张,很快得到熊明遇的响应。熊氏在《表度说序》中,考察自"黄帝考定星历"以来,中国历法的弊端有二,一在枯守旧制("乃臺史徒以九章为绌绩,历理茫然,何分天部,故文曜之丽者明愆,岁差之犄者未觉"),再则知识视野限制("奈人域是域,谁解大全")。随即指出:"不谓西方之儒之书,持之有故,言之成理也……语曰:百闻不如一见。西域欧逻巴国人,四泛大海,周遭地轮,上窥玄象,下採风谣,汇合成书,确然理解。仲尼问官于剡子曰:天下失官,学在四夷,其语犹信……傥祠官采译以闻,太史氏参伍刊定,以补臺监之不及,将三辰定于次,四时定于纪,举正归余,直媲美乎黄轩之历矣。"②

---

① 郭子章:《黔草》卷十一。
② 徐宗泽编著:《明清间耶稣会士译著提要》,第283—284页。

经此一番开导,驰域外之观,习格致西学,究天人之际,遂蔚然成风。如许胥臣在《西学凡引》中称:"今试令广译西学,传播人世……而相与驰骋乎域外之观,会通乎天人之际,不负此身,不虚此日,兹于同志者有深望矣……噫,礼失则求之于野。读《西学凡》,而学先格致,教黜空虚,吾亦取其有合于古圣之教而已矣。"① 又如方孔炤在《崇祯历书约》中说:"万历中有欧逻巴人利玛窦,浮海历诸国而至,其国重天学,所云静天即于穆之理也,九重天包地球,如脬气鼓豆,其质测也。子曰:天子失官,学在四夷,犹信。礼失而求诸野,不亦可当野乎!"其子方以智遂将此归结为:"借远西为剡子,申禹周之矩积。"② 即借鉴远人西学之长,申明中国传统历算之学。

正是在这种社会思潮影响下,崇祯年间朝廷纂修的历书,第一次确定"以西法为基础"。③ 主持其事的徐光启,在进呈《历书总目表》的奏疏中,首陈建国之初明太祖命儒臣翻译西域历书,补"中国书之所未备","又称其测天之道,甚是精详,岂非礼失而求之野乎!"徐氏遂据此立论,牵引出有关中西文化交流的著名论断:"欲求超胜,必须会通,会通之前,先须翻译";以及"参详考定,镕彼方之材质,入《大统》之型模"。④

同样值得注意的是,犹如调适儒学天教的理论依据,附会于南宋大儒陆九渊"东海西海"之说一般,会通中西之间的科学技术,亦托庇于孔子"天子失官学在四夷"的典故。原来《春秋》昭公十七年秋,郯子来朝,宴饮之际,昭子问:"少皞氏鸟名官,何故也?"郯子在历述黄帝、炎帝、共工、大皞氏以云、火、水、龙名官纪事的习俗或图腾之后,说道:"我高祖少皞挚之立也,凤鸟适至,故纪于鸟,为鸟师而鸟名。"随即列举属下13

---

① 徐宗泽编著:《明清间耶稣会士译著提要》,第293—294页。
② 引自冯锦荣:《明末熊明遇父子与西学》,载《明末清初华南地区历史人物功业研讨会论文集》。
③ 薄树人:《徐光启的天文工作》,载《徐光启纪念论文集》,中华书局1963年版,第116页。
④ 王重民辑校:《徐光启集》,上海古籍出版社1984年版,下册,第373—375页。

种以鸟名官者司职的政事。"仲尼闻之,见于郯子而学之。既而告人曰:'吾闻之,天子失官,学在四夷,犹信'。"①孔子崇古好学,不以蛮夷之人而废言(郯境在今浙江嵊县,系古蛮夷地),这正是其主张文化意蕴胜于种族区分的精神的体现。明末郭子章、熊明遇和方孔昭引证孔子"天子失官学在四夷"的典故,许胥臣、徐光启更踵班固《汉书》之后,将其推衍为"礼失而求诸野"的原则,②旨在发扬孔子夷夏观中的积极因素,为名正言顺地引进和会通西方科技,改造或增补已弊窦丛生的传统格致之学。

(三)利玛窦等传教士遵明朝法纪而有裨正学,非古夷狄可同日语。且居中国年久,绝无可疑之行,更应视同中国人。

如同利玛窦交游甚久的瞿汝夔指出:"利公者,慕化来歆,匪希闻达,愿列编氓,诵圣谟,遵王度,受冠带,祠春秋。躬守身之行,以践真修,申敬事天之旨,以裨正学。即楚材希宪,未得与利公同日语也。"③瞿氏的言论从基本的特征,即遵守明朝法纪、接受华夏文明及有裨正学等方面,将西方传教士与中国古代夷狄之人(所谓"楚材希宪")严格区别开来。稍后陈仪不仅赞同此说,并且有所补充。陈仪积数十年的观察所得,写道:"第西泰(利玛窦字西泰)入都,为都人士所喜,彼一时也。西泰没后,而人以私意揣摩夷夏起见,此一时也……盖诸先生来此者,虽先后不齐,然究其相授守一教,阅十数辈如一人,历四十余年如一日,已无可疑之行。即死者死,存者存,终不得其可疑之迹。造化无私,王者无外,并覆并载于天地之中,并修并证于屋漏之内,何所携贰,而反生障碍哉!"④在这篇书于"南京教案"之后,"夷夏之辨"甚嚣尘上之际的序文中,陈仪仍然坚持传教士十数辈如一人,数十年如一日,其行迹绝无可疑的看法,并据此菲薄那种信守夷夏传统平添交流障碍,而无视传教士"并修并证"有益于王化的陋见。

---

① 《春秋左传》卷二十三,昭公四,载李梦生:《左传译注》,上海古籍出版社 2004 年版,下册,第 1079—1080 页。
② 班固:《汉书》卷三十,艺文志。
③ 《明清间耶稣会士译著提要》第 344—345 页,瞿汝夔:《大西域利公友论序》。
④ 同上书,第 212—213 页,陈仪:《性学觕述序》。

第六章 "夷夏之辨"的思想渊源、历史演变及其在明季遭遇的冲击

出于对这种识见的共鸣,郭子章为消弭引进西学的思想藩篱,在引证"天子失官学在四夷"之后,径直指出:"且利(玛窦)居中国久,夫夷而中国也,则中国之矣。"①稍后利玛窦从北京寄往罗马的信函中,就此有进一步的说明。他写道:"有巡抚十五行省之一者素未与窦相识,缩小此图(指《山海舆地全图》)而刻之于一书中……彼自为一佳序弁其书,颇以此作为有裨实用。继自设问:利玛窦博士夷人也,何能办此?稍发挥数语,即自为结论曰:凡曾居中国二十年者,不可仍以夷人视之。"②虽然"二十年"之说,未著于贵州巡抚郭子章收录《黔草》而定稿的《山海舆地全图序》中,但想必不是空穴来风。郭氏"二十年之说"正与前述陈仪"四十余年如一日",乃同出一辙。可见在开明士大夫心目中,浸染华夏习俗已久、迄无可疑行迹且有裨正学的西方传教士,不可仍视为夷人,而应以中国人待之。

非特止此,明季士子朱宗元更为上述论断,提供了儒家经典的证明。他在回答"《春秋》莫谨于华夷之辨"的设问时,指出:"孔子作《春秋》,夷狄而中国,则中国之。故楚子使椒来聘,进而书爵。中国而夷狄,则夷狄之。故郑伯伐许,特以号举……况大西诸国,原不同于诸蛮貊之固陋,而更有中邦亦不如者……以如是之人心风俗,而鄙之为夷,吾惟恐其不夷也已。"③如是,在理论与实践上,西方传教士已实现了从"夷人"到"中国人"身份的转变和确认。

诚如本章第一节揭示的,所谓孔子作《春秋》,夷狄而中国则中国之,中国而夷狄则夷狄之,其引文并非一一出自《春秋》原典,而是唐代思想家韩愈根据原典所记史实,参考《公羊传》等注疏归纳而成。而此段文字见诸《原道》的初衷,乃在申明"夷夏之大防"断乎不可变更的道理。在这里,朱宗元蹈袭金元时期赵秉文、杨奂、郝经等"中州士大夫"的故伎,采用解构原意、移花接木的办法,将原本宣谕夷夏大防的文字,

---

① 郭子章:《黔草》卷十一。
② 引自洪煨莲:《考利玛窦的世界地图》,载《禹贡》半月刊,第五卷,第三、四合期。
③ 朱宗元:《答客问》,载郑安德编辑《明末清初耶稣会思想文献汇编》,北京大学宗教研究所2003年版,第三卷,第三十一册。

一变而作为北族王朝合法性的理论依据,再变则确认西洋传教士成为中国人的历史渊源。

推衍至此,便可总揽在"西学东渐"的新形势下,明末士大夫不同的思想趋向及其与传统夷夏观的内在联系。就思想趋向而言,两种观点可谓针锋相对,毫无调和余地。表现在:儒学天教是若合契符、原同一脉,还是格格不入、截然对立;西洋历算是多为中国所未闻,须会通中西以修订历法,还是祖宗历法至为精良,参用西法修历在颠覆祖制大逆不道;传教士是遵纪守法居处年久,应视同中国之人,还是皈依天主者乱世统淆道脉,只宜视为夷狄不如的禽兽。两相比较,前者瞿汝夔、冯应京、徐光启开放和进取的态度,后者沈㴶、黄贞、周之夔保守与复旧的立场,乃泾渭分明、昭然若揭。

不难看出,沈㴶等人的保守倾向,固然有现实的政治利害的考量,但更多的还是"夷夏之辨"的传统,所默化的超前的忧患意识、返古的精神归宿和攻讦的思想武器。与此同时,尽管徐光启等人的开明和进步毋庸置疑,却仍然不得不从古代圣贤有关夷夏的言论中汲取灵感,或至少是作为支持其立场的护身符。当然,这一切是经过精心的诠释、阐扬和解构而实现的。例如,有的(古代论述)本与(引进西学)主旨并无直接联系,通过诠释而赋予新意(陆九渊"东海西海"之说)。又如,有的虽与主旨意思相近,通过阐扬更凸显其积极因素(孔子"天子失官学在四夷"之论)。有的恰与主旨相悖,通过解构和重组反其意而用之[韩愈"(夷狄)进于中国则中国之"谓]。这样看来,传统夷夏观仍深深地影响明末士大夫。保守者自然承继其不合时宜的消极因素。开明者虽在发扬其积极因素的同时,也对某些论述进行解构和改造,但在整体上却未提出非议与责难。他们思想批判的力度,依然在传统夷夏观所能包容的范畴之内。

然而,"西学东渐"对传统夷夏观的冲击,并未停留于原有范畴内的利用、解构和改造,明季一些皈依天主教的中下层士人,则进一步将批判的锋芒直指儒家的"夷夏之辨"。

其一,运用新的世界地理知识和宗教信仰,揶揄传统的夷夏观念,批评孟子"用夏变夷,未闻变于夷"的言论,强调在认识视野上,须"破蜗国之褊衷",而"扩域外之观"。

如瞿式穀撰《职方外纪小言》,以西学中新的世界地理知识为依据,挖苦道:"独笑儒者未出门庭,而一谈绝国,动辄言夷夏夷夏。若谓中土而外,尽为侏离左衽之域,而王化之所弗宾。呜呼,是何言也!"他接着说:"尝试按图而论,中国居亚细亚十之一,亚细亚又居天下五之一,则自赤县神州而外,如赤县神州者且十其九,而戋戋持此一方,胥天下而尽斥为蛮貉,得无纷井蛙之诮乎!"①

与此相附和,张赓、李九功则从新皈依的天主信仰,批驳反教人士乃至朝廷奉为金科玉律的孟子"用夏变夷,未闻变于夷"的言论。如前者谓:"奉天主教者,教人为善以事天。其人来自西方,我中士未能或之逮也。不能从其善者,欲诋之邪,则其学实正;欲诋之伪,则其学又真。既正既真,而乃不之从,则恐无辞以谢于人,于是向人解曰:未闻变于夷也。"②后者援引护教著作,为回复"天主教,吾国未之前闻,今自西方来,子从之。则所云用夏变夷,未闻变于夷,将何解焉"的诘难,遂答辩道:"君子之为道也,只论其道之正与不正,夫(何)分其地之华与夷。"而西儒所崇正合中国君亲之大伦理,天主信仰与中国经典彼此参合。由是,"今西儒来明之大道,教我正心诚意,悔罪迁改,昭事天主,大有裨于王化,益于性命,而尚谓之夷也?"③

如此或揶揄轻侮,或义正词严,指斥儒家夷夏观的孤陋寡闻,揭露孟子言论有悖于"既正既真"之学而为保守者护法的用心,这恐怕是自古以来抨击"夷夏之辨"最为直接且深刻的文字。在此过程中,这些士人痛感原有认识的虚妄和视野的狭隘,遂相继倡导返虚就实及域外之

---

① 瞿式穀:《职方外纪小言》,载艾儒略原著,谢方校释:《职方外纪校释》,中华书局1996年版,第9—10页。
② 张赓:《天学证符》,载钟鸣旦、杜鼎克编辑:《耶稣会罗马档案馆明清天主教文献》,台北利氏学社2002年版,第八册,第84页。
③ 同上书,第八册,李九功:《问答汇抄》卷四,《道正何分夏夷》,第451—45页。

观。如瞿式榖说:"故愚谓兹刻(指《职方外纪》)之大有功于世道也,不但使规毫末者破蜗国之褊衷,抑且令姿荒唐者实恒沙之虚见。"①李九功引证的护教文章亦云:"曾中国是天下,西国非天下耶?子当扩域外之观,不必画区中之见。"②

其二,以新的视野观察,东西方文明各呈精彩,且大西诸国在风俗、治安、学问、繁华、技巧、武备和富饶方面,更有中邦所不如者,故不得鄙之为夷。

如瞿式榖指出:"征之儒先,曰东海西海,心同理同。谁谓心理同而精神之结撰不各自抒一精彩,顾断断然此是彼非,亦大踳矣。"③稍后朱宗元便沿着这精神结撰各自抒一精彩的思路,就东西方文明的发展程度,进行了具体的考察和比较,然其倾向性却在扬彼抑此。他写道:"况大西诸国,原不同于诸蛮貊之固陋,而更有中邦亦不如者。道不拾遗,夜不闭户,尊贤贵德,上下相安,我中土之风俗不如也。大小七十余邦,互相婚姻千六百年,不易一姓,我中土之治安不如也。天载之义,格物之书,象数之用,律历之解,莫不穷源探委,与此方人士,徒殚心于文章诗赋者,相去不啻倍蓰,则我中土之学问不如也。宫室皆美石所制,高者百丈,饰以金宝,缘以玻璃,衣裳楚楚,饮食衍衍,我中土之繁华不如也。自鸣之钟,照远之镜,举重之器,不鼓之乐,莫不精工绝伦,我中土之伎巧不如也。荷戈之士皆万人敌,临阵勇敢,誓死不顾,巨炮所击,能使坚城立碎、固垒随移,我中土之武备不如也。土地肥沃,百物繁衍,又遍贾万国,五金山积,我中土之富饶不如也。"经此一番比较和鉴别,作者的结论是:"以如是之人心风俗,而鄙之为夷,吾惟恐其不夷也已!"④(另一抄本结尾句为:"亦无恶也已?"⑤)

有关朱宗元这真假参半、似是而非的溢美之辞,人们尽可从明季知

---

① 瞿式榖:《职方外纪小言》。
② 李九功:《问答汇抄》卷四,《道正何分夏夷》。
③ 瞿式榖:《职方外纪小言》。
④ 朱宗元:《答客问》,载郑安德编辑《明末清初耶稣会思想文献汇编》第三卷,第三十一册,第334—335页。
⑤ 李九功:《问答汇抄》卷四,《答分夏夷》。

识阶层所面临的信仰和传统价值观的危机,以及最初皈依者对于新宗教怀抱的幼稚与理想化的憧憬,去进行解读。然而,作者的主旨意向并未偏离,那就是在制度、文化和生活等领域都较"中邦"优越的"大西诸国",如不顾事实而舛谬地排斥于"蛮貊之固陋"行列,岂不是存心向恶所致("亦无恶也已?")。

其三,在新的认识基础上,集中批判以种族、地域、语言乃至声名文物,区别夷夏的界限,确立忠信仁义、心之华美为划分的唯一标准,并在恭行仁德过程中,实现造物主之下四海兄弟皆是一家的理想。

如张赓指出:"曾思东夷之人舜乎,西夷之人文乎,舜文今日而在,将亦必曰此夷人也,奈何变于夷。吾侪其勿法舜,其勿师文王,然耶,否耶?"[①]朱宗元也说:"大舜亦消得'东夷'二字,大禹亦消得'羌'字,由余消得一'戎'字。"[②]这显然是对偏执种族界限的夷夏观的否定。又如瞿式榖申明:"吾夫子作《春秋》……非谓凡在遐荒,尽可夷狄摈之也。试观嵩高河洛,古所谓天下之中耳,自嵩高河洛而外,皆四夷也。今其地曷尝不受冠带而祠春秋,敦《诗》《书》而说礼乐,何独海外不然?则亦见之未广也。"[③]以古律今、由内及外,证明凡在遐荒皆为夷狄之见,实大谬不然。再如朱宗元为回应"语言文字不同,便有华夷之辨"的诘问,驳议道:"据语言文字别华夷者,犹向者方域之见也。必语言之为见,则吾越之方音,已不同燕赵之土语。得无南者指北为索虏,北者讥南为岛夷乎?必文字之为见,则方今之真楷,已不同上古之蝌鸟。得无前代詈后人以蛮貊,方今笑太初为戎狄乎?夫一义也……一音也……同在诗书之内,已自参差各出。况处十万里外者,安能强之使同哉!"[④]以古今、地域和诗书语言文字的变化差池,乃证华夷界限之不合情理。最后朱宗元亦谓,"以声名文物之自矜",尤不可取。一则声名文物的优越性并

[①] 张赓:《天学证符》,《证东夷西夷章》,载《耶稣会罗马档案馆明清天主教文献》第八册,第84—85页。

[②] 朱宗元:《拯世略说》,载郑安德编辑:《明末清初耶稣会思想文献汇编》第三卷,第三十二册,第403页。

[③] 瞿式榖:《职方外纪小言》。

[④] 朱宗元:《答客问》。

非绝对。"后世之纷华靡丽,岂胜于羲农之不衫不履;娼优之珠玉锦绣,岂过于孝弟力田"。再则文明极盛之蛮邦理应受到尊重。"至于文明极盛,岂得亦谓之蛮邦而不重哉!况所称大西欧逻巴者,文章学问,规模制作,原不异吾土也。"①

在对传统夷夏观涵盖的种族、地域、语言文字乃至声名文物的界限,逐一批驳之后,这些皈依士人纷纷陈述新的划分夷夏的标准。如瞿式穀说:"夷夏亦何常之有?其人而忠信焉,明哲焉,元元本本焉,虽远在殊方,诸夏也。若夫汶汶焉,汩汩焉,寡廉鲜耻焉,虽近于比肩,戎狄也。其可以地律人以华夷律地而轻为訾诋哉!"②张赓亦云:"诚谓诸夏与夷狄地虽异,其道原无异也。故天主教谓之公,谓之相通功。惟公、惟相通功,乃合天下极疏极遐,无痿痹不仁之处。今不知仁者,分夏分夷。"③朱宗元既称:"是其贵重之者,以孝弟忠信、仁义礼让也,不以地之迩也。其贱弃之者,以贪淫残暴、强悍鄙野也,不以地之遐也。"④又谓:"克认真主,修身慎行,心之华也。迷失原本,恣行不义,心之夷也。不以心辨,而以地辨,恐所谓好辨者,不在是也。"⑤

表面上,瞿张朱推崇的新标准,即与寡廉鲜耻、贪淫残暴和恣行不义相对立的忠信明哲、仁义礼让与修身慎行,似乎并未脱却儒家思想的窠臼。而实际上,这些嘉言懿行,无论就其存在的前提,实践的途径,还是追求的理想,都跟天主教义紧密相连。首先,包涵诸多美德且贯串华夏夷狄的所谓"道",便是建立在"克认真主"、崇拜上帝的前提之下,这是天主教的第一要义。如"令普世遵守"的"天主十诫",第一诫即是"钦崇一天主万物之上"。此后,其他诫谕方是对诸多品德的规范。⑥可见信仰与品德呈明显的主从关系。其次,所谓能行天下的"相通功",系指

---

① 朱宗元:《拯世略说》。
② 瞿式穀:《职方外纪小言》。
③ 张赓:《天学证符》,《证居处恭章》。
④ 朱宗元:《答客问》。
⑤ 朱宗元:《拯世略说》。
⑥ 王丰肃:《教要解略》卷上,载钟鸣旦、杜鼎克编辑:《耶稣会罗马档案馆明清天主教文献》第一册。

第六章 "夷夏之辨"的思想渊源、历史演变及其在明季遭遇的冲击　467

在敬恭天主之中而施行美德。如"奉主教者,此亦一敬恭,彼亦一敬恭,虽极疏极逊之人,皆如一体……总是行此恭敬之德。"①这就是说,美好品德的实践,唯涵泳于对天主的恭敬及"修身慎行"之中。再次,四海之内"等是一家"的理想追求,亦寄寓于造物主的昭示中。张赓在解读《论语》"四海之内皆兄弟"的义蕴时,说:"盖自人视之,我兄弟非尔兄弟。自大父母之主(天主)视之,等是同生,等是一家,等是一团骨肉。"②朱宗元亦总结道:"况方域虽殊,无两天地,无两日月,无两昼夜,则亦无两主宰、无两赋界、无两赏罚。故分夷分夏,特井窥者,自生畦畛。造物视之,胡越原同一家。"③举凡美德臻于一家的归宿,以及夷夏界分的舛误,皆仰赖造物的主宰和指认。

毫无疑义,明季皈依天教的中下层士人,批判"夷夏之辨"的言论,跟前述提倡西学的开明士大夫之间有着密切的关系。如瞿式榖即瞿汝夔之子,少年时秉承父命领洗入教。张赓任职杭州,亦经杨廷筠劝化而受洗进教。此外,瞿式榖东西方精神结撰各呈精采之说,实为前人认同的"东海西海心同理同"之论的引申;郭子章有关利子居中国久则中国之的断言,经朱宗元敷衍而得到理论的证明;张赓四海兄弟等是一家的理想,即冯应京东渐西被六合一家境界的发挥。凡此表明,明季对"夷夏之辨"传统的整体性否定,与先前在其范畴内的利用、解构和改造,在思想上乃一脉相承。前者是后者的先行和铺垫,后者是前者的继承与发展,共同构成明季震聋发聩的西学思潮的组成部分。

明季西学思潮之震聋发聩,就批判传统的"夷夏之辨"而言,从对夷夏观念的揶揄轻侮,到夷夏界分标准的总体质疑;从对夷夏重要理论孟子"变夷"说的批驳,到具有浓郁外来宗教色彩的道德规范的提出;从主张东西方文明各呈精采,到向往四海兄弟同是一家。诸如此类,乃是千余年来对于占据舆论统治地位的儒家"夷夏之辨"传统,第一次全面的否定。其实,西学自传入中国至明朝灭亡,不过六十余年[1583年(明

---

① 张赓:《天学证符》,同上书,第八册。
② 同上。
③ 朱宗元:《答客问》。

万历十一年)利玛窦等获准居留广东肇庆始,至1644年(明崇祯十七年)明朝被李自成农民军推翻],在外来文明刺激下,竟然对中国封建制度思想支柱之一的"夷夏之辨"传统,出现具有如此力度和深度的理论批判浪潮。这一方面,说明处于中国封建社会后期的明朝,其信仰、道德和价值观已深陷危机。另一方面,则反映"地理大发现"推动的中西文化交流,亦在中国社会渗入了世界变革的时代精神,并提供了可资参照和比较的西方价值体系。

诚然,明清易代之后,这种批判思潮很快便从高峰坠落至深谷,"夷夏之辨"的思想传统继续得到新王朝的青睐和强化。即使这样,明季批判思潮的历史贡献不能因此而湮没无闻,明季知识阶层力图挣脱传统思想束缚,追求社会进步和变革的首创精神,亦应得到人们的尊重与肯定。

第七章 "中国礼仪之争"的骤起与最初的较量

明季中西文化交流史上,"趋同与辨异"的矛盾,除集中表现于耶稣会传教士的内部,明朝士大夫之间,闽浙中下层士人的分野之外,还反映在天主教托钵僧会与耶稣会围绕祭祖祀孔等中国礼仪所展开的辩论,以及将争斗的舞台由中国延伸至罗马教廷的过程。

自1632年(明崇祯五年)始进入福建传教的多明我会、方济各会,乃创建于欧洲中世纪的托钵僧修会,以效忠教皇、反对异端闻名于世。在西方殖民者征服世界的浪潮中,这些清一色的西班牙传教士,推行军事征服与精神征服相结合的传教路线,在摧毁印第安人的精神支柱和文化习俗,实现拉丁美洲的基督教化、西班牙化中立下了汗马功劳。当他们在中国以固有的理念、路线和方法传教时,不仅强调中国人要接受宗教的信条,而且须服从教会的所有法律和在欧洲及西班牙殖民地的全部习俗,这就跟耶稣会适应中国文化习俗的传教理念、路线和方法形成尖锐的对立。

托钵会士选定中国礼仪向耶稣会士发难。祭祖祀孔,乃数千年来浇铸中国传统文化和民族精神的思想基础。托钵会士诬称这些仪式为偶像崇拜、迷信异端,进而攻击中国耶稣会的适应政策对它的宽容。这些无端的指责,暴露了托钵会士仍然秉持着以西方宗教、文化为"绝对价值"的"欧洲人主义"的思维模式,怀抱着在拉丁美洲形成的摧残当地文化习俗的殖民者的阴暗心理。因此,从托钵会士挑起的"中国礼仪之争"的最初阶段来看,"它代表的是'欧洲人主义'的哲学与政策,和文化适应政策的直接的冲突"。

托钵会士由初步调查到书写报告,从与耶稣会士辩论到组织"法庭"系统搜集证据,直至远赴罗马教廷上诉17项问题。托钵会士这种扩大事态、步步进逼的方针,终于收到了成效。经教宗英诺森十世批准,传信部于1645年9月12日颁发部令,作出支持托钵僧会,谴责耶稣会的做法的裁决。

教宗的决定令在华耶稣会的适应策略,陷入动摇、颠危乃至覆灭的险境。耶稣会随即选派传教士前往罗马说明情况,争取发布新的训令,使局势转危为安。而膺其选者,便是在学历、胆识、业绩和对适应策略的理解方面,都堪称优秀的意大利人卫匡国。卫匡国抵达欧洲后,并不急于赴罗马汇报,而是巡游演讲,接洽有关中国著作的出版,制造有利的社会舆论,继而充分展示在中国传教取得的骄人成绩,引起教廷的好感和重视。在具体辩论中,既不纠缠于深奥的教理教义,而又利用教会对民俗的政治的礼仪适度的容可。经如此卓有成效的抗辩,终在教宗亚里山德罗七世同意之下,圣职部于1656年3月23日颁发给中国传教士的部令,认可祭祖祀孔乃民俗性的、政治性的礼仪,允许中国基督徒参加上述仪式。由此重新得到肯定和支持的耶稣会士,继续在17世纪承担着中西文化交流的重任。

为遏制"中国礼仪之争"在欧洲的负面影响,耶稣会士特别注意通过自己的著作,向欧洲宣传足以同基督教文明相媲美的中华文明。卫匡国抗辩前后在欧洲用拉丁文出版的三部有关中国的著作,即是这方面的代表。

第一节　多明我、方济各会传教士进入中国及其挑起的争端

遵照"保教权"和被称为"教皇分界线"(Papal demarcation line)的规定,最初耶稣会士传教的日本与中国,属于葡萄牙的势力范围。[①]

[①] 参见拙著《明清之际中西文化交流史——明代:调适与会通》(增订本),第74—77页。

1585年1月28日,教宗格列高利十三世(Gergory XIII)"发布了除了耶稣会禁止其他修会进入日本的政令"。不过,这个"不允许托钵僧会的修士进入日本的命令,并不是长期有效的。克莱蒙八世(Clement VIII)在1600年12月12日颁布的谕令中,撤销了这种限制。它允许任何修会的会士,不必考虑其来自哪个民族,都可以到中国和日本传教……鉴于这些,教宗保禄五世在1608年6月2日颁布的关于解决传教问题的若干规定的通谕中,作出'允许托钵僧会的成员选择任意的路线到达远东'的决定。教宗乌尔班八世(Urban VIII)在1633年2月22日的通谕中,将原来仅限于托钵僧会成员的规定,扩展到所有的修会和会众。于是在1608年之后,道明会(多明我会,亦称多米尼克派,布道兄弟会,拉丁名:Ordo Fratrum Praedicatorum)和方济会(方济各会,或译法兰西斯派、佛兰西斯会、小兄弟会,拉丁名:Ordo Fratrum Minorum)就不再受教会在这方面的任何约束了"。①

史实表明,随着教会约束的解除和多明我方济各会士进入中国,两条尖锐对立的传教路线,即主张以武力为后盾,强调全面遵从欧洲教会规章和殖民地习俗的公开传教的路线,跟坚持和平与平等交往的原则,适应中国传统文化和风俗的学术性传教的路线,便围绕着中国礼仪的争论,在托钵会士与耶稣会士之间激烈地展开,并造成严重的后果和深远的影响。

所谓托钵修会,乃隐修会规大体相近,以持守清贫托钵行乞为其特征的天主教修会的统称,而多明我会、方济各会、奥斯定会和加尔默罗会合称天主教四大托钵修会。②

12、13世纪在反对已构成罗马教会极大威胁的宗教异端卡特里派和韦尔多派的斗争中,应运而生的多明我会与方济各会,"是中世纪隐修主义中的最高表率"。多明我会于1216年正式成立,其创始人多明我(Dominic,1170—1221),生于西班牙帕伦西亚的贵族家庭。因目睹

---

① 邓恩著,余三乐等译:《从利玛窦到汤若望》,第213、217—218页。
② 《简明基督教百科全书》,中国大百科全书出版社上海分社编,1992年版,第19、91、105、169页。

卡特里派在法国南部的得势,遂主张"只有传教士像卡特里派的'完人'那样自我克制、谨守'使徒式的贫困',热心传道,才能使那些迷途者回到罗马教会的怀抱"。为此,"在法兰西斯(方济各)会榜样的影响下,多米尼克会也采取了行乞方式——甚至会士每天的食物也应该靠乞讨获得"。与此同时,"多米尼克会向来热心于学术活动,强调传道和教学,尤其注重在大学的城镇中活动,不久在许多大学中便有他们的会士担任教职"。这样"高度的知识化使该修会比较具有贵族气",而会士的学识,"导致他们被雇佣担任宗教裁判员"。正是教皇格列高利九世,"把发现异端的工作交给主要从多米尼克会修士中选拔的异端裁判员,异端裁判所发展迅速,成为一个最令人生畏的机构。"不仅迅速镇压了卡特里派和韦尔多派的活动,而且延续至宗教改革时期它仍是教会迫害异端对付改革运动的利器。① 多明我会的极端保守及其教会鹰犬的性质,由此可见一斑。

方济各会创始人方济各(Francis,1182—1226),乃意大利中部阿西西一个呢绒商的儿子。因卖掉其父的货物重建毁坏的教堂,被剥夺继承权。"针对当时罗马教会内部日益腐化的状况,他和三个友人身穿粗布长袍,手托乞食钵,赤足前往法国、西班牙、摩纳哥和埃及等地,劝人参加新的修会,获得许多人的拥护。1209年经教皇英诺森三世批准,正式成立方济各托钵修会,规定会士间彼此互称'小兄弟',麻衣赤足,托钵行乞,步行各地宣传'清贫福音'。"会规宣布,"效忠教皇,反对异端。中世纪时曾为教皇兜售赎罪券而到处游方。"方济各会发展极快,该会亦重视学术研究和文化教育事业,"但与多米尼克会相比,一直是贫民的修会。"②

托钵修会通过传播"效忠教皇,反对异端"的宗旨及其赤贫的生活方式,使之成为欧洲炙手可热的宗教派别。该修会并在地理大发现后西方征服世界的浪潮中,与殖民势力紧密结合,成为西方特别是

---

① 威利斯顿·沃尔克著,孙善玲等译:《基督教会史》,中国社会科学出版社1991年版,第293—299页;《简明基督教百科全书》,第105页。

② 同上。

第七章 "中国礼仪之争"的骤起与最初的较量

西班牙征服拉丁美洲、菲律宾,以及试图征服中国的有力工具。英国著名历史学家阿诺德·汤因比指出:"葡萄牙人和西班牙人首先掀起西方征服世界的浪潮,他们不只为了寻求财宝和权力,而且一心要传扬征服者先辈的西方基督教。他们传扬基督教的热情是狂热的。"[①]这种传扬基督教的狂热情绪跟殖民者侵略和统治的实际需要相结合,便在拉丁美洲形成了军事征服与精神征服同步进行的态势。西班牙殖民者采用强制手段迫使印第安人迅速皈依基督教,其效用表现在:其一,宣扬欧洲帝国的扩张,对未开发的异教徒印第安人的统治乃天经地义,为殖民者的侵略提供了合法性。其二,大力摧毁西班牙人到来之前的一切观念,将当地人们的精神支柱及旧有文化破坏殆尽,这样实现西方化就有了保证。其三,通过将西班牙的教会组织搬到美洲,以及教会深入并干预印第安人的生活,使精神征服在土著生活的各个方面都留下了烙印,从而有利于新的殖民体系、结构和秩序的确立及巩固。凡此表明,"教会承担了西班牙政府的其他机构所不能担当的职能……在其支持帝国内西班牙人权势的重要职能方面,教会所起作用是压倒一切的"。[②]

为承担政府所不能承担的精神征服的职能,在将美洲基督教化和西班牙化过程中,托钵修道会格外受到西班牙君主的青睐,发挥了举足轻重的作用。"各修会在把基督教传到西班牙美洲方面有其特殊的重要性,这一点是得到普遍承认的……这些君主要求托钵修道会为其服务,后者是中世纪后期和文艺复兴时期新兴城市文明的成熟产物。""谈到美洲福音传道中的托钵修道会,就要谈到四大修会——最先到达墨西哥(1524年)和秘鲁(1534年)的方济各会、多明我会、奥古斯丁会和施恩会——他们在西班牙美洲殖民地的任何城市组织中都起着明显的作用……除了这四个修会外,不久又增加了耶稣会(1568—1572):他们

[①] 阿诺德·汤因比著,晏可佳等译:《一个历史学家的宗教观》,四川人民出版社1990年版,第173页。

[②] 艾·巴·托马斯著,寿进文译:《拉丁美洲史》,商务印书馆1973年版,第1册,第279页;参见拙著《明清之际中西文化交流史——明代:调适与会通》(增订本),第70—71页。

是新近在欧洲建立的,但他们的适应性特别强。可以毫不夸张地说,使美洲基督教化的重担大部分落在这五个修会的肩上。"①

当西班牙殖民者和西籍修会传教士,带着从美洲基督教化与西班牙化中新获得的财富、权力和经验,以及不断扩大的征服世界的贪婪,将侵略势力由美洲(墨西哥)延伸到东方菲律宾,并急切地谋划进入中国,实现"西班牙天主教国王和整个基督教世界多年所企望着的","为了传播基督教所进行的最重要的一次远征"时,②他们所遵循的,仍然是在殖民美洲中形成的军事征服与精神征服相结合的路线。

以武力作为传教的后盾,甚至直接出兵占领中国,这是西班牙殖民者和教会人士多年的共识及其战略上的诉求。早在1583年6月18日,马尼拉的主教、多明我会士多明哥·萨拉泽(Domingo de Salazar)在写给西班牙国王腓力二世的一封信中,将在菲律宾的传教士的想法暴露无遗。他写道:"我主张:陛下可以派一支军队去中国。这支军队要强大得足以使全中国的武装力量也不能对它造成危害,这支部队有进入中国各个省份的权利。当有人骚扰修会时,军队可以阻止这些人的行动;它还可以让这个国家的国王和官员允许宣讲福音,保护传布福音的使徒……假如中国的国王固执己见,禁止传播福音,尊敬的陛下甚至可以剥夺他的王位。"③

近三年后,1586年4月20日,马尼拉殖民政府头目、主教与教会显贵、高级军官及其他知名人士,举行马尼拉大会,专门讨论怎样征服中国的问题。与会者在完全赞成武力征服中国的前提下,草拟了一份包含有11款97条内容的征服中国具体计划的备忘录,并由菲律宾省督和主教领衔,纠集51个显要联名签署上报西班牙国王。为了郑重其事,还特派公认在各方面都最为杰出的传教士桑切斯(Alonso

---

① 莱斯利·贝瑟尔主编,中国社会科学院拉丁美洲研究所组译:《剑桥拉丁美洲史》,经济管理出版社1995年版,第1卷,第501—502页。

② 何高济等译:《利玛窦中国札记》,中华书局1983年版,上册,第184页,下册,第478页。

③ 引自邓恩著,余三乐等译:《从利玛窦到汤若望》,第216—217页。

Sanchez)专程返回西班牙,对书面决议再作口头解释和补充。备忘录一开头便宣称,中国幅员之辽阔广大,中国粮食与果品之丰富繁多,中国市场之繁荣昌盛,凡此一切,"凭上帝的意志,这就是我们进入这个国家的充分理由"。备忘录接着指出,"一旦陛下成为中国的主人,也就立刻成为这一带沿海所有邻国的主人"。不仅如此,"立刻占领中国,还可以隔断法兰西、英吉利以及其他北欧国家和异教国家向这边进行发现和航行"。于是,备忘录对于征服中国的时机、兵力、武器、出击基地和宣传策略等,乃至侵略军占领后需保留中国政府机构与法律的必要性,均提出了明确的建议。最后,备忘录强调,在中国人得知远征队的消息以前的适当时机,就应该撤出留在北京的耶稣会传教士,让他们向远征军报告中国军队的作战能力、物资储备,以及他们认为危险的或应该小心谨慎的事情。他们应该充当向导和译员,说服中国人,让西班牙人和平进入,允许传教,接受上帝送给他们的宗教。与此同时,应该让西班牙公众知道,这次战争并不像对待土耳其人、摩尔人那样,而仅仅为护送和保护传教人员和西班牙臣民,为的要看到他们进入这个国家,并在他们所选定的地方进行布道,不致受当地政府的干扰。[1]

不久前,从西班牙印第安总档案中发现的原始手抄文件表明,腓力二世不仅完全接收了这份于 1588 年送达的《论征服中国》备忘录的建议,还通过同年在马德里设立的特别委员会,进一步从政策、战略、战术、行动方针、后勤动员和舆论宣传等方面,审查并制订了进攻中国的详细计划。这份最终经腓力二世亲自批准的计划书,全文 11 章 79 节,包括附属的图表共有数千字。第一章"作战目的"指出:"政治:征服中国,成立全球帝国,为万王之王。军事:征服中国,以中国为基地,向亚洲其他部分发展。继而以中国人力及战争资源支援欧洲本土军力攻略北欧敌人,控制世界岛。宗教:征服中国,由中国西进,进占巴力斯坦天主教圣地。经济:征服中国、开发中国富源,并移植中国人力发展殖民事业,挽救西班牙帝国经济危机。"至于该征服计划的最终目标,据西班

---

[1] 引自严中平:《老殖民主义史话选》,北京出版社 1984 年版,第 320—324 页。

牙学者的研究:"这次征服具有世界十字军的意味。并试想以皇室的力量让全世界天主教化,基督化和西班牙化,这是全计划的提示。西班牙的政治力量是附属于天主教的任务,这应是这个计划的最终目的。"①

尽管这个庞大而狂妄的战略计划,因1588年与英军海战中西班牙无敌舰队的全军覆没,不得不束之高阁,然而,通过武力传教迫使中国基督教化和西班牙化,仍是西籍各修会传教士魂牵梦萦的理想与长期追逐的目标。例如,"那个'在基督教义的信仰和实践上最称杰出'的虔诚天主教徒(耶稣会士)桑切斯,并没有放弃征服中国的'雄心壮志'。他跑到西班牙各大学讲演,广泛宣传征服中国的必要性和正义性。据他说,'对原始人种而言,必要时就该用刀尖把宗教加到他们头上去。用任何残暴的手段去强迫他们接受宗教,都是合理的,"②居然,"这位耶稣会士的言论深得这批权贵者的欢心,他在马德里宫廷中备受款待,足资证明"。③ 正是此人,当他在马尼拉和澳门活动数年后,便于1584年得出结论:"经验告诉我皈依(中国)几乎是不可能的事","我以为劝化中国,只有一条好法,就是借重武力。""若没有军队协助教士,便一个人也不能劝化。"他还认为,"单靠劝说是无济于事的,过去我们也是靠把俗人(军队)的行动与教士的行动合在一起才取得成效的……'简单地说,应当借助于世俗力量,使用军人的武力和其他现世的手段'。"④ 这种借重武力,靠把俗人(军队)的行动与教士行动合在一起的传教路线,一直影响着稍后进入中国的西班牙修会的传教士。

1637年(崇祯十年)6月,已在福建福安和顶头落脚的两名方济各会士,即艾文德(Francisco de la Madre de Dios)与艾肋德(Gaspar Alen-

---

① 引自包遵彭:《西班牙菲律伯二世与中国》,载《包遵彭文存》,台湾"国立中央图书馆"、历史博物馆编印,第544—549页。
② 严中平:《老殖民主义史话选》,第325—326页。
③ 裴化行:《明代闭关政策与西班牙天主教传教士》,载《中外关系史译丛》第4辑,上海译文出版社1988年版,第269页。
④ 裴化行著,萧濬华译:《天主教十六世纪在华传教志》,商务印书馆1936年版,第231,233—234页;裴化行:《明代闭关政策与西班牙天主教传教士》,载《中外关系史译丛》第4辑,第269页。

第七章 "中国礼仪之争"的骤起与最初的较量　　477

da),借口追踪和反驳由当地一位秀才撰写的攻击天主教的小册子,在未经官府批准的情况下,于此时从福建出发,乘着时局的混乱,当年 8 月 14 日抵达北京。他们除公然要求在皇帝面前布道和宣传新信仰外,"最易惹祸而不慎重的,是他在汤若望和甚至在一位中国仆人底面前,竟敢说出西班牙人有占据中国之可能。这样汤若望便不能不忧惧,必会发生最不良的效果的"。①"因为官府一旦得知他们散布'西班牙必能用武力征服中国'的言论,他们必死无疑,将被处以凌迟,连我(汤若望自谓)也不会脱离危险。"②

1638 年(崇祯十一年),潜往中国福建金门的西班牙神职人员,"像对待墨西哥、秘鲁、菲律宾人那样对待中国人,公然夸夸其谈,说什么,'用四千人就能征服中国'"。从而遭到中国官员的驱逐。

"迟至 1670 年(清康熙九年),从广州越狱逃走的西班牙多明我传教士那弗莱特(Fernando de Navarrete)还写了一本书,题曰'孔子得救了吗?'这本书狂叫用武力征服中国,强迫中国人皈依天主教。"③

可见当卫匡国(Martino Martini)1651 年作为中国耶稣会传教团代理人远赴罗马教廷,为澄清多明我会、方济各会有关中国礼仪的诬陷之际,托钵僧会传教士企图用武力传教并输出欧洲文明的阴魂不散,故卫匡国欲通过介绍中国悠久的历史传统及足以同欧洲基督教文明相媲美的文明形态,反击那种依恃武力的传教方式。于是,1658 年在慕尼黑出版的卫氏名著《中国历史十卷》中,"马尔蒂尼(卫匡国)所阐述的许多内容可以读来双重理解为:对中国礼仪需正确辩护并且要批判用武力输出欧洲文明的企求。"④

综合以上征引的资料,首先,至少从 1583 年到 1658 年这七八十年

----

① **魏特著**,杨丙辰译:《汤若望传》第一册,第 201 页。
② **恩斯特·斯托莫著**,达素彬等译:《"通玄教师"汤若望》,中国人民大学出版社 1989 年版,第 39 页。
③ **严中平**:《老殖民主义史话选》,北京出版社 1984 年版,第 335—336 页。
④ **朱塞佩·布兰卡奇奥**:《〈中国历史十卷〉阅读指导》,载德马尔蒽及施礼嘉合编:《卫匡国——一位在十七世纪中国的人文学家和科学家》(中文版),意大利特兰托大学 1996 年版,第 214 页。

间,即托钵僧会传教士酝酿和挑起中国礼仪之争的初期,那种武力征服中国和武力护教进入中国,通过输出欧洲文明,在中国实现基督教化、西班牙化的信念及舆论,虽时隐时现、或强或弱,但却始终如一、坚定不移。其次,鼓吹其说者,包括西班牙国王和宫廷显贵,海外殖民政府头目与官员,教会上层、主教乃至一般传教士,可谓西班牙僧俗统治者的共识。再次,这条依托武力的传教路线,跟托钵僧会中世纪隐修主义的"效忠教皇,反对异端"的宗旨,因地理发现刺激的西班牙征服世界的狂妄和贪婪,以及在拉丁美洲获得的摧毁土著文化和旧有观念的经验等,有着密不可分的关系。

当然,更深层的思想根源,还在于美国学者邓恩所指出的,"与文化适应的观点相对立的","一种不健康的'欧洲人主义'"的"思维模式"。[①] 邓恩解释道:"'欧洲人主义'是一个精神的王国。它存在于以欧洲文化形式为终结的狭隘、高傲自大的假设当中。这些文化形式被附加了绝对的价值,因此它不可能认识其他文化的固有价值。"[②] 若寻根溯源,这种"欧洲人主义"至少在罗马帝国时代便已存在。"罗马长期的统治使人们习惯于一种在一个单一政府之下的单一文明的观念……对罗马人来说,则似乎罗马帝国以外就只不过是些微贱的野蛮部族罢了;只要什么时候愿意征服他们,随时都可以征服他们。在罗马人的心目中,罗马帝国在本质上、在概念上都是全世界的。这种观念就传给了基督教会……在整个的中世纪里基督教会和神圣罗马帝国在概念上都是全世界的……一个人类的家庭、一个公教、一个普遍的文化、一个世界性的国家,这种观念自从它被罗马差不多实现以来,始终不断地在萦绕着人们的思想。"[③] 如此自罗马帝国、中世纪以来具有狭隘排他和高傲自大特质的思想观念,随着地理大发现后西方殖民帝国与传教事业的扩张,愈发膨胀而走向极端,成为带有强烈精神征服色彩的"欧洲人主义"。

---

① 邓恩著,余三乐等译:《从利玛窦到汤若望》,著者前言,第5页。
② 同上书,第4页。
③ 罗素著,何兆武等译:《西方哲学史》上册,商务印书馆1963年版,第355—356页。

特别是 17 世纪初期,针对美洲秘鲁印第安人"在偷偷摸摸地搞祭祖活动","某些异教徒的习俗仍在流传",殖民当局和教会决定"发动一个新的传教运动",即"破除异端运动"或"破除偶像崇拜运动",通过"对土著的宗教习俗采取很粗暴的态度",并"以宗教法庭方式进行的无尽期斗争",来"粉碎发展中的不同宗教的调和"。① 正是在这日趋紧张的讨伐宗教异端和习俗的氛围中,"'欧洲人主义'占据了强有力的地位……天主教和欧洲文化及习俗被无可置疑地认为是唯一正确的,哪怕稍稍对一些非'欧洲人'的文化和习俗有些让步,都有被视为背叛天主教信仰的危险。"② 也正是在这种氛围中,"十七世纪,其他修会进入中国仅仅意味着一件事,即'欧洲人主义'占据绝对主导地位的从菲律宾来的传教士,不想向其他有特色的传教方式——如耶稣会士的文化适应方式学习。"③

毫无疑义,秉持着军事征服与精神征服结合的传教路线,17 世纪从菲律宾进入中国的托钵修会传教士,在传教方法上,非但不会向耶稣会士学习,而且跟那种"文化适应方式"格格不入。

第一,托钵修会传教士,"不愿意向中国人的感情和当地的环境作出任何让步。他们试图迫使中国人不仅接受宗教的信条,而且服从教会的所有法律和在欧洲及西班牙殖民地的全部习俗。"④ 这从托钵会士进入中国传教的初期,即得到集中的体现。原来,1631 年(崇祯四年)12 月 30 日,多明我会士安吉罗·高奇(Angelo Cocchi)和托马斯·谢拉(Jhomas de la Sierra),奉菲律宾西班牙殖民当局指令,于是日从菲岛圣萨尔瓦多(一说台湾鸡笼港)启航出使中国,以期取得与福建省贸易的优先权。途中,高奇一行遭遇海盗劫杀,谢拉等人殉难,高奇航船于 1632 年 1 月 1 日侥幸漂至福建海岸,为官府所接纳。在福州延宕四

---

① 谢和耐著,于硕等译:《中国文化与基督教的冲撞》,辽宁人民出版社 1989 年版,第 36—37 页;莱斯利·贝瑟尔主编,中国社会科学院拉丁美洲研究所组译:《剑桥拉丁美洲史》第一卷,第 510—511 页。
② 邓恩著,余三乐等译:《从利玛窦到汤若望》,第 211 页。
③ 同上书,第 215 页。
④ 同上书,第 228 页。

个月后,北京命令福建巡抚将高奇一行遣返台湾。登船之际,经与在福州的福安县天主教徒刘路加(Luke Liu)商议,采取掉包的办法,让一名日籍教徒顶替上船,高奇则藏匿于刘氏寓所数月后,由福州抵达福安县开教。为了扩充高奇在福安新辟传教点的势力,多明我会士黎玉范(Juan Bautista de Morale)偕同方济各会士艾文德(Francisco de La Madre de Dios)和利安当(Antonio Caballero a Santa),受命于1633年(崇祯六年)3月9日从马尼拉启程,4月进抵台湾淡水港,同年7月,由教徒驾船前往台湾,将黎玉范和利安当接到福安。1634年(崇祯七年)11月,多明我会士弗朗西斯·迪亚斯(Francisco Dias)和方济各会士艾文德又一同进入福建。托钵会传教点,已扩展至福安城、顶头和穆洋。[①]

虽然托钵僧会在福安传教有所进展,但"新来的神父企图强制地实行新的关于天主教徒的义务和禁令,对违反者处以令其非常痛苦的被拒绝领受圣事的惩罚,在天主教徒中间引起不满"。这些信徒向原先引导他们入教的耶稣会士申诉,为什么多明我、方济各会传教士跟耶稣会神父讲的不一样,而"后者似乎更好些"。顶头村的一些教徒经过多次争论后,甚至"拒绝背弃传统而退出了教会"。当艾儒略得悉这些新来的托钵僧会传教士"对中国的风俗礼仪了解甚少",劝说他们先"退居到一个僻静之地,学习中国的语言、文字及礼节,然后才能非常自由地出来宣讲、传播天主教义"时,托钵僧会士非但不领情,反而将攻击矛头直指为他们开教铺垫了良好基础的耶稣会士。"新神父们断言:从利玛窦以来的耶稣会士们就把天主教徒领错了路,而他们则是由至高无上的教宗派遣,来将走错路的天主教徒引入正路的!"为此,托钵会士"按照自己的偏见,从耶稣会士们那里搜集证据,以便提出指控去反对他们"。

前述方济各会士艾文德和艾肋德私自前往北京,便"以怀有极大偏见的眼光",从汤若望的住处,寻觅到两宗所谓耶稣会士违背教义崇拜

[①] 邓恩著,余三乐等译:《从利玛窦到汤若望》,第218—221,228页;张先清:《多明我会与明末中西交往》,《学术月刊》2006年第10期。

偶像的证据。其一,"最使他们感到震惊的是,在小教堂里悬挂的一幅耶稣与十二名使徒的画。由于尊重中国人的感情,画家将画上的人们原本赤着的脚,画得穿上了鞋子。对此,这两个修道士非常反感,'这是最让我心痛的了'。艾肋德在给他的朋友瓦伦西亚(Valencia)和纳窦(Nadal)的信中这样写道。他和他的同伴认为,这是非常重要的事件,有必要向他们在菲律宾的同事们报告。"其二,原本是为感怀明朝赐与教堂的恩典,而"将一块刻有'皇帝万岁'的木制牌匾悬挂在(大厅的)上方",表示一般崇敬之意的举措,经过方济各会士别有用心的歪曲和捏造,在他们呈递马尼拉的报告中,居然变成:"在耶稣会的教堂里设有两个祭坛,一个是为救世主而设的,而另一个竟是为皇帝设置的!前者是救世主的画像,后者是天子的画像!"他们企图通过"将异教皇帝的画像摆在祭坛的显要位置"的指控,把耶稣会士描述成"一伙偶像崇拜者"。很显然,托钵会士们这种"对任何程度的文化适应都无法容忍的愤怒",这种认为"文化适应就是对信仰的背叛"的思想,跟耶稣会士坚持的"文化适应,是以尊重当地文化为基础的",它所寻求的是"两种文化的融合"的理念,是如此的凿枘难入。故而,邓恩指出:"'欧洲人主义'的幽灵与文化适应的策略是背道而驰的。"[1]

第二,方济各会历来归化农村民众的特色,以及对文人阶层品质的訾议和围绕教义纯洁性的争吵,使它难以得到中国主流社会的信任与接纳。方济各会在中国传教的开创者利安当,通过向上级汇报归化山东信徒的书信(1659年3月7日),对此提供了耐人寻味的分析和例证。他说:

"我们的教徒们可分为三个等级,第一等级为文人阶层,统治者是从他们当中挑选出来的。这些人才智聪颖,他们以令人耳目一新的方法、优美的文笔和典雅的风格创作和编写了许多经典的

---

[1] 邓恩著,余三乐等译:《从利玛窦到汤若望》,第228—232,237页;张先清:《多明我会与明末中西交往》,《学术月刊》2006年第10期。

书籍。但是他们的勃勃雄心、耽于声色和贪得无厌阻碍着他们走上获得拯救之路。在这个帝国中的文人阶层中虽然有一些基督徒,但是他们在数量上极少,他们在拯救自己的问题上热情也不是很高。到目前为止,没有任何一个这个阶层的人通过我们而入教,尽管他们中的许多人听过我们的说教,并就教义的真伪性同我们争吵和辩论过……第二等级为农民、士兵和衙役,至今在这里接受我们洗礼的都是这类人。从人性和谋生的角度看,他们都是有能力的人,但是在理解永生之路方面,这类人却非常的孤寒、贫乏和困惑。正如我前面所说,为他们进行神圣的洗礼很费力气,而随后让他们坚信真理则更加困难,因为每一个置身于异教徒当中的基督徒都像一朵生长在充满芒刺的蒺藜中的玫瑰,他们因成为基督徒而受到诅咒他们的异教徒、亲属或朋友的中伤、冷眼相待和责骂,一些基督徒还因此而被指堕落并受到人身的攻击。第三等级为商人、雇主和手艺人。这类人沉迷于贪婪和行骗渔利之中,至今没有一个人加入我会,亦无人前来听传道。"①

信中除反映归化信徒的艰难的社会环境外,便凸显上帝派来的拯救者对被拯救者那种居高临下的指责、挑剔和不平等的关系。如商人、雇主与手艺人,仅因其职业特征而被指责为贪婪和行骗渔利之徒。所钟情的主要皈依对象,即底层的农民、士兵和衙役,虽对这些置身于异教徒中的"玫瑰"不无赞许,但仍就其理解永生之路的知识贫乏,坚信基督真理改变传统习俗的困难,以及洗礼皈依需耗费巨大心力,而多加挑剔。至于文人阶层,明明知道他们作为中国文化传承者和国家统治者的重要性,却又怀着对异教徒固有的歧视和陈见,深文周纳文人阶层诸如野心勃勃、耽于声色、贪得无厌和缺乏拯救热情等劣迹横加訾议。特别是方济各会士与文人阶层就所谓"教义的真伪性",实则纯真的基督教义

---

① 引自崔维孝:《明清之际西班牙方济会在华传教研究(1579—1732)》,中华书局 2006 年版,第 405—406 页。

和儒家思想是否存在融通的问题,经常发生的争吵与辩论,使九年以来没有一个文人学士经方济各会士受洗而入教。这种仅仅关注底层民众而不为文人阶层和主流社会所接纳与信任的传教方法,跟耶稣会士将传教的重心倾向知识阶层而不是大批民众,从而获得统治阶级的认同和传教事业发展的传教方法,适形成鲜明的对照。

第三,蔑视中国法律,对抗官府缉查,公开在通衢大道向民众宣传陌生的教义,斥责官员乃至民众的偶像崇拜。前述方济各会士艾文德和艾肋德私自从福建启程前往北京,"这两个急性子传教士想效仿中世纪的十字军东征者那样去征服北京……去威逼那位他们认为徒具虚名的天子。然而,未经允许就进入中国的都城,这本身就是谋逆之罪。"当他们因"未经批准进入中国"而被逮捕时,初犹嘴硬,向在场官兵布道,宣传"三位一体"和基督耶稣死亡复活等教义,谩骂中国宗教是魔鬼,必将引人入地狱。待官员夺过他们的十字架,并以斩首相威吓,便顿时抱拳告饶,请求宽宥。只是经过汤若望从中斡旋、打点行贿,终得押返福建的轻判,方才了事。①

侥幸逃脱惩罚的托钵会士们,岂止不思悔改,反而变本加厉地进行对抗。先是纠合三名方济各会士前往福州,"去向省里较高的当权者表示抗议"。招致官府颁布一项禁止天主教的法令,抗议者亦被押解宁德。继而处于危厄之中的多明我和方济各会士聚会顶头,全体一致决定,"到张贴布告的地方去传我们的道,将布告撕下来,并且穿过主要街道,让人们都知道我们在十字架上被钉死的救世主耶稣,并传布我们神圣完美的宗教律法……我们还要宣布,中国的偶像崇拜和本地教派都是魔鬼的骗术。"于是,在多明我会副省神父黎玉范带领下,四名托钵会士"进入省会城市福州,游行穿过大街,高擎耶稣受难的十字架,大声地宣扬"教义,警告中国的"总督、法官、军队的司令、市长",如不为张贴这些布告的罪行忏悔,"他们就将被打入地狱"。如此在福州大街上因公

---

① 恩斯特·斯托莫著,达素彬等译:《"通玄教师"汤若望》,第 36—37 页;邓恩著,余三乐等译:《从利玛窦到汤若望》,第 233—236 页。

开宣教而引发的骚乱,尽管给这些狂热的教士"以自我满足的感觉",但却"丝毫不顾及将对天主教团体会产生什么样的影响"。正如邓恩批评的:"这是在南美洲或者菲律宾传教时行得通的行为方式,但在中国是行不通的,除非它的目的是故意地造成对抗。"终于,这些对抗行为导致了"托钵会士于1638年(崇祯十一年)4月的再次被捕"。多明我会士黎玉范和迪亚斯被驱逐至澳门,多名方济各会士亦放弃了在中国的传教活动,返回马尼拉。

唯一留下的多明我会士胡安·噶西亚(Juan Garcia),通过亲身经历的磨炼,"真诚地承认他和他的同事们确实错了"。他在1639年(崇祯十二年)11月16日写给艾儒略的信中说:"我现在深信,在这个国家里,要想运用任何其他的方法来服务于我们主的事业,传布福音,就像你们的神父所使用的和已经使用的方法那样,要经过很多年的时间。我已经将这些感受写给了我的上司。因为这些由我们的神父(目前仍被驱逐的)所带来的不愉快结果的经历表示,现在的主不赞成他们所遵循的如下的路线:尽管他们在行动中就像他们所做的那样,被真诚的热情所激励,但是从成果上来看,这样做并不能使异教徒转变信仰。因此,他们是要请求原谅的。"①噶西亚真诚的表白,揭示了托钵会士的乖舛举措,跟耶稣会士为避免朝廷官员猜忌,不得公开聚众布道主张的区别。

史实表明,在军事征服与精神征服传教路线指导下,托钵会士推行的传教方法,如固执"欧洲人主义"反对任何适应和让步,仅仅关注底层民众而不为文人阶层接纳,以及蔑视法律对抗官府公开布道等,已经造成严重的后果,即直接导致了崇祯十年、十一年(1637—1638年)的福建教难。"迫害行动扩散到全省;很多小教堂被拆毁;天主教徒们到处被搜捕和折磨。正如他们所说,'早期对天主教徒的大迫害似乎又重演了'。这所有的一切,都是他们(指托钵会士)在福州鼓吹'耶稣受难'所导致的。"②

---

① 邓恩著,余三乐等译:《从利玛窦到汤若望》,第239—243,248页。
② 同上书,第242页。

第七章 "中国礼仪之争"的骤起与最初的较量

毋庸置疑,人们若对上述西班牙托钵僧会的传教路线、方法和后果有所领悟,那么,便为深入认识由他们挑起的"中国礼仪之争"的内容、性质及其危害性,提供了新的视野。礼仪之争再也不能看做是某些孤立的具体问题的纠缠不休,或者修会之间因习惯和气质不同引发的无原则的争吵,实际上,最初的争论是因不同的传教路线和方法所引起,继而文化内涵与政治体制的异趣加剧了分歧和冲突,终于演变成决定中西文化交流命运的大会战。美国学者邓恩精辟地指出:"这场争论的真正的意义在于,它代表的是'欧洲人主义'的哲学与政策,和文化适应政策的直接的冲突。这是它更深一层的意思,包括礼仪问题在内的每个问题。虽说礼仪问题在后来表面上显得特别重要,以至掩盖了其他问题,但是在这更深层的意义之下,它也不过是枝节问题。"①

最早对中国礼仪提出异议者,乃1633年(崇祯六年)7月进入福安传教的方济各会士利安当和多明我会士黎玉范。利安当"是一位聪明能干的传教士,可是也有点刚愎自用,自视过高的性格。"他于1630年到达马尼拉传教,并教授神学,后至台湾学习中文,决定来中国传教。"利安当等在(福安)学习中国话时,一次偶然问教书的先生(王达窦)'祭'字有什么意思。教书的先生为使利安当容易懂得,便说祭字在中国古代就如天主教的弥撒。不说犹可,一说祭字就如弥撒一样。利安当听了,马上便想到中国祭孔祭祖都是宗教祭典,天主教人绝对不能举行。这时是1634年。利安当又到一个家庭里去参观一次祭祖,他更信祭祖是迷信。"②于是,利安当"向莫神父(黎玉范)说明自己的疑虑,而当时道明会士是教会中最可靠的神学家,是调查异端邪说的专家,二人一致认为中国教友,在耶稣会士的领导下实行异端,因为向亡者父母作(祭献),不外就是异端,盖只有天主才可以接受我们的祭献。"③基调确定之后,黎玉范亦"决定在当地福安顶头村教徒中作一番调查,结果发

---

① 邓恩著,余三乐等译:《从利玛窦到汤若望》,第213页。
② 罗光:《教廷与中国使节史》,台湾传记文学出版社1983年版,第84页。
③ 韩承良:《由方济会的传教历史文件看中国天主教礼仪之争的来龙去脉》(上),载台湾《善导周刊》1993年4月18日。此文系汤开建教授馈赠,特此致谢。

现无论是教徒还是非教徒都有进行祭拜祖先牌位、孔子以及城隍神等此类祭祀活动。黎玉范认为这些行为都是迷信的,因此开始劝止教徒们从事这类祭祀活动,命令他们毁掉那些供奉在家庭及祠堂中的祖先灵牌。"顶头村教徒间遂起争执,一部分教徒拒绝背弃传统而退出教会。[①]

通过利安当和黎玉范初步的观察、调查和决断,两人合撰一份报告呈送在马尼拉的各自修会的省会长。报告称:"我们二人[李安堂和莫若翰(利安当和黎玉范)]在此福安地区传教已有数年。可是我们作梦也未想到,这里的教友竟然在耶稣会士阿肋尼(艾儒略,Julio Aleni)许可之下,实行着违反教义的事情,就是他们向死去的祖先奉献米饭、肉、鱼、水果、酒和香烛等物,而且还由一位教友在神父的许可下,写了一本名叫《代疑篇》的小书,向教友们解释这样做是完全合情合理的事。"

经过初步的调查和书写报告,托钵僧们意犹未尽,必欲通过礼仪是非的辩论,令耶稣会士认错服输。因此,1635年(崇祯八年)9月,利安当两次致信艾儒略,征询祭祖事宜及得失,未见答复。同年十一月,新任方济各会中国教区会长玛方济和多明我会省会长黎玉范前往福州,适与刚至此地的中国耶稣会副会长傅汛际(Francisco Furtado)会晤。"于是两位会长和一位副会长开始了一段非常坦白有益的交谈,一连三天之久。基于此三天交谈的结果,作了两份报告,一份是莫(黎玉范)神父同马神父合作写的非常详尽的报告,其中包括了很多敏感的问题,有十三项之多,另一份是耶稣会副省会长富(傅)神父写的比较简单的报告。各自向本会的最高上级总会长呈上了报告,而又请求各总会长将这个重要的报告上呈圣部和教宗。"

方济各会和多明我会报告的内容,共有十三项。

"(1)有关教会法典在中国实行的情形。(2)有关教友们行为异端:唱戏、敬邪神等所奉献的金钱。(3)有关祭肉的问题,就是先向魔鬼、城隍、孔子等奉献的祭肉,然后分而食之。(4)有关向亡者祖先奉献的祭

[①] 张先清:《多明我会与明末中西交往》。

品,就是米饭、肉、酒、香和蜡烛等。(5)有关对十字架的宣传和公开的敬礼。(6)有关耶稣会传教士在中国所用的服装。(7)有关向阴间亡者所奉献的纸钱。(8)有关吊孝所用的礼节。(9)有关一些奉教的政府官员在向城隍致敬时所用的十字架。(10)有关反对教友向亡者敬礼所应作的讲道。(11)有关耶稣会士所批准的宣传敬礼亡者父母的(《代疑篇》)一书的正确性。(12)有关初期耶稣会士所著的服装(和尚装)。(13)有关省缺为临终妇女傅油的惯例。"

据说,在讨论中,对于第四、第九项质疑,傅汛际作了些解释,但马、黎二人显然很不满意。如第四项,傅汛际说,向亡者奉献礼品,并不是为向他们要求任何恩典,这是教友们的共同意见。对第九项则答道,教友官员可以向城隍致敬,因为他们内心的意向是向自己暗地佩带的十字架致敬。如此缺乏论证且有些生硬的作答,非但难令人信服,在先入为主抱有陈见的马黎二人看来,简直可从反面加以理解。不愉快的交谈之后,各自返回原来的教区。然而,托钵僧们仍不甘心。

从托钵僧会首领福州寻衅挑起辩论,到包含诸多敏感问题的详尽报告的出笼,托钵会士的机锋凶险,有备而来。而耶稣会士的应答则事起仓卒,全无防备,会后的报告又漫无重点,过于简单。在这种情况下,稍后托钵会士得寸进尺,步步紧逼。而漫不经心的态度,则使耶稣会士左支右绌,处处被动,为此付出了高昂的代价。

机锋凶险而仍不甘心的方济各会士玛方济、利安当和多明我会士黎玉范、苏芳积(Francisco Diez),又谋划"组织一个正式的法庭",通过对精心挑选的证人的调查,获取符合自己意愿的证词,继续报告上级宗教机构,以加强对中国礼仪的批评,保持对耶稣会的压力。第一次调查,于1635年(崇祯八年)12月24日在顶头正式开庭。被调查的11人,全都是来自托钵会所属福安县、顶头和穆洋三个教区的教友。他们是:陈伍臣,圣名保禄,年33岁;郭邦雍,圣名若雅敬,年53岁,以上二人都是福安县人;黄时响,圣名弥厄尔,年27岁;黄大成,圣名伯多禄,年31岁,对以上二人未指明出生地点;黄元晃,圣名撒耳瓦多,年49岁;黄元中,圣名方济,年60岁;缪如钦,圣名方济,年37岁,以上三人皆亭(顶)头村人;林廷桂,圣名厄玛奴尔,年39岁,不知其出生地点;阮孔贯,圣名多默,年42岁,出生地不清楚;黄元炫,圣名本笃;年50岁,亭(顶)头地方出生;缪仲雪,圣名方济,年23岁,穆洋地方出生。

这些经过精心挑选的证人,据说,其第一、二位进士出身,第六、七、十位系学校老师,拥有一定的学识。在这里,所谓"确知第一(陈伍臣)和第二位(郭邦雍)是进士"的记载,显然有误。查《(光绪)福安县志》卷十九,选举上,在《贡选》栏内,有郭邦雍的姓名,可见郭氏乃举贡生员出身。参与作证的其余人选,未见载于《福安县志》。这种状况亦为崇祯十年十一月初一日《福建巡海道告示》所印证。该《告示》称,查获在福安等县传教夷人玛方济等三人,"并供开福安县从夷教生员郭邦雍"等14人。[①] 其中,生员郭邦雍、陈五(伍)臣、黄大成和黄元中四人,即参与作证的人选。其二,"几乎一切的证人都与这些调查案件的传教士有关"。如第二位证人郭邦雍,便是前往台湾接应黎玉范、利安当至福建者。证人中还有两位是玛方济神父的传道员,另一位乃玛方济的工人,第十一位缪姓证人,曾作为利安当、黎玉范实地察看中国人发丧礼仪的向导。凡此与传教士关系密切且头脑灵活之人,被召唤作证,其倾向性不言而喻。

从1635年12月24日至1636年1月9日,法庭调查的主要问题是,"当人们向亡者父母奉献祭品的时候有什么意向?向城隍庙和孔子献祭祈求的是什么?在祭拜亡者的牌位或坟墓的时候抱有什么意向?由于这些证人都是自家人,也确知传教士的用意,因此不用说大家都异口同声地说:向亡者献祭的目的是为了求物质和精神方面的帮助,且承认是些迷信的作为。"尽管法庭也煞有介事地履行各种程序,如确任法官、秘书和翻译,逐一询问证人,确认证人的签名笔迹等,但基于这次调查的先天缺陷,像证人太少,仅来自两三个地区,"又都是与法庭人员有关系的听话人士,他们的讲话又都是(听人家说……),而不是自己的亲身经验"。诸如此类,无不表明,对于中国人民这千百年来形成的文化

---

① 徐昌治订:《圣朝破邪集》卷二。

传统和民族习俗,单凭这几个来到中国边海不过三、四年,连中国话都讲不利落的外国传教士,竟然想利用寥寥可数的中国人的"证词",凭借事先"商量和设计好了的"、"充满造作成分的法庭审询的结果",来加以彻底否定,这不啻痴人说梦。充分暴露了这伙人的狂妄无知,及其殖民者心态。

大概庭讯中造作的痕迹过于明显,其结论亦过于尖刻,致使决定将法庭报告呈送马尼拉时,"首先是前此法庭的判官莫(黎玉范)神父打了退堂鼓,将一些与耶稣会有关和不利于耶稣会的条文取消或不加以承认。这一来前功尽弃,也就不能再将结果送往菲律宾。方济会的中国省会长玛方济,乃于同年(1636年)正月二十一日当机立断,以快刀斩乱麻的手法,另行组织法庭,重新开审征查,并追认前此的征询为法律效果的法庭工作。"于是,玛方济自任法庭判官,根据事前拟好的问卷,对包括自己在内的托钵会士(黎玉范、苏芳积、利安当、玛方济)逐一征询并令写出自己的意见。问卷的内容有:

"(一)对于中国教友们的回头入教,你有什么意见?你知道什么?中国人有什么长处,又有什么短处?

(二)你认为我们向来对中国人传教的方法,有什么优点和缺点?我们是否可以长此以往?如果不换方式有什么好处和害处?

(三)在中国的版图内来宣传主的福音,并公开地传扬钉在十字架上的耶稣,又展示主圣像,你认为有什么不方便的地方?既然传福音是我们的责任,你认为如果我们这样做,又有什么好处?

(四)按你在中国所听到、看到和读到的,你以为中国人对自己的亡者祖先有什么见解?又官员们对城隍庙有什么意见?中国的文人学者,都到庙里去向孔子献礼、献祭、敬拜、叩头和上香等行为,你以为他们有什么目的,是否是为了求取精神和物质的帮助?"

玛方济之当机立断,"以其圣座赐予的权柄",于1636年1月21日至2月10日期间,再行组织一系列会议,开审征查,强令传教士按问卷内容作答,其意图,"不但想完全认可前此教友们所作的答词,承认它们完全有效",从而肯定中国人对祖先,官员对城隍,学者对孔子献祭礼仪的异端性质;更重要的,是"想借著传教方法是否合理"及孰是孰非的检讨,申明托钵僧会"有关在中国传教的方式,是同耶稣会分道扬镳,各不相谋的。"由此可见,对中国礼仪的评价,从一开始就跟不同的传教路线和方法紧密联系在一起,并且成为区分不同的传教方式的试金石。

待传教士答辩完毕,同时签署姓名后,玛方济随即令方济各会士利安当和多明我会士苏芳积,携带这两次法庭形成的文件,即11名天主教徒的证词和4位托钵会士的"观察所得",前往马尼拉送交两位省会长。二人乘船途经台湾,苏芳济不愿前行遂留下。利安当的海船迭遭台风海盗袭击,漂至荷兰人占据的爪哇岛。利安当被扣留一年后于1637年(崇祯十年)获释,抵达马尼拉。对于利安当提交并催促上报的礼仪问题,马尼拉总主教"本想就地解决,避免上呈罗马",拟召集当地神学家会议予以定夺。不料征询耶稣会长意见时,却听到"这个问题只有在中国传教的耶稣会士有资格来答复",流露出不屑一顾的神情。"总主教于是决定上呈罗马教宗,这也正是李(利)安堂等人的愿望"。为此,利安当不辞辛劳地制作了上呈教宗、西班牙国王和传信部的大量文件。届时,马尼拉长上一致同意派遣利安当和曾被中国驱逐的黎玉范同赴罗马教廷申诉。二人于1640年5月17日离开马尼拉,一月后到达澳门。不知何故,利安当在澳门受阻,不能前往罗马。黎玉范遂只身前行,历经三载,1643年2月始达教廷。①

随即,多明我会士黎玉范上书教廷传信部,询问17项问题。它们是:守斋,女人领洗和终傅,放债重利,捐资修庙,敬城隍,敬孔子,敬祖先,事死如事生,祖宗,牌位,向望教者应解释中国礼仪为迷信,圣字的称呼,敬礼皇帝,参加外教亲戚丧礼,宣讲耶稣受难。② 此时,"耶稣会士探知道明会派人赴罗马,他们未加注意。耶稣会士曾德昭(Alraro de Semedo)在1643年且在罗马出版一册《中国风俗和宗教大观》,书中描写各种祭祀和庙宇。道明会会士很高兴地运用了这册书中的材料,

---

① 以上引文凡未注明出处者,均摘自韩承良:《由方济会的传教历史文件看中国天主教礼仪之争的来龙去脉》,(上),载台湾《善导周刊》,1993年4月18日。
② 罗光:《教廷与中国使节史》,第85页。

用来说明祭祖祭孔为宗教典礼。"[1]

接到投诉的传信部,遂将此"中国传教士的若干问题"发送圣职部,由该部专设的神学委员会进行审查。两年之后,1645 年 9 月 12 日,经教宗英诺森十世(Innocent Ⅹ)批准,传信部颁发部令,通过公布圣职部专家的评估,"作出了支持黎玉范、谴责耶稣会的做法的裁决"。这是罗马教廷就"中国礼仪之争"发表的第一份正式文件,对以后的进程贻祸非浅。

在我看来,《传信部 1645 年 9 月 12 日部令》,凸显了三个重点。第一,凸显多明我会士乃擅长调查、惩处和罗织异端罪名的教会鹰犬的特色。黎玉范的指控蓄谋已久、别有用心,先"认定中国礼仪是宗教性的",继而"他用宗教用语来描述中国礼仪"。于是,举凡中国礼仪,无论是民俗性的,政治性的,抑或仅仅是表示民间世俗的尊敬,毫无例外地被视为违背"对基督信仰"的"异教的迷信和错误",而其奉行者,即中国皇帝和官员、读书人与民众,皆被指称为"异教徒"或"偶像崇拜者"。

其实,中国人为祭奠祖先而隆重举行的仪式,包括修建的祠堂家庙,摆放的供桌灵牌,陈设的肉果鲜花,燃放的蜡烛乳香,这一切全在烘托仪式的庄严、肃穆和虔诚,通过对祖先的感恩、纪念与敬意,既表达昭穆相继宗祧绵延不绝的意愿,更在彰显对维系人伦道德和秩序的孝道的遵从,这是民族血脉和民族精神的表现。与此同时,孔子自是中国传统的集大成者,又是运用文化礼仪为人们修身、齐家和治国提供思想指导的传承者。后人将他奉为圣人,视作仿效的典范,予以隆重的祭拜,无非是感念其著作惠及后辈的恩泽,这是传统文化升华的体现。可见祭祖和祀孔,乃数千年来浇铸中国传统文化与民族精神的思想基础。

然而,黎玉范却别有用心地指出:"中国人有一种宗教式的遵循孔子的教导的习俗。在中国各地都建有祭奠他们祖宗的庙宇。家族中的每一个成员每年两次去祭祖。在盛大的祭祖仪式上,他们庄严地祭供他们的祖宗。他们把他们的先人和祖宗的画像或雕像供奉在漂亮至极

---

[1] 罗光:《教廷与中国使节史》,第 85 页。

的祭坛上,祭坛前点着蜡烛,烧着乳香,摆着鲜花。有一个人像司铎一样主持仪式,还陪有辅祭。他们供祭的东西有酒、饭、香、烛、祭牲的头等。"又说:"中国人为了纪念祖先,就给先人立牌位,把先人的名字写在牌位上,他们把这种牌位称为先人的灵位,他们相信牌位上有先人的灵魂,先人们的灵魂会来享用供品的……他们在先人的灵位前跪拜、祈祷、请求先人在他们的工作中和需要的时候帮助保佑他们。"同时,黎玉范还几乎用同样的宗教笔法和用语,来描述中国的祀孔仪式。如称:"中国的皇帝和臣民……把他(指孔子)奉为圣人。在中国,每一个大小城市都建有孔庙。地方官员每年两次要到孔庙去举行庄严的祭孔仪式,他们自己担负着类似司祭的职务……一些读书人竞相以孔子的旗号来管理他们地方的政务。他们祭供的东西有:整猪、整羊、蜡烛、醇酒、鲜花、乳香等。所有的读书人考中以后都要到孔庙去跪拜孔子,在其祭台前献上香烛。……分享那些祭供偶像的供品,因为异教徒们相信无论谁吃了那些供品后都可以学业上进,青云直上。"

在黎玉范的指控中,祭祖和祀孔都是"宗教式"的习俗。有专供祭祀的祖庙、孔庙,有附着先人灵魂的牌位,有像司铎一样的主祭和辅祭,有摆放各种什物尤其是猪羊牺牲的祭品,有跪拜祈祷先人的帮助保佑,或分享祭供偶像的供品以求学业上进、平步青云。凡此罗织的罪名,固然在否定中国礼仪形式背离"所有供祭除了奉献给天主的以外,都是违禁的"基督教义,而更深层的用意,则在泯灭中国礼仪的内涵,摧毁中华民族文化安身立命的根基。这跟多明我会初期,通过异端裁判所对卡特里派和韦尔多派的镇压;以及 17 世纪初期,针对拉丁美洲印第安人留存着杀猪供作牺牲,偷偷摸摸搞祭祖活动的旧有习俗,发动破除异端或破除偶像崇拜运动,彻底破坏当地人们的精神支柱和固有文化的举措,乃一脉相承,充分暴露了该修会的极端保守与甘为鹰犬的性质。

第二,凸显托钵僧会的传教路线较耶稣会的传教路线,占据压倒性优势。托钵会士自入华之始,其传教的理念、路线和方法,便与耶稣会士冰炭不能相容。从最初利安当、黎玉范认为中国人祭祖是迷信,继而扩大调查范围,确认拜祖先牌位、孔子和城隍皆为迷信,指责这都是在耶稣会士艾儒略许可下进行的。为此,玛方济、黎玉范寻衅福州,挑起同耶稣会副省长傅汛际的辩论,并整理出反对教徒奉行中国礼仪的异端行为,批评耶稣会士纵容中国礼仪和为适应而改换服装的政策,检讨教会法典在中国实行情况等 13 项内容上报。心犹不甘的托钵会士为扩大事态,又自编自导自演,组织起两场有关礼仪问题的法庭调查。通过 11 名天主教徒的所谓"证词"和 4 名托钵会士的"观察所得",再次肯定中国礼仪的异端性质,同时申明,托钵僧会在中国的传教方式,与耶稣会士分道扬镳,各不相侔。托钵会士正是带着这种传教路线和方法的严重分歧,以及对耶稣会士先前在中国取得成就的妒忌心态,不远万里向罗马教廷告状的。

尽管黎玉范是以陈述问题的形式提出质询,然而字里行间,攻击矛头无不指向耶稣会士宽容中国礼仪的传教路线。如传教士可否在教堂同时摆放供奉天主与称颂皇帝的两个祭坛;皈依基督的官员能否带着十字架出席城隍庙的祭拜仪式,一边在祭坛前行跪拜之礼,一边心中默诵对十字架的崇敬;入教官员和读书人,在被迫情况下,是否可手持十字架进入孔庙参加祭奠仪式;基督徒是否像上面说的那样,假装在表面上参与异教徒举行的祭祖仪式,而内心仍保持对十字架的信仰。诸如此类,早已在过去论争中分别提及的问题,如今以更加系统化和理论化的方式和盘托出,则更具杀伤力。

最终,教廷以无可置疑的权威地位和措词严厉的裁决文件,宣布支持托钵僧会不容异己的传教路线,否决主张宽容适应的耶稣会的传教方式。如说:"无论如何中国基督徒绝对不可以假装参加这种祭祖仪式。即使表面上也不可以。他们不可以参加祈祷,或者任何异教的迷信礼仪,他们更不能积极参与这样的礼仪活动。"又称:"传教士们必须告诉说所有供祭除了奉献给天主的以外,都是违禁的。必须放弃礼拜鬼神。他们所做的礼拜都是虚假的,是不能和对基督的信仰同日而语的。"更谓:"应传信部的要求,教宗陛下旨令严格要求每一个传教士都要不折不扣地遵守这些答复和决定,并付之于行动,并且注意其他有关人士是否遵守和实践这些答复和决定。教宗这么做是要求统一我们的传道和实践活动。耶稣会及各修会的传教士们,包括已经在中国的,或者准备去中国的都要遵守教宗此道敕谕。在教宗和教廷作出另外的决定以前,都必须遵守这道谕旨。"从这对托钵会士投诉的肯定性回应,及点名警告耶稣会士必须遵守敕谕放弃宽容政策的不同态度中,教宗心中的是非、好恶和亲疏关系,已一目了然。

第三,凸显教廷为统一传教方式和实践活动,尤其是树立其绝对权威,已有不顾及传教成绩与后果的倾向。纵然托钵会士反对中国礼仪和抵制耶稣会士的宽容政策,但他们毕竟在中国传教有年,不能不知晓祭祖祀孔与中国传统文化血脉相连的关系,亦不能不察觉对它们的泰否取舍关乎传教的前途和命运。故在诉状中,这种关切与担心时有流露。

如称,倘若不允许信教官员参加城隍庙的典礼,"他们将宁愿背叛我们的信仰,也不愿意放弃他们的官职"。又谓,如果禁止基督徒官员和读书人祭拜孔子,"人们就会骚动起来,传教士们就会被驱逐,今后很难再劝人入教,所有皈依入教就会中止"。再说,"如果绝对禁止他们参加这种活动(祭奠祖先),他们将会放弃信仰。或者,更确切地说,他们外表的行为将不再像基督徒那样了。"更曰,"我们传教士是否应该告诉准备领洗的望教者们,我们是否应该坦率地详细地教导他们供祭(先人)以及上述所有的事情都是违禁的,即使由此而可能产生麻烦,例如取消领洗,受迫害,传教士们遭到驱逐,甚至死亡等也在所不惜。"

对于这些忠诚卫道士为禁行中国礼仪所表达的忧虑及其描述的轻则叛教,继遭驱逐甚至迫害至死的惨淡前景,作为天主教会的最高长上却无动于衷。除一味地强调"不能允许这么做","绝对不可以假装参加这种祭祖仪式","严格要求每一个传教士都要不折不扣地遵守这些答复和决定"之外,[①]没有就传教士未来的困境和厄运,表示丝毫的同情

---

① 以上几未注明出处者,均引自苏尔诺尔编,沈保义、顾卫民、朱静译:《中国礼仪之争西方文献一百篇(1645—1941)》,上海古籍出版社 2001 年版,第 1—8 页。

与怜悯。这种刻薄寡恩的态度,固然跟教宗急切地实现统一传教方式和实践活动的意旨有关,然而,更重要的,还在于不计后果地强化其绝对权威的地位。随着礼仪之争愈演愈烈,教宗的这种表现亦越发地露骨和无所忌惮。

在教廷的裁决中大获全胜的黎玉范并未就此满足,1648年10月15日他再次向教廷举报,指控耶稣会士仍不遵从1645年颁布的有关中国礼仪的"教敕",对于教宗的警告,"视为非确定的,而未遵守"。[①]从而将中国耶稣会传教团,逼入更加危险的境地。

第二节 耶稣会士卫匡国赴罗马应对辩论和中国文化在欧洲的传扬

耶稣会士对托钵僧会进入中国,最初表现出一定的焦虑和反感,为此发生了一些鲁莽而不礼貌的事情。但对于托钵会士个人,耶稣会士并无恶意,亦尽可能提供友好的帮助。然而,他们却远远低估了托钵僧会对适应和宽容传教政策怀有的敌意,以及处心积虑、步步进逼,非欲置之死地而后快的反异端精神。由于中国耶稣会传教团的漫不经心和麻痹大意,使它付出了沉重的代价。

自教宗宣布解除禁令,多明我会和方济各会可进入中国传教以来,"耶稣会士对由此而可能发生的事情,则是非常焦虑的。"[②]这种情绪不仅反映在当时传教士曾德昭的著作中,更表现于耶稣会1633年(崇祯六年)再行集会,迅速了结有关"天"、"上帝"称谓的辩论,团结内部一致对外。正是由此情绪的支配,在福州的耶稣会士林本笃(Benoit de Mattos),因对这些西班牙人未获澳门主教批准,不循传统路线进入中国十分反感,遂对来访的多明我会士高奇极不礼貌,甚至说出"只有贼而不是牧羊人才从后门(指福建)进入中国"这样的话,好意赠送的葡萄

[①] 沙不烈:《明末奉使罗马教廷耶稣会士卜弥格传》,载冯承钧译:《西域南海史地考证译丛》第三卷,商务印书馆1999年版,第128页。

[②] 邓恩著,余三乐等译:《从利玛窦到汤若望》,第218页。

酒也如数退回。① 又如抵达福安甫四月且不谙中国语言的方济各会士利安当,决定前往南京开教。他不顾"南京教案"后尚存恐惧的当地信徒的一再恳求,耶稣会士阳玛诺的多方劝说,执意留居不走。终在阳玛诺首肯下,南京教徒采取行动将利安当捆锁船舱,迅疾驶往福建,方才释放。②

　　史实表明,像这样因焦虑和反感生出的事端,并未进一步扩大。就托钵会士个人而言,耶稣会士没有什么恶意,且尽可能地给予帮助。如私自前往北京被押回福建仍不甘心,三名方济各会士再去省城抗议又落入法网。"在这之后的三个月里,这三个修道士被强行带到省会的各个官衙里。阳玛诺为了他们做了他所能做的一切。他冒着可能牵连到他自己的危险,把他们带回家,护理其中的一位熬过了严重的疾病,在他们结束了诉讼后被命令返回澳门时,为他们提供盘缠和一位向导。"③又如利安当后在汤若望建议下赴山东济南传教,当"他的上司断绝了全部的经济援助"后的四、五年时间里,"除了从汤若望那里得到接济之外,我(利安当自谓)没有得到其他任何援助。汤若望神父住在首都北京,还没等我开口求援,他就向我伸出援助之手"。④ 再如刚从平复的教难中回到福州的艾儒略,便热情地接待了狼狈逃离顶头的方济各会士艾斯卡隆那(Escalona)。这位方济各教士非但不领情,反而"开始教训他的主人(即艾儒略)在处理有关中国人纪念死者的仪式的观点是错误的"。对此,"艾儒略希望避免与他的客人进行争论,态度和蔼地对他作了忍让,说他和他的同事持一种'稳妥的原则'。"艾斯卡隆那遂据此"自我吹嘘说,他在争论中战胜了艾儒略"。⑤

　　也许耶稣会士以为如此慷慨的援助,精心的护理与克己的忍让,能够化解托钵会士无名的敌意及其在礼仪问题上喋喋不休的责难。对

---

① 邓恩著,余三乐等译:《从利玛窦到汤若望》,第221—224页。
② 同上。
③ 同上书,第239—240,245—246,250页。
④ 同上。
⑤ 同上。

此,他们显然放松了警惕。与托钵会首领邂逅于福州的耶稣会副省长傅汎际,对于礼仪问题的辩论缺乏应有的准备,事后的报告虽然直接批评托钵僧会愚蠢的传教方法,并对黎玉范的种种诘难(如行斋戒、妇女受洗、一夫一妻制、传播耶稣受难等)进行了批驳,①但惜乎简略而未切中要害。稍后马尼拉总主教本想压下礼仪诉讼就地解决,无需上报罗马。而当地耶稣会长那不屑一顾的神情和腔调,更激发上诉者追究到底的决心。待黎玉范抵达罗马,耶稣会士业已探明该多明我会士的行踪,却未加注意。竟然在罗马出版的著作中大肆描写中国祭祀和庙宇的情形,这岂不授人以柄。种种迹象显示,从未雨绸缪、早加防范的高度衡量,《传信部1645年9月12日部令》的出笼,耶稣会亦应负一定的责任。

"耶稣会士们,不仅在罗马的耶稣会士,尤其在中国的耶稣会士们,被传信部谴责由利玛窦亲自开创并延续下来的对中国礼仪采取的方式的这份公告打得晕头转向,不知所措。"②因为"教皇的决定触动了耶稣会传教战略的核心,使得传教士接触中国社会方式的基础受到了动摇"。③ 对于"耶稣会教士们来说,这无疑是一个极其沉重的打击,甚至可说到了使其惧怕丧失已在神圣和平中从事了六十多年的巨大的教会传播信仰的工作之程度"。④ 上述西方学者的评论表明,由利玛窦开创的以调适基督教义与儒家思想为基础,宽容中国礼仪习俗为特征,在和平环境里传教已取得巨大成绩的适应性策略,正处于动摇、颠危乃至覆灭的险境。在这维系中国教会前途或文化交流命运的关键时刻,当务之急在于,遴选一位能力挽狂澜的传教士前往罗马,申述"教区耶稣会士没有遵守宗座1645年下达的有关禁止教士参加祭祀等礼仪的命令"

---

① 邓恩著,余三乐等译:《从利玛窦到汤若望》,第253—262页。
② 苏尔诺尔编,沈保义等译:《中国礼仪之争西文文献一百篇》,诺尔:《引言》,第4—5页。
③ 朱塞佩·布兰卡奇奥:《〈中国历史十卷〉阅读指导》,载德马尔基、施礼嘉合编:《卫匡国:一位在十七世纪中国的人文学家和科学家》(中文版),第210页。
④ 同上书,塞维利诺·瓦莱斯奇:《1656年教廷关于中国礼仪的法令和卫匡国的作用》,第340页。

的理由;①"向传信部解释他们(指中国耶稣会传教士)的情况,指出黎玉范并没有准确陈述他们的传教实践",②争取教廷发布有利于耶稣会的新的训令,使形势转危为安。膺其选者,便是在学历、胆识、业绩和对适应策略的理解方面,都堪称优秀的意大利传教士卫匡国。

卫匡国(Martino Martini,1614—1661年),字济泰,出身于意大利北部特兰托(Trento)城一个曾以航海为生的市民家庭。在这个主教辖区里,市民学校由耶稣会士掌管。1625年,卫匡国11岁,开始在当地的耶稣会学校读书。17岁时,因"内心感到一种宗教的愿望",遂加入耶稣会。18岁,卫匡国"在特兰托上完学后,在1632年10月7日,进入罗马的耶稣教义学校,作为见习修士。"③"年届20岁的卫匡国结束了在奎里那莱(Quiriale)的圣安德肋初学院二年初学生活后,于1634年11月进入罗马学院。"在这所由依纳爵亲自创办、聚集了众多著名学者,并形成一整套"发展智力研究"的教学体系的最高学府,卫匡国于三年学习期间,经历了由修辞学(包括拉丁、希腊文及历史学、地理学、种族社会学、法律、伦理和宗教学等)至哲学(包括逻辑学、物理学、数学与天文学等)两个阶段教程的严格训练和考核,其博学多才的资质已崭露头角。据著名数学家阿塔纳斯奥·基旭尔(Athanasius Kircher)说:"特兰托人卫匡国,一位杰出的欧洲作家,曾是我教数学课的得意门生。"④这些显然为他后来的重要著作包括科学创造,铺垫了坚实的基础。据说,在基旭尔悉心指导下,卫匡国精通数学测量技术。他曾设计一种用磁针偏差来测定经度的方法,这个成果由他的老师基旭尔于1643年在科伦发表。在中国期间,即使于温州附近躲避战乱,卫匡国

---

① 白佐良:《卫匡国生平及其著作》,载弗朗科·德马尔奇主编,白佐良编辑:《卫匡国全集》五卷本,第三卷《中国新地图集》第十省《浙江》,意大利特伦托大学2003年版,第49页。
② 《中国礼仪之争西文文献一百篇》,诺尔:《引言》,第5页。
③ 圭多·罗伦奇:《十七世纪的特兰诺主教辖区》,载《卫匡国:一位在十七世纪中国的人文学家和科学家》(中文版),第52—54页。
④ 引自斐林丰讲、施耀第译:《耶稣会士卫匡国求学时代的罗马学院》(意大利文),此讲稿系罗马额我略大学神学系主任斐林丰教授,专为1995年11月来访的中国社会科学院代表团准备的。

第七章 "中国礼仪之争"的骤起与最初的较量　　499

仍随身携带着不少的欧洲书籍、望远镜、反射镜和其他数学仪器,以备观测之用。① 当他返回欧洲时,还利用其老师基旭尔刚发明不久在欧洲极为罕见的幻灯片,为在华传教事业作宣传。李约瑟指出:"很少为人知道的是卫匡国(Martino Martini,1614—1661)——从中国回来的一位耶稣会士——1654 年在欧洲的一次旅游中曾利用幻灯片进行演讲。"②这种良好的人文和科学素养,为他出使欧洲舌战群儒、著书立说,提供了有利条件。

　　同时,卫匡国还是位足智多谋,颇有胆识之人。他于 1643 年(崇祯十六年)奉命来华传教,虽"刚到中国没几年,但很显然这几年时间已充分证实了他自己的能力。另外,他并非是那种易妥协的人,有时,似乎还有点计谋多端"。③ 如卫匡国在温州瑞安县突遇清军时的表现,尽显其随机应变、足智多谋的特性。他自述道:"我知道鞑靼人(指清军——引者)到来,马上在屋正门贴一张长宽的红纸,上面写道:'此屋系欧罗巴人居住,他是传教的教士。'……在大厅入口,我摆出我最大和装订最精美的书,以及数学仪器、望远镜和其他光学镜子,诸如此类我认为最显眼的种种物品;最后把救世主像放在陈设它的祭坛上。用这个有效的方法,我不仅未受一般士兵之害和抢劫,而且还得到鞑靼统将的好意邀请和款待。他问我愿不愿意改换我的中国(明朝)服装,剃掉我的头发。我欣然同意,于是他让我当场剃光头。我对他说,光头不宜着中国装,他脱下自己的靴子,让我穿上,把他的鞑靼帽子戴在我头上,并设宴招待我,发给我通行证,让我返回我在杭州大城的旧居;我们在杭州有一座大教堂及学校。"④经此戏剧性变化之后,卫匡国于 1648 年(清顺治五年)担任杭州教区负责人。通过同当地士绅的友好交往,与知识精

---

　　① David Mungello:*Curious Land*:*Jesuit accommodation and the origins of Sinology*,p.106.
　　② 李约瑟:《江苏的光学技艺家》,载《李约瑟文集》,辽宁科学技术出版社 1986 年版,第 552,564 页。
　　③ 塞维利诺·瓦莱斯奇:《1656 年教廷关于中国礼仪的法令和卫匡国的作用》,载德马尔基、施礼嘉合编:《卫匡国:一位在十七世纪中国的人文学家和科学家》,第 340—341 页。
　　④ 卫匡国著,何高济译:《鞑靼战纪》,载安文思著,何高济译:《中国新史》一书附录,大象出版社 2004 年版,第 222—223 页。

英朱宗元、祝石的共同译著,推动了基督教本土化的进展。可见前面卫匡国来华数年间已证实足智多谋、能力超群的评述,确系谠论。

尤其令人称道的是,卫匡国对于利玛窦适应策略的理解和感情。意大利学者梅文健指出:"在中西文化交流中,利玛窦的独一无二的地位是大家公认的。在他的著作中,他选择了对他们适用的、共同认识的原则和思想方式。在那些紧随其后的人们中,有卫匡国。他的创造性的贡献是进一步确定和发展了利玛窦的文化接近策略。"[1]所谓利玛窦确立的适应中国传统文化的"共同认识的原则和思想方式",主要表现"在与教会的教导相符合的范围内也接受了儒家的教义",[2]并在此基础上,建构了新的传教路线。"为耶稣会传教区确定了一直保持了两个多世纪的基本方向、一种传教政策、一种很高的科学水平、一种灵活的适应中国习俗的做法。"[3]因此,就中国传教士而言,对孔子和儒家思想采取什么态度,已不仅仅是个人的兴趣与爱好问题,它已成为维护或者反对利玛窦传教路线的一个重要标志。

有鉴如此,卫匡国进一步确定和发展利玛窦的文化接近策略,集中表现在他有针对性地申述了推崇孔子道德与古代儒家学说的理由,并表达了由衷的敬慕情感。其一,对于孔子的生平、经历以及儒家重要典籍,进行了相当详细的介绍和评论。他说:"孔子是最受中国人民称赞的思想家,他所创立的由文人学士组成的儒家学派,乃是中国三大宗派中最著名的。"卫匡国概述了孔子的生平、家世和坎坷的经历,突出了他追求政治理想的百折不挠的精神。卫匡国还承袭了利玛窦、金尼阁翻译和介绍中国"四书"、"五经"的意愿,将这些儒家经典的内容作了系统的阐释。在介绍中,他特别注意这些经典在规范礼仪、道德和管理国家

---

[1] Melis Giorgio: Chinese philosophy and classin the works of Matino Martini S. J. (1614—1661)(梅文健:《耶稣会士卫匡国著作中的中国哲学和古学》,载《纪念利玛窦来华四百周年中西文化交流国际学术会议》论文集,台北辅仁大学出版社 1983 年版。)

[2] 史若瑟:《1978 年法文版序言》,载何高济等译:《利玛窦中国札记》下册,附录,第 665—666 页。

[3] 伊莎贝尔·席微叶等:《入华耶稣会士和中西文化交流》,载《明清间入华耶稣会士和中西文化交流》,巴蜀书社 1993 年版,第 3 页。

方面所发挥的作用。

其二,强调孔子的道德修养和基督教义的一致性与互补性。通过对孔子身世的介绍和儒家经典的表彰,卫匡国指出儒家哲学的基础在于"至善","这包含自我完美和使他人完美"。① 于是,他假借一位古人褒奖孔子的言论,抒发自己对孔子美德由衷的钦佩。他写道:"我们越是放开我们的视野,便越是在远处看到孔子的美德;我们愈是深入其中,便愈是感到它的真实性和规模的宏大。这些品德初次给人的印象似乎是平常的和封闭的,但很快就会领悟到,它们原也是来自非常久远的我们自己的东西。我们的天主基督教导人们美好和秩序;孔子则不断给我们指示学识的进步和所有的礼仪。我常常想要离开他的教导,但我不能那样做;我注意以我所有的精力和智慧,在秩序中理解那些学识和礼仪,并希望继续下去。没有人能达到孔子那样的美德,正如同没有人能够用梯子爬上天堂一样。"②

其三,突出儒学的遵循自然法则的哲学性质。卫匡国在解释儒家的哲学基础在于"至善"之后,随即指出:"个人的完美对每个人而言,在于用理性之光照亮自己的内心并使之发出光芒,使自己不致偏离自然法和自然规定。"③这样就把儒家的美好道德跟它哲学的自然法则属性有机地联系起来。为了强调儒学的这种非宗教性质,且排除人们对"崇孔"是否敬神的礼拜仪式的怀疑,卫匡国还着重分析了儒家的"孔庙"同佛教的"庙宇"之间的区别。他说:"在每一个城镇,出于对孔子的尊敬,人们建造了一个孔庙。这孔庙同来自偶像崇拜的庙宇的差别是明显的,在不同的地方这种偶像的庙宇建造了许多。孔庙中没有建造孔子的塑像,只是预先商定孔庙的正门用金色书写它的名称。对孔子的尊敬就像人们尊敬他们活着的老师一样。这孔庙是不对所有的人开放的。因此,孔庙可以清楚地表现出,孔子不是人们敬神的礼拜仪式的对

---

① 引自朱雁冰:《耶稣会士卫匡国与儒学西传》,载台湾辅仁大学《神学论集》94(1992年冬)。
② 梅文健:《耶稣会士卫匡国著作中的中国哲学和古学》。
③ 朱雁冰:《耶稣会士卫匡国与儒学西传》。

象。人们把对他的尊敬看做是必修的课程,只是由于他的品德和博学。对于整个帝国唯一的导师那样做,他们认为是理所当然的。"

卫匡国还针对欧洲教会人士反对中国文人学士崇拜先师孔子的言论,批驳道:"仅仅对某些人来说,这样尊敬孔子的方式似乎是迷信的。然而,这些人进行考察的根据和净化的观点,是不公平与不适当的。"①为此,"卫匡国曾对多明我会修士表示过反感,并指出正是这些人的过度狂热给传道活动造成了困难。他在 1646 年从延平寄出的年度报告中这样写道:'他们都是很好的修士,但过于积极,特别是在中国这样新兴的基督教社会中缺乏谨慎的态度'。"②

如上所述,正是卫匡国这样一位具有良好学历、过人胆识和出色业绩,把握适应策略的精髓并对訾议者持鲜明批判立场的耶稣会士,"1650 年,阳玛诺会长在与教廷巡视员傅汎际神甫商议后,决定派卫匡国作为特派员回罗马教廷传信部说明",③承担此力挽狂澜的重任。不过,"当时,并非所有在中国的耶稣会传教士都同意派卫匡国回罗马,有些人说他过于年轻……认为他并不适合当此重任"。④ 然而,膺此任命的卫匡国却义无反顾,"当需要派遣某人去罗马澄清耶稣会教士之教规习俗时,他便(于 1651 年)启航西行了"。⑤ "最终,卫匡国几乎是偷偷摸摸地仓促启程,而且没有像往常一样从澳门出发,却选择了另一条路。"⑥这就是 1651 年 3 月由福建金门岛出发,途经马尼拉、望加锡、雅加达(被软禁八个月),后取道好望角、英伦三岛,到达挪威的卑尔根港时,已是 1653 年 8 月 31 日。在这两年半沿途访问和海上颠簸的旅程中,卫匡国抓紧时间,"整理了自己此前完成的历史和地理研究,并对未来旅行中要做的工作作了打算",搜集了足以批驳多明我会士诬告的资料。

---

① 梅文健:《耶稣会士卫匡国著作中的中国哲学和古学》。
② 白佐良:《卫匡国生平及其著作》。
③ 同上。
④ 同上。
⑤ 塞维利诺·瓦莱斯奇:《1656 年教廷关于中国礼仪的法令和卫匡国的作用》。
⑥ 白佐良:《卫匡国生平及其著作》。

第七章 "中国礼仪之争"的骤起与最初的较量

稍后的经历表明,卫匡国此次欧洲辩护之旅,的确不同凡响。他先不急于赴罗马汇报,而是巡游演讲,接洽有关中国著作的出版,制造有利的社会舆论;继而充分展示在中国传教取得的骄人成绩,引起教廷的好感和重视;再则在具体辩论中,既不纠缠于深奥的教理教义,而又利用教会对民俗性、政治性礼仪的适度容可,进行卓有成效的抗辩,并获得巨大的成功。

1653年8月,卫匡国从挪威登陆后,并未径往罗马,而"绕道经行德意志,比利时,沿途备受各国学者欢迎"。[①] 1654年他在欧洲的这次旅游中,还曾利用幻灯片对中国事物进行演讲,辗转"抵荷兰之阿姆斯特丹,即从事于《中国新地图集》及其他诸书之刊行"。[②] 直至教会命令催促,卫匡国方于1654年10月上旬抵达罗马。这种先忙于出版著作、制造舆论,而后参与辩论的做法,实隐含卫匡国的深谋远虑。

原来中国礼仪之争所涉及的问题之一,"是教会应决定耶稣会传教士们长期以来在中国传教活动中所实行的某些布道方法及译音译释从教义和戒律方面考虑能否被接受采纳"。[③] 而"马尔蒂尼(卫匡国)认为阻碍罗马理解由耶稣会在中国执行的尝试的主要障碍是对中国文明和文化缺乏总体了解,因此得花费很大的智力来消除这个障碍"。[④] 这就是卫匡国之所以漫游中国城镇不忘准确测量,邂逅清军生死未卜而难以割舍望远镜和其他数学仪器,远航欧洲却执意将搜集的中文资料带上海船,航行途中为荷兰海军拘禁仍继续绘图工作的缘由。正是这受中国传教团嘱托的维护适应策略的责任感,对中国人民真挚友好的情感和对优秀传统文化的心悦诚服,以及欧洲人文主义思潮的浸染与科学思维方法的激励,使卫匡国迸发出旺盛的创造力,迅速在欧洲用拉丁文出版了一系列著作。

---

① 费赖之著,冯承钧译:《在华耶稣会士列传及书目》上册,第262页。
② 同上。
③ 塞维利诺·瓦莱斯奇:《1656年教廷关于中国礼仪的法令和卫匡国的作用》,载《卫匡国:一位在十七世纪中国的人文学家和科学家》(中文版),第339页。
④ 朱塞佩·布兰卡奇奥:《〈中国历史十卷〉阅读指导》,同上书,第212页。

"《鞑靼战纪》(1654年出版),《中国新地图集》(1655年出版),《中国历史十卷》(又译作《中国上古史》,1658年出版)和《中国基督徒的数量和质量简述》(又译作《中国耶稣会教士纪略》,1654年完成)这几本书,各从不同的角度、不同的范围阐述了对中国新的认识,即对中国和她的传统的新的评价。"[1]它们给欧洲社会传递的强烈信息是:(一)"向欧洲宣传新的中国形象——一种在伦理基础上建立起来的、所含价值完全可以和基督和欧洲文明相媲美的文明。"[2]言下之意,"这个民族的精神是多么适宜于接受基督宗教信仰"。[3](二)在中国传教已取得初步的成功。《中国耶稣会教士纪略》的写作,旨在表彰"那些前辈为了把福音传给中国人民,以及他们逐渐地在那帝国所取得成就的重要精神见证"。[4] 这些传教活动的成功,"使特兰托的传教士(卫匡国)和耶稣会传教士看到了以有利于自己的一面解决关于仪式问题上的冲突的希望"。[5](三)基督教义与儒家思想可以融通转化。在《中国新地图集》中,卫匡国对儒教转而信仰基督教持肯定的态度,指出"发生这种转变的可能性不小,因为儒教哲学家赞扬欧洲道德理论,同意其观点,除了纯自然原则外,别的什么也不缺"。[6](四)"马尔蒂尼所阐述的许多内容可以读来双重理解为:对中国礼仪需正确辩护并且要批判用武力输出欧洲文明的企求。"[7]

从卫匡国抵达欧洲后撰写并于1654年在罗马完成的《中国耶稣会教士纪略》(又名《中国基督教徒数量和素质的简述》),便是既能增强欧

---

[1] 朱塞佩·布兰卡奇奥:《〈中国历史十卷〉阅读指导》,载《卫匡国:一位在十七世纪中国的人文学家和科学家》(中文版),第211页。
[2] 同上。
[3] 朱雁冰:《耶稣会士卫匡国与儒学西传》,台湾辅仁大学《神学论集》[24]/1992冬。
[4] 梁作禄著,王志成译:《〈中国耶稣会教士纪略〉一书所论述的中国基督教》,载陈村富主编:《宗教与文化论丛》(1994),东方出版社1995年版,第29—30页。
[5] 朱塞佩·布兰卡奇奥:《〈中国历史十卷〉阅读指导》,载《卫匡国:一位在十七世纪中国的人文学家和科学家》(中文版),第214—215页。
[6] 加布列尔·坡里尼:《卫匡国初论中国宗教:宗教地理琐记》,同上书,第332—333页。
[7] 朱塞佩·布兰卡奇奥:《〈中国历史十卷〉阅读指导》,载《卫匡国:一位在十七世纪中国的人文学家和科学家》(中文版),第214—215页。

洲社会和教廷对中国的整体性了解,又直接为耶稣会辩护带来成功希望的著作。这册以卫匡国"从中国带来的详尽资料以及他离开中国后其他传教士寄给他的报告为基础",而撰写的44页小书,通过展示在中国传教取得的骄人成绩,为自利玛窦以来,"耶稣会士的传教方式创造一个有利的舆论环境"。该书包含四项内容。

其一,中国基督徒的数量。根据对基督徒普查和卫匡国的记载,1640年福音已传遍15个省份的13个,1651年卫氏离开福建时,中国皈依者至少有15万人,"其呈现出来的前景并不亚于其他地方"。

其二,文人学士与统治上层的皈依。由于一开始耶稣会士就坚持让一些官员、学者入教,从而出现了被称为"中国教会三柱石"的徐光启、李之藻和杨廷筠的皈依。此后传教士仍然保持着对中国文化界的巨大影响,"1636年在信徒中有14位高级官员、10位进士、11位举人、291位秀才"。与此同时,教会势力还渗透到大明帝国的宫廷。1636年有140位皈依者,另有40名太监和40位皇室贵妇亦领洗入教。甚至"皇后也有很大希望愿意接受基督教,而皇帝本人离天国不远了"。

其三,中国基督徒的素质和特征。针对那些传遍菲律宾、西班牙乃至罗马的错误而阴险的报道,以及对中国基督徒所谓信仰混杂充满偶像崇拜的指责,卫匡国指出,要谈中国基督徒,就应当去考察他们在家中的生活,在那里,"只有欧洲的神父和福音工作者",系指中国基督徒信仰的纯真。卫氏认为,从南京和福建教难中,普通信徒与徐光启等著名人物,坚持为神父、为基督教信仰辩护的行为,反映了他们入教并非出于自私自利的动机,而是具有坚定不移的信仰。此外,如原始基督教团契式的各种各样的组织建立起来,这有利于继续在亲戚熟人和朋友之间传播福音。最后,引用一位多明我会士的见证,表明基督徒以极大的热情虔行圣事。总之,"没有人有理由企图玷污这份关于中国基督教徒价值的荣耀"。

其四,耶稣会士在中国的传教情况。书中回顾了自沙勿略以来58位传教士和15位助手在中国的活动及其所撰写的53部中文著作的状况。卫匡国强调指出:"他的耶稣会同伴们进行大规模的福音化工作,并不向中国人隐藏关于道成肉身、受难和基督之死的思想。他们对中国风俗习惯和学术思想的深刻认识证明他们能容易地区分'什么是纯粹的迷信、什么是政治文化形式'。"①

该书的出版,无疑使耶稣会在道义和心理上占得先机,但辩论的形势依然严峻。"他(指卫匡国)的对手们在得知其(赴欧)行程时,便开始加紧工作以便从罗马信仰宣传红衣主教会(传信部枢机主教)获得对耶稣会教士教规习俗一个新的也是最终的判决。"②不过,从"此书乃递呈传教省诸枢机员"的情形来看,③卫匡国对胜利充满信心。

尽管几部有关中国的著作出版,具有先声夺人的效应,但在具体辩论中,卫匡国仍然小心翼翼。一方面,纵观卫匡国呈递的问题和建议,明显地贯串着一个基本思想,即不纠缠于深奥的教理教义,而是在"事实"层面上进行有理有据的说明。"它实质上是一个'事实问题',涉及到对此作出适当的认识,纠正那些导致1645年教廷宣告的对手们对此的歪曲。"④另一方面,则又尽可能利用当时"承认自然法则的普遍性"这一"神学传统",及其对民俗性、政治性礼仪的适度认可(即使如《传信部1645年9月12日部令》也说:"他们做的这些举动是在民俗和政治范围内,可以允许他们这样做。"又说:"只要桌子上面不放祭品,也不正式把它叫做祭坛,其他东西只是表明民间尊敬的意义,或者被限于民俗的范围内,这是可以允许的。"⑤),来为自己的辩护寻找根据。当然,针对托钵僧会加紧向教廷上层游说的动向,著名神学史家、耶稣会士彼德罗·帕拉维奇尼亦动用同教宗亚里山德罗七世的朋友关系,在他对传教的方针政策进行审查和作出决定过程中,

---

① 梁作禄著,王志成译:《〈中国耶稣会教士纪略〉一书所论述的中国基督教》,载陈村富主编:《宗教与文化论丛》(1994),东方出版社1995年版,第29—37页。
② 塞维利诺·瓦莱斯奇:《1656年教廷关于中国礼仪的法令和卫匡国的作用》,第34页。
③ 费赖之著,冯承钧译:《在华耶稣会士列传及书目》上册,第266页。
④ 塞维利诺·瓦莱斯奇:《1656年教廷关于中国礼仪的法令和卫匡国的作用》,第341页。
⑤ 何高济等译:《利玛窦中国札记》下册,附录,第664—665页;《中国礼仪之争西文文献一百篇(1645—1941)》,第6—7页。

施展了强大的影响。①

从1655年秋至1656年春,有关中国礼仪的审查和辩论持续了五个月。在卫匡国呈递的资料和摘要记录中,将前述黎玉范攻讦的17个问题,归纳为五个重点,并逐一加以说明。在涉及利玛窦对儒家策略这个"生死攸关"的问题时,卫匡国"以很多论据来使人相信孔子并非被视为上帝来祭祀崇拜的,奉献给他的厅堂并非是庙宇,被人们带到那里的祭品也并不是牺牲品"。同时指出,这些仪式"没有任何一种不利的影响。阻止它们将意味着从一开始便排除了基督教徒就职社会的可能性,并使教会的效能和随之而来的希望全部落空"。至于对死者及先辈的祭祀礼仪,卫匡国解释道:"中国人不认为人类灵魂中有某种神性,因而对死者的祭祀不能被视为宗教和礼拜行为,生者对死者的祈祷不具备向神祇和上帝祈祷的性质……他们做这一切是因为他们找不到其他更好的方式来表达他们对死者的热爱和崇敬,还因为以此方式他们可以使其子女们学会如何敬重其父母长辈。"

卫匡国的辩论获得极大的成功。先经11位神学家作为"有资格鉴定人"的审查和签署意见,继由红衣主教会复核并作出决定,报请教宗亚里山德罗七世批准后,遂起草待颁布的法令。"法令的原文大量引述了马尔蒂尼(卫匡国)回忆录的章节,而对其余部分则原原本本地作了概述。正是红衣主教们决定这样做的。他们不断地重复指出资料的来源(但没提及马尔蒂尼的名字,而是泛泛地使用耶稣会教士一词),以便将这些资料的重要性公诸于世。"②由此可见卫匡国在圣职部部令出笼过程中,举足轻重的作用。

《1656年3月23日圣职部给中国传教士的部令》中,有关祀孔的部分,根据"他们的礼仪,自始至终都是公认为民俗性的和政治性的,仅

---

① 塞维利诺·瓦莱斯奇:《1656年教廷关于中国礼仪的法令和卫匡国的作用》,第342—343页。
② 塞维利诺·瓦莱斯奇:《1656年教廷关于中国礼仪的法令和卫匡国的作用》,载德马尔基、施礼嘉合编:《卫匡国:一位十七世纪中国的人文学家和科学家》(中文版),第341—348页。

仅是为了表示民间世俗的尊敬"的解释,"圣职部规定,允许中国基督徒参加上述的仪式。这种仪式看来纯粹是民俗性的和政治性的"。有关祭祖的部分,鉴于"中国人并不认为亡灵是鬼神,他们并不希望或要求从亡灵那里得到什么"。"圣职部了解了上述情况后,规定中国的入教者可以进行这种纪念他们先人的仪式,甚至可以和教外人士一起纪念,只要他们不做任何迷信的事情。甚至当教外人士做迷信的事情时,中国基督徒为避免引起他人的憎恨和敌意,如果公开表明其信仰及在不产生信仰危机的情况下,也可以在场。教宗同意了对上述问题的答覆和决定。"①这显然是在承认自然法则和民俗性、政治性礼仪的思想指导下,通过对中国祭祖祀孔仪式的肯定,而支持对它们采取宽容和适应政策的中国耶稣会传教团。

由于卫匡国在成功地改变罗马教廷的意向方面起了决定性的作用,致使濒临颠危的利玛窦的传教路线,可以在17世纪后半个世纪的时间里,继续以合法的形式在中国推行和发展。虽然自1656年教皇通谕之后,有关礼仪之争仍波折不断,但直至1697年福建代牧主教颜珰再次挑起大规模争端,罗马教廷于1704年最后议决禁止中国礼仪之前,来华耶稣会士仍能够大致沿着利玛窦指引的方向,担当中西文化交流的重任。

美国学者孟德卫(David Mungello)在谈到欧洲早期汉学与耶稣会士适应性政策的联系时,指出:"欧洲愈来愈被关于中国的报道所吸引,是通过耶稣会士的适应性路线进行的。一旦有关中国的报道扩展到欧洲,那对这些思想观念的吸收,便成为对欧洲具有重要影响的社会思潮中较好的组成部分。"在17世纪,这些引起关注的观点,大致集中在六个问题上。其中头两个问题是:"在中国悠久的历史和符合于《圣经》的年代学之间的调和;对'中央王国'地理学的中国观点和扩大了的欧洲有关世界的地理知识的同化。"②

---

① 苏尔诺尔编,沈保义等译:《中国礼仪之争西文文献一百篇》,第8—11页。
② David Mungello:*Curiors Land:Jesuit accommodation and the origins of Sinology*. p.15—16,p.13。

第七章 "中国礼仪之争"的骤起与最初的较量　**509**

　　如前所述,卫匡国和其他耶稣会士,已经"忧虑地觉察到","罗马教廷对中国文明特点进行深入了解的困难",促使"马尔蒂尼(卫匡国)那一代的传教士不得不认为让中国理解欧洲与让欧洲理解中国一样重要"。于是,他们纷纷通过自己的著作,"向欧洲宣传新的中国形象——一种在伦理基础上建立起来的、所含价值完全可以和基督教欧洲文明相媲美的文明"。① 这样原本在中国特定环境里形成的适应性传教路线,随之延伸并影响到欧洲,成为维系中西文化间交往的重要纽带。而那些有关中国悠久文明的报道,也被吸纳为欧洲进步思潮的组成部分。这其中,卫匡国在欧洲用拉丁文出版的三部著作,即《鞑靼战纪》(安特卫普,1654年)、《中国新图志》(阿姆斯特丹,1655年)和《中国上古史》(慕尼黑,1658年),便是"在金尼阁于1615年出版了有关在中国传教早期阶段的利玛窦的著作《基督教远征中国史》之后,以及在17世纪晚期关于中国的较多著作出版以前",欧洲读者所可能见到的"有关中华帝国的崭新和全面的评论"。② 因此,卫匡国同曾德昭、安文思、柏应理和白晋一起,被推崇为继利玛窦之后,发展欧洲汉学基础的主要人物,③并被认为是欧洲汉学研究中心从意大利转移到法国之前的最后一位著名的意大利汉学家。法国学者戴密微称卫匡国是"这个时代的最后一位伟大的中国学家"。④ 可见卫匡国正是耶稣会适应性传教路线的卓越继承人,又是欧洲早期汉学的奠基人这样"一身而二任"式的人物。

　　过去,一些西方学者在评论卫匡国的贡献时,往往偏重于他在地理学上的成就。然而,从更宽广的历史视野来考察,《中国上古史》在欧洲

---

① 朱塞佩·布兰卡奇奥:《〈中国历史十卷〉阅读指导》,载《卫匡国:一位在十七世纪中国的人文学家和科学家》,第210—211页。
② 梅文健:《耶稣会士卫匡国著作中的中国哲学和古学》。
③ David Mungello: *Curious Land ; Jesuit accommodation and the origins of Sinology*. p. 15—16, p. 13.
④ 戴密微:《入华耶稣会士与西方中国学的创建》,载《明清间入华耶稣会士和中西文化交流》,第164—167页。

的流传及其激发的辩论,具有更为重要的历史意义。前述孟德卫的评论中,将悠久的中国历史与《圣经》年代学之间的关系,列为影响欧洲社会思潮的六个问题中的首位,不是没有缘由的。因为"当时(欧洲)认为人类的整部历史都载于《圣经》中,17 和 18 世纪所提出的有关中国历史的所有问题都与圣经中表达的内容有关"。[①] 那么,卫匡国究竟在《中国上古史》中表示了怎样的看法,而同《圣经》权威的年代学不协调?这个最初产生的矛盾在欧洲思想界中,引发出哪些分歧的意见?如此旷日持久的争论,对于欧洲进步思潮有什么积极的影响?这些都是需要回答的问题。

1658 年出版的《中国上古史》,是欧洲第一部全面而系统地介绍中国历史的编年体著作。该书在参考《史记》《通鉴纲目》等中国史籍的基础上,按照历史发展的顺序,将始自上古而迄断于西汉末年的中国历史划分为十章,第一章叙述的内容是中国远古的神话传说,以及伏羲、神农、黄帝、少昊、颛顼、喾、尧、舜等八代帝王的故事。余下的章节,缕述了夏商周秦以至西汉的历史。[②] 这部书的历史价值,从其初衷来看,原不过是向欧洲读者阐释中国悠久的历史传统,而实际却成为引发欧洲思想界争执达百年之久的始作俑者。该书引起欧洲思想界的重视,主要在于第一卷(章)的内容,即开天辟地的传说,中国人对洪水的看法,有关纪年等有趣的史料,以及著者对于上述历史的推断和评论。卫匡国在书中确认,自伏羲这中国第一位皇帝于公元前 2952 年即位以后,中国有了从未间断的可信的历史。他说:"第一卷的结束部分及其他九卷都表明,伏羲及其以后帝王们的传说,都确有根据。"他还断言,"东亚在洪水之前已有人居住",虽然"不清楚那里(指中国)的洪水和挪亚时代的洪水是否一回事"。[③] 随着后来欧洲天文学家对中国历史上不间

[①] 谢和耐:《16—17 世纪的中国哲学与基督教之比较》,载《明清间入华耶稣会士和中西文化交流》,第 57 页。

[②] 参见马雍:《近代欧洲汉学家的先驱马尔蒂尼》,载《历史研究》1980 年第 6 期。

[③] 引自小西鮎子:《关于 17 世纪后期介绍到欧洲的中国历史纪年》,载《国外社会科学》1988 年第 8—9 期。

断记录的日、月食和行星相合日期的验算,更证实了卫匡国所断言的中国编年史的可靠性。这样一来,卫匡国有关中国上古史的记载及其评论,便明显地跟欧洲权威的《圣经》年代学发生了抵牾。

众所周知,以受神灵启示的《圣经》为标准解释世界历史,以上帝创世、挪亚洪水等年代作为编织人类历史的根据,甚至从《旧约圣经》中寻找世界各国的起源,这是自欧洲中世纪以来不可动摇的信念和原则。然而,自文艺复兴以后,以自由探讨精神来研究和批判《旧约圣经》的人越来越多。"就是在这种对《旧约圣经》进行合理批判之风盛行的时期,马蒂尼(卫匡国)的《中国史》问世了。由于它的记载很悠久,人们当然要拿它和《旧约圣经》的内容作比较,用中国史来验证《旧约圣经》的可靠性。这时遇到的最明显的问题就是年代问题。出现上述伏羲即位的年代比《旧约》中挪亚洪水的年代更早这一矛盾说法"。[①] 因为按照天主教会正式批准的权威版本,即通俗拉丁文本《圣经》的算法,创造天地是公元前 4004 年,挪亚时代的洪水发生在公元前 2348 年。如是,伏羲即位的时间比挪亚洪水早了 600 年。如果承认中国的传说,承认伏羲即位后的中国历史从未中断过,那不啻否定了《圣经》有关挪亚洪水曾经覆盖整个大地,挪亚洪水之后不同民族才散居地球各地的说教。

自从《旧约圣经》与中国历史纪年的矛盾暴露以后,围绕着如何看待伏羲即位较之《旧约圣经》有关挪亚洪水早了 600 年的记载,欧洲基督教会和思想界形成了长达 100 年的争论,并出现了四种不同的意见。第一种人采取否定中国历史传说,全面维护《旧约圣经》的立场。他们固执只有《圣经》才是神的语言,遇到矛盾时只应相信《圣经》的信条,力图通过各种论证使人对中国的传说产生怀疑,以达到否定中国悠久历史的目的。第二种人将中国历史纳入《旧约》的范畴,把中国传说解释为借用《圣经》故事。他们之所以肯定中国传说作为古代记录的价值,全在于把这些传说看做是《旧约》故事的一个变种,并企图通过这种方式,将非基督教的中国纳入基督教世界的历史之中。第三种人建议采

[①] 引自小西鮎子:《关于 17 世纪后期介绍到欧洲的中国历史纪年》。

用非正统的七十子希腊文本《圣经》的年代,以消弭《旧约》与中国年代学之间的矛盾。根据七十子希腊文本的算法,公元前 5500 年为创世的年代。挪亚洪水发生于 3258 年。表面上看,这种处理方法似乎可以解决伏羲即位早于挪亚洪水这一矛盾,故包括卫匡国在内的中国耶稣会士普遍赞成此说;然而,该建议一旦被采纳,那在天主教中奉为经典的通俗拉丁文本《圣经》的正统地位就将被推翻,而代之以非正统的七十子希腊文本。这对欧洲天主教会来说,仍然是一个潜在的威胁。第四种人则是依据中国传说怀疑《圣经》故事,以中国历史纪年为武器贬低《圣经》的意义。他们认为挪亚洪水不过是局部的洪水,《圣经》所讲的只是犹太民族的历史,而真正的世界历史要比《旧约》所说的久远得多。①

总而言之,由卫匡国《中国上古史》出版而引发的欧洲思想界的长期争论,虽然跟固有的宗教争端和派别斗争纠缠在一起,而显得错综复杂。但是,这场争论已经超出 17 世纪的时限和一般汉学研究的范畴,具有动摇《圣经》年代学和创世说基础的思想启蒙的意义,则是不容否认的。正如法国学者伊莎贝尔·席微叶在揭示 18 世纪启蒙思想家伏尔泰跟这场神学辩论的关系时所指出的:"与这种令人难以置信的(中国)古老历史相比较,犹太——基督教世界史就似乎是不值一提了。这一发现在一个多世纪中维持了一场极其重要的神学辩论,因为中国那已得到证实的古老特性使圣经年代体系的准确性受到了置疑,这样一来就使圣经的价值上笼罩着一片疑云。在这样的背景下,大家就会明白伏尔泰的热情在于一箭双雕。中国的年代纪既是旨在反对圣经的一种武器,同时又是他自己的史学体系的基石。"②由此可见,因《中国上古史》出版而引发的这场长期争论,动摇了《圣经》和基督教会的权威,并直接为 18 世纪启蒙思想家批判中世纪传统和确立新的史学观提供了依据。这样卫匡国便和那些杰出的在华耶稣会士一样,"从非常遥远的地方不自觉地参与了对法国(乃至欧洲)社会的改造"。③

---

① 小西鲇子:《关于 17 世纪后期介绍到欧洲的中国历史纪年》。
② 伊莎贝尔·席微叶:《入华耶稣会士和中西文化交流》,第 18—19 页。
③ 同上。

第七章 "中国礼仪之争"的骤起与最初的较量　513

最早于1655年在阿姆斯特丹出版的《中国新图志》,因为是首次在欧洲全面而深入地介绍中国地理,卫匡国迅速地赢得了"中国地理学之父"的称号,其图志亦被欧洲地理学界视为地图绘制史上的里程碑。当代西方学者约克·汉斯指出,《中国新图志》是"17世纪地图绘制中最受人称羡的成就之一。它不仅使当时欧洲绘制的中国地图大大前进了一步,而且直到今天,在欧洲仍然是唯一的包括比例约为1∶1500000的15幅分省的中国地图集"。① 可见正是在介绍和融合东西方地理学知识的问题上,卫匡国对于欧洲进步的社会思潮的发展又作出了新的贡献。那么,这部包括17幅地图和171页文字说明的图志,在成书过程中具有哪些特点,它是怎样体现东西方地理学知识的融合和交汇的?

第一,该图志是运用欧洲近代科学方法和仪器,进行实地的考察测量,同吸收中国历史上丰富的地理学遗产相结合的产物。

17世纪欧洲学术界认为,"地理学知识所根据的原理有:(1)纯数学的命题,(2)天文科学,(3)经验和观察(这是主要的,因为地理学不是论证的科学)"。② 从卫匡国的科学素养和经历来看,他具有成就当时最优秀的地理学著作的必备条件。首先,卫匡国进入耶稣会后在罗马学习期间,曾是当时最杰出的学识渊博的数学家基旭尔(Athanasius Kircher)神父的学生。在基旭尔悉心指导下,卫匡国精通数学测量技术。这为他在中国进行实地的测量观察,打下了坚实的基础。

根据中外学者的研究,在华期间卫匡国曾进行过两次较大范围的旅行,访问了当时中国15个省区中的7个(直隶、山西、河南、江南、浙江、福建、广东)。卫匡国自称:"在中国停留期间,为了传教的神圣职务,或是为了逃避鞑靼(指清军)的凶焰,使我到处奔走,漫游了中国的广大地方,我考察了各省和各城市的位置,并对它们进行准确的测量……直到长城为止。"正是这种随处留意地理位置和准确的测量,为绘制地图积累了丰富的经验。从而在中国各地搜集经纬度数据

---

① 朱雁冰:《耶稣会士卫匡与儒学西传》。
② 亚·沃尔夫:《十六、十七世纪科学、技术和哲学史》,商务印书馆1985年版,第450页。

达1754处的情况下,运用近代科学方法编绘出以经纬网格(如新图志中的全国总图)、经纬度数(如新图志中各省分图)和比例尺为特征的中国新地图,提供了一定的保障。①

然而,由于中国土地辽阔,卫匡国进行实地考察的时间(不足7年)和地域毕竟有限,这促使他须尽可能地吸收前人考察测量的成果,并参考自宋代以来各种中国地图以及明代中央和地方志书中的文献资料。

所谓吸收前人考察测量的成果,主要指的是利玛窦、徐光启、李之藻和金尼阁等人进行测试的方法和长期积累的数据。利玛窦无疑是采用西方近代科学方法和仪器在中国进行实地测量的第一人。他不仅将利用数学仪器亲自确定的地理方位及其测量结果公开发表,还尝试用西方投影和经纬度方法来改绘中国"原式各省地图",并想整理出"西式中国全图"寄往欧洲。② 在利玛窦影响下,李之藻和徐光启都曾运用西方技术实地测量,从中领悟到中国传统的"画方分里"方法的粗疏落后。③ 此后,金尼阁亦随时注意在中国各地旅行之际,观测其地理方位。④ 毫无疑义,所有这些设想、尝试和经过科学实验活动所积累起来的丰富的数据,在启迪和帮助卫匡国编纂《中国新图志》方面发挥了重要作用。

卫匡国曾说过,在绘制新图志过程中,"参考了各种中国地图"。当他"奉召回欧洲的时候,编纂工作方才开始,带了五十多种中文著作上船"。据研究,卫匡国至少参考了宋代税安礼的《历代地理指掌图》,明代罗洪先、胡松的《广舆图》,以及吴学俨、朱绍本的《地图综要》等多种中国地图汇集。⑤ 至于占171页篇幅的文字说明材料,那更是大量参阅各类中国志书的结晶。在这方面,马雍教授的文章已有较详细的考证,勿庸赘述。不过,须要强调指出的是,这种参考和参阅不是原封不

---

① 高泳源:《卫匡国的〈中国新图志〉》,载《自然科学史研究》第1卷第4期(1982年)。
② 参见洪煨莲:《考利玛窦的世界地图》,载《禹贡》半月刊,第5卷3、4期合刊。
③ 李之藻:《刻职方外纪序》,载徐宗泽:《明清间耶稣会士译著提要》,第314—315页,中华书局1989年版。
④ 费赖之著,冯承钧译:《在华耶稣会士列传及书目》上册,第116页。
⑤ 高泳源:《卫匡国的〈中国新图志〉》。

动的摹仿或抄袭。17 世纪法国著名地理学家雷克吕（Elisée Reclus 1830—1905 年）指出，卫匡国"采录中国地图，并为（之）校正"，"审订与改良"。① 中国地理学家高泳源也针对西方学术界所谓《中国新图志》是"摹抄"《广舆图》的观点进行了辨正，他通过分析比较后认为，"《中国新图志》采用了坐标网格，有较好的数学基础，而《广舆图》用的是我们传统的计里画方"，这是两书最大的差别。另外，"《中国新图志》表示的内容较《广舆图》为丰富，表示的技术也较好"。因此，"抹煞上述这些差别，把它说成是'摹抄'，这就贬低了卫匡国的贡献，不符合客观事实，也是不公正的"。②

第二，该图志注意吸收当时中国地理学家徐霞客最新的考察和研究的成果。

明末中国伟大的地理学家徐霞客（1587—1641），在 30 多年的时间里，足迹及于当时 14 省，并以日记体裁的形式记录了其大部分行程及观察所得，从而"开辟了我国地理学上实地考察自然，系统地观察、描述自然的新方向"。③ 徐霞客在地理知识上的主要贡献，是以无可辩驳的事实材料否定了传统所公认的长江导源于岷江的说法，而得出长江源头实为金沙江的结论，以及通过对广东西江之源南北盘江的实地勘察，搞清楚了该水系的大体轮廓。

关于入华耶稣会士与徐霞客之间的联系，尤其是卫匡国在编纂新图志过程中是否吸收了徐霞客考察研究的成果，一直为中外学者所注意。如法国人裴化行和中国人方豪都曾著文予以探讨，并得出"霞客一生，似不能不受西洋科学之影响，而与当时之西洋教士不能无间接之关系"的结论。④ 在此基础上，中国地理学者高泳源推论道，"卫匡国要采用《徐霞客游记》的资料，必定会选择和了解徐霞客在地理学上的主要贡献，而不是舍本逐末，去追求一些无足轻重的枝节问题"。通过分析

---

① 引自 Robert Chabrié：《卜弥格传》，商务印书馆 1945 年版，第 17 页。
② 高泳源：《卫匡国的〈中国新图志〉》。
③ 《徐霞客游记》，上海古籍出版社 1982 年版前言。
④ 方豪：《徐霞客与西洋教士关系探索》，载《方豪六十自定稿》。

比较,他确认,由于探明长江发源于金沙江及对西江之源盘江的勘察,"这些都是徐霞客对中国地理所作的主要贡献。恰恰在这样两个重要问题上,《中国新图志》表示得很准确,出类拔萃,这与在它之前的其他地图集是截然不同的。而且这些地区,卫匡国都没有到达过。这不是偶然的巧合,只有在卫匡国参考了《徐霞客游记》,抓住了它的精神实质之后,才能做到这一点。"①

高泳源先生又著文指出《中国新图志》中一个颇为奇特的现象,即有关水系的表示,正确部分往往出现在边远地区,而错误多的部分却出现在交通便利或是资料丰富的地域。② 我认为,这很可能跟卫匡国所参考的徐霞客日记中对不同地区记载的详略有关。据考察,"徐氏日记可得而见者,凡一千多日。后来的日记较先前的日记为详尽。起先(徐氏在内地和交通便利地区旅游时)只描述他所到过的山光水色及有名的古刹名寺。但自 1636 年(徐氏开始西南远游)后的日记,对自然界的现象,则有详细的记载。举例来说,1636 年前,在约 150 天的日记中,只写了 4 万字,平均每天写 270 字,其简略可知。可是其最后 4 年在西南部的旅行日记共有七百多天,共写了 45 万字,平均每天有 650 字了。因此,他的日记对于中国西南部最为详尽。"③对于熟谙中国地理学现状的徐霞客,这种疏于内地而详于边远地区记载的用意,是为了纠正历来地理著作重内地而轻边远地区的倾向,填补对那些人迹罕到地区自然现象认识之不足。而对于这种现状尚不十分熟悉的卫匡国来说,在他研究和吸收徐霞客通过对西南考察而成就的地理学贡献的同时,也承袭了因游记对内地和交通便利地区记载的简略,所可能导致的绘图上的失误。《中国新图志》与《徐霞客游记》之间的密切联系,由此可见一斑。

---

① 高泳源:《卫匡国的〈中国新图志〉》。
② 见高泳源向在北京举行的"卫匡国与中西文化交流国际学术讨论会"(1994 年 4 月 5—7 日)提交的论文:《再论马尔蒂尼的〈中国新图志〉》。
③ 谢觉民:《徐霞客——中国现代地理学的先驱者》,载《徐霞客研究文集》,江苏教育出版社 1986 年版,第 29—31 页。

第三,在《中国新图志》中,体现了中国历来图文并茂的优点。而在具体内容上,则突破了中国地理志书有关记载范围的限制,涵盖了政治、经济、文化、科学、语言、宗教、风俗、气象、植物等多方面的内容,较好地反映了作为一门综合性学科的欧洲地理学的主张和特色。

英国科学史学者亚·沃尔夫指出:"由于自然的、实际上也是必然的分工的结果,从近代肇始起,各门主要科学便走上了专门化和分离的道路。然而,地理学却抵挡住了而且今天仍然在抵挡这种倾向,它宁肯保持一种比较具体的和复合的性质。它是一门综合的或者说复合的科学,大量汲取天文学、气象学、地质学甚至还有人类学和各门社会科学所已取得的成果。"①这种地理学作为一种具体的综合性学科的特色,在16、17世纪欧洲地理学著作中有充分的反映。

实际上,欧洲近代地理学这种综合性学科和图文并茂的特点,在明清的地理学著作中也大体具备。就拿卫匡国曾认真参阅过,并在中国地图学史上享有盛誉的明代罗洪先(1504—1564年)的《广舆图》来说,首先,该书收录了中国不同性质和类别的地图共41幅。它们包括全国总图暨各省分图,边防总图暨各边分图,黄河、海运和漕运等水利交通图,以及中国周边如朝鲜、安南、琉球、日本等邻国地图。其次,在每幅地图之后都附有较详细的文字说明。诸如各地区的行政建置、地形险要、水陆交通,以及赋税、人口和风俗等人文景观亦多有缕列。由此可见,无论从图像(地图)和文献形式来衡量,《广舆图》都是一部图文并重并涵盖了多种知识的汇集。

在西方教育和知识氛围中成长,并受到中国传统文化熏染的卫匡国,当他编纂《中国新图志》时,自然承袭和发展了上述中西地图学所兼有的优点。例如,在编辑体例上,突出了图文并茂并沿用了中国地理志书的形式。《中国新图志》共收录了地图17幅,它们是中国全图,北直隶,山西,陕西,山东,河南,四川,湖广,江西,江南,浙江,福建,广

---

① 亚·沃尔夫:《十六、十七世纪科学、技术和哲学史》,第428页。

东,广西,贵州,云南,日本。在每幅地图之后,均附有介绍概况的文字说明。"各省地志的体例显然沿袭了中国地理志书的方式,首先综叙全省的情况,然后按府分叙,内容丰富,条理清晰,书旁标出小题以醒眉目。"①然而,在图志采撷的具体内容上,则突破了中国官私地理志书因偏重于政治建置而使知识包容量受到的限制,更好地体现了欧洲地理学所主张的综合性学科的性质。如卫匡国在新图志的前言中,叙述了中国的地理位置、自然环境、居民、城乡状况、手工技艺、建筑、科学、宗教、王朝纪年表、中国长度单位等内容。最后还介绍了女真族的历史、语言、习俗、宗教及与汉族的关系。而在有关各省的记载中,内容则包括地理位置、名称来源、建置沿革、面积方位、气候物产、名山大川、城镇交通、户口租赋、风俗习惯、人文古迹、掌故逸闻等。显而易见,将图文并茂的编辑体例跟包容尽可能丰富的知识量之间的统一,乃是卫匡国《中国新图志》继承和发展中西地理学优良传统的重要表现。

饶有兴味的是,曾经取材于中国资料,并以全面反映中国地理状况而风靡欧洲的《中国新图志》,在18世纪清朝绘制全国地图《皇舆全览图》时,又被传教士引进中国,成为指导测量和绘图的重要参考依据。

有材料表明,自《中国新图志》在欧洲出版之后不久,此书即为在华耶稣会士所重视。如1682年(康熙二十一年)传教士南怀仁跟随康熙皇帝巡游辽东,一路上运用科学仪器进行观察,测量出沿途所经地方的准确距离。他曾设想按此路线绘制旅行图,因没有时间而作罢。但他指出:"如果用卫匡国的地图,只要其北方纬度稍加订正,是很容易画出个略图来的。"②据此信息,一则卫匡国的新图志已在传教士中流传;再则经过实地的严格测试,该图志的数据大体不差。这自然为稍后由传教士主持的全国地理测绘活动,提供了可靠的依据。故而,方豪指出:

---

① 马雍:《近代欧洲汉学家的先驱马尔蒂尼》。
② 南怀仁:《鞑靼旅行记》,载杜文凯编:《清代西人见闻录》,中国人民大学出版社1985年版,第83页。

"康熙四十七年(1708)至五十七年(1718),天主教教士奉命测绘中国全图,卫匡国之《中国新图志》,即诸教士之重要参考书也。"①另一美国地理学者谢觉民亦说:"清代西洋教士测绘中国土地时,曾广泛参阅当时欧洲惟一有关中国的地图——中国图集。此图为意大利人卫匡国所编,在1655年荷兰阿姆斯特丹出版。"②至此,从《中国新图志》的测绘传播和反馈的全过程来看,可以说是中西文化交流的一段佳话。

卫匡国在1654年出版的《鞑靼战纪》的末尾,道出了写作此书的意图:"我把所有的细节留在更详尽的著作中叙述,以接续特里高蒂斯(即金尼阁)的《中国传教记》一书,他把这段历史写到1610年,我有义务把此后发生的可纪念的事件告诉当代的读者。"③在这里,卫匡国透露了两个信息。其一,他有意接续利玛窦和金尼阁的统绪。其二,《鞑靼战纪》不过是他更为庞大的写作计划的一个组成部分。

1615年在欧洲出版的《基督教远征中国史》(或译作《中国传教记》),原是利玛窦晚年所写的有关他在中国传教的经历和感受的札记。利氏病逝后文稿由金尼阁携回欧洲,经翻译增删出版后,迅速赢得了声誉。从卫匡国明确表示要接续金尼阁此书的统绪(《传教记》最初是以金尼阁的名义发表),以及其他迹象来看,卫匡国的思想和写作计划在很大程度上受到他这位在杭州传教的前辈金尼阁的影响。金尼阁是最早在杭州传播天主的"开教人之一",1628年病逝时即葬于杭州。卫匡国1643年进入中国后,一直在杭州及附近传教。这使他有机会对金尼阁的志向有较深入的了解,并进而决心继承其未竟的事业。如前述金尼阁将儒家看作一种自然哲学的观点,用拉丁文译注中国"五经"的意愿,在中国各地测量经纬度的数据,这些都为卫匡国所接收。特别是金尼阁有关编纂中国历史的设想,更直接推动了卫匡国《中国上古史》和《鞑靼战纪》的写作。金尼阁曾自述,他读遍了120卷的中国史书,并将中国始自起源迄于公元后200年

---

① 方豪:《徐霞客与西洋教士关系探索》,载《方豪六十自定稿》。
② 谢觉民:《徐霞客——中国现代地理学的先驱者》。
③ 卫匡国著,戴寅译:《鞑靼战纪》,载《清代西人见闻录》,第68页。

的历史,写成了四大册的编年史。他还准备续写《基督教远征中国史》,"拟将利玛窦神甫卒后之事增入"。① 在金尼阁这些设想的启迪之下,卫匡国制订了撰写《中国历史概要》的庞大计划。他打算在10卷本的《中国上古史》之后,再整理出20卷来,一直写到当时满洲人主中原为止。② 由于金尼阁的著作只写到1610年,故《鞑靼战纪》肇始于1616年满洲人(鞑靼人)第一次闯入内地进占开原城,而迄断于1651年清摄政王多尔衮逝世及卫匡国奉召离开中国之时(在该书附录,卫匡国通过征引来自中国的书信,将历史事件的叙述延续到1654年)。尽管此时的卫匡国已身处欧洲,但在他的书中仍洋溢着对中国土地、城镇、人民和文化的美好情感。他表示如"有幸能回到我那可爱的中国",将继续向欧洲报道中国的变革。凡此皆可说明,《鞑靼战纪》正如同卫匡国其他著作一样,乃是利玛窦适应性路线所孕育的成果。

第一,《鞑靼战纪》为人称道之处,首先在于它是反映明清嬗替之际历史的最早和最原始的记载之一,且因采取了颇为冷静和客观的态度,从而具有较高的史料价值。

例如,与反映同一题材的著名中文著作《绥寇纪略》、《平(流)寇志》、《怀陵流寇始终录》、《国榷》、《明季北略》相比较,除了吴伟业所著《绥寇纪略》和谈迁《国榷》写成的时间与《鞑靼战纪》大体相近之外(《绥寇纪略》和《国榷》均完成于1653年左右),其余作品无论定稿或出版的日期(包括《绥寇纪略》和《国榷》发表的日期),较之《鞑靼战纪》要晚得多,可见其具有成书和刊刻较早的特征。又如,《鞑靼战纪》由于取材于亲身的见闻,友人的书信和当时的官私记载,又兼备了史料原始性的特色。该书之所以对南明弘光朝廷的兴亡,清军与大同守将姜瓖之间的殊死战斗,以及杭州和绍兴城市的美丽繁荣,有绘声绘色的描述,原因就在于它们皆得之于著者耳濡目染的真切感受。当然,作者个人的见闻毕竟有限,故《鞑靼战纪》的许多史料来源于各地友人尤

---

① 费赖之著,冯承钧译:《在华耶稣会士列传及书目》上册,第124—125页。
② 小西鲇子:《关于17世纪后期介绍到欧洲的中国历史纪年》。

其是传教士的书信。即使卫匡国返回欧洲期间,仍不断接到居住在南京、漳州等地传教士的来信,汇报永历朝廷覆灭和郑成功起兵抗清等新的历史事件。

《鞑靼战纪》史料的第三个来源,是当时中国官方和私人的记载。因为战争频仍局势混乱,故"晚明之书,均有传闻失辞之处。盖当生其时,局于一隅,见闻未周,贤者不免"。[①] 其中,如《鞑靼战纪》有关袁崇焕屈杀毛文龙、勾引清军进围北京胁迫媾和的记载,今人尽知乃颠倒了历史的真相,但在明末的官私文献中却几乎众口一词。它既见于明朝廷的邸报,又见于兵部尚书梁廷栋的奏疏,更见于当时流行的诗文。最终推翻这似乎确凿无疑的定谳,而使袁崇焕的沉冤大白于天下的,是清乾隆年间刊行的官修《明史》。在《明史》袁崇焕传中,著者引据长期秘而不宣的《清太宗实录》的记载,指出袁崇焕的被杀,乃清朝设置的反间计。[②] 可是,当卫匡国于 1654 年出版《鞑靼战纪》时,他自然无法预料这近百年后公布的历史真相,而只能依据于当时明朝朝野的一致看法。大体而言,在《鞑靼战纪》中,除将清太宗皇太极的年号"天聪"、"崇德"说成是两个不同人物显系错误之外,其余记载即使是错讹失实之处,亦大多事出有因,可以在当时找到类似的佐证,而决非卫匡国所杜撰。从此亦可见《鞑靼战纪》史料的原始性。

再如,作者特殊的身份和文化背景,使该书在写作中大可减免明万历后党争的偏激、夷汉之分的陋见以及清初文字狱忌讳的影响,具有较为客观的态度。卫匡国的外国人身份及其传教士的利益,使他可以摆脱明清王朝、满汉民族和党争门户的限制,对明末的历史进程采取较为冷静和客观的态度。这表现在情感上卫匡国显然同情明朝君臣的命运,但这并没有影响他对于满洲八旗兵的军事动员制度和摄政王多尔衮的文治武功,给予积极的评价;同时还表现在卫匡国虽对农民起义军持敌视的立场,但这并没有妨碍他摒弃明末文人的诬陷,根据来自当地

---

① 已故明清史专家谢国桢语,引自《平寇志》点校说明,上海古籍出版社 1984 年版。
② 参见黄云眉:《明史考证》第 7 册,中华书局 1985 年版,第 2050—2052 页。

耶稣会士的第一手资料,揭发不是农民军而是明朝官军在漫长的黄河大堤上挖开缺口,才导致河水淹灌开封使城中 30 万生灵涂炭的历史真相。

第二,《鞑靼战纪》另一为人称道之处,是不仅按照历史发展的顺序扼要而较为客观地介绍明清战乱的具体史实,而且力图通过作者的观察,评论和引述他人的意见,从理论上探讨引起战争胜败的深层次的原因,显示了作者相当敏锐的洞察力。

我们知道,当明清改朝换代的历史进程尚未终结之日,便根据对于事变的直接观感,来披露影响历史进程的各种因素及其内在的联系,如果作者没有对于历史和现实的深刻理解的话,是很难做到的。而对于一个外国人来说,那更是难能可贵。然而,正是在这个艰难的领域,卫匡国表现了他的思辨能力。例如,卫匡国认为引发明清战乱并导致明帝国毁灭的因素有三个,即满洲的扩张战争,明朝内部的农民起义和统治上层的尔虞我诈。其中,"主要的危险"或者说起支配作用的因素是农民起义。它把明朝"牺牲给鞑靼人",并"使帝国毁灭的第三个因素(即统治集团的纷争)滋长起来"。又如,作者指出李自成起义军失败的原因,在于进北京后执行了错误的政策。他说李自成进北京之前,"在他统治的地方,免除了所有的官税,严守要温文有礼地对待老百姓。因此,所有的人都拥护爱戴这个十分美好的政权,愿意归附他的统治"。可是进入北京以后,"他下令逮捕所有的明朝官吏,很多人被酷刑致死……放手让士兵抢劫这个繁华的城市"。其后果是,"他这种可怕的残酷和暴虐,使他丢掉了国家"。此外,作者还敏锐地察觉到,浙江城镇人民为维护民族传统而展开的反薙发令的斗争,比为皇帝和国家战斗更为英勇。而清朝进据内地后,仍然"采用中国传统的形式和思想统治着这些地方",并"和明朝的体制一脉相承",从而加速了满汉民族的"融为一体"。透过上述这些颇有见地的议论和分析,充分显示了卫匡国对于中国传统文化的深切了解,以及对当时政治军事形势的洞察力。

第三,《鞑靼战纪》还有一个为人称道之处,是真实地记录和保存了明清战乱之际耶稣会士和中国基督教皈依者的活动情况,从中可窥见基督教在中国各地的活跃程度。

在中国基督教的历史上,明清战乱之际是继利玛窦时代之后又一个十分活跃的时期。从耶稣会士来看,几乎在明清交战的各方,都有传教士在其中活动。明清鼎革之际的耶稣会士继承了利玛窦所指引的着重向统治阶级上层发展的路线,并在实践中取得了显著的成效。同时,从皈依天主教的中国文人学士来看,在反清的各支队伍中,都有皈依或同情天主教的文人学士参加。他们之中的一些人,已经成为南明政权中重要的政治军事决策人物。然而,由于种种原因,尤其是清康熙后禁止天主教政策的影响,使记录传教士和皈依的文人学士事迹的著作,被有意的删削、窜改乃至毁灭,致使他们的活动很少在中国史籍中得到反映。于是,《鞑靼战纪》中的有关记载,便成为填补这方面空白的弥足珍贵的历史资料。

大致看来,书中的记载涉及三个方面的内容。其一,反映了明清之际中国基督教发展的基本状况。其中像万历年间教难时传教士的动向及心态,明朝向澳门购置火炮所导致的传教合法化,因清军在战争中对传教士的优待而引发的,传教士准备借助清朝上层大力发展基督教的计划。这些皆是当事人言当时事,显得十分真切。其二,书中真实地记录了在战乱中各地传教士的遭遇。有的像开封传教士誓与被洪水淹没的教徒同归于尽,而福建建宁传教士则侥倖在战火中逃生;有的像西安两个传教士那样受到李自成起义军的友好接待,而南昌的两个基督教修士则因清军进攻而遇难;有的像广州传教士曾德昭那样在清军营中濒死而后生,而四川传教士利类思、安文思则险些被张献忠所处死。诸如此类的记载,虽然关注的是传教士的命运,但从中亦可窥见他们在中国各地的活跃程度。其三,书中证实了如孙元化、瞿式耜、庞天寿等明末政坛上重要人物的基督教徒身份,及其不平常的经历。这就为研究和评价他们的政治军事活动,提供了一个过去不曾为人所注意的新的视角。总而言之,揭橥这些长期被湮没的史实,无疑将加深人们对于明清之际中西文化交流史的重要性的认识。

通过对卫匡国生平事迹、罗马抗争及其人文科学著作的探讨,给人印象殊深之处有三。第一,耶稣会士之间的传承关系。不仅利玛窦、金尼阁、卫匡国三人间薪火相传、益进益深的关系引人注目;而且卫匡国地理著作有助于康熙《皇舆全览图》的测验,其历史著述对来华法国传教士的影响,亦彰明昭著。凡此代代相承、发扬光大的精神,正是适应性传教路线生命力之所在。第二,适应策略与学术成就的内在联系。前述有关金尼阁的章节,已初步揭示适应策略和文化贡献之间的联系。卫匡国的事迹则进一步昭示,推行于中国的适应性传教策略跟欧洲早期汉学的兴起之间,存在着明显的因果关系。罗马教廷对中国文明理解的困难及其对中国礼仪的干涉,使卫匡国和其他耶稣会士有一种紧迫感与危机感,他们不仅领悟到让欧洲了解中国的重要性,而且急切地通过自己的著作,展示足以与欧洲相媲美的中国文明,借此证明在中国推行适应性传教策略的正确性和合法性。在这个过程中,耶稣会士便为施展自己的聪明才智争取到更大的活动空间,从而在学术上获得更加丰硕的成果创造了条件。第三,主观愿望与客观效果之间的矛盾。中华文明借助耶稣会士媒介而影响欧洲,并非只表现于催生或促进西方汉学这狭小的领域,更体现在它为欧洲进步的启蒙思潮提供了某种资料和依据,犹如卫匡国《中国上古史》出版后引发的争论及其轰动的社会效应那样。当然,卫匡国主观上决不曾预料到,由于他对中国悠久历史的钦慕和真实的记载,客观上竟在欧洲衍变成一场动摇《圣经》基础的大辩论,从此可见中西文化交流的丰富内涵及其复杂性。

第八章　西洋火器的大规模引进及其对明清战争的影响

通过上述中西文化交流过程中，不断呈现的矛盾和冲突，诸如：耶稣会内部有关天主称谓的辩论，耶稣会与多明我、方济各会传教士就中国礼仪的论争，沈㴶掀起"南京教案"欲根除西学的影响，徐光启编纂《崇祯历书》初步实现传统科学范式的变革，闽浙中下层士人围绕传播与排拒基督教展开的斗争，凡此种种无不表明，寻求不同文化的互补性和平等交往的原则，尽管遇到巨大的挑战与质疑，但在这"趋同与辨异"时期中，仍然占据上风，并在很大程度上化解了上述教会内外的消极因素，文化交流得以正常进行，并在明清易代战争中迎来了新的高潮。

表现在军事上，大规模地输入、制造和使用先进的西洋大炮，引起战争形态、兵器配备和军力对比的巨大变化，直接关系到明清政权的延续与嬗替。表现在政治上，活跃于不同武装集团的传教士和站在反清战线前列的皈依文人学士，作为一股不可忽视的力量，在明季政治舞台上崭露头角，并对社会进程产生了积极的影响。表现在思想上，皈依文人学士在战争中焕发的，以汇合儒家与基督教思想为特征的，高尚的道德情操和视死如归的精神，一直为后人所景仰。如此众多有利因素的汇聚与彰显，无疑为中西文化交流在更加适宜的环境中发展，提供了某种可能性。

在本章中，将着重探讨西洋大炮的大规模引进及其对明清战争的影响。至于传教士与奉教士大夫在明清战争中的作用和贡献，则留待下一章阐释。

其实，明代西洋火器的引进，并非始于万历末年。早在嘉靖、隆庆年间，佛郎机的输入、仿制和推广，已成不可阻挡之势。短短几十年间，

"其制出于西洋番国"的佛郎机铳,经"中国人更运巧思而变化之",既出现不同形制、射程且适应水陆作战的火炮,又实现铳炮由铜质改为铁质的工艺进步。前者迅速装备边疆海防,在"抗倭御虏"战斗中,成为独擅其长的强大火力。后者经澳门中国工匠铸造的铁炮,不仅供应葡属印度的舰队和要塞,而且百多年后在欧洲战场上仍发挥威力,适足证明中国工匠铸炮技艺之精湛。

万历末年以后,由徐光启、李之藻等奉教士大夫倡导的,西洋大炮(或称红夷大炮、红衣大炮)的引进,首先在于挽回辽东战事的败局。当他们目睹明朝军政的腐败,而传统火器(包括佛郎机铳)已无济于事的情况下,企图引进更加大型和精确的西洋大炮,以拯焚救溺。其次,借助西洋大炮的大规模引进,以及欧洲简明实用的数学物理知识的推广,在军事上实现对传统战略战术的改革。还有,在引进西洋大炮之中,寓含恢复传教士和基督教的合法地位,发展与澳门友好关系的深长用心。诸如此类的意图,通过凸显奉教人士的作用,引荐服膺西洋大炮的志同道合者,乃至发挥传统的人际关系,逐渐结合成以徐光启为中心,具有求新精神、恢复疆土壮志和军事改革意向的松散群体,从而为西洋大炮的引进、铸造和使用,并取得一定的成效,提供了某种社会保障。

尽管徐光启极力推崇的西洋铳台之法的防御战略,博得众多朝中重臣的拥护,但囿于根深蒂固的"夷夏之辨"的偏见,以及某些集团既得利益的考量,不仅使引进过程屡遭掣肘,限制了先进武器的效应;而且在庙堂之上引发了一场反映"趋同与辨异"实质的唇枪舌战。这就是崇祯初年以礼科给事中卢兆龙为一方,徐光启、孙元化为另一方,围绕着引进西洋大炮,尤其是否允许澳门葡兵进入中国内地的问题,所展开的激烈辩论。再次显示在西方文明冲击下,明季士大夫间,先进与保守、开放与闭塞的思想分野及其不可调和的矛盾。

西洋大炮的实战效用,在明朝抵抗后金的宁远保卫战和"宁锦大捷",以及精锐的登州火器部队哗变后,围攻登州与莱州的战役中,充分表现出来。由于明朝政治的腐败,致使有识之士欲借重西洋大炮,拯救辽东败局的努力功亏一篑,最终化为泡影。而那看似偶然实则为腐败政治所激化的登州军队的反叛及其投降后金,竟带来了致命的后果。从此,尚处于初创阶段的后金火器部队如虎添翼,无论在数量和素养上,都有了质的飞跃,并在未来清朝军事力量由弱变强的过程中,具有举足轻重的作用。

第一节　佛郎机铳的仿制和推广

"昔人论兵,皆欲识时务,明彼己。古之远器不过弓矢,五代以来变为石炮,胜国以后变为火器,每变而趋于猛烈,则火器者今之时务也。"① 早在洪武年间,铜制的"手铳"和"碗口铳"已广泛使用。"从文献和实物两方面均说明,明初火器已成为战争的主力武器。"② 永乐中,成祖"平交趾,得神机枪炮法,特置神机营肄习。制用生熟赤铜相间,其用铁者,建铁柔为最,西铁次之。大小不等,大者用车次,及小者用架、用桩、用托。大利于守,小利于战,随宜而用,为行军要器"。③ 据当今学者的研究,"所谓得交阯神机枪炮法,并没有得到新式火器,而是得到交阯火器的若干巧妙制造方法",从而"在技术上有一些改进"。如以矢镞为弹丸的"飞枪"技术,火铳木送子的应用(火药爆炸瞬间形成密封空间增加膛压),以及点火装置的改进等。④ 不过,明朝前期的火器装备仍很原始。据成化二十三年(1487 年)进呈的丘浚所撰《大学衍义补》,"历考史册"所得,"近世以火药实铜铁器中,亦谓之炮,又谓之铳……为具如筒状,中实以药。"而由火药激发弹射之物,先为石子,神机火枪则为铁镞,虽可致百步之外,但杀伤力有限。加之火枪不能连续发射,更予敌以可避可乘之机。"盖士卒执此枪而用之也。人持一具,临时自实以药,一发之后,仓卒无以继之,敌知其然,凡临战阵,必伏其身,俟我火

---

① 王重民辑校:《徐光启集》上册,第 207 页。
② 李斌:《永乐朝与安南的火器技术交流》,载钟少异主编:《中国古代火药火器史研究》,中国社会科学出版社 1995 年版,第 149 页。
③ 《续文献通考》卷一三四,兵十四。
④ 李斌:《永乐朝与安南的火器技术交流》,第 149—154 页。

发声闻之后,即冲突而来。"尽管神机火枪有种种缺陷,然"自有此器以来,中国所以得志于四夷者,往往借此。"①于是,永乐宣德以后,诸铜质神铳陆续布防于大同、朔州、宣府、宁夏等西北沿边城堡,以御蒙古。其间,或改笨拙为轻巧,或改装石子为铁弹。但朝廷总以"利器不可示人",而"慎惜之"。"在内命大将总神机营,在边命内官监神机枪。"②"虽边镇总兵亦不得私藏私置,盖谓此无敌之器不敢轻用,亦不容人人晓其制度而私相授受也。"③如此将火器神秘化和高度专制的做法,不啻阻挠其改进更新的途径。

明代火器愈趋猛烈的新阶段,始于明中叶后引进和仿制西方佛郎机铳。据考证,"佛郎机为明人对于葡萄牙人与西班牙人之称呼。《明史·吕宋传》为记载西班人之事迹,其呼西班牙人,皆曰佛郎机;《佛郎机传》为记载葡萄牙人之事迹,其呼葡萄牙人,亦曰佛郎机;其后虽渐有葡都丽家及干系蜡等之异称,然在初时则无别也。"④而朝廷最初获知佛郎机铳,则在于正德间葡萄牙人入贡及稍后中葡武装冲突中。

郑若曾《筹海图编》引刑部尚书顾应祥言曰:"佛郎机,国名也,非铳名也。正德丁丑(十二年,1517年),予任广东佥事署海道事。蓦有大海船二只,直至广城怀远驿,称系佛郎机国进贡。其船主名加必丹。其人皆高鼻深目,以白布缠头,如回回打扮。即报总督陈西轩公金,临广城,以其人不知礼,令于光孝寺习仪三日,而后引见。"终以"通事"火者亚三被诛葡人驱逐出境了结。顾应祥继续说道:"其铳以铁为之,长五六尺,巨腹长颈。腹有长孔,以小铳五个轮流贮药,安入腹中放之。铳外又以木包铁籀,以防决裂。海船舷下,每边置四五个于船舱内,暗放之,他船相近,经其一弹,则船板打碎,水进船漏,以此横行海上,他国无敌。时因征海寇,通事献铳一个并火药方。此器曾于教场中试之,止可

---

① 丘浚:《大学衍义补》卷一二二,治国平天下之要,严武备,器械之利,下;《续文献通考》卷一三四,兵十四。
② 同上。
③ 张萱:《西园闻见录》卷七十三,器械。
④ 张维华:《明史欧洲四国传注释》,上海古籍出版社1982年版,第1页。

第八章　西洋火器的大规模引进及其对明清战争的影响

百步。海船中之利器也,守城亦可,持以征战,则无用矣。后汪诚斋鋐为兵部尚书,请于上,铸造千余,发与三边。"①从这可能是最早的有关记载中,确知正德十二年,广东地方官员已就装备于葡萄牙海船底舱佛郎机铳的形制、材质、发射及其效用等,有较仔细的观察和描述,由葡船"通事"贡献的铳炮,业经官府在教场试放,且对其威力印象深刻。

稍后,朝廷因葡船久据屯门不去,遂明令广东抚按挥师驱逐。正是在这次中葡武装冲突中,官府始夺获佛郎机铳。严从简《殊域周咨录》记曰:"……海道宪帅汪鋐率兵至,(葡人)犹据险逆战,以铳击败我军。或献计使善泅者凿沉其舟,乃悉擒之。"先是,"有东莞县白沙巡检何儒,前因委抽分曾到佛郎机船,见有中国人杨三、戴明等年久住在彼国,备知造船铸铳及制火药之法。鋐令何儒密遣人到彼,以卖酒米为由,潜与杨三等通话,谕令向化,重加赏赉。彼遂乐成,约定其夜何儒密驾小船接引到岸,研审是实,遂令如式制造。鋐举兵驱逐,亦用此铳取捷,夺获伊铳大小二十余管。"②至于此次武装冲突的时间,中国史籍谓在正德末明武宗晏驾之后;葡文典汇则直书1521年9月,双方激战于屯门港。如《殊域周咨录》曰:"适武宗晏驾,皇太后懿旨诛(江)彬……诛其首恶火者亚三等。命抚按檄备倭官军逐余党酰类归去。海道宪帅汪鋐率兵至……"③《续文献通考》则记:"佛郎机,国名也。正德末,广东巡检何儒招降佛郎机番人,因得其船铳等法,以功擢用,中国之有佛郎机诸火器,自儒始也。"④

依据张天泽《中葡早期通商史》征引《亚洲:第三个十年》(*Do Asia Decada 3*)的资料,1521年4月或5月,一支葡萄牙舰队驶入屯门港,在屯门和广州进行交易活动。明武宗去世的消息,以及停止对外贸易的命令传到广州后,葡人拒不服从,当地官员不再容忍此种藐视行为,中

---

① 郑若曾:《筹海图编》卷十三,载华觉明主编:《中国科学技术典籍通汇》,技术卷,第五册,河南教育出版社1994年版,第419页。
② 严从简著,余思黎点校:《殊域周咨录》卷九,佛郎机附,中华书局1993年版,第320—322页。
③ 同上。
④ 《续文献通考》卷一三四,兵十四。

国武装船队遂将七、八艘仍停泊屯门港的葡船封锁起来。当闻悉敌方赶来支援的武装帆船到达屯门,"海道,即广州舰队司令汪鋐"十分恼火,决定向葡萄牙人进攻。因葡人"火炮精良",初次交战的失利,使汪鋐改进攻为围困。1521年9月7日,三艘葡船准备突围,双方发生激战,"简直就像笼罩在烟火之中的一座地狱",乘着雷暴雨引起的混乱,葡船侥倖逃脱,于当年十月底抵达马六甲。①

综合中外史籍,可知在正德十六年即公元1521年中葡屯门海战中,官府始少量夺取并仿式制造佛郎机铳。

嘉靖初年,经多位大臣建议,朝廷批准大规模仿制佛郎机铳并装备防御蒙古的北边重镇。如《续文献通考》在"世宗嘉靖三年四月,造佛郎机铳于南京"条下记曰:"南京守备魏国公徐鹏举等疏,请广东所得佛郎机铳法及匠作。兵部议,佛郎机铳非蜈蚣船不能架,宜并行广东取匠于南京造之。诏可。"②此处明确"广东所得佛郎机铳法",显系按照正德十六年屯门海战和嘉靖二年(1523年)新会西草湾之战所获之铳炮式样;③而其"匠作",即指备知葡人铸铳制火药之法的杨三、戴明等人。实际上,南京这种颇具规模的仿制,是在最早招降杨、戴二人的何儒主持下进行的。据《明实录》:"初广东巡检何儒尝招降佛郎机国番人,因得其蜈蚣船铳等法,以功升应天府上元县主簿,令于操江衙门监造,以备江防。至是三年秋,秩满,吏部并录其前功,诏升顺天府宛平县县丞,中国之有佛郎机诸火器,盖自儒始也。"④

因为仿制初见成效,原为广东海道副使累迁至右都御史的汪鋐,于嘉靖九年(1530年)九月上疏,检讨沿边甘肃、延绥、宁夏、大同、宣府等驻兵重镇,"每当虏(蒙古)入卒莫能御"的原因,在于墩台兵少城堡无备,且"所执兵器不能及远"。由此提出:"为今之计,当用臣所进佛郎机

---

① 张天泽著,姚楠、钱江译:《中葡早期通商史》,中华书局香港分局1988年版,第60—62页。
② 《续文献通考》卷一三四,兵十四。
③ 《明史》卷三二五,佛郎机传。
④ 《明世宗实录》卷一五三。

第八章　西洋火器的大规模引进及其对明清战争的影响

铳。"根据铳炮大小、射程远近,分别装备墩台城堡,使"大小相依,远近相应,星列棋布,无有空阙,贼将无所容足,可以坐收不战之功。"兵部尚书李承勋等对此表示赞成,题复曰:"佛郎机手铳,诚为军中利器,宜申饬各边,如所议修墩堡,拨军士给发教习,为守堡守墩之具。"[①]于是,"诏从其议,下所司施行,至今三边,实赖其用。"[②]

据日本学者搜集整理的资料,新引进的佛郎机铳不仅大规模仿制并装备北边驻兵重镇,而且在此过程中,无论形制、构造、功能,还是材质上,都有明显的改良。吉田光邦写道:"佛郎机(铳)的输入,作为进步的西洋火器,对中国有很大的影响……佛郎机是铜制的炮,长五、六尺,腹部膨大,有长的炮身。另有叫做子铳的小型的筒,这是在筒里面填进火药再把它嵌入炮的腹部的一种后装形式。其特征在于:母铳和内部嵌入的子铳(相当于药室的部分)是分离的;此外,其他的炮都是前装炮,相比起来,这是后装炮(虽说是后装,但并不像现在的后装);以及有两个准星,瞄准确实化了;有炮架,可以自由地上下左右转动等等。当然炮身是没有腔线的滑腔型的。这种炮,《天工开物》也是像这样说的,专用于水战,在船的两舷,装置上五、六个。佛郎机(Ferangi)是出自佛郎克斯,这种形式的炮,在欧洲15世纪时已经流行了,这是熟知的事吧。

这种新的佛郎机,在中国也立刻成为注意的目标了。嘉靖二年,试制了长2.85公尺,重一百多斤的铜佛郎机32个。但内部装入子铳的只有4个。七年,制造了比照以前,减至三分之一重量的小型的佛郎机四千个,配备起来作为防御之用。二十二年制作中型的,二十三年制作了马匹上用的小佛郎机1000个。此外,在山西三关,自行制造了铁制连珠佛郎机炮。在《明会典》也有制造配置很多佛郎机的记录。四十年时,铁铸的佛郎机也出现了。把这些再进一步加以改良,又出现了在《神器(谱)·或问》中所见到的像戚继光改良的所谓百子佛郎机那样的

[①]　《明世宗实录》卷一一七;《明史》卷三二五,佛郎机传。
[②]　《天下郡国利病书》卷一一九,海外诸番,引《月山丛谈》。

载在炮车来增加它的活动性的佛郎机。"①

短短几十年间,"其制出于西洋番国,嘉靖年始得而传之"的佛郎机铳,经"中国之人更运巧思而变化之",既出现不同形制和射程的大中小型佛郎机铳,②又进一步改良为载于炮车或装备江海战船(前述何儒在南京所造)活动自如的佛郎机铳。并且,"各边城堡所用大将军、二将军、三将军,并手把铜铁铳口,一出颁降",便可由都司卫所自行制造。③至此,仿制改良的西洋火器与传统火器融为一体,随时随地可施可用,其战阵效应较过去焚烧之技,大有进步。明末焦勖说:"我国朝更制有神威、发烦、灭虏、狼机、三眼快枪等器,置之军中,更觉随时可用,随地可施,以此荡平寇虏,廓清宇内,战阵攻取,所至必克,此又胜于焚烧之技,绝相远矣。"④

值得注意的是,在对形制、构造和功能进行改良,西洋火器迅速推广普及过程中,还有一项重要的变化,那就是铳炮由铜质改为铁质的工艺。最初传入的佛郎机铳,大致以铜质为主。如正德十六年(1521 年)与汪鋐对峙屯门的葡萄牙战船,"其铳管用铜铸造"。⑤ 由此于嘉靖二年(1523 年)试制的 32 个大型佛郎机铳,便是铜质的。故焦勖在《制造狼机鸟枪说略》中称:"大铳宜用铜铸,小铳宜用铁打。"⑥何汝宾《兵录》亦谓:"佛郎机铳用熟铜椎炼为之,或熟铁椎炼为之。"⑦可见铜铸的佛郎机铳,显然是首选的材质。不过,该铳炮自传入中国后,其工艺便沿着两个方向发展。一个是像原先一样,以铜质原料。另一个则是在中国浇铸铁炮传统工艺基础上进行改造。嘉靖年间,如铁制连珠佛郎机炮,铁质虎蹲百子佛郎机炮等改良型制相继问世。至万历二十七年(1599 年),"大小神器,易铜为铁,舍铸为锻",⑧铁制火器已后来居上,

---

① 吉田光邦:《明代的兵器》,载薮内清等著,章熊等译:《天工开物研究论文集》,商务印书馆 1959 年版,第 210—211 页。
② 茅元仪:《武备志》卷一二二,《中国科学技术典籍通汇》第五册,第 1011 页。
③ 《明会典》(万历朝重修本)卷一五六,兵部三十九,军器。
④ 焦勖:《火攻挈要》卷上,《中国科学技术典籍通汇》第五册,第 1282、1294 页。
⑤ 严从简:《殊域周咨录》卷九,第 321 页。
⑥ 焦勖:《火攻挈要》卷上,《中国科学技术典籍通汇》第五册,第 1282、1294 页。
⑦ 何汝宾:《兵录》卷十三,《中国科学技术典籍通汇》第五册,第 723 页。
⑧ 赵士祯:《神器谱》,或问。

第八章 西洋火器的大规模引进及其对明清战争的影响

愈益发达。

由于官府始得佛郎机铳制法之前,"闽广商人贩南洋者,先已习佛郎机之术,而后斋之以归,仿拟制作,渐而行于民间"。① 而朝廷实际上亦允许北方边镇和东南海防自行募工制造火器。加之闽粤两省盛产之铁矿石,乃制造铳炮的优质原料。于是,得风气之先的闽粤具有国内第一流的铸造铳炮的工匠,两省的沿海城市遂成为仿制乃至输出佛郎机炮的重要地区。② 在此,不妨以流落马尼拉和澳门的闽粤工匠,锻造出优质铁炮的事例,以证中国的技艺并不逊色于欧洲。

中国商人最早运往马尼拉的是铜炮,其铸造技术已经达到欧洲的同等水平。据1574年和1576年的两个文件披露,在华商运到马尼拉的为数众多的货物中,包括"大批铜炮,铸造得非常好,还有各种军用品"。③ 对此输入的铜炮,西班牙军官十分称赞。1573年阿尔迪多(Diego de Artiedo)上尉向国王报告说:"他们拥有我们所有的各种武器。他们的炮,依我所审察的自中国运来的长炮,是很优良的,还比我们的,铸得更好。"④此后不久,移居马尼拉的中国福建工匠,便使用中国生铁来浇铸铁炮。至1598年这种铁炮浇铸业已初具规模。是年6月17日,菲律宾省督德鲁在给国王的报告中说:"我发现华侨发明一种制造火炮的工艺技术,铸造很容易。我已经订造五十尊,是能发射一磅至三磅炮弹的。这是此地最迫切需要的炮。"⑤这种小型铁炮,原为中国对佛郎机铳改良中出现的"约精"之物,所谓马尼拉华侨发明的工艺,不过是此种中国工艺的延伸和变通。直至1773年的情况依然是,"铁器制造和火炮浇铸业基本上都掌握在马尼拉的华侨手里"。⑥

然而,更能说明中国浇铸铁炮的工艺并不逊色于欧洲的,还是中国

---

① 张维华:《明史欧洲四国传注释》,第23页。
② 参见拙文:《明清之际几种欧洲仿制品的输出》,《中国经济史研究》1988年第3期。
③ 引自严中平:《老殖民主义史话选》,第339页。
④ 引自陈台民:《中菲关系与菲律宾华侨》第一册,菲律宾岷里拉以同出版社1961年版,第90页。
⑤ 严中平:《老殖民主义史话选》,第330,355页。
⑥ 同上。

工匠对澳门铸造厂的卓越贡献,以及中国铁炮在欧洲战争中的实际表现。葡萄牙人在澳门专设有铸造厂,其工人大部分是广东人。1623年,首任澳门总督弗朗西斯科·马斯卡雷尼亚斯(Francisco Mascarenhas),"与留发汉人、铸铁匠人有苍、德泉签订合同,为总督铸造所有他下令铸造的火炮"。这表明,"澳门的铁炮业实由华人开创,葡人尚未掌握这一技术。澳门铸炮场的起始日期可能为1623年"。① 其实,华人工匠不仅开铸铁炮,亦仿制铜炮。正是在有苍、德泉和其他工匠操持下,铸造出环守澳门诸炮台所排列的大小76门铜、铁炮。亦仿制成功"重三千觔,大十余围,长二丈许,受药数石"的铜具红夷大炮。《澳门记略》曰:"明时红毛擅此大器,尝欲窥香山澳,胁夺市利。澳人乃仿为之,其制视红毛尤精。发时以铳尺量之,测远镜度之,靡不奇中,红毛不敢犯。"②

中国工匠在澳门铸造厂表现出的高超技艺,很快地便引起了伊比利亚半岛当局(此时西班牙和葡萄牙已组成联合君主国)的注意。因为"半岛上似乎还没有普遍采用铸铁炮的技术",而果阿也只有"一个铸铜炮的优等翻砂厂"。当里斯本的葡萄牙政务会获悉"中国和日本都已掌握铸铁炮的技术,荷兰人在东方从他们设在平户的厂中提取了许多大炮"的情报之后(实际上日本的铳炮亦来自中国),③即于1626年写信给葡属印度总督,"要他从澳门聘请把这项技术教授给果阿铸炮匠的'领薪水的工匠'"。并解释说,"此举十分必要,因为在葡萄牙没有这类工匠。"此后,果然从澳门聘请了两名中国翻砂技工,并以中国输出的生铁为原料在果阿进行锻造。但由于在澳门铸炮,"一些必要的原料的成本要比印度低得多",故以后供应葡属印度的舰队和要塞的各种口径的铜、铁质炮,其主要来源地仍然是澳门。在这后来由"铸炮世家"出身的曼努埃尔·塔瓦雷斯·博卡罗领导下的"澳门王家铸造场"中,"铸铁炮技术显然来自中国人,而铜炮的铸造则始自葡萄牙人"。

---

① 金国平、吴志良:《镜海飘渺》,澳门成人教育学会2001年版,第277—278页。
② 印光任、张汝霖:《澳门记略》下卷,澳蕃篇,炮台。
③ 《明世宗实录》卷三二一,及赵士祯《神器谱》原铳。

第八章　西洋火器的大规模引进及其对明清战争的影响　535

有材料表明,这些主要由中国工匠锻铸的铁炮和铜炮,其技艺已经超过了欧洲的水平,并在实际战争中发挥了威力。如"1645年,荷兰人和葡萄牙人宣布的十年停战之约使澳门人得以将积压的数百门大炮运往印度和欧洲。有些运抵葡萄牙的大炮在一百五十年以后在半岛战争中威灵顿围攻和夺取巴达霍斯时仍在使用,这有力地证明了中葡铸炮者技艺之精。"①

与此同时,这些在澳门铸造场锻制铜铁火炮的广东工匠,亦将其融汇东西方的先进技术传回故乡,乃至可能应聘到北京如法制造。据中国学者的研究,"澳门铸炮场中工作的华人技工",来自于"粤东兵器制造基地"的佛山。"而他们在澳门接触西方制炮技术后,又将其带回家乡,促进了佛山的制炮业。"明末两广总督奏称,当粤东海寇猖獗,官府原无大铳可御,临时借用澳中大小二十具应急,中有铁铸大铳四具。后"询之,则粤匠亦能办此。臣因购其工巧者,开炉备物,俾之冶铸,今已铸二百具矣……又仿澳彝式制造班鸠铁铳三百具,一并解进,以为备御之用。"②犹不止此,天启初,协理戎政的刑部尚书黄克缵,"曾募能铸吕宋大铜炮匠人来京,铸完大炮二十八位。"除解送辽阳、山东前线外,戎政府中尚有大炮十七位,大佛郎机十二位。其一位大炮重三千余斤,其余重二千余斤和一千余斤。③ 此次所铸三千余斤的"吕宋大铜炮",与前述澳人仿制成功的"重三千觔"的铜具红夷大炮如出一辙,故所募至京能铸此铜炮的匠人,当系来自广东并尽得澳门铸炮技术之肯綮者。

透过对以澳门为中心的中西铸炮技术交流过程的揭示,可确知中国工匠制造铁质火炮的技术,较之欧洲同行占据一定的优势。而西方传统的铸造铜炮的工艺,中国工匠亦能尽得其术而成功仿造。包括佛郎机铳在内的不同形制的西洋枪炮,便是在这大规模的仿造与改良中,

---

① 博克塞:《1621—1647年葡萄牙援明抗清的军事远征》,载《中国史研究动态》1984年第9期。
② 徐新:《十七世纪的澳门制炮业》,转引自金国平、吴志良:《镜海飘渺》,第282页;《崇祯长编》卷三十一。
③ 《明熹宗实录》卷九;参见《镜海飘渺》,第278页。

得到推广和普及,并在引进的前期,为保卫西北边防与东南海防中屡建功勋。

前者如弘治、正德和嘉靖朝三次总制陕西军务,因功谥"文襄"的杨一清,其"杨文襄西征自叙"称:"出兵谋略言阵势有六,而中国制御夷狄惟火器最长……予昔在定边营教场,取而试之……(二将军远及三百步,营中皆震慑)予喜曰:破大虏无逾此矣。然以钦降者不敢轻用,迺市铁募工于固原铸造,如二将军式,分为边城营堡各数枚……边城所在肄习,用以为常。至是花马池参将阎纲告予曰:前岁达贼拥袭城下,用公所发铁铳击之,所伤甚多,贼遂遁去。又此器众云,止可用之守城,予谓行营亦不可无。乃议令二骡驾一铳,凡用八骡可驾四器,出御之时,置之中军。遇有危急,劫营溃围,不过数壮士之劳,而可当千万夫之力矣。"①

后者如抗倭名将戚继光,嘉靖三十九年(1560年),负责浙江台州、金华、严州三府防务时,曾组建水军。"战船上的武器配备较强,如福船,有大发熕1门,大佛郎机6座,碗口铳3门,鸟铳10杆,喷筒60个,烟罐100个,火箭300枚,火砖100块,火炮20门等火器,还有冷兵器弩箭、铁箭、钩镰、钉枪、标枪、藤牌、灰罐等,形成火器和冷兵器相结合的百步之内武器杀伤系统。舰只大小兼备,相互配合,相互补充,既适于远海作战,又适于港湾河叉歼敌;既能以火器远击,又能以火器和冷兵器近打,从而使戚继光的水军具有较强的海上作战能力。"②

至于控制东北重兵驻防的辽东镇,"据记载,辽东都司所属的辽阳、海州、盖州、复州、金州、广宁、义州、锦州、右屯、前屯、宁远、沈阳、铁岭、开原等地,共拥有铜大将军炮13位,铁二将军炮13位,三将军炮88位。铜铁佛郎机共1443门,碗口炮366门,神(机)枪共1121支,快枪1689支。加上其他火器289件,14城的轻重火器共有3501位件之多。

---

① 张萱:《两园闻见录》卷七十三,器械;又见《明经世文编》,中华书局1962年版,卷一一八,杨一清:《放演火器事》第二册,第1128—1129页。
② 范中义:《戚继光评传——继往开来的军事家》,广西教育出版社1996年版,第25—26页。

除此之外，海州地方自铸的拐子枪 100 把，大把铳 400 座。盖州自铸的把连炮 2 杆，牛角炮 1 杆，铁炮 316 位，快枪 145 杆，碗口炮 433 位。复州自铸铁炮 335 位，快枪 128 杆。金州自铸铁炮 345 位，快枪 205 杆。义州自铸炮 165 位，快枪 165 杆。"①

诸如此类，足以说明，各种火器已经大规模地装备驻守边镇海防的军队。其中，既有朝廷派发的大型火器，亦有地方自行铸造的中小型火器；既有仿制和改良的西洋火器（如佛郎机、鸟铳系直接引进，大将军、二将军、三将军系仿制而改良），也有中国传统的火器（如碗口炮、神机枪等）。它们中西兼容，相互补充，组合成新的武器配备体系，从而在"抗倭御虏"的不同战场，显示出明朝军队克敌制胜独擅其长的强大火力。

第二节　西洋大炮的输入及引发的争论

明季钱谦益曾说："惟明国家，久道化成，重熙累洽，莫盛于世宗肃皇帝，神庙显皇帝。"②而时论则认为，神宗万历朝，实明代由盛转衰的开始，故曰："明之亡，神宗实基之。"③如此"天下之患，固有酿之久，蓄之深，倏然而来，不及措手"④的突出表现，那就是"万历四十六年（1618年）四月，大清兵克抚顺，朝野震惊"，及"明年二月，杨镐四路出师……大败"⑤的标志性事件。这也成为明朝引进西洋火器从前期（嘉、隆间）向后期（万历以后）发展的转捩点。

第一，万历之后所谓"红夷大炮"的引进，实乃徐光启等人总结辽东战事的败挫，目睹并亲历兵政的腐败，痛定思痛而不得已的选择。

---

① 李洵：《明代火器的发展与封建制度的关系》，载李洵：《下学集》，中国社会科学出版社 1995 年版，第 35—36 页。
② 钱谦益：《牧斋有学集》卷四十九，《题王文肃公南宫墨卷》。
③ 《明史》卷二一八，方从哲传。
④ 朱赓：《请停矿税疏》，《明经世文编》第六册，第 4772 页。
⑤ 《明史》卷二一八，方从哲传。

辽东败讯相继传来,"朝端议论,直如沸羹",非但不得要领,且"自相倾侧",令人寒心。① 时任翰林院简讨徐光启见状,因"辽师挫衄,不胜愤懑",②遂以文臣而越俎武事,于是年三月、四月和六月连上三疏,检讨辽事败挫原因,申述选练精兵之必要,强调铸炮建台方可保京城无虞。他认为,辽东战场覆军殒将,在于士卒无精良甲胄,军中无纪律约束,指挥不谙分合进退之术,总制不识地利、不重哨探和调度无方。如是而求侥倖,岂有不败之理。继而提出,"戡定祸乱"之计,全在选练精兵。"但选须实选,练须实练"。于是,就选募、制造和操练等事宜,条分缕述,出谋划策。自认,"新兵教练,少止数月,多止一年……皆可转弱为强。"并且大言:"如是者有士一万,入可以守,出可以战;有士三万,可以扫荡逆奴,且能控制西北诸酋,使詟服不敢动矣。"字里行间,颇有报效担当,毛遂自荐之意。如谓:"臣志图报国,于富强二策,考求谙度,盖亦有年。今虽年力向衰,多婴疾疢,而一切选练事宜,颇窥一二……倘臣策尽用,不能剋期见效,臣甘伏轻言罔上之罪。"尽管徐光启有选练精兵恢复失地的宏愿,但面对辽左阽危,战火愈有引向关内之势,亦不能不思虑保全京城的"度外奇策"。他在"亟造都城万年台以为永永无虞之计"条下写道:"臣历考前代兵政之弛,兵势之弱,未有如今日者也。居必战之地,无可战之兵,而求万全无害,非有度外奇策,曷克有济?臣再四思惟,独有铸造大炮、建立敌台一节,可保无虞。"不过,此时所论"铸造大炮"一项,除访求工匠成造和选取教师训练外,还只是停留于整顿与修理"厂库所贮旧存鸟铳佛郎机等项火器","以备城垛楼台击贼之用"。③

徐光启疏中勇于担当的责任感及其选练精兵的详细规划,迅速得到朝野的赏识。是年九月九日奉圣旨:"徐光启升詹事府少詹事兼河南道监察御史,管理练兵事务。"④嗣后,在通州、昌平训练新兵不足一年

---

① 徐光启:《徐氏庖言》卷四,《附复宫端全座师书》,戊申。
② 《明熹宗实录》卷一。
③ 王重民辑校:《徐光启集》上册,第97—115页。
④ 同上书,上册,第118页。

第八章 西洋火器的大规模引进及其对明清战争的影响 539

半的时间里[直至天启元年(1621年)二月二十一日以病获准回籍调理①],徐光启虽风尘仆仆,不顾高龄奔忙于请饷、置械、练兵等繁剧事务中,然处处受人掣肘,"兵事百不相应",寄以厚望的选练之事成效甚微。在这兵政腐败难伸其志的情况下,正如徐光启对奉教挚友李之藻所说:"果欲用弟,则夙所陈说,必一一致行,然后可。一言不见信,一事不尽法,恐终无益于事也。"②于是,决计托病请辞,脱离此既不见信亦终无益之事。

当天启元年(1621年)四月因沈(阳)、辽(阳)失陷东事告急,徐光启再度召至北京陛见献策时,已深切了解军政腐败且有切肤之痛的徐光启,面对现实,显然放弃了先前那种急功近利亟图恢复的谋略,而将固本防御从长计议置于重要的地位。犹如他对另一位奉教挚友杨廷筠所说:"辽事再坏,蒙恩复召,宜有发摅。而弟所言者,止于造台备铳,防御都城一事,颇为知己所讶。或言伤弓之鸟,假此塞责,非敢然也……今时务独有火器为第一义,所欲缮完都城者,先固本而后及其枝叶,根本既固,人心帖然。醜虏闻之,绝意深入,乃可渐向外间作用,且战且守,直达奴巢耳。不于根本而于枝叶,就令山海东西,在在坚完,而虏或从边外,或从海道,一闻警则震动绎骚矣。封疆之臣,岂能安心一意,直前进取耶。且都城防御,果如吾辈所策,乃是万年不拔之基,岂为东山小醜而已。"③虽然徐光启振振有词,为却敌之策由"直前进取"改为"且战且守"辩护,然而,揆诸当时形势,痛定思痛,这也是不得已的选择。

于是,徐光启在陛见之际,便将引进西洋大炮,视为应对危局"且战且守"之首位。他在《谨申一得以保万全疏》中说:"今京师固本之策,莫如速造大炮。盖火攻之法无他,以大胜小,以多胜寡,以精胜粗,以有捍卫胜无捍卫而已。连次丧失中外大小火铳,悉为奴有,我之长技,与贼共之,而多寡之数且不若彼远矣。今欲以大、以精胜之,莫如光禄少卿李之藻所陈,与臣昨年所取西洋大炮。欲以多胜之,莫如即令之藻与工

---

① 王重民辑校:《徐光启集》上册,第170页。
② 徐光启著:《徐氏庖言》卷四,《与李我存太仆》,辛酉三月。
③ 徐光启著:《徐氏庖言》卷四,《与杨淇园京兆》,辛酉七月。

部主事沈榮等鸠集工匠,多备材料,星速鼓铸。欲以有捍卫胜之,莫如依臣原疏建立附城敌台,以台护铳,以铳护城,以城护民,万全无害之策,莫过于此。若能多造大铳,如法建台,数里之内贼不敢近,何况仰攻乎?一台之强可当雄兵数万,此非臣私智所及,亦与蓟镇诸台不同,盖其法即西洋诸国所谓铳城也。臣昔闻之陪臣利玛窦,后来诸陪臣皆能造作,闽广商民亦能言之。而刑部尚书黄克缵、浙江按察使陈亮采,知之尤悉。"①

与此疏"表里相依,同条共贯者",便是稍前光禄寺少卿李之藻所呈《制胜务须西铳敬述购募始末疏》。疏中曰:"臣思火器一节,固有不费帑金,不侵官守,深于战守有神,而可以一骑立致,如香山澳夷商所传西洋大铳者……今自广宁山海至于京畿,步步须防,自非更有猛烈神器,攻坚致远,什倍于前者,未必能为决胜之计。则夫西铳流传,正济今日之亟用,以助宣神武,巩固金瓯,机岂偶然,不可以坐失者矣。"②紧接着,兵部尚书崔景荣于五月初一日具奏,赞同徐、李二人建议。指出:"为照中国长技,惟恃火攻,辽沈陷而技反为敌资矣。今求守御之具,必比寻常制作更出一头地然后可……据光禄寺少卿李之藻疏,取澳商大铳,并招善艺夷目诸人。夫西洋传此神器,乃为中朝有心人所得,即人巧之献奇,知天心之助顺矣……少詹事徐光启疏请建立敌台,其法亦自西洋传来。一台之设,可当数万之兵。尚书黄克缵、侍郎邹元标各娓娓言之,实有灼见,急宜举行。"③凡此奏疏,均获皇帝俞允:"这城守台铳,既确系有济捍卫,着该部会同议行。"又"敌台着工部速议奏"。④

徐、李、崔三人之异口同声,非引进较过去十倍威力的大而精的西洋大炮,方克有济,正在于他们洞悉昔日制造和使用火器的种种弊病,以及辽东战事中未获其利反受其害的现实。

---

① 王重民辑校:《徐光启集》上册,第175—176页。
② 《明经世文编》第六册,第5324页。
③ 王重民辑校:《徐光启集》上册,第182—183页。
④ 同上。

弊病之一，铸铳无方，不谙规则而粗制滥造，如此粗恶之器有害无益。诚如明末焦勖所述："盖因承平日久，疲将骄兵，粉饰虚文，罔计实用。铸铳无法，不谙长短厚薄度数之节，不能命中致远，或横颠倒坐，及崩溃炸裂，而反伤我军。"加之传统火器本身形制功能的缺陷，更使火器这"中国之长技"有名无实，反足取害。焦勖继续写道："其大器不过神威、发熕、灭虏、虎蹲，小器不过三眼快枪，此皆身短受药不多，放弹不远，且无炤准而难中的。铳塘外宽内窄，不圆不净，兼以弹不合口，发弹不迅不直，且无猛力，头重无耳则转动不活，尾薄体轻，装药太紧，即颠倒炸裂。似此粗恶疏瑕，反足取害，安能以求胜哉！"①

如此粗制滥造的恶果，便是无论平时训练还是战阵对敌，多因铳炮崩溃炸裂而偾事。前者如徐光启训练新兵时，报告说："其领出涌珠、佛郎机、三眼等大小炮位，炸裂极多，悉不敢用。"又谓："如涌珠炮一百位，渔鼓炮四十位，铜佛郎机四十位，合缝子炮二百位，每放炸损，合将见存并炸损材料，悉应缴还。"②后者如辽东经略袁应泰曾疏论："御虏长技，莫如火器，内府解发铜炮虽多，放辄炸裂，不得不造铁炮"，然亦收效不大。致使后金围攻沈阳城时，明朝军队"连发炮热，装药即喷"，后金军遂蜂拥越过壕堑攻陷城池。③

弊病之二，火器制作的粗恶危害，因对敌布阵的墨守成规而加剧，且在后金军厚甲护身、铁骑冲突的战略下，难以发挥效应。据研究，"明军自戚继光以降，出战习惯布成方阵，火器列于阵前，炮置地面，每临交锋，必先放射火炮，以杀敌首锋……然墨守成规，遂为后金所窥悉而改以'铁骑冲突，如风如电'之善长以争取先机"。或不待明军发射燃点之光已迅速突破射击线，或明军火器未点敌骑已至，或选择明军第一、二次发射之空隙伺机冲锋，致使火炮遏敌进攻的远射功能难以奏效。加之明军所持射程短、燃放慢的火器，如"鸟铳之短小者未能洞贯"，对于

---

① 焦勖：《火攻挈要》卷上，《中国科学技术典籍通汇》第五册，第1282—1283页。
② 王重民辑校：《徐光启集》上册，第155、173页。
③ 沈国元：《两朝从信录》卷六；参见马楚坚：《西洋大炮对明金态势的改变》，收入马楚坚：《明清边政与治乱》一书，天津人民出版社1994年版，第173页。

后金军"以厚甲护身,倚坚盾、牌车云梯一拥而上"的战术,杀伤力有限。故在敌骑驰骋冲击之下,明军望风溃败火器尽失。① 徐光启对此批评道:"……既不能战,便合婴城自守,整顿大炮,待其来而歼之,犹为中策。奈何尽将兵民炮位,置之城外,一闻寇至,望风瓦解,列营火炮,皆为敌有;返用攻城,何则不克?"②

弊病之三,由于火器粗恶和战阵失策,导致大量火器掳为敌有,反为敌用,所谓火器"中国之长技",其优势已不复存在。如徐光启所云:"连次丧失中外大小火铳,悉为奴有,我之长技,与贼共之,而多寡之数且不若彼远矣。"③他进一步引申道,辽东之祸因失策而使后金化为虎豹,较之金钱耗散和土地沦陷,其危害性,更"在罄中外之大小火器而尽予之耳。三路之败,见于奏报者一万二千,朝鲜奏报者七千。辽沈二城从京库解发及各路援兵携带并旧存守御者,岂止二万,大约火器四万,火药不止一二百万,皆拱手而援焉。今将何以御之,又将何以胜之,曷不从此等吃紧之处一计算乎……岂其得之而不用乎?四十七年(1619年)冬月演放枪炮,见于阿利之亲招;川浙二兵大歼贼众,被东贼连放大炮而溃,见于近日之传报,即又何尝不用乎!"④李之藻亦愤慨地说:"惟火器者,中国之长技,所恃以得志于四夷者也。顾自奴酋倡乱,三年以来,倾我武库甲仗,辇载而东以百万计;其最称猛烈如神威、飞电、大将军等器,亦以万计。然而付托匪人,将不知兵,未闻用一器以击贼。而昨者河东骈陷,一切为贼奄有,贼转驱我之人,用我之炮,佐其强弓铁马,愈以逆我颜行。"⑤崔景荣则言简意赅:"为照中国长技,惟恃火攻,辽沈陷而技反为敌资矣。"⑥

这样看来,引进西洋大炮及建立护铳敌台,乃徐光启等人"且战且守"防御战略的集中体现,是对城外列营布阵火炮无所凭借防护的传统

---

① 马楚坚:《明清边政与治乱》,第172页。
② 王重民辑校:《徐光启集》上册,第174页。
③ 同上书,第175,186页。
④ 同上书,第175,186页。
⑤ 同上书,第179,182页。
⑥ 同上。

战术的改革,更是鉴于明朝军队屡战屡败众多火器掳为敌用的现实,而不得已的选择。

第二,后期"红夷大炮"的引进,还寓含徐光启、李之藻等奉教士大夫,欲迅速廓清"南京教案"的阴霾,恢复传教士和基督教的合法地位,以及发展与澳门良好关系的深长用心。

由沈㴶发难的"南京教案",始于万历四十四年(1616年)五月,至万历四十五年(1617年)十二月暂告平息。其间,经万历皇帝批准,全国禁教,驱逐南北两京传教士四名,其余西士躲藏各地,惴惴自危。可是,事隔不过三四年,徐光启、李之藻便乘倡导引进西洋大炮的良机,明目张胆地推崇西方制铳建台之法,引荐流寓中土携有制造图籍的"西洋陪臣",表彰效顺图报而捐献大炮的"在澳夷商",甚至采用先行后奏、不合常规的手段,争取朝廷收回禁教的成命,扭转因禁教而形成的传教士和夷商乃作奸犯科、颠危中国的舆论。

如徐、李二人直言不讳,其疏中所述制铳建台之法,均闻习于已故陪臣利玛窦。若进一步揣摩讲求,需出示招徕藏匿民间的昔日利氏伴侣。李之藻曰:"忆昔玛窦伴侣尚有阳玛诺毕方济等,若而人,原非坐名旨遣选人,数其势不能自归。大抵流寓中土,其人若在,其书必存,亦可按图揣摩,豫资讲肆。是应出示招徕,抑以隗至在澳夷商。招示国家广大茹涵之意,令毋疑阻,愈坚效顺之忱者也。"又谓:"风闻在澳夷商,遥荷天恩,一向皆有感激图报之念,亦且识臣姓名……夷商闻谕感悦,捐助多金,买得大铳四门,议推善艺头目四人,与傔伴通事六人,一同诣广。"① 徐光启呼应道:"然此法传自西国,臣等向从陪臣利玛窦等讲求,仅得百分之一二。今略参以己意,恐未必尽合本法。千闻不如一见,巧者不如习者,则之藻所称陪臣毕方济阳玛诺等,尚在内地,且携有图说。臣于去年一面遣人取铳,亦一面差人访求,今宜速令玛窦门人丘良厚见守赐茔者,访取前来,依其图说,酌量制造,此皆人之当议者也。"②

---

① 王重民辑校:《徐光启集》上册,第180—181页。
② 同上书,第181—182、188页。

由引进西洋大炮,需厚待熟谙其制作技术的西洋陪臣,兼及对大炮捐输者澳门夷商予以宽容,这种连锁式反映,旨在为传教士从藏匿走向公开,基督教、西学自非法变为合法张目。尤其是坦陈,在上述疏荐的同时,已私下派人往澳门募购和各地访求,如此擅作主张且有先行后奏嫌疑的举措,不啻具有一定的冒险性,从中可见徐、李等奉教士大夫,盼望传教事业摆脱困境心情之迫切。然而,这一切均在引进大炮以纾国难的前提下,获得完满的解决。

先是,兵部尚书崔景荣于天启元年(1621年)五月奉旨覆议,对起运已至广信的"澳商大铳",及饬会"西洋陪臣"同来商议制造,极表赞成。① 继于是年十二月,仍令前次由徐、李派往澳门购募的守备孙学诗,再次"赴广取红夷铜铳及选募惯造惯放夷商赴京"。② 这实际上是对已往徐李私募行为正当性的承认。又天启二年(1622年)九月,当御史建议"募夷商以制火炮"时,皇帝批示:"放铳夷商,著催巡抚官发遣。"③同年十月,太仆寺添注少卿李之藻疏言:"西洋大铳可以制奴,乞招香山澳夷以资战守。"皇帝因其"有裨边计,令该部作速议行。"④十二月,御史温皋谟所呈"澳夷火器可用,其人不可狎,乞募其器而罢其人"的奏疏,虽为兵部附和,却遭皇帝否决。"上谓夷人已经该省遣发,著作速前来。"⑤兵部尚书董汉儒随即于天启三年(1623年)正月奉旨依议更正。并发表评论曰:"……彼虽夷性,服属日久,若谓澳夷叵测,则红毛番更叵测。弃久服属之夷,而使悍番实逼处此,非计也。"⑥可见正是在辽东"局势的压力下,一意想得到新式的火炮,已顾不及那种'夷人不可用'之论"的氛围,⑦使"澳夷"以"久服属之夷"的说词而稍事宽容,阳玛

---

① 王重民辑校:《徐光启集》上册,第181—182页。
② 《明熹宗实录》卷十七。
③ 同上书,卷二十六。
④ 同上书,卷二十七。
⑤ 同上书,卷二十九。
⑥ 同上书,卷三十。
⑦ 张小青:《明清之际西洋火炮的输入及其影响》,中国人民大学清史研究所编:《清史研究集》第四辑,四川人民出版社1986年版,第61—62页。

第八章 西洋火器的大规模引进及其对明清战争的影响 545

诺、龙华民和汤若望则公开出现于北京。"耶稣会士在北京、在中国的地位得以恢复……它意味着沈㴶置天主教于死地的努力是徒劳的。传教士们再次在明帝国取得了半合法的地位,逐教令也就等于失效了。"①

来自教会的记载,生动地再现了在这由非法走向合法过程中,传教士的喜悦、忧虑和争论。现撮述如下。

"1623年之始,中国全国教会有一无可比之愉快而光荣之事,即教士因兵部之奏请与皇上之准许而得回返京中也。此事之成,实徐光启与李之藻之功,盖二人曾向兵部建议,招致澳门葡军及炮手,并召教士来京,共御满人,以渠等均曾专习大炮瞄准之术,正为中国人所不知者。"

"……时各教士谋能在国内公开传教,然最大困难,即无皇帝之许可,不能反其上论而行。吾教友与吾教诸学人(原文作博士)乃拟乘此对满抗战之机会,向皇帝进奏。先陈战争所加于中国之不利,次述驱逐西洋教士之错误,以教士除道德可钦外,且具大才,而尤为优越之数学家,其学必有特别秘密及创获之处,为国家目前情形中所必需者……诸教士因并不通晓军事,亦不知使用火器,故对教友所采用之方法,竭力反对,且欲教士重来,尚有其他理由可言也。李之藻,彼为此剧主要角色之一,闻此非难,即答曰:'苟有以军事相委者,请勿急,当如制衣者之用针,迨线既穿过,布已成衣,针即无用,军职之衔,不妨以针视之。但使君等能借帝命公然入华,则此后自可放下刀剑,换上笔墨,以著述代从军,乃可以破迷信而传真教。'于是遂将奏折递上,其负责进呈奏章诸人,亦颇帮忙。故未几即呈御览;并如吾人所祝,皇上一一照允,交兵部议处。兵部不仅全文通过,且附加多语,谓伊等深信各教士必能以其数学上之秘密,使满人生畏,盖满人必将无法指挥军队,且能攻破之,并命从速访觅,但或亦不必远求,其原任此职者,必能知伊等之所在也。"

"于是龙华民及阳玛诺(亦曰小阳玛诺)二司铎遂被指定前往,自南

---

① 邓恩著,余三乐等译:《从利玛窦到汤若望》,第171—172页。

京携巡抚之公文北上,甫抵京,即到兵部引见,并受殊礼款待。以澳门援兵事相询,继又问及二人之军事及炮术,二人乃据实以告。谓对于军事及火器,实无所知,而伊等之职务亦须合乎伊等之身份,如指示救灵之道,教人事天。但在此军务倥偬之时,伊等亦非无可为力者:盖伊等可以约束自澳门召来之士兵与炮手,使生活检点,服从命令,效忠皇上。诸大臣闻此,已颇欣慰,乃出示赐宅一所,并按宫中仪式,各赐一马,以便访客,及其他事务之用。"①

第三,随着后期"红夷大炮"的引进,欧洲先进的铸造技术及其简明实用的数学物理知识,得以迅速的普及和应用,为军事战略战术的改革,创造了条件。

徐光启曾总结道:"夫火器之来也,自永乐间征安南始也;其稍盛也,自嘉靖间御倭始也。用之而效者,若杨襄毅(杨博)、曾中丞(铣)、郭文定(郭勋)、周尚文、戚继光之属,非一人也,然而皆皮毛耳,未合也。近岁以来,温中丞(温纯)、赵士桢所作,稍合矣,未尽也,亦未大也。而士桢所意造者,又未合也。"②徐光启之所以对明朝有关的火器著作及其实际效用多有贬抑,固然是从"用火之精者"须同时具备迅疾、灵巧、远近中的和爆炸猛烈等更高标准,以及火器运用将引发军事变革的长远考虑("此器习,而古来兵器十九为土苴,古来兵法十五为陈言矣"③)而提出的。但在徐光启心目中,举凡明朝火器的缺陷、标准火器的优势和军事传统的变革,皆可从引进西洋大炮中得到弥补、发挥与推动。

据张维华先生考证,"红毛番"或"红夷",乃明人对和(荷)兰与英吉利人的称谓。他说:"《东西洋考》云:'其人深目长鼻,毛发皆赤,故呼红毛番云。'(卷六,页一五)或曰红毛夷。《野获编》云:'以其须通赤,遂呼为红毛夷云。'(卷三〇,页三五)红毛番或简称曰红毛,红毛夷或简称曰

---

① 引自方豪:《明末西洋火器流入我国之史料》,载《东方杂志》第40卷第1号(1932年1月)。

② 王重民辑校:《徐光启集》上册,第52—53页;参见林文照、郭永芳:《明清间我国对西方传入的火炮火枪的制造和研究》,载黄盛璋主编:《亚洲文明》第二集,第212—213页。

③ 同上。

第八章 西洋火器的大规模引进及其对明清战争的影响 547

红夷,皆明人对和兰之称也。厥后英人继和人东来,亦以'红毛'或'红夷'称之……盖英人发色亦近赤,疑与和兰同种,故均以'红毛'或'红夷'称之。"① 与此相对应,《明史》谓:"其所恃惟巨舟大炮。舟长三十丈,广六丈,厚二尺余,树五桅,后为三层楼。旁设小窗置铜炮,桅下置二丈巨铁炮,发之可洞裂石城,震数十里,世所称红夷炮,即其制也。"张维华续考道:"……《野获编》云:'当此夷(和兰)初至内地,海上官军,素不习见,且状貌服饰,非向来诸岛所有,亦未晓其技能,辄以平日所持火器遥攻之,彼姑以舟中所贮相酬答,第见青烟一缕,此即应手糜烂,无声迹可寻,徐徐扬帆去,不折一镞,而官军死者无算,海上惊怖。'(卷三〇,页三四至三五)……是知和人东来,其巨舟大炮,颇为中国所惊惧,所谓红夷之祸,明人固未尝轻视之也。"②

通过"平日所持火器"与"红夷炮"海战中的实际考验,及由此形成的"因红毛夷入寇,又得其所施放者更为神奇,视佛郎机为笨物"③的社会舆论,皆表明无论在形制和冶铸工艺,还是弹道的施放技术方面,"红夷大炮"或"西洋大炮"较之传统火器和佛郎机铳,都更为先进。例如,跟佛郎机那种后装而没有腔线的滑腔型不同,红夷炮是"一种前装滑膛炮"。又如,红夷炮采用"整个炮身为一整体"、炮管没有铸缝的"模铸法",且按照一定比例设计火炮的各个部分,从而"使铸成的火炮既能达到作战目的,又能保证发射时的安全"。再如,确定了炮弹的重量与炮膛内装填火药重量的比例,借助铳规(角度测量仪)、望远镜和一些辅助工具,测定火器的射程与射角之间的关系。总之,跟包括佛郎机铳在内的明朝原有火炮而言,西洋炮具有"冶铸较精,加工较细,比例较精确。所以比较精坚耐用,射程较远"的特点。④

须强调指出的是,当时西方除在铸炮的设计上较为进步外,更已将

---

① 张维华:《明史欧洲四国传注释》,第85页。
② 同上书,第121页。
③ 沈德符:《万历野获编》卷十七,火药。
④ 张小青:《明际之际西洋火炮的输入及其影响》,载《清史研究集》第四辑;王兆春:《火攻絜要提要》,载《中国科学技术典籍通汇》第五册,第1265页。

操炮所需的数学和物理知识,化约成简明实用的仪具或计算尺(如矩度、铳规、铳尺、星斗等),如此即可迅速估算不同仰角下的射程,并判断如何能用最恰当的火药,将不同材质的炮弹准确地击向目标。这种透过数学以提升机具操作精密度的方式,可说是西方近代技术革命中一项十分重要的特色,此与中国全凭经验以发射火炮的传统方式,形成强烈对比。① 至此,如果说《崇祯历书》的编纂,乃吸取欧洲科学革命的成果,以改造中国传统的科学范式的话,那么,西洋大炮的引进,则旨在利用西方近代技术革命的成就及其简明实用的数学物理知识,推进中国军事战略战术的变革。

葡萄牙人最初是于俘掳屡次进犯澳门的荷兰战船上,起获红夷大炮的。如1601年(万历二十九年)9月,葡人在澳门港外掳获一艘荷兰军舰。1622年(天启二年)4月,烧毁四艘荷兰战船。1627年(天启七年)初夏,葡人进占荷兰旗舰,缴获大批大炮、炮弹等。② 正是"缘澳中火器日与红毛火器相斗,是以讲究愈精,人器俱习"。③ 于是,"澳人乃仿('红毛大器')为之,其制视红毛尤精。"④

当澳门葡人掳获并仿制红夷大炮的消息传至北京,恰为徐光启台铳防御战略的实施提供了可能。遂于泰昌元年(1620年)十月,经与李

---

① 引自黄一农:《红夷大炮与明清战争——以火炮测准技术之演变为例》,载台湾《清华学报》新26卷第1期(1996)。
② 黄启臣:《澳门通史》,广东教育出版社1999年版,第101—105页。
③ 王重民辑校:《徐光启集》上册,第299页,澳门统领公沙的西劳等称。
④ 印光任、张汝霖:《澳门记略》下卷,澳蕃篇、炮台。另外,当时传教士汤若望在海上观察之所得,亦可为葡萄牙人仿制的大炮较荷兰人原制更大更精的说法,提供一个旁证。据德人魏特著、杨丙辰译《汤若望传》(该书第一册,第56页)所述,汤若望一行于1618年4月16日搭乘"善心耶稣"号海船,从里斯本出发前往东方。"沙尔(即汤若望)和他的同伴们,在路途上,很有时间可以观赏惊奇他们所乘船只的巍峨庞巨。这船的甲板上四层楼厦高高耸起,远处观望,直似水上飘浮的一片崇楼巨阁。一个这样的船只内部所包藏的,有千名以上的乘客,连带货物行李与八个月的食粮。在返回欧洲的航程上,这些船只所堆集的,是非常巨大一批的香料,譬如:百万磅胡椒,然这还只不过是全船载货十分之一,此外还要有为能盛二百名水手的空间。海上的暴风雨,对于这样的一只船丝毫不能损害。英国和荷兰大炮所射出的,寻常是十五或十六磅的炮弹,不能凿透这船的船墙,也不过像些钉子一般,插入船墙中而已,然而葡萄牙大炮二十或二十五磅的炮弹,往往能把敌船两面的船墙打碎,或把一只船,由首端至尾端直劈成两半。因此一只葡萄牙国的船是能和许多的敌船相抵抗的。"

之藻、杨廷筠商议后,私下指派教友张焘(张弥额尔)、孙学诗(孙保禄)前往澳门购募红夷大炮。当即由澳商捐资购得的四门大口径火炮,据说是"在(澳门)海岸边一艘荷兰破船中发现的"。①

自此以往,凡徐光启主导的赴澳门的征募活动,均呈现出与嘉、隆间仿制佛郎机不同的特点。即不仅要求输入器械精良的红夷大炮,更强调须同时引进制铳教炮的西洋炮师。为此,张、孙"二人仍不以此(征得大炮)为足,复以自费聘请炮手四人",一同诣广。却为广州地方当局阻拦,大炮准允放行,西洋炮手返回。大铳运至江西广信,值徐光启托病请辞练兵事宜,炮遂滞留不进。②

天启元年(1621年)四、五月,徐、李重新任事。李之藻疏请"一面前往广信府查将原寄大铳四门,督同张焘陆路押解来京;一面前往广东赍文制按衙门,转行道府,招谕前项善能点放夷目诸人,仍前赴京报效"。当年十二月,孙学诗便作为钦差再次赴澳。"钦使因不久以前,某英船为飓风飘流至中国东岸,舟已破损,舟上所有巨炮三十尊遂为中国所获,故要求聘请优秀炮手十人,盖前聘四人,已被迫回澳也。"③据新近发现的时任肇庆府推官邓士亮的记载:"万历四十八年(1620年),有红夷船追赶澳夷船,遭飓风俱沉阳江县海口。"在邓主持下经三月打捞,出水大铳36门,其中24门曾由两广总督胡应台运解至京。④ 这样,当天启三年(1623年)四月,"两广总督胡应台遣游击张焘解送夷目七名,通事一名,傔伴十六名赴京听用";从阳江海口英国沉船卸下的24门红夷大炮,亦一并抵京时,兵部尚书董汉儒"一一阅其火器刀剑等械,俱精利",目睹"其大铳尤称猛烈"之后,感慨道:"若一一仿其式样精造,仍以一教十,以十教百,分列行伍,卒与贼遇于原,当应手糜烂矣。"于是请准朝廷:"尽试其技,制造火药,择人教演,稍俟精熟,分发山海,听辅臣收用。"⑤此后虽波折不断,然随着西洋如"神威大炮"者,"一见于宁远之

---

① 卫匡国:《鞑靼战纪》,载杜文凯编:《清代西人见闻录》,中国人民大学出版社1985年版,第12页。
② 方豪:《明末西洋火器流入我国之史料》。
③ 方豪:《明末西洋火器流入我国之史料》;《徐光启集》上册,第181页。
④ 邓士亮:《心月轩稿》,引自黄一农:《欧洲沉船与明末传华的西洋大炮》,载台湾《中央研究院》历史语言研究所集刊》第七十五本,第三分册(2004年),第597—600页。
⑤ 《明熹宗实录》卷三十三。

奸夷,再见于京都之固守,三见于涿州之阻截",充分显示其"及远命中"的威力;时人似亦从中领悟到"教练火器,必用澳商","非此辈不能用炮、教炮、造炮"的道理。① 因此,"近来边镇亦渐知西洋火器可用,各欲请器请人"。② 在此有利形势下,自中央及地方,仿制西洋大炮之风勃然而兴。

例如,崇祯三年(1630年)二月,两广总督王尊德疏称,粤东原无大铳,因抵御海寇,曾"借用澳中大小二十具,中有铁铸大铳四具。询之,则粤匠亦能办此。臣因购其工巧者,开炉备物俾之冶铸。今已铸二百具矣。遇贼施放,一弹即成血路"。现谨选其重二千七百斤者十具,重二千斤者四十具,"又仿澳夷式制造班鸠铁铳三百具一并解进,以为备御之用"。③ 经当时查验,这批由两广督臣王尊德依仿"来自海外西洋诸国"的"大铳之法",而"大兴鼓铸,恭进应用"者,质量尚佳。故有"广中所解军需,悉皆精好"④的评价。时至今日,"中国历史博物馆现存的明末西洋大炮,陈列的十二门中便有五门是王尊德所进,重1300—2000斤,至今依然完好。"⑤

又如,崇祯二年(1629年)十一月,后金军长驱直入,京师戒严。经兵部尚书陈请,徐光启奉旨协同料理守城事宜并监造火炮。⑥ 自受命监炮以来,徐光启极其慎重,宁少勿滥,悉遵西洋原则。既称:"二号西铳臣颇谙其法式,但未经铸造,尚待贡铳(西)人至,再与咨询。"又谓:"西洋铳造法,关系甚大,恐为奸细所窥,若造于京师,尤宜慎密。""一切装放皆有秘传,如视远则用远镜,量度则用度板,未可易学,亦不宜使人人能之,所谓国之利器,不可以示人也。"总之,"惟尽用西术,乃能胜之。欲尽其术,必造我器尽如彼器,精我法尽如彼法,练我人尽如彼人而后可。"⑦正是在这种思想指导下,"先造成鹰嘴铳四十一门,鸟铳六十五

---

① 王重民辑校:《徐光启集》上册,第288—289、299、311、313页。
② 同上。
③ 《崇祯长编》卷三十一。
④ 王重民辑校:《徐光启集》上册,第302、311页。
⑤ 张小青:《明清之际西洋火炮的输入及其影响》。
⑥ 徐光启:《增订徐文定公集》卷首下,李杕编译:《徐文定公行实》,第36页。
⑦ 王重民辑校:《徐光启集》上册,第280—281、286、289页。

对于汤若望这成绩极其欣慰。他登时又谕令再铸造重量不过六十磅之较小炮筒五百尊,以便兵士出征时便利携带。"在奉命铸炮之次年,跟随汤若望学习制炮技术的太监们,经皇帝支持,筹划"起造他们自己的炮场。汤若望在这件事情上很和蔼地帮助他们"。后因北京疫病流行而作罢。①

"此外,福建巡抚熊文灿,兵部主事孙元化,大同总督卢象升,都曾打造过西洋火炮。辽海监军王徵还曾造过'西洋神器测量定表'和'活台架炮'等仪器和炮架。"②还有,工部左侍郎沈演,"发私银往山西造威远炮十具,既成上之";"山西总兵王国梁追贼于河曲,发红夷炮";"督治昌镇侍郎侯恂请发澳夷所造大炮数具,用资防御,章下所司酌给。"③

凡此表明,在明末兵连祸结,疆土日蹙的背景下,为应付不同战场的共同需求,而蔚然成风的仿制西洋大炮过程中,有一个显著的特点,那就是主其事者,皆力图遵照西洋制铳相传之规范,原法原式加以打造,从而有效地保证了仿制火器的质量。为此,王尊德的《大铳事宜》,孙元化的《西法神机》,以及汤若望口授、焦勖笔述的《火攻挈要》,乃当时据以制器的权威典籍。

与此科学精神相一致的,还有前述徐、李从澳门引进西洋大炮的同时,亦分外强调西洋炮师须一并征集前来,且赋予其特殊重要的地位。如李之藻说:"其制铳或铜或铁,煅炼有法。每铳约重三五千觔,其施放有车,有地平盘,有小轮,有照轮,所攻打或近或远,刻定里数,低昂伸缩,悉有一定规式。其放铳之人,明理识算,兼诸技巧,所给禄秩甚优,不以厮养健儿畜之……但此秘密神铳,虽得其器,苟无其人,铸炼之法不传,点放之术不尽,差之毫厘,失之千里,总亦无大裨益。"④这种将引进大炮的制作、施放的技术和放铳之人的知识素养视同一体,须臾不可分离的见识,显然较过去忙于佛郎机铳形制的改造和变化,而忽略蕴含

---

① 魏特著,杨丙辰译:《汤若望传》第一册,第162—166页。
② 张小青:《明清之际西洋火炮的输入及其影响》。
③ 《崇祯长编》卷四〇,卷四十三。
④ 王重民辑校:《徐光启集》上册,第179—180页。

门,共一百零六门……续造鸟铳三百余门未完"。① 崇祯三年(1630年)八月,"礼部尚书徐光启遵旨监炮,先以样炮二具呈览。帝嘉其任事精勤,命速行攒完并进"。② 然而,同年九月,当"命运样炮等物于万岁山前候览"后,③崇祯皇帝却不满意。以为"这样炮工费颇奢,如何受药不多,还着前遣各官于二十四日再加铅药试验,从实来说"。对此,徐光启以谨遵海外相传之成法回禀。他解释道:"窃照大铳之法,来自海外西洋诸国,东事以来,澳夷屡次献铳效劳,流传入于天朝。近年海寇猖獗,两广督臣王尊德、福建抚臣熊文灿,依仿其法,大兴鼓铸,恭进应用。"遂自陈制铳所据,虽"王尊德刻有《大铳事宜》一册",然"尊德之说亦与澳夷相合,盖海外相传成法也"。如此一来,"职依仿制造,若如原法",其铳重与弹药自有一定比例,施药过猛则铳体发热,恐致误事;又"制造欲如式,不得不费功",倘议减省,亦虑火器苦窳无用。④ 由此可见,尽管皇帝刚愎自用,以费钱多杀伤力有限相诘问,压力不可谓不大;而徐光启高压下不改初衷,坚以谨遵西洋原法原式相应对。他深知,惟有严格按照科学的制作规程,铳炮方能发挥克敌制胜的最大效力。这位平日不与人争短长的谦谦君子,为强兵御敌,即使在皇帝的诘难下,仍然坚持己见。其诚勇之气概,令人感佩。

再如,崇祯九年(1636年)七月,清军连续攻略近畿州县。传教士汤若望和罗雅谷应防守北京将官之邀请,视察城墙上之防御工程。二人"允从这邀请,并且给他们出了些好主意。城墙防御问题,已经成为极其严重。他们相信,用极大的重炮,可以能防守北京城,使之万无一失。"于是,1642年(崇祯十五年)7月,在皇帝密令,兵部尚书执意劝说之下,于皇城内辟出空场建造炮厂,汤若望完全按照西方的技术规范,先行制造了能发射四十磅重炮弹的火炮二十尊。在城郊实弹试验,无论单炮射击还是十门火炮并排齐射,均获巨大的成功。"皇帝

---

① 王重民辑校:《徐光启集》上册,第280—281,286,289页。
② 《崇祯长编》卷三十七,卷三十八。
③ 同上。
④ 王重民辑校:《徐光启集》上册,第302—304页。

第八章　西洋火器的大规模引进及其对明清战争的影响

其中的技术因素与放铳人员培养的做法,更贴近引进西方科技之诀要。即先须得其真传,悉其底蕴,方可通而化之,尽为我用。

正是如此锲而不舍的科学精神和抗御强敌的爱国情怀,使欧洲先进的火炮制造及施用技术,迅速得以推广,从而为军事战略战术的改革,创造了条件。

第四,在后期引进"红夷大炮"过程中,通过凸显奉教人士的作用,引荐服膺西洋大炮的同类,密切与前线统帅的联络,乃至发挥传统的人际关系,逐渐结合成以徐光启为中心,具有求新精神、恢复疆土壮志和军事改革意向的松散的群体,成为改革依倚的社会力量。

徐光启夙昔以"不能趋炎,亦无心逢世",遇事"中立"相标榜。① 当有人诬奏他"依墙靠壁",附合党派而升迁时,他疏辩尤力,激愤之情溢于言表。② 然而,这表面上拒不涉足党派的态度,却难以掩饰徐光启不得不寻觅和团结众多志同道合者及同情者,共襄其事的现实。很显然,这种无法抹煞党派或组织痕迹的活动,是跟他的理想、信仰和事业,紧密地联系在一起。它们包括:在政治上,借助西学的教化,改造已被腐蚀的传统价值,实现儒家唐虞三代的郅治;在思想上,融合儒学基督教的精义,促进"补儒易佛"的结构性变化;在文化交流上,寻求中西文化的同一性与互补性,贯彻和平的平等交往的原则;在科学上,运用西法而数理旁通,追求"会通超胜"的目标;在军事上,以输入先进的西洋大炮为契机,改革传统的战略战术。毫无疑义,诸如此类的理想事业,若没有最低程度的相应组织或党派形式予以支撑、动员和实践,那不啻空中楼阁。事实表明,徐光启、李之藻等人,正是仰赖各种类似于组织活动的刍形,来推进其军事改革事业。

"首先是徐光启……通过学习和翻译活动,他团结了一批具有求新精神的朋友和门生,结成了一个松散的从事中西文化科学交流的圈子,并且扩大延揽了当时能够传播科学技术知识的耶稣会教士。他们除从

---

① 王重民辑校:《徐光启集》上册,第 217 页;下册,第 459—460 页。
② 同上。

事翻译和介绍天文历法等工作外,有很大一部分力量是放在制造火器方面。"①如徐光启的两位奉教门人,即嘉定人孙元化和绛州人韩霖,便是其中的代表。孙元化曾随乃师习学西洋算数,著有《几何用法》等书。② 而"万历间西人利玛窦入中国时,上海徐文定官赞善,从利氏学天算火器。吾邑火东先生(元化字初阳,号火东)又学于文定,尽其术"。所著《西洋神机》,遂成为"明末学习西方火器技术的重要文献"。③ 韩霖则四处购书数万卷,日与及门弟子讲诵不辍。"又于读书之暇,学兵法于徐光启,学铳法于高则圣(即传教士王丰肃),务为当世有用之士。"④所纂《慎守要录》,即这方面知识的汇集。

待辽东战事频频告急,平时这个由朋友和门生组成的松散的"圈子",便赋予了某种类似组织的机制,那就是逐渐形成以徐光启为中心,团结与联络更多的志同道合者,运用西铳外御强敌而内施改革。

其一,皈依的基督教徒,自是引进西铳实行改革的中坚力量。如前所述,最早有关西洋火炮的传闻、宣传及其引进的过程,均出自徐光启、李之藻、杨廷筠所谓"天主教三柱石"间的谋划,而由奉教门人张焘、孙学诗具体实现的。又如,徐光启融汇西学的筑台制铳的防御战略,主要是经过奉教门生孙元化的运作,得以逐步推行。首先,孙元化对乃师台铳之法心领神会,阐释尤详。据归庄撰《孙中丞传》载:"……上海徐文定公善西学,公(指元化)师事之,尽得其术,而制兵器尤精。万历四十年(1612年),以国子生中顺天乡举……天启二年(1622年)正月,广宁兵溃。公以计偕在道,闻之疾驰入都,即具备京、防边二揭,致之当事。大略谓,欲修守备在利器,用而器之,能及远者莫如铳;置铳于层台之上,可以杀敌于千里之外。因言筑台造铳

---

① 林文照、郭永芳:《明清间我国对西方传入的火炮火枪的制造和研究——我国早期火器专题研究之二》,载黄盛璋主编:《亚洲文明》第二集,安徽教育出版社1992年版,第203—204页。
② 方豪:《中国天主教人物传》上册,第234—235页。
③ 杨恒福:《西洋神机跋》;王兆春:《西洋神机提要》,载《中国科学技术典籍通汇》第五册,第1233、1264页。
④ 引自方豪:《中国天主教人物传》上册,第254页。

之法甚详。"①前述《西法神机》,便是孙元化详细阐释筑台造铳技术的专门著作,可见其浸淫西学之深。其次,经孙元化多方赞画,坚持不懈,筑台制铳之策,终为辽东督师采纳而得以落实。孙元化虽会试下第,却在天启二年(1622年)二月,因精于讲求铳台之法,由吏科给事中侯震旸荐举于朝。②"又以(阁臣兼理兵部事)孙承宗请,令主建炮台及教练法,赞画经略军前。"③此后,孙元化在辽东,或周览形势、陈扼要固守随地进据之策;或同袁崇焕一道訾议全线退缩山海关谋略之失当;或酝酿筑台九座次第分配大铳的布局。凡此虽一时难见信于辽东经略王在晋,却无不展现孙元化对形势了然于胸和处理危局的才干,以及贯彻铳台之法的坚决。待孙承宗督师辽东,孙元化等人的志向方得以伸展。先是,孙元化"与(袁)崇焕等皆进收复宁前之策,阁部然之"。继又奏令元化,"相度北山南海,设奇兵于高深之间。公(元化)因进言处辽民、核器械、束营阵、设山台、结海营,修一片石防守诸事,阁部皆纳之。于是,始筑台造铳,城守之具渐修矣"。④ 稍后的"宁远大捷",孙元化因此而叙功,足证徐光启筑台制铳的防御战略,经孙元化多年的拮据经营,已卓见成效。时人称"深明台铳事宜、赞画关门、建台置铳者,今起升兵部武选司员外郎孙元化也",⑤即此之谓。

再次,为继续实现精练车营,以机动灵活的车战,弥补固守城池战略之不足,徐光启奏议征召由奉教士大夫孙元化、王徵、张焘指挥,西洋教士陆若汉和葡兵统领公沙的西劳参与,配备有众多造炮匠人与大批西洋火器的登州精锐部队,作为驻守京畿选练其他营伍的样版和"根柢",同时任命孙元化为"经营联络,剂量分配,齐众若一"的总指挥。⑥

---

① 归庄:《孙中丞传》,载《江东志》卷八,传,《中国地方志集成·乡镇志专辑》第一辑,上海书店1992年版。
② 《明熹宗实录》卷十九。
③ 万斯同:《明史》卷三六六,孙元化传。
④ 归庄:《孙中丞传》,《江东志》卷八。
⑤ 瞿式耜:《瞿忠宣公集》卷二,《讲求火器疏》。
⑥ 王重民辑校:《徐光启集》上册,第309—317页。

孙元化因历年监督训练"澳夷火法"及固守辽东边防之辛劳,"阁部(孙承宗)上公(元化)功状","帝以元化关宁著劳,特兹超擢"。崇祯三年(1630年)六月,始以都察院佥都御史,巡抚登莱、东江,从海上与辽东"为两路进取之局"。① 随即孙元化于崇祯四年正月,推荐其"道义相许"的奉教挚友王徵,"以徵素习西洋火器"为由,从原任扬州府推官(正七品),径升为山东按察司佥事辽海监军(正五品),辅佐其事。② 另一引进西铳有功的皈依教友张焘,"亦以副总兵衔协助守城"。③ 孙、王、张等人麾下,既有先在北京后到登州,而由头领公沙的西劳率领,装备西洋大炮十门和其他大量火器,以及人数相当之炮手的澳门军兵;④ 又有崇祯四年三月,自澳门回京复命,携带"西洋盔甲刀铳等式"续至登州的耶稣会士陆若汉。⑤ 同年六月,"又有一大批西式火器自广东运到,并有随队造炮匠人和放炮教师五十三人。一时,登州成为全国装备最精良的军事前沿。"⑥ 事实表明,这支尚在组建的火器部队,已于同年六月出击皮岛的海战中小试锋芒,在张焘指挥和公沙的西劳等葡军炮手配合下,运用西洋大炮予后金军以重创,毙敌六七百人,朝廷曾叙录其功。⑦

正是有此精锐的怙恃及其良好的表现,徐光启遂于崇祯四年(1631年)十二月,具疏上言战守事宜中,建议以登兵为"根柢",选练配备各种西洋火器的六万精兵为"车营之制"。以其"行则为阵,止则为营"的机动灵活,弥补各城守因大炮和兵力配置的分散,而出现的疏漏,使筑台制铳的防御战略更趋完善与巩固。所谓"惟车营尽制,足以制胜万全",便是这个意思。特别是疏中反复强调:"如登旅之兵,饶勋之兵,则当暂

---

① 归庄:《孙中丞传》,载《江东志》卷八;《崇祯长编》卷三十六。
② 李之勤校点:《王徵遗书》,第133—135页;宋伯胤编著:《明泾阳王徵先生年谱》,第417页。
③ 方豪:《中国天主教史人物传》上册,第237页。
④ 方豪:《明末西洋火器流入我国之史料》。
⑤ 《崇祯长编》卷四十四。
⑥ 张小青:《明清之际西洋火炮的输入及其影响》。
⑦ 同上。

驻近畿耳";"则其间经营联络,剂量分配,齐众若一者,非孙元化不可也";"速召孙元化、王徵于登州,令先发见兵"。① 凡此种种,足证皈依的基督徒,乃徐光启引进西铳实行战略战术改革,最可信赖和依靠的中坚势力。

其二,引荐服膺西洋大炮的同志友好,密切同前线统帅的交流联系,使之成为实现改革可争取和团结的社会力量。例如,引述朝中诸多重臣的言论以为奥援,形成强势的舆论,减少引进西铳遭遇的阻力。徐光启引进西铳之取得成功,"诚以时势宜然",而跟他呼朋引类,借诸位朝臣言谈以自重,亦不无关系。在所著《练兵疏稿》和《守城制器疏稿》中,关于西洋铳城者,有刑部尚书黄克缵、兵部尚书崔景荣、刑部侍郎邹元标、浙江按察使陈亮采等数臣,皆"力主此事当在亟图,亦非独臣一人知之、言之也"。② 引进西洋大炮者,"内阁刘是翁(内阁大学士刘一燝)议欲给价";而"两广督臣王尊德、福建抚臣熊文灿,依仿其法,大兴鼓铸,恭进应用"。③ 练兵成效者,"李大司徒桂亭(户部尚书李汝华)每言边方制将用财,若悉如徐练府(光启),即吾部中绝不须费力矣"。④ 议调澳商教炮者,"顷枢臣(兵部尚书)熊明遇以为宜调,冢臣(吏部尚书)闵洪学等皆谓不宜阻回,诚以时势宜然"。⑤ 举凡铳城之法,引进西铳,议调澳商及选练精兵,皆徐光启力辟过时的传统,实行军事改革精义之所系。它们在天启、崇祯朝那腐败的政局中多少得以推行,不能不归功于徐光启对上述赞同西铳西法的朝中重臣的争取和团结,并借助这些身居高位者的言论,形成有利于引进西铳的社会舆论。

又如,广为举荐朝中职位较低而勤于政事熟谙火器的文武官员,意在笼络更多的杰出人才,伺机能为己所用。在历次奏疏中,大致举荐的

---

① 王重民辑校:《徐光启集》上册,第309—317页。
② 同上书,第176页。
③ 同上书,第216—217、302页。
④ 同上书,第215页。
⑤ 同上书,第313页。

文臣有:鸠集工匠,鼓铸西洋大炮的工部主事沈榮,商议兴造京城台铳之费的户部官王佐和工部官员王国相,委用制造火器钱粮出纳的兵部郎中郭士奇,稽考火器事宜功程的工部郎中吴士熙,建议不咎既往广为收罗技勇之士的御史钱守廉,"若选募畿内之兵,则天津道臣朱大典可使也;选募河南之兵,则道臣王肇生可使也;选募山东之兵,则兵部郎中今在告郭士奇可使也。"又从速访觅遭行能造海洋极大铳炮之福建监生伍继彩等人。①

与此同时,遴推的武将是:熟谙兵机的天津署游击事钱世祯、京营参将王光有,深谙火器善造敌台的延绥原任游击赵凤岐,于宁夏沙湃建造敌台的管工将官辛志德,军中雇有众多教放西铳葡兵的广东领兵官白如璋和解铳官刘宇,可于近畿选练车营之制的秦翌明之兵、邓玘之兵、饶勋之兵、王新民之兵。②

表面上,举荐和表彰这些较低层次的勤于职守熟谙铳台之术的文武官员,原出于抗敌防御之大局。但按官场惯例,举荐者与被举荐者之间,平添了一层恩德和互相牵连的责任关系。目前投桃报李,自可为己所用,倘来日条件具备,更能收其反哺之功效。从广义上讲,这也是一种组织机制的表现。

再如,通过与辽东前线统帅的书信往返或同其部属的接触,极力灌输切勿城外浪战而据城固守的战略意图。在《徐光启集·书牍》中,收录回复辽东经略熊廷弼和督师袁崇焕的两封书信。前者曾反复告谕:"若城外立营,必须良将精兵足以当敌然后可;如或不然,万一兵势外挫,人心内摇,其为守岂不更难乎……谁不知外营拒敌,于法为便,势或不能,不若据城为固,敌终无奈我何也。"于是,提出:"今日之计,独有厚集兵势,固守辽阳,次则保全海盖四州为上策,但须多储守之器,精讲求之法。中间惟火器最急,若得大小足备,兵将练习,寇至之日,乘城抵敌,歼其二三阵,必啮指退矣。"③从后者文辞看,徐袁情谊较徐熊间似深一层,彼此书

---

① 王重民辑校:《徐光启集》上册,第 126、175、189、292、296、312、314 页。
② 同上书,第 120、126、138、298、311 页。
③ 王重民辑校:《徐光启集》下册,第 461—463 页。

第八章　西洋火器的大规模引进及其对明清战争的影响

信酬答亦不止一、二封。不仅相互称赞文章高义,为之付梓刊行;且密疏切磋边塞攻防窍要,以恐其泄露。徐光启称:"一二拙见,尽在小疏中矣。目前所急似以大台大炮为第一义,而蓟门兵将颇曾谙此,略为蘧使道其一二,望速营之。"①又徐光启"自记"曰:"按东事数年,既未能战,又不肯守,城外列营,寇至则溃,遂为膏肓之疾。袁经略在永平,曾遣亲吏来咨求守御之策,深相凭信。"②就与上述边臣书信往返,游说守御之策的效果,徐光启在崇祯帝召对平台时,说道:"昔辽阳之守,臣再遗书熊廷弼,谓城外列营置炮,万分不可。只凭城用炮,自足尽贼。廷弼不听,袁应泰继之,亦然。后大兵出城,拒河而守,望敌溃散,火器皆为敌有,守阵者遂致无人。后袁崇焕守宁远,不出一兵,歼敌万众,二者相去远矣。"③所谓胜败荣辱,采纳诤言,系于一念之间。

诸如上述,无论团结和争取朝中重臣赞同西铳西法,还是荐举职位较低文武官员为己所用,抑或游说辽东主帅尽施铳台防御之策,就其实质而言,皆属一种组织机制的反映。

其三,透过士大夫间门生、同年、同乡和姻娅等关系,上述由基督徒、志同道合者乃至同情者形成的松散的群体,因此亲缘的纽带而具有某种内在的张力。据中国学者研究,"孙元化在天启二年以举人的身份被(吏科给事中)侯震旸破格举用,除其本身的才干过人外,彼此的同乡之谊或亦为一重要因素。至于孙承宗稍后对孙元化的拔举,则可能与元化之师徐光启攸关,此因孙承宗与徐光启的交情颇深,两人不仅为同年进士,且曾同入翰林馆学习数年,天启元年,奉旨练兵的徐光启遭劾去,孙承宗即偕友人在京师城外的关公祠为其饯送,所以当孙承宗督理辽东之时,徐光启也还推荐其另一门生鹿善继出任他的重要幕僚。"由此看来,"孙元化得以不经正途而步入官场,显然受到其师长和同乡前辈的大力提携,稍后,他更透过联姻以强固这层关系,如元化尝将外甥

---

① 王重民辑校:《徐光启集》下册,第 463—464 页。
② 陈子龙等选辑:《明经世文编》第六册,第 5398 页。
③ 王重民辑校:《徐光启集》上册,第 270 页。

女王氏嫁与徐光启之孙尔斗为妻,且将其女嫁与侯涵(震旸幼子岐曾之季子),这使得孙家与徐、侯两家的情谊更笃。"①

尚不止此。不久,登州援辽参将孔有德率众反叛,连下山东数城,屠戮甚惨。巡抚孙元化却一味招抚,酿成巨祸,终逮下诏狱治罪。时首辅大学士、宜兴人周延儒,"与元化同举于乡,最相暱也"。而徐光启与孙元化"师生莫逆",遂"日夜为主抚之说,以祈纾登抚(元化)之死"。于是"宜兴(周延儒)欲借之自助",且推卸前责,便援引徐光启入内阁。②周、徐二人携手虽未能拯救元化性命,但由此可确证,诸如此类的宗法的人际关系和网络,乃徐光启、孙元化等人引进西学变革传统,以至诖罪避祸可依倚的社会力量。化腐朽为神奇,这是在社会进步中,经常遇到的矛盾的现象。

总括起来,徐光启、李之藻引进西洋大炮的初衷,原在于辽东战事累挫后一种拯焚救溺的举措,其中亦寓含恢复基督教会和传教士合法地位的期盼,还以此为契机,试图在军事上改革过时的战略战术。在这大致相同或相似的目标下,逐渐形成以奉教士大夫为核心,透过官场或宗法的人际关系,团结朝中重臣和中下级官吏的松散的群体,发挥着某种初始状态的组织机制的功能。

尽管西洋铳台之法的防御,这种救燃眉之急的措施,博得众多朝中重臣的拥护,也时而为天启、崇祯皇帝所支持。然而,囿于根深蒂固的"夷夏之辨"的偏见,以及某些集团既得利益的考量,不仅使引进过程屡遭非议、刁难和掣肘,极大地限制和削弱了先进武器发挥克敌制胜的长远效应;而且在庙堂之上引发了一场反映"趋同与辨异"实质的唇枪舌战,这就是崇祯初年以卢兆龙为一方,徐光启、孙元化为另一方,围绕着是否允许澳门西洋炮兵进入中国内地以及相关问题,所展开的激烈辩论。再次凸显在西方文明冲击下,明季士大夫间,先进与保守、开放与闭塞的思想分野及其不可调和的矛盾。

---

① 引自黄一农:《天主教徒孙元化与明末传华的西洋火炮》,载台湾《"中央研究院"历史语言研究所集刊》第六十七本,第四分(1996年12月),第946—947页。
② 文秉:《烈皇小识》卷三。

第八章 西洋火器的大规模引进及其对明清战争的影响

例如,泰昌元年(1620年)十月,张焘、孙学诗第一次几经周折抵达澳门,私募得西洋大炮四门,自费雇有"善艺(葡人)头目四人,与傔伴通事六人,一同诣广",却遭广州地方当局的阻拦。"宣称不奉上谕,不能准外国炮手入境。于是,遂遣回澳门,惟火炮则仍得通过。"① 时复任朝廷要职的沈㴶,亦"在官员中散布葡萄牙人要征服大明帝国的恐慌","抗言反对求援于葡人"。他说:"若葡人可以战胜满人,则我为满人所败者,更不足为葡人之敌也。前门拒狼,后门进虎,非智也。对满战事之失利,乃偶然之事,即有错误,亦士兵之咎,非吾辈治国者之罪也。使武装之外夷深入堂奥,并及于辇下,昏聩已极,贸然许之,则吾人之过,诚有不可卸责者。况外夷之觊觎我国,初不在满洲之下,又何况其兵力尤强,尤为可畏乎!"② 凡此恐怕是广州当局及尔后朝中某些官员,坚拒澳门葡人炮手入境的共同心态。

又如,天启元年(1621年)十二月,张焘、孙学诗奉诏令,以"钦使"身份第二次赴澳交涉,要求聘请优秀西洋炮手十人赴京听用。次年十二月,御史温皋谟上疏,"言澳夷火器可用,其人不可狎,乞募其器而罢其人。"初时,获兵部批复赞同:"至澳夷大炮,闻闽粤间有习其技者,但得数人转相传教,诚不必用夷人。"只是遭天启皇帝反驳,以"夷人已经该省遣发,著作速前来",方改变腔调。③ 后抵京"教艺练药"的二十四名葡人,居数月"具有成绩"。草场试炮,"发不费力,至可及远,诸公(指官员)奇之",一片赞扬。然偶因点放不当,炮炸伤人致死,"遂断其必害无利,立命返澳,毫无挽回余地。"④ 力主其事的太仆寺少卿李之藻亦受牵连,由北京降调南京任职。⑤ 据称,对此"火炮伤人事件"的处置及其决绝态度的背后,依然可发现沈㴶那仇视基督教的目光。⑥

---

① 王重民辑校:《徐光启集》上册,第180页;方豪:《明末西洋火器流入我国之史料》。
② 邓恩著,余三乐等译:《从利玛窦到汤若望》,第141—142页;方豪:《明末西洋火器流入我国之史料》。
③ 《明熹宗实录》卷二十九。
④ 何乔远:《钦恤忠顺西洋报效若翰哥里亚墓碑》,载《何镜山先生全集》卷六六;方豪:《明末西洋火器流入我国之史料》。
⑤ 《明熹宗实录》卷三十一。
⑥ 邓恩著,余三乐等译:《从利玛窦到汤若望》,第141—142页。

再如,据耶稣会士陆若汉和澳门铳师统领公沙的西劳奏疏,"崇祯元年(1628年),两广军门李逢节、王尊德奉旨购募人铳"。二人受澳门委派,携西洋大铳十门、大量其他火器及铳师匠役多人,于崇祯二年(1629年)二月从广省出发,十一月二十二日抵达涿州时,闻后金军进薄都城骚扰京畿,遂暂留此城,制药铸弹,演放大铳,昼夜防御。致使后金不敢贸然侵犯而撤退。因此,"皇上深知大铳有用,赐号神威",并谕告兵部:"澳夷远来效用,具见忠顺,措置城台,教练铳手等项,及统领大臣,着即与覆行。"①徐光启"复奉旨与戎政诸臣,商酌制造,随行教练"。② 不久,陆若汉等自荐,盼"前往广东濠镜澳,遴选铳师艺士常与红毛对敌者二百名,傔伴二百名,统以总管,分以队伍,令彼自带堪用护铳盔甲枪刀牌盾火枪火标诸色器械,星夜前来。往返不过四阅月,可抵京都……愿为先驱,不过数月可以廓清畿甸,不过二年可以恢复全辽。"③崇祯皇帝"即以其奏交兵部议商,兵部因得徐光启之嘱托,遂顺利通过",陆若汉偕朝臣姜云龙赴澳门。此时,"澳门葡人亦极需要明帝之额外垂青,俾澳门已往所得之特典,可一变而为永久之权利,故皆以此为千载难逢之机,亟愿立功报效,故数日间即有一百五十葡人,服装军器俱极充实,侍役之数亦如之,陆若汉暨上述五位神父亦同时登程,前往明帝指定之北京,此外复有巨炮一大队,亦随同运入中国。"④

然而,就在后金侵扰京畿的警报已经解除,而陆若汉一行尚未到达京门的时候,自谓生长香山,对澳门夷人悍骘叵测之心性最为熟悉的礼科给事中卢兆龙,先后于崇祯三年(1630年)五月、六月、十二月和崇祯四年(1631年)二月连上四疏,反复申述西洋异类不可引入中国,且辇毂重地招聚多夷恐生意外,呼吁朝廷下令:"未来者当止而勿取,见在者

---

① 韩琦、吴旻校注:《熙朝崇正集》,《遵旨贡铳效忠疏》,中华书局2006年版,第28—30页;方豪:《明末西洋火器流入我国之史料》。
② 王重民辑校:《徐光启集》上册,第295页。
③ 同上书,第298—300页。
④ 方豪:《明末西洋火器流入我国之史料》。

当严为防闲",要"可厚其赏赉发回本澳",以免酿成"不测之祸"。总揽卢兆龙疏陈的内容,大致归纳如下。

其一,孔孟"夷夏之辨"的古训,历代防夷的传统和明朝驱夷的先例,乃卢兆龙理直气壮的根据。如谓,"华夷有辨,国法常存";"外夷叵测,异类则然"之说,即"臣自幼习读孔孟之书……经文备之矣"。可见其渊源有自。又称,"昔江统论著徙戎,韩愈疏谏佛骨,至今人且称之。臣前疏虽迂,其说颇正,愿存此段议论,以为国家防微。"益见其论秉承历代防夷戎辟异教的传统。再说,"查成化年间,番僧领占竹诱惑汉人演习番教,为礼科纠劾遣还;万历年间,番人庞迪我、王丰肃等煽惑京师,为礼部疏参驱逐。"更喻卢疏直承当朝遏制邪教作乱之政令。于是,卢兆龙据此大言:"中国将士如云、貔貅百万,及今教训练习,尚可鞭挞四裔,攘斥八荒,何事外招远夷贻忧内地,使之窥我虚实,熟我情形,更笑我天朝无人也。"那种居中国攘四夷,不顾国势颠危而死要面子的虚矫心态,跃然纸上。

其二,佞言王朝精通火器者大有人在,即使红夷大炮亦能制造,不若将外招远夷之费就地鸠工铸造实用。如卢疏曰:"堂堂天朝精通火器,能习先臣戚继光之传者,亦自有人。何必外夷教演,然后能扬威武哉。"又云:"则红夷大炮,闽粤之人有能造之者,昨督臣王尊德所解是也。其装药置铅之法,与点放之方,亦已备悉矣。"因此,卢兆龙谋划道:"臣计三百夷人,自安家犒劳,以及沿途口粮、夫马到京,供给所费不赀。莫若止之不召,而即以此钱粮鸠工铸造,可得大铳数百具,孰有便焉?"卢兆龙显然对红夷大炮较之佛郎机铳在铸造和施放技术上的先进性盲然无知,且从未谙悉引进西学当得其真传,通而化之为我所用的道理。仅仅看到广东依葫芦画瓢,仿制出一些器械,便以为尽得其术而浅尝辄止。更为维持天朝的颜面,拒绝探究蕴含铸炮和施放技术中深奥的西方数学物理原理。适足暴露其孤陋寡闻、夜郎自大的识见。

其三,澳夷悍鸷叵测,外示恭顺时逞凶残,故将此异类引入中国,耀武于帝都之内,窥我虚实启彼戎心,自酿不测之祸。卢兆龙声称:"臣生长香山,知澳夷最悉。其性悍骛,其心叵测。"于是,历数葡人入据澳门前后种种不轨之劣迹。为进一步彰显澳夷"时而外示恭顺,时而肆逞凶残"的两面派嘴脸,竟凭空捏造葡人借机要挟的诸多事实。如复筑澳门城台,要求撤销香山驻军参将,增加供应米粮和拨地起造营房等。同时,诬称偕同前往的朝臣姜云龙,侵吞钱粮达三万两,且挑唆夷人,"通同要挟"。① 凡此危言耸听,不只在勾唤国人素来对"异类"、"外夷"的不信任,更在警示朝廷任由澳夷在内地活动,将威胁社稷安稳酿成不测之祸。如说:"顷见演炮西夷,弯弓佩刀于帝都之内,实怀叵测之忧……西洋异类不可引入中国,窥我虚实,启彼戎心。且辇毂重地招聚多夷,万一变生意外,事关非细。"又云:"今以演铳之故,招此异类……不顾国体妄奏差官,而夷目三百人是请。夫此三百人者,以之助顺则不足,以之酿乱则有余。"

本来葡人进据澳门,乃西欧殖民者欲征服世界的组成部分。然而,鉴于中国的强大和葡国势力的式微,在澳葡人主要是从中国商品的转贩贸易或中介人的地位中,获取丰厚的利益。为使这种"已往所得之特典,可一变而为永久的权利",澳门葡人亟盼博得明朝廷额外的垂青。这就是澳商抓住辽东战事吃紧的机会,踊跃捐输西洋大炮,多次组织葡兵前往抗战前线,立功报效的缘由。如果卢兆龙秉持国家和民族的立场,斥责葡人的侵略行径,自无可非议。倘若接受贿赂或出于同乡关系,为维护广东商人集团的既得利益,而极力阻止澳门葡人成行的话,那就不是一般传统观念的影响和认识的狭隘,而是不顾国家与民族大义的名节问题。从卢兆龙如此执拗和气急败坏的态度,以及无中生有

---

① 据崇祯四年(1631年)三月,耶稣会士陆若汉自澳门回京陛见时,"白其绝无筑城台、拗将将要挟诸欵"的申诉;《崇祯长编》卷四十四)又广东巡按御史高钦舜报称,奉命至澳斋发葡人安家行月粮等银者,实广东督臣指派的地方官(通判祝守禧)。"则云葡身不入澳,银不经手",并无贪黩之事。(王重民辑校:《徐光启集》上册,第305页)可见卢兆龙的上述指控,纯系子虚乌有,乃别有用心的捏造。

捏造事实来看,他很可能是当时传统教士所指出的,广东商人既得利益集团的代言人。①

其四,澳夷专习的天主教,已在京城浸淫蔓延,如任凭异教流行,将贻衅无穷,白莲教之乱可为炯鉴。卢兆龙控诉:"澳夷专习天主教,其说幽渺,最易惑世诬民。今在长安大肆讲演,京师之人信奉邪教,十家而九。浸淫滋蔓,则白莲之乱可鉴也。"进而申明,委任远夷主盟邪教,将贻衅无穷。他自矜自夸道:"臣自幼习读孔孟之书……不识世间有天主一教,与所谓唐朝景教者。贞观以后之唐碑,恐非尧舜以来之圣揆。微臣以白莲为鉴戒,恐异教流行……其说颇正。"如若不然,"委信远夷,而主盟邪教,以贻衅无穷也。"所谓天主异教惑世诬民,任其流行将酿白莲巨祸之论,不过是剿袭前述沈㴶之流的陈词滥调,借此重温当年禁教的美梦。然时移势易,卢兆龙亦自知不过说说而已。

其五,严词抨击力赞征调葡兵重用火器的徐光启和孙元化,指斥前者袒护澳夷信奉异教,诬蔑后者预为失败推卸责任。在卢兆龙所上《王者有必胜之兵》第一疏中,便指名道姓地责难力赞征调葡兵的徐光启。称:"礼臣徐光启夙擅谈兵……而今忽取夷人入京,岂(郭)子仪借回纥之兵,但与夷人说天主也。以古况今,无乃不可。况又钦差一官,多带员役,金牌遮道,招摇出都。一到地方,必且贪夷贿启衅端矣。"徐光启随具《闻言内省疏》,"娓娓数百言"予以反驳。惜徐疏原文典籍失载,②

---

① 据来华传教士曾德昭和汤若望的记载,"作为葡人贸易伙伴的中国人,在广东跟葡人交易,从中获得巨大利益。他们现在开始感到,葡人这次进入中国,肯定可取得成效,他们将轻易得到进入中国的特许,并进行贸易,售卖自己的货物,从而损害这些中国人的利益(即"他们那大利的贸易独占权要受影响")。所以,在葡人出发前,他们极力阻止葡人成行,呈递许多状子反对这事。"当商人们的反对无效后,便采取贿赂的办法。"他们把应付的那笔钱送往朝廷,交给官员,求其申诉。于是,那些把葡人推荐给皇帝作为重要援助的人,再上奏皇帝称现在已无需葡人。"最后,这些广东商人甚至答应,"如果葡国人们到了北京,他们应允愿包赔这派遣队已经用去,并返回的费用"。这样就使朝廷作出了符合广东商人意愿的决定。(曾德昭著,何高济译:《大中国志》,上海古籍出版社1998年版,第126页;魏特者,杨丙辰译:《汤若望传》第一册,第139—140页)

② 遍查李杕辑:《增订徐文定公集》(1908年),徐家汇光启社校刊:《徐氏庖言》(1933年),王重民辑校:《徐光启集》(上下册,1984年),均未见收录此《闻言内省疏》。另梁家勉先生编著、且搜罗甚广的《徐光启年谱》(1981年),亦付之阙如。

在此只得借卢疏对此訾议,窥其一二。据卢兆龙说,徐疏大旨有二。一"为红夷、澳夷分顺逆"。既称,正骚扰东南沿海的荷兰"红夷之志,欲剪澳夷以窥中国";又谓,抵御荷兰的葡萄牙"澳夷之志,欲强中国以捍红夷"。因此,闽广浙直宜防"红夷生心",不当虑葡兵之效命京都北疆。另外,葡兵为前锋,威服诸边二年可期。"以(利)玛窦为常师,恐异教不流行"的徐光启,坚信携重炮而征募的三百葡兵,可当"前锋一队",誓约"威服诸边二年"为期。如逾期失约,自甘膺妄举之罪惩。卢兆龙由此訾议道,虽说红夷欲剪澳夷以窥中国看似有理,"而曰澳夷之志欲强中国以捍红夷,则是堂堂天朝必待澳夷而后强",岂不"笑我中国之无人"。如谓"红夷生心"宜防,"则皇居之内,不当虑澳夷狡叛乎?舍朝廷不忧,而特忧夷人之不得其所",实令人大惑不解。至于三百夷兵可当前锋,两年得志威服诸边的说辞,卢兆龙表示不足为信。认为"火铳可以御敌,未必可以灭敌,而谓欲进取于东,问罪于北……臣未敢轻许"和推测,暗喻其中含有吹嘘和欺诈的成分。

当朝廷终为卢兆龙满纸的危言与谎言所蛊惑,决定收回征调葡兵的成命时,登州巡抚孙元化立即上疏,对此"撤议未定,胜兵先捐";"关切封疆,坐堕成算"的决定深表遗憾。指出澳商"六七十年来未坏一事,未睹可疑";"挟其胜器胜技,可以前驱无敌"。卢兆龙眼见成功的谋略,有可能毁于一旦,故对"元化必欲挠成命,而终调之(葡兵)"的疏陈恨之入骨。遂借着"停止调夷,乃枢臣疏请,皇上睿裁,满朝众议佥同"的威势,"疏劾登抚孙元化偏词执拗,必欲终调澳夷,以逞其设端巧卸之谋"。平白给孙元化扣上巧设事端预为失败卸责的罪名。①

从上述卢兆龙的诋毁和攻讦中,亦可窥见徐光启、孙元化那种不屈不挠的奋斗精神。即使在今天看来,过于强调荷兰("红夷")跟葡萄牙("澳夷")对待中国态度的不同,笃信仅三百葡兵便能彻底扭转战局,均存可议之处。但他们矢志为国家的安危,而不计荣辱、不顾利害,较之卢兆龙为小集团的私利而喋喋不休,其精神境界不啻霄壤之别。

---

① 上述有关辩论,均见《崇祯长编》卷三四、三五、四一、四三。

第八章 西洋火器的大规模引进及其对明清战争的影响 567

崇祯皇帝对征募葡兵的态度,由表彰支持到阻止停征的变化,既有时限的因素,更显夷夏观念的影响及对西洋人的疑惧。即随着满洲侵扰京畿警报的解除,原为救急的西洋人铳的入据,非但失去了重要性,反而使朝廷感到越来越大的威胁。这就是卢兆龙有关"澳夷"外示恭顺时逞凶残,今以演铳之故,招此异类耀武于帝都之内,将酿不测之祸的言论,能迎合皇帝和大臣们(如兵部尚书梁廷栋)的疑惧心理,在引起共鸣之余,决定阻调葡兵遣送回澳的原因。如接读卢兆龙的第一疏,崇祯皇帝便从原来表彰澳商"具见忠顺"的立场后退,指令兵部按该疏卓有见地的思路("此奏亦为有见"),从防微杜渐的角度("不厌防微"),检讨此前执行的征募葡兵的政策。而卢兆龙的第二、三疏,以更为煽惑的言辞和捏造的事实呈上后,愈激帝怒。"帝谓澳夷听唆要挟诸款,着巡按御史查明。云龙革任回籍,其拨置瓜分情罪,俟督按奏明议夺。"于是,由兵部尚书梁廷栋疏题,崇祯决断,"当葡军行抵江西省城南昌时,皇帝所派之捷足即来阻止前进,并令折回澳门。"① 同时,将西沙的西劳率领的葡兵,由北京调往登州,以消除"演炮西夷弯弓佩刀于帝都之内",变生不测的威胁。这些无疑是听从卢氏疏陈的建议,出于维护帝王安全和朱姓江山的稳固,而采取的措施。

然而,崇祯皇帝并非昏愦之辈。他深知"火器终为中国长技",颇具才技的西洋"远人,无斥遣之礼(理)",且以此批驳持异议的朝臣刘宗周。② 因此,他非但从未责难虔信异教力赞征募葡兵的徐光启,反而"升资深词臣徐光启为礼部尚书兼翰林院学士"。③ 此外,"惟因澳门有新献明帝之军火一批,故陆若汉及其他若干人仍得继续前程,北上入都;并由北京而往登州。"④可见崇祯皇帝仍头脑清醒地照旧任用西洋人铳,布防抗敌前沿,组建精锐的登州火器部队。

纵观自辽东战事败挫以来,围绕着引进西洋大炮和澳门葡兵展开

---

① 方豪:《明末西洋火器流入我国之史料》。
② 《崇祯实录》卷十五,"中央研究院"历史语言研究所校印本明实录附录之二。
③ 《崇祯长编》卷三十六。
④ 方豪:《明末西洋火器流入我国之史料》。

的论争,沈㴶、温皋谟、卢兆龙等人所坚持的,仍然是"夷夏之辨"的古训、历代防夷的传统和当朝驱夷禁教的政策。为此,他们虽对明朝国土日蹙、军队败退与人民荼毒的现状束手无策,从不思扶危定倾整饬国防,而一旦徐光启、李之藻、孙元化等人为救焚拯溺,引进体现先进科学技术成就的西洋大炮和炮兵,并在实战中初见成效的时候,他们却气急败坏地跳了出来,严辞指控这些器械人员因来自曾觊觎中国的"外夷",故其人叵测不可信,其"胜器胜术"则更加危险,强烈要求停止征募,以绝后患。若一时难以做到,亦须用其铳而逐其人,不使"异类"在内地有容身之处。即便因此给明朝安危带来不良后果,那也在所不惜。沈㴶、卢兆龙这种抱残守缺、盲目排外的心态,跟徐光启、李之藻服膺先进、开放图强的识见之间的分歧,乃"趋同与辨异"这一基本矛盾在新形势下的继续。反映了寻求不同文明间互补性的努力,与蓄意凸显差异性而激化冲突,这两种不同思想的实质内容。

第三节 西洋大炮实战的效用与影响

在辽东警报频传的形势下,经过徐光启等人的据理力争和精心筹画,引进西洋大炮与实行铳台防御战略,取得了相当大的成效。表现在实战上,天启六年(1626年)宁远保卫战的胜利和天启七年(1627年)的"宁锦大捷",显示了该战略的成功与西铳的威力。表现在军队建制上,组成由西人教练,装备西洋火器的登州精锐部队,并试图以此为"根柢",训练和改造其他营伍。有关登州部队的基本情况已如前述,在这里拟对宁远保卫战和"宁锦大捷"的经过,稍作铺陈。

先是,天启三、四年间(1623—1624年),孙承宗在袁崇焕建议下兴建宁远城。其"筑台造铳城守之具",颇遵孙元化"西洋法"的规范,即筑"方角之城","形如长爪",三面突出于城外。遇敌"前队挟梯拥牌以薄城,而后队强弓劲矢继之"时,火炮于城头多角度施放,形成交叉火力,避免过去击打不到的死角。现今仍保存完好的辽宁省兴城县(原宁远

第八章　西洋火器的大规模引进及其对明清战争的影响　569

城)的四个方形敌台,便是这种铳台之法的历史见证。① 继而,由"澳商闻徐光启练兵,先进四门"西洋大炮之第二位,已运抵宁远。又经李之藻督办,两广总督胡应台运解至京西洋大炮二十六门(或曰二十三、四门)中,"调往山海者十一门"。②再如,"太仆少卿李之藻,以西洋炮可用,请调澳夷教习,上从之。以数万金调澳夷。垂至,而之藻以拾遗去矣。茅元仪(以孙承宗幕府赞画)被召来,之藻遇而属之。元仪至长安,澳夷已至……元仪亲叩夷,得其法。至关,请公(孙承宗)调之关。公檄去,而夷人已陛辞赐宴去。乃调京营所习者彭簪古于关。"当茅元仪去职时,更将西洋大炮施放技术悉数传予宁远总兵满桂,并谓:"向遗洋炮于宁远,是天以佐公守也。"③如此一来,"当时的宁远城不但有西洋大炮,西式炮台,还有受过葡萄牙人训练的炮手,是西洋火炮传入中国后最见其成果的一个军事基地。"④

非特止此,从前述袁崇焕遣亲吏专程咨询守御之良策,徐光启谆谆告谕"大台大炮为第一义"的信函来看,袁崇焕所谓"……且守且战,且筑且屯……大要坚壁清野以为体,乘间击瑕以为用。战虽不足,守则有余;守既有余,战无不足"的主张,⑤以及其指导下的宁远保卫战,实乃徐光启战略思想的体现。

天启六年(1626年)正月,努尔哈赤亲率五、六万后金军围攻宁远。十八日渡河,二十一日城外麕集。时宁远"城中士卒不满二万"。特别是"十二大炮尚在宁远城外演武场中,火器把总彭簪古欲移入城,在事者不胜异意:或令城外自用,或言恐为贼得,则令煅铁絷其火门,使贼得之无所用也……赖袁自如中丞(崇焕)力主移入,竟以却敌。"二十二日,在阖城"死守"号令下,将士把守四隅各有专责,百姓编派供应亦井然有

---

① 《明史》卷二五九,袁崇焕传;《明熹宗实录》卷六十七,卷六十八;张小青:《明清之际西洋火炮的输入及其影响》。
② 王重民辑校:《徐光启集》上册,第 211 页;《明熹宗实录》卷六十八。
③ 茅元仪:《督师纪略》卷十二,载中国社会科学院历史研究所明史室编:《明史资料丛刊》第五辑,江苏古籍出版社 1986 年版。
④ 张小青:《明清之际西洋火炮的输入及其影响》。
⑤ 《明史》卷二五九,袁崇焕传。

序,城中部署大定。二十三日,后金军相率西北薄城,袁崇焕家人袁立素习西洋炮法,"先装放之,杀贼数十人,贼遂移营而西"。二十四日,攻防之战愈趋白热化。"马步车牌,勾梯炮箭一拥而至,箭上城如雨,悬牌间如蝟。城上铳炮迭发,每用西洋炮,则牌车如拉朽。当其至城,则门角两台攒对横击。然止小炮也,不能远及,放门角两台之间,贼遂凿城高二丈余者三四处,于是火毯火把争乱发下,更以铁索垂火烧之,牌始焚,穴城之人始毙,贼稍却……城下贼尸堆积。"二十五日,"又战如昨,攻打至未申时,贼无一敢近城……贼死伤视前日更多……是夜又攻一夜,而攻具器械俱被我兵夺而拾之。"二十六日,"仍将城围定,每近则西洋炮击之,贼计无施"。遂踏坚冰屠戮党华岛兵将,焚毁粮料民舍以泄愤。二十七日,"贼引去"。① 在此番鏖战中,"宁远守城殊贼一万七千余人"。②据辽东经略高第报称:"奴贼攻宁远,炮毙一大头目,用红布包裹,众贼抬出,放声大哭"。③徐光启更谓:"夷使方金纳来言……老贼(指努尔哈赤)因此大挫,缺望而死。"④

毫无疑义,值"此七八年来所绝无,深足为封疆吐气"的宁远大捷,⑤在正确的防御战略指导下,西洋大炮发挥了决定战役成败的关键作用。为此,天启皇帝一则"封西洋大炮为'安国全军平辽靖虏大将军'(或曰:"安边靖虏镇国大将军"),其管炮官彭簪古加都督职衔"。⑥再则"谕礼部差官祭宁远退奴西洋大炮"。⑦可见朝廷对西洋大炮的赏识。

天启七年(1627年)五、六月间的"宁锦大捷",再次凸显西洋大炮出奇制胜的威力。五月,当新即帝位的皇太极亲率后金十余万大军围攻锦州、宁远时,受去年宁远之战的鼓舞,以西洋大炮为后盾的明朝将士勇气倍增。袁崇焕形容道:"十年来,尽天下之兵,未尝敢与奴战,合

---

① 《明熹宗实录》卷六八,卷七十;王重民辑校:《徐光启集》上册,第210—211页。
② 瞿式耜:《瞿忠宣公集》卷二,《讲求火器疏》。
③ 《明熹宗实录》卷六八。
④ 王重民辑校:《徐光启集》上册,第211页。
⑤ 《明熹宗实录》卷六八。
⑥ 同上书,卷六九,卷七十。
⑦ 同上书,卷六九,卷七十。

马交锋,即职去年亦从上而攻城下;今始一刀一枪而下拼命,不知有夷之凶狠彪悍。"如五月十一日,后金军十余万至锦州城外,四面扎营。"各官兵并力射打,炮火矢石,交下如雨,自辰至戌,打死夷尸填塞满地,不计其数。"后锦州城外会战,"副将尤世威严整火器预备……守备朱国仪、都司潘永胜安设红夷灭虏大将军发熕等炮连放,将东山坡上奴贼大营打开,打死鞑贼数多。"于是,官军飞报捷音。六月初四,后金马步兵数万,"抬运军梯齐攻南面,自寅至午,连攻数十阵,贼死于司礼监魏忠贤发来火炮及火罐矢石,填满沟渠,平地积尸如山……而竟日贼亦用火炮攻打城墙。至酉时,贼方撤兵败归。"又如,后金虽锦州败挫,仍挥师攻宁远。"总兵满桂等大战,败走之……参将彭簪古三次用红夷大炮,击碎奴营大帐一座,四王子伪白龙旂,奴兵死者甚众,遂不敢西行。后降夷言奴酋长子召力兔碑勒中剪(箭)穿胸必死,其子浪荡宁谷碑勒先于阵上被我兵射死,阵亡孤山四人,牛鹿三十余人,伯彦达子无数。"①在这里,锦州显神威之"红夷灭虏大将军",应为前次朝廷赠祭宁远退敌的西洋大炮;而宁远三次红夷大炮击碎敌营之彭簪古,乃前次受封赏的管炮官彭簪古。由此可见,"宁锦大捷"实际上是宁远保卫战胜利的继续,为人们燃起了借助西洋大炮的轰鸣,重振旗鼓再接再厉,彻底平息辽东战乱的希望。

然而,在无可救药的明末腐败政治主导下,西洋大炮等先进武器的使用,虽可得胜于一时一地,但终难拯救整个辽东战事的败局。其间,最令人扼腕者,莫过于像孙承宗、袁承焕和孙元化这样尽瘁辽事、热心西铳且身系天下安危之人,终为朝廷猜忌或弃或戮,而自毁干城,以及看似偶然实则反映政局腐败的吴桥兵变,所带来的严重后果,致使原本是"制敌长技"的西洋大炮,一变而成"敌尝窃此以破中国"之利器。

例如,天启二年至五年间(1622—1625年),自请督师的明内阁大学士孙承宗,起用袁崇焕、孙元化、鹿善继、茅元仪和彭簪古等熟谙铳台之法并力主抵御的文武官员;以新建宁远为重镇,"而四百里归版图,二

---

① 沈国元:《两朝从信录》卷三十四。

百里成金汤";尤重西洋火器,曾"日短服,亲至营中按教之"。特别是"宁远之捷……其歼虏也,以西洋炮,而亦公(承宗)所遗",可见当时宁远城头发威之十二门西洋大炮,实乃孙承宗事先所调遣。就是这样一位以"尽天下安危,系吾辈一身"①相砥砺的股肱之臣,只因不交结权势熏天的宦官魏忠贤,且欲"入朝面奏机宜",规劝天启皇帝有所惩治时,便被扣以"拥兵数万将清君侧"的罪名,不由分说地褫夺其兵权。崇祯危局中虽再度起用,已难续有作为。最后,崇祯十一年(1638年)清兵围攻其家乡高阳,祖孙三代皆力战而亡。诚如《明史》馆臣所言:"承宗以宰相再视师,皆粗有成效矣。奋竖斗筲,后先齮扼,卒屏诸田野。至阖门膏斧锧,而恤典不加。国是如此,求无危,安可得也……气运将更,有莫之为而为者夫。"②

又如,夙负胆略、边才,协助孙承宗尽瘁辽事,"内拊军民,外饬边备,劳绩大著"的袁崇焕,其版筑宁远为重镇,又歃血为盟、同仇敌忾,誓与城共存亡。遂至运筹西洋铳台之法,婴城固守,重创围城的后金军,建树自"辽左发难,各城望风奔溃八年来,贼始一挫"之勋业。③亦因不为魏忠贤所喜,随后罢免。崇祯初,袁崇焕以兵部尚书督师辽蓟。崇祯二年(1629年)十一月,后金军越关骚扰畿辅,京师戒严。此时,"甫闻变即千里赴救"的袁崇焕,非但未得褒奖,反遭猜忌,进而被陷害,含冤而死。先是,"崇焕以士马疲敝,请入休城中,不许。"随即,"都人骤遭兵,怨谤纷起,谓崇焕纵敌拥兵。"终至,刚愎而多疑的崇祯皇帝,居然深为后金反间计所惑,不加甄别便将袁崇焕以谋叛罪处磔刑,遂自毁抗敌之长城。《明史》记曰:"会我大清设间,谓崇焕密有成约,令所获宦官知之,阴纵使去。其人奔告于帝,帝信之不疑。十二月朔再召对,遂缚下诏狱。"由是评论道:"崇焕既缚,(祖)大寿溃而去。武经略满桂以趣战急,与大清兵战,竟死,去缚崇焕时甫半月……自崇焕死,边事益无人,明亡征决矣。"④

---

① 茅元仪:《督师纪略》卷二,卷十二,卷十三。
② 《明史》卷二五〇,孙承宗传。
③ 《明熹宗实录》卷六八。
④ 《明史》卷二五九。

第八章　西洋火器的大规模引进及其对明清战争的影响　573

再如,"始则忌嫉其才而掣其肘,继则媒孽其短以杀其身"的登州巡抚孙元化的悲惨下场,及其"练兵经年,激变仓卒"的精锐火器部队的反叛,①使徐光启、李之藻等明朝有识之士,借重西洋火炮拯救辽东战局的希望,最终化为泡影。表面上,从登州派出的孔有德所率3200百名(一称千余人)②赴辽援军,于崇祯四年(1631年)闰十一月,行至吴桥发生哗变,事起仓促,似属偶然。但正如当时人对此的评议:"大抵祸患之来,必有所自起,非骤致也。"③从兵变的起因及其进程,所反映的明末社会矛盾和统治腐败无能来看,吴桥哗变确非"骤致",偶然之中寓含必然。

激起吴桥兵变的原因,大致包括士兵长期缺饷备受虐待,将官跋扈而无纪律,官吏缙绅交相欺压。早在孙元化被任命为登抚时,即疏陈:"向以登莱为虚抚……户部不给全饷,兵部不给马匹,工部不给军器。"④其属下皮岛因将官"侵冒粮饷",兵士"索饷"而哗变。⑤ 行至吴桥的援辽士兵,亦以"吾等方前斗赴死,而行粮已尽,市买无所",遂相率揭竿为乱。⑥ 另外,这支孔有德所率援辽登兵,原奉急令从海上赴关外。"有德遭飓风几毙,迫归,复命从陆,遂不胜怨望,屯邹平月余,进至吴桥亦叛。"⑦可见缺饷虐待乃吴桥兵变之主因。又明朝右文抑武之成策,至明末连年用兵始大变,将官跋扈渐成藩镇之势,当时人认为这也是登州失陷的原因。"登州之陷,初起于熊经略三方布置……毛文龙遂雄据皮岛,刘兴治、黄龙、沈世奎相继,已成唐藩镇自立之势。孙元化作抚,遂成孔有德之变。"⑧再援辽登军后队在新城,为"势凌东省"的"王氏大

---

① 归庄:《孙中丞传》。
② 《崇祯长编》卷五十二:崇祯四年十一月,"登莱巡抚孙元化奏,发援宁兵三千二百名"。同书卷五十三又记:崇祯四年闰十一月,"登州援凌游击孔有德叛,是夕率众千余攻陵县……先是登抚孙元化发兵赴关听调,元化以辽卒千人付游击孔有德……率之以行"。
③ 谈迁:《国榷》卷九十二。
④ 归庄:《孙中丞传》。
⑤ 《崇祯长编》卷五十三,卷五十五。
⑥ 同上书,卷五十三。
⑦ 谈迁:《国榷》卷九十一卷九十二。
⑧ 同上。

族"欺侮;前队于吴桥,更被"吴桥令毕自寅……闭门罢市,不听卡宿"所穷困,①在这交相逼迫之下,登兵尽灭新城大族、曾任蓟辽总督王象乾家,大掠吴桥而反叛。传教士综述道:"此事之发生,乃因三千士兵,在若干官吏辖境内,所受待遇恶劣,此等官吏对国家大事漠不关心,士兵为饥寒所逼,愤恨不平,遂出而抢劫,凡落彼等手者,且俱为所杀。"②

乘锐东进的登州叛军,连破六城,纵横齐鲁间,势如破竹,充分显示了这支训练有素的部队强劲的战斗力。而追剿的官军"时承平日久,士无斗志",累遭败绩。加之在朝廷支持下,山东巡抚余大成和登抚孙元化一味招抚。"移檄郡县不许截杀,(孔)有德等乃得安意长驱,无以一矢加遗者。"③遂至养虎贻祸,不可收拾。崇祯五年(1632年)正月初三,登州城里应外合,为叛军攻陷,孙元化、王徵、张焘等人被俘。海外诸岛驻军诱合同反,势益壮大。不仅蹂躏附近州县,更进围莱州城达七月之久。其间,殪山东巡抚徐从治,诱俘另一巡抚谢琏,更于沙河大败三路围剿的官军。直至朝廷征调果敢善战的关外夷汉兵丁为前锋,三路誓师进讨,方收复失地,围困叛军于登州老巢。相持至崇祯六年(1633年)二月,"(孔)有德、(耿)仲明相继浮海而遁,登城始下。"④原为组建和操练这支精锐部队而呕心沥血的孙元化、王徵和张焘,被俘后拒绝同流合污。崇祯五年(1632年)二月初八,经由叛军释放从海路抵天津,随即逮下诏狱。七月二十三日,登抚孙元化、副总兵张焘被处决,王徵发附近卫所充军。⑤

综上所述,看似偶然的吴桥兵变及其进程,实则明末社会矛盾和明朝腐败政治的缩影。而随着这支训练有素的精锐火器部队的叛变,及其投降后金,不仅使借重西洋大炮收复失地的希望,最终化为泡影;而且在武器装备上改变了后金的劣势,致使原本是明朝"制敌之长技",反

---

① 归庄:《孙中丞传》。
② 方豪:《明末西洋火器流入我国之史料》。
③ 《崇祯长编》卷五十四。
④ 同上书,卷六十六。
⑤ 同上书,卷五十六,卷六十一。

第八章 西洋火器的大规模引进及其对明清战争的影响

变成强敌"窃此以破中国"之利器。

明朝官军与登州叛军的拉锯战,呈现出一个明显的特点,即交战双方都曾娴熟而大量地动用西洋火炮,使战斗更趋激烈。这集中表现在登州和莱州的攻防战中。崇祯四年(1631年)十二月二十二日,"孔有德攻登州……夜梯攻城东南,我炮却之。初元化素谙西洋火器,又召香山澳夷训练。贼穷蹙,伪请降。"次日,"孔有德攻登州西城,又炮却之。"①崇祯五年(1632年)正月初二,"登州官兵与叛卒战于东南,官兵方有胜势。抚标副将张焘所部辽兵遽引退,南兵遂败,杀伤殆尽,焘部兵半降于贼。"②正月初三,因孙元化执意接纳昨已于阵前降敌之辽兵入城,夜与中军耿仲明谋为内应,孔有德遂从东门杀入,登州大城失陷。"城中旧兵六千人,援兵千人,马三千匹,饷银十万,红夷大炮二十余具,西洋炮三百具,其他火器甲仗不可胜数,及城中金帛子女皆为贼有。"③

从缴获的数量来看,登州防御战官军动用的西洋铳炮当在百具以上。且战斗十分激烈,在登州的澳门葡兵亦多有伤亡。据西方资料,叛军"遂冒险于午夜袭城,并加以洗劫。元化与(葡兵统领)的劳西,各率士卒,出而抗拒,终于不支。在极短时期中,的西劳因立于城上,一手执灯,一手向叛兵发炮。其叛兵遂向执灯之目标放箭,箭中心胸,遂在士兵前倒地。不幸箭已穿透胸部,次日身死……于是陆若汉乃偕炮手三名,自城上一跃而下,直奔北京。其时地上积雪甚厚,一望皆白。"④对此,朝廷亦有褒奖和抚恤的题疏。崇祯五年(1632年)四月初九,"兵部尚书熊明遇疏言,澳人慕义输忠,见于援辽守涿之日,垂五年所矣。若赴登教练以供调遣者,自掌教而下,统领铳师并奋灭贼之志。登城失守,公沙的、鲁未略等十二名捐躯殉难,以重伤获全者十五名,总皆同心共力之人,急应赠恤。题请赠死事统领公沙的参将职衔,副统领鲁未略游击,铳师拂朗亚兰达赠守备,傔伴方斯谷等九人把总职衔,并各赏银

---

① 谈迁:《国榷》卷九十一。
② 《崇祯长编》卷五十五。
③ 同上。
④ 方豪:《明末西洋火器流入我国之史料》。

十两,以恤其妻孥。其现存诸员,万里久戍,各给行粮十两,令陆若汉押回。而若汉倡道功多,更宜优厚,衮以华褒,量给路费南还。"进而建议:"仍于澳中再选强干数十人,入京教铳。庶见国家柔远之渥,兼收异域向化之功。帝俱报可。"①登州炮战的分外激烈,数十名澳门葡兵的重大伤亡,致使朝廷对多年来"澳人慕义输忠"的表现有所肯定,并愿再召澳人入京教铳。此后虽未见诸行动,但这种观感上的改变,足令稍后崇祯皇帝在承认"火器终为中国长技"的同时,亦强调"彼远人无斥遣之礼"。②传教士地位和澳门利益由此而得以宽容。

至于被围达七月之久的莱州城,攻防双方进行大规模炮战,出现了"炮矢如雨"、"炮石之声""雷震电激"这样空前壮观的场景。先是,叛军围城前,于新城大败官军,动用"红夷火炮五位,大将军三百余位"重叠围攻,官军亦以"火炮三十余位"与之对射。天津官兵溃围奔逃后,叛军"且踞其营,取其火器以打我兵"。崇祯五年(1632年)二月初四,叛军开始围城,兵分"五处,炮矢如雨"。城上守军"善火器"者,"分派迭击",得其死力。叛军为增强火力,"运登州红夷炮至","红夷火炮七八份入营,每位用牛四头,皆重二三千斤"。因此,叛军在炮火上占据明显的优势。其一,火炮众多。围城者至少有红夷火炮十二、三位,其他火炮不下四百位。其二,射击准确。叛军筑炮台于西门外和东北角,"高与城墙,上置西洋大炮对城攻打,准如射的。"其三,杀伤力大。炮弹"铁子大如升,小如拳,重七八斤不等,有重十余斤者。击角城垛口并守垛人,应声齑粉。"

相形之下,城中守军最初对炮铳填充火药的比例缺乏经验,"每以多药鼓伤炮铳,致死多人"。待有经验的川兵入城后,依照正确的比例,"炮之大小,药之多寡,方各有定数"。虽然有关记载并未指明在守城中,各种类型火炮的实际数量,但从"红夷硝一斤,黄一两八钱、灰三两二钱"和"西洋硝一斤,黄一两八钱、灰三两"火药配方,以及炮筒"入铅

---

① 《崇祯长编》卷五十八。
② 《崇祯实录》卷十五。

第八章 西洋火器的大规模引进及其对明清战争的影响 577

子之后,以废纸或旧絮旧毡塞紧"的施放技术来看,城中守军至少有一尊红夷火炮,①更多的还是子母铳分离的佛郎机铳(故施放前须塞紧子铳以防坠脱)或其仿制器械。而就城中"自击贼以来,日用炮子数百斤"计算,官军火炮数量亦相当可观。

正当围城叛军凭借先进火炮,"列栅围守,掘隧轰城,几破者数矣",城中时而齐炮对射,"奋志坚守,猝不能拔"之际,②四月初,三路官军在莱州附近沙河的会战又遭败绩。崇祯皇帝特遣中使运至沙河的"红夷火炮六位"及诸多其他火器悉为叛军掳获,敌势愈发披猖。对此,守御虽备极艰苦,牺牲惨重,"然城小而坚,易于接应,一切火药炮弹之类,前人预备甚多,取用之不乏,贼环攻百方,孤城卒未能拔。"③直待关外夷汉精兵奉调山东,莱州城遂于八月二十日解围,但此前叛军携重炮徐徐退回登州老巢。九月初一,官军进围登州。"令多筑炮台,置红夷炮凭高击下,直取城内,穿墙透屋,无所逃避,城中死者无算。"双方相持到崇祯六年(1633年)二月十七日,官军攻克登州水城,孔有德犹拥众数万从海上逃遁,竟围旅顺。直到官军追击至鸭绿江,孔有德、耿仲明方于四月十七日投降后金。④

举凡前述宁远、宁锦、登州、莱州战役,由于大规模使用引进的西洋大炮,极大地提升了战争水平及其激烈程度,从而预示着中国传统的以冷兵器为主的战争形态,向冷热兵器混合使用,而热兵器愈趋重要的战争形态的过渡。随着西洋大炮在战场上威力的日益显著,后金亦开始铸造和组建专门的火器部队。孔有德、耿仲明等登州叛军的投诚,更使后金如虎添翼,西洋大炮遂成为其攻城拔寨、无往不胜的利器。这不仅关系到当时明清间军事力量对比的变化,而且在未来清朝统一中国的战争中,亦具有非同一般的意义。

---

① 据毛霦:《平叛记》,在莱州布置的守城计划中,曾有在各城垛角楼间,"量安红夷火炮一尊,用四轮车驾之,以便转移挪动"的记载。
② 《崇祯长编》卷五十六,卷五十七,卷六十二。
③ 同上。
④ 以上引文凡未指明出处者,均见于毛霦:《平叛记》一书(殷礼在斯堂丛书)。

据考察,清朝(后金)在入关之前,火器部队的壮大,大致经历了三个阶段。早在后金攻陷辽阳、进犯锦州和骚扰京畿的战役中,便利用从明朝掳获的火炮,以小股的分隶于八旗各营的"炮手兵"或"火器营兵"参加战斗,并初见成效。例如,天命六年(明天启元年,1621年)三月,后金军攻辽阳,其"车载大铳"齐发,击毙迎战明军近千人。① 又如,天聪元年(明天启七年,1626年)七月,大军继围锦州,皇太极"向城举炮鸣角跃马而前"。两军炮战竟日,后金军"亦用火炮攻打城墙"。②再如,天聪三年(明崇祯二年,1629年)十一月后,后金军攻克京畿数城,连营北京城下。皇太极立于德胜门外,"谕火器营兵,进前发炮火。"在永平,"命八旗炮手兵"同新附汉兵入住村庄以避寒。三屯营与明军接战,"谕八旗士卒,齐列炮冲击……奋勇直入,毁其营,斩杀殆尽。"又以马兰峪既降复叛,"自遵化县令八旗列炮及药箭,攻城南北面,火燃城西角楼,环城市房屋及邻近屯堡、俱焚之。"③至此,虽然后金军中炮手,总属于八旗的编制,但从其不同的称呼("火器营兵"、"八旗炮手"、"八旗士卒")来看,似未形成统一的专业炮兵部队。且其操持的,笼统谓之"大铳"、"火炮",也不是杀伤力巨大的红夷大炮,凡此皆呈现出初创时期的状况。

天聪五年(明崇祯四年,1631年),后金制造红夷大炮(即西洋大炮)的成功,以及在佟养性统一指挥下,用此种利器装备的汉军专业炮兵队伍的成立,标志着后金使用火器的进步,且立即在大凌河攻击战中,展示了一定的战斗力。《清太宗实录》卷八曰:"造红衣大将军炮成,镌曰:天佑助威大将军,天聪五年孟春吉旦造。督造官、总兵官额驸佟养性,督造官、游击丁启明,备御祝世荫,铸匠王天相、窦守位,铁匠刘计平。先是我国未备火器,造炮自此始。"从过去仅靠战场上的掳获到自制红衣巨炮的成功,这不只是铸造工艺的成就,更为建立统一的火器部队提供了可能。对此,后金在组织上采取了一系列措施。如任命佟养

---

① 王重民辑校:《徐光启集》上册,第207页。
② 《清太宗实录》卷三;沈国元:《两朝从信录》卷三十四。
③ 《清太宗实录》,卷五,卷六。

第八章　西洋火器的大规模引进及其对明清战争的影响　579

性为总理汉人军民事务的长官。"敕谕额驸佟养性曰:凡汉人军民一切事务,付尔总理,各官悉听尔节制。"①又如,以新编汉兵组建专业火器部队,佟养性显然是该建制的始作俑者。他向皇太极提出:"往时汉兵不用,因不用火器。夫火器南朝仗之以固守,我国火器既备,是我夺其长技。彼之兵,既不能与我相敌抗,我火器又可以破彼之固守,何不增添兵力,多拿火器,以握全胜之势。"于是,为"增兵威",须扩充新编汉兵,派定火器,演成一股。"我国如将火器练成一营,真无敌雄兵,以之威服天下有余矣,伏乞上裁。"②由于佟养性的识见颇惬皇太极之雄心,故皇太极以检阅并奖赏新编汉兵的火炮操练,表示对此种识见的认可。《清太宗实录》卷八曰:"上出阅新编汉兵,命守战各兵,分列两翼,使验放火炮鸟枪。以器械精良,操演娴熟,出帑金大赏军士。"再如,乘议设将帅统兵之制,令原分散各旗的火器装备统由佟养性管理。"上御殿,集诸贝勒大臣议设统兵将帅……其随营红衣炮、大将军炮四十位,及应用挽车牛骡,皆令总兵官佟养性管理。"③经此一番整顿,当天聪五年(明崇祯四年,1631年)八月,后金军进围大凌河诸台城时,新组建的汉兵火器部队,便以独立的编制扎营参战。"总兵官额驸佟养性,率旧汉兵载红衣炮、将军炮,当锦州大道而营。"④

在随后战斗中,这支汉兵火器部队所向克捷,崭露头角。如先后以红夷大炮轰击大凌河城南、城东、西南和北山,穿其雉堞崩毁台城,明军惊惧或毙或降。⑤ 其间,尤以红衣火炮攻克子章台的功绩,为后金君臣所称道。天聪五年十月,后金"遣官八员,率兵五百人,及旧汉兵全军,载红衣炮六位,将军炮五十四位,往攻击子章台。"《清太宗实录》就此次战役评述道:"是台峙立边外,垣墙坚固。我军连攻三日,发红衣大将军

---

①　《清太宗实录》卷八。
②　罗振玉编:《天聪朝臣工奏议》,载潘喆等编:《清入关前史料选辑》第二辑,中国人民大学出版社1989年版,第8—9页。虽此奏议上于皇太极出阅新编汉兵之后,但佟氏思想早为其主人认同,应无疑义。
③　《清太宗实录》卷九。
④　同上。
⑤　同上。

炮,击坏台垛,中炮死者五十七人,台内明兵惶扰不能支,乃出降。是台既下,其余各台,闻风惴恐,近者归降,远者弃走。所遗粮糗充积,足供我士马一月之饷。至红夷大炮,我国创造后,携载攻城自此始。若非用红夷大炮击攻,则于子章台必不易克;此台不克,则其余各台,不逃不降,必且固守;各台固守,则粮无由得,即欲运自沈阳,又路远不易。致今因攻克于子章台,而周围百余台闻之,或逃或降,得以资我粮糗,士马饱腾。以是久围大凌河克成厥功者,皆因上创造红衣大将军炮故也。自此凡遇行军,必携红衣大将军炮云。"①皇太极对于这支汉兵火器部队的表现显然十分满意,他不仅将"大凌河所获大小火炮三千五百位,并鸟枪火药铅子,命总兵官额驸佟养性管理",②而且在事后大阅兵时,明令嘉奖这支军容整肃克捷有功的汉兵火器部队全体将士。"上幸北演武场阅兵,额驸佟养性率所统汉兵,摆甲胄执器械列于两傍,置铅子于红衣将军炮内,树的演试之。上见其军容整肃,且以出征大凌河时,能遵方略有克捷功,赐养性雕鞍良马一匹,银百两……其余将士,分赏银两布匹有差。"③

尽管后金君臣欢欣鼓舞,但仅击坏台垛毙敌数十,算不上什么大的战绩,这皆缘于后金掌控的红夷大炮和熟练炮手较少,且铸造技术亦有待完善,从而限制了红夷大炮威力的进一步发挥。直至天聪七年(明崇祯六年,1633年)四月,据奏后金的红夷大炮仍不过数位,④那此前攻击于子章台的六位红夷大炮,应是其全部所有。又佟养性天聪六年正月奏,"目今新编汉兵,马步仅三千余,兵力似少,火器不能多拿。"⑤而其属下汉兵总兵官马光远,于天聪七年三月奏称,经"收选新旧将官备御,及永平、大凌河炮手,已有二百余人"。⑥可见在这三千余新编汉兵中,真正炮手不过二百余人。虽然后金设立炮局、药局、

---

① 《清太宗实录》卷一〇。
② 同上。
③ 同上书,卷一一。
④ 罗振玉编:《天聪朝臣工奏议》,载潘喆等编:《清入关前史料选辑》第二辑,第56页。
⑤ 同上书,第9页。
⑥ 同上书,第54页。

第八章　西洋火器的大规模引进及其对明清战争的影响

督令工匠铸造红夷大炮和炮弹从未间断,其"继造不用蜡韬铸成",①表明铸炮工艺已有所改进。不过,据崇德四年(明崇祯十二年,1639 年)六月清太宗皇太极斥责固山额真石廷柱、马光远时所说:"尔等所铸造炮子,杂以恶铁,中外熔炼不匀,以致方出炮口,辄即迸碎。玩误军机,莫此为甚。"②从这选料不精、镕炼不匀导致炮弹迸碎的后果中,反映其铸造炮身炮弹的工艺,仍未臻完善。

跟小股分散仅靠掳获所得的火器营兵,到虽能自制利器组建火器部队但仍缺乏炮、兵的前两个阶段相比较,天聪七年(明崇祯六年,1633 年)五月,孔有德、耿仲明率登州叛军投降以后,后金火器部队无论在数量和素养上,都有了质的飞跃。首先,这表现在红夷大炮的数量上。如前述天聪五年(1631 年)十月,"旧汉兵全军载红衣炮六位",往攻于子章台。③ 天聪七年(1633 年)四月初八日,据《宁完我请收抚孔耿办法奏》,"我国红夷数位",④大致在天聪七年五月孔有德等抵达之前,后金的红夷大炮不过六位左右。然而,再据天聪七年七月二十日期《祝世昌请及时大举奏》,"今算我国红夷大炮新旧并船上旅顺所得者,三十多位"。⑤同年十月,皇太极大阅兵时,诸军四面环列,"前设红夷大炮三十位"。⑥短短数月间,后金陡增的这二十四位左右红夷大炮,便是由孔有德、耿仲明携至者。原来孔有德攻陷登州,"红夷(衣)大炮二十余具"悉为所有。⑦ 又沙河战役缴获明朝廷运至的"红夷大炮六位"。加之最初赴援辽东至吴桥兵变时所配置及新城占据天津官兵营垒"取其火器"所得,⑧叛军占有的红夷大炮可能在三十位左右。然而,三位"铜红夷炮"已在围攻莱州城时被"镕毁"。⑨此后,孔有德从登州集战舰突围,途中

---

① 《清太宗实录》卷一三。
② 同上书,卷四七。
③ 同上书,卷一〇。
④ 罗振玉编:《天聪朝臣工奏议》,载《清人关前史料选辑》第二辑,第 56 页。
⑤ 同上书,第 76 页。
⑥ 《清太宗实录》卷一六。
⑦ 毛霦著:《平叛记》。
⑧ 同上。
⑨ 同上。

迭遭旅顺明水师截杀,朝鲜助明军邀击,①一路上笨重的红夷大炮损失二、三位,亦在情理之中。由此看来,后金拥有的三十位左右红夷大炮中,五分之一(六位)系旧时所有,五分之四乃孔有德、耿仲明新携来者。

其次,表现在炮兵的数量上。皇太极曾致信朝鲜国王,孔有德等"携船百艘,兵二万来归。"②而据孔有德、耿仲明归降后呈献的兵册,两人实际投诚"官兵家眷"或"官兵家小",共一万三千八百八十人。③如从吴桥三千二百名士兵哗变,登州攻陷又获"旧兵六千人,援兵千人"来看,④这投奔后金的一万三千人中,大致半数或者三分之一,应是久经疆场经验丰富的炮兵。较之后金三千余名新编汉兵中仅有炮手二百余人的状况,可谓成倍或十倍的增长。

还有,表现在士兵的军事素养上。当时有识之士指出:"火器虽小技乎?必兼格物度数之学。身之长短,径之广狭,墙之厚薄,子之大小,质之剂量,药之增减,毫厘千里,利害攸分,未有不由师傅顿臻神解者也。"⑤如前述登州叛军连下齐鲁六城,以及围攻莱州呈现的火炮众多、射击准确和杀伤力大的特点,正是他们深得澳门葡师直接传授之真谛,"练兵经年",而极具战斗力的反映。相形之下,匆忙凑合明朝降兵降将而组建的后金炮兵和铸炮人员,其素质显然逊色不少。据前述马光远的奏议,新编汉兵中的炮手,是由不久前京畿永平和大凌河战役俘虏的明朝炮兵所组成的。而最初制造红夷大炮的督造官、游击丁启明,亦为永平战役中被擒获者。《清太宗实录》卷一六称,天聪七年(明崇祯六年,1633年)十月,"重叙征明燕京时归降官员",其中,"授丁启明为二等参将,启明系明末弁,被擒收养,因善铸红衣炮,故授是职。"这样一来,作为并未直接受教于澳门葡兵,而只是西洋铸造和施放技术再传者的后金炮手,经常在技术上出现疏漏(如炮弹含杂质致使其迸碎等),以

---

① 《清太宗实录》卷一四。
② 同上书,卷一三。
③ 《孔有德呈献兵册奏》、《耿仲明献兵册奏》,载《天聪朝臣工奏议》,《清入关前史料选辑》第二辑,第70页。
④ 毛霦:《平叛记》。
⑤ 韩霖辑:《守圉全书》卷三之二,制器篇,《四库禁毁书丛刊补编》第二册,北京出版社。

及因组合时间短而不够熟练等问题,自然在所难免。这跟投诚的登州叛军训练有素和技术娴熟,实不可同日而语。

皇太极显然十分重视这支登州叛军软硬实力上的优势,在给予特别的礼遇、升赏和优待的同时,还规定原有的新编汉兵建制之外,仍保持孔有德、耿仲明所率投诚部队的独立编制。"号有德、仲明军为天佑兵……国语谓汉军'乌真超哈',有德等自将所部不相属。"①从此,天佑兵和汉军这两支火器部队,便成为在皇太极直接指挥下,克敌制胜的强大武装力量。

例如,崇德元年(明崇祯九年,1636年)十二月,皇太极亲统大军往征朝鲜,命孔有德等和汉军携红衣炮及其他火器同行。次年正月进攻江华岛,"朝鲜有兵船四十余,于渡口迎战"。清军"用红衣炮攻击,敌不能当,东西逃散"。清军遂乘船攻入江华岛,杀敌千余,掳朝鲜王妃,迫使其国王李宗投降。②

又如,崇德三年(明崇祯十一年,1638年)十月,皇太极率大军"从义州进发,渡大凌河,令汉军固山额真石廷柱、马光远等,以神威将军炮攻李云屯、柏士屯、郭家堡、开州、井家堡,令恭顺王(孔有德)、怀顺王(耿仲明)、智顺王(尚可喜)等,以神威将军炮攻戚家堡、石家堡,俱克之"。"又去锦州三十里大福堡,见我兵将用炮攻遂降。又以炮攻大福堡所属大台一处,两面俱坏",遂竖梯攻克之。③

崇德四年(明崇祯十二年,1639年)二月,皇太极亲自登上松山城南面,相度四周形势,布置以孔有德、耿仲明、尚可喜为主攻,汉军为协攻,从三面集中炮火轰击城之南门的计划,动用攻城的红夷大炮,达到三十位之多。经过整日的攻击,松山"城堞尽毁,止余城垣"。正当清军"竖梯攻城,俱踊跃争进"之际,恰当暮色将临和红衣炮子、火药亟待补充,加之明军"捍蔽甚坚",清军未能如愿。④ 经过历次战场上的缴获,至崇德六年(明崇祯十四年,1641年)七月,清军拥有的红夷大炮已从

---

① 《清史稿》卷二三四,孔有德传。
② 《清太宗实录》卷三三。
③ 同上书,卷四四。
④ 同上书,卷四五。

八年前(天聪七年十月)的三十位,增加到四十位。当年七月,汉军固山额真石廷柱条奏围攻锦州之策时说:"我兵四面环列,用红衣炮攻击,彼纵有百万之众,安理当我四十炮位之威也。"①

还有,崇德六年(明崇祯十四年,1641年)八月,明朝总督洪承畴率兵十三万,救援围困的锦州,皇太极闻悉亲率大军往征之。先是命汉军携红衣火炮十位,攻克塔山四台,斩杀甚众。继"运红衣炮往松山,环攻之"。至崇德七年(明崇祯十五年,1642年)正月,松山明军守城将领叛变,城遂下,生擒洪承畴。三月,被围一载的锦州,在守将祖大寿率领下开城投降。四月,"汉军载火器至塔山城,列红衣炮于西。初八日进攻,至初九日午时,城崩二十余丈,我兵(清军)由崩处先登,遂克其城。"二十一日,又移炮于杏山城北面,先攻取其近城之台。"二十二日,即于台前列红衣炮击毁城垣,约二十五丈余",清军将士登城,城中明军遂开门迎降。②

随着锦州、松山、塔山、杏山的相继陷落,洪承畴、祖大寿等文武大臣的降清,以及十三万明朝援军的覆灭,明清之间的军事对峙已发生重大转变。皇太极对此总结道:"今明国精兵已尽,我兵四周纵略,彼国势日衰,我兵力日强,从此燕京可得矣。"③毫无疑义,在这清朝军事力量由弱变强的过程中,大规模使用西洋大炮,具有举足轻重的作用。

非特止此,在未来统一中国的战争中,清军仍凭借西洋大炮的威力,而占据战场的优势。例证之一。清顺治元年(1644年)十二月,清军与退至陕西的李自成农民军,为争夺潼关激战近半月未分胜负。直待清"红衣炮军"至,遂进逼潼关口。农民军"凿重壕立竖壁,截我(清军)进师之路。于是举红衣炮攻之,贼众震恐,我军相继冲入",几经厮杀,农民军败退,守城将士被迫投降。④ 例证之二。顺治二年(1645年)四月,清军多铎猝至扬州,明史可法闭城坚守。"清以炮攻城,铅弹小者

---

① 《清太宗实录》卷五六。
② 同上书,卷五七,卷五九,卷六〇。
③ 同上书,卷六二。
④ 《清世宗实录》卷一四。

如杯,大者如垒。堞堕即修讫,如是者数次。既而炮益甚,不能遽修"。清军遂乘城内惊惧亟盼援兵之心理,用计赚开城门,实行屠城。① 例证之三。顺治七年(1650 年),清军尚可喜围困广州城已十阅月,因城坚兵众,"非用大炮断难成功",遂陆续铸造和调集大炮七十三位,于十一月初一日总攻。先占据炮台,"据城西楼堞发炮击城西北隅,城圮,师毕登,克广州"。②

总而言之,作为明季中西文化交流新高潮的表现之一,即大规模的引进西洋大炮,其初衷在于拯救辽东战事的败局和进行军事改革。其间,虽也曾取得进展,为变革带来希望。终因"夷夏之辨"传统思想的束缚和朝廷腐败政治的掣肘,致使努力功败垂成,而未能如愿。不过,毕竟在推广西方近代技术革命的成就,提升中国的战争形态和水平;谋求基督教在中国的合法地位,创造文化交流的良好氛围方面,取得了某些成果。始料不及的是,当老迈的明朝封建政权未能借助西方的先进武器,巩固其疆土的时候,新生清朝封建政权却反客为主,持此利器无往而不胜。在清朝军事上由弱变强,以至统一中国的战争中,西洋大炮具有举足轻重的作用。对此,当时有所谓"世之论者",站在明朝的立场,"乃以敌尝窃此以破中国,反归咎于创用西炮之人"。③然而,从更宽广的视野来看,引进西洋大炮,总体上有利于中国社会的进步。

---

① 计六奇:《明季南略》卷之三,《史可法扬州殉节》。
② 《清史稿》卷二三四,尚可喜传;顾诚:《南明史》,中国青年出版社 1997 年版,第 606—608 页。
③ 归庄:《孙中丞传》,《江东志》卷八,载《中国地方志集成》,《乡镇志专辑》。

第九章 传教士与奉教士大夫在明清战争的作用和贡献

明清易代战争期间,中西文化交流的新高潮,不仅表现于军事上,更反映在如火如荼的政治较量中。首先,几乎在明清交战的各方,都有西方传教士活动的踪影。如农民军方面,李自成队伍中有郭纳爵、梅高和汤若望,张献忠队伍中有利类思与安文思;南明方面,弘光朝有毕方济、隆武朝有毕方济、艾儒略和卫匡国,永历朝有瞿安德与卜弥格;清朝方面,有汤若望;郑成功方面,有多明我会士李科罗,以及从属于郑芝龙的信奉天主教的黑人部队。

明季史实表明,耶稣会士继承并发扬了利玛窦所确立的传教方针和方法。他们着重向统治阶级上层发展的路线,在实践中已取得显著成效,多年梦寐以求同最高皇室打交道的机会,如今唾手可得。毕方济与隆武帝乃朋友关系,汤若望受到刘宗敏的张臂迎接,包括太子、皇后和太后在内的永历皇室成员已受洗成为天主教徒。在此基础上,耶稣会士于当时的政治、军事、外交和科学活动中,均发挥了令人瞩目的特殊的作用。

围绕着修治历书(也包括制造火器)而展开的科学活动,仍然是耶稣会士得以接近不同的统治集团,并取得崇高地位的重要手段。如汤若望在清军入据北京后备受优待宠信,以及稍前为李自成起义军热情欢迎,归根到底,跟他科学上的造诣和编纂《崇祯历书》的贡献有关。此外,瞿安德曾执掌永历朝的钦天监事。利类思和安文思被张献忠待如上宾聘为顾问,亦在于他们精通天文地理,所制造的天、地球与日晷等仪器,深为张献忠赏识的缘故。而隆武帝及其近臣则对卫匡国浇铸大炮和火药生产方面的知识,非常感兴趣。

然而，特殊的战争环境，使传教士在外交方面发挥了平日未曾有过的作用。如毕方济代表弘光、隆武朝廷，赴澳门请求葡萄牙援兵。卜弥格受永历皇室的重托，历尽艰辛出使罗马教廷，为匡复明朝争取国际援助。李科罗亦两次被郑成功父子命为特使，招谕驻菲律宾的西班牙殖民者。凡此种种，皆将明季中国内部的改朝换代的战争，拉入到广阔的世界背景之中，并嵌入了不少国际政治影响的因素。

与此相联系，几乎在反清的各种武装集团中，都有皈依基督教的文人学士参加。最著名的，如李自成起义军，有韩霖、李天经和魏学濂等人；弘光朝有陈于阶；隆武朝有金声；永历朝有瞿式耜、焦琏和庞天寿。

这些奉教士大夫，大致具有如下特征。其一，他们中一些人已是第二代信徒，与基督教有着较为深厚的关系。如瞿式耜教名多玛，系与利玛窦交谊甚笃的瞿汝夔（太素）的从侄。其家族曾于天启三年（1623年）邀艾儒略至家乡常熟开教，从而受洗。焦琏教名路加，乃利玛窦在南京劝化入教的某武职官员的后裔。陈于阶为徐光启外甥，曾随其舅修治崇祯历法。至于韩霖，作为第二代基督徒的代言人，通过合撰宗教著作，揭示该群体的信仰宣言。

其二，他们中许多人，已经成为支撑南明朝廷的中流砥柱和重要的政治军事决策人物。如南明永历帝，原为瞿式耜等所拥立。后式耜任文渊阁大学士，兼吏兵二部尚书，进封临桂伯。固守桂林重镇，累挫清军强敌，维系西南半壁江山达四年之久。与其情同父子、倚为心膂的武将焦琏，在三次桂林保卫战中，功勋卓著。庞天寿虽宦官出身，然对南明耿耿忠心。出任永历朝职权甚重的司礼太监，统领精锐的勇卫军。曾偕传教士外出募军，又奉命出使澳门。永历皇室女眷最早由其劝导皈依，而派遣卜弥格赴欧洲斡旋，他是重要的决策者之一。又如金声以隆武朝右都御史兼兵部右侍郎官衔，总督南直隶军务，一度攻城略地，声势颇为显赫。更如归附大顺农民政权的山西举人韩霖，被李自成委以参谋、书记之职，深得信任。原负责《崇祯历书》后续事务的李天经，投顺农民政权后，则主持颁行全国的新朝黄历的制定。

其三，他们之中，如瞿式耜、金声、陈于阶、焦琏、庞天寿等人，那种百折不挠的奋斗精神和视死如归的道德节操,一直为后人所景仰。值得注意的是,如此崇高道德情操的基础,已不纯粹是儒家思想,而是基督教精神与儒家思想汇合的产物。

诸如此类,在腥风血雨的战乱中,为匡复明室或寻求新的政治出路,通过展示恢复山河的军事决策,制定新朝黄历的科学实践,视死如归的道德节操,表明具有基督教色彩的文人学士与西洋传教士一道,作为一股不可忽视的力量,在中国政治舞台上崭露锋芒,并对历史进程产生了积极的作用和影响。

明清易代战争具有广泛国际影响的另一重要表现,便是郑成功祖孙三代拮据东南,收复和开发台湾,在海上抗清三十余年的同时,对于西班牙、葡萄牙和荷兰殖民者,实行宽严相济、张弛有度的西方政策。特别是有关中华文明自北而南、由陆至海的规律性总结,以及圣贤威武及于四方,必截夺海外制权的远见卓识,令人叹为观止。

肇兴于白山黑水的清朝,乘群雄逐鹿而入主中原。其统治者的思想观念,便不得不随着汉化进程,而呈跳跃式前进的态势。原僻处辽东时不足挂齿的天文历法,遂成为与新王朝休戚攸关的大事。出于制定超越旧朝的更为精确新历法的需要,清初统治者毫不犹豫地接受西洋历法,并重用传教士汤若望。于是,通过编制《时宪历》,呈献《西洋新法历书》,担任清钦天监掌印官,汤若望在逐渐取得清朝信任的过程中,基本实现了时代赋予的基督教的接续,中西交流成果的传承和传教士角色的转换这三重任务,为清代中西文化交流的开展,铺垫了基石。

第一节　李自成、张献忠农民军与中外基督教人士

以李自成为代表的明末农民起义,无论就提出的"均田"纲领,还是战略战术来看,堪称中国古代农民战争发展的最高形态。特别是当斗争进入高潮之后,通过农民政权对奉教士大夫的接纳,以及农民政权与西方传教士友好关系的揭示,既能反映李自成起义军一定的历史进步

性,更可折射这些皈依天主的中外基督教人士,在此改朝换代的混乱变局中,寻求自身发展的强烈意图。

李自成与西方传教士的首次接触,当在崇祯十六年(1643年)十月农民起义军攻克西安以后。城下之日,李自成"下令不得妄杀一人,误者将吏偿其命"。① 受此条令的威慑和约束,起义军士兵虽已发现时在城中传教的葡萄牙籍耶稣会士郭纳爵(Ignace da Costa)和梅高(Joseph-E'tiEnne d' Almeida),却不敢擅作处置而拘送老营(总部)。据教会的资料,"一六四三年李自成陷西安时,纳爵与梅高神甫同在城中。共被擒送至自成所,自成严词诘问二神甫来此何为。二神甫答为西士,来华传布唯一真主之教。自成释不问。并谕所部,不得侵犯西士之身体财物。"② 另有西方史料称:"攻破西安,方正位号。严禁部下扰及教堂,待郭纳爵、梅允调(梅高字允调)两司铎,礼遇独隆。所有乱兵掠取教堂之物,一律饬令退还。"③ 前述卫匡国亦记曰:"在这个城里有两个耶稣会传教士,在城市刚被攻陷后受到很多苦难,但流寇后来知道他们是外国人,就对他们非常和气。"④ 所谓"攻破西安,方正位号",系指崇祯"十七年正月庚寅朔,自成称王于西安,僭国号曰大顺,改元永昌。"⑤ 可见李自成同西方传教士的首次见面,通过严词诘问对西士来华意图有了初步了解,并决定采取和气,礼遇而不骚扰侵犯,任其自由传教的政策,这一切都是跟李自成建立农民政权,筹划开国规模同步进行的。

起义军进入北京。"李自成盖已知西士之为人,对于西士,颇能优待……此次进京伊始,虽有示威举动,迨知教堂所在,即出谕保护教堂,张贴圣堂门首,严禁军民人等,毋得侵犯。汤若望之名,李自成与其左右近侍,盖久已耳熟,故三日后,即蒙召见,谕令仍前供职,为国宣劳……不久,自成败逃,谋归西安。或劝两司铎(当时只有汤若望一人在京)随自

---

① 吴伟业:《绥寇纪略》卷九,通城击。
② 费赖之著,冯承钧译:《在华耶稣会士列传及书目》上册,第224—225、253页。
③ 萧若瑟:《天主教传行中国考》,第223—224页,献县天主堂1937年版。
④ 卫匡国:《鞑靼战纪》,载杜文凯编:《清代西人见闻录》,中国人民大学出版社1985年版,第22页。
⑤ 《明史》卷三〇九,流贼传。

成西去。两司铎因不知清兵进京后,待外国人如何,一时颇费踌躇,不知计将安出。彼此计议久之,如决意未去。为祸为福,一听上主安排。"①

来自德意志的传教士汤若望,之所以在明末名闻遐迩,令李自成及其领导群体熟稔其事并抱有好感,一在为抵御关外清军,汤若望奉诏铸造的西洋大炮威力巨大。另在他所从事"参用西法"编纂《崇祯历书》的科学活动,因辛劳卓著而获皇帝褒奖。至于李自成农民政权在北京同汤若望的交往,德国学者魏特所著《汤若望传》中,亦有详略不等的描写。现依据该书提供的像汤若望回忆录等第一手资料,对上述记载作进一步的印证和说明。

例如,农民军出示保护教堂严禁军卒侵犯,确有其事。书中曰:"次日(农民军攻占北京的第二天,即崇祯十七年三月二十日)会所门口忽然挂有牌示一方,上书勿扰汤若望的命令。虽然人们很努力查访,但是终究不能确定这牌示是什么人所挂的。强盗们——这是汤若望对于盗魁李自成底军队的称呼——连以客人底资格也不敢到会所内居住的。"

又如,三日后召见汤氏的农民领袖应为"二王爷"刘宗敏,款待甚为殷勤。《汤若望传》记载道:"三天之后,有下级官吏三人出现于汤若望底住所。他们说,他们是奉二王爷底命令来领他到他那里去的。"当汤若望面露愁云,担心像明朝官员一样被召去拷问时,上述三人中的一人告诉他,"他们来引他并无恶意,实在是一种光荣的召请"。于是,汤若望随此三人走进宫殿,穿过正对许多高级官员施刑拷问的房间,见到这位王爷。"他一见汤若望来到,登时就把屋内正在献技之女优女伶驱至屋外,向汤若望张臂迎接,并且很和蔼地把他引至室内。然后他就以茶酒款待他,并且留他晚餐……自是日起竟无一个搅扰的人敢登汤若望之门了,除掉被他当作宾客所邀请的几个贼匪头目"。参证其他史料,这位进京后负责拷饷且生活作风不甚检点的"二王爷",非刘宗敏莫属。

再如,农民军撤离北京之际,是否随李自成西去,虽出自他人建议,

---

① 萧若瑟:《天主教传行中国考》,第223—224页。

第九章　传教士与奉教士大夫在明清战争的作用和贡献　591

汤氏亦曾犹豫再三。该书写道:"……有几位留于后防的盗贼、基督教徒和士大夫,尝试着劝他(指汤若望)当在全城尚未成了一片火焰之前逃走。但是他仍决断留在城中,并且当在人们很体面地,然而却是很猛烈地要把他引走时,他就加以反对了。因为他是不肯和强盗与叛徒有所交涉的。"①

　　综合这两种西方文献的记载,显而易见的是,农民军沿袭了自西安以来对西方传教士的友好政策。攻占北京的第二天,即颁发牌示,保护教堂和传教士,并切实贯彻执行。三日之后,便由农民军次帅刘宗敏亲自接见,态度真挚且款待甚为殷勤。交谈中,所谓"谕令仍前供职,为国宣劳"云云,透露了欲借重传教士的西方科学,为新建大顺国效力的意向。同时表明,尽管汤若望事后对与农民军的友好关系,采取回避,否认乃至反诬等伎俩,但在字里行间,仍可寻觅到某些真实的信息。如汤若望跟农民军的各级部属,上自统帅(刘宗敏)、中及军官(被邀赴教堂做客的"几个贼匪头目"),下到一般士兵(劝其随军撤离的"几位留于后防的盗贼"),都保持着相当密切而友好的交往。此外,汤若望可能响应刘宗敏的召唤,参与了为大顺国新皇帝编辑黄历的工作。(容后述)在这种情况下,当李自成撤离北京西归长安时,经过农民军中友人和对义军抱有好感的基督教徒及士大夫的劝说,考虑到清兵进京后面临的危险,传教士踌躇良久而难以决断,甚至萌生随农民军西去的想法,也并非空穴来风,全无踪影。

　　与对传教士的开明和友好姿态相映衬的,农民政权对于信奉基督教的文人学士,亦采取颇为宽容与重用的政策。而一些奉教士大夫亦将归顺李自成政权,视为施展抱负,谋求个人前程的途径。

　　最早于天启五年(1625年)延请传教士开教陕西并建立教堂的,是任至山东按察司佥事、辽海监军道的西安府泾县人王徵。他自崇祯五年(1632年)因登州反叛事件获谴归里后,遂耽思于基督教义与儒家思想、西学与实学之间的调适和融合,在文字音韵、机械工程、社会救济及

---

① 魏特著,杨雨辰译:《汤若望传》第一册,第 210—217 页。

道德修养方面,作出了令人瞩目的成绩。然而,就是这样一位对外来西学颇具开放意识的人,却难以摆脱传统的忠孝观念的桎梏,对于本土的农民起义,持势不两立的态度。他先是在家乡"筑堡寨,既且与诸绅士,日夕登陴设防,无晷刻暇",以抵御农民军。① 继而,当李自成农民军攻克西安,"改西安为长安府,拷掠巨室助饷,因大索秦中绅士"时,②则不惜以死抗争。

原来,李自成对待秦中缙绅,并非一味地拷掠,而是有所区别。如渭南县南企仲、南居益等横霸乡里的簪缨世族,则责饷百六十万,并炮烙至死。③ 而对这颇具奉教士大夫的声望,且在家乡多行善举的王徵,却从未施用拷掠等极端手段,只是催促他起程赴西安接受新朝官职。当王徵以老病严词拒绝时,又采取变通的办法,同意以其嗣子代行,不久便放归乡里。然而,王徵依然"绝粒不复食"而卒。④ 凡此说明,纵然王徵坚持敌视和不屈从的立场,农民军仍网开一面,采取宽容的态度。揣其缘由,恐怕跟王徵引导传教士开教陕西,捐资创建教堂,并极力宣扬和实践"畏天爱人"的基督教主张不无关系。⑤

面对封建社会后期的危机和改朝换代的变局,如果说王徵的言行,反映奉教士大夫在政治归宿上,仍受传统礼教的束缚而尽忠于旧王朝的话,那么信教士子韩霖主动投诚新王朝的举措,则表明年青一代的基督教人士中,还存在冲破传统的牢笼,企图通过农民政权施展抱负的另一种走向。

"韩霖,字雨公,号寓菴,绛州人。长身辣肩,音如洪钟。为文有奇气,书法在苏米间……天启辛酉(元年,1621年)举于乡,与其兄孝廉云竞爽。先是年舞象时(大约十五岁),从兄游云间,窥见娄东指趣,后遂

---

① 韩霖辑:《守圉全书》赠策篇附,《王金宪徵来简》。
② 彭孙贻:《平寇志》卷七。
③ 彭孙贻:《平寇志》卷七;《明史》卷二六四,南居益传。
④ 张炳璿:《明进士奉政大夫山东按察司金事、奉敕监辽海军务端节先生葵心王公传》,载李之勤校点:《王徵遗书》,第311—312页。
⑤ 参见拙著《明清之际中西文化交流史——明代:调适与会通》(增订本),第572—583页。

第九章　传教士与奉教士大夫在明清战争的作用和贡献　593

益嗜游。为聚书计,尝南至金陵,东览虎邱、震泽,汛舟南下武林……后购书数万卷,法书数千卷。既归,筑卅乘藏书楼以贮之,日与二三弟子较勘编摩。又于读书之暇,学兵法于徐光启,学铳法于高则圣,务为当世有用之士。"①

据此简历,可知韩霖因同时兼有三重身份,而令其声名鹊起。其一,第二代中国基督徒的领袖式人物。这缘于同第一代奉教士大夫和西方传教士的亲密关系,坚定的天教信仰与强烈的补儒、超儒意向,以及通过撰写神学超性、伦理道德和实用科学的著作,大力宣扬基督教义。加之具有一定的功名与社会地位,韩霖遂同福建张赓一道,被推举为具有第二代中国基督徒信教宣言性质的《圣教信证》的领衔者。

前文提及的高则圣,即南京教案中驱逐至澳门的耶稣会传教士王丰肃。《天主教传行中国考》卷四曰:"高一志(字则圣)原名王丰肃,遭沈㴶之难乃变姓名如上。复入山西传教,先立堂于绛州。绛州有名孝廉韩霖者,字雨公,初在北京与徐光启善,因得闻道受洗,圣名多默。归家后邀高公至绛劝其亲戚族党,同奉教焉。兄名云,字景伯,圣名未达尔。弟名霞,字九光,圣名伯多禄。二人亦孝廉(举人),且皆热心敬主,非同泛泛。"据考察,韩霖与高一志的交往非同一般。如"高一志撰《神鬼正纪》、《齐家西学》、《童幼教育》、《修身西学》皆由霖任校阅,并为《童幼教育》作序"。②在《序》中,称赞"西儒高则圣先生居东雍八年所著天学之书以十数",而以论述胎教乃至成人完备教育的该书,"非独童幼书也,修齐平尽在是矣"。此书的价值在于,"欲自朝廷储训,以至间巷蒙求,莫不以为蓍蔡,为师保,三十年后,可致太平"。③为增加己著《铎书》的说服力,韩霖特别在该书"教训子孙"条下,较详细地引证了高一志《童幼教育》的内容。韩霖认为,朱熹所著《小学》内外篇,有功于儒学,但其中"敬身之说,未窥本原。西儒高则圣先生,有教童幼书,补《小学》之阙者也,本其目而增损之"。依次为:一曰教之主,二曰教之助,三曰

---

① 《(雍正)山西通志》卷一四〇,人物四〇,文苑五(《四库全书》,文渊阁本)。
② 方豪:《中国天主教史人物传》上册,第255页。
③ 韩霖:《童幼教育序》,载徐宗泽编著:《明清间耶稣会士译著提要》,第217页。

教之法,四曰教之翼,五曰学之始,六曰学之次,七曰防淫,八曰知耻,九曰缄默,十曰言行,十一曰文学,十二曰正书,十三曰交友,十四曰衣食,十五曰寝寐,十六曰闲戏。① 事实表明,韩霖非特以高氏著作为范例,阐释西学补儒之说,而且在筹备绛州城筑铳台置大炮的防御计划时,也是先同熟稔西洋铳法的高一志详加讨论,而后据实申报的。如崇祯八年(1635年),韩霖在《上吴道尊议修铳台揭》中称:"此议曾与西洋高先生道之,想相见必道其详也。绛城形势,及应作台图,并绘呈台览。"②高一志在其中的指导作用,一目了然。可见正是韩霖对天学教义和西方实用科学的孜孜以求,贴近了与高一志的师生关系。为此,家居陕西泾县的王徵,对山西"高先生(一志)人来,必先询雨公(韩霖)安好信"。③ 韩、高之间的亲密,似可从中领略一二。

此外,韩霖跟赴援北京的澳门葡兵统领公沙的西劳亦交游甚欢。原来公沙率葡兵三十六人,携西洋大炮十门(其中大铁铳七门,大铜铳三门)和鹰嘴铳三十门,由广东北上,路过徐州,"资斧适竭"。时任徐州知州的韩霖长兄云,见状赠银二百两,促其前行。崇祯四年(1631年),韩霖与公沙的西劳会晤于京城。韩霖以"亲见其人"为幸,遂以诗相赠。诗之最后曰:"我从西儒游,谈天如测蠡;今与西帅交,谈兵如聚米。鄙哉井中蛙,宁不羞孤矢;圣代柔远人,重译安足比。"④通过与西儒西帅谈论天学与探究兵法,韩霖感慨犹如井底之蛙的浅陋闭塞,所幸有远人重译而至,其震聋发聩的功德无可比拟。韩霖对西学的悦服和向往,由此得窥其一斑。

至于韩霖与第一代奉教士大夫徐光启、孙元化、王徵的情谊及其继

---

① 韩霖:《铎书》,载钟鸣旦、杜鼎克等编:《徐家汇藏书楼明清天主教文献》第二册,台湾辅仁大学神学院1996年版,第720—740页。
② 韩霖辑:《守圉全书》卷五之四,协力篇,《四库禁燬书丛刊补编》第三三册,第67—68页。
③ 同上书,卷末赠策篇附,《王金宪徵来简》,《四库禁燬书丛刊补编》第三三册,第170页。
④ 韩霖辑:《守圉全书》卷一酌古篇,《公沙的西劳》条后,"霖按",《四库禁燬书丛刊补编》第三二册,第479—480页。

第九章 传教士与奉教士大夫在明清战争的作用和贡献 595

承关系,可资引述的史料更夥。首先,对乃师徐光启经世之学的广博深邃称颂备至,坦陈自己在从其学兵法过程中,不仅谙习具体阵法和攻守器具的知识,更在秉承其古今中外的识见与好学深思融会贯通的才干,编辑足以反映"疆国规模"的《守圉全书》。

如韩霖称:"愚兄弟少学兵法于今宗伯徐玄扈(徐光启别号玄扈)老师,知攻守之具,莫妙于火器。"①又谓,古今阵法变通之妙,师心泥古两者皆非。"先师徐文定公(徐光启逝后谥文定)教余曰:'简者必妙,妙者必简。'指授古法,寥寥数家,以为阵法正宗尽是已。余受而绎之,更加删削,旁采近代名家,互相发明。"对于其余"或支离繁琐,或穿凿附会,尽宜付祖龙之焰,后人庶免迷缪多岐"。② 正是在从学兵法和推绎寻究其理过程中,韩霖不仅对徐光启经世之学的广博深邃多有体会,尤愿以此为圭臬进而仿效,编撰有关国家边疆军事的宏篇巨著。他说,自嘉靖以来,"词臣典兵"者仅三人。"若上下千年遍知四海深识时务,则文定公称最焉。公自童子时,习韬钤家言,六十年广稽博访,安得不精。尝与胡比部书曰:'方今事势,实须真才,真才必须实学,而兵事尤亟须好学深思,久而自得。若急而究图,譬医家临病简方,岂能洞见五脏,起人危疾哉。'余受教圯上,窥见一斑,疆国规模,此书足以观矣。"③

其次,对李之藻、杨廷筠、孙元化其人其文,或由衷赞誉,或深表惋惜。如"自有奴警,论城守者,言人人殊,惟我存先生疏(李之藻字我存,疏系指《为谨循职掌议处城守军需以固根本事》)最为详悉,固金汤者,不必外此他求也。"④又如"造物主生人,俾各相爱。爱人,即敬天也。为富不仁者,难与微言……故富能济贫,实自济,况在荒乱之世乎!杨淇园先生(杨廷筠号淇园),俱仁会于虎林,王葵心先生(王徵号葵心)踵而行之。爱人敬天非为御寇也,而御寇之本,无过于此。"⑤再如韩霖在摘录

---

① 韩霖辑:《守圉全书》卷五之四协力篇,《同长兄上焦涵一公祖书》,《四库禁煅书丛刊补编》第三三册,第65页。
② 韩霖辑:《守圉全书》卷五之三协力篇,《四库禁煅书丛刊补编》第三三册,第27页。
③ 同上书,卷五之一协力篇,《四库禁煅书丛刊补编》第三三册,第696页。
④ 韩霖辑:《守圉全书》卷一,酌古篇,《四库禁煅书丛刊补编》第三三册,第457页。
⑤ 韩霖辑:《守圉全书》卷书四,豫计篇,《丛刊补编》第三二册,第671页。

孙元化于天启二年（1622年）因辽东败挫为防守京城所上二揭后，指出此"乃先生发轫之始。先生于徐文定公，师弟也，故所言如出一口……亡何孔贼发难，变起仓卒，先生以身殉亡，伤哉"。① 为此，还特别声明："今（韩霖所著《守圉全书》）钞序、目、凡例、小论，请教文定公与火东先生们（孙元化号火东）已矣。"②可见对获咎身殉的孙元化，其尊重一如既往。

再次，韩霖对王徵情谊殊深，并不在意其获谴家居。先是，王徵在出任登州官职前，曾撰《痴想》一册，记录在造物主默牖下，沉思冥想而突发灵感所得。内容包括兵制与辽东用兵，军器和民用制作，民间互助等二十四项。韩霖随即撰《题痴想》予以表彰。文称"余深知了一子者也"（王徵又号了一道人），遂将王徵之痴比况于三国诸葛亮，谓其诸多痴想和制作，皆"置国之大事"于胸怀。③ 崇祯四年（1631年）夏秋之交，韩王二人"会聚"于"都门"，其情景彼此记忆犹新。自王徵登州获谴谪戍归里，韩霖"每欲奉书闻问，泪随笔落，遂尔中止。盖心伤腹痛，非一端也"。此后，既托韩氏舍亲莅官王徵家乡者予以照顾，又请长兄云携刊刻之《守圉全书》首卷亲赴陕西王徵住所，韩霖并"寄书泾阳王金宪，以序例论目就正焉"。信中说："海内知兵者，舍台臺其谁哉。希拨冗一览，倘有未妥，勿靳发药。"王徵于万念俱灰中得此慰藉，感激莫名。在回信中称："即仁兄爱我最深，亦且久稽裁候，高（一志）先生人来，必先询雨公安好信。昨长兄至，始得面晤两番，恰似晤我雨公一堂之上。盖依依芝宇，盘我眉睫者累数日。"两情相依，于此毕现。对于《守圉全书》，王徵称赞说："今读诸论，益悉苦心。真心肠，真经济，真事功，窥一斑矣。"最后勉励道："盖望仁兄果行其言，指日亲施调羹手段，以副文定、火东两先生之望，乃弟区区之祝愿也。"④

韩霖正是在同奉教士大夫和传教士这种朝夕聆悟或远方文字相授相交，乃至殷切期望中，实现了思想感情的转变，成为虔诚的基督信仰

---

① 韩霖辑：《守圉全书》卷一酌古篇，《丛刊补编》第三二册，第453页。
② 同上书，卷末赠策篇，《丛刊补编》第三三册，第172页。
③ 同上书，卷末赠策篇，《丛刊补编》第三三册，第173—174页。
④ 同上书，第170—172页。

者。这个思想发展的轨迹,犹如其同里同教的挚友段衮所描述的:"初雨公未闻道时,好为文章及诗字,既工乃不复着意。曰:字有二王,诗有李杜,文有韩柳欧苏,即造其极,如数子而已,竟何大益于世。乃去此而务经济之学,盖将使德泽被乎一世,而功名高乎千古,不但空文自见而已。既而曰:经济非吾儒究竟事,则益进而务性命之学。乙亥(崇祯八年,1635年)春,感危疾,七日而复。雨公曰:此天爱我也,益洗心克欲为竞竞……朝乾夕惕为精修。"①经此诗文、经济、性命之学乃至洗心克欲的精神洗礼和升华,韩霖自谓基督信仰已坚定不移。他在回答友人所谓"天主教原从外国远方传来,诸公中华明理之士,辄信从之,何说耶"的诘问时,公开宣称:"盖大西诸儒来自九万里而遥,并无别图,特为传教,必有至正至深之理寓其中,为可察焉。余愈加详察,愈明见其真实,故不得不信且从之。"②

于是,韩霖如同第二代基督教文人学士一样,表现出强烈的补儒、超儒意向。他说:"从古以来,中邦止有身世五常,尧舜孔孟之道,并无他教可以比论。历代相传,后来者,故不以为前儒之学有所不足。至于佛老空无之虚谈,又何足拟,正儒无不辟之。今天主教,既有生前死亡之明论,补儒绝佛之大道,后来者,岂犹可以为前儒之学全备无缺,无不足哉。"③所谓"补儒易佛"或"补儒绝佛",原由徐光启提出,后经利玛窦提升至"基督教律法的基础",但均未予以诠释。清康熙年间,在由浙江宁波第二代基督教文人朱宗元撰述,传教士瞿笃德订正的《天主圣教豁疑论》中,遂从西儒超性之说以补儒者论著的思路加以阐明。④据载,意大利传教士瞿笃德,从清顺治十六年至康熙三年(1659—1644年),在海南岛传教,此后方获准进入中国内地。可见他参与订正朱宗元所著《天主圣教豁疑论》的时间,应在康熙三年之后。而在此之前,即清顺

---

① 段衮:《韩雨公守圉全书序》,《丛刊补编》第三二册,第 401—408 页。
② 韩霖:《圣教信证叙》,《天主教东传文献三编》第一册,第 269—270 页,台湾学生书局 1972 年版。
③ 韩霖、张赓暨同志公述:《圣教信证》,《天主教东传文献三编》第一册,第 282 页。
④ 参阅本书第四章第一节有关内容。参见《在华耶稣会士列传及书目》上册,第 339—340 页。

治四年(丁亥,1647年)完成的《圣教信证》中,韩霖应是首次从儒家"所谓良心天理,原为天主之命","故天主特显超性之据,性力所不及之圣迹,以醒悟之"的高度,来解释"补儒绝佛"的意蕴。文中强调,必须遵从"先有所当知而信,后有所当行而守"的"天主教要纲",否则,"伦常亦将有变"。这显然是"欲依倚天主","超越人性之力",以补"前儒之学"的不足。①

从此,韩霖便从三个领域,着力宣传其基督信仰。由韩霖、段衮合撰的《辨教论》,乃神学方面的著述。文章首先指出,因"后儒浅陋",不能折服异端邪教之炽烈,故依据"天主古经新典"和高则圣先生的"口铎"讲授,辩论天主教为"天下万世准的"唯一"正教"。这种论证大致析分若干范畴进行。(一)天主之所以为天地神人之主,在于其从天造天地,造无形之神和造有形之人,并各赋予"圣性之妙像"。(二)人置身于神鬼两界、善恶歧途之中,惟天主通过性教、书教和爱教,"宣扬教妙,而于所当知当行",昭示天下。(三)天教详备人性宜知而未尽知的三宗学说,即"上主圣性之全知、全能、全善、全福"的所谓"天学",又备知和取益"世物之理"的"性理之学",以及植根人伦道德与修齐治平之资的"义礼之学"。指出:"三学为诸实学之宗,而惟天教备其详,诸教皆不及。"(四)从天教可得超性之力克服物欲。"人心虽明于义礼所当为之分,每牵于物欲,无力胜之,故不能进而成功焉。惟天教洞性病之源,及诸所以治之方,加以自天之佑,故独能治之。""惟从天教,可得超性之力,乃能致之,他教大不及也。"总之,"厥教为正为真,万无可疑,所当尽然归一,为天下万世准的者也。"②

韩霖所撰《铎书》一卷,即伦理道德方面的著作。原来,明太祖朱元璋将传统的伦理道德规范,化约成通俗的二十四字:"孝顺父母,尊敬长上,和睦乡里,教训子孙,各安生理,毋作非为。"并诏令各地乡里选老人持木铎,于道旁反复向众人宣示此言简意赅的"圣谕",以达到警醒和引

---

① 韩霖、张赓暨同志公述:《圣教信证》,《天主教东传文献三编》第一册。
② 韩霖、段衮:《辨教论》,郑安德编辑:《明末清初耶稣会思想文献汇编》第三卷,第三十五册。

导民俗,维系地方治安的目标。[①] 于是,韩霖遂利用绛州知州令其敷衍《圣谕》义蕴,著述《铎书》的机会,在"敬天爱人"的前提下,对中国传统的伦理道德规范进行解构和天学的解释,从而在基督教框架内,实现中西伦理道德的整合。

第一,韩霖以主宰天地神人的上帝,作为全书的出发点和归宿,凸显基督教对天主的最高、唯一和无限的信仰。如"孝顺父母"条,首论"吾人要知天为大父母",此即"主宰生天生地生神生人生物"的"上帝"。"尊敬长上"条,指出"人生第一当尊敬者天也",其次才是君亲师。"和睦乡里"条,始"论其大原,斯人同是天之所生,同是天之所爱",所以须"敬天爱人"。"教训子孙"条,征引明太祖的圣训:"君道以事天爱民为重,其本在敬耳",以概其余。"各安生理"条,纵论"人若存敬天爱人之心,一意为善,吉祥自至"。"毋作非为"条,申述"学之大端有三",第一便是"向天,即敬天之学"。最后,全篇归结道:"故学者要务,第一须知天帝惟一。自形体而言,谓之天;自主宰而言,谓之帝。至尊无二,全知全能,为万善万福的本原。"至此,基督教的天主信仰和盘托出。

第二,重申天教与儒学在道德领域的合一。如称:"学之大端有三,一向天,即敬天之学。一向人,即爱人之说。如孝顺、尊敬、和睦、教训四事是也。一向己,修治身心,为学之本。而敬天爱人,一以贯之。各安生理,亦修己廉静之一端。至为圣为贤,只须毋作非为之一语,此高皇帝教人为善四字诀也。"这表明,从积极的意义上,明太祖的二十四字"圣谕"与天教"敬天爱人"之说,乃彼此相通或可互为包容。若就人们违法的惩处和警示来说,"可见天道、圣学、国法、清议、良心,都是合一的。"

第三,援引基督教义和传说,以补儒学之不足。如说:"自古至今,九州万国,人以亿兆计。溯其初,只是一夫一妇所生,父与子相续而成古今,兄与弟分布而成天下。"这显然是通过追溯人类的本源,征引基督教有关亚当、夏娃和挪亚洪水的传说,证明儒学"四海为家、万物一体"的道理。又为纠绳朱熹在《小学》中提出的"敬身之说,未窥本原"的弊

[①] 参见韩霖:《铎书·铎书大意》,《徐家汇藏书楼明清天主教文献》第二册。

病,特引证高一志著作《童幼教育》的十六项内容,以补其阙略。再谓基督教义"哉末一段,与宋儒天理人欲同行,异情同意,有《修身西学》十卷,较之先儒加细焉"。① 从儒学无论就人类肇始或是道德修养的本源,均须基督教予以证实和补充,以及修身西学更加详明细致来看,后者较前者高明,前者须后者补阙,自不待言。

《守圉全书》八卷,汇编为十四册,这是在明末内外交讧,遍地烽火的形势下,韩霖为寄寓扶危定倾的志向,始则讲究桑梓防御之策,继而谋划天下安攘之计,遂"网罗百氏,归于天人合一。将相兼备,于兵农礼乐诸大典,必欲穷究精微,成一家言"。② 以此弥补和纠绳"当事者战守无上策,韬钤之书,谈守者寥寥数言,谈战者博而寡要"的阙失。③ 在这被誉为"可以经世,可以垂世",且"与(儒家)六经并传"的书中,④虽然采撷了历代文臣武将的不少议论,但其思想指归,犹如同里同教挚友段衮所指出的:"《守圉全书》,则明知其出于敬天爱人,救焚拯溺之至情。"⑤可见仍然是基督教信仰。

例如,书中记载奉教士大夫有关奏疏、书信和著述多达36条。其中,徐光启17条,孙元化7条,王徵10条,李之藻和杨廷筠各1条,充分展现了他们面对内外交困的忧患意识及其经世救国的主张。

又如,该书的特点,在"详守略战",⑥而自谓"为城守要务,铳台第一",⑦故在具体论述中"守圉制器,火器居强半焉。其用切近世,极人变其法,合律度衡量,自昔谈兵之家,未有过焉者也"。⑧ 所谓"铳台第一",原来自西洋,经徐光启大力倡导,由孙元化在辽东实际推行的防御战略。而书中对传统火炮、佛郎机铳和西洋铳的形制构造、火药配方、

---

① 韩霖:《铎书》,《徐家汇藏书楼明清天主教文献》第二册。
② 屈必伸题辞,载韩霖:《守圉全书自叙》后,《丛刊补编》第三十二册,第422页。
③ 韩霖:《与王葵心金宪书》,《守圉全书》卷末赠策篇,《丛刊补编》第三十三册,第172页。
④ 张克俭:《守圉全书序》,《丛刊补编》第三二册,第408—409页。
⑤ 段衮:《韩雨公守圉全书序》,《丛刊补编》第三二册,第407页。
⑥ 韩霖:《守圉全书自叙》,《丛刊补编》第三二册,第420页。
⑦ 韩霖:《上吴道尊议修铳台揭》,《丛刊补编》第三三册,第67页。
⑧ 韩士自:《制器篇序》,《丛刊补编》第三二册,第580页。

施放程序的详细阐述与总结,更显示了韩霖深厚的西学修养及其融汇"近世"中西科学的成就。此外,为及时介绍新的防御技术,书中还就修筑"敌台"、"缮葺旧城"和"岛屿重台"等方面,图文并茂地收录了"新译西洋法"共 10 条,以飨读者。凡此种种无不表明,《守圉全书》的编纂,实乃以西学为基础的防御战略的延续和体现。故而王徵寄语韩霖:"望仁兄果行其言,指日亲施调燮手段,以副文定(徐光启)火东(孙元化)两先生之望。"①

再如,《守圉全书》另一基本内容,在"修保甲、社仓、仁会诸法,以待凶荒、备缓急,有拔本塞源之深意焉"。② 而这也是宣扬和实践"敬天爱人"教义之所在。书中不仅收录了杨廷筠和王徵根据上述基督精神,而撰写的《仁会广放生说》和《仁会约》的全文,介绍了传教士罗雅谷所著《哀矜行诠》的详细内容,并引证诸如《圣经》、《天主经》、耶稣训谕宗徒、额我略教人行仁等有关语录;而且记载绛州基督教人士段衮、韩云和韩霖,依据同一精神在当地赈济灾荒、施粥救人的具体举措达 28 条。由此可见,基督教义和西方科技,实乃《守圉全书》的两大支柱。

综上所述,鉴于同第一代奉教士大夫和耶稣会士的传承关系,虔诚的天教信仰,经撰述与实践所彰显的基督教精神,凡此嘉言懿行及其具有的功名地位,使北方的韩霖同南方经历大致相仿的张赓,被推崇为第二代基督徒的代言人和领袖式人物。其标志性著作,便是由他俩合撰并领衔的《圣教信证》。据教会的资料,"绛州韩霖,与闽省张赓,为当时教中伟人……二人作《圣教信证》一书,详记自圣方济各沙勿略至清初,各西洋司铎来中国传教者之姓氏履历,及殁后墓所。"③ 不过,在我看来,署名"后学晋绛韩霖、闽漳张赓暨同志公述"的《圣教信证》,其意义并不限于系统地记录了来华传教士的履历及殁后墓地之所在,更重要的,它是明清之际第一份由中国基督徒群体表述的信仰宣言。在第一代奉教士大夫中,诸如徐光启的《辨学章疏》、杨廷筠的《代疑正续编》、

---

① 韩霖辑:《守圉全书》卷末赠策篇,《王金宪徵来简》,《丛刊补编》第三三册,第 171 页。
② 段衮:《韩雨公守圉全书序》,《丛刊补编》第三二册,第 405 页。
③ 萧若瑟:《天主教传行中国考》,第 207 页。

王徵的《畏天爱人极论》,均为护教宣教的脍炙人口的名篇,但都不过是个人信仰的宣示,迄未见其群体式表白。而《圣教信证》通过第二代基督徒"公述"的形式,采取内外结合(内而"本教著述",外则"功行踪迹"),自然与超性并举(初"依本性自然之明,穷究其理",继据"天主特显超性"圣迹,以醒蒙昧)等论证手段,坚定地表示:"本教著述各端,俱属极合正理之确论……所传之教,自是正大至理,万无容疑。"号召"有志存养者,及时考究精明,庶几乾惕昭事,方为上达君子"。希冀"后之同学者",继续辑录踵至中国的传教士事迹,"以志源源不绝之意"。①至此,透过对第二代基督徒信仰宣言的揭示,作为该文的撰述和领衔者韩霖,其教会领袖地位,当毋庸置疑。

韩霖的第二种身份,乃为江南"复社"进步思想熏染而具改革志向的才俊。韩霖家乡绛州僻处晋西南一隅,自谓"敝州如坐井底",②风气闭塞。而他之所以在明季风云际会中,成为颇令人关注的"弄潮儿",便与韩霖自称"飘零书剑,踪迹半在四方",③广交天下豪杰,得风气之先有关。其间,最令其服膺的,无疑是奉教士大夫和耶稣会士所传承的天教西学。不过,在同江南"复社"士子交流中,因进步思想影响而萌生的改革志向,亦不可忽视。

《(康熙)绛州志》卷二韩霖传曰:"喜交天下名士,若姚公希孟、马公世奇、刘公余佑、张公明弼、倪公元璐、黄公道周、王公汉,海内诸大明公。及毗陵陈、夏之流,远近声气,投契无间。"④前引《(雍正)山西通志》卷一四〇《韩霖传》亦云:"黄石斋、马素修、董恩白诸公咸乐为推许……先是,年舞象时,从兄游云间,窥见娄东指趣。"

姚"希孟雅为东林所推",⑤黄"道周以文章风节高天下",⑥亦是东

---

① 《圣教信证》,《天主教东传文献三编》第一册。
② 韩霖:《与王葵心金宪书》,《守圉全书》卷末赠策篇,《丛刊补编》第三三册,第172页。
③ 韩霖辑:《守圉全书》卷五协力篇,《丛刊补编》第三三册,第70页。
④ 转引自黄一农:《两头蛇:明末清初的第一代天主教徒》,上海古籍出版社2006年版,第232—233页。
⑤ 《明史》卷二一六,姚希孟传。
⑥ 同上书,卷二五五,黄道周传。

林名流。倪元璐力主为东林平反,请毁阉党《三朝要典》,其谠言快论"不独为正人增华,尤为文人吐气"。①而此三人即是"以文章气谊为重"的复社,"崇为宗主"的"宇内名宿"。②复社之接续东林血脉,被时人目为"小东林",当非虚语。而所谓"娄东"张溥、张采,无锡马世奇,"毗陵"陈子龙、夏允彝之流,皆复社初创时的领袖及其核心人物。可见韩霖自少年游学大江南北,既得东林耆旧的亲炙和推许,又同复社巨擘形影相依,声气相接而十分投契。如此亦师亦友的亲密关系,加之征召的文章经多次甄选考核,确认"不谋而同","人无滥登"之后,③在张溥、张采亲拟的复社姓氏录中,韩霖名列山西四人之第一位,其文亦应收入题名《国表》的复社同仁汇集。④

所谓"复社",原是由江南年轻士子为揣摩风气,应试科举而研读八股制义的众多小型结社汇合而成。后在明末社会危机深重和民气日开的形势下,遂发展成联络四方、倾动朝野,"复社声气遍天下"的"一种社会上政治的运动"。⑤与其前辈东林士大夫相比较,复社青年士子的活动呈现出一些不同的特点。(一)具有更为明显的集党结社的组织倾向和较广泛的社会阶层支持。"东林党"虽是表达社会改革意向和伦理道德诉求的政治团体,但那种以在朝在籍士大夫为主体,围绕书院讲学的松散的组织形式,远不如复社的组织规范且深获广大士子的拥戴。这不仅表现在张溥、张采申明复社纲领盟词,推择各地专人纠弹监督,又遴选"十五国之文而诠次之,目其集为《国表》……集中详列姓氏,以示门墙之峻"。并由此得社友七百余人,计文二千五百余首。⑥于是,"凡经明行修之士群萃其中,士以不得与为耻。"⑦社集之日,动辄千人,可谓盛况空前。非特止此,复社成员还理直气壮地

---

① 邹漪:《启祯野乘》卷十一,倪文正公元璐传。
② 陆世仪:《复社纪略》卷一、卷二。
③ 张溥:《七录斋集》、《国表四选序》,转引自谢国桢:《明清之际党社运动考》,中华书局1982年版,第133页。
④ 陆世仪:《复社纪略》卷一、卷二。
⑤ 谢国桢:《明清之际党社运动考》,第119页。
⑥ 陆世仪:《复社纪略》卷一。
⑦ 邹漪:《启祯野乘》卷七,张庶常溥传。

宣称,君子治天下自通过交接而后知人品之邪正,故相善之人必相顾相益乃成事,此无负于国家。且"朋党"可分为在朝大臣之党与草茅名士之党。当"朝廷之上激浊扬清之大臣"或死或去,"然后草茅之士相与持之而愈坚,争之而愈力"。这些草茅名士虽无国家职掌之责,却为道义和澄清之志,而在所不辞。① 可见复社乃继承东林未竟事业,且反映士子生员改革呼声的精英式政治结社。

(二)采取更为激进的臧否人物、别白正邪的手段和行动。史载东林诸君子,夙以"讽议朝政,裁量人物"而著称。② 然观其庙堂之上,围绕着开言路,监察权独立,国本与国防,乃至矿使税监所展开的论争,③ "并没有越出君臣之义与合法斗争的范围",④ 仍然是明王朝体制内的自我调整和改良。然而,复社张溥"好别白邪正……以臧否人物,触执政要人怒",⑤ 则无论在手段或行动上,较东林更为激烈。例如,"溥奖进门弟子,亦不遗余力。每岁科两试,有公荐,有转荐,有独荐……局外者复值岁科试,辄私拟等第名数,及榜发十不失一。"⑥ 这是打通科举关节,左右士子进身之阶。又如,复社诸子相与谋划,以赃证搬倒薛国观内阁,推举周延儒重新上台,而东林耆旧得尽先任用。⑦ 这是在野遥控朝廷大臣黜陟之权。再如,阉党顾秉谦遭黜后执教太仓,"(张)溥与(张)采率诸士驱之,檄文脍炙人口,郡中五十余人敛赀为志镌石,由是天下咸重天如(张溥字天如)、受先(张采字受先)两人矣。"⑧ 稍后南京太学诸生以东林被难遗孤为首,复社巨子依次署名,发布《留都防乱公揭》,声讨并驱逐在南京的阉党阮大铖,一时人情大快。⑨ 如果说以推荐

---

① 侯方域:《壮悔堂文集》卷六。《朋党论上》,转引自张宪博:《复社名士的变革思想——以陈子龙、方以智、侯方域为例》,载《第十二届明史国际学术研讨会论文集》,辽宁师范大学出版社 2009 年版。
② 《明史》卷二三一,顾宪成传。
③ 参见小野合子:《东林党考》,载《日本学者研究中国史论著选译》第六卷,中华书局 1993 年版。
④ 参见拙著《明清之际中西文化交流史——明代:调适与会通》(增订本),第 467 页。
⑤ 邹漪:《启祯野乘》卷七,张庶常溥传。
⑥ 陆世仪:《复社纪略》卷二。
⑦ 引自谢国桢:《明清之际党社运动考》,第 138 页。
⑧ 陆世仪:《复社纪略》卷一,卷二。
⑨ 引自谢国桢:《明清之际党社运动考》,第 146—151 页。

打通科举关节或暗中谋划朝臣黜陟,仍然是封建官场纵横捭阖的惯用手段的话,那么公开发动青年学子的驱逐运动,就其抗争形式和激烈程度,势难再以旧王朝体制内的合法斗争所能涵盖,已应属于突破旧体制藩篱的越轨之举。

(三) 有更为犀利的批判锋芒和政治变革的诉求,通过对现有体制弊端的揭露与抨击,有关理想政治的建议及设计,表现出对封建制度的某种质疑和疏离。如复社名士的批判锋芒,已凝聚于封建制度的核心,即高度集中的皇权,指出当时"失体而乱"的一切弊端,皆出于"朝廷之体过尊"这一总的病根。"事无大小,俱自上操,使天下皆重足而立者,欺罔之藉也;言无是非,俱得达陛,使天下皆裹足而至者,奸佞之丛也;大臣无所执持,小臣相为朋比者,衰乱之征也;是故欲惩贪而愈以风之,欲革弊而愈以启之。"① 举凡欺罔、奸佞、朋比、贪黩等官场流毒,均源于高高在上的皇帝揽权和操切。炯鉴如此,有关政治改革的建议与设计,虽纷纭杂陈、各抒己见,但总的精神"在为了削弱天子的权威,改变结构空虚的集权体制"。前者如提出还内阁以行政和"督抚之权当重"等,便通过权力下移以限制皇权。后者如斥明朝科举"取士之无术",欲"特立文武兼等之科",以应对日益孔棘的兵事。② 然而,诸如此类对封建皇权的批判及拯救时局的愿望,连同其结社立党的组织倾向和诉诸学生运动的运作方式,业已超越封建体制容忍的界限,因此,崇祯十年至十五年间(1637—1642年),复社便以"上摇国柄,下乱群情"的罪名,成为朝野攻讦和审查的对象。③ 在此壮志难酬,抑郁不得志情绪支配下,激进的复社名士吴应箕,早在崇祯年间即已"预料燕京之必不能守";④ 而稍后十六七位复社名士投向李自成起义军的事实,皆表明复社成员对明王朝的失望、疏离和背弃。

---

① 吴应箕:《楼山堂集》卷九,《策·拟进策·持大体》,转引自张宪博:《吴应箕实政思想略论》,载《安徽史学》2007年第1期。
② 张宪博:《复社名士的变革思想——以陈子龙、方以智、侯方域为例》。
③ 谢国桢:《明清之际党社运动考》,第137页。
④ 张宪博:《吴应箕实政思想略论》。

（四）从注重伦理道德的圣人之学向关切时局务为实用的经世之学转化。东林士大夫虽也提倡治国平天下的"有用之学"，但这种学问是在儒家传统和程朱理学的紧紧裹挟之中，"为达到圣人之域的手段"，故其钟情与磨砺的思想武器，依然是正统的伦理道德。①面临东林士大夫救世方略的软弱无力及深重社会危机对经世之学的召唤，复社名士的学风有了明显的转变。如张溥"将使异日者务为有用"，作为复社的主要规条和课程。②自述"早夜惕励"与效法的，便是先师徐光启"身任天下，讲求治道，博极群书，要诸体用"的"读书经世大义"。③也就是陈子龙表彰的，"徐文定公……其生平所学，博究天人，而皆主于实用。"④于是，为了纠绳当时"士无实学"的流弊，"总结明朝两百几十年统治经验，企图从中得出教训，用以改变当前现实，经世实用"，复社士子陈子龙、徐孚远、宋徵璧遂在张溥有关"国史"的编纂应"贤者识大，宜先经济"的思想启迪下，"大搜群集，采择典要，名《经世文编》卷凡五百"，成就明兴以来未有之伟业。⑤

　　至于复社名士在明末科学思潮激荡下，将"质测通几"的自然科学，纳入经世实学的范畴，则更不乏其例。如方以智解释"质测"之学时说："考测天地之家、象数、律历、声音、医药之说，皆质之通者也，皆物理也。"即在把握客观物质世界的具体规律。而"通几"，在"深究其所自来"，当进一步揭示其发展变化的普遍规律。为此，方以智"质测通几"之实学，在其名著《通雅》和《物理小识》，得到集中的体现。⑥黄宗羲则大力倡导当时被称为"绝学者"，"如历算、乐律、测望、占候、火器、水利

---

① 参见拙著《明清之际中西文化交流史——明代：调适与会通》（增订本），第465、481—482页。
② 陆世仪：《复社纪略》卷一。
③ 《农政全书·张溥原序》，载石声汉校注：《农政全书校注》上册，上海古籍出版社1979年版。
④ 陈子龙：《农政全书》凡例，同上书。
⑤ 张溥、陈子龙：《经世文编·序》；吴晗：《影印明经世文编序》，均载《明经世文编》第一册，中华书局1962年版。
⑥ 罗炽：《西学东渐与方以智的实学思想》，载葛荣晋主编：《中日实学史研究》，中国社会科学出版社1992年版。

之类",并身体力行,自称"注律吕、象数、周髀、历算、勾股、开方、地理之书,颇得前人所未发"。①可见无论是总结明朝数百年的经验教训,用以改变当前现实,还是将视为"绝学"的自然科学,纳入经世实用的范畴,均表明复社名士的学风,朝着关切时局和务为社会实用的方向,有了巨大的转变和进步。

当韩霖怀着从书剑游学中新获得的天教信仰和西学知识,江南复社名士那种"相期以天下事志为大儒"②的抱负与经世实用的学风,返回并具体推行于家乡绛州时,他便具有了第三种身份,即掌控地方防御、赈济和舆论的开明缙绅。

《(康熙)绛州志》卷二《韩霖传》云:"归里谈道著书,教授后学,及门者数十人,一时人文丕变,风雅翩翩,常语人曰:'吾州从此科甲当填咽间卷矣!'其后科甲差胜,八九皆出其门。"③归里之后,韩霖通过颇肖江南复社的行径,教授后学,笼络士子,影响科举,控制地方舆论的同时,还联合士绅为民请命,要求蠲免绛州因旱灾瘟疫兵荒而拖欠的钱粮。经知州上呈获准,"岁省闾阎万余金,雨公(韩字)之泽远矣。"④与此相联系,韩霖极力在家乡宣传、捐助和主持赈济贫民的活动。首先,他致书知州,望出示乡里,推举乡绅生员及布衣有德行者挨门查问,必令"极贫而朝不谋夕者",得到官府救济的实惠。⑤其次,为使数百饥民不致因食不果腹转死于沟壑,韩霖遂主动捐助。先是将"海内交游,自通侯八座以下"之馈赠,"尽散以周穷乏。不给,则毁亡室簪珥。再不给,称贷姻友富者"。累遭富室白眼,却持此不疲。⑥进而,韩霖撰文引证同里同教挚友段衮编织的马驴同厩的寓言,告诫"为富不仁者",在这"荒乱之世","富能济贫实自济"的道理。⑦韩霖长兄云受官府妥托,"管理府西

---

① 引自曹国庆:《旷世大儒——黄宗羲》,河北人民出版社2000年版,第146页。
② 邹漪:《启祯野乘》卷七,张庶常溥传。
③ 转引自黄一农:《两头蛇:明末清初的第一代天主教徒》,第232页。
④ 韩霖:《守圉全书》卷四,《钦遵恩诏备陈兵荒呈》;雷翀:《守圉全书序》。
⑤ 同上书,卷四,《与州大夫论赈济事》。
⑥ 韩霖:《守圉全书》卷四,《救荒末议》,《惩荒录序》
⑦ 同上书,卷四,《救荒末议》,《惩荒录序》。

北立一厂",还自筹资于"东方立一厂",施粥救济饥寒无助者。凡此一切,在韩霖看来,不过是实践"造物主生人,俾各相爱;爱人,即敬天"的信仰。①

至于乱世中为保桑梓平安,韩霖上下疏通,京晋奔走,筹划修固绛州城郭,设置铳台防御而不遗余力。他率先呈文知州,请修治久已颓坏的城郭,以防兵祸。随即代知州草拟《募修绛州城疏》,布告民众,无论贫富城乡之人,毋得埋怨推诿,共图鸠工修治颓垣城郭,"不然,恃陋而不备……实不忍绛之人为釜鱼也"。②稍后,为实现"城守要务,铳台第一"的防御战略,"以固封疆",韩霖两次奔赴京城,先是"与徐老师(光启)商议",获得支持。继而跟恩师同乡、兵部职方司主事具体"商量,极得力"。于是,一方面在北京"募一官,携二匠,为桑梓造守城之具",制"大炮数位";一方面两次上书地方主管官员,运用其兵铳之法的西学知识,对绛州地形和民情动向作详细分析后,提出"惟有因其(演武场高地)基址,仍作大台数倍,旧制用炮守之,可远望而击,则贼断不敢屯兵城下,此万年之利也"。③

由于韩霖兄弟尽心竭力于桑梓之邦,故其生前为人尊敬:"绛有巨室,韩氏兄弟,负重望,文武将吏,为地方计,多虚心咨访。"④待其殁后,虽韩霖曾投奔农民军,犯下叛逆封建的弥天大罪,然韩霖名位仍同乃兄云一道,被民众恭送乡贤祠,受后人景仰祭祀。⑤可见韩霖在当地的声望和影响。

纵观韩霖的一生,历来为史家所诟病的,在我看来,却是其辉煌一页的,那就是他投奔农民军,并为李自成重用的经历。而这显然跟上述他一人而兼有三种身份,有着密切的关联。

由于明末战事倥偬,信息混乱,而著者局于一隅,见闻有限,故有关韩霖投效农民军的记载,诸家多有抵牾。表现在:其一,韩霖籍贯,或为

---

① 《守圉全书》卷四,韩霖:《惩荒录序》;韩云:《劝各乡各自劝赈俚引》。
② 同上书,卷五之四,韩霖:《绛州修城呈辞》,《募修绛州城疏》,(代州大夫何公作)。
③ 同上书。韩霖:《同长兄上焦涵一公祖书》,《上吴道尊议修铳台揭》,《与三弟九光书》。
④ 同上书,卷五之四,段衮:《癸酉绛城定变记》。
⑤ 《(乾隆)直隶绛州志》卷十一,韩云、韩霖传。

山西绛州,或为北直永平府。如计六奇的《明季北略》卷二十《初七贼陷大同》记曰:"乙未,李自成陷大同,知府董复、乡宦韩霖俱降。"同书卷二十二《从贼入都诸逆臣附》则云:"韩霖,北直永平府人,举人,大同陷,降。"又如顾炎武辑《明季实录》书中《迎降拥戴贼臣纪》称:"参谋,韩霖,绛州人。"而同书《从闯贼破京城伪官考》却谓:"参谋,韩霖,永平人。"其二,降期与地点,有农民军席捲山西时太原、大同二说及李自成撤退西安后蒲州之说。如《(光绪)山西通志》卷一五五,《韩霖传》曰:"(太原)城陷,为贼所得。"彭孙贻的《流寇志》卷九则云:"寇逼大同……知府董复、乡绅韩霖以城降。"而吴伟业的《绥寇纪略》卷九记载道:"自成既西,徙三晋乡绅富户以入关中……三晋士大夫皆迫劫以行,得蒲州人韩霖,爱其才,以为参谋。"其三,职务或官衔,有称为"参谋"(顾炎武《明季实录》,吴伟业《绥寇纪略》卷九),"记室"(抱阳生《甲申朝事小记初编》卷五《伪李科目》:"先是,李贼记室辛酉放(解)元韩霖,荐陈名夏,周钟可大用"),"中书"者(戴廷栻《半可集》卷一《蔡忠襄公传略》云,太原城陷后,"韩霖从贼为中书"[①]),有谓官授礼政府"从事"者(彭孙贻《平寇志》卷十,李自成于北京放榜授官,"韩霖、吴文帜、贺允邵、吴泰来、李森先、许作梅为礼政府四司从事")。

经过对史料原始与衍生的比对,史实产生环境及走向的评估,参证以当今学者的研究成果,[②]现在可以确定的是,山西绛州举人韩霖,于崇祯十七年(1644年)二月农民军攻克太原时,投奔起义并立即得到重用,在李自成身边担任掌管文书,负责咨询和起草文告,乃至参预机密的工作。进入北京,被授予礼政府从事的官职。

大致而言,可以从三种不同的路径,探寻韩霖投奔农民起义的原因。第一种路径,早期基督教遗留的因素与农民起义的诉求之间,存在某些相近或相通的地方。正如恩格斯所指出的,早期基督教是"旧世界解体过程"的"必然产物"。"在其产生时也是被压迫者的运动:它最初

---

① 引自师道刚:《明末韩霖史迹钩沉》,载《山西大学学报》1990年第1期。
② 请参见师道刚:《明末韩霖史迹钩沉》;黄一农:《两头蛇:明末清初的第一代天主教徒》,第244—249页。

是奴隶和被释放的奴隶、穷人和无权者、被罗马征服或驱散的人们的宗教。"①这种由"奴隶和被压迫者所宣扬"的"宗教哲学","倒转了从前的世界秩序,它在穷人、苦难人、奴隶和被排斥的人中寻找信徒,蔑视有钱人、有势力的人和有特权的人",②表达了重新对金钱、土地、田舍、房屋进行再分配的强烈愿望。③尽管在后来发展中,基督教被提升和改造为罗马的国教,亦引入等级制的组织方式,教会成为欧洲中世纪精神和物质的支柱。不过,一方面,中世纪农民和城市平民起义,仍然"穿着宗教的外衣,采取为复兴日益锐化的早期基督教而斗争的形式"。④如德国农民战争中闵采尔提出的纲领,"要求立即在地上建立天国,建立早经预言的千载太平之国;建立天国的途径是恢复教会的本来面目并废除与这种似乎是原始基督教会而实际上是崭新的教会相冲突的一切制度。闵采尔所了解的天国不是别的,只不过是没有阶级差别,没有私有财产,没有高高在上和社会成员作对的国家政权的一种社会……一切工作一切财产都要共同分配,最完全的平等必须实行。"⑤

另一方面,基督教形成一种思想运动,"具有由它的先驱者传给它而它便由以出发的特定的思想资料作为前提"。⑥"正统的"基督教虽可重新解释和改变这些思想资料发展的方向,但为了保持思想的延续性与内在统一,它不可能完全抛弃或剔除这些先驱者留存的思想资料。于是,这两方面的结合,人们对早期基督教的向往和抗争,以及基督教思想运动的内在规律,致使后来的基督教义仍保留了一些早期基督教的思想因素。例如,"他们的福音所传讲的虽然不是在今世所有人的财富和权力是平等的这样的信息,但他们所传的是在上帝的眼中所有人

---

① 恩格斯:《论早期基督教的历史》,载《马克思恩格斯全集》第22卷,人民出版社1965年版,第525—530页。
② 恩格斯:《布鲁诺·鲍威尔和早期基督教》,同上书第19卷,第328—329页。
③ 考茨基:《基督教之基础》,第336—338页,三联出版社1955年版。
④ 恩格斯:《论早期基督教的历史》,载《马克思恩格斯全集》第22卷,人民出版社1965年版,第525—530页。
⑤ 恩格斯:《德国农民战争》,载《马克思恩格斯全集》第7卷,第413—414页。
⑥ 《恩格斯致康·施米特》,载《马克思恩格斯选集》第4卷,人民出版社1972年版,第485页。

都是平等的,有更多的财富的人帮助有需要的人是上帝所赋予的责任。"①又如,"基督教教导则认为怜悯是最基本的美德之一,而且一位满有怜悯的上帝同样要求人类彼此之间要有怜悯。因此,因为上帝爱世人,若基督徒不彼此相爱就不能得到上帝的喜悦这种教导对异教徒来说更是全然一新。基督教还教导这种基督徒之间的爱和慈善不仅要超越家庭或者超越部落,更要延伸到那些'所有在各处求告我主耶稣之名的人'。这一原则显得更加具有革命色彩。"②

随着基督教在中国的传播,上述平等的精神和超越亲情的怜悯互济活动,在广东、陕西等地基督教群体中,均有突出的表现。如广东韶州三位贵妇人认为:"由于有共同宗教的纽带,哪怕村里的农妇也和她们平等,而并不因自己的生活地位就不高贵。"由此,特邀请村里农妇来家聚会和吃饭,"她们因基督式的仁爱而为人羡慕"。③陕西泾县王徵,遵照"畏天爱人"的基督教义,贯彻传教士罗雅谷《哀矜行诠》的具体指示,建立互助互济的《仁会》。"岁祲,纠仁会赈之,全活千百人。"④

不言而喻,作为第二代基督徒的领袖式人物,韩霖亦深为早期基督教这种平等观念和敬天爱人思想所感染。如前述他倾其所有乃至多方借贷以赈饥民,宣传荒乱之世"富能济贫实自济"的道理,自谓这是在实践"爱人即敬天"的基督教信仰。至于平等的精神,则集中体现在对农民起义的同情上。韩霖说:"按盗之炽也,大概从饥驱耳。或困于重敛,或厄于天灾,戎马既扰耕桑,师处复生荆棘,走险偷生,势所必至矣。"⑤其同里同教挚友段衮亦附和道:"窃谓流贼之起,天实为之。而上天之怒,本于民穷。下民之穷,本于上不恤下,富不周贫,饥寒逼体,怨仇生心,苟不忍以身转于沟壑,则起而为贼,亦理势之不得不然者。"⑥

---

① 罗德尼·斯塔克著,黄剑波等译:《基督教的兴起:一个社会学家对历史的再思》,上海古籍出版社2005年版,第225、253—254页。
② 同上。
③ 何高济等译:《利玛窦中国札记》下册,第446—448页。
④ 张缙彦:《金宪王端节公墓志铭》,载李之勤校点:《王徵遗著》,第316页。
⑤ 韩霖辑:《守圉全书》卷四,《曲沃李明府士淳来简》,"霖按"。
⑥ 韩霖辑:《守圉全书》卷四,段衮:《答友人论初更鸡啼》。

毫无疑义,如此由同情农民起义所反映的早期基督教的平等精神,跟李自成农民军斗争纲领之间的某种默契,乃韩霖及稍后魏学濂、李天经等基督教徒,投奔农民军的思想根源。实际上,李自成起义追求的,也就是德国农民战争所向往的,即那种"最完全的平等"和"一切财产都要共同分配"的平等平均主义。为此,农民军提出了诸如"均田免粮"、"贵贱均田"、"均田赦赈"、"割富济贫"等纲领口号。在农民军内部的关系中,基本上保持了朴素的平等和民主的作风。据记载,"自成虽篡大号,上下无章,极尊伪官与兵丁据地相戏弄。"[①]"贼党久称公侯将相,而贼态自在,坐则相压,行则相逸,谑以诟詈,戏则堆蹴。"[②]依然上下和睦亲如兄弟。在政治生活中,所谓"李贼虽为首,然总有二十余人,俱抗衡不相下,凡事皆众共谋之"。[③]在日常生活中,起义军缴获的"金帛、米粟、珠贝等物俱上掌家(农民军头目通称)。凡支费俱出自掌家,但报成数,请食不足,则均短之"。[④]而李自成不好酒色,不蓄奴仆,"衣帽不异人","脱粟粗粝,与其下共甘苦"。

凡此种种无不表明,平等平均主义虽具有乌托邦的性质,却是推动李自成起义的强大动力。而正是在这种思想的交结点上,既联系着韩霖等基督徒对农民起义的同情和参与,更反映了早期基督教平等精神与中国农民革命平均主义之间的某种契合。有学者敏锐地指出,韩霖参加农民起义军,"和天主教教会活动有些关系……他的思想已不是中国传统伦理道德所属范围。他和西方天主教耶稣会高一志等人的接触,逐渐濡染了一些西方人平等博爱的思想和民族意识,这在当时的中国是超前意识。"[⑤]从这种"超前意识"的形成过程及其效应来看,无异是中西文化交流在特殊情况下的继续。

探究韩霖投奔起义的第二条路径,在于对明朝体制尤其是科举制

---

① 彭孙贻:《平寇志》卷十一。
② 戴笠:《怀陵流寇始终录》卷十八。
③ 计六奇:《明季北略》卷二十。
④ 查继佐:《国寿录》卷一。
⑤ 师道刚:《明末韩霖史迹钩沉》。

度的愤懑和绝望。时人对韩霖的学问人才均寄予厚望。如说:"雨公具天人之学,复留心当世。"①称其学,"上述前典,下汇时贤……务归实用"。② 谓其人,"具伯王之略,而有公辅之望"。③ 然而,就是这样一个"务为当世有用之士",在八股盛行和政治腐败之下,却久困场屋,屡试不第,其满腹经纶及鸿鹄之志难以得到伸展。韩霖"天启辛酉(元年,1621年)举于乡"。④ 按照惯例,从次年(天启二年,1622年)参加会试始,每三年一科,至崇祯十六年癸未科(1643年),韩霖已是八上公车而不第。个中缘因,昔典天启元年山西乡试的韩霖"座主"、福建晋江人何乔远认为,这全在韩霖太痴迷读万卷书行万里路的经世之学,对于猎取功名的八股文用功甚少所致。为此,他曾两次写信予以规劝。在第一封信中,恭维拟入闽游历且"道读书万卷志气甚壮"的韩霖,为"当今司马子长(迁)"。声称"惟吾弟以子长之足迹,兼其文章,使我明郁郁炳乎与三代同风,则其盛也"。但也委婉地劝导,须"时时温养不将放下","举业即此中精进"的道理。⑤ 第二封信,便直言不讳地告诫道:"吾弟晋中才子,而十年举人于此矣。文章学问,虽士君立身不在此,而非藉甲科亦不能行远。不然,古人何以云德、时、位兼隆也。吾弟意气则可谓美矣,闻见则可谓该矣,似于八股之事,切若不可不置力。此事聪明之人,潜心数月便可到手。今去会试尚有五月,何弗为也?晋中诸子实多,吾弟名士,属望尤切,故特此悁悁。聊作一戏语曰:先填三百人中一卷,后开三十乘中万卷。一笑。"⑥所谓"先填"者,即得中进士之考卷;"后开"者,乃韩霖采撷四方"归筑三十乘藏书楼以贮之"典籍。

事实表明,恩师这一番语重心长的开导,并未在韩霖身上产生什么效果。不仅距此信五个月后的崇祯四年(辛未,1631年)会试,韩霖下

---

① 韩霖辑:《守圉全书》卷首,吴阿衡:《题韩雨公守圉全书序》。
② 同上书,李建泰:《守圉全书序》。
③ 同上书,卷五,米寿都:《协力篇序》。
④ 《(雍正)山西通志》卷一四〇,韩霖传。
⑤ 何乔远:《何镜山先生全集》卷三十四,《与门人韩雨公书》。
⑥ 何乔远:《何镜山先生全集》卷三十四,《复门徒韩霖书》。

第而归。即便崇祯七年(甲戌,1634年)会试的结果依然如此。不过,从崇祯七年二月初三日韩霖进考场前寄出的家书中,似可窥见其真实心态。他写道:"进场伊迩,精神颇健,只是睡不着,旧病复发,勉强支持,亦不妨事,得失听天而已。"①一种交织着无奈与厌恶的情绪跃然纸上。称其无奈,意在背负着盛名和各方面的期望,不得不强打精神,一次又一次地赶赴考场,而所谓睡不觉、旧病复发、勉强支持之类说辞,实足反映韩霖对于味同嚼蜡的八股文及其取士制度的厌恶。这样看来,在韩霖对八股文用功甚少的背后,蕴寓着他对限制思想自由的科举制度的愤懑和消极反抗。而这种认识的由来,则不能不追溯到江南复社对现存体制的批判思潮。

非特止此,韩霖还从李自成农民军推行的政策中,看到改革这种弊端的具体行动。原自攻占荆州后,农民军于崇祯十六年(1643年)正月考试诸生以来,便实行"废止八股,改用策论取士"的办法。如"寇破荆州,考试诸生,就试者九十人,取七名。首名赏三百金,余百金,不取者各十金。题为《三分天下有其二》。复考者甚众。"②又如左辅"牛金星尝在华州考诸生,其题为《所过者化,所存者神,上下与天地同流》。文体改八股为议。中格者为县令"。③再如崇祯十七年(1644年)正月,李自成称王于西安,"设科目试士,宁绍先充考官,用《定鼎长安赋》,拔扶风举人张文熙为第一"。④更如同年三月进入北京后,"举贡诸生求试者纷纷,自成命伪顺天府尹,考宛、大二县童生,首题《天与之》,经题《大君有命》。命伪礼政府考举人,首题《天下归仁焉》,次题《莅中国》一句,中式十八人,命送吏政府选授伪官"。⑤

如前所述,这种颇得举贡生员拥护的废止八股策议取士的改革,虽仰仗李自成大力支持和颁布实行,然其真正策动者,即是牛金星、李岩、

---

① 韩霖辑:《守圉全书》卷四,韩霖:《二月初三日寄家书(甲戌春)》。
② 顾炎武辑:《明季实录》,《附录苍梧兄酉阳杂笔》。
③ 吴伟业:《绥寇纪略》卷九,通城击。
④ 同上。
⑤ 彭孙贻:《平寇志》卷十。

第九章 传教士与奉教士大夫在明清战争的作用和贡献 615

宋献策这些既洞悉明朝科举的弊病,又较早参加起义的文人学士。[1]计六奇《明季北略》卷二十三,曾记述进北京后李、宋二人有关"明朝取士之弊"的一番谈话。两人的议论,从明朝选士制度可谓严核之至,"何以国家有事,报效之人不能多见"开始,详细分析了诸如"新进者"、"旧任老成"者、"徇情面而进者"和"贪缘而进者"的种种心态,指出"此等纱帽原是陋品","明朝国政,误在重制科,循资格,是以国破君亡,鲜见忠义"。为此,对大顺新朝寄予厚望。"当事者若能矫其弊而反其政,则朝无倖位,而野无遗贤矣。""但愿主公信从其说,痛洗积习之陋,诚天下国家之幸也。"[2]

由此可见,韩霖之投奔起义,显然跟农民军内外的举贡生员和文人学士,对于明朝科举弊政的深刻检讨,以及对大顺朝改革新政的拥护与厚望,有着密切的关系。

既然韩霖在基督教的平等精神和批判明朝科举弊政方面,都能在李自成起义军找到知音并产生共鸣,那么第三条路径,通过参加起义寻求个人出头之日,即所谓"霖名士,久不第,故乐为用",[3]便是顺理成章的事情。

韩霖自参加农民军后,根据现存的资料,其最大的功绩,即利用他在基督教中的地位,与复社名士的交游,以及地方上的声望,以亲身经历作则示范,消除或减少士大夫对农民军的敌视、畏惧和顾虑,并通过大力举荐与说服,使一些名重士林之人改弦易辙,效力于新朝,从而在农民政权与开明士大夫之间,发挥了不可替代的桥梁作用。据载:"韩霖者,闯之参谋也,山西蒲州举人。平时好名,以声气相尚,喜读兵。都城即陷,一时盗名之人,从霖竞降。而霖自署曰:'随驾考试官'云。"[4]其拔擢和推荐的职能,于此尽显。

---

[1] 关于牛金星、李岩和宋献策的事迹,明末诸史家多有记载。亦可参见计六奇:《明季北略》卷十三,《李岩归自成》卷十七,《牛宋降自成》诸篇。
[2] 同上书,卷二十三,《宋献策与李岩议明朝取士之弊》。
[3] 吴伟业:《绥寇纪略》卷九,通城击。
[4] 抱阳生编著:《甲申朝事小纪》下册四编卷二,《韩霖》。

据《(康熙)阳曲县志》卷十三《丛记》,农民军攻占太原后,"有诸生某为贼掠入后营,见(山西)提学(参议)黎志升戴羊皮笠,青布大袄,跪白贼将曰:'本道历任三月,尚未入考棚。'旁立韩孝廉霖,代为解曰:'此天下文章士也。'贼将命之起,为易衣冠,黎色喜不禁。已而伪录为考文官,随大同去。"①从诸生在后营目击的情形看,韩霖如果不是在此之前跟农民军已暗通关节的话,那么他在太原投奔之初,便可左右将军旨意而决定降官陟黜,其受重视的程度非同一般。另外,韩霖显然通过在山西地方的人脉和影响,开始疏通农民军与士大夫的关系,扮演起中介的角色。

进入北京以后,韩霖在疏通农民政权与基督教人士,农民政权与复社名士,以及农民政权与传教士关系方面,发挥了更加重要的作用。

名重一时的魏学濂,便是韩霖率先联络和举荐的基督教人士。魏氏浙江嘉善人,父乃被阉党拷掠至死而不屈,后谥为"忠节"的东林诤臣魏大中。学濂长兄学洢,曾"变姓名匿旅舍",暗中周旋服侍被逮讯诏狱的父亲,父惨毙而扶榇归,竟号泣死,"诏旌为孝子"。"次子学濂,有盛名。举崇祯十六年(1643年)进士,擢庶吉士。"②而庶吉士原为朝廷教养人才所设,故"庶吉士始进之时,已群目为储相",可见其名望之重。③ 魏学濂之素负盛名,虽得益于父兄的忠孝名节,目为"储相"的官宦前程,亦在于其自身的才学和经济文章。据记载,"学濂与孟章明同登第,章明见学濂,雅慕之曰:'观子一文章,经济若此,吾辈着进贤冠非人哉。'市檀箧丐濂染翰作山水,并题一诗。章明珍之,买紫花梨匣以藏之。其为士类倾服也若此。"④

就是这样一个以忠孝名家、士类倾服,且作为明朝廷新贵的样板式人物,在风云变幻、农民军进入北京之际,并未像封建卫道士所期待的,如上述孟章明那样从容殉国以报君父。几经逡巡和犹豫,竟然作出投顺农民政权这令江南士绅诟詈的大逆不道之举。若探究个中之缘由,

---

① 引自师道刚:《明末韩霖史迹钩沉》,载《山西大学学报》1990年第1期。
② 《明史》卷二四四,魏大中子学洢学濂传。
③ 同上书,卷七十,选举二。
④ 彭孙贻:《平寇志》卷十一。

第九章　传教士与奉教士大夫在明清战争的作用和贡献　617

据说感于"象纬图讦"。谈迁著《国榷》卷一〇〇记曰:"初,魏学濂家人谋服南归。学濂夜观乾象毕,绕床而竟夕,顿足起曰:'一统定矣'。明发。"彭孙贻著《平寇志》卷十一亦云:"学濂才藻冠一时,自负忠孝门第,议论慷慨,海内名流莫不敛手推之。京师陷,江南人士谓学濂必死国难。学濂惑于象纬图谶,谓自成必一统有天下,翻然改图,思以功名成佐命。"其实,所谓"夜观天象"、"象纬误之"的推断,不过是局外人隔膜之论。对于虔诚信奉基督教的魏学濂来说,断然不会将如此性命攸关的政治抉择,悬系于教规所严禁的"象纬图讦"的迷信活动。在外人眼中那彻夜不眠仰观天象的神秘举措,或许就是基督徒在重大决策前,为平复内心的情绪,"整顿自己的灵魂,驱除偏情,觅得天主的圣意,从而调整自己的生活,救得个人灵魂"而举行的诸如"省察、默想、默观、口祷、心祷"等总称为"神操"的"神灵功课"及其仪式。①

正当魏学濂通过神操"觅得天主的圣意",翻然改图效命新朝之际,经以"西来"近臣身份随同李自成高调进入北京的韩霖的提携和推荐,②得遂其"以功名成佐命"之志。史载,"学濂与山西解元韩霖同受天主教,霖荐学濂于(牛)金星。学濂廷谒,金星曰:'汝是忠孝之家,必当录用。'引见自成,再拜曰:'小臣何能,不过早知天命有归耳。'授户政府司务,学濂献平两浙策。"③另载:"李自成召见诸臣,伪党各杂坐唱名,牛金星就缙绅录手硃笔点之。金星荐何瑞徵、薛所蕴,以及庶吉士魏学濂。何、薛为乡人,学濂与山西解元韩霖同事天主教,霖事贼,又同年赵颍同牛金星乡举,并荐之。自成授学濂户政府司务,学濂叩谢赴任。上三疏,一自成父名务,请改职名。一赞粮,一平江南。"④当魏学濂投效农民政权的消息传至其家乡时,保守士绅群情激愤,"众欲焚其故庐"。随后,在《嘉兴府绅衿公讨伪户政府司务檄》中称:"反逆伪官

---

① 房志荣译:《圣依纳爵神操》,台湾光启出版社1989年版,第13页,参见拙著《明清之际中西文化交流史——明代:调适与会通》(增订本),第102—103页。
② 彭孙贻:《平寇志》卷九。
③ 同上。
④ 谈迁:《国榷》卷一〇〇。

魏学濂者……趋踳于晋贼韩霖之闼,鸣吠于伪相金星之阶,与吴尔壎等聚议,敢言一统无疑;偕陈名夏等授官,私喜独膺优擢。疏衔为闯父避讳,受牛贼叱嗤;拜爵颂天命攸归,作同官领袖。持钦授户正名刺,通谒狐群;比各门保识钱粮,效忠孳幕。于逆闯定君臣之分,于嶙然联堂属之交。合周钟、朱积之辈,庆复社之同心;对之祺、企郊之俦,羡高官之捷足。刊修仪注,抵掌而驰谀莽、巢;草定诏书,攘臂而斥言杞、宋……"①

诸如此类的记载,可以确知的是,首先,魏学濂得以最早出仕新朝,乃韩霖向丞相牛金星荐举所致。其中的因缘,在于彼此共同遵奉的基督教信仰。其次,魏学濂颇为牛金星赏识,许以忠孝之后优先录用,随即李自成亦亲予接见授以官职。魏学濂则一再跪拜知遇之恩,声称早知天命有归。农民军上层与魏学濂之间关系融洽。再次,魏学濂"户部司务业已经月为之",②且相当尽力。如"疏请葬大行(崇祯)皇帝",③为避自成之父名讳求易职衔,均为示好新朝博取声誉的建议。又如"比各户保识钱粮",以及"穿伪式黄袍,负一伪敕,在草场阅刍,指挥得意"。④凡征派钱粮校阅刍草,户政之责奉行唯谨。至于"献平两浙策"而获准,乃"领泛浮平浙之敕,差往江南",⑤那更是"思以功名成佐命"的壮猷之举。魏学濂俨然已成投效新朝的"同官领袖"。

除此而外,韩霖、魏学濂还利用昔日与复社名士的关系,从中疏通举荐,联络释褐不久的青年才彦,主动效力于新朝。"先是,李贼记室辛酉放(解)元韩霖,荐陈名夏、周钟可大用。故牛金星大优礼周钟,独试一题《士见危授命》。"⑥"即荐之自成。钟欣然自得,每夸牛老师知遇。"⑦

---

① 计六奇:《明季北略》卷二十二,《从逆诸臣》,《嘉兴府绅衿公讨伪户政府司务檄》。
② 杨士聪:《甲申核真录》附录。
③ 彭孙贻:《流寇志》卷十。
④ 计六奇:《明季北略》卷二十二,《从逆诸臣》。
⑤ 同上。
⑥ 抱阳生:《甲申朝事小纪初编》卷五,《伪李科目》。
⑦ 彭孙贻:《流寇志》卷十。

又"学濂夜观乾象……曰一统定矣。明发,走周钟所……史可程、朱积、魏学濂、吴尔壎等邀之出。"①再"陈名夏等醵饮韩霖等,学濂藏钩觞政,警绝无伦,伪党骇服。"②

正是通过醵饮宴会的嬉戏,弃旧图新的邀约,将新官名刺(片)的拜访,乃至举荐优待等各种形式,韩、魏为农民政权笼络了驰名海内的复社精英。"周钟者,故金坛名士,为复社之长。""三十年雄踞文坛,联属声气。""钟年十三赴院试,题《夫明堂者》,拔第一。与苏州杨廷枢、徐汧等立复社,名驰海内。崇祯己卯(十二年,1639年),登乡荐","崇祯癸未(十六年,1643年)庶吉士"。"陈名夏字伯史,南直溧阳人。崇祯癸未会元、探花、官编修、兼户兵两科都给事中。""朱积,南直松江华亭人,崇祯癸未庶吉士……此亦声气中大名士也。""吴尔壎,浙江嘉兴崇德人,崇祯癸未庶吉士。""史可程,河南开封祥符人,崇祯癸未庶吉士",为时任明朝南京兵部尚书史可法之弟。③

这种以复社情怀、乡亲旧谊和癸未进士同年为纽带的青年名士,自投顺新朝后十分活跃,且颇受重视。如周钟即授"弘文馆简讨。贼中深慕其名,呼为周先生。"周钟亦不负众望,曾撰《劝进表》《登极诏》和《下江南策》,指斥明朝弊政,颂扬自成功德不遗余力。如《劝进表》云:"比尧舜而多武功,迈汤武而无惭德";又有"独夫授首,四海归心"等语。④《登极诏》则称:"兹尔明朝,久席太宁,浸弛纲纪。君非甚暗,孤立而炀蔽恒多;臣尽行私,比党而公忠绝少。赂通官府,朝端之威福日移;利擅宗绅,闾左之脂膏殆尽。"⑤《下江南策》更谓:"狱囚累累,士无报礼之思;征敛重重,民有偕亡之恨。"⑥朱积,亦授弘文馆简讨,担承"诏草之任"。史可程,仍居原官职,史载,"贼逼写家书于部院史公(可法),遇兵急,不果。"若联系魏学濂、周钟均向新朝献《下(平)江南策》,那此处"贼

---

① 谈迁:《国榷》卷一〇〇。
② 同上。
③ 计六奇:《明季北略》卷二十二,《从逆诸臣》。
④ 同上。
⑤ 抱阳生:《甲申朝事小纪初编》卷一,《闯贼李自成僭位诏,系周介生(钟)笔》。
⑥ 同上书,卷二,《江南诸生讨逆臣始末》。

逼写家书"云云或非实录,更可能是史可程主动修书劝降乃兄。吴尔壎,则改授四川保宁府苍溪县令。①

至此,在魏学濂、周钟、朱积这些复社翘楚的影响下,时任京官的复社成员亦纷纷投效新朝,并领受官职。他们是项煜、光时亨、武愫、龚鼎孳、左懋泰、韩四维、张之奇、熊文举、缪沅、张元辅、钱位坤等人。② 如此看来,前述所谓"合周钟、朱积之辈,庆复社之同心",其意义在于,这些关切时局向往改革,而在明末腐败政治下壮志难酬的复社青年才俊,已将未来的希望,寄托于开明的李自成大顺新朝。韩霖、魏学濂、周钟异乎寻常的热情,其他复社成员众口一辞的拥戴,不能简单地视为由龌龊的个人名利私心所驱使,其中蕴含着"同心"协力追求社会进步的真诚愿望及其历史首创精神。

在李自成农民政权中,还有一位为新朝制定黄历的奉教士大夫,这就是曾接替徐光启主持编纂《崇祯历书》的李天经。李天经,河北吴桥人,万历四十一年(1613年)进士。徐光启临终前,于崇祯六年(1633年)九月二十九日上书朝廷,推荐时任山东参政的李天经继领历局。自崇祯七年(1634年)六月李天经抵京"督修历法"以来,他最后两次上呈历书,圆满地完成了《崇祯历书》全部的编辑书目,又承续徐光启《度数旁通十事》的规划,将度数之学运用于国计民生。在他领导下,传教士罗雅谷创制出可"举重引重"、"有裨于兴作河渠"的机械;传教士汤若望则翻译了探采冶炼金属矿藏的西方专著《坤舆格致》,并请颁发各地依法开采以裕国储。更难能可贵的是,李天经以"孤子之身",在崇祯皇帝刻薄苛求,朝野保守势力百般刁难、诋毁的严峻形势下,李天经"其在西局,谨守成法,毕前人未毕之绪,十年如一日。光启荐以自代,可谓知人矣"。③ 李天经亦自陈:"臣自任事以来,惟知埋首著述,推测考验以图报称。前后共译算过历书一百四十余卷,制造新式仪器十数种,并恭

---

① 计六奇:《明季北略》卷二十二,《从逆诸臣》。
② 同上书,卷二十二,《从逆诸臣》;参见张宪博:《东林党,复社与晚明政治》,载万明主编:《晚明社会变迁问题与研究》,商务印书馆2005年版,第555页。
③ 阮元:《畴人传》卷三十三,李天经。

进乙亥(崇祯八年)、丙子(九年)、丁丑(十年)三年七政经纬凌犯诸新历,见在御前。"①又谓:"逐年推测交食、五星、无不合天。且书器久已告成,惟候画一遵行耳。"②正是这种精诚所至金石为开的精神,以及科学真理的穿透力,终使崇祯皇帝改变态度。"迨十六年(1643年)三月乙丑朔日食,测又独验。八月,诏西法果密,即改为《大统历法》,通行天下。未几国变,竟未施行。"③在此进程中,李天经升为"督修历法、加光禄寺卿"的官衔,④后在同守旧派竞争中,"获封为钦天监之监正。"⑤

至于李天经的基督教信仰,根据《汤若望传》提供的资料,凡进"入学院(即当时历局)之中国学员自然俱系基督教徒"。⑥那作为徐光启荐举的历局负责人,李天经的身份当不能例外。何况,传教士柏应理编撰的《许母徐太夫人甘第大事略》中,亦记述道:"保禄(指徐光启)临死之际,预料初兴之圣教,必遭摧折,便荐举一新教友(李天经),为钦天监监正,托他保护教士,维持教务"。⑦由此,非但李天经的基督教徒身份无可置疑,且在教会中的地位亦不可小觑。

起义军进入北京后,李天经也是报效新朝的降官之一。史载:"礼政府右侍郎杨观光、少詹事何瑞徵、光禄寺少卿李天经、李延鼎,同鸿胪官劝进……自成因曰:'明日登极,可即备仪'。"⑧随同诸降官劝进的光禄寺少卿李天经,在新朝负责的职能部门,当仍是其驾轻就熟的钦天监制定历书的工作。原来年初(崇祯十七年,1644年)李自成在西安称王时,即"造《甲申历》"。⑨前述刘宗敏在北京急切地召见汤若望,谕令

---

① 《新法算书》卷六,《四库全书》第七八八册,第98页,102页。
② 同上。
③ 《明史》卷三十一,历一。
④ 《增订徐文定公集》卷四,《李天经为题代献蒭荛以裕国储》。
⑤ 魏特著,杨丙辰译:《汤若望传》第一册,第153页。
⑥ 同上书第一册,第151页。
⑦ 柏应理编撰,徐允希译注:《许母徐太夫人甘第大事略》,天主教上海教区光启社,2003年版,第13页,参见黄一农:《两头蛇:明末清初的第一代天主教徒》,第97页。
⑧ 谈迁:《国榷》卷一〇一。
⑨ 吴伟业:《绥寇纪略》卷九,通城击。

"仍前供职,为国宣劳",便寓借重他在纂辑《崇祯历书》中的特殊贡献,参用西法来修订《甲申历》的意思。实际上,李天经任职明朝钦天监期间,汤若望等人已经完成了一份中西合璧而未被采用的新历书。"……李天经获封为钦天监之监正。于是耶稣会士仍奉谕完成他们的译著工作,并且进呈一份新历书。其实他们也是不久就将一份行星历书和民间历书完成了出来。在民间的历书中他们因宗教的关系不列吉凶日期,可是他们在这上面留有空白位置,以备政府自行填列的。不过这一种改良的铲除迷信的民间历书,在这一位皇帝之下是还不能到了采用的地步。因为反抗的势力过于巨大了。"①

这里所谓渗透着科学行星规律的"民间历书",即是朝廷每年颁布的新黄历。而在守旧势力强大的旧王朝难以采用的成果,却可于开明的新王朝推行各地。史载,"暂时盗魁之登极仍未能实现。钦天监之官吏固然登时亦把新皇帝之名姓登入,已经完成并已分发各省的次年黄历之中。而正式登极之日当然亦被他们所择定。闯贼接受黄历,但却愿延期举行登极大典。"②据此看来,由钦天监之官吏替新朝展示的,令世人瞩目的工作有两项。其一,由钦天监非奉教官员选择的,李自成举行登极大典的黄道吉日,最终确定为四月二十九。其二,经李天经、汤若望迅速编就的,登录新皇帝国号名讳的次年黄历,颁发于各省。(奉教人士不得参与确定吉凶日期的占卜活动,已如前述)毫无疑义,这份由李天经、汤若望放开手脚不受干扰地完成,并为李自成所接受的新黄历,较之此前编制而未被采用的"民间历书",必然包括更多的科学内涵,体现更为丰富的《崇祯历书》的成果。因此,在西方科学基础上编纂的《崇祯历书》,于清初改头换面以"西洋新法"名目大规模颁行之前,由大顺农民政权新编的黄历中,已有过一次成功的科学实践。这或许是久被历史湮没却值得纪念的科学事件。

叙述至此,似可对汤若望在农民政权下备受优待的情形,进行一番

---

① 魏特著,杨丙辰译:《汤若望传》第一册,第153页。
② 同上书第一册,第213页。

第九章　传教士与奉教士大夫在明清战争的作用和贡献　623

解读。即农民军进占北京之次日,即在教堂前牌示勿扰的命令,虽经查访仍不知何人所为。又李自成败归西安之际,有基督教徒和士大夫劝其一道前往,却不著姓名。凡此,在我看来,皆汤若望事后为摆脱与农民军的干系,故意含糊其辞或隐而不彰。其实,根据当时的情势推断,作为徐光启的学生和教会的头面人物,同样负有"保护教士,维持教务"责任的韩霖,最有可能是贯串上述事件的负责人。韩霖系随同李自成等高层人士当日(三月十九日)进入北京的近臣参谋,故他可运用权力于第二天张榜告示,保护教堂。而在李自成败退之时,三位著名的基督教徒中,魏学濂或自缢北京或逃匿江南,李天经则留居京城投降清朝,唯有韩霖伴随农民军西撤。由此看来,劝说传教士一同前往的基督教徒或士大夫,便非韩霖莫属。

总而言之,处于封建社会解体过程中的明朝末年,相当数量的秀才、生员、举人乃至士大夫涌入农民起义军,不仅反映社会矛盾和统治阶级分裂,已经达到非常剧烈、非常尖锐的程度,同时借助知识的力量,促使农民起义的斗争纲领及其战略战术,提高到新的水平。

在这潮流中,皈依基督教的文人学士的介入,具有非同一般的意义。他们怀着由基督教平等精神所激发的对农民起义的同情,郁积对旧王朝体制的失望、愤懑和背离,拥有经世致用的西方科技素养,以及投奔起义寻求自身出路的政治考量,凡此既可给起义带来新的气象,亦提出无法回避的问题。

在如何对待这过去农民起义未曾遇到的新宗教及其奉教中外人士问题上,充分显示了李自成农民政权的进步倾向。诸如允许自由传教和保护传教士的宽容,重视与录用奉教文人学士的优待,接受并颁布渗透西方科学内涵的新黄历等,这一切无不体现李自成适应历史发展的胸襟和识见。可以预料,若农民政权与奉教中外人士之间,有更多接触和契合的机会,那对于巩固基督教在中国的地位,扩大奉教人士的政治影响,乃至提升农民政权的形态方面,都将具有重要的作用。尽管这种历史可能性,随着农民军山海关之战的败北,以及后继在满汉地主阶级联合绞杀中化为乌有,但处此特殊条件下,中西文化交流所显现的成果

和意义,却不容抹煞或忽视。对此,著名史学家范文澜先生曾指出:

"中国古代有个一个机会,资本主义可能生长起来,那就是明末西洋科学的输入,中国士大夫阶级一般乐于接受这种新知识。徐光启、李之藻、王徵、宋应星、李时珍、方以智等人著书,多少接近了当时科学的边缘;如果明朝还能维持下去或代替它的朝代是李自成的大顺朝而不是满清,中国追上当时尚在开始的西洋科学,并不是什么困难的事。李自成主张均田,废止八股,改用策论取士,允许西洋教士随军,他有进步倾向,异于过去所有农民起义军,大顺朝的建立,无论如何,更比明朝或满清统治好得多。可是历史的事实统治中国的却是那个严格闭关的满清。"①

跟韩霖、魏学濂、李天经和汤若望在李自成政权下,仅短短几个月的经历相比较,耶稣会士利类思与安文思于张献忠军营居留达两年多,且被封为"天学国师",接触频繁。特别是这些传奇,经神父本人著录后,辗转流传至今。从而为明末"西学"影响之深远,农民领袖对"西学的矛盾心态,以及基督教在农民军的发展,提供了真切而生动的记载。"

利类思(Louis Baglio),出生于意大利西西里之莫诺城,16岁入耶稣会。1637年(崇祯十年)始至中国,肄习语言,传教于江南。1640年(崇祯十三年)"派至四川,欧罗巴人之入川者,类思盖为第一人。"而利类思得以在该地区站住脚,则仰仗四川绵竹籍的当朝内阁大学士刘宇亮的保举推荐。史载:"利类思到川省之先,有四川在京大员刘阁老,系汤若望及京中耶稣会众司铎之友,善待圣教,时加护佑。并为利类思致函川督及各当道,游扬利君之贤。并另函致其家人,饬在成都省垣本府第内,另备馆舍招待利君……刘阁老府善待利君,川督及在省官僚见之,愈加敬重利君。利君在阁老府第小住八月,常同官宦及士绅往来。交游愈多,相知愈广,其德其才,人皆器重。"在此良好氛围中,利类思

---

① 范文澜:《论中国封建社会长期延续的原因》,载《范文澜全集》第十卷,河北教育出版社2002年版,第188页。

第九章　传教士与奉教士大夫在明清战争的作用和贡献　625

迅速传扬基督教。1641年(崇祯十四年),利氏选定并着重培养新付洗之三十人,希冀他日成为当地教会的栋梁。正当教会兴旺之际,利类思获"病于四川,无伴侣慰劳"。适在杭州传教的葡萄牙籍耶稣会士安文思(Gabriel de Magalhaens),遂"请于副区长,愿赴蜀为类思伴。1642年(崇祯十五年)8月28日抵成都"。

于是,"利、安二位司铎同心同德,敷传圣教。不惟在成都宣讲福音,并且往保宁、顺庆等处虔救人灵。弃邪归正者甚多,领圣洗者亦复不少"。由此,引起反教士绅的嫉恨。在他们支持下,成都集合道士达四千之众,"大开会议,明目张胆与利、安二司铎作对。公同议决,欲将二司铎送官,要求置之死地"。他们发表宣言,张贴谤帖,上下串联,激发众怒,终于"大集省城内外各寺观僧道约六千人,齐赴刑部衙署。借众迫胁,鼓噪大作"。像同时联合如此众多的道士僧徒,胁迫官府惩治西人,自传教士入华以来,这恐怕是第一次。凸显被蓄意排斥和诋毁的本土宗教,对基督教的反弹与抗争。最终这场与僧道交恶的宗教风波,在由京城赴任成都县令吴继善的袒护和调解下逐渐平息。吴继善"带有汤若望致利类思之函。接印视事后,即到圣堂拜谒利司铎。畅谈间,殊为相得。"后经他往返各衙门间斡旋,特别是"将在京所见所闻一切尊重西人之事",如"京中西士等如何辅助国家,如何受朝廷之待遇,京中人士如何羡慕利、安二君之为人",一一详述介绍之后,成都官绅惊奇不已,仇恨西人之心遂由此懈怠。① 基督教的传播转趋兴盛。

然而,随着张献忠农民军席卷全蜀,并于顺治元年(1644年)十一月十六日在成都建立大西国政权之后,不仅基督教的兴旺局面被彻底颠覆,而且利类思、安文思的命运亦发生根本变化。原因战乱而逃至绵竹附近山中的利、安二人,中经已任大西朝礼部尚书吴继善的荐举,而由张献忠所延揽。"利、安二位司铎得见献忠,系由县令吴继善推举。先是,继善被简为礼部长官,乃上书献忠,极赞二位司铎才德兼优,现驻附

---

① 古洛东:《圣教入川记》,四川人民出版社1981年版,第1—13页;费赖之著,冯承钧译:《在华耶稣会士列传及书目》上册,第235—236页、256页。

近山中,若迎二人出山匡助国事,必有可观。献忠已知西士利玛窦前在北京,为万历皇帝所隆重,为国出力,人所共闻。及闻吴尚书称美利、安二司铎系泰西学士,遂发命令,遣礼部之官往迎之。"利、安二人在来使催促下,星夜赶赴成都。抵达之次日,"由礼部长官引见献忠。行礼后,献忠问泰西各国政事,二位司铎应对如流。献忠大悦,待以上宾之礼,请二位司铎驻成都,以便顾问。并令遵从己命,同享国福。"此后,献忠更赐徽号,称二位司铎为"天学国师"。在当年冬至节的国宴上,献忠对二人说:"吾友请升上座"。于是,"献忠首位,次阁老,次二位司铎,再次献忠之岳丈,余则百官各按等级列坐。"①可见献忠待西士之优渥隆重。

在利类思和安文思的眼中,张献忠是一个具有两种面目或两面性格的人物。一方面,疑忌成性,喜怒无常,时而狂躁暴虐,似患有精神疾病;一方面,智识宏深,英敏多谋,决断过人,其才足以治国。由这种分裂性格所决定,张献忠与传教士的交往,便经常游移于两个极端。"确实,这个凶残野兽对神父们是敬爱的,常常与他们交谈,吸取他们的智慧和知识;他不时召他们入宫,要他们进言,但他们十分清楚他突发的暴怒,随时准备着,而且等待死。他们确有三次被判死刑,第四次也因上帝的特殊恩典(指张献忠中箭猝死——引者)才得以逃脱"。②不过,即便如此,仍可透过这些频繁的交往,窥见农民领袖对待西学和基督教的态度,以及西学可能的发展空间。

第一,赞赏利玛窦的博学和汤若望的明言至理,阅读神父的中文著作,从一个侧面反映明末"西学"热潮波及之广泛。

前述张献忠召揽西士的原因之一,在于他早已耳闻利玛窦为国效力而备受万历皇帝褒奖的事实。进一步接触中,他更指出:"至若利玛窦……然系博学之士,深通天文,精于数学,巧于绘画。所绘之女像,美丽无双(所言女像即圣母童贞像也——原注),仪容可敬,面貌活动,注视各方,栩栩如生,诚画师也。"如此绘神绘色的描述,可见张献忠曾仔

---

① 古洛东:《圣教入川记》,第20—22页。
② 卫匡国著,何高济译:《鞑靼战纪》,载安文思著,何高济等译:《中国新史》之附录,大象出版社2004年版,第239页。

第九章　传教士与奉教士大夫在明清战争的作用和贡献　**627**

细揣摩过利玛窦的画作,并为其西洋画风所折服。另外,"献忠极喜汤若望之天学明言至理,可为透彻。"①对于基督教义,"他会时常与基督教神父商量,一本正经,人们会以为他是基督徒。他赞扬,并且高度吹捧基督教义,一半因他时时跟神父们谈话,一半因阅读神父用中文撰写、指导教徒的书,所以他熟知基督教义"。②

凡此张献忠及前述李自成等农民领袖,对于"西学"和基督教的热心乃至熟稔,可从一个侧面揭示明末"西学"热潮波及范围之广泛。先是朝廷开明士大夫趋之若鹜,泰西文明成为时髦的学问。继而闽浙等地方中下层士人亦步亦趋,"西学"影响扩及整个统治阶层。如今来自社会底层的农民领袖,非但赞赏和试图领悟"西学"之精义,还直接拿来为己所用。明末"西学"已初步为社会各阶层中精英所关注或接受,当是不争的事实。

第二,西方科技成果和知识,通过制造天地球仪器,翻译历书,数学讨论和扩大的地理概念,得到有效的运用。但其认识水平,尚停留于直观、好奇乃至为新朝祈福的初始阶段。

张献忠令利、安二人制造天、地球仪器共有两次。第一次在成都建立大西国,并于当年(顺治元年,1644 年)冬至节大宴官僚以后。第二次则于顺治三年十一月二十七日(1647 年 1 月 3 日)张献忠在西充中箭身亡之前。有关第一次的情况,缕述如下。

"献忠令二位司铎造天、地球二个,用红铜为之,另造日晷配合。所需工匠人等,悉遵二司铎之调度。二司铎经营此事,颇费心机。八阅月后,始行完工,陈之献忠,请其赏阅。献忠见之,鼓掌称善,乐极快慰,惊奇不已。

按二球之大,须二人围之。天球有各星宿及其部位,七政星宫环列其上,配以中国天文家所演各畜类;又分二十八宿,以合中国天文家之天图。而地球分五大部洲,国名、省名、城名与及名山大川,历历可数;

---

① 古洛东著:《圣教入川记》,第 46、50 页。
② 卫匡国著,何高济译:《鞑靼战纪》,第 239—240 页。

经线、纬线、南北两极与黄道、赤道、南北温道,无不具备。至于日晷,列有黄道午线及十二星宫与各度数,日月轨道如何而明,岁时因何而定,了如指掌。以上各器部位尺寸,大小合宜,实为当时特出之物。见者莫不称奇。献忠尤为称羡,视若异宝。饬令将天,地二球排列宫中大殿上,以壮观瞻。"

至于第二次令速造天球仪器,以及引发的争端和迫害,据记载具体情况为:"献忠复出奇想,劳役二位司铎。令造天球一具,与前日在成都宫中所造稍为较小,凡各经星部位须按次排列,赶急造作,不分昼夜,不得有误。二位司铎奉此严命,即时兴工,日夜造作……虐王亦日夜不宁,亲来督工。""虐王疑天球稍有微误,即大为震怒,欲置司铎于死地。谓:'此天球乃其国祚攸关,如工人慢不警心,略有损坏,须以人命偿之。'安司铎代为哀求,虐王之怒始息。"

"天球竣工后,二位司铎即陈之献忠。时有星士某(专以气运惑人,专言吉凶祸福者)在献忠之旁,一见此球,略为窥视,见各星宿部位及各轨道,未能明悉其中微奥,即信口雌黄。向司铎问曰'太阴之赤道何在?'言讫,暗笑不止。谓此天球有错,与天体不合,天之方向与星宿之部位被二司铎颠倒紊乱矣。正言间,复有工人亦术士者流,在献忠前胡言乱语,攻击司铎。谓此球大失本真,有违天理,凡稍识天文学者见之莫不责其悖谬,嗤之以鼻,叱其无知愚昧也。二位司铎声明地球未错,所有各星部位及其轨道,悉按泰西天文学士诸书而定,并遵最近之天文学士汤若望之法。此法精美,为大王所深知,其间无误云云。

献忠极喜汤若望之天学明言至理,可为透彻。因常被一般无知星士迷惑,且自己亦不知天学为何,虽同司铎三年之久,不能逃脱异端之外,竟疑天球有误,以为就此处治司铎已有理矣。加之各星士从旁自夸深通天学,并潛言西人之错,谓造天仪须当谨慎从事,不可忽略,盖大王之国有系于此。今西人已将天球做坏,害及国家,其罪非轻云云。此辈星士复将此说暗传各营。不一时,皇营内外皆议论纷纷,均以天球之误有害国家。献忠闻之,狂怒大作。且性情暴躁,又深疑司铎,以为伊等故意行此,闹乱国运,犯此滔天大罪,不惟害国,且害己身。于是决定将二司铎处以极刑。"后献忠猝遇清军中箭身亡,利、安二人幸免于难。①

上述所揭露的大西朝围绕着天地球制作和西学评价发生的龃龉,就其性质而言,实乃前述《崇祯历书》编纂过程中争斗的翻版和延续。只不过场景已转换为战争状态下的农民政权,角色则变成了民间术士与传教士。从传教士的天地球制作来看,举凡七政等星宫坐标部位、运动轨迹和确定岁时的规则,"地体浑圆之理"、世界地理气候及国家分布,悉遵泰西天文地理诸书与汤若望新订之法。但在制作中,仍特意配合中国天文家所演各畜类和二十八宿天图。可见这种西学为基础、以中西合璧形式出现的科学成果,与徐光启、汤若望此前修订《崇祯历书》的指导思想乃一脉相承。然而,反对西学的术士者流,多是一些出身社会下层,常为权贵势要帮闲的边缘性人物。在他们的知识水平和结构根本无法理解西方自然科学进步性的情况下,却敢于恣肆攻击这些科学成果紊乱本真有违天理,乃至鼓噪散布,影响张献忠军营内外,形成对传教士不利的舆论,所倚持的,便是证明已落伍的原始的阴阳五行学说和传统的天人感应观念。凡此适足以暴露这些民间术士孤陋寡闻、抱残守缺的特性。

至于处在传教士与民间术士之间的张献忠,从那种游移不定、反复无常的态度中,所传递的讯息是复杂的。对于天地球的制作成功和蕴含的西方科学知识,张献忠表现出由衷的快慰、惊奇与赞赏。在此基础上,他还进一步要求传教士"翻译历书",②尤其对西方算学感兴趣。如前述冬至节的宴会,"筵间,献忠询问二司铎教内事件,并询西学,问算学之事甚多。献忠闻之,随同左右辩论,颇有心得。其智识宏深,决断过人,二司铎亦暗暗称奇。"③至此,张献忠不但像李自成一样,欲借助西学制定大西国的历法,而且对深奥的西方算学,亦颇有学习的热情和心得。这一切无不反映作为农民领袖的张献忠,追逐与适应时尚的过人之处。可是,张献忠从帝王的心态出发,遂将制作的天球是否精确地

---

① 古洛东:《圣教入川记》,第 23—24,48—50 页。
② 萧若瑟:《天主教流行中国考》,第 221 页。
③ 古洛东:《圣教入川记》,第 22 页。

演示天体实况,跟国祚长短和国运盛衰紧密联系起来。在其政权蓬勃兴旺之时,便以为这是天球与天体吻合的象征,故视若异宝陈列宫廷以壮观瞻。而当政权江河日下之际,即认定二者乃乖戾的预兆,从而归罪于西人将天球做坏。加之,张献忠平素对民间术士及其占卜言听计从(如他在谷城再举义旗和进军巴蜀而不是挥师江南,皆听信于民间术士的说辞与占卜的决疑①),故值民间术士危言耸听,诬称传教士蓄意破坏时,更加深张献忠的猜疑和愤怒,必欲置之死地而后快。张献忠对西学的欣赏与利用,仍脱不出直观、好奇,为新朝消灾祈福的境界。

不过,也有例外的情形。史载:"献忠称帝后,即将义子四人加将军衔,封第一子为平东将军,令率马兵征服山东、辽东、高丽、东洋诸国;封第二子为服南将军,征讨南省及暹罗、东京、西贡、南洋、斐利滨等地;封第三子为定北将军,征伐北省诸地及内蒙古等;封第四子为安西将军,招抚西藏、青海、新疆、外蒙各地。将四路将军之名写于签上,求上天鉴定,以为非由人意,乃出自天意。"②可以毫不夸张地说,中国历史上除元朝以外的封建王朝或农民起义,在其分封诸王、勋戚和将军征讨招抚的辖区时,从未包容过如此广袤的地域。其中,既有中原腹地、四周边疆,又有历代羁縻的朝贡邻国,更有往来稀罕的东洋、南洋诸国。透过这看似荒唐幼稚和乌托邦的举措,折射出在明末"西学"浪潮冲击下,农民领袖的视野有时也并非那么狭隘。毫无疑义,张献忠具有的这种超越传统国界的新的地理概念,得益于"西学"的传播,或者就是学习和接受传教士所造地球仪的成果。

第三,对于基督教义及其在中国的传播,呈现出矛盾的认识和警惕戒备的状态。一方面,承认天主教诫律乃管理人良心的不二法门,为欧洲各国风俗纯美的依据,故当礼敬之;另一方面,则始终对传教士由此

---

① 参见冯甦:《见闻随笔》卷上;佚名:《纪事略》。
② 据佚名:《纪事略》,李锦山:《滟滪囊》、欧阳直:《蜀乱》等中文典籍,张献忠册封义子孙可望、刘文秀、李定国、艾能奇为平东、抚(服)南、安西、定北将军确有其事。然各个征讨招抚的辖地,远不及此处引证的《圣教入川记》(第32页)翔实。而《入川记》取材于耶稣会的抄本,祖述安文思所著《张献忠记》的原始资料(《圣教入川记·出版说明》)。此处"将四路将军之名写于签上,求上天鉴定"云云,显指神父目睹的册封仪式,足见辖地之说不虚。

国到彼国、由此省至彼省流窜的用意,持强烈的怀疑、警惕和不信任的态度。认为最终将把传教士送回欧洲,中国和欧洲应该随从其祖宗之教,各自信奉孔圣人或天主。但欢迎西方科学及科学家莅华。

利类思和安文思曾一再向张献忠表白:"我们是修德之人,奉事惟一天主真神、全能全知、掌管天地之大主。"又谓:"我等来华之宗旨,非为奉事帝王求荣慕禄……我等早弃世荣世乐,到中国传扬天主教律,指引升天之路,救人灵魂,得永远常生。"后又当面逐段翻译一本西文超性神学之书的内容,以证二位神父传扬天主教律之正道。于是,"献忠闻之,大为奇异天主教诫律之圣,且赞之曰:'此法律如此精详,管理人良心,诚为不二法门。故欧洲各国风俗纯美,实由此圣律而来也'。"同时承认:"尔等司铎航海东来,到此四川传扬圣道,力挽人心。"因而,在初见神父时,待之如上宾,封为"天学国师",请驻成都以便顾问。"且许将来辅助教会,国家太平之后,由库给赀,建修华丽大堂,崇祀天地大主,使中国人民敬神者有所遵循云云。"可见在双方认识和交往的初期,张献忠确曾为基督教义所吸引,也有过辅助教会影响敬神民众,以巩固统治的盘算。

然而,随着四川人民反抗和镇压的加剧,原先指望的宗教诫律潜移默化的功能,已如远水解不了近渴。尤其是在频繁接触中,传教士来华的真实意图,越来越遭到质疑。因此,张献忠对基督教和传教士的态度,发生了根本性变化。例如,虽赞赏利玛窦的博学,然因其四处流窜,实为不忠不义之人。他说:"利玛窦及其同党乃不忠不义之人,由此国到彼国,由此省到彼省,各处窜流,布其毒谋,煽惑百姓,以度余生。即如此二人(指利、安二司铎而言——原注),惯常妄行,施其伎俩。"并进而指责利、安二神父为"奸细","谓其借传教为名,暗行其私意,侦探中国底蕴,报知外国"。又称"司铎外顺诚而内叵测,或疑司铎别有贪图,于国不利,于己有害。于是怒形于色"。又如,凡民间宗教人士造反,惯常以上符天象下应图谶相号召。张献忠既怀疑传教士外顺诚内叵测而别有所图,故对利、安二人是否私藏与民间"象纬图谶"相类似的天文算书耿耿如怀,曾多次严加诘问和仔细搜查。"一日,有管书太监某在献忠前冤诬司铎私存算学各书,并言有三大员可证。适二司铎入内谢恩,献忠见之,咆哮如虎,怒骂之声,远近皆闻……幸献忠见朝堂上有天、地二球系司铎所造,顿念前功,不忍加害,怒容稍息……此后,献忠疑二司铎藏有天文诸书不肯献出,不时大发雷霆之怒,欲置司铎于死地。"当利、安二人为随大军北上陕西,索马两匹以载行李书籍等物时,"献忠一闻书籍,顿起疑心,以为司铎尚有天文、算学诸书匿而未献。遂令将各书悉数交出,以便检阅……二位司铎答云实无。"并再次声明:"天文之学非我等宗旨。我等来华非为天文,实为传教救人而来。藏匿此书,有何作用!"然张献忠及其左右无人相信。

经此一番波折,张献忠似乎找到了最终处理西教西学的办法。这就是谨守中国本土文化,而区别对待西方的宗教和科学。他对利、安神父说:"吾深知尔等之教活而且圣,惟一天主真神应受朝拜,尔等当朝拜之,然当在欧洲朝拜之。因我等生于中国,亦有我等之敬礼,谨当守之。尔等之天主亦愿在尔欧洲享受敬礼,因彼处有多数人敬之故也。天主不愿在中国受敬礼,亦不令人尊之敬之,因此地之人心锢闭,随从其祖宗之教故也。是以尔等教律紧要诸书尔等宜保存之,并耐心等候,吾将全国平服后即当送尔等还乡。彼时烦尔等多遭天文学士,及天文诸书惠寄来华。"此处所指我等生于中国当谨守之敬礼,系"因天前生孔圣宣传圣道……而东省人民爱圣人,遵圣道"之谓。①

总观这一段处理西教西学的原则,不能不佩服起自草莽、性格多有缺失而遭人诟病的张献忠,其识见确实不同凡响。首先,他认识到无论中国与欧洲,都有值得尊敬的圣人和宗教。他称赞基督教活且圣,惟一天主应受朝拜。而天所生之孔圣人及其宣传的圣道,亦当为中国人敬礼和谨守。其次,因他对传教士来华的意图始终抱有怀疑,便以此地人心锢闭随从祖宗之教为理由,声称基督教不令中国人尊敬,传教士及其天主教律应该返回欧洲,在当地享受敬礼。再次,虽明确表示中国与欧洲应各自遵奉其祖先固有的宗教,彼此不得僭越

---

① 以上引文,均见古洛东:《圣教入川记》,第20—46页。

侵扰,但对于西方科学和科学家,即所谓"天文学士及天文诸书",则抱热忱欢迎的态度。

总的来说,尽管张献忠对基督教和传教士,较之李自成存有更多的猜疑与戒备,但他并没有阻止基督教在政权上层的传播。"计二位司铎被(清军俘)虏时,已有一百五十人进教事主,其中最著者乃献忠之岳丈,率领全家进教。"另两个担任侍卫官的"献忠近戚",亦"已信奉圣教"。[①] 特别是张、李二位农民领袖,对待西方科学及其成果,均持热忱欢迎与积极推广的立场。凡此种种,皆有利于中西文化交流在战争环境中的继续和发展。

第二节 弘光、隆武、永历朝廷与西方传教士

面临明清战争那纷繁复杂、瞬息多变的形势,在华"耶稣会对于战团曾决定守中立"的政策。因为"耶稣会士处满明之间,设若公然袒护一面,其地位必甚困难。所以耶稣会不正式参加何派,一任会士自由决定从违,是故依附明裔而为代表者有之,归向新朝者有之。例如汤若望神甫与罗雅谷神甫同受崇祯皇帝宠眷入监治历,明亡,若望仕新朝,治历如故。又如1647年以后永历皇帝自立于南方,而忠于其事者有陆(瞿)安德、卜弥格二神甫是已。"[②] 除此而外,附合农民起义军者亦有之。前述利类思、安文思在张献忠军中的经历,便足以说明。虽然汤若望曾公开指责"利类思和安文思的行为是愚蠢的。一旦落到暴君手中,他们应该宁死也不接受官职。"而安文思则反唇相讥,认为"他在被迫的情况下为张献忠服务与汤若望在北京为满族人的政府服务没有任何区别。因为他不觉得自己是反叛者"。[③]

尽管在此期间,"耶稣会内部由于对中国形势的看法不同而出现了

---

① 古洛东:《圣教入川记》,第34,47页。
② 沙不烈:《明末奉使罗马教廷耶稣会士卜弥格传》,载冯承钧译:《西域南海史地考证译丛》第三卷,第48—49页。
③ 邓恩著,余三乐等译:《从利玛窦到汤若望》,第310—311页。

分裂",①从而在明季交战各方都有传教士的活动,彼此处于竞争状态这十分奇特的现象。但出于惯性的作用,尤其是修会整体利益的考量,表面上耶稣会保持中立,"惟对于本会会士之秘密赞助明室者,亦不反对。盖忆及明朝诸帝待遇传教师之优,恐新主不复如是也,所以明未全亡时曾暗使葡人辅助前朝。"与此同时,澳门的葡萄牙人通过对政治形势的了解,亦采取"助明末诸帝抵御满洲"的策略,②并"尽量从南渡之后的南明朝廷获得之前不可能得到的好处"。就在这"援明抗清是葡萄牙国王的决策,而且在澳门极有影响的耶稣会也配合葡萄牙的政策"过程中,③传教士毕方济、艾儒略、卫匡国、瞿安德、卜弥格曾发挥重要的作用,因而成为本节关注的中心。至于始终支持清朝的汤若望的业绩,则有待另节论述。

所谓南明朝廷,系指崇祯十七年(1644年)三月十九日首都北京被李自成起义军攻占,明朝皇帝朱由检自缢,宣告统一的朱明王朝败亡后,为了对抗已定都北京挥师四出的清朝政权,相继在南京、绍兴、福州和肇庆,建立由朱姓藩王朱由崧、朱以海、朱聿键、朱由榔为帝的弘光、鲁王监国、隆武、永历朝廷,以及"国姓爷"或"赐姓"王的郑成功父子,在台湾坚持抗清,仍奉永历正朔,直到清康熙二十二年(永历三十七年,1683年),郑克塽投降。南明朝廷至其终结之日,大致持续了近四十年。在这里,拟用两节篇幅,介绍弘光、隆武、永历朝廷与西方传教士、奉教士大夫的关系,而明郑政权与西方政策,将另节叙述。

在赞助南明小朝廷的耶稣会士中,来自意大利的毕方济,乃集中体现向统治上层传教而成果丰硕的"第一奇人"。毕方济(Francois Sambiasi),字今梁,出身于那不勒斯之科森察(Cosenza),1613年(万历四十一年)进入中国,南京教难期间,潜居于嘉定孙元化和北京徐光启寓

---

① 爱德华·卡伊丹斯基著,张振辉译:《中国的使臣卜弥格》,大象出版社2001年版,第125页。
② 冯承钧:《西域南海史地考证译丛》第三卷,第49页。
③ 引自全国平、吴志良:《庞天寿率团访澳记》,载《中西文化研究》2004年第1期(2004年6月),澳门理工学院中西文化研究所。

第九章 传教士与奉教士大夫在明清战争的作用和贡献

所。后赴江南传教,辛劳备至。毕方济的传教才能,在重振南京教会中表现得尤为突出。

"南京教区,历经 1616 年(万历四十四年)及 1622 年(天启二年)两次教难,损失惨重。虽经徐光启、杨廷筠、李之藻、王徵、瞿式耜及其他人等的奋力保教,但教难的始作俑者沈㴞仇教之心未泯,并唆使其下属继续为难圣教。不仅教务难以发展,连旧状也不易维持。"当此之时,"士大夫对于圣教,尚多怀疑,惧被牵连,不敢与西士接洽。时城内奉教者,概皆贫民小户,且为数无多,圣堂为沈㴞拆毁,迄未重修。"最初,毕方济是以奉朝廷修历旨意,"测量北极纬度,观察日食月食"的名义,而抵达南京的。不久,即以其品德、学识和适应策略而深孚人望。史载,"毕方济来南京后,尽力重振旧业;因其为人品学兼优、生活圣洁,明白事理而又开朗,尊敬别人又同样尊重异教徒,既精研教义,又精通数学,语言温和而具有说服力,从而深得人心,使教务有所起色。"所谓品学兼优、生活圣洁、精通教义、数学,实来华耶稣会士谙习兼修而共有之特质;唯"明白事理而又开朗,尊敬别人又同样尊重异教徒",且"语言温和而具有说服力",则显然是吸取前次传教士王丰肃因宗教狭隘性和排他性作祟,挑衅士大夫与佛教徒酿成"南京教案"的惨痛教训,从而调整传教策略的反映。持此酷似利玛窦的谦恭而尊重异教的态度,在"拜谒彼中士大夫,往来晋接"中,逐渐"被其感化,疑忌尽释"。于是,"变疑忌为敬爱,莫不以交毕公为乐。毕公乃乘机传道,不久,教又大兴。上流人物亦多进教者,且皆极热心。"在奉教士大夫倡议下,官绅士庶踊跃捐助,新建教堂两所。其"城内之堂,较沈㴞所毁之堂,尤形壮丽"。①

与此同时,毕方济不拘泥于政见,跟流寓南都的清流逆党两边的著名文人多有交往。如以门阀清贵和文章气节著称的"明末四公子"之一的如皋冒襄(字辟疆),记述道:"时西先生毕今梁寄余西洋夏布一端,薄如蝉纱,洁比鲜艳,以退红为里,为姬(即其爱妾董小宛)制轻衫。"后董

---

① 费赖之著,梅乘骐、梅乘骏译:《明清间在华耶稣会士列传》(1552—1773),天主教上海教区光启社 1997 年版,第 160—161 页;萧若瑟:《天主教传行中国考》,第 209—211 页。

姬着此珍品缝制的轻衫同辟疆携手欣赏江边划船竞渡时,竟出现千百民众争步拥观的盛况。而为冒辟疆等复社成员《公揭》驱逐诟詈的"逆党"名士怀宁阮大铖,亦有诗赠毕方济。既曰:"手摘星辰较不休","默调龟息与天游",赞其勤于天文精通数理;又云:"知君冥悟玄元旨、象外筌蹄亦可求",寄寓西方玄元意旨和天教手段均有可取之处。① 阮毕之交似非短浅。就毕方济"交际之广",中国学者方豪称誉说:"吾尝谓方济为初来教士中第一奇人,虽利玛窦、汤若望亦有所不及,观其与冒辟疆之关系可知也。"②

其实,毕方济为他人所不及的奇特之处,还在于他深长用心,长期培植跟藩王朱由崧和朱聿键的情谊,一旦两人被先后拥戴为弘光、隆武朝廷帝王后,昔日的情谊遂发展成信任的政治关系,为传教士归化明朝皇室这梦寐以求的愿望,提供了有利的条件。

朱由崧乃明神宗之孙,其父福王常洵于万历四十二年(1614年)就藩河南府。由崧万历四十五年(1617年)册封德昌王,崇祯十六年(1643年)袭封福王。③ 福王家族与毕方济的交往,始于崇祯元年(1628年)毕氏辞别南京前往山西途中,在河南开封短暂传教期间。"时,福王常洵适在开封。常洵为万历爱子,受封洛阳,富贵无与比。闻毕方济名,亦不时召见,大显敬慕。"④而侍立在侧的朱由崧,亦通过此数次召见,"与毕方济司铎相识"相交,⑤并留有深刻的印象。这从由崧即位弘光朝题写的《圣谕欧逻巴陪臣毕方济》可知,其中称赞毕方济"诚于事天,端于修身,信义素孚"。⑥

于是,朱由崧称帝南京后,便"遣人延访来朝,将欲大用之,先命充作出使大臣,往澳门与葡国联盟,商议借兵购械事"。⑦ 毕方济立即将

---

① 方豪:《中国天主教史人物传》上册,第 198—200,203—204 页。
② 同上。
③ 《明史》卷一○四,诸王世表五。
④ 萧若瑟:《天主教传行中国考》,第 210、229 页。
⑤ 同上。
⑥ 方豪:《中国天主教史人物传》上册,第 200 页。
⑦ 萧若瑟:《天主教传行中国考》,第 229 页。

第九章 传教士与奉教士大夫在明清战争的作用和贡献 637

消息汇报耶稣会长上。"澳门院长阿马拉尔(Gaspard de Amaral)神父召开会议,由日本中国省区监会铎阿则维多(Emmanuel de Azevedo)神父主持,议决在此情况下,毕方济可接受此任务,条件是不妨碍教务与耶稣会会规;另外,首先有利于教会,其次有利于澳门地区。"[①]接奉教谕,毕方济向弘光朝廷先行寄送"仰佐中兴盛治事"的奏疏,表示自己愿意出使澳门,奏书于崇祯十七年(1644年)十二月初六日呈上。毕氏继于当月初九日斋进贡物品抵达南京。[②]

这封著名的奏疏,大致包括四项内容。其一,自先辈利玛窦以来,传教士劳绩卓著及感戴明朝礼数隆重之心迹。其二,为庆贺皇上龙飞,"敬制星屏一架,舆屏一架,恭献御前,或可为圣明仰观府察之一资。附贡西琴一张,风簧壹座,自鸣钟壹架,千里镜壹筒,玻璃盏四具,西香陆炷,火镜壹圆,沙漏壹具,白鹦鹉壹只,助于礼备乐明者,伏乞皇上俯赐敕收"。其三,奏疏重点,在建议朝廷惟有采用西学、西法、西铳和畅通西商,方能"振武揆文"、"立就中兴大业"。毕方济写道:"臣尤蒿目时艰,思有所以恢复封疆,裨益国家者,一曰明历法以昭大统;一曰辨矿脉以裕军需;一曰通西商以官海利;一曰购西铳以资战守……庶于时艰有济,而臣之微忱,亦得少效于万一矣。"所谓明历法以昭大统,在"必取明习天文西士数人,会同钦天监测算,尤是足光示四裔,垂则千秋"。辨矿脉以裕军需,"似宜往澳取精识矿路之儒,翻译中文,循脉细察,庶能左右逢原(源)"。通西商以官海利,当许广东澳商照旧上省城贸易,"岁可益数万金钱,以充国用"。购西铳以资战守,则"更乞勅部取习(澳商)铳数人,以传炼药点放之术,实摧锋破阵之奇也"。其四,以崇祯间助明抗清有功之传教士陆若汉至今未葬为由,请求赐与教会澳门土地。他说:"察得澳中三巴寺旁有海隅僻地,恳祈皇上恩赐一区,掩其枯骨,俾同伴垦种供祀……以报盛世泽枯之仁。"这十二月初六日呈上之奏疏,初七日即奉圣旨:"海禁初开,毕方济著刘若金往海上,商议澳舶事宜,陆若

---

① 费赖之著,梅乘骐等译:《明清间在华耶稣会士列传》(1552—1773),第163页。
② 李清:《南渡录》卷四,载《南明史料(八种)》,江苏古籍出版社1999年版,第304页。

汉准给地安葬,所进星屏等物,司礼监察收。"①

另据记载,毕方济的要求尚不止此。"毕公以身为修士,力辞官爵,惟出使澳门一节,愿身任其劳。但求皇上事成之后,崇奉天主圣教。又在广州城内,给地建堂。并建堂于上川岛,以敬东洋宗徒圣沙勿略。所求各事,一一照准。广州与上川建堂之事,皆神父多年营求而未得者,毕公以片言得之,不胜欣慰。于是预备登程,前往澳门。"②

就毕方济奏疏中兴富强四策的内容而言,其实并无新意,不过是摭拾旧时陈策而已。如"明历法"一项,此前已有徐光启编纂《崇祯历书》的丰硕成果。"辨矿脉"一项,乃剿袭李天经、汤若望翻译西方有关探测、开采和冶炼五金矿藏的《坤舆格致》之余绪。"购西铳"一项,即启、祯间屡试不爽之良方。至于"通西商"一项,万历以来通行的澳商每年两次入广州贸易制度,因澳商的违法乱纪,而于崇祯十三年(1640 年)禁令贸易。毕氏之所请,兹在恢复原制。尽管毕氏四策内容了无新意,但奏疏为基督教会和澳门当局谋利的意图昭然若揭。一则,举凡明历法、辨矿脉、购西铳、通西商,一切皆仰赖于澳门的供应;而惟此西学、西法、西铳、西商,乃弘光朝廷恢复封疆,成就中兴大业之必需,西学和澳门被置于前所未有的崇高地位。再则,毕氏以出使澳门,商议借兵购械为条件,惟意所欲,予取予求。既获朱由崧未来崇奉天主教的承诺,又允广州、上川建堂乃至赐予澳门土地的利益,教会由此达到多年营求而未得的名利兼收备受重视的境地。

经过毕方济与弘光朝廷两个多月的磨合,"1645 年(弘光元年)3 月末,毕方济带领官吏文士兵卒甚众,自南京出发,前往广州"。为宣扬使团的高规格,"弘光帝曾授毕方济以大权,高于其他朝臣及总督之上,并授予圣旨四道,确认其权力与身份,准其随时随地可获得帮助"。③ 于

---

① 见钟鸣旦、杜鼎克、黄一农、祝平一等编:《徐家汇藏书楼明清天主教文献》第二册,《毕方济奏折》;黄伯禄:《正教奉褒》(上海慈母堂 1904 年版)第十七张,以"毕方济疏富强之策并请赐葬陆若汉"为题,亦全文刊载,个别词句较前篇稍有差异。唯上此奏疏时间,当以中国学者汤开建、王婧近日考定的崇祯十七年二月初六日为准。《关于明末意大利耶稣会士毕方济奏折的几个问题》,载《中国史研究》2008 年第 1 期。)

② 萧若瑟:《天主教传行中国考》,第 229 页。

③ 费赖之著,梅乘骐等译:《明清间在华耶稣会士列传》(1552—1773),第 163、165 页。

第九章　传教士与奉教士大夫在明清战争的作用和贡献　639

是使团"起节南下,一路地方官之欢迎,自不待言。澳门葡国总督闻信,盛陈仪仗迎迓,如迎大国钦差之礼"。澳门耶稣会士记述当时的盛况时说:"当他(毕方济)人(澳门)城的一天,合城文武官员都出城外前去迎接。毕神父就在这欢迎声中进了城……神父的从人很多,携有许多丝织的旗,都是红底子上绘了十字圣像,在船上——从内河乘来的船上——也有一面十字旗。这桩出人意料的事情,使人一方面惊讶,一方面安慰。从前我们做梦也没有想到,在这短期内,能发生如此的大奇迹。"①不过,好景不长。当神父正在城中办事,双方"所商各节,方将就绪"之际,遽尔传来南京失守的消息。因当事方弘光朝廷的败亡,毕方济使团失却原先的权威,澳门的算计"竟败于垂成"。②

然而,毕方济的使命并未就此中止。继弘光元年(1645年)五月南京失陷,朱由崧被俘处决之后,同年闰六月,唐王朱聿键称帝于福建,改元隆武。而朱聿键与毕方济的情谊,似较朱由崧更深一层。原来封于南阳的唐王朱聿键,因崇祯九年(1636年)清兵侵入畿辅北京戒严,未获诏旨擅自"起兵勤王,勒还国,寻废为庶人",③禁锢凤阳高墙。其间,据朱聿键自述:"毕今梁西域之逸民,中国之高士,余迎晤于奉藩,在烈庙庚午、辛未(崇祯三、四年,1630—1631年)间。丙子(崇祯九年,1636年)冬,余以罪废降,羁重圄。今梁冤惜,力白当事抚臣,余事得明。甲申(崇祯十七年,1644年)秋释,乙酉(隆武元年,1645年)春再晤。"④可见崇祯三、四年间,两人即已相晤相知。特别是崇祯九年唐王以罪废遭禁锢后,毕方济不顾个人利害,为之奔走雪冤,且卓见成效。此处力白当事之"抚臣",系先后总督漕运兼巡抚凤庐淮扬的重臣朱大典和路振飞。朱大典与传教士卫匡国交谊甚笃,路振飞以清正刚方,不党不阿著称。毕氏的极力辨白,跟路氏"至凤阳谒陵,识南阳(唐王)于高墙"的情

---

① 裴化行考释,袁承斌译:《明末耶稣会士的一封信》,载《国立北平图书馆馆刊》第6卷第5号。
② 萧若瑟:《天主教传行中国考》,第230页。
③ 《明史》卷二三,庄烈帝一。
④ 方豪:《中国天主教史人物传》上册,第201页。

形相符,遂相继"疏清恩卹罪宗",唐王冤屈得明。① 从此,"足见当时方济在公卿之间,颇有一言九鼎之力";亦道出隆武怀恩戴德,不胜感激之情。②

于是,"隆武正位之初,即延访华神父来朝",并作书召之。其书略曰:"朕因万民之托而受命监国,誓复先帝所遗江山,并为万民谋福。尔毕方济,与朕相识二十载,堪称师友。曾三次遣书致意,欲委以武职,以襄大事。今先命尔为使臣,希有所教益。"③不久,毕方济应召来朝,呈进《修齐治平颂》。其文"并非歌功颂德,而是以修身、齐家、治国、平天下之道,向隆武进言"。隆武亦吟诗作答,感念"金兰一友道"之深,盼"拯余方寸仁"之迅。④ 因此,"隆武信任之心尤切,欲任之为大臣。时隆武帝位颇危,方济劝之信教,以期永生之望。隆武许其在广州拥有教堂一所和居宅一处,以及其他传教特权,方济遂以使臣身份,偕同太监庞天寿同赴澳门。"⑤

毕方济同隆武的情谊及其再次出使,给教会和澳门带来了新的希望与优惠。一方面,耶稣会从中获取了极大的利益。这包括三个方面,即传教士得到公开的颂扬和优异宠遇,在广州敕建天主教堂,再不必乔装进入中国内地。据1645年(隆武元年)12月2日在澳门的耶稣会士寄给罗马总会长的报告称:"因了这新皇(隆武)的拥立,我们耶稣会得到极大的利益。为全满我们的希望,只还缺一事,即新皇尚未奉教。但除此以外,可说纯系我们的人了。新皇同毕神父极称友善,大人可在他为表示最大的友善特给毕公的一函上,就知道其梗概了。即位后得悉毕公所受前皇的优异宠遇,便谕令仍留原任,一切优遇特宠,悉仍其旧。且谕令广东地方官礼遇毕公,一如皇家自己的人。谕到,一切遵命而行。新皇又赏赐毕公一敕牓,四周刻有花纹,文字系金镶的,皆系颂扬

---

① 《明史》卷二七六,路振飞传;计六奇:《明季南略》卷一,《路振飞传》;佚名《思文大纪》卷二,《御书自叙》。
② 方豪:《中国天主教史人物传》上册,第201页。
③ 费赖之,梅乘骐等译:《明清间在华耶稣会士列传》,第163页。
④ 方豪:《中国天主教史人物传》上册,第201页。
⑤ 费赖之,梅乘骐等译:《明清间在华耶稣会士列传》,第163页。

第九章　传教士与奉教士大夫在明清战争的作用和贡献　641

毕神父和其他在中国多年传天主教的大西洋人。这是广东地方官很惊讶的。"报告继续说:"又得皇恩,在广州城内勅建一天主教堂……教外的最重要官长,其中如总督,也捐有大宗钱款,为建造圣堂费用。"于是,该耶稣会士感慨道:"际此叛乱期间,我们教士所获得的利益,除上述外,以后又可不必乔装潜行入境了。想直到如今,华人对于我们所有的疑忌政策,现在能得到这些殊遇,真是一件极大的奇迹。这都是毕神父的功劳。"

另一方面,澳门葡人通过隆武朝廷的赐与,亦得到更为丰厚的实惠。上述报告披露,"毕神父奉(隆武)诏入京(此时京城应为福州而非北京),当他(从澳门)动身时,曾面允本城官绅,在京内将转奏皇上求赐一切能得的皇恩。果然,神父还未到京,所许的已实验了。原来他一到广东,就得准这一年(隆武元年,1645年)内入澳门口的商船货物,得免缴纳入口税。此数很大,达1200 Xaralini。毕神父又另得一谕,赐葡人得享很大自由,可到广州去营商。又为许多供给澳门粮食的埠口上,皆得免税。"①较商业贸易更大的殊恩,澳门当局新得到钦赐的土地。这就是前次为在澳门安葬陆若汉而求索的所谓"海隅僻地",经过弘光、隆武两朝的认可,终于1646年(隆武二年)以酬谢毕方济为隆武朝廷出使效劳的方式确定下来。该"坟地"实已超越澳门的边界,位置在"澳门半岛对面的山地区(即今珠海湾仔的银坑)",占据数十亩肥沃土地的"名叫蚝田的庄园"。②当局"在坟地上竖立了大十字架,又立一石碑,用中文写明,系奉旨钦赐的墓地,使地方官不敢稍有亵慢"。③

如上所述,经毕方济往返于中西之间的斡旋,使基督教会和澳门当局在传教特权、商业贸易和新增土地上,获得了自利玛窦入华传教以来"做梦也没有想到的"、"巨大的奇迹"与利益。而过去明朝对于基督教

---

① 裴化行考释,袁承斌译:《明末耶稣会士的一封信》,载《国立北平图书馆馆刊》第6卷第5号。
② 汤开建、王婧:《关于明末意大利耶稣会士毕方济奏折的几个问题》,载《中国史研究》2008年第1期。
③ 裴化行考释,袁承斌译:《明末耶稣会士的一封信》。

和澳门葡人所实行的"疑忌政策",在此动乱之际,已有了根本性改观。可是,弘光、隆武朝廷派遣毕方济,"往澳门与葡国联盟,商议借兵购械"的初衷,却迟迟未能如愿。其中,固然有南明小朝廷短命的因素,但亦暴露基督教会和澳门葡人扩张的本性及其对时局的精心盘算。这就是援明抗清既是葡萄牙的决策,但在执行中,必须尽量获得此前不可能得到的好处。原来,"徐光启1619年(万历四十七年)入阁后,①便开始考虑通过其教友的关系向澳门购炮募兵。澳葡将此事呈报了葡印总督。因事关重大,又报至里斯本。1625年(天启五年)3月29日,葡西联合国王致函葡印总督同意澳门援明抗清。援明抗清是葡萄牙国王的决策,而且在澳门极有影响的耶稣会也配合葡萄牙的政策。尽管明朝大势已去,由于耶稣会深知清朝对西方火炮的渴求,估计满清入主后,也不会不利用他们,于是尽量从南渡之后的南明朝廷处获得之前不可能得到的好处……由此可以解释,为何澳葡在朱明节节败退、满清势如破竹的定局前仍然不断向南明输送军援。"②

直待基督教会和澳门当局,向南明朝廷索求的所谓"皇恩"满足之后,其输送军援的承诺,方得以在永历朝实现。史载,"1646年(隆武二年)隆武被害,桂王继立……因庞天寿之进言,永历仍以隆武所予特权,授诸毕方济,并授予四大官职之一的'国师'称号。"③毕氏再次奉命出使澳门,终于获得澳门当局军事上的支持。"当时葡萄牙军官尼古拉·费雷以拉(Nicolas Ferreira)应明帝之请,率领葡兵300人从澳门出发,入中国内地参与勤王之役。"④不过,1646年(隆武二年,清顺治三年)年末,随同这支从澳门出发的葡兵,前往永历朝廷"勤王"的传教士,并不是毕方济,而是瞿安德。⑤此时毕氏已返回广州,忙于建造教堂和居所,并赶"在满州兵占领广州之前落成"。故当清顺治三年十二月十五

---

① 所谓"徐光启1619年(万历四十七年)入阁"的说法有误。是年,徐光启的职务是:"詹事府少詹事兼河南道监察御史,管理练兵事务。"(王重民辑校:《徐光启集》上册,第118页)而"以礼部尚书兼东阁大学士,入内阁办事"的时间,则在崇祯五年(1632年)五月。(同上书,下册,第558页)不过,徐光启公开提出引进西洋大炮的主张,便发生于管理练兵事务期间。
② 金国平、吴志良:《庞天寿率团访澳记》,载《中西文化研究》2004年第1期。
③ 费赖之著,梅乘骐等译:《明清间在华耶稣会士列传》,第163页—164页。
④ 同上书,第302页。
⑤ 同上。

第九章　传教士与奉教士大夫在明清战争的作用和贡献　643

日(1647年1月20日)攻克广州,毕"方济正在城中,几乎丧生",后逃脱幸免于难。① 至于葡兵入内地参战详情,容后再述。

此外,耶稣会士艾儒略和卫匡国,亦是倾心交结南明隆武朝廷的重要人物。早在崇祯十六年(癸未,1643年),已被"诸铎德推为会长,总领中华十五国(省)教事"的艾儒略,应时任南京兵部尚书、后弘光朝东阁大学士史可法之召,将由福建赴留都效力。"既而不果",其赞助南明立场未移。至动乱之际,艾儒略常居福州天主堂,执神职不懈。"此堂先为叶相国(向高)长孙君锡,暨诸教友所创建。乙酉(1645年)六月,隆武建号于闽。谓(教堂)规制未壮,不足为上帝歆格地,乃式廓而轮奂之。树坊于门,曰:'敕建天主圣堂'。而锡匾于堂曰:'上帝临女'。且先帝先有'钦褒天学'之旌,至是又踵事增华。先生深为吾闽幸,以为辟邪反正之功,自是兴起无外矣。"②隆武扩张装饰教堂、树坊赐匾的殊恩,乃对毕方济、艾儒略等耶稣会士坚定支持的报偿,而艾氏以为圣教辟邪和南明反正之功业,自此无往不胜。两者的利害攸关及彼此信任,已趋交融的地步。

史实表明,卫匡国亦以制造大炮、火药的欧洲知识为隆武朝廷效力,而备受重视。据已故意大利著名汉学家白佐良先生所撰《卫匡国生平及其著作》披露,"1646年阴历2月(2月20日—3月21日),隆武帝'建都'于福建省腹地建宁,离卫匡国当时所在的延平很近。正是因为如此,卫匡国与反清复明人士有了比较多的交往。卫匡国曾提到,当时朝廷的重臣朱大典阁老曾屡次邀他进宫做官,为皇帝效劳,并教授有关'欧洲的知识'。尽管卫匡国多次拒绝,但朝廷还是命令他穿上绣有龙的图案的高官官服。卫匡国只好接受,但他只是把这件漂亮的官服作为做弥撒时穿的圣袍。事实上,当时隆武帝和他的近臣只是对卫匡国在弹道学、浇铸造大炮以及火药生产等方面的知识非常感兴趣。作为这方面的专家,卫匡国和明朝将军刘中藻(卒于1649年)一直有密切的

---

① 费赖之著,梅乘骐等译:《明清间在华耶稣会士列传》,第163页—164页。
② 李九功、沈从先、李嗣玄:《西海艾先生行略》,载钟鸣旦、杜鼎克编:《耶稣会罗马档案馆明清天主教文献》第十二册。

联系,后者在明朝曾赢得'火药大臣'绰号。"即使 1646 年阴历 6 月(7月 13 日—8 月 10 日),当清军继续向南挺进,此时的卫匡国"前往浙江南部温州附近的一个地方",也是"受隆武皇帝的委托"而进行的。具体任务虽不得其详,但卫匡国与南明君臣绝非泛泛之交,则可断言。是以 1650 年(清顺治七年),卫匡国奉命赴北京钦天监服务时,无法得到汤若望的协助,汤氏拒不合作的理由,便是"卫匡国曾和明末志士来往密切……可能会影响耶稣会传教士在北京的地位"。①

正是在毕方济、艾儒略、卫匡国等耶稣会士极力烘托的氛围中,经过同会教士瞿安德和卜弥格卓有成效的工作,致使南明的永历朝廷,破天荒地出现了几位主要的皇室成员(皇太后、皇后和太子)同时领洗皈依,并派遣使臣前往罗马教廷与欧洲国家求援,这样闻所未闻的事情,以及两位教士为南明尽忠殉国的义举。

瞿安德(André-Xavier Koffler),一名纱微,字体泰,出身于下奥地利州凯姆斯城(Krems)一个富裕家庭。1627 年加入耶稣会,"就学时精研神学、数学"。1639 年在里斯本登舟赴中国,1643 年抵澳门,进入中国内地广西,应在 1645 年。"当时他在中国,仅以安德纱微(Andrea Xavier)名称而显。"

最初,瞿安德至广西,"赖他的数学知识丰富,受人欢迎。"继为当地长官、奉教士大夫瞿式耜、焦琏所优礼,遂于梧州或桂林建立教区。"会有交趾国王的贡使还自北京,安德纱微神甫乘其经过广西时,劝此长官(瞿式耜)厚为款待。因为安德纱微神甫曾有若干时间奉派往交趾服务,他尚未忘前此的使命也。此外他并求此长官作书致交趾国王,赞扬基督教。并命亲信人持书随交趾使臣同往。"这封书信的结果,便是 1646 年 6 个月中,交趾人受洗者达 12000 人。瞿安德见此成绩,决定在交趾建立若干新传教会。②"安德虽居中国甚久,然不隶中国教区,盖

---

① 摘录自《卫匡国全集》五卷本,第三卷《中国新地图集》,浙江,意大利特伦托大学 2003 年,中文版,第 47—49 页。

② 费赖之著,冯承钧译《在华耶稣会士列传及书目》上册,第 270—271 页;伯希和:《卜弥格传补正》,载冯承钧译:《西域南海史地考证译丛》第三卷,第 185—191 页。

第九章 传教士与奉教士大夫在明清战争的作用和贡献

以葡萄牙援军随军教师名义入中国,而后留处永历朝中"。①

瞿安德之获永历皇帝垂青,得益于他的一番忠心不二的表白。朱由榔自隆武二年(1646年)十月十四日称监国于肇庆,十一月十八日即帝位以后,长期处于风雨飘摇、不断播迁之中。1647年(永历元年)3月20日至7月1日间,瞿安德随同当时总督勇卫营的司礼太监、基督教徒庞天寿,前往北方调集新军。当消息传来,"永历帝被广东各地官员遗弃时,太监洗名为亚基楼的庞天寿也考虑自己是否应引退以求安度晚年,他向瞿安德神父征求意见"。瞿神父回答道:"作为一名教友,在重要关键时刻,不应先考虑本人的生死存亡与安危得失,而应先考虑奉事天主,宣扬天主,修德立功。例如,作为一个臣子,就应该效忠国君,尽好人臣的天责。当初你在广东曾发动众官员拥立永历为帝,那你就有责任在任何困难中支持他,在一切艰险中追随他,并协助他保持这个原非他贪求得来的皇朝。宁可与他同生死共存亡,而绝不能弃之不顾。如此,你给后代教友树立了忠诚的榜样,给教外人士树立贞忠的品德,他们念及永历帝时必会说,永历所有臣子都叛离了,唯独信天主教的庞亚基楼,鞠躬尽瘁,死而后已,效忠永历,忠贞不渝。"②这一番义正词严的教诲,将基督徒最重要的"信"德,即"奉事天主,显扬天主,修德立功"的诫谕,跟中国传统的"君为臣纲"、"臣子就应该效忠国君"的"忠贞的品德",紧密地联系起来,并在给后代教友和教外人士树立榜样的激励下,要求克服艰险,尽忠于永历。如此坦诚、恳切,同时表明瞿安德心迹的谈话,令庞天寿"闻之感奋,泣而誓,无论成败,誓以身许国。会大局稍安,天寿返命,以安德劝己之语面陈永历,永历因重安德。"③

久罹患难颠簸之中,因恐惧有时神智欠清醒的永历皇帝,闻悉西方神父真情的表白,在欣慰之余决定立即召见。据时在朝廷的传教士卜弥格的记载,"瞿安德神父受到了永历的感情召见,皇帝叫他免礼,和他

---

① 冯承钧译:《西域南海史地考证译丛》第三卷,第56页。
② 费赖之著,梅乘骐等译:《明清间在华耶稣会士列传》(1552—1773),第302—303页。
③ 沙不烈:《明末奉使罗马教廷耶稣会士卜弥格传》,载冯承钧译:《西域南海史地考证译丛》第三卷,第63页。

一起谈了很久,他送给皇帝的礼物皇帝都高兴地收下了。礼物包括几个圆镜子、一些计算工具和一幅美丽的画。画上画的是圣母玛利亚怀中抱着一个小救世主,旁边站着施洗礼的圣约翰……神父来到后,永历当时就给他在皇宫里安排了一个住处,在我离开中国之前,他一直住在宫中。"①

庞天寿推荐瞿安德于朝廷,并献"用以研究历算"的工具,中文典籍亦有反映。王夫之著《永历实录》卷二十五《宦者列传》曰:"天寿事天主教,拜西洋人瞿纱微为师。勇卫军旗帜皆用西番书为符识,类儿戏。又荐纱微掌钦天监事,改用西历。给事中尹三聘劾罢之。"同书卷一《大行皇帝纪》亦曰:"永历三年(1649年)正月,上在肇庆。西洋人瞿纱微进新历,诏颁布行之……(十二月)给事中尹三聘奏:'瞿纱微擅用夷历,燏乱祖宪,乞仍用大统旧历。'从之。"②瞿安德(纱微)无论就学或开教广西,均以精研数学著称。由他执掌钦天监事,既可见永历的好感和重视,亦是实至而名归。瞿安德的令人感佩之处,在于动乱流离之际,以一己之功力,居然根据《崇祯历书》的成果和范式,在很短时间内制订出不同于旧式大统历的"新历"、"西历"或"夷历",并且在永历朝野实地推行了一年。联系前述李自成在北京颁行经李天经、汤若望根据《崇祯历书》改订的黄历,张献忠于四川令利类思和安文思翻译西方历书,凡此表明即使在战争的环境中,"以西法为基础"的《崇祯历书》的优越性,日渐为不同的统治者所认识,并曾短暂地推行。

深得永历朝廷信任和优待的瞿安德,因而燃起过去入华传教士从未奢想的希望,即劝谕宫中皇太后、皇后领洗皈依,让基督教在这多灾多难的南明皇室,扎下根来。正如卜弥格所说:"因为皇帝对他(指瞿安德)的宠幸而激动不已,于是在铁还没有烧红的时候(人都这么说),就要锻造起来"。这指的是"他和阿基琉斯(指庞天寿)先生一起说服了几乎所有宫中的女眷,去接受基督教的洗礼"。③ 这史无前例的皇室女眷

---

① 爱德华·卡伊丹斯基著,张振辉译:《中国的使臣卜弥格》,大象出版社2001版,第91页。
② 王夫之:《永历实录》,岳麓书社1982年版,第6—8、213页。
③ 爱德华·卡伊丹斯基著,张振辉译:《中国的使臣卜弥格》,第92页。

群体性皈依事件,据法国学者伯希和的考证,发生于1648年(永历二年)3、4月间。①

先是,庞天寿以大太监之便宜,首将基督教传布于宫中。"天寿使人译教义纲要为汉文,朝夕劝帝信教,由是帝与后妃皆跪基督像前祈祷",接受了最初的宗教启蒙。然而,处于颠沛流离中的永历皇室女眷,决定领洗皈依的真实原因,则企盼从宗教信仰中寻求精神的慰藉,获取神灵的庇佑。如西方学者沙不烈指出:"嗣后明室与满洲争战,胜败无常。某次兵变,永历欲自裁,烈纳太后(指永历嫡母)将自缢,天寿急救得免。又有一次因从官数人之叛,几濒于危。天寿在颠沛流离之中常劝其主信从基督之教,而于信仰中求慰藉。"②更据烈纳太后写给瞿安德的亲笔信所说:"予在世所作罪业,深如丘山,又虑虏寇交讧之际,人心涣散之时,危在燃眉之急,恐落于凶恶之手,以污秽了身体,惟望先生替予每日在天主、圣母圣前祈求,遣天神护持予身,全其名节,只愿善终,不枉进教,一尝生死,感诵胜德不朽也。"③长期笼罩在颠沛流离的痛苦和丧失名节的恐惧之中的皇室妇女,当她们对现实生活感到绝望时,便自然将解救与庇佑的乞求,寄托于超现实的无所不能的上帝和神灵,企图通过虔诚的信仰、祈祷与神功,寻找到精神的归宿和内心暂时的安宁。

这种心灵的诉求,跟亟盼获得澳门军事援助的现实需要结合起来,就促成了永历皇室妇女的领洗皈依。至于后者的急切程度,只要联系瞿安德对烈纳太后投其所好的回应和保证:"既然她的祈求不是生活诸事,而是寻求灵魂和身体的纯洁,故她不仅将遂其所愿,其国家也终会复兴。天主为了要替我的保证背书,在八天之内,即传来七省反正的奏疏。"④以及永历皇帝连续派遣庞天寿、瞿安德赴澳门求援等事实,便可一目了然。

---

① 伯希和:《卜弥格传补正》,载冯承钧译:《西域南海史地考证译丛》第三卷,第196页。
② 沙不烈:《明末奉使罗马教廷耶稣会士卜弥格传》,同上书,第64页。
③ 引自黄一农:《两头蛇:明末清初的第一代天主教徒》,第336页。
④ 同上。

据说,"某夜烈纳太后得一梦,见圣子耶稣手持之十字架忽变为矛,语后云:'汝若不从吾法,汝将死。'时太后尚未见瞿安德献帝之图也。越数日见图(指圣母怀抱救世主,旁立施洗之约翰图画),知梦中所见者即是圣母怀抱之圣子,所持之矛,即十字架。因之感甚,请于帝,愿领洗入教。召天寿以己意告之,顾中国礼法,男女不亲授受,瞿安德如何能入宫中?又一方面,事若公开,朝中众臣必有反对者。天寿以后语转告安德,安德命天寿转呈太后,言帝后未领洗者入地狱,则欲求救赎必须领洗;据教中习惯,必须在一司铎前领洗。天寿致词毕,太后疑而不决者凡十七日。最后经庞天寿力劝,烈纳太后与宫中其他妃主乃延瞿安德神甫至宫内礼拜堂中,举行洗礼。共以天寿为代父。"①

皇太后及其后妃的施洗过程,乃在时势变易的情况下,中国传统礼法屈从于西洋宗教习惯的典型事例。自利玛窦进入中国以来,"男女授受不亲"这一传统的礼法,便成为基督教归化中国妇女尤其是上层妇女的重大障碍。对于基督教男女混杂的聚会和妇女授洗的仪式,反教人士攻击道:"从夷者之妻女,悉令其群居而受夷之密教,为之灌圣水、滴圣油……而昏夜混杂,又何欤?《礼》曰:'男女无辨,则乱升。'吾不知其乱于何底也。"②又曰:"阖户而点以圣油,授以圣水,及手按五处之秘媟状。男女之乱,曷以加诸……而倒置其万古之伦理"。③ 虽攻伐之言辞不无过当之处,但民间对基督教归化妇女及其洗礼仪式的反感,则有着传统的伦理根据。

正是受此深厚的伦理礼法的约束,传教士汤若望虽在明末宫廷成功地劝化若干高级宫女入教,而彼此间却从未谋面,一切宗教活动都是通过中介太监进行。魏特著《汤若望传》称:"个人(指传教士)与(崇祯)皇帝对谈是不可能的……当时大家最大的希望就是先劝皇帝左右最靠近的妇女入教。这样就可以在皇帝的四周创造一种宗教氛围。使皇帝

---

① 沙不烈撰:《明末奉使罗马教廷耶稣会士卜弥格传》,载冯承钧译:《西域南海史地考证译丛》第三卷,第64—65页。
② 徐昌治订:《圣朝破邪集》,第208,222—223页。
③ 同上。

不知不觉呼吸基督教的空气……这个计划显然有所成就……可是连这一些妇女们,也只是因第三者的媒介才能获得的。因为她们不能出离宫廷,并且宫外任何人也都不能同她们谈话,或甚至能见到她们。只是因可以到城内各处去,并且可以拜访耶稣会的太监们的周旋串通,汤若望才能同她们连合了起来。"先是,汤若望在皈依的太监中,选择了一个较为优秀、教名王若瑟的人。随后,"汤若望向他授以劝化宫中妇女入教的使命,他付与他向宫中妇女施行洗礼之权,他令他向她们宣示教义,并且来回转递教士与宫中妇女之间的函件"。而皈依的高级宫女们,则在禁城宫殿中设立一小教堂,用于共同祷告,聆听王若瑟的教义讲解,并作为"热心的王若瑟向那些新入教的宫人们付与洗礼的地方"。即使汤若望平日在北京教堂中,为来自民间的家境富裕或贫寒的妇女,"作告解神工时,解罪之神甫与告罪之妇女间,悬挂厚毡彼此隔绝。"①

在这里,若将汤若望与瞿安德归化朝廷后妃宫女的洗礼过程进行比较,便可发现随着统一强大的明朝沦落为分裂屠弱的南明小朝廷,传教士显然抬高了为驯服人心设置的入教的门槛。这就是再无需"第三者的媒介",或向他人转授施洗之权,而在申明免陷地狱必先行领洗救赎的威吓下,明确要求直接进入宫廷,完全按照西方宗教典则和习惯,面对面地由传教士给女眷淋洒圣水施行洗礼。这种领洗方式上由适应性权宜向僵硬的西方典制的回归,明目张胆地挑战中国传统伦理礼法的宣示,令深谙其中利害关系的皇太后难以决断,踌躇达十七日之久。最终,为拯救个人"灵魂和身体的纯洁",更盼获取永历"中兴"所必需的西方援助,在庞天寿力劝之下,遂延请瞿安德进入宫内礼拜堂,由他逐一给五位宫中女眷施洗。永历嫡母王太后,取教名烈纳(Héléne),永历生母马太后,教名玛利亚(Maria),永历正后王氏,教名亚纳(Anne),王太后母亲,教名朱丽(Julie),主持宫廷事务的某妃子,教名阿加斯(Agathe)。"与太后等同时领洗者,宫中凡五十人。"②"当时宫内和一些官

---

① 魏特著,杨丙辰译:《汤若望传》第一册,第179—184,第192—193页。
② 萧若瑟:《天主教传行中国考》,第239页。

员们对此不无非议,但后妃们毫不介意;而且太后赫肋娜(烈纳)下了懿旨,若永历帝不先在她的经堂内向耶稣救世主像行礼致敬,不得入内定省。"①很显然,中国传统的伦理和礼法已屈从于西洋宗教的典则与习惯。

永历皇室的皈依并未就此止步。"1648年(永历二年)5月永历妃诞生皇女,甫生即殇。永历痛甚,命宦者询安德皇女不育之理,是否未蒙天佑。安德答曰:'此女非后所生,故不得天佑。'同时亚纳皇后有孕。瞿安德神甫劝永历夫妇祈祷天主,俾天赐皇子,并赠白烛六,嘱于诞生时在圣像前燃之。其后不久,亚纳皇后在南宁行在所诞生皇子一人。永历喜甚,告安德,命推算皇子将来命运。安德又乘机进言屡得天佑之理,如果入教,蒙天之佑,将不可限量。如是嘱将此子依教法抚育成人,俾能将来善治其国。已而诸后请安德为皇子举行洗礼,时永历巡幸他处,安德拒之,谓非得帝意许可,并许以后不用多妻制方可。永历初不允,越三月皇子得重疾,安德谓天怒所致,乃许皇子领洗,疾遂愈。"②受洗皇子"圣名公斯当定(Constantine),瞿神父命名之意,盖望太子将来如泰西公斯当定大皇,率臣民奉教,以再造此中国也"。③

对于永历皇室这众多后妃,特别是皇太子的领洗皈依,在教会看来,无异"上帝创造的一个奇迹",④同时也是"中国传教史中之一大事"。"当时人以为天主教将入国制国俗之范围,行将取此国制国俗,变化而改良之。尤堪注意者,传教事业之进行以皇太子为首领。公教教会之任务行将灿烂而显耀:盖其凭借之基础,绝不至有排外之虞也。"⑤怀着如此的憧憬和希望,故对永历帝后为感谢耶稣会的恩德,遣使赴澳门的答谢,予以热情的欢迎与接待。

据传教士卜弥格的记载,永历皇帝见太子领洗后身体康复,非常高

---

① 费赖之著,梅乘骐等译:《明清间在华耶稣会士列传》(1552—1773),第303—304页。
② 沙不烈撰:《明末奉使罗马教廷耶稣会士卜弥格传》,载冯承钧译:《西域南海史地考证译丛》第三卷,第65—66页。
③ 萧若瑟:《天主教传行中国考》,第238—239页。
④ 爱德华·卡伊丹斯基著,张振辉译:《中国的使臣卜弥格》,第93页。
⑤ 沙不烈:《明末奉使罗马教廷耶稣会士卜弥格传》,载冯承钧译:《西域南海史地考证译丛》第三卷,第65—66页。

兴,"即刻派了一个全部由信天主教的大臣组成的庞大的使团去了澳门,对真正的天主表示感谢"。① 时任澳门耶稣会会长曾德昭由此报告道:"根据上述情况,皇帝下令庞天寿阁老(他是皇帝的头号宠臣,通过他执政)派遣一艘船前往澳门,向我主上帝敬献礼物并向该城的耶稣会教堂馈赠,要神甫们为其举行大弥撒,请求天地之主保佑他,帮助他与敌人斗争,收复全部失地,并为当时整装待发的一支征服其他省份的大军祈胜。"②这艘运载庞天寿使团的船只,于1648年(永历二年)10月17日驶入澳门内港。"瞿安德神甫先已通知澳门诸道长与澳门长官,澳门盛仪接之,炮台鸣炮。"而来船上竖立的红黄两面十字大旗,亦分外耀眼。三位"使臣率领随从出舟,对众宣言'我辈是天主教徒'。已而诸教士与乐工拥之赴耶稣会士会堂。使臣对神坛跪拜,以来意告知时任视察员之神甫,以永历敕书付之,然后交付赠品。计有雕花银烛台两对,大火盆一对,别有皇后所赠香炉若干,是皆献与澳门耶稣会教堂神坛者也。"此外,对于视察员、区长和会团长亦各有赠与。③ 其后,交付赠品的仪式和永历要求的大弥撒,于是年10月21日,即一万一千贞女节举行。"那天凌晨七点,官员们下了船,在众人的簇拥下,来到了教堂大门处。澳城的许多显要人士已聚集在门口。神甫及修士们身着长袍从学院出来迎接礼品……弥撒由视察员神甫举行。在敬献礼物时,官员们走上了阶梯,来到了祭台前,以皇帝的名义将礼品献上,并按照他们的习惯,多次垂首致意,深深鞠躬。弥撒结束后,在众人陪伴下返回。在学院中,按照基督徒的习惯,为他们举行了宴会。还给他们往船上送去了一些宗教物及欧洲的新奇东西。"④

在永历使臣与澳门教俗当局,通过馈赠礼品和举行大弥撒所渲染的欢乐喜庆的气氛中,彼此间展开了严肃而深入的谈判。"实际上,南

---

① 爱德华·卡伊丹斯基著,张振辉译:《中国的使臣卜弥格》,第93页。
② 引自金国平、吴志良:《庞天寿率团访澳记》,《中西文化研究》2004年第1期。
③ 沙不烈:《明末奉使罗马教廷耶稣会士卜弥格传》,载冯承钧译:《西域南海史地考证译丛》第三卷,第67—68页。
④ 金国平、吴志良:《庞天寿率团访澳记》,《中西文化研究》2004年第1期。

明派使团去葡萄牙人这个住地的主要目的是为了对他们的军事援助表示感谢,请他们继续给以支援……它派去的使团成员在耶稣会的教堂里做了庄严的弥撒,他们和澳门当局进行了谈判,在谈判中主要是请葡萄牙给南明大炮,并派一支由三百人组成的部队来支援他们。葡萄牙人答应给他们这些援助。"①于是,澳门当局根据瞿安德来信的请求,先"由此船运送 100 枝火枪给庞天寿……原因是每天派船送人参加的战争有此需要"。当瞿安德于 1648 年圣诞节后来澳门时,"他带来了国王给耶稣会视察员及澳城市政委员的一封请求帮助他打仗的信"。其文曰:"朕目前日思夜想图复河山。朕知澳人忠义,善使火器,为我朝之效力有目共睹。朕敬重万分,思之欣慰。今遣瞿神甫前往澳门与尔等共商援助一事。可输铜炮炮弹来,或遣兵士,护卫朕身或随朕征战,以助朕也。量予考虑,做出决定。朕对尔等忠义之举感激不尽。"②据西方记载,大致在 1649 年(永历三年)初,"澳门应瞿安德神甫请",曾派遣"士卒三百(一说五百),炮二尊",前往援助永历朝廷。③"这支军队用以守卫广州,以反击第二次围攻的清兵。"④不过,也有西方学者认为,这次由澳门派出的所谓三百士卒的援军,恐怕是跟两年前葡军官尼古拉·费雷以拉(Nicolas Ferreira)率领的三百士兵赴中国内地的勤王之师相混淆了。"即使这次远征队被组织起来了,很可能也走不出澳门。"⑤

"1648 年(永历二年),盖为永历最盛时代",号令所及达七八省地方。此后,由于上下昏聩,内讧频仍,贻误战机,永历朝廷又处于惶恐逃亡之中。永历四年(1650 年)十一月,广州失陷,永历溃退贵州。"瞿(安德)神父准备前去汇合,选择了一条水路沿河而上,他认为这条路较近而且安全;不意在广西贵州交界的河道拐弯处,碰上了穷追不舍的清

---

① 爱德华·卡伊丹斯基著,张振辉译:《中国的使臣卜弥格》,第 93—94 页。
② 金国平、吴志良:《庞天寿率团访澳记》,《中西文化研究》2004 年第 1 期。
③ 沙不烈:《明末奉使罗马教廷耶稣会士卜弥格传》,载冯承钧译:《西域南海史地考证译丛》第三卷,第 68 页。
④ 费赖之著,梅乘骐等译:《明清间在华耶稣会士列传》(1552—1773),第 304 页。
⑤ 博克舍语。引自冼丽莎:《为了贸易和传教服务的利器——澳门和耶稣会对晚明朝廷的支持(1620—1650 年)》,载《西学东渐研究》第三辑,商务印书馆 2010 年版,第 223 页。

第九章 传教士与奉教士大夫在明清战争的作用和贡献

军……随即被执。略一盘问后,又问他信什么教?神父画了十字圣号并口诵'因此十字圣架,主救我于仇雠'。蛮兵当场用大刀在神父头部对劈了两下,劈成四块。时在1651年(永历五年)12月12日。之后,庞天寿派人寻获了尸体,就地掩埋了。"[①]至此,瞿安德以其壮烈的牺牲,彰显了前述他向庞天寿传递的心愿。即作为基督教的神父,他以血荐十字圣架,实践了他对天主崇高的信德;而作为永历"帝室侍从",他同仇敌忾、视死如归,甘为南明朝廷尽忠。

"瞿安德神甫与庞天寿共同进行之宗教行为业已告终,巩固扩张此种行为之阶段由是开始,而此阶段之主角应为卜弥格也。"[②]这就是耶稣会士卜弥格作为永历朝廷派往罗马教廷和欧洲国家的使臣,既"向教会国家的首都表示明王朝忠于基督的教义",同时"争取欧洲对他的抗清斗争的支援",[③]凡此颇具政治和外交色彩的举措。

关于此次遣使的发动者,无外乎两种可能。或为永历朝廷的中国基督徒,或为澳门的耶稣会士。最近披露的一份葡萄牙文资料,便将遣使的决心归因于庞天寿。认为他作为一个有信仰的基督徒,希望能从神圣者那里获得拯救。"这激励了虔诚的官员庞天寿,并使他觉得有必要派遣使者代表皇太后和王子到罗马,去向罗马教廷表明他们的顺从。他期待着基督教在整个帝国的胜利。"为此,他请求卜弥格神父荣膺这项任务,作为回报,承诺待他完成使命归来,"让他担任高官"。[④] 然而,若从当时的情势和遣使的全过程考察,即使庞天寿有此愿望,也只能是耶稣会整体战略的组成部分。凡此重大举措的酝酿和决策,断非一个皈依未久的基督徒的突发奇想,而只能是耶稣会"经过了详细的绩效评估之后采取的行动"。[⑤] 综合西方的记载,大致"自明室后妃领洗以来,澳门耶

[①] 实际上,有关瞿安德殉难的史事细节,西方的记载多有歧异。"至其卒地、卒年亦有数说。"(方豪:《中国天主教史人物传》上册,第304页)在此,遵从费赖之的说法。见梅乘骐等译:《明清间在华耶稣会士列传》(1552—1773),第304页。

[②] 沙不烈:《明末奉使罗马教廷耶稣会士卜弥格传》,载冯承钧译:《西域南海史地考证译丛》,第三卷,第69页。

[③] 卡伊丹斯基著,张振辉译:《中国的使臣卜弥格》,第103页。

[④] 冼丽莎:《为了贸易和传教服务的利器——澳门和耶稣会对晚明朝廷的支持(1620—1650年)》,载《西学东渐研究》第三辑,第224—225页。

[⑤] 同上。

耶稣会士即商之于瞿安德神甫,谋使新入教之贵人,上书于罗马教皇与耶稣会会长……诸传教师首先属意致书之人,盖为太监庞天寿,曾告之,谓有舟返印度,可由印度易舟赴欧洲,询其是否有致书于耶稣会长之意。天寿答言不仅愿致书于会长,而且愿遣使谒教皇"。① 可能为扩大致书遣使的影响,"由(瞿)安德请之于后妃",②亦获俞允。种种迹象表明,此次欧洲之遣使,"其意是发动于耶稣会士,而非出于永历左右的中国人"。③

透过澳门耶稣会筹划此大胆的行动,似可窥见其迫切而希冀达到的目的。首先,鉴于耶稣会士平素与南明朝廷的密切关系,"耶稣会士颇有意于明朝之复辟,而谋公教之发展。所以拟引起教皇对于明室之注意,此种策略当正而有益……使西方对于明室表同情,并赖教皇之介绍,使若干信教国王加以援助,是非勇敢而有成绩之外交欤?"④特别在耶稣会士看来,"其视皇子当定,殆若罗马帝国之 Constantin,其视烈纳太后殆若古之 Monique。永历本人亦似欢迎天主教。是皆表示昔奉异教之老大中国,将从其君后沐西风而循救赎之途乎?惟其最后之成效,显然系于明室地位之巩固,而不受满洲威胁。"⑤毫无疑义,"皇太后和皇太子的圣名,采取罗马第一位奉教皇太后和皇帝之名。永历太子将来率领中国人民,一如罗马公斯当定率领罗马帝国人民信奉真主"⑥的灿烂远景,乃"明了斯理"的"诸耶稣会士",决定在飘忽莫测的时局中,"与新入教之名人共订一种计划",⑦遣使赴欧寻求精神支持以至实际军事援助,达到巩固明室统治地位,不受满洲威胁和鲸吞的目的。

其次,通过派遣使臣游说教廷和欧洲国家这异乎寻常的行动,呼吁

---

① 沙不烈:《明末奉使罗马教廷耶稣会士卜弥格传》,载冯承钧译:《西域南海史地考证译丛》第三卷,第73页。
② 同上。
③ 伯希和:《卜弥格传补正》,载冯承钧译:《西域南海史地考证译丛》第三卷,第199页。
④ 同上书,第72—73页。
⑤ 沙不烈:《明末奉使罗马教廷耶稣会士卜弥格传》,载冯承钧译:《西域南海史地考证译丛》第三卷,第69页。
⑥ 罗光:《教廷与中国使节史》,台湾传记文学出版社1983年版,第51—52页。
⑦ 沙不烈:《明末奉使罗马教廷耶稣会士卜弥格传》,载冯承钧译:《西域南海史地考证译丛》第三卷,第69页。

欧洲社会像当年赞扬沙勿略、利玛窦等在中国创造的传教奇迹一样,关注今日耶稣会士继续在中国建立功业的努力。"他们也许对这次行动可能产生的回响更感兴趣,他们觉得这些消息会让欧洲站在他们一边"。① 从而减轻因 1645 年教宗敕令对中国耶稣会传教策略的否定,所造成的压力和消极影响。这只要看一看中国耶稣会派遣的卫匡国,跟澳门耶稣会派出的卜弥格几乎同时奔赴欧洲,②前者直接为中国礼仪辩护,后者在请求援助之余亦助其一臂之力,彼此为中国耶稣会士争取更大活动空间和美好前程而并肩奋斗的过程,折射出卜弥格赴欧具有超越援助本身的更为重要的意义。

至于奉使的人选,庞天寿虽已六十二岁,却自愿充任使臣。而皇太后怜其年老,永历皇帝更以"国制不许朝中要人赴外国"为由,予以拒绝。后经澳门中日教区视察员塞·德·马亚(Sébastien d'Amaya)和副区长曾德昭确认,新至永历朝廷的"卜弥格神甫被指派赴欧,至若瞿安德神甫,应留朝中以备供奉"。③

卜弥格(P. Michel Boym),诞生于利沃夫(Lerow),先世从匈牙利徙居波兰,不久便成贵族。其父为波兰国王首席御医。卜弥格日后写的著作证明其家学渊源造诣颇深。他于 1629 年加入耶稣会,1643 年从里斯本启程东航,1645 年抵交趾支那的东京教区,1647 年赴海南岛之定安传教,1648 年奉命返回交趾,1649 年从交趾登舟到澳门。"盖 1649 年初,毕

---

① 冼丽莎:《为了贸易和传教服务的利器——澳门和耶稣会对晚明朝廷的支持(1620—1650 年)》,载《西学东渐研究》第三辑,第 224 页。

② 当时,耶稣会东印度传教范围内,分为三个教区,中国日本教区乃其中之一。1615 年,罗马教令将中日教区又划为中国和日本两个副教区。日本教区,尚包括今日越南半岛中交趾、南圻、柬埔寨、老挝、安南等地。1616 年耶稣会长命令,将澳门划出中国以外,而为日本教会之都会,"然阅年甚久始能实行"。广东、广西的传教事业,昔亦委之于日本教区诸神甫。故此,瞿安德和卜弥格虽在中国甚久,却不隶于中国教区。(见沙不烈:《明末奉使罗马教廷耶稣会士卜弥格传》,载冯承钧译:《西域南海史地考证译丛》第三卷,第 34—35 页)有关委派卜弥格出使诸事宜,并于 1651 年 1 月出发,当系澳门耶稣会一手操办。跟中国教区副区长阳玛诺和巡视员傅汎际决定,指派卫匡国于 1651 年 1 月从福建出海赴欧的使命,两者在组织上并无直接的关联,但却存在既联合又竞争的关系(参见爱德华·卡伊丹斯基著,张振辉译:《中国的使臣卜弥格》,第 125—126 页)。

③ 沙不烈:《明末奉使罗马教廷耶稣会士卜弥格传》,载冯承钧译:《西域南海史地考证译丛》第三卷,第 74—75 页;罗光:《教廷与中国使节史》,第 52 页。

方济殁于广州。其后未久,鲁德照(即曾德昭)至广州。曾进至肇庆。然在 3 月 27 或 28 日离肇庆,而于 4 月 1 日前后回澳门。鲁德照指定卜弥格前往永历朝辅助瞿安德之时,应在此后数月内。则是 1649 年中事……追至遣使赴罗马的计划决定之时,卜弥格遂被指派前往。"①

当出使的计划和人选确定之后,便着手起草向罗马教廷表达永历皇室意愿的信件。现已确知,"由太后烈纳同太监庞天寿出名致书。其书有四,两书系由太后烈纳致教皇及耶稣会统领者,所题年月皆是 1650 年 11 月 4 日。两书系庞天寿致教皇及耶稣会统领者,所题年月是 1650 年 11 月 1 日。"②现保存于梵蒂冈密件档案处之明永历皇太后和庞天寿上教皇书,全文如下。其一曰:

"大明宁圣慈肃皇太后烈纳致谕于依诺增爵。代天主耶稣在世总师,公教皇王,圣父座前。窃念烈纳本中国女子,忝处皇宫,惟知闺中之礼,未谙域外之教。赖有耶稣会士瞿纱微,在我皇朝,敷扬圣教。传闻自外,予始知之。遂坚信心,敬领圣洗。并使皇太后玛利亚,中宫皇后亚纳及皇太子当定,并请入教领圣洗,三年于兹矣。虽知沥血投诚,未获涓埃答报。每思恭诣圣父座前,亲领圣诲。兹远国难臻,仰风徒切。伏乞圣父在天主前,怜我等罪人。去世时特赐罪罚全赦。原望圣父与圣而公一教之会,代求天主。保佑我国中兴太平。俾我大明第十八代帝太祖第十二世孙主臣等悉知敬真主耶稣,更冀圣父多遣耶稣会士来,广传圣教。如斯诸事,俱维怜念。种种眷慕,非口所宣。今有耶稣会士卜弥格,知我中国事情。即令回国,致盲于我圣父前,彼能详述鄙意也。俟太平之时,即遣史官来到圣伯多禄,圣保禄台前,致仪行礼。

伏望

---

① 伯希和:《卜弥格传补正》,载冯承钧译:《西域南海史地考证译丛》第三卷,第 198—199 页。
② 同上。

圣慈,鉴兹愚悃,特谕。

永历四年十月十一日(此处有朱印,印文系宁圣慈肃皇太后宝。)"

其二曰:

"大明钦命总督粤闽恢剿联络水陆军务,提调汉土官兵,兼理财催饷,便宜行事。仍总督勇卫营,兼掌御马监印,司礼监掌印太监庞亚基楼,契利斯当,膝伏,依诺增爵代天主耶稣在世总师,公教真主,圣父座前。窃念亚基楼,职列禁廷,谬司兵戎。寡昧失学,罪过多端。昔在北都,幸遇耶稣会士,开导愚懵,劝勉入教,恭领圣水。始知圣教之学,蕴妙洪深,夙夜潜修,信心崇奉,二十余年,罔敢稍息。获蒙天主庇佑,报答无繇。每思躬诣圣座,瞻拜圣容。讵意邦家多故,王事靡盬,弗克遂所愿,深用悚仄。但罪人一念之诚,为国难未靖,特烦耶稣会士卜弥格,归航泰西,代告教皇圣父,在于圣伯多禄,圣保禄座前,兼于普天下圣教公会,仰求天主仁慈,炤我大明,保佑国家,立跻升平。俾我圣天子,乃大明第拾捌代帝,太祖第拾贰世孙。主臣钦崇天主耶稣,则我中华之福也。当今宁圣慈肃皇太后,圣名烈纳,昭圣皇太后,圣名玛利亚,中宫皇后,圣名亚纳,皇太子,圣名当定,虔心信奉圣教,并有谕言致圣座前,不以宣之矣。今愚罪人,恳祈圣父念我去世之时,赐罪罚全赦。多令耶稣会士来我中国,教化一切世人悔悟,敬奉圣教,不致虚度尘劫,仰徼大造,实无穷矣。肃此,稍布愚悃,伏惟慈鉴不宣。

永历肆年岁次庚寅阳月弦日书。慎余"①

另外,烈纳皇太后、庞天寿分别致耶稣会"总师神甫"书,其形式内容与上述呈教宗的信件大体相同。不过,庞天寿在致耶稣会总会长的信中表示,为感谢领受圣洗,答谢主恩,特将一面刻有汉字和拉丁文的银牌,作为信物,敬献于"圣祖总师依纳爵墓前"。②

---

① 引自罗光:《教廷与中国使节史》,第61—64页。
② 关于烈纳皇太后和庞天寿呈耶稣会总长的书信全文,见沙不烈:《明末奉使罗马教廷耶稣会士卜弥格传》,载冯承钧译:《西域南海史地考证译丛》第三卷,第77—80页。

综上所记,四通书信的主旨如出一辙。其一,在弥漫浓郁的宗教氛围中,永历皇太后和大臣现身说法,缕述皇室诸亲与股肱重臣"虔心信奉圣教"、"恭领圣水"入教皈依的过程,以证基督教自中国传播以来,从未在皇室归化上取得如此巨大成就的划时代的事件。同时,通过多遣耶稣会士来中国"广传圣教",教化一切世人悔悟,"俾我圣天子钦崇圣法",又为基督教在中国展现了锦绣的前程。希冀因此引起罗马教宗和欧洲基督教国家的关注与同情。其二,对于前述当今学者有关请求欧洲援助的揣测和评论,诸如,"不仅要争取到道义上的支援,而且希望获得大炮……争取军事上的直接干预"等,①在书信中并无明确的表示。只是在盼望圣父和教会"代求天主保佑我国中兴太平",使我大明君主"悉知敬真主耶稣"的说辞中,隐约透露出永历皇室的些许诉求。其三,惟此并不意味着永历遣使仅局限于宗教的感恩,其所有未曾形诸书面文字的实际需求,将赋予派出使臣便宜行事的权力,由使臣当面向教廷和欧洲国家详细阐明。这就是烈纳皇太后所谓"今有耶稣会士卜弥格,知我中国事情。即令回国,致言于我圣父前,彼能详述鄙意"的深长用心。其四,烈纳皇太后在书信的格式和称谓上,并未因有求于人而呈谄媚之态,仍然保留着中国皇室的矜持和尊严。她对教宗称"致谕"、"特谕"、"谕言"(庞天寿语),对耶稣会总会长称"敕谕"、"特敕"。如前者至少体现平等关系的话,那后者显然是尊长对下属的口气。凡此无不表明,这是既要保持中国皇室的体面,又试图以虔诚信仰感动罗马教宗,并特别寄厚望于赴欧使臣卓有成效的斡旋和外交活动,从而在道义与物质上获得欧洲援助的深思熟虑的书信。

承载着永历朝廷希望的赴欧使臣卜弥格,率领两名中国随从(一名沈[陈]安德,全程始终陪伴;另一名罗若瑟,因病中途折还),于1650年(永历四年)11月从肇庆出发,抵达澳门后,着手办理各种证明文件。其中,12月28日由日本中国教区视察员塞·德·马亚(Sebastiao de Maya)神父交付的证明书,以及一封致耶稣会总会长的秘密信函尤为

---

① 爱德华·卡伊丹斯基著,张振辉译:《中国的使臣卜弥格》,第103页。

第九章　传教士与奉教士大夫在明清战争的作用和贡献　　**659**

重要。这封"应由携带者保存秘密",而向耶稣会总会长呈递的信件,旨在"证明卜弥格奉命以太后及庞天寿书送呈教皇"。① 至于证明书的内容,则在"视察员证明卜弥格神甫:波兰人,耶稣会士,传教中国教师;并言本人派其往谒会长,接洽中国副教区事务。视察员承认卜神甫有执行教会圣事之一切自由;于必要时得请求所经诸国耶稣会士与一切传教会所之辅助救济;且嘱外国人皆善遇之"。② 这样一来,卜弥格除具有南明皇室使臣的官方头衔之外,又新增教区赴罗马接洽宗教事务的代理人职能。尽管后者多半是视察员赋予的虚职,但这种神俗兼备的职务,毕竟使卜弥格在赴欧外交中,有更多的回旋余地。

与澳门耶稣会全力支持的态度形成对照的,澳门葡萄牙官吏则持疑忌、阻挠和反对的立场。缘因在于,"清兵已在1650年11月25日入广州,后三日取桂林。瞿式耜被擒,后此不久被杀。永历偕其左右自梧州走南宁,这些附近不远地方的事变,澳门之人必定知道。"鉴于时局的急剧变化,"澳门的官宪在1650年终力阻卜弥格出发。他们以为此举可以招致清人怨恨,而有害于葡萄牙的侨民"。③ 为此,澳门长官兼司令致书视察员,"说明其不许卜弥格神甫继续旅行之政治理由"。视察员强硬地回复道,"设澳门长官或他人反对此种使命,将来必受驱逐出教之罚。澳门长官不得已,遂放行"。④ 在这种情况下,"卜弥格固然尚可以奉那些皈依的贵人之使命往罗马致敬礼,可是想明朝光复而使中国公教地位巩固的计划,已成为未生产而先夭折的计划矣"。⑤ 尽管前途如此渺茫,而旅程艰难险恶,卜弥格一行仍义无反顾地于1651年(永历五年)1月1日,搭乘"圣卡塔琳娜号"航船,由澳门前往果阿。

1651年5月,卜弥格抵达果阿。"葡萄牙官吏不许他登舟,交涉有六个月之久,仍不发生效力,他遂放弃海行的计划。"⑥原来卜弥格未至

---

①　伯希和:《卜弥格传补正》,载冯承钧译:《西域南海史地考证译丛》第三卷,第204页。
②　沙不烈:《明末奉使罗马教廷耶稣会士卜弥格传》,同上书,第82—83页。
③　伯希和:《卜弥格传补正》,同上书,第204页。
④　沙不烈:《明末奉使罗马教廷耶稣会士卜弥格传》,同上书,第83页。
⑤　伯希和:《卜弥格传补正》,同上书,第204页。
⑥　伯希和:《卜弥格传补正》,同上书,第206页。

之前,驻果阿印度总督已收到澳门都督发来的官方通报,声称代表清政府的新任广州总督近日在官文中明确表示,"尊重以前皇帝所承认的澳门居民所拥有的现实和特别的境遇,并邀请他们前往广东",恢复远东葡萄牙人利益和生存攸关的国际贸易。① 如此形势下,恐怕卜弥格那执迷不悟的使命感,坏了葡萄牙人的好事,这就是果阿官吏决绝地阻断卜弥格海上远行的缘由。于是,在耶稣会教区长的支持下,卜弥格于1651年12月8日秘密离开果阿,从陆路越过戈尔孔达(Golconde)高地,经行莫卧儿帝国,然后进入波斯,由设拉子城(Chiraz),抵波斯首都伊斯法罕(Ispahan)。后沿土耳其,经黑海,于1652年9月到达士麦那(Smyrne)城。"在此城等待物搦齐亚(威尼斯,Venise)国海舶凡一月,则其附物搦齐亚舶而抵此共和国时,不在是年11月末数日,即在是年12月初数日。"

"弥格留士麦那城时,9月29日乃其保主圣弥格之瞻礼日,弥格曾衣华服,登教堂讲座,用意大利语述其留华之事迹与其旅行之经过。后来刊行之《略记》,即多本此次演讲之词,此书曾转译为数种语言"。所谓《略记》,全称为《中国天主教状况与皇室皈依略记》,全书仅72页,内容溯自沙勿略以来基督教传入中国的历史,特别是有关南明"永历之即位,瞿安德神甫之莅华,庞天寿之勉力,诸子之入教,皇子当定之得疾与领洗,澳门之庆祝"等,更是揭橥基督教在中国最新发展的鲜活而真实的记载。因该书重要的史料价值,故1654年法文版面世后,相继有德文、拉丁文和意大利文本的流行。②《略记》与其作者一样,已在中西文化交流史上留下了不可磨灭的印迹。

自卜弥格抵达威尼斯以后,即陷入无法自拔的四重矛盾之中。

第一,围绕教皇身边的法国与西班牙的权力之争。

卜弥格赴欧,原欲循海道经果阿直达里斯本,不料葡人从中作梗,不得不弃海从陆,辗转近东至士麦那,"偶然附载物搦齐亚国的船舶"进

---

① 冼丽莎:《为了贸易和传教服务的利器——澳门和耶稣会对晚明朝廷的支持(1620—1650年)》,载《西学东渐研究》第三辑,第231—232页。
② 沙不烈:《明末奉使罗马教廷耶稣会士卜弥格传》,伯希和:《卜弥格传补正》,载冯承钧译:《西域南海史地考证译丛》第三卷,第85,152—154页。

第九章　传教士与奉教士大夫在明清战争的作用和贡献　　661

入欧洲。虽旅途不顺,卜弥格宣扬永历朝廷功业和作为皇室使臣的职责,却从未稍有懈怠。大致在近东旅行期间,卜弥格充分利用烈纳皇太后和马亚视察员赋予的便宜行事的权力,经当地传教士的指点与联系,"他(指卜弥格)以一个耶稣会教士的机敏,利用西班牙和法国都在争着保护远东的基督教徒的机会,成功地获得了法国驻威尼斯大使的关照。"① 后来进呈威尼斯国元首的全具庞天寿官衔的"帖子"(名刺)及其衍生文件,想亦于此间制造出来。②

　　法国因成功地调停威尼斯与土耳其的战争,使威尼斯共和国对出身高贵的法国大使大让松(René Voyer d'Agenson)伯爵心存感激。其子继任驻威尼斯国的法国大使后,亦深得威国当权者的尊重。"由是观之,大让松伯爵之特殊地位,似足为卜弥格神甫之保护人而有余。盖卜弥格适需要一显者为介绍人,俾能不受拒绝。就大让松伯爵之性格言,亦不难为中国之传教师效劳。"③ 这首先在于宗教信仰的亲近感。原来,"勒内·德瓦耶(大让松)像他的父亲一样,虔信宗教。卜弥格来到威尼斯和他带来的有关中国朝廷几乎都信天主教,还和外来侵略者进行斗争的消息,无疑给他留下了很深的印象。因此,他决定向威尼斯政府表示他对卜弥格的使团的支持。他的这种支持也取得了成效。"④

　　是年(1652年)12月7日,大让松伯爵"探询物搦齐亚之意旨,同月14日请求国君延见弥格与其同伴,同月16日即延见"。⑤ 关于威尼斯共和国元首接见卜弥格及其中国同伴沈安德的情况,据事后大让松伯爵写给法国布赖内(Brienne)部长的信中说:"……我在引见他(指卜弥格)时,从来不说他是耶稣会教士,我把他说成是一个在遥远的国家传教的教士。他在元首府作了简短的讲话,很受欢迎。我当时坐在大公

---

①　卡伊丹斯基著,张振辉译:《中国的使臣卜弥格》,第115页。
②　伯希和:《卜弥格传补正》,载冯承钧译:《西域南海史地考证译丛》第三卷,第210—215页。
③　沙不烈:《明末奉使罗马教廷耶稣会士卜弥格传》,载冯承钧译:《西域南海史地考证译丛》第三卷,第91页。
④　卡伊丹斯基著,张振辉译:《中国的使臣卜弥格》,第118页。
⑤　沙不烈:《明末奉使罗马教廷耶稣会士卜弥格传》,载冯承钧译:《西海南海史地考证译丛》,第三卷,第91页。

(元首)的右边,大公问他是不是耶稣会传教士,我说是的。尽管这样,他依然受到了很礼貌的接待。① 我说不出当我把他领到元首府时,场上的气氛有多么热烈。他打扮得像一位中国学者,身上的衣着符合他们国家的习惯,在威尼斯城里引起了轰动。人们想象不到,这个人来到威尼斯,是为了进行一场伟大的谈判……这个好心的波兰人并没有错,他是按照他的中国长者们的意旨行事的"。②

法国外交部保存的另一份文献亦记载道:"大使(大让松伯爵)先生向(威尼斯)共和国介绍了一位来自中国的耶稣会教士,把他带到了元首府,他穿的是中国的袍服。这个耶稣会教士当着大使的面,将中华帝国宰相的紧急报告面呈了大公,发表了一个简短的讲话,在讲话中介绍了他的旅途见闻。元首给他派了一个仆人,向他描述了威尼斯城的美,他还获得了两套元老(参事)们穿的大礼服。在威尼斯逗留了一段时间后,大使先生又把他引进了元首府,他便当着大使的面,为他获得的所有礼品和受到的礼遇向共和国表示了感谢。这之后,他才离开威尼斯,禀承中国太后的派遣,到罗马去了。"③

上述文件表明,卜弥格作为来自中国朝廷的使节,在威尼斯的外交活动相当成功。首先,元首接见时,由共和国最具权威参事(元老)组成的二十余人"政团"在场,民众观礼者踊跃。先是卜弥格用意大利语发表简短讲话,说明出使"来意"和旅途见闻;继由卜弥格和沈安德按照中华礼仪向元首呈递庞天寿的书翰(帖子);最终元首"致谢词"以回应。④ 这种在大庭广众中举行的官方仪式,适足以承认卜弥格是"(中国)皇帝和那个大贵族封他为去使徒首府的使者"⑤身份。

---

① 大让松伯爵之所以着重介绍威尼斯大公对卜弥格的耶稣会士身份的关注,就在于自17世纪初年耶稣会士被威尼斯逐出国境后,便无人敢公然以耶稣会士的资格,请求威尼斯国元首和参事院的接待。故此次破例的外交活动,既可窥大让松伯爵的影响力,亦可见大公与众参事对卜弥格个人的好感。参见《西域南海史地考证丛》第三卷,第89—90页。
② 引自卡伊丹斯基著,张振辉译:《中国的使臣卜弥格》,第119—120页。
③ 同上书,第120页。
④ 沙不烈:《明末奉使罗马教廷耶稣会士卜弥格传》,载冯承钧译:《西域南海史地考证译丛》,第三卷,第94—96页。
⑤ 引自威尼斯档案馆一份标明1652年12月16日的文献资料,见卡伊丹斯基前揭书,第120页。

第九章　传教士与奉教士大夫在明清战争的作用和贡献　**663**

其次,在隆重的会见仪式上,卜弥格"衣中国博士服",长袍大袖,与随从沈安德所"衣半袔如土耳其式"的服装形成对照。加之沈安德呈递书翰时,采用中国"跪地三叩首"的大礼形式。凡此衣着和仪礼的异域情趣,增添了会见的热烈气氛,"来观者民众塞途",[①]威尼斯城为之轰动。这显然扩展了中国皇室使团在欧洲社会的影响。

再次,所谓"中华帝国宰相的紧急报告",现已无从查考其是否真实存在过。即或有,"此书且是因道途所经之困难绕道所抵欧洲之第一国而提出者"。也就是说为顺利进入威尼斯,而按照原先四封书信的内容和形式稍加变通,敷衍成文的"报告"。然而,据"卜弥格对于耶稣会统领的辩解,说此书仅是一种寻常的名利",[②]并非内容具体与繁复的"紧急报告"。至于该封"书信"或"名刺"(名片)的文字,巴黎国民图书馆所藏一钞本,披露如下。

"泰西物搦齐亚光地公朝皇会帖子,大明钦命总督粤、闽恢剿联络水陆军务,提调汉土官兵,兼理财催饷便宜行事,仍总督勇卫营,兼掌御马监印,司礼监掌印太监,庞亚基楼契利斯当,敬于物搦(齐)亚光地皇诸侯及公朝总会,于老师卜弥格尔耶稣会奉拜。"[③]

这样看来,无论真假存佚待定的"紧急报告",还是具备庞天寿官衔的"名刺",都是卜弥格"绕道所抵欧洲之第一国"前,为交结所在国首脑,而权宜制造的文书。

最后,卜弥格在威尼斯的外交活动,诸如,游说法国大使大让松伯爵做自己的保护人,请求于大庭广众举行欢迎仪式,在仪式上穿着中国服装履行中国礼仪,乃至为人诟病的呈递庞天寿"名刺",这一切都不过是"卜弥格想增加他奉使的效力……仿中国的礼节,代表派遣他的人致

---

① 沙不烈:《明末奉使罗马教廷耶稣会士卜弥格传》,载冯承钧译:《西域南海史地考证译丛》,第三卷,第94—95页。
② 伯希和:《卜弥格传补正》,同上书,第212页。
③ 伯希和:《卜弥格传补正》,同上书,第213—214页。

敬礼"而已。① 正如大让松伯爵所肯定的:"这个好心的波兰人并没有错,他是按照他的中国长者们的意旨行事的。"

显而易见,卜弥格成功的外交活动,离不开法国大使大让松伯爵的提携、斡旋和推荐。而他之如此积极,则有着个人信仰与法国利益的考量。

(一)宗教信仰的认同感。大让松伯爵在首次会见卜弥格后,写给法国布赖内部长的信中(签署日期为 1652 年 12 月 7 日)说:"传教士来找我,要我把他介绍给元首府,开始我觉得很为难,因为他是耶稣会传教士。"可是,当大让松听到中华帝国的皇太后等人都是天主教徒,卜弥格"到这里来的目的,就是为太后和她将要受洗的儿子,即皇帝,近期要派一个很好的使团来觐见教皇和基督教的大公们"。并且看到使团带来书信(所谓"紧急报告")的拉丁文本,为信中明白漂亮的语言和基督徒所盖的印章而感到震惊,认为"这些话太后是用来向教皇表示她的宗教感情"时,"于是决定保护他(卜弥格)的事业"。② 可见宗教感情的驱动,乃大让松施以援手的因素之一。

(二)加强法国对中国的了解和兴趣。大让松伯爵在同一封信中预言,"这个(赞助卜弥格的)事业会给(法国)国王带来荣誉"。③ 而"布赖内部长之所以帮助卜弥格,也是考虑到这将使法国获得一定的政治利益"。这种"政治利益"的表现之一,便是为了解中国内情提供了难得的机会。当代波兰学者卡伊丹斯基指出:"法国当时热衷于已经开始的东方贸易,并在极力准备扩大它的范围……卜弥格来到威尼斯,也给法国大使提供了一个了解中国内情和熟悉去中国的水陆交通的极好的机会……今天我们能够得到的卜弥格绘制的中国地图,都是在法国找到的。在法国还保存了他的论述中国的《中国事务概述》。在他的著作《报告》的法文版中,也报道了他已完成的科学著作,还发表了当时才十五岁的路易十四(Louis XV)致中国皇太后的一封简短的信。这一切说明了他在巴黎的王宫中,当时引起了多么大的兴趣。"④

---

① 伯希和:《卜弥格传补正》,载冯承钧译:《西域南海史地考证译丛》第三卷,第 215 页。
② 爱德华·卡伊丹斯基著,张振辉译:《中国的使臣卜弥格》,第 118—119 页。
③ 同上书,第 118,121 页。
④ 同上。

(三)凸显法国对威尼斯的掌控地位,削弱教宗和西班牙势力的影响。德意志为主要战场的欧洲"三十年战争"(1618—1648),以法国一方的胜利,教宗支持的西班牙为另一方的失败而告终。与此同时,威尼斯亦是双方角斗的场所。"法国对于当时物搦齐亚国事关心甚切,1640年路易十三世政府已有与物搦齐亚联盟计划,而其目的则在驱西班牙人于意大利外;1642年12月,遣Hugues de Lionne,奉使赴物搦齐亚,盖欲征其兵力,驱逐Milanais境内之西班牙人。"①前述法国出面调停威尼斯与土耳其战争的举措,亦包藏掠夺威尼斯在东地中海商业利益的野心。②而教宗和西班牙出于自身的利益,也不会轻易减弱对威尼斯的影响。

正是在此背景下,卜弥格得到法国政府及其大使的帮助(法国部长布赖内向大让松表示,赞同其庇护卜弥格③),于威尼斯开展的外交活动,自然引起西班牙大使和教宗使节的反感和猜疑。据大让松伯爵在信中说:"……西班牙人因为他(指卜弥格)找了我,我又扮演了他的保护人的角色而感到震惊。他们很想从领事那里了解一些情况,领事什么也没有说,但我却让他们都猜测到了。还有一件事,就是罗马皇帝的使节因为卜弥格没有去见他而表示不满。"④这样一来,法国政府通过帮助卜弥格获得的"政治利益",固然使它在同西班牙竞争中占尽优势,然而,却令卜弥格陷入西班牙和教皇歧视与反对的漩涡之中。"在西班牙和法国的冲突中,教皇英诺森十世是西班牙的积极支持者,因此,卜弥格到罗马后,教皇不愿接待我们这位不走运的使者。他之所以不愿意,具体地说,不仅是因为法国大使在威尼斯干预了他的事务,还因为威尼斯的教皇使节和西班牙大使把他们对卜弥格的看法告诉了罗马。"教皇的"这位使者对卜弥格并不十分友好,他给罗马寄去的一份报告中,说卜弥格要求教会尊重他的使命是'自命不凡',他要罗马给卜弥格

---

① 沙不烈:《明末奉使罗马教廷耶稣会士卜弥格传》,载冯承钧译:《西域南海史地考证译丛》第三卷,第90页。
② 同上。
③ 同上书,第100页。
④ 爱德华·卡伊丹斯基著,张振辉译:《中国的使臣卜弥格》,第119页。

办事时有所警惕。西班牙驻威尼斯大使通过教皇的使者无疑也向罗马表示了他反对卜弥格的外交使命的态度"。① 从此,卜弥格为坚持中国皇室使臣的身份,将付出沉重的代价。

第二,耶稣会与多明我会的中国礼仪之争。

前述卜弥格离开澳门时,不仅具有中国皇室使臣的身份,亦为日本中国教区视察员马亚赋予往罗马接洽中国副教区事务(代理人)的证明。而当时中国副教区最为急切者,莫过于在多明我会传教士带头猛烈攻击利玛窦适应性传教策略之际,"为耶稣会士所用之传教方法作辩护"。出于宗教的信念和使者的责任,"弥格似曾注意于一种较其奉使一事关系更为广大紧急之问题……卜弥格于外交任务之外,兼为耶稣会作辩护,殆为意想中必有之事"。②

"其实,卜弥格早就赞美过中国,1652年,阿塔纳修斯·基歇尔(Athanasius Kircher)在阿姆斯特丹发表的著作《埃及的奥狄浦斯》中,就收进他(卜弥格)写的两篇赞美中国的诗,其中一篇的旁边,还有拉丁文翻译。卜弥格在他赞美孔夫子时,还提到了他的七十二个弟子。"③ 据研究,被誉为"十七世纪关于中国的百科全书",公认当时"权威读物"的基歇尔名著《插图的中国》(或译为《中华文物图志》),④其编纂者之一,便是卜弥格。并且,"开意吉(基歇尔)所认识之中国,以得自卜弥格者为多,弥格时奉派自远东赴欧洲也"。⑤ 而在与大让松交谈中,"他(卜弥格)对我(大让松)讲了关于中国人的非常好的话"。⑥

基于对中国及其文化的美好情感,"卜弥格在威尼斯,还将他的一篇谈到中国传教工作的文章,分别寄给了欧洲几所高等学校的校长。

---

① 爱德华·卡伊丹斯基著,张振辉译:《中国的使臣卜弥格》,第121—122页。
② 沙不烈:《明末奉使罗马教廷耶稣会士卜弥格传》,载冯承钧译:《西域南海史地考证译丛》第三卷,第123页。
③ 爱德华·卡伊丹斯基著,张振辉译:《中国的使臣卜弥格》,第122页。
④ 利奇温著,朱杰勤译:《十八世纪中国与欧洲文化的接触》,商务印书馆1991年版,第16页。
⑤ 沙不烈:《明末奉使罗马教廷耶稣会士卜弥格传》,载冯承钧译:《西域南海史地考证译丛》第三卷,第132页。
⑥ 爱德华·卡伊丹斯基著,张振辉译:《中国的使臣卜弥格》,第119页。

第九章　传教士与奉教士大夫在明清战争的作用和贡献　667

他赞同利玛窦和他的继任者在中国传教的方法,可是这种方法在罗马早就被多明我派和奥斯丁派的众僧看成是对异教活动的放纵。在这篇文章中,卜弥格还表现了对孔夫子的敬仰。所有这一切,都不可避免地引起了罗马对他的不满"。① 在教廷宣教部保存的卜弥格案卷中,便有不少有关中国礼仪问题的文件。其中两份未曾署名而为耶稣会士辩护的文章,指出"一般多明我会士,特言之李若望(黎玉范)神甫,莅中国较晚,而足迹仅能至福建,不久即被驱逐出境,则在了解华人心理一方面,还不及耶稣会士透澈。至是辩者历引不少著名耶稣会士之言",以相印证。为其征引者,包括利玛窦、金尼阁、李玛诺、傅汎际、阳玛诺等人,书中"并引卜弥格神甫为证,则弥格之与此答辩书似不无关系"。特别是,"书末谓中国后妃既已入教,只待皇帝领洗,足证此种宽容方法之效用云。观此论证,又足见其与卜弥格之留罗马不无关系"。② 因此,罗马方面对卜弥格提出的一系列指责中,便有"说他背着自己的上司,到处颂扬耶稣会传教士的传教方法,从而加剧了耶稣会和多明我会以及奥斯丁会教士之间的矛盾"。③ 诸如此类,可见"卜弥格曾在罗马参预礼仪问题",④并为稍后卫匡国抵教廷辩论,从而使教宗重新肯定耶稣会士的传教方法,做了有力的铺垫。

第三,耶稣会内上下级之间的组织纪律之争。

在威尼斯的外交活动取得成功的卜弥格,希望将这种良好态势延续到未来的罗马之行。于是,赴罗马前,卜弥格连续给耶稣会总会长戈斯文·尼克(Goswin Nickel)寄去两封信。"这两封信中说,他在威尼斯很荣幸地受到了友好的接待。他要求主教们到威尼斯的城门口来迎接他,这在外交上是一种高规格的接待,他还要求教皇召见他时主教们也必须在场。"⑤如此热望获得嘉奖和赞成的心情,却被迎头泼了一盆

---

① 爱德华·卡伊丹斯基著,张振辉译:《中国的使臣卜弥格》,第122页。
② 沙不烈:《明末奉使罗马教廷耶稣会士卜弥格传》,载冯承钧译:《西域南海史地考证译丛》第三卷,第126—129页。
③ 爱德华·卡伊丹斯基著,张振辉译:《中国的使臣卜弥格》,第122—124页。
④ 沙不烈:《明末奉使罗马教廷耶稣会士卜弥格传》,载冯承钧译:《西域南海史地考证译丛》第三卷,第130页。
⑤ 爱德华·卡伊丹斯基著,张振辉译:《中国的使臣卜弥格》,第122—124页。

冷水,招来了总会长的严厉谴责。总会长"责弥格之词,则谓弥格处理此种要件竟敢独以己意为之:会中旧例,凡帝王遣会士为使臣赴罗马必须遵会长之训教,不应凭一己之判断或外人之教唆。会长为明白表示其不满,命卜弥格停留于洛雷托(Loretto)城。"①此种所谓卜弥格"放任地进行了一些违反耶稣会组织纪律应当受到谴责的活动",包括"他没有经过耶稣会总会长的同意,就自作主张地发表了他关于中国局势的报告",以及他在威尼斯求助于法国大使,不顾禁令离开果阿,独自设法出版自己的著作等。②

这样深文周纳的苛求和鞭笞,令卜弥格备感惊愕与挫折。1653年2月21日,卜弥格在洛雷托用拉丁文书写的答复总会长来函的长信中,极力为自己辩护。"先辩其并未以大使名义赴物搦齐亚:仅按照中国礼节代表明室投递名刺而已。复次答辩彼从未请求用中国大使名义盛仪进入罗马。但承认如宗座以礼仪接待,则尊荣不属于弱躯,而属教会宗座与明室。彼欲宗座正式接见者,无非使其所奉使命加增重要,而引起普遍之注意耳。"③同时表示:"根据这些和其他得到许多至圣的主教们肯定的理由,我想使我作为一个使者的事业成为公众的事业。如果至圣的您不同意这样,我就让我的全部知识和我的意志都听从于您。只要看到您的第一个信号,我就马上到罗马来。我要回到中国的战场上去,即使付出我的名誉和健康的代价也在所不惜。"④面对如此意志坚定且软中带硬的表白,"最后会长许弥格赴罗马,惟仅用教士名义来,不许用大使名义来"。⑤

表面上,尼克总会长有关卜弥格违反"会中旧例"或"耶稣会组织纪

---

① 沙不烈:《明末奉使罗马教廷耶稣会士卜弥格传》,载冯承钧译:《西域南海史地考证译丛》第三卷,第97页。
② 爱德华·卡伊丹斯基著,张振辉译:《中国的使臣卜弥格》,第122—124页。
③ 沙不烈:《明末奉使罗马教廷耶稣会士卜弥格传》,载冯承钧译:《西域南海史地考证译丛》第三卷,第98—99页。
④ 爱德华·卡伊丹斯基著,张振辉译:《中国的使臣卜弥格》,第125页。
⑤ 沙不烈:《明末奉使罗马教廷耶稣会士卜弥格传》,载冯承钧译:《西域南海史地考证译丛》第三卷,第98—99页。

第九章　传教士与奉教士大夫在明清战争的作用和贡献　　**669**

律"的指责,似乎振振有词。其实,亦经不起推敲。首先,依纳爵制定的《耶稣会会宪》,对于传教士的派遣、传教方法和邻近长上的指导作用,均有灵活而中肯的规定。如派遣传教士,"长上在主内认为何处适宜,便可指导他前去",这跟"服从"的诫律并无抵触。又"会士无论驻在何处……他可采用本会所用的方法中他认为最适当的"。"但比较更邻近的长上所提供当采用的方法,常是更妥善。"①据此,曾任日本中国教区视察员的范礼安,要求具有不亚于罗马会长的处理辖区教务的自由权力,并为耶稣会议所认可。因为这也是《会宪》规定的总会长"当通传的权柄传授给省会长",②使他在本教区内享有最高权威。基于这样的"会中旧例"和耶稣会组织章程,卜弥格并无遭此重罚的理由。采用派遣使臣赴教廷与欧洲国家交往及其人选,乃澳门耶稣会所策划和确定;为卜弥格开具证明书且"承认卜神甫有执行教会圣事之一切自由"的,是日本中国教区的最高权威马亚视察员;而卜弥格无论在旅途或威尼斯,从未超越本教区长上赋予的权限。因此,正如西方学者沙不烈(Robert Chabrié)指出的:"此种惩戒(指不许卜弥格径赴罗马等)非弥格之所应得,盖其完全遵守澳门上级人员命令,似无须求会长之赞同。"③

其次,尼克总会长在藐视教区长上及其使者的宗教权力的同时,亦不由分说地否认卜弥格作为南明朝廷使臣的合法身份。如他诬称卜弥格未获耶稣会上层同意,竟敢以大使名义进入威尼斯,并要求教皇以隆重礼仪接待,因而裁定卜弥格赴罗马,"惟仅用教士名义来,不许用大使名义来",便是此种心迹蛮横霸道的表露。然而,卜弥格历经艰辛携至罗马的煌煌四通书信,那盖有鲜艳印章且明确授权的字里行间,无不是对总会长的狂妄自大和严酷无情的有力批驳。

特别是卜弥格对其南明使臣身份的一往情深,以及软中带硬、据理力争的态度,更使总会长以势压人的霸道难以奏效。正如他在《中国天

---

① 依纳爵著,侯景文译:《耶稣会会宪》,台湾光启出版社1976年版,第195—196,231页。
② 同上。
③ 沙不烈:《明末奉使罗马教廷耶稣会士卜弥格传》,载冯承钧译:《西域南海史地考证译丛》第三卷,第97页。

主教状况与皇室皈依略记》结尾部分所说:"既然中国皇帝陛下把这个艰难而光荣的事业托付于我,为了这件大事,我便冒着各种危险,经过澳门、果阿、莫卧尔、波斯、亚美尼亚、纳托利亚,来到了士麦那,又从这里到罗马去了。"①而在那封写给总会长的辩白长信中,虽声称他并未以正式大使名义进入威尼斯或罗马,但执言如若教皇以隆重礼仪正式接见,便可增加其使命的重要性,引起欧洲社会对中国的普遍关注。而根据许多主教提出的理由,这是他作为一个公共事业的使者所必不可缺少的。可见即使在总会长严词谴责之下,卜弥格念念不忘的,仍然是履行与其使臣身份相匹配的权责。当然,慑于总会长的强势,卜弥格也不得不表示服从其安排和调遣。却依旧坚持将回到中国战场,以生命的代价为南明朝廷效力尽忠。因此,这封长信不啻心无旁骛且矢志不渝的良知的告白。

第四,中国耶稣会内拥清派与拥明派的传教前途之争。

鉴于明清战争的初期,战局走向尚不明朗,在华耶稣会为传教而左右逢源,立于不败之地,遂一方面决定保持中立,不公然袒护任何一方;另一方面却任凭传教士根据战前的传教地域,自由选择从违于不同的军事集团。企图通过这种交战各方都有传教士的积极活动,且彼此处于竞争的状态,以达到无论哪个军事集团最终取胜,都能确保基督教在华的利益。这其中,以汤若望为主的拥清派,跟毕方济、艾儒略、卫匡国、瞿安德、卜弥格等组成的拥明派,乃是关乎传教前途并相持不下的两个派别。然而,随着清朝在军事上的节节胜利,南明弘光、隆武朝廷相继灰飞烟灭,永历亦陷入偏处一隅的苦苦挣扎之中。战局的变化决定拥清派与拥明派势力的消长。前者日益受到教会上层的重视和传教士的拥护,后者逐渐被人疏远落得遭人唾弃的悲惨境地。

特别是"1650 年(清顺治七年)秋天,也就是在卜弥格从澳门出发前的几个月,年幼的顺治皇帝的摄政王们请皇帝签署了一道命令,即欧

---

① 引自卡伊丹斯基:爱德华·卡伊丹斯基著,张振辉译:《中国的使臣卜弥格》,第 114 页。

第九章 传教士与奉教士大夫在明清战争的作用和贡献 671

洲后来知道的'中国鞑靼敕令'。这道命令为了表示清朝对基督教的善意,向北京的耶稣会传教士保证:他们仍将享有在明朝统治时期获得的所有特权和传教的自由"。① 由拥明派转变为拥清派的卫匡国,奉中国副教区长上之命,前往欧洲辩论中国礼仪的行囊中,自然"带着(此项)敕令去罗马,为的是让教会知道中国已被清朝征服的事实"。几经周折,"1653 年 8 月,卫匡国到了欧洲,马上向欧洲介绍了北京耶稣会传教士对中国事变的普遍的看法,表示反对卜弥格的《报告》。他说,明朝的抵抗已经彻底失败,全中国都在清朝的统治之下。"② 而随后在欧洲出版的《鞑靼战纪》的补充材料中,卫匡国又写到,"从我 1654 年 6 月在布鲁塞尔接到的中国来信上看,鞑靼人比以前更优渥地对待耶稣会神甫。他们允许在全国传播天主教,不仅允许保留古老的教堂,还许可自由募捐新造教堂。蒙上帝的恩典,那些毁坏了的教堂后来都修补了。"③

诸如此类的信息不断地在欧洲传播,势必越来越影响教会上下对卜弥格的信任和同情。纵然卜弥格聪敏干练,鼓如簧之舌,交八方之友,也终难获得欧洲的支援,拯救孱弱、腐败和濒临绝境的永历朝廷。同样地,他也不能给中国传教带来光明的前途。永历朝廷先天的劣势与实力的不济,便是造成其使臣卜弥格悲剧命运的根源。

最终,以上这四种矛盾的交织和纠结,便在公开敌视、恶语中伤和匿名告状的氛围中,集中表现在罗马教廷对卜弥格毋庸置疑的教士使臣身份和使命,以及相关问题(教皇应否接见,如何回应明永历请求等),煞有介事地进行了长达三年的讯问、审查与不公正的待遇。1653年至 1655 年间,教廷宣教部曾多次召开大会,并设立专门委员会审查此事。其中详情,西方学者沙不烈和伯希和的论文多有披露。④ 大致情形是,"前次报告对于卜弥格本人与其奉使,以及对于一般耶稣会士,

---

① 爱德华·卡伊丹斯基著,张振辉译:《中国的使臣卜弥格》,第 125—126 页。
② 同上书,第 126 页。
③ 卫匡国著,戴寅译:《鞑靼战纪》,载杜文凯编:《清代西人见闻录》,中国人民大学出版社 1985 年版,第 67—68 页。
④ 参见冯承钧译:《西域南海史地考证译丛》第三卷,第 103—122、223—224 页。

咸具有一种显明的敌视心……此上呈教宗之报告,以为此案或为一大骗案"。① 至1655年1月7日教宗因诺曾爵十世去世,新任教宗亚历山大七世即位后,形势稍有改观。"敌视心业已消灭,而代以一种尚可调和之猜疑。诸调查员建议于宗座,请允接待卜弥格:缘其事毫无危险也。奉使之真伪无甚关系。教皇根本不必有此考虑:盖其传教任务应以好意接待一切表示敬意之来人,不问其目的为何也。假定其事非伪,不予接待,则恐失人望,而对于中国基督教界加以侮辱矣。"②卜弥格就是"在这种半信半疑的状况中,于等待三年后,始获得1655年12月18日教皇答太后烈纳同太监庞天寿书。"③"亚历山大七世和卜弥格谈话之后,建议他马上动身回中国去。"④

无论"显明的敌视",还是"半信半疑"的猜度与调和,罗马教廷始终采取的,是一种极不信任和敷衍塞责的态度。所谓教皇《答烈纳太后书》,为此提供了典型的文本。全文"措词空泛",侈谈耶稣基督无远弗届、法力无边,故能罩及辽远而似"别一世界"的中国。于是嘉许皇太后和太子的领洗,要求"皇帝能将全国伪神之教悉皆毁灭"。对于永历皇室热望及卜弥格历尽艰辛所追求的援助,教皇的答复更加"不着边际",仅在结尾处表示,"自今以后祈祷天主,使汝国统一,永享太平"而已。⑤ 这封过于谨慎且略显刻薄的《答书》,据说跟教宗对中国战局实际情况的了解不无关系。"当时罗马已不相信明朝能够恢复在全国的执政地位,不相信永历的政府能够维持长久,通过留在北京清朝廷中的传教士给他的汇报,他虽然很迟,但已比较多地了解到了力量对比的实际情况。"⑥

讨得这一纸空文的《答书》,且被教皇劝说迅速离开欧洲返回中国,

---

① 参见冯承钧译:《西域南海史地考证译丛》第三卷,第120—121页。
② 沙不烈:《明末奉使罗马教廷耶稣会士卜弥格传》,载冯承钧译:《西域南海史地考证译丛》第三卷,第121页。
③ 伯希和:《卜弥格传补正》,同上书,第224页。
④ 爱德华·卡伊丹斯基著,张振辉译:《中国的使臣卜弥格》,第127页。
⑤ 冯承钧译:《西域南海史地考证译丛》,第136—137、224页。
⑥ 爱德华·卡伊丹斯基著,张振辉译:《中国的使臣卜弥格》,第128页。

免得再生枝节的卜弥格，显然并不甘心。他自1655年12月18日在罗马经教皇接见，迄1656年3月30日于里斯本搭船前往东方，这其间，仍在积极联络欧洲君王。现已确知，当卜弥格离开里斯本之前三天，受到葡萄牙国王的接见。临行前夕，还收到葡国王致庞天寿和明朝皇帝的两封复信。1656年3月26日葡国王在答复庞天寿的信中，虽"没有给出提供帮助的正式承诺"，但仍"许诺跟明朝同盟并会在下一个雨季时通过印度总督给出一个完整答案"。国王在信中说："在下一个雨季，一个完整的答复将被送到我的印度总督那里，我希望到时你会满意。"而在另一封于1656年3月28日写给明朝皇帝的信中，葡萄牙国王"依照"的，是"基督教皇室之间通信的礼仪标准"，并"保证会像兄弟和朋友一般支持明朝皇帝"。①

很显然，葡萄牙国王既不同于教宗身边人的敌视和教宗的敷衍态度，亦跟澳门、果阿当局为急切的经济利益而对南明过早地采取决绝政策有所差别，他似乎是站在更高的政治谋略的立场考量，在南明永历朝廷并未最终灭亡的情况下［朱由榔皇帝于永历十五年（清顺治十八年，1661年）十二月，由清军从缅甸擒回，次年四月（清康熙元年，1662年），被缢杀于昆明］，为中国政局的走向保留最后一点选择余地和活动空间。

不管葡萄牙国王如何老谋深算、计虑周全，但对于卜弥格来说，毕竟多提供了一些精神的慰藉和未来的希望。于是，葡国王接见后，他立即动身赴果阿，因果阿港被荷兰人封锁，卜弥格遂从陆路来到印度东部沿海，乘船于1658年初抵暹罗，"拟从此地赴澳门，不意澳门遣人通知，不愿明使还澳门，否则开罪满人，澳门将受其祸。弥格不得已，附一荷兰人驾驶而运载华人之海舶……是年七月抵交趾之一河口"。卜弥格随即登陆，一边访问中国情势，一边商请交趾耶稣会与当地政府交涉，雇觅向导，拟从广西入境。1658年11月20日，他在河内给托斯卡尼亚（Toscane）大公写了最后一封信。信中说："我终抵中国边界，别言

---

① 引自冼丽莎：《为了贸易和传教服务的利器——澳门和耶稣会对晚明朝廷的支持（1620—1650年）》，载《西学东渐研究》第三辑，第226页。

之,交趾国也;我将从此往依永历皇帝,缘其母,其妻子皆曾领洗也。"由于卜弥格始终对其归属的永历朝廷抱有希望,故信里便有"皇帝现统率四军与战象百头,及所领五国之众,进讨叛逆,光复余地"等不切实际的炫耀之词。后叠经当地耶稣会长博尔热斯(Borges)的苦求,"交趾始许卜弥格通过其境,前往中国。卜弥格寻觅乡导阅数月,最后方抵广西边界。不意边界关口俱为清人把守,不能入境。卜弥格乃致书于博尔热斯神甫,请他转求交趾王,许他重回交趾。交趾王拒绝不允,卜弥格疲惫失望,因得疾,殁于1659年8月22日。其艰苦获得之教皇答书,竟未能传达,他的同伴沈安德始终相从不去,乃为之办理后事,葬之道旁,树一十字架,建一碑石,事毕,偕一中国官逃入山中,以避清兵之搜捕。"①对此,东京(今越南河内)耶稣会长博尔热斯于1659年10月20日写信向罗马总会长报告:"……这位好神父的使命到此结束了。但它结束得太早,也太匆忙……他的死是当他既不能到中国大陆去,也不能回到我们这里来,也不能去澳门的时候,因为这是检察官的命令。当清朝已经占领了整个中国的时候,他这样就避免了他可能遇到的最大的危险。再说,如果永历皇帝还能收复广西省的话,他的坟墓又会成为象征他对这位皇帝的爱戴和忠诚的很有价值的纪念物。"②

毫无疑义,卜弥格走投无路、穷蹙而殁的悲剧,与其谋求欧洲援助的失败的使命一样,从一开始,便是由孱弱腐败的永历朝廷,以及想入非非的澳门耶稣会所铸就。然而,若抛开"以成败论是非"的功利的观点,从文化交流不断深入的过程来衡量,那么,卜弥格在艰难竭蹶的条件下,为促进欧洲社会对中国的了解,其建树的业绩和真挚的情感,都令人钦佩。

其一,无论是晋觐威尼斯元首和参事院,于大庭举行欢迎仪式而观者为之轰动;还是为法国提供熟悉中国内情的机会,法国国王、部长及大使的斡旋和关怀;也无论是葡萄牙国王的亲自接见,复信透露的些许

---

① 冯承钧译:《西域南海史地考证译丛》第三卷,第148—150,226—228页;卡伊丹斯基著,张振辉译:《中国的使臣卜弥格》,第135—166页。

② 爱德华·卡伊丹斯基著,张振辉译:《中国的使臣卜弥格》,第166页。

抚慰与希望；还是致信奥地利教区，未曾成行的赴维也纳访问；①凡此说明卜弥格的游说，已在欧洲一些重要国家产生关注和了解中国的积极效应。即使是卜弥格在罗马的三年审查期间，诸如五次大会的召开，特别委员会的专案调查，宣教部辑录的有关攻击与辩护的大量卷宗，以及超越专案而涉及中国传教各种问题的辩论，②亦无不反映教会上层对中国事态的专注。这些来自积极的效应或反面的诘难，均表明卜弥格的出使，有利于扩展中国在欧洲的影响。

其二，"澳门耶稣会传教士和北京的耶稣会传教士多年没有共同语言"，"两个（传教）省份之间的不和"，被前述东京耶稣会会长博尔热斯视为是"一种耻辱"和他人的"笑柄"。并直接导致"两个省中任何一个省都不承认卜弥格是自己的神父"，剥夺他最后一点维持生活的财物，这样"连起码的怜悯心都没有"的地步。③ 然而，卜弥格却不计前嫌和个人得失，在访欧期间，通过发表赞美中国的诗文，编辑介绍中国的权威读物，写信给比利时杜埃（Douai）大学校长并转呈欧洲四所著名大学，④乃至公开替中国耶稣会传教方法辩护，从而为稍后卫匡国在罗马就中国礼仪成功的申辩，作了有力的铺垫。

其三，正如前述金尼阁、卫匡国传记所揭示的，适应性传教路线，为耶稣会士聪明才智的发挥及有关中国历史和现状的撰述，提供了得天独厚的活动空间。卜弥格在中国短暂传教与出使欧洲期间，撰写的已刊、未刊的著作，再一次为此增添了典型的事例。如未刊《中国地图册》，"乃是最早向西方世界提供的一部绘制得很详尽的中国地图册"，它和卫匡国的地图册一样，"在早期耶稣会的制图学中占有很重要的地位"。⑤ 又如已刊《中国植物志》，"这是欧洲发表的第一部关于远东和东南亚大自然的著作"。⑥ 特别是引起争议与讨论，从而影响深远的介

---

① 沙不烈：《明末奉使罗马教廷耶稣会士卜弥格传》，载冯承钧译：《西海南海史地考证译丛》第三卷，第112页。
② 同上书，第103—108页。
③ 爱德华·卡伊丹斯基著，张振辉译：《中国的使臣卜弥格》，第168—169页。
④ 沙不烈：《明末奉使罗马教廷耶稣会士卜弥格传》，载冯承钧译：《西域南海史地考证译丛》第三卷，第123页。
⑤ 爱德华·卡伊丹斯基著，张振辉译：《中国的使臣卜弥格》，第180—181,203页。
⑥ 同上书，第203页。

绍中医学的著作《中医》《中国医法举例》等,使人们不得不思考:"他是不是第一个发现这种医学的奥秘并向科学世界公开了这种奥秘的欧洲人?"这样严肃的问题。① 诸如此类,无不昭示,卜弥格已刊和未刊著作,进一步丰富了适应性传教策略的内涵,他亦成为欧洲汉学最早的开拓者之一。

其四,纵观卜弥格在中西文化交流中的贡献,诸如,忍辱负重的外交折冲,责无旁贷的礼仪之辩,笔耕不辍的各类著作,莫不证明宗教的使命和对中国的美好情感,乃其内心的驱动力。就后者而言,如他说"这整个中国的土地是多么美好",对中国人也讲了"非常好的话"。又如发表赞美孔子的诗文及其中国的伦理哲学。尤其是对南明永历朝廷的忠诚和拥戴溢于言表,既称为不辜负中国皇帝的重托,不惜冒风险前往欧洲;又谓即使教会上层阻挠,也不能改变他返回中国战场的决心,并且"言必信,行必果",最终以病羸之躯,为进入中国追随永历而殉难。凡此对中国的土地、人民、文化和朝廷的深情厚谊,乃是包括卜弥格在内的来华耶稣会士,构筑适应性传教路线的情感基础。

西方学者沙不烈(Robert Chabrié)在《明末奉使罗马教廷耶稣会士卜弥格传》的长文中,对传主出使始末进行详细描述和考证后,总结道:"是为明朝谋光复与一波兰耶稣会士之历史,而此历史世人鲜知之。吾人于研究之中,并及耶稣会传教中国之足堪注意的阶段。

……设其所谋得遂,当时形势变迁,其声望之大可以知也。世界一大部分文化之进步,殆将有所变更。中国处欧洲辅助之下,信奉公教之汉族君主统治之时,则耶稣会将见其所造成之一种繁盛时代。法国与教廷,葡萄牙与物搦齐亚,将在一种抵于和平密切交际之外交中执行一种莫大任务矣。

是为卜弥格意想之前途,而为今人所不知者也。"②

沙不烈的论述,涉及两个重要问题。即如何认识明季基督教传播

---

① 爱德华·卡伊丹斯基著,张振辉译:《中国的使臣卜弥格》,第248页。
② 沙不烈:《明末奉使罗马教廷耶稣会士卜弥格传》,载冯承钧译:《西域南海史地考证译丛》第三卷,第168页。

这"足堪注意的阶段",或耶稣会"繁盛时代"的特点;以及在此"形势变迁"和"意想之前途"中,将给中国社会带来怎样的警示与影响。因事关文化交流的性质和规律,故有必要联系此前南明弘光、隆武、永历朝廷同西方的交往略加辨析,以正视听。

明季基督教传播新阶段的特点,之所以跟过去适应性传教策略多有不同,首先取决于时代条件已发生显著的变化。1609年(万历三十七年)2月15日,利玛窦致远东副省长巴范济的长信,对适应策略总结时指出,由于中国的政情不同于他国,洋人根本禁止居留,更遑论与皇帝直接交谈,或上书请求他准允自由传教。在这种情况下,利玛窦将传教的重心倾向知识分子,一则借助该阶层崇高的社会地位,以消除一般民众对教会的仇视与反感。再则形成皇帝不能不重视的社会力量,而最终承认基督教的生活方式。他想通过这种迂回、间接的途径,由皈依的知识分子逐渐向皇帝施加影响,而实现自由传教的理想。于是,学术性传教,归化不在数量而在质量,不在急功近利而在长远稳妥等一系列谋略、便应运而生。

然而,南明之际传教形势大变。无论毕方济结识弘光于潜邸,弘光登基后赞其信义素孚;还是隆武以毕氏堪称师友,谊重金兰友道;抑或瞿安德深入宫闱为永历皇室女眷洒水施洗;这些连澳门耶稣会士直谓做梦都没有想到的短期内发生的奇迹,使皇帝之崇奉天主教并赐予传教特权,猝然成为可能。

利玛窦在那封长信中还说,开罪中国皇帝的原因,还在于传教士与外国人的来往,诸如接受外国送来的生活费。尤其是惧怕同澳门葡人的交往,在南方凡对教会提出的指控均与此有关。因此,为促使中国传教团拉开同澳门的距离,利玛窦建议通过购买土地,实现中国教会的自力和自主,以利于和平传教方针的贯彻。①

可是,南明朝廷对澳门葡人却是另一番观感。非但不再视为政权

---

① 参见拙著《明清之际中西文化交流史——明代:调适与会通》(增订本),第366—369页。

的威胁或隐患,而惟恐得不到澳门葡人的青睐,故一次次地派人前往献礼、寻求联盟和军械支援。甚至在澳门耶稣会怂恿下,热衷于同素昧平生、从无来往的欧洲国家君主建立联系。这短期内观感的巨变,确乎与利玛窦时代的情景迥然不同。

正是由于南明朝廷对基督教和澳门葡人态度的变化,导致当时耶稣会士所说,直到如今华人所有的"疑忌政策"的易辙。这其中,基督教会无疑是新政策的最大受惠者。首先,通过皇帝照准崇奉天主圣教,广州、上川岛允建新堂,福州教堂翻新,传教士进入中国内地再无须乔装改扮等,教会显然已获得自由传教的特权。其次,从毕方济上奏中兴富强四策和出使澳门,瞿安德前往北方调集新军与修订颁行西洋新历,卜弥格受命出访罗马教廷及欧洲诸国来看,传教士已直接介入南明朝廷的内政、历法、军事、外交活动,参与政权的决策。再次,瞿安德执意要求遵照西方宗教的典则和习惯,进入永历宫闱当面向后妃女眷施洗的过程,表明至少在领洗方式上,已由过去适应中国礼俗的权宜(如汤若望),向僵硬的西方典则的回归。最后,澳门耶稣会处心积虑地谋划和选拔卜弥格出使欧洲,意在利用这联系的纽带,加强基督教世界对中国历史进程的影响。

同样地,澳门葡人也是受惠者。在商业贸易方面,一年的商船货物免征入口税,取消原有限制可自由前往广州经商,内地供应澳门的粮食皆得免税。此外,在原先澳门地界之外,以钦赐墓地为由,新获名"蚝田"的一处肥沃庄园。

那么,南明朝廷从这政策的变易中,获取了哪些效益呢?就近期或物质层面而言,大致得到了三次来自澳门的军援。第一次,三百葡兵赴内地参与勤王之师。第二次,运送南明战场需要的一百支火枪。第三次,派遣三百或五百士卒、火炮二尊驰援广州。然而,有西方学者对此次驰援的真实性存疑。从长远及精神层面来看,透过卜弥格出使欧洲的酝酿、实施和争议,以及他介绍中国的各种著作,扩展了永历朝廷乃至中国在欧洲社会的政治与思想文化的影响。

至于中国发展的远景,按照前面征引西方学者沙不烈的描述,其一，中国文化将取得进步，不过，这种进步是以基督教进入国制国俗的范围，并令国制国俗改良和变化为条件。其二，信奉基督教的汉族君王统治的中国，其政治结构和政权走向将处于欧洲辅助之下。其三，罗马教廷和法、葡等西方国家，在中国文化的改变、政权的辅助和对外交往中，将发挥重要的作用。

综上所述，明季基督教传播新阶段的特点，是在统一和强大的明朝历经动乱，沦落为分裂与孱弱的南明小朝廷的过程中凸显出来的。而明朝对教会和葡人适度限制与管理的开放政策，一旦让位于敞开及不设防的开放，甚至将政权的生存寄托于某种幻想的对外亲善政策的时候，那势必助长西方国家对中国的政治、军事、外交和思想文化领域更深的介入与控制，导致传教策略由适应性权宜向僵硬的西方原典的回归，原先维系的中西文化平等交往的基础，亦因向西方过度倾斜失去平衡而有崩溃之虞。不过，正像弘光、永历小朝廷乃明清易代的长剧中，一段短暂的插曲一样，如此有损于中国主权而无益于中西文化交流的构想和愿景，如此偏离适应性传教路线的出轨行为，已随着南明朝廷的覆灭而烟消云散。

历史的经验再一次昭示，所谓文化或文化交流，实质上是一种综合国力的集中表现。它不仅有赖于文化传统固有的凝聚力和感召力，更取决于其所依托国势的强盛与阽危。明季中西文化交流的曲折过程，即是明证。

第三节 弘光、隆武、永历朝廷与奉教士大夫

明季在反清的各政治武装集团中，多有奉教士大夫叱咤风云的身影。除前述李自成起义军有奉教士大夫韩霖、魏学濂、李天经参与其事外，南明诸朝廷上亦不乏其人。如弘光朝陈于阶，隆武朝金声，永历朝瞿式耜、焦琏，皆彰明较著者。不过，因戎马倥偬的战争，以及上述诸人信仰和生活的阙失，致使后人对其是否真正领洗皈依并持守如一颇存疑议。在此，拟对四人卓荦的抗清事迹及其道德节操先行表彰，继就不

能以西方标准衡量中国教徒,尤不能以此评骘动乱中奉教士大夫的看法,略申己见。

陈于阶,字瞻一,号仲台,松江上海人。祖、父乃任驿丞、仓使等下级官吏,其母即奉教士大夫徐光启之妹。由此舅甥亲缘,于阶"从徐光启学历法"。① 并于崇祯二年(1629年)徐光启督修《崇祯历书》时,陈于阶以"访举儒士"身份,于当年八月率先入局,②观象演器颇为得力。故崇祯六年(1633年)十月,徐光启临终前所呈《治历已有成模恳祈恩叙疏》中,将祈求恩叙奖赏的一般知历人员厘分三等。"访举儒士陈于阶"与"知历生员邹明著"属于一等。其评语是:"思精推测,巧擅绘制,书器方藉前劳,讲解正需后效,所当照纂修办事例优叙者也。"李之藻之子、监生李次霦等人为二等,"所当照纂修效劳例量叙者也"。其余多人系第三等,"俟学习完日另叙"。③ 可见陈于阶乃进局最早修历成绩至为突出者之一。

自李天经掌管历局之后,陈于阶更成为其依倚的重要助手。如崇祯七年(1634年)八月十六日夜月食,为"恐临期阴晴难料",需派人携测量仪器"于近海广漠之区,得见出地时食甚分秒",李天经遂"开送访举知历生员邹明著、儒士陈于阶,奉旨纪录,堪以任使,各携测器,前去验报"。经礼部决定,"将邹明著、朱光大差往山海关,陈于阶、朱国寿差往登州,公同测验",并获皇帝俞允。④ 显示陈于阶已成为独挡一面的知历骨干。于是,崇祯八年(1635年)四月,李天经在《书器告成叙录宜加谨照原题查叙在事诸臣以示激劝》的奏疏中,重申前述徐光启有关表彰优叙的请求,指出"历局生儒办事已阅五年,两载未沾半菽",含辛茹苦。而在品评该局生儒时,陈于阶与邹明著仍列为一等,评语为:"贯通象纬,精究理度,缮制已有成效,推测可任方来,所当照纂修办事例优叙者也。"⑤

---

① 徐秉义:《明末忠烈纪实》卷十二。
② 徐光启等:《新法算书》卷四,载《四库全书》第七八八册,上海古籍出版社。
③ 王重民辑校:《徐光启集》下册,第428页。
④ 徐光启等:《新法算书》卷三,《四库全书》第七八八册。
⑤ 徐光启等:《新法算书》卷四。

第九章 传教士与奉教士大夫在明清战争的作用和贡献   681

与此同时,李天经为落实徐光启《度数旁通十事》的宏愿,"陈于阶八年四月内差往广浙,搬取旁通书籍,中途抱病,暂回原籍调理。然劳次具在,非空隶名者比,实无碍于叙录也。"礼部尚书的评判虽然如此,可是,待崇祯九年(1636年)二月确定职衔时,与陈于阶劳绩相等的邬明著,"授钦天监正九品、五官司历职衔"。其余李次霩等八人,"授钦天监从九品、漏刻博士职衔"。惟有"儒士陈于阶,既以差往广浙搬取旁通书籍,中途患病回籍,合俟进京之日另行再叙"。①

然据记载,陈于阶"追回京报命之后,旋以患病告归",迄未授功名,仍以"儒士"自况。里居期间,"私念时事多艰,于铳器火药置造演练之法,无一不穷其制,不极其精。而其人又浑朴老成,绝无炫耀求荣之想"。② 如"松江知府方岳贡筑石堤,开十字河,筑仓城,于阶亦时预其议,而不居其名,岳贡甚重之。"③

崇祯十六年(1643年)九月二十五日,时任南京兵部尚书史可法,呈《为特举逸才以资练备疏》曰:"南兵之所长者,火器耳。是必造之甚佳,储之甚多,习之甚精,而后试之有效,非漫然尝试者也。南部各营火器,不但不多,并亦不能造,不能习,而总由于知之者无其人。臣于善造善放者,多方物色,而得一人焉,则上海县儒士陈于阶也。于阶师事已故辅臣徐光启,于西洋器数之学,研究颇精。"随即在叙述崇祯二年于阶佐光启修历,六年奉旨记录,七年往登州推测月食,至患病告归,精研铳器火药置造演练等情节后,继续写道:"……宪臣方岳贡守松江十余载,知之极真,一日言之于臣,以礼聘致,今相随已三四月矣。目下造器、造药、练守、练战,断非于阶不能。请乞敕下该部将于阶量授南钦天监博士职衔,教练诸营火器;俟有成效,另行优叙。"④"时岳贡以副都御史,兼东阁大学士,居京师,颇为于阶游扬。"⑤ 由是,兵部职方清吏司于十

---

① 徐光启等:《新法算书》卷五,《四库全书》第七八八册。
② 方豪:《中国天主教史人物传》上册,第250页。
③ 《明末殉国者陈于阶传》,载《陈垣学术论文集》第一集,中华书局1982年版,第249页。
④ 方豪:《中国天主教史人物传》上册,第249—250页。
⑤ 陈垣:《明末殉国者陈于阶传》。

二月二十六日案呈云:"看得战胜攻取,惟以火器为长技,而精于其术,百发百中,实难其选。今儒士陈于阶,方外别传,冲锋破敌,定有专门;况其恬退不竞,有轻裘缓带遗风。留都重地,量加散局职衔,以示鼓舞,实用人要着也。应如议量授南钦天监博士职衔,在南兵部衙门效用。"此案呈于崇祯十七年(1644年)正月获皇帝批准。①

弘光朝继立于南京,陈于阶于当年五月二十五日上福王为《力劝忠勇共图恢剿以雪国愤以佐中兴疏》,总结覆亡教训而痛陈时弊。其略曰:"臣草莽儒生,于崇祯二年,奉旨聘取修历,七年登州测验事竣,给假回籍。躬耕自赡,已经十年,每念时艰,深切痛心。忆臣母舅先辅臣徐光启,日思报国,富强二计,讲求有年……其战守器艺,臣向随侍,每为指授,因谙什一。昨岁枢臣史可法,实心干济,搜罗人才,不遗葑菲,咨及于臣,委以监督制造,题授今职……臣伏睹目前最急者有三要:曰严稽察,绝窥渡,坚守御……溯自奴酋始乱,继以寇氛,争战二十六年,覆败相寻,岁无虚日。致坏之端,总有四因,曰积弊不能除,情面不能破,贿赂不能绝,体貌不能下。今际此难端,不拘大小臣工,各宜发愤惕励,悉反前辙。复有五病,不得不言,曰不得官之效,不得民之心,不得兵之力,不得器之功,不得财之用……"二十七日奉旨,兵部知道。旋升本监五官挈壶正。同年十二月十八日,复陈《火攻急着以资战守以操万全疏》,论火铳及战车战船之制,凡二千言。"其扼要之语有曰:'倘敌人亦办此器,我必以大,以多,以先发,以远到,而胜之。'又曰,'督师辅臣史可法,以臣粗知器理,先委督造鸟铳,继委管铸大炮,近苦钱粮材料,百不应手,竟属无米之炊,虽严檄屡催,何由克济。又辅臣马士英,经理枢务,日夕焦劳,委臣先造蜈蚣船一二为式,奈所司工料未发,无从制造。臣因叹造船制器,为当今第一要策,犹以库匮不能料理,安望临敌决胜,收允文采石之功,破苻坚投鞭之众哉'。"陈于阶所上二疏虽未见效用,然弘光元年(1645年)三月再升本监中官正,史可法赠以银带,以示奖励。②

---

① 方豪:《中国天主教史人物传》上册,第249—250页。
② 陈垣:《明末殉国者陈于阶传》;方豪:《中国天主教史人物传》上册,第250—251页。

尽管朝政腐败,造船制器材料百不应手,由于陈于阶惨淡经营,经年之间扬州制炮练兵毕竟稍有成效。故弘光元年四月清军猝围扬州城,"攻打愈急"之时,史可法"拜祷天地,以炮击之,伤北兵数千"。① 城下之日清军下令屠城的原因,据说在"未破城时发炮伤兵也"。② 可见守城初期,经陈于阶"造器造药练守练战"的防御及其火炮,亦颇奏肤功。特别是城破后史可法慷慨殉节,阖城百姓惨遭荼毒,陈于阶悲愤大恸,感叹道:"吾微员也,可以无死,然他日死何以见徐公哉!"缢死天主堂。③ 而据其家传资料,则云:"遂沐浴具六品冠服,往铁塔仓北天主堂默祷毕,从容就义于鸡鸣山之观象台,年五十有一。"④

总括陈于阶的生平事迹,似在三种境界上,得到其精神的升华。第一,虽性格"恬退不竞",不为功名所累,然痛心时艰,日思报国之忧,乃至国破身殉,以抒其忠贞节操。前者如崇祯历局本应优叙授官,却请假回籍,躬耕自赡,十年间恬淡自若。后者如弘光朝两封奏疏,明知人微言轻,仍孜孜汲汲以"力劝忠勇共图恢剿以雪国愤"为念。直至南京沦陷,旧臣纷纷投清,丑态百出,在此"不降则死,不死则降"之际,陈于阶决然跟"递职名参谒者如蚁"划清界限,自谓"吾职虽微,恶可受辱,且他日何以见史公哉!"⑤终于以死明志,达到古代忠臣的最高境界。

第二,陈于阶"渊虑巧思",终生以实践和传扬"西学"为职志。自幼随母舅徐光启学历法,旁及"战守器艺"、"西洋器数之学",研究颇精。崇祯历局五年,无论天文测验绘制,抑或度数旁通诸事,皆兢兢业业,优叙一等。十年家居,"私念时事多艰,于铳器火药置造演练之法,无一不穷其制,不极其精。"⑥受命教练扬州诸营火器,经年间亦初

---

① 抱阳生编著:《甲申朝事小纪》上册,卷一,《史可法维扬殉节纪》。
② 计六奇:《明季南略》卷三,《史可法扬州殉节》。
③ 温睿临:《南疆逸史》卷十,陈于阶传。
④ 陈垣:《明末殉国者陈于阶传》。
⑤ 同上。
⑥ 方豪:《中国天主教史人物传》上册,第 248—250 页。

见成效,给围城清军以重创。从天文历法至铳器火药技艺,陈于阶沿着明季"西学"传扬的轨迹,亦步亦趋,在研精"西学"的境界中,寄寓其爱国情愫。

第三,"于阶是否受洗,教史不言,亦无圣名。"① 然揆诸中外史籍,本证他证历历在目,基督教徒身份似可定谳。例证之一,经耶稣会士劝化,徐光启"全家付洗",②其胞妹即于阶之母当在其中。又于阶幼从光启肄习西洋历法器数之学,于日常耳濡目染之间,不能不受到母亲和舅父宗教信仰的影响。故于阶自"字瞻一",③方豪解曰:"指瞻礼一天主也,与当时教堂之名敬一、钦一者同义"。④ 例证之二,据德国学者魏特撰《汤若望传》所载:"(北京)耶稣会会址之旁,人们建立宽阔房屋一所,作为教养天算专门人才学院(译者按:即当时之历局)之用。入学院之中国学员自然俱系基督教徒,在传教士指导之下从事于天算表格与对数表迻译之工作。"⑤陈于阶既是进入历局最早亦最为出色的中国学员,他也应同其他中国学员一样,具有基督教徒的身份。例证之三,陈氏家传资料称,于阶临终前,"沐浴具六品冠服,往铁塔仓北天主堂默祷毕,从容就义于鸡鸣山之观象台"。所谓就义前教堂的"默祷",实为基督徒临终专门举行的总忏悔告解的仪式。例证之四,"于阶之为教友,至康熙初,徐秉义撰《明末忠烈纪实》于阶传而大著,秉义谓:'异氏之学,至天主而黜甚矣,逃遁于无有之域,窃据于儒释之间,敢为大言,而无所用耻;至于淫汙龌龊,比之狂禅,抑又甚焉。近者吾友以好学能文之子,陷溺其中,且三四载,虽以良朋之苦口,莫能挽其沦胥。今观于阶之义,光耀铿铿乃出于圣水十字之门,然则吾友异日倘有一得,稍自建树,以鸣盛国家,固未可定欤?'可见秉义虽不满天主教,但对于出于圣

---

① 方豪:《中国天主教史人物传》上册,第248—250页。
② 柏应理编撰,徐允希译注:《许母徐太夫人甘第大事略》,天主教上海教区光启社2003年版,第9页。
③ 徐秉义:《明末忠烈纪实》卷十二,陈于阶传。
④ 方豪:《中国天主教史人物传》上册,第248页。
⑤ 魏特,杨丙辰译:《汤若望传》第一册,第151页。

水(领洗)十字之门之于阶则不能不表敬佩,此忠义之效也。"①这样,无论是家庭、职业和社会关系,还是自取字号与遵从宗教仪礼,特别是中外史籍的确证,皆表明陈于阶乃领洗的基督教徒。

一言以蔽之,忠臣情结、基督信仰和西学志趣,三者既陪伴着陈于阶的一生,亦和谐一体地孕育了其精神的升华。

金声,字正希,一字子骏,徽州休宁人,生于万历二十六年(1598年)。4岁,就外傅习学。因父经商于湖北嘉鱼,声14岁入籍嘉鱼。18岁,补博士弟子员。万历四十四年(1617年),声与熊开元以第一、二名同登诸生榜,二人遂结莫逆之交,并以文名著天下。天启四年(1624年),以恩贡入京肄业北雍,秋举顺天乡试。次年,会试下第,始归里。崇祯元年(1628年),再上公车,得中进士,选庶吉士。

金声夙怀忧国治乱、担当天下之志。如未出仕前,21岁时,"闻辽警,先生慨然曰:'经邦戡乱,匪异人任。王文成(阳明)本贵胄,生承平时,犹怀沙练步。我何人,敢耽软媛。'辄为文告关公曰:'不欲为匹夫之勇,尤耻为妇人之仁。'于是延师讲武,相与握拳摩斗粟中求砺。行间凡所应用弓马,及孙吴兵法无一不习。尝云:'国家每谈谋略,而不究实用,故至败事。将军不身先士卒,何以克敌!'"②又如,得膺选庶吉士者,"人人自以为得志,公独正襟危坐,若有所思。""蜀人刘与鸥之纶亦在选中,见先生独异于众,就而问焉。先生曰:'今圣天子当阳我侪,既释褐,有事君治民之责,方忧重负,何喜焉。'刘敬异,遂定交。共穷古今治乱之源,究地方人才,尽心当世之务,窃窃然以天下为己任。"③再如,

---

① 方豪:《中国天主教人物传》上册,陈于阶传,该书第251—252页。此前,陈垣:《明末殉国者陈于阶传》,载《陈垣学术论文集》第一集,第254页,先曾征引此段文字,亦称出自"崑山徐秉义撰《明末忠烈纪实》于阶传"。然而,浙江古籍出版社1987年版,徐秉义撰,张金庄校点:《明末忠烈纪实》卷十二,陈于阶传,该书第213页,并未见上述文字。据点校本《前言》称,"这样一部史籍,自成书以来却从未刊刻过,仅有少数钞本流传"。又谓,此点校本,是以浙江图书馆藏"吴兴刘氏嘉业堂钞本为底本",参以同馆另一钞本通校而成。有鉴如此,抑或陈、方二先生所据为另一钞本? 姑记录在案,俟后续考证。

② 熊开元:《熊鱼山先生文集》卷下,《金文毅公传》;程锡类:《金正希先生年谱》,载北京图书馆编:《北京图书馆藏珍本年谱丛刊》第62册,北京图书馆出版社第70、76页。

③ 同上。

崇祯十三年(1640年),双双辞官闲居多年的金声与熊开元,犹难忘履道出位救苍生之念,然面对当时朝廷之情状,不禁黯然神伤。开元曰:"吾侪沥肾肠,不旬日且斥去,暇言天下哉。"金声沉思良久,回应道:"一世界苍生,终不可救;但当了道,救万劫苍生耳。"①

凡此表明,无论布衣或释褐,亦毋谓在位或在籍,金声非但强自砥砺,习实用之学,究当世之务;更以天下为己任,明知势单力薄,难有作为,然为循道救苍生,而万劫不辞。金声对其一生遭遇的三次重大政治事件的态度,即充分体现了他这种为伸张民族大义,拯救国难苍生而万劫不辞的精神。

据莫逆交熊开元所述:"己巳(崇祯二年,1629年)秋,东师(清军)突入畿辅。上御平台,召廷臣令条上方略,举朝错愕,莫敢出一言。公(指金声)以孤愤填膺,且言且哭,谓大小臣工,罕有为朝廷任事者。上收泪问所出。时武人而凭者申甫,尝至刘公(之纶)邸,谭时事,忠贞自命。公于是首举刘公以对,次及申甫。上令甫以散官素服随刘公入对。刘称旨,上大悦,即日升兵部右侍郎,督兵援剿。已问甫,甫曰:'东师不出,我师虽百万未如何,今深入重地,臣以车攻,可使一骑不返也。'上又悦,即日授副总兵团练出征。公疑甫未当独任,请监其军。上独授公御史,令参佐练兵事务,转输接应,听甫自便,不用监。举朝咸侧目,百所求无一应。"②原来,刘之纶"选庶吉士,与同官金声好谈王霸之略。知天下多故,访求奇士,隐与之结纳。二年冬,(清)太宗皇帝率兵从大安口入,连破郡县,都城九门皆昼闭。之纶与声同言申甫于朝,谓其可将。申甫者,云南人,任侠自喜……已而甫削发为僧,行脚至嵩山,复遇故童子时所见道人,请受其术。临别,道人授书一卷。甫归而读之,皆古兵法,而言车战之法甚备。甫寻弃僧出游……甫以其术干公卿,无有能信之者。及之纶与声遇之,乃大悦服。是年元旦,甫言:'有黑云起东北,亘西方,中有白气二道,此兵象也,岁终当蹀血京城下。'至是而验。帝

---

① 熊开元:《熊鱼山先生文集》卷下,《金文毅公传》;程锡类:《金正希先生年谱》,载北京图书馆编:《北京图书馆藏珍本年谱丛刊》第62册,北京图书馆出版社第70、76页。
② 熊开元:《熊鱼山先生文集》卷下,《金文毅公传》。

第九章 传教士与奉教士大夫在明清战争的作用和贡献 **687**

召甫入对,异之,授京营副总兵,改金声御史监其军,而擢之纶协理戎政兵部右侍郎,留守城事。"①

以外藩中继大统的崇祯皇帝,既猜疑峻刻,又刚愎自用。突遇强敌威胁京师,惊慌失措、方寸大乱。先是阵前误杀千里赴援的统帅袁崇焕,自毁长城。继见朝中大臣罕与分忧,遂授予勇于任事的新进翰林院文臣刘之纶、金声等人,以练兵、督兵之权。乃至酬答民间术士申甫以高官,促其迅速团练出战。可是,皇帝并不真心排除朝中臣僚的侧目和干扰,给勇于任事者以实际的供应与支持。金声所呈《据实奏报疏》,便反映了当时"百所求无一应"的窘况。其曰:"始臣信申甫,实以甫自造战车火器,所向无前,与其一往杀敌之气。今申甫所募新兵……兵部无选锋见与,于二十五日送新募未给衣装兵二千于甫……臣以全师皆乌合难用,是用踌躅。又申甫系新立一军,所需器用种种,皆旋取旋办,缺一不可。臣日夕拮据,移文催督,难可得办,臣惶惧不知所为。"②无奈之下,"但听其召募,所募皆街巷担夫、乞儿。而甫所授术又长于用车,卒不能办。得数百辆,未及列,而边帅满桂败死,势且危急。甫不得已,引其众劫营,未至卢沟桥,众窜亡略尽。甫方以车当骑,大兵绕出车后,车不能卒转,担夫乞儿皆跪而受刃。甫中流矢死,一军尽没。"其时,"之纶遂请出城自效,请京营兵不得,请关外川广兵又不得,复以前所召募者整之而出。"③自以孤军深入转斗而前,直抵遵化。不料,"将入城而伏发,刘公不得出,矢贯颅死。"④

当申甫出战之时,"先生(金声)以对理未出。"⑤"是日,上闻变,令中使至公(金声)邸视公所为。中使内外简阅,见公布被萧然,所转饷无一文在笥,太息曰:'公苦矣'。偕公至郭外,得甫尸,则又手加额曰:'公可贺矣,事虽不成举不谬,不失为忠也'。"后"东师退,从前错愕一言不

---

① 徐秉义:《明末忠烈纪实》卷十,《刘之纶传》。
② 金声:《金正希先生燕诒阁集》卷一,《据实奏报疏》,载《四库禁燬书丛刊》集部第八五册。
③ 徐秉义:《明末忠烈纪实》卷十,《刘之纶传》。
④ 熊开元:《熊鱼山先生文集》卷下,《金文毅公传》。
⑤ 程锡类:《金正希先生年谱》。

出者,交言书生误国,章满公车。赖上仁明,悯刘公死事,予祭葬,赠荫有加。公上疏自劾,不听。"①"有旨:金某不必引咎。"②金声随即在《敬谢职衔疏》中,陈述其痛切的心情。其文略曰:"臣自伤才术浅短,意愿空长,值酞房犯顺,君父焦劳,妄慕被发缨冠之义,非为人臣子者可以瞻前顾后之时,遂不度德量力,强受简任,不谓力不从心,势与愿违,仅显一士区区之节,竟无国家分寸之功,臣扪心伤恨,痛不欲生。不图复荷圣恩,浩荡无涯,略事原心,不即加诛,感法外之余生,欲致身而无地……"③

纵然金声、刘之纶以书生出位,转相举荐,弃文而统兵、练兵,皆在危难中孤愤填膺,尽显朝士区区报国的赤诚和节操。可是,在皇帝不实心支持,且心怀猜疑暗中侦察;众大臣交相侧目,极力阻挠之下,虽壮烈牺牲,却仍难逃"书生误国"的指责。面对挚友的惨死和这种种不平,怎不令金声"扪心伤恨,痛不欲生",又怎不令身处朝廷而生发"欲致身而无地"的感慨。失望之余,金声于崇祯三年(1630年)告病归,家居十余年而不出。

崇祯十六年(1643年),农民军破楚之蕲黄,且据留都南京上游。"公(指金声)为徽当事画守土计,训练乡勇,民服教乐从。黔人马士英,督兵凤阳。其监纪募得黔兵若干,令四游击统之,行不由孔道,迂千里,至饶之乐平播虐,乐平人愤起而歼之。余幸脱者,既冒四游击名,入徽南之婺源,又冒沐国公兵名,入徽西之祁门,先后奄至,情形叵测。徽上下震恐,悉意以为贼,格之恐后时。公固在百里外,闻而未见也。其监纪惧乐平失律,未可以正告,又憎乐平贫,不足以修怨而责偿,则举兵之丧于乐平者,以为丧于祁门,且谓金翰林实临其事也。士英不察,即据以入告,请逮治金翰林,及下手乡兵,并盛求所失军赀器仗。"

对此诬陷且将不测之危局,金声为民担戴的浩然之气跃于纸上。"公闻报,蹶然起曰:'吾不出,众无所恃。吾本教民以守望,岂可谓是事

---

① 熊开元:《熊鱼山先生文集》卷下,《金文毅公传》。
② 程锡类:《金正希先生年谱》。
③ 金声:《金正希先生燕诒阁集》卷一,《敬谢职衔疏》。

不由己,听其糜烂乎!'急具疏申理,而逮治明旨至。公跪别太母……有议以下手一二人塞责者,公愀然曰:'此举百姓同心,谁当死者?必不免,宁以吾一身,为百姓含笑入地矣'……即日就道,且再疏备以闻。"①金声在首呈《备陈守御疏》中,详述黔兵为非作歹激起民愤之实情,以正视听。继上《据实破谎疏》,则直斥凤督马士英怪诞轻信失重臣之体,言辞颇为激烈。②"先是士英疏劾先生(金声),隐先生名,但指为金翰林。及先生再疏辨,烈皇帝始知为先生,遂忆己巳(崇祯二年)之役,命礼部优恤刘之纶,命吏部起用先生。"吏部迎合马士英意,以较低职衔票拟。"烈皇帝不悦,即御笔批云:'据金声奏辨,情有可原,姑免提问。仍以翰林院修撰起用,即著来京陛见'。"③原来"修撰一官,专以授状元及第,余无得迁转者"。④ 金声以待罪之身,获此超擢,被视为殊荣。而此时已行至淮南的金声,突闻母丧讣告,遂题《请命终制疏》,仓惶南下奔丧。为民请命而慨然就逮,侥幸超擢却毅然终制,金声的品格气节,在当时腥膻的官场实属难得。

崇祯十七年(1644年)三月,北京城破崇祯自缢。"五月,闻北变,公(金声)痛哭不已。"即与原翰林官徐汧立誓,"当以死报朝廷",不为满人所用。⑤ 弘光朝,"升右佥都御史,不出。凡马(士英)、阮(大铖)所仇之人,多避地从之。"⑥弘光元年(清顺治二年,1645年)五月,南京失陷,弘光朝覆灭。六月,清使者至徽。"徽官绅咸议纳款,独公悬高皇帝像于明伦堂,率诸生父老,痛哭三日,遂起兵。"⑦金声"告以不共戴天之仇,今日无容再计。因誓曰:'杀虏者昌,降虏者亡'。臣父(指声)素秉忠诚,久孚合郡,申明大义,众亦感泣"。"会(清朝)薙发伪令至,徽人自

---

① 熊开元:《熊鱼山先生文集》卷下,《金文毅公传》。
② 金声:《金正希先生燕诒阁集》卷一。
③ 程锡类:《金正希先生年谱》。
④ 熊开元:《熊鱼山先生文集》卷下,《金文毅公传》。
⑤ 《熊鱼山先生文集》卷下,《金文毅公传》。
⑥ 徐秉义:《明末忠烈纪实》卷十六,《金声传》。
⑦ 《熊鱼山先生文集》卷下,《金文毅公传》。

南来者,皆言其淫掠之毒,人情震骇。臣父见人心可乘,因遂檄召乡人厚集兵饷,固守新安,渐图恢复,以待真人。"①因此,一方面,"驻军绩溪之黄山,分兵守六岭。于是邱祖德方应之于宁国,尹民兴应之于石埭。徽、宁郡邑相继"收复。另一方面,"声拜表闽中,而闽(隆武朝)亦遣中书童赤心授声右都御史、兵部右侍郎,提督南直军务。声刊布诏书",以壮声势。②

"无何,江南郡县尽破。泾(县)失守,徽人大骇。(隆武朝)执政黄石斋公道周,奉命援徽,兵至信州(广信),皆大病不能进。九月十八九两日,公从弟伯常经季张维,为(清)兵所得,险尽失。"时在声侧的熊开元,请与之偕行逸去。金声正色道:"徽人无欲起义者,吾强起,若舍之去,不贻害百姓乎!学道一生,惜未能坐脱去,直当往就缚,为百姓请命耳。"③"二十日,先生语诸将吏曰:'徽人本不知兵,吾所以为此者,欲保境以待王师,令诸公无左袒耳。今不济,吾义当死,从我无益,盍散去!然泣不忍去者,尚数十百人。"④二十一日,万余清军连日破数地,直逼而至。"臣父力万难支,恐城破百万生灵尽遭惨戮,乃免胄宽衣,缓骑遥谓虏众曰:'我金翰林也',虏前拥臣父去。臣父坐虏帐,呼(清统帅)张天禄曰:'前来听我一言,聚众欲杀虏者,是我一人;督兵拒尔等者,概我兄弟,与百姓无干。尔先杀我,次杀我兄弟足矣,尔辈皆中华人,慎无妄杀百姓……天禄心动,下拜云谨承教。"⑤后金声等人被押往南京。十月八日,在撰于南京的《家书》中,犹惓惓以百姓安危为念。既曰:"倘百姓幸安堵,则我瞑目矣"。又云:"我死实甘,徒杀百姓何辜……此我数日之所以惓惓也。大丈夫不欲自尽,自尽非大丈夫之所为。古人亦有言,吾国之三公不可辱于贼,此中自有道理。"⑥同日,尽节于南京通济

---

① 程锡类:《金正希先生年谱》附录:《公子(金)涵间道入闽缴印请谥奏疏》。
② 徐秉义:《明末忠烈纪实》卷十六,《金声传》。
③ 《熊鱼山先生文集》卷下,《金文毅公传》。
④ 程锡类:《金正希先生年谱》。
⑤ 同上书,附录:《公子涵间道入闽缴印请谥奏疏》。
⑥ 同上书,附录:《公家书》。

门。"其过山溪石壁诗曰:'祖宗功德沁肝肠,忍见腥羶秽土疆;九死靡他悲烈庙,一师未济负南阳(思文旧封)'。"①事闻,隆武朝封赠金声礼部尚书,谥文毅。

据"与金声居同里,读书同塾,学道同师,深知其人"的熊开元评论,金声"盖坐而论道之资,非将才也。然往往以知兵著闻,以其忠孝性生,或告之以难,则投袂起"。②金声亦自谓:"夫物之不齐,由来久矣。吾独有心而独有眼。而或佛我,而或魔我,而或牛马我,吾皆不顾。而独以吾之去向,人皆莫知为吾学问之得力故。以行事,则多颠倒不可解;以为文章,则多漫灭不可读。"③因此,黄宗羲在编撰《明儒学案》时,曾为金声留有一席之地,记录其有关《天命解》《诠心》和《应事》等理学言论。④ 同邑学子在确认金声同徐光启、西人交往的事实后,更对"后世拘墟竖儒,转诋公(金声)驳杂异学,未纯于道"的指责,而愤愤不平。⑤由此看来,前述三次重大政治事件中金声的表现,诸如,对朝廷和皇帝忠贞不贰,为百姓生死敢担当请命,伸民族大义而舍生忘死,皆来自金声"忠孝性生"及"学问之得力",即有着深厚的思想信仰的支撑。不过,这些思想信仰,既无须顾及外界的褒贬,亦不必遵循世俗的轨范,而是独具金声个人的特色,故身后犹为道学家以"驳杂异学"所诟病。联系多年来关于金声是否基督徒的存疑,有必要对金声驳杂的思想信仰,进行一番疏证和剖析,或许有助于恢复历史的本来面目。

不言而喻,上述忠孝性生,为民请命,坚拒剃发左衽的"夷夏之辨",首先是儒家思想的体现。具体而言,金声对于王阳明及其学说,深自服膺、称颂备至。如说:"弟鄙意,则始终以为文成(王阳明)知行合一之论,实足千古。蒙翁兄屡称宗门,长处正长在此。点水滴冻、吹毛利刃,非翁兄所谓真实夭寿、不贰身世、等若浮云者,不可得到。惟翁兄勿浅

---

① 程锡类:《金正希先生年谱》。
② 熊开元:《熊鱼山先生文集》卷下,《金文毅公传》。
③ 金声:《金正希先生燕诒阁集》卷六,《任澹公青凤轩稿序》(辛未)。
④ 黄宗羲、沈芝盈点校:《明儒学案》,卷五十七诸儒学案下五,《中丞金正希先生声》下册,中华书局1985年版,第1358—1368页。
⑤ "郡后学叶世寅孟陬甫谨识",载程锡类:《金正希先生年谱》附录。

视为幸。"为此,自谓三十以前日夕不离案头的阳明入室弟子王畿(号龙溪)之著作,一旦发现其心学体系稍"有破绽,乃其践履未纯"之后,便指斥"龙溪之学,其于文成,虽欲不如五霸为三王之罪人,不可得矣"。①足见金声对知行合一、重在践履之学的格外垂青。从此出发,因阳明"承平时犹怀沙练步",金声遂"延师讲武",相与磨砺拳脚弓马。②又引"王文成云:'天下之乱,由虚文胜而实行衰也'"。而发挥道:"天下有道,文必与行合。故仁义之人,其言蔼如;而英藻之士,砥行砺节。二皆实故,否则分焉……"③再谓:"王文成才与学俱千古,其生平最得力,则断断乎在受逆(刘)瑾折挫,而间关海上困病龙场时。"并表示:"声亦惟尽力相砥。"④举凡王阳明的言行,皆是金声砥砺崇尚的榜样。

除此而外,金声另一服膺阳明心学的要角,乃泰州后学罗汝芳(号近溪)。他说:"明学之兴也自阳明,阳明勋业起自南赣江西,卒封邑为新建。而其后之最透顶而彻底者,莫如近溪。其前则皆豫章地,其后则皆豫章产也。吾追慕近溪先生甚勤,时见豫章人询其诸孙。"⑤

根据已往的研究,"知行合一"乃阳明心学体系的主要理论之一。无论"知行之体本来如是",或者"知行原是两个字说一个工夫",抑且"知行合一并进"的论证,其初衷皆在,"将道德意识与道德行为统一起来,要求人们'克服不善之念',并'著实体履',把封建道德付诸实行。"⑥至于罗汝芳与何心隐、李贽等人代表的泰州学派,虽从阳明心学导源而出,然其发展轨迹已"非名教所能羁络",成为"王守仁(阳明)心学中的异端"。⑦罗汝芳个人的理论特色,则以"博杂"著称。"罗汝芳师事颜钧,谈理学;师事胡清虚(道士),谈烧炼,采取飞升;师僧玄觉,谈

---

① 《金正希先生燕诒阁集》卷三,《与冯渐卿》书(庚辰)。
② 程锡类:《金正希先生年谱》。
③ 《金正希先生燕诒阁集》卷六,《蒲圻曾成西父母文序》(庚辰)。
④ 同上书,卷七,《奠尹太翁暨封母》(庚辰)。
⑤ 《金正希先生燕诒阁集》卷六,《贺定斋集序》(戊寅)。
⑥ 侯外庐等主编:《宋明理学史》下卷(一),人民出版社1987年版,第214—218页;参见拙著《明清之际中西文化交流史——明代:调适与会通》(增订本),第451—452页。
⑦ 侯外庐等主编:《宋明理学史》下卷(一),第453页。

因果,单传直指。"又"证道于泰山丈人,七十而问心于武夷先生。"故时人批评他,"大而无统,博而未纯"。然而,正是这种"博杂"的特色,使罗氏之学,持"赤子良心",而形成"以天地万物同体、彻形骸、忘物我为大……胸次茫无畔岸,便以不依畔岸为胸次"的广阔襟怀。①

有鉴如此,大致可从三个方面探讨阳明学说对金声的影响。其一,金声不仅因此成为阳明心学的拥戴者,更以其忠义血性直承儒学精髓。前者如金声《诠心》篇章,所谓"心不附物而行,故不随物为存亡,而超生死之外……心亦不对物而立,故不与物角胜负,而入死生之中";以及"大抵心法无所不有,于天下之物,虽至粗至恶,无不可以喻心者;于天下之物,虽至精至美,无一可以尽喻此心者"的言论,②其揭橥的内容,皆是心学的真谛。后者如黄宗羲指出的,像金声几位"明末士大夫之学道者","皆以忠义垂名天壤"。而如此忠义"血性不可埋没之处",在直承"吾儒真种子",而非什么佛学宗风。③ 凡此,无疑跟阳明的典范效应和心学的穿透力,有着密切的联系。这从金声对"王文成少年,豪宕不羁,一旦大事关心,忠孝结念,木鸡踞狮,施为千钧"的赞誉中,④可悟其一二。

其二,金声踵阳明、王畿、罗汝芳之余绪,不能不受到佛学的浸染。黄宗羲说:"阳明先生之学,有泰州、龙溪而风行天下,亦因泰州、龙溪而渐失其传。泰州、龙溪时时不满其师说,益启瞿昙之秘而归之师,盖跻阳明而为禅矣。"⑤可见无论阳明,抑或王畿(龙溪)、罗汝芳(泰州学派),皆与佛禅结有不解之缘。故在明季的舆论中,多指认作为心学后劲的金声,或"精于佛学",或"类入宗门"。⑥

其三,金声秉承罗汝芳博杂之学及其广阔襟怀,在明季士大夫间

---

① 黄宗羲著,沈芝盈点校:《明儒学案》卷三十四,下册,第761—763页;《宋明理学史》下卷(一),第459页。
② 黄宗羲著,沈芝盈点校:《明儒学案》卷五十七,下册,第1362—1365。
③ 同上书,卷五十七,下册,第1369页。
④ 《金正希先生燕诒阁集》卷七,《奉明之黄太翁六秩序》(戊寅)。
⑤ 黄宗羲著,沈芝盈点校:《明儒学案》卷三十二,泰州学案一,下册,第703页。
⑥ 同上书,卷五十七,《中丞金正希先生声》下册,第1358,1369页。

"西学"热潮推动,以及个人对新事物的好奇和渴望中,遂同"泰西宿儒"与奉教士大夫多相交往论学,形成具有某种基督教色彩的"驳杂异学"。拙著前册(《调适与会通》)缕述的士大夫与传教士交际的众多事例,无不证明:"到了明末,所谓泰西文明便普遍地成了士大夫中间时髦的学问。"①这种士大夫间的"西学"热潮,跟藐视宋以来的礼教传统和博采众长的"王学"思潮汇合,"从中西文化交流史的角度来看,藐视礼教传统的王学的兴旺发达,既是在客观上为'西学'的立足创造了一种文化氛围,同时也是为某些士大夫倾心'西学'提供了一定的思想准备。"②金声正是在这种文化氛围中,通过对新事物的好奇和渴望,而接受基督教文明。他在撰文称赞友人"一味好奇"或"好奇日益不已"的同时,亦坦陈:"尝谓予此生志愿,若俯仰天地中间,有一事为人心力所能到,而吾不知,则窃赧愧。观其根性,殆古所谓狂者也。"③如此所谓狂妄的根性,颇有"赤手搏龙蛇"的泰州学派的余韵。而当时俯仰天地间人之心力所能到却不知者,莫过于流行的"西学"和基督教。于是,金声"适与泰西宿儒论学,颇相感触其言"。如西学"万物"尊于一大父母和"万物各得其所"的说教,④与罗汝芳"天地万物同体"的观念,有着相通或相近之处。而传闻金声"尝与徐光启习历算于西人,意者固有所受之欤!"⑤因此,所谓"驳杂异学"即基督教信仰,当为金声思想中不可抹煞的组成部分。

下面,拟依据现有的资料,具体就金声的佛教信仰和基督教信仰,进行初步的梳理和辨正。鉴于历来对此问题存有歧议,却又缺乏系统的论证,故在这里不吝笔墨,希望勾勒出一个完整的轮廓。

金声的佛教信仰,大致表现如次。(一)与佛教宗师的交往及其观感。金声自谓:"癸亥(天启三年,1623年),声始学佛",即行断肉长斋。⑥

---

① 侯外庐:《中国早期启蒙思想史》,人民出版社1956年版,第28页。
② 拙著:《明清之际中西文化交流史——明代:调适与会通》(增订本),第454页。
③ 《金正希先生燕诒阁集》卷六,《任偓孟文稿序》(辛未)。
④ 金声:《金正希先生文集辑略》,《四库禁燬书刊丛》集部第五〇册,卷六,《城南叶氏四续谱序》。
⑤ 程锡类:《金正希先生年谱》附录,"郡后学叶世寅孟赗甫谨识"。
⑥ 《金正希先生文集辑略》卷八,《太学生程君墓志铭》。

究其起因,尚在此前。据其挚友熊开元(鱼山)说:"时觉来大师,以理学真儒,深入禅观,三十年不出。鱼山童子时,尝往拜之。公(金声)心亦向往,为急在匡时,未暇也。天启辛酉(元年,1621年),试棘闱不售,意稍阑。壬戌(天启二年,1622年),乃入山,拜下风问路……甫领师海,请长斋……周旋浃累月,从马上归。"①天启"五年(1625年),乙丑,先生(金声)二十八岁,下第(熊开元于是科成进士),至休宁。是年,庐山丰偈和尚至邑,先生就正焉。半偈曰:'如壮士展臂,如狮子游行,方是得大无畏。撒手悬崖之日,若有毫发许未尽,即是生死根本。'先生诵而志之。"②熊开元称,金声于崇祯三年(1630年)十月告病归休宁,四年(1631年)讲学还古书院,率子弟从事泰西之学,遭开元及众人强烈反对,咸诋其"阑入异道"后,不久金声"废然返"。证据在,"过庐山,仍往见半偈老宿,暨宗宝和尚。且迎宝至其家,限一关静究。"③不过,迎宗宝至家当在崇祯十年。据记载,"丁丑(崇祯十年,1637年),冬十一月,先生延庐山宗宝和尚至家别馆,师礼之,限一关,相对逾月。师以故去,先生独坐关房,日夕静究,意念所至,濡笔直书,堆几积笥,不可数计。变革时散轶,简存此二条。"即《语录》下。④

崇祯十一年(1638年)"五月,(金声)至润州,晤熊鱼山,及问石和尚。熊与问石俱重顿悟,先生独坚践履。"⑤因"公(声)矜重修持,于宗师行解,少所然可",双方遂发生争执论辩。先是金声"语鱼山曰:'禅子戒德未增,而遽责之悟道,是不能三年而小功察,放饭流歠而齿决问也(指忽视修持便可顿悟的说法,是将须长期修炼的道德贬低为如吃饭啜汤一样容易)。"开元据此入告海门(问石和尚),海门大不以为然,仍固执禅门宗法,扬言"世间持犯"断不可与顿悟"相提论量"。"居一月,公(声)退去。明年(崇祯十二年,1369年),海门入楚,公重晤于小塔。退

---

① 熊开元:《熊鱼山先生文集》卷下,《金文毅公传》。
② 程锡类:《金正希先生年谱》。
③ 熊开元:《熊鱼山先生文集》卷下,《金文毅公传》。
④ 《金正希先生文集辑略》卷九,《语录下》。
⑤ 程锡类:《金正希先生年谱》。

而具书云:'戊寅(崇祯十一年)盛夏诣山中奉叩,实以信鱼山者信师,专口为求师了决此事。及入小塔,则无复此意,自分此事非师所能决矣。师今匡徒领众,某俗汉,固无增山益海分。若鱼山兄,则生死以之,誓不忍相弃置也。'""会鱼山是日,亦有书抵海门曰:'子骏兄(指金声)近日礼佛,奉戒于转法轮者,全信不及,其说使人易惑,未始非斯道忧。某与此兄气谊之笃,甚于同胞,独此处不能合,用为耿耿'……(海门)以书报鱼山曰:'此公是一个铁汉,为道为友之心,人所不及,惜乎修行习气重……予所言皆直药,如不服何?虽然,更须如此公习气在本分中,是为道障。'"①

从双方的争执论辩来看,金声固然矜重修持,坚守践履的立场,且对海门和尚颇不留情面。既称海门道行学问不足解其疑难,更谓不愿领海门徒众之名分。而熊开元、海门私下的议论,不仅指责金声修行习气重,是为入道的障碍;而且认为此种习气乃其本分所具有,虽然礼佛却并不全信,其说易于使人疑惑,给禅门之学带来隐忧。

崇祯十二年(1639年),因仲兄卒,金声感"生死益切,于是拜天如和尚,严净威仪,尽度其左右童子,与精勤礼诵,行若头陀"。十三年,金声"过吴门,访项目彻和尚,不契"。"寻走明州,谒天童悟和尚,亦不契"。②

如上所述,金声与觉来、半偈、宗宝、海门、天如、项目、天童等七位僧人的交往,四次发生在心绪消沉低落之际。如郡学考试不售,京师会试下第,从事异学遭人诋毁,兄卒感生死难料等。通过交流切磋,或断肉长斋,身体受益(觉来);或壮士展臂,励其心志(半偈);或感念生死,慰其灵魂(天如);或日夕静究,参悟世态炎凉(宗宝)。无论积极的入世情怀,还是消极的出世意向,金声都曾受到来自僧人的影响。与此同时,金声尝不契合于项目、天童,尤其是跟海门的辩难,已不纯是修行方法之争,而涉及对整个佛教的估量和诚信的程度。还须指出的是,金声

---

① 熊开元:《熊鱼山先生文集》卷下,《金文毅公传》。
② 同上。

第九章　传教士与奉教士大夫在明清战争的作用和贡献　697

二十五六岁"始学佛",及与觉来、海门的交往,均出自熊开元的绍介。金声曾一再宣称,"鱼山善根深厚,机性迅捷",而"余迟钝";故"如兄根力,但一贝(佛经贝叶)此,便于道如反掌,不似弟苯钝,尚需时也"。①足见在佛学上,金声受开元引导牵扯颇深。除此而外,金声于佛教,呈反复出入的态势。如崇祯十一、二年同海门的辩论,大有撕破情面、类似决绝的态度。然就在当年(崇祯十二年),因兄殁感念生死益切,遂拜天如和尚精勤礼诵,其举止有如苦行僧。并表示,"归时当(与友人)同诣(天如)师,受一严戒,彼此互相砥砺。"②诸如此类,皆是金声矛盾心态的反映。

(二)与友人共建佛教寺庙。据金声"九世族孙兆蕃",从清咸丰年间北京书坊厂肆流传的别本《文毅公年谱》中,抄出程锡类文本未曾刊载的资料,其中,"四十五岁(崇祯十五年,1642年)条云:'先生好佛。嘉鱼六溪口顺港杨林湾住宅旁,建佛祖庵。又与熊鱼山在六溪兴隆街,建大士庵、东岳殿。又与鱼山及尹洞庭游白湖,建净土菴。"③

(三)文章著述所揄扬的佛教理念。其中,一类系受宗宝和尚启示,而撰写的有关道德修养的心得杂记(包括《语录》下,及对"五欲"的诫谕);另一类则黄宗羲在《明儒学案》中,据以确立金声"精于佛学"、"类入宗门",而收录的《天命解》《诠心》和《应事》等三篇哲学性质的文章。

《语录》下,乃运用佛学道理,从惊悚入手,鞭策锐志向上的篇章。该章分为四节。开宗明义:"我等幸得人身,切莫打混过日,宜循佛说,急自思量。"遂以"恶业受报"之地狱、饿鬼、畜生三途诸苦为参照,心寒胆战,促其"立刻发心,连夜修行"。其次,为脱离恐怖三途大苦,则急图作佛。"佛本众生也,本与我等同为众生,而彼独先发心,独发努力,便作佛去……岂是彼佛由来是佛,而我众生,毕竟众生哉。宜自思量,彼我同等,彼既前去,我便急追。"再次,既知免苦必须作佛,"莫又作是念,

---

① 《金正希先生文集辑略》卷四,《与熊鱼山》书;卷七,《寿熊母李孺人序》。
② 同上书卷四,《与熊鱼山》书。
③ 程锡类:《金正希先生年谱》附录,"九世族孙兆蕃恭记"。

现见遍大地无量众生未有几人得作佛者"而气馁。"殊不思我等欲作一事,但审此事当作与否,不必较问世人作此者或多或少,以为行止。"最后,既知当可做佛,不论世人学佛多少我必做佛,"莫又做是念,我现今根器钝劣,虽佛可做,虽为免三途剧苦不得不做,无奈做佛甚难,必非我等目前所得办。今日不能,且俟异日;今生不能,或待来生。途程宽远,无用急就。"对此,作者批评道:"殊不思量,笨鸟争飞,驽马先驰,自度既难,益早加鞭……况此事原有因果。论佛果,则世尊已经多劫,原非一生可成。至于佛因,则无论根器利钝,但办肯心,今生即能决了,可不必更待来生……佛种既真,即今一念,便可万年……痛念生死,锐志向上,如火出石,如光在电,虽曰无几,实为希有。倘一改念,难可再逢。"

所谓"五欲",系指色欲、食欲、睡欲、财欲和名欲。金声对于前四欲的诫谕,自称:"此是众生寻常见解,寻常口语,不必佛祖而后明了。"惟就文章、功业、生死和出处的看法,集中反映了当时消沉的心理状态。如自认平生有好文章及好功业之名,然见经书虽多,人皆高束不用。即使己言有益于人世,"此全是广度众生菩萨心行,但令此言垂世,触之得益,固不必天下后世之人,知此言之出自某人也"。与之相类,"大丈夫自命,英雄自处,胸中时磊磊落落……何必定立勋业于天下,而后以为显此心光量也"。故好功业之名,欲立劳绩以取高位致通显,此最陋劣。今后但起为文章一念,而读书攻索;或但为立功业一念,而多方习学,至动念仕进,"是恶邪见,皆大障道,所宜急加痛绝者也"。

论及生死,金声认为,"五欲既净皎如明月,惟死生一关最为难破。"而其主旨,在"义"当否。"此心原不随身受生死也,但看义"当否。"义当死时,此身即贪恋不忍遽死,其人之心自放不过……以故智者时向此中着到一切,全不受身份遮障。"并称这种看法,恰"如菩萨戒冒难大意,多为众生。即计此身,义亦应尔。惟义既不可留,而少有贪恋"。

假若现今朝廷见推官职,其行藏出处的态度,金声强硬地表示,必不畏朝廷之削辱,不恐天下之非笑,当辞则辞,要在"无歉于心",敦于

"义","不忍自欺此心"。①

这些撰写于崇祯十年末、十一年初（丁丑、戊寅，1637—1638年），在现存金声文集中运用佛理最夥，亦最能反映其长期在野心态的杂记，同样是锐志向上与痛绝功业两方面兼顾，凸显金声内心的游移和矛盾。至于"佛本众生"的说辞，与儒家"人皆可为尧舜"的训诫并无二致。而诸多消沉出世之说，正如明末"宗伯顾瑞屏先生"，对金声此类言论"鉴定"所云："出世法自是经世法，古人之雷雨弗迷蝘蜓，黄龙总是撒手悬崖，了无窒碍。"②揆之崇祯十六年（1643年）金声代民请命，拍案而起；暨十七年（1644年）为汉家衣冠，杀身成仁，可见"出世""经世"原来相通，两者并无窒碍。

《明儒学案》收录的三篇哲学论文中，《天命解》跟佛学毫无关涉，倒是借助儒家的"天命"观，申述基督教"天无二日"的道理（详后）。黄宗羲据以界定金声"精于佛学"和"毕竟有葱岭习气"的两段文字，虽分别来自《诠心》《应事》，然文章的内容与黄氏的结论之间颇有出入。

如前所述，《诠心》一文主旨在演绎金声的心学主张。诸如，心不附物而行，亦不对物而立，超生死之外，又入死生之中，以及心法无所不有，天下之物虽至粗至恶、至精至美，既无不可以喻心，亦无一可以尽喻此心。皆是万物之源于心的理论的诠释。正如阳明心学与佛禅结缘一样，金声的论证过程也渗入了"无心"、"尽心"、"出世"等佛禅机锋和观念。黄宗羲为此归纳的上半段："以无心为至，其除欲力行，无非欲至于无心也。"这种意思文章中确实存在。而下半段："充无心之所至，则当先生所遇之境，随顺万事而无情，皆可以无心了之。"证诸文章却并不尽然。文中说："无心境界，岂是如今掩耳偷铃？死兜兜地，百不思，百不想，百不知，百不会，而自以为无心耶？"又说："至哉无心！岂今之假为百不思、百不会者，足以冒认而承当乎？"再说：惟其"无心"，"惟真无爱憎之人，而后可以鉴别天下之法，而用其爱憎。"这样看来，所谓"无心"，

---

① 《金正希先生文集辑略》卷九，《语录》下。
② 《金正希先生燕诒阁集》卷三，《与熊鱼山》书后。

并非无思无觉、随波逐流，顺从万事而无主见。强调的是心灵纯净，不要有先入为主的陈见，然后才能"直应其爱憎，以合万物之心"。文章总结道："应须打叠，教此心净尽，无往不利，无处不得用。只为此心不净尽，向来及今空过了许多好时光，错了许多好事件。"①"无心"的落脚处，仍是现实的"好事件"。"出世法自是经世法"的道理，再次得到印证。

《应事》开篇在说明，读书精神所获与应事作务的关系。曾反复征引阳明论述，"若诚如阳明先生所云，则于应事作务，尽算得收拾整顿精神进入之时矣，又何供应不支之足云？"总当以乐观的精神对待支应的事物，"顺亦如是，逆亦如是，难亦如是，恬如帖如，未尝有变易也"。

文章正是在这样的前提下，从两个方面来论述对待逆境的态度。首先，承认逆境之来，有其固然和由然，实见其为天心仁爱之至，当怎么时，夫安得而不顺？然而，这种"实顺"并非无可奈何、束手待毙。面对小者如人之刀锯绝命，大者如重兵压境万贼临城，固不能安之若素、引领待戮，而须审时度势，权其利害轻重，循理而治。即或"其事有万不可知，则鞠躬尽瘁，死而后已，成败利钝，非所逆睹"。甚至"可行则行，可止则止，将此身交付造物，大光明海中，任他安置，听我成就，不留丝毫牵枝蔓叶，拖泥带水，夫又安得而不易乎？"持此文中揭示的从容面对逆境而视死如归的气慨，比照黄宗羲所归纳的相关论述："其言逆境之来，非我自招，亦是天心仁爱之至，未尝不顺之，而顺乃不过为无可奈何，而安之若命"。② 可见"为无可奈何，而安之若命"的论断，颇有失真之处。

不过，黄宗羲显然意识到，金声上述佛学理论，跟金声对实际功业的追求之间，存在着巨大的差异。他说："先生（金声）精于佛学，以无心为至……而先生起炉作灶，受事慷慨，无乃所行非所学欤？先生有言不问动静，期于循理，此是儒家本领，先生杂之佛学中，穿透而出，便不可为先生事业纯是佛家种草耳。"后又指出，金声与其他几位"士大夫之学道"，

---

① 黄宗羲著，沈芝盈点校：《明儒学案》下册，第 1358、1362—1365 页。
② 《明儒学案》下册，第 1359、1366—1368 页。

第九章 传教士与奉教士大夫在明清战争的作用和贡献

"类入宗门"者,"皆以忠义垂名天壤"。这种"血心"及"忠义"之气,并非来自"万事瓦裂",居然"逍遥而便无愧怍"的佛门,实乃"吾儒真种子"。①

至此,应以黄宗羲的多重矛盾论和金声"余生平反复出入"②的观点,从总体上破解金声的佛教信仰,并评估它在金声思想中的地位。

其一,所行与所学的矛盾。金声以其勇于担当,坚于践履的行动表明,积极进取而非逍遥逃避,乃其一生中的主流。不过,或受多年家居壮志难酬的困扼,而滋生无法排遣的郁闷,或因亲属相继亡故,更加深的对生死难料的悲伤,使金声一度情绪消沉,在精勤礼佛和兴建寺庙中,寻求精神的慰藉和解脱。从时间上看,虽一直同僧人有接触,但其消极情绪,以崇祯十年(1637年)延宗宝和尚至家闭关静修,及十二年(1639年)拜天如和尚礼诵期间,表现得尤为明显。

其二,儒家入世与佛门出世的矛盾。毫无疑义,支撑金声一生进取、血性忠义和面对逆境视死如归的入世精神的,即儒家真种子。然而,他也曾从惊悚入手,援引佛门"恶业受报"、"佛本众生"和"痛念生死"等教诫,促人发念修行、锐志向上。这跟儒家为励志而宣扬"人皆可为尧舜",实乃殊途同归。当然,在消极情绪影响下,金声亦揄扬佛禅"无心"、"尽心"、"出世"观念,对其原来珍视的文章、功业及出仕等价值,进行一番鞭笞,斥之为"所宜加痛绝者"。但这不过是借短暂的"出世",以渲泄内心郁结的失望和不满。一旦回归现实世界,仍斤斤据守儒家的矩矱。所谓"出世法自是经世法",在金声身上一再得到印证。

其三,佛教理论与修行方法的矛盾。金声之并非始终如一,而在相对短暂的时间;他也不是全部照抄照搬,只是利用某些佛禅观念伸张己意。究其缘由,便在于熊开元和海门所指出的,金声因独坚儒家"践履",反对佛禅"顿悟",由修行方法的分歧,引起对整个佛教理论不及全信。这种与其"本分"俱来的气质,导致对"宗师行解,少所然可",遂被

---

① 《明儒学案》下册,第 1358—1359、1369 页。
② 《金正希先生燕诒阁集》卷七,《寿熊母李孺人序》。

视为佛禅之学的隐忧。

除此而外,金声自谓:"余生平反复出入,或重为世人所惊疑者"。① 仅就佛教信仰而言,时而因情绪低落礼佛甚殷,举止有如苦行僧;时而以意念相左陡起争执,至有撕破颜面不屑为伍的表示。时而结合佛禅撰写道德修养和哲理性文章;时而在文章中借"出世"的意境抒发"入世"的诉求。这种时冷时热、若即若离的状态,正是金声佛教信仰不够虔诚专一的表现。

凡此种种,足以证明,金声对佛禅理论并非全信,且礼敬不够虔诚专一,其影响仅持续于一定时间和某些特定的观念。据此,可以断言,佛教信仰不是决定金声思想走向的主要因素,而只在其中占有相当有限的地位。

关于金声的基督教信仰,其出入轨迹大体可寻。第一,金声与在京传教士的交游论学。金声在《城南叶氏四续谱序》中,通过比较基督教"敬天爱人"大旨与中国"亲亲有杀"传统的异同,透露他与"泰西宿儒"交往论学的情形。金声写道:"叶翁鹏季,为吾乡隐君子。余自总角时见翁,翁为余改窜文字。比壮。而翁之季子来问业,翁成其家谱以示余,谓余通家好,徵序焉……余适与泰西宿儒论学,颇相感触。其言万物最初一大父母,今四海之内皆为兄弟,回念而爱其大父母,遂相推心以及此兄弟,而相爱焉。此大旨也。或曰:'信若此,则何为其忧于一姓,而家谱是珍,不亦隘乎!'曰:'物之不齐,物之情也。君子观于同人之象,而反得类族辨物,故亲亲有杀,古谓之天秩。天秩定,而万物各得其所。夫是之,谓大同;比而同之,是乱天下也。泰西不为是说。学尊性命,而明物察伦,断断焉,井井焉,其必不可意假借,而私游移。吾喜其与吾中土圣人大道,往往符合也。爱无差等,则墨矣。由斯以观,谱义大矣'。皆曰:'然'。"②

在这里,金声首先阐释了以"亲亲有杀"、爱有等差为基础的儒家社

---

① 《金正希先生燕诒阁集》卷七,《寿熊母李孺人序》。
② 《金正希先生文集辑略》卷六,《城南叶氏四续谱序》。

会秩序("天秩")及其政治理想("大同"),跟"不为是说"的泰西"敬天爱人"之教的差异。在维护儒学优越性的同时,也对泰西之学表示喜爱和向往。并认为"学尊性命"的天命观,明辨自然物理的精确科学,究察道德人伦的有序论证,皆"与吾中土圣人大道往往符合"。那么,这篇反映金声与传教士友谊及其西学倾向的序言,究竟撰于何时?

其休宁同郡后学叶世寅的证言,为金声从学西儒的时间和内容,提供了可资稽考的难得的线索。他说:"顾余世治医者,尚悉公(金声)有脑主记忆之论,为世人所鲜知。汪讱庵之《本草备要》,王勋臣之《医林改错》,皆著其说,而儒者不传。余闻之,公尝与徐光启习历算于西人,意者固有所受之欤!则吾华脑识起信,公实发蒙之懿矣。"①有证据显示,金声和徐光启能同习历算于西人,当在崇祯元年至三年(1628—1630年)期间。而为两人授业,并向金声讲解"脑主记忆"之西人,即时在北京的德国传教士邓玉函。金声《谱序》当撰于与徐、邓交游习学之际。

据查,天启四年(1624年)之前,金声足迹未出嘉鱼、休宁两地。是年,虽以恩贡入北雍,秋举顺天乡试,停留北京一年,然徐光启因宦官魏忠贤势焰熏灼,尚称病在籍(上海)家居。崇祯元年(1628年)金声得中进士,选庶吉士,至崇祯三年(1630年)十月辞官归里,任职京师三年。而徐光启亦于崇祯元年初,奉召复礼部右侍郎原职,并任詹事府詹事,直到崇祯六年(1633年)病逝于大学士任上。徐、金二人同朝为官,有三年之谊。此时经朝廷准允,居留京城的传教士为龙华民、邓玉函二人。邓玉函更以"淹贯博学,慧解灵通",②享誉中外。于是,徐光启在崇祯二年(1629年)七月二十六日所上《修议历法修正岁差疏》中,即荐举龙、邓二人入历局办事,称:"今其(利玛窦)同伴龙华民邓玉函二臣,见居赐寺,必得其书其法,方可以较正讹谬,增补阙略。"③至此,徐、金习历算于邓玉函或龙华民门下,在时间上均有可能。而必指认授业者为

---

① 程锡类:《金正希先生年谱》附录,郡后学叶世寅孟陬甫谨识。
② 毕拱辰:《泰西人身说概序》,载徐宗泽编著:《明清间耶稣会士译著提要》,第303页。
③ 王重民辑校:《徐光启集》下册,第335页。

邓玉函,不仅因其科学素养更为淹贯精湛,且他正是在中国传播"人记含之所,悉在脑囊"科学知识之第一人,这跟前述叶世寅之说颇为契合。

据毕拱辰所撰《泰西人身说概序》,崇祯七年(甲戌,1634年),毕氏曾与在京传教士汤若望交往,询及西士有关"人身"之学。汤若望除"谓西庠留意此道,论述最夥"外,并出"示亡友邓先生[邓玉函病故于崇祯三年(1630年)四月初二日历局任职]人身说二卷,乃译于武林李太仆(之藻)家,虽素草(钞本)……邓先生格物元学,可窥一班矣"。其中,"论人记含之所,悉在脑囊,乍聆之未免创论可骇;然人当思索时,瞑目蹙眉,每向上作探取状,且二东方言,以不能记者谓没脑子,此亦足徵其持论不诬,而东海西海理相符契者矣。"①毕氏由初闻"脑主记忆"的创论大骇异,至证其持论有据,继而信服东海西海理相符契的过程,大致可代表金声接受是说时认识的变化。他所谓欣喜西学"与吾中土圣人大道往往符合"的议论,便是此种"感触"的反映。可贵的是,金声不仅服膺其说,而且广为传扬。前述中国多种医书尝著录其说,崇其科学发蒙之懿德。后世俗儒却转诋金声"驳杂异学",对此创论匿而不传,故今存文集中,难觅其踪影。

跟传教士交游论学,在确认西教与中土儒道大致符合的前提下,虚心习学西方历算和人体生理知识,无疑是金声的基督教信仰中最令人瞩目的关系。有证据表明,这种关系给金声的精神面貌带来了某些变化。如崇祯元年(1628年)致休宁挚友信中表示,对于科名和释褐做官并无多少喜悦,"所幸迩来颇见学问事大,不敢一刻放松。得尺则尺,得寸则寸,似有日异而月不同之意。恨羁身都城,不得向畴昔师友一觌面,细细商確"。②也就在当年,"先是,维扬人有女请为公(金声)妾,贻之簪珥矣。至是命他适。或劝公,公曰:'吾将为主上经营四方,何以家为'!"③前者为何在京顿觉学问事大,颇有日新月异之感,并急切地希望同畴昔师友仔细评品商確其所获新知。如此对"学问"新的观感和急

---

① 徐宗泽编著:《明清间耶稣会士译著提要》,第303—304页。
② 《金正希先生文集辑略》卷三,《与程希吕》(戊辰)。
③ 《熊鱼山先生文集》卷下,《金文毅公传》。

切心情,不啻金声接触西教后学习态度变化的反映。至于后者未获功名前已有意纳妾,何以至京后却断然拒绝。"为主上经营"云云,不过是托辞,基督教反对纳妾的诫谕,应是金声作此决断的依据。

第二,金声与徐光启非同一般的关系。除同传教士交往外,金声与徐光启关系亦引人注意。徐、金三年同朝为官,共为解救京城清军之围输诚竭力,更在习历算于邓玉函门下而相交相知益深。对于金声谙熟孙吴兵法且"以知兵著闻",徐光启在交往中想必多有领略。而金声汇合中西历算的造颖,徐光启当亦印象深刻。[①] 出于对金声遭不公正待遇愤然辞职的惋息与同情,徐光启遂利用筹办夷情、兵事和修历等机会一再举荐,从其溢于言表的褒奖中,可见对金声非同一般的了解及其殷切的期望。

如崇祯四年(1631年)十月,即金声告归仅一年,徐光启便在《钦奉明旨敷陈愚见疏》,及奉旨后开送兵部八条中,除力主征召孙元化、王徵率领登州精锐火器部队,屯驻近畿以为根柢外,又建议须调取澳商制造和教练火炮,而推荐足堪其任者,即是金声。徐光启说:"调取澳商,终不得已,宜悉如上年旧事。其统领教士俱在登莱,宜听登抚(孙元化)斟酌,差官伴送前行。其特遣官则在告御史金声,忠猷夙著,亦习夷情,宜起补原职,遣官趣赴广省。"[②] 疏中所谓"忠猷夙著",

---

[①] 金声并不像后来对徐光启所说,全不谙象数之学,以致因迷闷而不能卒读《几何原本》。据清咸丰间流传的别本金声年谱所载,崇祯九年(1636年,三十九岁),"先生作《数书》一卷,按天地人三百八十四爻,盘式推加,成出入内外、吉凶进退之兆。"(程锡类:《金正希先生年谱》,附录,"九世族孙兆蕃恭记")金声之所以不愿在《易经》原始六十四卦内,推演他对天地人的看法,就在于他认为这种传统方式落后,限制了人们的思想。批评道:"世之学者出虑发言,莫不在六十四卦中,即推入至精,以为居然太极也。而不知其入六十四卦之中已久,终其身在六十四卦之中,究竟无一鱼ına之获。"(刘洪烈注:《金正希先生年谱》,载《北京图书馆藏珍本年谱丛刊》第62册)金声采取"盘式推加",将天地人关系推衍至三百八十四爻,其作用就在于,"人们自随之将各自的了解和设想的种种内容附会输入进去,从而使爻象、卦画具有了多方面的内容和性质,而且有些内容远远超出了单纯的卜筮意义,以至带有某种科学和哲学的意义。"(楼宇烈:《卦爻象原始》,载《北京大学学报》1986年第1期)现已确知,至少金声在推究性天关系时,已包含基督教"天无二日"的内容(详后)。可见金声所撰《数书》,既有否定传统儒家范式和陈旧观念的意图,又有吸纳西方科学(受教于传教士)与基督教信仰的因素,其历算研究,呈中西汇合的态势。

[②] 王重民辑校:《徐光启集》上册,第309--317页。

系指崇祯二年(1629年)解围京师的卓荦表现;"亦习夷情",当与邓玉函交游论学有关。

又如崇祯五年(1632年)十月,因《崇祯历书》协修缺员,两年前具奏请补而未得其人。故于是月十一日,再呈《修历缺员谨申前请以竣大典疏》,曰:"……方今在任大臣,既各有本等职掌;外臣之中,臣所知者如山东巡抚朱大典、陕西按察使李天经又有封疆方面之责,不得不于庶僚草泽中求之,是以广咨博访,徘徊数月。今看得原任监察御史告病在籍金声,思致沉潜,文辞尔雅,博涉多通,兼综理数,堪以委用,使居讨论修饰之任,其遣文析义,当复胜臣……在金声病已痊愈,乞敕下都察院催取赴补,便可前来。"①与前疏相比较,此次的举荐似乎有些犹豫,广咨博访,徘徊数月方作决定。所顾虑者,不在于金声的才学,而在其是否出山的态度。所论"思致沉潜,文辞尔雅",在赞其思想深邃有独立见解,且文字清晰优雅。而"博涉多通,兼综理数",则直指其涉猎自然(数理)科学,知识赡博。从前次政绩与交往,到此次思想、文辞和知识结构,徐光启对金声的了解及称誉不可谓不全面。惟其如此,便更为担心金声能否应召赴任。上次推荐,迄未见回应,徐光启已有预感。故在此欲借重朝廷的权威,而不是私下的沟通,襄成其事。先谓声病已愈,请下敕都察院催取;又章疏通过官府刊布的邸报传扬,令金声难以辞却。不久,奏疏荷皇帝俞允,金声面临更大压力。

当金声从邸报获悉荐举的讯息,对于行藏出处的抉择,一度颇为踌躇。崇祯五年末,他在写给北雍业师罗喻义(字湘中,或号黄江,益阳人,《明史》有传)的信中说:"顷见邱(邸)报,蒙上海相公有修历之荐。声自前岁归来,麋鹿之性,已将终身。已闻吾师去国,百念益复灰冷。今忽有此意,怅怅殊不欲行,图所以辞之,而又未得其说也。出处两念,至今萦萦而不得。就商决于吾师,惟师幸有以教之。"②

罗喻义的回复犹未可知,金声的主意已定。崇祯六年(1633年)

---

① 王重民辑校:《徐光启集》下册,第418—419页。
② 《金正希先生文集辑略》卷三,《上罗黄江老师》(壬申)。

初,上《辞谢起补修历疏》,陈述"以不胜任之身,冒不易称之职"的缘由,在于疾未痊复而思力难使历数精致。他写道:"……神气耗竭,实未痊复。痰火眩晕,不时剧发。居平怯思健忘,如石如鹿饵药省虑,仅足自存。况历数大法,古以宿学,久竭精思,方得就绪……如臣碌碌疏浅,重以结疾,素学既不深入,思力又难致精,顾瞻斯任,岂啻负山。"为此,"敢望皇上特恩,宽以期限",调养身强并冀学成,图报于来日。①

与此疾未痊愈、才学疏浅,不堪其任的官样文章不同的是,金声随后所撰《上徐玄扈相公》书,却覃恩巧妙,颇耐人揣摸品味。其中,既有真情的流露,无奈处境的诉说,更有基督教大计的谋划。书信开头写道:"伏惟太老师阁下,身倡绝学,道济苍生,怀千万世之心,应五百年之运,材笃器使,广益集思。如声孤陋,幸依末光,感服明德,未尝去心。"这不是一般的恭维客套,而是通过对徐光启首倡西教西学的赞许,表示自己未曾忘怀过去京城岁月"幸依末光",共同与传教士交游论学的情景,一下子将两人关系提升到服膺西教的同志情谊。继而,在感谢对自己"奖借称誉,溢迈常分"的同时,诉说因"三不"(不能、不忍、不敢)而难以赴阙就任的原因。所谓"不能",重申因"火症时作,痰根不拔",无法应付长途鞍马风尘的劳顿。但特别指出:"声思路本粗莽疏阔,敬服西儒,嗜其实学,乃在理道及修行法律。至于象数,全所未谙。即太老师所译《几何原本》一书,几番解读,必欲终集,曾不竟卷,辄复迷闷,又行掩置。况历法渊浩,对以浅思狭识,将若编簣移山,卷叶竭海,此其所不能也。"又如"不忍",指父母老病,风烛草露,一旦分别,肠裂心酸不堪忍受。至于"不敢",谓此次举荐,既非声有求于人,亦非太老师有私于己,"庶几古道之遗知己恩遇"。孰料,"流俗之人或有猜度,以为卧病之人借此出山;或谓声为禄位,乃以学术依附明公。如此讥嫌本不足惜,然而声于此,则有所不敢也。"

对于"三不"理由的牵强,终难于令人信服,金声似有自知之明。但他深谙,徐光启督修历法,征召李之藻、李天经、陈于阶及知历人员诸基

---

① 《金正希先生文集辑略》卷二,《辞谢起补修历疏》(癸酉)。

督徒汇聚北京,无非欲光大西教西学的影响。倘若信仰恳笃且身为表率,凡此夙愿同样可于地方实现。即利用在野的优闲专精,译授西学,流布于天下。金声正是揣摸徐光启传播西教的大志,继续写道:"况声近发薄愿,不自揆度,欲倡明大法。尽区区笔舌,将次第译授西学,流布此土,并为人广细宣说。此非十年不仕,优闲专精,未易卒办;非身竖坊表力存砥柱,出处进退之间,卓然有以见信于天下,亦未易径牗人心,遽信其书及其言也。故声辄为大道计,声处或流通有日,声仕恐阐明无期。虽微前三者,太老师救世心切,尚应念之。声曷胜恳笃之至。"①在这里,所谓"倡明大法",明指传教而言;"理道"、"修行"、"法律",皆指教会神学、修道及规诫。② 金声为传扬基督教"大道计"所发宏愿,显然打动了徐光启。故崇祯六年(1633年)九月二十九日所呈《历法修正告成书器缮治有待请以李天经任历局疏》中,便为金声掩护,称"内金声复经部复咨催,今闻声实患病,不能前来"。③

综上所述,首先,徐光启与金声关系非同一般。徐对金的了解和奖掖"溢迈常分";而金则称徐为"知己恩遇",为"幸依末光",为"太老师"(《上徐玄扈相公》书时,金三十六岁,徐七十二岁)。二人在输诚竭力救国和服膺西教西学中,志同道合而结成忘年之交。其次,徐光启一再举荐,亟盼于"夷情",西学领域,获金声鼎力相助,增强西教西学在朝野的影响。而金声却"出处两念"举棋不定。朝廷的遭遇令其痛心疾首,故情绪灰冷;而救世心切之人,又何尝不愿重振旗鼓,再续辉煌。几经犹豫之后,金声选择了较之赴京做官更具挑战性,亦更为宏大的志愿。这就是他在休宁还古书院所从事的,融西教西学入儒学,"聚诸圣于一堂"的开创性活动(详后)。由此看来,金声在信中表白的,欲倡明和传扬基督教"大法",通过译述西学流布天下,令教会神学、修道途径和道德规诫,渐次深入人心。凡此并非欺妄搪塞之词,而是当时心境的真实表述。

---

① 《金正希先生文集辑略》卷三,《上徐玄扈相公》书。
② 方豪:《中国天主教史人物传》上册,第244—245页。
③ 王重民辑校:《徐光启集》下册,第425页。

第三,《天命解》与基督教天主信仰。《明儒学案》所收录的金声《天命解》,表面上似在阐释儒家的天命观,实则借助儒学的传统范畴,揄扬基督教有关天主的信仰。研究表明,孔子及儒家是讲天命的。"孔子说他自己:'道之将行也与?命也。道之将废也与?命也。'(《论语·宪问》)他尽了一切努力,而又归之于命。命就是命运。孔子则是指天命,即天的命令或天意;换句话说,它被看做一种有目的的力量。但是后来的儒家,就把命只当做整个宇宙的一切存在的条件和力量。我们的活动,要取得外在的成功,总是需要这些条件的配合。但是这种配合,整个地看来,却在我们能控制的范围之外。所以我们能够做的,莫过于一心一意地尽力去做我们知道是我们应该做的事,而不计成败。这样做,就是'知命'。"[①]可见孔子及后儒心目中的"天命",大致是从"尽人事"这种入世的观点,来看待超越人们控制范围之外的有目的的力量。至于这种"天命"或"天意"具有哪些基本特征和超人功能,都往往付之阙如。

金声的《天命解》,最初试图运用传统儒学的范畴,去探寻孔子和后儒未曾触及的上述"天命"后续的内容。可是,由于他的基督教背景,该文遂转换为宣扬天主信仰的篇章。文章采用和论证的儒家范畴有:性、道与天命"一而已"的关系,人灵于万物与天育万物的关系,形而上与形而下的关系等。然而,论证过程中,宣扬的却是:(一)唯一神论,即相信仅有一个最高存在。如,"天无二日,民无二王,以此为慎其独也";"神明之属,求其所自而不得,则举而名之为天";"人之生也,称受命于天……载命无二,受尊无二,上也"。(二)创造者,被视为除他自身之外存在着的一切事物的创造者。又如,"天有时而不命,则万物或几乎息矣";"天命也者,不可须臾离也";"人之所以灵于万物者,以其喜怒哀乐之性能自主而自由也……忽喜忽怒忽哀忽乐之态,虽存乎人,而应喜应怒应哀应乐之则,实本乎天"。(三)无限存在,指他是一切存在物的根源和基础本身。再如,"必曰'万物各得其所',各得其所,而后一物各有一类,

---

[①] 冯友兰:《中国哲学简史》,北京大学出版社1996年版,第40页。

一类各有一位,极而万之,亦万位焉……定万物之位,而后万物可以各得其所而育。是故定天之位,而人之生,乃莫不受命于天,受命于天,而后役使万物,而宰制之。置此身于万物中,作平等观,而天叙,叙之天叙,秩之皆其相与并育于地上者也,而自天以下,无不举矣。是故学莫先于知天,莫大于事天。"①

毫无疑义,这些对"天"或"天命"所具有的唯一神论、创造者和无限存在等特性的解读,显然已超越儒家传统"天命观"的内涵与界限,而具有基督教"天主"或"上帝"的性质。诚如利玛窦在《天主实义》所说:"更思之,如以天解上帝,得之矣。"又谓"知上帝与天主特异以名也。"可见天、上帝、天主,乃表示基督教最高信仰的同质而异名。非特止此,金声在铺陈这种信仰时,还具体套用了《天主实义》的某些概念。如,"天无二日,民无二王",即是"邦国有主,天地独无主乎?国统于一,天地有二主乎"的简化。又如,"人之于天命,有若无睹焉者矣,若无闻焉者矣。""此所不睹所不闻,人以为隐微耳,而不知其显见也。"这不过是利玛窦所谓"天主无形无声,而能施万象有形有声";"天之主宰虽无其形,然全为目,则无所不见;全为耳,则无所不闻"的翻版。再如,文中有关人之所以灵于万物,在有喜怒哀乐之性,而其实本乎天,故按天下利害用之,则天地位,万物育的论述,乃《天主实义》阐释"吾人生于其间,秀出等夷,灵超万物,禀五常以司众类……必有元始特异之类化生万类者——即吾所称天主"的意思的改写。凡此表明,《天命解》委实是融合儒学范畴与基督教理念的精当之作。这种力图将儒家"天命观"转换为基督教天主信仰的尝试,反映了金声恳笃信教的立场。

第四,在休宁还古书院讲学前期,率子弟从事泰西之学,行丧葬不礼佛僧,遭友好及众学者诋诟,而辩论不休。金声于崇祯三年(1630年)十月辞官归休宁后,便有意将其在京习闻的域外西教西学,在闭塞的家乡传播。四年(1631年),乘"耆儒先辈以重举讲会相招",金声讲

---

① 黄宗羲著,沈芝盈点校:《明儒学案》下册,第 1359—1362 页;约翰·希克著,何光沪译:《宗教哲学》,三联书店 1988 年版,第 12—35 页。

学于还古书院。同年,在所撰《还古书院会序》中,三次强调人为学与讲学的原因,在"人实灵贵于天地万物之间",故其初受命和后继得丧利害,都非比寻常,由此为人不得不学,亦不得不讲学。如上所述,这种人实灵贵于天地万物的议论,正是《天命解》乃至《天主实义》认识的继续,在此便被推崇为人必为学、讲学的缘由。文中论及自己从学经历及志愿时,说:"声生不敏,荷天之牖,父兄师友之启迪,少而闻学,长而见学,已渐而知求所以学……惟笃志力学,随分自效,无忝此生,亦以少尽吾区区之性于今日,而异时始获以此身幸还之造化。"①事实表明,作者声称仰荷天(主)诱导而知求所以学,并无忝此生之学问,即是在还古书院"率子弟从事泰西"。②至于异日以此身还之"造化",与"造物"一样,屡见于作者文章之中。如,"制艺薄技也,而才人出没焉,造物之生才也实难。"③又如,"宇宙间自有不可读之文章,患无能为之者,造物既生此一人为之,岂终不复生一人读之?"④再如,"可行则行,可止则止,将此身交付造物,大光明海中,任他处置,听我成就,不留丝毫牵枝蔓叶,拖泥带水。"⑤可见"造化"或"造物",皆指生人、生才和决人生死的宇宙间主宰,这显然是基督教特有的信仰,可补《天命解》之不足。

基于如此信仰,金声在还古书院讲学前期,传播泰西之教,遵照西教丧葬规诫举哀,与众学者辩论泰西言不少屈,自谓不顾世人评价,而独自决定学问的去向。对异教信仰大不满的熊开元记曰:"辛未(崇祯四年,1631年),(金声)乃讲学于还古书院。谓儒门重立志,犹佛门贵发心,来学者必先立为圣人之志,然后发药。已闻泰西氏之教,则又率子弟从事泰西。壬申(崇祯五年,1632年),还嘉鱼。觉大师已示寂,公造其庐,用泰西教,不礼佛菩萨像,独拜师神主,哭不辍。鱼山(开元)曰:'先师故事佛,子骏(金声)不然其所事,而哭之恸,独

---

① 《金正希先生文集辑略》卷六,《还古书院会序》(辛未)。
② 熊开元:《熊鱼山先生文集》卷下,《金文毅公传》。
③ 《金正希先生文集辑略》卷六,《房书序》(乙丑)。
④ 同上书,卷六,《任澹公文序》(辛未)。
⑤ 黄宗羲著,沈芝盈点校:《明儒学案》下册,第1368页。

何与?'公曰:'只觉先师遗训,率由无弊,他非所知也。'坐定,寒暄毕。鱼山力斥泰西学非是,至手口交作,气惊一座,公犹未即降。鱼山曰:'子骏口虽不服,心未安也。'公曰:'予若安,则圣人矣。'故一时学者,咸诋公阑入异道。鱼山独信公求道急,暂行歧路,不久即当还。"①面对友好和众学者"阑入异道"的责难,金声不仅言谈不少屈,更将我行我素的志向形诸文字。崇祯四年(1631年),他著文指出:"夫物之不齐,由来久矣。吾独有心而独有眼。而或佛我,而或魔我,而或牛马我,吾皆不顾。而独以吾之去向,人皆莫知为吾学问之得力故。以行事,则多颠倒不可解;以为文章,则多漫灭不可读。"②从金声坦言不恤舆论而我行我素,全得力于"学问"即泰西之教的回应中,凸显其基督信仰的自信和执着。

这样看来,可大致确定的是,从崇祯元年至六年(1628—1633年),即与徐光启、邓玉函交游论学,至《上徐玄扈相公》书,乃金声信奉基督教尤为笃诚的时期。归纳起来,表现之一,既接受有关天主唯一神论、创造者、无限存在和最高主宰的信仰,又习学西方历算与人体生理知识,再自称敬服教会神学,修道及其规诫,对于西教西学可谓领悟全面。表现之二,明季士大夫皈依基督教的两大障碍,即天主为造物真主且躬为降生的唯一神论及教会颇严的禁人娶妾诫律。③ 这些在他人难以逾越的障碍,金声却顺利地予以克服。表现之三,无论致徐光启信函传递的讯息,还是在休宁和嘉鱼的实际行动,金声从未在外力强迫,而完全是自愿的情况下,将传播西教西学,作为追求目标和终生职志。表现之四,崇祯元年之前,金声虽与僧人觉来、半偈交往,但影响尚浅,仅停留于断肉长斋和壮士励志展臂方面。迄遵从泰西教法哭拜觉来神主显示,对于乃师事佛的取向,已不以为然。凡此种种,足以证明,在此六年间,金声对基督教的信奉是虔诚和认真的。尽管金声是否领洗,"西教士论述中从未提及;声亦无'圣名'。"④然揆诸上述事实,应肯定金声领

---

① 熊开元:《熊鱼山先生文集》卷下,《金文毅公传》。
② 《金正希先生燕诒阁集》卷六,《任澹公青凤轩稿序》(辛未)。
③ 参见拙文:《明末福建士大夫同传教士的交往氛围及群体特征》,载刘东主编:《中国学术》2004年第1期(商务印书馆出版)。
④ 方豪:《中国天主教史人物传》上册,第241页。

洗皈依的基督徒身份。

然而,毋庸讳言,自还古书院讲学后期,金声信仰的重心已有所转移和变化。即由此前儒学西教交融、西教一度较为突出,转变为综合多种信仰,从事冶儒家、西教和佛教于一炉的开创性活动。其实,金声对于上述三种思想体系,既有其景仰,亦有不适意之处,这大概就是他"立正厥宗"、统"一其学"的意图之所在。儒家无疑是金声安身立命的基础,但他运用西教天主信仰弥缝儒家"天命观",抨击《易经》落后的传统,皆表明他对主流的儒家思想亦有微辞。基督教的信奉一时虽颇为虔诚,但早就表示不赞同爱无等差的教义。特别是受闭塞的环境,强大的传统势力,及教会对奉教士大夫缺乏有效的监督和抚慰机制等因素制约(详后),后期金声的奉教热忱,已有所消退和内敛。对于佛教,金声从不全信且呈多种矛盾的状态。不过,在当时士大夫间引儒入佛趋势的影响,①友人熊开元一心佞佛的引导,尤其是佛门的出世理念,适应金声长处乡野壮志难酬的消沉心态和失望情绪,故而,佛教僧人成为金声晚年交往并寻求精神共鸣的重要群体。

也许正是在这种既有所求又难孚其求的意愿驱使下,金声展开了按其制定的宗旨("务欲立正厥宗"),吸取儒家、基督教和佛教等众家所长,而归于统一("一其学")的综合性工作。《还古书院志》记述金声的事迹时,指出:"嗜性命之学,乾竺、天主皆师事之。比后,又有禅宗冒易学而儒其名者,先生亦迎之入,夙夜无懈,不亚畴昔之师庐山老衲也。盖先生生而聪慧,务欲立正厥宗。闻其人必致之,宛得何常师家法。凡以一其学,非杂也。尝讲于还古,言之有章,如黄河泻然,故朋至如云。"②熊开元却深文周纳,批评道:"聚诸圣于一堂,尚不无都俞(应允)吁咈(违逆)之异。末世凡夫,互相然诺,伪也。"③"而后世拘墟竖儒,转

---

① 熊开元曾说:"自孔子之道不传,儒门收不住者,争归释氏。而硁硁信果之士,顾谓圣人之域,可拾级登。舍此无所谓闻道之事,世间亦安得有闻道之人。"(熊开元:《鱼山剩稿》卷二,《答友人》上册,上海古籍出版社1986年版,第239页。)
② 施璜编辑:《还古书院志》卷九;参见黄一农:《两头蛇:明末清初的第一代天主教徒》,第326页。
③ 熊开元:《熊鱼山先生文集》卷下,《金文毅公传》。

诋公驳杂异学,未纯于道。"①由此可见,在还古书院后期乃至晚年,这种遵照金声"主敬存诚,确乎其不可拔"的宗旨,②汇聚儒家、天主和佛禅"诸圣"于一堂,去其俞咈之异,求其"互相然诺",而"一其学"的活动,虽被卫道士丑诋为"伪学"、"异学",但如此调和中西文化与信仰的大胆而有益的尝试,仍赢得众多儒士的拥护和关切。

从这以后,如此兼容并蓄颇具调和色彩的思想,便一直成为金声行动的指南。如,崇祯十三年(1640年),"其女道炤,年十七,当适中丞唐公中楺(楚抚唐晖)孙,公已为治奁。忽得女书,请从父清修,不欲嫁,公大喜,遂罢奁不复治……公曰:'彼方欲为圣贤,吾忍牵其裙使下耶'……而是女得以童真入道。"③崇祯十五年(1642年),金声父殁,"丧葬并用古礼"。④此处虽未明言,但所谓"古礼","其不徇俗延僧礼忏可知也。"⑤与早先拜祭觉来师不礼佛菩萨像相仿佛。赴死就义前,金声在家书中犹称:"大丈夫不欲自尽,自尽非大丈夫之所为。古人亦有言,吾国之三公,不可辱于贱,此中自有道理。"⑥无论童贞女人道清修,丧葬不延僧礼忏,还是临危绝不自杀,这些仍不失基督教矩矱。

又如,金声为人庆寿,便称:"夫祝大君子寿考,犹之请佛菩萨住世云尔。"⑦特别是临终前遗嘱,既令"慈生可送无易师处为僧,此我数年前本心,不因今日祸患起意也"。⑧再盼"望兄仍时以佛法提撕,一切皆佛法,乃为来生大留种子耳"。⑨嘱望后人为僧人求佛法,意在替自己来世转生预留善根良种,此又全然是佛门轮回教法。

尽管明季基督教和佛教,因教义与利益之争,而相持不下,并同时在金声晚年思想中有所反映。然而,经过祛异求同的改造,在儒

---

① 程锡类:《金正希先生年谱》附录,郡后学叶世寅孟陬甫谨识。
② 熊开元:《鱼山剩稿》卷六,《寿金太公爱山八十序》下册,第493页。
③ 熊开元:《熊鱼山先生文集》卷下,《金文毅公传》。
④ 同上。
⑤ 陈垣:《休宁金声传》,载《陈垣学术论文集》第一集,第65页。
⑥ 程锡类:《金正希先生年谱》附录,家书。
⑦ 《金正希先生文集辑略》卷七,《寿尹惺麓先生》(庚辰)。
⑧ 程锡类:《金正希先生年谱》附录,家书。
⑨ 《金正希先生文集辑略》卷五,《与长兄》书(乙酉)。

家思想主导下,它们共同为金声最终的精神升华,作出了贡献。例如当休宁抗清兵败,熊开元劝其逃匿时,金声义正词严地回答:"若舍之去,不贻害百姓乎!学道一生,惜未能坐脱去。直当往就擒,为百姓请命耳。"①又临刑前寄书家兄,诉说道:"弟日内静观之,殊无大凄惨,视死真如归,可见平昔学道得力。"②所谓平昔之学道,自然以儒家为主,但不排斥天主、佛教的影响。故"学道得力",实际上是熔蚀众教之长,在"主敬存诚"思想意旨下的表现。

总之,根据上述较为系统的考察,可大致确定,崇祯元年至六年间(1628—1633年),乃金声信奉基督教最为虔诚的时期,故应肯定其领洗皈依的基督教徒的身份。此后,金声迄未背弃基督教信仰,且时常见诸行动。不过,它更多地是作为金声熔蚀众教中一个思想源泉而存在。由于这种综合引入了与西教形同水火的佛教成分,从而违反了《十诫》有关禁拜异神的教律。因此,如果按照欧洲的教会标准衡量,金声说不上是信仰纯粹的基督徒。倘若从中西文化交流的角度观察,这种具有超凡胆识的调和非但有益,而且反映了中西文化在交流中融合的趋势。

与弘光朝陈于阶,隆武朝金声相比较,"永历帝在位十五年,奉教大员瞿式耜、庞天寿、焦琏等之功居多",③且作用更为显著。如前述牵引永历后妃领洗和策划卜弥格赴欧的太监庞天寿,据教会史资料,其"圣名亚基娄,系崇祯帝旧仆,受洗于汤若望神父之手(授洗者实为龙华民④)。崇祯殉难,逃至南京。南京失守,又逃至福建。曾奉隆武帝命,偕毕方济出使澳门。隆武死,又投归永历。为明尽忠,誓死不二。永历用为司礼太监,多所匡救。"⑤"焦琏圣名路加,南京人。"⑥"他家五代为中国皇帝效力忠贞不贰,有如他们之笃信基督。"⑦至于瞿式耜,据在上

---

① 熊开元:《熊鱼山先生文集》卷下,《金文毅公传》。
② 《金正希先生文集辑略》卷五,《与长兄》书(乙酉)。
③ 萧若瑟:《天主教传行中国考》,第233—234页。
④ 冯承钧译:《西域南海史地考证译丛》第三卷,第56页。
⑤ 萧若瑟:《天主教流行中国考》,第233—234页。
⑥ 同上。
⑦ 卫匡国著,何高济译:《鞑靼战纪》,中华书局2008年版,第397页。

海传教多年的潘国光(Francis Brancatus)介绍:"……他(指任广西总督、'阁老'的瞿式耜)与我友情深厚,我自己和全中国的基督徒,因他高尚的品德,都怀念他,二十年以来,我们始终是他的友人,而且敬重他。他生于南京省的常熟,教名瞿多默,这是值得永远纪念的名字。"①另教会史资料亦表明:"1623 年(天启三年)瞿太素子名玛窦(Matthieu,式穀)者,召(艾)儒略赴常熟开教,玛窦从兄进士式耜(Thomas)曾经儒略受洗。教务发达,颇赖其力。数星期中新入教者有二百二十余人,中有式耜之诸父某护教尤力。式耜受洗后,曾以'僧道无缘'字条揭示门外,伪神偶像悉皆易以耶稣圣名。"②

鉴于瞿式耜、庞天寿和焦琏的基督教徒身份,已有西方文献论列,况庞天寿事迹前节亦曾描写,故在此缕述瞿、焦二人于"崎岖危难之中","鞠躬尽瘁之操"节及其功业。最后,综合动荡时期这些奉教士大夫(陈于阶、金声、瞿式耜、焦琏)信仰不够纯粹的表现,探究形成的原委,以证不能持西方传统标准指责挞伐的理由。

瞿式耜,字起田,一字伯略,别号稼轩,常熟人。祖父乃礼部侍郎景淳,父湖广参议汝说,叔即前册所述最早与利玛窦交游之汝夔(太素)。式耜举万历四十四年(1616 年)进士,授吉安永丰知县,莅丰四载,多有惠政。继以父丧忧归。崇祯元年(1628 年),擢户科给事中。时,正值朝廷抚恤东林,表彰忠介,清算阉党,将定逆案之际,"式耜矫矫立名,所建白多当帝意"。居官七月,"章疏凡二十余,无不朝上而夕报可"。然而,"搏击权豪,大臣多畏其口",颇为招摇。加之自己言行不甚检点,终为权臣所乘,以"揽权"而致败。原来是年十月会推内阁辅臣,为让恩师钱谦益膺选,瞿式耜"言于当事者"而上下其手。"温体仁遂发难,(周)延儒助之。谦益夺官闲住,式耜坐贬谪。"后又追论式耜任职期间举荐不当,再贬二秩,削职为民。崇祯九年(1636 年)十二月,又起波澜。常熟县民张汉儒赴京上疏,指控乡居之钱谦益、瞿式耜,把持地方舆论,纵

---

① 卫匡国著,何高济译:《鞑靼战纪》,中华书局 2008 年版,第 397 页。
② 费赖之著,冯承钧译:《在华耶稣会士列传及书目》上册,第 134 页。

容家奴作恶诸多罪状,朝廷严旨缉拿钱、瞿二人至京诘问。入狱羁押年余,朝廷各施责罚了结。陆氏等人发边卫充军,"谦益坐削籍,式耜赎徒"。终崇祯朝,瞿式耜废弃于家。只得"寄兴园林,陶情翰墨",享受天伦之乐,以排遣其"偃蹇失意"的苦闷与无奈。

崇祯"十七年(1644年),福王立于南京。八月起式耜应天府丞。已,擢右佥都御史,代方震孺巡抚广西。"瞿式耜于弘光元年(1645年)二月初一日辞朝时,即具疏指陈粤西情事七条,寄寓着他经营西南的宏大志向。原来,"府君(指瞿式耜)实早见四方多事,粤西非为偷安,锐意绸缪,力图振刷,欲为再造朝廷,奠此西南半壁。无事则可以固圉,有警则可以图大"。四月初二日,瞿式耜束装从家乡启行,十五日抵达杭州,时清军南下警信已迫,浙抚面请缓行,"且俟留都消息,以决进止"。瞿以"君命为重",不听劝阻,从速前行。足见其久旷之后,绝不放弃这出山救世之良机。又,原配邵氏夫人疾病初愈,本不堪远行,其子跪请母亲留家养息,遭到父亲拒绝。再显瞿式耜颇有割断家乡儿孙的念想,共赴国难的决心。"从此而府君之勋烈大建于粤西,而府君之躯命亦殒于粤西矣。"①

正如瞿式耜所预料,随着弘光、隆武朝廷相继覆灭,西南半壁江山,遂成为南明与清朝争夺的重心。而身系西南安危成败的瞿式耜,其彪炳日月,建树于粤西的勋业,大致涵盖四个方面。

第一,拥立桂王监国,肇建永历朝廷,再续抗清大业。瞿式耜在家书中称:"至于拥立桂王,真是时会适逢,机缘巧凑。"原来,"桂王为神宗第五子,出封楚之衡州,以避寇入粤,楼于梧州。崇祯十七年(1644年),桂王薨逝。遗二王子,一为安仁,一为永明,安仁居长。正枝嫡派,当弘光失国之后,即应照伦序立之。"后虽唐王以旁系捷足先登,即位福建,建元隆武,然瞿氏心不服,故利用职务时加照顾,"以是安仁母子兄弟,直视余(瞿自谓)为患难交。"当隆武二年(清顺治三年,1646年)九

---

① 瞿玄锡撰,余行迈等点校:《稼轩瞿府君暨邵氏合葬行实》,载《明史研究论丛》第五辑,江苏古籍出版社1991年版;《明史》卷二八○,瞿式耜传。

月,福建失陷、隆武败亡,"时粤中人情汹汹,又是前年弘光故事。况时至事起,天与人归,若不早定一尊,何以延祖宗三百年一线之绪余。"于是,瞿式耜遂与宗室、词林、部郎、守令、太监及两广总督丁魁楚亟谋监国之举。"式耜首言监国:'永明王贤(时安仁已殁),且为神宗嫡孙,应立'。"并谓:"桂王盖以名正言顺,可以服天下之心。"征得众臣赞同后,永明王"以十月初十日监国。十四日丙戌,即皇帝位。仍称隆武二年,以明年为永历元年。改肇庆府署为行宫,推置僚署有差。"丁魁楚以大学士兼戎政,瞿式耜以吏部右侍郎兼阁学掌铨事。①

为成就这"一隅之正统",瞿式耜不只殚精竭力,且几罹杀身之祸。先是瞿于弘光元年(1645年)闰六月初四日抵梧州上任,时唐王称帝闽中之诏已至两广。八月,明太祖之侄朱文正后裔靖江王朱亨嘉,不奉新诏,自称监国于桂林。"即借勤王为名,有窥神器之心。"当此谱系最远之逆藩,欲淆乱正统,提兵东下之际,"抚臣瞿式耜启以大义,遥谓之曰:'两京继陷,大统悬于一发,豪杰耽耽逐鹿。闽诏既颁,何可自兴内难,为渔人利'?"靖江王怒,提兵到梧,掳瞿至桂,"以刃加府君(指瞿式耜)颈,血溅衣",终不屈。两广总督闻讯率军平叛,与靖江兵交梧州,靖江败退桂林,穷蹙不知所为,只得请瞿氏重出治事。"桂城万姓始帖然安堵,而(平叛)东兵已薄城下。靖江所封兴业伯杨国威旗鼓焦琏,向于道州救驾者(指先前张献忠下衡州,永明王被拘系于道州,焦琏奉命星驰救援,破械出之,当追兵逼近紧急时刻,焦琏背负永明王徒步行一日夜),密奉府君令,夜缒城下,入(东兵陈)邦傅营,复缒邦傅上城。"瞿与之约,罪在靖江王,勿殃及桂城数万生灵。"时阵守皆琏兵,遂擒国威"暨附逆诸臣。"九月二十日五鼓,攻靖邸,戒军士止擒靖一人,他无所株扰。"瞿式耜以是功晋职兵部侍郎。②

对此义举,瞿式耜颇为欣慰。他在家书中说:"吾于靖逆一事,虽不

---

① 瞿式耜:《瞿忠宣公集》卷九,家书:《丙戌九月二十日书寄》,《丁亥正月昭江道中寄》,《丁亥正月初十再寄》;计六奇:《明季南略》卷九,《粤中立永历》。

② 瞿玄锡:《稼轩瞿府君暨邵氏合葬行实》;瞿共美:《天南逸史》;《瞿忠宣公集》卷九,《丙戌九月二十日书寄》。

第九章 传教士与奉教士大夫在明清战争的作用和贡献

能销患于未然,而先期多方阻遏,临变百折不回,又以一身保全数万生灵之命。今日邀恩于朝廷者即不奢,而阴府簿籍其注我功德必大。"又谓:"余之不服靖江王,而甘受其逼辱者,非为唐王也,为桂之安仁王也。"①其汲汲"一隅之正统",而百折不回的精神,于此毕现。

如前所述,王朝正统与否,历来是"夷夏之辨"重要依据之一。② 瞿式耜并非不知道,大明"自崇祯而后成甚朝廷,成何天下"。亦谙永明王"质地"虽好,却"自幼失学全未读书",作为国君多有阙失。然而,按照王位继统的原则,当时"以亲以贤,更无逾此"。特别是清军在大江南北剃发易服、恣肆屠戮之际,遵循历代正统标准,推举"以亲以贤"的永明王监国称帝,更具有赓续反清大业,保卫汉族衣冠、文明的象征和实际的意义。瞿式耜曾预言,永明王继统之后,"以神宗四十八年之德泽业已中断,而今复续之,海内之人心孰不欢欣鼓舞,谓宜闻永历登极之信,各省便当奋起义师,迎銮拥驾。"③果不其然,永历继统影响深远。弘光、隆武旧臣趋之若鹜,海上郑成功奉其正朔,雄踞江西、广东之清臣金声桓、李成栋相继反正,就连李自成、张献忠起义军余部,如李过、高一功和孙可望、李定国等人,亦在永历抗清大旗下联合作战。致使永历朝廷号令所及,一度延伸七省。而在西南抗清,辗转持续十五年。凡此表明,当初瞿式耜不计生死争立"一隅之正统",在历史上具有积极的意义。

第二,三次击溃进犯清军,力保危城桂林,奠定永历朝廷的基业。据谢国桢先生的研究,"他(指瞿式耜)认为桂林北有严关之险,居两广的上游,东可以控制两粤,北方有何腾蛟所领导的荆襄十三家军在那里把守,随时可以出兵湘楚,因之必须先立国基,有了很好的基地,再编练了精锐的队伍,进可以战,退可以守,然后才能谈到恢复的运动。"④出于如此恢复大计的考量,瞿式耜遂将不惜代价坚守桂林,作为个人安身

---

① 《瞿忠宣公集》卷九,《丙戌九月二十日书寄》,《丁亥正月昭江道中寄》。
② 参见梁启超:《新史学·论正统》,载吴松等点校:《饮冰室文集点校》第三集,第1639—1640页。
③ 《瞿忠宣公集》卷九,《丁亥正月昭江道中寄》,《丁亥正月初十再书寄》。
④ 谢国桢:《南明史略》,上海人民出版社1957年版,第157页。

立命和永历朝廷"中兴"的根基。永历初年,桂林三次保卫战的胜利,即具有举足轻重的作用。

永历元年(清顺治四年,1647年)正月,清军陷肇庆,永历皇帝朱由榔自梧州奔平乐,抵桂林。闻清军逼近,又拟走避全州。于是,瞿式耜于二月十三日上《留守需人疏》,挺身担当力守危城。他说:"今上意既决不可留,廷臣又绝不肯留,惟是桂林为省会之地,不可空虚,诸臣尽随驾以行,谁为留守?臣自念昔日曾叨抚粤,颇得人心,且与思恩侯陈邦傅共事保疆,习知地利,臣今自愿以身当贼,为皇上力守危城。"①奉旨以式耜为吏、兵两部尚书,赐剑便宜行事,留守桂林。

清军陷平乐,直上桂林。城中虚无甲兵,留守连檄征调驻防黄沙镇之副总兵焦琏赴援,焦闻檄即率骑三百人风雨兼程,"以三月初十日薄暮抵桂林,留守欢甚,抚其背而劳之,如家人父子。"十一日,城中士卒忙赴仓领粮,而清兵数万猝至,数十敌骑由内奸引导突入文昌门,登城东楼,箭如雨下,形势危急。留守亟呼焦琏御敌,琏连发数矢,敌骑应弦而倒。敌兵下城巷战败走,琏即麾三百人大呼杀出。"清兵自渡江东,未有抗衡者,及见琏,方错愕,琏引三百骑直贯其营,左右冲突,所向披靡,自寅至午,斩首数千级",清兵胆落遁去。"是役也,琏以三百人破大清兵数万,桂林得全,论者谓南渡以来武功第一。"②桂林之战,是在"声援弗及,式耜独毅然誓众婴城而守,亲率大将焦琏,掩其不给,炮矢夹发,虏锋大挫"而取得的。③ 瞿式耜随即在《飞报首功疏》中感叹道:"今日之事,亦从来未有之奇功矣。虏自广而肇,自梧而平,曾有以一矢加遗者乎,曾有见虏一面而退者乎,曾有阵斩其酋长几级、阵夺其骡马几匹、衣甲弓刀几件者乎!"④凡此力扫往日怯懦,同仇敌忾捍卫危城的壮举,值得叙功表彰。

同年五月二十五日,数万清军再薄桂林城下,麕集文昌门。时焦琏

---

① 《瞿忠宣公集》卷三,《留守需人疏》。
② 瞿玄锡:《稼轩瞿府君暨邵氏合葬行实》;瞿共美:《天南逸史》。
③ 戴笠:《行在阳秋》。
④ 《瞿忠宣公集》卷三,《飞报首功疏》。

第九章 传教士与奉教士大夫在明清战争的作用和贡献 721

"负伤披甲,督率诸将,分门扼守",另遣悍将白贵等堵御文昌门。"府君急取司礼庞天寿所铸西洋大炮,架女墙放之,毙虏骑数百,势稍却;午后开城冲杀,斩获无算。而虏之环攻西南者,势尚盛。我兵自辰至午,尚未餐,府君与巡方鲁可藻蒸饭分哺,兵气益壮,报级踵至,会天已暮,风雨大作而罢。二十六日黎明,新兴(伯焦琏)与白贵等,复督兵大战,不晨炊而出,虏出不意,大败走。而督标副将马之骥,从水东门隔江发大炮助之,于是乘势追逐,斩级数千,至辰刻而虏尽矣。"二十七日,敌之分股间道从栗木岭来者,又为马之骥击败。"至是而虏始胆丧,桂林屹然称金城汤池矣。"继而,焦琏奉瞿式耜"指授方略",收复阳朔、平乐,陈邦傅攻取梧州,西粤重回永历控制。"府君因草一檄,传谕中外,布告楚、蜀勋镇,中外感动,江右(金声桓)、粤东(李成栋)之反正,皆府君此檄为之激劝,功岂渺小哉!"①

另据西方资料,在这两次桂林保卫战中,有一支由葡萄牙军官率领的三百名来自澳门的军队参战,他们强大的炮火支援,亦是瞿式耜、焦琏制胜的要素。费赖之著《明清间在华耶稣会士列传》云:"当时葡萄牙军官尼古拉·费雷以拉(Nicolas Ferreira)应明帝之请,率领葡兵300人从澳门出发,入中国内地参与勤王之役;瞿神父(安德)乃随军而来。"②出发时间当在1646年(隆武二年,清顺治三年)末。该支葡军入永历朝廷后,隶属于奉教之庞天寿和焦琏。沙不烈撰《卜弥格传》曰:"时当永历谋兴复之初年,信教总兵焦琏率所部将士及葡萄牙炮兵入卫,诸军皆受(庞)天寿统治。瞿安德神甫在焦琏军中,盖从葡萄牙援军俱来也。"③伯希和则在《卜弥格传补正》进一步考证,"可以确定者,1647年(永历元年,清顺治四年)3月20日至7月1日(阴历二月十五日到五月廿九日),清兵围广西桂林时,Nicolas Ferreira(尼古拉·费雷以拉)所统的葡萄牙援军在永历所。或者就因为葡萄牙人的炮火,清兵

---

① 《瞿忠宣公集》卷三,《破敌大获奇功疏》;瞿玄锡:《稼轩瞿府君暨邵氏合葬实》;瞿共美:《天南逸史》。
② 费赖之著,梅乘骐等译:《明清间在华耶稣会士列传》,第302页。
③ 冯承钧译:《西域南海史地考证译丛》第三卷,第63页。

始解围去。则澳门的葡萄牙援兵不应在广东陷落后始赴永历所,其事甚明。世人可以主张葡萄牙人往援永历时,就在1646年(隆武二年,清顺治三年)终11月或12月时,或者就是毕方济神甫交涉之结果。"①

永历二年(1648年,清顺治五年)二月,原李自成起义军余部,后隶督师何腾蛟,时驻守兴安之郝永忠,声称清军来袭,撤兵西抵桂林。乘挟持永历朝廷从桂林逃往柳州的混乱局面,以索取粮秣犒赏为名,"比入城,即纵兵搜括牛马,宣淫,极其惨酷。"不仅奋起反抗的城中百姓俱被杀伤,而且激烈反对弃域逃遁的瞿式耜亦迭遭荼毒。据其所呈《变起仓卒疏》云:"……曾未一刻而数十官头持刀张弓直入中堂,逼臣索犒矣。臣未及转身即拥入内室,刀斧之声耳不忍听。凡臣从自家中携出一二图书清玩之物,及臣妻簪珥衣饰之类,昨年捐饷所存者,搜抢无遗矣。更番而进者一无所得,遂愈狰狞暴狠,楚毒遂及于臣身,肩背腰胁无不重伤,牵曳捽扑、以白刃加于颈者数十次。历辰巳午未四时,地狱变相,无所不尝。"即使罹此劫难,仍信誓旦旦:"但皇上虽弃桂林,而臣尚必欲留桂林,始终无非争此一块土以还祖宗,争此一口气以谢天下。若不克如愿,臣惟有以身殉之而已。"②于是,瞿式耜一面在城中熄灭烟火,救死扶伤,重拾民心;一面征檄四出,督师何腾蛟、焦琏和滇师胡一清相继统兵至,军复大振。经此战火洗礼,桂林俨然雄镇。

桂林骚乱之后,"清人意桂林空虚,乌金王率兵数万,直抵北门,指挥谈笑,谓城可旦夕下。瞿留守坐北门,慰劳军士,勉以忠义"。何督师率将校分三面出击,胡一清统滇兵从文昌门,楚兵从榕树门,督师同焦琏从北门。"战未合,琏即奋臂顾左右曰:'琏为诸君破敌!'单骑横矛,直冲其阵。大清兵围之,矢如雨下。琏左右冲击,势如游龙。大清兵合而复散者数回。抚粤将军刘起蛟见琏被陷,大呼杀入,与焦琏合,连杀数百人,贯其营而出。"在焦师、楚师和滇师四面夹攻,殊死搏斗之下,

---

① 冯承钧译:《西域南海史地考证译丛》第三卷,第189页。又永历二年八月,朝廷移居肇庆时,复有"吕宋遣使入贡,欧逻巴国人进地讦,上大喜。"(瞿共美撰:《东明闻见录》)可见永历元年桂林保卫战后,占据吕宋的西班牙人和其他欧洲人,同永历朝廷续有交往。

② 《瞿忠宣公集》卷四,《变起仓卒疏》。

"清兵大奔,追杀二十里,乌金几获,北渡甘棠遁去。留守于北门待督师还,交相劳苦,是三月二十二日也"。①

随即,何腾蛟督师乘胜追击,恢复全州、永州诸郡县。"五月二十七日,何督师从全州上疏奏捷,归功府君曰:'为皇上以信臣、用臣者,留守一人也。且桂林屡警之后,帑藏空虚,人民奔窜,留守能绝处逢生,无中变有,飞挽军需,以资腾饱,留守之才略,虽萧何、邓禹不是过也。'其叹服府君如此。六月,府君方病暑,躬至全阳劳师,诸将列营,前后数十里,旌旗蔽日,大帅悉帕首、弓刀、蒲伏马下,咸曰:'微留守相公,何易有今日也'。"②仓惶出逃柳州继而驻跸南宁的永历帝,原以为疮痍满目的桂林城,在清兵围攻下凶多吉少,现览留守等报捷疏喜出望外,急遣官前往慰问,并赐"精忠贯日"金图书一方,以示褒奖。③

诸如上述,桂林保卫战的胜利,乃清军渡江横扫弘光、隆武朝廷以来,未曾遭遇的激烈抵抗。"留守之在桂林,危迫者数矣。以身率众,任用贤将,保其疆者四年。"④"桂林名副其实成为永历政权的军事的基地、政治中心","各方面的人士,都集中到桂林,乐为之用,当时的人士,称桂林为'稷下',此喻如同战国时的齐国人士攸归一样。"⑤因此,留守瞿式耜声望日隆,被称为"粤中之柱石",而桂林城的三战皆捷,则起到了"扶翼倾覆,仅而立国"的作用。⑥

非特止此,过去研究者不甚注意的是,桂林大捷还是中西奉教人士合作与中西科技交汇的体现。前两次,有一支由葡萄牙军官和传教士率领的澳门援军,在焦琏直接指挥下,同中国将士一道参加桂林会战。在这里,中国奉教人士瞿式耜、焦琏、庞天寿,跟德籍传教士瞿安德、葡籍军官尼古拉·费雷以拉及其士兵并肩战斗。此其一。守城制胜的武器,既有葡萄牙炮兵携来的红夷大炮,也有经庞天寿仿铸的西洋大炮。

---

① 瞿共美:《天南逸史》。
② 瞿玄锡:《稼轩瞿府君暨邵氏合葬行实》。
③ 瞿共美:《天南逸史》。
④ 温睿临:《南疆逸史》,列传第十七,逸史曰。
⑤ 谢国桢:《南明史略》,第158页。
⑥ 温睿临:《南疆逸史》,列传第十七,逸史曰。

凡此原装和仿制火炮显示的威力,皆是中西科技交汇的体现。此其二。桂林会战的辉煌,很大程度上取决于瞿式耜与焦琏的关系。这不仅是传统意义上将相间的和衷共济,而且是新兴信仰教友间的矢志同心。瞿氏待焦如"家人父子",焦氏奉瞿"指授方略"而奋勇争先。中国奉教士大夫的默契与尊重,可窥其一斑。此其三。

　　第三,以天下为己任,凡关乎"中兴"大业和朝廷纲纪,无不诤言进谏并身体力行,终因奸佞当道而孤掌难鸣。时,领兵勋镇李"成栋与陈邦傅新旧争宠,文臣亦互相左右,水火日深。式耜以拥戴旧臣,每事持正,东西粤藉以为重,四方人事争归桂林焉"。① 瞿氏便借此威望和人脉,积极参与朝廷纲纪的建设与大政的策划。"瞿留守身虽在外,朝廷大纲纪无不力言极请,曰:'臣与皇上患难相随,休戚与共,原自不同于诸臣,一切大政自得与闻,庙议可否,众指所关,本乱而求末治,未之前有'!"②据谢国桢先生归纳,"瞿式耜为了恢复河山,重兴祖业,曾上疏永历帝商讨国家的大计划,在军事和政治方面,有以下的主要建议:(一)整饬内部的政治,他主张'修纪纲,布威武,抑权阉,招俊杰',最忌讳的是'强敌外逼,奸宄内讧',必须做到'广开言路,招徕贤才',就是要消除内部的矛盾和倾轧,树立统一的事权,团结各方面的人士,齐心协力,一致对外。(二)在军事方面,他主张'调和主客,和辑勋镇'。'主'是指明朝的官军焦琏、胡一清等,'客'是农民军……(三)审量当时的局势争取主动:他认为永历政权应该以桂林为中心据点,然后再图向前发展,进取的规划是:'天下之势,在楚而不在粤,粤东三面险阻,易入难出。'因为湘楚方面有何腾蛟所率领的军队,直接在永历帝的领导下……出师北伐,比较由广东出韶关而进取是占有优势的。"③

　　为此恢复大计,瞿式耜可谓呕心沥血,拮据经营,最终却替自己的覆亡埋下祸根。首先,他倾全力消除和调解各种矛盾。如招抚李自成余部有功的堵胤锡,因湖南兵败辗转至永历驻跸之肇庆,为独揽朝中大

---

① 徐秉义:《明末忠烈纪实》卷十五,瞿式耜传。
② 瞿共美:《天南逸史》。
③ 谢国桢:《南明史略》,第158—159页。

第九章　传教士与奉教士大夫在明清战争的作用和贡献　　**725**

权,遂贻书瞿式耜,假传"上有密勅",令瞿与己合谋,诛灭反对他擅权的广东反正李成栋之子元胤。"式耜大惊,谓此绝非上意,乃历书四年朝政,并诸勋人品邪正始末,与胤锡别白言之,无挑东激西(当时内而朝士外而勋镇,大致分为东西两大派),以兴同室之斗。"当永历闻讯发手谕,征取胤锡原信及"密勅",欲穷治其事时,"式耜恐别生事端,以业付诸水火为对,力解释之,乃罢。"①一场几酿成庙堂大哄的恶斗,就这样消弭于顾全大局的劝解与弥缝之中。又如"焦琏既受知留守,再保桂林,遂以桂林为老营。滇师久在督师(何腾蛟)标下,每赴援入桂,与琏兵有主客之分,多不和。已而(留守)移琏驻平乐、阳朔。(永历)元年冬,湖南溃,滇师赵印选、胡一清等弃永州,率其兵奔入平乐,又与琏争平乐。"琏滇两部兵将遂时相攻击,互有杀伤。为此,"留守式耜引罪自劾",滇兵杀粮道官不予追究,"檄焦琏斩(主将)赵兴以谢滇,而移滇老营驻桂林,滇兵自是益骄不可用矣"。因赵兴之诛,"死不以罪,粤人惜之……焦营自此遂弱矣。"又被逼一再退让,调防阳朔至平乐。距桂林愈远,愈难以及时驰援。瞿式耜原以为如此大义灭亲,委曲求全,便可调和主客兵的矛盾,赢得滇师将领的拥戴。其结果却是,滇师倾轧骄横益甚,遇敌辄空营逃遁。而唯一"列校勋镇可以推腹心共患难"的焦琏,则因避嫌被排拒于外,令人寒心。所谓"肘腋之患,始基于此",瞿式耜不得不自食其苦果。②

其次,他以桂林为中心和后盾,密切朝廷与湖南的联系,积极支援何腾蛟的抗清事业。永历曾颁诏四五次且斋送文渊阁印,征瞿式耜入朝辅政。瞿总以留守事责重大,而予以婉拒。他恳切地说:"实因督师臣腾蛟躬率诸勋,努力南楚,天子声灵渐远,自合居中接应,臣有何威望弹压边陲!臣今日保固中兴根本之区,以待六龙西幸,且使江楚滇黔,知根本尚自有人,则圣跸出楚有望。臣区区狗马之愚,实是如此。"③即

---
① 钱澄之:《所知录》卷三。
② 钱澄之:《所知录》卷三;瞿共美撰:《天南逸史》;瞿玄锡:《稼轩瞿府君暨邵氏合葬行实》。
③ 《瞿忠宣公集》卷四,《不敢轻离西土疏》。

在于"留守桂林，以接东西气脉，使何督抚有臂指之应。"①又进而谈及支援湖南筹兵措饷之艰辛。疏呈曰："夫办贼一节，无过筹兵措饷二事。而兵一日未行，臣敢先行乎？饷一兵未足，臣敢督兵之行乎……粮米凑办维艰，臣多方拮据，心血已竭……且臣今所督之师，又非一路之师也。主客分则人心难一；战守异，则调度须周。臣虽奉督师之旨，而原未敢行督师之事。不过日与督臣商酌进止，筹画粮饷，调停水火，激发同仇。"②正是经"瞿留守晓夜筹画，调和主客"，刻期出师；又"劝饷捐输，转运不绝"，"督师何腾蛟遂得展其武略，大败大清三王之兵于全州，斩级无数，得名马、骆驼而还。"③督师遂将收复全州之功归于瞿氏，"报捷疏有曰：'为皇上以信臣、用臣者，式耜一人也'。"④其感恩戴德，溢于言表。

再次，以"亲旧老臣"的忠诚，一再疏谏永历皇帝改变闻警即逃的怯懦，敦促其研习历史勤于政事，久而引起皇室反感。又支持朝中言官为振肃纲纪，对依附皇室的奸佞专权和勋镇胁迫的抗争与弹劾，从而招致皇室、权臣、宦官、勋镇等联合势力的排挤、中伤及陷害。瞿式耜曾在奏疏中坦露心扉："臣身肩疆事，朝事可不与闻。然忝列纶扉（指内阁大学士之衔），君德之成败，即臣之责；圣政之秕善，即臣之事。"⑤于是，他劝导永历皇帝处此"艰难险阻之际"，当心怀"奋发刚毅"之神，身承"恢疆雪耻"之计。针砭其"但思退著，但思避寇"，"拱手而弃"的举措。⑥指出："今播迁无宁日，国势愈弱，兵气愈难振，民心皇皇，复何所依……若以走为策，我能走，敌独不能蹑其后耶？"闻式耜此番泣谏，永历勃然大怒，"厉声曰：'卿不过欲朕死社稷耳'！"⑦依然掉头不顾，连夜逃奔柳州、南宁。致使郝永忠乘乱劫掠，清军随后进袭，桂林城一度危迫至极。

---

① 瞿玄锡：《稼轩瞿府君暨邵氏合葬行实》。
② 《瞿忠宣公集》卷三，《留守之担难弛疏》。
③ 瞿共美：《天南逸史》。
④ 钱澄之：《所知录》卷二。
⑤ 《瞿忠宣公集》卷六，《三救五臣疏》。
⑥ 同上书，卷三，《请驻全阳疏》。
⑦ 温睿临：《南疆逸史》卷二十一，瞿式耜传。

第九章 传教士与奉教士大夫在明清战争的作用和贡献　727

鉴于永历"自幼失学全未读书",作为"中兴"之主多有阙略。由是,"留守式耜屡疏请开经筵,荐詹事刘湘客为讲官",与另一人"同直进讲"。① 日讲内容除儒家经典外,"当专数一阁臣采其(指《资治通鉴》一书)切于时事者,节取进讲。鉴古之美恶为法诫,则义日明,此问学之当广也"。并建议"请于日讲之外,许诸臣随宜奏事,圣心以为可,则面奖之;以为不可,则面折之……令诸臣得随事效忠,而听不惑。"最后,规诫道:"比闻皇上临御既稀,奏对亦罕,即间有召问,只同故事诘难,非出皇衷。"希望永历平日多接贤士大夫,而少接左右近倖。② 然而,瞿式耜这种俨然帝师的谆谆教谕和拳拳忠心,换来的已不是当初永历母子落难时视为"患难交"的感激,而是跻至"九五之尊"的帝室的反感、厌烦和恩将仇报。永历四年(清顺治七年,1650年)二月,大兴严惩金堡等"五虎"的"诏狱",表面上由权臣发难,实则秉承皇室的"中官授之意",③而拷掠至为残酷,即奉皇太后之"密旨"。④ 皇室、权臣的矛头,最终皆指向瞿式耜。

时,"国步方危,人心愈陋。滥封拜、乞印敕者,投私门以罔上,但求河润,不畏天崩。缘此阃外(指郭门之外的军事勋镇)亦轻廷议,骄姿渔民,自相猜杀,置危亡于不恤。君(指蒙正发)与仁和金堡,江夏丁时魁,公安袁彭年,兴平刘湘客愤起(即政敌訾之"五虎"),力持纲纪,清冒滥,劾功罪,裁凌躐(逾越),以整饬之。"⑤其中,尤以金堡《陈时政八失疏》,最为脍炙人口。大意是:"一、锦衣马吉翔不宜专理朝政。二、勋封不宜无等,陈邦傅不宜位晋上公。三、罪镇郝永忠劫掠桂林不宜久纵。四、中旨不宜频传。五、纳饷得官,贪墨之风不宜出自内廷。六、言路宜分别是非不宜调停。七、义兵不宜概行摧折。八、奉使不宜滥及非人。"⑥如

---

① 钱澄之:《所知录》卷三。
② 《瞿忠宣公集》卷四,《请献留言疏》。
③ 鲁可藻《岭表纪年》卷四。
④ 钱澄之:《所知录》卷四。
⑤ 王夫之:《明文林郎户科右给事兼掌兵科都给事蒙公墓志铭》,载蒙正发撰:《三湘从事录》。
⑥ 金堡:《岭海焚余》卷中,《陈时政八失疏》;转引自谢国桢:《南明史略》,第163页。

此鞭笞权臣(马吉翔)、遏制勋镇(陈邦傅)和规诫皇室(内廷),以及伸张言路正义的议论,直接反映了瞿式耜的诉求。这不仅表现在他同"五虎"的密切关系(刘湘客为其所推荐,蒙正发曾入桂伴其而居,金堡为其礼重时通消息),而且金堡"丰采赫然"的上述奏疏,亦在瞿氏授意下,经与刘湘客斟酌而成["初,金堡赴行在,将有建白,过桂林以示留守。留守令至肇,与刘湘客酌之。参疏八款……湘客削去其二,去李(成栋)而用陈,去庞(天寿)而用马。封上,一时丰采赫然,补兵科给事中"]。① 所谓"陕西刘湘客、杭州金堡既与(丁)时魁等合,桂林留守瞿式耜亦每事关白,居然一体",②指的便是此种情形。

由于金堡等人言行,及其言官职能的充分发挥(五人均任御史或给事中的"言官"之职),威胁和损害了皇室、权臣与勋镇的既得利益,于是,永历四年(1650年)二月,乘永历朝廷刚迁入陈邦傅控制的梧州,便迫不及待地在内廷授意,马吉翔主使下,朝臣十四人"合疏参袁彭年、刘湘客、丁时魁、金堡、蒙正发号'五虎'者,把持朝政,罔上行私,罪当死"。随即奉旨下锦衣狱,严加拷问。独袁彭年以反正有功免议。锦衣诏狱"照(先前)厂卫故事,榜掠招赂,以数十万计,尽以充饷。"而金堡因有言涉及皇太后隐私,主拷掠者奉王皇太后"密旨","必致堡死,故堡受刑独酷",大腿被折断。③ "瞿留守闻报,上疏申救,谓中兴之初,宜保元气,勿滥刑。再疏争之曰:'诏狱追赃,乃魏忠贤弄权锻炼杨、左等事,不可祖而行之。'上颁敕命四人罪状,皆宦者意,勒出忌者之手。留守封还,谓法天下之至公,不可以蜚语横加,开天下之疑,失远近之望。凡七疏,不报。诏杖金堡、丁时魁,削夺袁彭年、刘湘客,蒙正发亦复遣戍。"④凶焰熏灼的"诏狱",这踵亡明之酷刑,驱除异己而公报私仇的败政,其影响自是朝纲解体,"虎去,而为虎所制之狼又出矣。"⑤令士类为之寒心,

---

① 钱澄之:《所知录》卷三。
② 同上。
③ 同上书,卷四;戴笠:《行在阳秋》。
④ 瞿共美:《天南逸史》。
⑤ 鲁可藻:《岭表纪年》卷四。

从此再无贤士愿为朝廷扶持正气。① 故当时人论曰:"狱方决,而广肇瓦解,桂平溃陷,群不逞挟上南奔,陈邦傅降,孙可望劫驾困安隆,国之亡遂不可支矣!"②更曰:"诏狱兴,而亡于是在矣。"③

"诏狱"的恶果,直接导致"桂平溃陷",即将瞿式耜和桂林城置于死地。瞿在申救疏中已洞悉政敌的图谋,他说:"……且(弹劾"五虎")诸臣驱除异己,骎骎渐及于臣。以居与五臣夙称莫逆,每朝政皆得相商。杀五臣即所以杀臣,去五臣即所以去臣。臣既为党魁,不杀臣不止,臣今日且不知死所。"④瞿如是苦楚的自诉,绝非空穴来风。"诏狱"的始作俑者马"吉翔、(户部尚书吴)贞毓及朝士,并恨留守,思中伤不遗力矣"。兹因瞿式耜位高望重,未能遽尔扳倒,遂采取阴险的釜底抽薪的办法。原来"留守文臣不娴兵,凡所以弹压勋镇,号令诸军者"无非两项,其一在"借爵赏以励将士"。时马吉翔秉政,故意绕开和堵塞留守疏荐的渠道,直接掌管"勋镇荐人"之权,"朝拜疏而夕下",勋镇将领无须因爵赏再受留守节制。其二"曰军饷以养战士"。原留守督府所专资者,不过灵田、临桂二县钱粮。滇营赵印选抵桂后,吴贞毓擅自作主,"司农(户部)牒二邑之饷与之,钱谷之出入,并不在督抚矣。"此外,唯一"可以推腹心共患难"的焦琏,又因赵"印选(倾)轧之驻平乐矣,鞭长难及"。在朝中群奸处心积虑的谋划之下,"夫以茕茕一桂,捍江南半壁,剪其手足,掣其肘腋,城无一卒,库无一钱,虽武侯(诸葛亮)复生,亦奈之何。留守时为余(指作者瞿共美)言,簌簌欲泪,可伤也已。"这种"委国于仇,委仇于敌,用之而即杀之"的毒计,这种内外勾结,"日夜图维,以亡桂为事"的形势,非将瞿式耜置于死地而后快。故"朝士闻桂警(指稍后清军大举进围桂林),有酌酒称贺者"。⑤ 从可概见此辈奸人的蛇蝎心肠。

---

① 《瞿忠宣公集》卷六,《救刘湘客等五臣疏》,《三救五臣疏》。
② 王夫之:《明文林郎户科右给事兼掌兵科都给事蒙公墓志铭》。
③ 瞿共美:《天南逸史》。
④ 《瞿忠宣公集》卷六,《救刘湘客等五臣疏》,《三救五臣疏》。
⑤ 瞿共美:《东明闻见录》。

第四,当清军进围,诸将逃窜之际,拒绝一切劝其逃离的请求,誓以孤身与危城桂林共存亡,被执后任凭清王百般招降而坚拒如一,著《浩气吟》明厥志,终慷慨就义留名青史。永历四年(清顺治七年,1650年)十一月初五日,清定南王孔有德大举进犯,"诸将不战而走,式耜驰皇令,召诸将城守,无应者。"时城中大乱,残兵沿途劫掠,城外败兵如鸟兽散,城关烟火蔽天。瞿式耜眼见令禁不止、大势已去,乃沐浴易衣,危坐署中。先是,通山王驰入告曰:"先生受命督师,全军未亏,公且驰入柳(州),为恢复计,社稷存亡,系公去留,不可缓也。"至涕泣曳其袖固请上马。式耜从容应曰:"留守,吾初命也。吾此心安者,死耳。逃死而以捲土为之辞,他人能之,我固不能也。"①继而,滇将胡一清跃马入署,请随之逃遁,遭拒。最后,标下戚将军牵马跪请:"公为拥戴元老,系国安危,尚可号召诸勋,再图恢复。"瞿答道:"四年忍死留守,其义谓何?我为大臣,不能禦敌,以至于此,更何面目见皇上提调诸勋乎!"②如此对社稷恢复、捲土重来已经绝望,惟有一死方能解脱心安的愤懑情绪,早在"受知于大学士瞿式耜","意气慷慨",时任总督监军的张同敞(万历名相张居正曾孙)那里引起共鸣。他每见悍将不用命,辄忿然而泣下曰:"天下事无可为矣……士心如此,何能复振,余惟以死自誓耳。"城陷之日,张同敞适从外地返桂。中途闻知城虚无人,止留守在,故曰:"安可使留守独殉社稷"!遂泗水过江,直入式耜府署。"式耜曰:'子无城守责,可以无死'。同敞曰:'君恩师义,同敞当共之'。"③于是,二人孤灯相伴,彼此砥砺,坐以待旦,束手为清军所执。

清帅定南王孔有德"素重留守",称"瞿阁部先生",先诱以功名利禄。曰:"公守一城,捍天下数年于兹,屡挫强兵,能已见于天下,尚复谁为?何不转祸为福,建立非常,以事明者事大清,毋忧不富贵。徒以身膏草野,谁复知之?"瞿答道:"……常愿殚精竭力,扫清中原。今大志不

---

① 王夫之:《永历实录》卷二,瞿式耜列传。
② 瞿共美:《天南逸史》。
③ 温睿临:《南疆逸史》卷二十一,张同敞传。

第九章 传教士与奉教士大夫在明清战争的作用和贡献 731

就,自痛负国,虽刀锯汤镬,百死莫赎,尚蒙死求生于腥膻中逐臭耶?"前招失着,继责以刑罚。孔有德令对辱骂不已的张同敞用刑,批颊、斫足、牵项,折其两臂伤一目,为瞿式耜喝止。软硬兼施迄难奏效,退求其次,劝以剃发为僧。"清臬司王三元、苍梧道彭炉,皆留守里人,有德使说以百端,不应。复进曰:'国家兴亡,何代无之?人生若朝露,何自苦如此!公当剃发为僧,自当了悟,为世人所不能为,岂仅仅守拘儒之节哉?'留守曰:'僧者,降之别名也。佛即圣人,圣人,人伦之至也。未识人伦,何为了悟?'徐赋诗与张相倡和(见《浩气吟》)。王、彭二人见其至诚,喟然曰:'此真正人'!不敢复言。"①

自十一月初五日被执,至闰十一月十七日殉难,四十二天间,瞿式耜"日惟方巾行衣,偃坐一室,与张公(同敞)赓韵赋诗,以明厥志"。这就是流传至今被称为《浩气吟》的"临难诗"。② 其诗虽语调平和、韵律讲究,但忠君爱国,为汉家衣冠纲常,拼却一死而不悔的浩然正气,凛凛烈烈,充溢其中。如,"藉草为茵枕块眠,更长寂寂夜如年。苏卿绛节惟思汉,信国丹心上告天。九死如饴遑惜苦……宁识孤臣梦坦然。""莫笑老夫轻一死,汗青留取姓名香。"又如,"二陵风雨时来绕,历代衣冠何处寻?衰病余生刀俎寄,还欣短鬓尚萧然。""年逾六十复奚求,多难频经浑不愁。劫运千年弹指到,纲常万古一身留。"再如,"不朽称三立,惟名

---

① 瞿共美:《天南逸史》;钱澄之:《所知录》卷四。
② 瞿玄锡:《稼轩瞿府君暨邵氏合葬行实》。有关"临难诗"的数量,诸家记载稍有不同。据钱澄之《所知录》卷四,临刑前,瞿式耜"所手录临难诗,与同敞唱和诸稿,共一百一首,置几上,从容步出"。式耜之孙昌文,在《瞿忠宣公集》卷九《浩气吟》后记曰,乃祖罹难后,原公署中诗文已多散佚。"惟临难诗四十首并遗表稿,得义士杨硕父密藏之未散。文于辛卯(永历五年,清顺治八年,1651年)夏,从梧州被絷至桂,哀毁之余,手录是诗,并江陵(同敞)唱和诸作,付之梓人,以实他年信史之笔。"此"义士杨硕父",当为获准入殓二人遗骸之"留守门下客杨艺"。置于囚室几上的"临难诗",想必在他张罗入殓时随手带出珍藏。然不知何故,一百零一首遗诗,经瞿昌文手录刊刻者四十首,加上同敞唱和的十四首,总仅及原诗之半。是杨艺携出已非完璧,抑昌文手录随加删削选择,已殊难定论。不过,刘湘客所撰《临桂伯瞿公传》则云,瞿式耜狱中赋诗,"共四十余首"(载瞿果行编著:《瞿式耜年谱》,齐鲁书社1987年版,第234页)。而清道光刊本《瞿忠宣公(诗文)集》卷九,《浩气吟》,只录诗三十八首。据考证,其中或因"当年道义称师弟,岂料华夷易主臣"等敏感诗句而被删。(瞿果行编著:《瞿式耜年谱》,第186页)据此推测,出于避讳而被删削的瞿式耜临难诗,似不止一二首。至于散佚的其他诗文,更不在少数(参阅刘湘客:《临桂伯瞿公传》)。

贯此中。完贞方是德,砥世即为功。生死休言命,《春秋》祇教忠。失身千古恨,大担在微躬。"①

瞿、张二人身系缧绁,吟咏之余惟求速死,或仍存出脱牢笼之侥幸。闰"十一月十四日,式耜语同敞曰:'吾两人待死四十日矣,尚隐忍偷生,其为苏武耶,李陵耶?谁实知之'。"于是决定采取行动。"会留守遣死士遗焦琏书,极言清兵羸弱城中空虚状,劝琏宜亟提兵至桂林,且曰:'中兴大计,毋以吾为念'。逻卒得之以献,(孔)有德大恐。"既然百计劝降无望,又暗通城中虚实予敌,惟从速处决以绝后患。"十七日丙申辰刻,驰骑数人至幽所,请府君出,府君神色自若曰:'吾知之矣'!遂援笔成诗曰:'从容待死与城亡,千古忠ademn自主张。三百年来恩泽久,头丝犹带满天香。'复赠张公一诗云:'断臂伤睛木塞唇,犹存双膝旧乾坤。但将一死酬今古,剩有丹心照汗青(傍主臣)'。"二人同时就义于独秀山下。②

对于同称为"粤中之柱石"的瞿式耜与何腾蛟,《明史》盖棺论定。"赞曰:'何腾蛟、瞿式耜崎岖危难之中,介然以艰贞自守。虽其设施经画,未能一睹厥效,要亦时势使然。其于鞠躬尽瘁之操,无少亏损,固未可以是为訾议也。夫节义必穷而后见,如二人之竭力致死,靡有二心,所谓百折不回者矣'。"③清人的评论,要在凸显瞿式耜的操守气节,有意忽视其身系南明安危隆替的功业。然而,就瞿氏而言,操守与功业须臾不可分离。

对于"临难诗"透露的气度情怀,刘湘客感叹道:"诗共四十余首,韵度铿然,其忠厚和平,忠君爱国,绝无愤怨愁叹之色,公所谓看得分明,不生恐怖,学问气识,究竟得力哉!"④究竟是怎样的精神素养,支撑瞿式耜砥柱粤西,挽狂澜于既倒,虽百折而不回?又是怎样的学问气识,

---

① 《瞿忠宣公集》卷九,《浩气吟》。
② 钱澄之:《所知录》卷四;瞿共美:《天南逸史》;瞿玄锡:《稼轩瞿府君暨邵氏合葬行实》。
③ 《明史》卷二八〇,何腾蛟、瞿式耜传。
④ 刘湘客:《临桂伯瞿公传》。

使他以平和的心态,参透生死看得分明,不生恐怖视死如归? 这种平生受益而临难"得力"的精神和学问,首先来自他所服膺的儒家传统。瞿式耜精心所"辑古今大儒之法言,可为身心修省之裨益"的《媿林漫录》,①即是明证。

这部瞿氏在仕宦功名低潮时期[从崇祯二年(1629年)四月贬谪归家至九年(1636年)八月撰序]搜罗编辑的两卷书,其用意在以古今大儒的嘉言懿行惕励和鞭策自己,参悟人生道理,勿忘经世责任,蓄积学养以待来日。诚如其同门学友刘荣嗣所言:"同门交契,一别十年。每忆其传经世法,树德日滋,必不肯浪消日月,虐负溪山,以尚友兼善之怀,尽付北窗南柯之枕。"②那么,这册赓传经世善德之心怀,而不甘浪消日月光阴的《漫录》,具有怎样的特点呢?

(一)主要汇纂宋明理学大家,有关学问、居心、在位、规家、酬世(以上二条目内容阙失)、读书、积德、究竟、摄生、依隐等十个方面的议论主张。这些理学大家包括:朱熹(晦菴)、程颢(明道)、程颐(伊川)、张载(横渠)、邵雍(康节)、张九成(子韶)、陆九渊(象山)、杨万里(诚斋)、许衡(鲁斋)、王守仁(阳明)、薛瑄(文清)、王畿(龙溪)、罗洪先(念菴)、邹守益(东廓)、湛若水(甘泉)、周汝登(海门)、耿定理(楚倥)、顾宪成(泾阳)、高攀龙(景逸)、胡居仁(敬斋)、焦竑(澹园)、钱一本(启新)、邹元标(南皋),以及于慎行(谷山)、海瑞(刚峰)等当时著名人物。

论述的内容虽博洽观赡,旨在"可为身心修省之裨益者"。如,不知自家身心安顿未有下落,如何说功名事业。故学问之道无他,求其放心而已。而象山阳明之学,所举者孝弟忠信,所扶者伦理纲常,朝饔夕飧,家常无改。为此,不思自己性命求个实落安顿处,真为可悯可悲之甚也已。今之讲学者,讲而不行非学也。至于修德徙义改过都不说起,更有何学可讲(《学问》)。又如,每日习静一日,忽觉天地万物总是吾心。惟求此心不昧,即天地万物在其中。而心为身之主帅,所以尝自点简。此

---

① 刘荣嗣:《媿林序》,载《媿林漫录》卷首。
② 同上。

身与心若两敌,然时时自相争战,凡诸事为必求自当。圣贤立言处,凡性命才情等,以致种种百千名目,皆是一心之别号。圣贤设做工夫处,如六经论孟中种种百千方便,皆只为此一心而设(《居心》)。再如,人臣尽力事君,死生以之,顾事之是非何如耳。至成败,天也,岂可预忧其不成,遂辍不为哉。又历观古人,不寻事亦不避事,事到面前,顺以应之,卒之绪就而名立焉(《在位》)。更如,读史须是圣贤所存治乱之机,贤人君子出处进退,便是格物。读书须加沉潜之功,将义理去浇灌胸腹,荡涤浅近鄙陋之见,方会见识高明。而世间事无巨细,都有古人留下的法程。诵诗读书时,便想曰此可以为我某事之法,可以药我某事之病,如此则临事时触之即应,不待思索。读书不可只专就纸上求理义,须反来就自家身上推究(《读书》)。

除此而外,还有伊川先生曰:德善日积则福禄日臻。德踰于禄,则虽盛而非满。自古隆盛,未有不失道而丧败者也。凡人之为不善者,造物未必即以所为不善之事报之,而或于别一事报之,天公总前后算来未尝毫厘爽也《积德》)。要得临命终时不颠错,便从如今做事处莫教颠错。超得世,然后经得世。居不能经世而曰出世,是坏世间相也。了然生死之故,从而慎之,所以为曾孟者流(《究竟》)。养生事,绝不用求新奇,惟老生常谈便是妙诀。嚱真纳息真丹头,仍须用寻常所闻般运泝流法,令积久透彻乃效也(《摄生》)。野人幸得托形崇阜,息影长林,对月临风,事累可豁,举世孰云同此(《依隐》)。

于是,从《魄林漫录》687条语录(规家、酬世两条目阙略)中摘取的这21条,尽可说明,瞿式耜为准备再次出山,担当经世大任,其身心曾在儒家修(身)齐(家)治(国)平(天下)矩矱中,经历了怎样痛苦的反省和磨练,荡涤了多少鄙陋浅见,使精神得以升华,思想更趋沉潜稳重。从而一旦如虎出柙,明知路途凶险,却义无反顾地踏上粤西征程;面对皇帝懦弱、权臣歹毒和勋镇骄横,而百般忍让,委曲求全,拮据经营,独撑一隅之江山不坠;直至临危就义,视死如归,甘之如饴,浩然正气长存汗青。诸如此类,跟崇祯初年瞿式耜在朝中的意气用事相较,不啻霄壤之别。可见历经淬励的儒家积极的经世理念,乃成就瞿式耜功业最为

"得力"的精神和学问。

（二）摘录有关佛禅近五十条语录,虽就其人生哲理有所介绍,但对基本教义则持批判的态度。当明季"释教殆遍天下,琳宇梵宫盛于黉舍","上自王公贵人,下至妇人女子,每谈禅拜佛,无不洒然色喜";而士大夫间,"儒门收不住者,争归释氏",以为"圣人之域,可拾级登,舍此无所谓闻道之事,世间亦安得有闻道之人"[①]的社会氛围中,瞿式耜编撰的诗文,《漫录》,间有涉及佛禅者,本不足怪异。关键在于总体上是持赞赏抑或批判的态度。就诗作而言,如"何能同木鱼,顿顿随僧粥";"斋心长向佛灯前,回首知非又一年";"祈年愿降苏民雨,礼佛先添寿国香",还只是停留于一般的述事和祈愿。而"末劫幸留兹净土（指七星岩庙宇）,何当披发早饭空";"每当絜伴搴芳日,闲访枯团膜拜人（指竹禅僧）;幻泡久谙无往相,还依老衲作比邻",则委婉地责难,佛禅虚构的梦幻泡影,因"无往相"而落空,又何必祝发去皈依空门。至于《浩气吟》中《自警》:"佛教言生死,无过一了缘。朝闻才是了,圣训已居先。临节征完养,成仁诵昔贤。到头方梦醒,在我不由天。"[②]更明确地宣示,决定临难生死大节者,并非佛教"了缘"之论,而是历代儒家圣贤的教训,即由平日全面修养而凝聚的杀身成仁。

瞿式耜诗作表露的责难态度,乃源于实际生活中对于佛禅的排拒。如前所述,"式耜受洗后,曾以'僧道无缘'字条,揭示门外"。[③] 其父汝说辞官家居,"性不喜佞佛"。其母施氏亦然。虽"心主慈悲,而未尝拈香佛前,膜拜祈福。师尼巫觋纵横里中,独逡巡不敢闯吾门。"[④]瞿式耜城陷被执后,清王孔有德遣人百般劝说,甚至以"剃发为僧,自当了悟",作为不再追究的条件,为瞿氏断然拒绝。他批驳道:"僧者,降之别名也。佛即圣人,圣人,人伦之至也。未识人伦,何为了悟?"[⑤]在这揭露

---

① 谢肇淛:《五杂组》卷之八,人部四;熊开元:《鱼山剩稿》卷二,《答友人》。
② 《瞿忠宣公集》卷七、卷八、卷九。
③ 费赖之著,冯承钧译:《在华耶稣会士列传及书目》上册,第134页。
④ 《瞿忠宣公集》卷一〇,《显考江西布政使司右参议达观瞿府君行状》,《先妣施恭人行实》。
⑤ 瞿共美:《天南逸史》。

敌方以"削发为僧"变易招降诡计的同时,亦对割却人伦关系的佛僧予以严厉的批判。

　　这种排拒和批判的立场,同样贯穿于《漫录》有关佛禅的寻章摘句中。由于中国化的佛教已经融入传统文化,其阐释人生哲理的机锋妙论,多为历代文人争相抄录传扬。故《漫录》在主推儒家修养治平教谕时,也不是不旁涉这些著作家佛禅的言论。归纳起来,大致有三种情形。其一,纯为佛禅深奥机锋,殊难体悟。如一宿觉云,初修心人须识起念、习念、续念、坐念、静念,照见五蕴皆空可破妄情。又如僧问若何是今时人着力处,道吾禅师曰:千人万人唤不回来,方有少分相应。再如古人古事过去空,今人今事即今空,未来人事决定空,不悟则已,即深悟之,岂可于此大虚空幻妄之中,一一执为有法。凡此种种,不一而足。其二,虚实相映,微言人生道义。如昔有二僧聚论,初谈佛法,即有天人拱听。已而泛言,天人皆去。渐及利养,则有恶鬼随之。可见人身前后左右,天地鬼神无时不森罗伺察。又如梁武帝舍笠,无望报心便是真佛,故佛报以善;舍身时有求报心便是佞佛,故佛报以恶。再如道楷禅师曰:遇声遇色,如石上栽花;见利见名,如眼中著屑,何须苦苦贪恋。更如佛典言,思维此食,垦植耘除……一钵之饭,作夫流汗,集合量之,食少汗多。诸如此类,不胜枚举。

　　其三,《漫录》虽以相当篇幅,摘录诸多文人有关佛禅机锋和哲理的言论,然其关注的重心却在于强调儒释的区别,以及对佛教的批判。首先,人议阳明之学亦从葱岭借路过来,是否? 先生曰:非也,吾儒不借禅家之路。羲皇姬孔相传之学脉,儒得之以为儒。又或问象山阳明之学杂禅是否? 先生曰:今二公所举者孝弟忠信,所扶者伦理纲常,何得随声妄度,只在门面上较量。二公之学,若是弃君臣离父子,一切与人不同,这便害人。其次,释氏明言,汝前劫是何人,今劫是何人,来劫复何人。先生曰:始终不离当下。佛言千百亿劫,即言须臾事。汝但返照自身,适一念迷,但前劫是众生。今一念觉,便即今是佛……各各可言,不待佛也。亦问佛家轮回信否? 曰:奈去者不回,无从讨实信,予只信孔子未知生焉知死。舍生前轮回,谈死后轮回,愚矣。再问曰:若离尘绝俗,却非吾儒在世、出世正学,几流于二氏。先生曰:超得世,然后经得世,居不能经世而曰出世,是坏世间相也。且尔犹有个二氏见在。再次,有友问儒生中有深信佛法出家者,如何?先生曰:此等儒道不许,不须毁形易姓弃妻子灭宗祀,作名教中罪人。又客有持斋念佛,不合于家人父兄之心者。先生深示之曰:学术不外寻常,舍了家庭,更无所谓学者。故吾儒以尧舜之道尽孝弟,因吃斋素使父兄家人尽成乖戾,是何佛法。

总括瞿式耜在实际生活中对佛禅的排拒,以及诗作和《漫录》所表露的责难与批判,可见他是坚定地站在儒家经世的立场,承继羲皇姬孔相传之学脉,反对佛禅为出世而虚构的梦幻泡影和转世轮回的教义,尤其对佛僧出家割舍人伦,毁形易姓弃妻子灭宗祀的行径,深恶痛绝。从而表明,无论平日修养,还是临难就义,佛禅出世及其"了缘"之论,皆非支撑瞿式耜功业的精神归宿。

相形之下,《漫录》有关民间道仙的语录,虽只一、二条,然瞿式耜却对它笃信不疑,并在一定程度上影响到他的粤西事业。钱澄之撰《所知录》卷四曰:"盖公(指瞿氏)初奉粤抚之命,湖州山中有松仙者,授以锦囊数封,谕临危始发,发则其事与年月时日皆预定也。依其策行之,如擒靖江、守桂林、用焦琏诸事,具有成效。是年庚寅(永历四年,清顺治七年,1650年),只余一封,外标庚寅元旦发之。发之有'扶公荣归'四字,公以荣归必锦旋也。予忽心动,恶其扶字,将为扶榇乎?且仅余一封,亦属可疑。公天性和雅,顾亦信其术,每深当危急之际,辄处之泰然。诸将帅亦仗公从容镇静,卒以立功。久之,军心既弛,将益骄,不用命,而公犹以前事自恃,局外者忧之。"如当年八月,作者钱氏于中秋抵桂,与诸友人"时时聚首于留守之幕"。而"警报沓至,留守公吟如常,且曰:'今冬明春,我与诸公且衣锦还故乡耳,此地那得有忧'?"给人的印象是,既持有松仙锦囊的预言,便可高枕无忧,毋须过分戒备。瞿式耜与松仙的关连,还可从他跟杨艺的情谊得到证明。刘湘客撰《临桂伯瞿公传》云:"有杨生者,名艺,公(指瞿式耜)里人。初,从公抚粤来"。瞿兵败被囚后,杨义"进公饮食,义气相慷慨"。"公被害,杨为公具衣冠棺殁"。《传》又说:"杨,文士,少受异人术于松仙——松盖久视长生而能兼审过去未来者。杨,状如学道,又似狂生,公门下人避祸咸祸,杨婴祸,祸卒免也。留守曾题授礼部主事。"①

所谓松仙"异人术",原不过是民间道家通过倡导养生术(如练气术、日疗法、导引术、房中术、炼丹与药物技术、饮食法),试图遏止衰老过程或返老还童,"以青春之躯在一种人间乐园中长生下去",而成为神仙和"真人"。虽然道家肉体不朽的理念及其蕴含的科学因素,具有深远的影响,但这种违背新陈代谢规律的成道成仙的追求,最终仍然是空中楼阁。② 稍有不同的是,这位隐居湖州山中的"松仙",除讲究长生不老之术,还修炼审视过去未来的本领,甚至具有像三国时诸葛亮交付赵云的锦囊妙计一样,预言瞿式耜在粤西兴亡成败的特异功能。其实,在我看来,这固然反映瞿氏对民间道家的信仰和礼敬,同时又何尝不是挟道家迷信为己所用的一种手段。原来在弘光朝任命为广西巡抚前后,瞿式耜忙于对粤西情事的了解,制订未来发展的规划。③ 所谓"锦囊数封",大致是在与松仙共同商议过程中,就粤西形势未来发展的阶段,可能出现的问题和对策,逐一言简意赅地记录下来。利用人们对民间道家的迷信,托言乃松仙所亲授,以此作为瞿式耜施政用兵的护身符。如每当危急瞿式耜辄从容镇静以稳定军心,却归之恃有松仙锦囊足以退敌。又如依锦囊画策而行诸事颇见成效,只不过证明当初的估计符合实际,竟渲染为松仙的法眼明鉴。这种将凡间举措神秘化,升格为上仙旨意的企图,无非借助虚幻的超人力量,以维护现实的利益。然而,这仍具有二重性。最后瞿式耜因痴迷于自己设计的"锦囊"而盲目乐观,放松警惕疏于战备,终于一败涂地。至此,瞿式耜在建树功业的思想渊源中,对民间道家一定程度的信奉和利用,曾占有一席之地,亦为此付出了惨重的代价。

---

① 刘湘客:《临桂伯瞿公传》,载瞿果行编著:《瞿式耜年谱》,第234页。
② 参见拙著《明清之际中西文化交流史——明代:调适与会通》(增订本),第563—564页。
③ 瞿玄锡:《稼轩瞿府君暨邵氏合葬行实》。

(三)通过所撰《自序》,将书中摘录的儒家经世、佛教哲理和道家预言,从一种危情、紧迫乃至死亡价值的高度,予以笼络与概括,显示出不同凡响的人生观念。首先,为扩大该书的影响,瞿式耜在《漫录自序》中,对于所录儒佛格言多有回应。如"顾于名哲之训诫,先辈之格言,有惕于目,辄憬然于心,童而习之,久而不能忘也。"又"人生有身,上对天日,中副君亲,下育子姓。闲居杂处,言笑宴宴,孰非天监人随、福善祸淫之地。刻刻引媿,惟恐出则沦戮冠裳,居则流毒桑梓。"这些皆是自幼秉承的儒家教诲,士大夫终身惕励而担当的社会责任。再如"当下轮回,明明只在眼前,岂非自作自受。"暨"类次十种,汇成一帙,名曰《媿林漫录》,盖内典(即佛教典籍)中有惭愧林之义也。"便是呼应佛教的轮回教义并借用其典籍以署名。

然而,值得注意的是,举凡书中格言或序文呼应,均是从一种紧迫危情乃至死亡观念出发。如"吾人境,向静而心始动,身近死而心始活。"亦如"罗念菴(洪先)先生有云,'一失人身,万劫难复'。又云,'半世功名百世冤'。以万劫之苦而抵百世之债,安得谓百尺楼头可久居长往耶!"再如"人生……其无暇以(在世)钟鼎而易(没世)山林也,明矣。"更如"先君子遗书慰勉曰:'生老病死,此身必至之候。汝在地方行得一件好事,便是致孝于我'。"上述有关死亡的议论,旨在宣扬人生短暂如寄,须早作打算不负此生的"死亡哲学"。

正如中国学者陈修斋、萧箑夫所说:"死亡哲学虽名为谈死,实乃谈生,明显地具有人生观和价值观的意义,或勿宁说它是人生哲学或生命哲学的一种深化、延续和扩展。这不仅因为人只有具有死亡意识,才可能获得对人生的整体观念和有限观念,使生活具有紧迫感而克服惰性;更重要的还在于死亡哲学的一个中心问题,就在于死亡的意义或价值问题,其实质是一个赋予有限人生以永恒或无限的意义或价值的问题,因而归根到底是一个人生的意义或价值问题。"[①]诚然,瞿式耜的有关

---

① 陈修斋、萧箑夫撰,段德智:《死亡哲学》序言,原湖北人民出版社,台湾洪叶文化事业有限公司1994年版。

议论,远不及现代学者清晰而深入的阐释,但"死亡哲学"的若干要素,如死亡意识、紧迫感和人生意义等,在瞿氏心目中似已大体具备。那么,在古往今来士大夫普遍忌讳死亡的情况下,瞿式耜为何独能标新立异,专以死亡观念立论?在从传统儒家(入世经世)、佛教(空幻逃世)和道家(长生不死)均难寻觅到如此明确的死亡意识背景下,瞿式耜的思想源自何方?毫无疑义,瞿氏所表述的,"一种以对死亡的反复沉思作为维持人生的正当秩序的方法",希望"通过常念死候,使人悚然反省和警惕"的理念,[①]乃是他基督教徒的身份及其基督教思想的集中体现。

天启四年(甲子,1629年),即瞿式耜经传教士艾儒略授洗皈依之次年,他为艾氏介绍西方灵魂及其性体的译著《性学觕述》撰序,字里行间既表明,在与艾儒略交往中,瞿氏曾受到相当全面的西学熏陶。同时显示,他在调和中西哲学思想方面造诣颇深。瞿式耜写道:"甲子春,予获与艾先生游。自存养省察,以至明庭屋漏,昭之为仪象,幽之为鬼神,议之为德行,制之为度数,靡不亹(亹音伟,勤勉,不倦貌)剧谈,洞其当然,彻其所以然,为极致。"举凡日常生活的省察,行藏出处的作为;天主意旨仪象昭示于天,鬼神诡谲叵测幽显于地;道德的议论和实践,度数的演绎及器械制作,诸如此类,无不勤勉深究,不仅洞悉其缘由,更在了彻所以然,以达到极致。

正是这种孜孜不倦的精神,使瞿式耜的西学素养愈进愈深。他不仅对利玛窦、艾儒略有关世界历分生魂、觉魂和灵魂的"三品之说"了如指掌,而且就艾儒略敷演西方神学与心理学的《性学觕述》,亦能提纲絜领,准确把握其菁华。指出该书"接外则五官(目耳鼻口触)效其职,循内则四识(总知、受相、分别、涉记)列其曹,发用则嗜欲,运动提其总。续篇则记忆、寤寐嘘吸、夭寿、老稚、生死,絜其全而折其委,详哉言乎!"至于书中《灵魂身后不轮回人世》的辟佛言词,以及《论生死》诸情的要义,想必心领神会,为其所用。

---

① 利玛窦:《畸人十篇》,李之藻编辑:《天学初函》第1册;拙著《明清之际中西文化交流史——明代:调适与会通》(增订本),第357页。

第九章 传教士与奉教士大夫在明清战争的作用和贡献

愈加难能可贵的是,瞿式耜并未停留于一般接受的阶段,而是通过渗入儒家的精髓,将中西思想推进到整合贯通的更深层次。这就是序文在对书中内容进行上述概括后,紧接着补充道:"然叶其大旨,则不在是。夫学莫大于人禽之辨,此虞廷危微宗旨,明于庶物,正为察于人伦……故居屋漏则心志之鸿鹄,旦昼之牛羊必驱;在明廷则当道豺狼、凭城之狐鼠必询,务使祥麟与威凤偕来,鸟兽共鱼鳖咸若。而灵者(指人)庶不为觉(动物)殉,觉者(动物)且赖灵(人)以安全调剂之,庶上主所以生物之意,生人能物物(指能役使物),不物于物(不为物所役)之意,皆洞达无疑。"①这就是在基督神学"三品"之外,尤其是区分觉魂灵魂之间,引入儒家重要的"人伦"观念。以此作为朝(明廷)野(屋漏)之士驱除豺狼狐鼠,迎接祥麟威凤的鸿鹄之心志。而这显然符合天主生人能役使物,而不为物所拘役的本意。瞿式耜受艾儒略亲炙之全面,及其调和中西思想之努力,皆令人印象深刻。

如果说《性学序》所展示的,是瞿式耜在精神层面(神学、哲学)西学造诣的话,那么他在崇祯元年(1628年)任户科给事中期间上呈《讲求火器疏》,则力图于物质层面(火器、火炮)推广西方的科技成果。首先,对于万历四十七年(1619年)以来西洋大炮的引进过程及其成效,如数家珍,异常熟悉。疏称:"臣考万历四十七年(1619年)奉旨训练、遣使购求而得西洋大炮四门者,今礼部右侍郎徐光启也。天启元年(1621年)建议从广东取到红夷火炮二十三门者,南京太仆寺少卿,今丁忧服阕李之藻也。深明台铳事宜、赞画关门建台置铳者,今起升兵部武选司员外郎孙元化也。天启六年(1626年)正月宁远守城歼贼一万七千余人,后奉敕封为安边靖虏镇国大将军者,此正西洋所进四位中之第二位也。却敌固围,明效已见。"继而,检讨因辽东屡败数万存贮火器尽为敌资,而西北边防征伐亟须火器装备(如大同巡抚张宗衡建议出征全以火器为主),这些都要求火器的进步。指出:"今则必须别有进步。欲求进

---

① 钟鸣旦、杜鼎克编辑:《耶稣会罗马档案馆明清天主教文献》第六册,艾儒略:《性学觕述》,瞿式耜:《性学序》。

步,必须倍大倍精。倍大莫如西洋大炮,次则红夷火炮。倍精则尚有种种巧法。顾此等神器天下之至奇也,亦天下之至险也。"为撷其奇而用其险,瞿氏在疏中极力推荐徐光启、李之藻和孙元化等精通西术之士。[①] 由于瞿式耜对于西洋大炮的引进、战场威力及其发展趋势,均有明晰的了解,故而在多年后的桂林保护战中,他既能充分调动来援澳门葡军的强大炮火,又能及时施放庞天寿铸造的西洋大炮毙敌,西洋大炮成为克敌制胜的法宝。

鉴于瞿式耜良好的基督教素养,推广西方科技成果的热忱,他跟传教士艾儒略,尤其是潘国光二十年的深厚友情,以及直至留守桂林期间,仍捐资兴建教堂并虔奉教会瞻礼的表现,[②]按照一般情况,他本应留下更多有关基督教的诗文著作。大概因为城陷而文稿散佚,或者事涉敏感连《浩气吟》亦有删削痕迹,致使在粤西瞿氏人生最为辉煌的时期,已很难寻觅到他自述的宗教活动的踪影。如定要勉强附会的话,那《浩气吟》中不自杀的警醒诗文,或许透露一些基督教信息。

原来瞿式耜被执时,对清王孔有德说:"吾两人(指瞿氏与张同敞)昨日已办一死,其不死于兵未至之前,正以死于一室,不若死于大庭耳。"[③]可见考虑的,只是扩大死难殉国的影响,并未有自杀的念头。然而,囚居陋室多日后,心绪有所变化。如"料此刀头鬼,从何伎俩施;防闲虽太密,了断恨偏迟。"(《初六日纪事》)又如"七尺不随城共殉,羞颜何以见中湘。"(《自艾》,何腾蛟死赠中湘王)多少表达了早先城破未曾自杀以殉,如今防闲太密难于了断的后悔。不过,这种情绪很快平复下来,他警醒道:"悟因空后得,心向死边休;领受须欢喜,参同在小楼。"(《自警》)[④]

---

①　《瞿忠宣公集》卷二,《讲求火器疏》。
②　萧若瑟《天主教传行中国考》(第236—237页)云,永历皇室在桂林时,由于瞿安德神父和庞天寿不时讲喻,两宫皇太后、皇后等人已习闻并悦服基督教义。"曾在宫中安治小(教)堂一所,供奉耶稣圣像,朝夕瞻拜。而永历皇上又给神父银两,俾另建一堂。奉教各官,莫不解囊捐助。迨堂工完竣,瞿神父在内举行弥撒,宣讲圣道。瞿式耜、庞天寿等,有暇必以身立表,倡率士民,进堂与礼,一时被化者颇多。特以时际艰难,人心皇皇,未能安心受教耳。"
③　《瞿忠宣公集》卷六,《临难遗表》;卷九,《浩气吟》。
④　同上。

第九章　传教士与奉教士大夫在明清战争的作用和贡献　　**743**

已经心平气和地在小楼长日囚禁中参悟,甚至以欢喜的心态对待未来公开的处决,自杀念头已消除殆尽。这种坚持信念勇对死亡绝不自杀的精神,固然有儒家杀身成仁理想的鼓舞,但也不排除基督教诫律的约束。盖其"所奉之教与所守之法律,严禁人行自杀,教友欲救灵魂得常生者亦不行此大恶……宁受千苦万难而死,不愿自杀己身,失落灵魂而下地狱。"①

总而言之,透过《魆林漫录》及其他文献所揭示的,支撑瞿式耜的粤西功业和临难节操,最为得力的精神与学问,无疑是历经淬励的儒家经世理念,以及杀身成仁的理想归宿。佛禅与道仙虽有所涉及和利用,但影响有限。其基督教信仰,在不同时期(天启、崇祯、永历、临难),不同领域(神学、哲学、火炮、诗文)均有表现,特别是以死亡观念概括人生和学问的尝试,表明基督教在瞿式耜一生中,其作用仅逊于儒家,而居于重要地位。

然而,瞿式耜作为基督徒最遭人诟病,且有损于其正面评价的,便是他违背教规纳有小妾。嫡长子瞿玄锡所撰《稼轩瞿府君暨邵氏合葬行实》透露,其父瞿式耜至少娶有三妾,即顾氏、孙氏和李氏。这些妾媵大抵跟随瞿之正妻邵氏一道前往粤西。据载,永历元年(清顺治四年,1647年)正月,"上驻跸梧州……瞿式耜妾媵众多,逗留梧江。"②邵氏病故后,妾媵仍服侍于瞿氏左右。故"当被执之时,式耜欲入与妾诀,同敌牵臂止之曰:'徒乱人意耳'!遂行。"③凡此种种,足证瞿式耜确置有妾媵。至于如何看待这种现象,稍后将加以讨论。

与瞿式耜情同家人父子且晋封宣国公的焦琏,也是一位叱咤粤西战场,最终拒降殉难的基督教徒。关于焦琏的籍贯家世,据传教士卫匡国称:"该地(指广西)的统军是焦路加(Ching hucas),他家五代为中国皇帝效力忠贞不贰,有如他们之笃信基督。"④后《天主教传行中国考》

----

① 古洛东:《圣教入川记》,第45页。
② 黄宗羲:《行朝录》卷五,永历纪年,沈善洪主编《黄宗羲全集》第二册,浙江古籍出版社2005年版,第143页。
③ 同上书,第156页。
④ 卫匡国著,何高济译:《鞑靼战纪》,第376页。

补充道:"焦琏圣名路加,南京人。"① 综合焦琏系南京人,"以行伍起家",②世代效力朝廷且笃信基督等因素来看,他很可能是利玛窦当年在南京施洗的皈依者,一位秦(Cin)姓世袭军职家庭的后裔。据考证,当时西式拼音,"'焦'字则应作 Ciu 或 Ciao。"③故"焦"、"秦"译音颇为相近易淆。《利玛窦中国札记》曰:"南京的第一个中国皈依者,也是最杰出的一个,是姓秦(Cin)的七十多岁的本地名人。他是个贵族,担任军职,这个职务是他家世袭的,这在中国是比较少见的事。他有一个才名远扬的儿子……这时候,这个儿子是南京的都指挥。父亲的皈依是引人注目的。他精通天主教教义,十分虔诚,洗礼时取教名保禄。他入教后不久,儿子也随父亲的榜样,取马丁为教名。再过不久,全家男女以及一些亲戚都被接受入了教。他们是南京的第一批基督教徒,直到今天,他们仍是一个虔诚的天主教家庭。"④

出身于世袭高级军职和虔诚基督教家庭的焦琏,显然继承了这两方面的品质与才能。他自幼便表现出敢于冒险娴于骑术的良将之才,后更以"精悍绝有力"而著称。⑤ 与此同时,据载,"1642 年(崇祯十五年)奉教将官鲁嘉·秦(Lukas Ts'in)奉命督军向广西剿匪。他军营中所展开的旗帜都带有十字的圣像。"又"这位将军的侄子,依格纳爵·秦(Ignatius Ts'in)于 1643 年(崇祯十六年)曾充皇室小舰队之统领,统辖帆船五百只,每年由南省沿运河向北京运送贡米。他把他的全部舰队都置于十字圣号的保护之下。"⑥叔侄之间,仍然是基督教家庭的本色。

自从征于南疆之后,焦琏初隶征蛮将军杨国威麾下。他之崭露头角,据称在奉命驰援道州,并背负永明王即永历帝疾走脱险的经历。《小腆纪传》曰:"崇祯十六年(1643 年)献贼(指张献忠)陷湖广,永明王为贼所执,系道州狱。琏以兵至,踰城入狱破械出之。王以惊悒致病不

---

① 萧若瑟:《天主教传行中国考》,第 234 页。
② 王夫之:《永历实录》卷八,焦琏胡一青列传。
③ 黄一农:《两头蛇:明末清初的第一代天主教徒》,第 339 页。
④ 何高济等译:《利玛窦中国札记》下册,第 379—380 页。
⑤ 徐鼒:《小腆纪传》卷三六,焦琏传;温睿临:《南疆逸史》卷五十,焦琏传。
⑥ 魏特著,杨丙辰译:《汤若望传》第一册,第 197 页。

第九章　传教士与奉教士大夫在明清战争的作用和贡献　745

能行。琏乃背负登城,手短兵跃下,轻捷如飞,贼不敢逼,遂疾趋渡河以免。即永历帝也。"①继以诛靖江王反正功,为瞿式耜所信任。史载,"乙酉(隆武元年,清顺治二年,1645年)八月,靖江王亨嘉拒隆武帝登极诏,自称监国。(杨)国威从逆,幽巡抚瞿式耜于桂林。总督丁魁楚遣思恩参将陈邦傅讨之,亨嘉战败退入城,国威偕琏来援,入城守。琏素善式耜,且知亨嘉不义,夜缒城出,与邦傅定计,复缒城下,执亨嘉、国威等送福州,乱遂定。丙戌(隆武二年,清顺治三年,1646年),永历帝立擢参将,以前拯己功优厚之。丁亥(永历元年,清顺治四年,1647年),式耜以大学士留守桂林,琏军隶焉。"②如前所述,焦琏缒城联络,并一鼓作气擒逆之举,皆出自瞿式耜的精心谋划。焦琏以前一介下层武夫,何能攀援巡抚、"素善式耜",以至"密奉府君令"行事? 或许同样的基督徒身份,使彼此早有交往互相信任。

随之,永历一、二年中(1647—1648年),三次桂林保卫战的胜利,在政治上,具有扶危定倾、肇建永历基业的作用。军事上,击破清军渡江以来所向披靡、攻无不克的神话和气焰,鼓舞了人们斗志并加速敌军的分化。而这一切,既有赖于瞿式耜调剂各方、运筹帷幄,亦得力于焦琏冲锋陷阵、斩将搴旗,更取决于瞿、焦之间多种关系(家人父子间亲密,将相间和衷共济、基督徒间矢志同心)的重合和默契。在某种意义上,桂林大捷乃中西奉教人士合作与中西科技交汇成功的体现。其中,统领中西军队实际作战的焦琏,功不可没。

桂林的最终陷落,政治上是朝廷党争,贬黜"五虎"的直接恶果。军事上,则与瞿式耜令焦琏移防阳朔而留滇营驻守桂林的错误决策有关。对此,焦"琏郁郁不乐,曰:'瞿八骄客兵,轻腹心,琏死无地埋骨矣'"。同年(永历四年,1650年)"十一月,清兵逼桂林,滇将俱逃,式耜命追之,不及,城中空无一兵。式耜叹曰:'吾死矣,使焦将军在,吾安得至此'。遂被执。将死遗书于琏曰:'敌兵羸弱,城内空虚,公可提兵以来,此中兴大

---

① 徐鼒:《小腆纪传》卷三六,焦琏传。
② 同上。

计,毋以我为念'。琏得书泣曰:'瞿公远我,致我仓猝不及救。今公既死,吾又谁与共功名,长号不已"。① 瞿氏的叹悔和焦氏的长号,不仅表明上述重合与默契关系的毁于一旦,乃造成无可挽回失败的重要原因;而且瞿焦二人同志和教友间那种至死不渝的情谊,亦足令人唏嘘。

永历五年(清顺治八年,1651年),焦琏"治兵五屯所"。② 同年九月,庆国公陈邦傅以浔州叛,"通于孔有德,(焦)琏不知也。邦傅与琏为儿女戚,诱之来而说降,琏不屈(大骂),自刎死,邦傅乃率浔州文武降。"③萧若瑟著《天主教传行中国考》记载道:"未几,孔有德帅清兵破浔州,明将陈邦傅邀焦琏投降。焦琏以奉教故,不敢作此不忠事,叱邦傅妄言,邦傅怒,乃设计杀之,函其首投降于清。厥后焦琏得谥烈愍。"④从其世代效力明朝和虔奉基督的家教,出生入死、捍卫永历朝廷的经历,以及与瞿式耜朝夕相处、耳濡目染的影响来看,焦琏忠贞不贰、誓死拒降,既势所必然,亦身心的归宿和升华。不过,采取自杀的方式,却有违基督教训诫。

叙述至此,似可对南明朝廷中奉教的文臣武将,如陈于阶、金声、瞿式耜、焦琏等人的大致特征,进行简略的梳理和总结。其一,他们中一些人已是第二代信徒,与基督教有着较为深远的关系。如瞿式耜教名多默,系与利玛窦相交甚笃的瞿太素之从侄。其家族曾于天启三年(1623年)邀艾儒至其家乡常熟开教,从而受洗。焦琏教名路加,很可能是利玛窦在南京归化的秦姓武职官员的后裔。陈于阶则为徐光启外甥,曾随其舅修治历书。其二,他们中许多人,已经成为支撑南明朝廷的中流砥柱和重要的政治军事决策人物。如南明永历帝,原为瞿式耜定计迎立。后式耜任文渊阁大学士,兼吏兵二部尚书,晋封临桂伯。孤身固守桂林重镇,累挫清军强敌,维系永历朝廷达四年之久。又如拥立隆武帝的郑芝龙,早年曾于澳门领洗入教。他以太师平国公之显位,掌

---

① 温睿临:《南疆逸史》卷五十,焦琏传。
② 同上。
③ 徐鼒:《小腆纪年附考》卷一七;《小腆纪传》卷三六,焦琏传。
④ 萧若瑟:《天主教传行中国考》,第250页。

第九章 传教士与奉教士大夫在明清战争的作用和贡献 747

握隆武朝军政大权。再如金声以隆武朝右都御史兼兵部右侍郎官衔，总督南直隶军务，一时攻城略地，声势颇为显赫。焦琏以武将而进封宣国公。早年以背负永明王（永历帝）重围脱险著称，后来三次桂林保卫战，均赖其身先士卒、冲锋陷阵而捷报频传。他已成为永历朝功勋卓著的将帅。其三，他们之中，如瞿式耜、金声、焦琏、陈于阶等人，那种百折不挠的奋斗精神和视死如归的道德节操，已彪炳青史为后人所景仰。不过，如此崇高道德情操的基础，并不单纯是儒家思想，而是基督教精神与儒家思想的汇合。

诸如此类，明季在反清的各种政治武装集团中，如韩霖、李天经、魏学濂和瞿式耜、金声、焦琏、陈于阶，乃至庞天寿、郑芝龙等具有基督教色彩的著名人物，为匡复明室或寻求新的政治出路，通过展示收复山河的军事决策，制订新朝黄历的科学实践，视死如归的道德节操，表明这些中国基督教的代表人物与西方传教士一道，作为一股不可忽视的力量，在明季中国政治舞台上显示了独特的作用，并对社会进程产生了积极影响。

然而，毋庸讳言，在瞿式耜、金声、焦琏、陈于阶等基督徒身上，也暴露了若干违背基督教诫律的阙失。如瞿式耜纳妾和礼敬道家，金声与佛僧交往及共鸣，焦琏、陈于阶自杀身亡，皆同《十诫》教规凿枘难人。本节最后，拟就如何看待这种矛盾现象，试作一些分析。

第一，这是中西文化习俗差异性的表现。（一）在中国传统礼教和风俗中，"不孝有三，无后为大"，有无子嗣继承与血脉延续，成为孝道最关紧要者。"娶妾为传后计……尧以二女妻舜，舜亦不告而娶，为无后也。""人当中年无子，不娶妾，则恐蹈不孝之名。"[①]于是，为绵延家族和维持孝道，纳妾置媵遂形成男性宗法制度下不可或缺的婚姻方式。而基督教却从天主生人一夫一妻出发，视娶妾为邪淫。其《十诫》第六诫

---

① 李九标等编辑：《口铎日抄》卷二、卷三，载钟鸣旦杜鼎克编：《耶稣会罗马档案馆明清天主教文献》第七册。

"毋行邪淫"曰:"天主生人,一夫一妻,正道也……其他嫁娶,皆一夫一妇为安,更无二色。即有无子者,亦必安命,不得娶妾妄求。"① 并说:"娶妻以继后,正也;无后而娶妾,邪也。从邪行以邀孝名,君子羞之。"②(二)明季,在儒释道的综合已成为社会风气,而佛教"琳宇梵宫"殆遍天下,"上自王公贵人,下至妇人女子,每谈禅拜佛,无不灑然色喜"的背景下,③士大夫亦争归释氏。或寻求"可拾级登""圣人之域"的路径,④或获取解脱官场污秽的心灵慰藉。⑤而基督教则申明当谨守唯一天主的信仰,斥一切交结佛僧道士和礼敬寺庙神佛为有罪。其《十诚》第一诚"钦崇一天主万有之上"曰:"妄礼寺庙神佛,或诵经呪,或投分设醮,许愿祈祷,及助缘创建塑绘邪像……有罪。"又"与僧道术士密处,不避渐染,或混容异端不正之事,阿世顺人,不辨真伪,或不自揣漫应者,有罪。"再"妄信未来妖祥,或求籤卜卦,算命问笅,或事尅择,过信堪舆,或星相诸术者,有罪。"⑥

(三)在传统儒家价值观中,士大夫无不以杀身成仁、忠君殉国作为最高的精神境界和追求。适当明清改朝易代之际,其表彰汉族忠烈的舆论更加浓厚。如王夫之说:"臣之于君,子之于父,所自致者,至于死而志事毕矣。"⑦谷应泰谓:"闻之君臣大义,有死无貮;忠孝大节,有死无陨。以故须遭碎体,宏演纳肝,荡阴被矢,侍中溅血,莫不气激倾辀,志坚化碧,皓皓乎与秋日严霜比洁也。"⑧屈大均更直指陈于阶以卑官(钦天监五官絜壶)而慨然殉国,尤加赞赏,称:"五官絜壶之官,微矣。古人有言,不知人事,焉知天道。于阶知天道,乃知人事乎!"⑨即无论

---

① 艾儒略译著:《涤罪正规略》,载《天主教东传文献三编》第三册。
② 王丰肃:《教要解略》卷上,载《耶稣会罗马档案馆明清天主教文献》第一册。
③ 谢肇淛:《五杂组》卷之八,人部四。
④ 熊开元:《鱼山剩稿》卷二,《答友人》。
⑤ 谢肇淛:《五杂组》卷之八,人部四。
⑥ 艾儒略译著:《涤罪正规略》,载《天主教东传文献三编》第三册。
⑦ 王夫之:《读通争鑑论》卷二七,《(唐)肃宗》。
⑧ 谷应泰:《明史纪事本末》卷八十,《甲申殉难》,谷应泰曰;参见何冠彪:《论明清之际士大夫对殉国者的评价》,载台湾《汉学研究》第十二卷第一期(1994年6月)。
⑨ 屈大均:《皇明四朝成仁录》卷五,《弘光朝·南都死事诸臣传》。

第九章　传教士与奉教士大夫在明清战争的作用和贡献　749

何种形式殉难,皆值得表扬。基督教反对自杀,则出于"我生命乃天主所与、所养,非我所主而能损"的观念,认为若"自主而损",便僭越天主的"公权",而"弃公然之伦"。其余二罪,在自杀者伤父母之体,及灭绝人之本性。①故基督徒"绝不行此,亦无如是之思想……宁受千苦万难而死,不愿自杀己身,失落灵魂而下地狱。"②为此,《十诫》第五诫"毋杀人"曰:"自缢、自刎、饮毒、投赴水火等死者,比杀他人之罪尤重。或自言自怨欲赴死者,亦有罪。"③由此可见,奉教同非奉教人士对待娶妾、佛道和自杀的态度,反映了多元化与一元化,泛神论与唯一神论,多妻制与一妻制的分野,而这则是由长期形成的中西信仰、文化和风俗的差异性所致。

　　第二,在强大的传统势力和闭塞的环境中,孤立的士大夫皈依者处境艰难。当瞿式耜、金声和陈于阶,由基督教中心北京,回到各自的家乡,从激越的基督教氛围,退入冷漠的传统社会时,他们所憧憬的天主信仰、教规和生活方式,犹如被中国传统文化和风俗的汪洋大海,所包围的几座孤立小岛。面对着不同文化与风俗的差异,他们的身心备受煎熬。明季福建著名的基督教徒、秀才李九标,在形容这种孤寂心情时说:"隙驹如驶,岁月不留。返顾年来,茫无寸得……然而尘思撩人,如着败絮,行荆棘道中,左支右拄,苦莫可脱。安得时闻德音,可以破空而走也。"④其同为基督徒的胞弟九功,为此经历了一场精神危机。当他从福州经艾儒略授洗和教友间切磋唱和的热情,一旦回复到家乡旧时的环境。"读书海澨,明师益友去我一方。因念人渡险世,如履雪地、走危陂,矧予小子秉质愚柔,独立寡助,几何得免颠踬之患?"⑤李九标兄弟在"尘思撩人"而"独立寡助"环境中所感受

---

① 郭纳爵:《烛俗迷篇》,载郑安德编辑:《明末清初耶稣会思想文献汇编》第二卷第二十一册。
② 古洛东:《圣教入川记》,第45页。
③ 艾儒略译著:《涤罪正规略》,载《天主教东传文献三编》第三册。
④ 李九标等编辑:《口铎日抄》第四卷小言。
⑤ 李九功:《励修一鑑自序》,载《天主教东传文献三编》第一册。

的精神煎熬和危机,正应是瞿式耜、金声、陈于阶等奉教士大夫共同遭遇的写照。在传教士足迹及其"德音"罕至的情况下,这些奉教士人只能采取自我救赎的办法,来维持信仰。李九功通过阅读和编辑所谓圣教奇迹的故事,渡过精神危机。而作为地方名望的奉教士大夫,却没有如此幸运。他们虽极力挣扎,然势单力薄,在强大的传统势力和闭塞的环境中,不得不有所妥协与变通。在这方面,金声的经历最为典型。

金声曾多次著文,揭示其家乡徽州休宁闭塞的地理和文风时,说:"……读书儒生则终岁兀兀万山中,足不出户阓。万山四面鸟道,不通四方舟车。两耳目于土人外,不能见闻一异人、一异言。坐是,而其文章遂溪涧沙石拘牵涩陋。有奇才少溢格外,则群诽而咻,试必黜落。以此吾乡文章,向为四方所不数。"①又称:"末法衰残,师友道绝,兼处新安万山之中,求觅同志,尤难其人。"②在此环境闭塞且难觅师友的情况下,适从北京辞官归里的金声,便想通过传播基督教和"西学"新知,来改造家乡孤陋寡闻的状况及其牵涩狭隘的文风。于是,他在还古书院讲学初期,"已闻泰西氏之教,则又率子弟从事泰西。"然而,这种异教异俗的传扬,引起强烈的反弹。不仅其挚友熊开元挥斥"至手口交作,气惊一座",而一时学者亦咸诋金声"阑入异道"。他虽言词不少屈,然终难获谅解。迫于强大的传统势力,金声一方面致信徐光启,发愿将译授西教西学流布中土,以坚定原有的基督教信仰。另一方面则不得不开放思想的禁区,接纳佛禅之教,融会而贯通之。

瞿式耜归田十余载,膝下仅嫡长子一人,为广胤嗣,依俗纳妾再添二子。即使如此,他在编纂《媿林漫录》时,仍通过宣扬利玛窦的,"一种以对死亡的反复沉思作为维持人生的正当秩序的方法",来笼络和概括儒释道思想,以寄托他的基督教信念。而陈于阶在里居期间,虽难以重温北京同传教士和众教友演绎历算的时光,却"私念时事多艰,于铳器

---

① 《金正希先生文集辑略》卷七,《寿明之黄太翁六秩序》。
② 《金正希先生燕诒阁集》卷四,《与凌苍虚》(壬午)。

火药置造演练之法,无一不穷其制,不极其精"。继续在讲究西制西学过程中,保持其基督教信仰。

凡此表明,当奉教士大夫回到家乡,即陷入传统势力的重重包围和闭塞的孤立寡助的环境中,身心备受煎熬,前途一片迷茫。尽管他们曾奋力抗争,甚至作过运用新的信仰改革时弊的尝试,但终究无法抵挡习惯势力的侵蚀和诱惑,出现违背基督教规的举措。即使如此,他们仍通过各种方式,继续保持基督教信仰。

第三,教会对奉教士大夫缺乏有效的监督和抚慰的机制。基督教作为立足未稳的外来宗教,在中国传统社会里,仅靠皈依者的自我克制与救赎,其信仰显然难以长久维持。于是,不断获取传教士灌输的基督教义,发挥教会有效的监督和抚慰的机制,便成为维系与坚定教徒信仰的重要手段。这种机制,在明季以中下层士人为核心的福建教会有所体现。

例如,在教徒散居乡野的情况下,传教士艾儒略巡游四方深入基层,主持重大瞻礼日仪式,宣讲圣经、圣人行实和宗教故事,普及基督教育。又如,对新归化的教徒进行短期培训,不厌其烦地释疑解难,鼓励结业告归的新教徒谨言慎行、坚持信仰。还利用布道机会,集中那些久已进教的信徒,从钦崇天主、谨守《十诫》和救赎苦修等教义,逐一进行检查、追询与劝诫。此外,支持建立各种名目的基督教团体,发展教友间亲密关系,通过自我教育和约束,增强基督教的凝聚力。诸如此类,福建教会不仅成为当时最具活力的地方基督教团体,而且一直影响到后代。[①]

然而,从整体上看,教会对待散居各地的士大夫皈依者,并未形成像福建基层那样有效的监督和抚慰机制。诚然,在已往叙述中,也曾出现过传教士干预奉教士大夫违规的事例。如利玛窦为纠绳瞿太素痴迷炼金术的出轨行为,令其作"神操"以自赎。而因王徵纳妾受到教会予以"除名教籍"的重惩,后在传教士循循劝谕下幡然悔悟。

---

① 参见本书第四章第二、三节内容。

不过,这些发生于承平的年代和当事者同传教士交往频繁的时期。在另外的情况下,或者传教士并不关心僻远地区的皈依者,或者对有势力者的违规行为视若无睹。前者自金声僻居万山之中的休宁后,迄未发现有传教士对这位欲以新知改变旧俗的皈依者,予以鼓励和抚慰,任其处于自生自灭的状态。这或许跟传教士数量有限难以全面照顾有关。后者瞿式耜纳妾数人且在永历朝廷"以妾媵众者"著称,那在江南传教数十载,自谓是"他(指瞿氏)的至交,他很乐于同我结交"的传教士潘国光,①以及后在桂林相处多时,并同瞿式耜一道参与教堂弥撒典礼的瞿安德,怎么能对此违背《十诫》的行为熟视无睹,不加谴责?非但不加谴责,甚至作为榜样予以表彰。既称他在家乡的"高贵品行"值得"赞美",②又谓他参加桂林教堂典礼"以身立表,倡率士民,进堂与礼,一时被化者颇多。"③明季出现的这种奇特现象,固然反映教会缺乏有效的监督机制,更重要的,还可能意味着动乱时代对原先宗教婚姻诫律的某种变通和豁免。

第四,动乱时代婚姻诫律可能的变通与豁免。当耶稣会士进入中国不久,便发现"多妻制"已成为"归化"的"阻碍","假使不找一个解决之道,将使许多中国人不能进教事主"。④ 然而,自利玛窦南京宣讲基督教禁止纳妾和离婚,"以及同样约束着国王和平民的婚姻法"⑤之后,来华耶稣会士通过诠释《十诫》的各种版本齐声附和。并在宁缺毋滥的思想指导下,对于皈依者进教前后的婚姻状况,实行严格的审查或惩诫。这在明朝万历至崇祯间所谓和平发展时期,中国一些著名奉教士大夫的传记中均有所反映。

与中国传教士严格推行婚姻诫律稍有不同,亦处于多妻制和离婚习俗中的日本传教士,实际上对这种宗教道德信条,采取了灵活变通的

---

① 卫匡国著,戴寅译:《鞑靼战纪》,载杜文凯编:《清代西人见闻录》,第66页。
② 同上。
③ 萧若瑟:《天主教传行中国考》,第237页。
④ 罗渔译:《利玛窦书信集》下册,第507页。
⑤ 何高济等译:《利玛窦中国札记》下册,第381页。

第九章　传教士与奉教士大夫在明清战争的作用和贡献　753

处置与宽松的政策。特别是在基督教的生存立足已发生危机,"信徒们是否能按照教规,严守伦理道德,显然已经不能与这一关乎教会生死存亡的大事相提并论"的时候,情形就更是如此。于是,当山口教会毁于战火后,传教士为在大友宗麟属下的丰后地区,继续保持和扩张基督教势力,遂在明知大友宗麟纳妾的情况下,"以保守而著称的卡布拉尔(神父)并不在意大友宗麟一妻一妾的现实,反而应他的要求,专门为他的新夫人(妾)派遣了一位修士,日夜不停地向她进行说教。当她对教义有所理解后,传教士便迫不及待地为这位新夫人施洗入教,教名朱利亚。1578 年 8 月,卡布拉尔又亲自为大友宗麟施洗。"①

举凡赴日传教士的言行,如有关实施这一婚姻教义过于苛刻,应默许日本人自己对于婚姻选择的议论,②那种灵活和适度宽松的措施,尤其是公然为大友宗麟及妾授洗的典型事例,究竟跟来华传教士于明季动乱之中,对待像瞿式耜乃至"当时以基督教徒扬名海上与欧洲的郑芝龙"(详情后叙)这样的权势皈依者,网开一面的政策之间,是否存在某种直接联系虽不清楚,但二者的精神实质却是一致的。

瞿式耜自乃祖景淳以来,科举赫奕,世代簪缨,在地方名望卓著,且家族中多人进教(如瞿汝夔、瞿式榖),驰名中外,平素扶助教会颇为得力。潘国光所谓"二十年来我和中国所有的基督教徒都是他高贵品行的见证者和赞美者"③的说辞,可视为仰仗他的声望而壮大的江南教会对他的肯定和感激。待瞿式耜远赴粤西功高位重之后,教会赞颂他堪称表率的阿谀之词,更反映欲托庇于他的保护,并盼其张大基督教的急切心情。可见在明清嬗替动乱之际,就传教士看来,与瞿式耜为基督教存亡续绝的贡献相比较,其有悖于宗教婚姻诫律的阙失,似乎已退居次要的地位。进而言之,如同不能以西方标准指责处于传统文化和风俗包围的中国基督徒一样,尤其不能恃此挞伐动乱年代教会缺乏有效监

---

① 引自戚印平:《日本早期耶稣会史研究》,商务印书馆 2003 年版,第 198—205 页。
② 同上。
③ 卫匡国著,戴寅译:《鞑靼战纪》,载杜文凯编:《清代西人见闻录》,第 66 页。

督和抚慰机制下的士大夫皈依者。

第四节　明郑政权兴亡与西方政策

　　南明史上，除上述朱姓后裔朱由崧、朱聿键、朱由榔建立的弘光、隆武、永历等小朝廷之外，还有郑成功祖孙拮据东南，开拓台湾，于海上同清朝抗争达三十七年之久[从清顺治三年(1646年)十二月起兵，迄康熙二十二年(1683年)八月郑克塽投降]。这其中，就政权特色、历史贡献和对外关系而言，可记录者大致有：

　　(一)郑氏政权始终忠于明室，奉其正朔，受其封爵，以明"嗣藩"自守。如郑成功，"讳森，于明朝隆武元年(1645年)，其父芝龙带子谒见隆武帝，奉旨封忠孝伯，拜御营中军都督，仪同驸马，自此中外以国姓爷称之而不名。后起勤王兵，称忠孝伯招讨大将军。"①隆武虽败亡，郑成功起兵仍称隆武年号，并"颁隆武四年戊子大统历"。后接受永历所赐延平王封爵，"颁永历十年大统历"。② 郑成功殁，其子经仍佩招讨大将军印，奉永历正朔不坠。现收藏于英国剑桥大学麦格德伦学院图书馆，盖有"招讨大将军印"章，题为"嗣藩颁制"的"大明中兴永历二十五年大统历"，便是郑经于台湾颁行的大明皇历。③ 所谓永历二十五年即清康熙十年(1671年)，此时距永历朝覆灭已有十年之久。诚如当时人所论："自(永历)缅甸蒙尘之后，中原之统绝矣。而成功以一旅存故国衣冠于海外，称其正朔……以申大义于天下。"④

　　(二)郑成功彪炳于中国历史，莫过于收复和开发宝岛台湾。台湾无疑自古以来便是中国领土，而此地的真正开发，则始于郑成功。其荜路蓝缕之功，亦如《台湾外志》作者江日昇所云："台湾系海外荒服，地将

---

① 引自张宗洽：《郑成功家世资料〈郑氏宗谱〉和〈郑氏家谱〉的新发现》，载《中国史研究》1984年第4期。
② 《明季稗史初编》卷二十一，黄宗羲：《赐姓始末》。
③ 黄建中：《明嗣藩颁制永历二十五年大统历考证》，载台湾《大陆杂志》第15卷第10期(1957年11月)。
④ 《明季稗史初编》卷二十一，黄宗羲：《赐姓始末》。

第九章 传教士与奉教士大夫在明清战争的作用和贡献 755

灵矣。欲入为中国之邦,天必先假手一人为之倡率。如颜思齐者,是为其引子。红毛者,是为其规模。郑氏者,是为其开辟。俾(清)朝廷收入版图,设为郡县,以垂万世。"①

(三)处于国际市场与国内市场汇聚之域,而跟西方殖民者频繁交往的闽台郑氏海上政权,其坚持中国主权和尊严的对外政策,与前述一味地迁就及亲善西方的朱姓朝廷迥然不同。一方面,"西式枪炮及黑人士兵为郑氏王国屹立不倒几十年的两大支柱";②另一方面,对于入侵金门料罗湾的荷兰军舰予以迎头痛击。一方面,辗转于西班牙、葡萄牙、荷兰殖民者的属地,及日本、暹罗等国,进行兴旺而有利可图的转口贸易;另一方面,则把握东南海情的控制权,"海舶不得郑氏令旗,不能往来,每一舶,例入将三千金,岁入千万计,芝龙以此富敌国。"③郑成功尤对西班牙人盘剥和屠杀在菲(律宾)华商义愤填膺,欲整兵驱逐因早逝而未果。一方面,利用传教士李科罗的特殊身份,多次任命为外交使节,对基督教亦持相对宽松的容忍态度;另一方面,不仅拒绝西方殖民者"就台起院设教"的正式要求,而且赐以中国衣冠穿戴,实行"独能化彼"的政策。④

(四)郑氏闽台政权,诸如与明室的"嗣藩"关系,收复和开发台湾的壮举,号令东南海疆的国际贸易格局,以及对基督教的态度,无不与乃父郑芝龙的海上发迹,具有不可割舍的联系和延续性。故此,有必要对郑芝龙早年的海盗生涯稍加勾勒,以窥郑氏政权对外交往策略之概貌。亦如西方学者博克塞所指出的,郑成功"从荷兰人手中夺取福摩萨(台湾)之举标志着远东史中一个决定性的阶段。但国姓爷之所以有力量,是由于其父留下的强大的舰队,而拥有这支舰队对中国与满洲人之和荷兰人的斗争来说具有极为重要的意义。对入侵者的全民族的抵抗之

---

① 江日昇撰,刘文泰等点校:《台湾外志》,齐鲁书社 2004 年版,附录一凡例,第 407—408 页。
② 金国平、吴志良:《早期澳门史论》,《郑芝龙与澳门——兼谈郑氏家族的澳门黑人》,广东人民出版社 2007 年版,第 317 页。
③ 邹漪:《明季遗闻》(明季稗史续编本)。
④ 江日昇撰,刘文泰等点校:《台湾外志》卷一三,第 200 页。

得以延续多年,主要是由于有了一官(郑芝龙)建立和训练的舰队。对此他至少应得到比迄今得到的更多的承认"。①

郑芝龙的家乡,在泉州南安石井镇一个滨海的小村。这个"出身卑贱,前途绝望的少年……离开家乡来到澳门;不堪忍受贫穷和饥饿,他不得不抛家到葡萄牙人那里谋求改善生活"。在他先后服务于葡萄牙和中国商人,在澳门底层挣扎的日子里,逐渐显露了未来发迹的有利条件。首先,"这个少年因在澳门生活,聆听我们基督教的布道,心生爱好,不久就归信,领受圣洗礼……取名尼古拉(Nicolao)"。另有西方记载,谓其教名为"贾斯帕(Jazpar)"。其次,"他在澳门逗留的两三年无疑使他掌握了足够的卢西塔尼亚语言知识","因为当时葡萄牙文在远东是商业通用语",从而使他成为"荷兰文记载所说的他在1624至1625年(明天启四年及五年)担任的那种一般的口译和笔译人员"。这为他以后同西方殖民者打交道奠定了宗教与语言的优势。再次,低下职位的历练,使"尼古拉天生机智,能干,特别稳重聪明,能成大事,做任何生意都显示他中国人的本领"的才干,日益显露。"他每天都在进步,越来越精明,有能力高升"。②

当郑芝龙"发现自己在澳门身份低微,丝毫不受器重"时,曾短暂地前往西班牙人占领的马尼拉,"从事搬运工及小贩的工作"。③直至"不甘心贫贱生活"的郑芝龙,奔赴日本,"与李旦海商集团建立了亲密关系"后,命运才有了转机。"郑芝龙依附李旦,很快得到李旦的信任,过继为义子。李旦死后,大部分资财和部众归芝龙所有,这构成郑氏海商资本的一个重要组成部分。""郑芝龙海商资本的另一个来源是接受颜思齐海商集团的财产。""郑芝龙由于继承、接纳李旦、颜思齐海商集团

---

① C.R.博克塞著,松仪摘译:《郑芝龙(尼古拉·一官)兴衰记》,载《中国史研究动态》1984年第3期。

② 帕莱福著:《鞑靼征服中国史》;鲁日满著,何高济等译:《鞑靼中国史》,中华书局2008年版,第53—55、223—225页;博克塞著,松仪摘译:《郑芝龙(马尼拉·一官)兴衰记》,载《中国史研究动态》1984年第3期。

③ 李毓中:《明郑与西班牙帝国:郑氏家族与菲律宾关系初探》台湾《汉学研究》第16卷第2期,台湾汉学研究中心1998年版。

第九章 传教士与奉教士大夫在明清战争的作用和贡献

的资财,郑氏海商资本已初具规模"。"兴贩琉球、朝鲜、真腊、占城、三佛齐等国,兼掠犯东粤潮、惠、广、肇、福浙汀、闽、台、绍等处",其海上实力和影响日渐扩大。然而,郑氏海商集团的飞速发展,却是郑芝龙"依靠明朝封建政府的庇护取得的"。自崇祯元年(1628 年)接受明朝招抚,至崇祯八年(1635 年)间,郑芝龙借助政府的支持,"逐个消灭了李魁奇、杨六、杨七、褚彩老、钟斌等海商集团",并于崇祯八年最后消灭了足以同郑氏抗衡的强大的刘香海商集团,"完全占有了东南沿海的制海权"。"他命令满载中国商货赴邻国的船只向他交纳所有的赋税;甚至增加税额。一官好似皇上,商人都向他取得通行证,对此之珍视胜过对皇帝发放的证书。因此中国的外贸依靠这位官员,而不是依靠皇帝。"与此同时,郑芝龙亦以剿灭海寇之功而平步青云,官运亨通。他"从副总兵到总兵,又从总兵升南安伯,再进封平虏侯,直到定国公。"郑氏家族"一门声势,赫奕东南",特别是郑芝龙"任益尊,权益重,全闽兵马钱粮皆领于芝龙兄弟,是芝龙以虚名奉召,而君以全闽予芝龙也。"①

郑芝龙虽多年混迹海盗,却并非无信义之辈。这从他"真心对明朝感恩戴德","有关报道进一步证实他对中国皇室和君王不变的忠诚"中,②可略知一二。例如,荷兰人为讨好郑芝龙,向他派遣正式使臣,进献贡品表示礼敬。"甚至有次送他一柄权杖和一顶金冠,由此激励他谋求皇位;为今后可以利用他,他们竭力帮助他。不过在这点上,一官仍忠于他的君王,以下将作出证明;因为他从不用这柄权杖和皇冠作装饰,只把它放进衣橱,与其他东西一起,作为他珍视的礼物,而非皇家服饰,也非他身份和地位的标记。"③又如,崇祯二、三年间(1629—1630年),郑芝龙语晋江缙绅何乔远,"欲自备火器,领人二千,皆平日手下骁健者,来为皇上杀贼(指后金),求臣荐举以闻"。④ 再如,崇祯末年,"就

---

① 林仁川著:《明末清初私人海上贸易》,华东师范大学出版社 1987 年版,第 114—123 页;计六奇:《明季北略》卷十一,《郑芝龙小传》;帕莱福著,何高济译:《鞑靼征服中国史》,第 59 页。
② 博克塞著,松仪摘译:《郑芝龙(尼古拉·一官)兴衰记》帕莱福前揭书,第 64,67 页。
③ 同上。
④ 韩霖辑:《守圉全书》卷一酌古篇,《四库禁煅书丛刊补编》第三二册,第 450 页。

在尼古拉事业蒸蒸日上之际,中国的形势日益恶化。最后,传来确实消息说北京朝廷被叛匪和盗贼的大军包围,于是他率领一支运载大量士兵和武器的庞大舰队,顺风驶向北方,看看他的武力能否挽救朝廷;可以肯定的是朝廷未能用上它,因为舰队仅到达山东省就得到消息说朝廷已失守,崇祯自杀,著名和古老的大明朝已结束。得到这个消息,正好遇上逆风,舰队停下来,部分驶往南方港口,部分驶往更遥远的省份。"①

出于这种忠诚大明朝的信念,郑芝龙对荷兰殖民者以武力封锁厦门,"迫使福建诸港(与之)自由贸易"的侵略行径,予以迎头痛击,这就是1633年(明崇祯六年)发生于金门料罗湾之海战。荷兰东印度公司台湾总督汉斯·普特曼"于1633年7月率八只帆船的舰队(从巴达维亚)返回中国奉命以武力迫使福建诸港自由贸易。他7月11日到达厦门时,明帝国的舰队无戒备地停泊于漳州湾……两天之后就袭击了中国舰队。一官的船只(包括二十五至三十艘装有十六至三十六门炮的大战船)在几小时内就完全击溃"。普特曼扬言,"东印度公司有'充分站得住脚的理由'决定与中华帝国交战。普特曼这时俨然已是海湾的霸主,除了派分舰队拦截去马尼拉的福建和广东商船外,还对厦门进行封锁。然而,"一官在一个月以后仍成功地集结了一百多艘船只,其中包括二十艘战船和许多火船"。在随后激烈的海战中,"一官达到了迫使荷兰人解除对厦门封锁的目的。普特曼在战斗中和台风中损失了四艘船只,其他三艘下落不明,他只得撤退到佩斯卡多尔去"。② 福建巡按路振飞就此表彰道:"料罗之役,芝龙果建奇功;焚其巨舰,俘其丑类,为海上数十年所未有。"③

另据西方记载,"他们(指荷兰人)起初轻视一官的禁令,但很快就

---

① 鲁日满著,何高济译:《鞑靼中国史》,第226—227页。
② 博克塞著,松放仅摘译:《郑芝龙(尼古拉·一官)兴衰记》,载《中国史研究动态》1984年第3期。
③ 《明清史料乙编》第七本,《"中央研究院"历史语言研究所》铅印本,《兵部题行〈兵科抄出福建巡按路振飞题〉稿》。

有理由后悔;因为他焚毁了他们八艘最好的船只,一次烧毁了三艘,另一次五艘。八艘船只的损失是明确的,肯定还损失更多的船,但我们没有消息说有多少只,情况怎样。荷兰人看到他们的代价,以及面临一个难以对付和凶狠的敌人,他们因此决定采取新策略……最后荷兰人和一官缔和,每年向他交纳大约六七千英镑作为贡金,用此法他们获得从台湾往中国贸易交通的自由。"不仅如此,荷兰人也改变过去"极力阻挠马尼拉的葡人与中国进行贸易",在海上游弋并"攻击他们遇到的中国船"的做法,"现在如果船只执有一官发给的通行证,或者运载属于他的商货,荷兰人就许自由通行,即使船只是驶往敌国,损害他们的贸易;他们这样做,只因对一官的尊重。"①可见经过捍卫中国主权的料罗湾之役的胜利,确立了中荷之间在东南亚较为平等的交往和自由贸易的局面。

郑芝龙对人说过"憎恶西班牙人",这也许跟他在马尼拉的遭遇有关,故曾一度加入荷兰人掠夺前往马尼拉贸易中国商船的行列。但从他接受官方招抚,掌控福建沿海对外贸易权之后,"郑与马尼拉之间维持着很融洽的贸易关系,一直到1646年(清顺治三年)郑芝龙降清被押往北京前,平均每年约有22艘船只前往马尼拉进行贸易活动。其他资料的记载,则显示在郑芝龙控制下的对菲律宾贸易,每年约有中国戎克船16—40艘抵达马尼拉。而事实上,除了郑芝龙一直与西班牙所属的菲律宾保持良好的贸易关系外,同时也允许西班牙人至厦门等地进行贸易"。②史实表明,以马尼拉为中介的大帆船贸易,乃中国丝绸运往拉丁美洲,产自秘鲁等地白银源源流入中国的主要途径,从而对明清商品经济和白银货币的流通,具有举足轻重的作用。

据说,郑芝龙对于澳门,"他年轻时生活过的这个城市","始终表现出爱好和珍视",更何况还有一个从日本逃难到澳门的亲生女儿,令其日夜牵挂。原来,"他当初在日本时,有个庶出的女儿,曾受过洗礼,受

---

① 帕莱福著,何高济等译:《鞑靼征服中国史》,第62—63页。
② 李毓中:《明郑与西班牙帝国:郑氏家族与菲律宾关系初探》,载台湾《汉学研究》第16卷第2期。

到基督教的培养。基督徒被逐出日本后,她和大家一起逃亡,来到澳门,被一个好心人接纳,此人照顾她的宗教信仰,让她作基督教的礼拜。一官得知女儿在澳门,派人去向葡人索回。他们承认父亲有权讨回自己的孩子,但他们不想归还他的女儿,因为她是基督教徒,而他呢,虽曾受洗,信仰过基督教,生活却像个异教徒,所以不愿与他打交道;不过他们同意认真考虑这件事;为此他们召开教堂和信徒会议,决定不把孩子归还父亲。所以一官恐吓他们,说他将率五百或一千艘船攻打澳门,用武力夺回女儿,杀死反对归还的人,而且马上开始阻止他们获得中国的物质和商货,使他们沦于贫困。但不管他的恐吓,他们仍不归还他的女儿。"也许是旧日的眷怀和亲情的记念,使郑芝龙对澳门"言行不一致"。"不久后有一艘从澳门驶往日本的船,被风刮到一官本人驻扎的中国海岸,他友善地接待了船上的人,即刻供给他们需要的东西,发给他们通行证,提供他们所需的返回本乡的证件,并且没有拘留人,作为让葡人归还他女儿的条件……一官的愤怒就此平息下来,后来再没有骚扰澳门居民"。

葡萄牙人从郑芝龙这次善举中,领悟道,"获得他的友谊非常重要,就开始为自身的利益着想,同时应形势所需,跟他交往……他们与他按有利的条件缔结协定,信任他,乃至把他们的货物交给他,用他的船输往日本"。[①] "因为葡萄牙被日本人严禁任何基督教徒进入日本的法令剥夺了在日本经商的一切自由。这样,一官与澳门居民一起经商取得巨大利益……一官在贸易中十分守信。商人们委托给他的货物从未被盗,只是收益较少而已。"随着郑芝龙在福建和中国海控制的加强,由他参加的有利可图的对日贸易,其规模要比一般想象的大得多。其间,尽管荷兰人搞了种种阴谋活动,企图以武力排除来自澳门和福建的联合竞争者,垄断日本的对外贸易。然而,这些阴谋或被郑芝龙化解,或为日本政府所阻止。于是在郑芝龙势力鼎盛时期,即 1641—1646 年(明崇祯十四年至清顺治三年),每年出入日本长崎的中国船只平均达到

---

① 帕莱福著,何高济等译:《鞑靼征服中国史》第 64—66 页。

57艘,而荷兰商船每年的平均数不过6.5艘。当然,这些从事日本贸易的中国船,并非都是郑芝龙的,但许多船确实为他所有。在当时荷兰商馆头领保存的《出岛日记》中,经常提到他和他的活动。毋庸置疑,先前由果阿—澳门—日本的直接贸易,尔后经郑芝龙居中代理的这种基本贸易形式,乃维系葡萄牙人在澳门生存的重要经济来源。

非特止此,"北京耶稣会士印刷的一些书籍似乎仍通过中国船潜运日本,而一官的基督教徒资格和他与澳门的商业关系之密切,无疑是主要的违禁者。"①如一次日本长崎官员检查抵港的十三艘中国商船,在由郑芝龙派来的四艘船中,"发现(天)主的祈祷及印刷书一册,其持有者,即被投狱,拷问结果,坦称为罗马教徒,名称为安东尼(Antonio)……还有其中八人竟自认为基督教徒……上述中国人等坦称,在中国居有多数葡萄牙传教师,系受其劝加入基督徒行列,又系自澳门直航前来……"②不言而喻,像这样经皈依的中国教徒偷运至日本的,由"利玛窦后继者们在中国撰写的汉文科学书籍",亦相当可观。据1630年(日宽永七年)在长崎查获的从中国输入日本的"欧罗巴人利玛窦等人所作""邪教之书",总共有32种名目之多。③ 这其中,总揽中国对日贸易的郑芝龙,自不能推卸"主要的违禁者"的责任。

大致而言,明季中国对外商业活动的基本特征,在突破传统朝贡贸易和毗邻国家狭小市场的限制,成为正在形成的世界市场的组成部分。这既跟东南海域处于国际市场和国内市场交汇的地理环境有关;更与欧洲本土的生产能力无法满足庞大殖民帝国对商品的需要,从而掀起寻求及占有亚洲产品的热潮;以及中国输出的商品在质量和数量上均占有优势,欧洲各国围绕中国货源所进行的各种形式的转贩贸易,有着必然的联系。④ 在此广阔的舞台上,应运而出的强大的郑芝龙等海商

---

① 以上均引自博克塞著,松仪摘译:《郑芝龙(尼古拉·一官)兴衰记》。
② 引自顾卫民:《明郑四代与天主教会的关系》,载澳门《文化杂志》2004年春季刊(中文版第50期)。
③ 大庭脩著,徐世虹译:《江户时代日中秘话》,中华书局1997年版,第35页。
④ 参见拙文:《从国际市场的商品竞争看明清之际的生产发展水平》,载《中国史研究》1988年第3期。

或海盗集团,及彼此间的兼并整合,便可视为在中央政权控制力减弱却仍死不放手的情况下,国内市场与国际市场交往的一种扭曲的表现形式。在郑芝龙海商集团抢劫和杀戮东南沿海居民时,所彰显的是资本原始积累的残暴性与血腥性。当他剪灭同类、接受招安、痛击殖民者而号令东南海疆以后,不仅维护了中国的主权和尊严,更直接推动了中国商品走向世界,国内市场融入国际市场的历史进程。

纵观郑芝龙从外出谋生至驰骋海疆的数十年生涯,正如前述中国学者所指出的,"西式枪炮及黑人士兵"为其屹立不倒的"两大支柱",①且始终跟基督教保持情感和信仰的联系。据当时西方人的评述,无论欧洲殖民者还是中国朝廷,都对郑芝龙这个"海上的霸主"束手无策的原因,就在于"要镇压一官并非易事。没有人有胆量接近他的舰队;他的船配备有良好的炮,船上是许多勇敢无畏的海寇,还备有大量各类武器及火器,没有人企图去追击他"。②可见配置有利炮悍卒的强大舰队,乃郑芝龙睥睨海疆而克敌制胜的法宝。

就利炮而言,郑芝龙因与葡萄牙、西班牙和荷兰人密切交往及易货贸易,故由澳门著名的博卡罗工厂铸造,用来装备澳门和远东葡属领地的佛朗机铳与仿制的红夷大炮,以及荷兰人愿向明廷提供的威力无比的红衣巨炮,③都是郑芝龙易于获取而可用来武装舰队的资源。如前述停泊厦门中左的郑芝龙舰队,即"包括二十五至三十艘装有十六至三十六门炮的大战船",虽为荷兰人偷袭而溃败,但经月之间仍能集结二十艘战船在内的百余艘船只,并置荷兰大战舰于死地。④由于郑芝龙拥有坚船利炮的优势,故与之作对的众海盗集团,不得不建造抵御重炮的大船,然终难逃败亡的命运。如李魁奇在广东建造的乌尾大船,"船有外护四层,一破网,一生牛皮,一湿絮被,一周回悬挂水瓮,铳不能入,火不能烧,且比芝龙船高丈余,自上击下,更易为力。"但在郑芝龙突袭

---

① 金国平、吴志良:《郑芝龙与澳门——兼谈郑氏家族的澳门黑人》。
② 帕莱福著,何高济等译:《鞑靼征服中国史》,第56页。
③ 博克塞著,松仪摘译:《郑芝龙(尼古拉·一官)兴衰记》。
④ 同上。

之下全线溃败,李魁奇亦被擒获。此外,郑芝龙舰队在与钟斌海上激战时,郑"船既迅而易于抢风,铳又大,火药又好,易于及远,所以钟船数百,一破立散"。最后海上围剿刘香集团的战斗,在明水师高达十丈大船,重至二、三千斤大铳的支援下,郑芝龙亦"自募渔丁,自雇洋船,周详筹算,计定后发",并"亲登船楼,号召部将,奋力齐击",终令刘香惊慌难逃,举火自焚。①

在归属郑芝龙"勇敢无畏的海寇"中,有一支颇令人注目而纯由黑人组成的强悍部队。据当时传教士的记载,"为清除海盗,他(郑芝龙)武装了大量兵丁,配备必须的武器,其中表现最英勇的是加菲儿(Cafres)黑人,这些人是从他们的主子葡萄牙和西班牙人那里逃走,被尼古拉以重酬收为部属,还许以更多的好处;他们在他的麾下服役。而这些人始终作为他的护卫(因为他不信任本国人),他利用他们去干艰巨、危险的工作。"②这些"各族的黑人,都是基督徒,他们在澳门是奴隶,从那里逃往中国。战争初期,这些黑人有三百多,在著名一官指挥下武装对抗鞑靼,一官信任他们尤胜于中国人,一直留在身边。而他们如他所愿,忠贞不贰地效力于他,直到他被鞑靼人打败的时候。"③这些黑人士兵"有自己的连队,是优秀的铳手",平时跟他们的"妻子儿女"一起,驻扎在安海附近的一座岛屿上。④ 而在战场上,这些集合起来的黑人士兵,往往出现在"箭矢枪弹和炮火最密,死伤最惨重的地方",而他们几乎"刀枪不入,全部毫发无损",其英勇善战令在场的满洲人十分震惊。一旦战斗结束,"他们放下武器",径直从战场走向基督教堂,"赞美上帝保佑他们"。⑤ 这种英勇善战和虔诚信仰的场景,虽只见载于部分黑人士兵被清军收编后,参加广州保卫战的描述中,但仍可视为郑芝龙培育

---

① 引自林仁川:《明末清初私人海上贸易》,第120—122页;参见金国平、吴志良:《郑芝龙与澳门——兼谈郑氏家族的澳门黑人》一文。
② 帕莱福著:《鞑靼征服中国史》,鲁日满著:《鞑靼中国史》,何高济等译,第118、224页。
③ 同上。
④ 金国平、吴志良:《郑芝龙与澳门——兼谈郑氏家族的澳门黑人》。
⑤ 帕莱福著,何高济等译:《鞑靼征服中国史》,第120页。

的黑人连队战斗精神延续的写照。

郑芝龙不仅大半生与利炮、悍卒为伍,而且从其情感(对信教女儿的挂念)、信仰(早年领洗皈依,晚年精神寄托)和事业(与西方人打交道及羁縻黑人士兵)来看,跟基督教亦结有不解之缘。在西方人眼里,郑芝龙"虽曾受洗,信仰过基督教,生活却像个异教徒"。"尽管当时他在基督徒中生活,仍几乎没有迸发丝毫基督信仰的火花。相反地他们不记得他说过有关福音、圣礼的事,或者遵行过上帝和教会的戒律;他生活的方式根本不像基督徒。"①的确,郑芝龙历年杀人越货、抗官走私的海盗行径,以及多蓄妾嬖的生活方式,表明他早已背弃领洗的誓愿和教会的戒律。不过,这并不意味着他从此断绝同基督教的关系。如前述被风刮至郑芝龙驻地而颇受优待的澳门商船的葡人,在驻地"看到一官有一个奇特的小礼拜堂,其中他们发现有我们救世主和圣母玛利亚及其他几个圣徒的像",跟他们"佛教和道教的圣像进行布置装饰",同时"向耶稣基督和偶像都上香"。② 此外,崇祯十四年(1641年),"官人一官因母与妻均染恶疾,曾由台湾延请荷兰外科医师前来(厦门)诊治,该医师滞留三月,将患者完全治愈后返台。据医师对其长官之报告称:官人一官家中,经常举行弥撒及其他天主教仪礼。""又据被捕中国教友口供,知当时芝龙根据地安海有天主及圣人、圣女像,并有人举行圣事,亦有神父传教。"③

关于郑芝龙在家乡安海的住宅中,设有天主堂,延请传教士,为当时更多的教会资料所证实。方济各会士文度辣(Bonaventura Ibáñez),记述在安海会见郑芝龙的澳门女婿时,写道:"改天,贝洛的一个儿子来看望我们(贝洛亦同来)。他们父子二人是澳门出生的葡萄牙人。他叫罗德里格斯(Antonio Rodrigues),娶了一官的一个女儿为妻。他向我们叙述了他在澳门同一官女儿成婚的事情。她叫芫索拉·德·巴尔卡

---

① 帕莱福著,何高济等译:《鞑靼征服中国史》,第65—66页;威尔斯撰,耿升摘译:《多明我会士李科罗与台湾郑氏政权》,载《中国史研究动态》1982年第5期。
② 同上。
③ 方豪:《中国天主教史人物传》上册,第315页。

斯(Ursola de Bargas),其母为日本人,同她父亲一样是基督徒,尽管她父亲后来放弃了信仰。她当时在澳门,其父派人去接她(因澳、郑关系的改善,澳当局遂允许郑可接回其女儿——引者)。她回答说,她是真正的基督徒,并称基督徒不可生活在无教堂和基督牧师的地方。他又派人去接她,并传话叫她来,还带一位方济各会士来。他不喜欢其他教派,还说给他们起造一座教堂,抚养教士及所有人。"当罗德里格斯夫妇及其父贝洛如约前往安海居住后,郑芝龙便将恢宏的住宅中最大的前厅,辟为"一座漂亮的祷告堂,作教堂使用。其他基督徒也来此"礼拜。方济各会士利安当和文度辣等人,曾在"漂亮的祷告堂"暂住并传教。耶稣会士聂伯多(Pierre Cunevari)亦在郑芝龙家中被优裕地款待了两年,甚得信教的黑人士兵的信任。①

这样看来,若严格按照遵守教会戒律的信徒标准,郑芝龙无疑不够资格。然而,根据从其军事驻地到家乡安海,均供奉救世主和圣母等圣像,经常举行弥撒与天主教仪礼,特别是在安海住宅起造漂亮的祷告堂,延请和优待传教士来此开教,允许与鼓励他的亲戚(女儿女婿)、下属(黑人士兵)和平民(如驶往日本的商船水手),成为虔诚信徒等史实,表明郑芝龙对基督教仍存在难以割舍的情感。同时,他也并非从未"迸发丝毫基督信仰的火花",只不过抛弃了该信仰唯一的和排他的特性,将这种外来的宗教跟本土的宗教糅合起来,"向耶稣基督和(本土)偶像都(一同)上香"供奉。在传统的多元信仰的氛围中,这实在是基督教得以汇入中国文化习俗,而可通行的最佳选择方式。

另外,郑芝龙也并非没"说过有关福音、圣礼的事"。在他附和隆武帝,"感而赋赠"传教士毕方济的诗文,"充分表现出郑芝龙对教理的了解,和对毕神父的认识。他认为毕氏是来传'泰西景教'的[《景教碑》(《景教流行中国碑》)发现后,教中人如徐光启,李之藻等亦自称景教后学],而景教是'传天语'的。以'天语'称'神示',称《圣经》,确切可喜。他也相信毕氏是'伏天心来救世'的……更以'毕'为'毕

---

① 引自金国平,吴志良:《郑芝龙与澳门——兼谈郑氏家族的澳门黑人》。

宿星'；而以'梁'解为可'接天庭'的'飞梁'，以毕方济为毕宿星下凡，作人类的飞梁，可以济人升入天庭。"透过如此被方豪先生称为"妙绝"的解释，[1]窥见郑芝龙对于"福音"、"天语"和"神示"的传播，亦可谓尽心竭力。

最后，郑芝龙因惑于清朝所悬"闽粤总督"的诱饵，不顾其子成功的苦劝，而被清军挟持前往北京。骤然失去权力的懊悔和漫长圈禁生活的烦闷，郑芝龙在北京十余年间，似乎又回归基督教而寻求精神的慰藉。据记载，"早在1648年（清顺治五年），约在一官到达北京一年以后，两个耶稣会神甫——葡萄牙人安文思和意大利人利类思从四川被送到京都。出于种种原因，一官早就不是一个履行教规的基督徒了，但此时却对这两个神甫有了好感，他经常访问他们，盖了一所房子和礼拜堂供他们使用，此外还供给他们钱财、仆人和家庭用品。"[2]这种主动同传教士的友好交往和对教会的慷慨馈赠，均可视为郑芝龙在忏悔的心绪中寻找精神的安宁与寄托的表现。为此，当这体面的幽禁生活走到尽头，郑芝龙被清朝审讯处决之际，仍然得到基督教会的临终关怀。不仅上述利类思、安文思神父予以"施舍"救济，[3]而且郑氏女婿之父，奉教甚笃的葡萄牙人贝洛，"在北京狱中陪伴了郑芝龙两年。（直至）郑芝龙遇难后，他（才）回到了安海"。[4]

凡此种种，无不说明，在郑芝龙盛衰起落的传奇生涯中，基督教始终是与其情感，信仰和事业相依相伴的一个重要因素。

当郑芝龙身陷囹圄、意志消沉而领受神父和基督徒临终关怀的时候，其子成功乃激愤于国难家仇，起兵勤王，意气风发，必申大义于天下。

"郑成功是郑芝龙的长子，母亲是日本女子田川氏，中国文献称为翁氏。1624年（天启四年）7月14日郑成功生于日本长崎县平户川内

---

[1] 方豪：《中国天主教史人物传》上册，第202—203页。
[2] 博克塞著，松仪摘译：《郑芝龙（尼古拉·一官）兴衰记》。
[3] 同上。
[4] 金国平，吴志良：《郑芝龙与澳门——兼谈郑氏家族的澳门黑人》。

第九章　传教士与奉教士大夫在明清战争的作用和贡献　767

町千里滨,七岁以前随母居住日本。1630年(崇祯三年),郑芝龙派人把他接回福建安平,给他取名森,字明俨,号大木。"①其人"丰采掩映,奕奕耀人。隆武帝立,年才二十一。入朝,上奇之,赐今姓名,俾统禁旅,以驸马礼用事,封忠孝伯"。② 郑成功先入南京太学,曾预闽省乡试,文章颇为通畅。然不久弃文就武,领兵护驾、巡关、防陀作战和赞画军事,最多时麾下达万余人。"至少从隆武二年(1646年)正月起,郑成功一直亲履戎行,参与了许多军事指挥活动,这为他后来独树一帜,领导东南沿海声势浩大的抗清活动奠定了基础。"③史载,"北(清)兵入福州,芝龙退屯安海,楼船尚五六百艘。乃为洪承畴所诱,必欲降附,诸将多不从,成功痛哭而谏。芝龙不从,单骑北去。芝龙既降,其家以为可免暴掠,遂不设备。北兵至安海,大肆淫掠,成功母亦被淫,自缢死。成功大恨,用倭法,剖其母腹,出肠涤秽,重纳之以敛。丙戌(1646年)十二月朔,成功会文武群臣,移于南澳勤王,于烈屿设高皇帝神位,定盟恢复。"④

总的来说,郑成功与乃父的政治立场虽南辕北辙,绝不相侔,但他抗清驱"夷","定盟恢复"的基业,仍在于郑芝龙一手建立,训练并留存下来的强大舰队。故其军事上的两大支柱,即西式枪炮及黑人士兵,依然在尔后战争中发挥至关紧要的作用。同西方殖民势力,一方面,继续从前有利可图的国际贸易,为闽台政权筹备钱粮;另一方面,则就荷、西殖民者虐待华人华商的行径,持更为强硬的态度,便有胜利进据台湾和未遂的出兵马尼拉之举。对于西方传教士,大致沿袭过去友好的关系,多次任命为外交使节为己所用。诸如此类,可见郑成功在与西方交往中,充分利用自郑芝龙以来占据的优势地位,在维护中华民族利益和尊严的新形势下,具有不同于已往的面貌与内涵。

清顺治三年(1646年)郑芝龙单骑北去降清,其留存于安海的五六百

---

① 顾诚:《南明史》,中国青年出版社1997年版,第370页。
② 黄宗羲:《赐姓始末》。
③ 顾诚:《南明史》,第372—375页。
④ 黄宗羲:《赐姓始末》。

艘楼船,当为郑成功南澳起兵勤王的基业。后经十年生聚教训,俟顺治十四年(1657年)永历帝面询二位郑氏使臣"成功兵船钱粮"时,"二人对以舳舻千艘,战将数百员,雄兵二十余万,饷粮虽就地设处,尚有吕宋、日本、暹罗、咬��巴、东京、交趾等国洋船可以充继。"①果然,次年郑成功发动"长江之役",动员兵力先有"船舶千余艘",后增至"三千多艘船舰,十余万兵力,而且装备精良"。仅以阵前随同马龙降清的五艘船百余人为例,"携带的装备竟有红衣炮十三位,铜百子炮四十五位",火药一千八百八十九斤,红衣铁弹一千六百六十三出,百子铁弹八千八百九十九斤。亦如中国学者顾诚先生所论:"火器的优越性在江、海水战中能够充分发挥,这正是郑成功、张煌言的军队克敌制胜的主要原因。"②

兹因顿兵于南京坚城,军嬉轻敌,贻误战机,遂为清军所乘,持续两年的"长江之役"功亏一篑,郑成功败归福建。随即,"1660年(顺治十七年)春,清军在达素的率领下向闽南进逼并于是年6月17日向厦门发起了大规模的攻击,而郑成功也整军迎战,双方在厦门海域爆发了'东方海面上有史以来最激烈及最可怕的一次战斗'。"据在当地的传教士李科罗(Victorio Riccio)的记述,双方参战的船只有1200艘之多,清军800艘,郑军400艘,海战自黎明一直延续到午夜。初犹郑军失利,一些战船被焚毁。然至"中午时分,风向变得对郑军有利,他们抓住时机迅捷猛烈地攻击清军的舰只……许多清军船只被郑军炸沉,一些船只则被俘获牵引到岸上"。李科罗特别指出:"郑军制胜的一个原因是其火炮优于清军。这次大海战以清军惨败而告终。"③

如果说历经生聚教训的郑成功舰队,在与清军作战中,无论功败垂成的"长江之役",抑或保卫家乡的厦门海战,皆凸显西洋枪炮巨大威力的话,那么稍后在远征台湾,同装备先进的红夷大炮和高大战舰的荷兰殖民者对阵时,则尽显黑人士兵与中国士兵一样的骁勇善战,中国士兵

---

① 江日昇撰,刘文泰等点校:《台湾外志》卷一〇,该书第141—142页。
② 顾诚:《南明史》,第934,938,940页。
③ 张先清:《17世纪欧洲天主教文献中的郑成功家族故事》,载《学术月刊》2008年第3期。

掌控的西洋枪炮更所向披靡。

厦门海战,"成功虽喜大胜,终苦弹丸两岛,难以抗天下兵",于是集众议"方谋所向"。适台湾通事何斌乃南安人,因故脱逃来归,进言曰:"台湾沃野数千里,实霸王之区。若得此地,可以雄其国;使人耕种,可以足其食。上至鸡笼、淡水,硝磺有焉。且横绝大海,肆通外国,置船兴贩,桅舵铜铁不忧乏用。移诸镇兵士眷口其间,十年生聚,十年教养,而国可富,兵可强。"随即,何斌"出袖中地图以献,历历如指诸掌。并陈土番受红毛之苦,水路变易情形,若天威一指,唾手可得"。郑成功闻其言,观其图,豁然开朗,决心恢复这崇祯间其父芝龙"招饥民数万"开垦的土地。①

1661年(顺治十八年)3月3日(阴历二月初三),郑成功舟师齐出料罗湾,于澎湖稍事停留。据当时荷兰驻台湾长官揆一(弗黑德里克·揆一,Frederick Coyett)提供的资料,"1661年4月30日拂晓,(国姓爷)率领几百只战船在热兰遮城可以望见的福摩萨海面出现。船上载有约二万五千名兵士,他们在同鞑靼人作战中,都受过良好的锻炼。"随后,"敌方(指郑军)大型帆船约六十艘,各装有两门大炮,驶离舰队前来迎战。我方(指荷军)船只首先开炮,炮声如雷。"在海战中,荷方最大最重的赫克托号,在郑军"五六艘最勇敢的船只从各个方向"围攻中,引发船上火药爆炸而沉没。另一艘荷兰战舰斯·格拉弗兰号,因郑成功士兵"使用这种前仆后继、以多胜少的办法,终于不顾我方的决死抵抗",爬上船头开始砍断船索,并引火延烧。赖荷军左冲右突,扑灭明火,才侥幸逃脱。②

与荷军海战一败涂地相比较,荷军在陆地鲲身尾(北线尾,Boxemboy)会战中损失更为惨重。郑成功布置该战役时说:"荷兰无别伎,惟恃炮火而已。黄昭,尔可带铳手五百名,连环熕二百门,分作三队,前往鲲身尾,列阵以待,候他对攻。"另拨两支队伍,予以配合接应。③ 据记载,郑

---

① 江日昇撰,刘文泰等点校:《台湾外志》卷一一,该书第159—161页;黄宗羲:《赐姓始末》。

② 揆一:《被忽视的福摩萨》,载厦门大学郑成功历史调查研究组编:《郑成功收复台湾史料选编》,福建人民出版社1962年版,第153—158页。

③ 江日昇撰,刘文泰等点校:《台湾外志》卷一一,第165页。

成功部队配备有"龙熕","火力极大,'较红衣炮不加大而受药弹独多','所至一方糜烂'。"①此处"连环熕"或许即为"龙熕"之一种,故撕杀对攻的结果,240名荷兰精兵中阵亡达118人,其余狼狈逃回战舰,龟缩大员(热兰遮)城。② 于是,郑成功舰队毫无阻碍地开进鹿耳门海湾,包围赤嵌(普罗文查)要塞,切断它与大员的联络,使各自陷于孤立。

据此,荷兰头领总结道:"经过一段战争,证明了国姓爷十分熟悉兵法,并且拥有大批重炮。"又说:"国姓爷拥有大量的火药和重炮。虽然中国人比欧洲人早好多年就知道了制造火药和铸造大炮的方法,但其威力无论如何赶不上荷兰的产品。他还有两队黑人兵,他们原来大多数是荷兰人的奴隶,学过来福枪和滑膛枪的使用法,他们在福摩萨战争中给荷兰人以很大的损害。"③

尽管败军之将依旧嘴硬,一般来说,中国制造的大炮、战船不如荷兰红夷大炮、夹板船的高大犀利亦是事实。然而,对于"善于使用各种武器,包括(西式)火枪和滑膛枪"的郑成功来说,④不仅深谙海陆行军布阵的兵法,更承袭乃父坚船利炮的强势,在其麾下,既拥有为数众多的引进的红夷大炮(如前述马龙降清所携红衣炮可知),也有红夷大炮改进型的"龙熕"、"连环熕"之类。正是这种不逊色于荷兰人的强大火力,加之"最勇敢的船只"、"前仆后继"的士兵和"以多胜少的办法",使郑成功舰队屡战屡捷,而狂妄轻敌的荷兰人则为此付出惨重的代价。

有关两队黑人士兵的来历、技能及作用的叙述,表明郑芝龙之后该特殊部队仍有发展。前述资料揭示,郑芝龙手下有一支纯由黑人组成的三百多人的连队,他们原为葡萄牙和西班牙人奴隶,从澳门逃出被郑芝龙收编为护卫。这些黑人是优秀的铳手,骁勇善战;又是基督的信徒,礼拜上帝甚为虔诚。自战争初期,他们即忠贞不贰地效力于郑芝

---

① 方豪:《中国天主教史人物传》上册,第316页。
② 揆一:《被忽视的福摩萨》,载厦门大学郑成功历史调查研究组编:《郑成功收复台湾史料选编》,福建人民出版社1962年版,第153—158页。
③ 同上书,第161—162页。
④ 威尔斯撰,耿升摘译:《多明我会士李科罗与台湾郑氏政权》,载《中国史研究动态》1982年第5期。

第九章　传教士与奉教士大夫在明清战争的作用和贡献　771

龙,"直到他被鞑靼人打败的时候。此时,他们好几个人在他身边战斗,用剑自杀而亡。剩下来的,大约二百人,后来在胜利者手下当兵,刚好被编入广州城的军队"。因作战英勇而获公开褒奖。①

"另外一部分(黑人士兵)在清军洗劫郑宅后,随郑成功撤退到了厦门",人数亦在 200 以上。西方记载说:"清军南下时,(聂伯多,Pierre Canevari)神父就混在那些为国姓爷郑成功效劳的黑人部队里,他们散居在沿海一带的山崖岩洞中。"这些山崖岩洞即位于厦门对面的小岛上,如谓:"在厦门对面有一个名叫 Pezoa 的小岛。上面住着一些曾是澳门葡萄牙人佣人的已经获得自由的基督徒。"1647 年(清顺治四年),"在安海,从澳门逃跑的黑人超过 200 人"。② 由此推断,郑芝龙降清后,仍有部分黑人士兵坚定地追随郑成功,驻扎于厦门对面的小岛,并随着澳门逃来黑人奴隶的增多,这支特殊部队已超过二百人。非特止此,在郑成功筹备进军台湾过程中,显然另外招募了相当数量的来自荷兰人奴隶的黑人,经过与原来的澳门黑人奴隶混合编组,形成以荷兰人奴隶占大多数的两队黑人士兵。在实战中,这些精通西方火器英勇善战的黑人士兵,予殖民者以重创。荷兰指挥官特别发出黑人士兵"给荷兰人以很大的损害"的哀叹,正是对黑人士兵仍是郑成功军队的精锐和中坚力量的承认。

为应对郑成功军队的轮番攻击,赤嵌城荷兰守军早已精疲力尽。而在土民引导下郑军堵塞流经城中的唯一水源后,形势更加危急。在外无援兵可恃,内无弹药饮水情况下,赤嵌城守军只得于 5 月 4 日缴械投降。"司令官献出了普罗文查要塞(赤嵌)以及一切军用物资,他本人及所有士兵都成为战俘。"③经过半年多的围困,在最后总攻大员(热兰遮)城战斗中,众多的巨炮发挥了决定性作用。1662 年(清康熙元年)1月间,郑成功集中兵力猛攻大员孤城。"该地本来已有大量的军需品和巨炮,现在又按照新谋士(指投诚的荷兰军曹)的献计,增建了三座炮

---

① 帕莱福著,何高济等译:《鞑靼征服中国史》,第 118—119 页。
② 引自金国平、吴志良:《郑芝龙与澳门——兼谈郑氏家族的澳门黑人》。
③ 揆一:《被忽视的福摩萨》,载《郑成功收复台湾史料选编》,第 160、170 页;黄宗羲:《赐姓始末》。

台……共配备二十八门巨炮。"其中设置了"几尊能射出三十六磅铁的大炮"。1月25日,郑军"左围攻城堡和占领外堡期间,约发射了两千五百发炮弹",外堡变成一片废墟。郑军继而在俯瞰大员(热兰遮)城的小山头上构筑工事,"开始建造一座大型炮垒",居高临下,将整座城池纳入其射程之内。

只是在此负隅顽抗必遭全歼的形势下,龟缩于城堡内的荷兰指挥官和评议会几经商议,取得"一致的意见,决定由评议会同国姓爷谈判,在合理的条件下献出热兰遮城堡。于是,我方立即发出一封信,双方实行停火,又经过五六天的协商,达成如下协议:本条约经双方订定并经双方同意,一方为自1661年5月1日至1662年2月1日包围福摩萨岛热兰遮城堡的大明招讨大将军国姓殿下,另一方为代表荷兰政府的热兰遮城堡长官弗里德里克·揆一及其评论会,本条约包括下列十八条款"。主要内容是,荷方大炮,军用物资和公司财产须全部交与国姓爷殿下,荷方返回巴达维亚人员的弹药、生活必需品及私人财产,经国姓爷代表检查后可携带离开。"当这一投降条约由双方按照手续签了字,条约上的各项条件一一履行,一切弹药、储备物质都运到船上之后,我方战士全副武装,举着旗帜列队从城堡走出,把城堡交给国姓爷的部队,由国姓爷的部队进入城堡,完全占有该地。"①

郑成功继承并发扬郑芝龙的强大舰队、西洋枪炮和黑人士兵的优势,建树了恢复台湾这彪炳青史的伟业,从而为他及其子孙张弛结合的对西方政策,提供了坚实的政权和物质基础。而明郑政权祖孙三代(郑成功、郑经、郑克塽)的西方政策,则通过对待多明我会传教士李科罗的态度,以及与之纠结在一起的同占领菲律宾的西班牙人的关系,集中地表现出来。

李科罗(又译利畸、利胜,Victorio Riccio),意大利佛罗伦斯人,与利玛窦同族。"他在中国期间一直把名字写成Riccio,这既可能是由于

---

① 揆一:《被忽视的福摩萨》;阿布列特·赫波特:《爪哇、福摩萨、前印度及锡兰旅行记》,载《郑成功收复台湾史料选编》,第190—197、279页。

第九章　传教士与奉教士大夫在明清战争的作用和贡献　773

西班牙语化的结果，也可能是为了表示与他那位著名同族人不同，因为他曾严厉地抨击过利玛窦的布教政策。"李科罗生于1621年，"于1635年入道明（多明我）会，1643年经由墨西哥抵达菲律宾，在那儿居住的期间，他学习了汉字汉语，并向许多中国人传教，最后因希望在厦门设立一个传教团，于1655年7月在三位欧洲道明会教士及中国第一位天主教司铎罗文藻（Gregorio Lopez）陪同下抵达厦门岛，开始了他与明郑的直接接触。""李科罗独自一人留在厦门，负责管理从马尼拉归来的中国天主教徒，继续进行归正活动并建立马尼拉和中国多明我传教团之间在人员、书简及礼品往来方面的转运站。"①

"当时厦门是郑成功行政机构的首府……由于该地区在政治上的独立性，任何外来势力都不能限制传教活动。郑成功曾受过中国传统教育，所以没有明显赞同他父亲那种混合有其他宗教成分的天主教。他始终生活在天主教徒之中，似乎对神父们也表现了特殊好感。人们认为他对天主教徒的到来表示格外高兴。当他住在厦门时，天主教徒可以公开庆祝自己的宗教节日而不必害怕居民敌视。据李科罗介绍，当天主教徒士兵们为做弥撒而鸣枪时，郑成功被惊动，在他获悉原因之后便宣布说：'拜天主，好'！"正是于此宽松的宗教氛围中，李科罗"在郑成功官邸的对面购置了一所住宅，将其中的大厅改作教堂"。而随着"传教团的发展，李科罗又将其住宅全部改作教堂，并且还把附近的一座建筑购置下来作为自己的私人住宅，他在附近还修造了一个天主教茔地"。②

郑成功对来自菲律宾的多明我会士的友好态度，固然有个人情感和笼络信教士兵的因素，但更有现实经济利益的考量。"由于当时厦门同马尼拉保持有巨额贸易关系"，而"如果没有来自西班牙帝国美洲的

---

①　威尔斯撰：耿升摘译：《多明我会士李科罗与台湾郑氏政权》，载《中国史研究动态》1982年第5期；李毓中：《明郑与西班牙帝国：郑氏家族与菲律宾关系初探》，载台湾《汉学研究》第16卷第2期。
②　威尔斯撰，耿升摘译：《多明我会士李科罗与台湾郑氏政权》，载《中国史研究动态》1982年第5期。

白银及菲律宾的稻米,明郑便无法支撑其军事上的花费和供给军队的粮需"。有鉴如此,"当地许多官员都能容忍并支持天主教徒,郑成功本人的态度可能正是这一原因造成的"。①

不过,在一般民众和部分明郑官员的内心,一直存在着对基督教的仇视情绪。这首先来自于基督教与中国习俗的抵牾,尤其是对教堂里男女混杂做礼拜的反感。"李科罗记载说,大部分厦门居民对天主教及其信徒进行了各种亵渎和诅咒,重复着那些开始在中国流行的反对天主教的著作中的内容。一位地方官吏对天主教的指责之一是'男女混杂在教堂里共同堕落'。"据说郑经手下一名姓氏不详的"边防将军",曾经"起草过一道反对天主教及传教士的命令,揭露了男女教徒们在教堂中的堕落"。② 其次,"这些反天主教的举动应是当时人们对马尼拉方面的普遍不满,这样的不满与曾在马尼拉所发生的屠杀华人(且几乎皆为福建人)事件有着很大的关联。因此,不仅仅是郑经的亲信们对天主教传教士存有偏见,郑经本人亦可能如此。"③郑克塽时期之中书舍人郑德潇,痛诋据菲西班牙人的言论,颇能反映当时朝野人士愤懑难平的心态。他说:"吕宋者……用巴礼僧天主教,称天曰'寥氏',用其术而蛊煽四方,名为'化人'。日本国曾受其害,至今国人深恶绝之。漳、泉逐利之夫多往焉……禁铁器,无深闺高阁。三五载间,借事杀唐人,名曰'洗街'。平时殴詈,不敢回手,杀伤从无抵偿,诸岛中惟吕宋待我唐人最无礼。"④

于是,明郑反教人士或利用郑成功出征在外的时机,或诱引不甚谙时政的约 15 岁"世子"郑经出头,挑起同基督教会的冲突,给教徒和传教士带来一次次的惊吓。这些主要来自李科罗的手稿《在中国的传教史》(《在中华帝国的布教使命》)的记载表明,"双方第一次冲突发生在

---

① 威尔斯撰,耿升摘译:《多明我会士李科罗与台湾郑氏政权》,李毓中:《明郑与西班牙帝国:郑氏家族与菲律宾关系初探》。
② 同上。
③ 同上。
④ 江日升撰,刘文泰等点校:《台湾外志》卷二八,第 375—376 页。

1657年(清顺治十四年),当年约十五岁的郑经和他的随从们前往教堂欣赏其节庆装饰的时候,随从们错把留有发束的罗文藻神父当成了满清的奸细,而与传教士们发生了首次的冲突。于是在郑经的怂恿下,随从们抢走了教堂里的两尊神像。虽然当郑成功出外征战返回厦门后,肇事者们受到了郑成功的严厉惩罚,但是如此的解决方式并未使郑经与天主教传教士之间的关系,因对父亲的敬畏而有所改善。"

"1658年(清顺治十五年)盛夏,在郑成功首次出征扬子江流域时,厦门的反天主教势力越发猖狂起来。致使郑经及其部下抢劫了一只英国船,并与附近地区的传教士作对……郑经的某些亲信曾在酩酊大醉之后用石块袭击神父的住宅,砸他房顶上的瓦。为了避免直接指控郑经的亲信,李科罗搬来了一些天主教士兵,因为在郑成功的军队中有相当多的天主教徒。在郑经获悉原因时,便下令逮捕贼犯。但当神父再向他解释说这类事件会影响同马尼拉的关系时,后者却出言不逊,大骂神父。接着便以更大的石头袭击神父住宅。李科罗前往郑经的一位族长(郑泰)那里告状去了,后者('身为户官')为了与马尼拉的贸易关系也希望对天主教徒采取慎重态度,停止攻击。但这位族长也劝告神父应该搬迁,因为郑经想霸占此地以扩大自己的逍遥宫。郑经的打手们越来越放肆,竟敢在一次洒圣水仪式中,'带来了一些腐臭的尿,而且按照郑经的命令行事,用来洒在教堂里男女天主教徒们身上'。他们还放风说李科罗是叛逆者,暗中与海盗有勾搭,正在策划一次天主教叛乱,完全如同在日本岛原所发生的事件一样。他们还指责李科罗向马尼拉提供了假情报以图停止大米供应和在厦门民众中制造饥荒……郑经的同伙曾讨论过对这位欧洲'主的猎狗'活剥皮、活埋或枪杀。一位'边防将军'(姓名不详)曾经'起草过一道反对天主教及传教士的命令,揭露了男女教徒们在教堂中的堕落'。李科罗坚持说这样的命令只有在获得郑成功批准后方可生效。致使这道命令终究未能颁行。郑经后来令人拆毁神父住宅的墙壁,'准备在那里修一个澡塘,以便同他那些男女们洗澡'。可是白天所完成的工程一夜之间全部坍塌,李科罗认为这是天主的旨意。这块地此后便被荒废了。""直到郑成功自南京兵败归来,郑经才赶紧将其破坏的教堂加以修复。"①

如此看来,由于多明我会士李科罗毫不掩饰同据菲西班牙殖民者的亲密关系,甚至以此相要挟,而西班牙人对在菲漳泉华人的掠夺、凌辱和杀戮,早已激起福建民众和官员的愤怒。加之李科罗来华传教,深受挑起中国礼仪之争的多明我会士黎玉范的影响,②故来华后立即将原姓利奇(Ricci)改为里乔(Riccio),"他不愿意与(同族的)利玛窦有任何瓜葛,因为他不赞成前者对中国的见解,不同意利玛窦的妥协和接纳中国礼俗的策略"。③ 有关李科罗教堂内男女混杂共同堕落的一再指控,正是多明我会公然蔑视中国男女交往授受不亲的禁忌,完全遵照教会法律和西方习俗,从而鼓励男女信徒混杂礼拜的主张的反映。从传教士与殖民势力的关系,以及蔑视中国礼俗的举措来看,在基督教流行厦门的初期,一般民众的亵渎和明郑官员的指责,均具有历史的正义性。不过,世子郑经贪淫因素的掺和,使这种反教的性质多少有些变味。好在如抢走教堂神像,石头袭击住宅和当众泼洒臭尿,仍属于恶作剧的范围,顶多产生惊悸不安的效果。至于更加严厉的叛逆的指控和枪杀之类的制裁,也仅仅停留于口头,远未达到干扰政局的程度。而待到郑成功返归厦门,这一切的把戏和设想便戛然而止。

虽说郑成功因自幼成长于拥有众多基督徒的日本平户地区,后又受乃父那挥之不去的基督教情结的影响,对教会和传教士具有一定的好感。但从这种宽容政策的全过程考察,仍呈现出功利主义的色彩。其实,郑成功对据菲西班牙人侵吞船货、虐待华商及至"杀我臣民"的斑斑劣迹,早已心知肚明,且愤怒之情溢于言表。④ 无奈碍于钱财米粮资源的大计,不到对此现状作重大决策改变之日,也只得容忍跟西班牙人

---

① 威尔斯撰,耿升摘译:《多明我会士李科罗与台湾郑氏政权》,李毓中:《明郑与西班牙帝国:郑氏家族与菲律宾关系初探》。
② 引自顾卫民:《明郑四代与天主教会的关系》,载澳门《文化杂志》中文版第50期(2004年春季刊)。
③ 白佐良、马西尼著,萧晓玲、白玉崑译:《意大利与中国》,商务印书馆2002年版,第146页。
④ 李毓中:《明郑与西班牙帝国:郑氏家族与菲律宾关系初探》。

关系密切的李科罗在厦门的活动。一旦郑成功决定对据菲西班牙人采取强硬的进攻态势时,一方面充分利用李科罗的特殊身份,任命外交使节,成为传达旨意、疏通关系和减少摩擦的有效的媒介;另一方面则以是否允许李科罗自由返回与传教,作为钳制西班牙人的手段。

鉴于据菲西班牙人侵吞船货、虐待货商和杀戮华人的劣迹,郑成功发布命令,"决定不再与其来往","今后禁止与马尼拉通商"。为此,他于1655年(清顺治十二年)7月致信荷兰驻台湾长官,要求他协助阻止华商经由台湾转往马尼拉贸易。"1656年(清顺治十三年)10月西班牙菲律宾总督终于因无法承受没有中国船只载来商品导致物质缺乏的生活,而向郑成功所在厦门派出了使节,试图重新建立双方贸易的关系,此时在厦门传教的李科罗神父可能因此担任了使团的翻译及中间人的角色,最后由郑成功于次年派出使节回访马尼拉,加以确认双方的协议。"这次的贸易冲突,在郑成功看来,以"汝等迩来稍有悔意,遣使前来乞商贸易条款",①而取得优势的地位。

俟郑成功1662年(清康熙元年)2月接受荷兰人投降,恢复台湾主权后,面对清朝不时进犯的威胁,郑成功秉承乃父海商集团的"海洋性格",将视野拓展至海外,"企图在海外寻找其他据点作为战进退守的筹码,自然,南方的菲律宾便成为明郑最佳的考量"。② 于是,凭借着过去取得的优势地位,郑成功"决定向马尼拉发出最后通牒,要求交纳贡品,如果西班牙人拒绝,他就要侵犯和捣毁菲岛"。③至此,传教士李科罗派上了用场。"1662年(清康熙元年)4月,郑成功派人召谕留在厦门的科胜(即李科罗)前来台湾,交给他一封文书,命令他作为使节前往马尼拉,并告诫他如果没有完成使命就别指望返回台湾。科胜别无选择,只得在4月底乘上郑成功为他准备的船只前往马尼拉。经过十七天的航行后5月10日,科胜乘坐的船只抵达马尼拉湾。"④

---

① 李毓中:《明郑与西班牙帝国:郑氏家族与菲律宾关系初探》。
② 同上。
③ 威尔斯撰,耿升摘译:《多明我会士李科罗与台湾郑氏政权》。
④ 张先清:《17世纪欧洲天主教文献中的郑成功家族故事》,载《学术月刊》2008年第3期。

李科罗所携《文书》即《大明总统使国姓爷寄马尼拉总督曼利克特·喇喇之宣谕》,首称:"承天命面立之君,万邦咸宜朝贡,此古今不易之理也。可恶荷夷不知天则,竟敢虐我百姓,劫夺商船形同盗贼……邀予震怒,遂于辛丑四月率水师亲讨,兵抵台湾捕杀不计其数,荷夷奔逃无路脱衣乞降,顷刻之间,城池库藏尽归我有。"经此一番威慑性宣示之后,《文书》随即指出:"尔小国与荷夷无别,凌迫我商船,开争乱之基。予今平定台湾,拥精兵数十万,战舰数千艘,原拟率师亲伐,况自台至尔国,水路近捷,朝发夕至。惟念尔等迩来稍有悔意,遣使前来乞商贸易条款,是则较之荷夷已不可等视,决意姑赦尔等之罪,暂留师台湾,先遣神甫奉献致宣谕。倘尔及早醒悟,每年俯首来朝纳贡,则交由神甫覆命,予当示恩于尔,赦尔旧罚,保尔王位威严,并命我商民至尔邦贸易。尔仍一味狡诈,则我舰立至,凡尔城池库藏与金宝立焚无遗,彼时悔莫及矣!荷夷可为前车之鉴,而此时神甫亦无庸返台,福祸利害惟择其一,幸望慎思速决,毋迟延而后悔。"《全书》的落款是:"此谕。永历十六年三月七日。国姓爷。"①

这封写于1662年4月24日的《文书》,俨然是泱泱大国之君主软硬兼施,招谕蕞尔小国输款投诚、俯首纳贡的最后通牒。在这里,所昭示者,乃中华承天命之国君,万邦咸宜朝贡的传统制度。所炫耀者,即自平定台湾以来拥有精兵战舰的优势。所讨伐者,系虐我百姓劫我商船,"开争乱之基"的荷、菲蕞尔小国。所区别者,或荷夷"愚顽成性、执迷不悟",特率水师亲讨令其乞降屈服;或菲国迩来稍有悔意,故暂不遣师挞伐而使神父先行宣谕。所要求者,在及早醒悟,每年俯首来朝纳贡称臣,既保王位不失又获贸易之利。所警告者,若一味狡诈迟延,则不仅挞伐立至,且神父返回及自由传教绝无可能,而荷夷前车之覆可为炯鉴。

如此居高临下的斥责,强令俯首纳贡的威胁,对于曾妄想建立"全球帝国,为万王之王"的西班牙人来说,不只是从未遭遇的屈辱,亦令其

---

① 转引自顾为民:《明郑四代与天主教会的关系》。

第九章 传教士与奉教士大夫在明清战争的作用和贡献 779

十分震惊。于是,为应对郑成功这最后通牒式的信件,据菲西班牙僧俗要员召开紧急会议,一方面,决定拒绝郑成功索求贡品的要求,加强马尼拉战备以防不测;另一方面,则不公开宣谕中武力威胁的内容,避免引起当地居民的骚乱。然而,随着李科罗出使菲岛真正目的的泄露,"一部分西人扬言要杀死巴利安区的华人。在此情况下,当地华人决定在 5 月 25 日发起反抗。他们杀死了一些土著人和两位当时在巴利安的西班牙人,向马尼拉城发动进攻,但是被装备精良的西班牙军队击败,一部分人被杀死,一部分人逃往山林,还有一部分人则退守巴利安地区。利胜在获得马尼拉殖民总督的授权后,与另一位多明我会士马若瑟(Jose Madrid)一起进入巴利安华人社区,试图调节华人与西班牙人之间的这场冲突。尽管西班牙人极力鼓动总督下令攻打华人,但在利胜的说服下,西班牙殖民总督最终同意让成千上万的华人搭船离开马尼拉回国。在上述马尼拉事变发生时,有一些停泊在马尼拉湾的华人船只乘乱逃回了台湾。一位闽南船长向郑成功哭诉了发生在马尼拉屠杀华人情况。郑成功大怒之下,马上下令整军讨伐,但却因突患重病逝世而未果。"①

郑成功出师未果身先逝,实令人惋惜(殁时仅三十八岁),但他那颇具功利色彩的张弛有度的西方政策,继续为其子孙奉若臬圭。

据菲西班牙人虽逞一时凶狂屠杀华人平息骚乱,然来自中国的丝绸和生活必需品,乃维系马尼拉帆船贸易与菲岛生存的命脉之所在,故于戒严期间,仍网开一面,准许众多华人搭船离岛回国,事定之后,更盼恢复昔日互通有无的交易盛况。如此折冲尊俎的艰难使命,还由自愿返归明郑的李科罗担任。被授予使臣特权的李科罗,携带菲律宾总督致国姓爷的回函,于 1662 年(清康熙元年)8 月 31 日抵达厦门港。

这封题为"西班牙国及东西印度大洋中诸岛之王顿·菲力浦四世陛下之顾问官,克拉特拉勃骑士团骑士,菲律宾群岛之总督总司令兼高等法院院长顿·萨比湟诺·曼利克特·喇喇(Don Saboiano Manrique

---

① 张先清:《17 世纪欧洲天主教文献中的郑成功家族故事》。

de Lara)函复中国沿岸及海上之王——国姓阁下"的书信,大致有三方面内容。其一,指出"今阁下于当力事防己之际,反以侵害为借口","要求吾人进贡,是因由你认识不足,未曾想及而来引起祸害"之故。因为"吾人当坚其志,必以防御,俾保国民之利益,是时必将危及阁下。"而"视你为敌人","即你港湾及陆地将被吾等所封锁,你之人民及舰只必不得出入……你不欲动,西班牙人亦将去搜索你地。"不仅如此,你之宿敌亦当伺机而动。"鞑靼人追击你,恨恶你。荷人又或将与其和解而报复自不待言,届时你无处可以苟安。"其二,重申"西班牙人之交易正经恒久不变,亦可赞誉者也。"而中国侨民和阁下亦从这友好交往和贸易中获取巨大利益。如"近数年来,中国侨民携数千金之商品而来,换去非常宝贵之财富。对彼等所示之友情,吾人亦不惜爱好与援助。战乱以来,阁下既以友情相示,吾人亦续守信义,保护你之船只,并充分供粮食及其他必需之物品。先是鞑靼人要求驱逐自你国土来菲之华民,吾人亦予以拒绝。对阁下战争胜败有关之物质或友好,吾人亦予之……阁下曾遣使者来至,吾人亦厚礼相迎,厚礼送之以归。"倘若因征战而贸易尽废,受损害者当为阁下。"你欲征服吾诸岛实为不可能之事,即若此群岛为阁下所征服,则阁下不啻征服自己,盖贸易从此而亡。每年输送至贵国之如许财富,及所知之各种利便,在附近各处,实为难得也。"其三,强调"你我彼此有邻邦之谊","虽阁下背信于我,我今准予在各岛享受便利并得使用其财产船舶好处之华民自由离岛……因阁下寄此无理粗鲁之书,恐其生命被夺,乃起而扰乱。然予仍一本慈悲之心不予惩处。"又,"今以你之使臣李科罗神父为我使者,特此复函,盖使你勿疑也。望你善迎之,以遵君王使臣之特权。"落款为:"1662年7月10日,于马尼拉。"①

尽管菲律宾总督的复信,意在降低姿态化解危机,其恢复对明郑来说亦不可或缺的国际贸易的愿望,乃至明郑四面树敌断非明智之举的规劝,皆切中明郑政权的要害。然而,"马尼拉所发生的屠杀华人事件,

---

① 转引自顾为民:《明郑四代与天主教会的关系》。

使得明郑对李科罗怀有敌意而将其逮捕,在往后的几个月中在郑泰("郑成功的同族远族兄"①)的主持下,人们不断地为如何处置李科罗而进行商议"。其间,他几乎被下令处死。"但关键时刻他获得了一位名叫孙伯多禄的天主教徒的帮助,将马尼拉屠杀原委以及自己(李科罗自谓)居中苦心调停的经过告诉了郑泰及其他郑氏官员,如此才被释放。"重获自由的李科罗,继续在明郑上层游说,广为传扬菲督复信中观点,终于显见成效。"郑泰也觉得郑氏政权不可能同时与自己所有的贸易近邻一概翻脸,尤其是他们需要同西班牙人结盟以通过马尼拉而得到美洲的钱财。""最后,当郑经完全取得郑氏王朝的统治权之后,便于1663年(清康熙二年)再次派遣李科罗率领使团出使菲律宾与西班牙人修好。"于是,"1663年4月4日,利胜再次身着官服,率领一支郑氏政权壮观的外交使团离开厦门,于当月19日抵达马尼拉,受到了西班牙殖民当局的盛大欢迎。5月6日马尼拉殖民当局决定归还所有被没收的华人武器和钱财,重新欢迎华人商船前来贸易。双方正式签订和平协议。"②

显而易见,从郑经对待传教士李科罗的态度及处理同西班牙人的关系来看,前后似判若两人。"藩主时期的郑经,虽年少时曾对天主教相当不友善,但就任藩主后首先在贸易方面,改善其与西班牙人的关系,而在对天主教及其传教士的态度上亦是如此。因此,相对于世子时期的郑经而言,继承明郑王位后的郑经,在重新面对来自菲律宾的天主教传教士时,已没有年少时以个人好恶来决断的冲动,而能以明郑政权整体的利益为其考量,处理方式显得成熟圆融与自信。"特别是郑经任命李科罗为明郑使节前往菲律宾会商一事,有中国学者评论道:"郑经似乎已经了解到,教士们对明郑而言非但不是一个阻碍,反而在必要的

---

① 张宗洽:《郑成功家世资料〈郑氏宗谱〉和〈郑氏家谱〉的新发现》,载《中国史研究》1984年第4期。
② 张先清:《17世纪欧洲天主教文献中的郑成功家族故事》;李毓中:《明郑与西班牙帝国:郑氏家族与菲律宾关系初探》;威尔斯撰,耿升摘译:《多明我会士李科罗与台湾郑氏政权》。

时候是明郑与西班牙帝国之间的最佳中间人,双方须依赖传教士们的沟通来维系和谐的气氛,而传教士们则想借此增加其影响力,最后打开进入中国传教的门。"①

继承明郑王位的郑经,一改年少时任凭个人好恶处事的冲动,而从政权利害的大局出发,充分利用传教士李科罗疏通中西关系的最佳中间人角色,成功地恢复同菲律宾的国际贸易。应该看到,这种糅和宽弛与利用色彩的政策,并未脱郑成功昔日的窠臼,仍然是后者整个西方政策某些特征的表现。至于其严厉和限制的另外特征,在郑经执政期间亦有所反映。

如康熙五年(1666年)八月,"吕宋国王遣巴礼僧②至台贡问,经令宾客司待之,以柔远人。巴礼僧求就台起院设教。陈永华曰:'巴礼原名化人,全用诈术,阴谋人国,决不可许之设教。'经笑曰:'彼能化人,本藩独能化彼。'赐以衣冠,令巴礼僧去本俗,穿戴进见,如违枭首。巴礼僧更衣入,行臣礼。经谕:'凡洋船到尔地交易,不许生端勒掯。年当每船进贡,或舵或桅。苟一背约,立遣师问罪。'巴礼僧叩首唯唯,不敢提设教事。遣之归。"③

稍后,罗沙里阿(Arcadio del Rosario)等四名多明我会教士,"于1673年(康熙十二年)8月1日由马尼拉出发航往台湾,欲整理先前在台湾相当繁盛的教务后再前往中国。但由于先前并无菲律宾总督寄来的推荐信,所以,他们不但不被允许谒见郑经,并且被指为马尼拉方面派来的间谍,而将他们拘禁起来,不许他们传教,并且派兵看守他们。"因当时郑经正准备进攻马尼拉,继改为配合耿精忠出兵西征,由此对传教士的突然来访而保持警惕和防范。"当郑经回到台湾之后,将神父们释放出来,却仍然不同意他们在台湾传教,也不允许他们经由台湾前往大陆传教,所以罗沙里阿等神父只得返回马尼拉,1674年(康熙十三年)4月5日离开台湾,29天之后于5月4日回到马尼拉。"④

---

① 李毓中:《明郑与西班牙帝国:郑氏家族与菲律宾关系初探》。
② 同上书。文注曰:"巴礼僧,巴礼为西文Padre(神父)之音,故巴礼僧即指传教士。"
③ 江日昇撰,刘文泰等点校:《台湾外志》卷一三,该书第200页。
④ 李毓中:《明郑与西班牙帝国:郑氏家族与菲律宾关系初探》。

第九章　传教士与奉教士大夫在明清战争的作用和贡献

凡此种种,即使在双方签订和平协议,无论书信和海艘来往皆表明商业贸易已正常进行的情况下,[1]对于来自菲律宾的多明我会士自由传教的要求,明郑政权仍保持高度警惕和采取限制政策。郑经君臣深悉传教士"起院设教"的目的,在化人灵魂更易礼俗信仰,故以其道还治其人,令改袭中华衣冠习俗的举措,阻遏其设教化人的图谋。而发现形迹可疑的传教士,则直接予以拘禁。既不允在台湾传教,亦不许以台湾为跳板前往大陆。至此,前述所谓传教士希冀充当中间人的角色,"借此增加其影响力",从而"在双方的和平气氛下能发展在中国及台湾的教务"的盘算,显然遇到了难以逾越的障碍。

同样地,即使在双方贸易正常进行,据菲西人承诺"年当每船进贡,或舵或桅"的形势下,郑经仍念念不忘先王拓展海外的计划,实施进攻马尼拉的军事动员和严厉政策。"根据《台湾外记》的记载,郑经征菲的企图至少有两次,第一次仅是提议,第二次则是已有实际准备行动,却因耿精忠之邀而改变原先的计划。第一次是1672年(清康熙十一年)2月间明郑将领颜望忠、杨祥会自告奋勇愿领兵攻打马尼拉以拓展国土,却遭到冯锡范提出西人已纳贡桅舵及三项理由(一师出无名,二残扰地方,三远域难守)来加以反对……最后郑经同意冯锡范的看法,没有接受颜、杨的提议。第二次的准备进攻菲律宾行动,据《台湾外记》中所载'至世藩,业已兴师,因接耿藩之变,遂移兵过厦。'因此,可知在1673年到1674年(清康熙十二年到十三年)之间,郑经曾有过攻打菲律宾的军事动员,只是这样的动员最后却因吴三桂约郑经共图大举而改变。"在同时期的西班牙本土与菲律宾总督的来往信函报告,及英国东印度公司的资料中,均有反映郑经欲率强大舰队进攻菲岛的记载。[2]

自康熙二十年(1681年)元月,郑经因"纵欲过度"丧生(终年三十九岁),在权臣冯锡范操纵下,郑克塽以冲龄(十二岁)嗣位后,因内外交困,遂至施琅率清军水师进取澎湖,直逼台湾。于是,康熙二十二年

---

[1] 李毓中:《明郑与西班牙帝国:郑氏家族与菲律宾关系初探》。
[2] 李毓中:《明郑与西班牙帝国:郑氏家族与菲律宾关系初探》;江日升撰,刘文泰等点校:《台湾外志》,第222,376页。

(1683年)六月,明郑"大会文武,相议战守之策"。席间,欲继承先王(成功)和世藩(郑经)未竟之志,径取吕宋以为基业的议论,一度占据上风。如"建威中镇黄良骥曰:'今日澎湖失守,台湾势危。不如将大小战船暨洋船,配载眷口兵士,从此山边直下,取吕宋为基业。'提督中镇洪邦柱挺身向前曰:'建威中镇所言取吕宋者诚当。柱与良骥愿领为先锋'。与黄、洪等武将直率果敢相辉映的,乃文臣如郑德潇的体察入微和远见卓识。中书舍人郑德潇进曰:'议取吕宋以避锋锐,此策甚妙。有地图在此'。并陈可取事宜。"郑德潇进献的地图与条陈,不仅概括了明郑几代君臣对西据菲岛的认识,更直抒中华文明由陆及海需制海外之权的胸臆,因谠论迭出,故将郑氏条陈摘录于次。

"吕宋者,南海之外国也。横亘数千里,当中国丙离之位。山川绮丽,中包巨湖。四序温燠,盛夏南风发则微凉,田禾四时皆可种,亦产木棉。其水土和甘,人民腻晢,百姓繁生,不亚中国。从闽、广舟行七十二更,顺南北风来往,仅七日程耳。前代不载王会图。至万历三年(1575年),国王遣其臣隔老察朝贺,上嘉纳之。闽、广人数贸易其地,云山有金,亦未曾见;惟有大小银钱,亦佛郎机酋从其祖家干系腊载以来用也。其人猫眼鹰准,拳发赤须,诸国中之最桀黠者。四海行贾,不至则已;至则图谋人国。吕宋亦为其阴谋并夺焉。用巴礼僧天主教,称天曰'寥氏',用其术而蛊煽四方,名为'化人'。日本国曾受其害,至今国人深恶绝之。漳、泉逐利之夫多往焉。城外仍庐舍、置市名曰'堋'。贪色辈亦娶妻置产,虽生子,不许读中国书。禁铁器,无深闺高阁。三五载间,借事杀唐人,名曰'洗街'。平时殴詈,不敢回手,杀伤从无抵偿。诸岛中惟吕宋待我唐人最无礼。先王(指成功)在日,每欲征之,以雪我唐人之恨,因开创无暇。至世藩,业已兴师,因接耿藩之变,遂移兵过厦。细察其众,不过千有余人;所恃者城上数门大熕而已。然佛郎机之得国,非有信义,守国又无材武,徒借巴礼僧,广设礼拜寺……(以下叙述天主教礼拜、忏悔、没入遗产等制,从略)吕宋初无重宝,故不炫于外国。自干系腊舶银至,而后贸贩富饶甲诸国。今之积于公班巴礼者数十百万,是皆昔所诱惑贪愚死而括藏之物。天下安有久积而不散,虐侮而不复之理乎?又安知非天之镝其藏以待兴王之探取也哉?观天运,自北而南,渐启文明之象;稽古圣,威武四方,有截海外之权。欲建非常之功,当与非常之人谋之。昔司马错、张仪争论秦惠王前,张仪欲攻韩,司马错欲伐蜀,谓富国务广其地,强兵务富其民,王者务富其德。三者备,而王随之矣。原夫秦之所以雄诸侯,由司马错之计得也。愚谓今日时势有似于此,故以议取吕宋为上策。"①

条陈先述吕宋(菲律宾)的地理方位,山川物产和百姓繁衍,历历如数家珍。继就西人阴夺其地,天主教蛊煽四方,及凌辱杀戮我同胞,挥斥直如寇仇。故对先王、世藩出师未遂,难免惋惜之情。进而申明,当此佛郎机非信义之人,守国无材武之勇,而贸贩银货富甲诸国之域,实明郑报复虐侮探取括藏,弼成中兴王业之基。特别是"观天运,自北而南,渐启文明之象;稽古圣,威武四方,有截海外之权"的寥寥数语,乃明郑数代"海洋性格"及其识见的集中反映。即自北而南,由陆及海,正是中华文明的象征和运行规律的表现,这也就是考稽古代圣贤威武及于四方,而必截夺海外制权的理由之所在。加之联系秦惠王成霸业的三条件:广其地,富其民和厚其德,由是郑德潇坚称:取吕宋实为上策。

这一番慷慨陈词和远见卓识,显然打动了权臣冯锡范。"锡范阅其图及其条陈,大悦曰:'公何留心之细且详也。'即启克塽,令郑明同黄良骥、洪邦柱、姚玉等领前队先锋,其余船只分配眷口,陆续而行。"正当明郑人员已开始将辎重装载上船,冯锡范与诸镇将商议往征吕宋具体部署之际,另早萌降清意向的明郑大将刘国轩,则借兵弁将乘机大抢掠之讹言,危言耸动冯锡范,阻挠南下而谋西降。遂启奏郑克塽,擅自操持降清诸项事宜。于是,形势急转直下。至康熙二十二年(1683年)闰六月二十日,郑"克塽令(台湾)兵民悉遵(满)制薙发",降清大局已定。②而郑氏三代攻取吕宋的夙愿,竟功败于垂成。

---

① 江日升撰,刘文泰等点校:《台湾外志》卷二八,第375—377页。
② 同上书,第377—387页。

综上所述,由于郑氏家族濒海而居,郑芝龙长期混迹葡、西据地,郑成功幼年成长于海外,故他们对东来中国沿海的西方殖民者的本性,传教士的意图,西方物质文明的优越,国际贸易的格局,较之前述弘光、永历朝廷,有着切身的体验和认识,从而摈弃先前一味地迁就逢迎,甚至将立国的希望寄托于西方的那种不切实际的政策,而是为维护中国的主权和民族尊严,实行张弛有度、宽严相济、利用和限制并重的西方政策。

首先,对于体现物质文明和科技成果的西方先进的战舰与火炮,以及掌握此种军事技术的奴隶出身的黑人士兵,郑氏集团率先收容、装备,拥有优势,成为平定海盗、进据台湾和对抗西方殖民者的利器。其次,挟号令东南海疆之权,以中国富饶物产为后盾,同荷、西、葡等殖民据地进行的有利可图的国际贸易,既有助于国内商品经济发展和走向世界,更形成维系明郑政权的重要经济来源。出于如此重要的经济利益的考量,加之郑成功的好感,在一般情况下,对于来自菲律宾的多明我会士,明郑政权采取宽容和友好的政策。即使年少的郑经凭个人好恶挑起同教会的冲突,也很快被郑成功所制止。然而,据菲西班牙人欺凌屠杀华人引起的愤怒,多明我会士蔑视中国礼俗造成的反感,使明郑政权这种宽容和友好的政策,不能不带有功利主义的色彩,并往往跟利用与限制的诉求联系在一起。最明显的例证,莫过于任命李科罗出使菲律宾,既令其沟通关系,传达西人须纳贡称臣的旨意,又以不达目的不许返回,将传教自由作为钳制的手段。继任明郑王位的郑经亦如法炮制。再次任命李科罗出使西据菲岛,恢复中断的国际贸易。对西班牙国王派遣传教士欲在台湾"起院设教"的要求,却予以严词拒绝。而形迹可疑的传教士,甚至加以拘禁。凡此都是宽严相济的西方政策,彰明较著的实例。

与此相联系,明郑政权跟其他南明朝廷不同之处,还在于前者不同凡响的"海洋性格",及其开拓海疆的视野和雄心。近代以来,国内外总有些人喜欢武断地宣称,海洋对中国发展是一道天然屏障或隔绝机制。如黑格尔说:"这种超越土地限制、渡过大海的活动,是亚细亚洲各国所没有的……以海为界——像中国便是一个例子。在他们看来,海只是陆地的中断,陆地的天限;他们和海不发生积极的关系。"①国内也有人侈谈,"太平洋也对中国形成一种障壁"、"一种隔绝机制",从而影响形成了"一种内向的、求稳定的文化类型"。②

其实,中国历代超越陆地限制而谋求海外发展的活动从未间断。明中叶以后,受商品经济和资本主义因素的推动,朝贡贸易逐渐式微,民间海外贸易方兴未艾。明季东南沿海出现的众多海商或海盗集团,便是这种趋势扭曲的表现形式。从中脱颖而出的明郑政权,遂由此铸就凡事从掌控海外之权和扩及海外视野的"海洋性格"。郑德潇总结的自北而南、由陆至海,乃中华文明运行的规律;古圣贤威武及于四方,而必截夺海外之权,正是这种"性格"在理论上的升华。至于郑氏祖孙三代皆欲进兵吕宋的举措,则可视为该"性格"付诸实践的反映。

第五节 汤若望在明清易代中的作用与贡献

德国传教士汤若望(Jean Adam Schall Von Bell),在中西文化交流史上,是一位承前启后、继往开来的关键性人物。当面临明清易代战火的生死考验和复杂形势的抉择中,其突出的贡献,就在于将明代累积的文化交流的物质与精神成果,完整而顺遂地传承至清代,并发扬光大。这其中,自然应考察汤若望参与明朝《崇祯历书》的修订、制造火炮及担任北京传教区区长的经历;农民军占领和退出北京期间,他奋力保护数千卷欧洲书籍、传教士中文著述与《崇祯历书》的刻板,免遭战火焚毁的功绩;以及通过编制《时宪历》,呈献《西洋新法历书》和擢升清钦天监掌印官,在逐渐取得清朝统治者信任过程中,基本实现了时代赋予的基督教的接续、中西交流成果的传承及传教士角色的转换这三重任务,为清代中西文化交流的开展铺垫了基石。除此而外,汤若望在明清朝代嬗替中的贡献,当然还应涵盖同清顺治皇帝的特殊关系,跟文人学士

---

① 黑格尔著,王造时译:《历史哲学》,三联书店1956年版,第135页。
② 《河殇》,现代出版社1988年版,第28—29页。

的广泛交往,乃至清初基督教发展等后续内容。但鉴于这些评述颇费周章,只得移置于下册之中。

汤若望,字道未。1592年出生于德国下莱茵地区科伦城一个笃信天主教的贵族世家。他在该城耶稣会主办的著名三王冕中学,肄业修辞学期间,已"在爱心和天才方面崭露头角"。由此经当地校长推荐,1608年7月进入罗马德意志学院深造。"一如在科隆,他的学业成绩超群,品德优良。"1611年9月初,汤若望"以优良的成绩,修满三年哲学课程"后,他作出了人生命运的重要抉择。即"抛弃了世俗上的灿烂前途,而于1611年10月21日献身于耶稣会"。1613年10月底,他迁入利玛窦曾就读的罗马学院,开始了为期四年的神学与数学研究。"1616年1月2日沙尔(即汤若望)向耶稣会新会长穆爵斯·维特理施基(Mutius Vitelleschi)呈递禀帖,请求派遣他到东印度或中国去传教。他并且说这是他自从见习时期以来心中已经所起的一个志愿"。

像汤若望这样品学兼优且修满耶稣会学院全部课程的年青教士,发此宏愿不足为怪。由于受利玛窦、龙华民以来"关于中国兴奋热烈的信件与年报"所展示的,"给基督教又开拓了一个非常大的信仰区域"的鼓舞,罗马年青的修士和神学学员们,无不愿效法其先驱方济各·沙勿略的榜样,实现"东方的伟大文化民族归依天主教"的"梦想"。于是,来自东方的信息或有关出版物,时常成为他们关切和议论的话题。"因为数理天文的科学在中国能获得了一种这样高的价值,所以恰切一位像沙尔的人物才能觉得负有到中国去的使命,因为这些科学的研究在他是毫不觉费事的。"

适当其时,1614年底,作为中国传教团代表的金尼阁(Nicolas Trigault)抵达罗马。他来欧洲,除请求准许用中国语言举行祷告仪式和中国传教区脱离日本教区,募集传教捐赠及图书外,还在于招揽更多的传教士前往中国。"金尼阁在他为中国大募集的全欧游行",再一次激起了"大家对于中国的兴奋热烈"的情绪。受此感染,汤若望不仅亲自与金尼阁结识,或许还是"先同这位中国传教代表商谈之后",他才决定向总会长郑重表示去中国传教意愿的。本来汤若望准备中断学业,随同金尼阁周游欧洲,但为罗马学院哲学教授,后被推举耶稣会总会长皮考老米尼(Franz Piccolomini)神父所劝阻,以为从长远看继续学业更为妥善。汤若望真诚地接受了这中肯的建议,从而"以最优等的成绩于最后的一学年中,即于1617年夏天完成了他的研究,便升了神甫"。此后,汤若望被派往葡萄牙,在等候出海赴东方之前,学习葡萄牙国的语言文字。航期因故几经延宕,终于1618年4月18日,包括金尼阁、邓玉函、罗雅谷和汤若望在内的22名赴中国的传教士,搭乘"善心耶稣"号航船,从里斯本启碇出发。一路上,邓玉函、汤若望等人"很勤奋地作观察星象、流星、风向、海流和磁针移动等工作",以及测定航船、海岸和岛屿的方位。中途抵达果阿,又利用当地的天文仪器,观测天空中两颗彗星同时出现的景象。并将这些观测的结果,报告给欧洲学术界。经过旅途热病的折磨和暴风的袭击,金尼阁、邓玉函、汤若望一行于1619年7月到达澳门。

当时,明朝仍处于镇压基督教的"南京教案"的后续效应中,于此进入中国内地的"长久的等待时期,在沙尔并未荒废丧失。他现在有时间可以彻底研究中国的语言与文字了。为他们这一群同金尼阁一起到了中国来的新教士们的中国语言与文学的教师的便是王丰肃神甫(刚因教案判决而从南京被驱逐至澳门)"。其间,金尼阁、邓玉函、傅汛际等人虽乔装改扮,成功地进入中国内地,但毕竟处于非法的秘密状态。形势的真正转机,发生于天启初年。为挽救辽东屡败的局面,朝廷亟需引进威力巨大的西洋火炮,遂在徐光启、李之藻极力推荐下,天启二年(1622年),传教士阳玛诺、龙华民和汤若望公开出现于北京。"它意味着沈㴶置天主教于死地的努力是徒劳的。传教士们再次在明帝国取得了半合法的地位,逐教令也就等于失效了。"[1]

汤若望在随后居留北京四年半时间里,其"主要任务(还)是研究中国的语言文字与文学",而"数学与天文学仅只是附带工作"。然而,因他数次准确地推算月蚀时刻,"使他声誉雀(鹊)起,为来日事业打下了

---

[1] 邓恩著,余三乐等译:《从利玛窦到汤若望》,第172页。

初步基础。"据载,"汤若望在他到北京后不久,便又获交新友不少。他又将由欧洲所带来数理天算之书籍列为目录,呈递朝中,并且还将所带来的科学仪器一一陈列,请中国官吏参观。自是之后传教士们方敢在城中自由行动。"事实表明,汤若望不仅将这些刚经金尼阁在欧洲采购的最新图书仪器,陈列展览以博取好感,而且实地运用这些图书仪器成功地预测月蚀时刻,令朝中重臣称羡不已。据德人魏特著,杨丙辰译《汤若望传》所载,1623年10月8日之前,到1624年9月,即天启三年九月十五日,至天启四年七月期间,汤若望曾奉"对于天算问题很感兴趣"的某"户部尚书"之约,预测并著有1623年10月8日和1624年9月两次月蚀的计算书。"那位户部尚书更邀请汤若望到他的家庭内共同观测月蚀"。实践证明,两次预测及其计算皆与月蚀运行状况完全吻合。《汤若望传》的中文译本(该书第一册,第99—100页),并未指明此户部尚书的姓氏,而据中文资料考证,应为资深的东林党人李宗延。①非特止此,为预测1624年9月间的月蚀,汤若望"曾写长文一篇,分为上下二小册,在这两小册子中,他所作的工作是关于月食历程的时间确定和一张图式的说明,此外在其中还讨论了其他有关之问题。"这本可能是汤若望来华后第一次撰写的天算著作(即《测食说》第二卷②),经中国修士邱良厚文字润色后,由曾担任汤若望"汉文教习"的徐光启,"办理印刷方面的事务,并且又将这小册子呈交礼部。"

汤若望在数理天算领域显露的过人天赋和才华,及其谦恭地同户部尚书李宗延等人的交往,迅速赢得中外教俗人士的好感与重视。史载,李宗延曾携官员亲自拜访汤若望,恳切请求收其为弟子。"当在汤若望非常谦虚恭敬地辞谢这崇高的荣誉时,大臣就对他的随来官员说:'实在的,在这一世纪里中国已经有两位学识与道德特别卓越的人物呈

---

① 据《明史》各篇,李宗延曾任御史、太常少卿等职。天启三年九月至天启四年十一月(1623年9月24日到1624年12月10日),正在户部尚书任上。其后,转任吏部尚书。终为魏忠贤之"阉党"劾罢,并丽名阉党炮制和公布的《东林党人榜》。详见《明史》卷五二、卷一一二、卷二三四、卷三○五;《明熹宗实录》卷八一。

② 邓恩著,余三乐等译:《从利玛窦到汤若望》,第183页。

第九章　传教士与奉教士大夫在明清战争的作用和贡献　　791

现了出来。第一位就是利玛窦,第二位就是我们这一位大师'。"其钦仰之情溢于言表。如此将汤若望跟利玛窦作为西方卓越人物并称的赞誉,出自中国人之口,恐怕还是第一次。上述生动记录于1624年教会年报中的事实,表明传教团对汤若望的重视。1626年(天启六年)教会长上的评语,"说他在精神方面的资质,判断的能力和他在科学中的进步,颇为优良,但他所缺的还是机警与人生经验。"评价虽有所保留,但大体符合实际。

也许是为增长汤若望的人生阅历和教会基层工作的经验,1627年(天启七年)夏秋之交,"汤若望被派遣赴陕西省城西安府",接替已在此建立教区且初见成效的金尼阁。① 汤若望"因初来乍到,不为人所理解,曾受到各种侮辱诽谤,甚至被人诉之于衙门;受平民之欺凌,士大夫之轻视;外受毁谤,内感艰辛",无论在传教实践和精神上,汤若望都经受着严峻考验与磨练。"然而,他的耐心,他的宽容,受辱而不记仇的心态,终于赢得了反对者们的心悦诚服,侮谤之风遂息,士大夫们亦一改倨傲之态而善遇之。否极泰来,信教者日众,汤若望神父在此建造了一所庄丽的教堂,所费之资,几尽出于信众之献助。"②

当汤若望在西安站稳脚跟过程中,其涉及传教理念可记者有三事。其一,为研究欧洲至中国的陆路交通而撰写的报告,重申利玛窦多年前考察的结论。即"在中国之北边并无所谓开泰(契丹)的地方。旧日的地图移置开泰的位置过于向北,竟移置到北纬六十度。而所谓汗巴利可城的,也不过就是北京的蒙语名称而已,应置于北纬四十度之上的,而竟置于五十度之上了。"其二,"因为一本欧洲记载圣徒故事的书册偶然落到了王徵的手中,他非常喜爱这本书,因此就请汤若望翻译。汤若望循他的请求,也把它译出,经王徵加以修饰润色,遂成为优美的文言作品。"这就是《崇一堂日记随笔》一卷。此时的王徵,正处于私自纳妾而遭"除名教籍"惩罚的尴尬境地。汤若望便以讲授"日课"的方式,通

---

① 以上引文凡未注明出处者,均摘自魏特著,杨丙辰译:《汤若望传》第一册,第1—102页;费赖之著,梅乘骐等译:《明清间在华耶稣会士列传》,第187—188页。

② 同上。

过介绍书中西方圣贤的苦修精神和优良品德,以及如何对待爱欲房帏私情的故事,诱导与启迪王徵的宗教情感,终使他幡然悔悟,"屏妾异居,痛悔求赦",重回教会的宗教生活。① 其三,中国传教团于 1627 年(天启七年)底和次年 1 月间召开的嘉定会议,"汤若望并未曾参与",但对于会议有关"天、上帝"的称谓及其传教路线的辩论,② 却有着自己的见解。据悉,"他以前以为用上帝这个名词是不合适的,可是现在他为教会的将来起见,也觉得这个名词可以在学者之间应用,这是由他的两次言词中可以证实的。关于孔子和祖先之崇拜,他赞成耶稣会传教士大多数之意见,这大多数的意见是赞成使天主教尽量向宽广适合中国人民的生活的,并且确信仪式程度稍轻的孔子与祖先之崇拜,是纯粹一种非宗教性质,而并不与天主教教义相背反。"③ 经过在西安三年来传教实践的锻炼和传教理念的提升,汤若望迎来了他一生中的辉煌时期。

原来,崇祯二年(1629 年)九月,获皇帝俞允,徐光启设立历局,延聘传教士邓玉函和龙华民,展开"以西法为基础"的修历计划。不幸邓玉函于崇祯三年(1630 年)四月初患病身故,而龙华民的兴趣却在传教"道业",徐光启顿失治历的"深所倚仗"者。在寻觅和斟酌继任历局的西方传教士时,数年前即以准确观测月蚀而蜚声北京的汤若望,自然在推荐的行列。因此,徐光启于崇祯三年五月十六日上疏称:"臣等访得诸臣同学尚有汤若望罗雅谷二臣者,其术业与玉函相埒,而年力正强,堪以效用……即令访求速来,共襄盛典,事理亦便,伏乞敕下臣部,就便行文,敦谕二臣,并行所在官司,资给前来,庶令人出所长,早奏厥绩。"疏陈三日后,十九日即奉圣旨:"历法方在改修,汤若望等既可访用,着地方官资给前来。"④ 于是,在陕西省城官员的热烈祝贺和进京沿途官吏迎送优渥的接待中,汤若望于崇祯三年(1630 年)秋天抵达北京。

---

① 参见拙著《明清之际中西文化交流史——明代:调适与会通》(增订本),第 578—582 页。
② 详见本书第一章第二、三节内容。
③ 魏特著,杨丙辰译:《汤若望传》第一册,第 118—121 页。
④ 王重民辑校:《徐光启集》下册,第 344—345 页。

第九章　传教士与奉教士大夫在明清战争的作用和贡献　793

关于崇祯修历的缘起,"以西法为基础"的修历计划,《崇祯历书》的基本内容及其意义,在本书第三章中已有大致的交待。在这里,拟就汤若望和罗雅谷的个人贡献,作进一步的探究。

魏特著《汤若望传》说:"在这天算方面邓玉函神甫,并且在他之后汤若望和罗雅谷,都是很勤奋地下手工作。在当时最需要的,是为中国之共同工作者用中文所写的一批立于科学高峰上之专门著述。同时为造就天算专门人才起见,更需设立一种数理天算之学院。这种种工作在礼部尚书徐光启坚强促进之下进行非常疾速。"又说:"汤若望和罗雅谷在开头,都是把自己锁在住室中暗自工作的,为的是可以避免当地旧有天算家之反对。以往的著作,他们拿来做新著作之基础,或加以修正,或重新翻译各种典籍。耶稣会会址之旁,人们建立宽阔房屋一所,作为教养天算专门人才学院(译者按:即当时之历局)之用。入学院之中国学员自然俱系基督教徒,在传教士指导之下从事天算表格与对数表迻译之工作。"[1]据此看来,编纂《崇祯历书》的紧要处,首在撰写一批立于科学高峰且融合中西科学成就的著作,次在造就一批中国的天算专门人才。而这两方面,正是汤若望和罗雅谷多年呕心沥血着力之处。徐光启于崇祯六年(1633年)十月初六所呈《治历已有成模恳祈恩叙疏》中,总结道:"如远臣罗雅谷汤若望等,撰译书表,制造仪器,算测交食躔度,讲教监局官生,数年呕心沥血,几于颖秃唇焦,功应首叙。"[2]

西人费赖之(Louis Phister)综合多种著作,而撰写的《罗雅各(谷)神父传略》,对此亦有较详细的介绍。他说:"1630年(崇祯三年),罗雅各神父被召去北京,以协助汤若望神父修治历法,他在那里既分担着一切劳累和艰苦,也分享着那位勇敢的同伴取得辉煌成果的喜悦。这一长时间不能休息的艰巨工作,使他们忍受着难以言喻的劳瘁辛苦。他们夜以继日地观察天象,测定星际距离,核对星座位置,计算其运行路线。其间还得向皇上汇报工作,为他编写书刊,制造精密仪器,甚至还

---

[1] 魏特著,杨丙辰译:《汤若望传》第一册,第150—151页。
[2] 王重民辑校:《徐光启集》下册,第427—428页。

须应付那些心怀嫉妒,故作刁难的大臣们,并解答他们提出的幼稚可笑而又出于恶意的一些问题。虽然阻力重重,但两位传教士仍然卓越地完成了他们的使命,终于在1634年(崇祯七年)底,他们刊印了一百三十七卷的巨著(即《崇祯历书》),内容包括天文学和数字,从理论到实验的各个领域。书成后进呈御览,皇上深表满意。"①

据研究,在这历经五次进呈而完成的137卷《崇祯历书》中,"由汤若望编译的有:《交食历指》7卷、《交食历表》2卷、《交食诸表用法》2卷、《交食蒙求》1卷、《古今交食考》1卷、《恒星出没表》2卷、《恒星屏障》等;由汤若望指授历局学员编译的有:《南北高弧表》12卷、《诸方半画分表》1卷、《诸方晨昏分表》1卷、《黄平象限表》7卷、《木土加减表》2卷、《交食简法表》2卷、《方根表》2卷、《高弧表》5卷、《五纬诸表》9卷、《甲戌乙亥日躔细行》2卷,共43卷,就卷数而言,汤若望编译或指授的约占总数的$\frac{1}{3}$。"②另,"罗雅谷与汤若望共事译撰《崇祯历书》,互作审校。两人功力相当,贡献相埒。罗主要从事日躔、月离与五纬三类文献的译撰,汤主要从事恒星与交食两类文献的译撰。"罗于崇祯十一年(1638年)病逝。③

总之,在《崇祯历书》这部"划时代的西方近代科学传入中国的巨著"中,④无论"以西法为基础"的修历计划的制订,还是翻译、观测、制器和编辑活动的展开,抑或法原、法数、法算、法器与会通知识的介绍,乃至中国天算专门人才的培养,皆渗透着邓玉函、龙华民、罗雅谷和汤若望的心血与辛劳。尤其当邓、罗去世,龙氏离开之后,汤若望筚路蓝缕,功不可没。另外,在修历过程中,汤若望撰写的有关望远镜的功能、结构、制造和效益的《远镜说》,以及翻译西方开采与冶炼五金矿藏的《坤舆格致》,本书第三章中已有说明,兹不赘述。

---

① 费赖之著,梅乘骐等译:《明清间在华耶稣会士列传》,第215页。
② 陆敬严等:《中德科技交流的先驱——汤若望》,载《中国科技史料》第14卷第2期(1993年)。
③ 潘鼐:《西洋新法历书提要》,载薄树人主编:《中国科学技术典籍通汇》天文卷八,第645页。
④ 同上书,第650页。

其后,随着明朝与辽东满洲战事的吃紧,汤若望又身不由己地卷入铸造火炮的军务之中。崇祯九年(1636年)七月,清军继崇祯二年(1629年)之后再次深入京畿昌平、宝坻等县,①京城防务顿时紧张。"汤若望和罗雅谷就被防守北京城墙的司令将官以皇帝的同意之所邀请,视查城墙上之防御工程……汤若望和罗雅谷允从这邀请,并且给他们出了些好主意。城墙防御问题,已经成为极其严重。他们相信,用极大的重炮,可以能防守北京城,使之万无一失。"②于是,"兵部疏称罗雅谷等,指授开放铳炮诸法,颇为得力。"③令崇祯皇帝印象深刻。加之天启六、七年(1626—1627年)辽东宁远、宁锦大捷中,有关西洋火炮威力的记忆犹新(详见本书第八章第三节),崇祯皇帝遂坚持"火器终为中国之长技"的信念。如一次召集廷臣商议防御对策时,"御史杨若桥举西洋人汤若望演习火器",遭左都御史刘宗周批驳。"刘宗周进曰:'唐宋以前用兵,未闻火器。自有火器,辄依为劲,误专在此'。上曰:'火器终为中国之长技'。宗周曰:'汤若望以一夷人,有何实用?据首善书院为历局,非《春秋》贱夷之义。乞令还国,毋使迋惑'。上曰:'彼远夷无斥遣之理'。上色既不怿,命宗周退。"④可见坚持火器终为中国长技的信念,以及对汤若望修治历法的肯定,正是崇祯皇帝强调"彼远夷无斥遣之理"的根据,也是他密令汤若望制造火炮的缘由。

"1642年(崇祯十五年)7月皇帝向兵部尚书(此时在任兵部尚书应为陈新甲⑤)授与了他的密令。这密令是要他一开始绝不露痕迹地同汤若望谈论炮火问题。如果他觉得,汤若望是通晓一点这样的事体的,那么,他就可以把皇帝谕令造重炮的圣旨登时向他颁下。汤若望谈来谈去,竟不知不觉地跌入了陷阱里去。可是等他明白过了兵部尚书的来意时,他就竭尽心力加以抵拒。他说,制造兵器的事情不是他的职

---

① 《明史》卷二三,庄烈帝一。
② 魏特著,杨丙辰译:《汤若望传》第一册,第162页。
③ 黄伯禄编:《正教奉褒》第十七张,上海慈母堂1904年排印本。
④ 谈迁:《国榷》卷九十八。
⑤ 《明史》卷一一二,七卿年表二。

业。他说,他所有的,仅只是一点书本上的智识,实际上制造炮火的经验,他是一点也没有的。"尽管汤若望唇焦舌敝、极力辩白,已无济于事。朝廷唯一的让步,是准允由原来希望制造能发射 70—80 磅重炮弹的大炮,改为制造发射 40 磅重炮弹的大炮。①

随后,"一切所必需的材料俱已置办妥当:铁、铅、红铜,技术人员,并且为建造炮厂,在皇城内还备有大空场一片……汤若望和他的工人们昼夜不离地立在火边。于是他这工作竟得成功。""汤若望这次所铸造的大炮,共二十尊。当在离城四十里一个大广场上实弹试验射击时……按照皇帝的谕令,当时不仅太监,就是连军官与军队亦应一律在旁参观。"先是一尊大炮发射,"既而又十尊大炮并排一齐发射",均大获成功。全场欢腾雀跃,"皇帝对于汤若望这成绩(亦)极其欣慰。他登时又谕令再铸造重量不过六十磅之较小炮筒五百尊,以便兵士出征时便利携带。"汤若望遵旨制造了这一批较小的炮筒。

"铸造大炮的工作尚未完成,皇帝即表示愿一闻汤若望对于城墙外部建筑最优形势的见解如何。汤若望拟具了一个计划,并且制造木模一付进呈皇帝。"提出以三角形式构筑城墙防御的建议。可是具体执行者,却听从占卜者的蛊惑,而改为四角形,从而大大削弱了防护的功能。②

在这一年多铸造大炮期间,汤若望虽于行动中恪尽职守,但思想上却不无疑虑。"沙尔(即汤若望)扪心自问,一位福音的使者能否去制造武器?他无法说服自己,只得去求教于教团的负责人(此人应为当时中国北部传教会副会长傅汛际)。这位负责人反复权衡利弊,认为作为中国人的一员,尽管他是天主教的神父,也不该被禁止用斗争的手段去抵抗无政府主义者、盗匪和国家的敌人,而这些人恰好是破坏这个传统悠久的礼仪之邦的基础。另外,还应保卫尊严的和非常合法称职的皇帝,这就是当时不容批评的正确看法。当然,在当时尚无人能发现其中有

---

① 魏特著,杨丙辰译:《汤若望传》第一册,第 163 页。
② 同上书,第 163—167 页。

不协调之处,但在当时的报告里,没有一句非议或怀疑这种做法的词句。所以,尽管沙尔起初力拒此事,但作为皇帝的臣民,他不得不最终屈从皇帝的意旨。"①

在这传播宗教与制造武器的关系讨论中,大致包含三个层次。其一,作为中国人的一员和皇帝的臣民,不能违背皇帝的意旨。其二,用斗争手段抵抗破坏该礼仪之邦基础的敌人,保卫合法称职的皇帝,具有正义性和合理性。其三,由此,"教会向中国皇帝任何一种效力,都会使皇帝对于基督教生感谢的心理"。②如此有关被动与主动,正义与效益的说教,不啻为明季在华传教士,竭诚维护明朝乃至南明小朝廷,提供了某种理论根据。正是基于此番言论和依据,汤若望"视这种工作(指铸炮)为一种间接传教方法"。③ 这显然是对传播宗教与制造武器关系的精辟的概括。

果不其然,汤若望的竭诚竭力,很快得到崇祯皇帝物质和精神的奖赏与回报。原来传教士服务朝廷,无论修治历书或铸造铳炮,几乎没有什么报酬。那些进呈的仪器,也只付给相当材料的价钱,发放的微薄例银,更难以维持生计。"徐光启都暗自把不敷用的款项由个人私自加以补充,为的是使这两位传教士(指汤若望和罗雅谷)至少不致受饿"。故此,徐光启临终前于崇祯六年(1633年)十月初六日疏陈中,表彰罗雅谷、汤若望治历"功应首叙"的同时,请求说:"但远臣辈守素学道,不愿官职,劳无可酬,惟有量给无碍田房,以为安身养赡之地,不惟后学攸资,而异域归忠,亦可假此为劝。"④言辞虽恳切,却未获朝廷重视。崇祯九年(1636年),汤若望、罗雅谷应邀视察北京城墙防御工程。事后,"兵部疏称罗雅谷等,指授开放铳炮诸法,颇为得力。但西士守素学道,不愿官职,无以酬功。上遂降旨优给出房,以资传教应用。"⑤然迄未实

---

① 恩斯特·斯托莫著,达素彬等译:《"通玄教师"汤若望》,中国人民大学出版社1989年版,第55岁。
② 魏特著,杨丙辰译:《汤若望传》第一册,第167—168页。
③ 同上。
④ 王重民辑校:《徐光启集》下册,第428页。
⑤ 黄伯禄编:《正教奉褒》第十七张。

行。"一直到罗雅谷死去(殁于1638年[崇祯十一年]4月26日)之后,朝廷方才努力施以补报。当在礼部和李天经向朝廷报告罗雅谷去世的消息时,皇帝顾念死者对于国家之功勋,敕令户部拨给教会银二千两,令传教士购置田产,俾作衣食之资。此外汤若望还得支领月俸银十二两。"①至此,经皇帝顾念功勋所给予的赏赐,不仅令汤若望衣食无忧,更使教会可持巨资名正言顺地购置田产,实现了自利玛窦以来在中国内地购房置产的夙愿。

随之而来,即在同一年里(崇祯十一年,1368年),"皇帝还向耶稣会传教士们界与当时中国所能有的最高荣誉,就是皇帝赐与耶稣会牌匾一方,上面有皇帝亲自所选拟,并且亲笔所书的四个大字,字为金色所涂,牌匾之缘边画有极工精之龙饰。匾上所题之四字为:'钦保天学',意思是皇帝褒奖与保护天学。"在这里,"天学"既可"作为天文学解","亦可解释为天主之学",即"基督教之学"的意思。于是,这方赞誉基督教及其西学的御笔牌匾,由"礼部一位高级官员于1639年1月6日(崇祯十一年十二月初三日)",在鼓乐齐鸣和庄严仪仗队护送下,安放在耶稣会大厅的中央,供人瞻仰。② 其实,如此隆重的礼遇,主要是为酬报汤若望修历之辛劳。《正教奉褒》曰:"崇祯十一年,礼部题叙,汤若望等,创法讲解,著有功效。并道气冲然,颇资矜式,理应褒异。上谕传旨嘉奖。并御题匾额曰:'钦褒天学',敕赐若望敬挂堂中。"③崇祯十五年(1642年),汤若望又因"监造战炮"克奏肤功,崇祯"帝旌若望勤劳,赐金字匾额二方。一嘉若望才德,一颂天主教道理真正。若望即将原匾,由驿转送于澳门西士。住澳门之西国官绅士商,鼓乐放炮,排导欢迎,送至天主堂悬挂。"④

总而言之,伴随这些御赐"牌匾的抄录,经官方加以实证之后,分给全国各教会,各地地方官员皆到教堂内向牌匾叩头礼敬,并且恭谨陈列

---

① 魏特著,杨丙辰译:《汤若望传》第一册,第171—172页。
② 同上。
③ 黄伯禄编:《正教奉褒》第17,19页。
④ 同上。

令民众瞻仰。"①如此瞻仰和礼敬的热潮,极大提升了基督教在全国的声望。如崇祯十一年(1638年)当御题"钦保天学"的消息传至福建,遂令该省蔓延多日的反教风潮戛然而止,便是一个突出的事例。

正如汤若望在自传中屡次提及的,他从事的科学观测,仪器制造,乃至浇铸火炮,"这一切工作上所怀的最后目的,就是要借这一切工作为传教的工作谋便利。"②而崇祯皇帝对汤若望出色工作的积极评价和隆重酬报,则为"当时传教士们最炽热的志愿",即"奉劝皇帝入教,或者使他对于教会发生好感,以便为传教会打开一座广阔的大门",平添了乐观的因素。在1640年(崇祯十三年)汤若望接替龙华民,担任北京传教区区长前后,"这些奉劝世界最大皇帝归依教会之尝试",即在有条不紊地进行。在当时传教士无法与皇帝谋面,更毋论对谈传教的情况下,"教会对于皇帝的影响只有两种方法:就是或者因宫中中间人之揄扬,或者借缮写或印刷的文字之进呈。两种方法皆被汤若望之所充分利用。"

前一种方法,"就是先劝皇帝左右最靠近的妇女入教。这样就可以在皇帝的四周创造一种宗教氛围。使皇帝不知不觉呼吸基督教的空气"。于是,传教士先行劝化可出入宫禁且来耶稣会拜访的一批太监,像后来在永历朝廷颇为著名的司礼太监庞天寿,便出自首批皈依者。随即从其中挑选品德堪称模范的太监王若瑟,向他授以劝化那些禁锢宫中的妇女入教的使命。汤若望"付与他向宫中妇女施行洗礼之权,他令他向她们宣示教义,并且来回转递教士与宫中妇女之间的函件。"自1637年(崇祯十年)以后,宫中女基督教徒数目逐年增加,1642年(崇祯十五年)达到五十名,其中不乏内廷最高贵阶层中的几位。通过不断从宫中传出的报告,汤若望对宫女们的宗教生活,特别是崇祯皇帝的动向,均有深切的了解。据说,"皇帝和后妃对于宫中这些奉教的宫女命妇得有很深的印象。她们和睦亲爱的精神使全宫的人们都为之惊叹佩

---

① 魏特著,杨丙辰译:《汤若望传》第一册,第173页。
② 同上书,第174页。

服。1641年(崇祯十四年)之年报,曾报告宫中有几位妇女,曾公然向皇帝进劝入教。"又说,"皇帝允准宫中各太监自由入教,并且对于宫中各妇女之入教,并曾予以便利。"①看来宫女和太监的揄扬,已在皇室的宗教取向上,产生某种影响。

"关于用印刷文字和教会圣像,向皇帝施以基督教影响之一次伟大尝试",发生于"1640年(崇祯十三年)9月8日,汤若望神父向崇祯皇帝进贡了一些欧洲宗教礼物,其中有一本画册,描绘耶稣事迹,由45幅版画组成"。② 这册印制于贵重的羊皮纸页,反映耶稣生平主要事迹并配有"福音原文"的铜版画珍品,原是1617年由德国巴伐利亚著名的马克西米利亚(Maximilian)大公赠送,经金尼阁、汤若望一行于1620年携至澳门,直至此时方呈献明朝皇帝。贡献之前,汤若望请人将福音原文译成汉文,用金字书写于那些画片的背面。"此外汤若望还附以所作长文一篇,对于这珍贵之礼品加以说明,更于其中详细叙述基督之生与死,以便皇帝可以了然,最后又特别表示了进呈这礼物之诚意。"同时进献的,"则系由精美五彩之蜡质所很忠实地印铸三位圣王朝拜耶稣婴孩的圣像"。当这些具有浓郁基督教色彩的西方艺术品送入明宫廷后,立即吸引了崇祯皇帝的目光。③ 据内廷"第一等级宫女中的信徒"多娜•赫莱娜目睹的场景,"皇帝在打开的书画前静坐了很长时间,凝神注视着图画的情景和内容。赫莱娜曾三次催请皇帝吃饭,但皇帝根本不理睬,看上帝耶稣看得出了神。突然,他叫来皇后,指着马槽里的小孩说:'他永远比我们崇拜的全部圣人、智人和先祖都伟大。'皇后闻言急忙跪下来磕头。整整十天,皇帝在太和殿内展出这些画像,下令让皇宫内的全部官吏、后妃、宫女和太监们前来恭敬地礼拜这位伟大的天主。后几天中,多娜•赫莱娜见到皇帝时常浏览这些书画。一次,皇帝猛然站起,像是百思不得其中奥义,然后又像一只被困笼中的猛兽一样来回走

---

① 魏特著,杨丙辰译:《汤若望传》第一册,第175—186页。
② 柯毅霖著,王志成等译:《晚明基督论》,第253页;魏特著,杨丙辰译:《汤若望传》第一册,第188—190页。
③ 同上。

动,不时发出长嘘短叹。这位被皇宫仪礼束缚的俘虏有感于上帝的恩典,在绝望中自言自语道:'谁能够向我说明白呢?'"①

出于炽热的宗教情感,信教宫女渲染崇祯皇帝赞叹耶稣较中国圣贤先祖都更加伟大的说词,或许有过当之处。但揆诸崇祯在修改历法、引进火炮和防卫北京等军国大事上,对于传教士与西学,所一贯持有的重视、宽容及友好的态度,宫女赫莱娜记述的可靠性当无疑义。尤其是崇祯皇帝那种在传统礼仪与西方宗教信仰之间长嘘短叹、游移挣扎的表情,更是其矛盾心态的真实写照。而中外有关崇祯皇帝撤除和迁回宫中佛像的记载,则为此种矛盾心态提供了新的证据。

《天主教传行中国考》卷四,在记述汤若望为阐释耶稣事迹画册所呈长文,辩论"天主正道与释道等教殊趋",而"力劝皇上奉教"之后,写道:"崇祯帝,因左右侍从不乏奉教之人,业已习闻其说。兹又阅若望章奏,颇为心动,虽未能毅然信从,而于圣教之真正,异端之无根,固已灼有所见……若望上书后,适有以军饷乏绝告急者,皇上毫不迟疑,即命将宫中累年供奉之金银佛像,不知凡几,尽数捣毁,以充军饷。倘非确知神佛虚诞,安能不恤人言坚决若此。此事远近闻传,佥谓,崇祯帝业已弃绝异端,或将奉天主教,亦未可知。此虽揣测之词,于教会之推行,则大有裨益。一时风声所感,奉教者日增月盛。"魏特著《汤若望传》亦云:"汤若望和他的同人们也实在怀有获得皇帝入教的希望的,因为这一位皇帝确系具有种种善良性质的原因,他的才智和他德性的坚定从一位中国帝王方面看,很有可观,很不轻微。他不是已经曾多次令人们把偶像由殿中搬出,和甚至命人毁灭寺庙的么?当时许多的人们都相信,皇帝是曾经徐光启暗中密授以基督教之教义的。"②所谓崇祯曾经徐光启密授基督教义,确知神佛虚诞,遂多次命将宫中供奉的佛像,或搬出或捣毁的传闻,不仅披露于上述西方教会的记载,当时中方文献中,亦有言之藉藉者。

---

① 恩斯特·斯托莫著,达素彬等译:《"通玄教师"汤若望》,第46—47页。
② 魏特著,杨丙辰译:《汤若望传》第一册,第177页。

如王誉昌撰《崇祯宫词》上，曰："内玉皇殿，永乐时建。有旨撤像，内侍启钥而入，大声陡发，震倒像前供桌，飞尘满室……像重甚，不可动摇，遂用巨石组拽之下座。时，内殿诸像亦毁斥，盖起于礼部尚书徐光启之疏。光启奉泰西氏教，以辟佛、老，而上听之也。"又云："乾清宫梁栱之间遍雕佛像，以累百计。一夜，殿中忽闻乐声锵鸣，自内出外，望西而去。三日后，奉旨撤像，置于外之寺院。"①而据王世德著《崇祯遗录》，"乾清宫隆德殿所供神佛铜像，尽移于朝天宫大隆善寺"一事，发生于崇祯六年（1633年）。②再文秉《烈皇小识》言："上初年崇天主教。上海（指徐光启），教中人也。既入政府，力进天主之说，将宫中俱养诸铜佛像，尽行毁碎。"③直至清初僧人木陈忞所著《北游录》，犹载顺治皇帝的批评。"上曰：崇祯帝极聪明，却不信有佛法，将宫中累叶所崇事象设，命人使麻绳铁索扡曳而出，其嫙（亵）渎神明如此。"④

综合中西方资料，崇祯皇帝接受徐光启密授的基督教义，悉知神佛的虚诞不经，遂命将宫中累年供奉的金银铜质神佛，或径行毁碎，或搬出宫外。撤像之年，曾有崇祯五年（1632年）、六年（1633年）和十三年（1640年）等多次。"撤像之地，为玉皇殿、英华殿、隆德殿、乾清宫，皆万历以来建醮诵经之所。"⑤至此，崇祯皇帝崇尚西教贬斥佛道的立场，当可定谳。然而，这只是问题的一面。其另一面是，崇祯十三年七月皇爱子慈焕的夭折，特别是逝前所谓代好佛的九莲菩萨显灵，斥责毁灭"三宝"（佛教称佛、法、僧为三宝）之罪的传言，令崇祯皇帝深自惊惧痛悔，遂改弦易辙，宫中大作斋醮，搬出的佛像迁回殿中，上下礼佛较往日更盛。

《烈皇小识》卷六曰："上初年崇奉天主教……将宫内俱养诸铜佛像，尽行毁碎。至是，悼灵王病笃，上临视之。王指九莲华娘娘现立空

---

① 王誉昌：《崇祯宫词》上，载抱阳生编著《甲申纪事小纪》上册，二编，卷九。
② 王世德：《崇祯遗录》，载《明史资料丛刊》第五辑。
③ 文秉：《烈皇小识》卷六。
④ 引自陈垣：《汤若望与木陈忞》，载《陈垣学术论文集》第一集，第512页。
⑤ 牟润孙：《崇祯帝之撤像及其信仰》，载牟润孙著：《注史斋丛稿》，中华书局1987年版。

中,历数毁坏三宝之罪,及苛求武清云云,言讫而薨。上大惊惧,极力挽回,亦无及矣……上既痛悔前事,特颁谕内外,有'但愿佛天祖宗知,不愿人知也'等句,几不成皇言矣。"此处"悼灵王"乃崇祯皇帝第五子慈焕,田贵妃所生。托言之"九莲华娘娘",又称"九莲菩萨",即神宗母李太后。"太后好佛,宫中像作九莲座,故云。"① 武清侯者,为李太后父李伟封号,其孙铭诚因崇祯帝密旨借四十万金而督迫至死,家中虽尽鬻所有犹需索不止。杨士聪《玉堂荟记》曰:"是时戚畹人人自危,后因皇五子病亟,遂造为九莲菩萨下降之言……大都上未尝至皇五子病所,皆诸人撰造,节次遣人传报。上大惧,于是传谕停止追比,复武清侯爵,而皇五子竟薨。"② 在这里,居官翰林十余年且道出戚畹捏造原委的杨士聪记述,较之远居江南从未出仕而事涉怪诞的文秉记载,就宫廷闻见的情理推断,杨说似更为可信。值得注意的是,在这撰造和传播九莲菩萨下降谣言中,皇后周氏的作用不可小觑。据载,"既而,后知撤像灵异,言于上,上深悔。而宫眷之持斋礼诵,较盛于前矣。"③ 皇后之父周奎以各啬家财,坚拒朝廷助饷著称。④ 周皇后则一直对崇祯施政不满,故当北京城破国殒家亡之际,犹怨怼不已,谓:"妾事陛下十有八年,卒不听一语,至有今日。"⑤ 据此看来,所谓九莲菩萨历数毁坏佛教之罪,与斥责虐待武清之政等流言,皇后及乃父为首的戚畹保守势力,实为始作俑者。

怵于祖宗的"显灵"和近亲的蛊惑,崇祯皇帝不得不向传统势力低头。惊惧痛悔之余,皇五子之母,"田贵妃遂茹素焚修,上亦为之减膳,于宫中大作斋醮,盖自是皇情少怪豫(少喜悦安乐之情)矣。"⑥ 随即于当年,"追封孝元贞皇后(光宗皇后)曰'智上菩萨',孝纯皇太后刘氏(崇祯生母)曰'显仁九莲菩萨'。"⑦ 而原先搬出的佛教,又奉命迁回殿内。

---

① 《明史》卷一二〇,诸王五。
② 杨士聪:《玉堂荟记》卷一,借月山房汇钞本,参见牟润孙:《崇祯帝之撤像及其信仰》。
③ 王誉昌:《崇祯宫词》上、下。
④ 计六奇:《明季北略》卷二十,《初十徵戚珰助饷》,《十八夜周皇后缢坤宁宫》。
⑤ 同上。
⑥ 王誉昌:《崇祯宫词》上、下。
⑦ 谈迁:《枣林杂俎》和集,《追封母后菩萨》。

刘若愚《酌中志》卷十六曰:"十三年(1640年)秋,(隆德)殿复安圣像如前,盖礼祖宗以来神道教之意也。"又《汤若望传》载,"在宫廷中有一座用汤若望和罗雅谷制造的天文仪器所组织,而为内官所管理的天文台。"1641年(崇祯十四年),"在这一年里,皇帝令人们把那一些以前本已搬出殿外去的偶像又搬回殿中。上面所说的宫中天文台的位置,就在陈列这些偶像的大厅的前面。为的是奉这些偶像入殿陈列,人们就不得不把天文仪器移置到旁边去。"①西方天文仪器给重入殿堂的佛像让路,这颇具象征意义的记载表明,此时的崇祯皇帝,已完全抛弃先前那种西教信仰与传统礼教间的矛盾状态,消极地回归到死气沉沉的传统神道教的牢笼之中。诚如中国学者牟润孙所总结的,"实则崇祯十三年前,毅宗(即崇祯)尚有奉教之可能,十三年后,则悉反前之所为,去天主教逾远。纵不遭李自成之祸,亦难期其为信徒矣。"②

尽管归化崇祯皇帝的愿望渺茫难期,但凭借他对教会的宽容和好感,"基督教这时在中国全国亦一如在北部一般,已经到了蒸蒸日上,兴盛发展的地步,而到处皆能受到人们的重视与崇高之景仰。"③然而,好景不长。随着在激烈冲突中明朝广厦的坍塌,非但基督教的兴盛,甚至连它能否在中国继续生存,立刻陷入不可捉摸的未定之天。与此相联系,经明代所累积的中西交流的物质和精神成果,在战火纷飞与朝代嬗替间,亦面临传承或毁灭的严峻考验。处此动乱年代的来华传教士,是否能适应环境的变化,实现历史角色的自我转换,由过去具有合法性政权(明朝)的维护者,随机应变地成为新的不同统治(农民军、清朝)的服务者,更具有举足轻重的作用。稍后的叙述将表明,在明清易代战争中,这三者的结合与统一,即基督教的接续、交流成果的传承和传教士角色的转换,主要是通过当时不顾安危坚持留在北京的汤若望完成的。

当李自成农民军进入北京前夕,"所有的传教士中仅汤若望一人留于会所之中。其他的两位传教士——汤若望的意思大概是指中国北京

---

① 魏特著,杨丙辰译:《汤若望传》第一册,第158页。
② 牟润孙:《崇祯帝之撤像及其信仰》。
③ 魏特著,杨丙辰译:《汤若望传》第一册,第196页。

第九章　传教士与奉教士大夫在明清战争的作用和贡献

传教会副总会长傅汎际和已上年纪的龙华民说的了——俱已乘时离开这危险地带……龙华民亦曾劝汤若望同行逃避。但是他却宁愿死守他的教友,亦不肯他往。"① 从当时情形来看,汤若望"宁愿死守"而"不肯他往"的缘由,恐怕还不只是试图保护教友,更在记挂贮藏于教堂会所的图书、仪器和刻板的安全。正如他后来向清朝所披露的:"天主圣母二堂……堂中所供圣像龛座重大。而西方带来经书不下三千余部,内及性命微言,外及历算屯农水利,一切生财大道莫不备载。至于翻译挪刻,修历书板,数架充栋。诚恐仓猝那移,必多散失,而臣数十年拮据勤劳,无由效用矣。"② 另一版本则曰:"……曾奉前朝故帝,令修历法,著有历书多帙,付工镂板,尚未完竣,而板片已堆积累累。并堂中供像礼器,传教所用经典,修历应用书籍,并测量天象各种仪器,件数甚夥……其测量仪器,由西洋带来者居多。"③

这样看来,贮藏于北京天主教堂会所者,除神像、礼器和龛座等宗教用品外,还包括以下四类物品。其一,自利玛窦以来陆续积攒,尤经金尼阁在欧洲广为征集购置,内容涉及传教经典、道德修养和科学著作,总数达三千余部的西方书籍。其二,由西洋携来以用于测量天象的各种科学仪器,数量甚多。其三,《崇祯历书》虽编辑就绪,其雕镂印刷刻板的工作却尚未完成,板片全堆积于此。其四,作为居全国印刷传教士中文译著三大中心之首的北京教会,④ 保存大量"翻译已刻"的书板。凡此种种,譬如远渡重洋,直接来自欧洲的图书仪器;抑或以西学为蓝本,经传教士翻译阐释的中文著作;还是凝聚数十位知历人员心血,会通中西天文历算科学成就的《崇祯历书》,无不闪耀中西文化智慧的光辉,展示明代以来中西交流丰硕的物资和精神成果。有鉴如此,对于这批数量庞大的图书、仪器和刻板重要价值的认知,特别是对倾注"数十年拮据勤劳"而尚未正式颁行的《崇祯历书》的挂念,使汤若望较之傅汎

---

① 魏特著,杨丙辰译:《汤若望传》第一册,第 210 页。
② 《西洋新法历书·汤若望奏疏》,载《中国科学技术典籍通汇》天文卷八,第 859 页。
③ 黄伯禄编:《正教奉褒》第 22 张。
④ D. E. Mungello: *The Forgotten Christians of Hanzhou*, p. 18.

际与龙华民,有更深的感情和更大的勇气,作出宁愿死守而不肯逃避的决定。

出乎汤若望的意料,被他骂作"强盗"的起义军进北京后,仍然沿袭自西安以来对待传教士的友好政策。如进城的次日,便颁发牌示保护教堂和传教士。三日后,次帅刘宗敏亲自接见汤若望,态度真挚款待殷勤。有关"谕令仍前供职,为国宣劳"的谈话,显示出欲借重传教士的西方科学,为新建大顺国效力的意向。尽管汤若望事后多方回避和否认,但事实表明,对于农民军的友好要求,汤若望充分发挥了耶稣会士灵活善变的特性,采取了适应和合作的态度。首先,表现在汤若望跟农民军的各级部属,上自统帅(刘宗敏)、中及军官(被邀赴教堂作客的"几个贼匪头目"),下到一般士兵(劝其随军撤离的"几位留于后防的盗贼"),都保持着相当亲密的交往。其次,汤若望同李天经一道,利用《崇祯历书》的科学成果,迅速编就一份登录新皇帝(李自成)国号(大顺)名讳的次年黄历,颁发于各省。再次,正因为汤若望履行了职责,故当李自成撤离北京西归长安时,考虑到清兵进京后面临的危险,曾一度萌生随同农民军西去的想法。① 诸如上述适应和合作的态度,使基督教堂会所免除了骚扰与破坏。"自是日起竟无一个搅扰的人敢登汤若望之门",其宅内玛利亚小教堂,成为数十位妇女的安全逃难所。②

真正惊心动魄的考验,发生于崇祯十七年(1644年)四月二十九日之后,北京全城燃烧和械斗厮杀的日子里。李自成于当日即(皇帝)位武英殿,便出榜束装撤出北京。同时,"驱马骡负薪,联车载硝黄人承天门",及诸宫殿城楼,欲将阖城付之一炬。"是夕宫中火起,延太庙,光如昼。""二更,贼纵火宫中,须臾九门雉楼皆燃,复烧城外草场,光类白日。"在撤退中,"余贼顺途焚杀,尸横路,火烛天,满城号哭沸腾。"城中士民奋起狙击反抗,"京城内外百里同噪",俨然成一大战场。③

在这持续七天的恐怖日子里,汤若望一方面对逃入教堂的信徒及

---

① 有关详细论证,参见本章第一节的内容。
② 魏特著,杨丙辰译:《汤若望传》第一册,第212—213页。
③ 彭孙贻辑:《平寇志》卷十一。

邻居吊死扶伤,真诚地予以救助。另一方面则警惕地保护那贮藏贵重物品的教堂会所的安全,免遭烈火的蔓延和士兵的袭击。此时"教会周围的一切房屋,都被火所燃烧。为使火焰远离教会的屋舍",汤若望成功地阻断了火源。于是,"烧杀的贼兵由城墙上察见,惟独传教会尚未焚烧,因此他们就向传教会内燃放火球,并向其他的匪兵传呼,燃烧'天主的教堂'。从街上扔入教会内之火把,竟有七次。可是这些火把皆自行熄灭。"不过,在焦枯炽热的空气中,会所门前一捆干草被人点着,火势迅速威胁到邻近宅中被教会租赁的"两间专为储藏印刷天算书籍木板之用"的房屋。幸运的是,仅旁边的一间侧室遭到焚毁。"火焰(虽)已扑至那干枯木板上,但是一字并未焚毁。"此外,流窜士兵多次企图进入教堂会所抢劫。最危险的一次是,"城内匪徒突然出现于会所之前,外边的大门已经被他们用铁凿所凿开,侵入的人们已经立在二门之前,其余的匪徒攀登房顶,用长枪和木棍向下攻打"。在这危急时刻,汤若望毫无畏惧,傲然挺立,"他手执倭刀一把,气势汹汹地立于二门之后。及至攀登房顶的匪徒瞧见了他这位有这样大胡须的勇敢人",不免有些心虚胆怯,"不敢再行攻打",而自行撤退。① 骚乱平息后,经教会检查,原明朝宫廷内由传教士进献的测量日月星辰的诸种西洋仪器,"尽遭流寇所毁"。教会"天主圣母二堂并小屋数椽"尚存,其余"房屋半为贼火焚毁",然会堂所贮图书仪器刻板等文物安然无恙。②

在农民军占领北京的一个多月时间里,无论是适应农民军初期的友好政策,汤若望采取交往、合作和服务的态度。还是处于后期流窜士兵焚烧抢劫的恐怖环境中,汤若望以"不惧怕不(退)缩的精神和善察形势的聪明(判断)力"③,冒着生命的危险,将眼看毁于一旦的中西文化交流的成果,从血与火的劫难中拯救出来,为它的传承提供了保障。

当摄政王多尔衮统率清军于五月初二日进据北京后,肩负着三重任务(基督教接续、交流成果传承和传教士角色转换)的汤若望,遂面临

---

① 魏特著,杨丙辰译:《汤若望传》第一册,第215—220页。
② 《西洋新法历书·汤若望奏疏》,载《中国科学技术典籍通汇》天文卷八,第859,861页。
③ 魏特著,杨丙辰译:《汤若望传》第一册,第217页。

新的形势与前所未有的机遇。汤若望与清朝的初次接触,缘于摄政王颁布的北京内城居民限期搬迁的命令。五月初四,进城后两日,"大清摄政王尽屯骑兵城外,留千骑宿卫,徙近郊居民二三里空之以屯清骑"。五月十一日(1644年6月15日),"大清摄政王(再)命虚燕城之半驻满洲兵,尽驱汉人出城"。①《汤若望传》则曰:"北京的居民……又有恶运临头了,满人的新政府发下命令,三天之内北(实则内)城汉人住户须一律迁出。南城有的是空余地方,北城应为满人保留。"②这种以征服者的心态,武力占有、剥夺和驱赶原住汉族居民的行径,带有强烈的民族歧视和典型的超经济强制的封建特征。其后果必然是大批居民流离失所,怨声载道。

若遵此令旨,位于宣武门内的教堂会所亦属搬迁范围。眼见多年经营的教产无端被剥夺,数量庞大的图书仪器刻板将遭损坏,不甘心坐以待毙的汤若望,迅速决断并采取行动。就在命令下达的当天,"他登时就令人们给他写妥一张呈递政府的禀帖"。禀帖的全文如下。

"修政历法臣汤若望,谨奏为恳乞圣明垂鉴远旅孤踪,格外施恩事。

臣自大西洋八万里航海来京,不婚不宦,专以昭事上帝阐扬天主圣教为本,劝人忠君孝亲贞廉守法为务。臣自购置天主堂圣母堂共一所,朝夕焚修,祈求普佑,迄今住京二十余年。于崇祯二年间,因旧历舛讹,奉前朝敕旨修政历法,推测日月交食、五星躔度,悉合天行。著有历书表法一百四十余卷,并测天仪器等件,向进内庭,拟欲颁行。幸逢大清圣国,俯念燕民遭贼荼毒,躬行天讨伐罪吊民,万姓焚顶没世难忘。此乃天主上帝宠之四方,隆以君师之任,救天下苍生于水火者。

兹臣仰读内院传示令旨:'中东西三城居民,搬移于南北二城,以便大兵憩息'。是诚圣明轸恤便民至意,敢不即便钦遵。但念臣住居宣武门内城下中城地方,房屋半为贼火焚毁,仅存天主圣母二堂并小屋数椽,朝夕在内虔诚诵祷。况臣八万里萍踪,一身之外并无亲戚可倚,殊为孤孑堪怜。且堂中所供圣像龛座重大,而西方带来经书不下三千余

---

① 谈迁:《国榷》卷一〇一。
② 魏特著,杨丙辰译:《汤若望传》第一册,第220页。

部,内及性命微言,外及历算屯农水利,一切生财大道莫不备载。至于翻译已刻,修历书板,数架充栋。诚恐仓猝那移,必多散失。而臣数十年拮据勤劳,无由效用矣。

伏乞皇上轸念孤忠,特赐柔远之典。倘蒙俯准微臣仍旧居住,使臣得以安意精修祝延圣寿,而保存经典书籍,冀图报于异日。洪德如天,感恩无地矣。臣为此激切冒渎天聪,惟圣明俯有垂察施行,臣不胜瞻仰惶悚待命之至。为此具本亲赍谨具奏闻。

顺治元年五月十一日具奏。"[1]

在这看似无奈恳切,请求垂怜照顾的言辞中,明确无误地传递了如下信息。(一)"专以昭事上帝"的基督教,具有适应中国"忠君孝亲"的宗旨,以及在中国"焚修"传教多年的历史存在。(二)传教士掌握因修治前朝"旧历舛讹",而积攒的经书资料,具备准确推算日月五星运行的科学知识。(三)含蓄地表示,愿以"数十年拮据勤劳"和"保存(的)经典书籍,冀图报于异日",即继续为定鼎于中原的新朝效力。

禀帖草就后,"汤若望身着中国平民服装,手持禀帖亲自到宫殿的大厅中去,在这里是新组织的内阁会议的地方。他在那里瞧见一大群手执类似禀帖('请求留居北城')的市民跪地呈递,汤若望也向那人堆中一齐跪下。可是其他的人们都被卫兵用皮鞭与棍子逐出,独对于他,他们却并未加以驱逐。甚至阁议中那些地位崇高的先生们,竟有一位姓范的,反而令他走至前边,接过他的禀帖,阅读之后,就向他作关于教堂和他的天算工作的问讯。"[2]"他(指范)深表同情地听沙尔(即汤若望)说:'我是神父,在北城有一个书库,还有很多印版和历法的著作,另有一处教堂'。范随即问道:"什么教堂?是一座庙?"汤回答:"就是做礼拜的房子。"范又问:"为什么不贡奉牺牲?"汤回答:"因为强调我们的宗教是无与伦比的。"于是,"沙尔请求道:'我不可能在三天之内把我的书画和印版等物搬到南城,因为前皇帝委托我修改历法,我为此积累的

---

[1] 《西洋新法历书·汤若望奏疏》,载《中国科学技术典籍通汇》天文卷八,第 859—860 页。

[2] 魏特著,杨丙辰译:《汤若望传》第一册,第 221 页。

许多东西如短期搬运,必然受到破坏。我请求能允许留居原处,以便从事我的职业'。"①"他(指范)又问汤若望是否在明朝的历算机构任过职,是否领过薪俸。汤若望作了否定的回答,并说他在明朝的历算机构中只是个教习。"经此短暂的会见和谈话,"这个官员似乎满足于他所获得的知识,让他起来,并非常和蔼地示意让他退堂。"并告诉他,"明天你将得到答复"。之所以"把这个官员认作范文程是基于汤若望在其《报告》(Relatio)中的附加注释,注释说,后来这个官员每年施舍汤若望 30 块黄金作为支付教会开销的费用,并送给汤个人一些礼物"。②

"两位士人登时被派赴汤若望住所,以便实地查看,是否与他禀帖中的言词相符。这两位士人的回报非常顺利。因此当汤若望次日又到阁议前时,士人中的一人就由衣袋中取出公文一件,向他宣读,宣读后又把公文交付汤若望收存,公文内容是准许汤若望仍住北城,并且皇帝尚下令一切满人不许向他搅扰。皇帝这最高谕令,数日后,还要向他的房前另行贴示的。"③这所谓皇帝的"最高谕令",实则摄政王多尔衮的"令旨"。即"顺治元年五月十一日具奏,十二日奉摄政王颁给清字令旨一道,张谕本堂门前"。④

"沙尔回到耶稣会住处,不啻捧回了一张权力无限的符咒。"这时,"他发现屋内已经满室满人,正在从事家庭布置,他们一瞧见汤若望返回,登时就要下手把他再逐出。可是他们一瞧见汤若望的公文,就不得不至急地又都搬走了。连教会在墓地上的房舍田园,这是已竟经他们夺走了的,和城内教士们的其他房产,均都更得幸免,这都是多亏各官厅的特别照管,而于各该处所俱皆贴布告示的缘故了。"

对于汤若望保护和拯救教会的行动,尤其是汤若望与范文程会见所蕴涵的历史转折意义,中外学者均给予很高的评价。如说:"这样汤

---

① 恩斯特·斯托莫著,达素彬等译:《"通玄教师"汤若望》,第68页。
② 魏若望撰,辛岩译:《汤若望和明清之际的变迁》,载《国际汉学》第十一辑(大象出版社2004年版)。
③ 魏特著,杨丙辰译:《汤若望传》第一册,第221—222页。
④ 《西洋新法历书·汤若望奏疏》。

若望在恐怖时日,在城内的勇敢停留坚持,竟获得了灿烂优异的胜利。在危急的时期他救了北京传教会,不但未使它得以灭亡,反而更巩固了它的存在。"又说:"若不是他那大无畏的男子汉气概,李自成那些凶狠的骑兵会像飓风一样,将天主教扫荡干净;当国家像一艘失控的船又被更强有力者重新控制时,沙尔已站立在这条船上,他以勇敢面对残暴,赢得了满族人的敬佩。"①再称:"清初地位崇高的且又具决定性作用的阁老范先生,只有范文程。他之所以看中汤若望的奏疏,完全是其深厚的中原文化背景决定的……可以说,在汤若望与多尔衮之间,如果没有范文程这类媒介,汤若望的命运及后来的事业就很难预料了。"②更谓:"在早期汉—满史和在华的基督教的框架中,最重要的转折点是汤若望和范文程的会见……他和范文程的会见被证明是那个历史时期的紧要关头。范对于华人的官僚政体的认识和支持就在新政权的最初几天里协助了汤若望。此后,其他一些清朝官员又给了汤若望荣誉。"③有关汤、范会见的历史内涵及其意义,将在稍后详加讨论。这里只须指出的是,在此历史紧要关头,由于范文程的同情,支持和居间协助,以及摄政王多尔衮的正式认可,基督教不仅转危为安,巩固了它的存在,而且在新王朝的舰船启航时,其杰出的传教士汤若望已站立于船头,正踌躇满志地谋划未来发展的远景。

当汤若望获准居留旧址之后,一场明末即缠斗不休的新旧历法之争,又在清王朝伊始重新展开。所不同的是,在清朝制定更为准确的新历书的召唤下,原明末具有较先进水平却在对抗中处于守势的新法历书编纂者,在清朝主动出击,转守为攻。清初新旧历法的第一次较量,是围绕着编辑顺治二年(1645年)的"民间历书"或"黄历"进行的。

顺治元年(1644年)六月二十二日,汤若望在"恭报日食"的奏疏

---

① 魏特著,杨丙辰译:《汤若望传》第一册,第222页;恩斯特·斯托莫著,达素彬等译:《"通玄教师"汤若望》,第69页。

② 刘潞:《谈需求与引进——从故宫所藏西方天文仪器论及》,载《清史研究》1997年第4期。

③ 魏若望撰,辛岩译:《汤若望和明清之际的变迁》。

中,除将本年八月初一日日食食限分秒预先测定呈报外,特别强调:"窃照旧历差讹,于明朝崇祯二年(1629年)间,特敕原任督修历法大学士徐光启等,开局咨访修改,臣若望奉诏来京。遂用臣等西洋新法,将旧历悉行厘正,著成一代历法全书,阐明千古未发之秘,制有新法测量日月星晷,定时考验诸种仪器,向已尽进内庭。每遇日月交时之际,尽依此器测候,业蒙内庭亲测,洞鉴新法屡屡密合于天矣。"该疏陈之次日(六月二十三日),即获摄政王"令旨:'旧历岁久差讹,西洋新法屡屡密合,知道了'。"并命于日食毕现之日,持此"推算详审"的分秒时刻公同测验。① 可见此时的多尔衮对于新旧历法的优劣,似乎已成竹在胸。

于是,六月下旬,当需要抉择按新旧哪种历法编纂民间历书时,摄政王和内院大学士都作了明确无误的决断。原来遵照历代"治历明时,帝王首重",尤其"恭照新主登位,所有万年宝历,例应颁布天下"② 的传统,"钦天监中国官吏便向前挤了来,向摄政王呈进按照新情势已改制的历书。摄政王问,这是一种什样的历书,他们回答,是流行的中国黄历。这时他们就又得到了很不宠幸的答言:'这种舛错百出的历书,这上面的报告预测,既不能上合天象,亦不能下应地事,是要不得的。一位名汤若望的欧洲人曾制有较佳历书,这一种历书是应当行用的。你们从速把这个人唤来'。"③

当内院大学士得悉摄政王通过书面和口头表达的,不用按旧传统制定的"舛错百出的历书",行用汤若望遵"西洋新法"编辑"较佳历书"的意向后,立即采取了两项措施。一是召见汤若望,将顺治二年的黄历交付他制作。二是面谕礼部官员,废弃旧法改用新法。前者如摄政王谈话之次日,内院便差官召汤若望至皇宫。"内院大臣向汤若望询问治历工作的状况,汤若望回答,差不多一切全已就绪,就在这7月里他还

---

① 《西洋新法历书·汤若望奏疏》,载《中国科学技术典籍通汇》天文卷八,第861,863,866页。
② 同上。
③ 魏特著,杨丙辰译:《汤若望传》第一册,第234—235页。

能把次年,就是1645年的历书完成起来。"尽管钦天监官员沮丧且表示反对,但"他们继续在汤若望的历书上吹毛求疵地作的挑剔,和他们自己的请求,俱归无效。1645年,即顺治二年之历书终归汤若望制作,并且于付印之前呈政府加以鉴定"。①

后者如七月初礼部疏称,"昨蒙内院面谕更名,改用新法"。废弃钦天监呈送的"所有历样已经依大统历法推注装订成帙"的黄历,鉴于汤若望"历局所修新法,屡测为近",遂决定顺治二年颁布的民间历书,改"用新法注历"。并请"敕下监局各官公同证订新法注历,作速书写装帙进呈"。礼部具题后,"顺治元年七月初四日,奉摄政王令旨:'治历明时,帝王首重。今用新法正历,以敬迓天休,诚为大典。宜取名'时宪',用称朝廷宪天义民至意,颁行天下。以明年为顺治二年。监局各官仍公同证订新法注历,作速写装呈览'。"②

在朝廷废弃旧历改用新法已成定局的情况下,汤若望于七月二十日和七月二十五日连上两疏,具体指摘大统、回回旧历诸多差讹缺陷。前疏通过新旧历法的比较,指出"大统、回回旧历","因不谙历法真实之理","不明经纬之奥赜",从而在"节气交脱与太阳出入昼夜时刻",止能泥于一方,而不能"按道理远近推算诸方",便导致日月交食和五星迟疾之差讹。后疏则就"历局投内院大统历自相矛盾"之五处地方,逐一辩驳,以证其非。③这大概即《汤若望传》所记述的,"乘这一点时间,汤若望就急忙把他的对头们所制的历书加以检查,而确定其中七大错误。他的对头们在次日不得不具结划押,承认他们的错误,内院在具结的文件上加盖关防,交付汤若望。"④

顺治元年七月二十日(1644年8月21日),汤若望"进颁行新法民历式样一册"。二十二日,"奉令旨:这恭进新历,节气交脱与太阳出入

---

① 魏特著,杨丙辰译:《汤若望传》第一册,第234—235页。
② 《西洋新法历书·汤若望奏疏》,载《中国科学技术典籍通汇》天文卷八,第863—864页。
③ 同上书,第866—869页。
④ 魏特著,杨丙辰译:《汤若望传》第一册,第235页。

昼夜时刻,按道理远近推算,诸方各有不同,果为精确……历尾五官等职名,既系旧制,附列汤若望之后。"①在清朝"颁行新法"和汤若望指责旧历的双重压力下,作为明末以来《大统》旧历顽固堡垒的钦天监官员,也不得不顺应形势改弦更张。七月二十五日,钦天监监正戈承科率同监其他九名官员,"谨呈为恭请新历以便颁行事"的奏疏,文中承认:"恭炤旧法年远渐差,新法屡测密合。业奉令旨,所有明岁颁行历样,应照新式成造。其五星诸历,一一遵新法推算。并无别论,伏乞俯鉴施行。"②至此,在清初新旧历法的第一次较量中,汤若望主持的"西洋新法"取得完全的胜利,它已成为清朝统治者推崇和信服的唯一的历算体系。

清初新旧历法的第二次较量,表现于八月初一日蚀的科学实验上。如果说,摄政王和内院大学士如此迅速地对"西洋新法"寄予信任和推崇,颇得益于汤若望的详细介绍,他对旧历差讹富有说服力的评析,当权者对明末情况的调查了解的话,那么,这些仍停留于对过去的间接的理性认识的阶段,还缺乏直接的感性的科学实验的印证。汤若望显然意识到这点,故对八月初一的日食,这至关紧要的验证机会,提早进行了各种准备。他先是于六月二十二日上疏,将即将来临的八月初一日食,按"西法推步"所得"京师之食限分秒时刻,并起复方位图像,与各省直见食有多寡先后不同诸数,逐一开坐呈览。"并请求届期"公同诸大臣及监局各官诣台如法测验"。当闻悉原进献内廷的新法考验诸种仪器,"尽遭流寇所毁,目今交食伊迩,则测验无器何凭?"遂决定"晓夜拮据,拟将需用定时窥测之器,另行制造数种进呈睿览"。③继而七月初九日具奏,"恭进新法测天仪器",计有:浑天银星球一座,镀金地平日晷一具,窥远镜一具,舆地屏图六幅,诸器用法一册。④更于七月二十七日再

---

① 《西洋新法历书·汤若望奏疏》,载《中国科学技术典籍通汇》天文卷八,第866—869页。
② 同上书,第870页。
③ 同上书,第861—865,870—871页。
④ 同上。

次疏陈,请求八月初一日日食携新法仪器,"如法公同测验"。经摄政王令旨,届期"遣大学士冯铨率制敕房中书李正茂前赴观象台,督局监官生公同测验"。①

八月初一日(1644年9月1日),内院士大学士冯铨率中书李正茂,会同远臣汤若望,钦天监正戈承科,回回历官吴明炫等人至观象台。冯铨郑重申明,"测验日食",关乎"国家新定宝历,祈天永命迓亿万年无疆之休",其意义"非寻常比"。故与众人"约矢公矢慎,勿执成心,勿泥己见,一以天行为准"。随即令人校正仪器以俟。"午初初刻半弱,日果如时宪新法,从西南食起",直至"未初二刻转东南复圆,一如新法所算,毫无差谬"。而"依回回历法推算……讹舛殊甚"。"总之,时宪历法尽善尽美。即局监诸臣无不众口一词,服其精确。依此法治历明时,真可仰副朝廷敬天勤民之盛心矣……见今造历,宜定以新法为则,此诚开天立极第一要务也。"②就在冯铨于八月初二日送呈上述正式报告之前,八月初一测验的当天,"二位枢密大人"(指冯铨与李正茂)在"惊叹骇服"之余,"他们二人中的一人竟登时执笔,把所观察的结果记述了出来。同在这一日里,他们还把一切所见的情形,都向皇帝奏复。"③于是,居内院大学士之首的范文程,④即于当日,以"内院大学士批:'中堂(指冯铨)公同用仪器测验,大统历差有一半,回回历差有一个时辰,惟西洋新法分秒时刻纤忽不差。以明朝二十年未及行之新法,大清朝以数日间行之。一试验而合若符节,可谓奇矣。着用心精造新历,以为万年法传'。顺治元年八月初一日批"。前述冯铨正式观察报告于八月初二日启奏后,"初七日奉令旨:'览卿本,知远臣汤若望所用西洋新法,测验日食时刻,分秒方位一一精确,密合天行,尽善尽美。见今定造时宪新历,颁行天下,宜悉依此法为准,以钦崇天道,敬授人时。该监

---

① 《西洋新法历书·汤若望奏疏》,《中国科学技术典籍通汇》天文卷八,第861—865、870—871页。
② 同上书,第872—873页。
③ **魏特著,杨丙辰译**:《汤若望传》第一册,第237页。
④ 《清史稿》卷一七四,大学士年表一。

旧法,岁久自差,非由各官推算之误。以后都着精习新法,不得怠玩。礼部知道。"①顺治元年十月初一,通过"颁顺治二年时宪历"于天下,②西洋历法获朝廷正式承认。

综如上述,首先,清朝最高统治者对"测验日食",予以异乎寻常的重视。内院大学士亲赴观象台,主持、监督和汇报;首位内院大学士当日即作肯定的批示;数日后摄政王再下令旨,称赞尽善尽美。其次,使"测验日食"注入非凡的意义。从关乎"国家新定宝历"即时宪历的命运,更提升至影响清朝祈天永命、长治久安的高度。还有,将成功的测验跟清朝决策的正确紧密联系起来。宣告清朝以数日间择行明朝多年未行的西洋新法,不仅富于远见,而且密合天行,更坚定颁行时宪历悉依西洋新法的信念。凡此清朝统治者与汤若望对"测验日食",由惴惴不安到完全释怀的心绪表明,通过测验日食、时宪历和西洋新法,彼此之间似乎产生了某种共存共荣的关系。

为使已经得到证实和承认的西洋新法,置于更加系统的科学基础之上,汤若望遂将明朝《崇祯历书》改编为《西洋新法历书》以进献清朝。据研究,"汤若望对《崇祯历书》所作的修订,主要有两个方面。一是删并。《西洋新法历书》顺治本仅 28 种,康熙本更仅为 27 种 90 卷。删并主要是针对各种天文表进行的,而对于《崇祯历书》的天文学理论部分(日躔历指、月离历指、恒星历指、交食历指、五纬——即行星——历指),几乎只字未改。二是增加新的作品。《西洋新法历书》中增入的新作品,大都篇幅较小,多数为汤若望自撰者,亦有他人著作,如《几何要法》题'艾儒略口述,瞿式谷笔受';以及昔日历局之旧著,如《浑天仪说》题'汤若望撰,罗雅谷订'……若就客观效果而言,汤若望的修订确实使得《西洋新法历书》较之《崇祯历书》显得更紧凑而完备。同时,却也无可讳言,增入近十种汤若望自撰的小篇幅著作,就会使读者在浏览目录时(……),留下一个汤若望在这部巨著中占有极大分量的印象。尽管

---

① 《西洋新法历书·汤若望奏疏》,《中国科学技术典籍通汇》天文卷八,第 872—873 页。

② 《清世祖实录》卷九。

汤若望本来就是《崇祯历书》最重要的两个编撰者之一,但他在将《崇祯历书》作为进见之礼献给清政府时作这样的改编,当然不能说他毫无挟书自重的机心。"①

如此"挟书自重"的言辞,在顺治二年(1645年)十一月十九日呈"进《西洋新法历书》壹百卷"的奏疏中,表现亦相当露骨。疏称:"……臣阅历寒暑,昼夜审视,著为新历一百余卷。恭遇圣朝龙兴,特用臣法开局演习,咸知布算成历,测验合天。非圣德隆盛,何以首重治历如此。然而新法理明数著之功,终难泯也。以故是书在今日为已验之法,在异日为不易之法,即百千年后,又为测究差度,因而变通,以求合天,无异今日之法。伏望宣付史馆,用著本朝历法,度越前代为亿万年历数无疆,永以为训,天下幸甚。"②可见在挟书自重、夸诩其功的背后,实欲令《西洋新法历书》,获得清朝钦定的权威地位,实现流传万年、永以为训的愿望。从当时呈献《西洋新法历书》的效果来看,汤若望可谓如愿以偿。顺治二年"十二月二十一日奉圣旨:'新历密合天行,已经颁用。这所进历书,考据精详理明数著,著该监局官生用心肄习,永远遵守。仍宣付史馆,以彰大典。汤若望勤慎可嘉,宜加叙赉,著吏礼二部议奏,该衙门知道'。"③

《西洋新法历书》的历史意义和深远影响,显然远不只是有清一代制历授时,奉为圭臬的经典。诚如中国学者潘鼐所指出的:"《西洋新法历书》秉承《崇祯历书》,将西方的天文学数学系统化地介绍到了中国,使明末清初的中国文化学术界能够见到16世纪及17世纪初期的西方近代科学较完整的一个方面,在中西文化交流上起了重要的作用。这以前,徐光启与利玛窦合译欧几里德《几何原本》前六卷及《测量法义》等……西学在中国开始发生影响。到《崇祯历书》完成,中西新旧两种历法的争端始终未息。待《西洋新法历书》再刊,清顺治初按西法的《时

---

① 江晓原:《天学外史》,上海人民出版社1999年版,第201—203页。
② 《西洋新法历书·汤若望奏疏》,《中国科学技术典籍通汇》天文卷八,第857—858页。
③ 同上。

宪历》颁行,西方近代历算学方才在东方立住了脚跟。虽康熙初年又兴历讼,汤若望等四人下狱,但不久即被昭雪。故《西洋新法历书》的刊印,实为西方近代天算学在中国发生重要作用的继往开来之作,使具有三千年古老文明历史的中国历法,自此走上了近代科学的道路。"因此,"《西洋新法历书》及其前身《崇祯历书》实为一部划时代的西方近代科学传入中国的巨著。"①

清初新法战胜旧历,除日蚀成功的测验,《时宪历》的颁行和《西洋新法历书》宣付史馆永远遵守之外,另一标志性事件,便是谕令汤若望掌管钦天监印信,成为正式领导天算事务的朝廷命官。据顺治元年十一月二十六日(1644年12月24日)"奉圣旨:'礼部知道。钦天监印信著汤若望掌管,凡该监官员俱为若望所属,一切进历、占候、选择等项,悉听掌印官举行,不许紊越'"。②这道开创了西方传教士由朝廷授职命官先例的"圣旨",实包含三项内容。其一,汤若望为掌管钦天监印信的最高长官,该监官员俱为其下属。其二,钦天监的一切业务,包括进历、占候、选择等项,悉听掌印官举办施行。其三,无论官员统属或业务举行,均须服从汤若望,不许紊乱僭越。这样一来,清朝在遵从新法完备的科学体系(如具体历书的制定、理论体系的确立等)的同时,又赋予其代表人物以统率该历算科学领域的组织行政的权力。至此,清初新法对旧历的全面胜利已成定局。

出于"传教士的誓愿,和他力有所不逮的情形为理由",汤若望曾七次呈递情词恳切的辞谢奏疏,均未获皇帝俞允。传教会会长傅汎际为此多次函示汤若望,"须要接受这个官职,连带这官职上一切义务与衔号,无须再多事拒绝"。以免被人误解这种辞谢,是为了表示对旧朝的忠心。于是"汤若望服从传教会长傅汎际的命令",由一位协助明朝历算机构的"教习",变成清朝掌管"全盘天算事务"的正式官员。

不甘心学术上一败涂地且更担心旧有权利丧失的钦天监官员,遂

---

① 潘鼐:《西洋新法历书提要》,《中国科学技术典籍通汇》天文卷八,第643—650页。
② 《西洋新法历书·汤若望奏疏》,《中国科学技术典籍通汇》天文卷八,第893页;又《清世祖实录》卷一一,顺治元年十一月巳酉,载有同样内容,然词句有所删削。

鼓动礼部一位长官,以在礼部的文卷中,并没有汤若望"奉有充当钦天监监正(应为钦天监掌印官)的命令"的公文为由,纠弹汤若望。在内阁会议审查该案件时,汤若望以待罪之身,立于空院烈日炙灼下,头疾多日未愈。"幸而审理这案件的主席,是从前曾帮助过他救出耶稣会所的范(Fan)大人。经过长久的搜寻之后,任命汤若望为钦天监监正的文件,在礼部的文库中,终究得以搜出。因而汤若望得以完全证明无罪。范大人把这事件的始末完全奏明朝廷,朝廷敕令所有此次一切攻讦弹劾的人员,悉行跪于内阁前,自行承认其过失。礼部全体高贵大员参事以及其他一位长官,都亲到汤若望住宅中慰问赔罪。这么一来,钦天监所有一切捣乱分子,竟一举而俱被革除,遗缺多半都以基督徒补充。"①

表面上,汤若望接受清朝官职及礼部官员弹劾案,均获圆满的解决。然而,这不过是为将在下册展开的,传教士之间的争吵辩论,钦天监内外保守势力的反攻倒算,拉开了帷幕。未来的斗争将呈更加激烈和复杂的形势。

纵观汤若望肩负的三重任务,在清朝伊始初步落实的过程;探讨清朝统治者跟汤若望,从相识到信任的迅疾接近的经历;瞻望汤若望站立新王朝开航的船头,施展宏图的机缘,一言以蔽之,在这历史转折时刻,最关紧要者,一是汤若望显现的天文学才华,二是清初统治者的急切需要。"正是通过天文学,他(汤若望)才奠定了在华基督教从明朝到清朝继续存在的基础",②实现了由《崇祯历书》到《西洋新法历书》的交流成果的传承,完成了自明朝历局"教习"到清朝钦天监"掌印官"的角色的转换。至于清初统治者对天文学的急切需要,则使范文程与汤若望的会见,具有历史转折的象征和实际意义。

历史发展每当转折时期,其偶然性与必然性的特殊作用及相互联系,便以令人瞩目的形式呈现出来。故通过对这些作用和联系的探讨,便可深入揭示历史转折的本质及其趋向。就明清之际中西文化交流而

---

① 魏特著,杨丙辰译:《汤若望传》第一册,第 238—242 页。
② 魏若望撰,辛岩译:《汤若望和明清之际的变迁》。

言,前述利玛窦以贡献方物进入北京,无疑是具有历史转折意义的事件。久被冷落且幽禁天津的利玛窦,突然某日为明万历皇帝记挂,并爱屋及乌,因珍视贡献的西洋宝物,遂准许利玛窦留居京城,这看来完全是偶然的。然而,万历皇帝对新奇钟表的攫取,既是统治者贪婪本性又是对域外事物浓厚兴趣所致。利玛窦无论采取贡献宝物或其他什么形式,其不可遏止的进入明朝都城传教的意图,则是由欧洲基督教和耶稣会的特性所决定的。[①]可见利玛窦的贡献和万历皇帝的接纳,又具有历史的必然性。正如恩格斯所指出的:"在历史的发展中,偶然性起着自己的作用,而它在辩证的思维中,就像在胚胎的发展中一样包括在必然性中。"在这里,"偶然的东西是必然的,必然性自己规定自己为偶然性"。[②]

清初同样具备历史转折意义的范文程与汤若望的会见,若从三日内驱赶内城居民的命令,汤若望恰于五月十一日持禀帖请求法外开恩,适逢接受禀帖并询及历算宗教者,不是别人而是范文程来看,这些历史因缘的凑合,不能不说是偶然性的表现。不过,如果就从无天文历算素养的清初统治者入鼎中原后,亟须制定既适应中华传统又超迈前朝的新历书,而担此物色和组织的重任,且作为清初汉化政策的主要策划与推动者,范文程分外关注、保护和支持掌握制定新历书的科学知识与图书仪器的西洋传教士,并同仍循利玛窦"学术传教"的路径,在禀帖和交谈中一再表示愿为新朝效力的汤若望一拍即合而言,则是深刻的历史必然性的反映。"在这里透过各种偶然性来为自己开辟道路",并"以偶然性为其补充和表现形式的必然性占统治地位"。[③]

大致看来,清初统治者对于天文历法的倍加关注,包括三个层次。第一层次,出于对儒家传统的遵从和汉化进程的需要。原来,肇兴于白

---

① 参见拙著《明清之际中西文化交流史——明代:调适与会通》(增订本)第 312—318 页。
② 恩格斯:《自然辩证法》,人民出版社 1971 年版,第 198,200 页。
③ 《恩格斯致符·博尔吉乌斯》,载《马克思恩格斯选集》第四卷,人民出版社 1972 年版,第 506 页。

山黑水间的清王朝,并不具有中国古代重视天文历算的文化传统。"自太祖天命元年(1616年)——太宗崇德九年(实世祖顺治元年,1644年),两朝20多年间,连最简单的天文观测机构也不曾建立过,更无论自制仪器了。至于历法,则采取'拿来主义',崇德二年(1637年)始袭用敌国明朝的'大统历'。"①僻处辽东一隅的清朝割据政权,如此简陋的天文历算状况,本无碍大局。然而,一旦入主中原,清朝统治者的思想观念,便不能不随着汉化进程,而呈跳跃式前进的态势。原不足挂齿的天文历法,遂成为新王朝休戚攸关的大事。"按照儒教的观念,如果新朝的政治能和谐,而与大自然(上天)的律则相吻合时,则新朝即可立于巩固坚定之基础上。假如这一种和谐合一的情形,能毫无错误地得以为一切将来时期开展,那这统治权便不会失去了。"②而最能反映"新朝的政治"与"大自然的律则"吻合,并使这种吻合达到长期"和谐合一"情形的,便是在儒家"天人感应"学说中形成的准确的天文历法的制定和颁布。③进入北京后,清摄政王多尔衮所谓"治历明时,帝王首重。今用新法正历,以敬迓天休,诚为大典"的煌煌"令旨";以及礼部"恭惟新王龙兴,例有颁行宝历,为万民瞻仰";"恭照新主登位,所有万年宝历,例应颁布天下"等说辞,④表明清朝统治者对遵从儒家传统和汉化进程的政治需要,而"治历明时"的重要性已心领神会。这其中,具有深厚的传统文化素养,并在清初推行汉化政策过程中,充分施展"安邦定国之才"的范文程,自然成为制定新历法的主要推动者。

"范文程,字宪斗,宋观文殿大学士高平公纯仁十七世孙也。其先世,明初自江西谪辽阳,遂为沈阳人,居抚顺所。曾祖鏓,正德间进士,官至兵部尚书,《明史》有传。文程少好读书,颖敏沉毅,与其兄文寀并为沈阳县学生员。天命三年(1618年),太祖既下抚顺,文寀、文程共谒

---

① 刘潞:《谈需求与引进——从故宫所藏西方天文仪器论及》。
② 魏特著,杨丙辰译:《汤若望传》第一册,第234页。
③ 参见本书第三章第一节内容。
④ 《西洋新法历书·汤若望奏疏》,《中国科学技术典籍通汇》天文卷八,第863—864页。

太祖。太祖伟文程,与语,器之,知为鳆曾孙,顾谓诸贝勒曰:'此名臣后也,善遇之!'上伐明,取辽阳,度三岔攻西平,下广宁,文程皆在行间。太宗即位,召直左右。"①崇德元年(1636年),改文馆为内三院,范文程被任命为内秘书院大学士。"在皇太极(太宗)大力加强中央集权,推行汉化政策的过程中,他成为皇太极身边不可或缺的人物。"顺治初年,范文程为清政府稳定时局,笼络汉族官绅民众,"充分施展了他安邦定国之才,成为政坛上风云一时的显赫人物",并且深得信任,大权在握,"文武甲兵,事无巨细,'咸公综理之'。"②上述范文程的经历显示,历史已为清朝接纳和推行西洋新历法,选择了最合适的代理人。

第二层次,出于超越旧朝的更为精确历法的新朝心态。当崇德二年(1637年)清朝袭用明朝《大统历》时,无从知晓也并不介意此历有何差讹之处。可是短短七年,清统治者入据北京后,便变得十分计较和贬斥明朝《大统历》的阙失。即使仅从汤若望的口头叙述及其初次奏疏中,了解到旧历存在差讹与西洋新法先进,摄政王遂毫不犹豫地支持其说,并据此当着钦天监官员,指责明历舛错百出,上不合天象,下不应地事。径直决定将次年黄历交付汤若望制作,废弃旧法改用新法。将新法编制的历书赐名"时宪",颁行天下。在并未获得直接的天象观测印证的情况下,如此迫不及待和鲁莽的举措,除包含对汤若望及其西洋历法抱有一定的信心外,更多地,还是反映入关后清朝统治者心态的变化。即要求跟政治上改朝换代相适应,历法上实行变革以弃旧图新。当西洋新法经日食观测而"纤忽不差",其科学性得到验证,遂使清统治者先前所做的冒险获取回报。于是,便大言不惭地宣称:"以明朝二十年未及行之新法,大清朝以数日间行之,一试验而合若符节。"③从此历法上废旧立新遂成定局。可见西洋历法在清初独占鳌头,在某种意义上,乃超越旧朝的新贵心态,跟西洋科学先进性的奇妙结合。

---

① 《清史稿》卷二三二,范文程传。
② 金成基撰:《范文程》传,载清史编委会编:《清代人物传稿》上编第一卷,中华书局1984年版,第95—102页。
③ 《西洋新法历书·汤若望奏疏》,《中国科学技术典籍通汇》天文卷八,第872页。

第三层次，较少受"夷夏之辨"的传统观念束缚，对于西洋人及其先进历法，持宽容和利用的态度。如前所述，西洋历法的先进性，在明末编纂《崇祯历书》时，已彰明较著。尤其是崇祯年间，通过有关日月交食及木火水星运行轨迹的八次准确预报和实测验证，新历法较之《大统》《回回》历法的优越性，更是确凿无疑。①可是，在朝中保守势力阻挠下，崇祯皇帝犹豫不决，一再要求主持西法历局的李天经，在推算和取验上续下功夫，而不轻言"画一通行"。②其实，从前述可知，对于西洋历法、火炮乃至基督教义，崇祯皇帝一直抱有好感，之所以迟迟不愿颁行《崇祯历书》，最大的顾忌，还是"夷夏之辨"的传统观念。如万历间沈㴶掀起"南京教案"的依据，便是"尧舜以来中国相传"，并载诸明朝《祖训》《会典》等书的"夷夏之防"；又如崇祯初年卢兆龙反对引进西洋大炮的原因，即"华夷有辨，国法常存"，"外夷叵测，异类则然"的古训；崇祯后期刘宗周要求驱逐"夷人"汤若望和罢撤西法历局的理由，就在于"非《春秋》贱夷之义"。凡此种种，可见"夷夏之防"的古训及其历代政策，乃崇祯皇帝无法突破传统，重视西法西人的最大思想障碍。

很显然，清初统治者不会屈从崇祯皇帝那样的思想束缚和精神负担。作为肇兴于亚洲内陆的满洲，一直同这"祖宗根本之地"保持联系，并"把它当作自己种族和文化认同的珍贵资源"。当清朝入主中原，不得不接受儒家思想，推动汉化进程的同时，亦"会出现一种顽强而固执的民族化倾向"，其中包含着"少数民族政权保存本民族文化传统的自觉努力"。③如此两者并存却意趣互异的趋向，使"这些满洲新人物，虽然仍继续中国的传统，但却不要为传统的奴隶，所以他们就能把一种在先朝绝不能办得到的位置畀与汤若望"。④因为遵照"夷夏之辨"的传

---

① 《明史》卷三十一，历一；参见江晓原原著：《天学外史》，第198—199页。
② 《新法算书》卷六，《四库全书》第七八八册，第101页。
③ 姚大力：《中国历史上的民族关系与国家认同》，载刘东主编：《中国学术》2002年第4期（商务印书馆）；虞云国：《试论10—13世纪中国境内诸政权的互动》，载张希清等主编：《10—13世纪中国文化的碰撞与融合》，上海人民出版社2006年版。有关此问题的讨论，将在下册展开。
④ 魏特著，杨丙表译：《汤若望传》第一册，第234页。

统,无论汤若望的"西人",还是辽东的满洲,皆被歧视地置于夷狄的行列(西人被称为"远夷",满人则视作"虏夷"或"建酋犇孽")。明清的改朝换代,意味着传统"夷夏之辨"的基础,需在新王朝指导下进行改造和重建。至此,清初统治者便不必再顾及西洋"远夷"的身份,既可肆无忌惮地将先进西洋新法钦定为清朝历法颁行天下,又可毫不犹豫地将"先朝绝不能办得到的位置畀与汤若望"。

这样一来,肩负三重任务的西洋传教士汤若望,与透过历法体现清初统治者三重关注的范文程,在历史的转折点上,那看似偶然实则必然的会见和默契,为清代中西文化交流开辟了广阔的前景。

著作出版推荐意见书

中国与西方正面的文化交流始自明清之际,多年以来已有不少的有关著作行世。本书作者沈定平同志积多年之研究,前岁曾撰有《明清之际中西文化交流史——明代:调适与会通》一书,问世之后获得学术界的好评。近年来作者继续广泛汇集并深入探讨了更多的有关资料,深入研究,撰写出他的第二部大著,即目前的这部《明清之际中西文化交流史——明季:趋同与辨异》。

本书在前书的基础上增补了大量的资料,立论精辟,多发前书之所未发,前后两书可以互相发明和补充。允宜早日出版以贡献于我国学术界以及一般对这一领域感兴趣的读者。谨此推荐。

清华大学教授　　何兆武
2009 年 4 月 4 日

沈定平同志的《明清之际中西文化交流史——明季:趋同与辨异》,有如下主要特点和学术贡献。

第一,前沿性选题。明清之际中国与欧洲的文化交流是超越地域和民族限制的中西两种文化的第一次大规模实质性接触,对双方和世界历史进程都产生过重大影响。对于这样重要的历史现象,在国内,过去研究比较薄弱,近年虽然渐成研究热点,但缺乏深度和系统性;在国外,西方学者的研究,往往存在某种片面性。因此以马克思主义为指导,对其进行系统、全面、深入的探讨,总结出一些规律性的认识,不仅具有重要的学术价值,而且具有重要的现实借鉴意义。

第二,新的历史视野。该书乃作者 2001 年出版的《明清之际中西文化交流史——明代：调适与会通》的续篇，论述了明末及南明70余年的中西交往史。作者预计还将撰写《明清之际中西文化交流史——清代：碰撞、蜕变与影响》。三部曲的联系与结合，全面系统地阐述明清之际中西文化交流的发生、发展至蜕变、衰落的过程，从中总结历史经验，这在国内外相关论著中，还是第一次，而该书（《明清之际中西文化交流史——明季：趋同与辨异》）则处于承上启下的中间过渡地位。它既不同于仅仅考证史实真伪源流的著作，也不同于局限于传教史狭隘题材的著作，而颇具创新性。

第三，深入的理论探索。把马克思主义基本原理落到学术研究的实处，才是真正坚持了以马克思主义为指导。从纷繁复杂的历史现象中理清历史发展线索，阐明历史事件实质，揭示历史发展规律，是史学研究的高层次境界。该书有一个鲜明的特点，那就是在马克思主义指导下，在对翔实的史料进行科学分析的基础上，做出新的理论概括，提出新的理论观点。例如，书中通过对五组矛盾现象的解析，提出是坚持反映文化互补性的和平与平等交往的原则，还是激化文化差异性而导致矛盾冲突，是这一历史时期中西文化交流的基本历史线索，也是不同政治势力和宗教派别斗争的焦点，等观点就很精辟。

第四，严谨的学风。书中引用了大量的中外历史资料，所论皆建立在坚实的史料基础之上。作者虽已退休，但仍心无旁骛，潜心研究，不慕虚华，笔耕不辍，其勤奋精神令人钦佩。

综上所述，该书堪称精品力作，特此推荐。

中国社会科学院研究员　　张显清
2009年4月12日

沈定平同志多年从事明清之际中西文化交流研究，已出版《明清之际中西文化交流史——明代：调适与会通》一书，本书《明清之际中西文化交流史——明季：趋同与辨异》是前著的续篇。该书试图运用马克思主义的基本原理，全面而系统地阐述明清之际中西文化交流的发生、发展过程，从中总结出一些规律性的认识和可资借鉴的历史经验教训，这既是本书的富有创见之处,也使本成果具有了更高的学术价值和理论上、实践上的意义。本成果不存在著作权争议问题,且史料翔实,观点鲜明,论述精辟,体现了其严谨的学风和学术功力。经学术委员会讨论评审,一致同意推荐该成果申请院老年科研基金出版资助。

中国社会科学院历史研究所
学术委员会负责人　　陈祖武
2009 年 5 月 18 日

图书在版编目(CIP)数据

明清之际中西文化交流史. 明季:趋同与辨异/沈定平著. —北京:商务印书馆,2012
ISBN 978-7-100-08703-2

I.①明… II.①沈… III.①文化交流—文化史—中国、西方国家—明清时代 IV.①K248.03

中国版本图书馆 CIP 数据核字(2011)第 217781 号

所有权利保留。
未经许可,不得以任何方式使用。

明清之际中西文化交流史
——明季:趋同与辨异
沈定平 著

商 务 印 书 馆 出 版
(北京王府井大街 36 号 邮政编码 100710)
商 务 印 书 馆 发 行
三河市尚艺印装有限公司印刷
ISBN 978-7-100-08703-2

2012 年 5 月第 1 版　　开本 787×960 1/16
2012 年 5 月北京第 1 次印刷　印张 52 3/4
定价:98.00 元